Un certain Juif
JÉSUS

III

Attachements, affrontements, ruptures

John P. Meier

Un certain Juif
JÉSUS
Les données de l'histoire

III

Attachements, affrontements, ruptures

Traduit de l'anglais par
Charles Ehlinger et Noël Lucas

Ouvrage traduit avec le concours du Centre national du livre

Lectio divina

LES ÉDITIONS DU CERF
www.editionsducerf.fr
PARIS

2009

Titre original :
Jesus, A Marginal Jew
Rethinking the Historical Jesus
III. *Companions and Competitors*

Published by The Doubleday Broadway Publishing Group
1745 Broadway, New York, New York 10019, USA

Imprimatur, 8 juin 2001, Robert A. Brucato, VG.

Imprimé en France

www.editionsducerf.fr
(29, boulevard La Tour-Maubourg
75340 Paris Cedex 07)

ISBN 978-2-204-07038-6
ISSN 0750-1919

In memoriam

Elisabeth O'Reilly Meier
Raymond Edward Brown
John Joseph O'Connor

בלע המות לנצח
Isaïe 25, 8

Remerciements

Dans ce troisième tome de *Un certain Juif, Jésus*, mes remerciements doivent aller d'abord aux lecteurs patients qui ont attendu si longtemps la troisième livraison de la série. Je voudrais ensuite remercier les différents médecins et chirurgiens auxquels j'ai eu affaire au cours d'un certain nombre de maladies et d'opérations sérieuses, qui ont été à l'origine du long retard pris pour la parution de ce volume. J'exprime tout particulièrement ma gratitude aux médecins qui ont préparé et réussi l'opération de mon dos. C'est grâce à eux que je peux m'asseoir devant mon ordinateur et taper ces mots sans aucune gêne.

Comme pour les deux premiers tomes, je dois également remercier mes collègues universitaires, dont le nombre s'est multiplié avec bonheur du fait de ma mutation de la *Catholic University of America* de Washington (dans le district de Columbia) à la *University of Notre Dame* dans l'Indiana ; cette mutation a été une autre raison du retard pris dans l'achèvement de ce volume. Parmi mes amis de la *Catholic University*, je dois des remerciements particuliers aux professeurs Christopher T. Begg, Joseph A. Fitzmyer, John P. Galvin, Francis T. Tignac, David W. Johnson, William P. Loewe et Frank J. Matera. Parmi mes nouveaux collègues de Notre Dame, qui ont fort bien su accueillir et aider un réfugié venu de la région nord-est des États-Unis, je dois un merci spécial aux professeurs David E. Aune, Joseph Blenkinsopp, John C. Cavadini, Lawrence S. Cunningham, Josephine M. Ford, Mary Catherine Hilkert, Robert A. Krieg, Blake Leyerle, Hindy Najman, Jerome H. Neyrey, Thomas F. O'Meara, Hugh R. Page, Michael A. Signer, Gregory E. Sterling, Robert E. Sullivan, Eugene C. Ulrich et James C. VanderKam. Il faut leur joindre tous les administrateurs, les bibliothécaires et les assistants de recherche, qui ont facilité mon travail de manière désintéressée et parfois anonyme. Parmi mes anciens étudiants et mes assistants de recherche, je voudrais en particulier remercier Michael Anderson, David G. George, Sejin Park et Eric C. Stewart.

J'ai aussi beaucoup bénéficié des publications et parfois des avis personnels d'un grand nombre d'universitaires qui écrivent dans le domaine de la recherche sur Jésus. Dans le grand nombre de ceux qui pourraient être nommés, j'aimerais mentionner particulièrement les professeurs Dale C. Allison, James D. G. Dunn, Bart D. Ehrman, Paula Fredriksen, Daniel J. Harrington, Elizabeth A. Johnson, E. P. Sanders, Jacques Schlosser et N. T. Wright. En l'an 2000, j'ai eu le privilège d'avoir des échanges avec les professeurs Dunn, Harrington, Johnson et Sanders, au cours d'un colloque qui se tenait en Israël, sur les bords de la mer de Galilée.

Comme pour les deux premiers tomes, j'ai énormément bénéficié des écrits et des conseils d'universitaires juifs distingués, en particulier des professeurs Shaye J. D. Cohen, Louis H. Feldman et Jacob Neusner, en plus de mes deux collègues juifs de la faculté de théologie de Notre Dame, les professeurs Najman et Signer. Il est inutile de dire que mes remerciements ne signifient pas que les exégètes nommés ci-dessus ou certains autres soient nécessairement d'accord avec moi. C'est à moi que revient la responsabilité finale quant aux positions adoptées ici, comme pour les erreurs dans les faits ou les interprétations.

Comme toujours, je dois exprimer particulièrement ma gratitude au directeur d'édition de la *Anchor Bible Reference Library*, le professeur David Noel Freedman, dont le regard infatigable de rédacteur m'a empêché de commettre un certain nombre d'erreurs gênantes. Parmi les gens travaillant aux éditions Doubleday, je dois une reconnaissance particulière à Mark Retz et à Andrew Corbin. Pour leur soutien personnel discret mais important, je dois dire merci à Monsieur et Madame Robert McQuie.

Je dois dire aussi ma reconnaissance pour des articles repris substantiellement ici et publiés à l'origine dans les revues suivantes : « The Circle of the Twelve : Did It exist during Jesus' Public ministry ? » *JBL* 116 (1997), p. 635-672 ; « The Debate on the Resurrection of the Dead : An Incident from the Ministry of the Historical Jesus ? » *JSNT* 77 (2000), p. 3-24 ; « The Historical Jesus and the Historical Samaritans : What Can Be said ? », *Bib* 81 (2000), p. 202-232 ; « The Historical Jesus and the Historical Herodians », *JBL* 119 (2000), p. 740-746.

INTRODUCTION

JÉSUS LE JUIF DANS SES RELATIONS AVEC D'AUTRES JUIFS

1. Le centre d'intérêt du tome III : Jésus le Juif dans ses relations avec d'autres individus ou groupes juifs

Les lecteurs persévérants des deux premiers tomes de *Un certain Juif, Jésus* ont suivi un parcours soigneusement tracé, partant de questions préliminaires et générales sur le Jésus historique pour parvenir à des conclusions plus particulières et plus concrètes sur ce Juif énigmatique [1]. Avançant de façon intrépide, ils sont passés d'une étude liminaire de la méthode et des sources à une étude des débuts de la vie et du ministère de Jésus pour arriver aux paroles et aux actions importantes de sa vie publique. Le tome premier de *Un certain Juif, Jésus* a dessiné le cadre, la chronologie et les premières années de Jésus. Puis le deuxième tome s'est focalisé sur les paroles et les actes clés de Jésus : il a proclamé le royaume de Dieu à la fois futur et présent et il a accompli des actes saisissants, que ses disciples et lui-même ont considéré comme des miracles. Ainsi le regard s'est porté avec beaucoup d'intensité sur le message et les miracles de Jésus, mais il n'en demeurait pas moins limité. À l'exception de Jean le Baptiste, le mentor de Jésus, le tome II a braqué le projecteur sur Jésus lui-même, sur Jésus seul, sur Jésus tel qu'il apparaissait dans son message très particulier et dans ses actions tout à fait étonnantes.

Dans le tome II, ce rétrécissement du champ sur Jésus seul était une étape nécessaire, car il y a débat sur le sens même du symbole central du « royaume de Dieu » et les miracles présumés de Jésus sont les plus controversées de toutes ses actions. Il est temps maintenant d'élargir le faisceau du projecteur à l'environnement humain de Jésus. Il n'est pas possible de comprendre convenablement un être humain si on l'isole d'autres êtres humains. Un humain ne devient pleinement humain qu'en entrant dans une relation dynamique d'amitié et d'amour, d'inimitié et de haine, de domination, de subordination et de collaboration avec d'autres humains [2].

Si cela est vrai des êtres humains en général, c'est encore plus vrai pour un chef religieux et charismatique dont le statut même et l'influence sont déterminés par ses relations sociales. C'est singulièrement vrai pour un Juif particulier du Ier siècle nommé Jésus de Nazareth, dont la vie adulte se définit pour une large part en fonction de ses relations à d'autres individus et groupes de Palestine [3]. Le Jésus adulte commence à se faire connaître en se joignant à un groupe eschatologique particulier marqué par le baptême et le repentir, sous la conduite d'un individu étrange nommé Jean le Baptiste.

Jésus prit avec lui quelques disciples de ce groupe et vola bientôt de ses propres ailes : il a proclamé un message nouveau, celui d'un royaume de Dieu imminent mais déjà présent, et il a adressé ce message à l'ensemble d'Israël. Exerçant un ministère itinérant de village en village, Jésus a attiré à lui des cercles plus ou moins larges de gens qui l'ont suivi, pris parmi ses compatriotes juifs. Quelques gens au moins étaient persuadés qu'il avait guéri leurs maladies et chassé leurs démons. Il a engagé des débats religieux avec d'autres Juifs fervents et il eut la prétention d'enseigner à ses coreligionnaires la manière d'observer correctement la Loi mosaïque. À l'intérieur de ce cercle, il a appris à ses disciples des formes spéciales de prières, des observances et des croyances qui les ont distingués et fait d'eux un groupe identifiable au sein du judaïsme palestinien du Ier siècle.

Son ministère s'est aussi fait remarquer par le caractère inhabituel du groupe de gens qui l'ont suivi. En faisaient partie aussi bien des femmes de la haute que de la basse société ; et on y partageait une franche convivialité avec des personnes rejetées au plan social ou au plan religieux, comme l'étaient les collecteurs de taxes et les « pécheurs ». Cependant, tous les contacts de Jésus n'étaient pas aussi heureux. Ses relations les plus négatives finirent par s'avérer fatales. L'aristocratie sacerdotale de Jérusalem, menée par Caïphe, décida qu'il était un homme dangereux ; et Ponce Pilate, le préfet romain, le trouva assez dangereux pour le crucifier.

Ce rapide résumé du ministère public de Jésus veut souligner une vérité simple. Raconter l'histoire de Jésus, c'est raconter l'histoire de ses diverses relations : ses relations avec des individus tels que Pierre ou Judas, avec des groupes de gens qui le suivaient tels que les disciples ou les Douze et avec des mouvements juifs tels que les pharisiens ou les sadducéens. Dans ce tome III, nous voulons examiner ce réseau caractéristique de relations, qui a trop souvent été négligé dans les travaux récents sur le Jésus historique. Peut-être les Américains sont-ils friands de l'histoire d'un héros solitaire combattant contre les forces du mal de la société ; peut-être nos médias ne peuvent-ils pas gérer la trop grande complexité du Jésus historique ; peut-être l'esprit religieux populaire n'aime-t-il pas un Jésus historique qui crée des structures embryonnaires comme le cercle des Douze. Quoi qu'il en soit, l'ensemble des relations de Jésus avec des groupes et des individus juifs n'a pas été une préoccupation centrale du type de recherche sur Jésus promu par les médias américains ces dernières années. Le tome III cherche à corriger ce déséquilibre.

Par ailleurs, l'insistance du tome III sur les relations de Jésus est inextricablement liée à une seconde insistance de toute première importance, négligée elle aussi dans certains ouvrages récents sur le Jésus historique : le caractère essentiellement juif de ses relations. Étrangement, dans les années récentes, un certain nombre d'auteurs engagés dans « la troisième phase de la recherche » sur le Jésus historique se sont fait remarquer par leur manque d'intérêt pour la judaïté de Jésus et pour ses relations avec d'autres Juifs. Le fait est extrêmement bizarre, si l'on tient compte de l'origine de cette troisième phase de la recherche, dans les années 1970 et 1980. Lors de son lancement, cette « troisième quête » du Jésus historique tenait à se distinguer de la « première quête », celle du protestantisme allemand du XIXe siècle et de la « deuxième quête » (existentialiste), celle des étudiants de Rudolf Bultmann dans les années cinquante et soixante. Elle voulait principalement se caractériser par sa détermination à prendre très au sérieux la judaïté de Jésus et à le situer carrément au sein du judaïsme palestinien au tournant de l'ère chrétienne. Geza Vermes en Angleterre et E. P. Sanders en Amérique du Nord ont claironné cette nouvelle insistance par les titres de leurs livres. De fait, la trilogie de Vermes sonne, tout à fait justement, comme un refrain qui nous martèle ce caractère juif : *Jesus the Jew* (Jésus, le Juif), *Jesus and the World of Judaism* (Jésus et le monde du judaïsme) et *The Religion of Jesus the Jew* (la religion de Jésus le Juif) [4]. Pour sa part, E. P. Sanders a récapitulé toute son entreprise dans l'expression succincte *Jesus and Judaism* (Jésus et le judaisme), tandis que James H. Charlesworth propose un très léger amendement : *Jesus within Judaism* (Jésus au sein du judaisme) [5].

Telle était la promesse de la « troisième quête » à ses débuts. Elle s'est vue encore honorée par des exégètes comme Dale C. Allison, Bart D. Ehrman, Paula Fredriksen et Bruce Chilton du côté américain de l'Atlantique, et comme Jürgen Becker, N. T. Wright et Jacques Schlosser du côté européen [6]. Or, en particulier chez certains auteurs qui ont eu ou ont encore des liens avec le « Jesus Seminar », l'insistance sur la judaïté de Jésus n'est guère une préoccupation centrale. Que ce soit dans les ouvrages plus sérieux d'auteurs comme John Dominic Crossan et Burton L. Mack ou dans les ouvrages populaires à sensation d'auteurs comme Robert W. Funk, on trouve un Jésus philosophe cynique ou un Jésus décrit comme rural méditerranéen ou un Jésus révolutionnaire social ou un Jésus iconoclaste religieux : autant de visages qui éclipsent totalement le Juif palestinien particulier du Ier siècle nommé Jésus [7]. Il est vrai que le nom ou l'adjectif « juif » orne souvent les titres ou les sous-titres de ces ouvrages et que l'on y fait des commentaires politiquement corrects sur l'importance de la judaïté de Jésus. Mais dans la plupart de ces livres, on cherche vainement des études détaillées sur les divers mouvements religieux en compétition dans la Palestine du Ier siècle (par exemple, les pharisiens, les saducéens et les esséniens) et sur la manière dont Jésus le Juif était en interaction avec eux ou en réaction contre eux, lorsqu'il discutait des pratiques et des croyances juives. On comprend donc pourquoi la double problématique de ce tome III, à savoir les diverses relations qui définissent Jésus et le caractère essentiellement juif de ces relations, a besoin d'être renouvelée par un bon courant d'air [8].

2. Une carte pour circuler dans ce tome III

Les deux premiers tomes de *Un certain Juif, Jésus* ont essayé de poser les fondations nécessaires à cette recherche capitale sur Jésus le Juif et sur ses relations juives. La deuxième partie du premier tome, « les racines de la personne » (p. 125-262), a proposé une esquisse préliminaire et nécessairement rapide des relations de Jésus avec sa famille immédiate et du contexte linguistique, culturel et politique dans lequel il a grandi en basse Galilée, dans les premières années du Ier siècle de notre ère. Le tome II a abordé la question des relations au cours du ministère et mis en lumière (1) la relation de Jésus à son mentor, Jean le Baptiste (p. 25-185), (2) sa relation à l'ensemble d'Israël lorsqu'il s'est présenté lui-même au peuple comme le prophète eschatologique proclamant le royaume de Dieu imminent mais déjà présent (p. 187-381) et (3) sa relation au prophète thaumaturge Élie, qui représentait pour le judaïsme un symbole fort sur lequel Jésus semble avoir modelé tout à fait consciemment une bonne partie de son ministère (p. 383-754).

Cependant, malgré ces premières indications sur des relations qui permettent de définir Jésus, les deux premiers tomes sont restés centrés pour l'essentiel sur Jésus lui-même : *ses* origines familiales et culturelles, *son* message central sur le royaume, *ses* actes étonnants, interprétés comme des miracles par lui et par les gens qui le suivaient. C'est seulement au bout de ces deux tomes, après avoir rapidement esquissé ce portrait préliminaire d'un Juif particulier du Ier siècle [9], que nous pouvons maintenant élargir le faisceau lumineux sur les individus et les groupes juifs qui étaient en interaction avec lui, lorsqu'il circulait en Galilée et en Judée en proclamant son message du royaume et en accomplissant des guérisons dans un contexte de foi. Avec l'élargissement du faisceau lumineux, beaucoup de questions connexes se posent. Qui voyageait avec Jésus lors de ses déplacements ? Ces personnes se mettaient-elles en route de leur propre initiative ou sur l'ordre de Jésus ? Est-ce que ses compagnons de voyage se regroupaient par intermittence, dans un va-et-vient incessant, ou bien y avait-il un groupe relativement stable, un noyau d'adhérents comme les Douze ? Est-ce que tous les adhérents au groupe étaient itinérants comme Jésus, ou bien y avait-il des adeptes qui restaient chez eux et qui constituaient une sorte de soutien logistique pour le Jésus itinérant et pour les personnes qui le « suivaient » au sens propre et pas seulement au sens figuré ? Y avait-il publiquement interaction entre le prophète eschatologique Jésus et d'autres groupes juifs importants de Palestine, notamment les pharisiens, les sadducéens et les esséniens ? Ou bien Jésus voulait-il former un groupe relativement fermé et sectaire, pas très différent en quelque sorte de ce qu'était Qumrān ? S'il y a eu interaction publique avec d'autres groupes, où cela a-t-il eu lieu, en Galilée, à Jérusalem, ou dans les deux endroits ? Quelle fut la tonalité de ces échanges, plutôt positive ou plutôt négative ?

Cette liste n'est pas exhaustive, mais c'est là le type de questions auxquelles le tome III cherche à répondre, dans le but de ne pas réduire « Jésus le Juif » à un slogan politiquement correct. Les relations juives variées et complexes qui définissent Jésus contribueront à mettre un peu de chair et de sang sur le schéma quelque peu squelettique esquissé dans les deux premiers tomes. Pour mettre de l'ordre, et, espérons-le, un ordre pas totalement arbitraire, dans l'enchevêtrement des relations de Jésus, j'ai fait le choix de diviser le volume en deux parties : (1) les relations de Jésus avec les personnes juives de divers types qui le suivaient et (2) les relations de Jésus avec les groupes ou les mouvements juifs concurrents dans la Palestine de son temps [10].

La première partie traite des relations de Jésus, aussi bien amicales que conflictuelles, avec les différents types de « gens qui le suivaient » (une catégorie qui fait problème en elle-même) ; cette première partie s'intéresse à des groupes qui sont mouvants et qui sans doute se chevauchent ; on peut cependant ranger ces gens qui suivaient Jésus en trois cercles concentriques : (1) le cercle extérieur des foules qui ont suivi Jésus dans le sens physique du terme (chapitre XXIV) [11], (2) le cercle médian des disciples que Jésus a appelés à le suivre au sens physique et au sens spirituel du terme (chapitre XXV) et (3) le cercle intérieur des Douze, spécialement choisis par Jésus pour symboliser sa mission auprès des douze tribus d'Israël et pour participer à cette mission auprès de l'ensemble d'Israël (chapitre XXVI). Heureusement pour nous, quelques-uns des Douze, notamment Jacques et Jean, les fils de Zébédée, et Simon Pierre, ont eu des rencontres personnelles mémorables avec leur chef. Il nous est ainsi possible de préciser et d'approfondir le portrait de Jésus en observant de près ses relations avec certains personnages clés de son entourage (chapitre XXVII). Dans tout cela, il est important de souligner, et je ne manquerai pas de le rappeler, que ce schéma bien rangé de trois cercles concentriques est un modèle abstrait commode, qui ne manque pas d'appuis dans la réalité mais qui ne reflète guère une situation sans doute beaucoup plus mouvante et complexe. Comme on le remarquera en parlant des disciples, certains groupes ne trouvent pas bien leur place dans ce schéma tripartite : c'est le cas des adeptes qui restaient chez eux sans renoncer à leur famille et à leur travail et c'est le cas des femmes qui suivaient Jésus.

La deuxième partie de ce volume examine l'autre versant des relations de Jésus. Il est évident que, pour comprendre convenablement un grand personnage historique, et en particulier le chef d'un groupe ou d'un mouvement au sein d'une société plus large, on ne peut se contenter d'observer les personnes qui le suivent ou qui sont d'accord avec lui. Pour établir un portrait complet, les concurrents, les opposants du chef ou les gens qui entrent en débat avec lui ont tout autant d'importance, sinon plus. Aussi, la deuxième partie s'intéresse-t-elle aux principaux groupes ou mouvements juifs qui étaient en compétition pour l'influence ou le pouvoir (politique, religieux ou les deux) parmi les Juifs palestiniens, au début du Iᵉʳ siècle de notre ère. L'influence, religieuse aussi bien que politique, était une denrée âprement convoitée dans la Palestine juive du Iᵉʳ siècle. Le fait même que Jésus cherchait à persuader ses compatriotes juifs d'accepter son message et de le suivre le mettait en concurrence avec d'autres groupes politiques ou religieux. Et cette concurrence était réelle, que Jésus se soit engagé personnellement dans des controverses avec des membres de ces groupes (comme cela semble avoir été le cas pour les pharisiens et les sadducéens) ou que la rivalité dans la recherche d'adhérents se soit exercée à distance, tant physique qu'idéologique (comme ce fut probablement le cas avec la communauté de Qumrān).

Au premier rang des concurrents de Jésus, il faut certainement compter les pharisiens, pour la simple raison que leur activité, comme celle de Jésus, s'exerçait auprès des gens du peuple et que ceux-ci leur accordaient souvent leur respect, voire leur bienveillance. À cause de leur position particulière au sein du peuple ordinaire, les pharisiens auront une influence vitale dans la survie du judaïsme et dans la forme qu'il prendra plus tard. Le grand problème est ici que les origines, la nature, les croyances et les pratiques exactes du mouvement pharisien sont aujourd'hui un domaine chaudement discuté parmi les exégètes, aussi bien juifs que non juifs. Pour traiter le problème du Jésus *historique* dans ses relations avec les pharisiens *historiques*, il est donc nécessaire de faire une étude approfondie des pratiques et des croyances des pharisiens. Cette recherche sur le mouvement pharisien historique occupe une bonne partie du chapitre XXVIII, qui doit aussi prendre en compte une autre complication, à savoir que les pharisiens ont pu être introduits secondairement au sein de récits de controverse, dans lesquels les adversaires de Jésus étaient primitivement des personnes anonymes.

Mais, au moins, les matériaux sur les pharisiens ne manquent pas dans les évangiles. La présence des sadducéens y est beaucoup plus rare. Cela tient au fait que les sadducéens, riches et aristocratiques, en grande partie d'origine sacerdotale et concentrés à Jérusalem, ne faisaient pas le poids face aux pharisiens quant à la considération et à l'influence dont ils pouvaient bénéficier auprès des gens du peuple. C'est pourquoi ils n'ont pas dû avoir affaire à Jésus aussi fréquemment que les pharisiens. Ce qui complique encore la question, c'est que, faute d'avoir laissé une description d'eux-mêmes ou une littérature qui leur soit propre, les sadducéens ont, en fait, été condamnés à être décrits seulement par leurs adversaires. Cependant, malgré ce flou et la rareté de leur présence dans le Nouveau Testament, il est possible de dire quelque chose de la manière dont ils ont été en interaction avec Jésus, grâce à l'étrange controverse sur la résurrection générale des morts, conservée dans Mc 12, 18-27 parr. (chapitre XXIX). Dans la mesure où de nombreux chefs sacerdotaux étaient probablement sadducéens, nous retrouverons le groupe, quoique sous une rubrique différente, quand nous en arriverons à l'arrestation et à l'exécution de Jésus dans le tome IV.

Une fois examiné le problème des pharisiens et des sadducéens, les choses deviennent encore plus embrouillées, car il nous reste un certain nombre de groupes marginaux d'Israélites (chapitre XXX). Dans certains cas, les interactions directes entre ces groupes et Jésus sont fortement discutables ou très limitées. Dans ce chapitre XXX, par une sorte d'opération de « ramassage », je traite de la question très débattue des esséniens en général et de la communauté de Qumrān en particulier et je me débarrasse aussi d'un pot-pourri de groupes dont les relations avec le Jésus historique s'avèrent très ténues ou inexistantes : les samaritains, les scribes, les hérodiens et les zélotes.

Avec ces groupes épars, nous achevons notre examen des différents ensembles de Juifs auxquels Jésus a eu ou a pu avoir affaire au cours de son ministère public. Le fait que nous devions souvent en rester aux généralisations sur ces groupes donne à réfléchir. Les relations personnelles suivies avec des individus nommés, comme avec Simon Pierre, Jacques et Jean ou Marie Madeleine, sont rarissimes et se situent pratiquement toutes du côté des disciples et non du côté des concurrents ou des opposants. Il nous faudra attendre la fin du ministère de Jésus pour pouvoir nommer des opposants individuels qui interfèrent dans son histoire et qui soient connus par des sources extérieures au Nouveau Testament : Hanne, Caïphe et Pilate.

Au cours de cet examen des divers groupes juifs à l'époque de Jésus, il faut se rappeler que la grande majorité des Juifs ordinaires de Palestine n'appartenaient probablement à aucun des groupes dont on vient de parler. La majorité des Juifs palestiniens se contentaient de pratiquer l'essentiel de leur religion : la circoncision, l'observance du sabbat, les lois alimentaires et le pèlerinage au Temple de Jérusalem, quand c'était possible, pour les grandes fêtes ; celles-ci étaient célébrées selon le calendrier religieux habituellement accepté (mais pas par tous) et imposé par l'aristocratie sacerdotale. Quels que soient leurs sentiments personnels à l'égard d'un Hanne ou d'un Caïphe, ces Juifs ordinaires considéraient le grand prêtre qui présidait à Jérusalem comme le chef divinement institué et le représentant de leur nation, de la même manière qu'ils considéraient le Temple sur lequel il avait autorité comme le centre concret de leur religion. Quant aux discussions ésotériques sur les petits détails des observances légales, ils n'en avaient pas le temps, n'atteignaient pas le niveau d'instruction nécessaire et n'y trouvaient probablement pas l'intérêt qui enflammait le zèle des groupes religieux en concurrence.

Avec ces groupes non sectaires qu'étaient les pharisiens et les sadducéens [12], les Juifs pratiquants ordinaires constituaient ce que divers exégètes appellent le judaïsme « majoritaire » ou « commun » dans la Palestine du Ier siècle (et aussi dans la diaspora) [13]. Il ne faut pas confondre ce concept de judaïsme majoritaire avec l'idée erronée selon laquelle il y avait à l'époque un judaïsme monolithique « normatif » ou « orthodoxe ». Même à l'intérieur de la Palestine, le judaïsme offrait une grande variété de croyances et de pratiques. Le fait de situer les pharisiens et les sadducéens dans ce judaïsme « majoritaire » suffit à bien le souligner. Ces deux groupes, aussi bien que la masse des Juifs ordinaires, appartenaient à une majorité large, même si elle n'était pas trop facile à définir, qui s'attachaient aux pratiques et aux croyances fondamentales de la religion juive, telles que le monothéisme, l'élection d'Israël, dont Dieu avait fait son peuple particulier, le don divin de la Loi mosaïque, la circoncision, le sabbat et les lois alimentaires. Le judaïsme majoritaire considérait le Temple de Jérusalem comme son centre cultuel et les membres de l'aristocratie sacerdotale comme ses chefs religieux ; et, en dépit de nombreuses discussions internes, il ne se coupait pas de ce centre et de cette autorité pour se tourner vers quelque mouvement sectaire, comme l'avait fait Qumrān, par exemple. C'est ce judaïsme majoritaire de Palestine auquel Jésus le Juif s'adressait, qu'il essayait d'attirer à lui et qu'il mettait en garde. D'ailleurs, Jésus en était lui-même issu, et c'est en fonction de ce judaïsme majoritaire qu'il a défini son rôle particulier.

Si Jésus vient du judaïsme majoritaire et se définit par rapport à lui, en quel sens peut-il ou doit-il être alors considéré comme « un Juif marginal » ? Il est regrettable, et contraire à ce que j'avais clairement exprimé dans le premier tome [14], que certains critiques aient pris l'expression « un Juif marginal » comme ma définition explicite de Jésus, au lieu de la considérer comme mon refus de donner une définition trop déterminée. Comme je l'ai souligné en l'introduisant dans le premier tome, l'expression « un Juif marginal » veut imiter le discours énigmatique de Jésus lui-même (qu'il suffise de penser à l'expression « Fils de l'homme » utilisée par lui). Bien loin de donner une idée cartésienne, claire et distincte de Jésus, la formule « un Juif marginal » entend ouvrir une série de questions. D'ailleurs, les sociologues eux-mêmes emploient le terme « marginal » de bien des manières différentes [15]. Le sens premier, et le plus important, que je donne au terme en l'appliquant à Jésus est celui-ci : en ce qui concerne les écrits juifs et non juifs du siècle qui a suivi sa mort, Jésus était au mieux un minuscule « spot » sur l'écran radar. La personne qui allait devenir le cœur religieux de la civilisation européenne apparaissait si loin sur la périphérie qu'il était à peine visible. C'est d'abord ce paradoxe que l'étiquette de « marginal » voulait souligner pour le lecteur.

Mais il faut aussi examiner d'autres sens possibles. Dans certains de ses enseignements et de ses actions, depuis le rejet du jeûne volontaire et du divorce jusqu'aux gestes symboliques annonçant la destruction du Temple, Jésus semblait vouloir se marginaliser lui-même, au moins par rapport au pouvoir central de Jérusalem sinon par rapport aux Juifs les plus fervents. À la fin, Caïphe et Pilate l'ont marginalisé avec la mort infamante de la croix. Ce qu'il faut souligner dans ces significations du mot « marginal » et dans d'autres possibles c'est que le terme n'entend en aucune manière dénier, atténuer ou mettre en cause la judaïté fondamentale de Jésus. Prenons une comparaison simple : en un sens, les gens de Qumrān ont été marginalisés socialement et politiquement par ceux qui avaient le pouvoir à Jérusalem ; mais, dans un autre sens, ils se sont marginalisés eux-mêmes de leur plein gré par rapport à ce qu'ils considéraient comme un Israël apostat. Et pourtant personne ne met en question le caractère intensément et profondément juif de la communauté de Qumrān. Nous le verrons, Jésus était un type de Juif très différent d'un membre ordinaire de la communauté de Qumrān. Cependant, de manières profondément différentes, ils incarnaient l'un et l'autre le paradoxe d'individus qui étaient intensément juifs et qui étaient pourtant marginalisés par les institutions centrales du pouvoir juif ou par rapport à elles. Le présent volume nous permettra d'explorer certains aspects de ce paradoxe ; mais le bilan définitif devra attendre la fin de l'histoire, dans le tome IV.

3. Un rappel du code de la route

La méthodologie qui commande *Un certain Juif, Jésus* a été présentée dans la première partie du tome premier (p. 27-123) et résumée au début du tome II (p. 13-16). Cependant, même les esprits avides qui ont digéré les centaines de pages de texte et de notes des deux premiers tomes peuvent souhaiter bénéficier d'un bref rappel de l'objectif de cet ouvrage et de la méthode que nous voulons utiliser pour atteindre cet objectif.

L'objectif de cet ouvrage est d'esquisser un portrait raisonnablement fiable du Jésus historique. Aussi simple que puisse paraître cette proposition, il faut tout de suite y ajouter une mise en garde : le « Jésus historique » ne doit pas être naïvement confondu avec la réalité entière de Jésus de Nazareth, à savoir tout ce que Jésus a pensé, dit, fait et expérimenté au cours de sa vie ou même seulement durant son ministère public. Étant donné la grande distance dans le temps et le caractère clairsemé des sources disponibles, il n'est pas possible aujourd'hui de reconstruire la totalité de la vie de Jésus ni même tout simplement de faire un compte-rendu raisonnablement complet de sa vie [16].

À la différence du « Jésus réel », le « Jésus historique » est le Jésus que nous pouvons retrouver ou reconstruire à l'aide des outils scientifiques de la recherche historique moderne. Le « Jésus historique » est donc une reconstruction scientifique, une abstraction théorique des exégètes modernes, qui ne coïncide que partiellement avec le Jésus réel de Nazareth, ce Juif qui a réellement vécu et agi dans la Palestine du Ier siècle de notre ère.

Si le Jésus historique n'est pas le Jésus réel, il n'est pas non plus le « Jésus théologique » que les théologiens cherchent à déterminer selon leurs méthodes et leurs critères propres. Autrement dit, la quête du Jésus historique doit être soigneusement distinguée de la christologie, c'est-à-dire de la réflexion théologique systématique sur Jésus Christ en tant qu'objet de la foi chrétienne. Pour illustrer ce qui doit caractériser une recherche *historique* sur Jésus et la distinguer d'une recherche *théologique*, j'ai imaginé la fiction du « conclave non papal » : un catholique, un protestant, un Juif et un agnostique, tous des historiens honnêtes bien au fait des mouvements religieux du Ier siècle, sont enfermés dans les entrailles de la bibliothèque de la *Harvard Divinity School*, soumis à un régime alimentaire spartiate et condamnés à ne pas sortir avant d'avoir élaboré un document consensuel sur Jésus de Nazareth.

Ce que l'on exigerait essentiellement de ce document, c'est qu'il soit fondé uniquement sur des sources et des arguments historiques. Ses conclusions devraient pouvoir être vérifiées par toute personne de bonne foi utilisant les moyens de la recherche historique moderne. Il va de soi qu'un tel document souffrirait d'un angle de visée trop étroit, d'une vision fragmentaire, peut-être même de certaines déformations. Il n'aurait certainement pas la prétention de donner de Jésus, de son œuvre et de ses intentions une interprétation complète, et encore moins définitive [17]. Néanmoins, ce document fournirait une base commune intellectuellement fiable et un point de départ pour le dialogue entre des gens qui professent des croyances différentes ou qui sont totalement incroyants.

Pour mieux comprendre ce que cela implique, prenons un exemple concret. Le conclave non papal, ou simplement toute personne en quête du Jésus historique, devrait être d'accord sur le fait que Jésus fut « crucifié sous Ponce Pilate [et] souffrit [sa passion] ». Il se trouve que ces mots sont ceux du credo dit de Nicée-Constantinople de l'Église catholique, tels qu'ils ont été formulés par le deuxième concile œcuménique (Constantinople I, en 381 apr. J.C.) ; mais, pris en eux-mêmes, ils n'en sont pas moins la simple expression d'un fait historique. La même chose est affirmée ou suggérée aussi bien par Josèphe et Tacite que par de nombreux courants différents des traditions du Nouveau Testament. Il n'est pas nécessaire d'être croyant pour reconnaître la vérité de cette brève relation des événements. Ce que le conclave non papal, ou tout historien fonctionnant *simplement en tant qu'historien*, ne pourrait pas affirmer, c'est une forme légèrement plus longue de la citation tirée du même credo, à savoir que Jésus « *pour nous les hommes et pour notre salut*, [il] descendit du ciel [...] [fut] crucifié *pour nous* sous Ponce Pilate [et] souffrit [sa passion] [18] ». Les formules « pour nous les hommes », « pour notre salut » et « pour nous » sont toutes des expressions de la foi chrétienne et de la christologie, qui affirment l'effet sauveur de la vie et de la mort de Jésus. À l'inverse de la simple affirmation de la crucifixion et de la mort de Jésus sous Ponce Pilate, cette déclaration plus longue ne peut pas, en principe, être l'objet d'une investigation ou d'une vérification expérimentale faite par un observateur neutre. C'est pourquoi une telle déclaration est hors de portée de ce qui peut être affirmé par des chercheurs en quête du Jésus historique au titre de leur compétence d'historiens. Cependant, si certains de ces chercheurs sont chrétiens, ils pourront, pour d'autres raisons, croire que la déclaration est vraie [19].

Passons des définitions aux sources. Le premier tome l'a montré, en dehors des évangiles canoniques il y a très peu de sources qui permettent une connaissance du Jésus historique. Paul et Josèphe n'offrent guère plus que de petits coupe-faim. Prétendre que les évangiles apocryphes plus tardifs et les matériaux de Nag Hammadi fournissent des informations historiques fiables sur Jésus relève largement de l'imaginaire [20]. Au bout du compte, il reste à l'historien la tâche ardue de passer au crible les quatre évangiles pour y trouver ce qui relève de la tradition historique. La tâche est de fait difficile, parce que ces documents sont tous des produits d'Églises chrétiennes de la seconde moitié du Ier siècle de notre ère. Écrits entre quarante et soixante-dix ans après la mort de Jésus, ils sont imprégnés de la foi chrétienne en Jésus perçu comme le Seigneur ressuscité de l'Église. C'est pourquoi, seul un examen attentif des matériaux évangéliques à la lumière des critères d'historicité (c'est-à-dire des règles permettant de déterminer ce qui est historique) peut espérer donner des résultats fiables.

Dans la quête du Jésus historique, cinq critères se sont révélés particulièrement utiles :

(1) Le critère d'*embarras* repère les matériaux évangéliques qui auraient difficilement pu être inventés par l'Église primitive, vu l'embarras ou les difficultés théologiques causés dans l'Église par ces matériaux, même dans la période du Nouveau Testament (c'est le cas du baptême de Jésus par Jean). Pour prendre un exemple que nous allons voir dans le tome III, le critère d'embarras s'appuie sur le fait que plusieurs femmes non accompagnées de leurs maris voyageaient effectivement avec le Jésus

célibataire et ses disciples hommes au cours de diverses tournées de prédication en Galilée.

(2) Le critère de *discontinuité* prend en considération des paroles ou des actions de Jésus qui ne peuvent venir ni du judaïsme (ou des judaïsmes) du temps de Jésus ni de l'Église primitive (c'est le cas du rejet du jeûne volontaire par Jésus). Pour prendre un exemple dans ce tome III, dans Mc 12, 26, dans la controverse avec les sadducéens sur la croyance en la résurrection générale des morts, le fait que Jésus en appelle curieusement à Ex 3, 6 (« Je suis [...] le Dieu d'Abraham, le Dieu d'Isaac et le Dieu de Jacob ») est en discontinuité avec les arguments du rabbinisme et ceux de l'Église primitive en faveur de la résurrection.

(3) Le critère d'*attestation multiple* repère des paroles et des actions de Jésus attestées dans plus d'une source littéraire indépendante (par exemple, Marc, Q, Paul, Jean) et (ou) dans plus d'une forme ou d'un genre littéraire (par exemple, des paroles de Jésus sur les exigences pour le suivre et des récits sur l'appel impérieux qu'il adresse à divers disciples). Autres exemples : l'interdiction du divorce par Jésus s'appuie sur les témoignages indépendants de Marc, de la tradition Q et de Paul ; un logion de la tradition Q et des récits de Marc et de Jean soutiennent que, au cours de son existence terrestre, Jésus avait la réputation de rendre la vue aux aveugles. Pour prendre un exemple dans le tome III, le fait que Jésus avait un disciple nommé Simon, qui avait également reçu le deuxième nom ou le surnom de *Kēpā'* (= Céphas, Pierre, « le Roc ») est attesté par Marc, Jean, la tradition particulière de Matthieu, la tradition particulière de Luc et par Paul dans l'épître aux Galates et dans la première épître aux Corinthiens.

(4) Le critère de *cohérence* n'entre en jeu que dans un deuxième temps, lorsqu'un certain nombre de matériaux historiques ont été isolés par d'autres critères. Le critère de cohérence soutient que des paroles et des actions de Jésus qui correspondent bien aux « données de base » déjà établies par les autres critères ont de fortes chances d'être historiques. Pour prendre un exemple dans le tome III : la création par Jésus d'un groupe rapproché de douze disciples, pour symboliser les douze patriarches et (ou) les douze tribus d'Israël, est en cohérence avec la vision que Jésus avait de lui-même comme prophète eschatologique à la manière d'Élie, envoyé pour rassembler l'ensemble d'Israël aux derniers jours.

(5) Au lieu de se prononcer sur des paroles ou des actions isolées de Jésus, le critère *du rejet et de l'exécution de Jésus* prend en compte le cadre plus large de son ministère et se demande quelles paroles et quelles actions correspondent à son procès et à sa crucifixion et en donnent une explication. Un Jésus dont les paroles et les actions ne constituaient pas une menace ou ne provoquaient pas un rejet de la part de certaines gens, en particulier de la part de ceux qui avaient le pouvoir, n'est pas le Jésus historique. Pour prendre un exemple dans le tome III, la capacité de Jésus à attirer des foules nombreuses et enthousiastes, en particulier au cours du

pèlerinage à Jérusalem lors des grandes fêtes comme la Pâque, permet de comprendre pourquoi Caïphe et Pilate l'ont de plus en plus considéré comme un dangereux personnage, qu'il était préférable d'éliminer avant qu'il ne devienne une menace majeure pour l'ordre public.

On peut également avoir recours à divers critères secondaires ; mais ceux-ci ne viennent habituellement qu'étayer ou confirmer les critères majeurs. Ces critères secondaires (douteux, au dire de certains) comprennent les traces de langue araméenne dans les paroles de Jésus et les traces laissées dans les textes par l'environnement palestinien du Ier siècle, dans lequel vivait Jésus. Encore plus fragiles (inutiles, au dire de certains) sont le critère du caractère concret et vivant d'un récit et le critère des supposées tendances générales de la tradition synoptique au cours de son développement.

Étant donné la difficulté d'articuler et d'appliquer ces critères, il n'est pas étonnant que certains exégètes écartent l'ensemble de la question de la méthode et des critères. Ils préfèrent « se débrouiller »[21]. Et pourtant, tout exégète engagé dans la recherche sur le Jésus historique fonctionne *de facto* avec une méthode et des critères, aussi vagues et inavoués soient-ils. Le danger de « se débrouiller » est qu'on peut facilement tirer des données les conclusions que l'on veut plutôt que celles que les données induisent. Appliqués de façon méthodique aux données, les critères sont d'une grande importance : ils peuvent obliger la personne qui fait la recherche à tirer des conclusions qu'elle n'a pas prévues et que peut-être elle ne souhaite pas.

Par exemple, c'est le poids des témoignages et non ce que j'aurais personnellement souhaité qui m'a contraint à estimer que le fameux texte « tu es Pierre » de Mt 16, 18-19 représente une tradition postpascale et non des mots prononcés par le Jésus historique au cours de son ministère public. Pareillement, le poids des témoignages me conduit à affirmer l'historicité essentielle de la discussion de Jésus avec les sadducéens au sujet de la résurrection des morts, même si j'avais d'abord douté du caractère historique de ce récit particulier de controverse. Au bout du compte, en écrivant ces trois tomes, j'ai été convaincu, à partir de ma propre expérience, que méthodologie et critères ont beau paraître ennuyeux, ils n'en sont pas moins indispensables pour empêcher le chercheur de trouver dans les données ce qu'il avait déjà décidé d'y voir. Le code de la route n'a jamais rien d'excitant, mais il nous assure d'avancer sur le bon chemin. Il est temps maintenant de nous mettre en route sur la voie des relations de Jésus avec ses disciples juifs et avec ses concurrents juifs.

I

JÉSUS LE JUIF
ET LES PERSONNES JUIVES
QUI LE SUIVENT

XXIV

JÉSUS EN RELATION AVEC LES GENS QUI LE SUIVENT

I. LES FOULES

1. Introduction : trouver le terme qui convient

Dès que nous essayons de décrire les diverses relations entre les gens qui entourent Jésus, nous nous trouvons devant un problème de terminologie. Nous avons affaire à différents groupes, depuis des disciples convaincus jusqu'aux foules simplement curieuses, en passant par des auditeurs qui manifestent une certaine sympathie. Quelle expression utiliser pour désigner l'ensemble de ces gens ? Presque automatiquement, nous avons tendance à parler vaguement des « gens qui suivent » Jésus, qu'ils le « suivent » en fait d'assez près ou d'assez loin.

Il nous faut cependant prendre conscience que l'expression « les gens qui suivent », employée comme désignation générique, est une étiquette que nous importons dans les textes évangéliques au lieu de l'y trouver. Il est vrai que les évangiles emploient volontiers le verbe « suivre » *(akoloutheō)* pour décrire différents groupes et individus qui entourent Jésus. Mais les évangiles n'emploient jamais le nom correspondant (*akolouthos*, en anglais « follower », « la personne qui suit ») [1]. Et la forme participiale du verbe « suivre » (*ho akolouthōn*, le « suivant », « celui qui suit ») n'est pas non plus employée fréquemment pour se substituer au nom *akolouthos* [2]. Jn 8, 12 est l'un des rares cas où le participe est employé de cette manière : « *Qui me suit* ne marchera pas dans les ténèbres, mais aura la lumière de la vie. »

Le sens purement métaphorique que nous voyons dans Jn 8, 12 est lui aussi relativement rare dans les évangiles [3]. Plus habituellement, le verbe « suivre » y est employé pour décrire d'une manière ou d'une autre les gens qui suivent Jésus littéralement, physiquement. Dans le cas d'une foule curieuse, à la recherche de miracles, le fait de « suivre » peut être un peu plus que simplement physique. Les évangélistes semblent parfois sous-entendre que cette action de « suivance » équivaut à une situation de pseudo-disciples (par exemple, Jn 6, 2 à comparer avec 6, 26.66). On peut détecter un sens semblable, chargé d'ironie, lorsque Pierre suit Jésus dans le palais du grand prêtre après l'arrestation à Gethsémani (Mc 14, 54 parr.) pour en arriver finalement à le renier. Néanmoins, dans le cas des gens appelés spécifiquement « disciples », et surtout du groupe particulier appelé les Douze, l'acte physique de suivre exprime habituellement une adhésion intérieure à la personne et au message de Jésus. Pour résumer, on peut dire que le verbe « suivre », selon les passages des évangiles, peut connoter soit un simple mouvement physique (par exemple, Mc 14, 13 ; Jn 11, 31) [4], soit un mouvement physique vers Jésus qui équivaut à une situation de pseudo-disciple (par exemple, Mc 14, 54), soit une démarche physique qui exprime l'adhésion intérieure à Jésus (par exemple, Mc 1, 18 ; 2, 14 ; Mt 8, 19.22 ; Jn 1, 43), soit, dans des cas relativement rares (par exemple, Jn 8, 12), une adhésion intérieure sans démarche physique.

Cette variété de sens du verbe dans les évangiles [5] me donne à penser qu'il est raisonnable de choisir l'expression « les gens qui suivent » comme pouvant recouvrir les divers types de relations à Jésus que nous voulons examiner dans ce chapitre et dans les trois suivants. Nous pouvons dire au moins que l'expression « les gens qui suivent » rend compte des différents sens donnés à ce verbe dans le Nouveau Testament. C'est tout simplement un fait que, dans le Nouveau Testament, le verbe « suivre » *(akoloutheō)* (1) est relativement rare en dehors des évangiles (seulement 11 occurrences sur 90) [6], (2) dans les évangiles, il renvoie presque exclusivement à Jésus comme celui qui est suivi et (3) il recouvre un large échantillonnage d'attitudes parmi les gens qui le suivent. C'est pourquoi, même si l'expression « les gens qui suivent » est une désignation générique qui vient de *nous* (et pas des évangélistes), elle trouve bien son fondement dans les textes du Nouveau Testament.

Dans quel ordre s'y prendre pour faire l'examen des diverses manières caractéristiques de « suivre » dans les évangiles ? On pourrait penser qu'il faut commencer par le cercle le plus proche des gens qui suivent Jésus et qui sont très convaincus, et s'éloigner ensuite du centre pour aller vers les moins motivés. L'objectif de la première partie de ce volume est bien en effet d'élargir le cercle qui entoure Jésus. Néanmoins, dans ce chapitre et dans les trois suivants, il est peut-être plus avisé de procéder à l'inverse et de débuter par le cercle le plus extérieur des gens qui suivent Jésus et de progresser vers le centre. Autrement dit, nous allons commencer par les vagues « foules » que l'on trouve parfois autour de Jésus (chapitre XXIV), puis nous nous rapprocherons afin d'étudier les « disciples » du cercle intermédiaire ou médian (chapitre XXV), pour finir, au sein de ce cercle de disciples, par nous concentrer sur le groupe le plus proche, celui des

Douze, d'abord en tant que groupe (chapitre XXVI), puis en tant qu'individus (chapitre XXVII).

Cette manière de procéder s'explique facilement : en allant du cercle extérieur vers le cercle intérieur des gens qui suivaient Jésus, nous serons à même de progresser méthodiquement en partant des affirmations les plus générales vers les plus particulières. Certaines assertions qui peuvent être faites au sujet de gens qui suivaient Jésus seulement de loin, restent vraies *a fortiori* pour les plus engagés, dont beaucoup avaient commencé par être simplement des gens de la foule. En outre, notre façon de procéder a quelque chance de refléter l'évolution effective des gens qui ont suivi Jésus. On peut concevoir que Jésus a commencé par entraîner diverses foules occasionnelles, dans lesquelles il a pris ensuite des disciples plus stables, pour finir par choisir parmi ces derniers un groupe relativement permanent de douze personnes qui le suivaient.

Cependant, même si ce scénario jouit d'une certaine vraisemblance, il nous faut bien admettre que Marc et Jean, qui ne s'accordent pourtant pas entre eux, ne présentent pas les faits selon cette reconstruction. Bien qu'en désaccord sur les détails, Mc 1, 16-20 et Jn 1, 35-51 indiquent que Jésus a attiré à lui au moins quelques disciples clés, notamment Pierre et André, avant de commencer à attirer de grandes foules [7]. Quoi qu'il en soit, notre progression, qui va des foules aux disciples puis aux Douze, a au moins l'avantage méthodologique de nous faire passer du moins détaillé au plus développé.

Pour résumer, en passant d'un groupe à l'autre, nous imaginons les gens qui suivent Jésus regroupés en des cercles concentriques : les « foules » constituent le cercle extérieur, les « disciples » le cercle intermédiaire ou médian et les « Douze » le cercle intérieur. Mais, nous le verrons, les frontières entre ces différents groupes ne constituaient pas des murs et tout le monde ne se rangeait pas aussi strictement dans un groupe ou dans un autre. Par exemple, des gens qui étaient fermement attachés à Jésus et soutenaient son mouvement par leur argent ou leur hospitalité ne le suivaient pas physiquement à travers la Galilée. Il semble que les évangiles ne les aient pas rangés parmi les « disciples », même s'ils formaient une sorte de « groupe de soutien » pour le cercle médian. Ainsi, à l'exception des Douze, les frontières entre ces groupes étaient probablement assez mouvantes. En particulier, les passages du cercle médian vers le cercle extérieur ou du cercle extérieur vers la zone d'indifférence ou même d'hostilité ont dû être faciles et sans formalités, dans la mesure où il s'agissait du choix d'individus qui ne se sentaient plus attirés par Jésus. Par exemple, les gens qui avaient offert à Jésus l'hospitalité ou de l'argent lors d'une occasion pouvaient cesser de le faire sans répercussions notoires, dans la mesure où leur soutien était entièrement bénévole. Le groupe des Douze a dû être le seul à avoir une certaine stabilité, à cause du nombre fixe de ses membres, de l'engagement spécial qui était requis et de l'initiative de sa constitution qui était entièrement entre les mains de Jésus.

Dans ce chapitre, nous commençons donc par le cercle extérieur, les foules indéterminées.

2. Le cercle extérieur : les foules

Le cercle extérieur des gens qui suivaient Jésus, habituellement désigné dans les évangiles par « les foules » *(ochloi)* [8], a dû être le plus large et le moins stable des groupes qui suivaient Jésus. Mais ces foules existaient-elles ? Jésus a-t-il réellement attiré un grand nombre de gens qui constituaient son public au cours de son ministère ? Ou bien les foules sont-elles introduites par les évangélistes seulement pour créer un effet de scène, à la manière d'un chœur littéraire ou d'une propagande religieuse, dans le but de souligner la popularité et le succès de Jésus ? Aucun critique, bien sûr, ne nie habituellement que les foules des évangiles servent les objectifs littéraires et théologiques des évangélistes. Foules sans visages et anonymes, elles sont de commodes contenants vides qui ne demandent qu'à être remplis par les idées des évangélistes [9]. Mais les foules reflètent-elles également, dans une certaine mesure, la réalité historique du ministère de Jésus ?

Le critère d'attestation multiple de sources et de formes et le critère de l'exécution de Jésus plaident en faveur de l'historicité de l'affirmation disant que Jésus a attiré de grandes foules. Pour ce qui est de l'attestation multiple, non seulement les quatre évangiles affirment tous fréquemment l'existence de foules qui écoutent Jésus ou attendent de lui des miracles, mais ces foules sont également mentionnées dans diverses sources et différentes formes évangéliques. Dans ces diverses sources, les foules sont souvent désignées par le mot grec *ochlos* (pluriel *ochloi*) [10] ; mais d'autres mots sont aussi utilisés, comme *plēthos* (« multitude », « masse »), *polloi* (« beaucoup de gens ») et *pantes* (« tous ») [11]. Pour nous concentrer simplement sur *ochlos* (« foule »), Marc et Jean emploient *ochlos* indépendamment l'un de l'autre respectivement 38 et 20 fois, alors que Matthieu et Luc y ajoutent des exemples de leur cru. Dans leur grande majorité, tous ces textes emploient le terme « foules » pour désigner la masse étendue et indifférenciée des gens qui entourent Jésus. Ce n'est que rarement que *ochlos* est employé pour des groupes plus restreints et plus spécifiques [12].

Il n'est pas nécessaire de traiter en détail tous les récits qui viennent de différentes sources et qui font mention d'une foule autour de Jésus ; un exemple clair sera suffisant. Il paraît évident que la présence de la foule dans certains récits remonte aux traditions pré-évangéliques, lorsque l'on considère les matériaux communs à Marc et à Jean, notamment le récit de la nourriture des cinq mille. La substance du récit exige la présence d'un groupe nombreux ; en fait, indépendamment l'un de l'autre, Marc et Jean parlent tous les deux de la « foule » ou des « foules » qui suivaient Jésus avant le don de nourriture. Naturellement, le nombre de « cinq mille » doit être pris avec un grain de sel, comme la plupart des nombres dans les sources anciennes, bibliques ou gréco-romaines. Le fait que Marc connaissait une autre version du récit où il était question de quatre mille au lieu des cinq mille ne fait que confirmer notre remarque. Comme nous l'avons vu dans le tome II, il reste que, derrière les récits du don de nourriture aux cinq mille ou aux quatre mille, se tient probablement un repas symbolique remarquable que Jésus partagea, près de la mer de Galilée, avec un groupe nombreux de gens qui le suivaient [13].

À côté des nombreux récits qui mentionnent les foules, divers logia des évangiles affirment ou supposent une grande foule autour de Jésus. Dans quelques cas, le logion est sur les lèvres des disciples et non de Jésus. Pour prendre un exemple, la femme atteinte d'hémorragies a la possibilité de toucher le vêtement de Jésus sans se faire remarquer, à cause de la foule nombreuse qui le presse [14]. Quand Jésus demande qui l'a touché, les disciples protestent, avec beaucoup de naturel et peu de déférence : « Tu vois la foule qui te presse de tous côtés, et tu dis : "Qui m'a touché ?" » (Mc 5, 31). Il est intéressant de noter que, dans la version marcienne du récit, Jésus continue de regarder autour de lui pour voir qui l'a touché, mais il ne parvient pas à identifier la personne, vraisemblablement à cause de l'importance de la foule (v. 32). Finalement, c'est la femme qui s'avance et avoue ce qu'elle a fait (v. 33).

D'autres fois, ce sont les paroles de Jésus lui-même qui indiquent ou supposent la présence d'une foule autour de lui. Au début du récit de la nourriture des quatre mille, Jésus dit : « J'ai pitié de la foule, car voilà déjà trois jours qu'ils restent auprès de moi [...] » (Mc 8, 2). Dans la tradition Q (Mt 11, 20-24 // Lc 10, 12-15), Jésus invective diverses villes qui ont été témoins de ses miracles et qui refusent pourtant d'accueillir son message : « Malheur à toi, Chorazeïn ! Malheur à toi, Bethsaïde ! [...] et toi, Capharnaüm [...] » Ces malédictions supposent que les miracles de Jésus et son appel au repentir ont été adressés à ces cités dans leur ensemble. Son reproche aurait peu de sens si au moins un certain nombre de ses miracles et de ses prédications n'avaient eu lieu devant des groupes assez importants.

Le document Q contient en gros trois occurrences du mot *ochlos* [15]. Étant donné que le document Q est essentiellement une collection de logia, il est surprenant de découvrir que deux mentions des foules se trouvent dans le cadre narratif fourni par la tradition Q et non dans les logia de Jésus. Lorsque Jésus exorcise un démoniaque muet, la tradition Q dit : « le muet parla et les foules furent dans l'admiration » (Mt 9, 33 // Lc 11, 14 ; cf. Mt 12, 23) [16]. Dans le second « ensemble sur le Baptiste » de la tradition Q, après que les envoyés de Jean le Baptiste ont quitté Jésus, il nous est dit que « Jésus se mit à parler aux foules » au sujet du Baptiste (Mt 11, 7 // Lc 7, 24) [17].

En plus de Marc, Jean et la tradition Q, les foules apparaissent également dans des matériaux particuliers de Matthieu ou de Luc (par exemple, Mt 7, 28 ; Lc 11, 27), même s'il est plus difficile de maîtriser les données dans le cas de traditions particulières comme M ou L. De plus, il faut admettre que les évangélistes ont dû trouver tout naturel d'introduire les foules dans leurs récits, soit avant certaines paroles de Jésus pour préciser les gens auxquels il s'adressait, soit à la fin de certains de ses miracles pour faire intervenir un chœur final d'approbation. Il suffit en effet de comparer des versets parallèles de Marc et de Matthieu pour vérifier que certaines des occurrences du mot « foules » sont rédactionnelles [18]. Je ne prétends donc pas que toute mention des foules dans les quatre évangiles, ou même dans les exemples présentés ci-dessus, est nécessairement historique. Cependant, la présence de foules dans toutes les sources évangéliques (Marc, Jean, Q, M et L), aussi bien dans les traditions de récits que de logia, satisfait largement au critère d'attestation multiple. Il y a des raisons suffisantes pour affirmer que Jésus attirait régulièrement des foules.

D'ailleurs les évangiles ne sont pas les seuls à témoigner en faveur de cette conclusion. Nous avons la chance d'être ici en présence de l'un des rares cas où l'attestation multiple dépasse les limites des évangiles pour s'étendre à Josèphe. Dans sa brève mention du ministère de Jésus en *Ant.* 18.3.3 § 63, Josèphe affirme que Jésus « eut des disciples parmi de nombreux Juifs et parmi de nombreux Grecs d'origine ». Comme nous l'avons vu dans le premier tome, la référence aux « nombreux Grecs d'origine » est très vraisemblablement un exemple typique d'anachronisme, tel qu'on en trouve chez les historiens gréco-romains : lorsqu'il publie les *Antiquités juives*, vers 93-94 de notre ère, Josèphe connaît le succès de la mission chrétienne auprès des « gens des Nations » à la fin du Ier siècle et en rétroprojette la lecture dans la vie de Jésus [19]. Par contre, vers la fin du Ier siècle, il existait plutôt un fort courant d'opposition aux tentatives faites par des chrétiens pour gagner « de nombreux Juifs » ; en raison précisément de ce climat de rejet, il est moins vraisemblable que la référence au succès de Jésus pour attirer à lui de nombreux Juifs soit purement et simplement un anachronisme ; et cette mention correspond de fait à ce que décrivent les évangiles [20].

L'argument d'attestation multiple est étayé par l'argument de cohérence avec la mort ou l'exécution de Jésus. L'une des choses les plus sûres que nous sachions sur Jésus est qu'il fut crucifié juste en dehors de Jérusalem par le préfet romain Ponce Pilate vers 30 de notre ère, sous l'accusation la plus probable d'avoir prétendu être « roi des Juifs ». Comment un prédicateur, prophète et guérisseur juif de Galilée a-t-il fini par être exécuté par les Romains à Jérusalem, parce que l'on supposait qu'il s'était prétendu roi ? Voilà l'une des plus grandes énigmes à laquelle est confrontée la recherche sur le Jésus historique [21]. Mais un point est assez clair : la crucifixion de Jésus s'explique beaucoup plus facilement s'il avait attiré à lui de grandes foules enthousiastes et beaucoup plus difficilement s'il avait été en grande partie ignoré du peuple et s'il n'avait pas réussi à entraîner à sa suite un groupe important de gens.

En fait, différentes sources évangéliques indiquent que les autorités du Temple de Jérusalem craignaient l'emprise de Jésus sur le peuple (par exemple, Mc 12, 12 ; 14, 2 ; Jn 11, 45-54 ; Lc 23, 5). Certaines de ces formulations portent sans doute la marque des objectifs rédactionnels des évangélistes, mais nous avons un phénomène quelque peu parallèle dans le récit de Josèphe sur le ministère et la mort de Jean le Baptiste (*Ant.* 18.5.2 § 116-119). Comme nous l'avons vu dans le tome II, Josèphe semble faire la distinction entre un groupe originel et plus modeste, fait de Juifs fervents attirés par le Baptiste dès le départ, et une « seconde vague » plus nombreuse, composée de Juifs ordinaires qui se mirent à s'attrouper autour de Jean et à boire chacune de ses paroles [22]. Dans la crainte que l'influence de Jean sur ce public nombreux et enthousiaste ne mène à la révolte, Hérode Antipas, perpétuellement soupçonneux, décida d'en finir avec Jean en le frappant préventivement avant qu'éclate une véritable crise. Dans le récit de Josèphe, c'est donc paradoxalement le succès du Baptiste qui cause sa perte. Les grandes foules qui viennent à lui attirent l'attention malsaine et finalement mortifère du souverain politique. Dans ce cas comme dans d'autres, le Baptiste a sans doute été le précurseur involontaire de Jésus.

Selon Josèphe, ni le Baptiste ni Jésus n'avaient le monopole d'une activité dangereuse qui attirait de grandes foules et des disciples enthousiastes. Dans les pages où il décrit les années qui précèdent la Première Guerre juive (66-70 de notre ère), Josèphe mentionne divers chefs religieux populaires ou « prophètes à signes », tels que Theudas et le « faux prophète égyptien », qui provoquèrent l'intervention militaire des autorités romaines. Ces prophètes à signes semblent avoir attiré sur eux les foudres romaines au moins en partie à cause des grandes foules qui les suivaient et qu'ils attiraient [23]. Jésus entre dans ce cadre plus large au moins dans la mesure où il y eut probablement un lien entre sa capacité à attirer des foules enthousiastes et sa fin violente.

Le bref récit de Josèphe sur Jésus pourrait d'ailleurs suggérer un lien entre le succès de Jésus pour attirer les foules et sa condamnation à mort, même si Josèphe ne le dit pas explicitement comme il le fait en parlant du Baptiste. Dans ce qui est appelé le *Testimonium Flavianum*, Josèphe ne donne pas à strictement parler les raisons de la crucifixion de Jésus. Cependant, vu la manière dont Josèphe décrit le sort du Baptiste et de divers « prophètes à signes », il n'est peut-être pas sans signification que la capacité de Jésus à attirer à lui beaucoup de monde soit la dernière chose dite par Josèphe sur Jésus avant de passer de manière abrupte (avec un simple « et » *[kai]* de liaison) à la phrase qui mentionne sa crucifixion. Ce n'est bien sûr qu'une simple déduction. Mais, à tout le moins, voici ce qu'on peut dire : si le *Testimonium Flavianum* est lu entre les lignes, il correspond à tous les autres indicateurs qui font ressortir un lien entre l'attrait de Jésus sur les foules et sa crucifixion.

Si cela est vrai, il faut au moins s'interroger sur une certaine manière populaire de présenter le déroulement du ministère de Jésus. Bien trop souvent, on considère comme allant de soi que le ministère galiléen de Jésus a eu un commencement joyeux et une fin désastreuse. Selon ce scénario, le peuple galiléen a d'abord accueilli positivement son message. Puis, à un tournant critique, le « printemps galiléen » a brusquement pris fin ; Jésus a vu beaucoup de gens se détourner de lui et il a commencé à ressentir la possibilité du rejet total et de la mort violente [24]. Mais ce scénario pose un certain nombre de problèmes.

Tout d'abord, étant donné que la succession des événements du ministère public, telle qu'elle est présentée dans chaque évangile, est en grande partie une création de chacun d'eux, il nous est impossible de reconstituer un enchaînement exact « d'avant et d'après » pour les années du ministère. Il nous est tout simplement impossible de connaître l'ordre de la plupart des événements entre le baptême de Jésus et ses derniers jours à Jérusalem [25]. Le scénario du « printemps galiléen », qui requiert cette sorte de connaissance détaillée, est le produit d'une harmonisation arbitraire de pièces et de morceaux venus de plusieurs évangiles ; et cette harmonisation a donné naissance à une manière de raconter les choses qui n'est attestée par aucun des évangiles.

Ensuite, l'idée d'un tournant critique dans le ministère galiléen, après lequel Jésus est abandonné par beaucoup de gens qui le suivaient auparavant, vient en grande partie du dénouement qui suit le discours du pain de vie dans l'évangile de Jean (chap. 6), comme s'il s'agissait là d'un enregistrement vidéo d'événements historiques [26]. Jn 6, 66 nous dit qu'un grand nombre de gens eurent une réaction négative au discours du pain de vie de Jésus : « Dès lors, beaucoup de ses disciples se retirèrent [c'est-à-dire abandonnèrent la compagnie de Jésus], et ils ne marchèrent plus avec lui [c'est-à-dire ne l'accompagnèrent plus comme disciples] [27]. » Comme Raymond E. Brown et d'autres commentateurs johanniques l'ont fait remarquer, nous avons probablement dans ce verset non pas le reflet d'événements de l'époque de la vie de Jésus, mais plutôt l'écho d'un conflit dans lequel fut impliquée la communauté johannique dans une période ultérieure du Ier siècle [28]. Le conflit a pu consister en un schisme à l'intérieur de la communauté johannique, quand la majorité de celle-ci abandonna la synagogue juive, tandis que certains chrétiens d'origine juive restaient en arrière. Ou bien le conflit a concerné plus tard un autre schisme, lorsque certains chrétiens aux tendances gnostiques se retirèrent de la communauté johannique, au moins en partie à cause d'une controverse sur l'eucharistie. Une troisième possibilité, qui a les faveurs de Brown, est que Jn 6, 66 reflète le conflit entre la communauté johannique et des chrétiens d'origine juive dont la foi dans le Christ ou dans l'eucharistie (ou les deux) était jugée insuffisante.

En tout cas, vu que le discours du pain de vie (Jn 6, 35-58) est une sorte de vitrine de la christologie descendante du quatrième évangile sur la préexistence et l'incarnation et vu que le discours se termine sur l'expression la plus crûment réaliste de la théologie de l'eucharistie dans le Nouveau Testament (6, 53-58 : manger la chair et boire le sang du Fils de l'homme), on ne peut pas considérer la réaction des disciples décrite en 6, 66 comme un reportage historique sur l'attitude de certains Juifs à l'égard de Jésus le Juif aux environs de l'an 30 de notre ère. Et une fois exclu le verset de Jn 6, 66, aucun autre texte des quatre évangiles ne fait directement allusion à une défection importante des disciples en Galilée à un tournant critique du ministère de Jésus.

D'ailleurs, loin de laisser entendre qu'il y eut une désertion à grande échelle de la part des gens qui suivaient Jésus à un moment donné du ministère public, toutes les données qu'il nous a été possible d'examiner semblent aller dans le sens inverse. Si nous acceptons le fait que, pour toutes les sources évangéliques ainsi que pour Josèphe, Jésus a attiré à lui de grandes foules au cours de son ministère entre 28 et 30 de notre ère et si nous acceptons également la vraisemblance d'un lien entre cette « attirance fatale » et la décision des autorités de mettre Jésus à mort en l'an 30, nous avons la confirmation que la capacité de Jésus à attirer des foules a dû demeurer encore relativement forte vers la fin de son ministère. Il est difficile d'expliquer pourquoi un soi-disant chef, qui a connu un véritable échec dans ses relations avec le peuple, n'aurait attiré la funeste attention de Rome qu'un certain temps après le déclin de son influence.

J'admets volontiers que c'est là un argument indirect. À mon avis cependant, le scénario le plus probable est que Jésus n'a pas seulement attiré de grandes foules pendant une bonne partie de son ministère mais que cela s'est poursuivi jusqu'à son arrestation [29]. Il est vrai qu'on ne peut faire ici que des généralisations : tout prédicateur itinérant connaît forcément des succès et des échecs avec des auditoires différents. Mais, si je me risquais à faire une supposition, qui a seulement valeur de conjecture, ce serait celle-ci : l'influence de Jésus a dû continuer de croître jusqu'à ce qu'il entreprenne son dernier voyage à Jérusalem. Des foules nombreuses et enthousiastes dans Jérusalem au cours d'une fête furent tout spécialement une cause d'inquiétude pour les autorités, cela se comprend. C'est pourquoi, tout comme Antipas l'avait fait dans le cas du Baptiste, Caïphe et Pilate décidèrent à un certain moment qu'il serait imprudent de laisser la crise se développer. Une fois encore, une frappe préventive solutionnait le problème, du moins semblait-il.

Il faut bien reconnaître qu'il en va de la quête des foules historiques comme de la quête du Jésus historique : les résultats sont désespérément vagues et maigres. Toutes les sources évangéliques et Josèphe viennent appuyer ce que nous disons sur les foules nombreuses qui suivaient Jésus ; mais que peut-on mettre exactement sous l'adjectif « nombreuses » ? Non seulement les foules restent anonymes, mais personne ne les a comptées. Nous n'avons pas de données sur les variations subies par ces foules, variations en nombre, variations entre la Galilée et le Judée, variations dans le statut social, variations dans la manière dont Jésus les appréciait. C'est toujours le même problème d'essayer d'appliquer les sciences humaines à la recherche sur Jésus. Tout ce dont se servent les sciences humaines, statistiques, enquêtes sur le terrain, entretiens personnels approfondis, est absent du compte-rendu biblique. Les modèles abstraits proposés par les sciences humaines ne peuvent pas fournir des données concrètes qui manquent par ailleurs.

Il est bien sûr possible de risquer quelques généralisations formulées avec précaution. Dans leur grande majorité, ces foules anonymes étaient sans doute pauvres ; mais étant donné que la grande majorité des gens de la Palestine du Ier siècle pouvaient être classés parmi les pauvres dans un sens ou un autre, cela ne nous avance pas beaucoup. Même en Palestine il existait divers degrés de pauvreté et de précarité sociale [30]. Pour être plus précis, lorsque des individus émergent de l'anonymat des foules pour entrer en relation avec Jésus (et gagnent ainsi en notoriété au plan narratif), nous ne trouvons pas des gens qui sont uniformément pauvres [31]. Si nous prenons pour l'instant les récits évangéliques tels qu'ils sonnent, nous trouvons Jésus qui entre en relation amicale avec Lévi, un collecteur de taxes de Capharnaüm (Mc 2, 13-15), avec une femme victime d'hémorragies, qui avait possédé quelques biens mais avait tout dépensé auprès de « nombreux médecins » (Mc 5, 25-34), avec Jaïre, le chef de la synagogue, qui habite une maison de plusieurs pièces (Mc 5, 21-43), avec un centurion ou un officier royal au service d'Hérode Antipas (Mt 8, 5-13 par. ; Jn 4, 46-54), avec Zachée, le riche collecteur de taxes de Jéricho (Lc 19, 1-10), avec une femme qui a les moyens d'acheter puis de « gaspiller » un onguent dont la valeur correspond au salaire annuel d'un journalier (« plus de 300 deniers », Mc 14, 3-9 parr.), avec l'anonyme propriétaire de Jérusalem qui reçoit Jésus et ses disciples dans sa maison pour le Dernier repas (Mc 14, 12-26 parr.) et avec les différents propriétaires de maisons qui, au cours du ministère public, accueillent Jésus et vraisemblablement ses disciples pour des repas festifs (indiqués par l'expression « s'étendre à table »).

Inutile de dire que cette impression d'un Jésus qui fréquente les gens fortunés est largement contrebalancée par les nombreux récits racontant l'aide qu'il apporte à des lépreux (Mc 1, 40-45 parr. ; Lc 17, 11-19), à des démoniaques (Mc 5, 1-20 parr. ; 9, 14-29 parr.), à des mendiants aveugles (Mc 10, 46-52 parr. ; Jn 9, 1-41) et à beaucoup d'autres gens pauvres et affligés, vivant aux marges de la société. Pour l'instant, je n'entre pas dans la discussion de savoir si le cercle extérieur des gens qui suivaient Jésus, les « foules », était en grande partie constitué de pauvres. Mais il ne faut pas oublier que le tableau donné par les évangiles n'est pas monochrome. Vu le caractère épars et diversifié des données, il faut éviter les généralisations hâtives et indifférenciées. Jésus portait une attention particulière aux « pauvres » (dans les différents sens que le mot avait dans la Palestine du Iᵉʳ siècle), mais il ne le faisait pas dans l'esprit étroit et partisan qu'ont voulu lui attribuer certains courants de la théologie de la libération.

On peut faire une autre généralisation à propos du portrait des « foules » dressé par les évangiles : en règle générale, les évangiles ne font pas d'équivalence entre les foules et les « pécheurs ». Cela reste vrai quelle que soit la manière de comprendre le mot « pécheurs » : soit des Juifs qui, pour un tas de raisons pratiques, apostasiaient et vivaient comme des « gens des Nations », soit, avec un glissement de sens discutable, simplement des Juifs qui n'étudiaient pas la Loi avec zèle et ne la pratiquaient pas scrupuleusement. Dans les évangiles, les « pécheurs » *(hamartōloi)* constituent un groupe à part, jumelé parfois avec les collecteurs de taxes *(telōnai)*, mais jamais mis en équivalence avec les foules en général. À mon avis, les « pécheurs » représentent plus vraisemblablement les Juifs qui rejetaient les commandements du Dieu d'Israël ou adoptaient en pratique les manières de vivre des « gens des Nations », ce qui n'est pas dit des foules [32]. Les foules des évangiles ne sont pas accusées d'ignorer ou de ne pas appliquer la Loi mosaïque ou les traditions des anciens. Par contre, de telles accusations sont portées contre Jésus et ses disciples (par exemple, Mc 2, 23-28 ; 3, 1-6 ; 7, 1-13) [33].

De la même façon qu'il ne faut pas établir d'équivalence entre les « foules » des évangiles et les « pécheurs », il ne faut pas non plus les assimiler au groupe que la Mishna (mise par écrit aux environs de 200 de notre ère) et la littérature rabbinique ultérieure appellent « le peuple du pays » *('ammê-hā'āreṣ)*. Dans la Mishna, « le peuple du pays » correspond aux Juifs ordinaires qui ne connaissent pas la Loi de Moïse ou du moins ne la mettent pas en pratique avec l'exactitude souhaitée par les autorités rabbiniques et qui, en particulier, ne respectent pas les lois de pureté et la dîme [34]. En règle générale, les évangiles ne décrivent pas les « foules » d'une manière qui permettrait de les identifier avec « le peuple du pays » dans le sens rabbinique particulier donné à cette désignation par la Mishna et la littérature ultérieure.

Il est possible qu'une exception à cette règle se trouve dans la remarque dédaigneuse des pharisiens, dans Jn 7, 49 : « Mais cette foule qui ne connaît pas la Loi, ce sont des maudits ! » Beaucoup de commentateurs de

Jean expliquent le mot « foule » dans ce passage en référence aux déclarations rabbiniques sur le « peuple du pays » [35] ; mais il faut éviter d'identifier ces deux groupes, pour trois raisons.

(1) Jn 7, 49 ne fait pas allusion au peuple ordinaire en général mais plus spécifiquement à la foule des pèlerins présents à Jérusalem pour la fête des Tentes.

(2) Cette foule soi-disant « maudite » présente à la fête est divisée ; pourtant ses divisions ne concernent pas une interprétation ou une observance correcte des règles de pureté et de dîme dans la Loi de Moïse, mais elles se rapportent à l'interprétation juste de la personne de Jésus, qu'il s'agit de comprendre à la lumière de l'Écriture. Dans le contexte de Jn 7, 40-52, les pharisiens, qui rejettent les affirmations de Jésus, sont très contrariés de voir la foule fascinée par lui et d'entendre au moins certaines personnes de la foule soutenir l'idée que Jésus est un prophète, voire le messie. De telles discussions et désaccords sur le messie ne correspondent pas au profil du « peuple du pays » dans la Mishna. Dans Jean 7, rien ne fait le lien entre le désaccord au sujet de Jésus et son enseignement sur les lois de pureté (notoirement absent du quatrième évangile, de toute façon).

(3) Il faut reconnaître qu'ici, dans Jean 7, comme ailleurs dans le quatrième évangile, la foule fonctionne comme une caisse de résonance de la révélation christologique sur Jésus. Aussi serait-il imprudent de faire de cette « foule », qui est un porte-voix littéraire et théologique créé par Jean, l'équivalent de la foule historique qui suivait le Jésus historique ou du « peuple du pays » dont parle la littérature rabbinique. Au mieux peut-on entendre dans Jean 7 des échos des discussions entre les Juifs ordinaires et leurs chefs de la synagogue dans la période où la communauté johannique a rompu avec le judaïsme, autrement dit dans les dernières décennies du Ier siècle de notre ère. Dans tout le débat sur « le peuple du pays » dans les évangiles ou dans le ministère du Jésus historique, il est bon de ne pas oublier le simple fait que les évangiles canoniques n'emploient jamais l'expression « le peuple du pays ». De plus, les quelques passages des matériaux non bibliques de Qumrān qui utilisent l'expression ne l'emploient pas dans le sens rabbinique que l'on trouve dans la Mishna [36].

Finalement, il nous reste quelques affirmations essentielles sur les « foules » en lien avec le Jésus historique : le ministère de prédication et de guérison de Jésus a attiré de grandes foules ; cette capacité à attirer les foules semble avoir duré jusqu'à ses derniers jours ; paradoxalement, c'est son succès qui a probablement contribué à son arrestation et à son exécution par les autorités devenues inquiètes. Pourtant, même si les foules qui suivaient Jésus ont pu parfois être enthousiastes, cet engouement ne s'est pas toujours traduit en engagement profond et durable. Qu'il suffise d'observer les plaintes formulées par Jésus lui-même contre « cette génération » (par exemple, Mc 8, 12.38 ; 9, 19 ; Mt 11, 16 par. ; 12, 38-42 par.)

et contre les cités impénitentes de Galilée (Mt 11, 20-24 par.), les remarques critiques formulées par les évangélistes et le fait que, après la mort de Jésus, ses disciples ne soient pratiquement pas parvenus à gagner la majorité des Juifs palestiniens à leur nouveau mouvement. Voilà autant d'éléments qui montrent que la majorité des gens qui constituaient ces foules n'ont jamais traversé la frontière invisible qui séparait les auditeurs curieux ou bien disposés des adeptes vraiment convaincus, qu'ils aient été disciples itinérants ou supporters sédentaires.

Peut-être l'intérêt des foules pour Jésus et son mouvement religieux avait-il quelque analogie avec la relation qu'entretenaient beaucoup de Juifs ordinaires avec le mouvement pharisien à l'époque de Jésus. Vis-à-vis du mouvement de réforme, de renouveau et de ferveur religieuse lancé par les pharisiens, les Juifs palestiniens ordinaires pouvaient avoir du respect, prêter une oreille de sympathie et même se laisser partiellement influencer ; mais cela ne signifiait pas qu'ils adhéraient au mouvement comme membres à part entière. Il a pu exister une telle sorte de sympathie à distance, qui permit à l'Église de Jérusalem de la première génération chrétienne de survivre jusqu'à la Première Guerre juive, au milieu des poussées spasmodiques de persécution. Au bout du compte, contre Jésus comme contre la première Église de Jérusalem, le coup final et mortel ne fut pas porté par le peuple juif ordinaire mais par les Romains, épaulés par certains chefs juifs.

Nos observations concernant le cercle extérieur, les foules indéterminées, ont nécessairement été générales et vagues. Les choses deviennent plus précises, mais aussi beaucoup plus complexes, lorsque nous passons au cercle médian des disciples.

XXV

JÉSUS EN RELATION AVEC LES GENS QUI LE SUIVENT

II. LES DISCIPLES

Nous passons maintenant du cercle extérieur des foules au cercle médian des disciples, qui pose des problèmes particuliers [1]. D'un côté, le mot « disciples » possède certaines caractéristiques qui sont clairement précisées dans les évangiles ; on peut dire au moins que certaines personnes connues par leur nom (par exemple, Pierre, Lévi, Philippe et Nathanaël) faisaient indubitablement partie des disciples de Jésus. Mais par ailleurs, les limites précises de cette appartenance au groupe des disciples ne sont pas parfaitement claires. Certaines femmes, comme par exemple Marie Madeleine, semblent remplir les conditions pour faire partie des disciples ; et pourtant, aucune femme en tant que personne individuelle n'est explicitement appelée disciple par les évangiles. Pour d'autres personnes, comme par exemple Marthe et Marie, il manque certaines conditions qui feraient d'elles des disciples au sens strict ; et pourtant leur engagement intense envers Jésus ne fait pas de doute. Être disciple n'est pas chose aussi simple qu'il y paraît à première vue. On ne peut pas se contenter de dire que « disciple » signifie « étudiant » ou « élève ». Il nous faut avancer pas à pas et avec soin dans notre examen de la nature et de l'étendue du concept de disciple.

En premier lieu, il nous faut établir l'existence historique d'un groupe de disciples autour de Jésus. Autrement dit, nous devons montrer qu'une sorte de groupe appelé « disciples », quelles que soient les conditions précises d'appartenance à ce groupe, n'a pas été simplement une création de l'Église primitive. En deuxième lieu, il nous faut nous poser la question plus difficile de savoir qui était précisément reconnu comme disciple de Jésus. Autrement dit, quelles étaient les caractéristiques principales de la condition de disciple et qu'est-ce qui était requis pour cela. En troisième lieu, nous devons nous confronter à un cas particulier, peu clair et discuté, celui des femmes qui suivaient Jésus, surtout celles qui sont nommées par les évangélistes. En quatrième lieu, il nous faut examiner le cas des sympathisants de Jésus, hommes et femmes, qui apparemment ne quittèrent pas leur maison et leur famille pour suivre Jésus physiquement, mais qui accueillirent son message et soutinrent son mouvement, en particulier en offrant l'hospitalité.

1. Le Jésus historique a-t-il eu des disciples ?

Heureusement, il n'est pas nécessaire de passer beaucoup de temps sur la question de savoir si Jésus a effectivement eu des disciples au cours de sa vie, étant donné que l'historicité d'un tel groupe est rarement niée, pour ne pas dire jamais. D'ailleurs une telle négation serait suspecte, du seul fait de l'occurrence fréquente du mot « disciple » dans les quatre évangiles. Le mot « disciple » (*mathētēs* au singulier, *mathētai* au pluriel) bénéficie d'une présence massive dans chacun des évangiles : 72 fois dans Matthieu, 46 fois dans Marc, 37 fois dans Lc et 78 fois dans Jean. Par contre, à l'exception des Actes (28 fois, mais jamais en référence aux disciples de l'époque du ministère de Jésus), le mot est absent de tout le reste du Nouveau Testament [2]. Dans les évangiles, à part un petit nombre de références aux disciples des pharisiens, du Baptiste et de Moïse, le mot « disciples » se rapporte uniquement aux disciples de Jésus [3].

S'il est permis d'en juger à partir de l'absence totale du mot « disciple » dans les épîtres de Paul, dans les autres épîtres du Nouveau Testament, dans l'épître aux Hébreux (en réalité, une homélie) et dans le livre de l'Apocalypse, le mot « disciples » n'était pas la manière habituelle dont les chrétiens de la première ou de la deuxième génération se désignaient entre eux. Aussi ne peut-on pas expliquer le terme « disciples » dans les évangiles comme une anachronique retroprojection, dans le temps du ministère de Jésus, de la manière dont l'Église primitive parlait de ses membres.

Mais qu'en est-il de l'exception manifeste que constituent les Actes des Apôtres ? À mon avis, il est vraisemblable que, dans son désir de créer des liens entre le temps de Jésus et le temps de l'Église, Luc a été conduit à prendre le terme « disciple » dans la tradition évangélique pour l'appliquer aux membres de l'Église primitive. De cette manière il a pu souligner la continuité entre les deux périodes [4]. Il est peut-être significatif que, dans les Actes, à une seule exception près, le mot « disciple » se trouve toujours dans les passages narratifs de Luc et non pas dans les paroles prononcées par l'un des personnages du récit [5]. Il est possible bien sûr que cette terminologie de Luc reflète la manière de parler de son Église particulière. Mais, à en juger du reste des documents du Nouveau Testament en dehors des évangiles, cet usage aurait été tout à fait isolé.

En somme, le critère de discontinuité peut fournir un argument en faveur de l'historicité d'un groupe de disciples autour de Jésus : le terme « disciple » n'était pas la manière ordinaire dont la plupart des premiers chrétiens se désignaient eux-mêmes. Ce jugement est confirmé par l'absence totale ou l'occurrence rare du mot « disciple » dans la plupart des écrits chrétiens anciens en dehors du Nouveau Testament [6].

L'absence du mot « disciple » dans le Nouveau Testament en dehors des évangiles et des Actes devient pour le moins surprenante lorsque l'on remarque que *mathētēs* est également absent de l'ensemble de la Septante, aussi bien des livres protocanoniques que deutérocanoniques (apocryphes) [7]. Cette absence correspond elle-même à la quasi-absence du mot hébreu *talmîd* (« étudiant », « disciple ») dans les livres des Écritures juives en hébreu et en araméen, à la seule exception de 1 Ch 25, 8, où le mot désigne un apprenti musicien. Il y a là une symétrie surprenante : le mot clé *(mathētēs)* employé au Ier siècle de notre ère pour désigner les disciples de Jésus ne se trouve pas dans l'Ancien Testament grec, de la même façon que le mot clé *(talmîd)* employé seulement à partir du IIe siècle de notre ère comme terme technique pour désigner les disciples des rabbis est pratiquement absent des Écritures en hébreu et en araméen.

Cette absence devient même plus étrange lorsque l'on observe que *talmîd* est également absent des écrits non bibliques découverts à Qumrān. Quand on sait l'importance de l'activité des scribes et de l'étude des Écritures à Qumrān, on est surpris par l'absence totale de ce qui deviendrait bientôt chez les rabbis le terme technique pour désigner un étudiant de la Tora. Toujours plus étrange, cette absence dans les écrits hébreux et araméens de cette époque à Qumrān correspond une fois encore à l'absence du terme équivalent dans les écrits grecs des pseudépigraphes. Selon Michael J. Wilkins, les pseudépigraphes de l'Ancien Testament qui se trouvent dans des manuscrits grecs et qui peuvent raisonnablement être considérés comme « intertestamentaires » (c'est-à-dire, par rapport à ce qui nous concerne, approximativement du IIe siècle avant J.C. au milieu du Ier siècle de notre ère) ne contiennent pas le mot *mathētēs* [8].

Il faut aller dans Philon d'Alexandrie (environ 25 avant J.C. à 50 de notre ère) pour trouver un auteur juif connu, écrivant en grec, qui emploie *mathētēs* dans ses ouvrages. La joie de la découverte est immédiatement tempérée quand on apprend que, dans l'immense production de Philon, riche de 12 volumes dans la *Loeb Classical Library*, il n'y a que 14 occurrences du nom « disciple ». Même si Philon emploie parfois le mot dans le sens général d'une personne qui apprend quelque chose ou qui reçoit l'enseignement d'un maître, il en fait un usage spécifique dans le contexte de ses perspectives mystiques à propos du « parfait » qui est directement instruit par Dieu [9]. C'est la manière la plus typique et la plus fréquente dont Philon emploie *mathētēs*. Cet usage correspond à la personnalité de Philon, marquée par le mysticisme gnosticisant, et influencée par le moyen platonisme et peut-être par les religions hellénistiques à mystères. Aussi l'emploi peu fréquent et particulier du terme « disciple » par Philon ne nous fournit-il toujours pas de vrais parallèles aux disciples de Jésus dans les évangiles.

On pourrait espérer une meilleure aide de la part de Josèphe (environ de 37 à plus de 100 de notre ère). Josèphe, en effet, est né en Palestine peu de temps après la crucifixion de Jésus ; et, au moins vers la fin de sa vie, il affirmait qu'il avait été pharisien depuis le début de sa vie adulte. Et pourtant, le nombre d'occurrences du mot « disciple » dans les écrits de Josèphe est presque aussi décevant que dans ceux de Philon. Malgré la production littéraire considérable de Josèphe, qui occupe 10 volumes dans la *Loeb Classical Library*, *mathētēs* ne se trouve que 15 fois dans ses œuvres. Les emplois du mot sont répartis dans les *Antiquités juives* et dans le *Contre Apion*. Il est significatif que ces ouvrages ont été écrits respectivement aux environs de 93-94 et 100-105 de notre ère, quelque soixante ou soixante-dix ans après la mort de Jésus.

Les 15 occurrences du terme « disciple » dans Josèphe couvrent une large palette de sens. Parfois le mot a le sens général de quelqu'un qui apprend à partir de l'exemple d'un autre (*Ant.* 1.11.3 § 200). Ce qui est plus important, c'est que Josèphe emploie *mathētēs* quand il décrit divers personnages de l'Ancien Testament qui connaissent une relation de maître à disciple. Ainsi, Josué est appelé disciple de Moïse (*Ant.* 6.5.4 § 84), Élisée disciple d'Élie (*Ant.* 8.13.7 § 354) et Baruch disciple de Jérémie (*Ant.* 10.9.1 § 158). Étant donné que la Septante n'emploie jamais *mathētēs* pour parler de ces personnages, Josèphe indique ainsi comment il interprète ces héros bibliques dans le milieu du judaïsme hellénistique de la fin du Ier siècle de notre ère. Dans son *Contre Apion*, Josèphe emploie le terme « disciple » trois fois, de manière typiquement grecque, pour décrire des personnes ou des groupes qui suivent les enseignements philosophiques d'un autre personnage ou groupe qui leur est notablement éloigné dans l'espace et le temps (*Contre Apion* 1.2 § 14 ; 1.22 § 176 ; 2.41 § 295).

Pour nous, sont d'un intérêt tout particulier les cas où Josèphe applique le terme « disciple » à la relation qui existait entre Élisée et le prophète Élie ou à celle que différents subordonnés entretenaient avec Élisée après que celui-ci eut pris la succession d'Élie. Dans *Ant.* 8.13.7 § 354 (cf. *Ant.* 9.2.2 § 28 ; 9.3.1 § 33), Josèphe raconte comment Élisée « suivit » *(ēkolouthēsen)* le prophète Élie et devint ainsi son « disciple et serviteur » *(mathētēs kai diakonos)*. Une image évoque encore plus une situation « scolaire », c'est celle du prophète Élisée qui est assis dans sa maison avec ses disciples (*Ant.* 9.2.4 § 68) ou qui envoie un disciple pour une mission (*Ant.* 9.6.1 § 106). Au lieu du terme « disciple », les passages correspondants de la Bible parlent respectivement d'« anciens » et de « l'un des fils des prophètes » (2 R 6, 32 ; 9, 1). Josèphe fait peut-être ici une relecture des passages bibliques à la lumière du mouvement pharisien et du mouvement rabbinique naissant, avec leurs écoles, un phénomène qui lui-même reflète l'influence de la culture hellénistique.

Le souverain hasmonéen Jean Hyrcan est plus proche de l'époque de Josèphe, qui le décrit comme *mathētēs* des pharisiens (*Ant.* 13.10.5 § 289). Dans le contexte, le passage signifie probablement que Hyrcan flattait les pharisiens en soulignant combien il avait été influencé par leurs enseignements. Son style de vie montre qu'il n'était pas un membre patenté du mouvement pharisien. Le sens plus strict de disciple authentique d'un vrai maître pharisien se trouve en *Ant.* 15.1.1 § 3, où il est question du pharisien Pollion et de son disciple Samaias, tous deux très tôt partisans d'Hérode le Grand. Plus loin, Josèphe indique qu'ils ont l'un et l'autre des gens qui les suivent constamment (*syndiatribontōn*, *Ant.* 15.10.4 § 370). Ici le concept grec de la relation maître-disciple dans une école philosophique a manifestement pris racine dans une situation juive palestinienne, du moins telle qu'elle nous est décrite par le Josèphe déjà âgé écrivant à Rome à la fin du Ier siècle de notre ère.

Il est révélateur que l'emploi de *mathētēs* par les évangiles pour les disciples de Jésus a comme plus proche parallèle du Ier siècle un passage des écrits de Josèphe, un Juif palestinien instruit, qui se plongea dans la culture gréco-romaine tout en déclarant, au moins vers la fin de sa vie, qu'il était pharisien. Il se pourrait bien que les disciples du mouvement pharisien dans les deux siècles du tournant de l'ère chrétienne, les disciples de Jésus au Ier siècle de notre ère et les disciples des rabbis dans les siècles suivants soient tous d'une manière ou d'une autre le reflet de l'influence de la culture hellénistique, qui avait pénétré depuis longtemps en Palestine [10]. Dans ces diverses sortes de relations maître-disciple qui surgissent en Palestine, nous pouvons voir une fertilisation croisée entre l'Ancien Testament et les traditions juives d'une part et les traditions scolaires gréco-romaines d'autre part.

Mais il demeure important de bien remarquer que, pour trouver dans la littérature juive un emploi de *mathētēs* relativement proche de celui de la tradition évangélique, nous devons aller chercher dans les écrits de Josèphe, à la fin du Ier siècle de notre ère. Avant l'époque du Jésus historique, on ne trouve aucun auteur juif qui parle de disciples ayant au moins quelques similitudes avec ceux que Jésus rassemble autour de lui. De fait, à part Philon (qui vient d'Égypte et pas de Palestine), aucun auteur juif ne parle de disciples avant l'époque de Jésus. Cette absence étonnamment manifeste du terme « disciple » dans la littérature religieuse juive de Palestine avant l'époque de Jésus, comme dans le Nouveau Testament en dehors des évangiles et des Actes, peut constituer un type limité d'argument de discontinuité. Il semble que l'emploi massif de *mathētēs* pour les disciples de Jésus dans les quatre évangiles ne soit *ni* la projection d'un emploi du mot dans l'Ancien Testament (texte massorétique ou Septante), dans la littérature intertestamentaire ou dans les écrits de

Qumrān, *ni* la rétroprojection d'une dénomination des croyants chrétiens, qui aurait eu cours au Ier siècle de notre ère [11]. Il se pourrait bien que, au cours du ministère public, Jésus lui-même ou des gens qui lui étaient très proches aient choisi le mot « disciple » (en araméen, *talmîdā'*), qui n'était pas encore un terme technique dans le sens du rabbinisme ultérieur. Le mot fut choisi pour désigner le type inhabituel de relation qui existait entre le prophète et le maître (un « rabbi », également dans un sens non technique), à la manière d'Élie et des gens qu'il avait appelés à le suivre au sens littéral du terme. En adoptant cette terminologie relativement récente pour un mouvement spécifique (au moins en Palestine juive), Jésus et ses disciples reflètent peut-être le milieu hellénistique qui avait progressivement étendu son influence sur la Palestine depuis l'époque d'Alexandre le Grand. Mais pour Jésus, le terme pouvait dénoter l'influence plus immédiate du modèle fourni par le Baptiste et son groupe de disciples, auquel Jésus a pu appartenir pendant un moment [12].

Le critère de discontinuité n'est d'ailleurs pas le seul à fournir un argument en faveur de l'historicité des disciples de Jésus. La présence de disciples autour de Jésus pendant son ministère public est également étayée par le critère d'attestation multiple de sources et de formes. Les exégètes sont habituellement d'accord pour dire que, dans les évangiles, ce qui caractérise particulièrement le fait d'être disciple est de recevoir de Jésus un appel spécifique à le suivre [13]. Si donc nous faisons le compte des passages où des gens qui entourent Jésus sont explicitement appelés « disciples » ou bien des passages où Jésus appelle spécifiquement des gens à le suivre, nous avons des références aux disciples de Jésus dans chacune des sources évangéliques.

Marc raconte l'appel des quatre premiers disciples (Pierre, André, Jacques et Jean) en 1, 16-20 et l'appel de Lévi, le collecteur de taxes, en 2, 14. Tout au long de son parcours narratif, Marc mentionne la présence de disciples en compagnie de Jésus (pour donner seulement quelques exemples, 2, 15-16 ; 3, 7 ; 5, 31 ; 6, 35 ; 8, 1 ; 9, 14 ; 10, 23-24 ; 11, 1 ; 12, 43 ; 13, 1 ; 14, 12-16.32). Dans la tradition marcienne de logia, Jésus dit le prix fort à payer pour les gens qui veulent vraiment le suivre (8, 34).

La tradition Q contient deux occurrences claires du mot « disciple », sachant que la seconde renvoie aux disciples du Baptiste. Dans le premier passage, Jésus prononce ce qui pourrait être un proverbe ; mais, dans son contexte actuel, la parole semble dite par Jésus en référence à ses disciples : « Le disciple n'est pas au-dessus du maître » (Mt 10, 24 // Lc 6, 40 ; cf. Jn 13, 16). Le second passage fait référence aux disciples que le Baptiste envoie à Jésus (Mt 11, 2 // Lc 7, 18-19) [14]. La tradition Q contient également diverses paroles de Jésus dans lesquelles il exhorte ses auditeurs à afficher en public leur fidélité envers lui, malgré les oppositions et les dangers (par exemple, Mt 10, 26-36 // Lc 12, 2-9.51-53). Ces paroles n'ont de sens que si elles sont adressées aux plus engagés des gens qui le suivent. Le terme « disciple » se trouve également dans les traditions particulières de Matthieu et de Luc, bien qu'il soit difficile ici de savoir quand nous avons affaire à des créations rédactionnelles des évangélistes. Quelques cas au moins sont assez clairement rédactionnels (par exemple, Mt 10, 42 ; Lc 14, 33 [15]).

Dans l'évangile de Jean, il y a davantage d'occurrences du mot « disciple » que dans tout autre livre du Nouveau Testament ; et le terme apparaît aussi bien dans les passages narratifs que dans les paroles de Jésus. Il ne fait pas de doute que le quatrième évangile contient de nombreux passages où le mot « disciple » est un apport rédactionnel de l'évangéliste. Cependant, certains récits johanniques qui mentionnent les disciples de Jésus ont des parallèles synoptiques indépendants qui se réfèrent également aux disciples. C'est le cas, par exemple, pour la nourriture donnée à la foule (cf. Mc 6, 32-44 ; 8, 1-10 ; Jn 6, 1-15) et pour l'arrestation à Gethsémani (cf. Mc 14, 32 ; Jn 18, 1-2). Par conséquent, au moins dans ces passages, la présence des disciples n'est pas purement et simplement une création rédactionnelle du quatrième évangéliste.

Bien qu'on n'y trouve pas le mot « disciple » appliqué aux gens qui suivent Jésus, la description concise de Josèphe correspond parfaitement au tableau brossé par les évangiles (*Ant.* 18.3.3 § 63-64). Josèphe assure que Jésus avait rassemblé autour de lui *(epēgageto)* des gens qui le suivaient, parmi lesquels de nombreux Juifs et de nombreux Grecs d'origine. Plus encore, Josèphe déclare que, après la crucifixion de Jésus par Pilate, « ceux qui l'avaient aimé [à savoir Jésus] auparavant *[to prōton]* ne cessèrent pas de le faire [...] ». Josèphe décrit donc un groupe de gens convaincus qui suivaient Jésus et qui étaient si attachés à lui durant son ministère qu'ils n'abandonnèrent pas sa cause même après sa mort infamante. Bien que le mot « disciple » ne soit pas employé, ces gens correspondent manifestement aux disciples décrits dans les évangiles. L'argument tiré de l'attestation multiple couvre donc non seulement les quatre sources évangéliques mais également Josèphe [16].

Enfin, on peut faire jouer le critère de cohérence, même si c'est de manière indirecte. Marc, la tradition Q, la tradition particulière de Luc, Jean et Josèphe indiquent tous que Jean le Baptiste avait des disciples (voir Mc 2, 18 ; 6, 29 ; Mt 11, 2 par. ; Lc 11, 1 ; Jn 1, 35-37 ; 3, 23.25 ; 4, 1 ; *Ant.* 18.5.2 § 117-118 ; cf. Ac 19, 1-7). Mais comme nous l'avons vu dans le tome II, par le seul fait de se soumettre au baptême de Jean et en ce sens limité, Jésus était devenu disciple de Jean [17]. Vu le baptême de Jésus par Jean et la description faite par les quatre évangiles d'un Jésus fréquentant les disciples du Baptiste (Jn 1, 35-44), il est vraisemblable que Jésus soit resté un moment dans le cercle des disciples les plus proches de Jean. J'ai également montré dans le tome II que le quatrième évangile a probablement raison de nous présenter un Jésus qui imite la pratique du baptême de Jean, dès le début de son propre ministère indépendant (Jn 3, 22-25 ; 4, 1) [18]. Pour tout dire, l'adhésion de Jésus au message de Jean, exprimée dans le fait de se faire baptiser par lui, le séjour de Jésus parmi les disciples du Baptiste et l'imitation par Jésus du ministère de baptiseur de Jean dans son propre ministère sont autant d'éléments en parfaite cohérence avec le fait que Jésus a imité une autre des pratiques de Jean : rassembler des disciples autour de lui. Nous ne sommes donc pas surpris d'entendre le quatrième évangile nous dire que certains des principaux disciples de Jésus (notamment André et Pierre) venaient du cercle de disciples du Baptiste (Jn 1, 35-42).

On peut aussi aborder le critère de cohérence par un autre biais. Dans la pratique, personne ne nie que, d'une manière ou d'une autre, le Jésus historique avait au cours de son ministère la double fonction de prophète juif et de maître juif donnant un enseignement. Diverses sources évangéliques fournissent de nombreuses indications concernant ces deux types d'activité [19]. Il est presque inconcevable qu'un Juif palestinien du Ier siècle ait fonctionné pendant un temps assez long à la fois comme prophète et maître sans avoir des disciples pour entendre et assimiler ses prophéties et ses enseignements. On ne fait là qu'exprimer une évidence : prophétiser et enseigner sont des exercices de communication sociale. Un prophète ou un maître qui n'aurait eu absolument aucun public attentif aurait eu bien peu de chances de voir l'histoire ultérieure garder le moindre souvenir de lui en tant que prophète ou maître, sans parler d'avoir un impact significatif sur cette histoire. Dans la Palestine du Ier siècle, avoir des disciples correspond tout simplement à la description qui est faite de l'activité de Jésus.

Pour résumer, nous disposons d'arguments tirés à la fois de la discontinuité, de l'attestation multiple de sources et de formes et de la cohérence, qui étayent un point essentiel pour notre compréhension du Jésus historique et du christianisme primitif : Jésus a rassemblé autour de lui un groupe de disciples convaincus, dont certains furent également des personnages de première importance dans l'Église primitive.

2. Qui peut être qualifié de disciple de Jésus ?

Quand on veut décrire les disciples de Jésus, il ne faut pas oublier que, dans le monde méditerranéen au tournant de l'ère chrétienne, Jésus n'avait pas le monopole du phénomène d'un rassemblement de disciples autour d'un maître ; on n'était pas dans un vide historique. Dans toute la période gréco-romaine, divers personnages philosophiques et religieux regroupaient autour d'eux des gens que l'on pourrait qualifier de partisans, d'adeptes, d'élèves ou de disciples. Ces auditoires attentifs s'imprégnaient des enseignements de leur maître et les cultivaient ; et ainsi se mettaient en place diverses traditions intellectuelles ou religieuses, qui étaient par la suite communiquées de génération en génération. R. Alan Culpepper a examiné ce phénomène d'« école » dans des groupes hellénistiques aussi disparates que les pythagoriciens, les platoniciens, les aristotéliciens, les stoïciens, l'« école de Qumrān », la « maison de Hillel », l'« école » de Philon, les disciples de Jésus et l'« école » qui est derrière la tradition du quatrième évangile [20].

Comme il se doit, le mot « école » est employé ici dans un sens très large, étant donné que, dans le monde méditerranéen ancien, la relation maître-disciple était quelque chose d'assez élastique [21]. Une « école » donnée ne trouvait pas seulement ses contours spécifiques en fonction des conditions socio-économiques, politiques et intellectuelles d'une société particulière, mais aussi en fonction du génie et de l'impact personnel du grand maître fondateur. Autant ce serait de la bien mauvaise apologétique que de vouloir exclure les disciples de Jésus du phénomène « école » plus large du monde gréco-romain, autant ce serait de l'harmonisation trop facile que d'ignorer la spécificité des disciples rassemblés autour du Jésus historique. Comme personnage religieux de la période gréco-romaine, Jésus avait évidemment des traits de ressemblance avec d'autres maîtres philosophiques ou religieux de son temps, notamment par sa volonté de rassembler autour de lui des élèves ou des gens qui le suivaient. Donc, même si l'on a beaucoup exagéré la ressemblance de Jésus avec les philosophes cyniques itinérants, on ne doit pas dénier toute ressemblance avec des philosophes du grand courant stoïco-cynique, parfois combiné avec des aspects pythagoriciens [22].

La ressemblance est encore plus évidente avec les rabbis juifs plus tardifs et leurs disciples. Pourtant, l'utilisation de sources écrites qui viennent de stades plus développés du judaïsme mishnaïque et talmudique pose des problèmes spéciaux, puisque ces sources vont de 200 à 500 de notre ère. Il est vrai, comme le fait remarquer avec raison Shaye Cohen, que les rabbis du IIe siècle de notre ère partagent de nombreuses caractéristiques avec les disciples de Jésus. Comme ceux de Jésus, les disciples d'un rabbi étaient constamment avec leur maître. « Ils vivaient, mangeaient, dormaient et voyageaient habituellement avec lui [...] Cette relation laissait peu d'intimité à chacun [...] En réalité, rejoindre un groupe de disciples revenait à s'agréger à une nouvelle famille (cf. Mc 3, 32-35 ; 10, 29-31) [23]. »

Mais en même temps, avec son sens critique affûté, Cohen met le doigt sur une différence essentielle : « Jésus n'était pas seulement un enseignant [...], il était aussi un prophète et un guérisseur ; et les traditions à son sujet dérivent manifestement en partie des réminiscences bibliques sur Élie et son disciple Élisée. Par contre, les rabbis du IIe siècle ne prétendaient pas être des saints hommes ou des thaumaturges [...] [24] » Dans le tome II de *Un certain Juif, Jésus*, j'ai montré en effet que l'activité de prédicateur et d'enseignant de Jésus est à comprendre dans le cadre plus large de sa qualité de prophète eschatologique et de thaumaturge, qui avait conscience de se présenter à Israël comme quelqu'un de semblable à Élie. C'est en parfaite correspondance avec cette image délibérément choisie que Jésus a adressé à des disciples un appel impérieux à le suivre ; et ceux-ci ne devaient pas seulement s'imprégner de son enseignement mais devaient également partager son ministère d'annonce du royaume et de guérison des malades. Parmi tous les prophètes de l'Ancien Testament, seul Élie est présenté comme (1) un prophète thaumaturge itinérant, menant son activité dans le nord d'Israël, (2) qui adresse un appel impérieux à un autre individu (Élisée) pour qu'il laisse maison, famille et travail ordinaire afin de le suivre, d'être à son service et finalement de lui succéder dans son ministère de prophète [25].

De fait, plus que tout autre texte de l'Ancien Testament, le récit de l'appel d'Élisée par Élie trouve un écho non seulement dans les récits évangéliques d'appel, mais également, j'aimerais le montrer, dans les actes mêmes par lesquels le Jésus historique a appelé ses disciples. Dans 1 R 19, 19-21, Élie trouve Élisée occupé à son travail ordinaire et l'appelle symboliquement à son service en jetant sur lui son manteau. Élisée demande la permission de dire adieu à ses parents, en promettant : « puis j'irai à ta suite (*wĕ'ēlĕkâ 'aḥărêkā* dans le texte massorétique, *kai akolouthēsō opisō sou* dans la Septante). » Élie le lui permet. Élisée abat les bœufs avec lesquels il était en train de labourer, utilise le bois de leur joug pour le feu et offre un festin à ses compagnons de travail ; ce faisant, il coupe les ponts derrière lui. Puis « il partit à la suite d'Élie et se mit à son service (*wayyēlek 'aḥărê 'ēliyyāhû wayšārĕtēhû* dans le texte massorétique, *kai eporeuthē opisō Ēliou kai eleitourgei autǭ* dans la Septante) ». Divers éléments présents dans ce texte se retrouvent dans les récits évangéliques d'appel de disciples par Jésus, à savoir (1) l'appel inopiné et impérieux d'un prophète, adressé à un individu ordinaire occupé à son travail ordinaire, (2) un appel qui signifie pour la personne appelée une rupture avec sa famille et son gagne-pain et (3) un appel qui implique de marcher littéralement à la suite du prophète et de se mettre à son service. Plus important encore, je vais essayer de montrer que ces éléments remontent au Jésus historique.

C'est donc en fonction de cet arrière-plan vétérotestamentaire de l'appel d'Élisée par Élie que je comprends le caractère spécifique des disciples de Jésus [26]. Mais c'est une chose d'énoncer ma conception des disciples à partir d'un rapide argument de cohérence, et c'en est une autre de fonder cette opinion sur un examen détaillé des témoignages du Nouveau Testament. En explorant différentes traditions des évangiles concernant les disciples de Jésus, nous allons maintenant appliquer les critères habituels d'historicité, afin d'établir pour les disciples, tels que les évangiles les présentent, quelles caractéristiques remontent réellement à l'appel et aux exigences du Jésus historique. Ce faisant, je vais « étoffer » les traits essentiels qui pourraient qualifier quelqu'un comme *disciple* de Jésus, en le distinguant de quelqu'un de la foule qui l'aurait suivi en curieux ou même de quelqu'un de convaincu qui aurait adhéré au mouvement lancé par Jésus sans pour autant le suivre physiquement à travers la Galilée.

Quels sont donc les traits distinctifs qui définissent une personne comme disciple de Jésus au sens strict ? En commençant cette recherche d'une définition appropriée, nous ne devons pas oublier que le discours religieux du christianisme moderne nous amène souvent à employer le mot « disciple » de façon assez imprécise. Le désir d'être percutant pousse l'éloquence des prédicateurs et les méditations des théologiens à employer le mot « disciple » en de nombreuses acceptions ou dans un sens le plus large possible. À cet égard, les auteurs d'aujourd'hui pourraient prendre Luc comme saint patron, puisqu'il a été le premier, dans les Actes des Apôtres, à élargir le terme pour lui faire recouvrir les chrétiens de son époque en même temps que les disciples originels de Jésus. Cependant les évangiles, y compris celui de Luc, ne sont pas aussi généreux. À quelques exceptions près, leur emploi du mot est restreint aux personnes qui ont réellement suivi Jésus au cours de son ministère public.

Mais est-ce que chacun de ceux et celles qui suivaient Jésus, même avec conviction et dévouement, peut automatiquement être qualifié de disciple ? Il semblerait que non, au moins si l'on s'en tient très littéralement aux occurrences du mot *mathētēs* dans les évangiles. Mais doit-on choisir un créneau aussi serré ? Jusqu'à maintenant, nous nous sommes appuyés sur une vague intuition de ce que signifie être disciple de Jésus. Peut-être certains préféreraient-ils en rester à leur intuition. Cependant, puisque le sens fondamental de *mathētēs* est « élève » ou « étudiant », ils devraient simplement considérer comme allant de soi qu'un disciple de Jésus était quelqu'un qui écoutait et apprenait les enseignements de rabbi Jésus, quelqu'un qui faisait partie de ses étudiants.

Mais il n'est pas aussi simple de faire le portrait des disciples de Jésus. D'où la tâche qui nous incombe : tenter de clarifier ce que signifie être disciple du Jésus historique durant son ministère public en Palestine aux environs de 28-30 de notre ère. Une manière d'aborder ce problème est de poser une question désespérément simple : quels sont les traits communs qui caractérisent la condition de disciple et qui bénéficient de l'attestation multiple (et parfois d'autres critères) dans les différents courants de la tradition évangélique ?

A. L'initiative de Jésus dans l'appel

Une caractéristique, présente dans un bon nombre de sources évangéliques différentes, est frappante : c'est Jésus qui prend l'initiative d'appeler des gens à le suivre [27]. Trois exemples clairs se trouvent dans la tradition marcienne : l'appel des quatre premiers disciples (Pierre, André, Jacques et Jean) dans Mc 1, 16-20, l'appel de Lévi le collecteur de taxes en 2, 14 et l'appel (non couronné de succès) d'un homme riche en 10, 17-22. Dans chacun des cas, Jésus lance un appel impérieux à le suivre, un appel adressé à des gens qui n'ont pas pris l'initiative de demander à le suivre [28].

La tradition Q décrit aussi Jésus en train d'appeler des personnes à le suivre. Cette tradition souligne particulièrement le caractère impérieux de l'ordre donné par Jésus, une injonction qui ne tolère ni opposition ni délai, quelles que soient les circonstances. Dans Mt 8, 21-22 // Lc 9, 59-60, un candidat à la condition de disciple demande à Jésus la permission d'enterrer d'abord son père (vraisemblablement décédé depuis peu) avant d'accepter l'appel de Jésus à le suivre. Jésus refuse l'autorisation avec une rudesse choquante : « laisse les morts enterrer leurs morts. » Cette exigence de pas tenir compte d'une obligation fondamentale de piété envers un parent mort, un impératif reconnu par tous les Juifs, ne se retrouve jamais dans le Nouveau Testament et, dans le reste de la littérature chrétienne primitive, elle n'est jamais présentée comme une obligation qui incombait aux chrétiens. C'est là une discontinuité choquante par rapport à la moralité de base, chère au cœur des Juifs comme des chrétiens [29]. Et d'ailleurs, cette exigence est en parfaite discontinuité avec les sensibilités fondamentales du monde méditerranéen ancien en général.

Une tradition propre à Luc exprime la même chose (Lc 9, 61-62) [30]. À quelqu'un qui lui demande l'autorisation de faire ses adieux à sa famille, Jésus répond sévèrement : « Quiconque a mis la main à la charrue et regarde en arrière est impropre au royaume de Dieu. » Même si les récits d'appel de Marc expriment déjà clairement cette exigence, les traditions Q et L soulignent davantage encore l'autorité péremptoire de Jésus pour appeler des gens à quitter leur vie ordinaire et à le suivre.

La manière dont le quatrième évangile présente le premier contact de Jésus avec ses futurs disciples est différente de celle de Marc et prend ainsi une importance particulière. Dans Jn 1, 35-42, le Baptiste envoie deux de ses disciples à Jésus, qui se met à encourager leur curiosité première. Quand les deux disciples lui demandent « Rabbi, où demeures-tu ? », Jésus leur répond laconiquement : « Venez et voyez. » L'invitation de Jésus adressée d'abord à ces deux disciples se répercute alors dans une sorte de réaction en chaîne d'ordre spirituel. André, l'un des deux premiers, amène à Jésus son frère Simon. Dans la structure littéraire du chapitre premier de l'évangile de Jean, Philippe semble être le second des deux premiers disciples [31] ; on le voit persuader Nathanaël de venir rencontrer Jésus. Étant donné le caractère rédactionnel de cette présentation, toute remplie de théologie johannique et si différente de celle des synoptiques, une chose est pour le moins surprenante : lorsque le Jésus johannique décide de quitter l'entourage du Baptiste et la région du Jourdain pour aller en Galilée (Jn 1, 43), il trouve Philippe et lui dit, de manière toute synoptique :

« Suis-moi *[akolouthei moi]*. » Malgré toutes les différences johanniques, les éléments essentiels, que sont l'initiative de Jésus et son ordre péremptoire adressé à des gens pour qu'ils le suivent, au sens littéral et physique du terme, se retrouvent aussi bien dans Jn 1 que dans Marc ou dans la tradition Q.

Ainsi, les traditions de Marc, Q, L et Jean nous donnent une attestation multiple tout à fait correcte d'un élément de base de la condition de disciple : on devient disciple de Jésus si celui-ci en prend l'initiative en donnant l'ordre impérieux de le suivre. Dans ces différents courants de tradition, il existe une constante remarquable, à savoir les termes « suivre » ou « venir [ou aller] derrière » Jésus. Dans le cas du logion Q (Lc 9, 60 par.), le critère de discontinuité vient étayer cet élément de base.

Dans leur aménagement rédactionnel des événements qui ouvrent le ministère de Jésus, Marc et Jean donnent encore plus de force au lien intrinsèque qui existe entre le fait d'être appelé à suivre et celui de devenir membre d'un groupe de disciples. Dans les premières péricopes de la narration de Marc, le mot « disciple » n'apparaît jamais. Par contre, on y entend Jésus appeler différents individus à le suivre : d'abord Pierre et André (1, 16-18), puis Jacques et Jean (1, 18-19) et, pour finir, Lévi (2, 14). Ce n'est qu'après avoir présenté Jésus appelant un certain nombre de gens à le suivre que l'évangéliste introduit le terme « disciple » dans sa narration (en 2, 15, juste après l'appel de Lévi) : « beaucoup de publicains et de pécheurs se trouvaient à table avec Jésus *et ses disciples* : car ils [à savoir les disciples] étaient nombreux et ils le suivaient [32]. »

Malgré toutes les différences dans la manière de présenter les débuts du ministère de Jésus, l'évangile de Jean nous fournit pourtant le même schéma fondamental que celui affiché dans Marc. Le chapitre premier du quatrième évangile parle uiquement des deux « disciples » du Baptiste (1, 35.37), mais jamais des « disciples » de Jésus. C'est seulement après que Jésus a rassemblé autour de lui un certain nombre de gens qui se mettent à sa suite, des gens qui le suivent littéralement depuis la basse vallée du Jourdain jusqu'en Galilée, que le quatrième évangile parle explicitement de disciples de Jésus (2, 2) : « Jésus aussi fut invité à ces noces [à Cana], *ainsi que ses disciples*. » On trouve donc la même chose dans Marc et en Jean : c'est seulement après l'initiative prise par Jésus d'appeler un certain nombre de personnes à le suivre et seulement après leur mise en route effective à sa suite, que ces évangélistes parlent des disciples autour de Jésus. La condition de disciple naît donc d'un rapport interpersonnel particulier : la décision de Jésus d'appeler des gens à le suivre, avec l'ordre qu'il leur donne en ce sens, et l'obéissance de ces personnes en réponse à cet appel. Telle qu'elle est présentée dans les évangiles, la condition de disciple n'implique pas seulement une relation individuelle d'un élève isolé à son maître, mais la formation d'une collectivité autour du maître qui a appelé le groupe à l'existence.

Il est intéressant de remarquer que, malgré leurs divergences par rapport à Marc dans la façon de raconter les débuts du ministère de Jésus, les deux synoptiques plus tardifs que sont Matthieu et Luc présentent eux aussi le même schéma de base : d'abord l'appel à le suivre adressé par Jésus à certaines personnes (Mt 4, 18-22 ; Lc 5, 1-11), et ensuite la première mention de « ses disciples [de Jésus] » (Mt 5, 1 ; Lc 5, 30). Il est vrai que, dans les quatre évangiles, nous avons affaire à un agencement rédactionnel des matériaux par les évangélistes. Néanmoins, il est significatif que Marc et Jean, indépendamment l'un de l'autre, et Matthieu et Luc, en dépit de leurs nombreuses modifications de Marc, se retrouvent tous d'accord avec cette idée de base : l'initiative de Jésus dans l'appel de quelqu'un à être son disciple était une condition indispensable pour que cette personne soit comptée comme disciple et comme membre du groupe de disciples. Ainsi, ce qui est indiqué dans le microcosme de récits évangéliques et de logia distincts se trouve confirmé par le macrocosme des évangiles dans leur ensemble. Apparemment, il était profondément enraciné dans la tradition chrétienne primitive que l'appel impérieux de Jésus était constitutif de la condition de disciple, comprise précisément comme un phénomène de groupe. Il n'y a pas d'alternative à cette interprétation de ce qui fait d'une personne un disciple de Jésus.

Il faut prendre garde d'affirmer de façon globale que la manière habituelle dont Jésus prenait l'initiative d'appeler des disciples à le suivre au sens littéral du terme était un processus qui lui était propre parmi les maîtres juifs de la Palestine du Ier siècle. La vérité est que nous manquons d'informations sur la façon dont d'autres maîtres juifs de Palestine rassemblaient des élèves au début du Ier siècle de notre ère. Comme je l'ai fait remarquer dans le tome premier, les descriptions dont on dispose sur l'éducation dans la Palestine juive vers le tournant de l'ère chrétienne viennent pour une grande part des matériaux rabbiniques [33]. Et en plus, il n'est pas toujours facile de savoir si les rabbis plus tardifs font de simples descriptions sociologiques sur la manière de mener l'éducation ou s'ils prononcent des exhortations destinées à inculquer un idéal.

Cette mise en garde étant faite, il est permis de dire que la façon dont Jésus se faisait des disciples semble bien avoir été inhabituelle, sinon unique, dans le judaïsme palestinien de son temps. Si nous remontons à l'époque de Ben Sira (environ 190 avant notre ère), nous voyons un homme sage, un scribe, qui invite des personnes désireuses d'acquérir la sagesse (probablement de familles aristocratiques ou aisées) à entrer dans son école à Jérusalem (Si 51, 23 [34]). Il n'y a pas d'injonction ordonnant à des personnes particulières de venir ; et l'invitation n'implique pas de suivre un prophète charismatique itinérant dans ses tournées en Galilée, en Judée et au-delà. Ben Sira semble diriger une école confortablement installée à Jérusalem.

Notre recherche d'individus ou de groupes juifs que nous pourrions comparer aux disciples de Jésus se heurte à une difficulté particulière, lorsque nous parvenons à l'époque de Jésus. Entre le début et le milieu du Iᵉʳ siècle de notre ère, il n'est pas possible de nommer, d'examiner et de décrire des Juifs qui sont entrés individuellement dans une relation de maître à disciple. Deux cas peuvent quelque peu éclairer notre recherche : (1) le groupe de disciples autour de Jean le Baptiste (par exemple, André et Philippe) et (2) le jeune Josèphe en quête d'un guide spirituel. Malgré toutes les différences entre ces deux cas, ils ont une caractéristique commune : des individus vont trouver un guide religieux ou un gourou ; ce n'est pas le gourou qui lance à des individus un appel impérieux à le suivre.

Il faut reconnaître que, dans le cas du Baptiste, la preuve est un peu faible ; mais, autant qu'on puisse le savoir par ce qui en est dit dans les quatre évangiles et dans les *Antiquités juives* de Josèphe, le Baptiste, contrairement à Jésus, n'a pas directement « appelé » des individus à être ses disciples et n'a pas exigé d'eux de vivre dans un groupe autour de lui pendant une longue période. L'objectif majeur du Baptiste était plutôt de lancer à tout Israël un appel à se repentir et à prendre part au baptême qu'il proposait. Il semble que, dans leur grande majorité, les personnes baptisées soient retournées chez elles. Un petit nombre resta près de Jean pendant quelque temps ; mais, si l'on en croit le tableau général présenté dans Jn 1, 35-51, ils quittaient le cercle de Jean quand ils le voulaient. Il nous faut toutefois admettre que, dans le cas du Baptiste, nous avons largement affaire à un argument tiré du silence. Aucune source n'indique que le Baptiste a pris l'initiative d'appeler certains individus à être plus ou moins des disciples permanents autour de lui ; mais cela ne prouve pas qu'il ne l'a pas fait.

Grâce à son *Autobiographie* (2 § 11-12), nous sommes mieux informés sur la manière dont Josèphe a été disciple. Alors qu'il avait environ seize ans (vers 53-54 de notre ère), Josèphe *décida* de lui-même *(eboulēthēn)* d'acquérir une expérience des principaux mouvements religieux qui existaient dans le judaïsme palestinien de son temps : les pharisiens, les sadducéens et les esséniens. En plus de ces expérimentations successives de chaque mouvement religieux, il entendit également parler d'un ascète juif solitaire nommé Bannus, qui pratiquait des ablutions rituelles dans le désert. Apparemment de sa propre initiative, Josèphe devint un adepte convaincu *(zēlōtēs)* de Bannus et vécut avec lui pendant trois ans. Finalement, Josèphe revint à Jérusalem à l'âge de dix-neuf ans et se mit à vivre en pharisien, du moins selon ce qu'il affirme dans son *Autobiographie*[35].

Quelle que soit la vérité de ce récit autobiographique, dans lequel l'auteur a sans doute le désir de se présenter sous son meilleur jour comme une personne sincèrement à la recherche d'aide spirituelle, il va de soi pour Josèphe que c'est à lui d'aller trouver différents guides ou maîtres religieux ; ceux-ci ne l'appellent pas à les suivre. De plus, Josèphe ne donne pas l'impression, une fois l'expérience faite avec un groupe particulier ou une personne donnée, d'être obligé de rester avec ce groupe ou avec cette personne. Nous sommes à des lieues de l'appel impérieux dont Jésus avait l'initiative, un appel qui obligeait les candidats choisis à le suivre et à demeurer avec lui [36].

Si nous regardons maintenant ce qui se passera plus tard dans les relations entre les rabbis et leurs disciples, nous voyons que, pour un candidat étudiant, le processus normal consiste à se trouver un rabbi bien coté qui lui enseigne la Tora [37]. Il n'est pas d'usage pour un rabbin de se trouver en présence de quelqu'un qu'il ne connaît pas personnellement et de lui ordonner de façon impérieuse de devenir son disciple en se mettant à sa suite [38]. Par contre, l'initiative de Jésus mettant quelqu'un en demeure de se faire son disciple est une condition nécessaire pour que cette personne devienne disciple. Le désir sincère de suivre Jésus de la part d'un adepte fervent ne suffit pas. On en trouve une illustration tout à fait dramatique dans la finale de l'exorcisme du démoniaque gérasénien (Mc 5, 18-20 // Lc 8, 38-39) : au moment où Jésus quitte le territoire des Géraséniens, l'ex-démoniaque lui demande l'autorisation de rester avec lui. Jésus ne lui permet pas de le suivre, mais lui dit d'aller plutôt chez lui pour rapporter aux siens ce qui s'est passé. L'ex-démoniaque devient ainsi le symbole de tout un groupe de gens sur lesquels nous allons nous pencher dans la quatrième section de ce chapitre : de fervents adeptes de Jésus qui n'ont pas le label de « disciples » au sens strict, parce que Jésus ne les appelle pas à le suivre physiquement.

B. Suivre Jésus physiquement et donc quitter sa maison

Nous en arrivons au deuxième trait saillant de la condition de disciple dans les évangiles : on vient d'y faire allusion en parlant du premier trait. Que ce soit dans Marc, dans Jean ou dans la tradition Q, « suivre » Jésus n'était pas simplement une métaphore pour exprimer le fait d'assimiler ses enseignements et de les mettre en pratique. Jésus a appelé des personnes à le suivre au sens littéral, physique du terme, alors qu'il entreprenait diverses tournées de prédication en Galilée, en Judée et dans les régions alentour. Les traditions de Marc, de Q et de L mentionnées plus haut s'accordent sur une conséquence évidente pour les gens qui devenaient membres de cet entourage itinérant : suivre Jésus comme disciple signifiait quitter maison, parents et moyens d'existence. On ne pouvait pas suivre Jésus simplement en restant chez soi pour étudier ses enseignements ou en allant dans sa maison-école pour assister à ses cours, comme c'était le cas avec Ben Sira. La seule idée que devenir élève comportât l'abandon des relations de famille et des biens patrimoniaux au bénéfice d'un ministère itinérant aurait été contraire à la philosophie de Ben Sira, qui inculquait à ses étudiants les devoirs d'un fils envers son père et sa mère et recommandait la sage jouissance de ce que l'on possède (voir, par exemple, Si 3, 1-16 ; 7, 27-28 ; 14, 11-16 ; 31, 8-11).

Il devait en être de même pour les rabbis plus tardifs. Dans la littérature rabbinique ultérieure, il est question d'étudiants qui « suivent » ou qui « marchent derrière » leur rabbin, mais pas dans le sens appliqué aux disciples de Jésus dans les évangiles. Quand la littérature rabbinique parle du disciple qui « suit » (littéralement, qui « va après ») son maître, la formule est employée simplement pour exprimer la distance respectueuse que le disciple devait observer lorsqu'il marchait derrière son maître, de la même manière que, dans l'entourage d'un rabbi, un serviteur pouvait marcher devant lui [39]. L'expression n'était pas employée comme symbole fort pour signifier une rupture dans les relations par rapport à la famille et à la maison, afin de suivre un prêcheur itinérant et de partager sa destinée au cours de ses divers voyages dans toute la Palestine [40]. Dans la littérature rabbinique, même si on parle parfois de « suivre » un maître, l'expression ne fonctionne pas comme un concept théologique clé.

L'appel impérieux de Jésus à le suivre ne comportait pas de limites, ni temporelles ni géographiques. Il ne fixait aucune limite de temps à l'obligation de le suivre. Il n'existait pas de cycle d'études, dont l'achèvement aurait permis à un disciple de ne plus être constamment présent auprès de Jésus. Être disciple de Jésus n'était pas une situation temporaire, après laquelle le disciple pouvait espérer être promu à un rang d'égalité avec Jésus, en tant que jeune collègue. Cela contraste notoirement avec les relations normales d'un étudiant rabbinique avec son maître. Pour un disciple rabbinique qui se liait à un maître renommé, l'objectif était d'apprendre l'interprétation sage et fiable de la Tora donnée par un rabbi ; cette interprétation n'était pas communiquée par le seul enseignement verbal du maître (soigneusement répété et mémorisé), mais aussi par son comportement quotidien (qui se donnait à voir dans la vie commune, à l'intérieur d'une maisonnée). Ordinairement, cette vie de disciple était vue comme une étape de transition. Quand l'étudiant terminait sa période de formation dans la Tora, il était libre de laisser celui qui avait été son maître et d'entreprendre sa propre carrière de rabbi [41]. Le but de cette éducation était de « rendre l'étudiant capable d'émettre des jugements libres et indépendants dans les questions de loi religieuse [42] ». Dans la littérature rabbinique, c'est l'ordination qui marque la transition [43].

Par contre, comme Lc 9, 59-62 le laisse entendre, Jésus n'appelle pas d'abord des disciples pour apprendre la Tora, mais pour expérimenter et proclamer le royaume de Dieu ; et apparemment ces activités lient le disciple à Jésus et à son message pour un temps indéterminé. Se détourner de cet appel ou, ce qui revient au même, cesser de suivre Jésus était se montrer inapte au royaume. Aux yeux de Jésus, une fois qu'un disciple avait répondu à l'appel, il n'était plus libre de « laisser tomber ». On ne s'étonnera pas de reconnaître, dans la phrase laconique du récit de l'arrestation de Jésus à Gethsémani, quelque chose comme un murmure de jugement latent acerbe : « Et, l'abandonnant [Jésus], ils [les disciples] prirent tous la fuite » (Mc 14, 50 par.). Abandonner Jésus, même ou surtout en face du danger, équivalait à une désertion. Cela nous amène au troisième aspect remarquable de la condition de disciple à laquelle Jésus a appelé certaines personnes choisies.

C. *Risquer le danger et l'hostilité*

Le prix à payer immédiatement pour se mettre physiquement à la suite de Jésus était évident : on laissait maison, famille et travail. Mais, plus encore, Jésus semble avoir averti ses disciples qu'ils pouvaient s'attendre à être en butte à l'hostilité et au danger dans le futur, de la même manière qu'il pouvait s'y attendre lui-même. Surtout dans la période où le ministère de Jésus approchait de son dénouement tragique, il devait aller de soi que Jésus avertisse ceux qui le suivaient de plus près des possibles épreuves à venir. Puisque nous n'avons pas les moyens de situer la plupart des paroles de Jésus à des moments particuliers de son ministère public, il se pourrait que ses paroles sur « le prix à payer pour être disciple » viennent principalement, voire entièrement, des derniers temps de son ministère, alors que les nuages d'orage du conflit avec les autorités de Jérusalem s'accumulaient et s'assombrissaient [44].

Heureusement, quand nous nous demandons si le Jésus historique a réellement enseigné aux gens marchant à sa suite que la condition de disciple se paye au prix fort de l'hostilité et des souffrances, nous pouvons nous appuyer sur des arguments plus solides qu'une conjecture générale. L'attestation multiple de sources vient confirmer que Jésus a effectivement averti ses disciples de la violence et de la possible issue fatale auxquelles pouvaient s'attendre les gens qui le suivaient.

1. Sauver sa vie ou la perdre

Un type particulier d'aphorisme, dans lequel Jésus met en opposition sauver sa vie et la perdre, bénéficie d'une forme rare de triple attestation (Marc, Q et Jean). Comme Taylor le fait remarquer, « peu de paroles de Jésus sont aussi bien attestées que celle-ci [45] ». De fait, si l'on compte tous les parallèles, le logion revient six fois dans les quatre évangiles.

Je voudrais tout d'abord souligner que, dans ce qui suit, je ne cherche pas à établir la formulation exacte de *la* forme primitive de cet aphorisme ou de l'un ou l'autre des logia à examiner. Des aphorismes sur le prix à payer pour être disciple, Jésus a pu en prononcer à différents moments, de différentes manières et avec des mots différents[46]. Je ferai quelques suggestions qui aideront à préciser à quoi ont pu ressembler certaines *formes* primitives de ce logion. Mais le point important de ce qui va suivre est celui-ci : l'attestation multiple permet d'établir le noyau du contenu de ce qu'enseignait le Jésus historique sur le prix à payer pour ceux qui s'engageaient envers lui. Étant donné que je m'intéresse au « noyau du contenu » attesté par les diverses formes de l'aphorisme, je mettrai entre crochets, dans une forme donnée de l'aphorisme, les mots qui peuvent être des ajouts secondaires faits par l'évangéliste ou par la tradition chrétienne dont il a hérité.

(a) Dans la tradition marcienne (Mc 8, 35 parr.), l'avertissement de Jésus à ses disciples est situé stratégiquement après la confession de foi de Pierre en Jésus comme messie (8, 27-30) et la péricope dans laquelle Jésus fait la première prédiction de la passion et réprimande Pierre qui s'insurge contre cette annonce (8, 31-33). Jésus se met alors à prononcer une série d'aphorismes et de prophéties sur les pertes et profits à envisager dans la condition de disciple (8, 34 – 9, 1). Chaque logion de cette série a sa propre histoire de la forme et de la tradition ; et il est probable que les logia ont été rassemblés secondairement par Marc ou, plus vraisemblablement, par une tradition prémarcienne.

Au sein de cette collection de logia sur la condition de disciple, Mc 8, 35 a la forme d'un aphorisme paradoxal *(māšāl)*, dont le paradoxe est souligné par un parallélisme antithétique et un chiasme[47] : « Qui veut en effet sauver *(sōsai)* sa vie la perdra *(apolesei)*, mais qui perdra *(apolesei)* sa vie [à cause de moi et de l'Évangile] la sauvera *(sōsei)*. » Matthieu (16, 25) et Luc (9, 24) reprennent cette forme marcienne du logion, avec seulement de légères variations dans la formulation. Cependant, le seul endroit du logion où Matthieu et Luc s'accordent entre eux contre Marc est significatif : ils omettent tous les deux « et de l'Évangile ». Pour compliquer un peu l'affaire, quelques manuscrits grecs anciens de Marc omettent « de moi et » en 8, 35, tout en gardant « à cause de l'Évangile »[48].

Il est possible que, plus tard, des évangélistes et des scribes aient trouvé que la double référence (« à cause de moi et de l'Évangile ») surchargeait la seconde moitié de l'aphorisme bipartite, construit sur un parallélisme antithétique. Leur sens esthétique visait juste : Mc 8, 35 souffre d'une certaine maladresse et d'une absence d'équilibre qui révèlent probablement un ajout secondaire, étant donné en particulier le penchant de Marc à dire la même chose deux fois, en précisant le premier membre de phrase par le second (« dualité marcienne »)[49]. L'expression « et de l'Évangile » semble particulièrement suspecte : en effet (1) « Évangile » est un terme théologique clé de Marc, (2) parmi les quatre évangiles, l'emploi du mot « Évangile » seul, sans aucun modificatif, est propre à Marc et (3) un certain nombre d'occurrences du terme « Évangile » viennent manifestement du travail rédactionnel de Marc (par exemple,

Mc 1, 1.14.15) [50]. Ce n'est sans doute pas accidentel si « à cause de moi et de l'Évangile » se retrouve dans deux déclarations marciennes sur le prix à payer pour être disciple, Mc 8, 35 et 10, 29. Selon toute vraisemblance donc, l'expression « et de l'Évangile » n'appartient pas à la forme primitive du logion.

Je suis porté à penser que l'expression « à cause de moi » pourrait également être un ajout, même si c'est un ajout prémarcien [51]. Cet élément n'a pas non plus de correspondant dans la première moitié de l'aphorisme et perturbe ainsi l'équilibre du logion bipartite. On peut bien sûr admettre la possibilité que Jésus ait délibérément rompu l'équilibre rhétorique pour souligner un aspect supplémentaire dans la seconde moitié de son aphorisme. Toutefois, étant donné l'absence d'une qualification semblable dans les formes de l'aphorisme qui se trouvent dans Lc 17, 33 (Q) et Jn 12, 25, je crois vraisemblable que la forme primitive de Mc 8, 35 était la suivante : « Qui veut sauver sa vie la perdra ; qui perd sa vie la sauvera [52]. »

En plus de l'usage du parallélisme antithétique et du chiasme, concentrés dans une unité très concise, le logion pourrait refléter un arrière-plan sémitique dans l'emploi ambigu de *psychē*, traduit ici par « vie ». Si, comme le pensent de nombreux commentateurs, le nom grec *psychē* renvoie ici au nom araméen *nĕpaš*, *psychē* pourrait aussi se traduire par le pronom réfléchi « soi-même » : « Qui veut se sauver soi-même se perdra soi-même ; qui se perd soi-même se sauvera soi-même. » Le problème est que nos langues n'ont pas de mots pour exprimer toute la palette de sens de l'araméen *nĕpaš* ou de son équivalent hébreu *nepeš*. Le nom hébreu *nepeš* est un concept à multiples facettes : l'existence concrète ou la vie d'une personne individuelle, à la fois dans ses capacités physiques et psychologiques et dans toutes ses vulnérabilités face à la souffrance et la mort. Des exégètes comme Gerhard Dautzenberg soulignent que c'est là le sens du nom *psychē* dans les deux moitiés de Mc 8, 35 parr. ; aussi ne doit-on pas réduire le sens du nom *psychē* à « âme » ou « vie terrestre » comme opposée à « vie céleste » [53]. Jésus parle de sauver ou de perdre sa propre vie ou existence comme un tout, pas de « sauver son âme ».

Certains commentateurs ont suggéré de voir derrière cet aphorisme une tendance, venue de la tradition de sagesse d'Israël, à concentrer le regard exclusivement sur cette vie terrestre. Un tel logion aurait mis en lumière le paradoxe suivant : tenter de s'accrocher désespérément à sa propre vie peut conduire quelqu'un à la perdre, tandis que vouloir la risquer courageusement (par exemple, au combat [54]) peut amener quelqu'un à la préserver. Manifestement, la proclamation eschatologique de Jésus donne à l'aphorisme une portée qui va bien au-delà ce cette sagesse terrestre. Il est clair que, pour Mc 8, 35 parr., la récompense envisagée pour une vie risquée dans le présent est une vie dans le royaume de Dieu à venir. À cet égard, le logion est un exemple miniature de la fusion qui s'est faite entre sagesse et prophétie pour créer l'apocalyptique : ceux qui se cramponnent à tout prix à la vie présente la perdront lors du jugement final, tandis que ceux qui acceptent de sacrifier leur vie actuelle pour suivre Jésus sans réserve recevront une forme de vie plus comblée et plus durable lors du jugement final [55]. Le parallélisme antithétique et le chiasme de l'aphorisme mettent donc en valeur ce que Jésus proclame : le renversement de toutes les valeurs humaines et des conditions de vie terrestre, en accord avec ce que l'on trouve dans les béatitudes.

(b) On trouve dans Matthieu et dans Lc une autre forme du logion, qui vient probablement de la tradition Q. La forme lucanienne (17, 33) est la suivante : « Qui cherche à épargner *(peripoiēsasthai)* sa vie la perdra *(apolesei),* et qui la perd *(apolesei)* la sauvegardera *(zǭogonēsei).* » La forme matthéenne (Mt 10, 39 est celle-ci : « Celui qui trouve *(heurōn)* sa vie la perdra *(apolesei)* et celui qui perd *(apolesas)* sa vie [à cause de moi] la trouvera *(heurēsei).* »

Ces deux variantes de l'aphorisme viennent-elles vraiment de la tradition Q ou bien sont-elles des reprises créatives de Mc 8, 35 ? Quelques auteurs sont en faveur de cette deuxième proposition [56]. Toutefois, malgré la grande ressemblance de ces deux logia avec Mc 8, 35 parr., la plupart des exégètes pensent que Lc 17, 33 // Mt 10, 39 représentent une forme distincte de l'aphorisme, en provenance de la tradition Q. Cette opinion s'appuient sur trois raisons. (1) Luc a tendance à éviter les doublets (c'est-à-dire deux formes du même logion ou du même récit). Mc 8, 35 est déjà reproduit presque mot pour mot dans Lc 9, 24 ; il est donc peu vraisemblable que l'auteur du troisième évangile ait pris la peine de réécrire le logion de Mc 8, 35 pour le placer ensuite plus loin dans son évangile, dans Lc 17, 33 [57]. (2) Si les deux passages parallèles de Lc 17, 33 et Mt 10, 39 étaient des réécritures de Mc 8, 35, faites par Luc et Matthieu indépendamment l'un de l'autre, pour les insérer dans d'autres discours de leurs évangiles respectifs, nous devrions supposer que les deux évangélistes ont trouvé comme par hasard la même façon singulière de traiter ce logion particulier ; une telle coïncidence est difficile à envisager. (3) Bien que Matthieu et Luc placent le logion dans des contextes différents, ils l'insèrent tous les deux, indépendamment l'un de l'autre, dans un ensemble constitué par des matériaux Q. Matthieu le situe vers la fin de son discours missionnaire (10, 5-42), tandis que Luc le place vers la fin du discours eschatologique (17, 22-37) qu'il propose avant de conclure son grand ensemble narratif du dernier voyage à Jérusalem. Une fois encore, s'il n'y a pas eu une forme Q du logion, comment expliquer une telle coïncidence dans le travail rédactionnel ? Bref, voir dans Lc 17, 33 // Mt 10, 39 un logion qui vient de la tradition Q est une hypothèse beaucoup plus vraisemblable que d'en faire une réécriture de Mc 8, 35 par Luc et Matthieu travaillant indépendamment l'un de l'autre [58].

Lc 17, 33 est remarquablement proche *non pas* de la forme rédactionnelle finale de Mc 8, 35 *mais plutôt* de ce qui semble avoir été la forme prémarcienne de l'aphorisme : « Qui veut sauver sa vie la perdra ; qui perd sa vie la sauvera. » La ressemblance est encore plus frappante si l'on se rend compte que les différences de vocabulaire entre les formulations de Marc et de Luc pourraient venir de traductions grecques différentes des mêmes mots araméens [59].

Par exemple, la formule marcienne « qui *veut sauver* sa vie » correspond à la formule lucanienne « qui *cherche* à *épargner* sa vie ». Derrière les verbes « vouloir » (le *thelǭ* de Marc) et « chercher » (le *zētēsǭ* de Luc), il pourrait y avoir le verbe araméen *ṣĕbēh* (« souhaiter », « vouloir », « désirer ») ou le verbe *bĕʿâ* (« chercher », « rechercher »). Derrière les verbes « sauver » (le *sōsai* de Marc) et « épargner » ou « sauvegarder » (les *peripoiēsasthai* et *zǭogonēsei* de Luc), il pourrait y avoir le verbe araméen *šêzib* (« sauvegarder », « sauver ») ou la forme hapʿel du verbe *ḥăyâ* (« vivre », à la forme hapʿel « garder en vie », « ramener à la vie », « sauver »).

La première moitié de l'aphorisme se termine de la même manière dans Marc et dans Luc : « la perdra *(apolesei)* » ; en fait, une forme du verbe « perdre » est présente dans chacune des différentes formes du logion. Le verbe grec employé pour « perdre » (ou « anéantir ») pourrait représenter le hapʿel du verbe araméen *'ăbad* (au peʿal « périr », « être perdu » ; au hapʿel « anéantir »). On pourrait dire la même chose du début de la seconde moitié de l'aphorisme (« et qui perd sa vie »), même si Luc ne répète pas le complément d'objet « vie », peut-être parce que ses goûts grecs lui font trouver lassante la répétition mécanique exigée par un strict parallélisme sémitique.

À la fin de la seconde moitié de l'aphorisme, Marc a l'expression « la sauvera *(sōsei)* », tandis que Luc a cette autre, « la sauvegardera *(zǭogonēsei)* ». Une fois de plus, nous avons des traductions différentes du logion araméen sous-jacent. Étant donné que la répétition du verbe « sauver » reflète probablement le parallélisme du logion araméen, le verbe *šêzib* et la forme hapʿel du verbe *ḥăyâ*, qui pouvaient constituer l'arrière-plan araméen vraisemblable pour la première moitié du logion, sont également ici les candidats les plus plausibles. Luc (ou sa version de la tradition Q) a pu chercher à éviter la répétition lassante du parallélisme sémitique en utilisant deux verbes différents (*peripoiēsasthai* et *zǭogonēsei*) pour exprimer la même idée (« préserver ») [60]. Il est difficile de déterminer si l'un au moins de ces deux verbes grecs se trouvait dans la version Q du logion dont Luc a hérité [61].

Pareillement, la forme matthéenne du logion Q est assez semblable à la forme primitive prémarcienne de ce logion, à l'exception de l'expression ajoutée « à cause de moi », dans Mt 10, 39. Comme nous l'avons déjà vu, cette expression, qui perturbe le parallélisme strict et qui manque dans la forme lucanienne et dans la forme johannique du logion, est probablement un ajout à la forme primitive.

D'autres différences entre Mt 10, 39 et le logion primitif prémarcien sont principalement stylistiques et pourraient bien venir du travail de rédaction de Matthieu. Au lieu d'introduire le logion par une proposition relative indéfinie à sens conditionnel (« quiconque », *ho an* en grec), comme c'est le cas dans Marc et dans Luc, Matthieu emploie des participes à valeur de substantifs : *ho heurōn* (« celui qui trouve ») et *ho apolesas* (« celui qui perd »). Cet emploi de participes peut être dû au travail rédactionnel de Matthieu. Si les participes avaient été présents dans la forme Q du logion, on ne voit pas pourquoi Luc, qui aime bien les constructions participiales, les auraient remplacés par des propositions relatives (« quiconque »). On pourrait dire, il est vrai, que Luc a choisi des propositions relatives simplement pour suivre Mc 8, 35. Mais il faut alors expliquer pourquoi, au niveau de la construction syntactique, Luc est censé avoir transformé sa source Q pour la faire ressembler à Marc, alors que, au niveau du vocabulaire, son verset 17, 33 est si différent de Mc 8, 35 [62]. Dans l'ensemble, il paraît plus vraisemblable que la construction participiale vienne de Matthieu. Mais il faut bien admettre que l'affaire est loin d'être évidente, étant donné que la forme johannique de l'aphorisme (Jn 12, 25) emploie également des participes à valeur de substantifs : *ho philōn* (« celui qui aime ») et *ho misōn* (« celui qui hait »).

Un indice plus solide de rédaction matthéenne peut se reconnaître dans le remplacement du verbe qui signifie « sauver » ou « sauvegarder » (exprimé par différents verbes dans Marc, Luc et Jean) par le verbe « trouver » (*heuriskō* dans Matthieu). Selon Ulrich Luz, le verbe « trouver » appartient à la liste des mots préférés de Matthieu [63] ; aussi n'y aurait-il rien d'étonnant à ce que ce verbe ait été introduit ici par l'évangéliste au niveau de la rédaction. De plus, Luc emploie « trouver » presque deux fois plus souvent que Matthieu (45 fois contre 27, plus 35 fois dans les Actes). Si ce verbe était déjà dans la tradition Q, pourquoi Luc, qui avait donc une prédilection pour le verbe « trouver », ne l'aurait-il pas gardé en 17, 33 ? Cela lui aurait permis de satisfaire son goût pour les changements de style par rapport à Lc 9, 24 // Mc 8, 35.

Un autre argument en faveur du caractère rédactionnel du verbe « trouver » dans Mt 10, 39 s'appuie sur le fait qu'il existe un cas où, sans aucun doute possible, Matthieu remplace « sauver » par « trouver », à savoir Mt 16, 25, qui est la rédaction matthéenne de Mc 8, 35 (l'instruction sur la condition de disciple, après la première annonce de la passion). Alors que, en 16, 25, Matthieu répète fidèlement la plus grande partie de Mc 8, 35 (y compris le verbe « sauver » dans la première moitié de l'aphorisme), il remplace soudainement « sauver » par « trouver » à la fin de l'aphorisme. C'est apparemment ce qu'il fait aussi, mais de façon plus constante, dans les deux moitiés de Mt 10, 39. Comme nous l'avons déjà indiqué, l'influence de Mt 16, 25 (et, en fin de compte, de Mc 8, 35) sur Mt 10, 39 se reconnaît également dans l'addition par Matthieu de l'expression « à cause de moi » *(heneken emou)*, qui, par l'intermédiaire de Mt 16, 25, vient de Mc 8, 35.

Au bout du compte, je pense que les particularités de Mt 10, 39 sont attribuables à la rédaction matthéenne et, par le fait même, Lc 17, 33 est probablement plus proche de la version Q de l'aphorisme [64]. Par ailleurs, le logion Q devait être assez semblable, voire identique, au logion prémarcien : « Qui veut [ou cherche à] sauver [ou épargner] sa vie la perdra [ou détruira] ; qui perd sa vie la sauvera. » Ce logion primitif, tel qu'on le trouve dans Marc et dans la tradition Q, pourrait être reconstitué en araméen de la manière suivante :

man dî yiṣbē' [65] *lĕšēzābā' napšēh* *yĕhôbĕdinnah* *wĕman dî yĕhôbēd napšēh* *yĕšēzĕbinnah* [66]	Qui cherche à sauver sa vie la perdra ; et qui perd sa vie la sauvera.

Il ne faut cependant pas oublier que l'on n'est pas certain de pouvoir parler d'une unique forme « originale » du logion. Jésus a fort bien pu donner cet enseignement sous des formulations diverses à des moments différents. On doit maintenir la possibilité que certaines différences du logion en grec remontent à des formes diversifiées du logion en araméen. L'affaire se complique du fait qu'il existe encore une autre variante du logion dans Jean.

(c) Cette troisième variante indépendante du logion se trouve dans Jn 12, 25, alors que Jésus adresse ses dernières paroles à la foule de Jérusalem avant sa passion : « Celui qui aime *(philōn)* sa vie la perd *(apollyei)* ; et celui qui hait *(misōn)* sa vie [en ce monde] la conservera *(phylaxei)* [en vie éternelle]. »

Dans les deux premiers tomes de *Un certain Juif, Jésus*, j'ai adopté la position majoritaire qui reconnaît la tradition de l'évangile de Jean comme indépendante de celle des synoptiques ; une fois de plus, l'examen de Jn 12, 25 semble confirmer cette position. Alors qu'il manifeste un certain nombre de ressemblances avec les diverses formes synoptiques du logion, le verset de Jn 12, 25 ne copie aucune d'entre elles et contient beaucoup de caractéristiques propres [67]. Les seuls mots qu'il a en commun avec les formes synoptiques du logion sont « sa vie » *(tēn psychēn autou)*, « la » (*autēn*, qui se réfère à « sa vie »), et (d'une certaine manière) « perd ». Cependant, pour « perdre », Jn 12, 25 a le verbe grec *apollyō* (au présent) au lieu de sa variante plus commune *apollymi*, qui est employée (au futur) dans toutes les formes synoptiques [68]. Jean a ces quelques mots en commun avec *toutes* les autres formes ; on ne peut donc pas se servir des ressemblances pour arguer de sa dépendance vis-à-vis d'un passage synoptique particulier. De fait, si on y réfléchit bien, on ne voit pas comment, sans la présence minimale de ces quelques mots, Jn 12, 25 pourrait être reconnu comme un parallèle à Mc 8, 35 parr.

Par contre, les autres mots et expressions clés de Jn 12, 25 (« aime », « hait », « en ce monde », « conservera » et « en vie éternelle ») ne se retrouvent dans *aucune* des autres formes du logion ; tous ces termes ne sont que dans la forme johannique du logion [69]. La construction grammaticale qui utilise des participes comme substantifs est parallèle à celle de Mt 10, 39 ; et les deux formes du logion relient leurs deux moitiés avec « et » plutôt qu'avec « mais » (ce qui vient peut-être d'un substrat sémitique). Mais la structure bien lisse de Mt 10, 39 ne se retrouve pas dans Jean. La seconde moitié de l'aphorisme johannique est surchargée par ce qui ressemble à des ajouts johanniques placés les uns à la suite des autres et utilisant des termes théologiques typiquement johanniques : « en ce monde » et « en vie éternelle » [70]. Cette surcharge de la seconde moitié de l'aphorisme par des termes théologiques caractéristiques donne à Jn 12, 25 une vague ressemblance avec Mc 8, 35.

Il existe une différence plus importante au niveau de la structure : bien que le verset de Jn 12, 25 présente le même parallélisme antithétique que les synoptiques, il n'utilise pas la structure en chiasme qui se trouve chez ceux-ci. Quel que soit le vocabulaire utilisé, toutes les formes synoptiques intervertissent l'ordre de leurs verbes principaux dans un schéma croisé. Autrement dit, les verbes de la proposition subordonnée et de la proposition principale dans la première moitié de l'aphorisme deviennent respectivement les verbes de la proposition principale et de la proposition subordonnée dans la deuxième moitié : sauver/perdre // perdre/sauver (Mc 8, 35 parr.) ; sauvegarder/perdre // perdre/sauvegarder (Lc 17, 33) ; trouver/perdre // perdre/trouver (Mt 10, 39). Par contre, Jn 12, 25 a le schéma aimer/perdre // haïr/conserver. L'antithèse fondamentale est préservée, mais il n'y a pas interversion des verbes en forme de chiasme.

Si l'on considère (1) les différences importantes entre Jean et les synoptiques au plan du vocabulaire et de la structure, (2) les ressemblances minimales qui ne créent pas un lien étroit entre la version de Jean et une version synoptique particulière et (3) le contexte narratif totalement différent du logion dans Jean, la seule conclusion plausible est que la version de Jean est indépendante de toutes les versions synoptiques du logion et de chacune d'entre elles [71].

Délesté de ce qui semble être des ajouts johanniques, le logion de Jn 12, 25 présente un simple aphorisme en deux parties, semblable à celui que j'ai proposé comme étant à la source des formes de la tradition de Marc et de la tradition Q, sans pour autant être exactement le même : « Celui qui aime sa vie la perdra [ou l'anéantira] [72], et celui qui hait sa vie la gardera [ou la sauvegardera]. » Il est vrai que la forte opposition entre « aimer » et « haïr » est bien attestée dans la littérature gréco-romaine ; mais elle s'accorde particulièrement bien avec le dualisme johannique. Dans ce logion, elle pourrait aussi faire écho à une locution typiquement sémitique, qui exprime la préférence et le choix en termes forts et absolus d'amour et de haine (cf. Lc 14, 26 // Mt 10, 37) [73]. Une forme araméenne de ce logion pourrait ressembler à ceci :

man dî rāḥēm napšēh	Celui qui aime sa vie
yĕhôbĕdinnah	la perdra,
wĕman dî śānē' napšēh	et celui qui hait sa vie
yiṭṭērinnah	la gardera.

Ainsi, je suggère qu'il y ait eu au moins deux formes de base de ce logion à circuler en araméen : la version Marc-Q et la version johannique. De plus, je ne puis exclure la possibilité que des particularités d'autres variantes (par exemple, Mt 10, 39), plus explicables, à mon avis, par le travail rédactionnel, reflètent une forme araméenne distincte remontant au ministère public de Jésus.

Résumons ce qui précède : surtout si nous laissons de côté les mots que j'ai mis entre crochets en les considérant comme des ajouts chrétiens et qui en tout cas perturbent la rigueur du parallélisme présent dans le noyau de l'aphorisme, il nous reste un certain nombre de variantes d'un unique proverbe *(māšāl)*. Le proverbe met en évidence la relation paradoxale entre l'action de sauvegarder ou de perdre sa vie et ce qui en résulte, à savoir exactement le contraire de ce que l'on aurait pu attendre à un niveau purement humain et superficiel. Ce proverbe laconique a une structure de base en deux parties antithétiques, dont chacune exprime également une antithèse : sauver/perdre // perdre/sauver ; ou bien sauvegarder/perdre // perdre/sauvegarder ; ou bien trouver/perdre // perdre/trouver ; ou bien encore aimer/perdre // haïr/sauvegarder. Toutes les formes visent le même message fondamental : un disciple qui se cramponne égoïstement ou lâchement à la vie présente comme au bien ultime perdra le bien ultime de la vraie vie dans le royaume de Dieu, tandis qu'un disciple qui prend le risque de perdre (ou qui perd effectivement) cette vie présente sauvera ou sauvegardera ou trouvera la vraie vie dans le royaume. Même si le logion inclut la perspective d'avoir à subir la mort comme prix à payer pour être disciple de Jésus, son point de vue est plus large. Dans le contexte du message eschatologique de Jésus, que nous avons examiné dans le tome II, le logion dit que la condition de disciple signifie un abandon de la vie ancienne, avec toutes ses relations, ses sécurités et ses espérances, si l'on veut trouver ou sauvegarder la nouvelle forme de vie rendue possible par la venue du royaume de Dieu.

Un proverbe aussi lapidaire et paradoxal, attesté dans des formes différentes de Marc, de la tradition Q et de Jean, a de fortes chances de remonter au Jésus historique. Les aphorismes de Jésus sont rarement attestés par cette sorte de « tuilage » étonnant entre Marc, la tradition Q et Jean. De plus, dans ce cas, le critère de cohérence vient renforcer l'attestation multiple, dans la mesure où la prédication de Jésus (par exemple, dans des béatitudes, des logia en forme d'aphorismes et des paraboles) promet souvent un renversement paradoxal des valeurs et des jugements au dernier jour [74].

2. *Se renier soi-même et prendre sa croix*

Une autre parole de Jésus qui exprime avec force le prix à payer pour être disciple se trouve à la fois dans Mc 8, 34 et dans la tradition Q (Mt 10, 38 // Lc 14, 27) [75].

(a) Dans Mc 8, 34, on lit ceci : « Si quelqu'un veut "suivre derrière moi" *(opisō mou akolouthein)*, qu'il se renie lui-même, qu'il se charge *(aratō)* de sa croix, et qu'il me suive *(akoloutheitō moi)* [76]. »

La structure du logion montre un emploi ingénieux de l'inclusion (« on finit comme on a commencé ») et du chiasme (un schéma aux éléments entrecroisés A B B' A') [77]. le début et la fin du logion mentionnent le but que se propose le candidat disciple : suivre Jésus. L'apparente redondance du verbe « suivre » est en fait voulue pour conduire de l'intention initiale (« si quelqu'un *veut* "suivre derrière moi" ») à la réalisation de l'objectif (« qu'il me suive ») [78]. Intercalés entre les deux références à l'action de suivre, se trouvent les deux moyens pour parvenir à ce but.

Tout d'abord, il faut « se renier soi-même », « complètement renoncer à ses propres intérêts » *(aparnēsasthō heauton)*, autrement dit, dire « non » à soi-même et à son ego comme norme ultime et but de sa propre vie [79]. Jésus grossit à dessein le caractère négatif de cette première idée en ajoutant l'image choquante et répugnante d'un criminel nu condamné, obligé à porter la barre horizontale de sa croix jusqu'au lieu de l'exécution (où le poteau vertical restait fixé en permanence). Pour un Juif palestinien du Ier siècle, trop habitué à ce type d'exécution, il n'y avait pas de symbole plus horrible et plus rebutant pour exprimer les adieux que quelqu'un devait faire à sa propre vie (avec ses biens et ses moyens de subsistance), à son passé (avec tous ses liens familiaux) et à son futur (avec tous ses projets). La perte totale de maîtrise sur sa propre vie (et même sur une manière décente de se présenter en public) était rendue encore plus terrifiante par la honte et la raillerie qui accompagnaient cette mort lente et très douloureuse [80].

Jésus a souvent utilisé des symboles choquants pour faire pénétrer son message (par exemple, Mt 19, 12 : « il y a des eunuques qui se sont eux-mêmes rendus tels à cause du royaume des cieux » ; Mc 14, 22 : « Prenez, ceci est mon corps » [81]), mais aucun symbole ne pouvait être plus choquant que celui-là. L'idée est claire : les gens qui ont l'intention de suivre Jésus comme disciples doivent au préalable en évaluer le prix avec beaucoup de pondération [82]. Il n'existe pas de chemin aisé pour devenir disciple. Suivre Jésus c'est dire non à soi-même comme centre de son existence (« se renier soi-même »), avec une sévérité tellement radicale que cet engagement pouvait être assimilé à la mort la plus épouvantable et la plus humiliante (« qu'il prenne sa croix »). C'est seulement en mesurant toute la force de ces deux « moyens » nécessaires pour devenir disciple, intercalés entre les deux occurrences du verbe « suivre », que quelqu'un peut ressentir le choc de la seconde mention du verbe « suivre », là où la phrase arrive à son paroxysme et énonce maintenant un ordre impérieux : « Si quelqu'un veut me suivre [c'est-à-dire devenir mon disciple], qu'il dise d'abord non à toute sa vie et [métaphoriquement] se charge de sa croix pour son exécution publique infamante, et [ainsi, en passant par cette mort à toute sa vie antérieure] qu'il me suive [en tant que disciple] [83]. »

Ces images choquantes et l'attestation multiple de sources (voir plus loin ce qui est dit de la forme Q) plaident en faveur d'un logion ayant sa source chez Jésus. En plus, la formulation du logion n'est pas ce qu'on attendrait spontanément d'une expression chrétienne postpascale. Dans le logion, rien n'est dit d'explicite sur le fait de suivre un Jésus qui porte lui aussi une croix ; en fait, le candidat disciple est appelé à prendre « sa » croix (c'est-à-dire celle du disciple) et non celle de Jésus [84]. Bien que cette manière de présenter les choses ne soit pas vraiment impossible dans un logion créé après le vendredi saint, elle est pour le moins curieuse si l'on soutient que Mc 8, 34 est entièrement une création chrétienne. La métaphore dérangeante sur le fait de porter sa croix pour sa propre exécution doit en rester à l'objectif rhétorique qui est le sien dans la phrase et ne pas être prise pour une sorte de réminiscence historique de l'exécution de Jésus ou pour une allégorie détaillée de la manière dont il faut suivre Jésus [85].

En dépit des arguments fournis par l'attestation multiple et les métaphores particulièrement choquantes, d'aucuns voudraient disqualifier le logion de Mc 8, 34 en disant que ce doit être une création chrétienne, puisqu'il utilise le symbole de la croix, symbole chrétien par excellence. Mais c'est là donner aux chrétiens du Ier siècle un monopole sur un instrument de torture et de mort qui n'était que trop facilement destiné aux habitants non romains des provinces éloignées de l'empire. Avant et après Jésus, des croix hérissaient le sol de la Palestine et, en plus de celles plantées par les souverains romains, certaines étaient dressées par les dirigeants d'origine locale. En fait, Jésus n'a pas été le seul maître du premier ou du IIe siècle dans l'empire romain à se servir de la croix comme symbole des souffrances qui ne manquent pas de s'abattre sur des personnes sans qu'il y ait eu provocation de leur part. Dans ses *Diatribes* (*Entretiens*, 2.2.20), le philosophe stoïcien Épictète (environ 55-135 de notre ère) fait cette remarque à ses *étudiants* : « Si tu tiens à être crucifié *(staurothēnai)*, attends, et la croix *(ho stauros)* viendra [86]. » Dans le monde gréco-romain, l'humiliation de la crucifixion venait en partie du fait que c'était un châtiment habituellement réservé aux marginaux, comme par exemple aux esclaves, aux voleurs, aux rebelles et aux populations soumises en général, lorsqu'ils troublaient la paix. Aussi, pour des gens socialement marginaux comme Jésus et Épictète, la crucifixion devait-elle naturellement venir à l'esprit comme symbole saisissant et réaliste de la souffrance et de la mort. Comme nous l'avons vu, le logion de Mc 8, 34 parr. est en parfaite cohérence avec la propension de Jésus à utiliser un langage imagé et choquant, qui puisse s'imprimer dans l'esprit de ses disciples [87].

(b) Matthieu et Luc ne se contentent pas de répéter la forme marcienne du logion (Mt 16, 24 // Lc 9, 23) avec de légères variantes ; ils conservent aussi une forme Q du logion, même si les deux évangélistes diffèrent quelque peu dans la formulation [88]. Matthieu 10, 38 a la phrase suivante : « Qui ne prend pas *(lambanei)* sa croix et “ne suit pas derrière moi” *(akolouthei opisō mou)* n'est pas digne de moi. » Luc 14, 27 a la même structure de base, mais avec un vocabulaire partiellement différent : « Quiconque ne porte pas *(bastazei)* sa croix et ne vient pas derrière moi *(erchetai opisō mou)* ne peut être mon disciple. »

Comme à l'habitude, les exégètes ne sont pas d'accord pour déterminer laquelle des deux formulations reflète le mieux la tradition Q. Quand on se souvient que nous recherchons finalement ce que Jésus a pu dire, il n'est pas très utile d'entamer de longs débats. « Suivre derrière moi » et « venir derrière moi » pourraient bien traduire une seule et même expression araméenne : « qui va [ou vient] derrière moi ». De la même manière, « prendre » et « porter » pourraient être des différences de traduction du même verbe araméen. La différence la plus importante entre Matthieu et Luc se trouve à la fin du logion. L'expression « n'est pas digne de moi » sert de refrain de liaison dans la composition de Mt 10, 37-38 : « Qui aime son père ou sa mère plus que moi *n'est pas digne de moi*. Qui aime son fils ou sa fille plus que moi *n'est pas digne de moi*. Qui ne prend pas sa croix et ne suit pas derrière moi *n'est pas digne de moi*. » Le refrain « n'est pas digne de moi » semble donc être un procédé de structuration, utilisé par Matthieu ou par quelqu'un qui a rassemblé la tradition M avant lui. L'adjectif « digne » est employé par l'évangile de Matthieu davantage que par tout autre livre du Nouveau Testament ; et sept des neuf occurrences du mot en Matthieu sont concentrées dans le discours missionnaire du chapitre 10. En conséquence, l'expression de Luc, « ne peut être mon disciple », a plus de chances de refléter la tradition Q. Le logion Q devait donc plus ou moins ressembler à ceci : « Qui ne prend pas [ou ne porte pas] sa croix et ne vient pas derrière moi [c'est-à-dire, ne me suit pas] ne peut être mon disciple [89]. »

Cependant, comme avec les formes variantes de Mc 8, 35 parr., quelle que soit la version ou la forme hypothétique du logion Q considérée comme plus originale, cela ne change pas grand-chose. Pareillement, il est inutile de discuter pour savoir si c'est la forme de Marc ou celle de la tradition Q qui est plus primitive, dans la mesure où Jésus a pu prononcer ce dramatique avertissement plusieurs fois et de diverses manières [90]. D'ailleurs, du point de vue de la structure, il semble difficile de réduire Mc 8, 34 à la formulation parallèle de la tradition Q ou inversement. Mc 8, 34 est formulé positivement, avec une condition (protase) positive, suivie de trois ordres positifs (apodose). Le parallèle Q est formulé négativement, aussi bien dans la proposition relative de départ (protase : « qui ne prend pas [...] ») que dans l'énoncé de conclusion (apodose : « ne peut être [...] »). Marc a-t-il reformulé de manière positive la forme originelle d'un logion négatif ou bien est-ce la tradition Q qui a fait le contraire ? Cela n'est ni vérifiable ni très significatif. Ce qui est important c'est que nous avons là un autre cas de « tuilage » entre Marc et la tradition Q. Ainsi, l'attestation multiple de sources montre une fois encore que Jésus a averti ses disciples du caractère extrêmement sérieux de l'action de le suivre et des conséquences dramatiques auxquelles ils pourraient avoir à faire face.

3. *Faire face à l'hostilité de sa propre famille*

Toutes les souffrances et les oppositions dont Jésus a parlé ne devaient pas venir de personnes étrangères ou de gouvernants. Une bonne part de la croix promise par Jésus à ses disciples consistait en conflits avec leur famille et parenté, des conflits occasionnés par le fait qu'ils suivaient Jésus, au sens littéral du mot, à travers la Palestine. Dans le monde méditerranéen, aussi bien ancien que moderne, le pouvoir tentaculaire est habituellement considéré comme l'ennemi, le mal nécessaire auquel on s'oppose. La seule chose qui mérite confiance, sur laquelle on compte et pour laquelle on peut volontiers donner de sa personne, est la famille élargie, le principal filet de sécurité dans la société rurale. La société méditerranéenne ancienne était pour une grande part une société de « personnalité dyadique », dans laquelle une personne trouvait et maintenait son identité par les relations avec d'autres individus à l'intérieur de son groupe social, le groupe habituel étant la famille élargie [91]. Pour une personne juive ordinaire de Galilée ou de Judée d'origine rurale, homme ou (surtout) femme, dire adieu pour une période indéfinie aux liens qui assuraient le soutien affectif et financier, rejeter le seul « groupe d'opinion » dont l'opinion marquait votre vie jour après jour, prendre le chemin du déshonneur qu'est la désertion de sa propre famille, agir dans une société de l'honneur et de la honte, voilà qui n'était pas un choix facile. A priori, on pouvait donc s'attendre à ce que Jésus parle aux gens qui le suivaient de ce prix très concret à payer pour être disciple. Et, encore une fois, Marc et la tradition Q nous fournissent effectivement une attestation multiple d'une affirmation où Jésus parle à ses disciples du prix familial à payer pour le suivre.

(a) Dans Mc 10, 28-30 parr., on nous présente Pierre qui, sans trop de finesse, attire l'attention de Jésus sur le prix que lui et les autres disciples ont payé : « Voici que nous, nous avons tout laissé et nous t'avons suivi. » Jésus ne répond pas en niant la perturbation qu'il a mise dans leur vie mais en promettant une récompense en retour (Mc 10, 29-30 // Mt 19, 29 // Lc 18, 29-30) : « En vérité, je vous le dis, nul n'aura laissé maison, frères, sœurs, mère, père, enfants ou champs [à cause de moi et à cause de l'Évangile] [92], qui ne reçoive le centuple dès maintenant [...] » Certains commentateurs chrétiens se donnent beaucoup de mal pour souligner que Jésus n'énonce ni une garantie de récompense ni les conditions précises à remplir pour recevoir la vie éternelle [93]. Ces commentaires interprétatifs se ressentent d'un souci de théologie chrétienne, qui n'était pas celui de Jésus le Juif.

(b) Un logion similaire de la tradition Q insiste sur le prix spécial et choquant à payer pour être disciple, à savoir tourner le dos à sa famille (Mt 10, 37 // Lc 14, 26), bien que, dans le cas, les accords verbaux entre Matthieu et Luc ne soient pas aussi forts que dans les autres passages de la tradition Q que nous avons étudiés. Matthieu et Luc semblent l'un et l'autre avoir réécrit le logion Q traditionnel, mais le travail rédactionnel de Matthieu est plus important que celui de Luc [94]. Matthieu a la phrase suivante (10, 37) : « Celui qui aime son père ou sa mère plus que moi n'est pas digne de moi, et celui qui aime son fils ou sa fille plus que moi n'est pas digne de moi. » Par contre, Luc a celle-ci (14, 26) : « Si quelqu'un vient à moi sans haïr son propre père, sa mère, sa femme, ses enfants, ses frères, ses sœurs, et jusqu'à sa propre vie *(psychēn)*, il ne peut être mon disciple. »

Matthieu donne une version qui contient une bonne part de son vocabulaire typique ; il a transformé le vocabulaire primitif et choquant, à résonance sémitique, qui exprimait la haine de quelqu'un envers sa propre famille, pour en faire une phrase moins dérangeante, où il s'agit d'aimer une personne plus qu'une autre. Nous avons déjà vu comment Matthieu utilise le refrain « n'est pas digne de moi » pour créer un lien à l'intérieur des versets 37-38. Le seul élément de la version de Matthieu qui pourrait refléter la forme Q primitive est le parallélisme étroit en deux parties, typique d'un *māšāl* prononcé par Jésus. Par contre, la formulation plus diluée de Luc, avec sa liste de membres de la famille, pourrait venir de Mc 10, 29 (en passant par le parallèle de Luc 18, 29).

Comme dans Jn 12, 25, l'emploi du verbe « haïr » (dans le cas, haïr les membres de sa famille) est typique du discours provoquant de Jésus, lorsque celui-ci souligne le prix à payer pour être disciple. La pointe rhétorique précise de ce langage brutal s'éclaire par les cas où les évangiles présentent différents membres d'une même famille qui suivent loyalement Jésus (par exemple, Lc 10, 38-42 ; Jn 12, 1-8, dont on parlera plus loin). En contraste avec cette docilité de plusieurs personnes d'une même fratrie envers Jésus, le verbe « haïr » se réfère dans ce logion à la nécessité de préférer Jésus sans réserve, lorsque la famille de quelqu'un s'oppose à son engagement comme disciple ou qu'elle a des prétentions concurrentes sur le disciple potentiel. Souvenons-nous des gens pleins de bonne volonté qui voulaient devenir disciples et qui désiraient enterrer un père décédé ou faire leurs adieux à leur famille avant de partir à la suite de Jésus (Lc 9, 59-62). L'ordre impérieux de Jésus à le suivre lançait un grave défi à une société où la déférence envers les parents, même quand on avait atteint l'âge de la majorité, était une obligation sacrée, enracinée au cœur des dix commandements. Les autorités du Temple de Jérusalem n'étaient probablement pas les seules à penser que cet étrange prophète itinérant était non seulement extravagant mais également dangereux. Bon gré mal gré, l'appel de Jésus à être disciple a probablement dû occasionner des divisions terribles dans certaines familles palestiniennes.

D'ailleurs, un logion de la tradition Q présente Jésus faisant justement une prédiction en ce sens (Mt 10, 34-36 // Lc 12, 51-53). Même s'il est difficile de reconstruire la forme Q primitive de ce logion, sa visée essentielle est claire [95]. Les disciples de Jésus ne doivent pas penser qu'il est venu apporter la paix sur la terre (ou peut-être la paix pour la terre d'Israël), mais bien un glaive de division : le fils contre le père, la fille contre la mère, la belle-fille contre la belle-mère (la belle-fille était obligée d'aller vivre dans la maison des parents de son mari et de devenir membre de leur famille). Ainsi, les types les plus étroits de liens sociaux, ceux dont dépendait tout Juif palestinien quand tout le reste faisait défaut, sont les liens mêmes que Jésus est venu défaire. Bien que ce logion Q n'ait pas de parallèle dans Marc, il est parfaitement cohérent avec tous les autres logia que nous avons vus concernant le prix à payer pour être disciple, en particulier avec Lc 14, 26 par. ; en un sens plus large, il est en cohérence avec les traditions prophétiques et surtout apocalyptiques d'Israël, qui voyaient la rupture de la fidélité à l'intérieur des unités familiales comme un premier signe des tribulations des derniers temps, souvent symbolisées par une épée [96].

(c) En plus de l'argument tiré de l'attestation multiple de sources, le critère de cohérence entre également en jeu d'une manière différente et tout à fait personnelle pour Jésus. Comme le montrent diverses sources évangéliques, lorsque Jésus exigeait de ses disciples de laisser leur maison et de risquer ainsi le courroux de leur famille, il ne faisait que leur demander de reproduire sa propre expérience. Même si, dans sa forme actuelle, Mc 3, 20-35 est une composition marcienne, les diverses composantes rassemblées par l'auteur indiquent que la première génération chrétienne connaissait une tradition selon laquelle la famille de Jésus ne croyait pas à sa mission pendant son ministère public [97]. Dans Mc 3, 31-35 en particulier, la mère et les frères de Jésus viennent le voir mais ne font qu'essuyer une rebuffade. Quand Jésus est informé de leur présence, il les laisse froidement attendre à l'extérieur de la maison où il est en train d'enseigner. Il affirme que la foule attentive assise autour de lui est sa vraie famille : « Voici ma mère et mes frères. Quiconque fait la volonté de Dieu, celui-là m'est un frère et une sœur et une mère. » Marc lui-même rend cette scène encore plus négative en la faisant précéder d'une introduction rédactionnelle (3, 21), dans laquelle il décrit la famille de Jésus *(hoi par' autou)* prête à s'emparer de lui parce qu'ils le croient devenu fou [98].

Cette idée gênante d'une rupture dans la propre famille de Jésus est soutenue par le critère d'attestation multiple, puisqu'une vision négative du même ordre est donnée par le quatrième évangile, dans Jn 7, 5. Les frères de Jésus viennent de lui conseiller hypocritement d'aller « montrer » son ministère à Jérusalem ; l'évangéliste se tourne alors avec tristesse vers le lecteur, dans une parenthèse typique, pour faire remarquer : « Pas même ses frères en effet ne croyaient en lui [Jésus] [99]. » Contrairement à la mère de Jésus, qui était présentée sous un jour ambigu aux noces de Cana (2, 1-12) pour repasser sous un éclairage positif à la croix (19, 25-27), les frères de Jésus disparaissent de l'évangile après 7, 1-10 [100]. Sur la croix, par contre, au moment de mourir, Jésus désigne implicitement le disciple bien-aimé comme son vrai frère, en lui confiant de prendre soin de sa mère, car, dans un sens spirituel, il n'a pas d'autre frère pour s'occuper de sa mère. Il est évident que nous avons ici affaire à de la théologie johannique. Mais derrière cette théologie se trouve une idée de base, assumée sans problème : les frères de Jésus n'ont pas cru en lui au cours de son ministère. Tout à fait indépendamment de Jean, Marc représente la même position.

En plus de l'attestation multiple de sources, on pourrait également faire appel, dans un sens limité, au critère d'embarras, dans la mesure où Matthieu et Luc cherchent tous les deux à adoucir la rudesse de la présentation marcienne de la famille de Jésus. Le portrait positif de la mère de Jésus tracé par les récits de l'enfance de Matthieu et de Luc influe sans doute sur la manière dont les deux évangiles présentent la famille de Jésus dans le ministère public. D'ailleurs, dans le récit de l'enfance de Luc, Marie la mère de Jésus est décrite avec des traits qui évoquent le disciple idéal [101].

D'autant plus étonnant, dès lors, est le logion isolé conservé dans Lc 11, 27-28. À une femme de la foule qui lui crie « heureuses les entrailles qui t'ont porté et les seins que tu as sucés », Jésus répond : « Heureux plutôt ceux qui écoutent la parole de Dieu et l'observent. » Si on le situe dans l'ensemble de l'œuvre de Luc en deux volumes, ce logion se comprend non pas comme un rejet de la mère de Jésus mais bien comme une appréciation positive. La véritable béatitude de Marie ne consiste pas en un lien purement physique avec Jésus, en tant que mère, mais dans le fait qu'elle est une personne qui écoute et observe la parole de Dieu.

Ce portrait positif de Marie est profondément inscrit dans le récit de l'enfance (surtout dans les scènes de l'annonciation et de la visitation, Lc 1, 26-56 ; cf. 2, 19.51) ; il se prolonge à travers le ministère public (Lc 8, 19-21) pour se retrouver dans la description de l'Église primitive en attente de la venue de l'Esprit à la Pentecôte (Ac 1, 14, précisément avec les frères de Jésus). La rudesse de l'éclairage porté sur la famille de Jésus par la narration marcienne est ainsi atténuée, voire supprimée. Encore faut-il se demander quelle était la signification du logion de Lc 11, 27-28 dans la tradition orale, avant de se faire arrondir les angles par la théologie rédactionnelle de Luc. Au stade de sa circulation dans la tradition orale comme pépite isolée, le logion de l'échange de Jésus avec la femme devait quasi inévitablement avoir une tonalité un peu plus bourrue et donc plus proche des déclarations sur la famille de Jésus que nous avons examinées dans Marc et Jean [102].

Le critère d'embarras pourrait également être invoqué d'une autre manière, dans la mesure où ce que Marc (et plus tard Jean) dit de la famille de Jésus pouvait paraître embarrassant, voire profondément offensant, pour une grande partie de l'Église primitive. Malgré son opposition à Jésus au cours du ministère public, Jacques, le frère du Jésus, affirme avoir vu le Jésus ressuscité après la mort de ce dernier (1 Co 15, 7). Jacques est rapidement devenu un membre influent de l'Église de Jérusalem (Ga 1, 18-19), et, de fait, une de ses « colonnes », avec Pierre et Jean (Ga 2, 9). D'ailleurs, après le départ de Pierre de Jérusalem, Jacques semble avoir assumé un rôle semblable à celui d'un patriarche tribal ou d'un évêque chrétien ultérieur (Ga 2, 12 ; Ac 15, 13-21 ; 21, 17-18). Étant le membre le plus éminent de l'Église de Jérusalem, Jacques subit le martyre de la part du grand prêtre Ananias le Jeune, en 62 de notre ère, selon ce qu'écrit Josèphe dans *Ant.* 20.9.1 § 200 [103].

Étant donné que Marc a écrit son évangile aux environs de l'an 70 de notre ère, on ne voit pas pourquoi il se serait donné la peine d'inventer une calomnie au sujet de Jacques, qui était bien connu pour avoir été chef de l'Église de Jérusalem pendant des décennies et qui y avait récemment subi le martyre pour la foi nouvelle. À supposer que, pour une raison ou une autre, Marc ait dû procéder à une telle falsification, comment aurait-il pu espérer que les chrétiens acceptent globalement un mensonge nouvellement inventé, à propos d'un chef vénéré et d'un martyr, « le frère du Seigneur » (comme Paul lui-même le nomme respectueusement en Ga 1, 19), une personne qu'avaient connue certains chrétiens encore vivants à l'époque où Marc écrit son évangile ? L'explication la plus vraisemblable est que la tradition sur le manque de foi de Jacques et des autres frères de Jésus pendant le ministère public reposait sur des faits et était largement connue comme telle dans l'Église primitive.

Mais il reste surprenant que Marc et Jean aient inséré cette tradition embarrassante dans leurs évangiles. Pour ces évangélistes, la tradition de l'incroyance des frères fonctionnait peut-être de manière semblable au récit du triple reniement de Jésus par Pierre, à savoir comme une source d'espérance pour des chrétiens qui avaient renié leur foi face à la persécution. Le message homilétique des évangélistes serait implicite mais très clair : même les plus grands chefs ont lâché Jésus ; ils ont pourtant été pardonnés et ramenés à la foi de Pâques. Les pécheurs actuels peuvent espérer la même miséricorde [104].

Mais il semble peu vraisemblable que, pour de simples raisons homilétiques, Marc et Jean, indépendamment l'un de l'autre, soient allés jusqu'à fabriquer l'histoire de l'incroyance des frères de Jésus, si ce qu'ils racontent n'avait pas de fondements dans les faits. Nous pouvons donc considérer que, lorsque le Jésus historique prévient ses disciples qu'ils auront à subir l'épreuve de la perte des liens familiaux, il se réfère peut-être à la tristesse de sa propre expérience. On tire ainsi un corollaire intéressant : les premiers chrétiens n'ont pas créé de toutes pièces l'idée que le chemin suivi par Jésus annonce celui des disciples. Jésus lui-même a déjà eu la douleur de vivre cet arrachement.

On comprend dès lors pourquoi, dans les évangiles, même si les gens engagés à la suite de Jésus sont appelés ses « disciples » (*mathētai*, littéralement « élèves », « étudiants »), le verbe « suivre » *(akoloutheō)* décrit davantage leur activité que le verbe « apprendre », « étudier » *(manthanō)*. Ils étaient littéralement appelés à laisser maison et famille pour suivre Jésus dans ses voyages, pour prendre part à son ministère d'annonce du royaume et s'y former, avec tous les risques qui en résultaient ; ils n'étaient pas simplement appelés à apprendre ou à mémoriser certaines déclarations doctrinales, légales ou éthiques [105]. Il est vrai que les étudiants d'un rabbi partageaient la vie de leur maître, imitaient sa conduite et mémorisaient ses paroles. Mais cela n'impliquait pas d'imiter un ministère de prophétie et de guérison dans un contexte eschatologique. De plus, à l'exception de certaines périodes particulières de crise (par exemple, l'exécution de Rabbi Aqiba durant la révolte de Bar Kokhba), il n'entrait habituellement pas dans le « profil de carrière » d'un étudiant rabbinique d'avoir à subir une dure souffrance ou un rejet de la part de sa propre famille et de ses amis [106].

Nous sommes maintenant en mesure de rassembler quelques conclusions à propos des paroles clés de Jésus sur la condition de disciple. À partir des critères d'attestation multiple, d'embarras et de cohérence, nous avons la possibilité de réunir les pièces nécessaires à une ébauche de ce que signifie être disciple historique du Jésus historique [107]. (1) Jésus a pris l'initiative de décider qui seraient ses disciples. Il a impérieusement adressé à certaines personnes l'ordre de le suivre, une injonction qui ne tolérait ni opposition ni délai. (2) Sous ce terme « suivre », Jésus n'entendait pas une pieuse métaphore, mais bien une action de le « suivre », au sens littéral et physique, dans ses tournées de prédication à travers la Palestine. En conséquence, les personnes qui acceptaient son ordre de le suivre devaient abandonner maison, famille et autres relations qui leur assuraient un minimum de bien-être. (3) En plus de ces privations, Jésus a prévenu ses disciples qu'ils pourraient être confrontés à d'autres épreuves : l'hostilité et une opposition qui pouvaient les conduire à la mort, y compris l'opposition de leur propre famille qu'ils se sont aliénée.

En bref, Jésus a mis ses disciples devant une exigence radicale : ils devaient s'engager envers lui et envers sa mission de façon absolue. Après avoir passé en revue les autres « écoles » importantes de l'époque gréco-romaine et les avoir comparées avec l'« école » de Jésus, Culpepper tire la conclusion suivante : « Les exigences radicales mises par Jésus comme conditions pour être disciple sont uniques dans les traditions "scolaires" de l'Antiquité ; dans aucune autre tradition, l'exigence d'engagement n'a atteint un niveau comparable [108]. »

Mais Culpepper note un certain paradoxe dans l'« école » de Jésus, bâtie sur des exigences aussi draconiennes. La plupart du temps, un groupe qui vit un éthos radical près d'un chef charismatique se donne des frontières strictes, qui le démarquent de ceux qui mènent une vie moins radicale. Dans l'Antiquité, ces frontières apparaissaient souvent le plus clairement dans les repas communs partagés par un groupe religieux ou philosophique particulier. Ces repas signifiaient un compagnonnage étroit et une vie partagée et, comme tels, ils étaient souvent fermés aux personnes étrangères au groupe. Tel était le cas, semble-t-il, pour les pharisiens vers l'époque de Jésus. À la fois dans les repas et dans le reste de la vie quotidienne, Qumrān avait poussé à l'extrême la mise à part requise par les règles du pureté juive, en créant sur la rive nord-ouest de la mer Morte une communauté séparée des autres Juifs.

Il est dès lors d'autant plus surprenant de rencontrer une pratique caractéristique de Jésus et de ses disciples (et de ses adeptes sédentaires), à savoir la pratique de la communauté de table ouverte avec des personnes de l'extérieur, même avec des gens de mauvaise réputation comme les collecteurs de taxes et les pécheurs. C'est là que Culpepper voit une autre différence frappante par rapport aux autres « écoles » de l'Antiquité, dont un certain nombre bénéficiaient également de repas communs, mais seulement au sein du groupe [109]. Par contraste, seule l'acceptation de Jésus et de son message démarquait l'ensemble du groupe de ses adhérents, constitué à la fois de disciples itinérants et d'adeptes qui restaient chez eux.

Nous voyons donc se dessiner une configuration intéressante. (1) Les disciples de Jésus se caractérisent par l'obéissance à son appel impérieux, par la renonciation à eux-mêmes et par le fait d'être exposés à l'hostilité et au danger ; ces trois traits dénotent le caractère radical et rigoureux de la vie des disciples de Jésus. (2) Mais ce groupe radical, marqué par ces trois traits, se voit enseigné qu'il doit être radicalement ouvert aux autres, même à ceux qui « dépassent les bornes ». Ce sont là les caractéristiques fondamentales requises pour que quelqu'un soit considéré comme disciple de Jésus pendant son ministère public. Nous connaissons les noms de quelques Juifs qui se sont qualifiés : des gens bien connus comme Pierre et André, Jacques et Jean, et aussi des personnages restés davantage dans l'ombre comme Lévi et Nathanaël [110]. Sans aucun doute il y en eut beaucoup d'autres dont les noms ne nous sont pas parvenus. Cependant il nous faut maintenant passer à d'autres personnes qui ont suivi Jésus et dont les noms nous ont été conservés, comme par exemple Marie Madeleine, Jeanne et Suzanne, mais dont le statut de disciples, même s'il est parvenu jusqu'à nous, est pour le moins ambigu.

3. Les délimitations imprécises du statut de disciple : les femmes à la suite de Jésus étaient-elles des disciples ?

Dans la reconstruction de la situation historique du ministère public de Jésus, doit-on restreindre la désignation de « disciples de Jésus » aux Juifs palestiniens du Ier siècle qui répondaient aux exigences strictes énumérées ci-dessus ? On peut poser la question sans détours, d'un point de vue plus contemporain : puisque Jésus ne parle spécifiquement du statut de disciple que pour des personnes de sexe masculin et puisque les évangiles désignent explicitement comme « disciples » seulement des personnes de sexe masculin [111], les historiens modernes doivent-ils de la même manière restreindre le terme aux personnes de sexe masculin, lorsqu'ils décrivent les conditions historiques du ministère de Jésus ? Naturellement, personne ne voit d'inconvénient à ce que des auteurs modernes versés dans l'homilétique ou l'herméneutique étendent le terme de « disciple » à tous les croyants d'aujourd'hui. Mais si notre intention est de parvenir à une reconstruction concise de la situation du Ier siècle, l'honnêteté intellectuelle semblerait exiger que nous nous en remettions à ce que disent nos sources. Selon nos sources, les femmes qui suivaient Jésus étaient-elles ou non considérées comme disciples pendant le ministère public ?

Avant de commencer notre enquête sur les femmes comme disciples, il faut insister sur deux points. (1) Nous nous occupons ici seulement de la question précise de la situation historique de Jésus dans ses relations avec les personnes de sexe féminin qui le suivaient au cours de son ministère public (aux environs de 28-30 de notre ère). Nous ne sommes pas en train d'examiner la question plus large du statut des femmes dans les Églises chrétiennes du Ier siècle, ni la question encore plus vaste de la pertinence éventuelle d'une telle enquête historique pour le statut et le rôle de la femme dans l'Église actuelle. (2) Une fois défini le créneau précis de cette recherche sur les femmes historiques autour du Jésus historique, il nous faut aussitôt admettre que les données disponibles pour cette recherche sont peu nombreuses et qu'on ne peut pas dire grand-chose qui ait une certaine probabilité. Dans les discussions récentes sur les femmes au cours du ministère de Jésus et dans l'Église actuelle, les problèmes viennent souvent de ce que l'on presse les rares références au-delà de ce qu'elles peuvent nous dire. Cette surexploitation exégétique des textes disponibles est souvent alimentée à son tour par un désir de répondre à des questions plus vastes, de grand intérêt mais qui n'ont pas à être traitées ici parce qu'elles n'ont jamais fait partie de l'univers mental des évangélistes.

Étant donné ces restrictions, que peut-on affirmer avec une certaine probabilité sur l'existence et le statut de femmes-disciples autour de Jésus ? Tout d'abord, y avait-il des femmes parmi les gens qui le suivaient ? Et si des femmes le suivaient au sens littéral et physique, étaient-elles appelées « disciples » ou étaient-elles alors considérées comme disciples ? Ces questions ont beau paraître simples, il est étonnamment difficile d'y répondre. Bien sûr, lorsque différents passages des évangiles parlent globalement de groupes de « disciples » autour de Jésus, sans spécifier davantage la composition du groupe, il est légitime de relever que le nom masculin pluriel *hoi mathētai* peut s'entendre comme incluant le féminin, étant donné que certains noms grecs masculins pluriels au moins étaient compris de la sorte (par exemple, le masculin pluriel *hoi goneis* pour « les parents »). Comme dans un certain nombre de langues (et contrairement à une tendance récente consistant à expliciter le « ils » et le « elles » en cas d'ambiguïté), le pluriel masculin grec est ouvert à une interprétation inclusive, si le contexte n'indique rien d'autre. Par conséquent, la forme *hoi mathētai* pourrait se référer aussi bien à des disciples de sexe féminin que de sexe masculin. On peut trouver un argument dans le fait que Luc en particulier comprend le pluriel de cette manière, bien qu'il n'emploie jamais clairement et directement le pluriel *mathētai* simplement pour un groupe de femmes [112].

Mais s'il est vrai que Luc considère les femmes comme disciples, il nous reste une question : pourquoi, dans l'évangile de Luc, la forme du nom au singulier *mathētēs* ou la forme féminine *mathētria* n'est-elle jamais appliquée spécifiquement à une femme du groupe qui suivait Jésus ? Il en est d'ailleurs de même dans les trois autres évangiles canoniques. Cette omission doit-elle par contre nous amener à déduire que les évangélistes androcentriques, influencés par la culture patriarcale de leur temps, ont plus ou moins consciemment exclu les femmes de la catégorie de « disciples », malgré le fait que quelques femmes des évangiles semblent être qualifiées pour tenir ce rôle ? Si l'on voulait soutenir cette position, on pourrait dire qu'une tradition historique bien connue, remontant aux premiers jours du christianisme, a forcé les évangélistes, à l'encontre de leur projet théologique, à décrire certaines femmes avec un comportement de disciples, même s'ils n'ont pas voulu donner à ces femmes le label de « disciples ».

Cependant, à un moment donné, la seule vraie réponse aux hypothèses et aux généralisations est l'examen de textes spécifiques. Manifestement, la manière dont certains passages évangéliques, surtout pris dans leur ensemble, décrivent les femmes qui suivent Jésus revient apparemment à en faire des disciples [113].

(1) Aussitôt après le récit de la mort de Jésus et des événements qui l'ont accompagnée, Marc rapporte : « Il y avait aussi des femmes qui regardaient à distance, entre autres Marie de Magdala, Marie mère de Jacques le petit et de Joset, et Salomé, qui le suivaient [Jésus] et le servaient lorsqu'il était en Galilée, et beaucoup d'autres [femmes] encore qui étaient montées avec lui à Jérusalem [pour la fête de la Pâque] [114] » (15, 40-41). Matthieu (27, 55-56) reprend la description de Marc avec quelques changements rédactionnels. Luc s'écarte davantage de Marc en mentionnant les femmes globalement, sans donner de noms à cet endroit du récit (cf. la référence globale aux femmes lors de la sépulture de Jésus dans Lc 23, 55). Luc, qui n'aime pas les doublets, peut se permettre de ne pas citer de noms ici, puisqu'il a déjà donné, au moment du ministère galiléen, une liste de femmes connues qui suivaient Jésus (8, 2-3).

Le rôle central des femmes à la croix est révélé dans la suite de la narration de Marc : au moins certaines d'entre elles, notamment Marie Madeleine, y sont témoins à la fois de la sépulture de Jésus (Mc 15, 47 parr.) et de la découverte du tombeau vide (Mc 16,1-8 parr.). Ce qu'il y a de particulièrement surprenant dans cette mention des femmes à la croix est qu'elles apparaissent subitement ici dans l'évangile de Marc, sans que rien n'y prépare réellement auparavant dans le reste de l'évangile (contrairement à Lc 8, 1-3) [115].

(2) La présence des femmes à la crucifixion de Jésus s'appuie sur l'attestation multiple de sources. Indépendamment de la liste synoptique, Jean mentionne lui aussi des femmes à la croix, même si, à cause du récit de Jésus remettant sa mère aux soins du disciple bien-aimé, il les nomme avant le récit de la mort de Jésus [116]. La liste johannique des femmes est en partie différente de celle des synoptiques : « Or près de la croix de Jésus se tenaient sa mère et la sœur de sa mère, Marie [femme] de Clopas, et Marie de Magdala » (19, 25). Ce qui nous intéresse ici, ce ne sont pas les désaccords sur les noms des femmes dans les quatre évangiles, mais plutôt le point d'accord essentiel qui existe au milieu de toutes les différences entre deux traditions indépendantes : pour les synoptiques et pour Jean, certaines femmes qui suivaient Jésus sont présentes lors de la crucifixion et de la découverte du tombeau vide [117]. L'élément commun à toutes les listes est Marie Madeleine.

(3) Dans son ensemble narratif du ministère galiléen, Luc complète la toile de fond des femmes dont quelques-unes au moins sont présentes à la crucifixion ; il le fait dans une longue phrase passerelle (8, 1-3) : « Et il advint ensuite qu'il [Jésus] cheminait à travers villes et villages, prêchant

et annonçant la bonne nouvelle du royaume de Dieu, et les Douze [voyageaient] avec lui, ainsi que quelques femmes qui avaient été guéries d'esprits mauvais et de maladies, Marie, appelée la Magdaléenne, de laquelle étaient sortis sept démons, Jeanne, femme de Chouza, intendant d'Hérode, Suzanne et plusieurs autres [femmes], qui les assistaient [ou les servaient] de leurs biens [ou de leurs possessions, ou de leur argent] [118]. »

Comme nous l'avons vu dans le tome II de *Un certain Juif, Jésus*, les critères d'embarras et de cohérence donnent à penser que la guérison de Marie Madeleine remonte réellement à un exorcisme accompli par Jésus au cours de son ministère public [119]. De plus, bien que, dans sa forme actuelle, le passage de Lc 8, 1-3 soit une composition de Luc, écrite dans son style caractéristique, la liste des femmes des versets 2-3 ne peut pas venir simplement des listes marciennes des femmes à la croix, à la mise au tombeau ou à la découverte du tombeau vide (Mc 15, 40-41.47 ; 16, 1 parr.) [120]. Seule Marie Madeleine est à la fois sur les listes de Marc et sur celles de Luc. Suzanne n'apparaît nulle part ailleurs, et Jeanne n'est mentionnée de nouveau qu'au tombeau vide, dans Lc 24, 10. Par conséquent, la liste de 8, 2-3 apparaît difficilement comme un bon moyen au service du projet rédactionnel de Luc (1, 2) qui tient à montrer que ce sont les témoins oculaires du ministère public qui deviendront serviteurs de la parole dans l'Église primitive ; les Actes ne décrivent en effet aucune des femmes de 8, 2-3 remplissant cette fonction de service de la parole [121]. Il faut ajouter que Luc avait la volonté de présenter le christianisme comme une religion « respectable » qui ne menaçait pas l'ordre romain ; dans cette perspective, il paraît peu vraisemblable qu'il ait créé le tableau potentiellement choquant de femmes, dont quelques-unes étaient mariées, circulant en Galilée, loin de leurs maris, avec Jésus et ses douze disciples hommes. Il n'est pas non plus vraisemblable que le tableau de 8, 1-3 ait été créé par Luc simplement pour avoir, dans son évangile, un parallèle aux diverses femmes des Actes qui avaient une fonction de mécénat ou d'hospitalité à l'égard des apôtres et des missionnaires. Dans la perspective apologétique qui est la sienne dans les Actes, Luc évite de choquer la sensibilité des lecteurs en décrivant des femmes non accompagnées qui auraient voyagé avec Pierre ou Paul.

En conséquence, le passage de 8, 1-3, dans lequel Luc décrit des femmes non accompagnées qui participent aux tournées de prédication d'un prêcheur célibataire masculin est en discontinuité à la fois avec le judaïsme de l'époque et avec ce que l'évangéliste nous dit, et que nous connaissons par ailleurs, de la mission dans la première génération chrétienne [122]. Quels que soient ses objectifs rédactionnels, Luc semble conserver en 8, 1-3 une précieuse mémoire historique. Parmi les gens qui suivaient Jésus, certaines femmes ferventes l'ont accompagné dans ses tournées en Galilée et finalement jusqu'à Jérusalem et l'ont effectivement soutenu, lui et son entourage, de leur argent, de leur nourriture ou de leurs biens [123]. Si ce que dit Luc à ce sujet est exact, cela nous rappelle que si Jésus s'adressait tout particulièrement aux pauvres (qui de toute façon constituaient la grande majorité de la population), il ne s'adressait pas qu'à eux [124]. De plus, même si elles laissent maison et famille pour suivre Jésus, les femmes de 8, 1-3 ne semblent pas se sentir obligées de se démunir immédiatement de tout leur argent ou de leurs biens. Si elles l'avaient fait, elles n'auraient guère pu « continuer à assister » (*diēkonoun*, à l'imparfait) Jésus et les Douze « de » *(ek)* de leur argent et de leurs biens [125]. On se demande si certains disciples de sexe masculin (par exemple, Simon Pierre) avaient pris de semblables dispositions.

(4) L'attestation multiple de sources (Marc, Jean et la source particulière L de Luc) confirme donc l'existence de femmes ferventes parmi les gens qui suivaient Jésus. Plus précisément, les évangiles nous décrivent des femmes qui voyagent avec Jésus, qui le soutiennent et l'assistent de leurs biens et qui se tiennent auprès de lui lors de la crucifixion, quand la plupart de ses disciples masculins, sinon tous, l'ont abandonné. Pourrait-il exister une meilleure qualification pour la condition de disciple que cette constance dans le service et la loyauté envers Jésus, y compris jusqu'à la croix ?

Et pourtant, nous sommes devant le fait que le mot « disciple » n'est jamais appliqué à aucune de ces femmes en particulier ni à l'ensemble de celles qui faisaient partie du groupe marchant à la suite de Jésus, quand elles sont mentionnées à part des disciples masculins. Pourquoi en est-il ainsi ? D'aucuns ont pu prétendre qu'une tradition historique bien connue a obligé les évangélistes machistes à aller à l'encontre de leurs propres tendances théologiques et à faire mention des femmes, même s'ils ont obstinément refusé de les appeler disciples. Mais il serait assez étrange que les évangélistes, dans leur « androcentrisme », aient pris la peine de décrire ces femmes comme équivalentes ou supérieures aux disciples masculins et que, dans le même temps, ils leur aient dénié le titre de « disciples ». Si les évangélistes voulaient supprimer une telle appellation, pourquoi n'ont-ils pas supprimé également les récits dont le contenu requiert cette désignation ? Certains exégètes tentent de résoudre le paradoxe en affirmant que les évangélistes ne donnent pas aux femmes qui suivent Jésus le nom de « disciples » parce qu'ils réservent le terme aux Douze. Mais un examen attentif de l'emploi du mot par les évangélistes montre qu'il n'existe pas de restriction aussi blindée [126]. Deux autres facteurs peuvent davantage nous aider à expliquer ce portrait apparemment contradictoire des femmes qui suivaient Jésus.

Tout d'abord, il se pourrait que les évangélistes soient quelque peu inhibés par le manque de récits spécifiques d'appel racontant comment Jésus a enjoint à des femmes individuelles de le suivre. Dans les évangiles, il n'est jamais dit que Jésus a appelé certaines femmes à le suivre dans le sens littéral et physique du terme. Pourtant, même en dehors du fait que

Jésus a adressé des appels explicites à des disciples potentiels de sexe masculin, il n'est guère vraisemblable que des femmes juives palestiniennes aient entrepris la démarche inhabituelle, pour ne pas dire scandaleuse, de suivre Jésus et ses disciples hommes à travers la Galilée pour une durée assez longue, sans qu'il y ait eu une injonction préalable de Jésus en ce sens ou au moins un clair assentiment de sa part après coup.

Le cas frappant de Marie Madeleine, que Jésus avait délivrée de son tourment par un exorcisme, pourrait suggérer que les femmes guéries par Jésus ont parfois perçu leur guérison comme l'équivalent d'un appel à suivre Jésus, qui aurait accepté cette interprétation. On pourrait voir un vague parallèle à cette situation dans le récit de la guérison de l'aveugle Bartimée par Jésus (Mc 10, 46-52), où ce n'est pas un appel explicite de Jésus mais le simple fait de la guérison qui conduit Bartimée à le suivre « sur le chemin [de la condition de disciple] » [127]. Quelque chose de similaire a pu se passer dans le cas de Marie Madeleine ; mais, je l'admets, il ne s'agit là que d'une conjecture.

En tout cas, c'est un fait que certaines femmes ont suivi Jésus pendant une longue période, au cours de son ministère en Galilée et de sa dernière montée à Jérusalem. Une telle démarche pour suivre Jésus, dans la durée et la ferveur, est inexplicable sans une initiative de Jésus ou au moins sans son acceptation active et sans qu'il coopère avec les femmes qui cherchaient à le suivre. Cependant, quelle qu'en soit la raison, préjugé androcentrique ou hasard des fluctuations de la tradition orale, les évangélistes ne possédaient apparemment pas, dans les traditions dont ils avaient hérité, de récits d'appel concernant des femmes. Cela a pu les amener à ne pas appliquer le titre de « disciple » aux femmes qui suivaient Jésus (tout comme il n'est pas appliqué à Bartimée), étant donné le manque manifeste de l'une des composantes majeures de la condition de disciple, l'appel par Jésus, une composante vérifiée pour bon nombre de disciples masculins.

Un second facteur peut nous aider à expliquer pourquoi les femmes qui suivaient Jésus ne sont pas appelées disciples ; il s'agit là d'un simple point philologique, à situer dans la vérité plus large des contraintes de l'histoire. Toute personne qui parle, écrit ou pense, même si elle a l'esprit imaginatif ou novateur, est prise dans les contraintes du temps et du lieu où elle vit et, en particulier, dans les contraintes de sa propre langue. Si une personne qui écrit ou enseigne ne veut pas seulement se parler bêtement à elle-même mais communiquer avec un groupe humain étendu et le convaincre, elle doit employer les concepts et les mots communément reçus dans ce groupe (ce qui n'empêche pas de faire preuve d'esprit créatif) ; sinon, la communication n'aura pas lieu. En tant que prophète et maître, Jésus désirait manifestement communiquer avec les gens qui le suivaient et avec l'ensemble d'Israël et il voulait les convaincre. Il était donc soumis lui aussi au même type de contraintes historiques que n'importe quel autre maître [128].

Il ne fait pas de doute qu'un grand nombre de choses concernant Jésus étaient novatrices. Le Jésus itinérant et sa bande de disciples constituaient un phénomène relativement nouveau à l'intérieur de la tradition judéo-palestinienne des relations entre maître et élèves, un phénomène qui, d'une certaine manière, se ressentait de l'expérience de Jésus dans le cercle des disciples du Baptiste. L'emploi même du mot « disciple » pour désigner les gens engagés à la suite de Jésus dans un groupe itinérant était probablement une application assez nouvelle d'un mot qui n'est guère attesté dans les Écritures ou les pseudépigraphes juifs antérieurs à l'époque de Jésus [129].

Étant donné toute cette nouveauté, il ne faut peut-être pas attendre en plus qu'on invente une nouvelle forme du mot « disciple » au cours des deux années du ministère de Jésus. À l'époque de Jésus, et pareillement pendant la période rabbinique, les mots « disciple » et « disciples » existaient seulement au masculin en hébreu et en araméen : *talmîd* et *talmîdîm* en hébreu ; *talmîdā'* et *talmîdayyā'* (à l'état déterminé) en araméen. D'où le problème suivant : au cours de son ministère public, Jésus a bien engagé des femmes à le suivre, mais il n'existait littéralement pas de nom féminin que l'on aurait pu utiliser pour les décrire ; il n'y avait pas de nom pour dire « disciple(s) femme(s) ».

Cela nous rappelle le risque qu'il y a à faire de l'histoire ou de la théologie simplement à partir de l'étude des mots. De nouvelles réalités apparaissent sur la scène historique avant qu'il n'y ait des mots pour les décrire ; et il s'écoule parfois un temps assez long entre la nouvelle réalité et le mot nouveau. Ainsi, l'absence de forme féminine du nom grec *mathētēs* (« disciple ») dans nos quatre évangiles pourrait être due, au moins en partie, au caractère ferme et conservateur de la tradition évangélique. Au cours du ministère public, Jésus et ses disciples n'ont jamais utilisé de mot spécial araméen pour désigner les disciples femmes, pour la simple raison qu'un tel terme n'existait pas ; et les évangiles en grec, qui découlent de cette tradition, n'en ont pas utilisé non plus.

Ce n'est probablement pas un hasard si Luc, l'évangéliste qui s'intéresse le plus aux femmes [130], est le seul auteur du Nouveau Testament à employer la forme féminine *mathētria* (« femme-disciple »), un mot relativement rare formé par le grec de la koinè. Cependant, il est très significatif qu'il ne l'emploie pas dans son évangile, où ce qu'il dit de Marie Madeleine et des autres femmes qui suivaient Jésus l'exigerait presque, mais bien dans les Actes (9, 36), pour décrire Tabitha, une femme chrétienne fervente de l'Église primitive. Il semble que Luc ne s'est pas senti autorisé à introduire la forme féminine du mot dans une tradition évangélique relativement fixée, tandis qu'il s'est estimé libre de le faire dans son nouveau type de composition, les Actes des Apôtres, où il ne subissait pas de la même façon la contrainte d'une tradition normative et de l'usage habituel des documents chrétiens antérieurs (par exemple, Marc et la tradition Q). De fait, pour trouver le nom *mathētria* employé pour désigner une femme-disciple qui avait suivi Jésus au cours de son ministère, il faut attendre un apocryphe du IIe siècle, l'*Évangile de Pierre*, où, en 12, 50, il est appliqué sans surprise à Marie Madeleine, qui a toujours eu la faveur des écrits apocryphes et gnostiques [131]. Mais même dans l'*Évangile de Pierre* (autant qu'on puisse le dire), le terme n'est employé que dans le récit de l'apparition du Jésus ressuscité à Madeleine au matin du dimanche de Pâques, et donc en dehors du ministère public [132].

Nous restons donc sur une sorte de paradoxe. Le Jésus historique a-t-il eu des disciples femmes ? Non, s'il s'agit de la dénomination ; oui, s'il s'agit de la réalité, en mettant de côté la question d'un appel implicite ou explicite. À coup sûr, c'est plutôt la réalité que la dénomination qui a dû attirer l'attention de la plupart des gens. On voyait un groupe de femmes, qui apparemment n'étaient pas accompagnées de leurs maris, du moins dans certains cas, et qui circulaient dans la campagne de Galilée avec un personnage de sexe masculin ; celui-ci les a exorcisées, les a guéries et leur a donné son enseignement tout comme il en a donné un à ses disciples masculins. Cela ne pouvait que faire sourciller les regards pieux et susciter les commentaires impies. Ceux qui critiquaient Jésus le stigmatisaient comme bon vivant, glouton et ivrogne, ami des collecteurs de taxes et des pécheurs (Mt 11, 19 par.), possédé du démon ou fou (Mc 3, 20-30 parr. ; Jn 8, 48). Un entourage itinérant d'adeptes femmes sans maris, dont certaines étaient d'anciennes possédées, qui fournissaient maintenant à Jésus argent ou nourriture, n'a pas dû faire baisser le niveau de suspicion et de scandale auquel Jésus était déjà confronté dans une société rurale traditionnelle. Et pourtant, scandale ou pas, Jésus leur a permis de le suivre et de le servir. Quels que soient les problèmes de vocabulaire, la conclusion la plus probable est que Jésus considérait ces femmes comme des disciples.

4. Les délimitations imprécises du statut de disciple : les adeptes de Jésus qui ne quittent pas leur maison

En plus de ceux des disciples qui laissèrent maison, famille et activité professionnelle, les évangiles parlent aussi d'un certain nombre d'adeptes masculins du mouvement Jésus, qui le soutenaient en lui fournissant nourriture et logement, quand il passait dans leur ville ou village. On pense à Zachée dans Lc 19, 1-10, à Lazare dans Jn 12, 1-12, à l'hôte anonyme du Dernier repas dans Mc 14, 13-15 et peut-être à Simon le lépreux dans Mc 14, 3. Cela nous donne au passage une attestation multiple de sources. Exactement de la même manière, nous trouvons dans les évangiles des descriptions de femmes engagées qui, au lieu de se joindre au ministère itinérant de Jésus, manifestent leur loyauté envers lui en lui apportant le soutien de leur hospitalité. Et c'est là, une fois encore, un parallèle entre des adeptes des deux sexes. Ces femmes ne sont pas appelées disciples, mais dans ce cas, les adeptes masculins ne portent pas non plus ce nom, puisque toutes ces personnes, aussi bien hommes que femmes, ne remplissent pas les conditions nécessaires pour être considérées comme disciples (appel impérieux de Jésus à le suivre, abandon de la maison et de la famille, exposition au danger et à l'hostilité lors des voyages à travers le pays d'Israël). Toutes les personnes engagées comme adeptes n'étaient pas engagées comme disciples ; et cela était valable aussi bien pour les femmes que pour les hommes.

Un type étrange d'attestation multiple de sources se trouve dans Lc et Jean, concernant l'existence d'adeptes femmes qui n'étaient pas disciples. Le portrait mémorable de Marthe et Marie donnant l'hospitalité à Jésus est présenté dans des contextes fort différents dans Lc 10, 38-42 (où Jésus vient juste de commencer son voyage depuis la Galilée jusqu'à Jérusalem) et dans Jn 11, 1-45 et 12, 1-8 (où Marie et Marthe sont les sœurs de Lazare et résident dans une maison à Béthanie, près de Jérusalem). Quelle que soit la réalité historique, Luc et Jean font tous les deux de Marie et (ou) de Marthe des modèles de foi chrétienne à imiter [133].

En Lc 10, 38-42, précisément parce qu'elle refuse de se laisser distraire par une activité ordinaire comme la préparation du repas et précisément parce qu'elle choisit à la place de s'asseoir (comme un bon disciple [134]) aux pieds de Jésus, à l'écoute de sa parole, Marie est louée pour avoir choisi la seule « part » nécessaire [135]. Comme Marie la mère de Jésus, Marie la sœur de Marthe représente pour Luc l'un des idéaux de la condition de disciple : écouter la parole de Dieu et la conserver précieusement (cf. Lc 2, 19.51, 11, 27-28).

Dans Jn 11, 27, c'est Marthe et non pas Pierre (cf. 6, 69) qui exprime la christologie descendante de l'évangéliste lui-même : « Oui, Seigneur, je crois que tu es le Christ, le Fils de Dieu, celui qui vient dans le monde. » (Comparer la seconde partie de la phrase, qui souligne la préexistence et l'incarnation, avec la même affirmation de foi exprimée par l'évangéliste en 20, 31 ; cf. Mt 16, 16.) De plus, dans Jn 12, 1-8, Marie accomplit un geste d'amour dispendieux en faisant une onction sur les pieds de Jésus lors d'un banquet, un acte interprété par Jésus comme annonçant sa sépulture. Tout naturellement, le quatrième évangéliste met donc Marie et Marthe sur pied d'égalité avec Lazare comme destinataires de l'amour de Jésus (11, 5). Même si Marthe et Marie, tout comme d'autres femmes et hommes qui suivaient Jésus et le soutenaient en lui offrant l'hospitalité, ne sont pas qualifiées de « disciples » au sens évangélique strict, elles tiennent manifestement une place beaucoup plus intime que les gens du cercle extérieur constitué par la foule itinérante simplement curieuse. Dans ce qu'elles disent ou ce qu'elles font, certaines choses au moins appartiennent au portrait idéal du disciple. Il est vrai que ces récits tels que nous les avons maintenant dans les évangiles sont très marqués par les perspectives théologiques de Luc et de Jean. Cependant, même sans parler de l'organisation pratique de ce soutien logistique à apporter au ministère itinérant de Jésus et de ses disciples [136], l'attestation multiple fournie par ces deux évangélistes plaide en faveur de l'existence de femmes et d'hommes dévoués qui fournissaient à Jésus nourriture, logement et autres formes de soutien, lorsqu'il venait dans leur ville ou leur village lors de ses tournées de prédication.

Un autre facteur renforce cette conclusion. Dans le tome II de *Un certain Juif, Jésus*, nous avons vu longuement comment les adeptes de Jésus ne reconnaissaient pas seulement en lui un prophète, mais également un thaumaturge [137]. Quelle qu'en soit l'explication, un assez grand nombre de gens affirmaient avoir été guéris ou exorcisés par Jésus. Il va de soi que, après leur guérison, ces gens, avec leurs familles et leurs amis, ont dû faire partie de ceux qui soutenaient Jésus, en lui offrant abri, nourriture et argent quand il passait dans leur région. Bien sûr, c'est là une conclusion de bon sens qui reste probablement vraie en général, même si elle ne l'était pas dans tous les cas. Le portrait que fait Jean de Marie et Marthe, les sœurs de Lazare (Jn 12, 1-8) veut certainement être un exemple de la foi et de la gratitude que l'on peut attendre des familles de ceux qui ont bénéficié des miracles de Jésus. Mais en même temps, le paralysé pas trop futé de Jn 5, 1-15 et les neuf lépreux étourdis de Lc 17, 11-19, qui font tous preuve d'une ingratitude crasse envers Jésus après leur guérison, nous rappellent que notre conclusion de bon sens a beau être vraie en général, tout le monde ne partage pas ce bon sens. Il demeure pourtant vraisemblable que les personnes qui avaient bénéficié du pouvoir de guérison de Jésus, ainsi que leurs familles et leurs amis, ont fait partie du nombre de ceux qui soutenaient le Nazaréen dans les villes et villages dispersés de Galilée et de Judée [138].

Nous en arrivons donc à la fin de notre examen du deuxième cercle (ou cercle médian) qui s'est formé autour de Jésus, à savoir un groupe constitué surtout de disciples engagés, c'est-à-dire de personnes appelées par Jésus à le suivre au sens littéral et physique du terme, de gens qui devaient en conséquence abandonner leur famille, leurs biens et leurs moyens de subsistance et qui prêtaient ainsi le flanc à l'incompréhension, à l'hostilité et aux attaques de leurs proches eux-mêmes, comme c'était le cas pour le maître-prophète qu'ils suivaient. À la fois des hommes et des femmes disciples (au moins de fait, sinon de nom) ont suivi Jésus ; ils avaient apparemment la même possibilité d'accès à son enseignement et à son activité de guérison, mais, en fin de compte, pas avec la même fidélité persévérante, ni avec les mêmes dénominations. Nous avons vu aussi que des « auxiliaires » ou des « groupes de soutien » (« tiers ordre » ou « cinquième colonne », oserait-on dire ?) étaient associés à ce cercle médian. Ces supporters étaient des adeptes convaincus, qui ne faisaient pas le saut de devenir complètement disciples ou qui n'avaient pas reçu de Jésus l'ordre ou l'autorisation de le faire, mais qui manifestaient leur dévouement et leur loyauté envers Jésus en lui offrant l'hospitalité.

On commence à voir se dessiner le contour de cercles plus petits à l'intérieur du grand cercle. À l'intérieur du cercle le plus large des « foules », autrement dit à l'intérieur du groupe le plus important des gens qui suivaient physiquement Jésus au moins pour un temps, il y avait le cercle médian des « disciples », un sous-ensemble spécial créé à l'initiative consciente de Jésus, un sous-ensemble qui, comme Jésus lui-même, bénéficiait du soutien d'adeptes qui n'avaient pas laissé maison et famille et qui leur offraient l'hospitalité [139]. De la même manière, Jésus a pris l'initiative de créer un sous-ensemble encore plus petit, un autre cercle à l'intérieur du groupe de ces disciples engagés itinérants. Le nouveau sous-ensemble plus petit était strictement limité à douze hommes, dont les noms sont donnés par les synoptiques et les Actes. C'est vers ce troisième cercle (ou cercle intérieur, dans l'ensemble des gens qui suivaient Jésus), formé par les Douze, que nous devons maintenant tourner notre attention, car ils ont joué un rôle central dans la conduite, dans la conclusion et dans la continuation du ministère de Jésus. Le choix conscient fait par Jésus d'hommes israélites, précisément au nombre de douze, pour constituer ce cercle intérieur, a non seulement traduit de manière concrète la compréhension qu'il avait de sa mission à l'égard d'Israël, mais ce choix s'est également révélé décisif pour cette mission et fatal dans ses conséquences pour lui-même.

XXVI

JÉSUS EN RELATION AVEC LES GENS QUI LE SUIVENT

III. L'EXISTENCE ET LA NATURE DES DOUZE

1. Disciples, apôtres, les Douze : problème de terminologie

Après avoir examiné le cercle extérieur des foules et le cercle médian des disciples, nous en arrivons maintenant au cercle intérieur des Douze [1]. Il faut tout de suite faire quelques distinctions fondamentales de terminologie. J'emploie l'expression « les Douze » pour désigner un groupe particulier de douze hommes qui étaient non seulement disciples de Jésus, mais qui constituaient autour de lui un cercle intérieur, proche. Ce faisant, j'imite la façon de faire de Marc et de Jean, qui parlent toujours des « Douze » sur le mode absolu (par exemple, Mc 6, 7 ; Jn 6, 67) et n'utilisent jamais d'expressions telles que « les douze disciples » ou « les douze apôtres » [2].

C'est dans Matthieu que l'on trouve de temps en temps l'expression « les douze disciples » (Mt 10, 1 ; 11, 1 ; peut-être 20, 17). Le problème avec l'expression « les douze disciples » est que l'on pourrait comprendre que le groupe appelé « les Douze » correspond à celui appelé « les disciples ». De fait, à la différence de Marc, Matthieu pourrait avoir cette identification en tête lorsqu'il parle des « douze disciples » [3]. Comme nous l'avons déjà vu dans notre étude sur les disciples de Jésus, l'emploi de la désignation « les Douze » comme parfaitement équivalente à la dénomination « les disciples » ne reflète pas la situation historique du ministère de Jésus. Par exemple, le collecteur de taxes Lévi est appelé à devenir disciple (Mc 2, 13-15), mais sans jamais apparaître dans la liste des Douze (Mc 3, 16-19). Pareillement, le personnage type proposé par Jean avec « le disciple que Jésus aimait », qui est très probablement une présentation idéalisée de quelqu'un qui a suivi Jésus à Jérusalem ou dans les environs [4], ne semble pas avoir appartenu aux Douze. Par conséquent, dans ce premier examen des données, j'évite régulièrement l'expression « les douze disciples » de Matthieu, car elle prête à confusion.

Encore plus, j'évite l'expression chrétienne traditionnelle « les douze apôtres », qui prête à confusion au niveau conceptuel et au niveau historique [5]. Au cours de son ministère public, Jésus ou ses disciples n'ont probablement pas employé le mot « apôtre » (en araméen *šĕlîăḥ* ; en grec *apostolos*) comme terme établi pour désigner un groupe particulier de gens qui suivaient Jésus. Tout au plus un mot araméen comme *šĕlîḥîn* (« messagers », « envoyés ») a-t-il pu être utilisé en fonction de circonstances précises, lorsque Jésus a envoyé les Douze pour une mission temporaire. C'est probablement le sens du mot dans ses rares occurrences dans Marc et dans Matthieu (Mc 6, 30 ; Mt 10, 2). C'est seulement lorsque les Douze reviennent de la mission temporaire à laquelle Jésus les a envoyés que, pour la seule fois de son évangile, Marc emploie le mot : « Et les *apôtres* se réunissent auprès de Jésus » (6, 30) [6]. Le mot « apôtres » signifie là tout simplement « ceux qui ont été envoyés en mission et qui maintenant en reviennent ». Une fois la mission terminée, le terme disparaît de Marc. Pareillement, la seule fois où Matthieu emploie le terme dans son évangile se trouve au début du discours missionnaire, quand Jésus se prépare à envoyer les Douze dans le territoire d'Israël, pour une mission limitée (10, 2) [7]. Ainsi, dans les deux évangiles, « apôtre » est un terme purement occasionnel pour indiquer une fonction temporaire accomplie par les Douze ; ils ne sont apôtres que lorsqu'ils sont réellement en mission.

C'est dans l'Église primitive que le terme « apôtre » (*apostolos*, « ambassadeur », « messager ») a commencé à être employé comme une désignation arrêtée pour un groupe spécifique (même si des auteurs différents n'emploient pas cette désignation de la même manière [8]). En tout cas, il ne fait pas de doute que, dans les premières décennies chrétiennes, le mot « apôtre » avait une palette de significations qui s'étendait bien au-delà des Douze. Le credo pré-paulinien cité par Paul en 1 Co 15, 3-7 fait une liste de différentes personnes qui ont bénéficié d'apparitions de Jésus ressuscité : « Céphas, puis les Douze, puis [...] plus de cinq cents frères [...] puis Jacques, puis tous les apôtres. » Il est clair que *tous* les apôtres constituent une catégorie plus large que les Douze.

C'était la manière de parler de l'Église primitive prépaulinienne, et, pour l'essentiel, Paul l'a adoptée pour la faire sienne [9]. Bien que ne faisant manifestement pas partie des Douze, Paul a ardemment revendiqué son droit au titre d'apôtre (par exemple, Ga 1, 1.17 ; 2, 8 ; 1 Co 9, 1-2 ; 15, 9 ; 2 Co 1, 1 ; 11, 5 ; 12, 11-12 ; Rm 1, 1.5). Paul considérait-il tous les Douze comme des apôtres ? On n'en est pas certain, ce qui ne manque pas d'ironie [10]. Il n'attribue explicitement la qualité d'apôtre qu'à un seul membre des Douze, Pierre (Ga 1, 17-19 ;2, 8) même si, dans le contexte général de Ga 2, 1-10, on pourrait également considérer Jean (le fils de

Zébédée) comme un apôtre. Deux personnes qui ne font pas partie des Douze sont mentionnées par Paul ; elles étaient des chrétiens et des apôtres éminents, avant même que Paul ne le devienne ; il s'agit d'un homme appelé Andronicus et d'une femme appelée Junia (Rm 16, 7) [11]. Paul a aussi entendu parler d'« apôtres des Églises », peut-être des délégués ou des missionnaires envoyés par des Églises locales pour des tâches particulières (2 Co 8, 23 ; Ph 2, 25 [12]).

L'étroite relation entre les Douze et les apôtres, pour ne pas dire l'identification complète, qui s'est faite dans la pensée chrétienne plus tardive est due principalement à la théologie de Luc. Dans la version lucanienne du choix des Douze par Jésus (Lc 6, 13), « il [Jésus] convoqua ses *disciples* [le groupe plus large] et *parmi eux* il [en] choisit *douze*, qu'il appela aussi *apôtres* ». Bien que ce texte ne prouve pas que, pour Luc, seuls les Douze étaient apôtres, il est clair que le titre d'« apôtre » ne s'étend pas sans distinction à tous les disciples de Jésus et qu'il est attaché aux Douze d'une manière particulière [13]. Dans le récit de la mission des Douze, Luc introduit le discours missionnaire en mentionnant que Jésus a réuni les Douze (9, 1) ; quand ceux-ci sont de retour auprès de lui pour faire le compte-rendu de leur mission, Luc dit que « les apôtres » reviennent (9, 10) [14]. Au début des Actes, Luc insiste sur la nécessité de combler la place laissée vide par l'apostat Judas (Ac 1, 12-26). Matthias est alors tiré au sort pour prendre l'« apostolat » *(apostolē)* abandonné par Judas et pour être compté « avec les *onze apôtres* ». Le fait que Matthias était déjà témoin à la fois du ministère de Jésus et de sa résurrection (Ac 1, 21-22) et ne possédait pas encore la « charge d'apôtre » (*apostolē*, v. 25) avant d'être choisi pour être compté avec les « onze apôtres » (v. 26) montre bien que, pour Luc, le groupe appelé les Douze et celui appelé les apôtres coïncidaient [15].

Et pourtant, le problème n'est pas tout à fait aussi simple. Contrairement à la présence surprenante mais exceptionnelle de l'expression dans Mt 10, 2 (« les douze apôtres ») et en Ap 21, 14 (« les douze apôtres de l'agneau »), l'ensemble Luc-Actes n'emploie jamais la locution toute faite « les douze apôtres », qui, dans l'Église ultérieure, deviendra une formule établie. De plus, alors que l'évangile de Luc n'identifie jamais nettement personne comme apôtre en dehors des Douze, les Actes s'écartent de la manière habituelle de parler de Luc, dans Ac 14, 4 et 14, où Barnabé et Paul sont appelés « les apôtres ». Cette divergence par rapport à la manière habituelle de parler de Luc est-elle due à une source utilisée par lui ? Ou bien le terme « apôtres » a-t-il ici le sens spécial de missionnaires chrétiens envoyés pour une mission temporaire par l'Église locale d'Antioche ? Ou bien le concept lucanien d'apôtre n'est-il pas aussi complètement identifié aux Douze que ne l'affirment de nombreux critiques ? Tout cela n'est pas clair [16]. Qu'il suffise de dire que Luc est l'auteur du Nouveau Testament qui est le plus constant dans l'utilisation interchangeable des dénominations « les Douze » (ou « les Onze ») et « les apôtres » ou dans une manière de les associer de près. Il est donc le principal catalyseur de l'habitude de parler des « douze apôtres », que l'on trouvera plus tard chez les chrétiens.

Ce rapide survol nous permet d'avoir une idée des emplois variés et parfois confus des termes « Douze », « disciples » et « apôtres » dans le Nouveau Testament. Dans les pages qui suivent, afin d'éviter cette confusion terminologique, je vais imiter Marc et Jean en parlant simplement des Douze [17]. Naturellement, la première question que nous avons à nous poser est de savoir si le groupe appelé les Douze a existé pendant le ministère du Jésus historique. Une fois son existence établie, nous pourrons essayer de préciser les caractéristiques et les fonctions de ce groupe.

2. L'existence des Douze pendant le ministère de Jésus

Certains lecteurs peuvent trouver étrange que l'on doive démontrer l'existence, autour de Jésus pendant son ministère public, d'un groupe spécial de douze personnes faisant partie de ceux qui le suivaient. Pourtant, au cours du XXe siècle, un certain nombre de critiques distingués ont considéré comme probable ou certain que le groupe appelé les Douze est en fait apparu dans l'Église primitive et a été plus tard rétroprojeté dans le ministère de Jésus [18]. Il est donc nécessaire d'appliquer les critères d'historicité aux données du Nouveau Testament, pour déterminer si les Douze ont existé en tant que groupe pendant la vie terrestre de Jésus.

A. Premier critère : l'attestation multiple

En premier lieu, l'existence des Douze au cours du ministère de Jésus est soutenue par le critère d'*attestation multiple de sources et de formes.*

(1) Marc mentionne les Douze 10 ou 11 fois dans son évangile : 3, 14 (et peut-être v. 16) ; 4, 10 ; 6, 7 ; 9, 35 ; 10, 32 ; 11, 11 ; 14, 10.17.20.43. Au cours des dernières décennies, les exégètes du Nouveau Testament ont porté beaucoup d'attention au portrait des Douze tracé par le travail rédactionnel de Marc, une image que certains critiques trouvent uniformément négative [19]. Étant donné la focalisation théologique de Marc sur les Douze, on suppose parfois que la plupart des références aux Douze, sinon toutes, viennent de son travail rédactionnel [20]. Cette conclusion ne s'impose pourtant pas.

D'une part, comme le fait remarquer Ernest Best, c'est le terme « disciples », et non « les Douze », qui est de loin la désignation préférée de Marc pour les personnes engagées à la suite de Jésus [21]. Mais la plupart des critiques ne voudraient pas pour autant en tirer la conclusion que les disciples sont purement et simplement une création rédactionnelle de Marc.

De plus, il y a des raisons positives de penser que quelques-unes au moins des références de Marc aux Douze lui viennent de sa tradition. En fondant son point de vue sur les analyses détaillées de Karl Kertelge et de Günther Schmahl, Wolfgang Trilling a fait l'observation suivante : même si beaucoup de références de Marc aux Douze peuvent en effet être rédactionnelles, deux d'entre elles au moins semblent fermement enracinées dans la tradition prémarcienne [22].

(a) La première des deux références se trouve dans l'introduction à la liste des douze noms dans Mc 3, 16-19 ; la plupart des critiques reconnaissent dans ce passage une tradition prémarcienne [23]. Il est vrai que, dans son état actuel, Mc 3, 13-19 (le choix des Douze et la liste de leurs noms) est le résultat d'une composition marcienne. Cependant, pour la plupart des commentateurs, les diverses répétitions, les explications comme entre parenthèses et les perturbations de la syntaxe de Mc 3, 13-19 donnent l'impression globale que Marc retravaille et explique une tradition antérieure. De plus, comme nous le verrons plus loin, puisque Luc a une tradition indépendante pour les douze noms, la liste des douze noms n'est pas une création marcienne sortie de nulle part. La proposition introductive de Mc 3, 14 (« et il en fit [= créa, institua] douze »), ou quelque chose de semblable, devait donc se trouver dans la tradition comme titre ou introduction de la liste [24]. Mc 3, 16a (« et il établit les Douze ») pourrait représenter une autre forme possible de l'introduction traditionnelle à la liste ; mais il est malheureusement difficile de savoir exactement si le verset 16a fait partie du texte original de Marc ou si c'est une glose ultérieure [25].

(b) La désignation « les Douze » était également enracinée dans la tradition pré-marcienne de la passion, en particulier en référence à Judas en tant que « l'un des Douze » *(heis tōn dōdeka)* notamment dans Mc 14, 43, quand Judas « livre » Jésus lors de l'arrestation à Gethsémani [26]. Cette expression toute faite, « l'un des Douze » est également employée pour Judas en 14, 10 et 20, bien que certains considèrent ces deux derniers cas comme fruits de la rédaction marcienne. En tout cas, la désignation de Judas comme « l'un des Douze », précisément lorsqu'il est fait référence à l'acte de trahison, n'est manifestement pas une invention de Marc, car, comme nous le verrons plus loin, la tradition indépendante de Jean utilise la même désignation quand elle parle de l'acte de trahison de Judas (« Judas […] devait le livrer, [bien qu'il fût] l'un des Douze », 6, 71). Tout compte fait, le groupe appelé les Douze n'est pas purement et simplement une création marcienne, mais il existait déjà dans la tradition (ou les traditions) dont Marc a hérité, notamment dans la liste des Douze et dans la tradition concernant Judas.

(2) Les listes des Douze peuvent apporter à la question une lumière supplémentaire. Alors qu'ils dépendent presque entièrement de Marc pour

leurs références aux Douze [27], Matthieu et Luc manifestent de légères différences dans leurs listes de noms des Douze (Mc 3, 16-19 // Mt 10, 2-4 // Lc 6, 14-16 // Ac 1, 13) ; cela pourrait indiquer que, pour ce matériau, Matthieu et Luc (Matthieu ou Luc) représentent une tradition indépendante concernant les Douze. Si c'était le cas, les parallèles indépendants de M et (ou) de L confirmeraient l'opinion communément admise, selon laquelle la liste des Douze de Mc 3, 13-19 vient d'une tradition pré-marcienne. Le tableau suivant donne une rapide vue d'ensemble des quatre différentes listes des Douze et semble plaider en faveur d'une pluralité de formes de la tradition chrétienne primitive à avoir transmis les noms des Douze [28].

Listes des Douze

Mc 3, 16-19	Mt 10, 2-4	Lc 6, 14-16	Ac 1, 13
Premier ensemble de quatre			
Simon Pierre	Simon Pierre	Simon Pierre	Pierre
Jacques [le fils] de Zébédée	André son frère	André son frère	Jean
Jean frère de Jacques	Jacques [le fils] de Zébédée	Jacques	Jacques
André	Jean son frère	Jean	André
Deuxième ensemble de quatre			
Philippe	Philippe	Philippe	Philippe
Barthélemy	Barthélemy	Barthélemy	Thomas
Matthieu	Thomas	Matthieu	Barthélemy
Thomas	Matthieu le collecteur de taxes	Thomas	Matthieu
Troisième ensemble de quatre			
Jacques le [fils] d'Alphée	Jacques le [fils] d'Alphée	Jacques d'Alphée	Jacques d'Alphée
Thaddée [29]	Thaddée	Simon le Zélote [30]	Simon le Zélote
Simon le Cananéen	Simon le Cananéen	Judas de Jacques	Judas de Jacques
Judas Iscariote	Judas Iscariote	Judas Iscariote	—

Les variations dans les listes des Douze sont loin de contredire l'existence du groupe pendant la vie de Jésus ; les différences entre les synoptiques s'inscrivent sur un fond d'accord fondamental de leurs listes et plaident en faveur d'une tradition orale primitive qui a subi quelques changements avant la mise par écrit des évangiles [31]. En réalité, les variations ne sont guère importantes. Malgré les longs développements de certains commentateurs sur les divergences entre les listes, on ne relève qu'une seule différence essentielle dans les noms : au lieu du Thaddée signalé en dixième place dans Marc et Matthieu, Luc mentionne « Judas de Jacques » en onzième place (à la fois dans Lc 6, 16 et dans Ac 1, 13). Pour le reste, non seulement les onze autres noms sont les mêmes, mais en plus l'ordonnancement essentiel des noms reste identique (trois ensembles de quatre noms chacun).

Le premier ensemble de quatre noms commence toujours par Pierre et continue toujours (dans un ordre qui varie) avec Jacques et Jean (les fils de Zébédée) et avec André, le frère de Pierre. Le deuxième ensemble de quatre noms commence toujours par Philippe et continue toujours (dans un ordre qui varie) avec Barthélemy, Matthieu et Thomas. Le troisième ensemble de quatre noms commence toujours par Jacques [fils] d'Alphée et continue toujours avec Simon le Cananéen (= le Zélote) et Judas Iscariote (toujours à la fin de la liste). On ne sera pas surpris de trouver dans la troisième liste de noms la seule variation significative, Judas de Jacques au lieu de Thaddée. Il est facile de comprendre que les personnages les moins connus et les plus faciles à oublier aient été relégués dans le troisième ensemble, la seule exception flagrante étant le tristement célèbre Judas, qui est placé à la fin de toute la liste pour des raisons évidentes. Si l'on considère que cette liste de douze hommes (dont beaucoup étaient des personnages inconnus par ailleurs) a été transmise oralement au cours de la première et peut-être de la deuxième génération chrétienne, il est alors surprenant qu'un seul nom varie dans les quatre listes : Thaddée au lieu de Judas de Jacques.

Certains commentateurs ont expliqué cette unique variante en disant qu'il s'agissait de noms différents pour désigner la même personne ; mais cette solution sent l'harmonisation [32]. La variante peut tout simplement venir du fait que les Douze, en tant que groupe, ont perdu de l'importance dans l'Église primitive et, de ce fait, la mémoire collective de l'Église à leur propos n'a pas été parfaitement conservée. Cette variante pourrait aussi s'expliquer du fait que le ministère de Jésus a duré deux ans et quelques mois. Étant donné les exigences imposées par Jésus aux Douze, à savoir l'abandon de leur famille, de leur maison et de leurs biens pour demeurer de façon permanente auprès de lui dans ses tournées de prédication en Galilée et en Judée, il ne serait pas étonnant qu'un membre au moins ait quitté le groupe au cours des deux années du ministère. Un certain nombre de raisons pourraient être invoquées pour ce départ : démission volontaire, révocation par Jésus, maladie ou même mort. Quelle qu'en soit la cause, il se peut fort bien qu'un membre des Douze soit parti et ait été remplacé par un autre disciple. Que Jésus ait dû procéder à un remplacement est en soi significatif ; l'importance des Douze leur venait précisément de ce que leur nombre symbolisait et incarnait les espérances eschatologiques d'Israël et le message eschatologique de Jésus : la restauration et le salut de tout Israël, de l'ensemble des douze tribus, aux derniers jours [33].

Étant donné les variations relativement mineures parmi les douze noms dans un contexte d'accord global, y a-t-il des raisons suffisantes de penser que Matthieu et (ou) Luc ont connu une autre liste que celle qui leur est venue de l'évangile de Marc ? Ou bien les variations trouvées dans Matthieu et dans Luc-Actes s'expliquent-elles mieux par de simples changements rédactionnels réalisés par Matthieu et par Luc sur la liste de Marc ? La réponse peut être différente selon que l'on considère Matthieu ou Luc.

(a) Les deux divergences notoires de Matthieu par rapport à Marc peuvent s'expliquer simplement par le travail rédactionnel du premier et par sa perspective théologique.

(α) Comme le montre l'ensemble de son évangile, Matthieu affectionne les schémas bien agencés ; il remet souvent de l'ordre dans Marc et dans la tradition Q pour créer des ensembles de matériaux numériquement organisés. Aussi n'est-il guère étonnant qu'il remette de l'ordre dans le premier ensemble marcien de quatre noms ; il fait passer André de la quatrième à la deuxième place pour créer deux binômes de frères [34]. Après avoir créé des binômes dans le premier ensemble, Matthieu prolonge ce schéma dans toute la liste des Douze : par exemple, « Philippe *et* Barthélemy, Thomas *et* Matthieu ». Peut-être est-ce sa manière de compenser le fait qu'il ne reprend pas le passage de Marc qui raconte comment Jésus envoya les Douze « deux par deux » (Mc 6, 7).

(β) Dans le deuxième ensemble de quatre noms, les variations sont également dues au travail rédactionnel du premier évangéliste : un peu plus haut dans son texte (Mt 9, 9), il avait changé le nom du collecteur de taxes Lévi, de Mc 2, 14, en celui de Matthieu ; de la sorte, il fait entrer dans la liste des Douze chacun des personnages dont on connaît le nom et qui est directement appelé par Jésus à devenir disciple [35]. Et, dans sa liste des Douze, le premier évangéliste enfonce le clou de cette identification en ajoutant au nom de Matthieu la qualification « le collecteur de taxes » *(ho telōnēs)*. Mais pourquoi le nom de Matthieu est-il placé en dernier dans le second ensemble de noms ? Puisque, dans ce second ensemble, aucun autre personnage n'a de qualification apposée à son nom, l'évangéliste a pu trouver que la liste serait plus fluide si la désignation la plus développée, « Matthieu le collecteur de taxes », était placée à la fin du second ensemble.

Tout compte fait, il semble vraisemblable que la liste des Douze présentée par le premier évangéliste peut s'expliquer simplement comme une réélaboration rédactionnelle de la liste de Marc. Mais on ne peut pas en être absolument sûr. La liste des Actes place également Matthieu à la fin du second ensemble de noms ; seules ces deux listes s'accordent sur ce point. J'ai tendance à penser que cet accord est une pure coïncidence ; mais cela nous invite à la méfiance quant à une trop grande certitude dans nos jugements [36].

(b) Le cas de Luc-Actes est différent et plus compliqué. Commençons par l'évangile de Luc. Comme dans la liste de Matthieu, quelques-unes des divergences de Luc par rapport à Marc peuvent s'expliquer par des améliorations de style. Par exemple, Luc, comme Matthieu, a dû penser que l'organisation du texte était meilleure si l'on plaçait André juste après Pierre, afin de créer deux binômes de frères [37]. Luc a tendance à éviter les mots hébreux et araméens dans son évangile ; il n'est donc pas surprenant qu'il traduise Simon le Cananéen par Simon le Zélote.

Cependant, il y a dans Luc une variante curieuse qui n'a pas de parallèle en Matthieu. Au lieu de Thaddée, mentionné par Marc et Matthieu en deuxième place dans le troisième ensemble, Luc a « Judas [Jude] de Jacques » en troisième place, tandis que Simon a glissé à la deuxième place. Le même « Judas de Jacques » se trouve au même endroit dans la liste des Actes. Ce changement ne peut s'expliquer ni pour des raisons stylistiques ni apparemment pour des motifs théologiques. Luc ne mentionne jamais Judas de Jacques en dehors de ses deux listes ; Judas de Jacques n'est pas mieux connu et n'a pas plus de signification théologique que Thaddée, qu'il remplace. Une tradition isolée du récit du Dernier repas dans le quatrième évangile signale, de manière indépendante, l'existence d'un autre Judas (Jude), en plus de Judas Iscariote, parmi les disciples les plus proches de Jésus : ce « Judas, pas l'Iscariote », qui n'est jamais mentionné ailleurs dans le quatrième évangile, apparaît soudain pour poser une question à Jésus (Jn 14, 22) [38]. Par conséquent, vu que le remplacement de Thaddée par Judas de Jacques ne peut être attribué au travail rédactionnel de Luc et vu que l'existence d'un autre Judas est attestée de manière indépendante par le quatrième évangile, l'explication la plus naturelle est que Luc a trouvé ce nom dans la liste que lui a transmise sa tradition L. En résumé, c'est Luc, et non Matthieu, qui nous donne un témoignage solide en faveur d'une liste des Douze indépendante de la liste de Marc [39].

(c) Il n'est pas du tout sûr que les Actes des Apôtres nous fournissent encore une autre tradition indépendante. Comme dans le cas de Matthieu, je pense que les différences notoires par rapport à Marc s'expliquent pour des raisons rédactionnelles [40]. Dans Ac 1, 13, Luc semble mélanger sa tradition marcienne avec sa propre tradition particulière (L) ; la liste qui résulte de cet amalgame semble avoir reçu des modifications supplémentaires en raison des objectifs rédactionnels de Luc dans les Actes. Cependant, comme nous allons le voir, une divergence reste difficile à expliquer et nous laisse dans l'incertitude.

Les différences les plus significatives de la liste de Ac 1, 13 par rapport à celle de Lc 6, 14-16 sont les suivantes :

(α) Dans le premier ensemble de noms des Actes, Luc suit Marc en gardant André en quatrième place.

(β) Ayant en tête ce qui va se passer dans les Actes, Luc fait dans

Ac 1, 13 un changement qui ne se trouve dans aucune autre liste : il met les deux fils de Zébédée dans un autre ordre en plaçant Jean avant Jacques. Cette modification reflète probablement deux aspects de l'histoire des Douze dans les premiers chapitres des Actes : Jean est habituellement l'« acolyte » de Pierre, et Jacques est le premier des Douze à mourir et, par le fait même, à disparaître de l'histoire des Actes.

(γ) Le deuxième ensemble est quelque peu curieux ; il propose en effet un ordre des noms qui est unique dans les quatre listes : Philippe, Thomas, Barthélemy et Matthieu. On ne voit pas de raisons à ce changement, puisque la liste de Marc en 3, 18 et celle de Luc en 6, 14-15 lisent toutes les deux Philippe, Barthélemy, Matthieu et Thomas. Cette dissemblance dans l'ordre des noms est le seul argument sérieux en faveur d'une tradition indépendante dans Ac 1, 13 [41].

(δ) La dernière différence se trouve dans le troisième ensemble de noms : l'omission de Judas Iscariote. Elle s'explique facilement par la trahison de Jésus par Judas, qui a déjà été racontée dans l'évangile (Lc 22, 3-5.22-23.47-48) et par la mort prématurée de Judas que les Actes vont mentionner juste après la liste (1, 16-26).

Au bout du compte, notre investigation nous donne des résultats mitigés. À mon avis, la liste de Matthieu est purement et simplement le produit de son travail de rédaction à partir de la liste de Marc ; on n'y reconnaît pas de tradition indépendante. Le cas de la liste des Actes est plus difficile, bien que j'aie tendance à penser qu'elle peut s'expliquer simplement comme un amalgame des listes qui se trouvent dans les évangiles de Marc et de Luc, avec des modifications supplémentaires dues au projet rédactionnel de Luc dans les Actes. J'admets que le changement d'ordre dans le deuxième ensemble de noms est difficile à expliquer ; on pourrait peut-être y voir un désir de changement pour des raisons purement stylistiques. Contrairement à l'évangile de Matthieu, cependant, la liste présentée par Luc dans son évangile (6, 14-16) ne semble pas pouvoir s'expliquer par son seul travail rédactionnel à partir de Marc, pour des raisons stylistiques ou théologiques. Le remplacement de Thaddée par Judas de Jacques ne trouve pas de justification dans les perspectives théologiques de Luc ni dans ses préférences stylistiques. Ainsi, ce qui est le plus vraisemblable, à mon avis, c'est que Lc 6, 14-16 représente une tradition des noms des Douze qui est indépendante de la liste de Mc 3, 16-19. Par conséquent, la tradition L et la tradition marcienne témoignent à la fois de l'existence des Douze pendant la vie de Jésus et des noms des personnages qui constituaient ce groupe des Douze.

(3) En plus de la tradition de Marc, et probablement de celle de la tradition L, la tradition johannique donne une attestation indépendante sur les Douze durant le ministère de Jésus. La mention des Douze par Jean a d'autant plus de poids que le quatrième évangile ne porte pas d'intérêt particulier au groupe appelé les Douze. La tradition johannique nomme des

disciples ou des adeptes importants de Jésus (par exemple, Nathanaël et Lazare) qui ne sont pas inscrits dans les listes synoptiques des Douze ; et l'anonyme « disciple que Jésus aimait », le modèle pour toute vie de disciple, ne fait apparemment pas partie des Douze. Les quelques références aux Douze qui se trouvent dans Jean ont donc un air de reliques ou de fossiles incrustés dans la tradition johannique primitive.

Dans l'ensemble narratif johannique sur le ministère public, les références aux Douze sont regroupées, et de ce fait isolées, à la fin du discours du pain de vie, dans le chapitre 6. Confronté à la désertion de nombre de ses disciples, Jésus demande aux Douze s'ils veulent eux aussi le quitter (Jn 6, 67). Pierre, agissant en porte-parole, proclame sa foi en Jésus, le Saint de Dieu (v. 68-69). Presque sur le ton d'une réflexion attristée, Jésus répond par une question rhétorique (v. 70) : « N'est-ce pas moi qui vous ai choisis, vous, les Douze ? Et [pourtant] l'un d'entre vous est un diable. » Dans une parenthèse caractéristique, l'évangéliste explique au lecteur la prophétie brutale de Jésus (v. 71) : « Il parlait de Judas, [le fils] de Simon Iscariote ; c'est lui en effet qui devait le livrer, [et pourtant il était] l'un des Douze [42]. » On ne manquera pas d'observer que ces quelques versets contiennent toutes les références directes aux Douze que l'on peut trouver dans tout l'ensemble narratif du quatrième évangile sur le ministère public de Jésus. Peut-être n'est-ce pas un hasard si ces références se trouvent toutes à la fin de Jean 6, le seul chapitre de l'évangile johannique qui soit parallèle à quelque chose de ce que rapportent les synoptiques sur le ministère de Jésus, surtout dans le « cycle des pains » de Marc 6 – 8, qui culmine dans la confession de foi de Pierre à Césarée de Philippe.

Il existe une autre référence aux Douze, qui cependant n'est reliée que de manière indirecte au ministère public. Dans Jn 11, 16, alors que Jésus se prépare à aller à Béthanie pour ressusciter Lazare, il est déjà question de Thomas, « appelé Didyme [le jumeau] », qui dit d'un air sombre « à ses condisciples » : « Allons, nous aussi, pour mourir avec lui ! » Puis, en 14, 5, Thomas réapparaît brièvement au cours du Dernier repas, pour demander d'un ton dolent : « Seigneur, nous ne savons pas où tu vas. Comment saurions-nous le chemin ? » Pourtant, c'est seulement dans l'une des apparitions du ressuscité que Thomas est présenté avec l'identification spécifique, « Thomas, l'un des Douze, appelé Didyme [...] » (20, 24).

Ainsi, directement ou indirectement, le quatrième évangile, qui n'a pas de liste formelle des Douze, identifie Pierre, Thomas et Judas comme membres de ce groupe. André et Philippe ne sont jamais identifiés de la sorte ; cependant, la place éminente qu'ils tiennent dans le ministère public, en formant une sorte de *binôme* de disciples proches de Jésus (1, 35-46 ; 6, 5-8 ; cf. 14, 8-9), pourrait laisser penser qu'ils étaient également connus dans la tradition johannique comme membres des Douze. Mais ce qui est révélateur, c'est qu'il nous faut recoller les morceaux de cette information à partir de fragments d'une tradition sur les

Douze, qui a pu avoir de l'importance dans la première communauté johannique, mais qui apparemment ne présente pas grand intérêt pour le quatrième évangéliste. Nous avons affaire à une tradition très différente de celle trouvée dans les synoptiques, qui faisait une énumération précise des noms des Douze et qui soulignait le rôle des Douze dans la première partie de la tradition de la passion.

(4) En plus de Marc, Jean et probablement la tradition L, il pourrait y avoir une référence indirecte aux Douze dans la tradition Q [43] ; mais cette façon de juger dépend de la manière dont on reconstruit la tradition sous-jacente à Mt 19, 28 // Lc 22, 30. Ce logion de la tradition Q a été placé par les deux évangélistes dans des contextes étonnamment différents ; et aucun des deux contextes ne peut prétendre représenter la situation originale du logion [44]. Matthieu insère le logion dans un enseignement de Jésus sur le danger des richesses et sur la récompense promise aux disciples qui ont laissé famille et maison à cause de lui (Mt 19, 23-30 ; cf. Mc 10, 23-31) ; le contexte plus large est celui de la montée de Jésus à Jérusalem pour célébrer la Pâque et souffrir sa passion. Luc, par contre, situe le logion Q dans le mini-discours prononcé par Jésus lors du Dernier repas. La nécessité d'adapter le logion à chacun des contextes peut permettre de comprendre pourquoi la première partie est si différente dans Matthieu et dans Lc et comment elle se ressent des perspectives théologiques de chacun des évangélistes [45]. Toutefois, les derniers mots sont essentiellement les mêmes dans les deux évangiles ; Jésus y fait une promesse eschatologique destinée à certains disciples [46] :

MATTHIEU 19, 28	LUC 22, 30
vous [47] siégerez sur *douze* trônes pour juger les douze tribus d'Israël	vous siégerez sur des trônes pour juger les douze tribus d'Israël

Dans le contexte de Luc, Jésus s'adresse à ses disciples les plus proches lors du Dernier repas en leur promettant qu'ils « jugeront » les *douze* tribus d'Israël. (Le verbe « juger » signifie-t-il « exercer la souveraineté sur », « obtenir justice pour », « appliquer une sentence judiciaire sur » [48] ?) Même si nous n'avions que la forme lucanienne du logion, ce contexte pourrait laisser supposer que les destinataires sont les Douze. Toutefois, cela n'est explicite que dans la forme matthéenne du logion. Nous devons alors nous demander si c'est Luc qui a laissé tomber l'adjectif numéral « douze » devant « trônes » ou si c'est Matthieu qui l'a ajouté ; on peut trouver des arguments en faveur de chaque position, mais je crois plus vraisemblable que c'est Luc qui a supprimé l'adjectif « douze » devant « trônes ».

D'abord, le contexte plus large de Luc laisse clairement entendre que l'évangéliste pense aux Douze, « qu'il nomma apôtres » (Lc 6, 13). Luc est le seul, au début du Dernier repas, à déclarer que Jésus « se mit à table, et les apôtres [se mirent à table] avec lui » (22, 14 ; Mc 14, 17, qui est la source de Luc, parle des « Douze »). Dans Lc 22, 28, les destinataires du logion Q du verset 30, sont décrits par Jésus de la façon suivante : « vous [...] qui êtes demeurés constamment avec moi dans mes épreuves. » Dans l'esprit de Luc, c'est là une bonne description de ceux qui font partie des Douze (cf. Ac 1, 21-22). Ainsi, contrairement au contexte de Matthieu 19, où il n'est question que de « disciples », le contexte de Luc rend assez évident que les destinataires visés sont les Douze ; et cette déduction est renforcée par la mention des *douze* tribus dans le logion. D'ailleurs, étant donné le souci stylistique caractéristique de Luc et sa volonté d'éviter les répétitions inutiles, on comprend très facilement pourquoi il aurait voulu éviter la répétition du terme « douze » à trois mots d'intervalle [49].

Ensuite, le contexte choisi par Luc, à savoir le Dernier repas, aurait pu le pousser à laisser tomber la référence explicite aux *douze* trônes lors du jugement final. Dans l'ordonnancement mis en place par Luc pour les matériaux du Dernier repas, Jésus vient juste de prédire la trahison de Judas, « l'un des Douze » (cf. Lc 22, 3.47). Il est donc évident que Judas, bien qu'il soit l'un des Douze au moment du Dernier repas, ne sera pas l'un de ceux qui siègeront sur les trônes au jour du jugement ; c'est Matthias qui prendra sa place (Ac 1, 15-26). On comprend que Luc veuille atténuer une apparente incompatibilité entre une prophétie de malheur et une prophétie de récompense concernant la même personne (Judas). Ou, pour dire les choses plus franchement, Luc veut éviter l'embarras de faire dire à Jésus une prophétie sur les Douze qui ne se vérifie pas pour l'un d'entre eux. En conséquence, il supprime la référence aux *douze* trônes [50].

Par contre, puisque Matthieu insère le logion Q dans une instruction sur la condition de disciple au cours du voyage vers Jérusalem et qu'il n'est pas du tout question de Judas dans le contexte matthéen plus large, il va de soi que le premier évangéliste ne ressent pas le problème d'incompatibilité ou d'embarras qui se pose à Luc. D'ailleurs, étant donné que le contexte précédent de Matthieu parle seulement de « disciples » qui suivent Jésus (par exemple, 19, 10.13.23.25), et *non* des « Douze » ou des « douze disciples », il est indispensable de maintenir l'adjectif « douze » devant le mot « trônes » dans le logion, si l'on veut dire clairement quelles sont les personnes visées par la promesse. Dans l'ensemble, il apparaît donc plus vraisemblable que la référence aux « *douze* trônes » et par conséquent au groupe des Douze est originale dans le logion de la tradition Q [51].

La promesse faite aux Douze prend parfaitement sens dans le contexte plus large des espérances eschatologiques juives en général et dans la proclamation eschatologique de Jésus en particulier, telles qu'elles ont été résumées dans le tome II de *Un certain Juif, Jésus* [52]. Autrement dit, le noyau de la promesse de Mt 19, 28 répond au critère de cohérence. Même dans les écrits de l'Ancien Testament et des pseudépigraphes qui ne sont pas eux-mêmes apocalyptiques (par exemple, Tobie 13 ; Si 36, 1-17), on trouve exprimée l'espérance d'un rassemblement ou d'une reconstitution des tribus d'Israël à la fin des temps [53]. Cette espérance correspond parfaitement à la proclamation par Jésus de l'avènement de la souveraineté royale de Dieu ; Jésus, en effet, adressait sa proclamation du royaume non pas au monde en général mais au peuple d'Israël dans sa Terre promise. Pour préfigurer sa mission envers tout Israël à la fin des temps, Jésus a créé le groupe appelé les Douze, dont le nombre même symbolisait, promettait et, en vertu de la puissance dynamique que l'on pensait à l'œuvre dans les actions symboliques des prophètes, commençait déjà à réaliser le rassemblement des douze tribus. Par conséquent, à l'intérieur de la vision prophétique plus large de l'avènement de Dieu pour exercer sa souveraineté royale sur Israël à la fin des temps, Jésus a promis, dans Mt 19, 28 par., que le cercle intérieur des Douze, qui était le signe prophétique et le commencement du rassemblement des douze tribus, aurait part au gouvernement (ou au jugement ?) de l'Israël reconstitué. Le logion de Mt 19, 28 par. est donc plus qu'un simple indice de l'existence historique des Douze ; il nous fournit une déclaration importante de Jésus sur sa perspective eschatologique et sur son intention de créer les Douze pour les intégrer dans cette perspective.

En fait, cette perspective trouve davantage sens dans le contexte du ministère de Jésus que dans le contexte de la première génération de l'Église primitive, où les Douze, en tant que groupe eschatologique (en particulier en relation avec l'idée de la restauration des douze tribus d'Israël), disparaissent avec une surprenante rapidité. À la lumière de cette disparition rapide des Douze comme groupe visible et influent dans l'Église primitive (contrairement à certains membres éminents tels que Pierre), on pourrait développer un type d'argument fondé sur la dissemblance ou la discontinuité. Dans l'Ancien Testament, dans la littérature intertestamentaire et dans le Nouveau Testament, il est beaucoup question du jugement d'Israël et on dispose de beaucoup d'images verbales pour en parler, y compris des scènes de jugements et de trônes, avec divers personnages qui siègent sur ces trônes. Pourtant, nulle part ailleurs dans la littérature juive existant avant ou pendant l'époque de Jésus, nous ne trouvons une description de douze hommes qui siègent sur douze trônes et qui partagent les prérogatives de Dieu pour passer en jugement (ou gouverner ?) l'Israël eschatologique. Dans le Nouveau Testament, les Douze ont divers rôles à jouer et sont décrits de différentes manières, à la fois positives et négatives ; mais la fonction assignée aux Douze dans Mt 19, 28 par. demeure sans aucun parallèle.

Ainsi, par comparaison avec le judaïsme pré-chrétien et avec le reste du Nouveau Testament, la description que Jésus fait des Douze et la fonction qu'il leur attribue dans Mt 19, 28 par. se trouvent seulement dans ce logion [54]. Celui-ci est donc en discontinuité sur ce point avec le judaïsme et avec l'Église primitive et il est plutôt à attribuer au Jésus historique. D'ailleurs, si l'on veut prétendre au contraire que le logion a été créé par la première Église, on est confronté à une question difficile : pourquoi l'Église primitive aurait-elle créé (et attribué au Jésus terrestre au cours de son ministère public) un logion qui promettait en fait un trône et une autorité céleste au traître Judas Iscariote lors du jugement dernier [55] ? Finalement, les critères de cohérence, de discontinuité et d'embarras plaident tous en faveur d'une origine du logion dans le ministère public [56].

Cependant, une objection mineure peut être faite à l'ensemble de mon argumentation, et il faut l'aborder. Même si nous reconnaissons dans Mt 19, 28 par. une référence aux Douze, c'est la seule fois où les Douze apparaissent dans la source Q. Certains critiques, tels que Philipp Vielhauer, s'appuient sur cette absence pour nier l'existence des Douze au cours de la vie de Jésus [57]. Mais c'est là un argument pour le moins curieux, puisque le mot « disciple » *(mathētēs)* est presque aussi rare dans la source Q que la référence aux Douze elle-même. Il n'y a, dans la tradition Q, que deux occurrences tout à fait claires du mot « disciple » (Mt 10, 24 // Lc 6, 40 ; Mt 11, 2 // Lc 7, 18) ; toutes les autres occurrences auxquelles on pourrait penser se trouvent soit dans Matthieu soit dans Luc, mais pas dans les deux évangiles [58].

Ce qui est encore plus surprenant, c'est qu'aucun des deux passages ne parle directement de disciples de Jésus. Dans Mt 10, 24 par., Jésus exprime ce qui était, semble-t-il, une vérité générale ou un proverbe : « Le disciple n'est pas au-dessus du maître. » Dans leur contexte actuel, créé par Matthieu et Luc, ces deux versets font évidemment allusion aux disciples de Jésus (voir, par exemple, Mt 10, 25), mais une telle référence explicite n'existe pas dans le logion pris en lui-même. Dans Mt 11, 2 par., le mot « disciples » est employé pour désigner les disciples de Jean le Baptiste et non ceux de Jésus.

Par conséquent, à strictement parler, *aucun* texte de la source Q, pris en lui-même, ne parle des disciples de Jésus directement et sans équivoque possible. Pour autant, les exégètes du Nouveau Testament n'en viennent pas à nier l'existence des disciples historiques du Jésus historique. Il en va un peu de même avec les Douze. Il n'y a qu'une référence dans la tradition Q ; et, comme c'est le cas pour le mot « disciples », la référence aux Douze y est plus indirecte que directe. Certains de ceux qui suivent Jésus et auxquels il s'adresse dans Mt 19, 28 siègeront sur douze trônes pour juger les douze tribus d'Israël ; et cette promesse n'a de sens que si elle est adressée aux Douze.

Bref, puisque la rareté, voire l'absence, de références aux disciples de Jésus dans la tradition Q ne conduit personne à nier l'existence de ce groupe, il doit en être de même pour l'unique référence aux Douze qu'on y trouve. Cela nous amène simplement à ne pas oublier le caractère fragmentaire et aléatoire des matériaux conservés dans la tradition Q. Plus particulièrement, cela nous rappelle que la tradition Q est constituée surtout de logia, dont beaucoup devaient être adressés aux disciples de Jésus et plus spécifiquement aux Douze. On ne voit pas pourquoi, dans les logia qui leur étaient manifestement destinés, Jésus aurait constamment dû mentionner l'identité de son auditoire.

(5) Du point de vue de la composition littéraire et de l'histoire de la tradition, la dernière source indépendante à examiner est la plus ancienne ; il s'agit de l'allusion aux Douze faite occasionnellement par Paul dans 1 Co 15, 5. Mais les problèmes particuliers que pose ce texte m'amènent à le traiter en dernier.

Ce qui est tout spécialement remarquable en 1 Co 15, 5 c'est que, en un sens, la mention des Douze ne vient pas de la bouche ou de la pensée de Paul lui-même. La référence aux Douze y est plutôt imbriquée dans une formule de foi primitive, prépaulinienne (1 Co 15, 3-5), que Paul rappelle alors aux Corinthiens [59]. C'est une formule, dit-il, qu'il leur a enseignée quand il les a convertis au christianisme ; en fait, c'est une formule qu'il a lui-même apprise quand il est devenu chrétien. C'est là le point essentiel de la phrase quelque peu sinueuse qu'il écrit pour introduire cette formule de foi : « Je vous fais connaître [c'est-à-dire, je vous rappelle], frères, l'Évangile que je vous ai annoncé, que vous avez reçu *[parelabete]* [...]. Je vous ai donc transmis *[paredōka]* en premier lieu ce que j'avais moi-même reçu *[parelabon]* [...] » (versets 1 et 3). Le vocabulaire de transmission et de réception était employé dans l'Antiquité par les écoles philosophiques, par la littérature gnostique et par les cercles rabbiniques (par exemple, *m. 'Abot* 1, 1) pour désigner les traditions importantes qui étaient soigneusement transmises du maître à l'élève [60]. Paul utilise la même terminologie pour introduire son récit de l'institution de l'eucharistie lors du Dernier repas (1 Co 11, 23-25).

Puisque Paul écrit aux Corinthiens vers 55-56 de notre ère, qu'il les a convertis vers 50-51 et qu'il est lui-même devenu chrétien et a appris ce credo primitif auprès d'autres croyants en Jésus aux environs de 31-34, nous avons là l'une des premières affirmations de foi de l'Église, un credo qui a été formulé seulement quelques années après les événements relatés (vers l'an 30) [61]. Il est probable que la formule de foi s'est développée au cours des ans, avec l'adjonction d'autres personnes qui avaient bénéficié d'apparitions du ressuscité. Mais une version ancienne, voire la plus ancienne, avait une structure de base en quatre parties (1 Co 15, 3-5) :

Christ est mort pour nos péchés selon les Écritures,
    et il a été mis au tombeau,
et il est ressuscité le troisième jour selon les Écritures,
    et il est apparu à Céphas [c'est-à-dire Pierre], puis aux Douze.

Il est vrai que pratiquement personne n'a jamais nié que Céphas (c'est-à-dire Pierre) était disciple de Jésus au cours du ministère public ; et la plupart des critiques admettent qu'il portait déjà le nom de Céphas/Pierre (« Rocher ») dès cette époque-là [62]. C'est donc, à mon avis, aller à l'encontre du sens naturel du texte que de prétendre, comme le fait Vielhauer, que les Douze n'existaient pas comme tels durant le ministère public, mais qu'ils sont apparus dans la période qui commence à la résurrection, et plus précisément au cours d'une apparition du ressuscité. Pour soutenir son point de vue, Vielhauer insiste beaucoup sur la contradiction qu'il voit entre (1) le fait que, dans 1 Co 15, 5, on dise qu'ils sont « Douze » (et non « Onze ») à avoir bénéficié d'une apparition du ressuscité et (2) la tradition présente dans les quatre évangiles, selon laquelle Judas a trahi Jésus, ce qui ne laisse qu'un groupe de onze hommes dans la capacité d'avoir une apparition du ressuscité [63].

À mon avis, Vielhauer établit une fausse dichotomie entre deux formes littéraires différentes (formule de foi et récit évangélique), qui viennent de différentes « situations de vie » *(Sitze im Leben)* de l'Église primitive et qui, de plus, fonctionnent différemment dans leurs contextes respectifs [64]. La présence de l'expression « les Douze » dans cette formule de foi primitive et concise de 1 Co 15, 5 souligne simplement la signification symbolique fondamentale des Douze, qui devait être particulièrement importante pour les premiers Juifs chrétiens de Palestine : les Douze représentaient les douze tribus d'Israël, dont beaucoup de Juifs attendaient le rétablissement à la fin des temps. Cette interprétation est confortée par le logion Q (Mt 19, 28 par.) que nous avons déjà examiné. Le symbolisme du nombre douze était donc tout à fait essentiel. Il n'est pas étonnant que le nombre douze soit rapidement devenu le nom même du groupe, une désignation toute faite ou une formule stéréotypée qui pouvait s'appliquer à ce groupe même quand sa composition changeait ou quand un membre faisait défaut (comme après la défection de Judas, pendant un temps relativement bref) [65]. D'une certaine manière, la formulation même de 1 Co 15, 5 montre que « les Douze » était déjà une expression consacrée : on commence par y mentionner Céphas seul et on parle ensuite des Douze, sans chercher à ajuster ou à clarifier la formulation en indiquant par exemple que, dans les premières apparitions du ressuscité, Céphas était placé à part des Douze, tout en faisant quand même partie du groupe.

On pourrait ajouter ici une observation sur la manière dont la nomenclature des Douze s'est développée dans l'Église primitive. Comme nous pouvons le voir à partir des témoignages indépendants de Paul, de Marc et de Jean, l'expression « les Douze », employée de manière absolue comme substantif et non comme adjectif qualifiant « disciples » ou « apôtres », a été la plus ancienne désignation de ce que nous avons appelé le « cercle intérieur ». L'expression « les Onze » n'a pas été la manière primitive et naturelle de mentionner ce cercle amputé de l'un de ses membres. Bien au contraire, cette expression ne se trouve que dans la phase de la deuxième génération de la tradition évangélique. Matthieu et Luc, les deux évangélistes qui donnent des récits détaillés de la mort de Judas, sont de fait les seuls qui, à cause de leur prédilection historienne pour l'exactitude numérique, emploient les expressions « les onze disciples » (Mt 28, 16), « les onze apôtres » (Ac 1, 26) ou simplement « les Onze » (Lc 24, 9.33) [66]. Cette précision comptable est l'indice d'une couche tardive de la tradition et non d'une couche primitive. Il n'est pas étonnant que cette précision se trouve dans des récits secondaires, plus développés, et non dans une formule de foi primitive et concise, qui ne dit que l'essentiel. Bref, si l'on prête attention à la différence de formes littéraires entre 1 Co 15, 3-5 et les récits évangéliques, qui viennent de *Sitze im Leben* différents et ont des fonctions différentes, je pense que la prétendue contradiction, sur laquelle Vielhauer s'appuie pour nier l'existence des Douze durant la vie de Jésus, s'évanouit.

Et puis, au simple niveau du bon sens, si on lit une phrase telle que « le président Smith s'est présenté devant le directeur général Jones et le conseil de direction », on ne pense spontanément pas que le président Smith a mis en place le conseil de direction (ou nommé Jones à sa tête) au moment où il s'est présenté devant eux (ou, à plus forte raison, par la suite). Le sens naturel de la phrase « Christ [...] est apparu à Céphas, puis aux Douze » est que Céphas et les Douze existaient comme tels avant que le Christ leur soit apparu. Cette lecture naturelle de 1 Co 15, 5 est étayée par ce que nous avons déjà vu dans notre étude, à savoir que les sources indépendantes de Marc, de Jean, de la tradition L et de la tradition Q voient dans les Douze un groupe existant autour de Jésus au cours du ministère public. Étant donné cette manière très répandue de comprendre les Douze dans différents courants de la tradition néotestamentaire, il faudrait fournir des preuves sérieuses pour contrer le sens naturel et évident de 1 Co 15, 5. Or Vielhauer ne produit pas ces preuves. Par conséquent, il est tout à fait juste d'ajouter aux traditions évangéliques déjà examinées la formule prépaulinienne de 1 Co 15, 3-5, comme témoin indépendant de l'existence des Douze au cours du ministère de Jésus.

Pour résumer, Marc, Jean, Paul, probablement la tradition L et probablement la tradition Q fournissent une attestation multiple venant de sources indépendantes, pour garantir que les Douze existaient comme groupe identifiable durant le ministère de Jésus. Mais il faut y ajouter un aspect supplémentaire ; en plus d'une attestation multiple de *sources*, ces textes nous donnent aussi une attestation multiple de *formes* : les Douze sont mentionnés dans des passages narratifs (Marc, Jean), dans des logia (source Q, Jean), dans une liste semblable à un catalogue (Marc, probablement la tradition L) et dans une formule de foi (1 Co 15, 3-5). Étant donné ce large éventail de sources et de formes, les affirmations suggérant que les Douze seraient apparus seulement dans les premiers jours de l'Église doivent être considérées comme pure conjecture, sans fondement réel dans les textes du Nouveau Testament.

B. Deuxième critère : l'embarras

En plus du critère d'attestation multiple de sources et de formes, il y a le critère d'*embarras*, un critère auquel il a déjà été fait allusion quand nous avons parlé de la rédaction lucanienne du logion Q de Lc 22, 30. À côté de la mort elle-même de Jésus par crucifixion (une des formes les plus horribles d'exécution dans l'Antiquité), l'événement le plus choquant de la fin de l'activité de Jésus a peut-être été le fait qu'il a été « livré » ou « trahi » [67] par son disciple du cercle des proches, Judas, qui, dans les quatre évangiles, porte la triste dénomination de « l'un des Douze » [68].

D'ailleurs, il est très instructif d'observer le parallèle qui existe entre le scandale de la croix de Jésus et le scandale provoqué par le fait que Judas a livré Jésus aux autorités, ainsi que les chemins parallèles suivis par l'Église pour traiter et expliquer ces deux événements. Pour ce qui est de la croix, pratiquement personne ne nie le fait que Jésus a été exécuté par crucifixion ; il y a à cela deux raisons évidentes. (1) Les auteurs du Nouveau Testament, dans leur très grande majorité, ne sont pas les seuls à rapporter cet événement central ou à y faire allusion ; mais il y est fait également mention dans Josèphe et dans Tacite (critère de multiple attestation de sources et de formes). (2) Un événement aussi embarrassant constituait un obstacle majeur à la conversion aussi bien pour les Juifs que pour les « gens des Nations » (voir, par exemple, 1 Co 1, 23) ; et l'Église a essayé de surmonter cet obstacle avec divers arguments théologiques. La pire des choses que l'Église aurait pu faire aurait été de créer de toutes pièces un scandale monumental, contre lequel elle aurait eu ensuite à lutter en inventant toute une panoplie apologétique. C'est précisément à cause du caractère indéniable et profondément choquant de l'exécution de Jésus et parce qu'il semblait absurde d'avoir foi en ce type de messie que l'Église primitive a ressenti dès le départ le besoin de déclarer avec insistance que la mort scandaleuse de Jésus était « selon les Écritures », qu'elle avait été proclamée à l'avance par les prophètes de l'Ancien Testament et que certains textes de l'Ancien Testament décrivaient même des détails de la passion de Jésus. Le fait que la mort de Jésus a été de plus en plus encadrée par des textes de l'Ancien Testament utilisés dans un but apologétique n'a poussé presque personne à nier la réalité brute de l'exécution de Jésus. Au contraire, c'est précisément le fait troublant de sa crucifixion qui a exigé une explication et qui a donc suscité une masse de citations et d'allusions tirées de l'Ancien Testament.

Voici ce que je veux souligner : dans tout ce processus, la crucifixion de Jésus se trouve clairement en parallèle avec le fait que Judas a livré Jésus.

Les mêmes critères d'attestation multiple et d'embarras peuvent être invoqués pour établir l'historicité des deux événements. Le fait que Judas a livré Jésus aux autorités est attesté indépendamment par Marc, par Jean et par la tradition perdue sous-jacente aux récits très différents de la mort de Judas présentés par Matthieu et par Luc (M dans Mt 27, 3-10 et L dans Ac 1, 16-20) [69]. Le critère d'embarras joue manifestement lui aussi : on ne voit pas pourquoi, en effet, l'Église primitive aurait pris la peine d'inventer une tradition aussi gênante que la trahison de Jésus par Judas, l'un des Douze qu'il avait choisis. Pourquoi l'Église aurait-elle dépensé une telle énergie à créer une histoire, face à laquelle elle devait aussitôt bagarrer pour tenter d'y trouver une explication satisfaisante ? Cela défie toute logique. Au contraire, tout comme pour la mort de Jésus, c'est la trahison de Jésus par Judas, un membre du cercle intime des Douze, qui a exigé une explication et qui a donc suscité la recherche de textes de l'Ancien Testament pour atténuer le choc.

Comme dans le cas de l'interprétation de la mort de Jésus, la première explication de la trahison a pu être une explication de type général : cela a été prophétisé, cela a été écrit ; cet événement s'est passé selon les Écritures. De la même manière que la formule de foi de 1 Co 15, 3-5 se contente d'une explication générale, « selon les Écritures », Mc 14, 21 explique lui aussi de façon vague : « Le Fils de l'homme s'en va selon qu'il est écrit de lui ; mais malheur à cet homme-là par qui le Fils de l'homme est livré ! » On trouve pareillement dans Jn 17, 12 une référence vague à l'accomplissement des Écritures : « et aucun d'eux [c'est-à-dire des disciples de Jésus] ne s'est perdu, sauf le fils de perdition [Judas], afin que l'Écriture fût accomplie. »

On peut également discerner un deuxième stade d'explication, plus développé. Tout comme dans les récits de la passion (par exemple, le partage des vêtements de Jésus dans Mc 15, 24 ; cf. LXX Ps 21, 19), des références à des passages de l'Écriture sont tissées à l'intérieur du récit de la trahison, sans être citées explicitement. Par exemple, pour indiquer que l'un des Douze présent au Dernier repas va le trahir, Jésus prophétise : « l'un de vous me livrera, un qui mange avec moi » (Mc 14, 18, avec une allusion possible à LXX Ps 40, 10, sans que ce soit une citation directe).

L'évangile de Jean (13, 18) passe encore à une autre étape d'explication théologique, en faisant faire à Jésus une citation explicite de LXX Ps 40, 10, pour montrer que la trahison par Judas avait été prophétisée : « mais il faut que l'Écriture s'accomplisse : "Celui qui mange mon pain a levé contre moi son talon." » Pareillement, dans les récits de la mort de Judas, des citations explicites de l'Écriture sont utilisées pour démontrer que la tragédie avait été prophétisée (Mt 27, 9-10 ; Ac 1, 16.20). Le fait que Jésus a été livré par Judas se trouve donc en parallèle avec la mort de Jésus d'une manière essentielle : c'est le fait choquant qui suscite l'appel aux textes de l'Écriture, et non l'inverse. Pas plus que la mort de Jésus, la trahison par Judas n'est une création à partir d'une prophétie vétérotestamentaire utilisée dans un but apologétique. D'ailleurs, dans le cas de Judas, il faut bien l'admettre, la plupart des textes scripturaires cités ne s'appliquent à Judas qu'avec une bonne dose d'imagination. Nous avons là un excellent exemple de l'application du critère d'embarras. À l'évidence, une Église bien embarrassée se débattait avec le fait scandaleux de la trahison, un fait trop connu pour être nié ; et elle a fait de son mieux pour trouver des textes de l'Ancien Testament qui pouvaient se qualifier comme prophéties de la tragédie. Pris en lui-même, aucun des textes cités ne pouvait faire naître l'idée d'une trahison de Jésus par l'un des Douze [70].

Nous pouvons donc affirmer les trois points suivants. (1) Judas était membre des Douze ; ce fait historique est certifié par l'attestation multiple des sources (les listes des Douze présentes dans Marc et dans la tradition L, le récit pré-marcien de la passion sous-jacent à Mc 14,10.20.43, la tradition johannique dans Jn 6, 71 et la tradition particulière L sous-jacente à Ac 1, 15-26). (2) Jésus a été livré aux autorités par Judas ; ce fait historique est certifié par l'attestation multiple, comme nous venons de le voir. (3) Enfin, comme nous venons également de le voir, le fait que Jésus a été livré par Judas est aussi confirmé par le critère d'embarras. Dès lors, le fait que Judas, l'un des Douze, a livré Jésus aux autorités est solidement enraciné dans la tradition historique ; et, par voie de conséquence, cet enracinement dans la tradition historique se vérifie aussi pour l'existence du groupe appelé les Douze, auquel appartenait Judas [71].

Il est regrettable de devoir avancer pied à pied dans le raisonnement, pour prouver ce qui devrait être une évidence. Mais, par leur surprenant déni de ce qui va de soi, des critiques comme Vielhauer, Klein, Schmithals et Crossan nous obligent à argumenter longuement pour démontrer ce dont la plupart des gens n'ont jamais douté. Si les arguments utilisés par ces critiques pour nier la trahison par Judas ne sont pas toujours les mêmes, ils sont tous aussi compliqués et embrouillés les uns que les autres. Pour prendre le meilleur exemple, Vielhauer soutient que Jésus a bien été livré par l'un de ses « disciples ». Mais, selon cet auteur, c'est l'Église primitive qui est allée chercher des prophéties de l'Ancien Testament pour créer le personnage de Judas, l'un des Douze, et pour faire de lui celui qui avait livré Jésus. Judas, tout comme les Douze, a été rétroprojeté par l'Église dans le récit de la passion et de la mort de Jésus.

Mais cette vision des choses exige une histoire de la tradition très bizarre. D'un côté, on prétend que le groupe des Douze est né seulement après Pâques et que c'est l'Église primitive qui a tenté de l'insérer après coup dans le ministère de Jésus, ce qui suppose de la part de cette Église une volonté d'exalter les Douze et de magnifier leur statut ecclésial. D'un autre côté, on doit supposer que, pratiquement à la même époque, l'Église a créé le récit selon lequel c'est l'un des Douze qui a trahi Jésus. Les deux actions s'annulent mutuellement. De plus, on est obligé de faire l'hypothèse que, en l'espace de quelques années, l'Église primitive aurait totalement oublié le nom du « disciple » tristement célèbre pour avoir livré Jésus aux autorités. Une telle défaillance de mémoire n'est pas vraisemblable pour un mouvement religieux qui a conservé des listes de noms des Douze (Mc 3, 16-19 parr.), des quatre frères de Jésus (Mc 6, 3 par.), des sept hellénistes (Ac 6, 5), des premiers prophètes et hommes chargés d'enseignement à Antioche (Ac 13, 1) et de différentes femmes qui suivaient Jésus (Mc 15, 40 parr. ; Lc 8, 2-3) [72].

Günter Klein et Walter Schmithals abordent la question de manière quelque peu différente de Vielhauer. Ils soutiennent que l'histoire de Judas reflète un cas notoire d'apostasie dans l'Église primitive. Schmithals, par exemple, prétend que Judas, l'un des Douze qui avaient fait l'expérience d'une apparition du ressuscité (comme il est dit en 1 Co 15, 5), a apostasié par la suite et a dénoncé la communauté chrétienne aux autorités ; et c'est en ce sens qu'il a « livré Jésus » [73]. C'est quand les Douze ont été rétroprojetés dans la vie de Jésus que Judas le traître a pareillement été rétroprojeté dans le récit de la passion.

En réalité, quand on observe la manière dont Klein, Schmithals, Crossan et d'autres critiques développent la même approche fondamentale que Vielhauer ou y apportent quelques variantes, on peut détecter un curieux phénomène : plus on essaie de trouver une explication à ce que le Nouveau Testament dit de Judas, celui des Douze qui a livré Jésus, plus on se met à écrire un roman dont l'intrigue ne s'appuie pas sur des données des documents néotestamentaires. Il y a encore plus surprenant : si nous regardons les différentes reconstructions proposées par Vielhauer, Klein, Schmithals et Crossan, nous remarquons un accord fondamental, au milieu de tous leurs désaccords. On peut prendre le temps de passer en revue les diverses théories de ces critiques pour y repérer ce seul point sur lequel ils sont tous d'accord.

1. Selon Klein et Schmithals, Judas, un membre du groupe postpascal appelé les Douze, a trahi l'Église primitive ; par la suite, lui, sa trahison et tout le groupe des Douze ont été retroprojetés dans la vie de Jésus.

2. Selon Vielhauer, un disciple de Jésus l'a réellement livré ; par la suite, on a fait de ce traître l'un des Douze, et c'est cette identification, en même temps évidemment que le groupe appelé les Douze, qui a été plus tard rétroprojetée dans la vie de Jésus [74].

3. Crossan surenchérit sur le scepticisme des Allemands en rendant l'ensemble de la démarche plus rationnelle. Il soutient que Judas était un personnage historique qui a suivi Jésus et qu'il l'a réellement livré. Selon Crossan, c'est simplement le groupe postpascal appelé les Douze (et donc l'appartenance de Judas aux Douze) qui a été rétroprojeté dans la vie de Jésus.

Au milieu de tous ces désaccords entre les critiques, on repère le point d'accord tout à fait déterminant : advienne que pourra, les Douze ne *doivent* pas exister durant la vie de Jésus, car cela contredirait toutes les descriptions que ces critiques font du Nazaréen, et en particulier le portrait populaire d'un Jésus philosophe cynique égalitariste, qui n'a rien à voir avec l'eschatologie future du peuple d'Israël. Étant donné que ces critiques nient l'existence des Douze durant le ministère de Jésus (ainsi que tout ce que les Douze impliquent pour la mission et le message de Jésus) et que le traître Judas, en tant que l'un des Douze, est un obstacle majeur à leur déni [75], il faut à tout prix, d'une façon ou d'une autre, trouver une explication à ce Judas. Le type précis d'explication n'a pas tellement d'importance, comme en témoignent les divergences entre les théories de ces critiques [76]. Ce qui est ici déterminant, ce ne sont pas les données historiques, mais la décision *a priori* que les Douze n'existent pas, ne *doivent* pas exister, pendant le ministère de Jésus. De cette unique décision découlent toutes les histoires de la tradition, embrouillées et improbables, proposées par ces critiques et créées par eux uniquement pour éviter d'accepter une tradition du Nouveau Testament soutenue par plusieurs critères d'historicité [77].

Faire le tour de ces théories étranges a quelque chose d'épuisant. Mais, tout du moins, cet exercice nous permet de prendre conscience des raisons pour lesquelles nous affirmons l'historicité de certains aspects significatifs de la vie de Jésus, y compris les données importantes selon lesquelles il a créé un groupe appelé les Douze, dont l'un des membres l'a livré aux autorités. En plus de cet apport, notre rapide étude de la tradition concernant Judas peut servir un autre objectif : elle s'inscrit contre tout rejet global de l'historicité des récits de la passion. Notre examen de la trahison de Judas a démontré qu'un événement relativement mineur des récits de la passion repose néanmoins sur des faits. Nous ne sommes pas réduits à un agnosticisme massif, dès qu'il s'agit d'aller au-delà du fait de la crucifixion de Jésus sous Ponce Pilate. Par conséquent, si un épisode donné des récits de la passion doit être considéré comme une création de l'Église primitive, ce qui peut bien sûr arriver, il faudra bien expliciter les arguments qui appuient cette position. On ne pourra pas se contenter d'une affirmation générale ou d'une argumentation globale disant que les prophéties de l'Ancien Testament ont créé l'ensemble du récit de la passion.

C. Le mouvement général de la tradition

En plus des critères spécifiques d'attestation multiple et d'embarras, il nous faut faire une dernière observation plus globale : la courbe générale de progression, par laquelle, dans la période du Nouveau Testament, la tradition sur les Douze monte puis reflue plaide pour situer l'origine des Douze dans la vie du Jésus historique plutôt que dans la première génération chrétienne [78]. D'aucuns supposent en effet que le groupe des Douze serait apparu dans les premiers jours de l'Église et, pour une raison ou pour une autre, aurait pris une telle importance que sa présence aurait été massivement rétroprojetée dans les traditions évangéliques, ce qui ne fut pas le cas d'autres responsables de l'Église (par exemple, les sept hellénistes, Barnabas, les prophètes et les chargés d'enseignement d'Antioche). Dans cette hypothèse, on s'attendrait à ce que l'histoire de la première génération chrétienne soit truffée d'exemples de la présence forte et active des Douze dans l'Église.

Or, c'est exactement le contraire qui se produit. Comme nous l'avons vu, les Douze sont mentionnés dans les quatre évangiles, dans la formule prépaulinienne de 1 Co 15, 5 et dans les premiers chapitres des Actes des Apôtres (le groupe appelé les Douze n'est jamais mentionné après Ac 6, 2, tandis que les références aux « apôtres » diminuent notablement après le chapitre 8, pour disparaître totalement après 16, 4). Nulle part ailleurs dans le Nouveau Testament on ne trouve sur les Douze quelque chose qui ressemble à un compte-rendu historique. Les Douze ne sont de nouveau mentionnés qu'en Ap 21, 14, de manière fugitive, dans une vision de la Jérusalem céleste à la fin des temps (« les douze apôtres de l'agneau »).

Devant cette énumération, on est tout de suite frappé par le nombre d'écrits non concernés. Paul est le seul auteur de la première génération chrétienne dont nous connaissons le nom et certains faits précis de la vie. Dans ses épîtres, Paul fait allusion à ses relations avec d'autres responsables de l'Église ou se compare à eux, notamment Jacques, Pierre et Jean, mais aussi Barnabas, Apollos, les apôtres et les frères de Jésus. Par un contraste saisissant, une absence se remarque immédiatement : les lettres de Paul ne font pas mention des Douze, mise à part la référence fossile conservée dans le credo primitif de 1 Co 15, 5 ; c'est la seule exception qui confirme la règle. Quand on observe comment Paul ne cesse de parler de ses relations ou de ses dissensions avec Pierre, Jacques, Jean, Barnabas et différents apôtres et « pseudo-apôtres » des Églises de Jérusalem, d'Antioche, de Galatie et de Corinthe dans les années trente, quarante et cinquante du Ier siècle, il est tout à fait surprenant que Paul ne mentionne jamais ses relations ou ses différents avec les Douze en tant que groupe. De même, il est surprenant que, malgré son insistance sur les Douze comme lien vivant entre le temps de Jésus et le temps de l'Église, Luc ait de moins en moins de choses à dire sur les Douze, au fil des chapitres des Actes. Le silence total du reste de la littérature épistolaire du Nouveau Testament (deutéro-Paul, Jacques, Pierre, Jean, Jude et Hébreux) est tout aussi assourdissant [79].

La seule conclusion raisonnable que l'on puisse formuler pour expliquer le flux et le reflux des références aux Douze dans le Nouveau Testament est évidente : les Douze étaient au premier plan dans l'histoire de Jésus, parce que c'est à ce moment-là qu'ils ont eu effectivement un rôle important à jouer. Ils ont eu une relation privilégiée avec Jésus et, comme ils l'ont affirmé, cette relation a été restaurée et confirmée par une apparition du ressuscité ; grâce à ce lien particulier, le rôle des Douze s'est poursuivi dans les premiers jours de l'Église, mais il a rapidement décliné et disparu avec une étonnante rapidité.

Les raisons de la disparition accélérée ou de la totale absence des Douze de la plupart des écrits du Nouveau Testament ne sont pas claires. Peut-être certains membres des Douze, tels que le martyr Jacques, fils de Zébédée, sont-ils morts dans la première décennie après la crucifixion ; et l'on n'a pas essayé alors de compléter un groupe de fondation que l'on ne considérait plus comme d'actualité dans l'Église. Étant donné ce nouvel état des choses, parler de certains individus influents tels que Pierre devait avoir du sens ; mais il ne signifiait pas grand-chose de continuer à parler des Douze dans la situation présente de l'Église, une situation qui n'était plus celle de leur activité au cours de la vie de Jésus ou dans les premiers jours de l'Église. D'autres explications de cette disparition rapide des Douze sont possibles. Par exemple, le pouvoir des Douze en tant que groupe a été éclipsé par l'ascendant de chefs individuels comme Pierre ou Jacques ; ou bien d'autres membres des Douze, à l'exemple de Pierre, ont entrepris une mission en direction des Juifs de la diaspora, vers l'Orient ou l'Occident, entraînant l'absence d'un groupe visible de douze chefs « sur scène » en Palestine.

Quelles que soient les raisons de leur disparition, il est clair que les Douze étaient présents et actifs durant la vie de Jésus et les premiers jours de l'Église ; et il est tout aussi clair que leur présence et leur activité se sont bientôt estompées. À mesure qu'ils disparaissaient de la scène, la plupart des noms des listes des Douze ne sont devenus rien de plus que des noms. Cela ne correspond guère à une théorie révisionniste qui voudrait nier l'existence des Douze en tant que groupe au cours du ministère de Jésus et poser comme postulat l'ascension fulgurante de leur influence dans l'Église primitive [80]. C'est là un bon exemple d'une méconnaissance de l'explication simple et évidente, qui ressort naturellement des données du Nouveau Testament, et de son remplacement par une théorie alambiquée, qui n'est fondée pour ainsi dire sur aucune preuve.

En mettant en place les preuves de l'existence des Douze durant le ministère public, j'ai été obligé de faire allusion à la nature et à la fonction de ce groupe. Il est temps maintenant de reprendre plus directement la question des raisons pour lesquelles Jésus a institué les Douze. Qu'est-ce que Jésus attendait d'eux ? Que devaient-ils être, que devaient-ils faire ?

3. La nature et la fonction des Douze

Inévitablement, en démontrant l'existence des Douze, nous avons déjà touché à la question de la nature et de la fonction de ce groupe. Il nous faut maintenant collecter, récapituler et développer les différents points déjà acquis.

A. Les Douze, modèles de la condition de disciple

En attachant si étroitement les Douze à sa personne et à sa mission, Jésus a effectivement fait de ce groupe l'exemple type de ce que signifie être disciple (tel que nous l'avons développé dans le chapitre XXV). Les trois conditions pour être disciple (recevoir un appel impérieux de Jésus, le suivre physiquement et donc abandonner les liens normaux avec sa propre famille et s'exposer à des souffrances) se trouvaient tout particulièrement illustrées par le cercle intérieur des disciples, choisis par Jésus pour être « avec lui » (pour le dire de la façon dont Marc résume leur fonction) au moment où il a entrepris ses différentes tournées de prédication en Palestine. D'autres disciples ont pu aller et venir. Mais, à l'exception du problématique Thaddée/Judas de Jacques, les disciples choisis au départ par Jésus pour le cercle des Douze ont persévéré dans ce groupe constitué de gens en vue parmi ceux qui suivaient Jésus, à travers les succès et les échecs du ministère. À l'exception de Judas, ils ont traversé le désastre du calvaire pour se retrouver dans les premiers temps de l'Église. Cette association stable et durable avec Jésus devait naturellement avoir cette signification : davantage que la plupart des gens qui suivaient Jésus, les Douze constituaient son auditoire régulier, dans son ministère d'enseignement et de guérison. Du simple fait de leur stabilité et de leur persévérance et en dépit de leurs faiblesses, les Douze incarnaient de manière publique ce que Jésus mettait derrière la condition de disciple et ils en étaient comme une représentation permanente. Que Jésus leur ait ou non explicitement assigné cette fonction, ils l'ont remplie *de facto* ; et il est probable que cela a largement contribué à assurer leur influence dans les premiers temps de l'Église.

B. Les Douze, symboles prophétiques du rassemblement des douze tribus d'Israël

L'intention fondamentale de Jésus en créant les Douze semble avoir été plus large que le simple désir de donner un exemple permanent de la condition de disciple. Son intention correspondait apparemment à ce qui constituait le cœur de sa proclamation à Israël, à savoir l'avènement du royaume de Dieu, qui devait établir définitivement sa souveraineté sur un Israël restauré.

Dans sa proclamation du royaume, comme nous l'avons vu dans le tome II de *Un certain Juif, Jésus*, Jésus faisait appel à la longue histoire de l'élection, de l'apostasie et de la restauration d'Israël, telle qu'elle était rapportée dans les Écritures sacrées [81]. Le livre de la Genèse raconte le point de départ de l'histoire d'Israël : parmi tous les peuples de la terre, Yahvé s'est mis un peuple à part, en choisissant Abraham, Isaac et Jacob comme ancêtres d'une nation particulière. À travers Jacob en particulier, Yahvé s'est fait un peuple formé de douze tribus, issues des douze patriarches (Gn 29 – 49), les fils de Jacob, une nation qui reçoit le nom d'Israël (d'où, « les fils d'Israël »). Le roi David a rassemblé autour de lui les douze tribus pour en faire un royaume uni (aux environs de l'an mille avant notre ère). Mais la rébellion a eu tôt fait de déchirer cette unité ; sous Roboam, petit-fils de David, le royaume s'est divisé en un royaume du nord, Israël, et en un royaume du Sud, Juda (922 avant notre ère). Au VIIIe siècle, les Assyriens ont envahi et détruit le royaume du nord (721 avant notre ère). Dans la version biblique de cette histoire, les dix tribus du nord ont été exilées et ne sont jamais revenues dans leur terre [82]. Au VIe siècle, Babylone a envahi et renversé le royaume du sud, Juda (587 avant notre ère), de sorte que la nation d'Israël a paru anéantie pour une longue période. Mais un demi-siècle plus tard, quelques exilés des tribus de Juda, Benjamin et Lévi ont commencé à revenir dans leur ancien royaume du sud et ont entrepris de reconstruire Jérusalem (538 avant notre ère).

Malgré les grandes espérances exprimées par des prophètes comme le Deuxième ou le Troisième Isaïe, la restauration de Jérusalem et de son Temple fut dérisoire et décevante. Il n'est pas surprenant que les Juifs se soient mis à regarder vers l'avenir et à croire à un futur où Dieu rassemblerait à nouveau l'ensemble des douze tribus et restaurerait la Terre promise. Selon de nombreuses prophéties, « à la fin des temps » Yahvé recréerait son peuple comme un tout. Ce thème de la restauration de l'ensemble d'Israël résonne dans la bouche du prophète Michée (2, 12 cf. 2, 13 ; 4, 9) : « Oui, Je veux te rassembler, Jacob, tout entier, je veux réunir le reste d'Israël [...] et leur roi est passé devant eux, et Yahvé à leur tête. » Après la prophétie, en Is 11, 1-9, de la naissance d'un rejeton de David, Is 11, 10-16 poursuit avec la promesse d'un rassemblement d'Israël et de Juda : « Il [Yahvé] dressera un signal pour les nations et rassemblera les bannis d'Israël. Il regroupera les dispersés de Juda des quatre coins de la terre. » (11, 12). La tradition isaïenne ultérieure prolonge cette promesse (par exemple, Is 59, 15-21 ; 60).

On trouve des espérances similaires dans Jérémie et Ézéchiel. Parlant de la restauration après l'exil, Jr 31, 1 formule cette promesse : « je serai le Dieu de *toutes* les tribus [ou clans] d'Israël. » Le livre de Jérémie relie parfois cette espérance à des prophéties sur un nouveau roi David qui exercera sa souveraineté sur un royaume restauré constitué d'Israël et de Juda (par exemple, 30, 3-9 ; cf. 33, 14-26 ; 31, 31-34). Pareillement, le livre d'Ézéchiel (20, 27-44) promet que Dieu rassemblera Israël : « je vous rassemblerai des pays étrangers où vous avez été dispersés [...]. C'est sur ma montagne sainte [de Sion] [...] que me servira la maison d'Israël tout entière. » (20, 34.40). Dieu, le bon berger, rassemblera les brebis dispersées d'Israël (Ez 34) ; et les royaumes d'Israël et de Juda seront réunis, avec David comme prince pour régner sur eux (37, 15-28).

Ce qui est plus frappant, c'est que certains livres postexiliques qui ne sont pas essentiellement apocalyptiques, tels que Tobit, Baruch et Ben Sira, prolongent et développent cette espérance en une restauration des douze tribus par Dieu à la fin des temps. La grande hymne de louange de Tobit 13 exalte « notre Seigneur, notre Dieu, notre Père », qui rassemblera Israël « de toutes les nations où vous [les Israélites] avez été dispersés. » (v. 4-5). Le Seigneur, le grand roi, les ramènera dans une Jérusalem qui sera reconstruite (v. 16-17). De la même manière, dans le livre de Baruch (4, 21 – 5, 9), Jérusalem est invitée à quitter son ancienne « robe de tristesse » (5, 1) et à se réjouir du retour de ses enfants exilés, que Dieu lui ramène « de l'Orient et de l'Occident » (4, 36-37).

Alors qu'il représente un niveau élevé de la sagesse traditionnelle d'Israël, Ben Sira (qui écrit vers 180 avant notre ère) partage l'espérance eschatologique selon laquelle Dieu rassemblera Israël à la fin des temps (chapitre 36). Ben Sira prie le « Dieu de l'univers » de renouveler les signes et les prodiges qu'il avait réalisés par Moïse lors de l'exode (36, 6, ou, selon d'autres systèmes de numérotation, 36, 5 ou 33, 6) ; il demande à Dieu de hâter le temps (36, 10 ou 36, 7 ou 36, 8 ou 33, 10) et de rassembler « *toutes* les tribus de Jacob [et de leur rendre] leur héritage [la Terre promise] comme au commencement ». (36, 13 ou 36, 10 ou 36, 11 ou 33, 13). Ainsi, « tous, sur la terre », reconnaîtront le Seigneur Dieu éternel (36, 22 ou 36, 17 ou 36, 19). Une affirmation de Ben Sira est particulièrement importante pour notre description de Jésus comme prophète eschatologique à la manière d'Élie ; il dit que, selon l'Écriture, le prophète Élie a été désigné par Dieu pour « rétablir les tribus de Jacob [Israël] » dans les derniers temps (48, 10).

Malgré sa grande différence de genre littéraire, un livre tout autre reprend lui aussi le thème du rassemblement d'Israël, à savoir le 2e livre des Maccabées, de la fin du IIe siècle avant notre ère. En 2 M 1, 24-29, le prêtre Jonathan prie le Dieu créateur, roi et sauveur de rassembler le peuple d'Israël dispersé pour le ramener dans son pays. Dans une lettre écrite en vue de la fête nouvelle de Hanouka, afin de persuader les Juifs de célébrer cette fête, qui, après la victoire des Maccabées, devait commémorer cette expérience partielle de restauration d'Israël, 2 Maccabées affirme que certains objets du Temple, mis à l'abri par Jérémie à l'époque de l'exil, resteront cachés « jusqu'à ce que Dieu ait opéré le rassemblement de [son] peuple et [lui] ait fait miséricorde » (2, 7). La lettre se poursuit par une prière qui exprime l'espérance que Dieu « bientôt [...] nous rassemblera des régions qui sont sous le ciel dans le saint lieu » (2, 18).

Au tournant de l'ère chrétienne, les pseudépigraphes juifs entretiennent aussi cette « eschatologie de rassemblement ». Des ouvrages aussi disparates que les *Psaumes de Salomon* (Ier siècle avant notre ère), le *Testament de Moïse* (Ier siècle de notre ère) et les documents de Qumrān connus sous les noms de *Rouleau du Temple* (IIe siècle avant notre ère) et *Rouleau de la guerre* (fin du Ier siècle avant notre ère) contiennent tous des prières ou des prophéties qui évoquent la reconstitution à la fin des temps de l'ensemble d'Israël, et plus précisément de l'ensemble des douze tribus. Le texte de *Ps. Sal.* 11, 2-7 fait écho à des expressions d'Isaïe et de Baruch pour prophétiser que Dieu rassemblera les enfants d'Israël de l'Orient et de l'Occident. Reprenant des thèmes de Jérémie et d'Ézéchiel, *Ps. Sal.* 17, 26-32 affirme que ce sera le messie davidique promis qui « rassemblera un peuple saint [...] et jugera les tribus d'un peuple sanctifié par le Seigneur leur Dieu [...] lui [le messie Seigneur] leur attribuera leurs lots dans le pays selon leurs tribus [...] » Les derniers temps sont définis dans l'expression ramassée « ces jours-là », lorsque Dieu réalisera le rassemblement des tribus d'Israël (v. 44). Le *Testament de Moïse*, qui conçoit habituellement Israël en termes de douze tribus (plus précisément, en termes de deux groupes de deux et de dix tribus, en 3, 3-4 et 4, 8-9), prophétise avec lyrisme qu'« Israël » (vraisemblablement les douze tribus au complet) sera exalté dans les hauteurs des cieux à la fin des temps (10, 8-9).

La communauté farouchement sectaire de Qumrān, pour laquelle les Israélites qui ne font pas partie de la communauté sont soumis au même jugement que les « gens des Nations », nourrit néanmoins l'espérance d'une reconstitution des douze tribus aux derniers jours. Selon le *Rouleau de la guerre*, à la fin des temps, douze chefs des prêtres (littéralement douze « têtes ») doivent servir sans interruption devant Dieu ; et, « après eux, des chefs des lévites seront de service perpétuellement, [au nombre de] douze, un par tribu » (*1QM* 2, 1-3). Lors du combat eschatologique, le grand étendard militaire de tout le rassemblement portera comme inscription « peuple de Dieu, ainsi que le nom d'Israël et d'Aaron et les noms des douze tribus d'Israël » (*1QM* 3, 13-14). Pareillement, le bouclier du prince de toute la congrégation portera écrits « son nom, le nom d'Israël, de Lévi et d'Aaron et les noms des douze tribus d'Israël [...] et les noms des douze chefs de leurs tribus » (*1QM* 5, 1-2). Cette constellation formée par le nom du prince eschatologique d'Israël, les noms des douze tribus et les noms des douze chefs des douze tribus fait tout particulièrement penser à la nomination par Jésus d'un cercle intérieur de douze disciples. Il est également fait mention des douze tribus dans le *Rouleau du Temple*. En *11QTemple* 18, 14-16, l'offrande des prémices des fruits dans le Temple eschatologique est apparemment en relation avec les douze tribus d'Israël (bien que le texte soit ici fragmentaire). La signification des douze chefs de la communauté eschatologique d'Israël a pu retentir dans la constitution de la communauté de Qumrān elle-même, dans la mesure où la *Règle de la communauté* (ou *Manuel de discipline*) reflète bien la manière dont la communauté était dirigée aux environs du tournant de l'ère chrétienne. En *1QS* 8, 1, on lit que « dans le conseil de communauté *[ba'ăṣat hayyaḥad]*, [il y aura] douze hommes [*'îš*, compris par certains, dans ce contexte, dans le sens de laïc] et trois prêtres, parfaits en tout ce qui a été révélé de toute le Loi [...] [83]. » En plus des documents spécifiques à Qumrān, la signification symbolique permanente des douze patriarches comme personnification des douze tribus se retrouve également dans les *Testaments des douze patriarches*. Même si la forme dans laquelle les *Testaments* nous sont parvenus trahit nettement une rédaction chrétienne, la collection prend ses racines dans la période préchrétienne du judaïsme palestinien, comme le montrent des fragments de textes de Qumrān sur les patriarches Lévi et Nephtali.

Ce qu'il faut retenir de ce rapide parcours est que le thème de la reconstitution eschatologique d'un Israël morcelé, le thème du rassemblement des douze tribus d'Israël, réalisé soit directement par Dieu soit par un roi davidique humain ou un Élie, ne se limite pas à un seul courant ou à un seul siècle de la pensée israélite postexilique. Depuis les livres prophétiques dans leur ensemble jusqu'aux textes narratifs et aux écrits de sagesse apparus tardivement, depuis ce qui deviendra le canon de l'Ancien Testament jusqu'aux pseudépigraphes et aux écrits de Qumrān proches de l'époque de Jésus, toutes sortes de formes littéraires, qui représentent différents courants du judaïsme postexilique, témoignent d'une espérance vivante et continue : Dieu réunira son peuple dispersé, il rassemblera les douze tribus dans la Terre promise. Malgré toutes leurs différences dans leur manière d'envisager la fin des temps, cette « eschatologie de restauration [84] » est le seul point sur lequel s'accordent des écrits du IIe et du Ier siècle avant notre ère aussi divers que Ben Sira (avec des tendances sapientielles traditionnelles, qualifiées par certains de protosadducéennes), les *Psaumes de Salomon* (auxquels certains critiques attribuent des tendances pharisiennes) et le *Rouleau de la guerre* de Qumrān (qui représente un courant essénien résolument sectaire et séparatiste). Ainsi, pour de nombreux Juifs vivant au tournant de l'ère chrétienne, l'espérance d'un type de salut eschatologique signifie nécessairement l'espérance d'une restauration de l'ensemble du peuple d'Israël.

C'est dans ce contexte d'eschatologie de restauration qu'il faut comprendre la proclamation prophétique de Jésus et son institution des Douze. L'avènement du royaume de Dieu, qui fait l'objet de la proclamation et de l'espérance eschatologiques de Jésus, est indissociablement lié au rassemblement d'Israël. Contrairement aux présentations populaires de la théologie libérale de la fin du XIXe siècle, la proclamation du royaume de Dieu par Jésus ne vise pas d'abord la paix intérieure de l'âme individuelle ; le symbole « royaume de Dieu » est centré sur le peuple, sur Israël. En conséquence, Jésus lui-même ne met pas Juifs et « gens des Nations » sur pied d'égalité lorsqu'il s'adresse à eux, à la différence de ce qui se passera plus tard dans la mission paulinienne. En tant que prophète eschatologique revêtu du manteau d'Élie, il s'adresse directement au peuple d'Israël ; les rencontres personnelles avec des « gens des Nations » sont des événements occasionnels et rares.

Plus important encore, Jésus s'adresse à *l'ensemble* du peuple d'Israël. Au lieu de restreindre sa mission exclusivement aux riches ou aux pauvres, aux pharisiens rigides ou aux Juifs pratiquants ordinaires (voire aux collecteurs de taxes et aux pécheurs), il les inclut tous dans son action, au point d'appeler à devenir disciples aussi bien Lévi le collecteur de taxes que Simon le Zélote. *Tout* Israël est visé par cette mission du prophète de la fin des temps, qui est semblable à Élie. Dans ce souci du sort final de tout le peuple d'Israël restauré, Jésus se situe en continuité avec la tradition israélite majoritaire, qui court depuis Isaïe et Jérémie jusqu'à Ben Sira et Qumrān. Il n'y a pas de royaume de Dieu parachevé sans un Israël parachevé.

C'est dans cette ambiance globale d'espérance en un rassemblement final de *tout* Israël, de l'ensemble des douze tribus, qu'il faut comprendre le choix fait par Jésus d'un cercle intérieur de douze disciples. Comme prophète juif dans la ligne d'Isaïe, Jérémie et Ézéchiel, Jésus savait bien ce qu'étaient des gestes symboliques prophétiques, et il en a souvent posés, qui proclamaient et, d'une certaine manière, réalisaient le royaume : par exemple, son interdiction du jeûne qui allait de pair avec ses repas festifs partagés avec des collecteurs de taxes et des pécheurs, ses exorcismes, son entrée « triomphale » à Jérusalem, sa « purification » du Temple de Jérusalem et les gestes symboliques sur le pain et le vin lors du Dernier repas [85]. En instituant les Douze, Jésus a accompli consciemment un tel acte prophétique efficace.

Comme dans le cas de la plupart des actions prophétiques, l'institution des Douze n'était pas *simplement* un geste symbolique dans le sens faible et moderne du mot « symbolique », c'est-à-dire un geste qui n'aurait pas d'efficacité en lui-même, mais qui se contenterait d'indiquer quelque chose d'important sur le point d'arriver. Les actions symboliques des prophètes de l'Ancien Testament étaient comprises par les Israélites religieux comme imprégnées de la réalité qu'elles désignaient ; elles étaient chargées de la force qu'elles déclenchaient. Les différents gestes prophétiques d'Isaïe (qui circule nu en public, Is 20, 1-6), de Jérémie (qui casse une cruche de vin, Jr 13, 12-14) et d'Ézéchiel (couché sur le côté en fixant des yeux une brique sur laquelle il a dessiné Jérusalem, Ez 4, 1-8) prophétisaient dramatiquement destruction et exil. Mais dans l'esprit des prophètes et des gens qui les suivaient, ces gestes symboliques ne se contentaient pas d'indiquer les événements futurs qu'ils prophétisaient ; les gestes symboliques déclenchaient les événements futurs, ils les mettaient inexorablement en route [86].

Il en va de même pour la création des Douze par Jésus. On sait (1) que l'« eschatologie de rassemblement des tribus » était bien connue en Israël, (2) que Jésus affirmait être le prophète de la fin des temps à la manière d'Élie (qui devait rassembler les tribus) [87] et (3) que les actions symboliques d'un prophète avaient une signification fortement réaliste, souvent donnée par Jésus aux gestes qu'il posait. Ces trois points étant acquis, le seul fait que Jésus, le prophète eschatologique, choisisse parmi ses disciples douze hommes israélites pour former un groupe spécial, devait, aux yeux des gens qui le suivaient, déclencher le rassemblement des douze tribus, avant même que ces douze hommes aient commencé à faire quelque chose. C'est dans ce cadre général que trouve tout son sens la promesse clé que Jésus a faite aux Douze et que nous avons étudiée dans la section précédente : « vous [c'est-à-dire vous les Douze qui symbolisez et personnifiez dès maintenant l'Israël eschatologique] siégerez sur douze trônes, pour juger les douze tribus d'Israël [quand le royaume sera entièrement arrivé et que les douze tribus seront restaurées] » (Mt 19, 28 // Lc 22, 30). La création des Douze est donc en parfaite cohérence avec le message et la mission de Jésus, qui sont tournés vers l'eschatologie et centrés sur le peuple : Dieu vient en puissance pour rassembler tout Israël et pour exercer sur lui sa souveraineté à la fin des temps.

C. Les Douze, missionnaires prophétiques pour Israël

Une fois les Douze choisis par Jésus pour symboliser le rassemblement des douze tribus, ces douze hommes israélites se sont-ils mis à faire quelque chose de particulier au cours du ministère de Jésus ? Bien que la question soit encore âprement débattue parmi les exégètes, il est à mon avis plus vraisemblable que Jésus ait effectivement envoyé les Douze pour une mission brève et urgente vers divers bourgs et villages d'Israël [88]. De la sorte, le futur rassemblement des douze tribus, déjà réalisé symboliquement par l'action de Jésus regroupant douze hommes israélites autour de lui, se voit réalisé encore plus dans une autre action prophétique symbolique : l'envoi des Douze en mission vers Israël anticipe le rassemblement du peuple de Dieu au dernier jour.

Pour soutenir que le Jésus historique a envoyé certains de ses disciples (que ce soient les douze disciples ou d'autres parmi ceux qui le suivaient), le premier argument s'appuie sur l'attestation multiple de sources : un discours missionnaire se retrouve sous deux formes différentes dans Marc et dans la tradition Q [89]. Les deux formes connaissent des combinaisons variées dans les trois évangiles synoptiques.

(1) La version marcienne, assez concise, d'une tâche missionnaire confiée aux Douze se trouve dans Mc 6, 6-13. Même indépendamment des comparaisons avec la source Q, le passage ressemble étrangement à un abrégé ou à un extrait d'un ensemble plus développé de matériaux de la tradition pré-marcienne [90].

(2) En présence de deux formes différentes du discours, une plus courte dans Marc et une plus longue dans la source Q, Luc manifeste sa répugnance habituelle à mélanger Marc et la tradition Q et présente deux discours missionnaires : l'un est adressé aux Douze, dans Lc 9, 1-6, et contient essentiellement la forme marcienne, avec quelques touches de la tradition Q ; l'autre est adressé aux « soixante-dix [ou soixante-douze] disciples [91] », dans Lc 10, 1-12, et contient essentiellement la forme Q, avec quelques touches de Marc [92]. Les soixante-dix (ou soixante-douze) disciples semblent être une invention de Luc, qui lui permet de conserver les deux formes du discours [93]. Dans le reste des évangiles ou de tout le Nouveau Testament, on ne trouve pas trace de ce groupe de soixante-dix (ou soixante-douze) en activité avant ou après Pâques.

(3) Matthieu, lui, a tendance à mélanger les sources plutôt qu'à les séparer ; il compose un seul long discours adressé aux Douze (Mt 10, 1-42), dans lequel il combine la forme marcienne et la forme Q du discours missionnaire, en y ajoutant d'autres matériaux qui viennent de la tradition M ou qui sont le fruit de sa propre création. La plupart des commentateurs sont d'avis que Luc est plus proche que Matthieu de l'ordre et, souvent, de la formulation de la tradition Q [94].

À l'analyse, les formes de Marc et de la tradition Q du discours présentent toutes deux des signes de l'existence de traditions antérieures [95]. Le discours missionnaire connaissait donc une forme prémarcienne et une forme antérieure à la tradition Q, qui ont circulé très tôt dans la première génération chrétienne. La comparaison de ces deux formes primitives, si elle ne permet pas de retrouver la formulation exacte d'un modèle originel du discours, permet au moins de repérer les éléments principaux de la tradition qui existait avant Marc ou la tradition Q [96].

(1) Le discours commençait par une indication, située dans une introduction narrative ou dans un logion initial, sur l'envoi des disciples en mission par Jésus. Comme le fait remarquer David Catchpole, l'essentiel des logia qui, selon la plupart des critiques, constituent le noyau de la mission à accomplir, n'aurait pas eu de sens, dans la tradition orale ou écrite, sans un élément narratif ou un logion introductif, nécessaire pour indiquer l'objectif de ces logia [97].

(2) Jésus donnait ensuite ses instructions sur la conduite à tenir en route. Elles comprenaient des interdictions radicales : ne pas emporter de monnaie ou d'affaires pour la route (par exemple, des pièces d'argent, un sac, des sandales, un bâton ou deux tuniques) ni même s'arrêter pour saluer les gens sur le chemin (cf. 2 R 4, 29) [98]. Une telle renonciation à ce qui était l'équipement habituel d'un voyageur avait valeur de symbole prophétique du caractère urgent, eschatologique, crucial de cette brève mission et avait également valeur de symbole de la dépendance totale des disciples vis-à-vis du Dieu qui, par leur intermédiaire, commençait à rassembler Israël [99]. Au plan pratique, cela se traduisait dans le fait d'attendre l'hospitalité d'un maître de maison bien disposé et de dépendre de lui.

(3) Jésus continuait alors par des recommandations sur la manière dont les disciples devaient entrer dans une maison (une potentielle base d'opérations) et saluer le propriétaire. Ce qui est davantage souligné ici, c'est qu'un accueil positif est possible et que cet accueil apporte la paix eschatologique, même si la possibilité d'un refus de cette paix est brièvement évoquée. Il s'agit d'une paix envisagée de façon réaliste comme ayant sa propre valeur [100]. Au plan pratique, l'accueil positif par le maître de maison devait assurer aux disciples hospitalité et assistance, en particulier nourriture et boisson, auxquelles ont droit ces messagers du royaume.

(4) Jésus complétait ses instructions concernant l'hospitalité dans une maison individuelle par des recommandations concernant l'accueil par toute une ville. L'accueil positif par une ville devait fournir un espace plus étendu, où les disciples pouvaient accomplir leurs tâches de proclamation du royaume et de guérison des malades. Mais les risques de refus sont ici plus importants. Si une ville rejette leur message, les disciples doivent secouer la poussière de leurs pieds ; c'est un autre symbole prophétique : il s'agit de se dissocier des gens qui s'exposent volontairement au jugement lors de la venue du royaume [101].

(5) Pour les gens auxquels elle est destinée, la mission aboutira soit à la paix eschatologique soit au jugement eschatologique ; en fin de compte, le caractère sérieux et déterminant de cette mission repose sur un paradoxe : même apparemment appauvris, les missionnaires se retrouvent dans une position de force : « Qui vous accueille m'accueille, et qui m'accueille accueille celui qui m'a envoyé » (Mt 10, 40). Accueillir ces messagers, c'est accueillir celui qui leur confie leur mission auprès d'Israël, à savoir le prophète eschatologique Jésus, tout comme accueillir Jésus, c'est accueillir celui qui lui confie sa mission auprès d'Israël, à savoir Dieu. Du même coup, le rejet du messager signifie le rejet de celui qui l'envoie. Les deux formes différentes de ce logion (Mt 10, 40 et Lc 10, 16, placées toutes deux à la fin de chacun des deux discours) ont des parallèles en dehors du discours missionnaire, dans Mc 9, 37 et dans Jn 13, 20 (lors du Dernier repas, dans Jean ; cf. Jn 12, 44-45 ; 5, 23). Et ces

passages de Marc et de Jean trouvent un écho dans les premiers écrits patristiques (Ignace, *Eph.* 6, 1 ; *Didachè* 11, 4) [102].

On pourrait discuter sans fin de la formulation exacte et de l'ordre de ces éléments qui composent le discours missionnaire, comme de la détermination de ceux d'entre eux qui sont les plus primitifs [103]. Étant donné la complexité de la question des sources, on ne peut pas avoir de certitudes. On pourrait se poser une autre question : même dans le noyau du discours que j'ai isolé, les différents logia ont-ils tous été prononcés par Jésus à la même occasion ? Par exemple, le cinquième élément se trouve dans Marc et dans Jean en dehors du discours missionnaire ; en conséquence, différents critiques le considèrent comme un ajout secondaire au schéma de base. D'autres exégètes suggèrent la même chose pour le premier et le quatrième élément. À mon avis, au moins les éléments deux et trois, à savoir l'interdiction de l'équipement ordinaire du voyageur et les instructions sur le comportement à avoir dans une maison, se trouvent au cœur de la tradition sur la mission. Mais d'autres exégètes préfèrent parler de diverses paroles de Jésus concernant la mission plutôt que d'un seul discours missionnaire. Étant donné la grande diversité des opinions sur le sujet, je ne me risque pas à proposer une reconstruction mot à mot de ce qu'aurait été *le* discours missionnaire originel.

Néanmoins, que tous les logia aient été ou non prononcés en un même temps et en un même lieu, le contenu essentiel d'une tâche missionnaire confiée par Jésus apparaît clairement dans le jeu des ressemblances et des différences entre la forme prémarcienne et la forme Q du discours. Quel que soit le moment où ils ont été prononcés, certains logia sont « spécifiquement missionnaires », c'est-à-dire qu'ils n'ont de sens que s'ils font partie d'une tâche missionnaire ou d'une instruction concernant la mission. De plus, comme nous le rappelle Heinrich Kasting, il faut situer chacun de ces logia dans un contexte plus large, celui de la mission de Jésus à Israël [104]. Comme nous l'avons vu dans le tome II, Jésus se présentait lui-même comme le prophète eschatologique *envoyé* par Dieu à Israël ; d'ailleurs, un prophète israélite était, par définition, une personne envoyée par Dieu pour dire la parole de Dieu au peuple de Dieu. Avant de parler d'une mission des disciples envoyés par Jésus à Israël, il faut tenir compte d'une donnée fondamentale, le sens de la mission de Jésus, de son envoi par Dieu à Israël [105]. Le ministère itinérant entrepris par Jésus faisait partie de sa mission et lui permettait d'atteindre tous les types d'Israélites, du riche collecteur de taxes et du scribe lettré au pauvre mendiant et au « pécheur » banni de la société. Comme pouvait s'y attendre un prophète israélite, c'était une mission pleine d'affrontements et de conflits, une mission qui s'est achevée par sa mise à mort. Il est en effet dans la nature de la mission que celui qui l'entreprend tente de convaincre des gens qui, au moins au départ, ne partagent pas ses vues.

Étant donné cette mission de base de Jésus envers Israël, comment pourrait-on dire que ses disciples ont partagé son ministère, si, d'une manière ou d'une autre, ils n'ont pas également partagé sa mission ? L'envoi en mission des disciples par Jésus est parfaitement cohérent avec la perception qu'il avait de son identité (le prophète eschatologique) et de l'objectif qu'il se proposait (convoquer, interpeller, rassembler l'ensemble d'Israël dans la perspective de l'avènement du royaume de Dieu). De la sorte, l'argument tiré de l'attestation multiple des sources se trouve conforté par l'argument qui souligne la cohérence fondamentale entre ce que Jésus affirmait sur lui-même et ce qu'il a demandé à ses disciples de faire s'ils étaient d'accord pour le suivre. Les gens qui, au sens littéral et physique du terme, suivaient ce prophète, prédicateur et maître itinérant en sont venus tout naturellement à partager sa mission itinérante auprès d'Israël. En m'appuyant sur ces deux critères d'attestation multiple des sources et de cohérence, j'estime tout à fait probable que, une fois ou l'autre au cours de son ministère (plus d'une fois peut-être ?), Jésus a envoyé ses disciples pour une mission brève et impérieuse auprès d'Israël, après leur avoir donné des instructions similaires à celles que nous trouvons dans les discours missionnaires des évangiles [106].

Ce qui est plus problématique et plus difficile à établir, c'est l'affirmation selon laquelle Jésus n'a pas envoyé pour cette mission simplement un groupe quelconque de disciples, mais précisément les Douze. Autrement dit, il est plus difficile d'établir l'historicité de la mission des *Douze* en particulier que la mission de *certains disciples non spécifiés*. Une raison majeure de cette difficulté tient au fait que nous n'avons pas l'introduction narrative ou l'ouverture originelle du discours de la tradition Q [107] et que beaucoup d'exégètes attribuent à Marc lui-même les références aux Douze qui se trouvent au début et à la fin de la version marcienne du discours [108]. Selon cette vision des choses, la version primitive du discours ne nommait pas un destinataire spécifique ou, si elle le faisait, l'identité de ce destinataire a été perdue en raison de la réécriture du texte par les évangélistes.

Pourtant, à mon avis, en dépit des difficultés méthodologiques, il est encore possible de poser légitimement la question des destinataires originaux des recommandations missionnaires de Jésus. Même s'il n'est pas possible d'avoir des preuves rigoureuses et évidentes en la matière, j'ai tendance à penser que Marc a raison de désigner les Douze comme destinataires de ce discours [109]. Je reconnais néanmoins le caractère indirect et complexe de l'argumentation que j'aligne en faveur de cette position.

(1) Tout d'abord, on peut raisonner à partir de la cohérence de cette affirmation avec tout ce que nous avons déjà vu dans ce chapitre. Un bon nombre d'exégètes rejettent l'historicité de la mission des Douze au cours du ministère de Jésus pour la simple raison qu'ils ont déjà rejeté l'existence même des Douze durant ce ministère [110]. Une fois établie l'historicité des

Douze durant la vie de Jésus, comme l'a fait ce chapitre, l'objection majeure et unique contre l'historicité de la mission des Douze tombe d'elle-même.

De manière plus positive, il nous faut nous souvenir et tenir compte de tout ce que nous avons vu sur les Douze dans ce chapitre : Jésus a consciemment choisi certaines personnes parmi ses disciples pour donner existence au groupe des Douze ; ceux-ci avaient le statut d'un cercle intérieur de disciples, qui donnait un exemple stable de ce que signifiait être disciple ; leur existence était porteuse d'un symbolisme prophétique, du fait que ces douze hommes israélites représentaient les douze tribus. Tous ces éléments font des Douze les candidats les plus vraisemblables à être ceux que Jésus devait envoyer pour une mission brève et impérieuse auprès d'Israël. Si l'existence même des Douze voulait signifier le commencement du rassemblement eschatologique d'Israël, qui, mieux que ce groupe, aurait pu convenir pour une mission auprès d'Israël, en vue d'inaugurer ce rassemblement, même de façon symbolique [111] ?

(2) Si la mission des Douze est considérée au contraire comme une rétroprojection depuis l'époque de l'Église primitive, les tenants de cette théorie sont confrontés à une objection de poids. Comment peut-on affirmer que la mission des Douze est rétroprojetée depuis la période post-pascale, alors qu'il n'existe absolument aucun témoignage ferme d'une telle mission entreprise par les Douze dans l'Église primitive [112] ? De fait, l'une des raisons de penser que Jésus a envoyé les Douze en mission au cours de sa vie est que l'activité des Douze après Pâques, pour autant qu'on puisse la reconstituer, ne correspond pas à une telle mission.

Comme nous l'avons déjà noté, les Douze en tant que groupe disparaissent rapidement de la scène après Pâques. Mais ce que nous pouvons discerner de leur activité, essentiellement à partir des Actes des Apôtres, plaide en faveur de leur résidence et de leur activité, de manière plus ou moins permanente, dans la cité sainte de Jérusalem, la capitale spirituelle d'Israël et le lieu de la crucifixion de Jésus et, selon l'affirmation de ses disciples, de sa résurrection. C'est à Jérusalem que les Douze ont apparemment rendu collectivement témoignage de Jésus devant les autorités du Temple, les citoyens de Jérusalem et les foules de Juifs venus du monde entier, qui se pressaient à Jérusalem pendant les grandes fêtes de pèlerinage. Ni les Actes ni aucune autre source du Nouveau Testament ne donnent la moindre indication sur une activité des Douze comme groupe en Galilée dans les premiers temps de l'Église ou sur des tournées en Israël pour une sorte de mission collective organisée.

Par contre, de tous les membres des Douze, Pierre est le seul à se faire remarquer par les voyages missionnaires fréquents qu'il entreprend. Cependant, même dans les Actes, ce qui est dit explicitement des voyages de Pierre nous emmène au plus loin en Samarie (Ac 8, 14-25, et, dans ce cas, avec Jean), mais pas jusqu'en Galilée [113]. Il est intéressant de remarquer que, si l'on prend en compte les renseignements fournis par Paul (Ga 2, 11-14 ; 1 Co 1, 12 ; 3, 22), on apprend que Pierre a fait le voyage jusqu'à Antioche de Syrie et peut-être jusqu'à Corinthe, mais, là encore, on n'entend pas parler de la Galilée. Plus important encore, le Nouveau Testament ne dit jamais quoi que ce soit de voyages missionnaires entrepris par d'autres membres des Douze après Pâques [114] et absolument rien sur une mission coordonnée entreprise par les Douze en tant que groupe. La question de la théorie de la rétroprojection se pose donc ainsi : cette théorie supprime une tournée missionnaire des Douze bien présent dans les trois évangiles synoptiques et la remplace par une tournée missionnaire des Douze au cours des premiers temps de l'Église, pour laquelle il n'y a pas la moindre preuve. La manière la plus simple et la plus facile d'expliquer ce qui est dit de la mission des Douze au cours du ministère public est dès lors la suivante : cette mission a de fait ses origines dans le temps de la vie de Jésus. L'explication par la rétroprojection depuis les premiers temps de l'Église crée davantage de problèmes qu'elle n'en résout [115].

(3) Une dernière considération, indirecte elle aussi, ne veut être qu'une suggestion, qui n'aura peut-être pas beaucoup d'impact sur certains critiques. Je pense cependant qu'elle constitue un point qui mérite considération. Dans le premier récit de Marc, qui suit immédiatement la proclamation inaugurale du royaume par Jésus (Mc 1, 14-15), celui-ci appelle deux binômes de frères à devenir disciples, d'abord Pierre et André puis Jacques et Jean (Mc 1, 16-20 // Mt 4, 18-22). Dans l'ensemble, les deux appels sont racontés de manière parallèle ; mais il y a une différence frappante [116]. Les deux premiers frères, Pierre et André, sont interpellés par un ordre accompagné d'une promesse, ce qui est unique dans la tradition concernant Jésus et même dans tout le Nouveau Testament (Mc 1, 17) : « Venez derrière moi [= suivez-moi] et je vous ferai devenir pêcheurs d'hommes [*halieis anthrōpōn*, c'est-à-dire pêcheurs d'êtres humains et non de poissons] [117]. »

D'une certaine manière, il n'est guère surprenant que Jésus emploie la métaphore de la pêche. Étant donné l'importance de la pêche dans l'ensemble du monde méditerranéen antique, il est assez normal de trouver fréquemment des métaphores liées à la pêche dans les textes philosophiques et religieux de la Grèce et du Moyen-Orient ancien. L'utilisation symbolique de la pêche était tout à fait traditionnelle : on a, par exemple, des descriptions de dieux sumériens et akkadiens en train de manier des filets qui prennent des hommes [118]. Wilhelm H. Wuellner a fait une revue détaillée de toutes ces traditions de « pêche » et il estime que l'usage qu'en fait Jésus est à situer dans le contexte plus large de la culture hellénistique, qui avait pénétré en Palestine depuis longtemps [119]. Il est cependant significatif que Wuellner ne parvient pas à produire un parallèle exact de la scène marcienne, où un être humain historique promet d'établir d'autres humains comme « pêcheurs d'hommes », dans une métaphore chargée d'un sens nettement positif. La métaphore employée par Jésus est particulièrement étonnante en ce que la personne qui parle n'est pas elle-même pêcheur et ne s'applique pas la métaphore à elle-même.

L'originalité de la métaphore des « pêcheurs d'hommes » dans Mc 1, 17 est encore plus frappante quand on situe Jésus dans son héritage spirituel, celui des Écritures hébraïques et du judaïsme palestinien [120]. En fait, je voudrais m'appuyer sur le critère de discontinuité, ainsi que sur celui de cohérence, pour montrer que, si l'on se situe précisément au sein de cet héritage, la promesse d'établir d'autres humains comme « pêcheurs d'hommes » vient du Jésus historique [121]. L'expression exacte « pêcheurs d'hommes » ne se trouve jamais dans l'Ancien Testament, et la métaphore de la pêche d'êtres humains (ou de l'utilisation d'un hameçon pour les attraper) est relativement rare. Quand elle apparaît, elle a toujours le sens hostile de capturer ou de tuer des êtres humains [122]. La métaphore se trouve parfois dans la littérature de Qumrān, mais là aussi dans un contexte de destruction ou de jugement [123]. On trouve également la métaphore « prendre des hommes », avec un sens négatif, dans la littérature rabbinique ultérieure. Ainsi, dans la tradition antérieure ou postérieure à Jésus, il n'y a pas de vrai parallèle à l'emploi positif et salvifique que celui-ci fait de la métaphore.

De la même manière, parmi les nombreuses images appliquées à la mission et à la conversion dans les évangiles et dans le reste du Nouveau Testament, on ne trouve nulle part ailleurs la métaphore « pêcheurs d'hommes » [124]. Ce silence de la littérature chrétienne se prolonge jusqu'à la fin du IIe siècle de notre ère. Et quand la métaphore commence à réapparaître, ce n'est tout d'abord que dans des commentaires de livres du Nouveau Testament [125]. Il est clair dès lors que l'expression « pêcheurs d'hommes » n'a pas été mise sur les lèvres de Jésus dans le 1er chapitre de Marc parce qu'elle était une locution favorite ou commune dans le christianisme primitif. Mais en même temps, cet emploi différent et surprenant d'une métaphore négative dans un sens positif et salvifique, comme une sorte de détournement d'une image forte, est en parfaite cohérence avec le caractère surprenant, créatif et parfois choquant du discours parabolique utilisé par le Jésus historique [126]. Il n'est pas sans signification que, dans l'appel de Pierre et d'André, le logion des « pêcheurs d'hommes » est l'élément qui s'écarte le plus notablement du récit vétérotestamentaire de l'appel d'Élisée par Élie (1 R 19, 19-21), qui sert peut-être de modèle au moins partiel à la péricope de Mc 1, 16-20.

L'image des « pêcheurs d'hommes » ne revient jamais dans la bouche de Jésus, même quand il appelle d'autres disciples ; cela met en évidence le fait que, dès le départ, l'expression était liée à des personnes spécifiques dans une situation spécifique. Au lieu d'être une image générique applicable à beaucoup de gens en diverses circonstances, la locution « pêcheurs d'hommes » n'a de sens qu'au moment où Jésus rencontre des pêcheurs dans leur tâche ordinaire, les appelle à laisser leur ancien métier et leur promet une autre tâche, nouvelle mais en corrélation avec la première. Autrement dit, Jésus promet à Pierre et à André : « Si vous laissez votre travail ordinaire de pêcheurs, je vous ferai, en échange, pêcher des êtres humains et non du poisson. » Jésus adresse donc à ces pêcheurs non seulement un appel à devenir disciples (« venez à ma suite ») mais il leur fait aussi la promesse d'une activité future correspondante (« pêcheurs d'hommes »), une promesse qu'il ne fait pas, par exemple, à Lévi le collecteur de taxes.

Faisons le point : dès le départ, la métaphore « pêcheurs d'hommes » était liée à un appel particulier adressé à des personnes particulières. Dans aucun autre cas du Nouveau Testament, l'image n'est appliquée à une personne individuelle parmi les gens qui suivent Jésus. Plus surprenant encore, contrairement aux prédicateurs plus tardifs, ni les évangiles ni le reste du Nouveau Testament n'essaient jamais de faire de l'expression « pêcheurs d'hommes » une image générale applicable à tous les disciples ou à tous les missionnaires. Ainsi, les critères de discontinuité et de cohérence plaident ne faveur de l'idée que le logion des « pêcheurs d'hommes » est une parole spécifique, incluant ordre et promesse, dite par le Jésus historique à des disciples spécifiques.

De plus, isolé de son cadre, le logion aurait eu peu de sens, voire pas de sens du tout ; la nature même et la fonction du logion exigeait que, dès le départ, il passe dans la tradition orale avec une sorte de cadre narratif. En fait, le logion ne se trouve que dans le cadre de l'appel des pêcheurs Pierre et André. Il n'existe pas de tradition concurrente, qui associerait le logion à quelqu'un d'autre, pas même à Jacques et Jean, qui, selon Marc, sont appelés juste après Pierre et André, d'une manière tout à fait semblable (Mc 1, 19-20 // Mt 4, 21-22) [127]. Il n'y a donc pas de solide raison de douter que cet emploi si étonnamment différent, voire choquant, de la métaphore des « pêcheurs d'hommes » était lié dès le départ à l'appel de Pierre et André [128].

Une fois établi que ce logion vient du Jésus historique et qu'il était lié dès le départ à l'appel de Pierre et André, il faut se pencher avec plus d'attention sur le sens de ce logion de l'appel à devenir « pêcheurs d'hommes ». Le logion de Mc 1, 17, un ordre plus une promesse, implique que, après être devenus disciples de Jésus (c'est-à-dire après l'avoir *suivi*), Pierre et André auront quelque chose de plus à faire : ces deux hommes, qui prenaient naguère du poisson avant que Jésus ne les appelle à devenir disciples, auront plus tard à pêcher et à prendre des êtres humains. Dans le contexte de la proclamation de l'avènement du royaume par Jésus et de sa volonté de rassembler Israël dans la perspective de cette venue, il est clair que l'image de la pêche d'êtres humains n'a pas le sens négatif et dévastateur que l'on trouve dans l'Ancien Testament. Elle laisse entendre au contraire l'œuvre salutaire que feront demain ces pêcheurs d'hier : ils assisteront Jésus (« Je ferai de vous ») dans la tâche de gagner des adeptes à sa cause (c'est-à-dire en pêchant des êtres humains) ; plus spécifiquement, ils l'assisteront dans son œuvre de rassemblement d'Israël, en préparation de la venue du royaume [129]. L'appel de Pierre et d'André est donc plus qu'un appel à devenir disciples ; c'est aussi un appel à partager la mission de Jésus pour rassembler l'Israël eschatologique [130].

Mais une question peut nous venir à l'esprit : dans quelle circonstance Jésus va-t-il mettre à exécution cette promesse (« je ferai de vous ») d'associer Pierre et André à son œuvre de rassemblement d'Israël (« pêcheurs d'êtres humains »), si ce n'est en envoyant certains de ses disciples en mission auprès d'Israël ? Au cours du ministère public, c'est la seule occasion pour Jésus de réaliser sa promesse à Pierre et à André. Si Jésus a envoyé certains de ses disciples en mission, comme j'en ai montré la vraisemblance, il va de soi que Pierre et André, au moins, faisaient partie de ceux qui ont été envoyés. On sait que, selon le témoignage commun des quatre évangiles et des Actes, Pierre était le chef et le porte-parole non seulement des disciples en général mais des Douze en particulier. De plus, dans les quatre listes des Douze, Pierre et André se trouvent toujours dans le premier groupe de quatre ; ils étaient parmi les membres éminents du groupe. Faut-il penser que seuls Pierre et André, et non aussi le reste des Douze, ont été envoyés en mission par Jésus ?

À mon avis, les différentes observations déjà faites vont toutes dans le même sens, même si c'est de manière indirecte. On peut donc s'appuyer sur trois considérations : (1) le Jésus historique a probablement envoyé certains disciples en mission auprès d'Israël ; (2) parmi tous les disciples de Jésus, Pierre et André sont les candidats les mieux placés, puisque Jésus leur a promis qu'ils seraient pêcheurs d'hommes ; (3) Pierre avait le rôle de chef des Douze et André en était un membre éminent. À partir de ces trois considérations, j'estime vraisemblable, bien qu'il n'y ait pas de preuves absolues, que les Douze étaient les personnes visées par les instructions missionnaires de Jésus, telles qu'elles sont conservées dans Marc et dans la tradition Q. Étant donné en effet le symbolisme prophétique attaché aux Douze, quel autre groupe aurait mieux convenu pour se joindre à Jésus dans son appel adressé à l'ensemble d'Israël à la fin des temps ?

De fait, c'est précisément à la lumière de la signification symbolique des Douze que la brève mission de certains disciples auprès d'Israël au cours du ministère public de Jésus prend le maximum de sens. Si l'on voulait en rester au plan d'une campagne de propagande soigneusement planifiée, avec des résultats logiques et pragmatiques, on pourrait se demander ce que Jésus espérait exactement accomplir à travers une mission apparemment bien courte et menée dans des conditions aussi contraignantes : pas d'argent pour subvenir aux besoins, pas de chaussures, pas de vêtements de rechange pour une telle tournée et pas de bâton de voyage pour se défendre ou pour soutenir la marche. Bien sûr, la mission des Douze devait contribuer à répandre le message de Jésus dans un public d'Israélites plus large. Mais ce serait une erreur de penser que la mission des Douze avait un objectif purement pragmatique.

Tout autant que l'institution des Douze, la mission des Douze était un acte symbolique et prophétique. Pour prolonger la portée eschatologique de la création des Douze, Jésus a envoyé le groupe en mission vers Israël, accomplissant ainsi une autre action prophétique et symbolique qui donne corps aux événements de la fin des temps. En envoyant les Douze auprès d'Israël, il enclenche le processus de rassemblement du peuple de Dieu dispersé, un processus que Dieu seul mènerait à son terme quand il viendrait en pleine puissance (c'est-à-dire dans son royaume) et restaurerait les douze tribus [131]. La mission des Douze était donc quelque chose de plus qu'une simple phase de stratégie missionnaire ; c'était un pas prophétique et symbolique supplémentaire vers la reconstitution de l'Israël eschatologique.

Par conséquent, je pense que la signification même des Douze en tant que groupe particulier choisi par Jésus est en parfaite cohérence avec le fait qu'ils soient le groupe auquel Jésus adresse ses instructions missionnaires. Cependant, puisqu'il est pratiquement impossible, en histoire ancienne, de prouver un fait négatif, je ne peux donc prouver que Jésus n'a pas envoyé aussi d'autres disciples en mission. Après tout, Luc a bien voulu créer la seconde vague des soixante-douze. À la lumière de tout ce que nous avons vu, ce que je crois le plus probable est que les Douze, *au moins*, ont été envoyés en mission, que d'autres disciples aient reçu ou non un tel mandat [132].

Pour résumer, j'admets volontiers que la mission des Douze ne bénéficie pas du même degré élevé de probabilité que celui accordé à l'existence des Douze durant le ministère de Jésus et à leur lien symbolique avec le rassemblement de l'ensemble d'Israël. À mon avis cependant, l'envoi des Douze par Jésus pour une mission limitée au cours de son ministère est plus probable que l'hypothèse selon laquelle une mission (non attestée) des Douze dans les premiers temps de l'Église aurait été rétroprojetée dans l'époque de la vie de Jésus, ou que l'hypothèse selon laquelle la mission des Douze aurait purement et simplement été inventée.

Après avoir établi l'existence des Douze au cours du ministère de Jésus et avoir examiné la nature et la fonction du groupe, nous allons maintenant porter notre attention sur ce que l'on peut dire, le cas échéant, des membres des Douze pris individuellement ; certains d'entre eux ont manifestement joué un rôle comme leaders importants dans l'Église primitive. Peut-on savoir quelque chose des relations de Jésus avec quelques-uns au moins de ces personnages ?

XXVII

JÉSUS EN RELATION AVEC LES GENS QUI LE SUIVENT

IV. LES MEMBRES DES DOUZE PRIS INDIVIDUELLEMENT

1. Les limites strictes de cette recherche

Dans le chapitre précédent, nous avons développé tout ce qu'il nous est possible de dire sur les Douze en tant que groupe ; notre curiosité historique nous conduit naturellement à nous demander ce qu'il nous est possible de savoir sur les différents membres du groupe en tant qu'individus. La réponse tombe comme une douche froide : à l'exception de quelques personnes, pratiquement rien.

C'est un cas classique de la distinction à faire entre ontologie et épistémologie, entre ce qui a existé au Ier siècle de notre ère et ce que nous pouvons en savoir aujourd'hui. Pour chaque membre des Douze, on peut considérer comme certain ou au moins très probable un déroulement global de son existence : chacun d'entre eux a vécu au Ier siècle ; chacun d'entre eux est passé par les étapes habituelles de l'enfance et de la vie adulte ; chacun d'entre eux a fait une rencontre avec Jésus, qui a changé sa vie et qui a fait de lui d'abord un disciple puis l'un des Douze ; chacun d'entre eux a fait l'expérience des répercussions de la crucifixion de Jésus et de la foi en sa résurrection [1] ; chacun d'entre eux a été un personnage important de l'Église de Jérusalem dans le début des années trente ; bref, chacun d'entre eux a eu une vie mouvementée qu'il serait fascinant de connaître aujourd'hui. Seul Judas Iscariote fait évidemment exception à ce tableau pour ce qui est du temps qui suit la mort de Jésus. Mais aucune de ces affirmations ne nous dit quelque chose de spécifique sur les membres des Douze pris individuellement. À l'exception de très peu d'entre eux, la vie de chacun des Douze, aussi remplie et séduisante qu'elle ait pu être au Ier siècle, est à jamais sortie de nos circuits de connaissance.

Cela ressemble à une évidence ; mais il faut le dire et le redire, parce que toutes nos aspirations intellectuelles s'y sont opposées. Dans l'Antiquité, ce sont les évangiles apocryphes et les actes apocryphes qui ont imité les évangiles et les Actes des Apôtres canoniques en construisant des histoires à partir de ces textes, pour tenter de combler les trous béants de nos connaissances par de la piété populaire et de l'imagination fantasque, les deux se chevauchant souvent. Aujourd'hui, dans les milieux universitaires, c'est la soif de découvrir quelque chose de neuf et de faire ainsi les gros titres des journaux qui pousse professeurs et doctorants à fouiller dans la littérature apocryphe (Nag Hammadi étant le perpétuel favori), pour se mettre en avant avec la dernière trouvaille sur l'apôtre Thomas, alias Dydime, alias Jude, alias Thaddée, le frère jumeau de Jésus.

Vaines tentatives. Si, comme je le pense, l'*Évangile de Thomas* copte et les autres matériaux de Nag Hammadi n'apportent pas de nouvelles informations fiables sur le Jésus historique[2], ils ne contiennent certainement pas non plus de nouvelles révélations sur le Barthélemy historique ou sur le Judas de Jacques historique. Si nous limitons notre question à ce que nous pouvons connaître des membres des Douze pris individuellement au cours du ministère public de Jésus, la réponse, à part quelques rares cas particuliers, doit être presque entièrement négative. De fait, même si nous élargissons la recherche à l'Église primitive, le résultat est toujours nul, à quelques précieuses exceptions près.

Pour documenter cette connaissance à l'envers (c'est-à-dire qu'il n'y a rien de plus à savoir), je vais étudier à tour de rôle chaque membre des Douze, et je ferai allusion seulement en passant aux innombrables légendes pieuses ou aux fantaisies gnostiques d'une période plus tardive. La plus grande partie de l'espace accordé à chaque individu sera consacré à montrer que les légendes tardives ne fournissent pas de données historiques à notre enquête. Les rares éléments qui puissent être affirmés avec quelque probabilité viennent habituellement d'hypothèses sur la signification d'obscurs surnoms, patronymes ou lieux d'origine (par exemple, Simon le Zélote, Judas Iscariote). Au bout du compte, Pierre et, à un degré moindre, les fils de Zébédée sont les seuls de tous les membres du groupe des Douze à émerger de l'obscurité et à pouvoir être connus en tant qu'individus.

2. Enquête sur chacun des membres des Douze

1. Barthélemy

Commençons par ce qui est une impasse totale : Barthélemy est mentionné dans chacune des quatre listes des Douze et nulle part ailleurs dans le Nouveau Testament. Son nom pourrait être un patronyme : en araméen, son nom était peut-être *Bar Talmai*, qui signifie « Fils de Tolmi » (cf. LXX Jos 15, 14) ou « Fils de Tholomée » (cf. Josèphe, *Ant.* 20.1.1 §5) [3]. Manifestement, cela ne nous dit rien. À partir du IXe siècle environ (on notera le caractère tardif de la tradition), la pensée chrétienne a souvent identifié Barthélemy avec Nathanaël, qui est mentionné uniquement dans l'évangile de Jean (1, 45-51 ; 21, 2). À moins d'adopter l'idée erronée selon laquelle l'évangile de Jean voyait dans la plupart des disciples des membres des Douze (qui ne constituaient guère un groupe central pour le quatrième évangile !), une telle identification est sans fondement [4].

2. *Judas de Jacques (et Thaddée)*

Judas (ou Jude ou Judah) de Jacques fait encore plus figure d'inconnu ; il ne se trouve que dans les listes lucaniennes des Douze (Lc 6, 16 ; Ac 1, 13). Le plus vraisemblable est que « de Jacques » signifie « fils de Jacques », même si on trouve parfois « frère » à la place. Nous ne savons absolument rien de ce Jacques (= Jacob), le père de Judas, sauf qu'il n'y a pas de raison de l'identifier avec un autre Jacques du Nouveau Testament. Il est possible, mais nullement certain, que Judas de Jacques soit à identifier avec le « Judas, pas l'Iscariote », qui pose une question à Jésus lors du Dernier repas dans Jn 14, 22 [5]. Étant donné que, dans Lc et Actes, Judas de Jacques occupe la place tenue par Thaddée dans les listes de Marc et de Matthieu, l'imagination chrétienne n'a pas tardé à harmoniser tout cela et à produire un Judas Thaddée ; mais cet amalgame ne repose sur aucun fondement dans la réalité.

Il n'y a pas non plus de raison d'identifier Judas de Jacques avec Judas le frère de Jésus. Jn 7, 5 note avec amertume que les frères de Jésus ne croyaient pas en lui durant son ministère public ; et cette impression est renforcée, de manière indépendante, par la description négative des frères de Jésus dans Mc 3, 21-35. On peut en déduire que Judas le frère de Jésus pouvait difficilement être l'un des Douze. Par contre, c'est probablement Judas le frère de Jésus, et non Judas de Jacques, qui est désigné comme auteur de l'épître de Jude, dans le verset d'ouverture de cette lettre [6]. En tout cas, la ligne de partage entre les deux Judas a parfois été floue dans la tradition chrétienne ultérieure. En plus, un peu à la manière de Barthélemy, Judas (que ce soit l'un ou l'autre) a parfois été amalgamé avec d'autres personnages éminents du Nouveau Testament, dont Thomas (par exemple, dans l'ouverture de l'*Évangile de Thomas* copte) et Simon le Cananéen [7]. On parlera plus loin de Thomas et de Simon.

Une fois rejetée l'identification de Judas de Jacques avec Thaddée, il n'y a plus rien à savoir ou à dire sur le premier, si ce n'est que, par l'intermédiaire de Judas, il a été lui aussi identifié avec l'éternellement populaire

Thomas [8]. Dans la piété plus tardive, « Judas Thaddée » était invoqué comme le saint de l'impossible. Il continue à remplir ce rôle en réalisant l'impossible, puisqu'il oblige les critiques du Nouveau Testament à admettre : « Nous ne savons pas. »

3. *Jacques d'Alphée*

Jacques « d'Alphée » (probablement dans le sens de Jacques le fils d'Alphée) commence toujours le troisième ensemble de quatre noms dans les listes des Douze. C'est tout ce que nous savons de lui. Loin de bloquer les commentateurs, cette non-science les a plutôt encouragés à l'identifier avec toutes sortes de personnalités du Nouveau Testament portant le nom de Jacques. Quand on se souvient que le nom « Jacques » traduit en réalité un « Jacob » du texte grec, on n'est pas surpris de trouver tant de gens à porter ce nom dans le Nouveau Testament. Il n'y a aucune raison d'identifier Jacques d'Alphée, comme l'Église l'a fait, avec Jacques « le petit » (ou « le mineur » ou « le jeune », quel que soit le sens de *tou mikrou* dans Mc 15, 40) [9]. Une suggestion plus alléchante relève que Lévi, le collecteur de taxes est lui aussi appelé « le [fils] d'Alphée », dans Mc 2, 14. Il est donc possible, sans qu'on puisse le prouver, que Lévi (appelé à être disciple) et Jacques (appelé non seulement à être disciple mais aussi à être l'un des Douze) aient été frères. Même si c'est le cas, cela ne nous dit rien de plus, à moins que nous nous permettions, hors de tout esprit critique, d'identifier Lévi le collecteur de taxes avec Matthieu.

4. *Matthieu*

Comme je l'ai fait remarquer un certain nombre de fois, les évangiles de Marc et de Luc font tous les deux la distinction entre Lévi, un collecteur de taxes appelé par Jésus à être disciple (Mc 2, 14 // Lc 5, 27), et Matthieu, qui apparaît dans leurs listes des Douze, sans que son nom soit suivi d'une qualification particulière, et dont on ne sait rien d'autre (Mc 3, 18 // Lc 6, 15). C'est l'évangile de Matthieu qui crée l'identification en faisant une référence croisée, d'abord en changeant le nom de Lévi pour celui de Matthieu dans le récit de l'appel de Jésus adressé au collecteur de taxes (Mt 9, 9), puis en ajoutant au nom de Matthieu, dans la liste des Douze, la qualification de « collecteur de taxes [ou publicain] » (Mt 10, 3). Quelles que soient les raisons qui ont poussé le premier évangéliste à faire ces modifications, le changement de noms est une intervention rédactionnelle d'un évangéliste chrétien vers la fin du Ier siècle et ne nous dit rien sur un membre appartenant à l'origine au groupe des Douze et portant le nom de Matthieu [10].

5. Philippe

Philippe se présente à nous avec un dossier intéressant. Dans les synoptiques et les Actes, il n'est pas connu comme individu en dehors des listes des Douze. Par contre, dans l'évangile de Jean, il est l'un des disciples les plus éminents, qui apparaît habituellement en compagnie d'André. Philippe est probablement le compagnon anonyme d'André, dans l'épisode où Jean le Baptiste désigne Jésus à deux de ses propres disciples (Jn 1, 35-40. 43-44) [11]. S'il en est ainsi, Philippe, tout comme André, est présenté comme ayant d'abord été un disciple du Baptiste qui se met ensuite à suivre Jésus. Il est dit que Philippe est de Bethsaïde, « la ville d'André et de Pierre » (1, 44), ce qui explique pourquoi Philippe aurait été un compagnon habituel d'André [12]. Philippe et André jouent tous les deux un rôle dans la version johannique de la nourriture donnée aux cinq mille (6, 6-9), et seulement dans cette version. Dans le groupe des Douze, Philippe et André se distinguent du fait qu'ils portent tous les deux un nom grec, plutôt qu'un nom hébreu ou araméen. Cela peut expliquer pourquoi des pèlerins grecs (c'est-à-dire non juifs), venus à Jérusalem pour la Pâque, contactent Philippe pour demander une rencontre avec Jésus et pourquoi Philippe prend avec lui André pour présenter la requête à Jésus (10, 20-22). Au cours du Dernier repas, Philippe prend brièvement la parole pour dire à Jésus (14, 8) : « Seigneur, montre-nous le Père et cela nous suffit. »

Ce dernier passage devrait nous mettre en éveil : Philippe, comme chacun des personnages de l'évangile de Jean, peut jouer le rôle de porte-parole ou de symbole de la théologie johannique. De manière opportune et stratégique, Philippe semble placé à des points clés du ministère public ; il apparaît avec André au début (chapitre 1), au milieu (chapitre 6) et à la fin (chapitre 12) de ce ministère. On ne peut s'empêcher de reconnaître là le doigté théologique de l'évangéliste. Aussi est-il difficile de savoir quelle est la proportion des matériaux johanniques particuliers concernant Philippe qui peuvent remonter à des informations fiables à son sujet, en circulation dans l'Église primitive. Certaines affirmations semblent ne pas avoir d'incidences théologiques particulières, comme le fait que Philippe soit de Bethsaïde et qu'il soit un compagnon d'André, et elles pourraient donc constituer des éléments de tradition historique. Des critiques reconnaissent également que Philippe, en compagnie d'André et de Pierre, a pu rencontrer Jésus pour la première fois dans le cercle des disciples du Baptiste. Étant donné la rivalité existant entre les chrétiens johanniques et les adeptes du Baptiste vers la fin du Ier siècle, l'idée que des disciples parmi les plus proches de Jésus (et implicitement Jésus lui-même) avaient été auparavant disciples du Baptiste devait être une tradition trop incongrue pour que le quatrième évangéliste l'ait inventée à partir de rien [13].

Même si nous acceptons ces points comme historiques, ils nous disent très peu de chose sur Philippe en tant qu'individu. Nous ne savons rien sur son activité dans l'Église primitive. On ne doit pas l'identifier avec le Philippe qui est l'un des sept chefs des Hellénistes (Ac 6, 5 ; 8, 4-13.26-40 ; 21, 8-9). La confusion entre les deux Philippe a pu commencer avec Papias, au IIe siècle.

6. *André*

En abordant le cas de Philippe dans l'évangile de Jean, nous avons mentionné les trois passages où il apparaît avec André ; il semble donc opportun de parler maintenant de ce dernier. Ce choix surprend peut-être le lecteur qui aurait pu s'attendre à ce que l'on s'intéresse à André plus tard, avec son frère Pierre. Cependant, il est étrange de voir que le Nouveau Testament ne met pas habituellement André en compagnie de Pierre [14]. C'est Marc qui associe le plus fréquemment André et Pierre ; mais, même dans Marc, les cas sont relativement peu nombreux. Dans Mc 1, 16-18 // Mt 4, 18-20, Jésus appelle Pierre et André ensemble à devenir « pêcheurs d'hommes ». Cependant, ce binôme n'existe pas dans le récit équivalent de Luc sur la pêche miraculeuse (5, 1-11), dans lequel André est notoirement absent alors que Jacques et Jean sont désignés comme partenaires de Simon (Pierre), dans Lc 5, 10. Marc, et lui seul, mentionne également André en compagnie de Pierre, Jacques et Jean au début du récit de la guérison de la belle-mère de Pierre (1, 29). À l'exception de la liste des noms des Douze (Mc 3, 18), André disparaît du reste du ministère public dans Marc. À la fin du ministère public, l'évangile de Marc remet André en scène (13, 3), en compagnie de Pierre, Jacques et Jean, au début du discours eschatologique du chapitre 13, créant ainsi une inclusion avec le récit initial de l'appel.

À part quelques parallèles aux péricopes marciennes de Matthieu et Luc et à part les quatre listes des Douze, André ne figure nulle part ailleurs dans les synoptiques et dans les Actes. Étant donné l'importance de Pierre et de Jean dans les premiers chapitres des Actes (cf. Ga 2, 9) et l'information sur le martyre de Jacques le frère de Jean dans Ac 12, 2, il est étonnant de voir André disparaître complètement du livre des Actes et donc de l'histoire de l'Église primitive après la mention de son nom dans la liste des Onze dans Ac 1, 13. Ainsi, à la différence des deux fils de Zébédée, qui sont régulièrement mentionnés ensemble, Pierre apparaît habituellement dans le Nouveau Testament sans qu'il soit fait mention d'André. En fait, sauf dans l'évangile de Jean, André reste pratiquement un numéro sur une liste.

7. Thomas

Thomas correspond au même modèle curieux que nous avons observé avec Philippe (et, à un degré moindre, avec André) : dans les synoptiques, il n'apparaît nulle part en dehors de la liste des Douze, alors que l'évangile de Jean le met en avant. Cependant, à la différence de Philippe, il émerge relativement tard dans le quatrième évangile, presque à la fin du ministère public. Il n'est jamais mentionné avant le récit de la résurrection de Lazare au chapitre 11. Et même là, il n'apparaît que dans un seul verset. Jésus vient d'annoncer que, malgré le danger, le maître et les disciples vont retourner en Judée ; en réponse, Thomas fait une remarque dépitée et involontairement ironique (11, 16) : « Allons, nous aussi, pour mourir avec lui. » Thomas disparaît ensuite de la trame narrative pour revenir en scène lors du Dernier repas comme l'un des interlocuteurs de Jésus. Celui-ci vient d'affirmer curieusement que les disciples connaissent le chemin sur lequel il s'engage. Dans le style plaintif qui semble le caractériser dans l'évangile de Jean, Thomas proteste et rétorque (14, 5) : « Seigneur, nous ne savons pas où tu vas. Comment saurions-nous le chemin ? » L'objection de Thomas fournit la parfaite « aubaine » pour l'une des plus grandes déclarations en « Je suis » prononcées par Jésus (14, 6) : « Je suis le chemin, la vérité et la vie. » Thomas disparaît de nouveau jusqu'aux récits des apparitions du ressuscité. Nous trouvons alors le fameux récit du doute de Thomas ; ayant manqué la première apparition de Jésus ressuscité à ses disciples, il exige obstinément une preuve tactile de la résurrection. Quand Jésus ressuscité lui offre juste ce qu'il demandait, Thomas répond par la confession de foi christologique la plus haute de l'ensemble narratif évangélique (20, 28) : « Mon Seigneur et mon Dieu ! » Après ce coup d'éclat théologique, la mention de Thomas, faite en passant en 21, 2, est assez décevante, comme d'ailleurs une bonne partie de l'épilogue du chapitre 21.

Encore plus que dans le cas de Philippe, tous les passages du quatrième évangile dans lesquels Thomas est impliqué peuvent être soupçonnés d'être des vecteurs théologiques de l'évangéliste. C'est le cas de 11, 16, que l'analyse littéraire a permis de reconnaître comme un ajout rédactionnel à un récit primitif de la résurrection de Lazare [15]. Les interventions de Thomas fonctionnent comme des faire-valoir ou des introductions ironiques aux paroles de révélation de Jésus : c'est particulièrement clair en 14, 5. Pareillement, la haute déclaration christologique de 20, 28 sert de clef de voûte à la christologie descendante de la préexistence et de l'incarnation, caractéristique du quatrième évangile. Par mode d'inclusion, 20, 28 renvoie au prologue de l'évangile, qui, par deux fois, donne au Verbe le nom de « Dieu » (1, 1.18). Ainsi, toutes les apparitions de Thomas dans l'évangile de Jean sont largement façonnées, voire totalement créées, par l'évangéliste.

Le seul détail surprenant qui pourrait contenir un élément d'information historique sur Thomas se trouve dans le nom lui-même. Par trois fois (11, 16 ; 20, 24 ; 21, 2 [rédacteur final]), le quatrième évangile traduit le mot hébreu *(tĕ'ôm)* ou araméen *(tĕ'ômā')* utilisé pour « Thomas » par le mot grec équivalent *didymos*, qui signifie « jumeau ». Au Iᵉʳ siècle de notre ère, ces deux mots hébreu et araméen étaient des noms communs et n'étaient pas habituellement utilisés comme noms de personnes ; par contre, le mot grec *didymos* était employé comme nom propre [16]. Cela permet de comprendre la forme redondante trouvée dans certains textes chrétiens, qui font référence à « Didyme Thomas ». Il se pourrait donc que la désignation hébraïque ou araméenne « Thomas » soit en réalité le second nom ou le surnom d'une personne dont nous ne connaissons pas le nom véritable.

On peut relever une autre curiosité. Malgré l'insistance que met Jean à traduire trois fois le nom, il ne nous est jamais dit qui était le frère jumeau de Thomas. Stimulée par cette triple traduction et par ce mystérieux silence, l'imagination chrétienne n'a pas tardé à remédier à cet oubli. Personnage de prédilection des groupes à tendance gnostique, l'énigmatique Thomas a été identifié avec Jude (Judas) et déclaré frère jumeau de Jésus lui-même. Cette identification ne posait d'ailleurs pas trop de problèmes à un mouvement religieux qui prônait l'identification mystique, voire panthéiste, du sauvé et du sauveur. Une véritable « école » de Thomas est apparue dans les cercles gnostiques et a généré un grand nombre d'ouvrages, qui sont très attrayants mais totalement dépourvus de données historiques concernant le membre des Douze appelé Thomas [17]. Finalement, si nous ne tenons pas compte de la théologie johannique et des légendes gnostiques ultérieures, nous ne savons pratiquement rien du Thomas historique et absolument rien de son jumeau historique.

8. Simon

Simon le Cananéen (ou le Zélote) a un point commun avec Thomas : tout ce que nous pouvons savoir de lui est caché dans un second nom ou une qualification énigmatique [18]. Simon le Cananéen n'apparaît en effet nulle part en dehors des listes des Douze ; de la sorte, il se fait aussi rare que Thomas dans les évangiles synoptiques et dans les Actes. Notre seul espoir d'apprendre quelque chose sur Simon vient du qualificatif qui lui est donné, *ho kananaios* (traduit habituellement par « le Cananéen ») dans Mc 3, 18 // Mt 10, 4 et *ho zēlōtēs* (traduit habituellement par « le Zélote ») dans Lc 6, 15 // Ac 1, 13. Pratiquement tous les critiques sont d'accord pour dire que Simon « le Cananéen » et Simon « le Zélote » sont une seule et même personne ; « zélote » est en effet la traduction en grec *(zēlōtēs)* du mot araméen *qan'ānā'*, qui signifie « zélé » ou « jaloux » et qui a été translittéré en *kananaios*, « cananéen ». Cette différence dans la manière de présenter cette désignation en grec reflète assez bien la pratique habituelle des évangélistes dans le traitement des mots sémitiques. Ici comme ailleurs, Marc et Matthieu ne voient pas d'inconvénients à translittérer un mot araméen en grec, tandis que Luc, selon son habitude, évite le mot sémitique accolé au nom de Simon et préfère le remplacer par une traduction en grec ; cette traduction pouvait d'ailleurs déjà exister dans la tradition L de la liste des Douze.

À l'intérieur du cercle des Douze, la désignation *qan'ānā'* permettait sans doute en pratique de distinguer ce Simon de l'autre Simon, le chef du groupe, qui portait lui aussi un second nom araméen, *kēpā'* (= Céphas, Pierre). Mais que signifiait plus précisément à l'origine le *qan'ānā'* adjoint au nom de Simon « le Cananéen » ? On rencontre parfois l'affirmation, pas toujours argumentée, que Simon était ou avait été un membre des zélotes, un groupe organisé de combattants pour la libération, ultranationalistes, qui prenaient les armes contre les forces romaines d'occupation. Certains surenchérissent quelquefois sur cette interprétation douteuse en allant jusqu'à suggérer que Jésus a été zélote ou au moins sympathisant de la cause zélote, même s'il n'a peut-être pas pris lui-même les armes [19]. Le caractère « opportuniste » de cette position a beau la rendre populaire, elle n'en est pas moins fortement discutable. Comme l'ont bien montré des exégètes tels que Morton Smith et Shaye Cohen, la faction révolutionnaire organisée que Josèphe appelle « les zélotes » n'est venue à l'existence que pendant la Première Guerre juive, et plus précisément au cours de l'hiver 67-68 de notre ère à Jérusalem [20]. Faire de Simon le Cananéen un « zélote » dans le sens précis d'un membre de ce groupe organisé de rebelles armés est totalement anachronique.

L'attribution par les évangélistes du nom « Zélote » ou « Cananéen » à Simon reflète par contre un usage plus ancien et plus large du terme *qan'ānā'* : un Juif qui était profondément zélé pour la pratique de la Loi de Moïse et qui militait pour que ses compagnons juifs observent la Loi, en faisant de cette pratique un moyen de mettre à part Israël, le peuple saint de Dieu, et de le séparer de l'idolâtrie et de l'immoralité pratiquées par ses voisins, les « gens des Nations ». De l'avis d'exégètes tels que J.-Alfred Morin, les « zélotes » du début du Ier siècle de notre ère étaient des Juifs rigoristes prêts à employer la violence pour imposer la séparation d'Israël par rapport aux « gens des Nations ». À la suite de héros israélites comme le prêtre Pinhas, le prophète Élie, le roi Jéhu et le prêtre Mattathias, ces rigoristes punissaient ou même exécutaient les Juifs qui, à leurs yeux, étaient infidèles à la Loi mosaïque [21]. Pinhas était peut-être le plus grand modèle de cette tradition « zélote » ; dans le judaïsme prérabbinique, à part Simon le Cananéen, le seul exemple d'un individu israélite qui avait comme deuxième nom « le zélote » se trouve en 4 M 18, 12, où Pinhas est appelé « le zélote Pinhas » *(ton zēlōtēn Phinees)*.

Même si des défenseurs zélés de la Loi pouvaient parfois donner libre cours à leur colère contre les « gens des Nations », surtout contre les souverains romains détestés, leur « justice populaire » visait d'abord les Juifs « apostats ». Philon d'Alexandrie parle de myriades de Juifs qui étaient de vigilants « zélés des lois *[zēlōtai nomōn]*, sans pitié envers ceux qui s'employaient à les abolir » (*De specialibus legibus* 2.46 §253). Ce phénomène d'attaques internes envers d'autres Juifs plutôt que d'attaques externes contre Rome devait particulièrement se vérifier en Galilée pendant le ministère de Jésus ; la Galilée était en effet dirigée non pas par un gouverneur romain mais directement par un prince juif, le tétrarque Hérode Antipas, qui était habituellement assez malin pour ne pas offenser les sensibilités religieuses de ses sujets juifs. De plus, Hérode Antipas entretenait sa propre armée et prélevait ses propres impôts. Par conséquent, pour l'époque du ministère de Jésus, parler de zélotes galiléens prenant les armes contre les légions romaines qui occupaient leur pays n'a pas de sens. Sauf en période de crise militaire, il n'y avait pas, dans la Galilée d'Hérode, de légions romaines contre lesquelles aurait pu se rebeller Simon ou d'autres supposés « zélotes »[22].

En réalité, il n'est pas nécessaire de supposer que tous les Juifs « zélotes » s'érigeaient en juges et se chargeaient eux-mêmes d'appliquer la Loi en punissant les Juifs « défaillants ». Cette idée de justice sommaire n'est sûrement pas le seul sens de « zèle » ou de « zélote » que l'on puisse trouver dans différents passages du Nouveau Testament. Par exemple, les grands prêtres et d'autres autorités de Jérusalem sont décrits comme « remplis de *zēlos* » (ici dans le sens de jalousie), lorsqu'ils arrêtent les apôtres (Ac 5, 17). Ou, pour prendre un récit autobiographique, par deux fois dans ses lettres (Ga 1, 13-14 ; Ph 3, 6) Paul se désigne lui-même comme un « zélé » ou comme un « zélote » *(zēlōtēs)* dans son observance de la tradition juive ancestrale. Dans les deux cas, le contexte fait allusion à la persécution qu'il a infligée à l'Église primitive[23]. Luc fait également écho à ce thème dans sa présentation de Paul, puisque le Paul lucanien se nomme lui-même « un zélote de Dieu » (Ac 22, 3), qui a persécuté l'Église (22, 19). Si ce que raconte Luc de la période préchrétienne de Paul a quelque chose à voir avec la réalité historique, celui-ci persécutait les chrétiens conformément à un mandat légal reçu ; et son action n'était pas de l'ordre de la justice sommaire de quelqu'un qui se serait érigé en juge (Ac 9, 1-2). En tout cas, il est clair que, dans le Nouveau Testament, ce comportement zélé ne signifiait pas toujours rébellion armée contre Rome ou justice populaire extralégale. En fait, ce « zèle » ne connotait pas toujours de violence. Par exemple, dans Ac 21, 20, Jacques et les anciens de Jérusalem informent Paul que beaucoup de Juifs chrétiens de la cité sainte sont des « zélotes de la Loi » *(zēlōtai tou nomou)*. En termes encore plus généraux, Paul peut affirmer que les Juifs dans leur ensemble ont du zèle *(zēlon)* pour Dieu (Rm 10, 2), ce qui signifie difficilement que les Juifs dans leur ensemble ont envie de prendre les armes contre des compatriotes juifs ou contre Rome.

Mais revenons au cas particulier de Simon le Zélote. Au début du Ier siècle de notre ère, un Juif pieux qui était zélé pour la stricte observance de la Loi mosaïque, qui harcelait publiquement les Juifs non pratiquants, qui tentait de les flatter ou de les menacer pour les ramener à l'observance et qui était farouchement opposé à la pénétration de l'influence des « gens des Nations » dans la vie des Juifs palestiniens pouvait bien faire l'admiration de ses coreligionnaires et mériter un surnom prestigieux comme « le Zélote ». Devant la variété de sens des mots « zèle » et « zélote » dans le Nouveau Testament, nous ne pouvons déterminer avec précision de quelle manière le zèle de Simon a pu se manifester et dans quelle mesure il a pu impliquer de la violence ; mais nous pouvons sans risque laisser tomber l'idée anachronique d'une appartenance de Simon au groupe organisé de zélotes décrit par Josèphe.

En un sens, ce n'est pas la façon précise dont s'exerçait le zèle de Simon qui nous intéresse. Ce qui est important pour notre compréhension des groupes qui entouraient Jésus, c'est que l'appel de Simon à devenir disciple puis à être membre des Douze a exigé de lui un changement fondamental de perspectives et de manières d'agir. Bien sûr, d'une façon ou d'une autre, cela était également vrai pour le reste des Douze. Mais, dans le cas de Simon, le changement a dû être particulièrement marqué, puisque Jésus mettait l'accent sur la fréquentation des « personnes peu recommandables » du judaïsme palestinien, « les collecteurs de taxes et les pécheurs » (Mc 2, 15-17). Il arrivait si régulièrement et si ouvertement à Jésus de faire table commune avec eux que certains Juifs de stricte observance se moquaient de lui en le traitant « [de] glouton et [d']ivrogne, [d']ami des publicains et des pécheurs » (Mt 11, 19 par.). Jésus ne s'est pas contenté de partager des repas avec eux, puisqu'il a appelé au moins un collecteur de taxes, Lévi, à devenir disciple (Mc 2, 14 ; cf. Lc 19, 1-10), tout comme il a appelé Simon le Zélote à le suivre [24].

Les collecteurs de taxes, les pécheurs et Simon le Zélote, autant de gens qui vivaient côte à côte dans le groupe proche de Jésus, nous disent en effet quelque chose de Jésus et de ses disciples. Le mélange franchement hétéroclite des gens qui suivaient Jésus reflète parfaitement l'appel et le programme de salut, que Jésus adressait à *tout* Israël, à tout le peuple de Dieu qui allait être rassemblé et reconstitué dans les douze tribus de la fin des temps. Dans ce programme de salut eschatologique, il n'y avait pas de place pour le sectarisme étroit ou l'exclusion puritaine. L'appel de Jésus, qui incluait la vie en communauté, exigeait de ce fait une nouvelle attitude de la part de ceux qui accueillaient cet appel : Simon devait accepter l'ex-collecteur de taxes Lévi, de la même manière que Lévi et les autres devaient apprendre à vivre avec Simon. Dans la proclamation du royaume par Jésus, destinée à l'ensemble d'Israël, il n'y avait pas de place pour le séparatisme rencontré dans la communauté de Qumrān au Ier siècle (ni d'ailleurs pour les dissensions causées par certaines formes de la théologie de la libération au XXe siècle). Finalement, la désignation de Simon comme « le Zélote » et sa présence dans le groupe des Douze indique tout le contraire de ce que nous laisseraient penser les promoteurs d'un Jésus révolutionnaire violent ou d'un Jésus combattant de la liberté. Jésus ne veut pas d'une guerre sectaire qui dresserait Juif contre Juif ou contre quelqu'un d'autre. Il veut rassembler tout Israël en préparation de l'avènement final de Dieu comme roi. C'était pour cette cause eschatologique que Simon le Zélote, comme le reste des Douze, devait apprendre à être zélé.

9. *Judas Iscariote*

On a déjà parlé de Judas Iscariote dans le chapitre précédent, puisque sa destinée tragique a eu pour effet positif de nous aider à établir l'existence des Douze avant Pâques. À travers les siècles, Judas a fonctionné comme un aimant pour attirer l'imagination artistique des chrétiens. La littérature et l'art pictural ont donné de telles proportions à son histoire et à sa personnalité qu'il est difficile de rappeler à des lecteurs même avertis que nous ne savons de lui que deux faits essentiels : (1) il a été choisi par Jésus comme l'un des Douze et (2) il a livré Jésus aux autorités de Jérusalem, ce qui a précipité l'exécution de celui-ci. Ces deux faits fortement contrastés se sont heurtés comme deux silex pour allumer depuis lors le feu de l'imagination chrétienne [25].

En réalité, dans ce qu'ils disent de Judas, les évangiles laissent déjà voir un développement midrashique des faits essentiels. Prenons un seul exemple. Brut, sombre, laconique, le récit de Marc ne donne pas de raisons à l'acte de trahison de Judas. Il est question de lui donner de l'argent, mais seulement après son offre spontanée de livrer Jésus aux grands prêtres (Mc 14, 10-11). Comme à l'habitude, Matthieu n'est pas satisfait du récit énigmatique de Marc, qui laisse trop de questions sans réponses. Comme il le fait ailleurs quand il rédige à partir de Marc, Matthieu se sert de l'introduction de la scène pour apporter des clarifications (26, 15). Judas commence son offre de trahison de Jésus en demandant : « Que voulez-vous me donner ? » Matthieu rend ainsi les choses très claires : Judas était cupide, il a trahi Jésus pour de l'argent.

Le thème de l'avidité est développé de manière un peu différente dans la tradition johannique. C'est seulement dans l'évangile de Jean que Judas est identifié comme la personne qui, à Béthanie, s'insurge contre l'onction faite sur Jésus avec une myrrhe coûteuse (Jn 12, 1-8 parr. ; voir les versets 4-5) : « Judas Iscariote, l'un de ses disciples, celui qui allait le livrer, dit : "Pourquoi ce parfum n'a-t-il pas été vendu trois cents deniers qu'on aurait donnés à des pauvres ?" » Au verset 6, dans un aparté typiquement johannique, l'auteur se tourne vers le lecteur pour expliquer : « Mais il [Judas] dit cela non par souci des pauvres, mais parce qu'il était voleur et que, tenant la bourse [commune], il dérobait ce qu'on y mettait. » Pour Jean, Judas n'était pas simplement un traître cupide ; il était d'abord un voleur cupide. Pour bien enfoncer le clou, au moment où Judas quitte le Dernier repas pour trahir Jésus, le quatrième évangile répète ce détail, qui attribue à Judas la fonction de « trésorier » des disciples (13, 28-30).

La question de la motivation est abordée par Luc sous un angle différent, qui est également utilisé dans la tradition johannique. Dans le récit qui décrit la démarche de Judas auprès des grands prêtres pour organiser la trahison, Luc, à l'inverse de Matthieu, garde la mention de l'argent à l'endroit du texte où Marc l'avait placée, c'est-à-dire après la proposition de Judas de trahir Jésus (Lc 22, 4-5 // Mc 14, 10-11). Pour Luc, la motivation de Judas est davantage démoniaque qu'humaine ; elle vient de l'influence satanique plutôt que de son tempérament de cupidité. Aussi la péricope lucanienne commence-t-elle par ces mots (Lc 22, 3-4) : « Satan entra dans Judas [...] Il [Judas] s'en alla conférer avec les grands prêtres et les chefs des gardes [...] » [26]. Luc a pu trouver cette motivation dans une tradition particulière, car on la trouve aussi dans l'évangile de Jean, de manière indépendante, à côté de l'explication plus banale qui fait de Judas un voleur (Jn 13, 2.27 [presque la même formulation qu'en Lc 22, 3] : cf. 6, 70-71). Le thème matthéen de la cupidité et le thème lucanien de la possession démoniaque viennent donc s'entrelacer dans Jean.

Au cours des dernières décennies, des auteurs modernes sensibles aux droits civils et à la justice sociale ont protesté contre cette diabolisation de Judas. Mécontents de cet exorcisme exégétique, certains ont même cherché à le réhabiliter comme un pauvre disciple incompris. On peut bien sûr applaudir la charité chrétienne de ces auteurs ; mais on doit garder un esprit critique et ne pas perdre de vue que décrire Judas en termes chaleureux est autant un exercice d'imagination artistique que de le décrire en termes sombres [27]. Les deux faits bruts énoncés dans le premier paragraphe de cette section 9 constituent presque tout ce que nous savons du Judas historique. Au-delà de ces faits, commence la spéculation théologique ou l'écriture romanesque, la ligne de partage entre ces deux exercices n'étant pas toujours très précise.

Comme pour un certain nombre d'autres membres des Douze (Didyme Thomas, Simon le Cananéen, Simon Pierre), l'une des rares indications que nous ayons sur les antécédents ou sur la personnalité historique de Judas tient dans son second nom ou surnom : Iscariote. Comme pour Simon le Cananéen, le second nom d'Iscariote servait sans doute à distinguer Judas d'autres personnages bien connus, appelés Judas ou Jude (par exemple, Judas de Jacques et Jude frère de Jésus). La signification exacte ou l'étymologie d'Iscariote nous est aujourd'hui perdue. Peut-être l'était-elle déjà pour les évangélistes [28]. Il n'existe pas de meilleure preuve de notre ignorance que la liste incalculable des interprétations qui ont été présentées. Il faudrait un livre entier pour discuter toutes les acceptions proposées pour le mot « iscariote ». Les cinq suivantes sont parmi les plus souvent citées [29].

(a) Judas était membre des *sicarii*, c'est-à-dire des Juifs terroristes qui se servaient de poignards pour assassiner leurs ennemis politiques. Cette identification douteuse va parfois jusqu'à faire de Judas un zélote, bien que l'identification des zélotes et des *sicarii* soit une méprise historique qui devrait avoir été enterrée depuis longtemps. Non seulement il est douteux, au plan philologique, de faire dériver iscariote du mot latin *sicarius* ; mais, plus précisément encore, de nombreux historiens affirme que les *sicarii* ne sont apparus comme groupe identifiable que dans les années quarante ou cinquante du Ier siècle de notre ère, trop tard pour la trahison de Jésus par Judas, qui se situe aux environs de l'an trente. De plus, si Judas avait été un *sicarius*, on aurait dû s'attendre à ce qu'il assassine Jésus en le poignardant pendant que celui-ci se trouvait dans une foule, ce qui était la méthode homologuée chez les *sicarii*, et non à ce qu'il le livre aux autorités qu'il était supposé haïr.

(b) Iscariote est dérivé de la racine sémitique *šqr* (« mentir », « être faux ») et signifie que Judas est « l'homme de mensonge » ou « le menteur » par excellence. Le problème ici est que Judas n'est jamais présenté dans le Nouveau Testament comme quelqu'un qui a l'habitude de mentir ; livrer une personne à ses ennemis n'implique pas nécessairement qu'on lui mente.

(c) Judas est régulièrement mentionné dans le Nouveau Testament comme celui qui « livra » Jésus aux autorités ; iscariote pourrait donc dériver de la racine sémitique *skr* (ou *sgr*), qui, aux formes pi'el ou hip'îl du verbe, peut avoir le sens de « livrer ». On se demande de nouveau comment on peut passer de ce verbe sémitique au nom « iscariote ». Il faudrait aussi expliquer l'étrange redondance de passages comme Mc 3, 19 : « Judas Iscariote, celui-là même *[hos kai]* qui le livra. » Car, après tout, il semble bien que Marc sache comment traduire des mots hébreux et araméens en grec ; et il emploie pour ce faire un certain nombre d'expressions (par exemple, *ho estin*, « c'est-à-dire », en 3, 17).

(d) D'autres font le lien entre Iscariote et un mot sémitique évoquant la couleur rouge, qui décrirait l'ancien métier de Judas : pour certains, il faisait de la teinture rouge ; pour d'autres, il était producteur de fruits. Certains ont même suggéré que le mot dénote chez Judas des cheveux roux ou un tempérament sanguin. Même si ces étymologies étaient correctes, ce qui est éminemment discutable, elles ne seraient d'aucun secours dans les recherches historiques sur la vie ou les motivations de Judas.

(e) L'opinion la plus populaire est peut-être que le mot « iscariote » renvoie au lieu d'origine de Judas. Si Judas était de la ville de Kerioth en

Judée (voir Jos 15, 25), il serait, en hébreu, « un homme de Kerioth », *'îš qĕriyyôt*, ce qui donnerait « iscariote ». Certains critiques qui soutiennent cette solution tirent de la localisation de la ville une autre conséquence inattendue. Si Kérioth était bien une ville de Judée, la désignation « iscariote » ferait de Judas le seul membre des Douze à venir clairement de la Judée plutôt que de la Galilée, un cas particulier dans le cercle des Douze. Il y a même des exégètes qui vont plus loin et qui soulignent que le nom de Judas en hébreu *(Yĕhûdâ)* colle parfaitement avec son lieu d'origine supposé (la Judée, c'est-à-dire Juda *[Yĕhûdâ]* dans l'Ancien Testament). Ce dernier argument est peu convaincant, puisqu'il est bien difficile de supposer que tous les Juifs nommés Judas venaient de Judée. Pour prendre un seul exemple, Jude (= Judas), le frère de Jésus, était vraisemblablement né à Nazareth en Galilée. Mais toutes ces suggestions pourraient bien tomber à plat, du fait qu'il n'est pas sûr du tout qu'une ville appelée Kerioth ait jamais existé en Judée [30].

En conséquence, d'autres exégètes mettent en avant les noms de villes qui ont certainement existé, par exemple, Askar près de Sichem, Jéricho ou Kartah dans le territoire de Zabulon. D'autres encore s'appuient sur l'usage de targums plus tardifs pour dire que iscariote signifie « l'homme de la cité », c'est-à-dire de Jérusalem. On le voit, même s'il est commun de faire dériver iscariote d'un nom de lieu, l'endroit désigné est tout aussi discuté que le nom iscariote lui-même. En plus, toutes ses suggestions font difficulté au plan philologique.

Il y a pourtant un point mineur en faveur de la théorie qui met « iscariote » en référence à un nom de lieu. Par trois fois dans l'évangile de Jean (6, 71 ; 13, 2.26), Judas est apparemment appelé non pas « Judas Iscariote » mais « Judas [fils] de Simon Iscariote » [31]. Jean présente ici une tradition indépendante des synoptiques, qui, eux, n'identifient jamais le père de Judas. Si le père de Judas portait également le nom d'Iscariote, beaucoup d'interprétations (par exemple, « homme de mensonge », « celui qui livra [Jésus] ») sont à mettre au rancart, puisqu'elles ne se réfèrent qu'aux actions de Judas lui-même. Étant donné que Judas aurait pu reprendre le métier de son père, la référence à un métier pourrait encore être une possibilité ; mais l'explication la plus vraisemblable du fait que Judas et son père portent le même nom Iscariote est que le nom désignait leur ville d'origine. Cela ne nous mène pas très loin, puisque, nous l'avons vu, un certain nombre de villes revendiquent cet honneur incertain, sans qu'aucune ne l'emporte nettement.

Finalement, toutes ces théories subtiles basées sur l'étymologie manquent de preuves solides ; et « Iscariote » nous en dit moins que « Didyme » ou « Cananéen ». Le surnom, comme celui qui le porte, demeure une énigme.

Il nous reste maintenant les trois membres des Douze qui, dans les synoptiques, sont présentés comme le cercle le plus intime autour de Jésus : Pierre Jacques et Jean. Il est difficile de dire si ce cercle de trois reflète une réalité historique ou s'il est le fruit de la théologie marcienne du « secret messianique », qui enveloppe divers événements d'une aura de mystère, au cours du ministère de Jésus. Selon Marc, les trois plus proches furent les témoins privilégiés de la résurrection par Jésus de la fille de Jaïre (Mc 5, 37) et de la transfiguration (Mc 9, 2). Ils furent également choisis par Jésus pour être à ses côtés pendant sa prière à Gethsémani (Mc 14, 33), mais, au lieu d'assurer cette présence, ils se sont endormis.

Le problème est que, en dehors de Marc, le Nouveau Testament ne contient pas d'attestation indépendante de ce groupe spécial, séparé, de trois disciples à l'intérieur même du cercle des Douze. Le groupe de trois n'apparaît nulle part dans l'évangile de Jean, ni en fait nulle part ailleurs dans le Nouveau Testament en dehors des synoptiques. À mon avis, Matthieu et Luc ne présentent pas le groupe de trois dans des scènes qui sont indépendantes de Marc. De fait, dans sa reprise de la résurrection de la fille de Jaïre, Matthieu laisse tomber la mention des trois, et, dans sa version de la prière à Gethsémani, Luc ne les met pas à part (Lc 22, 39-46). Dans le récit de la pêche miraculeuse, Luc présente bien Pierre en partenariat avec Jacques et Jean (Lc 5, 10) ; mais cette configuration pourrait venir d'un amalgame lucanien du récit de l'appel des premiers disciples (Mc 1, 16-20) avec un récit qui se référait originellement à une apparition du ressuscité (cf. Jn 21, 1-14) [32]. Si tel est le cas, Luc ne contient pas d'attestation indépendante concernant le groupe de trois. De toute façon, le passage lucanien fait allusion à une relation entre les trois qui est antérieure à leur appel à suivre Jésus, mais pas à leur place spéciale au sein des Douze.

De plus, le groupe de trois n'est pas le seul sous-groupe au sein des Douze. Nous l'avons déjà vu, Marc encadre adroitement le ministère public avec des récits sur les quatre premiers disciples : Pierre, André, Jacques et Jean. Leur présence en 1, 16-20 (leur appel) et 1, 29 (la guérison de la belle-mère de Pierre) est habilement équilibrée par leur présence en 13, 3, où Jésus les prend à l'écart pour en faire les auditeurs de son discours eschatologique du chapitre 13. Toutes ces configurations de l'évangile de Marc font penser à des adaptations de convenance ; et il faut donc se méfier de considérer comme un phénomène historique un groupe spécial de trois (ou de quatre). Bien qu'il n'y ait aucun moyen de le prouver, le groupe de trois pourrait être une création de l'activité rédactionnelle de Marc [33]. De toute façon, l'existence de ce sous-groupe n'engage pas quantité de choses. Passons aux membres individuels du groupe.

10. Jacques

Marc nous dit que Jacques et Jean sont les fils de Zébédée ; et il n'y a pas de raison particulière de mettre en doute cette désignation. Bien sûr, les différents passages de Matthieu et de Luc qui parlent des fils de Zébédée dérivent probablement tous plus ou moins directement de Marc. Nous avons pourtant une attestation multiple de sources pour « les [fils] de Zébédée », puisqu'ils sont mentionnés par le rédacteur final du quatrième évangile dans Jn 21, 2, mais sans qu'on dise ni leur nombre ni leurs noms. Plus précisément, le fait que Jacques et Jean sont les fils de Zébédée n'est pas exploité dans un but théologique et n'est pas amplifié par des additifs légendaires à l'intérieur du Nouveau Testament. Par conséquent, pour une simple question de bon sens, il n'y a pas de raison de mettre en cause l'historicité de cette filiation.

Il est plus facile de commencer par Jacques, pour une raison simple : si nous passions tout de suite des matériaux qui concernent les deux frères à ce qui concerne Jean, il ne resterait presque plus rien à dire de Jacques, puisque ce dernier n'est jamais mentionné dans le Nouveau Testament sans référence à son frère. Cela se vérifie même dans le seul passage du Nouveau Testament où Jacques, seul parmi les Douze, reçoit une bien triste distinction, celle d'être martyrisé par Hérode Agrippa premier, vers 44 de notre ère (Ac 12, 1-2) ; cette exécution accomplissait apparemment une prophétie attribuée à Jésus dans Mc 10, 39. Autant qu'on le sache, Jacques fut le premier des Douze à être mis à mort pour sa foi [34]. Il est de fait le seul membre des Douze dont le martyre est explicitement raconté dans le Nouveau Testament, même s'il est probable que Jn 21, 18-19 mentionne indirectement le martyre de Pierre. En fait, en dehors de Jacques et de Pierre, il n'existe pas de preuves fermes que des membres des Douze aient été martyrisés. C'est la tradition chrétienne ultérieure, mais pas le Nouveau Testament, qui a donné à ce Jacques le surnom de « le Grand » ou « le Majeur », pour le distinguer d'autres personnages portant le nom de Jacques dans le Nouveau Testament, en particulier de « Jacques le Mineur » (littéralement, « Jacques le Petit »), mentionné dans Mc 15, 40 [35]. Il faudra attendre le VIe ou le VIIe siècle pour que la légende fasse un lien entre Jacques le Majeur (= Santiago) et le travail missionnaire en Espagne.

11. Jean

S'il y a eu confusion, dans la tradition chrétienne et même dans l'exégèse, à propos des différents individus appelés Jacques dans le Nouveau Testament, ce phénomène de fusion et de confusion de différents personnages historiques atteint son maximum avec Jean le fils de Zébédée. De nombreux exégètes du Nouveau Testament ont aujourd'hui l'habitude de distinguer cinq personnes différentes, dont la plupart, sinon toutes, ont été amalgamées par la tradition chrétienne dans le personnage de Jean le fils de Zébédée. Les cinq personnages différents, jamais confondus par le Nouveau Testament, sont les suivants : (1) Jean le fils de Zébédée, (2) l'anonyme « disciple que Jésus aimait » du quatrième évangile (identifié par des critiques modernes avec des personnages qui vont de Lazare à Matthias), (3) l'auteur anonyme du quatrième évangile, (4) l'auteur anonyme des trois épîtres qui portent le nom de Jean et (5) le prophète visionnaire qui a écrit le livre de l'Apocalypse et qui se nomme lui-même Jean [36]. Dans les pages qui suivent, je me limite à ce qui peut être dit avec une bonne probabilité sur Jean le fils de Zébédée au cours du ministère public, avec un rapide regard sur les premiers temps de l'Église ; je passerai rapidement sur ce qui a déjà été noté à propos du groupe spécial de quatre ou de trois au sein des Douze.

Marc présente l'appel de Jacques et Jean par Jésus, alors qu'ils sont en train de ranger ou de ravauder les filets dans le bateau de leur père Zébédée (1, 18-20). Puisqu'il est également fait mention d'employés, ce que dit Marc correspond à la description d'une entreprise de pêche familiale relativement prospère sur la mer de Galilée. Par contre, Luc (5, 10) présente Jacques et Jean non pas comme travaillant avec leur père, mais plutôt comme associés de Simon Pierre (leurs activités de pêche ne sont pas reliées de la même manière dans Mc 1, 16-20). La description faite par Luc peut résulter d'un amalgame rédactionnel de Mc 1, 16-20 avec un récit traditionnel de résurrection concernant une pêche miraculeuse (cf. Jn 21, 1-14). En tout cas, ni la tradition marcienne ni la tradition lucanienne ne présentent les fils de Zébédée comme extrêmement pauvres. Il faut rappeler que l'activité de pêche sur la mer de Galilée était animée et prospère, au moins pour ceux qui étaient propriétaires ou qui supervisaient les opérations [37]. L'idée romantique d'un Jésus appelant seulement les gens pauvres à devenir disciples ne trouve pas de confirmation chez les fils de Zébédée, ni d'ailleurs chez Pierre, avec sa maison et sa famille à Capharnaüm, ni chez Lévi, le collecteur de taxes de Capharnaüm.

Contrairement à celle des Actes, les listes des Douze des synoptiques placent toujours Jacques devant son frère Jean. Une certaine forme de priorité peut aussi se déduire de la manière dont Jacques est parfois identifié d'abord comme « le fils de Zébédée » et dont Jean est désigné ensuite comme le frère de Jacques (Mc 1, 19 // Mt 4, 21 ; Mc 3, 17 // Mt 10, 2 ; cf. Mt 17, 1). Certains critiques en tirent la conclusion que Jacques était le frère aîné. C'est peut-être vrai ; mais d'autres explications sont possibles : par exemple, il pouvait exister une vénération particulière des premiers chrétiens à l'égard de Jacques, le premier des Douze à avoir subi le martyre [38]. En tout cas, les quatre listes des Douze mettent Jacques et Jean dans le premier ensemble de quatre et témoignent ainsi de leur importance pour l'Église primitive, ce qui trouve confirmation dans les Actes et, pour ce qui est de Jean, dans l'épître aux Galates.

Selon Mc 3, 17, le statut important (ou peut-être un trait de caractère) de Jacques et Jean est également indiqué par le nom spécial que leur donne Jésus : *Boanērges*, que Marc traduit par « fils du tonnerre ». Les deux frères rejoignent en cela Simon, qui reçoit lui aussi de Jésus un nom (*Petros*, Pierre, c'est-à-dire « caillou » ou « rocher »). Ni dans un cas ni dans l'autre, Marc n'explique ce qui a poussé Jésus à attribuer le nom, le titre ou la description. De fait, contrairement aux évangiles de Matthieu et de Jean quand ils parlent de « Pierre », Marc n'indique nulle part quand ces noms ont été donnés. Il est permis de penser que le nom de *Boanērges* vient effectivement de Jésus et n'a pas été inventé par l'Église primitive : en effet, Matthieu et Luc ne reprennent pas le nom, et le reste du Nouveau Testament ne manifeste aucun intérêt pour cette manière de désigner les fils de Zébédée ou n'en a même pas connaissance.

Comme le fait remarquer R. Alan Culpepper, il faut distinguer ici deux questions différentes[39]. (1) Qu'en est-il de l'étymologie et du sens (scientifique ou populaire) de *Boanērges* ? (2) Que veut dire la traduction du nom donnée par Marc, à savoir « fils du tonnerre » (que ce soit ou non le sens correct au plan étymologique) ?

La première question a suscité une longue liste d'hypothèses savantes. Pour autant que Marc traduise correctement, la première partie du mot, *Boanē-* doit représenter l'hébreu ou l'araméen *bĕnê*, « fils de ». Toutes sortes d'explications ont été avancées afin de déterminer pourquoi le mot simple *bĕnê* a été rendu en grec par un maladroit *Boanē* ; mais aucune hypothèse n'est entièrement satisfaisante[40].

Pour ce qui est de la seconde moitié du mot, *-rges*, un certain nombre de racines sémitiques ont été suggérées : *rgš* (« commotion », « tumulte ») ; *rgz* (« colère », « mauvaise humeur », « agitation », « excitation », *r'š* (« trembler », « secouer »), *r'm* (« tonnerre »). Mais certains critiques, désespérés, lèvent les bras au ciel en affirmant que la translittération de Marc est terriblement corrompue, son interprétation complètement erronée et que le sens original a été perdu[41].

Si, au lieu de céder au désespoir, on rassemble les éléments de la première et de la seconde moitié de *Boanērges*, on voit alors apparaître un certain nombre de possibilités, par exemple « fils des (cieux) tremblants » ou « ceux qui ont une voix forte ». L'opinion la plus fréquente reste cependant que Marc est fondamentalement correct dans son interprétation, aussi confuse que soit sa translittération, et que le surnom signifie bien « fils du tonnerre ».

Cependant, tout cela ne fait que déplacer le problème vers notre seconde question, à savoir que voulait dire Marc (ou, originellement Jésus) par ce nom de « fils du tonnerre ». Là encore, les suggestions ne manquent pas : les deux frères parlaient avec une grosse voix ; ou bien, en disciples du

Baptiste, ils témoignaient de la voix venue des cieux, qui s'était fait entendre au milieu d'un bruit de tonnerre lors du baptême de Jésus. Une explication plus fréquente est d'ordre psychologique : Jacques et Jean étaient impétueux, d'un tempérament bouillant. Pour certains, ils étaient même (au sens large du terme) des zélotes. Cette dernière opinion a été avancée par des exégètes connus tels que Otto Betz[42] ; mais une question évidente n'est pas résolue pour autant : si Jacques et Jean étaient des zélotes, pourquoi l'étiquette claire de *kananaios* ou de *zēlōtēs* ne leur a-t-elle pas été appliquée dans Mc 3, 17 parr. comme elle était appliquée à Simon le Cananéen (ou le Zélote) en 3, 18 parr. ?

Une fois « zélotes » mis de côté, il semble que trois récits synoptiques (Mc 9, 38-39 par. ; Lc 9, 52-56 ; Mc 10, 35-40 par.) permettent d'affirmer que Jacques et (ou) Jean étaient impétueux et de tempérament bouillant.

Dans Mc 9, 38, Jean vient rapporter à Jésus : quelqu'un « qui ne nous suit pas » fait des exorcismes en ton nom et nous avons cherché à « l'en empêcher ». Plein de bonté et de libéralité, Jésus répond (v. 39) : « Ne l'en empêchez pas, car il n'est personne qui puisse faire un miracle en invoquant mon nom et sitôt après parler mal de moi. » Pour beaucoup d'exégètes, ce cas étonnamment unique où Jean joue le rôle de porte-parole des Douze ou bien la façon dont Jésus accepte d'autres initiatives sont de bons arguments en faveur de l'historicité fondamentale de cet apophtegme. Pourtant, un certain nombre d'éléments permettent de soupçonner ce récit d'être une création de l'Église primitive[43] : (1) la description de cet exorciste indépendant comme quelqu'un « qui ne *nous* suit pas » (et non « qui ne *te* suit pas, toi, Jésus) ; (2) l'idée d'avoir des personnes ou des groupes en compétition pour réaliser des actions de type religieux « au nom de » Jésus (cf. Ac 2, 38 ; 3, 6.16 ; 4, 10.18.30 ; 5, 28.40-41 ; cf. 1 Co 1, 13.15 ; 5, 4) ; (3) un récit de même type, celui des fils de Scéva dans Ac 19,11-17, qui tourne autour de la même question de savoir qui a le droit de faire des exorcismes au nom de Jésus ; et (4) les résonances scripturaires du récit, en écho à Nb 11, 24-29.

Un autre récit, qui se trouve seulement dans Luc (9, 52-56), raconte comment un village samaritain a fait mauvais accueil à Jésus alors qu'il était en route vers Jérusalem pour sa dernière Pâque. Jacques et Jean s'empressent de demander à Jésus : « Seigneur, veux-tu que nous ordonnions au feu de descendre du ciel et de les consumer ? » Mais Jésus les réprimande pour leur zèle digne du prophète Élie et part pour un autre village. On ne peut pas éliminer ce récit purement et simplement, car il correspond bien à ce que nous avons vu dans le tome II de *Un certain Juif, Jésus*. Jésus se présente consciemment à ses disciples comme le prophète de la fin des temps, thaumaturge à la manière d'Élie. C'est dans la ligne de cette conception et tout naturellement que deux des disciples de Jésus, quoique un peu impétueux et m'as-tu-vu, demandent s'ils doivent agir à la manière d'Élie, qui commanda deux fois de suite au feu de descendre du ciel et de dévorer les soldats qui avaient été envoyés par le roi pour l'arrêter (2 R 1, 9-12). La réprimande de Jésus pourrait viser l'outrecuidance des deux disciples et leur incompréhension de sa mission, dont le but est de sauver Israël.

Cependant, même s'il est possible qu'il soit historique, le récit de Lc 9, 52-56 contient de nombreuses marques de la théologie rédactionnelle de Luc : la longue montée de Jésus vers Jérusalem pour la dernière Pâque, l'intérêt porté par Luc aux samaritains, une christologie décrivant Jésus comme le prophète qui accomplit les œuvres d'Élie mais qui est plus grand que lui, l'enseignement de Jésus sur l'absence de représailles, son empressement à pardonner aux ennemis « qui ne savent pas ce qu'ils font », la compréhension correcte de ce qu'est un disciple et l'universalisme du salut [44]. Par ailleurs, la proposition qui mentionne la prise de parole de Jacques et Jean est quelque peu maladroite en grec (v. 54a). Littéralement, le verset commence ainsi : « Mais voyant, les disciples Jacques et Jean dirent [...] » Nulle part ailleurs dans les évangiles ou les Actes Jacques et Jean ne sont présentés avec le simple titre « les disciples ». Cette formulation un peu gauche conduit Culpepper, avec beaucoup d'autres exégètes, à suggérer que les noms précis de « Jacques et Jean » ont été ajoutés secondairement à un récit qui parlait à l'origine des « disciples » en général [45]. Pour toutes ces raisons, je suis réservé sur l'utilisation de ce récit pour établir des traits particuliers de caractère des Jacques et Jean historiques.

Un dernier récit est souvent cité pour expliquer le nom de « fils du tonnerre » ; c'est celui où Jacques et Jean demandent à Jésus de leur accorder les sièges convoités, à sa droite et à sa gauche, lorsqu'il commencera son règne (Mc 10, 35-40 par.). Bultmann est porté à penser que tout le récit vient de l'Église primitive, en diverses étapes. Mais il y a, à mon avis, des raisons de penser que le noyau du récit remonte à une rencontre entre le Jésus historique et les fils de Zébédée [46].

(a) Même s'il est vrai que Marc a tendance à présenter les disciples sous un jour désavantageux, Jacques le fils de Zébédée pose un cas particulier. Autant qu'on le sache, Jacques a été le premier des Douze à subir le martyre (des mains d'Hérode Agrippa Ier, vers 44 de notre ère ; cf. Ac 12, 2). Étant donné que le noyau de la tradition est considéré comme prémarcien, même par Bultmann, devons-nous supposer que l'Église primitive ait pris la peine d'inventer un portrait négatif du protomartyr des Douze ? La tradition de l'Église primitive, même antérieure à Marc, aurait-elle pris plaisir à présenter des disciples éminents sous un mauvais jour ?

(b) Et puis, il est bien étrange aussi le portrait de Jésus qui se dégage de ce récit, s'il est purement et simplement le produit d'une Église qui essaie de proclamer Jésus messie et Seigneur ressuscité et de lui gagner des convertis. Dans le contexte plus large de Marc 10, Jésus vient juste d'afficher pour la troisième fois sa connaissance anticipée des événements en prophétisant avec des détails surprenants les faits de sa passion, de sa mort et de sa résurrection (Mc 10, 32-34). Avec son goût des contrastes vigoureux, Marc introduit aussitôt les deux frères qui n'ont rien compris et qui complotent pour demander des places privilégiées à la droite et à la gauche de Jésus quand commencera sa souveraineté sur Israël [47]. Les frères ambitieux commencent par cacher prudemment leur intention précise et essayent d'obtenir de Jésus un chèque en blanc spirituel : « Maître, nous voulons que tu fasses pour nous ce que nous allons te demander » (10, 35). Au lieu de leur donner le chèque en blanc, Jésus leur pose une question : « Que voulez-vous que je fasse pour vous ? » Le prophète omniscient ne sait pas ce qu'ont en tête ces deux membres de son groupe le plus intime et il doit leur demander des explications.

Le pouvoir et le statut de Jésus deviennent encore plus problématiques à la fin de l'échange, lorsque Jésus explique pourquoi il ne peut garantir ce qu'ils demandent : « Quant à siéger à ma droite ou à ma gauche, il ne m'appartient pas de l'accorder, mais [ce sera donné] à ceux pour qui cela a été préparé [sous-entendu, par Dieu] [48] » (10, 40). Dans cette péricope, on est frappé par l'insistance sur le manque de connaissance et de pouvoir de Jésus.

(c) Pour une Église confrontée aux persécutions et à l'éventualité du martyre, le refus de Jésus de promettre récompense à ceux qui souffrent pour lui est tout aussi surprenant. D'une part, cela va tout à fait à l'encontre des promesses de récompense qui sont présumées faites par Jésus ailleurs dans les évangiles, y compris quelques versets auparavant, dans Mc 10, 29-30. D'autre part, il est difficile d'imaginer que, pour l'Église primitive, le refus de la part de Jésus de promettre une récompense, en 10, 39-40, était une exhortation effective à la souffrance. L'Église pensait-elle réellement que l'invention d'un récit dans lequel Jésus refuse à des disciples connus une récompense pour leurs souffrances allait encourager les adeptes récents à souffrir pour le Christ ? C'est là une étrange propagande de la part d'une Église qui cherche des convertis et qui lutte pour renforcer la détermination de ses membres assaillis de toutes parts.

(d) Dans l'atmosphère théologique de cette péricope, rien n'est spécifiquement chrétien. Alors que, dans d'autres passages de son évangile, Marc présente un Jésus qui prédit en détail sa mort, sa résurrection et sa venue, comme Fils de l'homme, sur les nuées du ciel à la fin du temps présent, la requête de Jacques et Jean concernant le futur est exprimée avec une imprécision surprenante. Ils désirent siéger à la droite et à la gauche de Jésus, « dans [sa] gloire ». Ce qui est visé par ce verbe siéger n'est pas clair. Certains critiques pensent qu'il s'agit du banquet messianique ; mais la terminologie habituelle des évangiles pour les banquets parle d'être allongé à table *(anakeimai, anaklinomai, katakeimai, kataklinomai, anapiptō)* et non d'être assis *(kathizō, kathēmai)* [49]. L'image évoque plutôt le fait d'être assis sur des trônes, pour partager la fonction de gouvernement ou de jugement de Jésus sur Israël. Si, comme je l'ai montré plus haut, Jésus a promis aux Douze qu'ils siégeraient sur douze trônes, pour juger les douze tribus d'Israël (Mt 19, 28 par.), la requête de Jacques et Jean en vue d'obtenir les trônes les plus proches de Jésus serait parfaitement cohérente avec sa promesse. Leur demande ne concerne pas une récompense future destinée à tous les croyants, mais le privilège propre aux Douze.

De manière tout à fait rabbinique, Jésus esquive leur demande en leur posant une question (10, 38) : « Pouvez-vous boire la coupe que je vais boire et être baptisés du baptême dont je vais être baptisé ? » Cette image énigmatique n'a rien à voir avec le résumé de la passion, ajusté au détail près, qui se trouve en 10, 33-34 ; elle est par contre en parfaite cohérence avec la façon de parler énigmatique et parabolique de Jésus. Dans le judaïsme vétérotestamentaire et intertestamentaire, la coupe est une image ambiguë. Elle symbolise le destin auquel on est soumis, la coupe que Dieu donne à boire à la personne individuelle ou à la nation [50]. Mais c'est le contexte qui détermine si c'est un destin de joie, de douleur ou même de mort.

La seconde image, le surprenant symbole du « baptême », permet de spécifier la nature de la coupe. Dans ce logion, « baptême » ne se réfère guère à une influence chrétienne. Tout d'abord, Jean le Baptiste et Jésus pratiquaient le baptême comme un rite juif, avant que les chrétiens n'entrent en scène et ne s'approprient le rituel. De plus, nous devons nous rappeler que, en hébreu, en araméen et en grec, les verbes pour « baptiser » (en hébreu *ṭābal*, en araméen *ṭĕbal*, en grec *baptizō*) signifient simplement à l'origine « plonger dans l'eau ». À travers l'Ancien Testament, l'image d'être englouti par les eaux diluviennes ou d'être plongé dans l'eau évoque l'idée de périls extrêmes, de dures souffrances ou de danger de mort imminent [51].

Associée à l'image du baptême, la coupe de Mc 10, 38 en reçoit une connotation plus précise, négative. C'est une coupe pleine de souffrances. À Jacques et Jean qui sont si avides de partager son pouvoir, Jésus demande s'ils ont la force de partager les dures souffrances qui pourraient l'engloutir comme la montée d'un fleuve. Mais ce n'est que dans le contexte plus large de Marc 10 et de l'histoire chrétienne ultérieure que ces images floues peuvent renvoyer plus précisément à la croix de Jésus et au martyre des disciples. Pris isolément, les symboles utilisés par Jésus dans la question de 10, 38 demeurent indéterminés. Jésus demande aux frères s'ils sont disposés à partager toute souffrance qu'il pourrait avoir à subir pour accomplir sa mission. Il n'est jamais dit ce que pourrait être cette souffrance et si elle impliquera une mort violente aux mains de ses ennemis. En fait, venant juste après la troisième et la plus détaillée des annonces de la passion (10, 33-34), ce verset 38 est surprenant par son imprécision.

(e) Dans cette péricope (10, 35-40), le manque de connaissance et de pouvoir de Jésus va de pair avec l'absence de tout titre et de toute désignation christologique. Cette absence est d'autant plus flagrante que la péricope est encadrée par deux logia de poids sur le Fils de l'homme : la troisième annonce de la passion du Fils de l'homme (10, 33-34) et l'affirmation que le Fils de l'homme donnera sa vie en rançon pour la multitude (10, 45). Au bout du compte, l'échange entre les fils de Zébédée et Jésus, en 10, 35-40, manque remarquablement de traits chrétiens et se trouve en parfaite cohérence avec ce que nous savons du Jésus historique et de ses relations avec les Douze. Il est en particulier en parfaite cohérence avec les logia de Jésus examinés dans le chapitre XXV, dans lesquels il faisait de l'exposition aux dangers et aux souffrances une part essentielle de la condition de disciple.

(f) Enfin, on pourrait également faire jouer le critère d'embarras, dans la mesure où la prophétie de Jésus annonçant que Jacques et Jean devraient boire la même coupe que lui et être baptisés de son baptême pourrait avoir été incomplètement réalisée. Le sens naturel du passage est que Jésus parle aux deux frères du sort qui les attend tous les deux de la même manière, une destinée à la ressemblance de ce qui lui arrivera à lui-même. Pourtant, alors que Jacques n'a pas tardé à subir le martyre pour sa foi (vers 44 de notre ère ; cf. Ac 12, 2), partageant ainsi le sort de Jésus, nous n'avons pas de preuve solide que Jean ait jamais subi le martyre ou même une persécution dirigée spécifiquement et uniquement contre lui. Cela est à souligner, face aux légendes patristiques plus tardives, peut-être nées du désir de voir s'accomplir totalement la prédiction de Mc 10, 35-40, qui ont inventé un martyre pour Jean également [52]. À part les souffrances endurées par Jean avec les autres membres des Douze (Ac 4, 1-31 ; 5, 17-42), rien n'est mentionné par aucun auteur du Ier siècle ou du début du IIe sur une persécution particulière subie par Jean seul, sans parler d'une mort comme martyr.

En cela, Jean diffère notablement non seulement de son frère Jacques mais aussi d'Étienne, de Pierre, de Paul et de Jacques le frère de Jésus [53]. Si Jean avait subi le martyre, le silence sur son sort serait difficile à expliquer, comparé à ce qui s'est passé pour les autres grands chefs de l'Église du Ier siècle, tout comme il serait bien difficile d'expliquer la naissance de la légende patristique plus tardive au sujet d'une mort naturelle de Jean à un âge avancé. À mon avis, le silence sur Jean s'explique au mieux si l'on suppose qu'il n'a souffert ni martyre ni persécution particulière. De fait, ce que nous pouvons dire de Jean le fils de Zébédée après Pâques c'est qu'il est resté à Jérusalem en compagnie des Douze dans les premiers temps de l'Église (Ac 1, 13), qu'il était aux côtés de Pierre à Jérusalem et en Samarie (Ac 3, 1.3-4.11 ; 4, 13.19 ; 8, 14-17) et que, avec Jacques (le frère de Jésus) et Pierre, il était considéré comme un chef (une « colonne ») de la communauté de Jérusalem, au moment où s'est tenu le

« concile de Jérusalem » vers 49 de notre ère (Ga 2, 9) [54]. Après quoi, il nous faut admettre que nous ignorons tout de la vie et du sort de Jean.

Cependant, nous pouvons accepter comme historique le fait même de l'activité de Jean dans l'Église de Jérusalem après Pâques et son association avec Pierre en particulier. Cela au moins s'appuie sur l'attestation multiple fournie par les récits des Actes et le récit assez différent dans lequel Paul raconte ses échanges avec l'Église de Jérusalem, dans Ga 2, 9. Si Jean avait la réputation d'être l'une des « colonnes » de l'Église de Jérusalem avec Jacques et Céphas (= Pierre), il a dû être un responsable important dans la vie de cette Église, avec Jacques et Pierre, dans les années qui ont précédé le concile de Jérusalem dont parle Paul dans Galates 2. C'est précisément ce qu'indiquent les premiers chapitres des Actes. De plus, dans les Actes, Jean apparaît simplement comme l'« acolyte » de Pierre, sans avoir de parole propre ou de fonction particulière. Il est difficile d'expliquer pourquoi Luc ou sa tradition se seraient souciés d'inventer le rôle de Jean (à la place d'André, le frère de Pierre ?) en partenaire silencieux et inactif de Pierre, si cela n'avait été fondé dans la réalité historique.

Le moins que l'on puisse dire, c'est donc que la prophétie de Jésus ne s'est pas accomplie pour Jean comme elle l'a été pour Jacques. Ainsi, on peut faire appel au critère d'embarras pour soutenir l'historicité fondamentale du dialogue de Mc 10, 35-40 [55]. Si l'on admet l'historicité de cette péricope, elle est importante non seulement pour notre connaissance de membres individuels des Douze et de leurs relations avec Jésus, mais aussi pour savoir ce que pensait Jésus de la possibilité d'avoir à subir des persécutions et des violences, un point que nous aborderons dans un chapitre ultérieur.

Revenons à notre examen de *boanērges*. Le résultat de notre étude des trois passages souvent cités pour expliquer le terme est largement négatif. Contrairement aux affirmations habituellement avancées, il n'est pas du tout sûr que le nom trouve sa meilleure explication au plan psychologique, pour décrire le zèle religieux impétueux des fils de Zébédée. Les passages qui soutiendraient le mieux cette description des deux frères, Mc 9, 38-39 et Lc 9, 52-56, sont d'une historicité douteuse. Le seul passage qui peut prétendre à l'historicité, Mc 10, 35-40, ne témoigne pas du bouillant zèle religieux des deux frères mais de leur ambition aveugle. Finalement, on doit se demander si Marc ou l'Église primitive connaissaient la raison pour laquelle Jésus avait donné ce nom de *boanērges* aux deux frères. D'ailleurs, s'il traduit le terme, Marc n'essaie pas de l'expliquer ; et Matthieu et Luc ne le reprennent pas.

Devant cette impasse exégétique, on pourrait s'intéresser à l'alternative surprenante proposée par Culpepper [56]. Selon lui, au lieu d'interpréter le nom dans un sens négatif ou psychologique faisant allusion au caractère ou au tempérament des deux frères, on devrait se rappeler la tradition vétérotestamentaire qui consistait à donner un nom à quelqu'un pour lui exprimer une promesse ou pour lui confier une tâche. Il est possible que Jésus ait appelé les deux frères « fils du tonnerre » parce qu'il reconnaissait ou voulait faire croître leur capacité à devenir des témoins tonitruants dans son œuvre de proclamation du royaume. Cela s'harmoniserait bien avec ce que je pense d'un envoi effectif des Douze en mission par Jésus pour annoncer le royaume. Mais devons-nous supposer que Jacques et Jean étaient tellement supérieurs au reste des Douze dans la vigueur de leur proclamation que Jésus les aient ainsi mis en vedettes en leur donnant ce nom ? En dernière analyse, il nous faut admettre que nous sommes en pleine conjecture.

12. Pierre

Selon le principe évangélique voulant que les premiers soient les derniers, Pierre, qui est toujours mentionné en premier dans les quatre listes de Douze, arrive le dernier dans notre parcours. Une raison moins spirituelle de le garder pour la fin réside dans le fait que les passages du Nouveau Testament où il apparaît sont très nombreux et chargés de difficultés. Pierre est le plus souvent mentionné, le plus activement engagé et donc le plus important des Douze [57].

D'innombrables monographies et articles ont été écrits sur Pierre dans le Nouveau Testament ; aussi notre premier problème est-il de savoir comment limiter à l'essentiel la description concise que nous voulons faire de Pierre. Puisque notre étude vise particulièrement les relations du Jésus historique avec le Pierre historique, les restrictions suivantes s'imposent.

(a) Nous nous intéressons à Pierre seulement durant le ministère public de Jésus. Ce qu'il a fait ensuite dans l'Église primitive ne sera mentionné que brièvement, à moins que des événements ultérieurs n'aient été rétro-projetés et relus dans le ministère de Jésus.

(b) À l'intérieur du cadre temporel du ministère public, nous nous intéressons à Pierre en tant que personnage historique. Que les évangélistes se servent de lui comme symbole théologique, positif ou négatif, ne nous concerne pas [58].

(c) Seul parmi les Douze, Pierre demeure encore aujourd'hui une source de conflit théologique acharné, à cause des débats sur la papauté qui ont surgi entre les catholiques romains d'une part et les chrétiens orthodoxes et protestants d'autre part. Ces conflits sont le domaine propre de l'histoire de l'Église et de la théologie chrétienne. Ils n'ont pas de place dans une recherche historique sur la nature des relations entre un Juif palestinien du Iᵉʳ siècle nommé Jésus et un autre Juif palestinien du Iᵉʳ siècle nommé Simon, alias Pierre.

(d) Les récits évangéliques que j'ai déjà étudiés et considérés comme étant des créations de l'Église primitive ne seront pas réexaminés ici. Par exemple, le récit de la marche de Jésus sur la mer a été passé au crible dans le tome II de *Un certain Juif, Jésus*. On en a conclu que ni la version marcienne ni la version johannique de la marche de Jésus sur la mer ne remontaient à un événement de la vie du Jésus historique. A fortiori, le récit de Pierre marchant sur la mer (Mt 14, 28-32), ajouté par Matthieu au récit marcien, n'a pas sa place dans une description du Pierre historique. Pour des raisons semblables, des récits comme la pêche miraculeuse, la malédiction du figuier stérile, le paiement de l'impôt du Temple et la guérison de la belle-mère de Pierre ne seront pas mentionnés [59]. De la même façon, je ne répéterai pas ici mes arguments en faveur de matériaux déjà jugés comme historiques.

Une brève esquisse du Pierre historique contient habituellement les éléments suivants [60]. Un Juif palestinien que nous connaissons sous le nom grec de Simon (ce qui correspond au nom hébreu *Šim'ôn*, Syméon en translittération grecque) [61] était un pêcheur ayant femme, famille et maison à Capharnaüm, une ville juive sur la côte nord-ouest de la mer de Galilée [62]. Aux environs de l'an 28 ou 29 de notre ère, il a été appelé par Jésus à devenir l'un de ses disciples. Cet appel est rapporté de trois manières différentes [63] : (a) dans Mc 1, 16-20, Simon, occupé à son travail habituel sur la mer de Galilée, est appelé en même temps que son frère André et juste avant Jacques et Jean ; (b) dans Lc 5, 1-11, après une pêche miraculeuse en mer de Galilée, Simon est appelé dans sa barque en même temps que ses compagnons de pêche Jacques et Jean ; (c) dans Jn 1, 35-42, André et Philippe, disciples du Baptiste, sont envoyés par ce dernier à Jésus, apparemment près du Jourdain ; puis André amène Simon à rencontrer Jésus [64].

Dans ces trois versions, il faut remarquer que Simon (qui sera bientôt nommé Pierre) n'est jamais le premier à entendre l'appel à devenir disciple, à strictement parler. L'appel lui est adressé en même temps qu'à d'autres disciples et, dans l'évangile de Jean, après que deux autres disciples ont rencontré Jésus. (Aussi la première place de Pierre dans les quatre listes des Douze ne peut-elle s'expliquer, comme tentent de le faire certains exégètes, par le prétendu fait qu'il aurait été le premier à être appelé.) L'indication donnée par le quatrième évangile sur une rencontre de Pierre et d'autres disciples avec Jésus dans le cercle des disciples du Baptiste pourrait être vraie [65], même si une relation plus définitive entre Pierre et Jésus a pu s'établir seulement après le début du ministère indépendant de Jésus en Galilée. C'est peut-être dans ce contexte du ministère galiléen, alors que Pierre et André étaient en train de pêcher, que Jésus les a appelés à le suivre en leur promettant qu'ils seraient « pêcheurs d'hommes [*anthrōpōn*, êtres humains] » (Mc 1, 17).

Les quatre évangiles (ainsi que les Actes) sont unanimes à présenter Pierre comme le porte-parole et (ou) le chef des disciples en général ou des

Douze en particulier (voir, par exemple, Mc 1, 36 ; 8, 29 ; 9, 5 ; 10, 28 ; 14, 29.37 ; Mt 15, 15 ; 16, 18 ; 17, 24 ; 18, 21 ; Lc 12, 41 ; Jn 6, 68). C'est cette prééminence, plutôt que l'affirmation douteuse concernant l'antériorité de son appel par Jésus, qui explique, au moins en partie, pourquoi Pierre est toujours nommé le premier dans les quatre listes des Douze (qui représentent les traditions Marc et L) [66]. Les synoptiques le présentent également en tête de liste dans un groupe particulier plus rapproché de trois ou quatre disciples, même si, nous l'avons vu, l'historicité d'un tel groupe au cours du ministère de Jésus fait problème [67].

Les quatre évangiles attestent aussi de diverses manières que ce chef des Douze, dont le nom original était Simon, a reçu un second nom ou un surnom, *Kēpā'* en araméen (translittéré en grec en *Kēphas*), qui a ensuite été traduit en grec par *Petros*. Le nom masculin araméen *kēpā'* a toute une série de sens tels que « rocher », « escarpement rocheux », ou « pierre », tandis que le nom grec masculin *petros*, signifie spécifiquement « un rocher isolé » ou « une petite pierre », mais parfois « rocher » ou « pierre » en général [68]. Marc (3, 16), Jean (1, 42) et peut-être Matthieu (16, 18) nous fournissent une attestation multiple du fait que ce second nom (ou, selon Matthieu, son interprétation particulière) a été donné à Simon par Jésus [69].

Il se trouve que le surnom *Kēpā'* a connu un sort tout à fait différent de celui de *Boanērges* (Mc 3, 16), le surnom donné par Jésus aux fils de Zébédée. Bien que Marc en donne une traduction, *Boanērges* et sa traduction disparaissent de toutes les traditions néotestamentaires après Marc. Par contre, l'araméen *Kēpā'* (grécisé en *Kēphas*, « Céphas ») et le grec *Petros* (« Pierre ») ont tellement bien résisté que, dans la plupart des traditions sur Pierre en dehors des quatre évangiles, ils oblitèrent pratiquement le nom original de Simon. Alors qu'il s'agissait au départ d'un qualificatif, d'un surnom ou d'un second nom, *Kēphas* puis *Petros* ont fini par devenir le nom même du porteur. Même si ce n'est que partiellement, il y a là un surprenant parallèle avec « Jésus » et « Christ ».

Le passage du qualificatif ou du surnom au nom lui-même a dû se faire rapidement. Dans la première génération chrétienne déjà, Paul (qui écrivait à des convertis de Grèce et d'Asie Mineure dont la plupart étaient des « gens des Nations ») se réfère régulièrement à Pierre en utilisant le nom araméen « Céphas » (1 Co 1, 12 ; 3, 22 ; 9, 5 ; 15, 5 ; Ga 1, 18 ; 2, 9.11.14), rarement le nom grec « *Petros*, Pierre » (seulement en Ga 2, 7-8) et jamais « Simon ». Dans les Actes, Luc emploie la forme hébraïque « Syméon », pour désigner Pierre, seulement dans la bouche de Jacques le frère de Jésus, apparemment pour créer une impression archaïque, sémitique, dans le discours prononcé par Jacques au concile de Jérusalem (Ac 15, 14). Autrement, les Actes parlent toujours de « Pierre ». Dans son introduction, peut-être dans la même intention archaïsante que Luc, la pseudonyme deuxième épître de Pierre emploie la forme « Syméon Pierre » (2 P 1, 1). En dehors de ce cas, les deux épîtres de Pierre emploient seulement « Pierre » (même si ce n'est qu'en 1 P 1, 1 et 2 P 1, 1), jamais « Simon » [70].

L'évangile de Jean récapitule en quelques mots les racines du nom de Pierre dans la tradition araméenne primitive et toute l'histoire de ce nom, en faisant prononcer à Jésus une prophétie, dès sa première rencontre avec Pierre : « Tu es *Simon*, le fils de Jean ; tu t'appelleras *Céphas*, ce qui veut dire *Pierre* » (1, 42). Jean est le seul évangéliste à employer « Céphas », qui n'apparaît autrement que dans Paul. Par ailleurs, Jean est le seul auteur du Nouveau Testament à employer régulièrement le nom composé « Simon Pierre », même s'il emploie aussi « Pierre » seul. Indépendamment de la raison pour laquelle ce nom a été donné ou du sens qui est le sien, ces divers exemples du Nouveau Testament nous permettent de voir que le choix fait par Jésus d'un nouveau nom pour Simon a eu du succès, au point même d'éclipser l'appellation Simon, nom original de Pierre.

Que peut-on dire d'autre du Pierre historique ? Le rôle joué par Pierre dans l'enchaînement des événements autour de l'arrestation et de la crucifixion de Jésus est confirmé par l'attestation multiple dans les traditions marcienne et johannique de la passion [71]. Pierre est présent au Dernier repas et lors de l'arrestation à Gethsémani. Il suit Jésus jusqu'à l'endroit où le grand prêtre et les membres de son conseil soumettent Jésus à un interrogatoire avant de le livrer à Pilate. Cependant, sous les questions de gens présents, Pierre manque de courage, nie être disciple de Jésus et s'enfuit.

C'est tout ce que nous savons de Pierre au cours du ministère public. Étant donné que les événements ultérieurs de la vie de Pierre ne sont pas l'objet de notre étude, je me contenterai de noter que, peu après la crucifixion de Jésus, Pierre a affirmé que le Jésus ressuscité lui était apparu (1 Co 15, 5 ; Lc 24, 34 ; cf. Jn 21, 1-14). Pierre est apparemment devenu le personnage de référence pour les autres disciples et le chef de l'Église de Jérusalem au cours des premiers temps de celle-ci (Ga 1, 18 ; 2, 7-9 ; Ac 1 – 12). Après avoir été emprisonné un certain nombre de fois, il quitte Jérusalem et se lance dans un travail missionnaire en dehors de la Palestine, certainement à Antioche (Ga 2, 11-14) et peut-être à Corinthe (1 Co 1, 12 ; 3, 22). Le Nouveau Testament laisse entendre qu'il est mort martyr (Jn 21, 18-19) ; et la fin de la première épître de Pierre (5, 13 ; cf. 2 P 1, 13-15 ; 3, 1) et des témoignages patristiques anciens, tels que *1 Clément* (5, 4) et Ignace dans sa lettre aux Romains (4, 3), pourraient indiquer que Rome a été le lieu de l'exécution. La tradition ultérieure de l'Église a situé le martyre de Pierre sur la colline du Vatican. Des fouilles archéologiques sous la basilique Saint-Pierre-de-Rome, menées dans les années quarante et cinquante, sont cohérentes avec cette localisation, bien que tous les exégètes ne les acceptent pas comme preuve de la sépulture de Pierre dans la nécropole du Vatican découverte sous la basilique [72].

Ces données feraient l'accord de la plupart des exégètes du Nouveau

Testament, s'ils avaient à écrire un portrait du Pierre historique. Dès que l'on en arrive à des paroles ou à des actions spécifiques en relation avec Pierre, il devient plus difficile de faire l'interprétation des différents passages et de se prononcer sur leur historicité. Les principaux points en discussion sont au nombre de cinq.

(a) À quel moment précis du ministère public Jésus a-t-il donné à Simon son nouveau nom de « Céphas » (= « Pierre ») ? Ce n'est pas clair. Dans Jn 1, 42, dès que Jésus rencontre Simon pour la première fois, il fait connaître le nouveau nom « Céphas » avec sa traduction « Pierre » (avant que le ministère public ait réellement commencé). Il est difficile de savoir si cela signifie que Simon va commencer tout de suite à porter le nom de Pierre ou si cela annonce simplement que Simon sera appelé Pierre à une date ultérieure. Pourtant, l'évangéliste donne régulièrement à ce personnage le nom de Pierre ou de Simon Pierre du début à la fin de son évangile, et même avant que Jésus annonce formellement le nouveau nom (cf. la progression dans Jn 1, 40.42.44) [73].

Marc (et Luc à sa suite) observe plus rigoureusement la succession chronologique ou narrative. Marc emploie toujours « Simon » jusqu'à ce que Jésus institue les Douze, en 3, 13-19. C'est à cet endroit qu'est mentionnée l'attribution du nouveau nom par Jésus (3, 16). Par la suite, à l'exception de la réprimande adressée par Jésus au « Simon » endormi de Gethsémani (14, 37), Marc emploie toujours « Pierre ». Luc suit ce schéma : après la désignation des Douze (6, 12-16), Luc n'emploie plus « Simon » pour désigner Pierre au cours du ministère public. C'est seulement lors du Dernier repas, quand Jésus promet de prier pour Pierre pendant l'épreuve de la passion (22, 31-32), que réapparaît le nom de « Simon ». Comme dans Mc 14, 37, c'est alors Jésus qui le prononce en s'adressant directement à Pierre [74].

En mettant en avant le nom Pierre dès le début, Matthieu ne diffère pas de Jean, bien qu'il renvoie l'attribution (ou l'interprétation ?) formelle du nom au-delà de la moitié du déroulement du ministère (Mt 16, 18). Alors que, dans l'appel des quatre premiers disciples (1, 16), Marc parle seulement de « Simon », Matthieu (4, 18) met ostensiblement à la place « Simon appelé Pierre ». Matthieu continue à parler régulièrement de « Pierre » au cours du ministère public et du récit de la passion. Parfois cependant, il emploie « Simon », habituellement relié à « Pierre » (10, 2 ; 16, 16-17) mais une fois seul (17, 25).

Il est donc d'autant plus curieux de voir arriver relativement tard (16, 13-20) la formulation par Jésus d'une béatitude formelle concernant Simon et ce qui semble être l'octroi à Simon du nom de « Pierre ». Matthieu est plus intéressé par l'organisation de grands ensembles de matériaux thématiques (les chapitres 14 – 18 sont centrés sur des questions d'ecclésiologie) que par la présentation d'un déroulement logique au plan du scénario ou de la chronologie. En fait, puisque Matthieu fait prononcer à « Simon Pierre » sa profession de foi en 16, 16, avant que Jésus dise à « Simon Bar Jonah » (v. 17) « tu es Pierre » (v. 18), on se demande si Matthieu comprend la déclaration de Jésus comme étant l'attribution d'un nouveau nom ou simplement l'interprétation théologique, faisant autorité, d'un second nom déjà porté par Simon.

Cette suggestion peut paraître étrange à la plupart des chrétiens qui lisent le fameux passage de Mt 16, 13-20. Mais en réalité, Matthieu ne dit jamais explicitement que, près de Césarée de Philippe, Jésus a donné à Simon un nouveau nom qu'il ne portait pas auparavant. Les deux passages de Mt 4, 18 et 10, 2 parlent simplement de « Simon appelé Pierre », sans y accoler l'explication donnée par Marc : « il donna à Simon le nom de Pierre » (Mc 3, 16). Bien sûr, si on lisait Matthieu isolément, on pourrait avoir l'impression que, en 16, 18, le Jésus matthéen ne fait que donner une interprétation théologique à un nom que Simon portait même avant d'avoir rencontré Jésus. Mais si on lit Matthieu à la lumière de la critique de la rédaction, il semble assez clair que Matthieu entend ses assertions de 4, 18 et de 10, 2, exprimées avec le participe passé *legomenos* (« appelé »), dans le sens de Mc 3, 16 : Simon était appelé Pierre parce que Jésus lui avait conféré ce nom (dès l'événement auquel fait allusion Mt 10, 2) ou parce qu'il le lui conférerait (en Mt 16, 18).

Tout compte fait, il est d'une part hautement probable que Simon a été appelé Pierre durant le ministère public et que ce nom lui a été donné par Jésus. D'autre part, il n'est pas possible de connaître le moment exact ou l'occasion précise de l'attribution du nom. Cependant, aussi paradoxal que cela puisse paraître, Jésus aurait pu vouloir que le nom *Kēpā'* soit appliqué à Simon seulement par d'autres gens, alors que lui-même ne l'employait pas. J'admets volontiers le côté étrange de cette suggestion, mais elle est soutenue par un curieux détail, qui jouit d'une large attestation multiple. Dans diverses scènes des quatre évangiles, lorsque Jésus s'adresse directement à Pierre, il emploie régulièrement, au vocatif, le nom de « Simon » et pas celui de « Pierre » ou de « Céphas » [75]. Cet usage, qui s'ajuste mal avec l'attribution par Jésus du nom de « Pierre », est attesté par des traditions propres à chacun des quatre évangiles : la réprimande à Gethsémani (Mc 14, 37), la béatitude adressée par Jésus à Pierre (Mt 16, 17), la question au sujet du paiement de l'impôt du Temple (Mt 17, 25), la promesse faite par Jésus de prier pour Simon (Lc 22, 31) et la triple question sur l'amour de Pierre pour Jésus (Jn 21, 15-17). Le nom que Jésus donne n'est pas le nom que Jésus emploie. Il est difficile de dire ce que l'on doit faire de ce paradoxe. L'une des possibilités est que Jésus envisageait le nouveau nom *Kēpā'* pour marquer les relations de Simon avec les autres disciples, mais pas avec lui-même. Mais une fois de plus, il nous faut admettre que nous en restons là au niveau de la conjecture.

(b) La question de l'attribution du nom « Céphas » (« Pierre ») à Simon a déjà mis en jeu la scène fameuse et très discutée qui, dans Mt 16, 13-20, se situe près de Césarée de Philippe. Dans ce passage, un terrain de bataille entre catholiques et protestants depuis des siècles, Pierre déclare que Jésus est le messie et le Fils de Dieu (v. 16). Jésus déclare en retour que Simon porte (ou portera) le nom de Pierre et que sur ce rocher Jésus bâtira son Église (v. 18) ; en plus, Jésus donnera à Pierre les clefs du royaume des cieux, c'est-à-dire le pouvoir de lier et de délier (v. 19). Étant donné les limites de notre recherche, nous ne pouvons pas fouiller l'histoire de la manière dont l'Église chrétienne a utilisé ce texte à travers les siècles [76]. Notre enquête doit se restreindre à deux questions clés.

(α) À un moment donné du ministère public, Pierre, en tant que porte-parole des autres disciples, a-t-il fait une étonnante profession de foi en Jésus [77] ? Si nous posons la question en termes aussi généraux, je pense que la réponse est oui. Dans des contextes très différents l'un de l'autre et avec des mots tout autres, Marc (8, 27-29) et Jean (6, 67-69) décrivent tous les deux Pierre qui déclare sa foi, alors que Jésus interroge ses disciples sur leur foi en lui ou leur engagement envers lui [78]. Matthieu et Luc suivent fondamentalement Marc ; mais la relation de la confession de foi de Pierre faite par chaque évangéliste diffère des autres dans sa formulation et dans son contexte.

Dans Mc 8, 27-29, Jésus a amené ses disciples en dehors de la Galilée, dans la région de Césarée de Philippe (l'actuelle Banias), au nord-est de la mer de Galilée. Contrairement à la situation qu'on trouve dans Jean (Jn 6, 66-67), on ne ressent pas de crise latente, due au fait que beaucoup de disciples se détournent de Jésus. Au lieu de cela, on a un Jésus qui met l'accent sur la question de sa mystérieuse identité, ce qui est la basse continue de l'évangile de Marc. En réponse à la question de Jésus sur ce que les gens disent de lui en général (Mc 8, 27), les disciples répondent en lui appliquant diverses étiquettes : Jean le Baptiste, Élie ou l'un des prophètes (v. 28). Jésus insiste alors pour que les disciples expriment leur propre opinion (v. 29) : « Mais pour vous, qui suis-je ? » Pierre donne une réponse abrupte, tout à fait marcienne : « Tu es le messie. »

En 9, 18-20, Luc reprend pour l'essentiel la scène marcienne, avec un certain nombre de changements. Il laisse tomber la référence à la région de Césarée de Philippe ; la dernière localisation mentionnée par Luc était Bethsaïde (9, 10), dans l'angle nord-est de la mer de Galilée. Située dans un contexte typiquement lucanien de prière, la scène se déroule comme dans Marc, avec seulement quelques petits changements rédactionnels ; le plus frappant d'entre eux est dans la réponse de Pierre, encore plus laconique que chez Marc (pas de verbe), alors même que le titre choisi par Luc est plus long (Lc 9, 20) : « Pierre répondit : “le messie de Dieu”. »

C'est chez Matthieu, cependant, que l'on trouve un déploiement non seulement du titre christologique mais de la scène tout entière (16, 13-20).

La localisation dans la région de Césarée de Philippe est conservée ; mais Matthieu imprime sa marque christologique dès le départ en formulant ainsi la question posée par Jésus (v. 13) : « Au dire des gens *[anthrōpoi]*, qu'est le Fils de l'homme *[ton huion tou anthrōpou]* ? » Dans la réponse des disciples (v. 14), Matthieu ajoute aux noms qu'il trouve dans Marc celui de Jérémie, le prophète souffrant. Lorsque, au verset 15, Jésus incite ses disciples à exprimer leur propre opinion, « Simon Pierre » (une combinaison rare dans Matthieu, mais habituelle dans Jean) répond en proclamant un double titre solennel (v. 16) : « Tu es le Messie, le Fils du Dieu vivant. » De la sorte, Matthieu a créé une synthèse christologique, en rassemblant dans une seule péricope les trois titres de messie, de Fils de Dieu et de Fils de l'homme. À ce haut degré de christologie, Matthieu ajoute, de manière typique, un haut degré d'ecclésiologie, dans les versets 17-19, avec la béatitude adressée à Simon, appelé Pierre, qui sera le rocher sur lequel l'Église sera bâtie et qui recevra les clefs du royaume pour lier et délier.

Dans l'évangile de Jean (6, 67-69), la scène de la confession de foi de Pierre est presque entièrement différente. Elle se situe à la fin du discours de Jésus sur le pain de vie, qui atteint son sommet dans l'affirmation choquante de la nécessité de manger la chair de Jésus et de boire son sang (6, 35-58). Nous apprenons alors que Jésus parle dans la synagogue de Capharnaüm (v. 59), et donc à l'intérieur de la Galilée elle-même, et non plus loin vers le nord-est, près de Césarée de Philippe. Contrairement aux scènes synoptiques, le récit johannique culmine dans une crise, au moment où beaucoup de gens qui étaient jusque là disciples refusent de suivre Jésus désormais, à cause de sa déclaration troublante dans laquelle il affirme être le pain de vie qu'il leur faut manger (6, 66). Dans tout cela, nous avons probablement l'écho d'un débat entre Juifs chrétiens de la fin du Ier siècle à propos la christologie descendante et la théologie de l'eucharistie, qui étaient soutenues par certains chrétiens johanniques mais rejetées par d'autres. Au sein de la crise, le Jésus johannique se tourne vers les Douze, qui n'ont jamais été mentionnés auparavant dans l'évangile de Jean et qui apparaissent ici, venus de nulle part. C'est à eux que Jésus pose une question (v. 67) : « Voulez-vous partir, vous aussi ? » « Simon Pierre » répond pour le groupe, en termes typiquement johanniques (v. 68-69) : « Seigneur, à qui irions-nous ? Tu as les paroles de la vie éternelle. Nous, nous croyons, et nous avons reconnu que tu es le saint de Dieu. » Bien que « Simon Pierre » corresponde à l'appellation utilisée par Matthieu dans Mt 16, 16 et que, dans la forme, « le saint de Dieu » est quelque peu similaire au « messie de Dieu » de Luc, on peut mesurer l'énorme différence entre la scène des synoptiques et la présentation faite par Jean.

Il est clair que chaque évangéliste a modelé la scène de la confession de foi de Pierre selon ses propres perspectives théologiques. Parmi toutes les différences, surtout les différences considérables entre les synoptiques et

Jean, l'accord fondamental sur un point est d'autant plus frappant : à un moment clé de son ministère, Jésus a posé aux disciples une question qui mettait à l'épreuve leur foi ou leur engagement. Pierre, répondant pour le groupe, a proclamé sa foi en Jésus, en employant un titre ou une désignation de caractère sacré, qui a son origine dans la tradition vétérotestamentaire ou juive.

À la lumière de cet accord fondamental, au milieu de toutes les différences entre les récits de Marc et de Jean, il est probable, à mon avis, que Pierre a effectivement fait une telle profession de foi à un moment du ministère public. Il ne nous est cependant pas possible d'aller au-delà de la sobriété de cette affirmation. Presque tous les autres détails des récits ou bien se contredisent mutuellement (par exemple, Césarée de Philippe ou Capharnaüm ? le messie ou le saint ?) ou bien reflètent manifestement les perspectives théologiques de chaque évangéliste (par exemple, l'insistance lucanienne sur la prière, la synthèse matthéenne de christologie et d'ecclésiologie, la christologie johannique de la préexistence et de l'incarnation).

(β) Du point de vue de la méthode, quand on essaie de répondre à des questions historiques, on doit distinguer soigneusement la profession de foi de Pierre envers Jésus et la réplique développée de Jésus pour faire l'éloge de Pierre, qui ne se trouve qu'en Mt 16, 17-19. C'est ce dernier logion qui est le centre explosif des controverses exégétiques et théologiques ; et la discussion doit d'abord s'appliquer à déterminer s'il s'agit d'un logion venant du Jésus historique ou d'un produit de l'Église primitive.

Il faut bien admettre que le passage de Mt 16, 17-19 semble, à première vue, être le reflet d'une ecclésiologie chrétienne rédigée par un évangéliste plutôt qu'une prophétie formulée par un Juif nommé Jésus dans les années 28-30 de notre ère : « Tu es heureux *[makarios]*, Simon fils de Jonas, car cette révélation t'est venue, non de la chair et du sang, mais de mon Père qui est dans les cieux. Eh bien ! moi je te dis : tu es Pierre *[Petros]*, et sur cette pierre *[epi tautę̄ tę̄ petrą]* je bâtirai mon Église *[ekklēsian mou]*, et les portes de l'Hadès *[hądou]* ne tiendront pas contre elle. Je te donnerai les clefs du royaume des cieux : quoi que tu lies sur la terre, ce sera tenu dans les cieux pour lié, et quoi que tu délies sur la terre, ce sera tenu dans les cieux pour délié. »

Il est vrai que, si on lit Mt 16, 17-19 comme faisant partie intégrante de l'évangile de Matthieu, le passage est manifestement une affirmation de christologie et de politique chrétienne. Néanmoins, des exégètes conservateurs tentent de montrer que, si le passage de Mt 16, 17-19 (ou une tradition araméenne reconstruite qui serait sous-jacente) était pris pour lui-même, il serait intelligible dans la bouche du Jésus historique [79]. Un dossier conservateur en faveur de l'historicité peut contenir les arguments suivants :

L'intention du Jésus historique n'était pas de « sauver des âmes » dans un sens individuel, mais de rassembler l'ensemble d'Israël en préparation de l'avènement final du royaume de Dieu. Sa mission était une mission prophétique qui visait le peuple de Dieu tout entier, non pas des individus, et non pas, à la manière de Qumrān, un reste fidèle séparé de la masse pécheresse des Israélites. Étant donné le caractère collectif de cette mission, la question devait forcément se poser de savoir comment le peuple d'Israël, dont l'histoire avait été en grande partie façonnée par des rois locaux ou étrangers, serait organisé ou gouverné dans « les derniers temps ».

Nous avons déjà vu comment Jésus a exprimé la conscience qu'il avait de sa mission collective envers Israël et comment il s'était choisi des disciples en vue de cette mission. Le Jésus historique a envoyé ses disciples en mission, y compris très probablement les Douze, pour commencer le rassemblement du peuple de Dieu, une assemblée que Dieu porterait à son accomplissement au dernier jour. De plus, Jésus avait promis aux Douze de « siéger sur douze trônes » (Mt 19, 28 par.) et d'avoir part ainsi à la souveraineté sur cet Israël de la fin des temps. Dans ce contexte d'une mission du prophète eschatologique à destination du peuple, il était tout à fait naturel pour Jésus de parler plus particulièrement de ses projets d'organisation et de gouvernement de cet Israël que Dieu appelait à l'existence.

Se tournant alors en particulier vers le chef et porte-parole des Douze, qui venait de proclamer sa foi, Jésus, si habitué au jeu des mots et des images, s'est mis à jouer avec le surnom de Simon. Simon était en effet *kēpā'*, « rocher » ; et, sur ce rocher, sur cette pierre de fondation à l'intérieur du groupe de fondation qu'étaient les Douze, Jésus bâtirait son rassemblement ou assemblée eschatologique (Mt 16, 18ab : *ekklēsia* en grec, peut-être *qahălā'* ou *kĕništā'* en araméen) [80]. Dans le sens original du mot *ekklēsia* tel qu'il est ici, il ne faut pas lire ce que sera plus tard l'ecclésiologie chrétienne. Dans la bouche de Jésus, le mot ne signifie pas l'Église chrétienne ultérieure, locale ou universelle, mais bien le peuple d'Israël rassemblé pour être à l'écoute de Dieu et lui rendre un culte, comme il l'avait fait dans le désert après l'exode (par exemple, LXX Dt 4, 10 ; 9, 10 ; 18, 16 ; 23, 2-3 ; 31, 30). Au Iᵉʳ siècle de notre ère, les chrétiens n'avaient guère le monopole du mot grec *ekklēsia* (ou des mots hébreux et araméens qui pouvaient être sous-jacents). Le mot *ekklēsia* apparaît quelque 96 fois dans la Septante [81]. Dans les passages qui traduisent un texte hébreu que nous possédons (y compris les fragments de Ben Sira), le mot *ekklēsia* de la Septante représente une forme de la racine *qhl*, le plus souvent le nom *qāhāl* (« rassemblement », « réunion », « assemblée », « congrégation »). C'est en ce sens que Pierre devait être le rocher pour le rassemblement eschatologique d'Israël. L'image utilisée aurait pu également faire allusion au patriarche Abraham, qui était le roc d'où Israël a été extrait en premier (Is 51, 1-2).

L'autre métaphore de la construction d'une communauté ne reflète pas non plus un projet spécifiquement chrétien d'organisation. Bâtir l'assemblée de la fin des temps était une métaphore utilisée à Qumrān comme dans l'Église primitive. Par exemple, dans *4QpPs37* 3, 16, Qumrān interprète le psaume 37, 23-24 dans le sens que Dieu « l'a établi [le Maître de justice] pour bâtir pour Lui [Dieu] la congrégation *[libnôt lô 'ădat]* [...] » [82]. Ce texte hébreu pourrait aisément se traduire en grec par *oikodomein heautǭ ekklēsian*, c'est-à-dire essentiellement les mêmes mots que ceux que nous trouvons dans Mt 16, 18. Les manuscrits sectaires de Qumrān nous rappellent que, au tournant de l'ère chrétienne, une communauté farouchement apocalyptique pouvait elle aussi être très concernée par l'organisation du peuple de Dieu avant et après la victoire finale sur le mal.

Dans son rôle de meneur, Pierre, le Rocher, devait être une solide défense contre toutes les puissances de destruction du péché et de la mort (le grec *hądēs*, l'hébreu *šĕ'ôl*) qui pourraient assaillir l'assemblée du peuple de Dieu au cours de la bataille finale entre le bien et le mal (Mt 16, 18c) [83]. Cela pourrait faire écho à une tradition juive qui parlait du rocher cosmique sur lequel le Temple de Jérusalem était supposé bâti ; ce rocher du Temple était la voie d'accès au ciel et aux enfers [84]. En tout cas, en tant que chef nommé par Jésus et partageant son autorité, Pierre devait être comme Élyaqim, le majordome du palais du roi Ézéchias de Juda (Is 22, 20-25). Le prophète Isaïe avait promis à Élyaqim que Yahvé mettrait sur son épaule la « clé de David » (le pouvoir administratif sur le palais) : « s'il ouvre, personne ne fermera, s'il ferme, personne n'ouvrira [...] Il deviendra un trône de gloire pour la maison de son père » (v. 22-23).

À la manière d'une clé, l'autorité de Pierre devait surtout s'exercer en enseignant à l'Israël de la fin des temps la véritable volonté de Dieu, c'est-à-dire en faisant connaître ce qu'il était permis ou interdit de faire selon la loi de Dieu. Ce pouvoir se résume dans les métaphores connexes de lier (déclarer une action illicite ou invalide) et de délier (déclarer licite ou valide). L'enseignement autorisé de Pierre, adressé à Israël ici-bas sur la terre, serait ratifié par Dieu dans les cieux et serait ainsi une défense sûre contre les puissances hostiles de péché et de mort qui chercheraient à détruire l'assemblée eschatologique.

On pourrait donc envisager comme plausible que le logion de Mt 16, 17-19 représente une charge confiée par le Jésus historique au chef des Douze au cours du ministère public. Il est vrai que Mt 16, 17-19 ne jouit pas de l'attestation multiple de sources ; mais des critiques acceptent parfois comme historiques d'autres paroles de Jésus qui ne bénéficient pas de l'attestation multiple, lorsque les logia sont en parfaite cohérence avec le noyau du message de Jésus et avec sa mission (par exemple, le « Notre Père » ou la parole de Jésus sur « le doigt de Dieu » dans Lc 11, 20 par.). Selon l'opinion de divers exégètes conservateurs, Mt 16, 17-19 devrait être accepté sur de tels critères. À tout le moins, ces arguments montrent que le passage ne peut pas être balayé d'un revers de main.

Néanmoins, de sérieux arguments font nettement pencher la balance en faveur de l'origine du passage dans une situation postpascale de l'Église. J'admets qu'on ne peut rejeter Mt 16, 17-19 pour la simple raison de son manque d'attestation multiple. Mais il faut se confronter honnêtement à l'histoire spécifique de la tradition et de la rédaction dans laquelle s'insère Mt 16, 17-19. Dans l'évangile de Matthieu, le passage n'apparaît pas comme une unité complètement isolée. Il fait partie du travail rédactionnel d'ensemble de Matthieu, qui développe la version marcienne de la confession de foi de Pierre à Césarée de Philippe. La plupart des critiques admettent, par exemple, que « Fils du Dieu vivant », en 16, 16, est un ajout fait par Matthieu à la confession de foi plus sobre de Marc, « le messie », dans Mc 8, 29. Nous devons donc prendre au sérieux les signes qui manifestent dans cette péricope un gros travail de rédaction de Matthieu, pouvant inclure même l'ensemble du verset 17.

De plus, affirmer que le verset 18 remonte au Jésus historique est une position difficile à défendre, surtout à cause du statut spécial du mot *ekklēsia* (« église », « assemblée ») dans les évangiles en particulier et dans le Nouveau Testament en général. Le mot *ekklēsia* revient 114 fois dans le Nouveau Testament. À l'exception de trois occurrences dans Matthieu (16, 18 et 18, 17 *deux fois*), le mot ne se trouve jamais dans les évangiles. On le trouve par contre dans les Actes, dans presque toutes les épîtres pauliniennes, dans celle aux Hébreux, dans celle de Jacques, dans les trois épîtres de Jean et dans l'Apocalypse. À très peu d'exceptions près[85], *ekklēsia* se réfère toujours à l'Église chrétienne, soit locale, soit universelle. À travers le Nouveau Testament, il semble exister une règle tacite, à savoir que le mot « église » appartient à un langage postpascal et non prépascal.

Considéré parfois comme le premier historien chrétien, Luc se présente à ce sujet comme un cas frappant. Il prend admirablement soin de bien différencier les emplois du mot *ekklēsia*. Malgré le fait qu'il porte un grand intérêt à l'histoire de l'Église primitive, au point d'ajouter à son évangile un autre volume (les Actes des Apôtres), et qu'il s'efforce de souligner des points de continuité entre le temps de Jésus et le temps de l'Église, Luc est néanmoins très attentif à ne pas rétroprojeter le vocabulaire de *ekklēsia* à l'intérieur de son évangile. Dans son évangile, différents mots sont utilisés pour « peuple » (y compris le peuple de Dieu), « groupe rassemblé » ou « foules », mais Luc n'emploie pas le mot *ekklēsia* jusqu'à ce qu'il commence à décrire, dans les Actes, un groupe bien organisé de croyants à Jérusalem, une communauté maintenue en cohésion sous la conduite de Pierre et des autres apôtres (voir 5, 11, où le mot apparaît pour la première fois).

C'est sur la toile de fond de cet emploi fortement postpascal du mot par le reste du Nouveau Testament que l'on doit juger les trois occurrences de *ekklēsia* dans Matthieu. La position qui consiste à affirmer que, dans Mt 16, 18, *ekklēsia* vient de l'usage de l'Église primitive et non du Jésus historique trouve une confirmation dans le fait suivant : la plupart des exégètes admettent volontiers que les deux autres occurrences, dans Mt 18, 17, font écho à la discipline pratiquée dans l'Église primitive [86]. De fait, l'ensemble de la péricope de Mt 18, 15-20 apparaît comme une instruction sur la manière d'appliquer la discipline dans l'Église locale, lorsqu'un membre pécheur de l'Église se montre récalcitrant. Si la correction fraternelle d'homme à homme et même la tentative de persuasion de deux ou trois compagnons s'avèrent vaines (18, 15-16), la personne qui porte l'accusation doit en appeler à l'Église (*tę̄ ekklēsią*, 18, 17). Si le membre pécheur refuse d'écouter même l'Église, il devra subir l'ostracisme ou la mise à l'écart de la communauté (« qu'il soit pour toi comme le païen et le collecteur de taxes »). L'autorité de l'Église locale (car c'est manifestement ce que signifie ici *ekklēsia*) est alors affirmée par une double formule qui reprend celle de Mt 16, 19, mais maintenant au pluriel (« vous ») : « En vérité je vous le dis : tout ce que vous lierez sur la terre sera tenu au ciel pour lié, et tout ce que vous délierez sur la terre sera tenu au ciel pour délié. » Finalement, cette autorité est garantie par la présence de Jésus, même dans la plus petite des communautés locales (18, 20) : « Que deux ou trois, en effet, soient réunis en mon nom [*eis to emon onoma*, qui fait écho à des expressions de l'Église primitive qui parlent de faire quelque chose au nom de Jésus], je suis là au milieu d'eux. »

Il n'est pas nécessaire de s'appesantir sur ce point. L'ensemble de Mt 18, 15-20 reflète une manière de régler des problèmes disciplinaires dans une Église chrétienne locale, sur fond judéo-chrétien. Cette Église traite le problème des membres pécheurs récalcitrants en utilisant un système d'excommunication et de réadmission ; pour cela, elle continue de faire appel à la présence au milieu d'elle de Jésus ressuscité, qui lui confère le pouvoir de « lier » (excommunier) et de « délier » (réadmettre dans la communauté). Il faut donc se confronter à la question décisive : si la péricope de Mt 18, 15-20, dans laquelle on trouve les deux seules autres références à *ekklēsia* ainsi que le pouvoir de lier et de délier, est jugée comme étant une expression de la théologie et de la pratique disciplinaire de l'Église primitive, comment peut-on espérer préserver Mt 16, 18-19 comme le seul cas du Nouveau Testament où un passage d'évangile contenant *ekklēsia* viendrait du Jésus historique ? Bien sûr, quand on considère Mt 16, 18-19 dans l'abstrait, on peut estimer possible la position qui soutient l'authenticité du passage. Cependant, quand on lit Mt 16, 18-19 à la lumière de tous les autres passages du Nouveau Testament où se trouve *ekklēsia*, surtout Mt 18, 15-20, une telle position est-elle vraiment la solution la plus probable ? Je ne le pense pas. En plus, en 16, 18, nous avons une référence non pas à « l'Église » ou à « une Église », mais à « *mon* Église », l'Église de Jésus, que Pierre vient juste de déclarer messie, Fils du Dieu vivant. Il est difficile d'imaginer une telle expression dans la bouche du Jésus historique.

En plus du contexte constitué par tous les passages où l'on trouve *ekklēsia* dans le Nouveau Testament, Mt 16, 17-19 peut également se lire à la lumière d'un autre contexte, qui va aussi dans le sens d'une origine post-pascale de notre texte très discuté. Cet autre contexte est johannique et se trouve surtout dans Jn 20, 23 et 21, 15-17, deux passages qui rapportent des apparitions de Jésus ressuscité [87]. Bien que ces deux passages n'emploient ni l'un ni l'autre le mot *ekklēsia* (le mot n'apparaît jamais dans le quatrième évangile ni dans la première épître de Jean), ils fournissent tous les deux des parallèles à Mt 16, 17-19, au niveau des verbes et (ou) des substantifs.

Jn 20, 23 appartient à la première apparition de Jésus ressuscité aux disciples rassemblés le soir du jour de Pâques [88]. Dans ce verset, Jésus donne autorité aux disciples pour une fonction semblable, dans son style et dans son contenu, à celle qu'il donne à Pierre dans Mt 16, 19. Les deux passages de Jn 20, 23 et de Mt 16, 19 ont la même structure d'un énoncé en deux parties, dont l'une renvoie à une action positive de l'Église (délier, pardonner) et l'autre à une action négative (lier, retenir) ; chaque partie est à son tour divisée en deux moitiés qui se correspondent, la première étant à la voix active et la seconde à la voix passive. Dans Matthieu, c'est l'action négative qui est la première et, dans Jean, c'est l'action positive. Dans chacun des énoncés, Jésus confère au disciple chef (dans Matthieu) ou à tout le groupe des disciples (dans Jean) une sorte d'autorité sur l'Église :

MATTHIEU 16, 19	JEAN 20, 23
Quoi que tu lies sur la terre,	Ceux à qui vous remettrez les péchés,
ce sera tenu pour lié dans les cieux,	ils leur seront remis ;
et quoi que tu délies sur la terre,	ceux à qui vous retiendrez [les péchés],
ce sera tenu pour délié dans les cieux.	ils leur seront retenus.

Bien sûr, la destination communautaire et le propos concernant le péché dans la communauté créent également un parallèle étroit entre Jn 20, 23 et Mt 18, 18. Cependant, comme dans Mt 16, 18-19, le contexte de Jn 20, 23 est celui d'une visée universelle, puisque l'auditoire est constitué de tout le groupe assemblé le jour de Pâques. C'est de ce groupe de disciples que surgira l'ensemble de la future Église, et pas seulement quelque communauté locale. Le caractère solennel, programmatique, universel de la scène suggère donc de la mettre en parallèle aussi bien avec Mt 16, 18-19 qu'avec Mt 18, 18.

Dans Jn 21, 15-17, la charge confiée par Jésus ressuscité vise plus spécifiquement Pierre. Le thème principal est celui de Jésus qui investit Pierre d'autorité sur l'ensemble de l'Église, et c'est ce qui constitue le lien essentiel avec Mt 16, 18-19 ; mais, même dans certains détails mineurs, il existe des points de contact surprenants entre les deux textes. Dans Mt 16, 16, le disciple chef est désigné par une locution inhabituelle pour Matthieu, « Simon Pierre », qui est la forme typiquement johannique de son nom et que l'on trouve effectivement dans l'introduction du dialogue de Jésus avec Pierre dans Jn 21, 15. Dans les deux textes, Jésus s'adresse à Pierre avec un patronyme. En fait, le patronyme de Pierre ne se trouve que dans ces deux textes du Nouveau Testament (même si le patronyme est un peu différent dans les deux traditions). Dans Mt 16, 17, Jésus s'exclame : « Heureux es-tu, Simon Bar-Jonah [c'est-à-dire fils de Jonah]. » Dans Jn 21, 15.16.17, Jésus pose trois fois la question : « Simon, [fils de] Jean, m'aimes-tu ? » [89].

Cependant, ce qui relie fondamentalement les deux textes se situe davantage au plan du contenu que de la forme. Dans Mt 16, 18-19 et dans Jn 21, 15-17, Jésus distingue Pierre des autres disciples mentionnés dans le contexte, en donnant à Pierre seul une fonction spéciale dans l'Église (ou le troupeau) de Jésus et une autorité sur elle. Dans chacun des passages, les métaphores sont appuyées. (1) Dans Mt 16, Pierre est le rocher de l'Église de Jésus et le majordome du palais du messie. Il a les clés du royaume ; aussi ses décisions qui font autorité ici-bas sur la terre sont-elles ratifiées par Dieu dans les cieux. (2) Dans Jn 21, 15-19, Pierre prend la place de Jésus, qui, dans le corps de l'évangile de Jean, était le seul à revendiquer le titre de bon berger (Jn 10, 1-18), une revendication qu'il a prouvée en donnant sa vie pour ses brebis. Maintenant, après la résurrection, Pierre est le seul à être chargé par le Jésus ressuscité de garder, de paître et de soigner les agneaux et les brebis du troupeau ; et il prouvera son rôle de berger en donnant sa vie comme martyr en imitation de Jésus. L'autorité que Pierre reçoit directement de Jésus s'étend apparemment à toute l'Église sans restriction : le Jésus matthéen dit qu'il bâtit sur Pierre « *mon* Église », et le Jésus johannique charge Pierre de paître « *mes* agneaux, *mes* brebis » ; il ne s'agit guère d'une communauté locale particulière.

Au-delà de tous ces points précis de comparaison, il y a un parallèle majeur à bien considérer. Nous avons déjà vu que le passage parallèle immédiat de Mt 16, 18-19, à savoir Mt 18, 15-20, reflète la situation de l'Église après Pâques ; celui qui confère autorité à l'Église locale et qui est présent en elle est le Jésus ressuscité. De la même manière, les deux autres parallèles importants à Mt 16, 18-19 situés en dehors de l'évangile de Matthieu, à savoir Jn 20, 23 et Jn 21, 15-17, se trouvent tous les deux dans des apparitions postpascales de Jésus ressuscité, destinées soit à tous les disciples, soit à Pierre en particulier. Certains exégètes suggèrent même de discerner derrière Jn 21, 1-19 les traces estompées du récit de la première apparition de Jésus ressuscité à Pierre, celle qui est mentionnée en passant en 1 Co 15, 5 et dans Lc 24, 34, mais qui n'est jamais racontée comme telle, sauf peut-être justement dans Jn 21.

Ainsi, le contexte postpascal, implicite ou explicite, de tous les passages importants qui sont parallèles à Mt 16, 18-19 démontre de manière convaincante que la charge confiée à Pierre par le Jésus matthéen avait originellement le même contexte. Comme nous l'avons vu dans le tome II lorsque nous avons parlé des traditions lucanienne et johannique de la pêche miraculeuse, le courant général de la tradition évangélique va d'une situation postpascale à une situation prépascale, et non l'inverse [90]. On peut facilement voir, par exemple, pourquoi le récit de la pêche miraculeuse a pu être rétroprojeté, depuis une situation postpascale, dans le ministère public. Il est difficile de voir pourquoi l'Église prendrait la peine de projeter dans des situations postpascales des événements qui ont effectivement eu lieu durant le ministère public. À mon avis, les deux passages de Jn 20, 23 et 21, 15-17 montrent avec force que Mt 16, 18-19 est un autre exemple de la même dynamique de rétroprojection.

Cette prise de position trouve confirmation quand nous élargissons notre recherche à des parallèles en dehors des traditions évangéliques. En Ga 1, 15-17, Paul nous fait un récit de première main dans lequel il raconte l'expérience d'un chrétien de première génération qui affirme avoir eu une apparition de Jésus ressuscité et avoir reçu de lui la charge d'apôtre [91]. Le vocabulaire utilisé par Paul pour décrire l'apparition et ses effets a certaines ressemblances frappantes avec Mt 16, 16-17. Dans le premier chapitre de l'épître aux Galates, Paul prend bien soin de dire qu'il n'a pas reçu son message évangélique d'êtres humains mais d'une révélation donnée par Dieu le Père et Jésus Christ (Ga 1, 1.11-12). Paul décrit ainsi cette révélation (1, 15-17) : « Mais quand celui [c'est-à-dire Dieu le Père] qui dès le sein maternel m'a mis à part et appelé par sa grâce daigna *révéler [apokalypsai]* en moi *son Fils [ton huion autou]* [...], sans consulter *la chair et le sang* [*sarki kai haimati*, c'est-à-dire des êtres humains dans leur faiblesse] ... » Paul souligne qu'il n'est pas monté à Jérusalem à ce moment-là pour consulter les autres apôtres, bien qu'il avoue, au verset 18, avoir rendu visite à Céphas (c'est-à-dire Pierre) trois ans plus tard.

Dans Mt 16, 16-17, nous avons un enchaînement similaire d'idées et de mots clés. Au verset 16, Pierre reconnaît Jésus comme *le Fils de Dieu (ho huios tou theou)*. Jésus réplique en énonçant une béatitude qui le félicite parce que ce ne sont pas *la chair et le sang (sarx kai haima)* qui ont *révélé (apokalypsen)* cela à Pierre, mais Dieu le Père. Le vocabulaire de Mt 16, 16-17 fait donc écho à l'idée chrétienne très primitive selon laquelle une apparition de Jésus ressuscité était une sorte de révélation apocalyptique, qui dévoilait au destinataire que Jésus était le Fils de Dieu ressuscité (cf. Rm 1, 4 ; Ac 10, 40-41 ; 13, 33) [92]. Ces parallèles pauliniens au plan du vocabulaire et de la pensée confortent donc ce que nous avons déjà vu dans les évangiles : le passage de Mt 16, 16-19 se comprend mieux comme une scène qui se trouvait originellement dans une situation post-pascale et que Matthieu ou sa tradition a rétroprojetée dans le ministère public. Bref, bien que la péricope de Mt 16, 16-19 ait une grande importance pour l'histoire de l'Église en général et de Pierre en particulier, elle est hors de propos quand nous limitons notre étude au Pierre historique durant le ministère public [93].

(c) L'examen de la façon dont Marc présente la confession de foi de Pierre près de Césarée de Philippe conduit nécessairement à parler aussi des suites de cette confession, dans Mc 8, 30-33. Dans un dialogue aux enchaînements rapides, Jésus répond d'abord à l'affirmation de Pierre disant que Jésus est le messie, en leur enjoignant *(epetimēsen)* (aux disciples en général, dont Pierre est le porte-parole) de ne parler de lui à personne (c'est-à-dire de lui comme messie, v. 30). Au verset 31, Jésus poursuit en prononçant la première des trois grandes prédictions de sa passion, de sa mort et de sa résurrection ; ces trois prédictions seront les piliers qui structurent la section de Mc 8, 31 – 10, 52. Au verset 32, Pierre réagit à la prédiction de Jésus en lui adressant une sérieuse remontrance *(epitiman)*. Au verset 33, Jésus, voyant que cette révolte contre la prophétie de sa passion est un risque pour tous ses disciples, réprimande vertement *(epetimēsen)* Pierre devant les autres disciples, avec ces mots terribles : « Passe derrière moi, Satan, car tes pensées ne sont pas celles de Dieu, mais celles des hommes [*anthrōpōn*, êtres humains]. » Dans les versets qui suivent cet échange cinglant (v. 34-38), Jésus s'adresse en même temps à la foule et à ses disciples pour leur faire comprendre le message de la croix : ceux et celles qui veulent suivre Jésus doivent prendre leur croix s'ils veulent avoir part à sa victoire.

Comme l'admettent presque tous les exégètes, ce que nous avons en 8, 30-33 est une composition marcienne ; l'ensemble est bien unifié par des traits stylistiques tels que la répétition du mot clé *epitimaō* (qui porte les nuances variées de « enjoindre sévèrement », « faire de sévères remontrances », « réprimander sévèrement [94] »). Il est probable que quelques versets au moins soient des créations de Marc ou de la tradition chrétienne dont il est l'héritier. Par exemple, l'injonction surprenante, faite aux disciples en 8, 30, de ne rien dire à personne de la messianité que Pierre vient juste de reconnaître est très vraisemblablement une création de Marc lui-même ; c'est un excellent exemple du « secret messianique » de Marc (cf. 9, 9). Marc n'a pas pu créer de toutes pièces les trois prédictions de la passion, de la mort et de la résurrection de Jésus ; aussi sont-elles vraisemblablement, dans leur forme actuelle, le produit de la prédication et de la catéchèse chrétiennes primitives [95]. En tout cas, leur mise en place à des endroits choisis avec soin, dans Mc 8, 31 ; 9, 31 et 10, 33-34, est nettement le résultat de l'activité rédactionnelle de Marc, selon sa manière de structurer les grandes parties de son évangile [96].

Quoi que l'on pense du passage de Mc 8, 32-33 pris comme un tout, on a naturellement tendance à être moins sceptique sur l'historicité de la sévère réprimande adressée par Jésus à Pierre : « Passe derrière moi, Satan. » Bien que le logion ne bénéficie pas d'attestation multiple, le critère d'embarras doit certainement entrer en jeu [97]. Dans le contexte plus large de l'évangile de Marc, on pourrait comprendre le grec de la réprimande de Jésus *(hypage opisō mou)* dans le sens de « reprends ta place de vrai disciple, en me suivant ». Mais, en particulier avec le vocatif « Satan », la réprimande prise en elle-même pourrait bien avoir le sens de « ôte-toi de ma vue, Satan ! » [98]. D'aucuns préfèrent voir dans cette réprimande la création d'une faction de l'Église primitive opposée à Pierre, plutôt que le coup de colère d'un Jésus exaspéré ; mais je ne trouve pas cette opinion convaincante. Il est vrai que Pierre a été impliqué dans divers conflits au cours de la première génération chrétienne, notamment avec Paul et Jacques (Ga 2, 11-14). Pourtant, même la remarque polémique de Paul dans l'épître aux Galates (qui doit être contrebalancée par sa reconnaissance implicite de l'importance de Pierre) ne va pas jusqu'à le traiter de satanique [99]. Il faut attendre la littérature gnostique ultérieure pour connaître les polémiques véritablement débridées contre Pierre. Il est donc probable, à mon avis, que la réprimande enflammée adressée par Jésus à Pierre en le traitant de Satan est historique.

Le problème est celui-ci : étant donné le travail minutieux de composition de Marc en 8, 30-33, on ne peut être sûr du contexte historique de la réprimande de Jésus. Si l'on attribue à la rédaction marcienne l'injonction de silence formulée par Jésus, à la catéchèse chrétienne la première prédiction de la passion et à Marc son insertion dans ce passage, la remontrance présomptueuse adressée par Pierre à Jésus et la réplique enflammée de Jésus restent suspendues dans le vide. Si la réprimande de Jésus à l'adresse de Pierre est historique, quelle en a été l'occasion ? Une fois l'unité de Mc 8, 30-33 dissoute par la critique des formes et de la rédaction, la réprimande n'a plus de cadre interprétatif. On est libre d'imaginer et de remplacer ce cadre par ce que l'on veut ; mais le produit de remplacement est le fruit de notre imagination, tout comme le cadre proposé par Marc était le fruit de la sienne.

Le cadre le plus imaginatif créé par les critiques modernes est peut-être celui qui juxtapose les deux logia clés qui sont dans Mc 8, 29-33 : la confession de foi de Pierre affirmant que Jésus est le messie (v. 29) et la réprimande de Jésus qui colle sur Pierre l'étiquette de Satan (v. 33). Selon cette reconstruction, la réponse originale du Jésus historique à la proclamation par Pierre de Jésus comme messie a été le refus de la confession de foi de Pierre et son marquage au fer rouge comme Satan, peut-être parce que l'idée que Pierre se faisait de la messianité était contaminée par un fanatisme nationaliste et politique. Tel était, aux dires de certains, l'événement historique original, qui a été estompé par la rédaction marcienne. Une telle juxtaposition de contraires est surprenante et se heurte à de nombreuses difficultés.

Tout d'abord, comme nous l'avons vu plus haut, selon l'attestation multiple de sources, il est vraisemblable que Pierre a fait une profession de foi en Jésus à un moment clé du ministère public. Mais la formulation de cette profession est différente selon nos sources évangéliques, et il ne nous est pas possible de la reconstruire avec certitude. En second lieu, indépendamment de notre incertitude sur la formulation de la confession de foi de Pierre, l'idée selon laquelle Mc 8, 29-33 contient une tradition rapportant que le Jésus historique a réprimandé Pierre parce qu'il l'aurait appelé le messie se heurte à une objection majeure. Pour faire cette hypothèse, il faut supposer que, dans les premiers temps de la tradition orale antérieure à Marc, la catéchèse chrétienne a transmis un récit dans lequel Jésus rejetait une confession de sa messianité comme quelque chose de satanique. Cela fait problème, car les premiers chrétiens, fondamentalement des « Juifs en faveur de Jésus », tenaient avant tout à persuader leurs compatriotes juifs que, malgré le scandale de la croix, Jésus était le messie. Il est très difficile d'imaginer que les chrétiens eux-mêmes, qui se donnaient entièrement à la tâche de répandre leur foi en Jésus reconnu comme messie et qui faisaient de cette affirmation la croyance centrale de leur religion, aient en même temps conservé et divulgué un récit dans lequel Jésus qualifiait de satanique une confession de sa messianité, prononcée par son disciple chef, qui était un leader éminent de l'Église primitive. À mon avis, relier directement Mc 8, 29 à 8, 33 et voir dans cette création un événement historique est une conjecture ; c'est construire une histoire de la tradition qui n'est guère plausible s'agissant d'une péricope de l'Église primitive.

Nous en restons donc avec un élément historique précieux mais isolé, aussi exaspérant que fascinant, pour lequel nous ne disposons pas de contexte plus large. Qu'est-ce qui a poussé Jésus à réprimander Pierre avec ce qualificatif salé de « Satan » ? Pierre a-t-il rejeté une affirmation de Jésus disant qu'il s'attendait et était prêt à souffrir et à mourir pour remplir son rôle de prophète eschatologique ? Ou bien Pierre était-il révolté contre l'enseignement plus général de Jésus disant que tous les disciples devaient être prêts à subir souffrances et persécutions ? Étant donné que le Jésus historique parlait araméen, est-il possible que, contrairement à la résonance qu'il a dans l'évangile de Marc, le mot *śāṭānā'* ait eu dans la bouche de Jésus non pas le sens de nom propre du démon mais simplement celui d'« adversaire », une signification habituelle de *śāṭānā'*[100] ? Autrement dit, Jésus aurait-il pu dire que Pierre était devenu son adversaire au lieu d'être son disciple, parce qu'il s'opposait à son message déroutant sur la nécessité, pour Jésus ou pour tous les disciples, d'avoir à subir des souffrances ?

On voit bien où est le problème : le critère d'embarras donne à penser que le « logion sur Satan » prononcé par Jésus est authentique ; mais le critère ne peut pas fournir un contexte historique qui permette de choisir parmi différentes situations possibles. Le « logion sur Satan » confirme à coup sûr que les relations de Pierre avec Jésus étaient tendues, comme l'étaient ses relations avec Paul, Jacques, le grand prêtre juif, Hérode Agrippa Ier et sans doute avec les autorités romaines qui l'exécuteront plus tard. Le « logion sur Satan » peut donc également entrer dans le critère de cohérence, car il correspond bien à la description de Pierre qui nous est fournie par de nombreuses sources. Mais finalement, tout cela nous donne seulement un aspect du portrait personnel de Pierre, rien de plus [101]. Il est peu judicieux de construire de grandes hypothèses sur des preuves aussi fragmentaires.

(d) Jusqu'à maintenant, nous avons vu des traditions concernant Pierre dans Marc, dans Matthieu et dans Jean. Parmi les paroles de Jésus à propos de Pierre, il en est une qui se trouve uniquement dans la tradition particulière de Luc (L) ; mais elle est peut-être encore plus difficile à évaluer que les logia que nous venons d'examiner.

Dans la forme lucanienne développée du Dernier repas, aussitôt après avoir institué l'eucharistie (Lc 22, 15-20) et avoir annoncé qu'il allait être trahi (22, 21-23), Jésus adresse aux douze apôtres un mini-discours sur la véritable première place : être un chef signifie se faire serviteur de chacun des autres (22, 24-30 ; c'est un amalgame de traditions marciennes, L et Q [102]). À cet endroit du texte, juste avant de reprendre la tradition marcienne de la prédiction par Jésus du reniement de Pierre (22, 33-34), Luc insère soudain une parole de Jésus, qui est adressée à Pierre et qui n'a de parallèle dans aucune autre tradition évangélique (22, 31-32) :

> 31 Simon, Simon, voici que Satan vous a réclamés [le pluriel, *hymas*, vise tous les disciples] pour vous cribler comme le froment ;
>
> 32 mais moi j'ai prié pour toi [Simon seul], afin que ta foi ne défaille pas [*eklipę̄*, c'est-à-dire prenne fin, fasse défaut, meure].
>
> Toi donc, quand tu seras revenu [ou que tu te seras retourné, c'est-à-dire quand tu te seras repenti ou que tu auras été converti], affermis tes frères.

L'origine de ces deux surprenants versets 31-32 est âprement discutée entre les exégètes. Il nous faut commencer par les interpréter dans leur contexte lucanien immédiat. Structurellement, ces deux versets jouent le rôle de pont entre le mini-discours sur la véritable première place, qui consiste à servir tous les autres (v. 24-30), et l'annonce par Jésus du triple reniement de Pierre avant le lever du jour (v. 33-34). Dans les versets 26-27, le mini-discours a souligné que celui qui est « le plus grand *[ho meizōn]* parmi vous » (c'est-à-dire parmi les Douze), celui qui est le chef (*ho hēgoumenos*, celui qui commande), doit être comme le domestique qui sert à table *(ho diakonōn)*. Au niveau de la rédaction de Luc, l'emploi de l'expression « le chef » au singulier (v. 26) pourrait bien être une allusion voilée à Pierre en particulier [103]. Si c'est le cas, le champ visuel s'élargit ensuite de Pierre à tout le groupe des Douze, qui sont demeurés fidèles à Jésus dans ses diverses épreuves. Il leur est promis que, dans le royaume, ils siègeront sur des trônes pour juger les douze tribus d'Israël (v. 28-30).

En un sens, les versets 31-32 prolongent le thème des Douze, mais en mettant maintenant l'accent sur la relation de Pierre, le chef (« Simon, Simon ») au groupe des Douze (les « vous » que Satan a réclamés pour les passer au crible). Pierre doit être le serviteur des autres au moment de la plus grande épreuve et de la plus forte tentation qui va s'abattre sur eux au cours de la passion de Jésus. La prière d'intercession de Jésus sera une garantie que la foi de Pierre (c'est-à-dire sa fidélité ou sa loyauté envers Jésus), de laquelle dépendent les autres, ne défaillira pas. Cependant, l'allusion à la nécessité pour Pierre de « revenir », c'est-à-dire de se soumettre au repentir ou à la conversion, laisse prévoir de sa part quelque défaillance, qui ne sera pourtant pas fatale. Une fois remis de cette défaillance ou de cette faute, Pierre exercera son rôle de chef-serviteur en affermissant ses frères. Le passage du pluriel « vous » (c'est-à-dire les Douze à table avec Jésus) au pluriel « tes frères » pourrait indiquer que Pierre reçoit l'ordre d'affermir (*stērison*, un impératif) un cercle plus large que le seul groupe des Douze.

L'allusion de Jésus à une possible chute future de Pierre déclenche chez celui-ci une protestation de loyauté totale, même au prix de la prison et de la mort (v. 33). L'affirmation de Pierre entraîne à son tour l'annonce par Jésus du triple reniement de Pierre (v. 34). On voit donc comment les versets 31-32 préparent la prédiction par Jésus du reniement de Pierre et, en même temps, en amortissent le choc [104]. Comme ailleurs, Luc essaie au moins, faute de pouvoir la supprimer, d'atténuer la tonalité négative des traditions évangéliques qui concernent Pierre. Dans le cas qui nous intéresse, le triple reniement de Pierre, présent à la fois dans le récit prémarcien et dans le récit johannique de la passion, est trop profondément enraciné dans la tradition évangélique primitive pour être allègrement supprimé par Luc. Le mieux que Luc puisse faire est d'en adoucir les effets, à la fois avant et après l'événement scandaleux.

Après avoir vu les liens entre les versets 31-32 et leur contexte immédiat, nous pouvons examiner le style et le contenu de cette curieuse prédiction sur Satan qui passe les apôtres au crible. Avec un double vocatif qui indique une insistance et peut-être une profonde inquiétude (cf. « Marthe, Marthe », dans Lc 10, 41), le Jésus de Luc révèle (*idou*, voici) que les événements qui vont se dérouler dans sa passion ne sont pas une suite de péripéties accidentelles d'importance secondaire. Pierre et les Douze sont pris dans un combat cosmique entre Satan et Jésus. Depuis le récit de la tentation, Satan s'est abstenu de toute attaque directe et ouverte contre Jésus (ou les Douze). Maintenant que le drame de la passion fait irruption dans l'actualité, Satan cherche à provoquer non seulement la mort de Jésus mais également, à travers elle, l'apostasie des douze apôtres, eux qui sont les témoins officiels du ministère public et le lien vivant avec un éventuel avenir pour les croyants [105]. D'une manière qui rappelle les scènes d'ouverture du livre de Job, Satan demande à Dieu la permission de passer les Douze au crible, comme autant de froment, c'est-à-dire de les jeter dans une telle confusion et dans une telle détresse que leur foi pourrait totalement défaillir quand ils seront confrontés aux épreuves terribles de la passion [106].

Dans cette période de danger, Jésus estime qu'il lui suffit de prier pour Pierre seul, en vue de contrer la demande de Satan. Luc juxtapose ainsi fortement la demande de Satan pour les Douze et la demande de Jésus pour Pierre devant le trône de Dieu, alors que commence la passion. Pour assurer la persévérance des Douze, Jésus demande que la foi de Pierre ne fasse pas défaut, ne défaille pas, ne prenne pas fin (selon le sens du verbe *eklipę̄* au verset 32). Inutile de dire que, dans la théologie de Luc, la prière de Jésus est efficace. La demande de l'avocat de Pierre a davantage de force que celle de l'adversaire ou de l'accusateur (= *śāṭān*) des Douze [107]. Mais si la loyauté de Pierre ne fait pas totalement défaut, le verset 32 laisse entendre qu'il subit bien une défaillance partielle, à savoir dans son triple reniement, une défaillance dont il lui faudra se repentir (« toi donc, quand tu seras revenu *[epistrepsas]* [...] »).

Non content de cette atténuation préventive du récit du reniement de Pierre, Luc rend le récit lui-même moins négatif. Je ne veux pas dire par là que Luc ne prend pas le reniement de Pierre au sérieux. Il le prendra très au sérieux au contraire en présentant un Pierre qui, dès le premier de ses trois reniements, affirme ne pas avoir connaissance de Jésus : « Je ne le connais pas » (Lc 22, 57). Cependant, contrairement à Marc et à Matthieu, Luc n'en rajoute pas en intensité et en dramatisation en truffant les reniements de Pierre de jurons et d'imprécations (qui visent peut-être implicitement Jésus [108]). De plus, à peine Pierre a-t-il prononcé son troisième reniement que Jésus, l'intercesseur efficace, réalise l'objet de sa propre demande en se tournant (*strapheis*, 22, 61) et en regardant Pierre [109]. Cela provoque immédiatement Pierre à se souvenir d'abord de la prédiction de Jésus, puis à sortir dans la cour, en pleurant des larmes amères de repentir. Ainsi, même à la fin de la scène du triple reniement, la puissance de la prière de Jésus et la sincérité du repentir de Pierre sont mises en valeur. On se demande si Luc n'a pas l'intention, par des mots habilement choisis, de faire passer un message : c'est le *retournement* de Jésus pour regarder Pierre, qui permet à celui-ci de se rappeler la prédiction de Jésus (22, 31-34) et qui le provoque lui aussi à un *retournement*, dans le repentir.

Quoi qu'il en soit, nous ne serons pas surpris d'apprendre, à la mort de Jésus, que non seulement les femmes qui avaient suivi Jésus se tenaient à proximité de la croix (comme dans les trois autres évangiles) mais également *tous* les familiers masculins de Jésus (23, 49 : *pantes hoi gnōstoi autǭ*) une expression qui veut probablement compter Pierre et le reste des Onze parmi les témoins oculaires de la passion [110]. Pour Luc, la défaillance de Pierre n'était donc que momentanée. Il s'est déjà « retourné », au point de venir au calvaire avec le reste des Onze pour être témoin de la mort de Jésus, comme on doit l'attendre des témoins oculaires officiels qui devront témoigner dans les Actes des Apôtres.

Étant donné cette réhabilitation presque instantanée programmée par Luc, on n'est pas étonné d'apprendre que c'est Pierre (seul, selon Luc, cf. Jn 20, 3) qui court vers le tombeau vide au matin de Pâques (Lc 24, 12) et en repart ébahi de ce qui est arrivé. Le soir de Pâques, Pierre est réuni avec le reste des Onze et les autres disciples (24, 33). Tout ce groupe coupe l'herbe sous les pieds des disciples d'Emmaüs qui sont de retour, en leur annonçant que « c'est bien vrai, le Seigneur est ressuscité et il est apparu à Simon » (v. 34). Ainsi, avant même que le ressuscité apparaisse aux disciples rassemblés, Pierre a accompli le reste de la demande de Jésus : revenu de sa défaillance lors du triple reniement, il a affermi ses « frères » (« les Onze et leurs compagnons ») en leur racontant l'apparition de Jésus ressuscité dont il a bénéficié, et, de nouveau, lui seul.

Cet affermissement des « frères » par Pierre se poursuivra dans les premiers chapitres des Actes. Jésus avait dit explicitement que Pierre devrait affermir ses « frères » ; pour Luc, le mot désigne plus que les seuls douze apôtres, puisque, dans les Actes, le mot « frères » renvoie aux disciples en général et non aux apôtres en particulier [111]. Pierre affermira les frères, c'est-à-dire toute l'Église en croissance dans les Actes, en prenant en main l'élection de Matthias, en prononçant le premier discours postpascal aux Juifs rassemblés à Jérusalem à la Pentecôte, en étant le chef de l'Église de Jérusalem dans ses premiers temps, en infligeant un châtiment disciplinaire quand ce sera nécessaire, en faisant des visites pastorales à d'autres Églises de Palestine et en baptisant Corneille, le premier non-Juif converti. Ainsi, en dépit de sa grande sobriété, la prophétie de Lc 22, 31-32 trace en quelques mots tout le parcours de Pierre dans le reste de l'évangile et dans les Actes.

Comme on le voit, le passage de 22, 31-32 s'accorde parfaitement avec le contexte immédiat du Dernier repas, il prophétise exactement la défaillance (atténuée) de Pierre dans son triple reniement et sa réhabilitation (rapide) dans le reste de la passion et il annonce son ministère postpascal dans l'évangile et les Actes. En fonction de tout cela, j'ai tendance à penser que cette petite unité est une création de Luc lui-même. Elle est trop bien ajustée au cadre littéraire et théologique plus large de Luc pour être une tradition L isolée, insérée secondairement dans un endroit propice du récit du Dernier repas. Cette idée que le passage de 22, 31-32 est une création lucanienne trouve quelque confirmation dans des traits de vocabulaire et de style qui trahissent la main de son rédacteur [112].

Mais pour être impartial, je dois admettre que de nombreux spécialistes de Luc voient par contre dans ces deux versets un passage retravaillé par Luc à partir d'un logion antérieur (ou de plusieurs logia) qui circulait dans la tradition L et qui n'avait peut-être aucun lien avec le Dernier repas [113]. Ces auteurs suggèrent diverses possibilités de situations ou de significations originales de la forme antérieure du logion L ; mais, naturellement, toute suggestion de cet ordre ne peut que demeurer hautement spéculative. À mon avis, il est donc moins vraisemblable qu'on ait là un logion traditionnel retravaillé par Luc ; mais je suis suffisamment impressionné par le poids des spécialistes de Luc favorables à cette vision des choses pour me prononcer finalement en faveur d'un *non liquet* (« pas clair ») à propos de Lc 22, 31-32. Autrement dit, j'estime qu'il n'est pas possible de savoir clairement si les versets sont une création personnelle de Luc ou l'adaptation créative d'une tradition L. Étant donné cette incertitude, je me garderai bien d'utiliser 22, 31-32 (dans quelle forme ou situation primitive ?) pour reconstruire un épisode hypothétique de la vie du Jésus historique et du Pierre historique [114].

(e) Ce que nous venons de dire sur Lc 22, 31-32 a déjà eu trait au récit qui raconte comment Pierre a renié Jésus, après l'arrestation de celui-ci. Nous aurons à revenir sur ces événements quand nous parlerons des récits de la passion. Ce qui nous intéresse ici, ce sont seulement les épisodes vérifiables de la vie de Pierre. Malgré la complexité des quatre récits différents dans les quatre évangiles, il est plus facile de prendre position sur l'historicité de la tradition du reniement que sur Lc 22, 31-32 [115]. La tradition du reniement semble satisfaire à deux critères : le critère d'embarras et le critère d'attestation multiple.

Tout d'abord, dans les quatre évangiles, le reniement de Jésus par Pierre est, après la trahison de Judas, l'épisode le plus embarrassant qui implique un disciple. Il est difficile de croire qu'un tel récit ait été inventé de toutes pièces après Pâques, alors que Pierre était un chef important de l'Église primitive. Comme on l'a fait remarquer plus haut, les relations de Pierre avec Paul et Jacques étaient parfois tendues et conflictuelles sur la manière de conduire la mission auprès des « gens des Nations » (Ga 2, 11-14). Mais la première génération chrétienne ne fournit aucune indication de campagne globale visant à diffamer ou à discréditer Pierre de façon méthodique [116]. De telles campagnes seront le fait de certaines branches du gnosticisme du IIe siècle.

Il faut ici se souvenir d'un point pratique. Malgré toutes leurs différences, Pierre, Jacques, Paul et les autres Juifs chrétiens de première génération étaient tous attelés à une tâche unique et extrêmement difficile : convaincre leurs compatriotes juifs (et aussi, après l'expansion de la mission, les « gens des Nations » sceptiques) qu'un Juif condamné et crucifié appelé Jésus avait été ressuscité des morts comme messie et Seigneur. Après avoir nommé les différents témoins de la résurrection, y compris Pierre et Jacques, Paul fait aux Corinthiens cette remarque, en 1 Co 15, 11 : « Bref, que ce soit moi, que ce soit eux [qui avons proclamé ce credo à vous et aux autres], voilà ce que nous prêchons et voilà ce que vous avez cru. »

D'ailleurs, dans la formule de foi primitive que Paul lui-même a enseignée aux Corinthiens vers 50 de notre ère et qu'il leur rappelle quelque cinq années plus tard en 1 Co 15, l'Église primitive reconnaissait en Pierre le premier des disciples à avoir eu une apparition du Christ ressuscité (1 Co 15, 5 ; cf. Lc 24, 34). Si des missionnaires chrétiens avaient engagé une campagne véhémente pour discréditer ce qui faisait fondamentalement de Pierre un disciple digne de foi, ils se seraient coupé l'herbe sous les pieds. Le premier des témoins de la résurrection aurait été rejeté par les missionnaires qui cherchaient justement à convaincre d'autres gens de la résurrection et de la vérité du credo dans lequel Pierre était exalté comme témoin de la résurrection. On est renvoyé à l'image du serpent qui se mord la queue. Une histoire aussi alambiquée de la tradition sent davantage les théories délayées par des professeurs du XXᵉ siècle que le combat mené par des missionnaires juifs chrétiens du Iᵉʳ siècle pour gagner des convertis à leur foi nouvelle. Dans ce cas, le critère d'embarras est aussi le critère du pragmatisme missionnaire.

Le second critère qui vient soutenir l'historicité du récit du reniement de Pierre est celui de l'attestation multiple de sources. Il ne s'agit pas ici de montrer que les quatre évangiles racontent le reniement dans des récits qui sont en accord sur un noyau essentiel au milieu de différences de détails. Cet argument global ne vaut pas, car les versions de Mt 26, 69-75 et de Lc 22, 56-62 dépendent uniquement de Mc 14, 66-72 et ne fournissent donc pas une attestation multiple de sources indépendantes [117]. Mais il semble que Jn 18, 15-18.25-27 représente une version indépendante de l'épisode, comme l'ont démontré les études détaillées d'exégètes tels que C. H. Dodd, Raymond E. Brown, Rudolf Schnackenburg et Robert T. Fortna [118]. Dans une construction en patchwork qui ne s'explique pas par ses seules tendances rédactionnelles, Jean est parfois plus proche de Marc et Matthieu et se rapproche plus souvent de Luc ; mais il suit fréquemment son propre chemin, avec certains détails curieux [119]. Nous avons donc deux sources indépendantes, dont l'une vient de la tradition prémarcienne de la passion et l'autre de la tradition préjohannique.

Je voudrais souligner que la seule chose qui m'intéresse ici est d'établir l'historicité fondamentale du reniement de Jésus par Pierre. Il est difficile de savoir s'il y a eu en réalité trois reniements ou si le triple reniement est un exemple typique de la « loi des trois » dans la manière de raconter une histoire (on répète la même action trois fois pour lui donner de l'emphase ou pour faire monter le suspense vers un point culminant) ; cela a finalement peu d'importance pour notre enquête [120]. Les différences dans la désignation des personnes qui interrogent Pierre, le moment et le lieu précis des reniements, le nombre de chants du coq et la manière dont le suspense est créé puis résolu, tout cela peut être dû aux procédés narratifs de conteurs oraux et aux évangélistes.

Quant à savoir si Jésus a prédit le reniement de Pierre au cours du Dernier repas ou après, les agnostiques et les croyants de mon comité imaginaire d'universitaires enfermés dans la bibliothèque de la *Harvard Divinity School* auraient sans doute des opinions différentes sur la question (qui, par ailleurs, n'est pas d'une importance primordiale). Il faut cependant noter que la prédiction du reniement de Pierre est attestée à la fois dans la tradition marcienne et dans la tradition johannique (Mc 14, 29-31 // Jn 13, 37-38). Aussi peut-on dire au moins que ce n'est pas une addition tardive à la tradition de la passion. Il faut dire aussi que l'histoire fourmille de cas dans lesquels des chefs tels que Abraham Lincoln, Martin Luther King Junior ou Oscar Romero ont ressenti à l'avance la possibilité d'une mort violente imminente ou d'une trahison. Devant la possibilité d'une arrestation légale ou d'une « justice populaire » illégale à Jérusalem, Jésus ne connaissait que trop la faiblesse de ses disciples proches, et en particulier de Pierre. Il ne devait pas lui falloir un gros effort d'imagination pour prévoir comment les disciples chancelants pourraient réagir quand ils seraient confrontés à une épreuve. Mais finalement, la question de savoir si la prophétie du reniement de Pierre a été réellement prononcée par Jésus ou créée secondairement à partir du récit du reniement est un problème sans doute insoluble sur lequel je préfère ne pas m'attarder.

Quoi qu'il en soit, en m'appuyant sur les deux critères d'embarras et d'attestation multiple, je conclus que l'événement dans lequel Pierre a renié Jésus après l'arrestation de ce dernier aux environs de la Pâque, vers l'an 30 de notre ère, repose fondamentalement sur des faits et apporte ainsi une conclusion consternante au parcours de Pierre à la suite du Jésus historique. Humainement parlant, le ministère public s'est achevé de manière désastreuse pour le disciple comme pour le prophète qu'il avait suivi. D'ailleurs, si nous jetons un regard en arrière sur tout ce que nous avons vu à propos de Pierre, nous pouvons observer un modèle intéressant. Même si l'on tient compte des expansions légendaires ultérieures, il est probablement justifié de détecter chez Pierre une tendance à souffler le chaud et le froid, à agir avec une étonnante hardiesse pour battre en retraite dès qu'une difficulté apparaît. Pierre est tantôt un homme qui se redresse et tantôt un homme qui s'effondre ; et cette alternance forme la trame et la chaîne de tout le tissu de la « carrière » de Pierre, depuis son rôle de disciple au cours du ministère public jusqu'à son rôle de chef dans l'Église primitive. Malgré tous les discours des prédicateurs sur le péché et le repentir, le changement et la transformation, ce qui est remarquable c'est la manière dont Pierre demeure le même dans différentes sources du Nouveau Testament, à la fois avant et après Pâques. Certains peuvent trouver cela consolant, d'autres déprimant.

Cependant, malgré toutes ses faiblesses, Pierre demeure, après Jésus, le personnage le plus fascinant de la tradition évangélique ; d'une manière singulière, en effet, il fait le pont entre le ministère du Jésus historique et la mission de l'Église primitive. Finalement, ni son rôle de premier plan parmi les disciples au cours du ministère public ni le fait qu'on le croyait le premier à avoir vu Jésus ressuscité ne peuvent expliquer totalement sa place spéciale dans l'Église primitive. C'est précisément la combinaison des deux étapes de sa vie, aussi largement différentes qu'étonnamment similaires, qui a créé son impact unique sur l'histoire chrétienne et son emprise persistante sur l'imagination chrétienne.

CONCLUSION À LA PREMIÈRE PARTIE

JÉSUS EN RELATION AVEC LES GENS QUI LE SUIVENT

Au cours de ces quatre derniers chapitres, nous avons décrit divers types de gens dont on peut dire, d'une manière ou d'une autre, qu'ils ont suivi Jésus. Nous avons utilisé l'expression « les gens qui suivent Jésus » comme une locution générique, et nous avons relevé les contours approximatifs de trois cercles concentriques de gens qui suivaient Jésus : les foules, les disciples et les Douze. Dans notre esquisse, il faut insister sur le qualificatif « approximatif », puisque, surtout dans le cercle extérieur des foules et même dans le cercle médian des disciples, les relations d'une personne avec Jésus ont pu être assez fluctuantes au cours des deux années ou plus du ministère public. Des gens ont pu entrer dans l'un des cercles ou en sortir ou bien passer d'un cercle à un autre. Des considérations pratiques ou différents degrés d'engagement ont dû provoquer des changements.

Par exemple, alors que Jésus et les Douze disposaient apparemment d'une bourse commune, alimentée par des donations d'adeptes, et qu'ils comptaient sur l'hospitalité de sympathisants sédentaires au cours de leurs tournées de prédication, il se pourrait que ce système d'assistance n'ait pas fonctionné pour subvenir aux besoins des foules. Après un départ enthousiaste à la suite de Jésus, beaucoup ont dû retourner à leur travail habituel pour subvenir à leurs besoins et à ceux de leur famille. Les évangiles eux-mêmes ne décrivent pas Jésus en train de nourrir les multitudes tous les jours.

Au niveau pratique de la mission (pour le distinguer du niveau théologique), c'est peut-être ce caractère fluctuant des relations qui a conduit Jésus à instituer le cercle intérieur des Douze. Sur une période de deux années, le prophète et maître a dû désirer un cercle intérieur stable, qui soit l'auditoire régulier de ses prédications et de ses enseignements et le gisement régulier de collaborateurs pour sa mission. En somme, nous devons considérer notre schéma de trois cercles comme un modèle de recherche toujours à modifier et non comme une photographie statique. Revenons brièvement sur chacun de ces cercles.

(1) Le critère d'attestation multiple de sources et le critère du sort final de Jésus confirment que celui-ci a effectivement attiré de grandes foules. Les foules étaient assez nombreuses et elles ont suivi Jésus assez longtemps pour persuader Caïphe et Pilate, les deux partenaires complices dans la réussite politique, qu'il serait prudent de frapper préventivement un possible perturbateur de la tranquillité publique. Prise au bout de deux années d'activité de Jésus, leur décision donne à penser que le nombre de gens qui suivaient Jésus n'avait pas connu de forte diminution à quelque moment du ministère. Mais en même temps, il faut bien l'admettre, quand nous parlons de « grandes » foules, nous ne pouvons que rester dans le vague, sans pouvoir spécifier le nombre ou le type de gens qui composaient ces foules. Sans doute la grande majorité pouvait-elle être qualifiée de « pauvre » dans un sens ou dans un autre, puisque la grande majorité de la population de Palestine pouvait entrer dans cette catégorie. Cependant des récits plus spécifiques concernant des personnes qui ont eu affaire à Jésus indiquent que certains de ses sympathisants étaient ou avaient été des gens aisés. En tant qu'Élie eschatologique envoyé pour commencer le rassemblement de l'ensemble d'Israël, Jésus, contrairement aux gens de Qumrān, n'a pas restreint ses attentions à une couche particulière d'Israélites.

Si certaines généralisations sont possibles à propos des foules, d'autres sont à éviter. Les évangiles ne font pas d'équivalence entre les foules et les « pécheurs », ces Juifs qui, dans la pratique, avaient rejeté les commandements de Dieu et adopté des manières de vivre des « gens des Nations ». Les évangiles ne font pas non plus d'équivalence entre les foules et « le peuple du pays », une dénomination appliquée par la littérature rabbinique plus tardive aux Juifs ordinaires qui n'étaient pas pointilleux sur l'observation des lois de pureté et sur la dîme. C'est un fait que, contrairement à la désignation « pécheurs », l'expression « peuple du pays » n'est jamais employée pour aucun groupe par les évangiles. Nous serions bien avisés de suivre leur exemple.

(2) Il est possible d'en dire davantage sur le cercle médian des disciples, qui bénéficie d'une abondante attestation multiple. Il faut soigneusement distinguer les disciples de Jésus d'autres adhérents, comme les sympathisants sédentaires, qui ne sont pas qualifiés de disciples au sens propre. Cela nous rappelle que nous ne devons pas considérer la dénomination « disciple » comme allant de soi ou l'employer de façon imprécise. À quelques exceptions près, le mot « disciple » ne se trouve pas dans les livres proto- et deutérocanoniques de l'Ancien Testament, ni dans les pseudépigraphes de l'Ancien Testament, ni dans les livres non bibliques de Qumrān. Le mot apparaît dans Philon et dans Josèphe, mais de manière relativement rare. Josèphe est le premier auteur juif important à utiliser le terme de « disciple » pour décrire les relations maître-disciple dans

l'Ancien Testament, y compris celles des adeptes d'Élie et d'Élisée avec leur maître prophète.

Il peut se faire que la terminologie de la condition de disciple se ressente de l'influence de la culture gréco-romaine et qu'elle ait été relativement nouvelle dans le judaïsme palestinien au moment où Jésus, peut-être pour imiter les pharisiens ou le Baptiste, l'a recueillie et l'a employée pour décrire un type particulier de gens qui le suivaient. D'ailleurs, le sens donné par Jésus au terme « disciple » était si particulier que, à l'exception de Luc dans les Actes des Apôtres, il n'a pas été adopté par les chrétiens du Ier siècle comme manière habituelle de se désigner eux-mêmes.

En écho à la tradition biblique de l'appel à le suivre adressé par Élie à Élisée, Jésus a appelé certains sympathisants à le suivre dans un sens très spécifique en tant que disciples. Trois critères déterminaient le caractère authentique d'un disciple de Jésus. (a) Jésus prenait l'initiative en adressant un ordre impérieux à le suivre, un ordre qui ne tolérait ni opposition ni délai. (b) Par le mot « suivre », Jésus signifiait un accompagnement au sens littéral et physique du terme dans ses tournées de prédication ; par conséquent, on devait laisser maison, parents et moyens de subsistance, sans indication de limite géographique ou temporelle à cet engagement. (c) Un tel engagement à durée indéterminée, qui exigeait de quelqu'un l'abandon de sa maison et de ses moyens de subsistance, faisait non seulement courir un risque, mais pouvait aussi engendrer l'hostilité et les sévices, même de la part de sa propre famille, comme Jésus l'a appris de sa propre expérience. Les exigences de Jésus vis-à-vis de ses disciples étaient donc radicales et absolues ; il était très différent de le suivre comme disciple que de le suivre comme quelqu'un de la foule. Cependant, malgré ces exigences radicales, qui créaient une identité bien définie dans des limites bien précises, Jésus et ses disciples dépassaient régulièrement les bornes religieuses en frayant et en mangeant avec des gens mal famés tels que « les collecteurs de taxes et les pécheurs ».

Si la fréquentation par Jésus des collecteurs de taxes et des pécheurs dérangeait les gens à la piété rigide, l'entourage féminin de Jésus, parmi les gens qui le suivaient dans ses déplacements, notamment Marie Madeleine, devait plus encore les troubler, surtout si certaines de ces femmes, sinon toutes, suivaient apparemment Jésus sans être accompagnées de leur mari. Chose étrange, ces femmes qui suivaient Jésus au sens littéral et physique du terme ne sont jamais appelées « disciples » par les évangélistes. Certains critiques attribuent cela à la perspective androcentrique des évangélistes. Mais d'autres explications sont également possibles : (a) Les évangélistes ont pu manquer de récits dans lesquels Jésus appelait des femmes précises à le suivre ; ou (b) les évangélistes ont pu tout simplement reproduire de manière maladroite leurs sources araméennes, qui ne disposaient pas de forme féminine pour le mot « disciple » *(talmîdā')*. Quoi qu'il en soit de cette question linguistique, les femmes se sont révélées disciples, dans les faits si ce n'est dans les mots, non seulement par le soutien économique qu'elles ont apporté à Jésus au cours de ses voyages, mais également en le suivant jusqu'à la croix, alors que les disciples de sexe masculin l'ont trahi, renié ou abandonné.

En plus des disciples, Jésus a bénéficié du soutien d'autres sympathisants, hommes et femmes qui avaient accepté son message, mais qui n'avaient pas laissé leur maison et leur famille pour le suivre. Quand c'était possible, ils manifestaient leur soutien en lui offrant l'hospitalité au cours de ses déplacements, et peut-être aussi par des participations financières. Sans doute certaines des personnes guéries par Jésus ont-elles été du nombre de ces sympathisants sédentaires, même si quelques-unes, comme Marie Madeleine, ont réagi à leur guérison en suivant Jésus au sens littéral. Peut-être pouvons-nous considérer ces sympathisants sédentaires comme les « auxiliaires » ou les « groupes de soutien » des disciples qui constituaient le cercle médian.

(3) Les relations de Jésus avec les foules et avec ses disciples découlaient de son message fondamental, à savoir l'avènement du royaume de Dieu et le rassemblement de l'Israël eschatologique lors de cette venue du royaume, et elles en étaient marquées. Il en était de ses relations avec les foules et avec ses disciples comme de ses miracles : le message de Jésus sur l'avenir imminent (le royaume de Dieu et le rassemblement d'Israël) constituait également le programme qu'il commençait à réaliser dans le présent. Autrement dit, dans la constitution des groupes qui le suivirent, comme dans la proclamation du royaume par Jésus et dans ses miracles, l'eschatologie future et l'eschatologie réalisée étaient inextricablement liées. Cet entrelacs du présent et du futur n'a jamais été plus fort et sa vision eschatologique n'a jamais été plus manifeste que dans la formation par Jésus du cercle intérieur des Douze.

C'est par le choix des Douze que Jésus affirme avec le plus de force que la souveraineté définitive de Dieu sur le monde est impensable sans la réalisation des espérances prophétiques, si souvent exprimées pendant et après l'exil à Babylone : l'ensemble d'Israël, l'ensemble des douze tribus, sera réuni à la fin des temps. Le message de Jésus concernant le royaume de Dieu n'est pas quelque vague affirmation sur la vie éternelle. Ce message est une proclamation prophétique : en recréant son peuple choisi dans son vrai statut, Dieu est sur le point d'accomplir les promesses qu'il avait faites à Israël. Le royaume de Dieu constitue tout entier un message centré sur le peuple, centré sur Israël, un message adressé aux compagnons juifs de Jésus. Dans la formation du groupe des Douze comme dans ses guérisons et ses exorcismes, Jésus donne corps à ce message dans le moment présent en posant une action spectaculaire, qui non seulement annonce la promesse future mais commence aussi à la réaliser. Les douze hommes israélites choisis par Jésus évoquent les douze patriarches (les fils de Jacob/Israël) et les douze tribus, c'est-à-dire le peuple d'Israël tel qu'il était au commencement et tel qu'il sera, en mieux, à la fin (une espérance typiquement apocalyptique).

Malgré les doutes exprimés par certains critiques, l'attestation multiple de sources et de formes confirme de façon convaincante que les Douze ont bien été une création de Jésus pendant son ministère public et non une rétroprojection de l'Église primitive dans l'histoire évangélique. Marc, Jean et la tradition particulière de Luc sont unanimes à parler des Douze. En plus, un logion Q (Mt 19, 28 par.) confirme que Jésus faisait le lien entre les Douze et le sort de l'Israël eschatologique. À la fin des temps, les Douze siégeront sur douze trônes pour gouverner ou juger les douze tribus restaurées d'Israël.

Ce nom des « Douze » et leur fonction avaient un tel caractère absolu que, même après la trahison de Jésus par Judas et la disparition de ce dernier, l'Église primitive parlait quand même de l'apparition de Jésus ressuscité aux Douze (1 Co 15, 5). En fait, la trahison de Jésus par Judas, l'un des Douze, ajoute le critère d'embarras à celui d'attestation multiple, pour confirmer nettement l'existence des Douze au cours du ministère de Jésus. De plus, bien que quelques membres des Douze, notamment Pierre et les fils de Zébédée, aient été des chefs importants dans l'Église primitive de Jérusalem, la plupart des Douze et les Douze en tant que groupe ont disparu très rapidement après Pâques. Prétendre que leur caractère de groupe dominant et leur importance dans l'Église primitive auraient provoqué leur rétroprojection massive dans les traditions de Marc, de Q, de L et de Jean est en contradiction avec le flux et le reflux de leur présence dans les textes du Nouveau Testament.

Au cours du ministère public, les Douze ont joué leur rôle de plusieurs manières. Ils incarnaient de façon assez permanente ce que signifiait être disciple de Jésus. Plus important encore, ils constituaient un symbole communautaire et prophétique, qui annonçait et commençait à réaliser le rassemblement des douze tribus à la fin des temps. À mon avis, la réalisation de ce rassemblement futur des tribus a été encore davantage symbolisée et commencée par une brève mission confiée par Jésus aux Douze (et peut-être aussi à d'autres disciples) à destination du peuple d'Israël.

Les Douze n'ont pas été importants d'abord en tant qu'individus mais en tant que groupe symbolisant l'Israël restauré ; on le voit dans le fait que la plupart des Douze ne sont pour nous rien de plus qu'un nom. Nous en sommes réduits à deviner quelques rares détails à partir de leurs surnoms, de leurs patronymes ou de leurs lieux d'origine. Même Judas Iscariote n'apparaît comme personne individuelle qu'à la fin de l'histoire, quand il fait contraste avec les Douze en se coupant d'eux par sa trahison. Il est difficile de dire si Pierre, Jacques et Jean formaient réellement un trio spécial à l'intérieur des Douze pendant le ministère public. En tout cas, ils se distinguent comme les trois membres sur lesquels nous en savons un peu plus. Mais seul Pierre émerge du lot comme un personnage que les critiques littéraires pourraient qualifier de « tonique », par opposition à quelqu'un d'« atone ». Cela peut tenir en partie au fait que les évangiles ont conservé davantage d'éléments de son histoire, voire de son tempérament, que pour tout autre membre des Douze. Mais par ailleurs, l'intérêt particulier porté à Pierre par les évangiles est dû au rôle de chef qu'il a exercé aussi bien durant le ministère public que dans les premiers temps de l'Église.

Nous avons ainsi fait le tour de ce qui peut être dit des différentes personnes qui suivaient Jésus. Même s'il ne faut pas fixer les trois cercles concentriques dans des contours trop précis, notre enquête sur les gens qui suivaient Jésus nous a au moins fait entrevoir quelques éléments. Contrairement à certaines présentations actuelles de Jésus, nous avons réussi à voir que les gens qui suivaient Jésus ne formaient pas une masse amorphe autour de lui. Au milieu de ceux et celles qui le suivaient seulement physiquement (les foules), Jésus a choisi lui-même de distinguer un groupe particulier de gens (les disciples) disposés à le suivre dans un engagement onéreux, qui témoignait d'une profonde adhésion à son message et à sa personne. Puis c'est au sein de ce cercle qu'il a pris l'initiative de choisir les Douze comme symbole prophétique de l'Israël de la fin des temps.

Par ces choix eux-mêmes et malgré tous les éléments « charismatiques » de son comportement, Jésus a donné à son ministère une forme spécifique, en le dotant de certaines structures, aussi vagues et fluctuantes qu'elles aient pu être. Loin d'être aussi compliquées que celles décrites à Qumrān, ces structures découlaient pourtant de la même préoccupation fondamentale : l'Israël eschatologique. Les esséniens de Qumrān et les disciples de Jésus formaient des mouvements religieux de Juifs palestiniens qui avaient des perspectives eschatologiques. En ce sens, les deux groupes portaient leur attention sur le peuple d'Israël, qui n'a jamais été une masse amorphe, ni dans son expérience historique, ni dans la manière dont on l'imaginait au plan eschatologique.

Il faut garder cela présent à l'esprit quand des chercheurs actuels appliquent à Jésus le qualificatif « égalitariste », souvent d'ailleurs sans donner au terme de définition précise [121]. S'il s'agit de la manière dont Jésus s'adressait indistinctement à tous les Israélites, y compris les collecteurs de taxes et les pécheurs, de la liberté avec laquelle il faisait table commune avec ceux qui étaient considérés comme des parias au plan social ou religieux, de son message proclamant de bonnes nouvelles pour les pauvres en particulier (sans exclure cependant les gens aisés qui étaient bien disposés envers lui), de son acceptation de femmes parmi les gens qui le suivaient, du peu de souci qu'il se faisait de ce que pouvaient penser de lui ou de ses disciples les gens puissants et influents et de son insistance pour demander à ses disciples de manifester amour, compassion et pardon, alors le terme « égalitariste » exprime bien l'esprit de parité entre tous que son message a dû souffler sur la société israélite de l'époque. Mais un historien actuel ne doit pas rétroprojeter une vision moderne des classes sociales, de la révolution, de l'utopie égalitariste et de l'anarchie théorique dans l'esprit d'un Juif palestinien, pour lequel Israël avait toujours été et serait toujours, d'une manière ou d'une autre, une société structurée.

Il semble que le prophète eschatologique revêtu du manteau d'Élie pensait avoir quelque chose à faire pour l'organisation de l'Israël de la fin des temps. De façon significative, lorsque Jésus a institué la structure particulière des Douze pour l'Israël de la fin des temps, il a choisi de se situer en vis-à-vis par rapport au cercle des Douze et comme son fondateur plutôt que d'en devenir lui-même l'un des membres, voire éventuellement le chef et le porte-parole à la manière de Pierre. Comme les prophètes Jérémie et Ézéchiel se situaient en vis-à-vis par rapport au peuple d'Israël auquel ils s'adressaient, tout en étant eux-mêmes des Israélites passionnément engagés dans l'avenir de leur peuple, Jésus se situait lui aussi en vis-à-vis par rapport au cercle de douze hommes qu'il avait constitué, ceux qui incarnaient l'Israël pour le rassemblement duquel il avait été envoyé. Il leur donna une structure à laquelle il n'appartenait pas lui-même.

En fait, le cercle des Douze n'était pas le seul élément structurant mis en place par Jésus en vue de donner une consistance au groupe des gens qui le suivaient pour faire partie des disciples. Comme je l'ai montré dans le tome II, sans créer une secte séparatiste, Jésus s'est servi de certaines pratiques distinctives pour former les disciples qui le suivaient et leur donner une identité [122]. Parmi ces particularités, on peut compter la pratique du baptême, le rejet du jeûne volontaire en même temps que les repas festifs célébrés avec les bannis d'Israël, le rejet du divorce (et peut-être de l'usage de vœux et de serments), la prière spéciale que nous appelons le « notre Père », les sévères exigences imposées aux gens qui le suivaient au sens littéral dans son ministère itinérant, le cercle intérieur des Douze pour symboliser l'Israël eschatologique, la mission des Douze et peut-être d'autres disciples à l'égard Israël. C'étaient là autant d'éléments structurants qui délimitaient les contours d'un groupe de disciples clairement distinct, alors même que, avec eux et par eux, Jésus cherchait à atteindre l'ensemble d'Israël [123]. Ce désir de toucher *tout* Israël devait bien sûr avoir un certain goût d'égalitarisme. Mais, tout comme George Orwell (dans son roman *1984*), le cercle intérieur des Douze nous rappelle que, dans une société égalitaire, tous sont égaux, mais certains sont plus égaux que d'autres. La perspective eschatologique de Jésus n'envisageait pas l'Israël du futur, pas plus que l'Israël du passé, comme totalement dépourvu de structures et d'organisation.

Ces considérations sur les éléments structurants présents dans le ministère du Jésus historique doivent être soigneusement distinguées de la question suivante, nettement plus compliquée, dans laquelle se mélangent des perspectives historiques et théologiques : Jésus a-t-il fondé ou a-t-il eu l'intention de fonder une Église (ou l'Église) ? Pour tenter de répondre à cette question, il faut nécessairement tenir compte des éléments historiques du ministère public de Jésus que j'ai énumérés plus haut. C'est un fait historique que certains personnages et certaines pratiques remontant au ministère du Jésus historique ont continué à être des personnages et des pratiques clés dans l'Église primitive ou le sont devenus. Depuis l'enseignement sur le divorce jusqu'au rôle de chef tenu par Pierre dans le cercle des Douze, trop de liens existent pour nier toute relation entre le ministère de Jésus et l'essor de l'Église primitive.

Mais en même temps, il faut se confronter honnêtement aux éléments importants de discontinuité. Jésus le Juif s'est adressé à ses compagnons israélites et il a cherché à rassembler l'ensemble d'Israël dans la communauté de la fin des temps. Pour lui, semble-t-il, c'était seulement à l'aboutissement de l'histoire d'Israël que les « gens des Nations » entreraient dans le royaume (voir, par exemple, Mt 8, 11-12 par.) [124]. La préoccupation de Jésus n'était pas de créer une secte séparatiste ou un reste saint à la manière de Qumrān ; et il n'a jamais envoyé ses disciples pour une mission officielle auprès des « gens des Nations » [125]. Une idée est absente du message ou de la pratique de Jésus, à savoir que cette communauté religieuse particulière du peuple d'Israël connaîtrait un lent processus de séparation par rapport à Israël, à mesure qu'elle poursuivrait sa mission auprès des « gens des Nations » dans le monde présent (avec le résultat à long terme que la communauté deviendrait elle-même majoritairement non juive).

Alors que l'Église primitive telle que nous la connaissons ne serait pas venue au jour sans que le ministère du Jésus historique en soit une condition préalable nécessaire, ce n'est pas le ministère de Jésus comme tel qui a créé l'Église primitive. La matrice immédiate de l'Église est la crucifixion de Jésus, l'affirmation par quelques-uns de ses disciples qu'il était ressuscité des morts et leur était apparu et leur expérience d'une effusion de l'Esprit Saint, qui a déclenché une mission vigoureuse en direction d'Israël, puis de plus en plus en direction des « gens des Nations ». En disant cela, on voit immédiatement que les affirmations de foi, aussi bien que les affirmations historiques vérifiables expérimentalement, jouent un grand rôle dans une description des origines de l'Église. Par conséquent, la question de l'essor de l'Église et de sa continuité ou discontinuité par rapport au ministère du Jésus historique se situe en dehors des limites de notre enquête. Nous nous occupons des divers groupes religieux auxquels Jésus a eu affaire au cours de son ministère. Le nouveau groupe religieux qui s'est levé comme une conséquence de sa mort et de la croyance en sa résurrection se situe au-delà des horizons limités de cette étude [126].

Après avoir fait le tour des différents groupes de gens qui ont été attirés par Jésus et par sa façon de voir l'avenir auquel était appelé le peuple d'Israël, nous devons maintenant tourner notre regard vers d'autres groupes ou mouvements qui existaient en Israël et qui avaient d'autres visions du présent et de l'avenir du peuple. Pour comprendre Jésus, il faut aussi le saisir en relation avec ces Israélites qui ne l'ont pas suivi.

II

JÉSUS LE JUIF
ET SES CONCURRENTS JUIFS

XXVIII

JÉSUS EN RELATION AVEC LES GROUPES JUIFS CONCURRENTS

I. LES PHARISIENS

1. Introduction

Le ministère itinérant de Jésus à travers tout le territoire d'Israël, son appel à le suivre adressé à de nombreux types disparates d'Israélites, la création des Douze pour symboliser la reconstitution des douze tribus d'Israël, et ses montées à Jérusalem pendant les fêtes de pèlerinage, qui rassemblaient habituellement de grandes foules, sont autant d'activités de Jésus qui manifestent que le prophète eschatologique n'entendait pas former un groupe élitiste ou une secte ésotérique à l'intérieur ou à côté d'Israël. Son intention était au contraire d'atteindre, d'interpeller et de rassembler tout le peuple de Dieu, l'ensemble d'Israël, dans l'attente de l'avènement du royaume de Dieu.

Du point de vue de la stricte histoire juive, on peut penser que Jésus a été un échec. Sa non-réussite a été due, au moins en partie, au fait que d'autres individus ou groupes étaient en compétition avec lui et avec ses disciples pour exercer une influence et un rôle de meneurs en Israël, à une étape critique de l'histoire du pays. Par exemple, derrière la théologie chrétienne présente dans Jn 3, 22-30, se cache le souvenir d'une réalité quelque peu embarrassante : une fois que Jésus s'est détaché du cercle du Baptiste pour commencer son propre ministère, Jean le Baptiste et Jésus étaient, pendant un moment, en concurrence pour se faire des disciples par des méthodes similaires, y compris le baptême.

Jésus et le Baptiste étaient loin d'être les seuls gourous juifs du Ier siècle à attirer des personnes juives à la recherche d'une manière plus haute ou plus rigoureuse de vivre leur judaïsme. Dans son *Autobiographie* (2 § 11), Josèphe (à peu près entre 33 et 100) mentionne un certain Bannus, un ascète du désert avec lequel il affirme avoir passé trois années de sa vie, de 16 à 19 ans, après avoir fait l'essai des autres principaux groupes juifs (pharisiens, sadducéens et esséniens). Jean le Baptiste, Bannus et la communauté de Qumrān n'étaient probablement que quelques manifestations d'un phénomène plus large où l'on voyait des individus juifs prêcher le repentir et pratiquer des ablutions rituelles dans la vallée du Jourdain aux environs du tournant de l'ère chrétienne [1]. C'est une question que nous pouvons simplement poser : combien y avait-il de saints hommes, ascètes, prophètes, visionnaires apocalyptiques ou nationalistes religieux fervents, dans les coins et recoins de la Palestine, qui attiraient des jeunes Juifs en quête spirituelle. L'immense bibliothèque que nous appelons maladroitement « les écrits intertestamentaires » ou « les pseudépigraphes de l'Ancien Testament » nous rappelle qu'il y avait probablement en Palestine beaucoup de meneurs religieux au sujet desquels nous sommes profondément ignorants.

Mais ce ne sont pas des saints hommes individuels contemporains de Jésus qui ont dû susciter la concurrence la plus vive pour le Nazaréen et pour son mouvement récemment créé. Surtout en matière religieuse, le monde méditerranéen antique, à la différence du nôtre, respectait davantage la tradition que l'innovation, les institutions anciennes et vénérables davantage qu'une religion ou « superstition » nouvelle, qui était automatiquement suspectée en raison de sa nouveauté. Jésus, « le petit dernier » sur le terrain religieux du judaïsme palestinien, était en concurrence avec un certain nombre de mouvements religieux et politiques qui, dans l'histoire d'Israël, faisaient partie des meubles depuis près de deux siècles avant sa propre entrée en scène. Parmi ces mouvements, les plus connus (grâce à ce que Josèphe a écrit à leur sujet), même s'ils ne sont pas les seuls, sont les pharisiens, les sadducéens et les esséniens [2].

Par conséquent, pour comprendre Jésus « en relation avec… », comme nous voulons essayer de le faire dans ce tome III, il nous faut avoir une idée non seulement de ses relations positives avec les gens qui le suivaient mais aussi une idée de ses relations négatives avec ses concurrents ou ses opposants sur la scène publique de la religion et de la politique juives à l'époque du début du Ier siècle de notre ère. Une mise en garde s'impose au départ : il ne faut confondre le propos limité de ce chapitre (sur les pharisiens) et des chapitres suivants (sur les sadducéens, les esséniens et d'autres groupes) avec le projet d'écrire une histoire du judaïsme au tournant de notre ère à la manière d'Emil Schürer ou de faire l'état des institutions, des partis, des pratiques et des croyances du monde juif à la manière de E. P. Sanders [3]. L'objectif de ces chapitres demeure « *Jésus* en relation avec ses concurrents », et on en dira juste assez sur ses principaux concurrents pour éclairer comment Jésus a été en interaction avec eux, s'il y a bien eu interaction évidemment. Comme nous le verrons, cet objectif restreint a pour effet direct de limiter notre propos principalement aux pharisiens, le sujet principal de ce chapitre [4]. Cependant, avant d'esquisser un bref portrait des pharisiens puis des sadducéens (les deux seuls groupes juifs politico-religieux auxquels Jésus a eu clairement affaire), il peut être utile de prendre un peu de recul et de revenir brièvement sur les origines de ces concurrents importants du mouvement lancé par Jésus.

2. En toile de fond : une brève histoire des origines [5]

A. Des tensions à l'intérieur d'Israël depuis le commencement

Ceux et celles qui connaissent l'histoire d'Israël telle qu'elle apparaît dans l'Ancien Testament ne sont guère surpris qu'il ait pu y avoir des partis concurrents à l'intérieur d'Israël au tournant de notre ère. Dès le livre de la Genèse, les conflits destructeurs entre les douze fils du patriarche Jacob sont un parfait symbole des tensions et parfois de la guerre ouverte qui a régulièrement menacé de déchirer le peuple d'Israël [6]. Conflits internes et même guerres civiles ont existé depuis l'époque de la formation de la monarchie (ou des monarchies) en Israël aux XIe et Xe siècles avant notre ère. L'unité nationale, acquise de haute lutte sous le roi David (qui régna de 1000 à 962) et le roi Salomon (qui régna de 961 à 922), fut de courte durée. En 922, la nation fut divisée en deux royaumes rivaux, Israël (au nord) et Juda (au sud). Les guerres dynastiques ininterrompues, les intrigues de cour, les conflits entre les partis opposés pour savoir quel suzerain international il fallait prendre comme allié, la détérioration du moral des gens par des prophètes qui prédisaient une catastrophe et l'arrogance aveugle face à des forces étrangères écrasantes ont été autant de facteurs qui ont conduit à la destruction du royaume du nord par l'Assyrie en 721 et du royaume du sud par Babylone en 587.

En 539, lorsque le roi perse Cyrus autorisa les exilés juifs du royaume du sud à entreprendre la reconstruction du Temple de Jérusalem, la lutte des partis ne tarda pas à s'allumer de nouveau, en vue de contrôler le Temple et la fonction du sacerdoce suprême [7]. Aux IIIe et IIe siècles, ce conflit intérieur s'aggrava avec les tensions croissantes dues à la pénétration de la culture hellénistique, que certains Juifs adoptèrent et à laquelle d'autres résistèrent [8]. La résistance parvint à son paroxysme quand certains prêtres de Jérusalem collaborèrent avec le monarque syrien Antiochus IV Épiphane, pour réaliser une hellénisation poussée de Jérusalem. Lorsque, en 167, Antiochus profana le Temple et chercha à supprimer des pratiques juives fondamentales comme la circoncision, le prêtre Mattathias, son fils Judas Maccabée et toute leur famille hasmonéenne déclenchèrent une révolte [9].

B. Les hasmonéens à l'origine de tensions

En 160, après la mort de Judas au combat, ses frères (notamment Jonathan et Simon) poursuivirent la lutte. Ils réussirent à secouer le joug de l'oppression syrienne et finirent par établir leur propre forme de monarchie. Par étapes successives, Jonathan (qui gouverna de 160 à 143), Simon (143-134) et le fils de Simon, Jean Hyrcan Ier (134-104) établirent la dynastie hasmonéenne en Israël.

Paradoxalement, les souverains hasmonéens devinrent une nouvelle cause de conflits sociaux. Ils se laissèrent de plus en plus helléniser dans leur manière d'exercer la souveraineté et dans leur style de vie [10]. Malgré le caractère douteux de leur prétention à être les grands prêtres légitimes, ils exigèrent d'exercer également cette fonction et ils réunirent les charges de grand prêtre et de roi dans les mains du même souverain (au moins au temps d'Aristobule premier, en 104-103). Pire encore, ils s'appuyèrent alternativement sur les différents partis en conflit et se montrèrent impitoyables pour supprimer tout parti qui n'avait pas grâce à leurs yeux. Ainsi, les successeurs de Judas, le combattant de la liberté, devinrent pour leurs compatriotes une cause de dissension et non une source d'unité. À mesure que le temps passait, certains Juifs profondément religieux ont pu considérer les monarques hasmonéens comme la pire solution sur les deux tableaux : des rois tyranniques qui n'étaient pas de la lignée légitime de David et des grands prêtres mondains qui n'étaient pas de la lignée légitime de Sadoq, le prêtre au service de David et de Salomon [11].

C'est dans ces temps troublés des premiers souverains hasmonéens que sont nés les groupes juifs importants qui nous sont connus par Josèphe et par le Nouveau Testament. Bien que certains exégètes fassent remonter les pharisiens ou les esséniens au temps de l'exil à Babylone ou de la restauration de Jérusalem au VIe siècle avant notre ère [12], les premières mentions sûres qui les concernent et leurs dénominations remontent seulement, pour ce que nous en dit Josèphe, à la période qui a suivi la révolte maccabéenne au IIe siècle avant notre ère, au moment où les hasmonéens Jonathan, Simon et Jean Hyrcan consolidaient leur pouvoir [13].

C. Les esséniens et la communauté de Qumrān

Vers le milieu du IIe siècle, les esséniens, en particulier le sous-groupe qui se réfugia à Qumrān, semblent s'être regroupés dans une secte séparatiste, au sens strict du mot secte [14]. L'origine précise des esséniens fait l'objet de discussions acharnées entre exégètes. Certains historiens proposent de faire remonter à la fois les esséniens et les pharisiens à un groupe de gens « fidèles » ou « loyaux » (« hassidéens », en hébreu *ḥăsîdîm*, en grec *asidaioi*), qui avaient tout d'abord soutenu la révolte maccabéenne [15]. Selon cette opinion, certains hassidéens, dont la préoccupation était seulement la stricte observance de la Loi et non des machinations politiques, prirent progressivement leurs distances par rapport aux hasmonéens, à cause des ambitions royales et sacerdotales de ces derniers. Ces dissidents se replièrent dans des conventicules sectaires et devinrent les esséniens. À un moment donné, l'aile la plus radicale des esséniens, sous la conduite d'un prêtre connu sous le nom de Maître de Justice, finit par rompre totalement avec la communauté du Temple de Jérusalem et créa, dans le désert de Judée à Qumrān, à l'angle nord-ouest de la mer Morte, une fondation isolée, constituée des purs. Certains historiens font remonter cette rupture aux environs de 152 avant notre ère, lorsque le souverain hasmonéen Jonathan accepta d'être nommé grand prêtre juif par le roi syrien païen Alexandre Balas [16]. Cependant, d'autres hassidéens continuèrent d'essayer de travailler avec les hasmonéens, à condition de pouvoir faire passer dans la loi leur propre programme politico-religieux. Ces hassidéens qui menèrent une action politique seraient devenus les pharisiens [17].

Mais certains exégètes mettent en doute l'origine des esséniens ou des pharisiens parmi ces « hassidéens » aux contours flous, qui disparurent rapidement du paysage [18]. D'autres suggèrent que seuls les pharisiens, et pas les esséniens, seraient venus des hassidéens [19]. D'autres critiques encore font l'hypothèse que les esséniens étaient des Juifs ultra-conservateurs qui étaient revenus de Babylone en Palestine en entendant parler du succès de Judas Maccabée, mais qui furent rebutés par l'assimilation de la culture hellénistique qu'ils constatèrent chez de nombreux Juifs palestiniens [20]. À mon avis, étant donné l'état actuel de la recherche universitaire avec sa pléthore de théories contradictoires, il est préférable d'admettre que les origines précises et les précurseurs des esséniens et des pharisiens demeurent un mystère. Notre ignorance tient surtout au fait que Josèphe (*Ant.* 13.5.9 § 171-172) présente simplement ces deux groupes comme déjà existant durant le règne de l'hasmonéen Jonathan (160-143 avant notre ère), sans jamais dire ni quand ni comment ils étaient nés [21].

En tout cas, les esséniens se considéraient comme le véritable Israël fidèle ; à leurs yeux, ils étaient les seuls à connaître et à observer la volonté de Dieu, au moment où Israël entrait dans le grand combat final de son histoire, « à la fin des temps » [22]. Tous les autres Juifs étaient contaminés par un sacerdoce illégitime qui offrait des sacrifices impurs, selon un calendrier erroné, dans un Temple profané. Les esséniens eux-mêmes constituaient le véritable Temple spirituel ; l'étude poussée de la Loi et sa mise en pratique rigoureuse leur tenaient lieu de sacrifices cultuels, jusqu'au moment où ils pourraient récupérer et purifier le Temple [23]. Leurs opinions et leur style de vie les mettaient à part et faisaient d'eux des gens qui, sur le terrain de la religion et de la politique de Jérusalem, ne rivalisaient pas activement comme les pharisiens et les sadducéens. C'était *a fortiori* encore plus vrai de ceux qui s'étaient retirés à Qumrān.

D. Les pharisiens et les sadducéens sous les hasmonéens

La disparition des « hassidéens » et le retrait des esséniens laissa aux pharisiens et aux sadducéens les rôles de principaux opposants dans la lutte pour le pouvoir dans Jérusalem soumise aux hasmonéens, qui ne se privaient pas de changer de bord. Il semble que Jean Hyrcan premier commença son règne avec le soutien des pharisiens ; mais, après avoir rompu avec eux, il accorda sa préférence aux sadducéens (*Ant.* 13.10.5 § 288-296)[24]. Les pharisiens continuèrent à se situer dans l'opposition durant les règnes d'Aristobule premier et d'Alexandre Jannée (103-76), qui furent marqués par de sévères conflits civils[25]. Cependant, la pieuse reine Salomé-Alexandra (76-69, considérée habituellement comme la veuve de Jannée), chercha à trouver une solution aux troubles internes qui empoisonnaient son royaume en donnant aux pharisiens un pouvoir effectif dans les affaires intérieures (*Guerre des Juifs* 1.5.1-3 § 107-114 ; *Ant.* 13.15.5-13.16.6 § 401-432). Remis en selle, les pharisiens prirent sur leurs adversaires politiques une revanche d'une telle violence que la reine dut accorder des enclaves de protection à ceux qui avaient naguère soutenu Aristobule premier et Jannée.

Malgré tout, une paix relative régna jusqu'à la mort de Salomé-Alexandra ; la lutte reprit alors entre ses deux fils, Aristobule II (qui régna de 69 à 63) et Hyrcan II (qui fut grand prêtre de 76 à 69 et de 63 à 41 et qui régna de 47 à 41) et elle plongea Israël dans une nouvelle période de troubles civils. Le tableau peint par Josèphe est lugubre. Beaucoup d'exégètes pensent que les sadducéens étaient en faveur d'Aristobule, qui était de facto souverain et grand prêtre, tandis que les pharisiens soutenaient Hyrcan. La réalité pourrait avoir été plus complexe, car le peuple et les aristocrates étaient divisés et ont changé de bord plus d'une fois[26]. En 63, le général romain Pompée trancha finalement la question en emprisonnant Aristobule, en reconnaissant Hyrcan comme grand prêtre et en faisant de la Palestine une partie de la province romaine de Syrie.

E. Hérode le Grand

Au milieu du chaos provoqué en Palestine par les sables mouvants de la politique romaine, un politicien rusé d'Idumée nommé Antipater et son fils Hérode (le futur roi Hérode le Grand) se servirent de Hyrcan II comme d'un levier pour obtenir le pouvoir politique. Après s'être arrogé le trône comme roi de Judée (officiellement en 40 avant notre ère, en réalité en 37),

Hérode fit disparaître ou marginalisa tous les opposants politiques, même si des pharisiens cherchèrent à avoir une influence indirecte par des intrigues de palais.

En tout cas, les sadducéens ont probablement souffert davantage que les pharisiens au cours du règne d'Hérode, puisque le roi prit des mesures draconiennes pour intimider l'aristocratie, principalement sadducéenne. Josèphe nous raconte que, après avoir pris Jérusalem en 37, Hérode mit à mort Hyrcan II et tous les membres du sanhédrin, à l'exception d'un pharisien privilégié, Samaias. (Une autre version du massacre, peut-être plus crédible parce que plus modeste dans ses affirmations, dit que Hérode tua 45 des plus importants partisans d'Antigone, le fils d'Aristobule II [27].)

Au cours de son règne, Hérode choisit presque toujours des grands prêtres dans des familles sacerdotales autres que les hasmonéens. Ce n'était pas vraiment un hasard si certaines de ces familles venaient de Babylone ou d'Égypte ; elles étaient ainsi encore plus dépendantes du soutien d'Hérode. Le roi fut encore plus convaincu de la sagesse de cette politique après avoir commis, en 36-35 avant notre ère, l'erreur tactique de nommer grand prêtre l'hasmonéen Aristobule III, petit fils de Hyrcan II et âgé de dix-sept ans. Quand Hérode vit avec quelle ferveur le peuple juif acclamait Aristobule dans le Temple pendant la fête de Sukkot, il ne tarda pas à s'arranger pour que le jeune grand prêtre soit victime d'un malheureux accident dans une piscine [28].

De la sorte, avec une aristocratie affaiblie et apeurée, avec des hasmonéens tués, marginalisés, réquisitionnés ou liés par mariage (Hérode épousa d'abord l'hasmonéenne Mariamme pour la tuer ensuite) et avec un grand prêtre régnant presque totalement sous la coupe d'Hérode, aucune opposition politique organisée n'était possible. En fin de compte, sous le régime autocratique d'Hérode, les pharisiens et les sadducéens pouvaient exister ouvertement seulement en tant qu'« associations privées » ou « bénévoles », comme on dirait dans le vocabulaire moderne [29]. Au cours de cette période, étant donné leur petit nombre et le manque de soutien populaire à leur égard, les sadducéens ont probablement vu leur influence se réduire encore plus que celle des pharisiens [30].

F. Les préfets et les procurateurs romains

Après la mort d'Hérode le Grand (en 4 avant notre ère) et une fois son fils incompétent Archélaüs remplacé, en 6 de notre ère, par un nouveau système de préfets romains qui gouvernaient la Judée comme une province romaine, une constellation politique d'un type différent se mit en place. D'une part, Rome préférait gouverner les populations « barbares » des marches de l'Empire par l'intermédiaire de monarques locaux (comme Hérode le Grand) ou par l'intermédiaire des aristocraties locales. D'autre part, depuis l'époque de l'empire perse, *le* personnage de l'aristocratie locale qui représentait les Juifs de Judée auprès du suzerain et réciproquement était le grand prêtre de Jérusalem [31]. C'était le modus vivendi qui avait généralement été adopté pendant près de cinq siècles et, en comparaison de cette longue coutume, la souveraineté autocratique d'Hérode, qui éclipsa le pouvoir du grand prêtre, ne fut qu'un bref intermède. Après l'échec d'Archélaüs, les Romains résolurent le problème de la Judée (ou pensèrent le résoudre) en reprenant la façon de faire qui avait assez bien fonctionné dans le passé.

Pendant ce temps, en Galilée et Pérée, un autre fils d'Hérode le Grand, Hérode Antipas (au pouvoir de 4 av. J.C. à 39 de notre ère) se révéla être un souverain (plus spécifiquement un « tétrarque ») beaucoup plus compétent que ne le fut Archélaüs en Judée. C'est pourquoi Rome maintint Antipas en place beaucoup plus longtemps. (Il fut finalement déposé en 39 de notre ère pour avoir eu l'imprudence politique de demander à l'empereur Caligula de le faire roi.) Dans l'ensemble, Antipas prenait bien soin de ne pas froisser les sensibilités juives en public. Aussi n'entend-on pas parler de grands troubles ou de soulèvements populaires au cours de son règne. Inutile de dire que cette situation pacifique était due, au moins en partie, à la surveillance attentive exercée par Antipas, qui étouffait dans l'œuf tout ce qui pouvait représenter le moindre danger pour l'ordre public. C'est cette politique qui conduisit à l'exécution de Jean le Baptiste [32]. On a peu de chose à dire sur l'influence exacte des pharisiens en Galilée. Certains exégètes ont même récemment émis l'avis que la présence des pharisiens en Galilée pendant le règne d'Antipas, et donc pendant le ministère public de Jésus, était minime ou inexistante [33]. Quoi qu'il en soit, rien ne laisse penser que les pharisiens avaient le contrôle de la scène politique ou religieuse en Galilée à l'époque de Jésus [34].

Dans la nouvelle province de Judée, la situation politique et religieuse avait une configuration bien différente. Le préfet romain, qui demeurait à Césarée maritime avec ses troupes auxiliaires, avait le rôle de commandant militaire régional, administrait les affaires financières de la Judée au nom de Rome, maintenait une garnison de troupes dans Jérusalem pour la sécurité et avait le pouvoir absolu de vie et de mort sur toute personne de la province qui n'avait pas la citoyenneté romaine [35]. Mais, dans la pratique, il laissait au grand prêtre de Jérusalem, entouré de l'aristocratie sacerdotale et laïque, le soin de régler la plupart des aspects de la vie intérieure juive, *à condition* que l'aristocratie locale maintienne l'ordre parmi les Juifs et veille à la collecte des impôts et des taxes douanières [36].

Cela obligeait le grand prêtre à se livrer à un délicat exercice d'équilibre. Il devait servir de pare-chocs et de médiateur principal entre un préfet romain souvent autoritaire et les sensibilités juives, surtout quand le préfet montait à Jérusalem avec ses troupes pour assurer le maintien de l'ordre pendant les grandes fêtes ; et, en même temps, il devait essayer de persuader ses compatriotes juifs de se conformer aux exigences romaines concernant l'ordre et les impôts. Dans ces négociations sur la corde raide, il pouvait d'abord s'appuyer sur la riche et influente classe sacerdotale et sur l'aristocratie laïque de Jérusalem. Étant donné que nombre de ces aristocrates fortunés (mais pas tous) avaient un penchant pour la position sadducéenne, il est probable que le parti sadducéen sortit du désert politique et prit le dessus pendant les années des préfets et procurateurs romains [37].

Ces arrangements politiques étaient fragiles, comme on peut le voir à la brièveté des mandats de la plupart des grands prêtres et, d'ailleurs, de la plupart des préfets et procurateurs entre 6 et 66 de notre ère. Parmi les préfets, les deux grandes exceptions furent Valerius Gratus (au pouvoir de 15 à 26 de notre ère) et son successeur Ponce Pilate (de 26 à 36) [38]. Il est étonnant de constater que la grande exception parmi les grands prêtres fut Joseph Caïphe, qui s'arrangea pour rester en fonction de 18 à 36. Apparemment, il devint maître dans cet exercice d'équilibre et apprit à être de mèche avec Valerius Gratus et avec Ponce Pilate. Ce n'est peut-être pas un hasard si Caïphe fut déposé du sacerdoce suprême dès que la préfecture fut retirée à Pilate.

Quoi que les Juifs et les chrétiens ultérieurs aient pu penser de Caïphe et de Pilate, ceux-ci furent en leur temps les maîtres astucieux d'une politique pragmatique, qui permit au moins de réduire au minimum les troubles importants et les effusions de sang. Il en est résulté que, du point de vue de la politique juive et romaine en Judée, la période de la vie adulte et du ministère de Jésus, même sans être entièrement pacifique, a été la plus stable du Ier siècle de notre ère. Il est vrai que, insensible et tyrannique, Pilate alluma un certain nombre de dangereux conflits politico-religieux : par exemple, en faisant entrer dans Jérusalem des étendards militaires portant des médaillons de l'empereur et en utilisant l'argent du trésor du Temple pour bâtir un aqueduc [39]. Mais généralement le préfet et le grand prêtre œuvraient efficacement pour empêcher les conflits d'exploser en véritables insurrections. Finalement, ce fut un conflit de Pilate avec les Samaritains, et non pas avec les Juifs de Judée, qui provoqua son rappel à Rome (*Ant.* 18.4.1-2 § 85-89). Si, à l'époque du jugement et de l'exécution de Jésus, Caïphe et Pilate travaillaient bien en équipe, c'est qu'ils étaient coutumiers du fait.

Ce processus d'arrangements tacites pouvait convenir aux grands prêtres et à l'aristocratie de Jérusalem et, par conséquent, au parti sadducéen qui était bien représenté parmi eux. Mais un tel fonctionnement avait tendance à laisser les pharisiens sur la touche. Il n'est pas surprenant que Josèphe n'ait pratiquement rien à raconter sur eux pendant la période de gouvernement des préfets et procurateurs romains. Privés de pouvoir politique direct, les pharisiens devaient chercher d'autres moyens pour prendre de l'ascendant. Au cours de cette période, ils ont probablement redoublé d'efforts pour étendre leur influence parmi les gens du peuple, dont beaucoup ne devinrent jamais pharisiens eux-mêmes. Selon Josèphe cependant, ce qui impressionnait les Juifs ordinaires c'était davantage l'ampleur de la réputation dont jouissaient les pharisiens que leur connaissance exacte de la Loi mosaïque [40]. Il n'est pas surprenant dès lors que les pharisiens aient été le groupe religieux que l'on voit le plus souvent en débat avec Jésus, qui menait lui aussi ses activités parmi les gens du peuple.

De plus, si ce que dit Anthony J. Saldarini est vrai, à savoir que les pharisiens étaient fortement représentés dans le « secteur des services » de la société judéenne, autrement dit dans la classe des employés de bureau, des fonctionnaires et des éducateurs, dont dépendaient les aristocrates pour le fonctionnement quotidien de leur rôle de gouvernement, cela aurait constitué pour les pharisiens une sorte d'« escalier de service » pour avoir accès auprès du pouvoir [41]. Ainsi, à la fois par leur influence sur la masse des Juifs qui n'appartenaient à aucun parti et par leur influence en tant que personnes au service des détenteurs du pouvoir, les pharisiens ont pu parfois être capables de persuader les grands prêtres et les aristocrates ou de faire pression sur eux pour qu'ils adoptent leurs manières de voir ou de faire. Cela aurait été facilité par le fait que, selon Josèphe, quelques prêtres au moins étaient pharisiens (voir *Autobiographie* 39 § 197).

Il faut néanmoins faire attention de ne pas surévaluer cette influence politique très limitée ; en fait, Josèphe l'exagère, au point de prétendre que les sadducéens qui détenaient une charge publique devaient obéir aux réglementations des pharisiens. Il est à noter que cette affirmation ne se trouve jamais dans sa *Guerre des Juifs*, plus ancienne, mais uniquement dans les *Antiquités*, plus récentes (écrites vers 94 de notre ère), et dans un seul passage (*Ant.* 18.1.4 § 17). La présentation qu'il en fait dans les *Antiquités* est peut-être colorée par l'influence ultérieure du parti pharisien sur le judaïsme rabbinique naissant et éventuellement par la compétition entre groupes juifs pour gagner la faveur des Romains à la fin du Iᵉʳ siècle.

Même s'il semble que les pharisiens en tant que groupe n'aient pas eu de pouvoir politique direct pendant la période où Rome gouvernait directement avant 70 de notre ère, quelques pharisiens au moins paraissent avoir atteint un niveau élevé dans les structures du pouvoir à Jérusalem. Par exemple, dans Ac 5, 34, Luc mentionne Gamaliel, « un pharisien », comme un docteur de la Loi respecté et un membre influent du conseil réuni autour du grand prêtre. La prudence est ici de mise, car il n'est jamais dit ailleurs que ce Gamaliel (connu par les historiens comme Gamaliel Iᵉʳ) était pharisien et, au début du discours de Gamaliel (5, 36-37), Luc fait une erreur historique manifeste sur l'histoire juive palestinienne du Iᵉʳ siècle [42]. Aussi certains exégètes se sont-ils demandé si Luc est mieux informé quand il affirme que Gamaliel était pharisien. Il y a pourtant une raison de penser que Luc a raison : Siméon (ou Simon) Iᵉʳ, fils de Gamaliel [43].

Josèphe nous dit que Siméon Iᵉʳ était pharisien, issu d'une importante famille de Jérusalem et membre important du gouvernement modéré de coalition dans les premiers temps de la Première Guerre juive (*Autobiographie* 38 § 190-196) ; cette coalition tenta sans succès de contrer les rebelles plus extrémistes [44]. Il est aussi question d'un *prêtre* pharisien qui était membre de la délégation envoyée par le gouvernement révolutionnaire pour démettre Josèphe de son commandement militaire en Galilée, au début de la révolte (*Autobiographie* 39 § 197).

En résumé, alors que les pharisiens comme groupe étaient largement laissés sur la touche du pouvoir politique pendant la période de gouvernement des préfets et des procurateurs romains [45], leur réputation et leur influence auprès des gens du peuple, leur possible influence indirecte, en tant que classe des services, auprès du gouvernement (si l'on retient l'opinion de Saldarini) et parfois leur influence directe par l'intermédiaire de personnages importants comme Gamaliel Ier et Siméon Ier leur permettaient d'avoir un certain ascendant sur la société judéenne.

G. La nouvelle situation après 70 de notre ère

À la fin de la Première Guerre juive, la prise de Jérusalem, la destruction du Temple, la défaite des rebelles et l'abolition de toute sorte d'État-Temple indépendant en Judée provoquèrent un bouleversement dans les structures du pouvoir juif en Judée. L'incendie du Temple en 70 de notre ère signifiait la destruction de ce qui fondait le pouvoir de l'aristocratie sacerdotale. La prise de Jérusalem entraîna pareillement le massacre ou l'emprisonnement d'un grand nombre d'aristocrates prêtres et laïcs, dont beaucoup devaient être des sadducéens ; mais nous avons connaissance de prêtres, dont Josèphe, qui survécurent au désastre [46]. Le site de Qumrān fut également détruit par les Romains en 68, et les esséniens disparurent de la société judéenne en tant que groupe distinct. Les extrémistes parmi les rebelles, tels que les zélotes et les sicaires, périrent aussi dans Jérusalem ou, plus tard, dans les dernières forteresses de Judée tenues par les Juifs, notamment à Massada en 73-74. Des groupes apocalyptiques qui avaient peut-être vu la guerre d'un bon œil périrent ou furent discrédités. Bref, le seul groupe juif à survivre intact, en gardant un nombre important de membres et en conservant le respect des gens du peuple, fut celui des pharisiens [47]. Ils n'ont pas vaincu leurs rivaux juifs ; ils leur ont simplement survécu.

Divers pharisiens, avec d'autres Juifs qui voulaient redémarrer sous l'égide des Romains et dont faisaient probablement partie et des prêtres et des scribes, se regroupèrent dans la ville judéenne de Yabneh (Jamnia) sur la côte méditerranéenne [48]. Ils y fondèrent une sorte d'académie *(yĕšîbâ)* qui se consacra à conserver des traditions légales d'avant 70 et à les développer en vue d'adapter les pratiques juives à une période d'après 70 toute différente. Dans ces conditions d'urgence, les pharisiens s'unirent avec d'autres Juifs fervents et instruits qui avaient survécu à la guerre ; ils entrèrent ainsi dans une mutation qui amena la naissance du mouvement rabbinique [49]. Le premier chef important de Yabneh fut Johanan ben Zakkaï. On ne sait pas bien s'il était pharisien, même si beaucoup d'exégètes l'ont identifié comme tel [50]. En tout cas, certains des premiers maîtres rabbiniques (par exemple le conservateur Éliézer ben Hyrcanus) se situait très vraisemblablement dans la tradition pharisienne [51]. En particulier, Gamaliel II, fils de Siméon Ier et pharisien, devint un chef important à Yabneh dans les années 90. Il se peut qu'il ait reçu une sorte de reconnaissance officielle de la part du gouvernement romain ; il a peut-être été le premier de ces administrateurs officiels juifs, qui viendront plus tard à porter le titre de *nāśî'* (« patriarche »), au temps de Juda ha-Nassi, le compilateur de la Mishna, vers les années 200-220 de notre ère [52]. Par conséquent, alors qu'il serait tout à fait simpliste d'assimiler les pharisiens d'avant 70 au mouvement rabbinique d'après 70, il ne fait pas de doute que les pharisiens ont eu une influence primordiale sur la nouvelle forme de judaïsme de Yabneh et qu'ils ont contribué à la faire naître. Les rabbis étaient leurs héritiers et leurs successeurs.

3. Le problème des sources et de la méthode

Le bref schéma historique que je viens de tracer comme une sorte de grille chronologique pour le lecteur est resté sommaire dans son contenu. En particulier, le schéma a été restreint autant que possible aux événements extérieurs vérifiables. Pratiquement rien n'a été dit sur les croyances des pharisiens et des sadducéens ; ce silence était délibéré, étant donné que beaucoup d'affirmations traditionnelles faites autrefois à leur sujet dans les ouvrages historiques sur la période du Nouveau Testament sont aujourd'hui mises en doute par les critiques. Autrefois, les seules sources principales dont nous disposons pour connaître ces groupes étaient citées avec une confiance naïve en leur totale fiabilité et avec un aveuglement remarquable sur leurs contradictions mutuelles et même sur leurs contradictions internes ; aujourd'hui, beaucoup d'exégètes portent sur elles un regard nettement plus sceptique. Les trois sources qui nous permettent de connaître les pharisiens et les sadducéens sont, dans l'ordre chronologique, le Nouveau Testament (Paul, les quatre évangiles et les Actes, qui vont des années 50 à l'an 100 environ), Josèphe (dont les ouvrages vont des années 70 à l'an 100 environ) et la littérature rabbinique (dont le premier ouvrage est la Mishna, vers 200-220) [53]. Pour chacune de ces sources, on est confronté à de sérieux problèmes.

A. *Le Nouveau Testament comme source* [54]

Une manière de bien comprendre combien il est difficile de parvenir à une connaissance historique « objective » sur les pharisiens et les sadducéens est de se rendre compte que le premier document de la littérature mondiale à employer le mot « pharisien » est l'épître aux Philippiens, écrite par Paul de Tarse vers 56-58 de notre ère. Dans un passage fortement polémique, face à ses opposants juifs ou judéo-chrétiens, Paul se vante (Ph 3, 5) d'être « quant à la Loi, un pharisien » [55]. Après Philippiens, le document suivant à employer le mot est l'évangile de Marc (vers 70 de notre ère), où le mot « pharisien(s) » apparaît 12 fois, dans des récits et des logia : 10 fois dans le texte narratif de Marc, 1 fois dans la question prononcée par un anonyme et 1 fois dans une parole de Jésus. De plus, l'évangile de Marc est le premier document de la littérature mondiale à employer le mot « sadducéen » [56]. Étant donné le combat dans lequel étaient engagés le judaïsme et le christianisme primitif au Iᵉʳ siècle, on ne peut pas s'attendre à ce que Paul ou Marc soient une source historique neutre ou « objective », quand il s'agit de décrire les pharisiens ou les sadducéens. Il faut se souvenir par ailleurs que ces deux auteurs écrivaient à des communautés vivant en dehors de la Palestine, constituées majoritairement de « gens des Nations ».

Pourtant, d'un point de vue critique, Paul pourrait être un témoin précieux, surtout parce qu'il a certainement été lui-même pharisien dans la période d'avant 70, au moins pendant un certain temps. Parmi toutes nos sources, il est d'ailleurs le seul dans ce cas, puisque l'affirmation de Josèphe concernant sa fréquentation de l'école pharisienne depuis sa jeunesse se trouve seulement dans sa dernière œuvre, l'*Autobiographie*, et que, nous le verrons plus loin, cette affirmation est sérieusement mise en doute [57]. Malheureusement, dans toutes ses épîtres, Paul ne mentionne qu'une seule fois (Ph 3, 5) qu'il a été pharisien, et uniquement en passant, au milieu d'une attaque cinglante contre ses opposants juifs ou judéo-chrétiens. Si l'on veut utiliser Paul, ce doit être comme témoin indirect. Le maniement de son témoignage est délicat, mais c'est mieux que rien. Étant donné que le courant pharisien n'était pas monolithique au Iᵉʳ siècle de notre ère, on peut essayer de lire entre les lignes des épîtres de Paul pour deviner quelle *sorte* de pharisaïsme Paul avait connue et adoptée.

Quand on en arrive aux évangiles, on dispose de beaucoup plus de matériaux ; mais ceux-ci posent de gros problèmes. Même dans l'évangile le plus ancien, Marc, la description de Jésus en conflit avec les pharisiens peut refléter fortement les luttes entre l'Église primitive et les pharisiens pendant la première génération chrétienne [58]. La polémique déjà présente dans Marc devient encore plus mordante dans les évangiles ultérieurs de Matthieu et de Jean [59]. Si Luc peut parfois avoir une tonalité plus irénique dans son évangile et dans les Actes, cela relève probablement davantage de son projet théologique (par exemple, la continuité dans l'histoire du salut) que d'une histoire fiable de la période antérieure à 70 [60]. Finalement, il est bon de nous rappeler que Ph 3, 5, les quatre évangiles et les Actes sont nos seules sources du Nouveau Testament concernant les pharisiens. La question est encore plus vite réglée pour les sadducéens : ni Paul ni Jean ne les mentionnent, et nous en sommes réduits aux synoptiques et aux Actes [61]. Une portion importante du Nouveau Testament ne fait donc jamais allusion à aucun des deux groupes.

B. Josèphe comme source

On serait en droit de compter davantage sur l'historien juif Josèphe. De fait, un certain nombre d'exégètes le considèrent comme notre principale, voire notre seule source fiable pour les grandes « écoles de pensée » ou « écoles philosophiques » du monde juif, ces deux expressions voulant traduire le terme *hairesis* utilisé par Josèphe pour décrire ces groupes juifs [62]. Cependant, les endroits où il parle de façon systématique des pharisiens, des sadducéens et des esséniens se limitent à trois ensembles de matériaux, isolés dans l'immensité de ses écrits. Même pour ce qui concerne les pharisiens, le groupe destiné à avoir l'impact le plus important sur l'histoire juive ultérieure, Josèphe n'en fait mention que dans quatorze passages différents, dont neuf seulement proposent une réflexion délibérée sur leurs croyances ou leurs activités [63]. Plus encore, ce que dit le précautionneux Josèphe n'est pas sans ambiguïté. Alors que sa description des esséniens ne manque jamais d'être élogieuse et que son regard sur les sadducéens est presque toujours négatif, sa façon de parler des pharisiens a provoqué de vives discussions entre spécialistes de Josèphe au XXe siècle. Les interprétations modernes de la position de Josèphe vis-à-vis des pharisiens peuvent se classer selon les six options suivantes, qui ne s'excluent pas toutes mutuellement [64].

1. Josèphe décrit régulièrement les pharisiens comme des gens qui étudiaient la Loi ou comme un groupe d'érudits qui défendaient le double caractère de la Loi, écrite et non écrite. Ils avaient une grande influence sur les gens du peuple et donc sur toute la vie juive en Palestine [65].
2. Josèphe est parfois contradictoire dans sa manière de décrire les pharisiens. La raison en est qu'il utilise des sources (par exemple, Nicolas de Damas, l'historien de cour d'Hérode le Grand) qui parlent surtout des pharisiens des périodes hasmonéenne et hérodienne. La combinaison de diverses sources avec ses propres opinions explique les contradictions dans les jugements qu'il porte sur les pharisiens [66].
3. La présentation faite par Josèphe est totalement antipharisienne, dans toutes ses œuvres [67].

4. Josèphe passe d'une vision davantage antipharisienne dans la *Guerre* à une vision davantage propharisienne dans les *Antiquités*, à cause de changements intervenus dans sa propre vie et dans ses croyances et (ou) à cause de changements politiques dans la Palestine d'après la guerre, alors que divers groupes juifs sont en compétition pour obtenir la faveur de Rome et que Rome est à la recherche d'un groupe susceptible de représenter les intérêts romains auprès des Juifs palestiniens ordinaires [68].

5. Josèphe n'est ni pro- ni antipharisien ; il est contre tous ceux qui perturbent l'ordre et la paix romaine dans la société. Les pharisiens sont donc décrits négativement lorsqu'ils troublent la paix sociale et ils sont décrits positivement lorsqu'ils la favorisent [69].

6. L'aristocrate et prêtre hasmonéen Josèphe a toujours eu de l'antipathie pour les pharisiens, du début à la fin de sa carrière politique et littéraire. Il manifeste clairement son aversion dans la *Guerre*, écrite au cours de la décennie suivant la Première Guerre juive (qui a duré de 66 à 70 de notre ère). Pendant la guerre, Josèphe avait fait l'expérience de l'hostilité manifestée contre lui par une délégation envoyée de Jérusalem en Galilée pour le démettre de son commandement, délégation dont trois des quatre membres étaient pharisiens, et il avait eu vent de la corruption dont s'était servi Siméon Ier (un pharisien) pour saper les appuis politiques dont bénéficiait Josèphe à Jérusalem. Il avait encore cette histoire sur le cœur en écrivant la *Guerre*, dans les années 70. En conséquence, dans les sections narratives de la *Guerre*, Josèphe décrit les pharisiens sous un jour presque uniformément négatif.

Mais dans les *Antiquités*, écrites dans les années 90, Josèphe infléchit sa présentation antipharisienne vers une description un peu plus favorable (et donc plus mitigée, plus nuancée [70]). Cela pourrait s'expliquer par le fait que les blessures se guérissent avec le temps. Plus vraisemblablement, c'est l'instinct de survie de Josèphe qui est en cause. Josèphe, le Talleyrand du judaïsme du Iᵉʳ siècle, n'était jamais qu'un survivant qui savait se placer du côté des vainqueurs. Le glissement qu'il opère vers une description nuancée des pharisiens pourrait être le reflet de l'influence croissante des pharisiens/rabbis dans les années 90. Gamaliel II, un fils de Siméon Iᵉʳ et donc un chef juif de tradition pharisienne, a probablement bénéficié d'une sorte de reconnaissance officielle de la part du gouvernement romain dans les années 90. Aussi Josèphe a-t-il pu ressentir alors le besoin de modifier le portrait totalement négatif qu'il donnait des pharisiens pour une présentation plus nuancée, en juxtaposant des zones d'ombre et de lumière. Une telle description mitigée n'est pas incongrue dans les *Antiquités*, puisque Josèphe y opère aussi un glissement dans sa manière de présenter un certain nombre de notables juifs (par exemple, Aristobule Iᵉʳ, Alexandre Jannée et Hérode le Grand) pour faire d'eux des portraits plus complexes que ceux que l'on trouve dans la *Guerre*.

Finalement, vers la fin des années 90, il est tellement évident au sentiment de Josèphe que les pharisiens et leurs héritiers spirituels les rabbis surfent sur la vague de l'avenir qu'il n'hésite pas à affirmer mensongèrement avoir été disciple de l'école de pensée pharisienne depuis l'âge de dix-neuf ans (*Autobiographie* 2 § 12). Mais on est porté à penser qu'il dit cela entre les dents, car même dans l'*Autobiographie* il ne peut refréner quelques déclarations peu flatteuses à l'égard de certains pharisiens (à savoir la corruption dont a fait usage Siméon Ier pour obtenir une délégation chargée d'aller en Galilée retirer le commandement à Josèphe, ainsi que le comportement sournois de la délégation majoritairement pharisienne) [71]. On remarque en particulier le curieux éloge qui vise Siméon Ier (*Autobiographie* 38 § 191-192), en plein milieu du récit de sa manœuvre de corruption en vue de saper le commandement de Josèphe en Galilée (*Autobiographie* 38 § 189-203). Cette juxtaposition maladroite montre deux choses : la trahison fait encore mal ; mais, étant donné que le fils de Siméon, Gamaliel II, est maintenant une étoile montante de la politique juive en Palestine, il faut bien se résoudre à faire l'éloge de Siméon [72]. Josèphe se résigne à vivre avec les vainqueurs, mais pas de gaieté de cœur.

Cette sixième option est la mienne. J'en ai bien conscience, l'accusation que je porte contre Josèphe et qui fait tout simplement de lui un menteur lorsque, dans *Autobiographie* 2 § 12, il affirme avoir été pharisien depuis sa jeunesse, peut sembler dure et outrancière. Pourtant, le portrait que Josèphe trace de lui-même en jeune homme sincère qui prend soin d'essayer toutes les options religieuses disponibles avant de faire son choix et de s'engager (*Autobiographie* 2 § 9-12) contient une contradiction interne. Il affirme avoir commencé, vers l'âge de seize ans, à tester successivement les trois principales écoles philosophiques des pharisiens, des sadducéens et des esséniens. Il souligne qu'il a acquis une connaissance très détaillée de chaque école, pas seulement par une étude théorique mais par le dur entraînement et l'effort important exigé de la personne qui « passe par » *(diēlthon)* les trois écoles [73]. Mais non content de cette épreuve approfondie, il devint pendant trois ans le disciple zélé d'un ascète du désert nommé Bannus. Après avoir achevé cette expérience de toutes les options souhaitables, il revint à Jérusalem au bout de trois ans. À l'âge de dix-neuf ans, il commença sa carrière publique [74] et devient disciple de l'école de pensée pharisienne.

Pourtant, même si elle convient à un public gréco-romain (on trouve des récits semblables pour Galien, Justin et Appollonios de Tyane [75]), cette histoire d'un jeune homme sincère à la recherche de la vérité philosophique pourrait bien ne pas être aussi vraie qu'on la raconte. Il se trouve tout simplement que les nombres donnés ne tombent pas juste. Josèphe lui-même nous dit ailleurs que l'entrée chez les esséniens exigeait au moins une période d'essai de *trois* ans (une année probatoire suivie d'une période de deux années d'initiation) ; et les manuscrits de Qumrān confirment plus ou moins ce schéma [76]. Dans *Autobiographie* 2 § 10-11, le récit de Josèphe suppose que les pharisiens et les sadducéens imposaient eux aussi au candidat de passer par un « noviciat » exigeant ; on se demande alors comment il était possible de faire l'expérience des trois groupes de manière aussi détaillée et rigoureuse au cours de trois années seulement, alors qu'un vrai noviciat chez les esséniens demandait à lui seul trois ans. Et Josèphe va même jusqu'à prétendre que, après avoir vécu les étapes préparatoires de ces trois groupes, il a aussi passé *trois* ans avec Bannus. Pour corser encore les choses, il prétend également que toute cette période d'essai commença quand il avait environ seize ans et que, lors de son retour à Jérusalem pour entrer dans la vie publique, à la fin de toutes ces années y compris les trois passées avec Bannus, il était *alors* âgé de dix-neuf ans (*Autobiographie* 2 § 12).

À moins que Josèphe ne pratique un nouveau type de mathématiques, quelque chose sonne faux dans cette histoire [77]. À mon avis, ce qui est faux c'est que, devenu vieux, il invente maladroitement une période assez longue au cours de laquelle il est censé avoir testé les plus importantes options religieuses juives de l'époque, en vue de souligner que finalement sa vie adulte s'est passée dans la loyauté envers les seuls pharisiens. Même indépendamment de l'impossibilité arithmétique de cette autodéfense d'un Josèphe devenu vieux, un lecteur connaissant bien la *Guerre* et les *Antiquités* reste complètement stupéfait devant le diable qu'il fait subitement jaillir de la boîte dans *Autobiographie* 2 § 12. La lecture approfondie des deux grandes œuvres historiques de Josèphe ne porte jamais à supposer que l'auteur ait été lui-même pharisien pendant la totalité de sa vie adulte [78]. Nulle part dans la *Guerre* ou les *Antiquités*, il ne s'associe clairement avec les pharisiens. En fait, surtout dans la *Guerre*, où les sections narratives décrivent les pharisiens de manière très négative, son groupe idéal semble être les esséniens ; il leur consacre le plus d'espace et il fait d'eux le plus grand éloge lorsqu'il décrit les quatre grandes « écoles de pensée » (*Guerre* 2.8.1-14 § 118-166).

D'ailleurs, même dans l'*Autobiographie*, on cherche en vain à déceler en quoi l'allégeance pharisienne de Josèphe a eu un impact sur le reste du récit. On se serait attendu, par exemple, à ce que la question de l'allégeance de Josèphe aux pharisiens soit évoquée dans les discussions avec la délégation envoyée en Galilée par le gouvernement révolutionnaire provisoire pour le démettre de son commandement. Bien que trois des quatre délégués aient été pharisiens, ce point commun avec Josèphe n'est jamais mentionné. En fait, en vue de contrer l'« amour » des Galiléens pour Josèphe en raison de ses qualités naturelles et du statut qu'il avait acquis, les délégués avaient reçu l'ordre d'insister sur le fait que, tout comme Josèphe, ils étaient eux aussi originaires de Jérusalem, bien au fait des coutumes de leurs pères et que deux d'entre eux étaient prêtres (*Autobiographie* 39 § 198). On aurait pu penser qu'un autre point évident de comparaison aurait été l'identité pharisienne de trois des quatre délégués, tout comme Josèphe. Mais ce point n'apparaît jamais [79]. De la même manière, le fait que Siméon Ier avait fait usage de la corruption pour saper l'autorité de Josèphe aurait été d'autant plus répréhensible que cet acte aurait été celui d'un pharisien insurgé poignardant dans le dos un autre pharisien insurgé. Mais, là encore, ce point n'est jamais mis en avant [80].

Finalement, l'affirmation de Josèphe sur son identité de pharisien pendant toute sa vie apparaît dans *Autobiographie* 2 § 12 comme une météorite isolée. Elle n'a pas de sens dans son propre contexte, n'a pas de précédent dans les ouvrages antérieurs de Josèphe et n'a pas d'impact sur ce que Josèphe écrit plus loin. En vrai Melchisédech littéraire (cf. He 7, 3), elle n'a ni père ni mère dans les volumes passés de Josèphe et n'a pas de progéniture dans le reste de son *Autobiographie* ou de son *Contre Apion*. Ne serait-ce pas le fait qu'il est gêné par son mensonge, avec son aversion soutenue pour les pharisiens, qui empêche Josèphe de dire tout simplement, à la fin de l'*Autobiographie* 2 § 12, « et c'est ainsi que je suis devenu pharisien » ou « et c'est ainsi que je suis maintenant pharisien », au lieu de la formule grecque quelque peu ambiguë qu'il emploie (*tę̄ pharisaiōn hairesei katakolouthōn*, qui signifie probablement « en devenant disciple de l'école de pensée pharisienne »). Cette formule est peut-être le mieux qu'il puisse se résoudre à écrire pour poser une affirmation qu'il ne veut pas faire mais qu'il pense préférable de faire pour pouvoir une fois encore se trouver du côté des vainqueurs [81].

Tout cela nous amène à une conclusion évidente. Il ne nous est pas possible, pour la simple raison qu'il aurait été lui-même pharisien pendant toute sa vie adulte, de considérer Josèphe comme la seule source totalement fiable sur les pharisiens. Nous avons affaire au contraire à un aristocrate de Jérusalem et à un prêtre hasmonéen antipharisien, qui trouva opportun, vers la fin de sa vie, de déclarer avoir été pharisien pendant toute sa carrière publique, alors que ce n'était pas le cas. Bien sûr, on ne nie pas pour autant que des récits et des notations de Josèphe concernant les pharisiens soient des sources importantes, à la fois parce qu'il puise à des sources antérieures et parce qu'il a été témoin oculaire de certains événements majeurs. Mais ses déclarations sur les pharisiens doivent être abordées avec précaution, exactement comme le Nouveau Testament et la littérature rabbinique.

C. La littérature rabbinique comme source

Pour reconstruire les pharisiens et les sadducéens historiques, les anciens exégètes juifs avaient l'habitude de s'appuyer fortement sur la Mishna (vers 200-220 de notre ère), la Tosephta (IIIe siècle), le Talmud palestinien (ou de Jérusalem) (Ve siècle) et le Talmud babylonien

(VIe siècle) [82], ainsi que sur les midrashim rabbiniques de divers siècles. Plus récemment, des exégètes juifs tels que Jacob Neusner et Shaye Cohen, ainsi que des exégètes chrétiens tels que E. P. Sanders et Anthony Saldarini ont appelé à davantage de prudence dans l'utilisation de la littérature rabbinique pour décrire les conditions très différentes du judaïsme dans la Palestine d'avant 70.

La prudence apparaît principalement nécessaire en raison du problème de la datation et de l'attribution de ces textes. Même la collection rabbinique la plus ancienne, la Mishna, a été compilée presque deux cents ans après l'époque de Jésus. Il est vrai que diverses décisions légales et paroles contenues dans la Mishna sont attribuées à des sages qui ont vécu avant ou à peu près à l'époque de Jésus (par exemple, Hillel et Shammaï). Mais si nous devons nous montrer très prudents pour accepter des logia de Marc ou du document Q attribués à Jésus comme venant réellement du Jésus historique, alors que Marc et la source Q ont été mis par écrit seulement une génération après la mort de Jésus à un moment où des gens qui avaient connu Jésus pouvaient être encore vivants, à plus forte raison devons-nous nous montrer prudents pour présumer que des logia attribués à Hillel et à Shammaï viennent réellement d'eux ou de leur époque.

Puis il y a aussi le problème de savoir exactement quand les documents rabbiniques parlent du groupe que le Nouveau Testament et Josèphe appellent les « pharisiens » (*pharisaioi* en grec). Les écrits rabbiniques parlent parfois de *pĕrûšîm* ou de *pĕrûšîn* en hébreu (la forme araméenne correspondante est *pĕrîšayyā'*) ; mais il n'est pas du tout évident de déterminer si et quand *pĕrûšîn* doit être traduit par « pharisiens ». En soi, le mot *pĕrûšîn* pourrait simplement signifier « séparés » ou « séparatistes ». Dans divers contextes rabbiniques, le mot semble se référer à des gens pieux à l'excès, à des ascètes de l'extrême, à des sectaires qui s'étaient coupés du courant principal du judaïsme, voire à des « hérétiques » [84].

Il y a cependant quelques contextes où le mot *pĕrûšîn* semble signifier « pharisiens ». C'est surtout le cas lorsque, dans une discussion sur des points de loi, les *pĕrûšîn* se trouvent en opposition à un groupe appelé *ṣaddûqîm* ou *ṣaddûqîn*, qui correspond très vraisemblablement aux « sadducéens » mentionnés par le Nouveau Testament et par Josèphe [85]. Étant donné que le Nouveau Testament et Josèphe présentent les pharisiens et les sadducéens comme des groupes opposés et que les sadducéens, comme groupe clairement défini, semblent avoir disparu après 70 de notre ère, il est probable que les passages rabbiniques qui présentent les *pĕrûšîn* et les *ṣaddûqîn* en train de s'opposer dans un débat conservent des traditions qui remontent au judaïsme palestinien d'avant 70 [86].

Même une approche aussi prudente n'est pas sans problèmes, y compris des problèmes de critique textuelle. Certains ouvrages rabbiniques plus tardifs semblent parfois avoir mis le terme *ṣaddûqîn* pour remplacer le mot original *mînîm*, « hérétiques », de peur que les censeurs chrétiens ne prennent *mînîm* comme une allusion aux chrétiens d'origine juive. On ne peut donc pas toujours être sûr que l'opposition entre *pĕrûšîn* et *ṣaddûqîn* soit originale dans un passage donné ; en l'absence de cette opposition, *pĕrûšîn* pourrait tout simplement désigner des « déviants religieux ».

Un autre problème tient au fait que la Mishna, la plus ancienne des collections rabbiniques, contient seulement un passage assez développé où les deux groupes s'opposent l'un à l'autre et où, par conséquent, le sens de « pharisiens » et « sadducéens » est assez sûr. Le passage clé est *m. Yad.* 4, 6-8 [87].

En 4, 6, les sadducéens rejettent le point de vue des pharisiens selon lequel les Écritures rendent impures les mains de quelqu'un, alors que d'autres ouvrages, comme ceux d'Homère, n'entraînent pas d'impureté. La défense des pharisiens est assurée par Johanan ben Zakkaï, qui compare la manière dont les pharisiens voient l'Écriture à celle dont ils voient des ossements : les ossements d'un âne ne souillent pas, alors que ceux d'un grand prêtre rendent impur. Étant donné qu'ils acceptent cette dernière proposition, les sadducéens devraient accepter la première, puisque le principe est le même : plus haute est l'estime que nous portons à un objet, plus grand est son pouvoir de transmettre une impureté. Dans ce passage, les pharisiens sont mis en avant pour leur souci des questions de pureté et parce qu'ils ont, sur la façon de contracter des impuretés par le toucher, un point de vue jugé trop strict par un autre groupe juif. Ce qui est particulièrement frappant dans ce passage c'est que Johanan ben Zakkaï, présenté comme défenseur de la position pharisienne, semble le faire comme quelqu'un de l'extérieur, qui parle des pharisiens à la troisième personne [88].

Dans *m. Yad.* 4, 7, les sadducéens protestent contre deux autres positions des pharisiens. Les pharisiens soutiennent que le filet continu de liquide qui s'écoule d'un récipient propre vers un récipient impur ne rend pas le premier récipient et son contenu impurs : il n'agit pas comme un pont qui transmettrait une impureté [89]. Les pharisiens répliquent que les sadducéens déclarent pur un écoulement d'eau qui vient d'un cimetière ; si *cela* ne transmet pas d'impureté, *a fortiori* la colonne de liquide qui s'écoule d'un récipient vers un autre ne peut pas en transmettre non plus. Là encore, on présente les pharisiens en train de soutenir une position précise sur un point mineur de pureté, cette fois à propos d'ustensiles pour des liquides. Est impliquée aussi leur sensibilité à l'impureté venant de cadavres.

Dans *m. Yad.* 4, 7, les sadducéens protestent également contre le point de vue des pharisiens selon lequel une personne est légalement responsable pour les dommages causés par son bœuf ou son âne, mais pas pour les dommages causés par son esclave homme ou femme. Les sadducéens soutiennent par contre que si une personne peut porter la responsabilité des actions commises par ses animaux, auxquels la Loi n'impose pas d'obligations, elle porte certainement la responsabilité des actions commises par ses esclaves, dont les propriétaires sont soumis de par la Loi à des obligations à leur sujet. Les pharisiens contestent le raisonnement des sadducéens, en faisant remarquer au contraire que les esclaves d'un maître sont doués d'intelligence et donc de responsabilité personnelle, mais pas ses animaux. On voit là les pharisiens s'intéresser à des questions de droit civil, de responsabilité légale pour les dommages causés à autrui, et au principe de la responsabilité légale, liée à l'intelligence et à l'intention de l'auteur du délit.

Le texte de *m. Yad.* 4, 8 pose encore plus de problèmes, puisque des manuscrits de la Mishna parlent d'une discussion entre un hérétique *(mîn)* galiléen et les pharisiens. Mais Stemberger soutient que l'adversaire original des pharisiens aurait pu être un sadducéen et non un hérétique [90]. Le sadducéen conteste la manière dont les pharisiens rédigent le document qui accorde le divorce (un *gēṭ*), car ceux-ci inscrivent sur le document aussi bien le nom du souverain régnant (pour la datation du document) que le nom de Moïse, qui apparaît dans la formule de conclusion. Les pharisiens répliquent que les sadducéens eux aussi écrivent le nom du souverain et le nom de Dieu sur la même page de documents rédigés par eux ; ils mettent de fait le nom du souverain en haut de la page et le nom de Dieu en bas. On voit là les pharisiens s'intéresser non seulement à la question du divorce, mais plus précisément à la manière détaillée dont doit être correctement rédigée une lettre de divorce.

Ce qu'il faut remarquer dans tous ces débats, c'est que la Mishna semble se situer à chaque fois du côté des pharisiens. Cela ne prouve pas que les matériaux de la Mishna sont automatiquement des matériaux pharisiens ; mais cela montre bien que, dans certains cas, la Mishna communique les positions des pharisiens, en les approuvant. Curieusement cependant, la Mishna transmet davantage de traditions juridiques concernant les sadducéens (neuf) que les pharisiens. Comme nous venons de le voir, la Mishna ne transmet que cinq points de vue des pharisiens qui entrent spécifiquement en contradiction avec ceux des sadducéens : trois concernent des questions de pureté (l'Écriture, un filet continu de liquide d'un récipient dans un autre et l'eau qui s'écoule d'un cimetière [91]), l'une concerne le droit civil sur la responsabilité juridique en cas de dommages et la dernière concerne la manière correcte d'écrire une lettre de divorce. Le petit nombre de décisions juridiques attribuées aux pharisiens par la Mishna est surprenant, si l'on soutient, comme le font la plupart des exégètes, que les rabbis étaient les héritiers et les successeurs des pharisiens.

Si nous passons à la Tosephta, nous trouvons un seul passage où les pharisiens et les sadducéens apparaissent en train de polémiquer. Dans *t. Ḥag.* 3, 35, les sadducéens soutiennent que la *menora*, le chandelier d'or du Temple, ne peut pas être rendue impure, alors que les pharisiens disent le contraire. Une fois encore, les deux groupes sont divisés sur une question de pureté et, dans ce cas, à propos d'une partie du dispositif cultuel du Temple.

Si l'on peut supposer que, pour la Tosephta, le groupe obscur appelé les boéthusiens désigne les sadducéens ou un sous-groupe de ceux-ci, on peut ajouter un autre texte [92]. Dans *t. Yad.* 2, 19-20, les boéthusiens soutiennent qu'une fille peut recevoir un héritage de son père, alors que les pharisiens rejettent cette idée. Nous avons là une autre discussion concernant le droit civil [93].

Au bout du compte, il nous faut admettre que ces passages rabbiniques où des pharisiens débattent avec des sadducéens donnent un maigre résultat ; Naturellement, les exégètes cherchent d'autres manières d'exploiter le corpus rabbinique, surtout la Mishna, pour trouver d'autres matériaux que l'on puisse attribuer aux pharisiens avec une bonne probabilité. Dans le passé, une voie habituelle mais non critiquée consistait à déclarer que « les sages » et (ou) « les scribes » mentionnés dans la littérature rabbinique s'identifiaient aux pharisiens. Parfois l'identification n'était même pas discutée ; elle était tout simplement présupposée. Aujourd'hui, cette manière d'aborder la question est rejetée par de nombreux exégètes et considérée comme une esquive de la question ou une pétition de principe [94].

La tentative la plus marquante qui a été faite pour trouver une manière plus critique de passer les matériaux rabbiniques au crible afin d'y déceler des informations sur les pharisiens est peut-être celle de Jacob Neusner. Pour fournir une base de données plus large sur les pharisiens, Neusner s'est engagé dans un énorme projet comportant trois volumes, *The Rabbinic Traditions about the Pharisees before 70* [Les traditions rabbiniques sur les pharisiens avant 70]. La trilogie cherche à extraire la couche la plus ancienne de la Mishna (en même temps que des traditions dispersées tirées du corpus rabbinique plus tardif), une couche qui aurait de bonnes chances de remonter à l'époque d'avant 70. Malgré la qualité de l'érudition de l'auteur et les critères exigeants qu'il s'impose, les critiques ont fait remarquer qu'il n'est pas possible de supposer que les traditions légales d'avant 70 conservées dans la Mishna et dans d'autres écrits rabbiniques soient nécessairement pharisaïques [95].

En effet, les pharisiens n'étaient pas les seuls Juifs palestiniens d'avant 70 à étudier la Loi et à formuler des règles de comportement concret de l'individu (*hălākâ* au singulier, *hălākôt* au pluriel), comme le montrent des manuscrits de la mer Morte et divers pseudépigraphes de l'Ancien Testament. Autrement dit, telle qu'elle a été extraite du corpus rabbinique par les exégètes modernes, la *hălākâ* d'avant 70 ne vient pas nécessairement toute des pharisiens et n'est pas spécialement caractéristique de leur mouvement. Les pharisiens n'étaient pas, au sens strict du terme, une secte qui se mettait à l'écart d'un Israël supposé apostat, comme le faisait la communauté de Qumrān [96]. Les pharisiens vivaient au milieu d'autres Juifs palestiniens et avaient nécessairement des rapports avec eux, surtout quand des foules nombreuses montaient au Temple pour les grandes fêtes. Les pratiques auxquelles ils se conformaient ne leur étaient sans doute pas particulières ; mais ils devaient les avoir en commun avec le courant majoritaire du judaïsme, un courant qui comprenait également les grandes familles sacerdotales, des prêtres n'appartenant à aucun parti spécial, des sadducéens, des juifs aux tendances apocalyptiques et la masse des Juifs ordinaires qui ne faisaient parti d'aucun groupe particulier [97].

En plus, au lieu de le prouver, on se contente le plus souvent de présupposer et de considérer comme un fait historique que des grands sages d'avant 70 comme Hillel et Shammaï étaient pharisiens [98]. Ils ont pu l'être, bien sûr ; et beaucoup d'exégètes modernes les ont déclarés tels. Mais les arguments historiques en faveur de leur identification comme pharisiens sont ténus. Le mieux que l'on puisse dire est qu'il est probablement possible d'identifier Gamaliel Ier et Siméon Ier comme des pharisiens d'avant 70. Mais, en soi, le seul fait que *m. 'Abot* 1 les place tous les deux à la fin d'une liste de maîtres qui comprend les grands sages d'avant 70 tels que Hillel et Shammaï fournit une base bien fragile pour déclarer que ces deux derniers étaient eux aussi pharisiens. En général, les rabbis de la période tannaïtique (jusqu'à la compilation de la Mishna vers 200-220) ne manifestaient pas beaucoup d'empressement à soutenir que leurs prédécesseurs étaient pharisiens. Cette revendication est devenue un peu plus marquée dans l'enseignement des rabbis de la période amoraïque (de la compilation de la Mishna à la compilation du Talmud de Babylone) [99]. Les premiers rabbis se désintéressaient-ils tout simplement de l'histoire post-biblique ? Ou bien voulaient-ils nier tenir leurs origines d'un seul groupe parmi les nombreux mouvements en compétition dans la période d'avant 70 ? Ou bien ont-ils cherché à minimiser leurs liens avec les pharisiens dans le but de désamorcer des querelles de partis et de créer une large coalition d'opinons diversifiées ? Ou bien les rabbis plus tardifs ont-ils insisté sur des liens avec les pharisiens, dans l'intention de créer un « mythe des origines » et d'établir une continuité pour renforcer leur autorité ? Chacune de ces explications peut contenir une part de vérité.

On peut résumer les choses ainsi : il faut être prudent dans le recours à la couche la plus ancienne de la Mishna et à d'autres ouvrages rabbiniques comme témoignages sur des positions pharisiennes [100]. Cela ne signifie pas que les écrits rabbiniques soient disqualifiés comme témoignages pour la période d'avant 70. Mais, chaque affirmation doit être vérifiée pour elle-même. Si l'on dit qu'une opinion ou une pratique juridique qui se trouve dans des écrits rabbiniques est d'origine pharisienne ou, plus généralement, qu'elle remonte à la période d'avant 70, on doit prouver ce que l'on affirme.

D. La méthode à adopter

Nous sommes désormais mieux à même de prendre la mesure des difficultés devant lesquelles on se trouve dans l'utilisation des trois sources principales pour la connaissance des pharisiens et des sadducéens, surtout dans leurs relations avec le Jésus historique. Étant donné les problèmes de datation inhérents à toutes les sources et les partis pris qu'elles recèlent, comment doit-on alors procéder ? En un sens, le problème n'est pas très différent de celui de l'utilisation des diverses sources du Nouveau Testament pour la reconstruction du Jésus historique. Comme dans toute recherche historique, en particulier quand il s'agit d'histoire ancienne, les mêmes critères fondamentaux d'historicité s'appliquent.

Prenons par exemple les pharisiens : le critère le plus important pour la reconstitution des pharisiens historiques est probablement le critère d'attestation multiple de sources et de formes. Les épîtres pauliniennes, les évangiles, les Actes, la *Guerre des Juifs*, les *Antiquités* et l'*Autobiographie* de Josèphe et la littérature rabbinique (et en premier la Mishna) représentent des types très différents d'écrits : lettres, récits kérygmatiques de la vie, de la mort et de la résurrection de Jésus, histoires et (auto)biographies écrites à la manière gréco-romaine et collections d'opinions sur la loi et de paroles de sagesse. Ces ouvrages ont été écrits par des types très divers de personnes : des Juifs, des chrétiens d'origine juive, des chrétiens d'origine non juive, tous différents quant au niveau d'éducation et de statut économique et, très certainement, quant aux croyances. Ces écrits ont été rédigés et compilés à des périodes différentes : Paul dans les années 50 du Ier siècle de notre ère, Marc et la tradition Q vers 70, Josèphe entre les années 70 et la fin des années 90 du Ier siècle et la Mishna au début du IIIe siècle de notre ère. Les lieux de composition sont eux aussi différents : à part la Mishna et d'autres écrits rabbiniques anciens, ils ont vraisemblablement tous été écrits en dehors de la Palestine [101].

Autant qu'on le sache, il n'y a pas de dépendance littéraire entre Paul, la tradition Q, Marc, Jean, les sources particulières de Matthieu et de Luc, Josèphe et la Mishna. Aussi l'accord sur des points spécifiques concernant les pharisiens entre des auteurs si divers ayant des optiques si différentes constitue-t-il un bon argument en faveur de l'historicité. Étant donné la variété de nos trois sources principales dans leur étendue et dans leur dessein, on ne peut espérer que toutes trois (ou même deux d'entre elles) parlent toujours de la même croyance, de la même décision ou pratique légale et les attribuent spécifiquement aux pharisiens. Mais, au moins, quand deux ou trois d'entre elles parviennent à un tel accord, nous avons une bonne raison de supposer que l'attribution s'appuie sur une base historique. De plus, au nom du critère d'embarras, il faut prendre en considération une assertion concernant les pharisiens qui irait à l'encontre des préjugés habituels d'un auteur donné.

4. Les pharisiens

A. Quelques portraits des pharisiens réalisés au XX*e* *siècle* [102]

Le fâcheux petit secret des études du Nouveau Testament est que personne ne sait réellement qui étaient les pharisiens ; et pourtant beaucoup pensaient le savoir, avant qu'une vague d'études plus critiques ne déferle sur la plage universitaire dans les années 70. Joseph Sievers le dit carrément : « Nous en savons beaucoup moins sur les pharisiens que n'en "connaissait" la génération précédente [103]. » L'histoire de la recherche au XXe siècle est tapissée de nombreux portraits des pharisiens, dont la plupart sont aujourd'hui écartés.

Certains chercheurs se sont essayés à une approche sociologique ; ils ont décrit les pharisiens comme des Juifs urbains « plébéiens », qui étaient soutenus par le prolétariat des villes, dans leur combat contre la petite aristocratie inculte, les sadducéens, dont les manières grossières reflétaient l'origine rurale. Les chefs des pharisiens étaient les scribes ; et, en général, les pharisiens se consacraient à l'étude de la Loi. Ils accordaient de la valeur aux études, tandis que les sadducéens ne manifestaient que mépris pour le savoir [104].

Dans la même ligne, d'autres exégètes ont souligné que les pharisiens étaient des libéraux éclairés, qui luttaient consciemment contre les sadducéens conservateurs à l'esprit rigide. La révolution lancée par les pharisiens a été déclenchée par la transformation d'une vieille société agraire en société de plus en plus urbanisée, dans laquelle les lois du Pentateuque étaient souvent inapplicables. Les lois non écrites introduites par les pharisiens étaient adaptées à la nouvelle société urbaine ; c'est pourquoi les pharisiens en vinrent à dominer tous les secteurs de la vie juive en Palestine, y compris le culte. Dans ce scénario, les pharisiens sont habituellement décrits comme une classe de laïcs cultivés, opposés au système religieux désuet, lié aux sacrifices d'animaux et à un Temple unique, seul endroit où le culte juif pouvait être rendu dans sa plénitude. En cherchant à rejeter ou, au moins, à réformer ce système sacerdotal obsolète, les pharisiens se faisaient les champions d'une religion populaire, qui était centrée sur l'étude de la Loi écrite et orale et qui se répandait à travers les institutions démocratiques et laïques de la synagogue. En fait, en détruisant Jérusalem, son Temple et son sacerdoce sadducéen attaché à une compréhension littérale de l'Écriture, les légions romaines ont tout simplement permis au projet pharisien de se réaliser complètement. Sans le vouloir, l'armée romaine a ouvert les portes de l'avenir à la religion purifiée et pacifiste des pharisiens, qui est tout bonnement plus ou moins assimilée au judaïsme rabbinique [105].

Plus récemment, Jacob Neusner a proposé une reconstitution beaucoup plus fondée au plan de la recherche [106]. Il a tenté de montrer que les pharisiens étaient conduits par un idéal de sainteté sacerdotale. Ils cherchaient à consommer leur nourriture quotidienne dans un état de pureté rituelle, qui convenait aux membres du sacerdoce du Temple de Jérusalem. Loin de se mettre à l'écart dans une secte ésotérique à la manière de la communauté de Qumrān, les pharisiens cherchaient, par la stricte observance de règles de pureté, à étendre la sainteté du Temple dans le domaine de la vie et de la nourriture quotidienne des Juifs. En s'appuyant sur l'opinion d'exégètes antérieurs, Neusner pense que les pharisiens s'efforçaient de faire en sorte que tout le peuple juif accomplisse le commandement de Lv 19, 2, qui résume le code de sainteté du Lévitique : « Soyez saints, car moi, Yahvé votre Dieu, je suis saint. »

Neusner a spécifié cette manière de voir en soulignant que l'idéal de sainteté poursuivi par les pharisiens était la sainteté sacerdotale prévue pour le Temple et que les pharisiens atteignaient cet objectif en entourant d'un soin méticuleux tout ce qui a rapport à la nourriture : récolte faite selon les règles avec paiement de la dîme sur la récolte, règles de pureté pour les récipients destinés à la nourriture et règles de pureté pour les personnes qui prennent part aux repas quotidiens ordinaires. Après la fin de la dynastie hasmonéenne, lorsque les pharisiens eurent cessé leur activité politique agressive, ils devinrent pour ainsi dire un club religieux avec ses règles alimentaires [107]. La reconstruction de Neusner a été critiquée par divers exégètes, notamment par E. P. Sanders, qui, dans les matériaux rabbiniques les plus anciens, ne trouve pas trace de cet idéal de pureté sacerdotale dans les repas juifs quotidiens [108].

Il y a également un problème à prétendre que les pharisiens ont choisi de se retirer de la vie publique et de l'activité politique, une fois qu'Hérode le Grand eut consolidé sa maîtrise sur le royaume. Il est plus vraisemblable qu'ils ont été contraints à se retrouver sur la touche à cause du gouvernement autocratique d'Hérode et de l'élimination impitoyable des opposants. Néanmoins, quelques pharisiens ont participé de temps à autre à la vie politique de la cour d'Hérode. Au début de son règne, au moment où il tua nombre de ses opposants politiques, Hérode épargna le pharisien Pollion et son disciple Samaias, en signe de gratitude. Quelques années auparavant en effet, alors qu'Hérode avait été mis en jugement par le Sanhédrin comme un vulgaire roturier, Pollion (ou Samaias : Josèphe n'est pas clair sur ce point) avait prédit qu'Hérode tuerait un jour Hyrcan II et les juges qui l'avaient mis en procès ; et la prophétie ne se réalisa que trop. En outre, alors que plus tard, au début de son règne, Hérode faisait le siège de Jérusalem, Samaias poussa les habitants de Jérusalem à accepter le nouveau roi (*Ant.* 14.9.4 § 172-176 ; cf. 15.1.1 § 3). Le respect d'Hérode à l'égard de Pollion et de Samaias se révéla durable. Même quand Hérode obligea tout le peuple à prêter serment de fidélité envers lui, il en dispensa Pollion, Samaias et la plupart de leurs disciples, qui refusaient de prêter serment (*Ant.* 15.10.4 § 370)[109]. Apparemment au moins, quelques pharisiens conservèrent de l'influence à la cour d'Hérode.

Pourtant, les relations ne furent pas toujours aussi amicales, surtout quand certains pharisiens essayèrent d'utiliser des moyens indirects, voire sournois, pour exercer une influence politique (par exemple, des intrigues avec certaines des femmes haut placées à la cour d'Hérode)[110]. Dans un cas extrême, l'action politique des pharisiens devint manifeste : lors du soulèvement contre le recensement romain sous Quirinius, en 6 de notre ère, un pharisien du nom de Saddok rejoignit Judas le Galiléen à la tête de la révolte[111].

L'échec du soulèvement de Judas persuada d'autres pharisiens de garder sagement un profil politique bas. D'ailleurs, dans une large mesure, les pharisiens continuèrent à être laissés sur la touche par la politique des préfets et procurateurs romains, qui traitaient essentiellement avec le grand prêtre et les aristocrates de Jérusalem. Cette marginalisation politique effective des pharisiens ne prouve nullement qu'ils n'avaient pas grande envie d'exercer une influence politique indirecte dans les hautes sphères du pouvoir et même de retrouver un contrôle politique direct. Si l'on en croit les Actes, quelques pharisiens au moins (par exemple, Gamaliel Ier dans Ac 5, 35) étaient influents dans les réunions du conseil du grand prêtre, au cours de la période de souveraineté romaine directe.

En plus, des faits s'expliquent difficilement : si l'on suppose que ce groupe était en retrait, apolitique, voire quiétiste et pacifiste, comment se fait-il que certains chefs pharisiens éminents aient joué un rôle politique important à Jérusalem dans les événements qui ont conduit à la révolte contre Rome en 66 de notre ère ? En mettant fin au sacrifice biquotidien offert pour Rome et pour l'empereur, le jeune prêtre Éléazar allait au-devant de la guerre ; des citoyens en responsabilité se rencontrèrent alors en conseil avec les dirigeants des prêtres et les plus estimés des pharisiens pour tenter d'empêcher le désastre (*Guerre des Juifs* 2.17.3 § 411 ; cf. *Autobiographie* 5 § 21). Après le début de la révolte, quelques pharisiens furent impliqués dans les premières phases du soulèvement (par exemple, Siméon Ier, membre pharisien du gouvernement provisoire, et les trois pharisiens de la délégation envoyée pour démettre Josèphe de son commandement en Galilée)[112]. Plus encore, il est difficile de comprendre pourquoi les Romains victorieux, eux qui étaient essentiellement des bêtes politiques, seraient allés dénicher, pour en faire leurs éventuels collaborateurs dans la Judée d'après 70, un club diététique quiétiste qui était censé n'avoir pas eu d'expérience ou d'intérêt politique depuis environ 37 avant notre ère. Quelque vingt ans après 70 de notre ère, les Romains décidèrent de reconnaître Gamaliel II, le rejeton d'une famille pharisienne distinguée, comme l'homme chargé de faire le lien entre les Juifs de Judée et eux. Cela ne va guère dans le sens d'une totale prise de distance des pharisiens par rapport à la vie politique judéenne au cours du siècle précédent.

B. Un scénario minimaliste en six points

Peut-être une part des problèmes posés par ces approches sociologiques et politiques des pharisiens tient-elle à ce que les exégètes qui les utilisent tentent d'en savoir plus sur les pharisiens d'avant 70 que ce que permettent les sources actuellement disponibles. Dans ce qui va suivre, je vais employer les sources et la méthode décrite plus haut, non pas pour dresser un portrait complet des pharisiens, qui, de toute façon, ne pourrait pas correspondre à la réalité, mais plutôt pour tracer quelques traits fondamentaux, des caractéristiques minimales, confirmées par plus d'une source.

(1) Commençons par déclarer ce qui va de soi : les pharisiens (tout comme les sadducéens) étaient un groupe juif qui avait des intérêts à la fois religieux et politiques et qui était en activité en Palestine avant la Première Guerre juive. Ce point essentiel, qui a l'avantage de ne pas être en débat et n'a donc pas besoin d'être longuement démontré, est abondamment soutenu par les trois sources.

(a) De fait, dans les années 50 du Ier siècle, Paul de Tarse, un ancien pharisien, donne, en Ph 3, 5, un témoignage autobiographique de l'existence des pharisiens. Puisque Paul est devenu chrétien vers le début ou le milieu des années 30 et que pour lui, semble-t-il, les pharisiens existent encore au moment où il écrit aux Philippiens [113], il fournit un témoignage de première main sur l'existence des pharisiens dans la première moitié du Ier siècle de notre ère.

(b) Pour compléter ce témoignage, Josèphe prétend avoir été disciple du mouvement pharisien à partir de l'âge de dix-neuf ans (*Autobiographie* 2 § 12), c'est-à-dire aux environs de 56 de notre ère (pratiquement à l'époque où Paul écrit la lettre aux Philippiens !). Comme je l'ai dit plus haut, Josèphe ment quand il dit être devenu pharisien à dix-neuf ans ; pourtant, même fausse, sa prétention serait un pur non-sens et ne lui serait d'aucune utilité, si l'existence, dans la Palestine des années 50, d'une « école de pensée » *(hairesis)* appelée les pharisiens n'était une chose généralement reconnue et si cette existence n'avait duré jusqu'à la Première Guerre juive et pendant ce conflit (comme le manifestent clairement le personnage de Siméon Ier et les trois pharisiens qui faisaient partie de la délégation envoyée pour démettre Josèphe de son commandement en Galilée).

(c) Enfin, lorsque les sources rabbiniques ultérieures font référence à des controverses entre deux groupes appelés *pĕrûšîn* et *ṣaddûqîn*, des discussions dont certaines font allusion à des conditions qui n'ont pu perdurer que pendant la période où le Temple de Jérusalem était encore debout, les seuls groupes opposés que l'on puisse raisonnablement identifier aux adversaires qui débattent dans ces textes sont les pharisiens et les sadducéens. Ainsi, au moins quant à la vérité fondamentale de l'existence des pharisiens dans la période d'avant 70, les trois sources s'accordent.

(2) Les pharisiens avaient la réputation d'interpréter la Loi de Moïse d'une manière exacte ou précise *(akribēs)*. Ce vocabulaire d'« exactitude » ou de « précision » pour les décrire est un point sur lequel Luc et Josèphe sont manifestement d'accord [114]. Cette description est confortée par les opinions précises sur des points relativement mineurs de l'observance légale, que l'on trouve dans les débats entre pharisiens et sadducéens rapportés par la littérature rabbinique.

Pour accentuer peut-être le portrait négatif qu'il veut faire des pharisiens, Josèphe souligne qu'ils jouissaient d'une *réputation* (exprimée par le verbe *dokeō*) de *connaissance* exacte de la Loi de Moïse et des coutumes ancestrales. Ces récits sur les pharisiens donnent l'impression (mais peut-être était-ce intentionnel de la part de Josèphe) que le groupe n'était pas toujours aussi méticuleux et exigeant quand il s'agissait d'*agir* légalement ou moralement [115]. Cependant, le portrait que Paul fait de lui-même comme quelqu'un de « zélé » pour ce qui était de garder « les traditions de mes pères » (Ga 1, 14), allant même jusqu'à persécuter l'Église naissante, et la manière dont il insiste pour dire qu'il était « un homme irréprochable quant à la justice que peut donner la Loi » (Ph 3, 6, qui n'a de sens que si Paul fait allusion à sa conduite) [116] montrent que les pharisiens s'intéressaient autant à la rectitude du comportement qu'à l'exactitude de l'interprétation. Même exagérée et partiale, la polémique virulente des évangiles contre les pharisiens laisse supposer un groupe connu à la fois parce qu'il énonce des règles précises et parce qu'il les observe méticuleusement. Mais en même temps, cette précision ne doit pas être prise comme une marque de dureté dans le jugement. Au contraire, le Nouveau Testament (le conseil avisé de Gamaliel dans Ac 5, 33-40) et Josèphe (*Ant.* 13.10.6 § 294 ; cf. 20.9.1. § 201) montrent que les pharisiens avaient tendance à être indulgents quand ils avaient à porter un jugement [117], comme le suggère également le traité *Sanhédrin* de la Mishna.

(3) La controverse entre Jésus (ou les premiers chrétiens) et les pharisiens sur des questions de Loi est le reflet d'un conflit plus large, qui faisait rage en Israël au tournant de l'ère chrétienne, à propos de l'interprétation exacte de la Loi de Moïse. Le Temple de Jérusalem et la Loi de Moïse étaient les deux grands symboles qui unifiaient la religion juive et qui en même temps, paradoxalement, la divisaient. Pour les gens de Qumrān, les différences à propos du bon usage du Temple et de la juste interprétation de la Loi étaient si importantes qu'ils se sentirent obligés de se couper de tous les autres Juifs, dévoyés à leurs yeux. Même si les divisions n'étaient pas aussi grandes entre les pharisiens, les sadducéens et les autres Juifs, des différences sur l'interprétation de la Loi mosaïque et

les conséquences pratiques à en tirer (y compris pour le culte du Temple) contribuaient à donner à chaque groupe juif sa forme distinctive [118].

Il va de soi que chaque groupe tenait à la conviction que ses enseignements se trouvaient dans la Loi de Moïse ou pouvaient au moins en être déduits. En réalité, quand on examine avec un regard neutre et critique les positions légales des pharisiens, des sadducéens et de la communauté de Qumrān, on trouve chez eux tous des développements qui dépassent de loin la lettre de la Loi mosaïque. La question clé est de savoir comment chaque groupe expliquait ces développements. Les gens de Qumrān faisaient appel à une continuation de la révélation et à l'inspiration prophétique [119]. Les sadducéens observaient apparemment diverses pratiques traditionnelles caractéristiques de leur groupe. Il est très difficile de dire comment ils situaient ces traditions caractéristiques par rapport à la Loi mosaïque ; mais j'ai tendance à penser que, contrairement aux pharisiens, ils ne s'engageaient pas dans une campagne active auprès des gens du peuple, en vue de convaincre tous les Juifs de la nécessité d'observer expressément les traditions sadducéennes dans leur vie quotidienne [120].

À mon avis, ce qui caractérisait les pharisiens c'est qu'ils admettaient ouvertement que quelques-unes de leurs opinions et de leurs pratiques légales ne se trouvaient pas comme telles dans la Loi mosaïque écrite, que ces pratiques étaient par contre de vénérables « traditions » transmises par les « pères » ou les « anciens » et que ces usages étaient néanmoins la volonté de Dieu pour l'ensemble d'Israël. À la différence des sadducéens, ils s'engageaient activement pour tenter de convaincre les Juifs ordinaires d'observer les traditions pharisiennes dans leur vie quotidienne. Pourtant, tout en se bagarrant pour faire accepter leurs manières de voir par les gens du peuple, les pharisiens ne considéraient pas ceux-ci ou d'autres Juifs comme des pécheurs abominables ou des parias, simplement parce qu'ils n'étaient pas d'accord pour suivre l'usage pharisien.

Comme pour le langage de l'« exactitude » dans l'interprétation de la Loi, le Nouveau Testament et Josèphe sont aussi fondamentalement d'accord dans leurs descriptions des pharisiens pour parler des « traditions des pères [ou des anciens] ». Dans Ga 1, 13-14, Paul parle de la façon dont il surpassait beaucoup de Juifs de son âge dans l'observance du « judaïsme » ; lui, l'ancien pharisien, souligne qu'il était « extrêmement zélé pour mes traditions ancestrales [ou : pour les traditions venant de mes pères, *tōn patrikōn mou paradoseōn*] [121] ».

Le même langage se trouve dans Josèphe, quand il distingue les pharisiens des sadducéens sur la question de l'observance légale (*Ant.* 13.10.6. § 297) sous le règne de Jean Hyrcan : « les pharisiens ont transmis *[paredosan]* au gens du peuple *[tῷ dēmῷ]* certaines lois *[nomina]* qui viennent de la tradition [littéralement, la « succession », *diadochēs*] des pères *[paterōn]*, des lois qui n'ont pas été consignées par écrit dans les lois *[nomois]* de Moïse [122]. » Josèphe semble dire que les sadducéens rejettent les lois pharisiennes particulières parce qu'elles ne se trouvent pas dans la Loi écrite de Moïse. Autrement dit, les sadducéens soutiennent que seules les lois mises par écrit (apparemment dans la Loi de Moïse) devraient être considérées comme normatives pour tous les Israélites. Par conséquent, on n'est pas obligé d'observer les lois (pharisiennes) qui viennent « des traditions des pères *[ek paradoseōs tōn paterōn]* »[123].

Pendant le début du règne de Jean Hyrcan, alors qu'ils étaient bien vus de celui-ci, les pharisiens ont pu apparemment imposer leurs lois particulières au peuple. Une fois qu'ils eurent perdu les faveurs de Hyrcan et au cours des règnes suivants d'Aristobule Ier et d'Alexandre Jannée, ces lois pharisiennes semblent avoir été abolies. Mais lorsque Salomé-Alexandra s'assit sur le trône et remis les pharisiens en grâce, ils imposèrent de nouveau au peuple leurs lois particulières, qui avaient été abrogées par Hyrcan. Josèphe (*Ant.* 13.16.2 § 408) décrit explicitement ces lois *(nomina)* comme celles que « les pharisiens avaient introduites conformément à la tradition des pères *[kata tēn patrǭan paradosin]* ». Dans Ac 22, 3, Luc fait écho au thème des pères ou ancêtres, présent dans Paul et dans Josèphe : il fait raconter à Paul son éducation pharisienne aux pieds du pharisien Gamaliel, comme une formation faite « selon l'exactitude *[akribeian]* de la loi ancestrale *patrǭou nomou*] »[124].

Marc parle davantage des « anciens » que des « pères », mais sa manière de parler de la tradition propre aux pharisiens est fondamentalement la même. Au début du chapitre 7, Marc met en scène des pharisiens. Ce qu'il exprime là ne correspond sans doute pas exactement à la réalité, peut-être parce qu'il n'est pas juif et que sa connaissance du judaïsme est loin d'être parfaite ou peut-être parce que la discussion qu'il rapporte est vue à travers le prisme du judaïsme de la diaspora et des controverses de celui-ci avec le christianisme. Et pourtant, Marc est fondamentalement en accord avec Paul, Luc et Josèphe. En 7, 1, il décrit « les Pharisiens et quelques scribes venus de Jérusalem » qui se rassemblent auprès de Jésus. (En parlant des pharisiens qui viennent de Jérusalem, cette phrase pourrait, comme dans l'évangile de Jean, conserver la mémoire du fait que les pharisiens d'avant 70 étaient centrés sur Jérusalem et n'étaient pas très implantés en Galilée.) Au verset 3, dans un aparté bien trop généralisant, Marc note que « les pharisiens et tous les Juifs ne mangent pas sans s'être lavé les mains [...], pour respecter la tradition des anciens *[tēn paradosin tōn presbyterōn]* ». La généralisation faite par Marc pour parler du lavage des mains semble erronée ; mais le point important par lequel Marc rejoint Paul, Luc et Josèphe est le sentiment, même confus, que les pharisiens se font les champions de traditions ancestrales qui ne se trouvent pas dans la Loi mosaïque écrite et que le Jésus de Marc (7, 6-13) déclare contraires à cette Loi[125].

Nous avons donc une attestation multiple de la part de Paul (qui parle en tant qu'ex-pharisien dans les années 50), de Marc (qui écrit vers 70), de

Luc (qui écrit aux environs de 80-90) et de Josèphe (qui écrit entre 75 et 100). Tous nous disent que les pharisiens se caractérisaient surtout par une ardente dévotion aux traditions des pères ou anciens. Ces traditions comprenaient diverses lois et pratiques qui ne se trouvaient pas dans la Loi écrite de Moïse, mais que les pharisiens eux-mêmes enseignaient et observaient et qu'ils ont essayé d'imposer à l'ensemble du peuple juif, lorsqu'ils ont disposé d'un pouvoir politique sous les Hasmonéens, c'est-à-dire au début du règne de Jean Hyrcan Ier et au cours du règne de la reine Salomé-Alexandra. Les sadducéens, en particulier, rejetaient ces traditions, en affirmant qu'elles n'étaient pas normatives, précisément parce qu'elles ne se trouvaient pas dans la Loi mosaïque.

En un certain sens, indirect et estompé, cette caractéristique des pharisiens trouve aussi un appui dans la Mishna. Mais il faut soigneusement distinguer ce que dit la Mishna (et plus encore les sources rabbiniques plus tardives) de ce que disent nos auteurs du Ier siècle. Les sources rabbiniques, surtout les plus tardives, présentent une doctrine sur « la double Tora » qui ne se trouve pas dans le portrait des pharisiens tracé par Paul, Marc, Luc et Josèphe. Le corpus rabbinique (en particulier les deux Talmuds) soutient que la Loi donnée par Dieu à Moïse au Sinaï fut communiquée sous deux formes : la Tora écrite, que nous connaissons sous le nom de Pentateuque, « les cinq livres de Moïse », et la Tora orale, transmise par une chaîne de tradition orale depuis Moïse jusqu'aux sages rabbiniques [126].

Certains exégètes pensent qu'une expression primitive ou embryonnaire de l'idée de la double Tora se trouve au commencement du traité *Pirqê 'ābôt* (« les dits [ou les leçons] des pères ») de la Mishna. Dans *m. 'Abot* 1, 1, il nous est dit : « Moïse reçut *[qibbēl]* la Tora du Sinaï et la transmit *[mĕsarah]* à Josué, et Josué [la transmit] aux anciens [cf. l'emploi par Marc de l'expression « tradition des anciens »], et les anciens [la transmirent] aux prophètes, et les prophètes [la transmirent] aux hommes de la Grande Assemblée. » Aucun exégète critique n'accepte aujourd'hui comme historiquement sérieuse cette revendication de tradition ininterrompue. Mais le point important est ici que, peut-être pour la première fois, la Mishna énonce cette théorie d'une tradition orale ininterrompue (désignée comme « Tora » [127]) allant de Moïse à la période assez vague qui a suivi le retour de l'exil à Babylone et qui est désignée par l'entité mythique de « la Grande Assemblée » [128]. On notera cependant que le passage n'emploie pas d'expressions telles que « les deux Toras » ou « la Tora orale » et « la Tora écrite ». Cette manière de parler, avec la théorie détaillée qui s'y attache, n'apparaît que dans la littérature rabbinique plus tardive. Le passage clé de *m. 'Abot* 1 formule plutôt une théorie du texte et de la tradition, qui finira par s'épanouir dans la doctrine de la double Tora ; mais, comme telle, cette doctrine est un développement rabbinique ultérieur.

Le reste du chapitre premier de *m. 'Abot* poursuit la chaîne depuis la

« Grande Assemblée » non historique de la période postexilique jusqu'à la première Guerre Juive (66-70 de notre ère) : Siméon le Juste et Antigone de Sokho (aux environs de 200 avant notre ère) sont le premier et le deuxième maillons de la chaîne [129]. Ils sont suivis des fameux cinq « tandems » *(zûgôt)* de maîtres : Josi ben Joezer et Josi ben Joḥanan (début du IIe siècle avant notre ère), Joshua ben Peraḥiah et Mattaï (ou Nittaï) l'Arbélite (fin du IIe siècle – début du Ier siècle avant notre ère), Judah ben Ṭabbaï et Siméon ben Sheṭah (début du Ier siècle avant notre ère), Shemaiah et Abṭalion (milieu du Ier siècle avant notre ère) et, pour finir, le célèbre duo Hillel et Shammaï (fin du Ier siècle av. J.C. – début du Ier siècle de notre ère), qui nous amène à la période d'Hérode le Grand et au tournant de l'ère chrétienne [130].

Même si nous ne pouvons pas être absolument sûrs que tous ces maîtres (dont quelques-uns ne sont pour nous pratiquement que des noms [131]) étaient réellement pharisiens, il est important de porter une attention spéciale aux deux personnages qui viennent à l'avant-dernière et à la dernière place dans la liste du chapitre premier. Après le tandem Hillel et Shammaï se trouve Gamaliel Ier [132]. Il faut noter deux choses à propos de Gamaliel Ier. D'une part, puisque Ac 5, 34 le nomme pharisien et que son fils Siméon Ier est désigné comme pharisien par Josèphe (*Autobiographie* 38 § 191), il est au moins probable que Gamaliel Ier était bien pharisien. D'autre part, il est surprenant que la chaîne de tradition, soigneusement mise en place dans *m. 'Abot* 1, semble être rompue d'une certaine manière, quand on arrive à Gamaliel Ier [133]. À partir de Moïse, *m. 'Abot* 1 décrit scrupuleusement la succession des maîtres qui « transmettent » (*māsar*, *m. 'Abot* 1, 1) et qui « reçoivent » (*qibbēl*, *m. 'Abot* 1, 2-12) la Tora orale. Il est dit en particulier que tous les tandems de personnages jusqu'à Hillel et Shammaï reçoivent la tradition de leurs prédécesseurs. Mais lorsque, dans *m. 'Abot* 1, 16, on passe de Hillel et Shammaï à Gamaliel Ier (« Rabban Gamaliel »), le vocabulaire de « recevoir » disparaît.

Par conséquent, *m. 'Abot* 1 n'affirme pas explicitement que Gamaliel se situe dans la ligne directe de tradition tracée à partir de Moïse à travers les grands tandems de personnages. Si l'on remonte la chaîne dans l'autre sens, on doit admettre que le statut de pharisien de Gamaliel ne peut se raccrocher automatiquement à la chaîne des célèbres tandems de personnages qui va jusqu'à Hillel et Shammaï. Siméon Ier, fils de Gamaliel premier et (selon Josèphe) pharisien, est situé juste après Gamaliel premier, mais là encore le vocabulaire de « recevoir » la tradition n'est pas utilisé [134].

En fait, pour pouvoir conclure avec une certaine probabilité que les « maisons » (ou écoles) de Hillel et Shammaï étaient pharisiennes, nous ne pouvons que le déduire des relations qui apparaissent plus tard entre Gamaliel et Siméon et la maison de Shammaï (par exemple, *m. 'Or.* 2, 12 ; *m. Beṣa* 2, 6) [135] et que nous trouvons dans les traditions tannaïtiques. Le chemin suivi par ce raisonnement est, je l'admets, indirect et tortueux : on remonte de Siméon le pharisien (selon Josèphe) à son père Gamaliel le pharisien (selon les Actes), puis à la « maison » (pharisienne) de Shammaï, avec laquelle ces deux pharisiens sont parfois associés dans la littérature rabbinique, et enfin à la « maison » (pharisienne) de Hillel, qui est l'homologue de la « maison » (pharisienne) de Shammaï. Le chemin est certes sinueux ; mais c'est peut-être le meilleur que nous puissions emprunter pour montrer que, historiquement, les deux « maisons » de la période d'avant 70 étaient pharisiennes. Gamaliel Ier et Siméon Ier font également partie des meilleurs itinéraires à notre disposition pour démontrer la relation entre les pharisiens et le mouvement rabbinique naissant, puisque le fils et le petit-fils de Siméon, Gamaliel II et Siméon II, furent des chefs en vue dans les académies rabbiniques de Jamnia et d'Usha.

Mais revenons à notre point essentiel, la doctrine de la double Tora : en faisant l'inventaire de ce que nous trouvons dans le Nouveau Testament, Josèphe et la Mishna, je proposerais de voir dans le chapitre premier de *m. 'Abot* quelque chose comme un tournant. Avant la Mishna, l'idée présente dans le Nouveau Testament et dans Josèphe est que les pharisiens dépensaient beaucoup d'énergie à convaincre tous les Juifs d'observer non seulement la Loi mosaïque mais également certaines « traditions des pères (ou des anciens) » qui ne se trouvaient pas dans la Loi mosaïque. De manière significative, les sources écrites au cours du Ier siècle de notre ère ne prétendent pas que ces traditions ancestrales ont été données par Dieu à Moïse sur le Sinaï et qu'elles ont ensuite été transmises uniquement oralement, sans qu'aucune d'elles ait jamais été mise par écrit, jusqu'aux sages du Ier siècle [136]. Elles ne prétendent pas non plus que ces traditions seraient non seulement à observer, mais constitueraient une Tora orale qui aurait le même statut et le même poids que la Tora écrite de Moïse.

Ces deux points (chaîne orale ininterrompue depuis le Sinaï et statut équivalent à celui de la Tora écrite) n'apparaissent pas avant la Mishna et les écrits rabbiniques ultérieurs. Même dans la Mishna, l'idée demeure embryonnaire. La doctrine achevée de la Tora orale *(tôrâ šebĕal peh)*, existant à côté de la Tora écrite *(tôrâ šebiktab)* et transmise de mémoire par une récitation sans cesse reprise, se développe au cours de la période rabbinique. Aussi serait-il anachronique, à mon avis, de projeter la doctrine intégrale de la double Tora dans les affirmations beaucoup plus simples des pharisiens au sujet de leurs traditions ancestrales.

Néanmoins (1) le fait que *m. 'Abot* 1 parle d'une manière ou d'une autre de traditions transmises par succession depuis « les anciens » et (2) le fait que *m. 'Abot* 1 termine cette lignée de tradition avec deux personnages insignes du Ier siècle de notre ère qui sont appelés pharisiens dans d'autres sources (Gamaliel Ier et son fils Siméon Ier) indiquent la vraisemblance d'une tradition historique. À côté de la Tora mosaïque écrite, les pharisiens possédaient des traditions normatives qui n'étaient pas dans la Tora de

Moïse et qui avaient été transmises par leurs aïeux. Au IIe siècle de notre ère et aux siècles suivants, cette idée relativement simple des pharisiens a été développée dans la doctrine rabbinique de la double Tora.

Le point important pour nous est que la Mishna et d'autres écrits rabbiniques témoignent ainsi indirectement (par une sorte de démonstration qui remonte le cours du temps) de l'étape antérieure de la pensée pharisienne, telle qu'elle est rapportée par Paul, Marc, Luc et Josèphe. Même si c'est de manière oblique, la Mishna vient étayer l'attestation multiple de nos auteurs du Ier siècle à propos du zèle dont faisaient preuve les pharisiens pour les traditions de leurs pères, auxquelles ils attribuaient un statut normatif pour l'ensemble d'Israël. Un autre point important résulte de cet examen de l'histoire de la tradition de la double Tora : nous avons là un exemple de choix de la manière dont la tradition pharisienne précède la Mishna pour déboucher ensuite dans celle-ci, mais aussi de la manière dont la Mishna et les écrits rabbiniques ultérieurs transforment amplement la tradition pharisienne qu'ils ont reçue.

(4) Étant donné l'importance de ces traditions des pères, il nous serait très utile, dans notre tentative de faire le portrait des pharisiens, de connaître le contenu ou au moins la ligne générale de ces traditions. Une manière d'essayer d'identifier la nature de ces traditions est de leur appliquer le critère d'attestation multiple de sources. D'une part, diverses traditions évangéliques, venant souvent de sources évangéliques différentes, témoignent de certains centres d'intérêt des pharisiens. D'autre part, la couche primitive de la Mishna (ou, dans quelques cas, de la Tosephta) qui transmet des traditions sur les pharisiens en général ou sur Gamaliel Ier et Siméon Ier en particulier (identifiés comme pharisiens respectivement par Luc et par Josèphe) se fait l'écho d'un certain nombre de préoccupations similaires. Ce bouquet de centres d'intérêt, attesté à la fois par les premières traditions évangéliques et par les premières traditions mishnaïques, comporte les points suivants [137] :

a. *Des règles de pureté concernant la nourriture et les ustensiles destinés à la nourriture et aux liquides* : Mc 7, 1-23 ; Mt 23, 25-26 ; cf. Gamaliel Ier, *m. 'Or.* 2, 12 ; Gamaliel Ier, *t. 'Abod. Zar.* 4, 9. Dans la même configuration, se trouve le souci des mains pures et impures : Mc 7, 1-5 ; cf. les pharisiens dans *m. Yad.* 4, 6.

b. *Des règles du pureté concernant les cadavres et les tombes* : Mt 23, 27-28 ; cf. les pharisiens dans *m. Yad.* 4, 7.

c. *La pureté ou la sainteté du dispositif cultuel* dans le Temple de Jérusalem et la manière appropriée d'adorer et d'offrir des sacrifices dans le Temple : Mt 23, 16-22 ; cf. les pharisiens dans *t. Ḥag.* 3, 35 ; Gamaliel Ier, *m. Šeqal.* 6, 1 ; Siméon Ier, *m. Ker.* 1, 17 ; et aussi (indirectement) Josèphe en *Ant.* 18.1.3 § 15 et 18.1.4 § 17.

d. *La dîme et les redevances pour les prêtres* : Mt 23, 23 ; cf.

Gamaliel Ier (indirectement), *m. Pe'a* 2, 5-6 ; Gamaliel Ier, *t. Sanh.* 2, 6 ; et aussi Hillel et Shammaï, *m. 'Ed.* 1, 2.

e. *L'observance adéquate du sabbat et des jours sanctifiés*, surtout pour ce qui concerne le travail et les déplacements : Mc 2, 23-28 ; 3, 1-6 ; Lc 13, 10-17 ; 14, 1-6 ; Jn 5, 1-18 ; 9, 1-34 ; cf. Gamaliel Ier, *m. Roš. Haš.* 2, 5 ; Siméon Ier, *m. 'Erub.* 6, 2 ; *m. Beṣa* 2, 6 (indirectement).

f. *Le mariage et le divorce*, y compris la rédaction du certificat de divorce et les motifs pour le divorce : Mc 10, 1-12 par. (cf. Lc 16, 18 par.) ; cf. les pharisiens en *m. Yad.* 4, 8 ; Gamaliel Ier, *m. Yebam.* 16, 7 ; Gamaliel Ier, *m. Git.* 4, 2-3 ; et aussi les « maisons » de Hillel et Shammaï, *m. Git.* 9, 10.

D'après les attestations des récits et des paroles de Gamaliel Ier et de Siméon Ier, on peut étendre les données de base pour y inclure de nombreux témoignages de la présence de ces questions dans les enseignements de la « maison » (= école) de Hillel et de la « maison » de Shammaï, les deux « écoles » pilotes du judaïsme palestinien des Ier et IIe siècles de notre ère. Comme le fait remarquer Neusner, il y a des raisons de penser que Gamaliel Ier et Siméon Ier étaient non seulement pharisiens mais qu'ils se situaient également dans la tradition des disciples de Shammaï. Par association, la « maison » de Shammaï pourrait alors être reconnue comme faisant partie de la tradition pharisienne ; et ainsi, toujours par association, la « maison » de Hillel, qui lui est corrélative, en ferait également partie. Comme le montre bien la longue liste établie par Neusner à la fin de son deuxième volume *The Rabbinic Traditions*, les deux « maisons » témoignent des préoccupations légales que nous avons énumérées un peu plus haut [138]. On admettra que ce mode de raisonnement est indirect et parcourt un certain nombre de méandres. Néanmoins, la corrélation entre ces traditions tannaïtiques concernant Gamaliel Ier et Siméon Ier (étendues secondairement pour inclure les « maisons » de Hillel et de Shammaï) et des préoccupations similaires attribuées aux pharisiens dans les évangiles rend vraisemblable que nous avons là une constellation de préoccupations légales, qui sont typiques des pharisiens, même si elles ne leur sont pas réservées.

Parvenu à ce point de l'argumentation, je dois souligner la manière dont j'utilise le critère d'attestation multiple. Je parle en termes généraux de points importants qui préoccupent les pharisiens et sur lesquels ils insistent ; ces points sont attestés par deux ou trois ensembles de littérature religieuse et (ou) historique qui, au bout du compte, ont leur origine dans la Palestine du Ier siècle. Il faut souligner en particulier que, à ce point de l'argumentation, je n'affirme pas que le Jésus historique a réellement prononcé l'une ou l'autre des paroles de la liste ci-dessus.

Pareille affirmation n'est d'ailleurs pas exigée par la démarche de raisonnement que nous suivons. Ce qui est nécessaire pour déterminer ces préoccupations des pharisiens au moyen de l'attestation multiple de sources, c'est que divers écrits chrétiens, qui sont bien le reflet de traditions venant de la période d'avant 70 (certainement au moins Marc et la tradition Q), témoignent de certaines préoccupations pharisiennes qui sont également attestées chez Josèphe ou dans une couche très primitive de la littérature rabbinique. Ce que j'essaie de faire dans l'immédiat, c'est simplement d'établir le fait que certaines pratiques et croyances étaient caractéristiques des pharisiens d'avant 70, et pas nécessairement le fait que le Jésus historique a réellement polémiqué avec les pharisiens au sujet de ces pratiques et croyances.

(5) On n'en sera pas étonné, la plus grande partie de ce qui est attribué à l'enseignement des pharisiens dans le Nouveau Testament et dans la Mishna renvoie à des décisions ou des opinions en matière de loi qui touchent au comportement concret *(hălākôt)*. Ces opinions en matière de loi constituent presque toujours le type de matériaux qui est au départ des affrontements entre Jésus et les pharisiens, tels qu'ils sont racontés dans les évangiles. C'est là un fait presque sans surprise, qui bénéficie d'ailleurs d'un certain degré de vraisemblance, puisque le judaïsme ancien, tout comme le judaïsme plus tardif, insistait davantage sur l'ortho*praxis* que sur l'ortho*doxie*.

Toutefois, le judaïsme n'était pas dépourvu de croyances doctrinales. Le monothéisme et le statut d'Israël comme élu spécial de Dieu sont deux exemples de croyances tenues par la grande majorité, voire par la totalité des Juifs palestiniens au tournant de l'ère chrétienne. Aussi n'y a-t-il rien d'extraordinaire à ce que, à l'intérieur du judaïsme palestinien, les pharisiens aient pu tenir des doctrines particulières. C'est ici Josèphe, plutôt que la Mishna, qui vient étayer les assertions du Nouveau Testament [139].

(a) Les trois évangiles synoptiques et les Actes présentent les sadducéens comme des gens qui, d'une certaine manière, se font remarquer parce qu'ils nient la résurrection des morts. Dans l'évangile de Marc, les sadducéens n'apparaissent qu'une seule fois, dans la controverse sur la résurrection des morts (12, 18-27), vers la fin du ministère de Jésus. En les mettant en scène, Marc fait une chose qu'il ne fait jamais ailleurs lorsqu'il présente pour la première fois un groupe particulier d'adversaires de Jésus ; il ajoute une proposition relative qui met exactement le doigt sur la caractéristique des sadducéens (12, 18) : « Alors viennent à lui [Jésus] des sadducéens – de ces gens qui disent qu'il n'y a pas de résurrection. » Cette phrase implique naturellement que cette position doctrinale différencie les sadducéens de la plupart, voire de tous les autres Juifs ou groupes juifs. D'ailleurs, cette implication apparaît encore plus nettement dans la manière dont Marc situe la discussion sur la résurrection au sein de sa collection de récits de controverse à Jérusalem (11, 20 – 12, 37). Marc place le débat de Jésus avec les sadducéens à propos de la résurrection juste après un récit de controverse dans lequel les pharisiens (avec les hérodiens) posent une question au sujet de la monnaie du tribut. Même sans l'affirmer explicitement, cette situation de la scène peut au moins *impliquer* que le trait distinctif des sadducéens, leur négation de la résurrection, les différencie en particulier des pharisiens [140]. Luc affirme lui aussi clairement cette différence entre sadducéens et pharisiens dans Ac 23, 6-9 (cf. Ac 4, 1-2 ; 5, 17) [141].

Pareillement, Josèphe affirme que les pharisiens diffèrent des sadducéens sur ce point. On trouve ces assertions dans deux des passages où il présente le courant pharisien comme une sorte d'école philosophique grecque, un modèle familier à ses lecteurs gréco-romains (*Guerre des Juifs* 2.8.14 § 163 ; *Ant.* 18.1.3 § 14). Plus spécifiquement, les pharisiens ont la coloration des stoïciens (cf. *Autobiographie* 2 § 12). Dans ces deux passages, Josèphe affirme clairement que les pharisiens, contrairement aux sadducéens, croient à l'immortalité de l'âme, à un lieu de récompense et de châtiment après la mort et, au moins dans un passage, à la résurrection des corps (dans la *Guerre des Juifs* 2.8.14 § 163, même si l'ambiguïté du langage de Josèphe pouvait conduire ses lecteurs non juifs à comprendre le passage comme une allusion à la réincarnation plutôt qu'à la résurrection [142]).

La Mishna ne présente pas de manière précise les pharisiens et les sadducéens en opposition sur ce point. Elle peut cependant contenir un faible écho de cette controverse. En *m. Sanh.* 10, 1, la Mishna exclut de la participation au monde à venir toute personne disant qu'il n'y a pas de résurrection des morts ou, dans une variante du texte (probablement plus tardive), toute personne disant que la résurrection des morts n'est pas enseignée dans la Loi mosaïque ou qu'elle ne peut pas en être déduite [143]. Si c'est cette dernière forme du texte qui est originale, elle pourrait bien faire allusion aux sadducéens, qui auraient pu dénier le statut normatif de la croyance en la résurrection pour la raison spécifique qu'elle n'était pas enseignée dans la Tora. (Ce serait peut-être là l'origine de l'étrange type de raisonnement utilisé contre eux dans Mc 12, 18-27 [144].) Si, par contre, c'est la forme plus courte de *m. Sanh.* 10, 1 qui est originale, une allusion directe aux sadducéens devient moins évidente ; ils peuvent cependant constituer l'un des groupes visés par la condamnation générale. Bref, bien qu'on ne puisse pas le prouver à partir de la Mishna prise en elle-même, il se pourrait que *m. Sanh.* 10, 1 conserve un écho des controverses d'avant 70 entre pharisiens et sadducéens à propos de la résurrection et fournisse ainsi une confirmation indirecte de ce que nous savons par Josèphe et le Nouveau Testament.

(b) Ce seul article de doctrine concernant l'immortalité et (ou) la résurrection est un élément bien maigre, qui semble complètement isolé. À première vue, il ne semble pas rattaché à beaucoup d'autres choses qui nous sont dites sur les pharisiens. Pourtant, cette croyance en l'immortalité et (ou) en la résurrection semblerait signifier que les pharisiens avaient certaines croyances caractéristiques sur les événements eschatologiques et (ou) apocalyptiques. Mais les sources sont pratiquement silencieuses à ce sujet. Si l'on pouvait accepter, comme on le faisait communément autrefois, que certaines œuvres classées parmi les pseudépigraphes de l'Ancien Testament (par exemple, les *Psaumes de Salomon* et le *Livre des Jubilés*) ont été écrites par des pharisiens, on serait à même de cadrer une doctrine pharisienne sur l'histoire du salut, sur le messie et sur une Jérusalem et un Temple restaurés à la fin des temps. Malheureusement, de nombreux critiques considèrent aujourd'hui comme douteuse ou impossible l'attribution de ces œuvres aux pharisiens [145].

Il est une autre manière, indirecte et conjecturale j'en conviens, de discerner la vision du messianisme et de l'eschatologie qui était celle des pharisiens : il s'agit d'observer un pharisien connu, qui nous parle en direct depuis la période d'avant 70, à savoir Saul (ou Paul) de Tarse. J'admets volontiers que cette approche n'est pas exempte de difficultés. Le Paul qui nous parle dans ses épîtres était auparavant un Juif pharisien zélé, qui est devenu un Juif chrétien zélé quelque quinze années ou un peu plus avant d'écrire la première lettre (la première épître aux Thessaloniciens) qui nous soit parvenue.

Il reste qu'une bonne part du substrat personnel et théologique de l'ancien Saul demeure visible sous la superstructure chrétienne. Le substrat personnel réapparaît parfois de manière assez cocasse. En dépit de sa théologie de la justification par la foi et non par les œuvres de la Loi, en dépit de son insistance sur la faillite des exploits religieux humains qui se font valoir aux yeux de Dieu, Saul le battant est assez fier de ses succès missionnaires, assez exigeant quand il s'agit du comportement moral de ses convertis venus des « gens des Nations » et assez disposé à dicter des règles précises de conduite (depuis des motifs pour une séparation du couple dans les cas de mariage mixte jusqu'à des normes pour que les femmes se couvrent correctement la tête au cours du culte public).

Pareillement, les croyances spécifiquement chrétiennes de Paul présupposent un certain substrat théologique juif (je dirais même pharisien) et s'appuient dessus [146].

(α) Il ne fait pas de doute que Saul le Juif a dû trouver choquante l'affirmation chrétienne faisant du Jésus de Nazareth crucifié le messie juif promis. Devenir chrétien signifiait pour lui dépasser et accepter le scandale de la croix. Pourtant, comme tout ce combat intérieur le laisse entendre, en devenant chrétien Paul n'avait pas à admettre pour la première fois l'existence d'un messie promis. Le combat de Paul ne concernait pas la question de savoir s'il devait y avoir un messie, mais la question de la nature précise de ce messie. Or, comme l'ont souvent fait remarquer des exégètes ces dernières années, croire en la venue d'un messie était loin d'être une croyance universelle dans le judaïsme du tournant de l'ère chrétienne ; c'était une croyance spécifique à certains groupes spécifiques [147].

On peut donc raisonnablement en déduire que l'espérance messianique qui faisait partie du système de croyances de Paul avant qu'il devienne chrétien était enracinée dans ses croyances pharisiennes spécifiques. Naturellement, ces croyances ont subi un réalignement massif lorsque Paul a accepté comme messie le Jésus crucifié [148].

(β) De la même manière, le Paul pharisien avait dû croire à une résurrection des morts « aux derniers jours ». Même si la croyance en la résurrection n'était pas propre aux pharisiens, elle constituait cependant une caractéristique distinctive de leur mouvement ; et la façon la plus naturelle d'expliquer l'acceptation de cette croyance par Paul le Juif est son adhésion au courant pharisien. Pour Paul, le grand revirement de la foi chrétienne a consisté à croire qu'un individu spécifique, le Jésus messie crucifié, avait déjà été élevé à la vie éternelle et qu'ainsi, en un sens, les derniers jours avaient déjà commencé.

(γ) Dans la plupart de ses épîtres, Paul trouve naturel d'étayer ses idées concernant le Christ, le déroulement de l'histoire du salut, la place d'Israël et de l'Église et la fin des temps en interprétant divers textes de l'Ancien Testament de manière novatrice, en particulier en les éclairant d'une lumière eschatologique et messianique. Étant donné qu'une telle réinterprétation novatrice de textes de l'Ancien Testament à l'appui de projets eschatologiques et messianiques se trouve à la même époque à Qumrān et dans divers pseudépigraphes de l'Ancien Testament, il est vraisemblable que la manière dont Paul lit les Écritures juives dans une perspective eschatologique et messianique ne date pas simplement du moment où il est devenu chrétien. Si les pharisiens s'adonnaient à une interprétation rigoureuse de *toutes* les Écritures, et pas seulement de certains textes de loi, il n'est guère surprenant que leur exégèse ait pu avoir une dimension eschatologique et messianique tout autant que juridique (halakhique).

(δ) Il va sans dire que la Loi mosaïque est largement présente dans la pensée de Paul. Pour lui, elle joue un rôle important dans le déroulement de l'histoire d'Israël, alors que Dieu mène cette histoire à son achèvement (par exemple, Rm 3, 27 – 8, 4 ; 9, 30 – 10, 4). D'ailleurs, la vie de Paul le Juif était tellement enveloppée de la Loi de Moïse que, pour résumer sa rupture traumatisante avec son passé pharisien (Ga 1, 13 : « ma conduite d'autrefois dans le judaïsme ») et la place que tenait la Loi dans ce passé, il formule un paradoxe laconique (Ga 2, 19) : « par la Loi je suis mort à la Loi afin de vivre à Dieu. » Le sens précis de ce paradoxe est l'objet de débats acharnés entre exégètes ; mais, quel que soit son sens dans le contexte immédiat, cette phrase indique la place centrale de la Loi dans la vie du Paul pharisien et la rupture qu'a signifiée pour lui l'abandon de cette vie [149].

Pour autant, nous ne devons pas trop vite en conclure que le substrat eschatologique et (ou) messianique décelable à la racine de la théologie chrétienne de Paul doive être attribué à tous les pharisiens du temps de

Paul, sans parler de l'attribuer à tous les pharisiens entre 150 av. J.C. et 70 de notre ère. Mais Paul pourrait bien représenter un type de pharisien du Ier siècle, pour lequel l'étude et la pratique de la Loi faisaient partie d'une vision théologique plus large. Cette vision aurait englobé l'ensemble de l'histoire du salut, depuis l'élection d'Israël et la réception de la Loi, en passant par la sanctification continue grâce à l'étude attentive et la pratique consciencieuse de la Loi, jusqu'à l'accomplissement des promesses contenues dans la Loi et les prophètes, autrement dit la venue du messie, la résurrection des morts, le jugement final et les bénédictions des derniers jours.

Il faut bien admettre que cette reconstruction d'un type de courant pharisien à partir des présupposés de Paul a quelque chose d'hypothétique ; mais elle nous permet de nous rappeler que la vie des pharisiens était sans doute beaucoup plus pleine et beaucoup plus riche que ce que pourrait laisser supposer la sécheresse d'une liste d'observances légales. En outre, selon toute vraisemblance, pendant plus de deux siècles d'existence avant la destruction de Jérusalem, les pharisiens ont dû développer des formes caractéristiques de prière et de vie commune. Ce qu'elles étaient exactement nous est maintenant perdu, même si certains éléments ont pu déboucher dans les liturgies de la synagogue de la période rabbinique et y être conservés.

(6) Un dernier élément de la doctrine pharisienne est souligné seulement par Josèphe, tout en demeurant assez flou à cause de la façon dont cet auteur le présente : il s'agit de l'interaction entre la providence divine (le « destin » dans la terminologie de Josèphe) et l'initiative humaine (le « libre arbitre » en langage philosophique). Dans les trois descriptions où il fait le portrait des trois mouvements juifs les plus importants, Josèphe tente de présenter les esséniens, les pharisiens et les sadducéens comme des équivalents des grandes et vénérables écoles philosophiques de la culture gréco-romaine ; c'est pourquoi ce sont les mêmes questions fondamentales qui sont débattues. (Cela pourrait expliquer pourquoi Josèphe parle de « destin » *[heimarmenē]* là où l'on aurait attendu « providence divine » [150].) La visée apologétique de Josèphe et sa volonté de faire des comparaisons transculturelles devraient nous rendre prudents dès le départ. Pour comparer entre eux les groupes juifs principaux et en même temps les différencier, Josèphe applique les deux catégories d'immortalité/résurrection et de destin/initiative humaine.

Nous avons déjà examiné les croyances des pharisiens sur l'immortalité et la résurrection dans le point 5. En appliquant la grille destin et initiative humaine aux groupes juifs, Josèphe, au moins dans *Antiquités* 13, situe les esséniens et les sadducéens aux deux extrémités du spectre [151]. Selon Josèphe, les esséniens soutiennent que le destin est le maître des vies humaines et décide de tous les événements ; c'est pourquoi les esséniens remettent toutes choses à Dieu (*Ant.* 13.5.9 § 172 ; 18.1.5 § 18). Par contre, les sadducéens « suppriment entièrement le destin », affirment que *tout* réside dans le pouvoir des êtres humains et mettent en avant la capacité de chaque humain à choisir le bien ou le mal (*Guerre des Juifs* 2.8.14 § 164-165 ; *Ant.* 13.5.9 § 173).

Ce que nous savons de Qumrān devrait immédiatement nous rendre méfiants devant ce schéma simple et peut-être simpliste [152]. Il est vrai que les documents qui reflètent la théologie de la communauté de Qumrān ou du groupe plus large des esséniens (par exemple, la *Règle de la communauté*, les *Hymnes [hôdayôt]*, le *Document de Damas*) insistent beaucoup sur la prédestination de toute chose par Dieu et sur l'incapacité de l'humanité à s'arracher au péché par ses pauvres efforts. Il y a là une forte tonalité de prédestination et une insistance manifeste sur la corruption irrémissible de la « chair ». Cependant, les mêmes documents mettent en avant la repentance, la conversion, la décision nécessaire pour entrer dans la communauté purifiée de Qumrān et l'observance détaillée et exigeante de la Loi, à laquelle chaque membre doit de se soumettre. Comme dans une bonne partie de l'Ancien et du Nouveau Testament et selon le système de juxtaposition directe de contraires, typique de l'esprit sémitique, les affirmations de la toute-puissance divine, de l'impuissance humaine et de la prédestination côtoient les appels pressants à la conversion et à un effort moral vigoureux. Pour la netteté de sa classification, Josèphe choisit de mettre en valeur la première moitié du paradoxe essénien ; mais on peut se demander s'il rend bien justice à la seconde.

Comme nous le verrons dans le prochain chapitre, il est beaucoup plus difficile de parler des sadducéens et de leurs croyances, puisque nous ne disposons pas de déclarations des sadducéens eux-mêmes sur le sujet et que nous devons pour une grande part compter sur les affirmations de leurs divers adversaires. Toutefois, on a de la peine à croire qu'un groupe de Juifs de Jérusalem (dont faisaient partie des prêtres), qui révérait le Pentateuque comme texte sacré et qui se vouait régulièrement à des prières et des sacrifices célébrés dans le Temple de Jérusalem (comme le faisaient au moins les prêtres) n'avait pas de place dans son système de croyances pour la foi en un Dieu qui guide Israël à travers son histoire et chaque croyant à travers sa vie. Dans sa présentation des sadducéens, comme dans celle des esséniens, Josèphe pourrait bien mettre en valeur les aspects de leur vie religieuse qui étaient les plus évidents et les plus frappants pour les gens de l'extérieur. En tant que riches laïcs et aristocrates sacerdotaux engagés dans la conduite des affaires publiques et (ou) dans la liturgie officielle, les sadducéens devaient bien sûr accorder de l'importance à l'initiative et à la décision humaine sur le terrain de la conduite politique, économique et religieuse. Simplement pour pouvoir survivre au milieu des événements chaotiques du Proche Orient ancien, les chefs aristocrates de la nation devaient instinctivement avoir tendance à aborder la vie, y compris la vie religieuse, d'une manière pragmatique, toute de *Realpolitik*.

Cela nous amène à aborder avec les précautions nécessaires les déclarations de Josèphe sur les croyances pharisiennes concernant le destin et les décisions humaines. D'ailleurs, si on examine les trois passages où Josèphe en parle, dans ses trois grandes descriptions des écoles juives, on remarque que les manières dont il les présente ne sont pas entièrement cohérentes [153].

Dans le premier passage (*Guerre des Juifs* 2.8.14 § 162-163), Josèphe commence par déclarer globalement que « les pharisiens attribuent *toutes choses* au destin et à Dieu ». Mais il se met aussitôt à tempérer le caractère absolu de cette affirmation par une thèse en deux parties : d'un côté *(men)*, l'activité morale, qu'elle soit bonne ou mauvaise, reste « pour la plus grande part » *(kata to pleiston)* au pouvoir des êtres humains ; d'un autre côté *(de)*, le destin « vient au secours de chaque personne [ou "coopère avec" elle] ». Le destin et le libre arbitre sont donc affirmés tous les deux et posés en tension ; mais la structure rhétorique de l'ensemble ne leur donne pas le même poids. (1) La déclaration initiale absolue de Josèphe qui attribue toutes choses au destin, (2) la restriction de la liberté humaine au seul agir moral individuel (et seulement « pour la plus grande part ») et (3) la structure de l'ensemble du passage, dans laquelle le destin vient en inclusion dans un schéma A-B-A', mettent clairement l'accent sur la puissance du destin [154]. Puisque cette première présentation des écoles ne parle pas de l'insistance des esséniens sur le seul destin, les pharisiens sont là pour faire le contrepoids avec les sadducéens, qui rejettent le destin. Cela pourrait expliquer pourquoi le passage fait pencher la position des pharisiens du côté d'une emprise toute-puissante du destin.

Par contre, dans sa deuxième présentation des écoles et de la position pharisienne (*Ant.* 13.5.9 § 172), Josèphe semble partager pratiquement moitié-moitié les domaines du destin et de l'action humaine. « D'un côté *[men]*, certaines choses *[tina]*, *mais pas toutes choses* [ce qui contraste avec l'affirmation absolue de la première description !], sont l'œuvre du destin [155]. D'un autre côté *[de]*, certaines choses *[tina]* arrivent ou n'arrivent pas, en fonction de ce que nous faisons [littéralement, en dépendance de nous-mêmes]. » Les événements sont ici divisés en deux parts presque égales. Il n'y a pas dans le système de croyances des pharisiens le sentiment d'un destin qui engloberait et maîtriserait tout, puisque, dans cette deuxième présentation, cette position extrême est tenue par les esséniens. Les pharisiens se situent donc dans une position médiane.

La troisième présentation des écoles (*Ant.* 18.1.3 § 13), qui emploie un vocabulaire de combinaison, de mélange ou de fusion *(krasis)*, est elle-même une sorte de mélange des deux autres déclarations [156]. Les pharisiens, nous dit Josèphe, pensent que *toutes choses* sont accomplies par le destin ; mais ils ne privent pas la volonté humaine de l'initiative et du choix dont elle est capable. Ces deux vérités peuvent aller de pair, parce qu'il a plu à Dieu qu'il y ait mélange ou fusion. Cette métaphore n'est pas très claire, et Josèphe tente de l'expliquer avec une autre encore moins claire : par décret de Dieu, la volonté humaine, qui a la faculté de choisir le bien ou le mal, est autorisée à participer aux réunions de délibération tenues par le destin dans sa salle du conseil.

Dans son équilibre, cette déclaration rappelle quelque peu la deuxième présentation ; d'ailleurs, Josèphe souligne que cet équilibre ou ce mélange est le fruit de la volonté gracieuse de Dieu qui a arrangé les choses de la sorte. Cependant, comme dans la première présentation, il est dit que (1) *toutes choses* sont déterminées par le destin (un point renforcé par l'affirmation que l'équilibre même entre destin et libre arbitre est le résultat de la décision de Dieu) et il est dit aussi que (2) la liberté humaine ne s'étend pas à tous les événements, mais seulement au choix moral entre le bien et le mal. Ainsi, les deux premières présentations de Josèphe subissent une sorte de « fusion » dans la troisième.

À l'évidence, ce qui intéresse Josèphe, ce n'est pas une analyse détaillée et systématisée de ce que croient les pharisiens sur la question. Prises toutes ensemble, ses trois présentations semblent menées par son désir (1) de positionner les pharisiens entre les esséniens et les sadducéens et (2) de comparer les pharisiens avec les stoïciens, qui, au moins dans certains de leurs écrits philosophiques (par exemple, ceux de Chrysippe), reconnaissaient le rôle important de la volonté humaine dans l'agir moral et qui attribuaient pourtant chaque action au destin.

Néanmoins, il pourrait y avoir une certaine vérité dans la manière dont Josèphe présente la position des pharisiens. L'insistance sur le destin (qui domine dans la première présentation) correspond bien à la vision qu'avaient les pharisiens d'une histoire d'Israël inexorablement dirigée par Dieu vers son accomplissement cosmique, où il ressuscitera et jugera les morts. L'insistance sur le choix libre dans le domaine du bien et du mal correspond bien à la façon dont les pharisiens insistaient sur la responsabilité d'Israël dans l'obéissance à la sainte volonté du Dieu saint, telle qu'elle était révélée dans la Loi et expliquée dans les traditions des pères, une responsabilité qui devait s'exprimer dans l'observation fidèle et détaillée de tous les commandements. Mais on se demande finalement si le fait de juxtaposer l'affirmation de la maîtrise totale de Dieu et l'insistance sur la responsabilité humaine créait une réelle différence entre les pharisiens et la plupart des autres Juifs [157].

Notre inventaire de six points fondamentaux concernant les pharisiens, avec le caractère problématique du sixième, devrait nous garder d'imaginer que l'un ou l'autre de ces points suffisait à faire d'un pharisien un pharisien. Ce qui caractérisait les pharisiens comme pharisiens n'était pas une croyance ou une pratique isolée. On ne peut décrire les pharisiens qu'en mettant en place une *Gestalt*, une configuration de croyances et de pratiques qui convergent vers un ensemble organique que nous appelons le courant pharisien. C'était cet ensemble organique qui distinguait les pharisiens *à l'intérieur* du judaïsme d'avant 70, mais *sans* qu'ils soient *coupés* de lui. C'est ce qu'entendent signifier ces six points, quand on les prend dans leur ensemble.

Pourtant, même une telle configuration ne saisit pas la pleine réalité de ce qu'étaient les pharisiens, qui ne constituaient pas une congrégation séparatiste comme Qumrān. Les pharisiens faisaient partie, avec presque tous les autres Juifs palestiniens, de ce que nous pourrions appeler le « courant principal » du judaïsme ou le judaïsme « commun »[158] : ils croyaient qu'Israël était le peuple choisi de Dieu, que Dieu avait fait à Israël le don de la Loi mosaïque, qu'il avait imposé à Israël les obligations qui constituaient des marques d'appartenance ; c'était le cas de la circoncision, de l'observance du sabbat, des règles du pureté (concernant, par exemple, le respect de la nourriture, l'activité sexuelle et le comportement vis-à-vis des morts) et du cycle de fêtes et de sacrifices dans le Temple de Jérusalem, à observer selon le calendrier lunaire (et solaire) généralement accepté par les Juifs du Ier siècle, à l'exception des esséniens. Avec leur *hălākâ* particulière, les pharisiens pouvaient développer et modeler ces éléments fondamentaux de la Loi pour les ajuster à leurs propres perspectives ; mais les éléments fondamentaux étaient quelque chose qu'ils avaient en commun avec presque tous les Juifs.

Même si l'on va au-delà de ces « éléments communs » du judaïsme, les pharisiens n'étaient pas vraiment uniques parmi leurs coreligionnaires dans leur insistance sur une étude approfondie et une pratique zélée de la Loi. Les esséniens, et en particulier ceux de Qumrān, les surpassaient probablement sur ce terrain. Ainsi, c'est seulement lorsque l'on rassemble tous les éléments, ceux qui étaient caractéristiques des pharisiens et ceux qu'ils partageaient avec d'autres Juifs, que commence à apparaître la pleine réalité humaine des pharisiens, loin d'une caricature facile.

C. Résumé : portrait minimaliste des pharisiens

Sans perdre de vue le contexte juif plus large dans lequel les pharisiens étaient intégrés, nous sommes maintenant à même de faire une esquisse de l'histoire des pharisiens et de leurs croyances spécifiques. S'il nous fallait tracer un portrait concis des pharisiens, il pourrait ressembler à ceci : les pharisiens étaient un groupe religieux et politique particulier de Juifs fervents, qui apparut au début de la période hasmonéenne, aux environs de 150 avant notre ère ; ils représentaient une réponse religieuse et politique spécifique à la crise d'hellénisation provoquée par Antiochus IV et ses partisans juifs, une crise qui se poursuivit au cours des règnes des princes et rois hasmonéens.

Face à ce qui était ressenti comme une menace pesant sur la permanence de l'existence des Juifs comme entité ethnique, culturelle et religieuse distincte dans le Proche-Orient ancien, les pharisiens insistaient sur l'étude zélée et la pratique minutieuse de la Loi mosaïque, l'observance attentive des obligations légales dans des domaines concrets de la vie tels que la dîme, les lois de pureté (concernant surtout la nourriture, la sexualité et l'attitude vis-à-vis des morts), le respect du sabbat, le mariage et le divorce, le rituel du Temple. En même temps qu'ils mettaient en place leurs observances légales caractéristiques, ils développaient parallèlement une théorie pour les justifier : ils possédaient un ensemble normatif de traditions, les traditions des pères (ou des anciens), qui allaient au-delà de la Loi mosaïque écrite mais qui s'imposaient à tout le peuple d'Israël, ou du moins le devaient.

Ces obligations légales n'étaient pas en l'air, comme une liste sèche et désincarnée. Elles exprimaient de manière concrète la réponse d'Israël, le peuple saint de Dieu, au Dieu saint qui avait donné la Loi à Israël pour le distinguer de tous les peuples de la Terre. La fidélité à Dieu et à sa Loi assurait une récompense. Les Israélites qui s'étaient montrés fidèles à la Loi ressusciteraient des morts au dernier jour, seraient acquittés lors du jugement final et auraient part, avec tous les justes, au monde à venir. Les méchants et les apostats qui avaient abandonné la Loi ou avaient même persécuté ses partisans fidèles seraient punis pour toujours et n'auraient pas part au monde à venir.

Quelques pharisiens au moins, comme Saul-Paul, comprenaient les pratiques et les croyances pharisiennes dans une vision globale (peut-être apocalyptique) de l'histoire du salut, dans laquelle la Loi avait un rôle salvifique jusqu'à la venue du messie. Un élément caractéristique du judaïsme pharisien était le zèle qu'il mettait à répandre sa vision du judaïsme dans le grand public. On n'en sera donc pas surpris, sans faire pour autant de la masse des Juifs palestiniens des pharisiens, les évangiles et Josèphe font des pharisiens des gens actifs et influents auprès du peuple ordinaire. Les sadducéens, concentrés en grande partie dans l'aristocratie sacerdotale et laïque de Jérusalem, ne semblent pas avoir fait preuve d'autant de zèle pour propager leurs idées au-delà de leur groupe d'élite.

Ces précisions théologiques ne doivent pas nous faire oublier que les pharisiens n'étaient pas seulement un mouvement religieux, mais en même temps un parti politique ou un « groupement d'intérêts de type politique » [159]. Nous devons ici nous souvenir que notre concept de séparation de l'Église et de l'État était totalement étranger au monde méditerranéen ancien. Tout au long de l'histoire de l'Ancien Testament, la vie politique de l'État israélite ou juif a été inextricablement mêlée à la lutte pour ce que divers groupes considéraient comme la croyance ou la pratique israélite authentique. Ce combat s'est poursuivi sous la souveraineté hasmonéenne. Durant cette période, quand ils furent en situation de le faire, les pharisiens étaient tout à fait disposés à utiliser le pouvoir de l'État pour imposer leurs pratiques sur l'observance de la Loi à l'ensemble de la population. Tel semble avoir été le cas pendant la première partie du règne de

Jean Hyrcan, et tel fut certainement le cas au cours du règne de Salomé-Alexandra. Pendant le règne de celle-ci, ils profitèrent de leur pouvoir dans les affaires intérieures pour assouvir dans le sang leur vengeance sur leurs ennemis. Même si des exégètes ont souvent qualifié les pharisiens de « pacifistes », cette définition ne cadre pas avec les données de l'histoire.

La souveraineté despotique d'Hérode et le fait que les préfets romains se servirent des grands prêtres comme intermédiaires avec le peuple juif de Judée mirent les pharisiens sur la touche de l'activité politique. Mais il n'existe pas de preuve ferme que les pharisiens aient jamais abandonné leurs aspirations au pouvoir politique au cours du Ier siècle de notre ère. Ils ne se retirèrent jamais complètement de l'arène politique pour devenir simplement un groupe pieux de laïcs à la recherche de la sainteté à travers la célébration de repas partagés entre compagnons pharisiens, selon les règles de pureté rituelle. Autrement dit, les pharisiens ne sont jamais devenus une secte quiétiste. Que ce soit en menant des intrigues dans le palais d'Hérode, en soulevant l'agitation dans le peuple ordinaire ou en se servant de fonctionnaires pharisiens au service de la classe dirigeante (si l'on accepte cette interprétation du statut socio-économique des pharisiens), les pharisiens ont continué à rechercher le pouvoir politique, par des moyens directs ou indirects [160].

Certains d'entre eux au moins retrouvèrent du pouvoir politique pendant le gouvernement de coalition que les factions les plus modérés mirent en place à Jérusalem au début de la Révolte (66-67 de notre ère). Après la guerre, les pharisiens s'associèrent à d'autres juifs fervents et studieux à Jabneh (Jamnia) pour former les rudiments du mouvement rabbinique. Un moment donné, le chef de ce mouvement (le *nāśî'* ou « patriarche ») acquerra une certaine reconnaissance de la part du gouvernement romain. Mais pendant cette période, les pharisiens, en tant que groupe distinct, n'appartenaient plus qu'à l'histoire passée, alors même que leurs héritiers et successeurs, les rabbis, commençaient à avoir la maîtrise du judaïsme palestinien.

Voilà donc le strict minimum de ce que l'on peut dire pour faire une esquisse des pharisiens d'avant 70 [161]. Revenons maintenant aux évangiles pour voir ce qu'il est possible de dire des relations du Jésus historique avec les pharisiens ou des interactions entre lui et eux.

D. Les relations de Jésus avec les pharisiens

Si notre requête était une question de critique de la rédaction, autrement dit si nous cherchions à connaître les relations de Jésus avec les pharisiens dans un évangile donné et à savoir comment ces relations reflètent la théologie de cet évangéliste, notre tâche serait relativement simple. Dans un évangile donné, nous prendrions en compte chaque péricope ou chaque logion où apparaissent les pharisiens, nous relèverions tous les changements réalisés par l'évangéliste par rapport à ses sources et nous rapporterions les résultats à la théologie globale de l'évangéliste. La plupart des matériaux synoptiques se trouveraient soit (1) dans les différents récits de controverse *(Streitgespräche)* de Marc (ainsi que leurs formes réélaborées dans Matthieu et Luc), soit (2) dans les malédictions contre les pharisiens et les scribes (ou légistes) dans Lc et dans Matthieu (des matériaux Q pour la plupart) [162]. Pourtant, dès que l'on se lance dans ces études de critique de la rédaction, on prend conscience du caractère problématique de toute tentative de reconstitution des relations du Jésus *historique* avec les pharisiens *historiques*.

Par exemple, comparés à Marc, Matthieu et Luc ont tendance à introduire des références aux pharisiens (et surtout des références négatives) dans des passages où Marc ne les mentionne pas. Ainsi, dans le récit de la guérison d'un homme paralysé, dans Mc 2, 1-12 [163], les adversaires, selon lesquels Jésus blasphème quand il déclare les péchés du paralysé pardonnés, sont désignés par la vague expression « quelques scribes » (Mc 2, 6 // Mt 9, 3). Par contre, au début de son récit (Lc 5, 17) et au moment du reproche adressé à Jésus (5, 21), Luc introduit les « pharisiens » comme adversaires de Jésus, aux côtés des « docteurs de la Loi » ou des « scribes ». Si donc Luc se permet d'introduire les pharisiens quand il réécrit à sa manière le récit de Marc, comment peut-on être sûr que Marc ou la source de Marc n'a pas introduit les pharisiens dans des récits de controverse où les adversaires originaux étaient de vagues « scribes » ou des gens sans étiquette particulière ?

Prenons un autre exemple, qui vient cette fois de l'activité rédactionnelle de Marc : comme l'a montré Joanna Dewey [164], le cycle de récits de controverse en Galilée, dans Mc 2, 1 – 3, 6, est composé avec soin pour créer une structure artistiquement mise en place et théologiquement élaborée :

1. Dans le récit de la guérison de l'homme paralysé (Mc 2, 1-12), « quelques scribes » pensent, sans le dire ouvertement, que Jésus blasphème. Le récit contient une évidente référence croisée avec l'accusation de blasphème au procès de Jésus devant le Sanhédrin (Mc 14, 53-65, surtout le verset 64). Dans la logique de la référence croisée marcienne, la scène du Sanhédrin, tout comme la guérison du paralysé, parle de scribes et non de pharisiens.

2. Dans le récit suivant, ce sont « les scribes des pharisiens » (probablement des chefs scribes du parti pharisien) qui se plaignent, non auprès de Jésus mais de ses disciples, que Jésus mange avec les pécheurs et les collecteurs de taxes (2, 13-17) ; Le thème des « pharisiens » est ainsi introduit indirectement.

3. Des gens anonymes [165] demandent à Jésus pourquoi les disciples de Jean et les disciples des pharisiens pratiquent le jeûne volontaire alors que

les disciples de Jésus ne le font pas (2, 18-22). Une fois encore, les pharisiens sont présents indirectement et, ici, dans les coulisses.

4. Les pharisiens paraissent enfin eux-mêmes en scène et entrent en communication avec Jésus. Ils l'interpellent directement non pas à propos de ses actions à lui mais à propos de celles de ses disciples, qui arrachent des épis *un jour de sabbat* (2, 23-28).

5. Dans le récit la guérison de l'homme à la main desséchée *un jour de sabbat* dans la synagogue, en 3, 1-6, les adversaires ne sont pas nommés au début du récit (3, 1) [166]. Mais étant donné que ce récit suit directement celui dans lequel des pharisiens interpellent Jésus à propos de ses disciples qui arrache des épis *un jour de sabbat*, il est probable que Marc veut que l'on identifie les adversaires à des pharisiens. Les adversaires observent Jésus pour voir si son activité de guérison le jour de sabbat va leur fournir un prétexte pour l'accuser. Quand Jésus eut guéri l'homme à la main desséchée et que, en plus, il eut justifié théologiquement son action, « les pharisiens, nous dit Marc, étant sortis [ils sont ainsi censés avoir été présents dans la synagogue et, très probablement, comme adversaires] tinrent aussitôt conseil avec les Hérodiens contre lui, en vue de le perdre » (3, 6).

Le travail artistique et théologique de Marc est évident. Le cycle de cinq récits est organisé en schéma concentrique autour de thèmes clés : (1) guérir – (2) manger – (3) jeûner – (4) manger – (5) guérir. Mais en même temps, les récits sont traversés par une montée croissante du climat d'antagonisme, avec une accusation de plus en plus directe contre Jésus lui-même. Au fur et à mesure que s'accroît cet antagonisme, les pharisiens entrent progressivement en scène, deviennent le seul groupe nommé à s'affronter directement à Jésus en lui posant une question agressive (dans la quatrième péricope) et, au point culminant de tout le cycle, ils apparaissent comme les acteurs principaux du complot qui se met en place pour le tuer.

Étant donné que ce schéma artistique et artificiel est le fruit du projet théologique de Marc et que cette idée de faire des pharisiens les acteurs principaux du complot qui conduira à la mort de Jésus n'est même pas répercutée dans le récit marcien de la passion, il devient douteux d'utiliser ce cycle de récits de controverse pour déterminer exactement quand, à quelles occasions et à propos de quelles questions le Jésus historique est entré en conflit avec les pharisiens historiques. Cela est particulièrement vrai pour la cinquième péricope, point culminant du cycle. Les pharisiens, nous l'avons vu, ne sont pas nommés dans le corps de la cinquième péricope, mais leur présence est plutôt déduite de l'ensemble de la structure marcienne. De plus, si l'on soutient, avec de nombreux critiques [167], que la conclusion de 3, 6 (ou au moins la référence aux pharisiens qu'on y trouve) est un ajout rédactionnel de Marc à l'ensemble du cycle de récits de controverse, la présence des pharisiens dans la confrontation la plus hostile et la plus implacable de tout le cycle s'évanouit, à partir du moment où l'on se pose des questions historiques et non plus littéraires.

Dans le cycle correspondant de récits de controverse à Jérusalem, à la fin du ministère public (Mc 11, 27 – 12, 37), la moisson est encore plus maigre. Les principaux partenaires en conflit ou en dialogue sont « les grands prêtres, les scribes et les anciens » (11, 27, où ils symbolisent le Sanhédrin, qui, dans Marc, condamnera Jésus à mort en 14, 53-65), les sadducéens (12, 18), un scribe isolé compréhensif (12, 28) et les scribes en général (12, 35.38). Les pharisiens n'apparaissent (de nouveau en compagnie des hérodiens) que dans la scène de la question sur la monnaie de l'impôt (12, 13-17) ; c'est la seule fois qu'ils entrent en scène à Jérusalem. On se demande si la combinaison surprenante de « pharisiens et hérodiens », en 12, 13, ne serait pas une création de Marc pour faire une référence croisée avec le passage de 3, 6, « les pharisiens avec les hérodiens ». Par cette inclusion, il pourrait avoir l'intention de relier les récits de controverse en Galilée (2, 1 – 3, 6) aux récits de controverse à Jérusalem (11, 27 – 12, 37) [168]. Pour tout dire, étant donné le travail de composition artistique et théologique de Marc, nous devons nous garder de présumer que toute référence aux pharisiens remonte à un épisode réel de la vie du Jésus historique.

Comme nous l'avons déjà vu, cela est vrai *a fortiori* de Matthieu et de Luc, chez lesquels les pharisiens, surtout dans la formule préférée de Matthieu « scribes et pharisiens », se font très présents. Le passage de Lc 11, 39-52 est une collection de malédictions prononcées par Jésus contre ses adversaires. Il est significatif que Luc y conserve encore une distinction entre les malédictions prononcées contre les pharisiens (11, 39-44) et celles prononcées contre les légistes (11, 45-52) ; cette distinction se trouvait vraisemblablement dans la source Q [169]. Par contre, Matthieu amalgame les malédictions en une longue tirade contre le bloc monolithique « scribes et pharisiens » (Mt 23, 2-36). Dans un certain nombre de passages, Matthieu remplace les « scribes » hostiles de Marc par les « pharisiens » (par exemple, Mc 3, 22 // Mt 9, 34 et 12, 24 ; Mc 12, 12 [où le sujet sous-entendu est « les grands prêtres, les scribes et les anciens » de 11, 27] comparé à Mt 21, 45 [où le sujet exprimé est « les grands prêtres et les pharisiens »]). Alors que, dans l'évangile de Matthieu, les différents opposants à Jésus ont tendance à mal se démarquer les uns des autres, les pharisiens ressortent comme les opposants par excellence. Bien que, comparé à l'évangile de Marc, celui de Luc donne beaucoup de place aux pharisiens, le portrait des pharisiens tracé par Luc est moins monochrome et moins uniformément hostile que celui présenté par Matthieu.

Même si, dans Jean, l'absence d'ensembles importants de matériaux légaux et moraux tend à donner aux adversaires de Jésus un profil différent, le quatrième évangile ne manque pas de références aux pharisiens ; et ces allusions reflètent manifestement la situation de l'évangéliste dans la période du christianisme de la fin du Ier siècle. Au lieu d'être l'un des divers partis ou groupes juifs, les pharisiens sont *le* groupe dirigeant du judaïsme [170]. Eux, et eux seuls parmi les mouvements juifs traditionnels, sont allègrement assimilés à ceux que l'expression johannique toute faite appelle « les Juifs » *(hoi Ioudaioi)*, quand celle-ci est employée dans le sens johannique particulier de « autorités hostiles à Jésus ». Cette assimilation est particulièrement frappante dans le récit de la guérison de l'aveugle (chapitre 9). Les « pharisiens », alias les « Juifs » (9, 13 et 18) y sont décrits comme ayant le pouvoir d'exclure de la synagogue des compatriotes juifs, qui professeraient la foi en Jésus comme messie (9, 22). Il est dit par ailleurs que, dans l'exercice de ce pouvoir d'expulsion, les pharisiens sont même au-dessus des « dirigeants » *(archontōn)* du peuple juif (12, 42). Une telle situation est tout simplement inconcevable dans les conditions politiques et religieuses du judaïsme palestinien autour des années 28-30.

Il en va donc de Jean comme de Matthieu : la situation du judaïsme d'après 70, confronté au christianisme, colore fortement la présentation que ces deux évangélistes font des pharisiens. Les pharisiens de Matthieu et de Jean sont en grande partie les pharisiens d'après 70 et leurs alliés, qui sont rapidement en train de devenir les premiers rabbis du judaïsme tannaïtique. Aussi doit-on faire très attention si l'on veut se servir des pharisiens de Matthieu ou de Jean pour reconstituer les pharisiens historiques qui ont été au contact de Jésus vers les années 28-30 de notre ère [171].

Et pourtant, il ne faut pas rejeter purement et simplement tous les aspects des tableaux brossés par Mathieu ou par Jean, sans examiner au moins si ne s'y cachent pas certains traits archaïques. Par exemple, l'évangile de Jean situe les pharisiens seulement dans Jérusalem et dans les environs, comme le font aussi généralement les Actes des Apôtres de Luc (cf. Mc 7, 1). Cela correspond aux opinions des exégètes qui ne trouvent pas ou peu de preuves d'une activité pharisienne qui se serait étendue avec succès en Galilée au début du Ier siècle de notre ère. Ici comme ailleurs dans son évangile, malgré tout le développement théologique qui le caractérise, Jean conserve parfois des parcelles surprenantes de données historiques, surtout quand il s'agit de Jérusalem et de ses environs. Il se pourrait bien que, au début du Ier siècle de notre ère, les pharisiens, comme phénomène de groupe, aient été concentrés à Jérusalem et dans les plus grandes villes de Judée. En général, ce courant a été, semble-t-il, davantage un mouvement urbain qu'un mouvement rural ; il exigeait en effet de ses membres un certain niveau d'instruction et un minimum de temps libre (et de ressources matérielles ?) pour qu'ils puissent s'adonner à une étude régulière et à une pratique minutieuse de la Loi.

Ainsi, c'est peut-être le schéma théologique artificiel de Marc, dans lequel Jésus reste en Galilée et loin de Jérusalem jusqu'à la dernière semaine de la mort, qui oblige à situer en Galilée les occasions où Jésus a eu affaire aux pharisiens. Historiquement, il se pourrait bien que ces rapports entre Jésus et les pharisiens aient eu lieu pour la plupart dans Jérusalem et dans les environs, lorsque Jésus venait en pèlerinage pour les grandes fêtes ; et c'est justement ce que laisse entendre l'évangile de Jean.

Lorsque l'on examine toutes ces données concernant les pharisiens dans les évangiles, on se trouve devant un problème qui n'est pas très différent de celui auquel on est confronté dans l'examen des miracles de Jésus. Que le Jésus historique ait affirmé faire des miracles et que certaines des actions qu'il a accomplies aient été, de son vivant, saluées comme des miracles par les gens qui le suivaient, voilà un fait essentiel aisément établi par les critères d'historicité. Mais il est extrêmement difficile d'aller au-delà de cette affirmation globale pour discerner exactement quels récits de miracles peuvent réellement remonter à des actions étonnantes accomplies par Jésus. Il est facile de faire des généralisations rapides ; la formulation d'un jugement précis sur les cas individuels a pris une grande partie du tome II de *Un certain Juif, Jésus*, avec un certain nombre de récits de miracles qui sont tombés dans les limbes du *non liquet* (pas clair) [172].

En un sens, la situation est encore plus difficile avec le problème de Jésus et des pharisiens. Un récit de controverse qui remonte effectivement au Jésus historique pourrait facilement avoir subi par la suite l'insertion secondaire du mot « pharisien », au moment où un rédacteur chrétien a voulu spécifier qui étaient les opposants anonymes originaux. Cependant, la ressemblance fondamentale avec les récits de miracles demeure : l'affirmation globale d'une interaction entre Jésus et les pharisiens est plus facile à établir que l'historicité d'événements précis où il sont impliqués.

Le fait fondamental que Jésus s'est parfois adressé aux pharisiens, a débattu avec eux, a parlé d'eux ou en général a eu affaire à eux bénéficie de l'attestation multiple des sources et de formes. De fait, chaque source évangélique contient de tels matériaux : par exemple, Marc (surtout dans les récits de controverse : 2, 16.18.24 ; 3, 6 ; 7, 1-5 ; 8, 11 ; 10, 2 ; 12, 13), la source Q (les malédictions dans Lc 11, 39-44 par.), la source M (Mt 5, 20 ; 21, 45 ; 23, 2), la source L (Lc 7, 36-50 ; 11, 37-38 ; 13, 31 ; 15, 2 ; 17, 20 ; 18, 10-14) et Jean (3, 1 ; 7, 32.45.47-48 ; [8, 13 ;] 9, 13.15-16.40 ; 11, 46-47.57 ; 12, 19.42).

Faut-il le préciser, mon argument n'est pas de dire que tous les passages énumérés ci-dessus à titre d'exemples remontent au Jésus historique. Certaines des structures théologiques de Marc (Mc 3, 6 et 12, 13), certaines des introductions narratives de Luc aux paroles de Jésus (par exemple, Lc 15, 2 ; 17, 20), certaines des déclarations de Matthieu sur la Loi ou la conduite morale (par exemple, Mt 5, 20) et le portrait général dressé par Jean, qui attribue aux pharisiens la maîtrise sur le judaïsme palestinien (par exemple Jn 12, 42), sont soit suspects, soit manifestement rédactionnels. Il est clair que la lutte entre les Juifs chrétiens et les Juifs pharisiens dans la période entre 30 et 100 de notre ère a fortement marqué les quatre évangiles de son empreinte.

Néanmoins, le large éventail de l'attestation multiple, avec des pharisiens représentés dans chaque source et dans de nombreuses formes littéraires différentes (récits généraux, récits de controverse, malédictions, logia sur l'entrée dans le royaume des cieux, paraboles), donne à penser qu'il existe une base historique dans le ministère du Jésus historique. À tout le moins, un certain nombre de scénarios évangéliques qui impliquent les pharisiens jouissent d'une certaine probabilité [173] :

1. Jésus le visionnaire eschatologique s'affronte aux pharisiens à propos de son opinion radicale sur le mariage et le divorce. Ce scénario bénéficie d'une bonne mesure de vraisemblance, parce que (a) la « maison » de Hillel et la « maison » de Shammaï étaient divisées précisément sur les motifs du divorce et que (b) la position de Jésus se fonde sur l'espérance eschatologique que la fin des temps verrait la restauration de ce qu'avait voulu le Créateur au commencement (à savoir, l'union permanente d'un homme et d'une femme dans le mariage, Mc 10, 1-12).
2. Jésus le prophète prononce des malédictions à la manière d'Amos ou d'Isaïe contre des pharisiens et d'autres qui rejettent son message (matériaux Q dans Lc 11, 39-44).
3. Jésus le conteur de paraboles fait entrer dans une parabole les figures antithétiques du pharisien et du collecteur de taxes, acteurs bien connus sur la scène palestinienne (matériaux L dans Lc 18, 10-14).
4. Jésus le maître qui enseigne trouve une oreille attentive chez des pharisiens individuels, malgré la froideur, voire l'antipathie générale du groupe à son égard (Nicodème dans Jn 3, 1.10 ; 7, 47-52 et, à un degré moindre, Simon dans Lc 7, 36-50).

D'ailleurs, étant donné que Jésus cherchait à s'adresser à l'ensemble des gens de son peuple pour les confronter à sa vision de l'achèvement de l'histoire d'Israël et pour leur faire connaître la manière appropriée selon laquelle Israël devait s'y préparer et étant donné que son activité se situait surtout parmi les gens du peuple et qu'il drainait parfois de grandes foules, avec quel groupe juif avait-il le plus de chances de se heurter et d'entrer en conflit sinon les pharisiens ? Selon Josèphe, en effet, les pharisiens était le parti juif le plus actif parmi les gens du peuple.

Les gens de Qumrān, eux, s'étaient retirés au désert. Les esséniens en général vivaient leur projet sectaire dans leurs propres petits groupes communautaires. Les sadducéens étaient apparemment un groupe relativement peu nombreux d'aristocrates du sacerdoce et du laïcat, qui ne mettaient pas beaucoup d'énergie à faire campagne pour gagner les gens du peuple à leurs croyances. De plus, contrairement à ce que disent certaines publications grand public, la Palestine des années 28-30 de notre ère ne connaissait pas de groupes révolutionnaires organisés en activité, tels que la Quatrième Philosophie ou les zélotes. Le seul groupe juif important qui cherchait à avoir une influence sur les perspectives religieuses et le comportement pratique des Juifs palestiniens ordinaires « de la base » vers 28-30 était les pharisiens.

Il n'est donc pas très étonnant que Jésus ait eu davantage affaire à eux qu'à tout autre parti ou mouvement juif. Jésus et les pharisiens avaient en commun un ardent désir d'amener l'ensemble d'Israël, et pas seulement une secte ésotérique ou une élite privilégiée, à faire totalement la volonté de Dieu, telle qu'elle était consignée dans la Loi et les prophètes. Jésus et les pharisiens devaient sans doute être d'accord sur de nombreux points essentiels : l'élection d'Israël faite librement par Dieu, le don de la Loi, la nécessité de répondre de tout cœur aux exigences de la Loi dans la vie de tous les jours, la fidélité de Dieu dans la conduite du peuple élu à travers l'histoire vers un achèvement futur qui verra la restauration d'Israël, le jugement final, la résurrection des morts et peut-être une sorte de personnage eschatologique ou messianique agissant au nom de Dieu à la fin des temps.

Mais en même temps, des désaccords étaient inévitables (1) à cause de l'eschatologie mixte particulière, à la fois présente et future, qui mettait implicitement Jésus lui-même au centre du drame eschatologique qu'il proclamait (2) à cause de la signification eschatologique qu'il attribuait à certains de ses « miracles » et (3) à cause du caractère inhabituel de certains de ses enseignements sur la *hălākâ*, qui découlaient de son message eschatologique : par exemple (a) la totale interdiction du divorce (b) le célibat comme une manière possible de servir le royaume (c) le rejet du jeûne volontaire et (d) l'abandon ou le rejet de diverses obligations familiales ou règles de pureté (comme le refus d'accorder à quelqu'un qui le suivait du temps pour enterrer son père et peut-être le manque d'intérêt pour les lois concernant la nourriture) [174].

Si quelques-unes des malédictions contre les pharisiens remontent au Jésus historique, le débat entre les pharisiens et lui-même a dû parfois devenir acharné et virulent. Cet affrontement est la manière typique de discréditer ses adversaires dans le monde méditerranéen ancien. Il est surtout caractéristique des attaques en tous genres que se lançaient mutuellement les groupes juifs au tournant de l'ère chrétienne. On trouve des accusations semblables dans la littérature de Qumrān (peut-être dirigées parfois contre les pharisiens [175] !) et dans divers pseudépigraphes de l'Ancien Testament tels que *1 Hénoch* et les *Psaumes de Salomon*. Le dialogue œcuménique poli entre différents groupes religieux est une heureuse invention moderne. Selon la littérature rabbinique, même la

« maison » de Hillel et la « maison » de Shammaï s'embarquaient dans des affrontements mordants [176].

Cependant, surtout dans la perspective de l'histoire tragique de la polémique chrétienne ultérieure contre le judaïsme, il faut souligner que, pour les auditoires non juifs, les paroles cinglantes utilisées par des Juifs, y compris Jésus, dans les controverses religieuses avec leurs coreligionnaires ne devaient pas signifier un rejet du judaïsme en général ou de la judéité des adversaires visés en particulier (le groupe violemment sectaire de Qumrān est l'exception qui confirme la règle). Depuis les prophètes Amos et Osée, la dénonciation enflammée était une tradition rhétorique reconnue ; et Jésus le prophète se situait lui-même dans cette ligne prophétique. En outre, il faut bien comprendre qu'une attaque verbale particulière, lancée occasionnellement par Jésus contre des pharisiens particuliers avec lesquels il eut à en découdre, a dû prendre une signification beaucoup plus large lorsqu'elle a été intégrée à d'autres déclarations polémiques et transformée en dénonciation organisée des « scribes et pharisiens » en général (par exemple, en Mt 23, 1-36).

En particulier, lorsque l'on parle des relations de Jésus avec les pharisiens, on doit garder à l'esprit que les couches les plus anciennes des traditions évangéliques ne permettent pas de penser que les affrontements de Jésus avec les pharisiens furent la raison majeure de sa mise à mort. En fait, tant au plan des motifs que des acteurs, les évangiles affichent une remarquable discontinuité entre les discussions de Jésus avec les pharisiens pendant le ministère public d'une part, son arrestation et son exécution à la fin de sa vie, d'autre part. Tout le récit marcien de la passion, comme la forme primitive du récit johannique de la passion, ne présente jamais les pharisiens comme groupe prenant part au procès, à la condamnation ou à l'exécution de Jésus [177]. Le témoignage unanime des traditions de la passion indique l'interaction entre le disciple Judas, le grand prêtre Caïphe, divers fonctionnaires autour de Caïphe qui étaient membres du sacerdoce, scribes et aristocrates, et le préfet romain Ponce Pilate, qui eut le dernier mot. Le contraste est particulièrement frappant entre la présence abondante des pharisiens dans les récits du ministère public et leur absence en tant que groupe dans le récit de la passion [178].

Par conséquent, voici comment nous pouvons résumer, avec une bonne probabilité, les relations de Jésus avec les pharisiens. Toutes les sources évangéliques attestent que Jésus a eu des échanges avec les pharisiens au cours du ministère public. Le ton de ces échanges était souvent celui de la confrontation entre adversaires. Il n'y a là rien de surprenant, puisque Jésus et les pharisiens étaient en concurrence pour avoir une influence sur la plus grande partie des Juifs palestiniens et pour les gagner à leurs manières respectives de comprendre ce que Dieu appelait Israël à être et à faire, à un moment crucial de son histoire.

Les discussions entre Jésus et les pharisiens avaient tendance à être plutôt de caractère halakhique (sur les lois et le comportement) que doctrinal. Ces discussions comprenaient des questions comme le divorce, le jeûne, la dîme, les règles de pureté, l'observance du sabbat et, en général, l'importance à accorder à diverses observances extérieures. Au cœur de la polémique, qu'il menait à la manière prophétique contre ceux qui débattaient avec lui, Jésus a pu parfois prononcer des malédictions contre des pharisiens et les attaquer de manière ouverte ou voilée dans certaines de ses paraboles. Pourtant, les évangiles nous indiquent aussi le contraire, à savoir que certains pharisiens étaient disposés à prêter à Jésus une oreille attentive (voir, par exemple, Lc 7, 36-50 ; Jn 3, 1-2) ; cela nous rappelle que les contacts n'ont pas été nécessairement toujours aussi négatifs que les chrétiens ultérieurs les ont décrits.

Il est difficile d'être plus spécifique. De toute évidence, si l'on considère tout récit évangélique impliquant des pharisiens comme un enregistrement vidéo d'événements historiques des environs de l'an 30 ou si l'on ignore que la grande ampleur prise par le rôle des pharisiens dans les évangiles de Matthieu et de Jean entre dans les perspectives polémiques de ces évangélistes, on passe de la quête du Jésus historique à la théologie chrétienne. De fait, la difficulté de discerner si une référence aux pharisiens remonte à un événement historique original ou si elle est une insertion secondaire oblige à faire une distinction importante au plan de la méthode. Il ne faut pas identifier purement et simplement la question des relations du Jésus historique avec les pharisiens avec la question beaucoup plus large des relations du Jésus historique avec la Loi mosaïque. Des traditions évangéliques concernant les relations de Jésus avec la Loi mosaïque pourraient tout à fait être historiques, même si l'insertion des pharisiens dans les débats comme partenaires spécifiques peut y être secondaire.

C'est pourquoi, même si j'ai touché brièvement à diverses questions légales dans cette section sur les pharisiens, je réserve délibérément la question de l'enseignement de Jésus sur la Loi à un chapitre ultérieur du tome IV. Les pharisiens n'étaient pas les seuls Juifs palestiniens du Ier siècle concernés par la Loi et ils n'étaient probablement pas non plus les seuls Juifs concernés par l'enseignement de Jésus sur la Loi. Les pharisiens avaient certes leurs opinions et leurs pratiques propres sur des points comme le divorce et les règles de pureté ; mais ces points fondamentaux faisaient partie des préoccupations communes à tous les gens du « courant principal » du judaïsme. Quand Jésus abordait ces sujets et surtout quand il proclamait des règles nouvelles, étonnantes, dérangeantes à leur propos, il touchait et, éventuellement, bousculait la vie de tous les Juifs fervents et pas seulement des pharisiens. C'est pourquoi ces points trouveront mieux leur place dans la question des relations de Jésus avec la Loi mosaïque, trésor commun à tous les Juifs, que dans la présente question plus restreinte des relations de Jésus avec les pharisiens.

Même si les pharisiens jouent un rôle important dans ce que rapportent les évangiles sur les relations de Jésus avec des groupes juifs, ils n'étaient pas le seul groupe auquel Jésus avait affaire. Dans le chapitre XXIX, nous allons chercher à élargir notre regard en examinant leurs principaux opposants, les sadducéens. Puis, dans le chapitre XXX, nous terminerons notre examen en regardant d'autres groupes juifs, dont les esséniens et les samaritains, qui ont pu parfois être en contact avec Jésus. En fonction de tout ce que nous avons vu dans ce chapitre consacré aux pharisiens, il va de soi que le prochain groupe à étudier est celui des sadducéens.

XXIX

JÉSUS EN RELATION AVEC LES GROUPES JUIFS CONCURRENTS

II. LES SADDUCÉENS

1. Le problème de l'identification des sadducéens

A. Introduction au problème

Pour un certain nombre de raisons, notre tentative d'identification des sadducéens sera moins compliquée et passera par moins de détours que notre investigation sur les pharisiens [1]. Tout d'abord, une grande partie du travail préliminaire, comme l'esquisse d'une grille historique, l'évaluation des sources essentielles et l'interprétation des textes clés, a déjà été faite dans le chapitre XXVIII. De manière plus spécifique, l'examen des passages essentiels concernant les pharisiens dans le Nouveau Testament, dans Josèphe et dans la littérature rabbinique, nous a également amenés à regarder ce qui y est dit des sadducéens. On rappellera ici les résultats de cet examen, sans qu'il soit nécessaire de répéter l'exégèse détaillée de tous les textes qui ont été cités et explorés dans le chapitre précédent [2].

Une deuxième raison rend notre étude moins compliquée : le fonds d'informations sur les sadducéens est encore plus réduit que celui sur les pharisiens [3]. De plus, ce fonds est encore plus partial : le parti pris des textes qui mentionnent les sadducéens est un problème particulièrement délicat, du fait que, contrairement à ce qui se passe pour les pharisiens, nous manquons de matériaux émanant d'un porte-parole qui aurait été leur contemporain ou qui aurait été bien disposé à leur égard.

Comme nous l'avons vu, ce n'était pas le cas des pharisiens. En la personne de Paul (et, pour certains, c'est également le cas de Josèphe), nous avons un auteur du Ier siècle qui était lui-même pharisien. En tout état de cause, Josèphe affirmait être un pharisien et il a certainement été lui-même en contact direct avec des pharisiens importants. Bien sûr, ce qu'il dit des pharisiens dans la *Guerre des Juifs* est presque entièrement négatif. Mais au moins dans les *Antiquités*, Josèphe fait quelques déclarations positives dans les récits qui mentionnent les pharisiens. De plus, dans les trois portraits détaillés qu'il prend le temps de faire des pharisiens et où il les décrit comme l'une des « écoles de pensée » juives *(hairesis)*, Josèphe a pris le parti de présenter le courant pharisien comme une école honorable à l'intérieur du judaïsme. De ce fait, les descriptions standard des pharisiens sont le plus souvent positives, à défaut d'être toujours exactes.

Comme on pouvait s'y attendre, les différentes œuvres de la littérature rabbinique, qui parviennent à leur forme définitive des siècles plus tard, adoptent une attitude essentiellement positive envers les pharisiens. Il est révélateur que les discussions entre les pharisiens et les sadducéens qui sont rapportées par la Mishna et que nous avons étudiées dans le chapitre XXVIII, se terminent toujours à l'avantage des pharisiens. Quand on passe aux écrits rabbiniques plus tardifs, on observe une volonté de plus en plus marquée de créer un lien de continuité entre les pharisiens et les rabbis.

En dépit de ses polémiques contre les pharisiens, le Nouveau Testament lui-même n'est pas dépourvu de quelques notes favorables. Malgré toute son ambiguïté, l'évangile de Jean est finalement bienveillant envers le pharisien Nicodème (Jn 3, 1-15 ; 7, 50-52 ; 19, 38-42). Dans les Actes, Luc fait des grands prêtres et des sadducéens les ennemis implacables des chrétiens de Jérusalem, alors que le pharisien Gamaliel recommande la tolérance (5, 34-39) et que certains pharisiens du sanhédrin sont d'avis de prendre au moins en considération les affirmations de Paul (23, 6-10) [4].

Au contraire, dans toute la littérature ancienne, aucun sadducéen ne nous parle en son nom propre, et aucun auteur du Ier siècle ne nous présente un portrait positif du groupe [5]. Si les sadducéens en tant que groupe ont produit des écrits reflétant leurs opinions, ces textes n'ont pas survécu [6]. En conséquence, pour un portrait des sadducéens, nous devons compter sur nos trois sources principales (le Nouveau Testament, Josèphe et la littérature rabbinique), qui sont toutes hostiles aux sadducéens à des degrés divers.

Toute tentative pour parvenir à une description historique fiable des sadducéens se heurte à des difficultés particulières, quand elle passe au crible la littérature rabbinique. Comme le fait remarquer Anthony Saldarini, bien que « les sadducéens soient mentionnés un certain nombre de fois dans la littérature rabbinique, les références sont dispersées dans divers types de textes de différentes périodes [7] ». Dans la littérature rabbinique, les sadducéens deviennent de plus en plus des opposants stéréotypés du judaïsme rabbinique ; les textes ne manifestent pas un grand intérêt pour l'identité historique des sadducéens du Ier siècle de notre ère et n'en ont visiblement pas une bonne connaissance. Dans le Talmud de Babylone, la polémique devient parfois si violente que les sadducéens ne sont plus vraiment considérés comme des Juifs mais comme des hérétiques [8]. Pour compliquer le problème, différentes formes d'un même récit sur les sadducéens vont utiliser différents termes pour désigner leurs opposants (par exemple, les pharisiens, les sages ou un vague « ils »).

La question de fond se complique encore avec des problèmes de critique textuelle dans les manuscrits rabbiniques. Comme nous l'avons vu dans le chapitre XXVIII, les allusions rabbiniques aux pharisiens se sont révélées parfois problématiques, parce que nous ne pouvions pas toujours savoir avec certitude quand le mot hébreu *pĕrûšîn* signifiait « pharisiens » et quand il signifiait quelque chose comme « ascètes », « séparatistes » ou « déviants au plan religieux ». C'était un problème de traduction adéquate. Dans le cas des sadducéens, le problème est encore plus fondamental : nous ne pouvons pas toujours être certains que le mot *ṣaddûqîn*, que nous rencontrons aujourd'hui dans les textes imprimés des ouvrages rabbiniques, se trouvait réellement dans les manuscrits originaux. La censure chrétienne ultérieure (ou la crainte qu'en avaient les Juifs) semble avoir parfois conduit les scribes juifs à écrire *ṣaddûqîn* à la place d'un original *mînîm* (« hérétiques » ou « déviants ») ou *gôyîm* (« gens des Nations »), deux mots qui pouvaient être pris comme se référant aux chrétiens d'origine juive ou aux chrétiens en général [9]. Il semble également qu'il y ait eu occasionnellement confusion dans les manuscrits entre sadducéens et samaritains. Aussi ne pouvons-nous pas toujours être sûrs qu'un texte donné se référait originellement aux sadducéens [10].

Il y a en outre le problème de la relation confuse entre les sadducéens et un groupe sacerdotal de Jérusalem connu sous le nom de boéthusiens [11]. Les boéthusiens n'apparaissent jamais dans le Nouveau Testament ni dans Josèphe ; on les trouve uniquement dans les œuvres de la littérature rabbinique, où ils apparaissent davantage dans certaines parties (comme la Tosephta), que dans d'autres (comme la Mishna). L'absence d'attestation écrite sur ce groupe avant le IIIe siècle doit nous rendre très prudents. De plus, à l'intérieur de la littérature rabbinique, une version d'une tradition va parler de boéthusiens, alors qu'une autre version de la même tradition va proposer sadducéens à la place. Parfois les deux groupes semblent identiques, parfois non. Quand nous rassemblons tous ces problèmes pour en venir à la question habituelle de la datation et de l'attribution des traditions dans la littérature rabbinique, nous pouvons mesurer avec quelle prudence il faut se servir des sources rabbiniques pour une connaissance historique des sadducéens dans la période d'avant 70. À mon avis, en conformité avec la façon de procéder utilisée au chapitre XXVIII, il est préférable de nous limiter le plus souvent aux cas relativement peu nombreux où, dans la Mishna, *ṣaddûqîn* est clairement opposé à *pĕrûšîn* [12].

B. Quelques lignes nettes dans un portrait flou

En collectant ce que nous avons déjà vu ici et là au cours du chapitre précédent, nous pouvons poser les affirmations suivantes, certaines ou probables, au sujet des sadducéens d'avant 70. Dans cet inventaire en six points, les affirmations qui sont considérées par la plupart des exégètes comme certaines ou hautement probables sont présentées en premier. À mesure que nous avancerons dans l'inventaire, les assertions deviendront de plus en plus hypothétiques.

1. Existence

L'existence des sadducéens en tant que groupe religieux et politique en activité en Judée vers le tournant de l'ère chrétienne est soutenue par l'attestation multiple du Nouveau Testament, de Josèphe et de la littérature rabbinique. Puisque le fait de leur existence n'est pas sérieusement mis en doute et puisque nous avons déjà vu dans le chapitre XXVIII les textes clés qui concernent les sadducéens, il n'est pas nécessaire ici de développer longuement ce point. Il faut cependant relever, en guise d'avertissement, que l'attestation multiple dont nous disposons pour les sadducéens n'a pas autant de poids que celle concernant les pharisiens. Par exemple, dans le Nouveau Testament, les sadducéens ne sont mentionnés que dans les synoptiques et les Actes, et ces allusions y sont relativement rares. En fait, il n'y a dans les synoptiques qu'une seule péricope, la controverse entre Jésus et les sadducéens à propos de la résurrection des morts (Mc 12, 18-27 par.), qui concerne directement les sadducéens et leur enseignement [13]. Ils occupent une place légèrement plus importante dans les Actes, bien qu'ils y soient mentionnés seulement en passant et toujours sous un jour négatif (4, 1 ; 5, 17 ; 23, 6-8).

2. Une brève histoire [14]

Malgré la pénurie de références, il est possible de tracer les grandes lignes de l'histoire des sadducéens. Dans l'un des passages où il dresse le portrait des trois écoles de pensée (*Ant.* 13.5.9 § 171-172), Josèphe mentionne pour la première fois leur existence au cours du règne de l'hasmonéen Jonathan (160-143 avant notre ère). Il n'est pas question d'eux au cours du règne suivant de son frère Simon (143-134). Jean Hyrcan Ier (134-104), le fils de Simon, commença par se montrer favorable aux pharisiens ; mais les sadducéens réussirent à le détourner de ces derniers pour lui faire porter intérêt à leur propre parti (*Ant.* 13.10.15 § 288-296). Bien que Josèphe ne le dise pas explicitement, on peut présumer que les sadducéens continuèrent à soutenir Aristobule Ier (104-103) et Alexandre Jannée (103-76) et à être soutenus par eux [15]. En ce sens très limité, on pourrait parler de ces trois souverains hasmonéens comme de trois grands prêtres sadducéens. Ainsi, il n'est pas exclu que les sadducéens aient joui du pouvoir sous les gouvernants hasmonéens sans interruption pendant pratiquement un demi-siècle.

L'accession de la reine Salomé-Alexandra (76-69) au trône et le soutien qu'elle accorda aux pharisiens éclipsèrent les sadducéens et les mirent en danger face à leurs rivaux vengeurs, les pharisiens (*Guerre des Juifs* 1.5.1-3 § 107-114 ; *Ant.* 13.15.5-13.16.6 § 410-432). Après la mort de Salomé-Alexandra, on ne sait pas exactement à qui les sadducéens ont apporté leur soutien et comment ils s'en sont tirés au cours de la période chaotique marquée par la lutte entre les deux fils de la reine, Hyrcan II et Aristobule II (sans oublier le fils de ce dernier, Antigone). Cette phase de troubles s'acheva quand Hérode le Grand, soutenu par Rome, monta sur le trône en 37 avant notre ère. Au cours de son règne, Hérode mit en place un certain nombre de grands prêtres dont les familles venaient de Babylone ou d'Égypte ; cette politique visait probablement à marginaliser les hasmonéens, qui avaient cumulé les fonctions royales et sacerdotales, et peut-être également les sadducéens aristocrates. Hérode créa ainsi une nouvelle élite de familles de grands prêtres, qui n'avaient pas de liens avec les hasmonéens et ne dépendaient que de ses bonnes grâces [16]. Il est certain que, sous le régime autocratique d'Hérode, les sadducéens ne pouvaient pas espérer récupérer le pouvoir qu'ils avaient eu naguère sous Hyrcan Ier et qu'ils avaient perdu sous Salomé-Alexandra. Alors que l'on a quelques indications d'une influence des pharisiens dans les coulisses de la cour d'Hérode, rien de tel n'est dit des sadducéens.

Le sort des sadducéens semble s'être amélioré avec l'institution de la souveraineté directe des Romains sur la Judée [17]. Sous le préfet (et plus tard procurateur) romain, le grand prêtre était autorisé à gérer la plupart des affaires courantes de ses compatriotes à Jérusalem et en Judée, pourvu qu'il assure l'ordre public et le paiement régulier des recettes fiscales à Rome. Pour l'aider à accomplir ses tâches, le grand prêtre comptait d'abord sur l'aristocratie sacerdotale et laïque, autrement dit sur un groupe d'élite qui, nous allons le voir plus loin, était en grande partie sadducéen, sans toutefois l'être entièrement [18].

Pour les sadducéens, la souveraineté romaine directe eut pour conséquence de leur faire retrouver au moins une partie du pouvoir qu'ils avaient exercé sous Hyrcan Ier. Au cours de cette période, un grand prêtre (Anan le Jeune, qui assura la fonction en l'an 62 de notre ère) est spécifiquement identifié comme sadducéen par Josèphe. Comme je le montrerai plus loin, un certain nombre d'autres grands prêtres de cette période étaient probablement aussi sadducéens. Il n'est jamais dit, et c'est significatif, qu'un grand prêtre de la période de souveraineté directe de Rome ait jamais été pharisien, bien que certains prêtres de Jérusalem fussent pharisiens [19]. Le fait que les sadducéens, comme groupe organisé, n'ont pas survécu à la destruction de Jérusalem en 70 de notre ère donne à penser que la plupart d'entre eux étaient restés dans la ville, aux prises avec les autres factions juives, tout en combattant les Romains jusqu'au bout. La guerre fratricide à l'intérieur de Jérusalem et l'assaut des Romains contre la ville finirent par tuer un grand nombre de membres de l'aristocratie sadducéenne, aussi bien sacerdotale que laïque ; le groupe fut ainsi anéanti en tant que force politique effective [20].

3. *Statut socio-économique et politique*

Selon le témoignage direct de Josèphe, étayé indirectement par le Nouveau Testament et la littérature rabbinique, il est possible de dire quelque chose sur le statut socio-économique et politique des sadducéens, ce qui nous permet en retour de combler des lacunes de leur histoire. Selon Josèphe (*Ant.* 13.10.6 § 298 ; 18.1.4 § 16), d'une part les sadducéens étaient un petit nombre et n'étaient pas très suivis par les gens du peuple, et, d'autre part, ils bénéficiaient de « la confiance des seuls gens riches » et étaient « les plus importants » ou « les chefs » *(tous... prōtous)* des Juifs. Cette combinaison de la richesse, de l'importance sociale et du rôle de chefs n'est guère surprenante. Dans la société judéenne de l'époque, l'importance sociale était en grande partie fondée sur la richesse (surtout la propriété foncière) et le pouvoir ou l'influence politique, le tout souvent accompagné d'une brillante généalogie. Ce sont là les attributs habituels de l'aristocratie.

Pendant la période de souveraineté directe de Rome, les Juifs les plus importants de Judée devaient naturellement compter dans leurs rangs les grands prêtres du moment et les précédents, ainsi que leurs familles du haut sacerdoce [21]. Sous le gouverneur romain, le grand prêtre, soutenu par sa famille et ses associés, gérait les affaires ordinaires de ses compatriotes juifs. Il jouissait non seulement d'un pouvoir religieux sur le Temple et d'un pouvoir politique sur les Juifs de Judée, mais il possédait également une grande richesse provenant de propriétés terriennes mises en fermage et il jouissait de la dignité particulière qui, dans les sociétés anciennes, tenait à une généalogie soigneusement protégée et remontant aux temps anciens ; c'était là une condition importante pour être grand prêtre. Comme nous le verrons, nos sources associent effectivement les sadducéens, à divers points de leur histoire, avec le grand prêtre et son entourage. Les sadducéens le soutenaient et bénéficiaient ainsi de son appui.

La liste des Juifs importants et riches de Judée devait inclure des aristocrates non seulement de lignée sacerdotale mais également d'origine laïque [22]. Ces derniers devaient également compter parmi les citoyens éminents, peu nombreux et riches, qui faisaient partie des sadducéens. Étant donné cette concentration d'aristocrates dans le parti sadducéen et les relations du parti avec au moins certains des grands prêtres, il n'est pas surprenant que les comptes rendus historiquement fiables venant de nos trois sources principales situent habituellement les sadducéens dans Jérusalem et autour de la ville.

Même s'il comptait des aristocrates laïques, le parti sadducéen s'enracinait avant tout dans les grandes familles sacerdotales et chez ceux qui les soutenaient ; cela est suggéré par l'étymologie la plus probable du nom sadducéen. Le mot hébreu *ṣaddûqîn* vient très vraisemblablement du nom Sadoq (*ṣādôq* en hébreu), le prêtre de Jérusalem qui était au service de David et de Salomon [23]. Dans divers passages de l'Ancien Testament et des écrits intertestamentaires, les prêtres de Jérusalem qui faisaient remonter leur ascendance à Sadoq et fondaient ainsi sur lui leurs revendications de légitimité sont appelés « fils de Sadoq » *(benê ṣādôq)* [24].

Les fils de Sadoq semblent avoir eu le contrôle sur le Temple de Jérusalem et la fonction de grand prêtre depuis la reconstruction du Temple de Jérusalem (vers 520-515 avant notre ère), après l'exil à Babylone, jusqu'au bouleversement et à la révolte causés par la politique d'hellénisation d'Antiochus IV (qui régna de 175 à 164 avant notre ère). La victoire de la famille hasmonéenne et le fait qu'elle ait assumé la charge de grand prêtre le moment venu signifiait que, désormais, c'était une famille sacerdotale ne se réclamant pas de la lignée de Sadoq qui occupait la fonction sacerdotale suprême. Même si certains des fils de Sadoq avaient été discrédités en s'associant à la politique d'hellénisation d'Antiochus IV et si d'autres avaient été tués dans la guerre provoquée par la crise consécutive à l'hellénisation, certains sadoqites fidèles survécurent à la guerre en gardant leur honneur intact. Mais ils se trouvaient désormais évincés du sommet du pouvoir religieux (et politique), autrement dit de la fonction de grand prêtre, par les hasmonéens qui s'étaient immiscés dans la place.

Cela pourrait expliquer pourquoi, dans ces circonstances, les fils de Sadoq, avec leurs partisans du sacerdoce et du laïcat, se muèrent en un parti appelé les sadducéens. Opposés aux intrus hasmonéens, les sadducéens se considéraient eux-mêmes comme les représentants ou les partisans des fils de Sadoq, la famille légitime des grands prêtres [25]. Peut-être cela explique-t-il aussi le fait suivant : lorsque, pour la première fois, sous Jean Hyrcan Ier, nous sommes en présence d'une lutte pour le pouvoir entre les pharisiens et les sadducéens, le monarque hasmonéen commence par accorder son soutien aux pharisiens. Apparemment, l'opposition était constituée par les sadducéens, c'est-à-dire les membres du sacerdoce aristocratique de vieille souche, qui se considéraient comme les fils de Sadoq, et les membres de l'aristocratie laïque de vieille souche qui les soutenaient.

Pourtant, à un moment donné, les sadducéens semblent avoir décidé qu'un pouvoir limité sous un grand prêtre non sadoqite valait mieux que pas de pouvoir du tout [26]. Comme nous l'avons vu, les sadducéens réussirent à détourner Hyrcan des pharisiens pour l'amener à leur propre parti, qui était bien sûr axé sur les prêtres sadoqites mais qui comptait aussi des aristocrates laïques. Ils constituaient dans Jérusalem une sorte de « franc-maçonnerie des anciens », qui se distinguaient de ces « arrivistes » d'hasmonéens. Cela pourrait expliquer en partie pourquoi certains hasmonéens eurent envie de rejoindre les sadducéens : le soutien de prêtres sadoqites et de leurs partisans pouvait donner une certaine patine de légitimité au grand prêtre hasmonéen, tandis que les sadducéens pouvait retrouver quelque pouvoir. C'était un saint maquignonnage.

En somme, nous pouvons très bien imaginer les sadducéens comme un mouvement religieux et un parti politique, qui était constitué principalement de membres de l'aristocratie sacerdotale et laïque du bon vieux temps et qui tournait autour de Jérusalem, du Temple et de la fonction de grand prêtre [27]. Aussi l'affirmation de Josèphe sur le petit nombre des sadducéens tombe-t-elle sous le sens. Dans le monde méditerranéen ancien, l'aristocratie traditionnelle d'un pays donné était toujours composée d'un nombre relativement modeste de gens situés au sommet ou près du sommet de la pyramide politique, économique et sociale.

Contrairement aux pharisiens, les sadducéens n'avaient pas une grosse influence auprès des gens du peuple. Peut-être cela s'explique-t-il en partie par le fait que, au moins durant la souveraineté romaine directe, les sadducéens avaient l'habitude d'avoir le soutien du pouvoir politique quand ils émettaient des ordres, et ils ne ressentaient donc guère la nécessité de s'appuyer sur la persuasion morale, l'exemplarité de vie et la connaissance approfondie des Écritures, comme c'était le cas pour les pharisiens. Inutile de dire que la tension que l'on trouve habituellement dans le monde méditerranéen entre le peuple ordinaire pauvre et l'élite riche et puissante jouait également son rôle.

Quand on décrit les sadducéens, il faut cependant éviter les identifications simplistes. Nous l'avons vu, tous les sadducéens n'étaient pas membres du sacerdoce et tous les membres du sacerdoce n'étaient pas sadducéens. Tout comme il mentionne un pharisien qui faisait partie du sacerdoce (Jozar, membre de la délégation envoyée pour relever Josèphe de son commandement en Galilée), Josèphe signale également un pharisien qui était un citoyen en responsabilité à Jérusalem sans être pourtant membre du sacerdoce (Simon Ier, fils de Gamaliel Ier) [28]. En outre, étant donné que les aristocrates de la société méditerranéenne ancienne avaient autour d'eux du personnel de service et des clients, il est fort possible que des « parasites » faisant partie des Juifs laïques de Jérusalem aient été sadducéens, même sans être de riches aristocrates [29]. De la même manière, certains membres du « bas clergé », qui ne jouissaient pas d'une grande fortune ou n'avaient pas de pouvoir politique, ont pu prendre exemple sur les aristocrates du sacerdoce qui étaient sadducéens.

Pour résumer, tout porte à penser que le parti des sadducéens était principalement composé de nobles du sacerdoce et du laïcat ; pourtant, nous ne devons pas oublier que la réalité religieuse et politique de la Palestine du Iᵉʳ siècle était plus complexe que ce que nous pouvons en percevoir aujourd'hui. Il est possible qu'un petit nombre de gens du peuple, en particulier des habitants de Jérusalem ardemment attachés au culte du Temple et à sa situation politico-religieuse privilégiée, aient compté eux aussi parmi les sadducéens. Mais ils ont dû être l'exception et non la règle.

4. *Les sadducéens et la fonction de grand prêtre*

Quand on en vient à la question de savoir si le grand prêtre lui-même était toujours, habituellement ou seulement occasionnellement sadducéen pendant la période de souveraineté romaine directe, les choses deviennent plus hypothétiques, parce que les sources sont en grande partie silencieuses sur ce point. De fait, nos sources n'affirment expressément une affiliation au parti que pour quelques grands prêtres sous la souveraineté hasmonéenne, hérodienne et romaine. En outre, peu d'individus sadducéens peuvent être identifiés par leur nom ; le même problème, nous l'avons vu, existe également pour les pharisiens.

Mais un certain nombre de choses sont à peu près certaines. À la fin du IIᵉ et au début du Iᵉʳ siècle avant notre ère, nous l'avons déjà vu, Jean Hyrcan Iᵉʳ cessa de faire allégeance aux pharisiens pour s'appuyer sur les sadducéens ; et ses successeurs Aristobule Iᵉʳ et Alexandre Jannée ont probablement continué à soutenir les sadducéens. Il est difficile de déterminer si ces trois grands prêtres (et monarques) étaient bien des grands prêtres sadducéens ou des grands prêtres qui soutenaient les sadducéens et étaient soutenus par eux. Dans la lutte qui opposa Hyrcan II et Aristobule II, certains critiques affirment que les deux souverains étaient soutenus respectivement par les pharisiens et par les sadducéens ; mais la mémoire historique est si embrouillée pour cette période de guerre civile qu'il est difficile de parvenir à une conclusion ferme.

Ne se fiant ni aux hasmonéens ni aux sadducéens ni aux pharisiens, autrement dit ne se fiant à aucun des groupes juifs précédemment au pouvoir, Hérode le Grand nomma des grands prêtres dont les familles venaient de Babylone et d'Égypte. Cette politique voulait assurer la dépendance des grands prêtres par rapport à lui seul. Au cours de la souveraineté romaine directe, le seul grand prêtre dont l'affiliation au parti est spécifiée est Anan II (alias Anan fils de Anan ou Anan le Jeune). Josèphe désigne clairement cet Anan II comme sadducéen (*Ant.* 20.9.1 § 197-203). Bien qu'il ait tenu la fonction de grand prêtre seulement pendant trois mois en 62 de notre ère, Anan II est un personnage clé pour notre connaissance des sadducéens, car Anan II était le fils de Anan Iᵉʳ (alias Anan l'Ancien), qui est connu des chrétiens sous le nom de Hanne (ou Anne), pour ses brèves apparitions dans Lc 3, 2, Jn 18, 13.24 et Ac 4, 6. Pour les chrétiens, il est célèbre non pas pour être le père d'un certain nombre de grands prêtres, mais pour être le beau-père de Joseph Caïphe, qui était grand prêtre au moment de l'arrestation et de la crucifixion de Jésus.

Le portrait de Hanne qui nous est tracé dans les évangiles, les Actes et Josèphe (*Ant.* 20.9.1 § 198) est celui d'un personnage qui manipule la scène politique, même après avoir été démis de ses fonctions en l'an 15 de notre ère [30]. Il a eu probablement au moins une part de responsabilité dans la nomination d'Anan II comme grand prêtre (et dans la nomination d'autres membres de sa famille à cette fonction). Si donc son fils Anan II était sadducéen, il est hautement vraisemblable que Hanne, qui « tirait les ficelles » dans les coulisses, était lui aussi sadducéen. Il est difficile d'imaginer que ce *doyen* d'une famille de grands prêtres puissante et bien représentée n'ait pas transmis sa couleur politique à ses fils, qui avaient besoin de son aide pour lui succéder.

Cette déduction a des conséquences importantes. Josèphe nous dit en effet (*Ant.* 18.2.1-2 § 26-34 ; 20.9.1 § 197-198) que Hanne, bien que démis de ses fonctions par le préfet romain Valerius Gratus en l'an 15 de notre ère, a eu la chance unique de voir cinq de ses fils et un des ses gendres devenir grands prêtres. Selon Josèphe, les cinq fils d'Anan qui devinrent grands prêtres furent Eléazar (16-17 de notre ère), Jonathan (37), Théophile (37-41), Matthias (43 ?) et Anan II (62) [31]. Le gendre, Joseph Caïphe, est mentionné par Josèphe en *Ant.* 18.2.2 § 35 et 18.4.3 § 95, ainsi qu'en Mt 26, 3.57 ; Lc 3, 2 ; Jn 11, 49 ; 18, 13-14.24.28 et Ac 4, 6, même s'il n'y a que Jn 18, 13 à préciser que Hanne était son beau-père [32]. J'ai bien conscience de m'engager là dans un raisonnement en chaîne un peu compliqué ; mais si arrivons à la conclusion que Anan Ier était sadducéen et que c'est surtout à cause de lui que ses fils (dont l'un était un sadducéen connu) et son gendre sont devenus grands prêtres, il y a alors une bonne probabilité pour que, pendant la souveraineté romaine directe, d'Anan Ier à Anan II, sept grands prêtres aient été sadducéens.

Or, la souveraineté directe de Rome, qui s'acheva au début de la Première Révolte, dura quelque soixante ans (de 6 à 66 de notre ère). Si nous additionnons les années pendant lesquelles ces sept grands prêtres sadducéens ont été en fonction, on arrive en gros à trente-quatre ans. Cela signifierait que, pendant plus de la moitié de la période de souveraineté romaine directe, la fonction de grand prêtre a été certainement ou probablement tenue par un sadducéen [33].

Si nous nous fions à ce que dit Luc dans les Actes, l'orientation sadducéenne de la maison de Hanne se trouve confirmée [34]. En effet, dans le premier affrontement entre les apôtres et les grands prêtres raconté dans les Actes, Hanne et Caïphe sont présentés tous les deux comme agissant dans le cercle des sadducéens. Dans Ac 4, 1-2, « les prêtres, le commandant du

Temple et les sadducéens » sont excédés de voir Pierre et Jean annoncer, dans le cas spécifique de Jésus, la résurrection des morts [35]. Ils les font arrêter et mettre en prison en attendant le procès.

Le jour suivant, divers officiels se réunissent pour le procès ; selon 4, 6, il y a parmi eux « Hanne le grand prêtre, Caïphe, Jean, Alexandre et tous les membres des familles de grands prêtres ». Comme souvent dans ce cas, Luc n'est pas très clair dans les détails, mais il a probablement raison au plan de la description générale. On remarquera, par exemple, que c'est Hanne, et non Caïphe, qui reçoit le titre de « grand prêtre » ; peut-être est-ce là un souvenir un peu confus du fait que Hanne était le chef du clan et le véritable détenteur du pouvoir, quel que soit le membre de la famille qui occupait la fonction de grand prêtre à un moment donné (cf. Lc 3, 2).

Malgré son imprécision sur ce point, la description globale de Luc pourrait bien correspondre à la réalité : les prêtres de Jérusalem qui sont les hauts fonctionnaires du Temple, avec pouvoir d'arrêter leurs compatriotes juifs, sont situés en compagnie des sadducéens (Ac 4, 1). Tous les membres du groupe des officiels du verset 1 sont dits excédés par la proclamation de la résurrection d'entre les morts faite par Pierre (v. 2), comme on l'attend spontanément d'autorités du Temple de tendance sadducéenne. Puis, au verset 6, on spécifie au moins quelques-unes des autorités sacerdotales du Temple auxquelles il a été fait globalement allusion au verset 1 : on n'est pas surpris d'y trouver Hanne, Caïphe et Jean (une autre forme du nom de Jonathan, l'un des fils de Hanne [36] ?). Bien que ces prêtres ne soient pas explicitement appelés sadducéens dans ce verset, l'allure générale du récit de 4, 1-6 suggère au moins un tel rapprochement. Cependant, Luc n'est pas aussi clair qu'il pourrait l'être. La formulation de 4, 1 reste ouverte à la possibilité d'interpréter que les prêtres et les sadducéens étaient simplement deux groupes différents, qui se sont trouvés à agir ensemble contre les apôtres.

Luc est plus clair dans Ac 5, 17, au début du second récit d'un procès qui implique cette fois tous les apôtres. Le texte nous dit : « Alors se leva le grand prêtre, avec tous ceux de son entourage, le parti des Sadducéens ; ils étaient pleins d'animosité [...]. » À première vue, le sens de ce verset semble assez évident ; mais il souffre d'un problème grammatical. Très naturellement, c'est le grand prêtre qui dirige les affaires ; mais nous devons nous rappeler que, d'après 4, 6, Luc pense davantage à Hanne qu'à Caïphe [37]. La formule « tous ceux de son entourage » est une manière générale de se référer à tous ceux qui le soutiennent. Le problème grammatical se pose avec l'expression qui suit immédiatement et qui se traduit littéralement : « celle-ci étant la secte des sadducéens *[hē ousa hairesis tōn saddoukaiōn]* [38]. » Peut-être la meilleure manière de comprendre l'expression est-elle d'en faire une apposition à l'expression précédente : « le grand prêtre, avec tous ceux de son entourage, *à savoir* le parti des sadducéens ». Cela précise encore ce qui était dit dans Ac 4, 1-6 : le groupe des gens qui soutiennent le grand prêtre est identifié avec le parti des sadducéens. Dans le contexte, cette assertion implique que Hanne (ou, moins vraisemblablement, Caïphe) est sadducéen [39]. Ainsi, bien que les passages de Ac 4, 1-6 et 5, 17 ne nous donnent pas de nouvelles informations sur Hanne et les gens de sa maison, ils nous confirment la tendance sadducéenne de sa famille, un point que nous avons déjà déduit par d'autres moyens [40].

Même si ce regard d'ensemble sur des grands prêtres qui étaient certainement, probablement ou possiblement sadducéens est assez convaincant, il nous faut noter un autre point important. En contraste avec ces grands prêtres de la période de souveraineté directe de Rome qui ont été ou ont pu être sadducéens, on ne connaît aucun grand prêtre de la même période qui ait été pharisien. Il est d'ailleurs révélateur de voir comment Josèphe décrit les quatre membres de la délégation envoyée par les autorités de Jérusalem pour le relever de son commandement en Galilée (*Autobiographie* 39 § 197) : « D'une part, deux d'entre eux étaient membres du peuple ordinaire et de l'école pharisienne, Jonathan et Ananias ; d'autre part, le troisième, Jozar, était de souche sacerdotale et [était] lui aussi pharisien ; mais Simon, le plus jeune du groupe, était d'une famille de grands prêtres. » On remarquera que, après avoir mentionné le parti auquel étaient affiliés les trois premiers membres de la délégation, Josèphe n'éprouve pas le besoin de dire explicitement si Simon était ou n'était pas pharisien. Peut-être va-t-il de soi pour Josèphe que la mention de l'origine de Simon dans une famille de grands prêtres exclut la possibilité qu'il soit pharisien.

En tout cas, étant donné que, sous le préfet ou le procurateur romain, le grand prêtre devait exercer son pouvoir par ses collègues aristocrates sacerdotaux et laïques basés à Jérusalem ou en collaboration avec eux, ses croyances ou tendances personnelles n'étaient peut-être pas le facteur unique et décisif, quand il s'agissait de prendre des décisions politiques. D'un point de vue pratique, s'il voulait gouverner efficacement, il devait travailler avec une noblesse qui, même sans être entièrement sadducéenne, l'était en grande partie.

5. *Hălākâ*

Pour ce qui est des croyances et des pratiques sadducéennes, nous possédons peu d'informations. Il est bon de nous rappeler qu'il en va des sadducéens comme des pharisiens : dans un cas comme dans l'autre, nous avons affaire à un groupe qui a existé pendant plus de deux cents ans dans une société palestinienne soumise à de grands changements au cours de la période du tournant de l'ère chrétienne. Il ne fait pas de doute que les pharisiens et les sadducéens ont connu un développement et des changements en même temps que la société dans laquelle ils étaient ancrés. Et nous n'avons que des descriptions « plates » et standard de leurs croyances et de leurs pratiques, qui ne tiennent pas compte du sens historique de leur développement et de leurs mutations. Sans perdre de vue cette mise en garde, essayons de résumer ce que le chapitre XXVIII nous a appris sur les règles et les pratiques légales des sadducéens.

(a) Les sadducéens rejetaient les allégations des pharisiens affirmant posséder des « traditions des pères [ou des anciens] » qui n'étaient pas contenues dans la Loi de Moïse, mais qui obligeaient néanmoins tous les Israélites. Cette affirmation de base a souvent été élargie par des interprètes ultérieurs pour lui faire signifier que les sadducéens étaient des conservateurs rigides, qui acceptaient seulement le sens littéral de l'Écriture et rejetaient toutes les traditions, opinions et décisions *(hălākôt)* légales qui ne se trouvaient pas dans l'Écriture. À partir de Pères de l'Église comme Origène et Jérôme, certains auteurs ont même étendu cette prise de position jusqu'à dire que les sadducéens n'acceptaient que le Pentateuque comme Écriture canonique et rejetaient les autres parties du canon, les Prophètes et les Écrits, qui étaient reconnues par les pharisiens [41]. Cette dernière affirmation est tout simplement anachronique, puisque nous ne pouvons pas parler d'une délimitation claire et d'une clôture définitive du canon des Écritures juives dans la période d'avant 70. Rien ne nous indique non plus que les sadducéens rejetaient en principe la plupart des livres qui finiront par entrer dans le canon juif, comme les Prophètes et les Écrits.

Il se pourrait que les sadducéens aient accordé aux cinq livres de Moïse un statut privilégié si unique et si élevé que les autres livres, même sacrés et vénérés, n'étaient pas censés atteindre le même niveau d'autorité. Mais cette position n'aurait pas distingué les sadducéens du rabbinisme classique ultérieur. De la Mishna au Talmud de Babylone, la littérature rabbinique plus tardive, mise par écrit à un moment où le canon tripartite Tora-Prophètes-Écrits était fermement établi, signale parfois des distinctions faites à l'intérieur du canon et qui mettent en valeur la primauté du Pentateuque [42].

Les sadducéens étaient-ils des gens rigides, avec une tendance à tout prendre au pied de la lettre et à rejeter toute tradition qui ne se trouvait pas explicitement dans le Pentateuque ? Cette idée est contredite à la fois par le sens commun et par la Mishna [43]. D'un simple point de vue pratique, le Pentateuque donne seulement les grandes lignes de ce que le grand prêtre et les autres prêtres ont à faire pour accomplir la liturgie, sachant que le Pentateuque parle du tabernacle (ou tente de la rencontre) dans le désert, mais pas du Temple et de ses ornements tel qu'il fut (re)bâti par Hérode le Grand à Jérusalem. Aussi, pour effectuer la liturgie quotidienne du Temple de Jérusalem, sans parler des rituels compliqués des grandes fêtes, les prêtres ont-ils dû développer, transmettre et recevoir toutes sortes de rubriques traditionnelles, qui n'étaient pas écrites dans la Tora. Comme pour toute profession dans le Proche-Orient ancien, les fils des prêtres officiants devaient apprendre en grande partie leur métier sacré en observant et en imitant ce que faisait leur père. Ainsi, ceux des sadducéens au moins qui officiaient comme prêtres, et *a fortiori* le grand prêtre, avaient en réalité leurs propres « traditions des pères », qui régissaient leur manière de conduire la liturgie du Temple.

Il a dû en être de même à propos du calendrier liturgique utilisé pour le Temple. Le Pentateuque ne détermine pas les détails d'un calendrier annuel complet pour la liturgie du Temple. Il paraît vraisemblable que, au cours de la période du Second Temple, les prêtres de Jérusalem utilisaient un calendrier solaire de 364 jours, dont *1 Hénoch*, *Jubilées* et les écrits de Qumrān conservent des traces [44]. En fait, divers groupes sectaires, en particulier les esséniens, se sont obstinément accrochés à ce calendrier solaire, même après que les prêtres de Jérusalem furent passés à un calendrier (solaire-)lunaire au cours de la première moitié du IIe siècle avant notre ère. Il ne fait pas de doute que les premiers sadducéens ont été conscients du changement ; cette modification ne se fondait pas expressément dans le Pentateuque et elle contribua probablement à provoquer le schisme des gens de Qumrān, qui ne cessèrent de protester contre ce changement. Mais les sadducéens restèrent fermement attachés au calendrier relativement nouveau du Temple. C'est là un très bon exemple de la manière dont ils donnaient valeur aux traditions particulières du Temple de Jérusalem, même si ces traditions étaient relativement nouvelles et n'étaient pas contenues dans la Tora écrite. De fait, de manière un peu équivoque, Josèphe rend compte lui aussi de traditions propres aux sadducéens. Même s'il exagère quand il affirme que, dans l'exercice de leurs fonctions, les sadducéens ont dû, bon gré mal gré, observer les règles pharisiennes (*Ant.* 18.1.4. § 17), Josèphe témoigne ainsi indirectement de l'existence de règles sadducéennes, que les sadducéens en fonction ont dû soi-disant ignorer au profit des directives pharisiennes.

Les écrits rabbiniques ultérieurs nous fournissent pareillement des récits, dont certains sont manifestement légendaires, à propos de grands prêtres sadducéens qui ou bien ont cédé à la pratique liturgique pharisienne ou bien qui ont insisté pour observer leurs propres coutumes. Le récit le plus fameux et le mieux attesté concerne une polémique sur la question de savoir où et quand le grand prêtre doit commencer à brûler l'encens, quand il entre dans le saint des saints pour le Yom Kippour [45]. Même si les anecdotes rapportées par les rabbis ne sont peut-être pas historiques, la littérature rabbinique, tout comme Josèphe, garde apparemment la mémoire de traditions liturgiques propres conservées par les sadducéens, en désaccord avec celles des pharisiens. Il n'est pas sans intérêt de remarquer que la controverse sur la manière de brûler l'encens le jour de Kippour (comme la discussion sur la manière de brûler la vache rousse [cf.

Nb 19, 1-10]) semble considérer comme allant de soi que les grands prêtres sont sadducéens (ou boéthusiens).

(b) Même en dehors des rubriques pour les liturgies du Temple, où nous pouvions nous attendre à voir les prêtres sadducéens mettre en œuvre leurs pratiques particulières, la Mishna indique que les sadducéens, prêtres ou laïcs, mettaient en avant, en matière de loi, des décisions et des opinions particulières concernant le comportement humain *(hălākôt)*, qui ne sont pas contenues comme telles dans la Loi mosaïque écrite. Comme nous l'avons vu à propos des pharisiens au chapitre XXVIII, l'exemple le plus fiable de telles *hălākôt* sadducéennes se trouve dans les discussions entre pharisiens et sadducéens dont fait état *m. Yad.* 4, 6-8. Nous pouvons y cueillir les points suivants.

(α) Dans *m. Yad.* 4, 6, les sadducéens rejettent l'opinion (relativement nouvelle ?) des pharisiens selon laquelle les manuscrits de l'Écriture rendent impures les mains qui les touchent. Cependant les sadducéens acceptent l'opinion communément admise selon laquelle les ossements humains rendent une personne impure, alors que ce n'est pas le cas pour des ossements d'animaux. La controverse concerne donc une *hălākâ* sur la pureté ; c'est une *hălākâ* dans laquelle les sadducéens se montrent moins rigoureux et moins exigeants que les pharisiens, et peut-être moins ouverts aux innovations récentes.

(β) Dans *m. Yad.* 4, 7, les sadducéens soutiennent qu'un écoulement continu de liquide depuis un récipient pur vers un récipient non purifié rend le premier récipient impur ainsi que son contenu. Nous avons là de nouveau une *hălākâ* sur la pureté ; cette fois, ce sont les sadducéens qui semblent plus rigoureux que les pharisiens, qui, eux, ne pensent pas que le second récipient rend le premier impur.

(γ) Dans l'argumention de *m. Yad.* 4, 7, il est également affirmé par les pharisiens que les sadducéens considèrent comme pur un courant d'eau qui s'écoule d'un cimetière. La position des pharisiens n'est pas ici explicitée ; mais la position des sadducéens sur cette question de pureté semble plus indulgente que rigoureuse. En tout cas, ces trois exemples montrent que les sadducéens avaient des *hălākôt* sur des points détaillés de pureté [46].

(δ) Dans *m. Yad.* 4, 7, les sadducéens, contrairement aux pharisiens, soutiennent que, de la même manière qu'il est responsable du dommage causé par son bœuf ou son âne, un propriétaire est également responsable du mal fait par son esclave. En s'appuyant sur la responsabilité humaine individuelle, les pharisiens soutiennent au contraire que le propriétaire est responsable des dommages causés par ses animaux mais pas par son esclave.

Dans cette argumentation sur la responsabilité, trois points importants sont à noter concernant les opinions des sadducéens. Premièrement, dans ce cas, leur *hălākâ* sort du domaine des lois de pureté pour passer dans celui de la loi civile et, plus spécifiquement, dans ce que nous appellerions les préjudices causés à autrui [47]. Deuxièmement, dans le cadre de cette loi sur les préjudices, les sadducéens adoptent la position la plus rigoureuse quant à la responsabilité légale du propriétaire. Cela correspond à l'affirmation de Josèphe disant que, en matière juridique, les sadducéens ont tendance à la rigueur, alors que les pharisiens ont tendance à l'indulgence [48]. Troisièmement, on peut néanmoins se demander si cet exemple correspond entièrement à la distinction nette faite par Josèphe entre les sadducéens d'une part, qui rejetaient le pouvoir du destin dans les vies humaines et soulignaient la responsabilité des êtres humains dans leurs propres actes, et les pharisiens d'autre part, qui essayaient de maintenir à la fois l'influence majeure du destin et une certaine liberté humaine limitée. Dans cet exemple mishnaïque qui touche la responsabilité dans les dommages causés à autrui, les pharisiens sont ceux qui fondent tout simplement leur position sur le principe de la liberté et de la responsabilité de chaque être humain individuel, même esclave, tandis que les sadducéens ne tiennent pas compte de ce facteur dans la position juridique qu'ils adoptent.

(ε) Comme nous l'avons vu, il y a dans *m. Yad.* 4, 8 un problème de critique textuelle : selon les manuscrits, les pharisiens argumentent avec un sadducéen ou avec un *mîn* (une sorte de Juif déviant). Si nous pensons que la forme originale de la Mishna se réfère à un sadducéen, le passage montre que les sadducéens avaient leur propre manière de rédiger un document accordant le divorce (c'est-à-dire un *gēṭ*), dont la forme différait de celle proposée par les pharisiens. Ici, la *hălākâ* des sadducéens concerne les lois sur le mariage et le divorce.

(c) En plus de ces passages clés du traité mishnaïque *Yadayim*, d'autres traditions éparses peuvent conserver une *hălākâ* sadducéenne authentique d'avant 70. Par exemple, théoriquement, il se pourrait que les sadducéens aient eu une position de principe contre le *'erûb*. Créé par les pharisiens, le *'erûb* était une fiction légale qui permettait d'atténuer les restrictions de déplacement imposées pendant le sabbat ; c'était un moyen légal de « fusionner » ou de joindre des maisons adjacentes, en vue d'étendre les limites de la maison de quelqu'un et de lui permettre ainsi une plus grande liberté de mouvement pendant le sabbat, ainsi que le transport de certains objets dans les rues ou venelles. Dans *m. 'erûb* 6, 1, il est question de façon imprécise « d'un non-Juif ou de quelqu'un qui ne reconnaît pas le *'erûb* ». Certains voient là une allusion voilée à un sadducéen [49]. Le passage de *m. 'erûb* 6, 2 est plus pertinent : Gamaliel II y rappelle comment son père, Siméon Ier (un pharisien d'avant 70), lui ordonna de se dépêcher de mettre des ustensiles dans une ruelle mitoyenne avec la maison d'un sadducéen. Cela devait permettre à Siméon de créer un *'erûb*. Mais si le sadducéen, qui ne reconnaissait pas l'institution du *'erûb*, était le premier à mettre ses récipients dans la ruelle, il empêchait effectivement la création du *'erûb* pharisien. Dans la Mishna, les pharisiens s'emploient donc à atténuer la rigueur de l'observance du sabbat par le *'erûb*, tandis que les sadducéens demeurent les rigoristes [50].

(d) Pourtant, le portrait stéréotypé des sadducéens comme rigoristes est mis en question, au moins en matière de justice criminelle, par une tradition qui se trouve dans *m. Mak 1, 6* [51]. Le problème traité dans cette partie de la Mishna est celui du châtiment qui convient pour les faux témoins, lorsque le cas jugé implique la peine de mort. Dans quelles circonstances doit-on mettre à mort les faux témoins eux-mêmes si leur mensonge est découvert ? Les sadducéens soutiennent que les faux témoins doivent être exécutés seulement si la personne accusée faussement a déjà été elle-même exécutée. Les sadducéens invoquent le principe de la Tora que l'on trouve en Dt 19, 21 : « Vie pour vie [52]. » Si l'accusé n'a pas encore perdu la vie, on ne doit pas non plus ôter la vie aux faux témoins.

Dans le débat, face aux sadducéens se tiennent « les sages » *(ḥăkāmîm)*, qu'il ne faut pas automatiquement assimiler aux pharisiens [53]. Les sages contrent la citation de Dt 19, 21 des sadducéens avec celle de Dt 19, 19 : « vous le traiterez [le faux témoin] comme il a eu *l'intention* de traiter son frère [l'accusé]. » Les sages soulignent que le faux témoin est passible de la peine de mort, même s'il a seulement eu *l'intention* de faire exécuter son « frère », sans pour autant que son intention se réalise parce que son faux témoignage est découvert entre le moment où son « frère » a été condamné à mort et celui où il doit être exécuté. Autrement dit, puisque, selon Dt 19, 19, le mal que le faux témoin avait *l'intention* de faire à un autre doit être infligé au faux témoin lui-même, les sages en déduisent que le faux témoin doit être mis à mort, même si son faux témoignage a été découvert avant l'exécution de l'accusé. En même temps, les sages prétendent préserver le principe « vie pour vie », en maintenant que le faux témoin ne doit être exécuté que si la sentence de mort a déjà été prononcée sur l'accusé, faisant déjà de celui-ci, pour ainsi dire, un homme mort.

On peut donc dire que, dans toute cette question, les sages comme les sadducéens observent la lettre de la Loi. Ils insistent simplement sur une « lettre » différente, à savoir sur un verset différent du même passage du Deutéronome. Les sages s'accrochent au verset (Dt 19, 19) qui justifie leur réponse plus rigoureuse à la question de savoir comment un faux témoin doit être puni, tandis que les sadducéens réquisitionnent le verset (Dt 19, 21) qui autorise une réponse plus clémente.

On pourrait trouver d'autres exemples de controverses sur une *hălākâ* entre sadducéens et pharisiens (ou sadducéens et sages) ; mais le point le plus important est évident. Les sadducéens ont des *hălākôt* qui leur sont propres ; mais les diverses décisions et opinions légales qu'ils suivent ne semblent pas avoir formé un ensemble ordonné et continu, gouverné par un principe établi unique.

D'un côté, certaines de ces *hălākôt* sadducéennes rejettent purement et simplement les innovations et les ajouts créés par les traditions pharisiennes par rapport à la Loi mosaïque. Par exemple, l'affirmation que les manuscrits de l'Écriture rendent les mains impures ou l'invention pharisienne du *'erûb*, qui n'a manifestement pas de fondement dans la Tora écrite. Dans le premier cas, les pharisiens imposent un fardeau qui ne se trouve pas dans la Loi et qui n'est pas accepté par les sadducéens ; et ce sont donc les sadducéens qui constituent le parti le plus indulgent. Par contre, dans le cas du *'erûb*, les sadducéens se révèlent comme les rigoristes. Selon certains exégètes modernes, certaines de ces *hălākôt* sadducéennes pourraient s'expliquer par un principe sadducéen immuable : l'attachement à la lettre de la Loi mosaïque. Cependant, dans la question de la peine de mort pour les faux témoins, les sadducéens et les sages s'attachent pareillement à la lettre de la Loi, même s'ils en appellent à des versets différents du même texte ; et, dans ce cas, ce sont les sadducéens qui apparaissent comme le parti indulgent. Ainsi, le principe de l'attachement à la lettre de la Loi n'explique pas à chaque fois ce qui est spécifique aux *hălākôt* sadducéennes et il ne fait pas toujours des sadducéens les rigoristes de service dans une controverse.

D'un autre côté, toutes les *hălākôt* sadducéennes ne peuvent s'expliquer par ce principe de l'attachement à la seule Loi écrite, c'est-à-dire le principe qui rejette toute innovation et tout ajout par rapport à la Loi écrite. Dans les cas du filet de liquide ininterrompu, de l'eau qui s'écoule d'un cimetière, de la responsabilité du propriétaire dans le dommage fait par son esclave et de la forme qui convient à un document de divorce, la Loi mosaïque écrite ne donne pas de prescriptions qui concernent les détails dont débattent sadducéens et pharisiens. Quels que soient le processus de raisonnement ou les citations scripturaires qui ont pu être invoqués pour soutenir ces traditions sadducéennes (et, quand ils existent, ces appuis scripturaires sont souvent des éléments secondaires de la tradition rabbinique), les sadducéens observent effectivement certaines règles légales qui ne peuvent être trouvées dans le Pentateuque. C'est pourquoi, le simple fait d'avoir de telles traditions ne suffit pas en soi à distinguer fondamentalement les sadducéens des pharisiens [54].

Quelle *était* donc la différence essentielle entre les sadducéens et les pharisiens en matière de *hălākâ* ? La minceur du dossier historique nous laisse dans l'incertitude ; mais la vraie différence tient peut-être dans la manière dont les deux groupes comprenaient leurs *hălākôt* respectives. Les pharisiens reconnaissaient volontiers que leurs vénérables « traditions des pères » n'étaient pas présentes comme telles dans la Tora écrite ; mais ils les considéraient néanmoins comme normatives pour l'ensemble d'Israël. Cela explique pourquoi, lorsqu'ils ont été au pouvoir sous Hyrcan Ier et plus tard sous Salomé-Alexandra, ils ont inséré leurs traditions dans les lois qui gouvernaient toute la nation (*Ant.* 13.10.6 § 296 ; 13.16.2 § 408). Cela explique aussi pourquoi ils se donnaient du mal pour agir et avoir de l'influence auprès des gens du peuple ; une fois chassés du pouvoir, ils ont cherché à persuader les gens de suivre leurs traditions de leur plein gré.

Par contre, on ne voit pas bien comment les sadducéens comprenaient leurs traditions. Une explication possible est que les sadducéens ressemblaient à certains chrétiens fondamentalistes, qui valorisent ce qu'ils appellent l'interprétation « littérale » de l'Écriture comme unique règle de foi et qui pourtant tiennent à divers dogmes qui font partie de l'orthodoxie chrétienne sans pour autant être contenus dans l'Écriture (encore que les fondamentalistes s'arrangent pour les trouver dans la Bible au prix d'une exégèse hautement créative et imaginative). De la même manière, les sadducéens ont pu prétendre que toutes leurs traditions supplémentaires étaient réellement présentes dans la Tora écrite ou que, tout du moins, elles en dérivaient clairement. Il est vrai que l'exégèse créative peut trouver dans l'Écriture tout ce que les exégètes créatifs veulent y trouver [55]. Bref, les pharisiens comme les sadducéens avaient des traditions légales qui ne se trouvaient pas dans la Tora. La différence, disent certains exégètes, était que les pharisiens admettaient cela volontiers, tout en soutenant que leurs « traditions des pères », anciennes et vénérables, étaient obligatoires pour tous les Israélites, tandis que les sadducéens prétendaient que leurs traditions particulières se trouvaient dans la Tora ou en dérivaient directement [56].

Pourtant, une autre explication possible est que les sadducéens se contentaient de défendre et d'observer leurs traditions particulières à la fois dans leur vie privée et dans l'exercice d'une fonction publique, mais sans prétendre que leurs traditions particulières étaient obligatoires pour tous les Juifs et qu'elles devaient donc être imposées à tous les Juifs dans leur vie quotidienne [57]. Les sadducéens étaient tout à fait disposés à se lancer dans des débats érudits avec les pharisiens et, naturellement, même avec leurs propres maîtres, sur la justesse de telle ou telle tradition. Mais ils ne déployaient pas de zèle pour imposer leurs traditions particulières à l'ensemble de la nation comme quelque chose de normatif pour tous les Israélites [58]. S'ils s'opposaient aux « traditions des pères » des pharisiens, ce n'était pas simplement parce qu'ils pensaient que ces traditions étaient fausses, mais aussi et peut-être surtout parce qu'ils s'opposaient aux traditions que tout parti, quel qu'il soit, voulait imposer à l'ensemble de la nation comme obligatoire pour tous [59]. C'est peut-être en ce sens limité qu'ils s'en tenaient à « la seule Écriture ». Mais cela ne fait guère des sadducéens des « littéralistes » ou des fondamentalistes rigides [60].

Au bout du compte, il nous faut admettre que nous en restons au niveau de la conjecture quand nous essayons de discerner les raisons internes qui sous-tendent les positions des pharisiens et des sadducéens concernant leurs *hălākôt* respectives. Les sources ne nous donnent pas d'informations suffisantes pour parvenir à une conclusion sûre.

6. Doctrine

C'est peut-être dans le domaine de ce que nous appelons habituellement la doctrine, pour la distinguer des *hălākôt*, que les sadducéens ont affiché le plus de résistance à toute innovation qui allait manifestement au-delà de l'enseignement du Pentateuque [61]. Cela pourrait expliquer leur rejet de croyances approuvées par les pharisiens, comme les suivantes.

(a) L'exemple le plus évident est le rejet par les sadducéens de la croyance en la résurrection des morts (*Guerre des Juifs* 2.8.14 § 165 ; *Ant.* 18.1.4 § 16 ; Mc 12, 18-27 parr. ; Ac 23, 8 [62]). En cela, la vision assez restrictive des sadducéens sur ce que présuppose et enseigne le Pentateuque (comme en fait presque tous les livres plus tardifs inclus dans le canon juif) correspond tout à fait ce qu'en dit l'exégèse scientifique moderne. (Entre nous, cela ferait-il des exégètes modernes des « littéralistes », à la manière des sadducéens ?) Dans le Pentateuque en particulier et, à part quelques exceptions, dans le canon juif en général, on ne trouve pas d'affirmation d'une résurrection des corps, d'une vie éternelle bienheureuse ou d'un ensemble de récompenses et de châtiments décernés pour le bien et le mal au-delà de la tombe. Il n'y a qu'un raisonnement hautement sophistiqué (proposé par Jésus ou par les pharisiens) pour trouver de telles doctrines dans les cinq livres de la Tora.

C'est pourquoi, au lieu de l'étiquette péjorative de « littéralistes », il serait plus juste de dire que les sadducéens étaient des défenseurs sérieux du sens obvie du texte, un sens que les critiques modernes disent être le sens original tel que l'entendait l'auteur (ou les auteurs), même si les sadducéens, cela va de soi, ne pensaient pas dans ces termes. Une fois encore, les pharisiens se sont révélés novateurs, car leur doctrine de la résurrection d'Israélites décédés n'est enseignée explicitement dans aucun livre sacré qui entrera plus tard dans le canon juif des Écritures, à l'exception du livre de Daniel. Et souvenons-nous que Daniel a été écrit seulement une décennie ou deux avant que les pharisiens et les sadducéens commencent à prendre corps en tant que partis. Ainsi, au moins à l'intérieur du courant principal du judaïsme, les pharisiens se faisaient les champions d'une doctrine relativement nouvelle [63]. Par contre, les sadducéens conservateurs, qui rejetaient la croyance en une résurrection corporelle et en une vie éternelle, soutenaient probablement l'opinion commune, contenue dans le Pentateuque et ailleurs dans la littérature sacrée d'Israël, à savoir que les morts tombaient dans une existence réduite et obscure dans les enfers (le shéol), où il n'y avait pas de récompenses et de châtiments séparés pour le bien et le mal.

(b) Croyance en la résurrection des morts, récompense et châtiment après la mort et vie éternelle bienheureuse pour les gens vertueux sont autant d'expressions variées de ce qui se trouve au cœur de l'eschatologie apocalyptique juive : le dépassement de la mort pour la personne croyante individuelle et pour les fidèles d'Israël dans leur ensemble[64]. Si les sadducéens rejetaient toute idée de récompense post mortem et (ou) de résurrection, et donc du dépassement de la mort par la personne individuelle, nous pouvons supposer sans risque de nous tromper qu'ils rejetaient globalement, de la même manière, tout le mouvement apocalyptique qui s'est développé dans le judaïsme à partir du IIIe siècle avant J.C. jusqu'aux Ier et IIe siècles de notre ère et qui débordait le seul pharisaïsme. Il en allait des visions de résurrection et de vie éternelle des auteurs apocalyptiques comme des « traditions des pères » des pharisiens : les sadducéens se voyaient comme le roc solide d'un conservatisme sérieux et s'en tenaient à la révélation normative du document central du judaïsme, la Tora, face à une marée d'idées nouvelles et suspectes.

Cela signifie-t-il que les sadducéens n'avaient pas du tout d'espérances eschatologiques ? Pas forcément[65]. Déjà dans la Tora et, de manière plus explicite, dans les prophètes d'avant l'exil, il y a des indications d'une eschatologie pour ce monde-ci, centrée sur le roi davidique et (ou) le Temple de Jérusalem, installés sur le mont Sion. Politiquement et religieusement, les sadducéens concentraient leur attention sur l'État-Temple de Judée, dont le centre était Jérusalem. Certains des écrits sacrés (Isaïe, par exemple) inculquaient la croyance que Dieu avait donné cet État-Temple aux membres de son peuple élu. Il ne cessait de les soutenir au milieu des adversités et, à une date à venir, il révèlerait sa pleine gloire en habitant au milieu d'eux.

Il est donc au moins concevable que certains des sadducéens, sinon tous, nourrissaient une espérance eschatologique tournée vers l'exaltation du mont Sion aux derniers jours, à la manière d'Is 2, 1-5 ou d'Is 60, 1-22 : tous les « gens des Nations » viendraient apporter des présents au Temple, comme le faisaient d'ailleurs certains d'entre eux au Ier siècle de notre ère. Un roi davidique ou hasmonéen pouvait faire partie de ce scénario ; mais l'aristocratie sacerdotale et laïque préférait sans doute se passer de cette espérance particulière. Tout cela n'est que spéculation de ma part, je l'admets. Mais je veux simplement souligner que le rejet par les sadducéens d'une eschatologie apocalyptique plus récente n'entraînait pas nécessairement le rejet global d'espérances eschatologiques plus traditionnelles tournées vers un avenir idéal en ce monde, centré sur Jérusalem et sur le Temple dont ils avaient le contrôle.

(c) Le rejet par les sadducéens d'une théologie apocalyptique s'accompagnait sans doute du rejet de l'angélologie et de la démonologie foisonnantes qui équipaient le drame de la fin des temps, avec une énorme collection de personnages ayant souvent des noms et des fonctions distincts. Ce rejet peut nous permettre, entre autres explications possibles, de comprendre une assertion bizarre de Luc, dans Ac 23, 8 : « Les sadducéens disent en effet qu'il n'y a pas de résurrection, *ni ange*, *ni esprit*, tandis que les Pharisiens professent l'un et l'autre[66]. » Cette négation supposée de l'existence des anges et des esprits par les sadducéens fait problème, car elle n'est attestée nulle part ailleurs [67]. Certains exégètes résolvent la difficulté en disant que la phrase fait référence à l'angélologie très développée de l'apocalyptique et non aux anges en général [68].

Mais, pour un grand nombre de critiques, cette restriction de l'assertion de Luc aux anges apocalyptiques n'est pas satisfaisante. Cela n'explique pas vraiment le côté énigmatique de l'affirmation : alors que le déni de la résurrection par les sadducéens est attesté à la fois dans Josèphe et dans les synoptiques (et trouve plus tard un écho dans la littérature rabbinique), ni Josèphe, ni les rabbis, ni le Nouveau Testament, en dehors de Ac 23, 8, ne disent rien sur la négation de l'existence des anges ou des esprits par les sadducéens. Plus précisément, il est arbitraire de restreindre l'affirmation générale et catégorique de Luc (« ni ange, ni esprit ») au cas particulier de l'angélologie et de la démonologie fortement développées de l'apocalyptique. Le sens naturel de la phrase est un déni de tout ange ou esprit quel qu'il soit.

Et pourtant, il y a une sérieuse difficulté à comprendre l'assertion de Luc dans ce sens naturel. On sait en effet que les sadducéens avaient de la vénération pour la Tora et la considéraient comme normative ; et, dans divers passages, la Tora parle de « l'ange du Seigneur » (un sorte de représentation visible ou de porte-parole de Yahvé) ou d'un groupe d'anges qui sont manifestement des subordonnés de Yahvé (par exemple, dans, les anges de Dieu qui montent et descendent le long d'une échelle qui atteint le ciel) ou de types particuliers d'anges qui ont des fonctions individuelles spéciales (par exemple, les chérubim qui gardent l'accès à l'arbre de vie dans le jardin d'Éden, en Gn 3, 24). Une solution possible serait que la phrase de Ac 23, 8 fasse allusion aux anges qui interviennent maintenant, dans l'histoire présente par opposition au passé sacré, pour communiquer une nouvelle révélation ou pour accomplir un miracle. Mais cette manière de voir le problème a l'inconvénient elle aussi de restreindre gratuitement une assertion très générale à un cas spécifique.

David Daube aborde le problème sous un autre angle ; il suggère que « ange » ou « esprit » se réfèrent ici non pas à des êtres surnaturels venus du ciel mais à l'âme ou à l'esprit humain qui survit après la mort et existe dans un état transitoire avant la résurrection [69]. Toutefois, si « ange » et « esprit » sont parfois interchangeables quand un auteur parle d'êtres célestes (voir, par exemple, He 1, 13-14), l'emploi de « ange » et de « esprit » à la suite (comme dans Ac 23, 8) pour désigner une âme ou un être humain décédé dans l'attente de la résurrection est inhabituel et discordant. De fait, aucun texte juif ou chrétien du Iᵉʳ siècle de notre ère n'associe clairement « esprit » et « ange » au mode d'existence transitoire qui suit la mort d'un être humain, en attendant la résurrection. En outre, la formulation de Ac 23, 8 (*mēte aggelon mēte pneuma*, « ni ange, ni esprit ») et encore plus l'ordre des mots du verset 9 (*ei de pneuma elalēsen autǭ ē aggelos*, « et si un esprit lui avait parlé ? Ou un ange ? ») semblent faire une distinction nette entre esprit et ange comme deux types d'êtres différents [70].

Ac 23, 8 demeure donc une énigme. On peut laisser ouverte la possibilité que Luc fait simplement une erreur [71], soit parce qu'une source lui a fourni une information erronée sur les sadducéens (ce serait davantage le cas dans l'Église patristique), soit parce qu'il a fait une déduction erronée à partir de la négation de la résurrection par les sadducéens. Luc était certainement au courant de ce déni par le récit de la controverse entre Jésus et les sadducéens sur la résurrection, dans Mc 12, 18-27. Luc reproduit ce récit de controverse en 20, 27-40 ; au verset 36, Jésus affirme que les humains qui parviennent à la résurrection des morts sont *isaggeloi* (un adjectif rare qui signifie « comme les anges »). En plus, Luc renforce ce point en ajoutant une phrase au récit de Marc : les êtres humains ressuscités sont « fils de Dieu », une expression que l'on trouve parfois dans l'Ancien Testament et dans les écrits intertestamentaires pour décrire les anges [72]. Ainsi, le lien étroit entre les êtres humains ressuscités et les anges dans le récit de controverse sur la résurrection a pu conduire Luc à tirer la conclusion erronée que les sadducéens niaient aussi bien l'existence des anges que la résurrection des humains. Mais cela n'est qu'une explication parmi beaucoup d'autres ; l'énigme de Ac 23, 8 demeure.

(d) De la même manière que Luc est le seul à nous dire que les sadducéens niaient l'existence des anges et des esprits, Josèphe est lui aussi le seul à nous dire que les sadducéens rejetaient totalement (« supprimaient ») le destin (= la providence divine). Selon Josèphe, les sadducéens affirmaient que toute chose dépend du pouvoir des êtres humains ; chaque humain a la capacité de choisir entre le bien et le mal. Comme nous l'avons vu dans notre enquête sur les pharisiens, cette généralisation sommaire sur les sadducéens mérite d'être lue avec un œil critique.

Pour des raisons apologétiques, Josèphe a décidé de présenter les esséniens, les pharisiens et les sadducéens à son public gréco-romain cultivé comme trois vénérables écoles de pensée (ou écoles philosophiques, *haireseis*) à l'intérieur du judaïsme. Poursuivant sa typologie, Josèphe décrit les trois écoles en leur plaquant le gabarit du débat sur le destin et le libre arbitre, qui était une question majeure dans les principales écoles philosophiques grecques. Dans *Ant.* 13.5.9 § 171-173 (cf. *Guerre des Juifs* 2.8.14 § 162-165 ; *Ant.* 18.1.2-5 § 11-22), Josèphe répartit soigneusement les trois positions principales entre les trois écoles juives : les esséniens attribuent tout au destin ; les pharisiens, d'une manière ou d'une autre, combinent destin et liberté humaine ; et les sadducéens refusent purement et simplement d'admettre le destin. Comme nous l'avons vu, cette peinture monochrome des esséniens comme des fatalistes qui se situent à une extrémité du spectre de la philosophie ne rend guère compte du portrait complexe que nous donnent d'eux les documents de la secte de Qumrān : une juxtaposition de la maîtrise exercée par Dieu sur toute chose et de la responsabilité humaine pour choisir et agir honnêtement.

En extrapolant à partir de cette comparaison entre le modèle trop tranché de Josèphe et la réalité complexe de Qumrān, nous pouvons au moins nous demander si le portrait dépouillé et lisse des sadducéens, que Josèphe situe symétriquement à l'autre extrémité du spectre, rend bien compte de leur position. Car, on le sait, les sadducéens révéraient le Pentateuque, dont les thèmes dominants sont connus : Dieu a choisi Israël pour en faire son peuple particulier ; il a guidé l'histoire d'Israël et la vie de chacun des patriarches ; il a accomplit des miracles pour délivrer Israël de l'Égypte et le conduire sain et sauf à travers le désert vers la Terre promise ; et il a révélé à Israël des lois et des rites particuliers qu'il n'était pas donné aux nations païennes de connaître.

Ce ne sont pas seulement les grands personnages de l'histoire d'Israël, comme Abraham et Moïse, qui ont été l'objet de l'intérêt particulier et des prévenances de Dieu. Les lois du Pentateuque elles-mêmes affirment que Dieu se soucie et prend la défense de la veuve, de l'orphelin et du pauvre travailleur journalier. La théologie de récompense et de châtiment qui est derrière les lois de la Tora suppose, surtout dans le Deutéronome, que Dieu récompensera les personnes qui gardent ses lois et punira celles qui ne les observent pas. Si nous mettons en doute l'assertion de Luc dans Ac 23, 8, selon laquelle les sadducéens nient l'existence des anges et des esprits, parce que cette phrase est contredite par leur présence dans le Pentateuque, ne devrions-nous pas également mettre en doute l'affirmation de Josèphe sur la négation de la providence divine par les sadducéens, quand cette assertion est abondamment contredite par la présence de la providence divine à travers tout le Pentateuque ?

En outre, il est difficile de comprendre comment les sadducéens qui officiaient comme prêtres pouvaient régulièrement faire des prières et offrir des sacrifices dans le Temple de Jérusalem, en remerciant Dieu pour ses bienfaits passés, en lui demandant de pardonner les péchés (en particulier à Yom Kippour !) et en implorant sa bénédiction sur Israël (notamment les bénédictions pour la pluie et l'abondance de la récolte), si, en même temps, leur déni total de l'intérêt de Dieu pour le monde et de son engagement dans ce monde devait vider ces prières de leur sens et même les rendre ridicules. Il devait en aller de même avec les sadducéens laïques, qui assistaient régulièrement aux cérémonies des grandes fêtes dans le Temple. Pouvons-nous imaginer que, pendant quelque deux cents ans, les sadducéens se soient adonnés à une hypocrisie collective, en mettant au cœur de leur démarche religieuse un Temple dont les prières et les sacrifices, souvent dirigés par des prêtres sadducéens, auraient été en contradiction avec ce que les sadducéens croyaient réellement et professaient ouvertement dans leur enseignement ?

Bien que l'on retrouve ce portrait accablant des sadducéens dans l'exégèse moderne (on fait souvent d'eux les « méchants » ou les « durs » de l'histoire juive ancienne), les témoignages ne semblent guère aller dans ce sens [73]. Je crois plus raisonnable de faire la supposition suivante : de même que Josèphe a poussé à l'excès une tendance notable de la théologie essénienne, jusqu'à faire des esséniens des fatalistes, afin de les faire cadrer avec son schéma bien lissé des écoles philosophiques juives, il a aussi poussé à l'excès une tendance notable des sadducéens pragmatiques, qui, pendant la souveraineté romaine directe, devaient impérativement faire fonctionner le Temple et gouverner les Juifs de Judée et qui, de ce fait, donnaient beaucoup d'importance à l'initiative, aux actions et aux obligations humaines. C'est là un trait quasi universel chez les politiciens et les gouvernants efficaces, qu'ils fassent place ou non à la providence divine dans leur pensée religieuse [74]. En outre, d'un point de vue théologique, les sadducéens ont pu être influencés par le courant de la pensée juive postexilique, qui avait tendance à insister sur la transcendance de Dieu, minimisant ainsi, sans le nier explicitement, son rôle de guide de l'histoire humaine. Il faut aussi se rappeler la motivation théologique tout à fait valable qui, selon Josèphe, entraînait les sadducéens dans cette direction, à savoir la volonté de dégager Dieu de toute implication dans le mal [75].

Voilà, je pense, tout ce que nous pouvons dire des sadducéens. Plus encore que dans le cas des pharisiens, nous avons dû mener notre discussion en nous appuyant sur des arguments indirects, qui nous demandaient de lire entre les lignes, et sur des hypothèses, pour parvenir seulement à un portrait très fragmentaire. Nous devons nous résigner à cette modestie : à moins d'une découverte de nouveaux documents provenant du monde méditerranéen ancien, les sadducéens resteront pour nous des personnages à la silhouette floue.

2. La controverse de Jésus avec les sadducéens à propos de la résurrection des morts (Mc 12, 18-27 parr.) [76]

A. Introduction aux sadducéens dans les évangiles

Dès que nous arrivons à la présentation des sadducéens dans les évangiles, nous sommes frappés par le caractère différent de cette description par rapport aux autres opposants de Jésus. Par comparaison avec les multiples interventions des adversaires habituels tels que les pharisiens, les scribes, les chefs des prêtres et les anciens, les sadducéens n'apparaissent qu'une seule fois dans l'évangile de Marc, lors de la discussion qu'ils ont avec Jésus sur la question de la résurrection des morts (Mc 12, 18-27 parr.) [77]. À part cet unique récit de Marc et ses parallèles synoptiques (Mt 22, 23-33 ; Lc 20, 27-38), les sadducéens sont pratiquement absents des évangiles comme du reste du Nouveau Testament. Les seules exceptions sont deux péricopes dans lesquelles Matthieu insère secondairement les sadducéens pour meubler la scène aux côtés des pharisiens (Mt 3, 7 ; 16, 1.6.11-12).

Les sadducéens sont donc complètement absents des lettres de Paul. C'est à première vue surprenant, dans la mesure où Paul écrit au cours des années 50 du Ier siècle, alors que les sadducéens occupaient une place dominante dans les structures du pouvoir à Jérusalem. Les sadducéens sont également absents de l'évangile de Jean, qui est par ailleurs bien informé des choses juives dans la Jérusalem d'avant 70. En fait, le silence de Paul, de Jean et d'autres auteurs du Nouveau Testament confirme le portrait des sadducéens qui nous est fourni par Josèphe : les sadducéens étaient un groupe de petite dimension et de même souche, composé d'aristocrates sacerdotaux et laïques centrés sur Jérusalem.

On comprend donc aisément que Paul n'ait pas eu l'occasion de les mentionner quand il écrivait à des Églises qui n'étaient pas en Palestine et dont la plupart des membres étaient des « gens des Nations ». A fortiori, les autres auteurs du Nouveau Testament, qui ont probablement composé leurs écrits après 70 de notre ère et en dehors de la Palestine, n'ont-ils pas trouvé de raison de remettre en scène un petit parti juif aristocratique, qui, entre temps, avait disparu du paysage palestinien en tant que groupe organisé. Par contre, les pharisiens, déjà présents dans certaines traditions évangéliques avant 70, ont fourni aux évangélistes un symbole, peut-être tendancieux mais commode, du mouvement rabbinique naissant, qui émergeait des événements tragiques de 70.

Par voie de conséquence, on a là l'un des signes que l'évangile de Marc se situe, à quelques années près, non loin de cette date fatidique et terrible de 70 ; en effet, parmi tous les écrits chrétiens qui composeront plus tard le Nouveau Testament, le deuxième évangile est le seul à conserver, venant d'une source pré-évangélique, un récit qui rapporte un affrontement particulier entre Jésus et les sadducéens. Tout ce que peuvent faire Matthieu et Luc est de reprendre le récit de Marc dans leurs évangiles respectifs ; ils n'ont rien d'important à ajouter au sujet des relations de Jésus avec les sadducéens [78]. Si donc la controverse de Mc 12, 18-27 sur la résurrection contient bien quelque souvenir du ministère de Jésus, c'est un vestige unique dans le Nouveau Testament, qui mérite d'être sauvegardé avec les quelques récits sur les sadducéens que l'on trouve dans Josèphe.

B. La catégorie de la péricope selon la critique des formes

Mc 12, 18-27 correspond à la catégorie bultmannienne d'un *Streitgespräch* (un « récit de controverse », un « récit de conflit », un « dialogue polémique »), qui consiste en un échange hostile entre Jésus et un ou plusieurs opposants [79]. De manière caractéristique, les opposants posent une question sur l'enseignement ou la pratique de Jésus et (ou) de ses disciples ou bien ils lui lancent (ou leur lancent) un défi. Jésus riposte par une réponse courte, incisive et parfois pleine d'esprit, qui comprend à l'occasion une contre-question, une métaphore, un aphorisme ou une citation de l'Écriture. Son argumentation désarme les opposants, au moins au dire des chrétiens qui composent et écoutent le récit de controverse.

Le passage de Mc 12, 18-27 affiche la plupart de ces caractéristiques. Les sadducéens, étiquetés dès le départ comme opposants à Jésus à cause de leur négation fondamentale de la résurrection, s'approchent de Jésus en faisant une objection à la croyance en la résurrection des morts (v. 18). Leur objection s'appuie sur la loi du lévirat qui régit le mariage d'une veuve avec son beau-frère, dans Dt 25, 5 (v. 19). Implicitement, les sadducéens allèguent que la résurrection des morts entraînerait des conséquences bizarres dans le cas d'une veuve qui aurait été mariée successivement à six hommes, tous des frères de son défunt mari (v. 20-23). L'hostilité des sadducéens apparaît nettement dans l'ironie de l'exemple qu'ils prennent, celui d'une femme mariée à sept hommes ; le but recherché par leur question et son grand nombre d'époux est de tourner en ridicule la croyance en la résurrection.

Jésus commence par admonester les sadducéens pour leur ignorance des Écritures et de la puissance de Dieu (v. 24) ; puis il leur réplique en rejetant d'abord le postulat qui se cache derrière leur question et qui touche au *mode* de la résurrection ; car, pour eux, la condition des gens ressuscités des morts sera essentiellement une continuation de leur vie terrestre antérieure, y compris mariage et activité sexuelle (v. 25). Dans l'état de ressuscité, dit Jésus, il n'y aura plus de mariage ; de ce point de vue, les personnes ressuscitées des morts seront semblables aux anges. Puis, comme preuve du *fait* de la résurrection, il cite Ex 3, 6, le passage où Dieu se révèle à Moïse dans le buisson ardent (v. 26) [80].

La péricope se termine sans que soit explicitement exposée la réaction des opposants (stupéfaction, colère, projets de mort contre Jésus). Mais les mots incisifs qui concluent la réponse de Jésus au verset 27 (« Vous êtes grandement dans l'erreur »), ainsi que la réaction du scribe qui pose à Jésus la question suivante au verset 28 parce qu'il voit que Jésus « leur a bien répondu », indiquent suffisamment aux lecteurs de Marc que Jésus a été vainqueur de ses adversaires [81]. Ainsi, Mc 12, 18-27 est un bon exemple de la forme d'un récit de controverse.

C. L'emplacement de la controverse dans l'évangile de Marc

Marc a soigneusement mis en place deux séries (ou cycles) de récits de controverse *(Streitgespräche)* : l'une en Galilée peu après le début du ministère public, l'autre à Jérusalem vers la fin du ministère. Le cycle galiléen se trouve en 2, 1 – 3, 6, après que Jésus a commencé son ministère en Galilée, mais avant que ce ministère galiléen n'atteigne son apogée dans les chapitres 6 – 9. De la même manière, Marc situe les récits de controverse de Jérusalem (11, 27 – 12, 37) après les premiers événements du ministère de Jésus à Jérusalem (entrée triomphale, malédiction du figuier et « purification » du Temple, en 11, 1-25), mais avant les événements majeurs de la mort et de la résurrection (14, 1 – 16, 8).

Une fonction essentielle des récits de controverse de Jérusalem est de décrire l'hostilité qui s'intensifie entre Jésus et les divers groupes présents à Jérusalem et qui aboutira à la mort de Jésus quelques jours plus tard. Dans chaque rencontre, Jésus est présenté, au moins implicitement, comme le maître qui a autorité et qui est vainqueur de ses ennemis dans chacune des discussions. L'enchaînement des victoires de Jésus sur ses adversaires fait qu'un scribe bien disposé se trouve d'accord avec lui (12, 28), que personne d'autre n'ose plus l'interpeller (12, 34) et que Jésus peut à son tour poser une question sur l'enseignement des scribes concernant le messie, une question qui reçoit l'approbation de la foule mais pas de réponse de la part des scribes (12, 37). Jésus en termine avec les scribes, qui ont été présents depuis le début de la première controverse, en 11, 27, en les dénonçant carrément pour leur ostentation religieuse, pour l'oppression qu'ils font subir aux pauvres et pour leur hypocrisie (12, 38-40).

Les lecteurs chrétiens de Marc devaient bien se douter des conséquences possibles de cette série d'affrontements ; mais Marc ne les laisse pas faire de conjectures. À la fin de la parabole des mauvais vignerons (12, 1-12), il affirme que ceux qui s'opposaient à Jésus voulaient l'arrêter, parce qu'ils comprenaient bien que cette parabole, qui les désignait comme les meurtriers du fils du maître de la vigne, les visait directement. Mais ils n'osèrent pas arrêter Jésus en public, car ils craignaient la foule, qui l'écoutait avec plaisir (12, 12 ; cf. 12, 37).

La situation délicate dans laquelle se trouvent les autorités fait parfaitement le lien avec l'ouverture de l'ensemble narratif de la passion, où les chefs des prêtres et les scribes projettent d'arrêter Jésus par ruse, afin d'éviter une émeute parmi les gens présents à Jérusalem pour la fête de la Pâque (14, 2). Aussi est-il important que Judas Iscariote cherche le bon moment (14, 11 : *eukairōs*) pour livrer Jésus aux autorités. Sans surprise, le moment choisi est la nuit, lorsque Jésus est loin de la foule et en dehors de la ville, à Gethsémani (14, 32-50). Ainsi, peut-être artificiellement mais très clairement, Marc établit un lien entre les dernières controverses à Jérusalem et l'ensemble narratif de l'arrestation et de la mort de Jésus.

Et pourtant, malgré toute l'habileté de Marc pour greffer le cycle des récits de controverse à Jérusalem dans le contexte plus large, l'examen des récits un à un laisse apparaître un ensemble assez disparate, beaucoup moins unifié en tout cas que le cycle galiléen.

La première controverse (11, 27-33), sur l'autorité de Jésus, fonctionne comme un préambule à l'ensemble du cycle, puisque c'est l'autorité de Jésus en général qui y est mise en cause. Le récit lui-même ne dit pas clairement ce qui a déclenché ce défi, bien que la manière dont Marc agence les matériaux fasse de l'entrée triomphale et de la purification du Temple les événements qui, selon toute vraisemblance, ont provoqué l'altercation [82].

Au plan de la définition stricte, la péricope suivante, la parabole des mauvais vignerons (12, 1-12), n'entre pas dans la catégorie des récits de controverse. Cependant, dans la composition d'ensemble de Marc, elle pourrait bien jouer le rôle de réponse polémique supplémentaire de Jésus au défi initial des « grands prêtres, scribes et anciens » de 11, 27. Il n'y a pas de changement de temps, de lieu ou d'auditoire en 12, 1 ; et ainsi, les opposants qui restent sans réaction devant Jésus à la fin de la première controverse (11, 33) sont les mêmes gens qui réagissent à la fin de la parabole : ils cherchent à l'arrêter (12, 12).

La troisième péricope du cycle (12, 13-17) est le problème du paiement de la monnaie pour le tribut de César. La question est posée à Jésus par une curieuse coalition de « quelques-uns des pharisiens et des hérodiens » (v. 13). Dans tout le Nouveau Testament, cette étrange alliance d'adversaires n'apparaît qu'une autre fois, à la fin du cycle galiléen de récits de controverse (3, 6), où les pharisiens tiennent conseil avec les hérodiens sur les moyens de faire périr Jésus. La réapparition de cette coalition en 12, 13 est un moyen pour Marc de relier les deux cycles et, par le jeu de la référence croisée, d'indiquer le projet de mort de ceux qui posent la question. De la sorte, le cycle de Jérusalem est orienté une fois encore vers la passion imminente.

Le récit de controverse suivant (12, 18-27) est celui qui nous intéresse principalement, le débat sur la résurrection. Comme nous l'avons vu, il fait entrer en scène un autre groupe d'opposants, les sadducéens.

Plutôt qu'un récit de controverse, la péricope suivante (12, 28-34) est ce que l'on appelle habituellement un « dialogue didactique » *(Schulgespräch)*, étant donné que le scribe qui interroge Jésus sur le plus grand commandement est bien disposé à son égard et que Jésus fait son éloge à la fin de l'échange. C'est alors que Jésus inverse les rôles en posant lui-même des questions à la foule sur l'enseignement confus des scribes concernant le messie (12, 35-37). Puis vient la dénonciation des scribes par Jésus (12, 38-40). Le récit de la petite obole de la veuve (12, 41-44) peut avoir le rôle d'une coda pour l'ensemble du cycle, dans la mesure où l'on peut comprendre cette péricope non pas tant comme un éloge de la générosité de la veuve qui se sacrifie mais plutôt comme une attaque de Jésus contre les autorités du Temple en raison de leur exploitation des pauvres [83].

Ce rapide parcours du cycle de controverses de Jérusalem permet de se rendre compte du caractère hétérogène des matériaux, tant dans la forme que dans le contenu [84]. Malgré l'existence de liens de vocabulaire et de thèmes entre les péricopes, on n'a pas ici la structure concentrique bien ajustée et l'entrelacs de thèmes que l'on trouvait dans le cycle galiléen de récits de controverse. D'ailleurs, à strictement parler, certaines des péricopes qui composent le cycle de Jérusalem ne sont pas du tout des récits de controverse. Il est possible que le souci majeur de Marc en bâtissant ce cycle de Jérusalem ne soit pas tant la prise en compte de chacune des questions posées que l'avancée du complot, en créant la sensation d'un orage qui monte : différents groupes juifs, chefs des prêtres, scribes, anciens, pharisiens, hérodiens et sadducéens, font front contre Jésus, mais c'est lui qui en sort vainqueur. Tout cela, sous-entend Marc, ne fait que les rendre encore plus furieux et les conduit à mettre à exécution le projet que les pharisiens et les hérodiens avaient déjà mis au point en 3, 6 : il faut faire périr Jésus. Dans la composition de Marc, les récits de controverse de Jérusalem sont donc l'étincelle qui met le feu à la conflagration qui va avoir lieu dans l'ensemble narratif de la passion [85].

Cela nous permet donc de voir comment la péricope qui nous intéresse, la controverse avec les sadducéens sur la résurrection, trouve bien sa place dans le projet global de Marc. En dehors de cette péricope, Marc ne connaît pas les sadducéens ou ne s'intéresse pas à eux. S'il situe le débat des sadducéens avec Jésus sur la résurrection à cet endroit précis de son évangile, c'est peut-être, entre autres raisons, pour grossir le chœur des divers opposants, au seuil de la passion.

C'est peut-être également en raison du thème abordé que Marc a situé ce débat dans le cycle de controverses qui précède directement la passion et la mort de Jésus. Il y a une réelle convenance à ce que le seul récit de controverse de tout l'évangile qui soit directement axé sur le thème de la mort et de la résurrection vienne juste avant le récit de la mort et de la résurrection de Jésus lui-même. Nous voyons Jésus, devant un groupe de ses adversaires, donner une preuve de la doctrine de la résurrection des morts, juste avant d'être mis à mort par ses adversaires, pour finalement ressusciter des morts le troisième jour : voilà une forme d'ironie qui serait tout à fait digne de l'évangile de Jean. De fait, si l'on définit le débat avec les sadducéens sur la mort et la résurrection comme un « récit de controverse » au sens précis et strict (ce qui n'est le cas ni pour le dialogue didactique avec le scribe bien disposé ni pour la question de Jésus sur l'enseignement des scribes concernant le messie), on a bien là, dans la suite narrative de Marc, le dernier récit de controverse avant la mort et la résurrection de Jésus [86].

Marc se révèle ainsi véritablement artiste au plan littéraire ; il est capable de collecter un certain nombre de péricopes hétérogènes et de les forger pour les ajuster dans le cycle de récits de controverse de Jérusalem, en les coiffant par un thème principal et en les faisant entrer dans un projet général. Mais en même temps, quand nous analysons les différents récits de controverse en tant qu'unités isolées, nous ne devons pas oublier que ces thèmes communs ne faisaient pas partie des péricopes avant que Marc ne les y ait déposés secondairement. Nous devons noter en particulier que le thème de la mort et de la résurrection de Jésus lui-même et, bien sûr, toute l'approche chrétienne de la mort et de la résurrection sont absents de la controverse avec les sadducéens lorsque la péricope de 12, 18-27 est retirée du cadre artificiel où Marc l'a insérée et qu'elle est examinée comme une unité isolée de tradition. Pris en lui-même, le débat avec les sadducéens évolue dans l'univers mental du judaïsme du Ier siècle et non dans celui du christianisme du Ier siècle. Gardons bien cela à l'esprit pour revenir maintenant à cette unité isolée et examiner sa structure en détail.

D. La structure de Mc 12, 18-27

Certains exégètes du XXe siècle ont disséqué Mc 12, 18-27 en un certain nombre de morceaux différents de tradition, en les attribuant à diverses étapes chronologiques du développement du récit [87]. Cependant, toute analyse d'une péricope doit avoir pour point de départ l'examen et la description de la structure du passage telle que la présente le texte dans son état actuel. Toute théorie sur le caractère secondaire de certains versets doit intervenir ultérieurement.

Un survol du texte suffit pour se rendre compte que, du début à la fin, cette péricope de dix versets bâtit son unité sur les points suivants : les thèmes de la mort et dela résurrection, une croyance fondamentale dans la révélation normative de Dieu dans la Tora, des références à Moïse, des citations de l'Écriture et des discussions au sujet du mariage et de la rupture du mariage. Un examen plus attentif permet de mieux admirer la qualité de la structure et l'équilibre de cette péricope composée avec beaucoup de rigueur. L'ensemble de la péricope est divisé en deux parties principales, qui ont chacune deux sous-sections.

(1) Dans la première partie (v. 18-23), les sadducéens sont le sujet grammatical du verset 18 ; ils prennent l'initiative et gardent la parole tout au long de la première partie. (a) Dans la première sous-section (v. 19), les sadducéens citent Dt 25, 5 (combiné avec Gn 38, 8) sur loi du lévirat dans le mariage. Ils soulignent ainsi la volonté normative de Dieu, révélée dans l'Écriture, qui régit le cas précis qu'ils vont présenter dans l'autre sous-section. (b) Dans la seconde sous-section (v. 20-23), ils posent le cas fictif (et ironique) de sept frères, qui ont tous été à tour de rôle les maris de la

même femme. Ces mariages successifs ont lieu conformément à la loi du lévirat de Dt 25, 5, dans une vaine tentative de donner une progéniture au défunt mari du premier mariage. Après la description précise et détaillée des versets 21-22 pour dire que chaque mari est mort sans faire d'enfant, le verset 23 laisse fuser l'ironique question piège : quand ces personnes ressusciteront des morts (en fait, dans l'esprit des sadducéens, *si* ces hommes devaient ressusciter un jour), lequel des sept frères, qui ont tous eu cette femme pour épouse légitime durant leur existence terrestre, l'aura pour femme dans sa vie de ressuscité ? Cette seconde sous-section se termine alors par une inclusion : la dernière proposition du verset 23 (« car les sept l'ont eu pour femme ») se raccroche à la proposition qui ouvrait le verset 20, au début de l'exposition du cas fictif (« il y avait sept frères »).

(2) Dans la deuxième partie (v. 24-27), Jésus devient le sujet grammatical (v. 24) et il garde la parole tout au long de la deuxième partie, pour répondre à la question des sadducéens en deux sous-sections (v. 25 et v. 26-27). Cette réponse en deux parties correspond (a) à la dénégation fondamentale du *fait* la résurrection par les sadducéens (selon l'indication du verset 18) et (b) à la raison sous-jacente à leur dénégation : leur manière (erronée) d'imaginer le *mode* de la résurrection (exprimé dans leur exemple bizarre des versets 20-23). Au verset 24, Jésus annonce les deux parties de sa réponse, en demandant, dans une question rhétorique ironique (qui correspond parfaitement à la question ironique des sadducéens au verset 23) : n'êtes-vous pas dans l'erreur au sujet de la résurrection, vous les sadducéens, puisque vous ignorez (a) les Écritures, qui attestent le *fait* de la résurrection, et (b) la puissance de Dieu, qui donne aux gens ressuscités des morts d'entrer dans un *mode* d'existence très différent de leur vie terrestre ? Jésus reprend alors ces deux points dans un ordre inverse, en chiasme : d'abord (b), et ensuite (a). Autrement dit, Jésus traite d'abord du problème plus superficiel ou plus extérieur : il corrige la mauvaise idée que se font les sadducéens du *mode* de la résurrection. Puis il passe au point plus fondamental du *fait* de la résurrection. Chacun des deux points (b) et (a) est introduit par une question rhétorique de reproche : « N'est-ce pas pour cette raison [...] ? » (v. 24) et « n'avez-vous pas lu [...] ? » (v. 26).

Au verset 25 (point [b]), Jésus explique comment la puissance de Dieu, quand elle fait passer les morts à la vie, les fait entrer dans un *mode* d'existence totalement différent : *comme* (*hōs* [le mode !]) les anges dans les cieux, ils ne pratiquent pas le mariage ou l'activité sexuelle. Par conséquent, tout le problème posé par les sadducéens à propos de la loi du lévirat dans le mariage (v. 20-23) ne s'applique pas à l'existence radicalement différente de ceux qui sont ressuscités des morts.

Les versets 26-27 (point [a]) commencent par la locution « quant à » *(peri de)*, qui marque une nette rupture dans le texte pour indiquer que Jésus passe du point (b) au point (a) [88]. Jésus donne alors la preuve du *fait* de la résurrection (v. 26 : *hoti* [le fait !] *egeirontai*), dont la dénégation caractérise les sadducéens en tant que groupe (v. 18). De la même manière que les sadducéens fondaient leurs arguments contre la résurrection sur la révélation de la volonté de Dieu dans la Tora mosaïque (Dt 25, 5, cité au verset 19), Jésus fonde lui aussi son raisonnement en faveur de la résurrection sur la révélation que Dieu fait de lui-même dans la Tora mosaïque, en particulier dans la révélation de son identité à Moïse dans le buisson ardent (Ex 3, 6, cité au verset 26). Au verset 27a, Jésus s'appuie sur cette autorévélation de Dieu, qui choisit de se manifester précisément comme le Dieu qui protège et sauve la vie de son peuple élu (c'est-à-dire le Dieu d'Abraham du verset 26). Comme une seconde prémisse, Jésus ajoute donc l'observation, évidente pour les anciens Juifs, que le Dieu sauveur, qui se définit lui-même par sa relation à Abraham, Isaac et Jacob, n'est pas le Dieu de cadavres morts et réduits en poussière, mais le Dieu de personnes vivantes. D'où la conclusion, non exprimée : Dieu le protecteur et sauveur des patriarches et de son peuple élu fera vivre Abraham et tous les Israélites fidèles. Mais la conclusion exprimée par Jésus consiste plutôt à revenir à son point initial du verset 24, maintenant renforcé dans ce verset 27b : les sadducéens sont *grandement* dans l'erreur, parce que leur dénégation de la résurrection équivaut à un déni du Dieu d'Abraham, Isaac et Jacob.

En bref, cette péricope est d'une structure étonnamment rigoureuse ; elle est composée de parties et de sous-sections qui s'équilibrent et elle est soutenue par un parallélisme direct et inversé (en chiasme). On pourrait dresser une liste de mots, d'expressions et de thèmes qui contribuent à délinéer cet ensemble si bien brossé : par exemple, la déclaration des sadducéens « Moïse a écrit » *(Mōysēs egrapsen)* au verset 19, qui correspond à la référence de Jésus au « livre de Moïse » *(tę̄ biblę̄ Mōyseōs)* au verset 26 ; « car les sept l'ont eu pour femme », à la fin du verset 23, qui s'accroche au « il y avait sept frères » du début du verset 20, pour créer une inclusion dans la seconde sous-section de la première partie ; « Vous êtes dans l'erreur » *(planasthe)* du verset 24, qui correspond au « vous êtes grandement dans l'erreur » *(poly planasthe)* du verset 27, pour créer une inclusion entre le début et la fin de la réponse de Jésus dans les versets 24-27, c'est-à-dire dans l'ensemble de la deuxième partie. Plus important, les deux moitiés de la péricope, la question des sadducéens et la réponse de Jésus, jouent sur les deux problèmes du mode et du fait de la résurrection, c'est-à-dire le « comment » (*hōs* au verset 25) et le « fait » (*hoti* au verset 26) de la résurrection. Les deux parties de la réponse de Jésus sont introduites par des questions rhétoriques de réprimande (v. 24 et v. 26). Face à une unité de tradition aussi habilement articulée, avec des mots, des expressions et des thèmes qui forment un réseau complexe de renvois à travers toute la péricope, je trouve difficile d'accepter la théorie qui prétend que cette péricope s'est formée par étapes à l'aveuglette, avec l'ajout de différents versets par des mains différentes à des époques différentes.

Néanmoins, ces observations ne solutionnent pas définitivement le problème. Il nous faut maintenant passer à une exégèse plus approfondie de la péricope, verset par verset, pour voir si le déroulement de la pensée confirme notre première impression d'unité ou si, au contraire, cela rend plus vraisemblable la théorie des étapes multiples de rédaction. Une meilleure appréciation des détails et des subtilités du texte nous aidera aussi dans la discussion ultérieure sur la question de savoir si cette tradition remonte finalement à un épisode du ministère de Jésus ou si elle est purement et simplement une création de l'Église primitive.

E. Exégèse de Mc 12, 18-27[89]

(1) La première partie (v. 18-23) commence au verset 18, où les sadducéens prennent l'initiative en venant vers Jésus avec leur question rusée, qui vise à tourner en ridicule la croyance en la résurrection des morts ainsi que toute personne qui, comme Jésus, soutient cette croyance [90]. Pour des lecteurs chrétiens, le fait d'identifier les sadducéens au groupe de ceux qui, par définition *(hoitines)*, soutiennent qu'il n'y a pas de résurrection des morts les marque immédiatement au fer rouge comme un cercle de gens qui se situent en opposition théologique avec Jésus [91]. Le récit suppose sans doute que Jésus est au courant de cette identification des sadducéens à ceux qui dénient la résurrection. Par conséquent, bien qu'ils posent apparemment une question sur les effets de la loi du lévirat au moment où la résurrection aura finalement lieu, il est évident dès le point de départ du débat, pour Jésus comme pour les sadducéens, que ceux-ci entendent faire de leur question une attaque contre la croyance en la résurrection et toucher ainsi la crédibilité du maître Jésus.

La nécessité de définir les sadducéens comme ceux qui dénient la résurrection des morts quand ils apparaissent pour la première fois dans ce récit semble indiquer ceci : on pouvait supposer que, contrairement à des dénominations telles que pharisiens, scribes, chefs des prêtres ou anciens, le nom « sadducéen » n'était pas immédiatement intelligible pour un public chrétien. D'ailleurs, nous l'avons vu, cette péricope est la seule tradition évangélique en circulation dans l'Église primitive à parler des sadducéens (mis à part quelques insertions rédactionnelles faites par Matthieu). Il n'est donc pas très étonnant qu'ils aient eu besoin d'être identifiés [92].

(a) Au verset 19 (la première sous-section de la première partie), les sadducéens s'adressent poliment à Jésus en l'appelant « maître » ; derrière cette appellation, dans une source hypothétique en araméen ou en hébreu, se tient probablement le mot *rabbi*. Au début du Iᵉʳ siècle de notre ère, le titre *rabbi* n'était pas encore lié à un cercle élitiste de Juifs cultivés qui s'étaient engagés dans de longues études formelles auprès de maîtres réputés et qui avaient ensuite été ordonnés au rabbinat [93]. Sur les lèvres des sadducéens, le titre reconnaît simplement Jésus comme un Juif qui a de fait, auprès du peuple, la réputation de donner un enseignement efficace et qui a donc attiré des gens à sa suite. Le titre ne signifie pas nécessairement que les sadducéens acceptent réellement l'autorité de Jésus.

Les sadducéens préparent le terrain pour leur question en faisant appel à l'autorité de Moïse dans le Pentateuque, cette partie des Écritures juives que tous les Juifs, quelles que soient leurs positions théoriques sur les autres livres sacrés, acceptaient comme la révélation sainte et normative de la volonté de Dieu pour son peuple choisi (« Moïse a écrit pour *nous* ») ; il est surprenant de voir comment de nombreux commentateurs du XXe siècle expliquent le choix du Pentateuque par les sadducéens (et par Jésus dans sa réponse) en disant que les sadducéens rejetaient tout autre livre de l'Écriture [94]. Comme nous l'avons vu, une lecture critique des sources anciennes ne fournit aucun appui à cette affirmation. Il est fort possible que, pour les sadducéens comme pour beaucoup d'autres Juifs, le Pentateuque jouissait d'un ascendant unique parmi les livres sacrés. Mais cela ne se signifie guère un rejet pur et simple de tous les autres livres qui sont entrés plus tard dans le canon juif des Écritures. Il pourrait y avoir une meilleure explication : à une époque où le canon juif était encore fluctuant, les meilleures « règles fondamentales », pour une discussion entre Juifs dont les perspectives théologiques étaient différentes, consistaient sans doute, pour les uns et les autres, à tirer leurs citations de l'Écriture et leurs arguments de la Tora écrite de Moïse, révérée par tous [95].

Les sadducéens citent une version paraphrasée de Dt 25, 5, la loi du lévirat (« du beau-frère ») [96]. La loi stipulait que si un homme mourait avant que son épouse ait eu un enfant, le frère du défunt (c'est-à-dire le beau-frère de la veuve) devait prendre la veuve pour épouse. Le premier enfant de cette deuxième union devait compter légalement comme l'enfant du défunt, pour donner une continuité à son nom et à sa lignée et conserver ses biens dans sa famille [97]. Le texte cité par les sadducéens est en fait une fusion d'une forme abrégée de Dt 25, 5 avec Gn 38, 8. Dans ce dernier texte, le patriarche Juda ordonne à son fils Onan d'accomplir le devoir du lévirat envers Tamar, la veuve du frère défunt d'Onan, Er. Il est dit à Onan : « fais lever une descendance à ton frère », une expression qui ne se trouve pas en Dt 25, 5 mais qui est présente dans la citation faite par les sadducéens dans Mc 12, 19. L'insertion de Gn 38, 8 introduit donc opportunément la terminologie de « faire lever » dans le débat sur la résurrection [98]. Il est intéressant de noter que la forme de Dt 25, 5 qui se trouve dans Mc 12, 19 ne correspond pas exactement à la Septante ou à aucune autre traduction grecque ancienne. À un endroit du texte, la citation de Marc est plus proche du texte hébreu que de la Septante, tandis que, à un autre endroit, elle rend le texte hébreu de façon plus approximative, alors que la Septante est plus fidèle à l'hébreu [99]. L'impression d'ensemble est donc que la citation Mc 12, 19 ne vient pas de la Septante mais qu'elle représente plutôt une traduction indépendante et parfois plus approximative du texte hébreu (peut-être un targum araméen ?) [100].

Par cette citation de la loi du lévirat précisément comme une Loi mosaïque, l'objectif poursuivi par les sadducéens est peut-être de faire ressortir ceci : si Moïse avait prévu la résurrection des morts ou s'il en avait eu connaissance, il n'aurait pas ratifié une institution comme le mariage du lévirat, qui crée un imbroglio inextricable lors de la résurrection, comme est censé le montrer le cas qui va suivre. Peut-être le texte de Gn 38, 8 est-il tissé avec Dt 25, 5 pour créer un autre point insidieux au sein de l'échange qui tourne autour de « résurrection » *(anastasis)* et « se lever (d'entre les morts) » *(anistamai)*. Si le but de la loi du lévirat est de « faire lever une descendance » pour le frère défunt (comme le dit le texte de Gn 38, 8 glissé dans la citation), on peut en déduire que cet acte extrême est nécessaire en cette vie parce que c'est la seule vie qui existe et que toute action de « faire lever » doit avoir lieu ici-bas. La tentative extrême et désespérée de créer une progéniture, même par la fiction légale qui consiste à considérer le premier enfant du deuxième mariage comme l'enfant du mari défunt, sous-entend que la seule sorte d'immortalité désormais possible pour le frère défunt ne sera jamais que d'avoir des descendants en chair et en os pour porter son nom et que le frère survivant doit tout faire pour assurer qu'il ait ce type de pérennité.

(b) La seconde sous-section (v. 20-23) de la première partie propose un cas fictif et délibérément extravagant, pour lequel s'applique la loi du lévirat. Ce cas imaginaire est censé mettre en évidence l'absurdité à la quelle on arriverait et le dilemme inextricable dans lequel on se plongerait dans le cas de mariage de lévirat, s'il y avait résurrection des morts. On aurait pu se contenter d'un exemple simple impliquant deux frères, dont l'un serait mort sans enfants. Mais, dans un style typiquement folklorique aussi bien que biblique, le nombre de frères est étendu à sept, le nombre de la plénitude et de la perfection [101], pour souligner l'absolue stupidité de la condition de ressuscité dans une telle situation. C'est un vieux stratagème théologique, qui consiste à gagner le débat théorique en rendant l'adversaire ridicule.

L'affaire est développée dans les versets 20-21, qui mentionnent chacun des trois premiers frères (trois étant, avec le nombre sept, un nombre favori des récits oraux, y compris des plaisanteries). Ensuite, après l'énumération des trois premiers, le reste du processus est donné en résumé, puisque la question qui se pose est désormais très claire : « et aucun des sept [frères] ne laissa de postérité [22a]. Après eux tous, la femme aussi mourut [22b]. »

Le point essentiel du problème est également repris et souligné dans les deux parties de la question piège du verset 23 : « À la résurrection, quand ils ressusciteront, duquel d'entre eux sera-t-elle la femme ? » Pour bien enfoncer le clou de l'inexorable absurdité de la situation, engendrée précisément par une observation méticuleuse de la Loi mosaïque, les sadducéens ajoutent, comme pour en finir : « Car les sept [frères] l'auront eue pour femme [au cours de leur vie terrestre]. » Aussi tous les sept ont-ils droit à l'avoir pour femme et à partager une vie sexuelle avec elle dans leur condition de ressuscités [102].

Or, pour apprécier tout le poids de ridicule de la situation décrite par les sadducéens, il faut saisir une distinction importante, faite par la société juive, entre polygamie et polyandrie. D'un côté, la polygamie (un mari qui a plusieurs épouses en même temps) était connue et acceptée chez les Israélites dans les premiers temps bibliques ; on la trouvait encore parmi les chefs politiques durant la période de la monarchie ; et elle survivait de manière éparse au temps de Jésus et jusque dans la période rabbinique [103]. D'un autre côté, l'idée de polyandrie (une épouse qui a plusieurs maris en même temps) aurait semblé extrêmement blessante et fortement stupide à des Juifs du Ier siècle, profondément ancrés dans une société patriarcale, *a fortiori* s'ils envisageaient l'état final du salut humain dans l'au-delà.

Aussi n'est-ce sans doute pas par hasard si les sadducéens cherchent à discréditer l'idée de résurrection non pas en posant le problème d'un mari avec plusieurs épouses (certains Juifs anciens auraient pu voir la reconstitution d'un mariage polygame comme faisant partie des joies de la condition de ressuscité) mais en mettant en scène la perspective culturellement repoussante d'un mariage polyandre. Étant donné que la résurrection des morts impliquait potentiellement la polyandrie pour toutes les femmes juives concernées par un mariage de lévirat, la seule alternative logique, pour les sadducéens, était de dénier l'ensemble du concept de résurrection comme implicitement exclu par la Loi mosaïque et spécifiquement par la loi du lévirat. Puisque la polyandrie est impossible, la résurrection est impossible [104]. S'il est compliqué et saugrenu, l'argument est astucieux. En restant dans l'ambiance du récit, nous pouvons sans doute imaginer les sadducéens en train de se féliciter de leur astuce. Ils pensent avoir gagné en jouant aux plus fins.

(2) Et pourtant, dès le début de la deuxième partie (v. 24-27), Jésus répond immédiatement en leur envoyant le boulet de sa propre question rhétorique pleine d'ironie. De manière tout à fait rabbinique, Jésus contre-attaque ; il fait une parade à la question des sadducéens en posant une autre question. Ce qui est absurde, dit Jésus, ce n'est pas l'idée de la résurrection mais votre ignorance à vous, les sadducéens, qui êtes fiers de vos arguments, astucieux mais erronés, tirés de l'Écriture : « N'est-ce pas à cause de ceci que vous êtes dans l'erreur, à savoir à cause de votre ignorance et des Écritures et de la puissance de Dieu [105] ? » En avançant le double objet de leur ignorance, les Écritures et la puissance de Dieu, la question de Jésus introduit les deux sous-sections de la deuxième partie (v. 25 et v. 26-27). D'une part, en ne comprenant pas correctement les

Écritures, les sadducéens n'ont pas saisi que ces Écritures (en fait, la Loi mosaïque elle-même qu'ils ont en si haute vénération) enseignent bien le *fait* de la résurrection. D'autre part, en ne comprenant pas comment la puissance de Dieu transformera radicalement l'existence humaine au dernier jour, ils n'ont pas saisi le *mode* de la vie nouvelle et différente que Dieu créera pour son peuple.

Dans les deux sous-sections, Jésus entreprend alors de parler de ces deux erreurs en ordre inverse (en chiasme) : d'abord le mode de la résurrection, puis le fait de la résurrection. Cet ordre inversé n'est pas dépourvu de sens, puisque Jésus doit d'abord dissiper l'idée erronée concernant la nature ou le *mode* de la résurrection, qui empêche *a priori* les sadducéens de prendre sérieusement la question en considération. C'est seulement ensuite que Jésus peut poursuivre en donnant une preuve scripturaire positive du *fait* de la résurrection.

(a) La première sous-section (v. 25) concerne donc le *mode* de la résurrection, ou plus spécifiquement la puissance transformatrice de Dieu, manifestée dans les conditions nouvelles et toutes différentes créées par la résurrection [106]. Jésus commence par reprendre l'expression des sadducéens au verset 23, « quand ils se lèvent ». Il ne se contente pas de réaffirmer l'expression, il la renforce : « quand ils se lèvent *d'entre les morts.* » Placée au début de la réponse de Jésus, l'expression souligne qu'il parle d'une résurrection réelle de gens qui auparavant étaient morts ; il est implicitement affirmé que les personnes mortes autrefois sont bien les mêmes que celles qui ressuscitent maintenant.

Pourtant, identité de la personne ne signifie pas identité ou complète continuité entre le mode antérieur d'existence terrestre d'une personne et la manière dont elle va exister une fois ressuscitée des morts. La continuité de la personne s'accompagne d'une énorme discontinuité dans son mode de vie. La relation fondamentale entre être masculin et être féminin, telle qu'elle est configurée en ce monde par le mariage, l'activité sexuelle et la procréation, est complètement et définitivement changée et transcendée dans la condition de ressuscité. Les personnes de sexe masculin ne prennent pas femme et celles de sexe féminin ne sont pas données en mariage. Bien plutôt, dit Jésus en se servant d'une comparaison pour suggérer le changement fondamental de mode d'existence humaine, ils seront les uns et les autres « *comme [hōs]* les anges dans les cieux ».

Mais il faut comprendre cette déclaration dans la perspective du judaïsme du Iᵉʳ siècle et non du point de vue du christianisme ultérieur. L'idée que les anges sont de « purs esprits », dépourvus de tout élément matériel, corps ou sexualité, est devenue commune dans la théologie chrétienne seulement vers la fin de l'époque patristique [107]. Dans l'Ancien Testament et dans le judaïsme ancien, comme cela ressort de l'histoire des « fils de Dieu » (c'est-à-dire des êtres angéliques), qui ont une vie sexuelle et qui procréent avec les « filles des hommes » (c'est-à-dire des femmes humaines) en Gn 6, 1-6, les anges étaient censés avoir des corps hautement subtils ou raffinés (constitués par exemple de feu) et pourvus d'organes sexuels. Les *seraphim* de la vision d'Isaïe, en Is 6, 1-3, couvrent en effet leurs « pieds » (un euphémisme pour les organes génitaux) avec deux de leurs six ailes, en signe de révérence au Dieu trois fois saint qu'ils proclament.

Le récit de Gn 6, 1-6, où des anges (« fils de Dieu ») ont des relations sexuelles avec des femmes humaines, devint l'objet d'une grande spéculation dans la période du tournant de l'ère chrétienne, comme on le voit bien en *1 Hénoch* 6 – 11 [108]. Une telle activité sexuelle est totalement inacceptable, parce que, comme il l'explique en *1 Hénoch* 15, 6-7, Dieu a créé les anges pour être immortels. Puisqu'ils demeurent dans les cieux et possèdent la vie éternelle, Dieu n'a pas créé de femmes pour eux, bien qu'ils soient des êtres sexués [109]. Ils doivent rester célibataires, puisqu'ils n'ont pas besoin de reproduire leur espèce. Des idées de pureté cultuelle ont pu également jouer un rôle dans la description des anges comme célibataires, vu qu'ils étaient censés remplir des fonctions sacerdotales dans le sanctuaire céleste. Ces conceptions sont particulièrement fortes dans la communauté de Qumrān et pourraient expliquer partiellement pourquoi, à une période de l'histoire de la secte, certains des esséniens au moins ont pratiqué le célibat. Ils croyaient que le culte qu'ils pratiquaient dans la communauté sectaire participait au culte céleste des anges. C'est pourquoi, comme les anges, il leur fallait être célibataires. Ce célibat, pratiqué sur terre, a pu aussi être perçu comme une préparation en vue du moment où ils rejoindraient la compagnie des anges, après la mort [110].

C'est dans cette ambiance théologique qu'il nous faut comprendre la déclaration de Jésus affirmant que, lors de la résurrection, les êtres humains seront « comme les anges dans les cieux ». Jésus ne dit pas que des humains seront transformés en anges, qu'ils deviendront immatériels ou qu'ils cesseront d'être des êtres sexués. Ce qu'il dit c'est que, lors de la résurrection, la puissance de Dieu fera subir aux humains une transformation radicale de leur existence ; ils recevront des corps subtils et raffinés comme les anges. *Comme* les anges, ces humains ressuscités seront rendus immortels par la puissance de Dieu. Bien qu'êtres sexués, ils ne s'adonneront pas à l'activité sexuelle ou au mariage, puisque, comme les anges, ils n'auront pas besoin de se reproduire en prévision de la mort.

L'argument de Jésus est évident : une fois que l'on a compris le mode d'existence des humains après la résurrection, un mode d'existence qui est créé par la seule puissance de Dieu et qui dépasse toutes les frêles conceptions humaines, toute l'objection des sadducéens s'effondre. Les sadducéens ne sont plus les railleurs, ils deviennent les raillés, puisque leur ignorance crasse du mode selon lequel vivront les personnes ressuscitées révèle une ignorance bien plus grave, celle de la puissance illimitée de Dieu. Croire en la résurrection ne se base pas sur l'anthropologie, c'est-à-dire sur une conception particulière de ce qui constitue les humains (par exemple, un corps mortel et une âme immortelle), mais sur la théologie, qui consiste à savoir qui est Dieu et ce qu'il peut faire [111]. C'est sur ce point que les sadducéens sont lourdement dans l'erreur. On commence à voir le sérieux de l'accusation portée par Jésus.

(b) Après avoir levé l'obstacle de l'idée erronée que se font les sadducéens sur ce que le *mode* de la résurrection impliquera pour l'existence humaine, Jésus en vient à la démonstration du point fondamental en cause : le *fait* de la résurrection. Inutile de dire que la preuve ne s'appuie pas sur une spéculation philosophique concernant la nature humaine mais sur la seule autorité qui, pour la plupart des Juifs palestiniens du Ier siècle, pouvait prouver un tel fait, à savoir la révélation de Dieu dans l'Écriture. Les sadducéens avaient fait appel à ce qui constituait le noyau de la révélation de Dieu à Israël, le Pentateuque ; et Jésus fait de même. Mais, alors que les sadducéens avaient invoqué un élément obscur de *hălākâ* (loi régissant une conduite humaine spécifique), tirée de Dt 25, 5, pour régler à la petite semaine la question de la résurrection des morts, Jésus, lui, va droit à la révélation centrale de Dieu à Israël, la théophanie à Moïse dans le buisson ardent (Ex 3, 6) : « Je [suis] le Dieu d'Abraham, le Dieu d'Isaac et le Dieu de Jacob [112]. » Pour Jésus, dans cette deuxième sous-section comme dans la première, la question essentielle est la nature et la puissance de Dieu et non la nature et les potentialités de l'humanité. C'est la *théo*-logie, au sens étymologique, qui relie les deux moitiés de la réponse de Jésus [113].

Pour nous, modernes, le texte d'Écriture cité par Jésus semble, à première vue, n'avoir pas grand chose à voir avec la résurrection, aussi peu que celui cité par les sadducéens. Pour comprendre comment fonctionne l'argument que Jésus tire de l'Écriture dans Mc 12, 18-27, nous devons avoir à l'esprit un certain nombre de points connexes.

(α) Tout d'abord, toute tentative d'évaluation de l'argument que Jésus tire d'Ex 3, 6 nous met devant un problème herméneutique fondamental : l'abîme culturel qui nous sépare, nous modernes, de ce Juif palestinien du Ier siècle. En réalité, c'est un problème qui dépasse de loin la quête du Jésus historique. Ce qui est une preuve convaincante pour un groupe de gens conditionnés par une culture particulière à une époque déterminée de l'histoire ne sera pas nécessairement convaincant ni même intelligible pour un autre groupe de gens conditionnés par une autre culture à une époque différente de l'histoire.

Par exemple, l'argument scripturaire de Jésus à propos de la résurrection peut ne pas sembler convaincant pour un théologien occidental moderne, tout comme certains arguments de théologiens occidentaux en faveur de l'existence de Dieu auraient pu ne pas paraître convaincants ni même intelligibles pour Abraham, Isaac ou Jacob ou ne le seraient peut-être pas pour un rural du Sud-Est asiatique du XXIe siècle. Comme beaucoup d'autres réalités conditionnées par la culture, la force d'un argument peut être difficilement traduisible d'une culture dans une autre. C'est en gardant ce sens de la relativité culturelle de la force probante d'un argument qu'il nous faut nous confronter au raisonnement des sadducéens.

(β) Pour éclairer les présupposés culturels du raisonnement utilisé par Jésus, beaucoup de commentateurs renvoient aux arguments en faveur de la résurrection utilisés par des rabbis plus tardifs, en particulier dans le Talmud babylonien. Dans un passage assez développé du traité *Sanhédrin* 90b-91a, on présente un certain nombre de rabbis qui donnent divers arguments tirés de l'Écriture en faveur de la résurrection. Ce qui nous frappe immédiatement, nous modernes, quand nous lisons ces arguments, c'est que les textes des rabbis ont aussi peu à voir avec la résurrection que le texte choisi par Jésus. Les rabbis utilisent leurs textes de manière alambiquée et tendancieuse ; ils se fixent sur un verbe au futur ou sur la mention de quelqu'un qui est mort depuis longtemps pour arguer que le texte ne peut avoir sa plénitude de sens que s'il y a une résurrection. Il est clair qu'une telle approche, qui ignore le contexte immédiat et le sens naturel du texte lu dans son contexte, ne peut pas être prise au sérieux par des exégètes ou des théologiens modernes habitués à un mode de pensée historico-critique.

Inutile de dire que les rabbis du Ier au Ve siècle de notre ère ne fonctionnaient pas selon ces critères modernes. Leur point de départ était leur communauté de foi qui était déjà attachée à la croyance en la résurrection. Déjà certains que Dieu ressuscitait réellement les morts et qu'il avait révélé cette vérité à Israël dans les Écritures, les rabbis n'avaient pas de peine à trouver des marques et des indices de résurrection dans des textes dont le sens littéral n'avait rien à voir avec le sujet. Se délectant presque dans leur dextérité intellectuelle, ils faisaient le plus souvent l'impasse sur les quelques textes qui constituaient vraiment des preuves, tel Daniel 12, pour leur préférer des passages qui, pour nous modernes, ne font pas la moindre allusion à la résurrection.

(γ) Il n'y a peut-être pas de quoi être surpris devant ce type d'argument, car il correspond au mécanisme psychologique habituellement à l'œuvre en apologétique. On le constate tout au long de l'histoire, des arguments théologiques peuvent se présenter comme s'adressant à des gens de l'extérieur pour réfuter les allégations des non-croyants et les amener à reconnaître la vérité défendue par les apologistes. Mais en réalité, ces arguments sont plutôt destinés aux gens de l'intérieur et fonctionnent comme une confirmation et un réconfort pour les personnes de la communauté qui étaient déjà attachés à une foi attaquée par les gens de l'extérieur. Il en va de même pour les arguments scripturaires en faveur de la résurrection présentés par les rabbis comme par Jésus. En outre, étant donné qu'ils parlent à des communautés croyantes particulières qui partagent des présupposés culturels communs, Jésus et les rabbis ont également tendance à construire des arguments à partir de l'Écriture dans lesquels certaines démarches ou certaines règles de logique sont considérées comme allant de soi et ne sont donc pas explicitées.

(δ) Il faut cependant se garder de déclarer tout bonnement que le mode d'argumentation de Jésus dans Mc 12, 26-27 est « rabbinique » [114]. Même si, nous l'avons vu, il y a des similitudes, il y a aussi des différences. Les arguments des rabbis, construits à une date plus tardive par des érudits expérimentés, suivent certaines règles herméneutiques développées par les rabbis, dont font partie celles que l'on appelle les sept *middôt* (règles exégétiques) de Hillel. Il n'est pas surprenant que le type d'argument employé au Ier siècle de notre ère par un Juif galiléen de Nazareth, quelqu'un qui n'avait jamais reçu une formation poussée dans l'interprétation de l'Écriture, ne fonctionne pas exactement selon ces règles et pourrait être pris en défaut par les rabbis ultérieurs [115].

Ainsi, ce n'est peut-être pas simplement un hasard si, dans *b. Sanhedrin*, aucun des rabbis n'utilise Ex 3, 6, le passage choisi par Jésus pour prouver la résurrection. D'ailleurs, la manière précise dont Jésus utilise Ex 3, 6 pour prouver la résurrection n'a aucun parallèle précis dans l'Ancien Testament, le judaïsme intertestamentaire, le Nouveau Testament ou la littérature rabbinique [116]. En fait, la formule complète (avec « Je [suis] le Dieu d'Abraham [...] », etc.), citée par Jésus dans Mc 12, 26, ne revient jamais dans l'Ancien Testament [117]. Habituellement, elle n'est pas non plus citée en entier lorsque des auteurs juifs importants reprennent le récit du buisson ardent à l'époque du tournant de l'ère chrétienne. Dans le Nouveau Testament, la formule complète se trouve seulement dans le discours d'Étienne, dans Ac 7, 32, à l'intérieur d'un condensé de l'histoire d'Israël. On en trouve une forme plus brève dans le discours kérygmatique de Pierre dans Ac 3, 13, lorsque Pierre se met à proclamer la mort et la résurrection de Jésus. Mais, dans l'Ancien Testament comme dans le Nouveau, nulle part en dehors de Mc 12, 26 le texte n'est utilisé pour prouver la résurrection générale des morts.

(ε) Si l'argument que Jésus tire d'Ex 3, 6 est unique dans l'Ancien Testament, dans le judaïsme ancien et dans le christianisme qui produit le Nouveau Testament, cet argument est-il également aussi arbitraire qu'il n'y paraît, même par rapport aux normes de l'herméneutique ancienne ? Je pense que non. Bien que la manière dont Jésus utilise Ex 3, 6 dépasse manifestement le sens littéral du texte tel qu'il est déterminé par l'exégèse historico-critique moderne, cette utilisation du texte rejoint et développe le sens que celui-ci avait pris dans le contexte plus large de l'Ancien Testament et du judaïsme ancien [118].

Prise telle qu'elle sonne, la formule « je [suis] le Dieu d'Abraham, le Dieu d'Isaac et le Dieu de Jacob » pourrait simplement signifier qu'un Dieu particulier, dont l'identité est inconnue par ailleurs, s'identifie lui-même en énumérant quelques-uns de ses plus célèbres adorateurs.

Comprise de cette façon, l'expression « le Dieu de X » ne signifie rien de plus que le Dieu qui a été adoré dans le passé par un ancêtre célèbre nommé X, autrefois vivant mais maintenant mort. Même si on peut trouver des passages ou la formule « le Dieu de X » a bien ce sens, ce n'est pas le sens habituel de formules qui se réfèrent au « Dieu des pères » dans l'Ancien Testament et dans le judaïsme ancien. Dans leur contexte, ces formules sont censées évoquer comment Dieu a choisi librement ces individus et leurs descendants pour en faire son peuple et comment il s'est comporté comme leur bouclier, leur protecteur et leur sauveur, lorsqu'ils étaient exposés à des périls qui menaçaient leur vie [119].

C'est clairement en ce sens que la formule est employée dans la grandiose théophanie d'Exode 3, où Yahvé se révèle pour la première fois à Moïse et lui donne la mission de libérer son peuple Israël de l'esclavage d'Égypte à travers l'événement fondateur de l'exode. Juste après avoir proclamé en 3, 6 « Je [suis] [...] le Dieu d'Abraham, le Dieu d'Isaac et le Dieu de Jacob », Yahvé poursuit, aux versets 7-8, en disant : « j'ai vu la misère de "*mon* peuple" [pas du peuple de *Moïse*] et j'ai entendu son cri devant ses oppresseurs. » Yahvé lui-même, le Dieu de leurs pères, va « descendre » pour délivrer d'Égypte les descendants d'Abraham, d'Isaac et de Jacob et les faire sortir de la maison de servitude et les introduire dans la Terre promise. Dans tout le reste de l'Ancien Testament, l'évocation du « Dieu des pères » signifie fréquemment un renouvellement de la promesse fondamentale faite par Dieu à son peuple de poursuivre l'œuvre de protection, de salut et libération qu'il avait autrefois manifestée en faveur des patriarches et de la génération de l'exode.

Cela permet d'entrevoir que Jésus étend cette signification dense de la formule « le Dieu d'Abraham, le Dieu d'Isaac et le Dieu de Jacob » à l'ultime libération du peuple de Dieu de la main de l'oppresseur eschatologique et du pouvoir asservissant de la mort. Par un exode final et définitif hors de la maison de servitude de la tombe, le Dieu qui était, qui est et qui sera toujours le protecteur et le sauveur d'Israël fera entrer son peuple fidèle dans la Terre promise de la vie ressuscitée.

(ζ) Il n'est pas sans intérêt d'observer que l'utilisation des trois grandes figures patriarcales comme gages ou symboles de la participation au salut final qui surpassera le monde présent est en cohérence avec une autre parole de Jésus, dont nous avons vérifié l'authenticité dans le tome II [120]. Dans un logion Q (Mt 8, 11-12 // Lc 13, 28-29), Jésus parle prophétiquement du pèlerinage eschatologique des « gens des Nations » vers le royaume de Dieu, où ils participeront au banquet céleste avec les trois patriarches d'Israël : « beaucoup viendront du levant et du couchant s'étendre [à table] au festin *avec Abraham et Isaac et Jacob* dans le royaume des cieux » (Mt 8, 11). S'il est dit que les « gens des Nations » et les patriarches (morts depuis longtemps) se retrouvent ensemble au festin eschatologique, c'est une manière de signifier la résurrection du trio patriarcal. La cohérence de Mc 12, 26 avec ce logion Q nous donne à penser que l'argument tiré par Jésus d'Ex 3, 6 est intelligible et probant seulement *dans* le cadre de la proclamation eschatologique de Jésus et seulement *pour* les gens qui ont déjà donné leur adhésion à cette proclamation.

(η) Il est possible que la « preuve » tirée d'Ex 3, 6 par Jésus implique aussi un autre type d'argument. Quand, dans Exode 3, Dieu veut se manifester à Moïse, il commence par s'identifier au moyen des trois patriarches, au verset 6. Même quand il révèle « Yahvé » comme son nom « personnel », il insiste pour relier ce nom spécial au titre par lequel il avait commencé la théophanie. Moïse reçoit l'ordre de dire aux Israélites (Ex 3, 15) : « Yahvé, le Dieu de vos pères, le Dieu d'Abraham, le Dieu d'Isaac et le Dieu de Jacob m'a envoyé [moi, Moïse] vers vous [Israël]. C'est mon nom pour toujours [...] »

Or, dans l'Ancien Testament, surtout quand un nom est utilisé pour une divinité, il n'est pas simplement une étiquette arbitraire collée sur quelque chose, une marque superficielle qui pourrait tout aussi bien être échangée avec une autre. Pour l'Ancien Testament, ce n'est pas une chose sans importance que de se demander ce qu'il y a dans un nom ; un nom est riche d'un tas de choses. Surtout dans le cas d'une divinité, le nom révèle l'être intérieur, la nature et la puissance de la divinité. Il permet à l'adorateur d'invoquer la divinité comme il convient et de faire appel efficacement à sa puissance de salut. Si donc Dieu choisit de se désigner lui-même, de se nommer, de se définir en identifiant son être à sa relation avec Abraham, Isaac et Jacob, on peut se poser la question : comment se fait-il que l'éternel, le Dieu tout-puissant s'identifie et se définisse lui-même par sa relation avec des cadavres décomposés d'hommes morts depuis longtemps ? Comment cela peut-il être le nom que se choisit et par lequel se définit lui-même le seul vrai Dieu ? La foi vétérotestamentaire répond que cela est impossible. Le Dieu de toute vie et de tous les vivants ne peut être nommé, défini et compris par sa relation avec les morts.

(θ) D'une certaine manière, c'est cette ligne de pensée que Jésus affine et développe au verset 27a. À la manière de certains rabbis donnant des arguments en faveur de la résurrection, Jésus semble, consciemment ou non, mettre en place un syllogisme implicite. C'est du moins ce qu'y voient nos yeux d'Occidentaux. En fait, essayer de rendre explicite ce syllogisme implicite pourrait nous aider à mieux saisir la démarche herméneutique de l'argument de Jésus.

En utilisant Ex 3, 6 comme point de départ et comme preuve scripturaire, nous l'avons déjà vu, Jésus a souligné que Dieu se définit lui-même par rapport aux trois patriarches (v. 26b). Aucun Juif croyant ne pouvait contester ce point, qui fait partie intégrante de la révélation fondatrice de Dieu à Moïse. Universellement accepté, ce point peut servir de prémisse majeure à l'argumentation de Jésus. Au verset 27a, Jésus passe alors à sa prémisse mineure : « Il [lui, le Dieu qui se définit lui-même comme le Dieu d'Abraham, d'Isaac et de Jacob] n'est pas un Dieu de morts, mais de vivants [121]. » En fait, Jésus en appelle de nouveau aux Écritures juives ; cependant, il ne fait pas appel ici à un texte précis mais à leur témoignage commun. À l'exception d'un petit nombre de passages apocalyptiques tardifs, les Écritures juives affirment régulièrement que le seul vrai Dieu n'a pas de relations avec les morts, qui, par définition, sont impurs et souillent les personnes qui sont en contact avec eux. Dans l'Ancien Testament, on se lamente de ce que la mort signifie la fin des relations de quelqu'un avec Dieu (voir, par exemple, Is 38, 18-19 ; Ps 6, 6 ; 30, 8-10 ; 88, 4-12). Une fois que les personnes meurent, Dieu n'a plus rien à faire avec elles. Le psalmiste ne peut pas imaginer une métaphore plus négative de sa situation désespérée que de se comparer aux gens qui sont déjà morts, « pareil aux tués qui gisent dans la tombe, eux dont [toi, Dieu] tu n'as plus souvenir et qui sont retranchés de ta main » (Ps 88, 6). C'est aussi ce que dit le psaume 6, 6 : « Dans la mort, nul souvenir de toi [Dieu] : dans le shéol, qui te louerait ? » Même le plus fervent des Israélites est retranché de l'adoration de Dieu par la mort, parce que le seul vrai Dieu, le Dieu vivant, est le Dieu des vivants et seulement des vivants. Il n'a rien à faire et ne peut rien avoir à faire avec les morts ; ce serait plutôt là le profil de l'emploi réservé aux dieux païens, faux et morts. Pour l'Ancien Testament, Dieu et les morts sont comme la matière et l'antimatière. Le Dieu réel n'a de relations réelles qu'avec les êtres réellement vivants. Pour les Israélites croyants, cette vérité a valeur d'axiome ; aussi Jésus peut-il l'utiliser comme prémisse mineure sans avoir besoin d'en faire la démonstration.

On voit maintenant comment fonctionne le raisonnement de Jésus. Si nous essayions de dégager la ligne de son argumentation en la mettant en forme de syllogisme, nous pourrions avoir la démarche suivante :

1. *Prémisse majeure* : Selon la définition que Dieu s'est choisie, il fait partie de l'être même de Dieu d'être le Dieu d'Abraham, d'Isaac et de Jacob. C'est là son auto-définition permanente.
2. *Prémisse mineure* : Mais, comme le proclame l'ensemble de l'Ancien Testament, Dieu est le Dieu des seuls vivants, pas le Dieu des morts (qui sont impurs et rendent impurs) avec lesquels il n'a pas de relations.
3. *Conclusion non exprimée* : Donc, si l'être de Dieu est vraiment défini par sa relation permanente aux trois patriarches, les trois patriarches doivent être vivants (maintenant ou dans le futur) et en relation vivante avec Dieu [122].

Sur le terrain concret du débat lancé par les sadducéens et accepté par Jésus, cette vie au-delà de la mort en présence de Dieu se comprend en terme de résurrection. En outre, étant donné que la formule d'Exode 3, 6,

« je suis le Dieu d'Abraham, le Dieu d'Isaac et le Dieu de Jacob », vise précisément la continuation de l'action salvatrice de Dieu envers les descendants des patriarches, cet espoir de résurrection est offert à toute leur descendance fidèle. Jésus fonde donc fermement l'espérance en la résurrection dans la révélation primordiale de Dieu à Moïse et au peuple choisi et, au bout du compte, dans l'être même de Dieu, qui, par définition, est en relation avec les gens qu'il sauve. Comprendre correctement le Dieu d'Israël c'est accepter la résurrection. Rejeter la résurrection c'est se méprendre sur la révélation de Dieu à Israël et finalement sur Dieu lui-même. D'où le caractère mordant du dernier reproche adressé par Jésus aux soi-disant maîtres et chefs d'Israël, au verset 27b : « Vous êtes *grandement* dans l'erreur. » Cette phrase, qui fait inclusion avec la question de départ de Jésus au verset 24 (« N'est-ce pas la raison pour laquelle vous êtes dans l'erreur ? »), met un point final à l'argumentation de Jésus, aussi bien au plan rhétorique que théologique.

Nous sommes maintenant mieux à même de nous rendre compte de la convergence harmonieuse, dans Mc 12, 18-27, entre ce que nous avait montré l'analyse de la structure littéraire et ce que vient de mettre en lumière une analyse exégétique approfondie de cette unité. L'analyse de la structure nous révélait une composition alerte et concise, construite avec soin autour de deux grandes parties, ayant chacune deux sous-sections. La cohésion de l'ensemble était assurée par une unité de sujet et de personnages engagés dans le débat, par des mots et des thèmes clés et par des procédés littéraires tels que le parallélisme et l'inclusion. L'exégèse de la péricope vient de nous montrer une semblable unité dans la progression de l'argumentation entre les deux parties du texte : les sadducéens, qui dénient la résurrection, citent le Pentateuque et en tirent un argument théologique pour refuser la résurrection, tandis que Jésus, en changeant l'ordre des éléments pour former un chiasme, réplique avec un argument théologique pour parer leur objection, avant de citer le Pentateuque pour prouver la résurrection.

Cette correspondance entre une structure littéraire très finement articulée et un contenu théologique cohérent plaide en faveur de l'unité originale de la péricope ; et cela s'oppose à l'idée que la forme actuelle du débat est le résultat d'une croissance en un certain nombre d'étapes, par ajouts successifs. Je ne trouve pas vraisemblable que cette unité, parfaite fusion entre une réalisation littéraire artistique et une argumentation théologique soignée, puisse être le produit accidentel du travail de divers auteurs travaillant à des époques différentes. Je crois plutôt que, à un moment donné, un auteur chrétien de la première génération de l'Église a composé ce récit de controverse entre les sadducéens et Jésus, que ce soit sous forme orale ou écrite. Cette manière de voir la péricope a un corollaire logique : dans son état actuel, la péricope est une production chrétienne. Il est vrai que, durant son ministère, Jésus a pris part à des débats ; mais il n'a pas composé de récits de controverse. La question qui se pose maintenant est de savoir si le Jésus historique s'est réellement engagé dans une controverse avec les sadducéens à propos de la résurrection, une controverse qui aurait été la source et la matrice de la composition chrétienne de Mc 12, 18-27.

F. Le débat sur la résurrection des morts : un épisode du ministère du Jésus historique ?

Dans notre enquête sur la péricope de Mc 12, 18-27, deux questions restent encore en suspens. (1) Ce récit de controverse sur la résurrection a-t-il été composé par Marc lui-même ou antérieurement par un maître d'enseignement de la première génération chrétienne ? (2) Le récit conserve-t-il un épisode du ministère du Jésus historique ou bien son contenu est-il, du début à la fin, une création de l'Église primitive ?

(1) Il est intéressant de noter que peu de commentateurs soutiennent que Marc a créé la controverse sur la résurrection de toutes pièces. Même des exégètes sceptiques comme Bultmann et Hultgren discernent derrière la péricope actuelle une unité prémarcienne qui a été l'objet d'une rédaction ultérieure [123]. Il y a des raisons évidentes de ne pas attribuer au talent créatif de Marc l'unité telle que nous l'avons.

Au plan de l'ensemble de l'évangile, l'enchaînement des récits de controverse de Jérusalem ne bénéficie pas de l'ingénieuse structure concentrique et des liens thématiques dont témoignait le cycle galiléen de récits de controverse de Mc 2, 1 – 3, 6 [124]. Et pourtant, même dans le cycle galiléen, sur lequel Marc a fait un beau travail d'unification, la plupart des exégètes discernent des matériaux prémarciens. De fait, comme nous l'avons vu dans le tome II, le problème des raisons pour lesquelles les disciples de Jésus ne jeûnent pas remonte probablement à l'enseignement réel du Jésus historique [125]. Si donc le cycle galiléen de récits de controverse, si bien organisé et unifié, laisse voir une reprise d'anciens matériaux par Marc, il semblerait *a fortiori* que le cycle de Jérusalem, plus décousu, ne soit pas une création de Marc du début à la fin. Ce dernier ensemble donne au contraire l'impression d'être fait de divers récits isolés de controverse (et probablement pas même un cycle ou une collection [126]), que Marc a rassemblés du mieux qu'il a pu, pour dramatiser les tensions croissantes entre Jésus et ses opposants juste avant la passion.

Au plan de la controverse précise de Mc 12, 18-27, Marc ne montre aucun intérêt pour les sadducéens en dehors de ce seul récit. Il ne cherche même pas à relier concrètement l'incident à l'ensemble narratif de la passion qui va suivre. C'est pour le moins frappant, quand on se souvient que les sadducéens qui débattent avec Jésus sur la résurrection représentent dans une large mesure le parti dont les chefs ont probablement constitué les principales autorités de Jérusalem impliquées dans l'arrestation et le procès de Jésus. Et pourtant, Marc ne fait aucun lien quel qu'il soit entre les sadducéens dans le récit de controverse de Marc 12 et le grand prêtre, les chefs des prêtres et les anciens, qui projettent et mettent à exécution l'arrestation et le procès de Jésus dans Marc 14. De fait, si nous ne connaissions que l'évangile de Marc, nous ne penserions jamais (et Marc lui-même l'aurait-il pensé ?) qu'il y a un lien entre les sadducéens d'une part et le grand prêtre, les chefs des prêtres et les anciens d'autre part. On a l'impression que Marc reprend et utilise pour ses objectifs propres un récit où il est question d'un groupe qu'il semble ne pas connaître par ailleurs et envers lequel il ne manifeste autrement aucun intérêt.

La question qui est au cœur de Mc 12, 18-27 est pareillement atypique des préoccupations théologiques de Marc. Alors qu'il est bien dans son intention de proclamer la mort et la résurrection de Jésus (il consacre évidemment les chapitres 14 – 16 à cette tâche), Marc, en dehors de 12, 18-27, ne montre aucun intérêt pour la question de la nature précise de la condition de ressuscités des croyants ni pour la manière adéquate de prouver la résurrection générale à partir de l'Écriture. Pour Marc comme pour le reste du Nouveau Testament, la vie éternelle et (ou) la résurrection des croyants trouvent leur source et leur fondement dans l'œuvre, la mort et la résurrection de Jésus et non dans la révélation de Dieu à Moïse dans le buisson ardent.

Un petit indice révèle que Mc 12, 18-27 ne représente pas une création libre de l'évangéliste : dans tout l'évangile de Marc, c'est seulement ici que la résurrection est désignée par le nom *anastasis* (« résurrection », au versets 18 et 23). Ailleurs, pour parler de la résurrection, Marc emploie les verbes *anistēmi* et *egeirō*, mais jamais le nom *anastasis*. Cela se vérifie non seulement quand la résurrection de Jésus est directement le sujet du passage (par exemple, *anistēmi* en 8, 31 ; 9, 31 ; 10, 34 ; *egeirō* en 14, 28 ; 16, 6) mais même quand les disciples perplexes se demandent entre eux « ce que signifie ressusciter d'entre les morts » (*ti estin to ek nekrōn anastēnai* [9, 10]) ou quand Hérode Antipas s'imagine que Jean le Baptiste est ressuscité *(egēgertai)* des morts (6, 14.16). La double occurrence de *anastasis* en 12, 18-23 pourrait donc être une empreinte digitale de l'auteur prémarcien, laissée sur le récit de controverse.

Même si Marc n'a pas créé le récit de 12, 18-27, il est possible que la forme actuelle de la péricope contienne quelques locutions ajoutées par l'évangéliste. Deux en particulier sont souvent retenues par les commentateurs [127]. Les deux expressions candidates se trouvent dans le dernier verset (23) de la première partie (v. 18-23) de la péricope.

Le verset 23 commence ainsi : « À la résurrection, quand ils ressusciteront *[en tę̄ anastasei, hotan anastōsin]* [...] » La redondance est frappante [128]. Le style littéraire de Marc est connu pour sa « dualité » (tendance de Marc à dire deux fois la même chose) ; il se pourrait donc que la seconde locution, « quand ils ressusciteront », soit un ajout de l'évangéliste [129]. Mais, en posant à Jésus la question piège, tout le verset 23 reflète bien l'intention rhétorique première, qui est de souligner le dilemme auquel est confrontée toute personne qui veut maintenir la croyance en la résurrection et, en même temps, donner une réponse satisfaisante à l'énigme posée par les sadducéens. De la sorte, la répétition de la proposition « quand ils ressusciteront » pourrait avoir le double but de souligner la difficulté posée à la croyance en la résurrection par la situation conjugale compliquée de la femme et de laisser voir le scepticisme moqueur des sadducéens. La signification de surface de l'expression « quand ils ressusciteront » pourrait contenir, en sourdine, un sens conditionnel « si tant est qu'ils ressuscitent ».

Le second ajout possible de Marc vient à la fin du verset 23. Juste après la question piège (« duquel d'entre eux sera-t-elle la femme ? »), le texte ajoute la proposition apparemment inutile qui brise le rythme, « car les sept l'ont eue pour femme ». Il est possible que Marc ait ajouté ce membre de phrase dans un moment d'excès pédagogique ; mais la présence de cette proposition peut avoir d'autres explications. Ce membre de phrase apparemment superflu, tout comme l'inutile « quand ils ressusciteront », pourrait être une surcharge délibérée du verset par des répétitions, en vue de souligner la difficulté, voire l'impossibilité, de trouver une solution au dilemme posé par les sadducéens. Le rappel des *sept* frères renforce aussi le ton moqueur du scepticisme sadducéen. En outre, nous avons vu comment cette péricope fort bien structurée utilise le procédé de l'inclusion pour relier entre elles les différentes parties du récit. Nous pourrions en avoir ici un autre exemple. La proposition « car les sept l'ont eue pour femme », qui prend place à la fin de l'histoire fictive proposée par les sadducéens, se raccroche aux mots qui ouvraient l'histoire au verset 20 (« Il y avait sept frères »), en formant une inclusion. En même temps, la proposition résume toute l'histoire racontée en détail dans les versets 20-22. Bref, à mon avis, les deux insertions marciennes supposées du verset 23 ont très bien pu se trouver l'une et l'autre dans le texte prémarcien. Pesch pourrait ainsi avoir raison quand il soutient que Marc reprend cette péricope sans rien y changer [130]. On ne peut cependant totalement exclure que Marc aurait ajouté les deux propositions discutées du verset 23.

(2) En tout état de cause, il est très vraisemblable que le récit de controverse de Mc 12, 18-27, sauf peut-être quelques brèves expressions, a circulé dans la tradition prémarcienne de la première génération chrétienne. Bien sûr, tel que nous l'avons, comme récit complet *sur* Jésus par opposition à des paroles *de* Jésus, le texte du récit est une composition chrétienne. Mais ce récit conserve-t-il le souvenir de quelque épisode réel du ministère de Jésus ? Alors que divers critiques ont proposé de voir une création chrétienne non seulement dans le texte actuel du récit mais

également dans l'épisode raconté, d'autres exégètes ont soutenu que derrière Mc 12, 18-27 se trouve un débat réel qui a eu lieu entre Jésus et les sadducéens sur la question de la résurrection générale [131]. À mon avis, deux critères d'historicité plaident en faveur de l'authenticité du récit de base, même si ce n'est pas dans la formulation exacte de la péricope actuelle.

(a) *Discontinuité.* Le critère de discontinuité s'applique de plusieurs manières différentes [132].

(α) En premier lieu, il y a discontinuité par rapport à la tendance générale qui gouverne la tradition synoptique dans sa création de récits de controverse. La plupart des critiques admettent que l'Église primitive a composé au moins quelques-uns des récits synoptiques de controverse, parfois en les construisant autour d'authentiques paroles de Jésus, parfois en les créant de toutes pièces. La longue controverse sur le lavage des mains, le korbân et les règles de pureté (Mc 7, 1-23 par.) et la controverse sur les épis arrachés le jour du sabbat (Mc 2, 23-28) peuvent être des exemples de cette tendance. Ce qu'il faut noter au sujet de ces créations possibles par l'Église primitive, c'est que, là comme dans d'autres débats avec Jésus (tout comme lorsque Jésus dénonce ses opposants), les adversaires classiques sont presque invariablement les scribes (ou les docteurs de la Loi) et (ou) les pharisiens (voir, par exemple, Mc 2, 6.16.18.24 ; 3, 6.22 ; 7, 1 ; 8, 11 ; 10, 2 ; 11, 27 ; 12, 13.35.38 ; Mt 22, 34 ; 23, 2-36 ; Lc 11, 37-53). Dans les controverses de Jérusalem, grands prêtres et anciens apparaissent aussi parfois (par exemple, Mc 11, 27).

Lorsque l'on jette un regard rapide sur le développement de la tradition des récits de controverse dans les synoptiques, on est frappé de ne trouver aucune tendance à créer ou à multiplier des récits impliquant les sadducéens. Le passage de Mc 12, 18-27 parr. est le seul récit de controverse du Nouveau Testament dans lequel Jésus débat directement avec les sadducéens [133]. À part Mt 16, 1-12 (cf. Mt 3, 7), où Matthieu ajoute les sadducéens aux pharisiens pour faire d'eux le symbole du front uni du judaïsme, la tradition synoptique ne manifeste aucun intérêt à accroître les allusions aux sadducéens, même comme personnages secondaires, dans les récits sur Jésus.

(β) Pareillement, les thèmes obscurs de la loi du lévirat et de la vie sexuelle après la résurrection générale sont en discontinuité avec d'autres récits de controverse des évangiles. Lorsque des Juifs chrétiens de Palestine créaient des récits de controverse dans la période d'avant 70, ils choisissaient des thèmes qui reflétaient leurs débats du moment avec leurs compatriotes juifs. Nous touchons ici au point fondamental du *Sitz im Leben* : l'Église primitive avait tendance à conserver ou à créer des traditions qui pouvaient servir un objectif particulier ou répondre à un besoin pratique dans sa vie interne ou dans ses luttes externes. Il n'est pas surprenant que les chrétiens d'origine juive de la Palestine d'avant 70, comme Jésus avant eux, se soient affrontés avec leurs compatriotes juifs sur des questions pratiques telles que l'observance du sabbat et les règles de pureté. Ces récits de controverse permettaient de cristalliser les positions et d'orienter les pratiques des Juifs chrétiens dans la vie de tous les jours. Ces récits sont ainsi des expressions de la *hălākâ* judéo-chrétienne.

La controverse atypique avec les sadducéens sur la résurrection générale ne correspond pas à ce modèle de Juifs chrétiens engagés dans un débat avec d'autres Juifs au sujet de l'observance correcte de la *hălākâ*. Simplement en raison de leur situation socio-économique, la plupart des Juifs chrétiens n'avaient pas l'occasion d'engager le débat avec des aristocrates sacerdotaux ou laïques du parti des sadducéens résidant à Jérusalem. Comme nous pouvons le voir dans les Actes, quand de tels conflits se produisaient, ils avaient tout naturellement lieu entre les sadducéens et les chefs de la communauté judéo-chrétienne de Jérusalem. Leurs différends se centraient sur la question de la mort et de la résurrection de Jésus, mais pas sur la résurrection générale des morts et encore moins sur la loi du lévirat [134]. On ne trouve aucune indication de tracasseries faites à des Juifs chrétiens de Palestine (ou, d'ailleurs, à d'autres chrétiens de première génération) sur la question de savoir si et avec qui une veuve impliquée dans un mariage de lévirat aurait une vie sexuelle après la résurrection générale. Bref, la controverse trouve son sens dans un affrontement historique entre les sadducéens et Jésus au cours du ministère de ce dernier à Jérusalem. La controverse ne trouve guère de sens en tant que création de l'Église primitive. On n'en sera pas surpris, les critiques qui prétendent que cette controverse a été créée par l'Église primitive doivent eux-mêmes faire preuve de beaucoup d'esprit créatif pour imaginer le *Sitz im Leben* qui aurait suscité un tel récit [135].

(γ) Ce point nous amène à une discontinuité beaucoup plus importante entre Mc 12, 18-27 et l'Église primitive, à savoir la manière dont est traitée et fondée la question de la résurrection générale. Comme nous pouvons le voir dans l'exemple classique du débat de Paul avec les Corinthiens convertis qui mettent en doute l'idée de la résurrection des morts au dernier jour (1 Corinthiens 15), c'est sur la résurrection du Christ que les chrétiens de première génération fondaient leur espérance en une résurrection générale (voir, par exemple, 1 Co 15, 12-13). Pour le dire en termes philosophiques, la résurrection de Jésus, déjà accomplie, était perçue comme la cause efficiente et (ou) exemplaire (l'archétype qui amorce le processus) de la résurrection des croyants, encore à venir. Ce lien entre la résurrection du Christ et la résurrection des croyants ne se trouve pas seulement dans 1 Co 15. On peut le trouver dans les lettres de Paul (aussi bien les lettres authentiques que celle qu'on lui prête), dans les quatre évangiles, les Actes, la Première épître de Pierre et l'Apocalypse de Jean [136]. Par contre, aucun auteur chrétien du Nouveau Testament ne fonde l'espérance chrétienne de la résurrection sur un simple verset des Écritures juives, et en particulier pas sur Ex 3, 6. Tout le processus utilisé par Mc 12, 18-27 pour parler de la résurrection générale et pour en faire la preuve est remarquablement dépourvu d'un point de vue spécifiquement chrétien [137].

(δ) Ce point nous amène à son tour à une autre discontinuité qui crée un écart entre l'argumentation de Jésus en faveur de la résurrection générale non seulement par rapport aux chrétiens venus après lui mais également par rapport aux Juifs existant avant et après lui dans la période gréco-romaine. Si l'emploi d'Ex 3, 6 par Jésus comme *la* preuve scripturaire en faveur de la résurrection générale nous frappe par son étrangeté, cette utilisation du texte du Pentateuque était apparemment aussi étrange pour ses contemporains juifs qu'elle le sera plus tard pour des chrétiens. Autant que nous puissions le dire à partir des sources dont nous disposons, il n'existait pas de tradition exégétique juive ancienne, avant ou après Jésus, qui utilisât Ex 3, 6 pour prouver la résurrection générale. Quand la croyance en la résurrection des morts (ou la croyance en l'immortalité) est apparue tardivement dans la période de l'Ancien Testament (par exemple, Dn 12, 2 ; 2 M 7, 10-11 ; Sg 2, 21 – 5, 23), il n'était pas fait appel à Ex 3, 6. Pareillement, dans les écrits du judaïsme intertestamentaire, la manière de faire l'exégèse d'Ex 3, 6 n'a pas de parallèles avec l'utilisation qu'en fait Jésus pour fonder la croyance en la résurrection générale. Ce qui est le plus frappant c'est que les arguments rabbiniques plus tardifs en faveur de la résurrection, notamment en *b. Sanh.* 90b-92a, utilisent toutes sortes de textes de l'Ancien Testament, dont certains n'ont pas plus de rapport direct à la résurrection que n'en a Ex 3, 6 [138] ; mais aucune de ces argumentations talmudiques n'utilise Ex 3, 6 [139]. En cela, les auteurs du Nouveau Testament se retrouvent étrangement d'accord avec les rabbis ultérieurs du Talmud babylonien. L'appel de Jésus à Ex 3, 6 a été apparemment si particulier qu'il n'a trouvé, dans l'Antiquité, aucun écho dans les arguments juifs ou chrétiens en faveur de la résurrection. Il faudra pour cela attendre des auteurs chrétiens des siècles ultérieurs, qui citeront Mc 12, 18-27 ou y feront des emprunts [140].

Même la formule d'Ex 3, 6 utilisée par Jésus (« Je [suis] le Dieu d'Abraham, le Dieu d'Isaac et le Dieu de Jacob ») n'apparaît qu'une autre fois dans le Nouveau Testament, sous une forme légèrement différente, dans Ac 7, 32 (« Je [suis] le Dieu de tes pères, le Dieu d'Abraham, d'Isaac et de Jacob »), dans le discours d'Étienne avant son martyre. Dans cette « plaidoirie », Étienne donne un panorama de l'histoire du salut, qui s'étend depuis l'appel adressé à Abraham jusqu'à la construction du Temple de Jérusalem par Salomon. Le contenu du discours concerne en grande partie l'histoire de Moïse, vu comme une figure du Christ (cf. 7, 35). Dans Ac 7, 32, la citation d'Ex 3, 6 intervient tout à fait logiquement au cours du récit de l'appel adressé par Dieu à Moïse depuis le buisson ardent. D'ailleurs, Ac 7, 30-34 est un condensé d'Ex 3, 1-10. Ce qui est important pour nous c'est que Ac 7, 32, seul exemple dans le

Nouveau Testament d'une citation de la formule complète d'Ex 3, 6 en dehors de Mc 12, 26, se contente de reproduire le sens naturel du texte de l'Exode. Dans la lecture qui en est faite par l'orateur Étienne ou par le rédacteur Luc, le texte n'est pas utilisé pour faire référence à la résurrection générale ou pour la prouver.

Le seul autre passage du Nouveau Testament où est cité (ou plutôt évoqué) Ex 3, 6 est Ac 3, 13, bien que la citation n'y soit pas aussi complète que dans Ac 7, 32. Ac 3, 13 se situe au début du discours kérygmatique de Pierre, au portique de Salomon, après la guérison de l'homme infirme à la Belle Porte du Temple. Pierre annonce solennellement la résurrection de Jésus avec un maillage serré d'allusions vétérotestamentaires : « Le Dieu d'Abraham, d'Isaac et de Jacob, le Dieu de nos pères, a glorifié son serviteur Jésus que vous, vous avez livré et que vous avez renié devant Pilate, alors qu'il était décidé à le relâcher [...] [141] » L'enchaînement des noms dans le titre du début du verset pourrait venir d'Ex 3, 6, mais Ex 3, 15 ou Ex 3, 16 pourraient également en être la source, puisque la formule d'autorévélation de 3, 6 (« Je [suis] [...] ») manque dans Ac 3, 13. L'assertion disant que Dieu « a glorifié son serviteur » fait probablement écho au serviteur souffrant d'Is 52, 13. Pour Luc, cette glorification s'accomplit dans la résurrection et l'ascension de Jésus et son intronisation à la droite du Père. La désignation « Dieu d'Abraham [...] » a, pour Luc, une valeur spéciale dans ce discours kérygmatique, parce qu'elle souligne que le Dieu unique a prévu et dirigé tout le cours de l'histoire du salut du commencement à la fin, de l'appel d'Abraham à la glorification du Christ [142].

Ainsi, bien que les titres de Dieu tirés d'Ex 3, 6 soient mis en relation avec la résurrection de Jésus (mais sans être pris pour preuve de celle-ci), Ac 3, 13 ne construit pas de lien entre Ex 3, 6 et la résurrection générale des morts. Autrement dit, même si Luc utilise Ex 3, 6 deux fois dans les Actes (et c'est de fait, en dehors de Mc 12, 26 parr., le seul auteur du Nouveau Testament à utiliser ce texte), il ne lui vient jamais à l'esprit de le relier à la résurrection générale. Cela apparaît encore plus remarquable quand on se souvient que Luc connaît cette application du texte, puisque, en 20, 27-38, il reprend le récit de controverse de Mc 12, 18-27. Par conséquent, bien qu'ayant connaissance de la tradition selon laquelle Jésus interprétait Ex 3, 6 comme un texte-preuve de la résurrection générale, Luc, pas plus que les autres auteurs du Nouveau Testament, n'a la moindre tendance à imiter l'herméneutique unique de son maître. L'utilisation d'Ex 3, 6 par Jésus pour prouver le fait de la résurrection générale ne trouve aucun parallèle précis ni dans le judaïsme ancien avant ou après lui, ni dans le mouvement chrétien du Ier siècle, qui découlait de son propre enseignement.

On peut donc résumer les choses ainsi. Dans le débat de Mc 12, 18-27, Jésus traite du *mode* et du *fait* de la résurrection d'une manière toute différente des premiers chrétiens. Jésus répond à la question du *mode* en faisant une comparaison avec les anges et à la question du *fait* en faisant appel à Ex 3, 6. Les premiers chrétiens, par contre, répondaient aux deux questions du *mode* (voir Ph 3, 21) et du *fait* (voir 1 Co 15, 12-20) en se référant purement et simplement à Jésus ressuscité. En même temps, les arguments de Jésus, et en particulier ceux qui consistent à fonder la résurrection sur Ex 3, 6, ne sont pas ceux du judaïsme avant ou après lui. Les différents thèmes et concepts qui débouchent dans la double réponse de Jésus viennent bien de l'Ancien Testament ou du judaïsme ancien ; mais Jésus les refaçonne en un nouvel ensemble de son cru. Le critère de discontinuité s'applique de manière remarquable à Mc 12, 18-27.

(b) *Cohérence* [143]. Certains critiques ont mis en doute l'historicité de la controverse avec les sadducéens sur la résurrection, en soutenant que le Jésus historique n'a jamais parlé d'une résurrection générale des morts. Ces exégètes font le raisonnement suivant : Jésus attendait l'avènement imminent du royaume, de sorte que son regard était résolument fixé sur l'Israël concret présent devant lui ; il était totalement en phase avec ses contemporains, qui étaient les destinataires de son appel passionné à la repentance et au renouveau en vue de l'avènement du royaume ; il n'avait ni le temps ni la préoccupation de spéculer sur une résurrection générale des morts. Les documents écrits par la communauté de Qumrān semblent confirmer qu'il était possible, pour un Juif palestinien, d'être fortement intéressé par l'eschatologie future et (ou) par les espérances apocalyptiques, sans pour autant se préoccuper de la résurrection des morts. On trouve à Qumrān des attentes eschatologiques et (ou) apocalyptiques, mais peu de choses, sinon rien, sur une résurrection générale des morts [144].

Néanmoins, c'est aller trop loin que de prétendre que Jésus n'a jamais parlé de la résurrection générale et c'est en même temps oublier un aspect subtil mais important, qui est le suivant. Il est vrai que le noyau de la proclamation de Jésus était constitué par le royaume de Dieu sur le point d'advenir bientôt mais déjà présent d'une certaine manière dans son ministère. Avec le sentiment d'urgence engendré par cette croyance, la pensée et l'action de Jésus visaient nettement à convaincre et à convertir les gens qui, à ses yeux, risquaient de subir la condamnation finale, à savoir ses contemporains ou, comme préférait les appeler le Jésus que l'on dit doux et réservé dans ses reproches, « cette génération mauvaise [145] ». C'est cet objectif principal de sa mission, et non les spéculations sur le sort de ceux qui étaient morts depuis longtemps, qui mobilisait tout naturellement l'essentiel de son attention et de sa prédication. Sa préoccupation première était de faire en sorte que les personnes qui vivaient ou se tenaient sur le seuil du royaume final puissent « entrer dans le royaume » ou « entrer dans la vie » [146].

Par contre, l'idée d'une résurrection générale concernait, par définition, les morts et non les vivants. Pour les personnes déjà mortes, cette résurrection au-delà de ce monde d'espace et de temps serait le dernier pas à franchir pour entrer dans le royaume, mais pas pour celles qui seraient encore en vie lors de la réalisation effective de l'avènement du royaume de Dieu. En conséquence, la résurrection devait être une affaire qui concernait Dieu, et non pas Jésus. Jésus avait déjà assez à faire avec « cette génération ». Nous ne devons donc pas être surpris si la résurrection générale n'a été mentionnée par Jésus qu'occasionnellement ou si elle est demeurée implicite dans sa proclamation du royaume. Mais il ne fait pas de doute qu'elle y est mentionnée ou qu'il y est fait allusion.

(α) Comme nous l'avons déjà vu en faisant l'exégèse de Mc 12, 26, un important logion Q de Jésus implique la résurrection générale [147]. Alors qu'il parle du pèlerinage eschatologique des « gens des Nations » vers le royaume de Dieu, Jésus prophétise (Mt 8, 11 par.) : « beaucoup viendront du levant et du couchant s'étendre [à table] avec Abraham, Isaac et Jacob dans le royaume de Dieu. » Dans son rôle de prophète eschatologique, Jésus annonce donc que, le dernier jour, les « gens des Nations » s'étendront à table avec les patriarches morts depuis longtemps (les trois mêmes, on l'aura remarqué, qu'en Mc 12, 26), lors du banquet céleste, métaphore du salut final. Ainsi, l'étape finale du royaume n'est pas seulement une continuation du monde présent sous un mode amélioré, voire miraculeux. La présence d'Abraham, Isaac et Jacob, festoyant en compagnie des « gens des Nations » dans le royaume, est une indication que, dans un sens, le royaume final est en discontinuité avec ce monde présent et le transcende.

Plus encore, le fait même de décrire les patriarches morts depuis longtemps qui rejoignent les « gens des Nations » (y compris probablement ceux qui sont encore vivants lors de l'avènement de la fin des temps) pour participer à un banquet laisse entendre une sorte de résurrection. Mais il est typique de la manière de faire de Jésus de nous dire les choses seulement à travers des symboles, des métaphores et des suggestions. Il n'intéresse pas Jésus de donner un scénario détaillé du dernier jour. Il est prophète et poète ; il ne fait pas de la théologie systématique. Cependant, si Jésus est tant soit peu sérieux en faisant cette prophétie, le dernier jour semble impliquer une sorte de résurrection. Mais cela n'est pas central et reste sur la périphérie de son champ de vision.

(β) Dans quelques cas cependant, il semble que Jésus parle de la résurrection en passant, mais pourtant de manière directe. Dans un « symposium lucanien », fait de différents logia rassemblés par Luc autour du thème du banquet, se trouve un logion L, dans lequel Jésus encourage celui qui l'avait invité à se montrer généreux en élargissant son hospitalité aux gens qui n'ont pas de quoi lui rendre en cette vie. En utilisant une forme de béatitude qui rappelle le schéma rencontré au début du discours sur la montagne (ou dans la plaine), Jésus motive son exhortation en faisant la promesse d'une récompense future, au-delà de ce monde présent (Lc 14, 14) : « Heureux seras-tu alors [...] car cela te sera rendu lors de la résurrection des justes. » Comme dans les béatitudes du « discours », Jésus proclame le renversement de toutes les valeurs et l'exigence radicale d'amour gratuit à la lumière du dernier jour, compris ici, en 14, 14, en termes de résurrection [148].

(γ) Nous avons déjà regardé brièvement les malédictions prononcées par le prophète eschatologique Jésus contre les villes de Galilée qui le rejetaient (un logion Q : Mt 11, 21-24 // Lc 10, 13-15) [149]. Comme nous l'avons vu, la mention de Chorazeïn, avec Bethsaïde et Capharnaüm, parmi les villes où Jésus menait son activité, plaidait en faveur de l'historicité. Ce logion n'est pas une reprise d'autres matériaux évangéliques, car la ville de Chorazeïn n'est jamais mentionnée ailleurs dans le Nouveau Testament, et on n'a pas de témoignage d'activité missionnaire de l'Église primitive à Chorazeïn. Pareillement, alors que Mt 11, 21 par. suppose un grand nombre de miracles accomplis à Bethsaïde, nous avons un seul récit qui raconte un miracle unique accompli par Jésus à Bethsaïde (Mc 8, 22-26). En conséquence, ce logion Q est probablement un fossile qui reflète des activités de Jésus perdues par ailleurs par la tradition synoptique. Le logion est également cohérent avec la description de Jésus comme le prophète eschatologique qui appelle Israël au repentir en vue du jugement imminent. On y perçoit des échos du bouillant mentor, Jean le Baptiste, qui continue de parler à travers son ancien disciple.

Dans ce logion Q, Jésus proclame : « Malheur à toi, Chorazeïn ! Malheur à toi, Bethsaïde ! Car si les miracles qui ont eu lieu chez vous avaient eu lieu à Tyr et à Sidon [archétypes vétérotestamentaires des villes mauvaises non juives opposées à Dieu et à son peuple Israël], il y a longtemps que, sous le sac et dans la cendre, elles se seraient repenties. Aussi bien, je vous le dis, pour Tyr et Sidon, au jour du jugement, il y aura moins de rigueur que pour vous. » Capharnaüm, la ville qui avait bénéficié longuement du ministère de Jésus, reçoit alors des menaces encore plus acerbes : « Tu descendras jusqu'à l'Hadès [le séjour des morts ou les enfers]. » Pour que les habitants non juifs de Tyr et de Sidon soient jugés aux côtés des habitants juifs de Chorazeïn, Betsaïde et Capharnaüm « au jour du jugement » et aient à subir un sort moins terrible, il faut supposer une sorte de vie après la mort ou de retour à la vie. Étant donné le scénario apocalyptique habituel du rassemblement de groupes dispersés, y compris des morts, en vue d'un jugement final, ce qui est le plus vraisemblable c'est que « le jour du jugement » comportera une sorte de résurrection des morts.

(δ) On peut trouver une prophétie semblable de Jésus concernant le jugement final dans la tradition Q sur « le signe de Jonas ». Dans Mt 12, 41-42 // Lc 11, 31-32, Jésus fustige ses contemporains amorphes en les comparant une fois encore à des « gens des Nations » plus réactifs. Dans un logion en deux parties parfaitement parallèles, Jésus annonce : « La reine du Midi [c'est-à-dire la reine de Saba] se lèvera *[egerthēsetai]* lors du jugement avec les hommes de cette génération et elle les condamnera, car elle vint des extrémités de la terre pour écouter la sagesse de Salomon, et il y a ici quelque chose de plus [*pleion*, neutre] que Salomon ! Les hommes de Ninive se dresseront *[anastēsontai]* lors du jugement avec cette génération et ils la condamneront, car ils se repentirent à la proclamation de Jonas, et il y a ici quelque chose de plus *[pleion]* que Jonas ! » (Lc 11, 31-32). On a ici une déclaration typique du style indirect et énigmatique de Jésus : il fait allusion à « quelque chose » (et *non pas* « quelqu'un ») de plus grand, qui se trouve sous les yeux de son auditoire. Selon son habitude, il ne se désigne pas directement lui-même, mais il indique le royaume de Dieu, déjà présent dans ses paroles et ses actions (« ici »). Ce n'est pas là la manière dont l'Église postpascale proclame sa christologie sous ses diverses formes.

Comme dans le logion précédent, nous sommes en présence d'un scénario de jour du jugement, dans lequel des « gens des Nations » d'autrefois s'en tirent mieux que les contemporains de Jésus. Ici, contrairement aux exemples de Tyr et de Sidon, les « gens des Nations » ont effectivement réagi à la parole du grand maître de sagesse d'Israël (Salomon) et de l'un de ses grands prophètes du repentir (Jonas). On pourrait discerner derrière ces paroles un autoportrait du Jésus historique (maître de sagesse et prophète eschatologique de l'appel à la conversion) ; mais, comme à l'habitude, c'est au mieux une allusion indirecte. Le point essentiel du logion est que, lors du jugement final, la reine de Saba et les Ninivites, qui sont tous des « gens des Nations », non seulement s'en tireront mieux que les contemporains juifs de Jésus, mais ils participeront même activement au témoignage contre eux et à leur condamnation. La scène est manifestement celle du jugement général. Étant donné que la reine de Saba et les Ninivites sont morts depuis des siècles et qu'ils doivent pourtant paraître aux côtés des contemporains de Jésus (dont on suppose que certains seront probablement encore en vie lors de l'avènement du jugement final), on peut tout naturellement en déduire que ce jugement final implique une sorte de résurrection [150].

(ε) Dans Mc 9, 43-47 // Mt 18, 8-9 // Mt 5, 29-30, nous trouvons diverses formes d'une suite de logia qui concernent la gravité du « scandale » (au sens théologique fort de quelque chose qui peut entraîner une personne dans le péché grave ou dans l'apostasie). Dans Mc 9, 43-47, Jésus donne à ses disciples cet avertissement : « Si ta main est pour toi une occasion de péché, coupe-la : mieux vaut pour toi entrer manchot dans la vie que de t'en aller avec tes deux mains dans la géhenne, dans le feu qui ne s'éteint pas. Et si ton pied est pour toi une occasion de péché, coupe-le : mieux vaut pour toi entrer estropié dans la vie que d'être jeté avec tes deux pieds dans la géhenne. Et si ton œil est pour toi une occasion de péché, arrache-le : mieux vaut pour toi entrer borgne dans le royaume de Dieu que d'être jeté avec tes deux yeux dans la géhenne [151]. »

En Mt 5, 29-30, dans le discours sur la montagne, ne sont reproduits que deux de ces logia, sur l'œil et sur la main, probablement avec une application spécifique aux regards et aux touchers impurs, puisque le contexte plus large est celui de la seconde antithèse du « discours » (« Vous avez appris[…] Et moi, je vous dis […] ») sur l'adultère. On trouve dans Mt 18, 8-9 une forme condensée des trois logia de Marc. Le verset 8 combine les logia sur la main et le pied (les deux premiers logia de Marc) en un seul logion : « Si ta main ou ton pied sont pour toi une occasion de péché […] » Le verset 9 poursuit avec le logion distinct de Marc sur l'œil. Les exégètes discutent pour savoir si l'une ou l'autre forme du logion trouvée dans Matthieu représente ou non la tradition Q ou la tradition M ou bien si c'est simplement une réélaboration des sources marciennes [152]. En tout cas, nous avons dans la source de Marc (Mc 9, 42-50 est manifestement un patchwork de logia isolés) et peut-être dans le document Q quelques logia de Jésus qui parlent, en termes crus et réalistes, de l'entrée d'une personne avec ses membres corporels dans le royaume ou dans le châtiment éternel. Cela suppose une résurrection du corps.

Les images choquantes utilisées dans ces logia et la demande intransigeante d'une décision radicale en vue du jugement imminent sont en parfaite cohérence avec le style et le contenu du message authentique du Jésus historique. Il est intéressant de noter que, même si l'on peut trouver des parallèles à ces images fortes dans la littérature rabbinique plus tardive, le reste du Nouveau Testament et les Pères apostoliques n'en offrent pas de parallèles exacts.

(ζ) Dans le tome II, j'ai pris le temps de démontrer l'authenticité de la prophétie, prononcée par Jésus lors du Dernier repas, sur son propre sort final (Mc 14, 25) : « En vérité, je vous le dis, je ne boirai plus du produit de la vigne jusqu'au jour où je le boirai, nouveau, dans le royaume de Dieu [153]. » Face à l'approche de la mort et à l'échec apparent de sa mission destinée à l'ensemble d'Israël, Jésus se console lui-même (beaucoup plus qu'il ne console ses disciples) dans l'espérance que Dieu lui donnera raison au-delà de la mort et l'amènera à participer au banquet final dans le royaume. La description faite par ce logion demeure remarquablement vague : il n'y a pas de titres christologiques, pas de références à la valeur sacrificielle ou salvifique de la mort de Jésus, pas d'allusions à la résurrection ou à la parousie ; et rien n'indique que Jésus sera celui qui invite au banquet ou qu'il y sera rejoint par ses disciples. Les idées spécifiquement chrétiennes sur l'accomplissement de la vie au-delà de la mort sont tout simplement absentes. Dans ce logion, le Jésus historique exprime plutôt son espérance que Dieu l'arrachera à la mort, quand le royaume adviendra définitivement, en lui permettant de prendre place au banquet final, probablement aux côtés des grands patriarches et même des « gens des Nations » (cf. Mt 8, 11-12 par.). Une fois encore, l'image de la participation au banquet céleste au-delà de la mort laisse percer, sans l'affirmer ouvertement, l'idée d'une résurrection générale au dernier jour, mais *pas* d'une résurrection de Jésus seul dans l'histoire humaine en cours.

Le lecteur l'aura remarqué, je n'ai pas consacré beaucoup de temps à argumenter sur la formulation précise des six textes que je viens de passer en revue. Je ne me suis même pas attardé à la question de savoir si ces logia remontent au Jésus historique. Pour certains d'entre eux, je l'avais déjà fait ; pour d'autres, je pense que les brèves indications sur les raisons pour lesquelles ces logia peuvent être considérés comme authentiques suffiront pour le moment. Ce que je voulais faire ressortir d'essentiel en m'intéressant à ces six logia n'est pas tant les détails de chacun d'entre eux que leur effet cumulatif. Ils nous fournissent un argument d'attestation multiple de sources et de formes, qui nous permet d'affirmer que Jésus, à divers moments, de différentes manières et à travers des images variées, a parlé d'un jugement final au dernier jour et que, parfois ouvertement et plus souvent de façon indirecte, il a fait allusion à la résurrection générale des morts comme faisant partie de cet événement eschatologique. D'une façon ou d'une autre, cette idée est exprimée ou impliquée dans des logia qui se trouvent dans Marc, dans la tradition Q, dans la tradition L et peut-être dans la tradition M.

Même si la tradition qui se trouve derrière l'évangile de Jean contient également l'idée d'une résurrection générale (par exemple, Jn 5, 28-29), le caractère complexe de l'eschatologie johannique et la diversité des étapes de tradition et de rédaction dans le quatrième évangile rendent extrêmement difficile de faire remonter au Jésus historique un logion donné sur l'eschatologie future. Qu'il suffise de dire que, malgré toutes ses différences avec les synoptiques, la tradition préjohannique s'accorde avec les autres sources évangéliques pour attribuer à Jésus des allusions à la résurrection générale [154]. En tout cas, l'attestation multiple de sources et de formes rend hautement probable que le Jésus historique a parfois parlé en passant de la résurrection générale des morts au dernier jour ou y a fait allusion, même s'il ne lui était pas coutumier de faire de ce thème l'objet direct de sa prédication.

À première vue, ce dernier point pourrait constituer une objection à la reconnaissance d'un épisode historique derrière la controverse avec les sadducéens, dans Mc 12, 18-27. En fait, c'est tout le contraire. Si généralement Jésus parlait d'une résurrection générale seulement en passant ou par allusion, quel serait le type d'événement qui aurait pu le provoquer à aborder directement la question ? La réponse est précisément le type d'événement raconté dans Mc 12, 18-27. En effet, un seul mouvement juif déniait explicitement une résurrection future ou un jugement final dans l'au-delà. Les allusions faites en passant par le prophète itinérant incitèrent les membres de ce mouvement à mettre franchement Jésus devant la question et à le forcer à dire clairement et à défendre sa position implicite. Ce qui se passe n'est donc pas accidentel, mais tout à fait conforme à tout ce que nous avons vu : la seule fois où Jésus braque directement le projecteur sur le thème de la résurrection générale, c'est lorsqu'il y est directement provoqué par le seul groupe juif qui pouvait vraisemblablement contester sa position, à savoir les sadducéens.

Bref, bien qu'il doive être construit pas à pas, logion après logion, l'argument de cohérence produit, dans le cas de la controverse avec les sadducéens, un effet cumulatif assez impressionnant. Je soutiens donc que, si l'on joint les arguments de la discontinuité à ceux de la cohérence, la conclusion la plus probable est que la discussion avec les sadducéens sur la résurrection, dans Mc 12, 18-27, reflète bien un épisode réel du ministère du Jésus historique, qui a dû naturellement avoir lieu à Jérusalem [155]. Nous ne pouvons pas dire si Jésus s'est engagé dans d'autres débats avec les sadducéens [156]. De tels affrontements, peut-être répartis sur un certain nombre de visites à Jérusalem (comme l'indique le quatrième évangile), pourraient expliquer l'opposition croissante des « chefs des prêtres et des anciens », qui a abouti à l'arrestation de Jésus. Mais nous devons admettre que nous manquons de témoignages fermes qui permettraient de faire de ces suggestions quelque chose de plus que de la spéculation.

En tout cas, Mc 12, 18-27 est une relique unique et précieuse, qui nous permet d'avoir une meilleure idée de ce que pouvait signifier pour Jésus le futur avènement du royaume. Le Jésus historique croyait que, à un moment du drame eschatologique, les générations passées ressusciteraient d'entre les morts et que les Israélites fidèles auraient part à une vie d'un nouveau type, semblable à celle des anges, un genre de vie qui larguerait les anciennes relations établies par le mariage et l'activité sexuelle. Dans son état final, le royaume ne serait donc pas simplement une amélioration du monde présent, mais il serait d'un autre ordre, transcendant. En mettant en place ce monde nouveau, le Dieu de la création et de l'alliance, le Dieu d'Abraham, d'Isaac et de Jacob, remplirait son engagement le plus fort envers le peuple d'Israël, pour être son sauveur et son protecteur, même au-delà de la mort. Finalement, pour proclamer cette manière particulière d'envisager à la fois le mode de la résurrection et la preuve scripturaire de la résurrection, Jésus se fonde non pas sur quelque tradition sainte mais simplement sur sa propre autorité [157]. Il sait qu'il en est ainsi, il enseigne qu'il en est ainsi, et la question est entendue. Nous reconnaissons ici le style typique d'un chef charismatique, un style péremptoire et plein d'autorité : il en est ainsi parce que je dis qu'il en est ainsi. Dans la déclaration de Jésus sur la résurrection, il n'y a pas de « amen, je vous le dis » ; mais cette formule introductive, si typique du style d'enseignement de Jésus, résume bien l'impression de connaissance directe, intuitive, pleine d'autorité qui caractérise ce prophète eschatologique de Nazareth. On peut comprendre pourquoi les sadducéens en particulier et les autorités de Jérusalem en général ont dû trouver ce parvenu galiléen difficilement supportable ou tolérable.

XXX

JÉSUS EN RELATION AVEC LES GROUPES JUIFS CONCURRENTS

III. LES ESSÉNIENS ET AUTRES GROUPES

Dans ce chapitre, nous allons nous intéresser aux autres groupes juifs qui ont existé (ou sont censés avoir existé) à côté de Jésus et des gens qui le suivaient dans la Palestine du Ier siècle. On peut débattre de l'étendue des relations de Jésus avec ces divers groupes ; et chaque cas doit être jugé pour lui-même. Nous nous occuperons successivement des esséniens (et de la communauté de Qumrān), des samaritains, des scribes, des hérodiens et des zélotes, un ensemble très hétéroclite, comme nous le verrons. Parmi ces groupes, celui qui, de nos jours, suscite le plus de fascination et le plus de débats est bien sûr celui appelé les esséniens, avec son célèbre sous-groupe, les habitants de Qumrān [1].

1. Les esséniens et la communauté de Qumrān

A. Introduction : l'objectif restreint de cette section

Au cours de nos investigations sur les pharisiens et les sadducéens, nous avons occasionnellement parlé des esséniens. À ce stade de notre parcours, le lecteur pourrait s'attendre à une étude ample et détaillée des esséniens et de la communauté de Qumrān. Ces attentes sont naturellement nourries par la ferveur avec laquelle les premiers manuscrits de Qumrān (découverts en 1947) ont été étudiés dans les années cinquante et par le renouveau d'intérêt pour cette communauté dans la littérature actuelle, maintenant que tous les fragments de Qumrān sont enfin à la disposition des exégètes.

Je regrette de devoir décevoir ces attentes. Le thème qui court à travers le tome III de *Un certain Juif, Jésus* est celui des *relations* du Jésus historique avec les divers groupes juifs, qu'ils fassent partie des gens qui le suivaient ou des gens qui étaient en concurrence avec lui. Par conséquent, l'objectif de ce volume n'est pas une étude complète des différents groupes juifs considérés en eux-mêmes, mais bien une description des relations de Jésus avec ces groupes, en vue de mieux comprendre Jésus. Or, alors que les évangiles nous présentent Jésus en relation avec les pharisiens, les sadducéens et les samaritains ou en réaction par rapport à eux, ni les évangiles ni le reste du Nouveau Testament ne disent le moindre mot sur des relations de Jésus avec les esséniens ou les gens de Qumrān. De fait, les mots « essénien » et « Qumrān » ne se trouvent nulle part dans le Nouveau Testament [2]. Les esséniens retournent le compliment : même si les colporteurs de nouvelles à sensation affirment le contraire, les documents de Qumrān ne mentionnent jamais Jésus de Nazareth ni ne font allusion à lui. Si donc la question à laquelle doit répondre cette section est simplement « que dit directement le Nouveau Testament sur les relations de Jésus avec les esséniens et (ou) la communauté de Qumrān ? », la réponse est d'une brièveté brutale : « rien » [3].

Même si cette réponse est parfaitement correcte, on peut comprendre le lecteur qui a envie d'être éclairé, par exemple, sur les affirmations contradictoires concernant le rapport ou la ressemblance de la communauté de Qumrān avec Jésus et (ou) avec le christianisme primitif. Après tout, au-delà de la question d'une relation directe de Jésus avec la communauté de Qumrān ou d'une interaction entre eux, nous avons la question légitime des ressemblances possibles au plan des idées et des pratiques religieuses, même si Jésus n'a jamais rencontré le moindre membre de la communauté de Qumrān au cours de sa vie. Il est toujours possible aussi que, dans ses tournées en Palestine, Jésus ait été influencé indirectement par des tendances esséniennes, même s'il n'a jamais été en relation directe avec des esséniens. C'est pourquoi, dans cette section, je propose une brève réflexion sur les ressemblances et les différences repérées par divers exégètes entre Jésus et le mouvement de Qumrān (et, plus largement, les esséniens). En fait, c'est plutôt avec l'Église primitive qu'avec le Jésus historique que les matériaux de Qumrān fournissent un grand nombre de parallèles intéressants [4]. Et une étude de parallèles existant entre la communauté de Qumrān et l'Église relève d'une histoire du christianisme primitif et non d'une recherche sur le Jésus historique.

Avant de nous lancer dans quelques comparaisons succinctes entre Jésus et la communauté de Qumrān (ou les esséniens en général), je voudrais mentionner en passant certaines tentatives, pas toujours modestes, qui veulent voir des références à Jésus dans les manuscrits de Qumrān. Barbara Thiering, une exégète australienne, a tenté de montrer que Jean le Baptiste était le Maître de justice qui fonda la communauté de Qumrān et que Jésus était le prêtre impie qui s'opposa à lui [5]. Surenchérissant sur Thiering, Robert H. Eisenman, professeur à l'université d'État de Californie, Long Beach, a prétendu que le Maître de justice n'était autre que Jacques, le frère de Jésus, et que Saul (Paul) de Tarse était « l'homme de mensonge » dénoncé dans le *Pesher d'Habacuc* (*1QpHab* 2, 2)[6]. En fait, les idées fantasques sur Jésus et la communauté de Qumrān ont un pedigree honorable, qui remonte aux premiers temps de la recherche sur les manuscrits de la mer Morte. Alors que certains exégètes, comme André Dupont-Sommer, se sont contentés de suggérer que le Maître de justice annonce Jésus par le tracé analogue de leurs parcours respectifs[7], d'autres, comme Jacob L. Teicher, ne purent résister à la tentation de déclarer que Jésus *était* le Maître de justice[8]. Dans la direction opposée, John Mark Allegro, dont le travail technique sur les textes de Qumrān laisse à désirer, a commencé par se montrer très sceptique quant aux possibilités de savoir beaucoup de chose sur le Jésus historique. Par la suite, Allegro a tranché le nœud gordien en déclarant que Jésus n'a jamais existé, qu'il a été créé à partir des fantasmes provoqués par des champignons sacrés hallucinogènes[9]. Le lecteur est capable d'évaluer le poids de ces suggestions, sans qu'il soit la peine d'insister[10]. Qu'il suffise de dire que les esprits déformés par la presse à sensation, fascinés par ces théories, ne semblent jamais remarquer que, si l'une de ces théories était vraie, elle invaliderait du même coup toutes les autres qu'ils trouvent séduisantes. Pour certaines personnes, jouer perpétuellement avec des hypothèses bizarres est une fin en soi qui les satisfait.

Bien que follement populaires dans les médias, ces hypothèses qui jouent sur le sensationnel sont généralement écartées aujourd'hui par les exégètes sérieux, pour deux raisons.

(1) La plupart de ces hypothèses reposent sur ce qui est l'équivalent universitaire de la lecture dans le marc de café ou de l'interprétation des taches d'encre du test de Rorschach. Certains documents de Qumrān utilisent des mots codés ou des noms symboliques pour se référer à des personnages clés de l'histoire de la communauté de Qumrān. À moins de trouver pour Qumrān l'équivalent de la Pierre de Rosette, nous n'avons aucun moyen sûr d'identifier les personnages auxquels se réfèrent ces mots codés. Cela rappelle la sempiternelle chasse à l'identité du disciple bien-aimé dans l'évangile de Jean.

(2) Essayons de mieux cerner la question. Le ministère de Jésus a duré approximativement de 28 à 30 de notre ère. Ainsi, pour que les théories de Thiering ou d'Eisenman soient correctes (et chacune de leurs théories exclut celle de l'autre), il faudrait qu'un certain nombre de documents importants découverts à Qumrān et faisant prétendument allusion à Jésus aient tous été écrits dans les dernières décennies d'existence de la communauté, c'est-à-dire de 30 à 68 de notre ère. Or, aussi bien les preuves paléographiques que la datation au radiocarbone suggèrent que la plupart de ces documents remontent au Ier ou au IIe siècle avant notre ère, même si certains manuscrits peuvent éventuellement être attribués aux premières décennies du Ier siècle de notre ère. En outre, à moins de nous imaginer avoir en main

les autographes de ces ouvrages, il nous faut situer l'écriture des originaux à une date encore antérieure aux dates attribuées aux textes en notre possession. Bref, les dates de composition des documents clés de Qumrān sont antérieures à celles du ministère public de Jésus [11]. Par conséquent, ces documents n'avaient pas la possibilité de se référer à lui ou aux gens qui l'entouraient. Les théories d'universitaires tels que Thiering et Eisenman sont de l'étoffe des romans de gare et des *talk-shows* aux heures tardives. Nous n'avons pas de temps à y perdre ; passons plutôt aux points de comparaison entre Jésus et les esséniens sur lesquels de nombreux exégètes sont d'accord.

B. Jésus et Qumrān (les esséniens) : mises en garde à propos des comparaisons

Avant de passer à l'énumération des ressemblances et différences entre le Jésus *historique* et la communauté de Qumrān en particulier ou les esséniens en général, cinq observations préliminaires sont nécessaires.

(1) Trop souvent dans le passé, des comparaisons ont été faites dans la totale ignorance de ce que les exégètes avaient appris sur la critique des sources, des formes et de la rédaction des évangiles. Par exemple, quand on parlait de la Loi mosaïque, le Jésus que l'on comparait avec le mouvement de Qumrān n'était pas le Jésus *historique* mais bien le Jésus *matthéen*, tel qu'il était présenté dans le discours sur la montagne [12]. Les enthousiastes collectionneurs de parallèles ne semblaient pas avoir la conscience troublée par l'idée que le discours sur la montagne est une composition créée par l'évangéliste Matthieu vers 80-90 de notre ère et que le Jésus décrit dans l'évangile de Matthieu est, au moins en partie, le reflet de la théologie chrétienne de Matthieu. L'enquête que nous menons dans cette section se limite strictement aux comparaisons entre la communauté de Qumrān et le Jésus historique.

(2) Certains des parallèles que nous allons observer impliquent des questions plus larges au sujet de l'enseignement de Jésus sur la Loi mosaïque ou de sa position vis-à-vis des diverses espérances juives concernant le messie. Ces sujets seront longuement abordés dans les chapitres à venir du tome IV. Pour l'instant, nous devons nous contenter d'affirmations en résumé sur la position de Jésus vis-à-vis de ces questions. Ces affirmations seront justifiées quand nous les aborderons ultérieurement.

(3) Nous comparons des choses fort différentes : d'un côté, les idées des gens de Qumrān, une communauté fortement structurée qui a existé au même endroit pendant quelque deux cents ans et qui a laissé une vaste documentation, et, de l'autre, celles d'un prophète itinérant, dont le ministère a probablement duré moins de trois ans (dans la phase finale de l'existence de Qumrān) et qui n'a laissé aucun écrit de sa main. Nous ne

serons donc pas surpris devant la difficulté à faire de telles comparaisons et devant la relative minceur des résultats à en attendre.

(4) Certainement dans le cas de la communauté de Qumrān et des esséniens et probablement dans le cas de Jésus, il nous faut admettre que les idées ont subi des développements ou des changements. Cependant, puisque l'on ne connaît pratiquement rien de l'ordre des événements du ministère de Jésus entre son baptême par Jean et ses derniers jours à Jérusalem, on ne peut presque rien dire sur le développement de ses idées. Dans le cas de la communauté de Qumrān, un certain nombre de théories concernant les étapes de développement des principaux documents de Qumrān et des conceptions théologiques qu'ils contiennent ont été avancées ; mais aucune n'a obtenu un assentiment général [13]. Par conséquent, étant donné que nous manquons de repères solides sur « l'avant » et « l'après », nos comparaisons doivent rester synchroniques. Autrement dit, faute de grille chronologique fiable permettant de repérer le développement des idées théologiques que nous allons passer en revue, les comparaisons qui vont suivre se limiteront à décrire des ressemblances et des différences au niveau de la pensée, du langage et des structures sociales. On ne fera pas d'affirmations qui prétendraient préciser si ces ressemblances entre Jésus et la communauté de Qumrān ont existé au même moment précis de l'histoire ou si le mouvement de Qumrān a eu une influence sur Jésus ou vice-versa.

(5) Tous les exégètes ne sont pas d'accord sur la question de savoir si certains documents découverts à Qumrān et qui sont souvent utilisés pour comparer la communauté de Qumrān avec Jésus ont réellement été composés à Qumrān et sont représentatifs des idées du groupe. Parmi les cas en discussion se trouvent le *Rouleau du Temple* et le *Document de Damas*, tous deux écrits en hébreu, et le texte de la *Nouvelle Jérusalem*, écrit en araméen. Je pense cependant qu'il y a une manière judicieuse d'utiliser ces documents quand on fait des comparaisons. Par exemple, la multiplicité des manuscrits du texte de la *Nouvelle Jérusalem*, dont six copies au moins ont été trouvées à Qumrān, et du *Document de Damas*, dont huit manuscrits ont été trouvés dans la grotte IV, montre bien que ces textes étaient acceptés et appréciés dans la communauté de Qumrān, quelle que soit leur origine première. Il y a également débat sur la question de savoir si le *Rouleau du Temple* a été composé à Qumrān ou en dehors. En tout cas, ce texte montre des affinités certaines avec des documents qui ont clairement leur origine à Qumrān (par exemple, la *Règle de la communauté*, le *Commentaire de Nahum*, le *Pesher d'Habacuc* et les *Hymnes [Hodayot]*).

Bref, devant ces difficultés méthodologiques, nous ne pouvons proposer qu'une étude globale et impressionniste, davantage synchronique que diachronique. On ne veut rien tenter ou affirmer de plus. Parfois, quand il est impossible d'être plus précis, je parlerai de comparaisons indifférenciées entre Jésus d'une part et la communauté de Qumrān ou les esséniens d'autre part. Cette façon de parler ne veut pas signifier que les termes « esséniens » et « communauté de Qumrān » sont des catégories équivalentes ou interchangeables au plan historique ; elle indique simplement la pauvreté de nos sources et les limites de notre connaissance. Mais puisque, à mon avis, la communauté de Qumrān était un sous-groupe et une expression majeure d'un mouvement essénien plus large, certaines généralisations qui englobent la communauté de Qumrān et les esséniens ne sont pas totalement déplacées. D'autres fois, lorsque nos sources distinguent ce qui est dit des esséniens en général et de la communauté de Qumrān en particulier (par exemple, en matière de biens et d'argent), je serai plus précis et j'indiquerai le groupe avec lequel Jésus est comparé.

C. Jésus et Qumrān (les esséniens) : ressemblances et différences

En ayant en tête ces mises en garde, nous passons maintenant à la question des ressemblances et différences entre Jésus et la communauté de Qumrān (et les esséniens). Comme il arrive souvent en étude comparée des religions, les ressemblances ont tendance à attirer davantage l'attention que les différences. Dès que les documents importants de la grotte I de Qumrān furent publiés, de longues listes de ressemblances ou de points de contact ont été dressées. Certains points de ces listes ne sont rien de plus que des similitudes verbales, qui perdent leur intérêt dès que l'on examine leurs contextes différents. D'autres points sont sans signification, parce qu'ils reflètent simplement le terreau commun des Écritures juives, dans lequel s'enracinent les mouvements des esséniens et de Jésus [14]. D'autres points encore sont plus importants, mais peuvent simplement représenter les idées religieuses ordinaires en circulation dans le judaïsme palestinien au tournant de notre ère, surtout parmi les Juifs sensibles à l'eschatologie. Ces points ne sont pas spécifiques à Jésus et à la communauté de Qumrān et ne sont donc des parallèles qu'au sens large.

Même quand on se limite aux ressemblances plus spécifiques entre Jésus et la communauté de Qumrān (et des esséniens), elles se rangent encore dans un large éventail de thèmes. Par souci de commodité, je vais regrouper ces ressemblances et différences, de manière quelque peu artificielle, en trois catégories principales : (1) l'eschatologie (2) l'attitude envers le Temple et (3) les règles de conduite. Comme nous allons le voir, dès que l'on se met à rechercher des ressemblances, on bute inévitablement contre des différences qui leur sont inextricablement liées. C'est pourquoi les ressemblances majeures et leurs différences correspondantes seront traitées ensemble dans cette section. Dans la section suivante, je porterai une attention particulière à certaines différences remarquables qui ressortent de cette vue d'ensemble et qui, me semble-t-il, méritent une plus grande attention.

1. Eschatologie

(a) Dans la recherche sur la théologie de la communauté de Qumrān, on a d'abord fait des tentatives, pas très exactes, pour distinguer l'eschatologie de Qumrān de celle de Jésus. La conception que se faisait Jésus du royaume de Dieu était censée se démarquer des idées eschatologiques juives de l'époque en ce qu'elle impliquait une tension entre le « déjà » de son ministère et le « pas encore » de l'avènement final et total du royaume. Par contre, la communauté de Qumrān était censée témoigner seulement d'une attente fervente de la fin imminente de l'ordre présent des choses [15].

Il n'est guère possible aujourd'hui de tenir de telles affirmations. Il est vrai que des documents comme le *Rouleau de la Guerre* montrent que la communauté de Qumrān attendait impatiemment une bataille finale menée par les fils de lumière (les gens de Qumrān) contre les fils de ténèbres (tous les autres), avec une victoire des gens de Qumrān débouchant sur un nouvel état des choses [16] ; mais l'eschatologie de la communauté de Qumrān avait aussi une dimension « réalisée » ou « présente ». À Qumrān, toutefois, la dimension présente était surtout vécue dans la liturgie de la communauté, qui était censée être célébrée en présence des anges. Par rapport à l'insistance de Jésus sur le « royaume de Dieu », il est frappant de voir combien le thème de la royauté de Dieu imprègne ces liturgies angéliques [17]. Les gens de Qumrān croyaient que leur adoration du roi divin dans le culte ordinaire les unissait déjà aux anges dans les cieux. En fonction de cela, la mort des personnes individuelles semble avoir été perçue comme une union finale avec les résidents célestes. On ne sait pas exactement dans quelle mesure cet élément d'eschatologie réalisée a quelque chose à voir avec la victoire de la communauté qui sera en vie lors de la bataille finale et avec les rares références à la résurrection trouvées dans les textes de Qumrān [18].

Dans la communauté de Qumrān, la vision eschatologique du présent comprenait aussi un élément plus négatif : le temps présent est un temps de mise à l'épreuve et de souffrance pour la communauté, un temps pendant lequel tous les Israélites sont appelés à se décider pour ou contre l'Alliance renouvelée et l'interprétation véritable de la Loi telles qu'elles sont vécues dans la communauté. C'est en ce sens que le texte appelé *Lettre halakhique* (*4QMMT*, 95-108) peut parler de la « fin des jours » qui commence déjà [19]. Dans la théologie de Qumrān, ce temps de conflit semble aboutir à l'avènement des deux messies et à la guerre finale, menée par le messie royal. Toute cette période de combat, qui fait partie de « la fin des jours », appartenait encore au monde présent de l'espace et du temps. Le salut final (qui comprend peut-être la résurrection des morts ?) devait se situer au-delà de cette période [20].

Pareillement, l'eschatologie de Jésus maintient le paradoxe d'éléments présents et futurs. Comme nous l'avons vu, dans la perspective de Jésus, le royaume de Dieu (c'est-à-dire Dieu qui exerce sa puissance à la fin des temps pour libérer et rassembler Israël) était déjà présent dans le ministère de Jésus, même si ce ministère annonçait et désignait un avènement futur et définitif du royaume en pleine puissance. Comme nous l'avons vu quand nous avons parlé des sadducéens (Mc 12, 18-27), Jésus croyait aussi en une résurrection générale des morts à la fin des temps. Un peu comme la communauté de Qumrān, Jésus maintient un flou sur la manière dont cette résurrection s'ajuste au reste du scénario eschatologique. Mais, à la différence de Qumrān, Jésus est notoirement non apocalyptique, dans la mesure où il ne fournit pas de calendrier des événements eschatologiques. Une différence encore plus frappante avec la communauté de Qumrān tient en ce que Jésus fait entrer des « gens des Nations » au banquet eschatologique avec les patriarches (apparemment ressuscités), tandis que certains de ses compatriotes juifs doivent en être exclus (Mt 8, 11-12). Dans la perspective de la communauté de Qumrān, tous les « gens des nations » et tous les Israélites en dehors de la communauté essénienne finiront par périr.

Pour ce qui est de l'élément d'eschatologie réalisée (dans le paradoxe du « déjà » et du « pas encore »), on peut supposer qu'il y avait une différence d'insistance. L'engagement religieux des disciples de Jésus était fortement centré sur la personne de Jésus lui-même, qui leur rendait le royaume palpable par ses guérisons et ses exorcismes, par son compagnonnage de table avec des gens bannis au plan religieux et par ses paraboles, dont le but était de faire entrer dans une expérience du royaume la personne qui les écoutait. Tout cela, resserré sur les deux ans et demi du ministère, voulait permettre aux disciples d'accroître leur expérience du royaume comme déjà présent. Par contre, à l'époque de Jésus, la communauté de Qumrān, avec quelques interruptions, existait depuis environ un siècle et demi. Son eschatologie réalisée trouvait surtout son expression dans la liturgie quotidienne et habituelle du groupe. À mon avis, on peut donc raisonnablement faire la conjecture (qui n'est rien de plus qu'une conjecture) que l'eschatologie de Jésus était plus intensément réalisée que celle de Qumrān à la même époque. Mais en tout cas, ces deux mouvements juifs eschatologiques maintenaient en tension des éléments d'eschatologie réalisée et d'eschatologie future. On ne peut pas affirmer que cette tension paradoxale soit un facteur spécifique de la position eschatologique de Jésus.

(b) Quelques-uns des documents de Qumrān parlent directement des espérances messianiques de la communauté [21]. Même si l'on trouve parfois une référence fugitive à une sorte de prophète eschatologique (Élie ?), les personnages clés sont deux messies : un messie sacerdotal de la maison d'Aaron (probablement censé être le grand prêtre légitime de la fin des temps) et un messie royal laïque qui devraient conduire Israël lors de son combat final et le gouverner après sa victoire (*1QS* 9, 11 [22]). Étant donné toute l'histoire de la monarchie davidique en Juda avant l'exil, étant donné le double gouvernement du grand prêtre Josué et du prince davidique Zorobabel après l'exil (Za 3, 1 – 4, 14 ; 5, 9-15) et étant donné les allusions à un personnage davidique dans d'autres documents de Qumrān, ce messie royal est vraisemblablement censé être fils de David, bien qu'il ne soit jamais appelé ainsi dans la *Règle de la communauté*. En *1QSa* 2, 12-21, le messie sacerdotal a clairement la préséance sur le messie royal ; mais tous les deux ont des places d'honneur au banquet eschatologique de la communauté [23].

La figure d'un prophète eschatologique comme Élie, qui est pour le moins très estompée dans les textes de Qumrān, semble correspondre au rôle eschatologique que Jésus a choisi pour lui-même [24]. En outre, quelques-uns des disciples de Jésus, peut-être au courant d'une tradition familiale selon laquelle Joseph, le père putatif de Jésus, était descendant de David, ont pu combiner cette notion de descendant de David avec ce qu'impliquait l'activité d'exorciste de Jésus. Comme nous l'avons vu, le roi Salomon, le propre fils de David, était considéré dans certaines traditions juives comme l'exorciste par excellence [25]. En fonction de cela, quelques-uns des disciples de Jésus, qui avaient été témoins de l'activité d'exorciste de Jésus et qui avaient entendu parler de son supposé lignage davidique, ont pu parvenir à la conclusion que Jésus était le fils de David messianique, un exorciste dans la tradition de Salomon.

Durant la plus grande partie de son ministère, Jésus ne semble pourtant pas avoir beaucoup encouragé l'idée qu'il était le messie davidique. Mais les deux actions symboliques qu'il accomplit lors de sa venue à Jérusalem pour sa dernière Pâque, l'« entrée triomphale » et la « purification » du Temple, ont pu être perçues comme l'expression d'une revendication messianique royale sur l'ancienne capitale davidique et sur le Temple qui avait d'abord été bâti par Salomon, le fils de David [26]. Cela permettrait d'expliquer pourquoi il fut arrêté et jugé lors de cette visite précise à Jérusalem et pourquoi Pilate le condamna à mort sur l'accusation de s'être prétendu roi des Juifs.

Un autre parallèle entre Jésus et la communauté de Qumrān à propos du messie eschatologique peut se trouver dans la réponse de Jésus aux messagers envoyés par Jean le Baptiste (Mt 11, 2-6 par.) [27]. En réponse à la question vague et ouverte « es-tu celui qui doit venir ? » (c'est-à-dire, « es-tu le protagoniste final du drame eschatologique ? »), Jésus répond de manière indirecte. Au lieu de concentrer l'attention directement sur sa propre personne en utilisant un titre, il renvoie aux miracles qu'il a accomplis et qui font écho aux prophéties de l'Ancien Testament, en particulier à celles d'Isaïe (29, 18-19 ; 35, 5-6 ; 26, 19 ; 25, 8 ; 61, 1-2 ; cf. 11, 1-9) : les aveugles voient, les boiteux marchent, les lépreux sont purifiés, les sourds entendent, les morts sont ressuscités. Puis il couronne ostensiblement toutes ces actions miraculeuses par l'acte eschatologique le plus grand de tous, prophétisé par Isaïe : « et la bonne nouvelle est annoncée aux pauvres ». Toutes ces activités font nettement la différence entre son ministère de guérison et de consolation et les ardentes menaces de jugement prononcées par le Baptiste.

Un parallèle intéressant au niveau de la pensée (et du langage, dans quelques exemples) se trouve dans un fragment de la grotte IV de Qumrān, *4Q521* [28]. Émile Puech l'a qualifié d'« apocalypse messianique », tandis que Florentino García Martínez le classe comme un texte de sagesse qui laisse voir une croyance en la résurrection (d'où la qualification de « fragment de la résurrection ») [29]. La deuxième colonne du deuxième fragment de ce texte commence par une prophétie annonçant que les cieux et la terre entendront (ou obéiront à) son messie (c'est-à-dire le messie de Dieu), le mot messie étant apparemment au singulier [30]. Afin de donner de l'espérance aux gens qui cherchent le Seigneur, le texte prophétise les actions merveilleuses que le Seigneur (c'est-à-dire Dieu) accomplira pour les membres fidèles d'Israël (les pieux, les justes et les pauvres), apparemment aux jours du messie ; Israël est également appelé « le royaume éternel ». En faisant allusion au psaume 146, 7-8 et à des passages d'Isaïe, le texte promet que le Seigneur libèrera les captifs, donnera la vue aux aveugles, redressera les courbés, guérira les blessés, fera revivre les morts, « et apportera une bonne nouvelle aux pauvres » (Is 61, 1) [31].

Les parallèles stricts entre ce texte et Mt 11, 5 par. se trouvent dans les quatre actions de salut que sont la guérison des malades, le don de la vue aux aveugles, la résurrection des morts et la proclamation de la bonne nouvelle aux pauvres [32] ; mais le contexte général des deux passages et la « sensation » qu'ils laissent au lecteur sont aussi étonnamment semblables. Ces actions de guérison et de réconfort sont l'accomplissement de la promesse prophétique, telle qu'on la trouve surtout dans le livre d'Isaïe ; elles se produisent dans le temps eschatologique et (ou) messianique. Dans chacun des textes, il y a une progression surprenante. Les différentes actions miraculeuses montent en crescendo jusqu'à l'annonce de la résurrection des morts. Cependant, même la carte de cet exploit spectaculaire de la fin des temps est « coupée » par l'atout d'une action de salut encore plus grande : la proclamation de la bonne nouvelle aux pauvres (ou aux doux).

Il y a bien sûr des différences entre les deux textes. Il est tout à fait caractéristique que l'accomplissement de la prophétie, promis pour le futur par le texte de Qumrān, est annoncé par Jésus comme déjà présent dans les miracles qu'il opère et le message qu'il proclame. Cela entraîne une autre différence. Bien que le messie soit mentionné au début du texte de Qumrān, le « Seigneur » (en hébreu, *'ădōnai*) qui réalise les actes de salut est manifestement le Seigneur Dieu et non le messie. Dans Mt 11, 2-6 par., c'est Jésus qui réalise tous les actes de salut énumérés. Cependant, il pourrait bien ne pas s'agir là d'une opposition stricte. D'un côté, le texte de Qumrān pourrait supposer que le Seigneur réalise ses actions de salut par l'intermédiaire du messie, même si cela n'est jamais dit dans le fragment qui nous est parvenu [33]. D'un autre côté, il est indubitable que Jésus comprend tout ce qu'il fait comme le vecteur de la venue de Dieu en puissance. C'est pourquoi la voix passive employée par Jésus (« les lépreux sont purifiés [...] les morts sont ressuscités ») pourrait renvoyer de lui-même à Dieu, en tant que le seul qui, en fin de compte, accomplit ces actions eschatologiques.

Il est frappant que les deux énumérations de miracles eschatologiques atteignent leur point culminant dans une référence à Is 61, 1, dans laquelle le prophète parle de sa mission de la fin des temps à l'égard d'Israël : « L'esprit du Seigneur Yahvé [est] sur moi, car Yahvé m'a donné l'onction ; il m'a envoyé porter la bonne nouvelle aux pauvres [...] » Cette référence, qui est présente au point culminant de chacune des énumérations évoque naturellement, dans les deux textes, l'image du prophète eschatologique. Le texte de Qumrān pourrait être lu comme combinant les images de messie (explicitement mentionné au début du fragment) et de prophète eschatologique (auquel pourrait faire allusion la fin du fragment, dans la mesure où la « proclamation de la bonne nouvelle aux pauvres » par le Seigneur implique vraisemblablement un porte-parole humain). John J. Collins, qui fait appel à des textes rabbiniques ultérieurs, va jusqu'à suggérer que le texte pourrait laisser entendre que Dieu veut ressusciter les morts par l'intermédiaire d'un prophète eschatologique comme Élie [34].

Cette idée du prophète eschatologique à la manière d'Élie (si elle se trouve en *4Q521*) serait en parfaite cohérence avec tout ce que nous avons vu sur l'image que le Jésus historique veut donner de lui-même. Dans le cas de Mt 11, 2-6, le contexte général du ministère du Jésus historique nous amène naturellement à lire ce texte comme se référant au prophète eschatologique qui portait le manteau d'Élie le thaumaturge. Il est vrai que le titre de messie n'est mentionné nulle part dans Mt 11, 5 par. ; mais cela ne signifie pas que le concept soit absent du texte. De fait, étant donné qu'il affirme devoir sa mission au fait que « Yahvé [lui] *a donné l'onction [māšah]* », le personnage prophétique d'Is 61, 1 peut aussi être considéré comme un personnage messianique, en un certain sens, même si ce n'est pas dans un sens royal davidique.

Au bout du compte, les parallèles sont remarquables. Puisque le texte de *4Q521* n'était peut-être pas une composition de la communauté de Qumrān elle-même, mais plutôt un document extérieur conservé dans la bibliothèque de Qumrān [35], nous pouvons risquer une autre conjecture. Il se pourrait que Jésus ait choisi de répondre à la question du Baptiste en se servant du thème de l'accomplissement des prophéties d'Isaïe sur la guérison et le réconfort, parce que, vers le tournant de notre ère, ce thème était cher à divers groupes de Juifs fervents. Cette espérance tournée vers la fin des temps pouvait même inclure la figure d'un prophète eschatologique thaumaturge (sous l'apparence d'Élie ?). À tout le moins, le texte de *4Q521* montre que la réponse donnée dans Mt 11, 5 est totalement intelligible dans la bouche de Jésus le Juif dans la Palestine du Ier siècle et qu'il n'est pas nécessaire de l'attribuer à la créativité de l'Église primitive.

2. *Attitude envers le Temple*

Au début du Ier siècle, le Temple de Jérusalem et la Loi mosaïque étaient les deux symboles religieux qui constituaient les piliers du judaïsme palestinien. Ayant une telle importance dans la vie juive, ils étaient aussi les deux grands champs de bataille pour le pouvoir et le contrôle des affaires. Prévus pour être des symboles unificateurs, ils devinrent des sources majeures de division. Peut-être plus encore que la Loi mosaïque, le Temple de Jérusalem, avec son sacerdoce au pouvoir, ses rituels liturgiques et son calendrier des fêtes, devint le point crucial de mésentente et de séparation de la communauté de Qumrān par rapport au reste du judaïsme palestinien [36]. Encore faut-il rester circonspect quand on parle de l'hostilité de la communauté de Qumrān vis-à-vis du Temple de Jérusalem qui existait à cette époque. En fin de compte, la contestation du Temple par les gens de Qumrān tenait au fait qu'ils n'en avaient pas le contrôle et ne le faisaient pas fonctionner selon leurs règles.

Le conflit à propos du Temple remonte probablement aux temps où les hasmonéens avaient pris possession de la charge de grand prêtre, au milieu du IIe siècle avant notre ère [37]. Aux yeux des gens de Qumrān, les hasmonéens, qui n'étaient pas fils de Sadoq, n'avaient pas de revendications légitimes sur la charge de grand prêtre. D'ailleurs, certains exégètes ont suggéré que le Maître de justice était un prêtre sadoqite qui pensait que c'était à lui d'être grand prêtre à la place d'un hasmonéen ou même qui avait effectivement exercé la charge de grand prêtre au cours de la période chaotique entre la mort du grand prêtre Alcime (159 avant notre ère), pendant la révolte maccabéenne, et le moment où Jonathan, le frère de Judas Maccabée, s'était arrogé la fonction de grand prêtre (vers 150 avant notre ère). Non seulement les hasmonéens étaient des grands prêtres illégitimes aux yeux de la communauté de Qumrān, mais le rituel qu'ils utilisaient était lui aussi faussé. Pire que tout, le calendrier lunaire (et en partie solaire) introduit dans le Temple au cours de la première moitié du IIe siècle avant notre ère était considéré par les gens de Qumrān comme un faux calendrier ; ces derniers tenaient à l'ancien calendrier solaire (qui gardait peut-être tout de même quelques éléments d'un calendrier lunaire). En conséquence, toutes les fêtes du Temple étaient célébrées à des dates erronées.

Toute la liturgie du Temple était donc invalide ; et seule une restauration du sacerdoce de la communauté de Qumrān, avec sa liturgie et son calendrier corrects, pouvait rectifier la situation impure dans laquelle se trouvait le Temple. Une telle restauration était avidement désirée par les gens de Qumrān. Il est possible en fait que la communauté de Qumrān ait attendu une restauration eschatologique en deux étapes. Tout d'abord, les gens de Qumrān contrôleraient un Temple monumental, dans une Jérusalem purifiée. Aussi chimérique qu'en soit la description, ce Temple était apparemment censé appartenir à la phase actuelle de l'histoire. Des exégètes en parlent parfois comme d'un Temple « utopique » ou « idéalisé ». Il serait administré par le sacerdoce légitime selon les lois et le calendrier de la communauté de Qumrān. Le *Rouleau du Temple* de Qumrān pourrait avoir eu pour fonction de fournir les directives légales qui permettraient de faire fonctionner ce Temple renouvelé [38]. Dans une étape ultérieure, lors de la nouvelle création, un Temple eschatologique serait bâti.

En tout cas, que ce soit dans son état présent, intermédiaire ou eschatologique, le Temple occupait une place centrale dans la théologie de Qumrān. Naturellement, dans la période présente impure où s'exerçait la suprématie hasmonéenne ou romaine, les gens de Qumrān évitaient le Temple profané de Jérusalem. Par son culte en présence des anges, par son étude approfondie de la Loi mosaïque et par l'observance stricte de celle-ci, la communauté de Qumrān elle-même était au service d'un Temple spirituel jusqu'à ce que le Temple de Jérusalem puisse être convenablement restauré (voir *1QS* 8, 5-15). C'était ainsi qu'ils « préparaient la voie du Seigneur dans le désert » (*1QS* 8, 13-14, qui cite Is 40, 3).

L'attitude de Jésus envers le Temple était elle aussi complexe, mais d'une manière différente. Du Jésus historique, nous n'avons pas de déclaration unifiée et détaillée concernant l'avenir du Temple, comme ce que nous trouvons dans le *Rouleau du Temple*. Pour reconstituer les idées de Jésus sur le Temple, il nous faut recoller les morceaux à partir de certaines de ses paroles et actions.

Nous avons une attestation multiple du fait que Jésus lui-même fréquentait le Temple. Les synoptiques le décrivent au Temple au cours de la seule visite à Jérusalem qu'ils mentionnent pendant son ministère public, à savoir à la fin de sa vie [39]. Par contre, l'évangile de Jean raconte cinq visites à Jérusalem réparties sur plusieurs années. Dans tous les évangiles, le fait que Jésus monte au Temple, enseigne dans le Temple et, dans les synoptiques, célèbre la Pâque avec un agneau abattu dans le Temple selon le rituel du Temple est considéré comme une chose admise et une donnée évidente, qui ne nécessite pas d'explication et n'est pas controversée. En cela, Jésus se situe aux côtés des Juifs palestiniens du « courant majoritaire » ; quelle qu'ait été leur opinion sur le grand prêtre au pouvoir, ceux-ci tenaient le Temple en vénération, comme l'unique lieu sacré choisi par Dieu pour des sacrifices licites.

Cette attitude de Jésus, qui consistait à accepter le Temple *dans l'ordre actuel des choses*, est également confirmée par différentes paroles de Jésus qui considèrent le Temple et sa liturgie comme allant de soi et obligatoires. Nous trouvons des témoignages de cette attitude dans des logia venant de chacune des sources évangéliques. (1) Jésus ordonne à ceux qu'il guérit de la lèpre de se rendre auprès du prêtre de service pour offrir, manifestement dans le Temple de Jérusalem, le sacrifice prescrit par la Loi mosaïque (Mc 1, 44 ; cf. la tradition L dans Lc 17, 14). (2) Même s'il souligne que la justice, la miséricorde et la fidélité sont des obligations plus importantes que le paiement de la dîme, Jésus affirme néanmoins l'obligation de payer la dîme au sacerdoce du Temple (une tradition Q dans Mt 23, 23 // Lc 11, 42). (3) Jésus exige qu'on se réconcilie avec son frère avant d'offrir un sacrifice sur l'autel du Temple. Mais, une fois la réconciliation effectuée, on doit revenir présenter son offrande (une tradition M dans Mt 5, 23-24). (4) Dans un logion de la tradition M, Jésus affirme le caractère sacré du Temple et de son autel, car le Temple est le lieu où Dieu habite (Mt 23, 16-21). (5) Dans une parabole de la tradition L, Jésus considère comme allant de soi que le Temple est le lieu de prière par excellence pour tous les Juifs, autant pharisiens que collecteurs de taxes (Lc 18, 9-14). (6) Que la déclaration de Jésus devant le grand prêtre Hanne, dans Jn 18, 20, vienne réellement ou non du Jésus historique, ce logion résume parfaitement l'activité de Jésus dans le Temple, telle qu'elle est présentée dans l'ensemble des quatre évangiles : « j'ai toujours enseigné en synagogue et dans le Temple. » Il est significatif que, dans ce logion, le Temple est tranquillement présenté à côté de la synagogue comme une institution essentielle de la prière et de l'enseignement juifs. D'ailleurs, même lorsqu'il déclare que ni Jérusalem, ni le mont Garizim, ni aucun lieu sacré n'a de signification déterminante à l'heure eschatologique qui est arrivée avec lui, le Jésus johannique sous-entend encore la supériorité du Temple de Jérusalem sur celui des samaritains (Jn 4, 22) : « Vous [les samaritains], vous adorez ce que vous ne connaissez pas ; nous [les Juifs], nous adorons ce que nous connaissons, car le salut vient des Juifs. »

Même si nous pensons que tous ces récits et logia ne sont pas authentiques (et les logia de Jean font particulièrement problème), il nous reste encore une large attestation multiple de sources et de formes sur le fait que, à son époque, Jésus acceptait le Temple. Cette acceptation sans faille du Temple dans chacune des sources évangéliques (Marc, Q, M, L et Jean), à la fois dans des récits et des logia, est d'autant plus impressionnante que les évangiles ne contiennent aucune tradition qui ferait le contrepoids en affirmant que Jésus a évité le Temple et refusé de prendre part à ses fêtes, au cours de son ministère public. Contrairement à la communauté de

Qumrān (et très vraisemblablement du Baptiste), le Jésus historique, selon la description probablement la plus exacte faite par les quatre évangiles, montait régulièrement au Temple, prenait part aux fêtes et se servait du Temple comme d'un auditorium solennel pour s'adresser à un grand nombre de ses compatriotes juifs. Tout simplement, d'un simple point de vue pratique, si le Jésus prédicateur, enseignant et prophète voulait s'adresser à l'ensemble d'Israël, en quel autre endroit pouvait-il espérer trouver une grande partie de cet auditoire durant les grandes fêtes ? En somme, Jésus acceptait donc manifestement le Temple de Jérusalem *comme faisant partie de l'ordre actuel des choses*.

C'est bien sûr dans cette dernière clause que se tient la difficulté. Au cours de son ministère, c'est pour Jésus une chose acquise que le Temple est le lieu approprié où les Juifs peuvent offrir des sacrifices, prier et recevoir un enseignement. Mais quand son ministère arrive à son terme, Jésus indique que cet état actuel des choses, décrété par Dieu dans la Tora, va bientôt prendre fin. La tradition marcienne (Mc 11, 15-17) et la tradition johannique (Jn 2, 13-17) *racontent* chacune une version de ce que l'on appelle la purification du Temple, qui est très vraisemblablement une action symbolique et prophétique par laquelle Jésus annonce et, d'une certaine manière, anticipe la fin imminente du Temple actuel. Pareillement, Marc, Q, L et Jean contiennent des *logia* attribués à Jésus qui prophétisent la destruction du Temple actuel (Mc 14, 58 [cf. Mc 13, 2] ; Mt 23, 37-38 // Lc 13, 34-35 ; Lc 19, 41-44 ; Jn 2, 19). Ainsi, en plus d'un argument d'attestation multiple de sources et de formes, nous avons ici un argument de cohérence : les logia sur le Temple expliquent l'action prophétique de Jésus dans le Temple ; sans cela, ce geste serait bien étrange [40].

De ce point de vue précis, l'attitude de Jésus envers le Temple a donc bien quelque chose de parallèle avec celle de la communauté de Qumrān : une distinction est faite entre l'ordre actuel des choses et les derniers jours. Mais, dans la pratique actuelle de la communauté de Qumrān, le sens de cette distinction est juste l'inverse de celui qu'elle prend pour Jésus. Pour les gens de Qumrān, on ne doit pas entrer dans le Temple actuel ou en faire usage, parce qu'il est profané ; ce n'est qu'après une purification et un renouveau à venir qu'un Temple utopique ou un Temple eschatologique sera utilisé par les gens de Qumrān pour y offrir le culte qui convient. Pour Jésus, le Temple actuel, quels que soient ses défauts, est le Temple voulu par Dieu pour les actes cultuels majeurs de tous les Juifs [41]. Néanmoins, c'est une institution qui appartient à l'âge présent et qui est condamnée à disparaître avec lui. Apparemment, l'avènement définitif du royaume de Dieu en puissance devrait abolir le Temple utilisé par Jésus et ses contemporains. On ne sait pas très bien si Jésus s'attendait à ce qu'un Temple nouveau ou meilleur soit bâti après la disparition de l'édifice actuel [42]. Des versions différentes d'un logion attesté dans Marc (Mc 14, 58) et dans Jean

(Jn 2, 19) indiquent qu'une sorte de nouveau Temple serait bâti après la destruction de l'actuel. Mais il est difficile de dire si nous devons interpréter cette prophétie symboliquement, comme visant par exemple l'Israël restauré de la fin des temps ou les disciples de Jésus, ou bien littéralement, comme visant la construction d'un Temple futur [43].

Finalement, la comparaison entre Jésus et la communauté de Qumrān met en lumière un modèle surprenant. Dans les deux cas, nous sommes en présence de préoccupations majeures du judaïsme palestinien (comme les figures messianiques et le Temple) ; ces thèmes essentiels sont interprétés dans un contexte eschatologique où une distinction est faite entre la période actuelle et un nouvel âge de salut, que Dieu fera advenir par des intermédiaires humains. Mais à l'intérieur de ce cadre eschatologique commun, il y a des différences notoires dans la manière de concevoir le scénario détaillé qui fait le lien entre ces deux périodes.

Passons maintenant du futur au présent et voyons si Jésus et la communauté de Qumrān ont des différences notoires sur un autre point, par lequel les Juifs se sentent fortement concernés, à savoir les règles qui gouvernent le comportement humain.

3. Les règles qui gouvernent le comportement

J'emploie cette catégorie assez vague de préférence à celle d'« interprétation de la Loi mosaïque » ou de « moralité », parce que nos comparaisons couvrent un large éventail de matériaux légaux, éthiques et rituels. Parfois, la question traitée renvoie à la Loi mosaïque, parfois non. Parfois la question est d'ordre éthique et parfois d'ordre rituel. Faut-il le rappeler, les belles distinctions que nous mettons entre des problèmes de loi, d'éthique et de rituel sembleraient bien étranges à des Juifs palestiniens de la période du passage à l'ère chrétienne. Sur tous les sujets traités ici les rabbis ultérieurs auraient mis l'étiquette de *hălākâ* : des règles, des décisions ou des opinions qui concernent les actions humaines individuelles, dans la mesure où ces actions sont en accord ou en désaccord avec ce que Dieu veut pour son peuple Israël [44]. Certaines des questions énumérées ci-après seront discutées plus longuement quand nous parlerons de la Loi mosaïque, dans le tome IV. C'est pourquoi ce qui est présenté ici n'est qu'un bref catalogue, dans le but de permettre une comparaison entre Jésus et la communauté de Qumrān.

On dit souvent que Jésus et la communauté de Qumrān partageaient un même radicalisme éthique, qui tenait à leurs fortes attentes echatologiques [45]. C'est vrai dans une certaine mesure ; mais ce radicalisme eschatologique peut se traduire de diverses manières et aboutir à des résultats différents. Parfois, Jésus et la communauté de Qumrān apparaissent l'un et l'autre extrêmement stricts et exigeants sur la même question, par exemple le divorce. D'autres fois, le radicalisme eschatologique conduit à des résultats opposés : par exemple, l'extrême rigueur des gens de Qumrān en matière de pureté rituelle et d'observance du sabbat est à l'évidence bien différente du relatif laxisme de Jésus sur les mêmes questions. On comprendra donc la nécessité d'énumérer brièvement quelques points particuliers de comportement.

(a) En matière *sexuelle*, la tendance de Jésus et des esséniens est la même : des normes et des interdictions strictes. (Les présentations modernes d'un Jésus « d'actualité » ignorent habituellement cette dimension de son enseignement et de sa pratique.) Jésus et les esséniens exigent une stricte modération dans les pensées et les actions qui pourraient conduire à un comportement sexuel indu. En un sens, on pourrait traiter Jésus et les esséniens d'ultraconservateurs. Jésus et au moins certains des esséniens pratiquaient le célibat, tout en affirmant que, pour la plupart des gens, le mariage monogame faisait partie de l'ordre actuel de la création. Pourtant, même si elles demeurent vraies, ces affirmations générales ont besoin d'être éclairées et nuancées.

(α) Josèphe (*Guerre des Juifs* 2.8.2 § 120) nous dit que les esséniens évitent les plaisirs (sensuels) comme un mal et considèrent le contrôle de soi et le refus de s'abandonner aux passions comme une vertu. Alors qu'ils rejettent le mariage pour eux-mêmes, ils l'acceptent pour la race humaine en général comme nécessaire à la procréation. Josèphe fonde le fait que les esséniens évitent le mariage sur l'incapacité des femmes à contrôler leurs pulsions sexuelles et donc à être fidèles à un seul homme (!). Dans ce cliché de Josèphe, nous pouvons reconnaître un mélange de l'enseignement stoïcien sur le contrôle des passions personnelles et de la misogynie traditionnelle du Proche-Orient ; mais son insistance sur la modération et la maîtrise des esséniens en matière sexuelle est confirmée par les manuscrits de la mer Morte.

Dans les textes de Qumrān, nous trouvons diverses règles qui prennent des positions franchement puritaines vis-à-vis de l'activité sexuelle. Dès le début de la *Règle de la communauté*, l'une des obligations essentielles des gens de Qumrān est exprimée ainsi : « ne plus aller [c'est-à-dire se conduire] dans l'obstination d'un cœur coupable ni avec des yeux luxurieux [littéralement, des yeux de fornication] en commettant toute sorte de mal » (*1QS* 1, 6-7). Toucher avec ses mains et dénuder ses parties génitales est strictement réglementé. Quelqu'un de Qumrān qui marche nu à la vue de l'un de ses confrères sans une raison contraignante doit être puni pendant six mois (*1QS* 7, 12) [46]. Pareillement, si quelqu'un de la communauté sort son pénis de dessous son vêtement ou a des trous dans son vêtement qui laissent voir sa nudité, il doit être puni pendant trente jours (*1QS* 7, 13) [47].

Nous n'entendons pas les mêmes réglementations détaillées dans la bouche de Jésus. En fait, les réglementations détaillées en matière légale ou morale ne jouent pas un grand rôle dans les paroles du Jésus historique. Ce qui est encore plus remarquable, c'est que, à part les deux cas spéciaux du divorce et du célibat (voir plus loin), il n'y a que très peu de matériaux évangéliques pouvant prétendre venir du Jésus historique à traiter de questions sexuelles [48]. Le passage de Mc 9, 42-47 contient des mises en garde générales concernant des actions qui « scandalisent », c'est-à-dire des actions qui peuvent amener la personne elle-même ou d'autres à pécher. Même si ces avertissements doivent sans doute inclure des péchés d'ordre sexuel, ceux-ci ne font pas l'objet d'un traitement particulier. Pour cela, il faut aller dans la tradition M de Matthieu (Mt 5, 27-28), où le fait de regarder une femme avec convoitise est qualifié d'adultère au niveau de l'esprit et de la volonté (le « cœur ») [49]. Les déclarations supplémentaires de Mt 5, 29-30 sur le scandale provoqué par l'œil ou par la main pourraient être la manière dont Matthieu applique au domaine de la sexualité l'exhortation générale de Mc 9, 43-47 contre le scandale par la main, le pied ou l'œil.

L'une des raisons pour lesquelles nous avons si peu de choses du Jésus historique sur des sujets sexuels est peut-être que, à part les deux cas spéciaux du divorce et du célibat, pour lesquels il s'écartait du courant principal du judaïsme, ses opinions *étaient* celles du judaïsme majoritaire. Aussi n'y avait-il pas pour lui de nécessité pressante à prononcer des directives morales concernant des sujets sur lesquels tous les Juifs soumis à la Loi étaient d'accord, pas plus qu'il n'était nécessaire pour les premiers Juifs chrétiens de mettre ces règles particulièrement en valeur. Si presque tous les Juifs étaient d'accord pour reconnaître que la fornication et l'adultère étaient mauvais, il n'y avait pas de raison pour que Jésus, qui partageait cette opinion (voir, par exemple, Mc 7, 21-22 ; Lc 16, 18), se mette à développer ce qui allait de soi. Au-delà de ces restrictions morales fondamentales, Jésus ne s'intéressait apparemment pas aux détails du comportement sexuel, qui jouent notamment un grand rôle dans la Mishna (par exemple, les divers problèmes liés à la menstruation de la femme, au type de femme qu'un prêtre pouvait épouser, à l'impureté résultant d'un épanchement sexuel). Ce n'étaient pas là les domaines dans lesquels se manifestait l'intransigeance de Jésus en matière sexuelle. Par contre, pour avoir des exemples clairs qui manifestent sa rigueur dans des problèmes d'ordre sexuel et qui s'inscrivent en parallèle avec les opinions de la communauté de Qumrān, nous devons nous concentrer sur les deux questions du divorce et du célibat.

(β) Le Jésus historique soutenait que le mariage devait être monogame et indissoluble et que tout divorce (avec sa conséquence naturelle qu'est le remariage) équivalait à l'adultère (Mc 10, 2-12 ; Mt 5, 32 // Lc 16, 18 ; cf. 1 Co 7, 10-11). Tel qu'il est conservé dans Lc, le logion Q, avec sa perspective androcentrique marquée, pourrait représenter la plus ancienne forme accessible de l'enseignement de Jésus sur la question : « Tout homme qui divorce de sa femme pour en épouser une autre commet l'adultère ; et tout homme qui épouse une femme divorcée de son mari commet l'adultère. »

L'enseignement de la communauté de Qumrān n'est pas très facile à résumer, étant donné qu'il se trouve sous diverses formes dans différents documents (*11QTemple* 57, 17-19 ; CD 4, 20 – 5, 2) et qu'il est ouvert à des interprétations variées [50]. L'interdiction présente dans les documents vise-t-elle la polygamie, le divorce ou le remariage après la mort d'un conjoint ? Concerne-t-elle le temps présent ou seulement le futur eschatologique ? Est-elle valable pour tous les Israélites ou seulement pour des personnes spécifiques, en particulier pour le roi ? Nous parlerons de ces problèmes dans le tome IV. Qu'il suffise pour l'instant de dire que la communauté de Qumrān avait une attitude très négative vis-à-vis du divorce. En fait, de nombreux exégètes pensent que les gens de Qumrān, comme Jésus, interdisaient totalement le divorce. Néanmoins, mon opinion personnelle est que, même rigoureuse, l'interdiction du divorce dans la communauté de Qumrān n'était pas totale. D'ailleurs, certaines assertions du *Document de Damas* ou du *Rouleau du Temple* pourraient indiquer que les gens de Qumrān (ou les esséniens) autorisaient le divorce au moins dans certaines circonstances [51].

(γ) Le célibat religieux est un problème complexe, aussi bien dans le cas de Jésus que dans celui de la communauté de Qumrān (et des esséniens en général). Comme nous l'avons vu dans le tome Ier, le Nouveau Testament ne dit rien directement sur la situation de famille de Jésus [52]. Pour certains exégètes, ce silence signifie que Jésus, comme pratiquement tous les autres Juifs de son temps, a dû être marié. Son mariage allait tellement de soi qu'aucun de ses contemporains et aucun livre du Nouveau Testament n'a fait de commentaires à ce sujet. Même s'il est très ambigu, ce silence est plus vraisemblablement à interpréter d'une autre manière. Le Nouveau Testament nous parle bien de la mère de Jésus, Marie, de son père putatif, Joseph, de ses quatre frères Jacques (= Jacob), Joset (= Joseph), Simon (= Siméon) et Jude (= Juda), de ses sœurs, dont nous ne connaissons ni les noms ni le nombre, et il nomme diverses femmes qui le suivaient et le servaient (notamment Marie Madeleine). D'autres femmes qui ne le suivaient pas au sens littéral du terme dans ses tournées en Galilée (par exemple, Marthe et Marie) sont également nommées. Les évangiles nous parlent même avec franchise de tensions déplacées entre Jésus d'une part et sa mère et ses frères d'autre part. Étant donné cette surprenante quantité d'informations, un silence total sur l'épouse et les enfants de Jésus et sur ses relations avec eux serait extrêmement étrange.

Par conséquent, le silence indique plus vraisemblablement la direction opposée : comme le prophète Jérémie avant lui, comme des ascètes du désert tels que le Baptiste ou Bannus à son époque et comme quelques personnages de la littérature rabbinique après lui, Jésus a mené une vie de célibat. Nous avons vu l'influence profonde et durable du Baptiste sur Jésus [53] ; cela nous permet de conjecturer que l'influence du Baptiste sur Jésus s'est également exercée dans ce domaine. Le célibat de Jésus et les quolibets que cela aurait pu attirer de la part de ses adversaires pourraient constituer le contexte de sa déclaration choquante dans laquelle il dit que certains hommes se font eunuques en vue du royaume des cieux (Mt 19, 12) [54]. Cependant, contrairement au portrait que nous traçons des esséniens, il n'est pas indiqué que Jésus ait jamais fait du célibat une exigence pour les personnes qui voulaient se joindre à son mouvement.

Revenons aux esséniens et à la communauté de Qumrān. Il y a là aussi des problèmes concernant la pratique du célibat ; cependant, ces problèmes ne viennent pas d'un silence total des sources, mais plutôt d'une certaine confusion dans les renseignements disponibles. Philon, Pline l'Ancien et Josèphe témoignent tous les trois du célibat des esséniens. En outre, Pline situe la communauté essénienne célibataire dans la région proche de la rive ouest de la mer Morte, ce qui correspond à l'endroit où les ruines de Qumrān ont été découvertes. Les sources latines et grecques du Ier siècle de notre ère s'accordent donc pour dire que les esséniens pratiquaient le célibat.

Mais un sérieux problème se pose, lorsque l'on compare ces sources avec les manuscrits de la mer Morte qui reflètent très vraisemblablement la vie et les croyances des esséniens en général ou de la communauté de Qumrān en particulier. Dans les manuscrits de la mer Morte, on ne trouve aucune affirmation explicite du célibat des gens de Qumrān. D'ailleurs, le *Document de Damas* suppose l'existence d'épouses et d'enfants (*CD* 7, 6-9 ; 19, 2-5) et interdit la polygamie (4, 20 – 5, 2). La *Règle de la congrégation (1QSa)* inclut spécifiquement « des enfants avec des femmes » dans « le rassemblement d'Israël aux derniers jours » (*1QSa* 1, 1.4). En fait, *1QSa* 1, 9-10 demande qu'un jeune homme appartenant à la communauté ne soit pas autorisé à avoir des relations sexuelles avec une femme avant d'avoir vingt ans accomplis.

Mais en même temps, la *Règle de la communauté (1QS)*, qui est peut-être le document fondamental et normatif pour la vie dans la communauté de Qumrān elle-même, ne contient pas de tels passages. On n'y trouve pas de dispositions spécifiques de la communauté en faveur des épouses et des enfants et, par le fait même, on n'y trouve pas d'interdiction de la polygamie ou du divorce. Cette règle semble envisager une communauté faite uniquement de membres masculins. Comment faire le tri dans tout cela ? C'est l'objet de vifs débats entre exégètes. Une solution vraisemblable consiste à distinguer divers groupes parmi les esséniens et peut-être même dans la communauté de Qumrān et aussi à tenir compte de possibles variations dans la pratique concrète, à différentes étapes de l'histoire du mouvement, qui couvre en gros deux cents ans [55].

Une distinction de ce type n'est pas une invention moderne concoctée pour sauver les exégètes d'un embarrassant dilemme d'intellectuels ; elle trouve un appui dans la *Guerre des Juifs* de Josèphe. Juste au début de sa présentation la plus développée (et la plus louangeuse) des esséniens, Josèphe met en lumière et explique leur pratique du célibat (*Guerre des Juifs* 2.8.2 § 120-121). Ainsi, le lecteur avance dans la suite du récit de Josèphe avec l'impression qu'ils étaient tous célibataires. Puis soudain, à la fin de sa présentation, presque comme dans une réflexion après coup, Josèphe fait remarquer qu'il existe un autre type ou une autre catégorie *(tagma)* d'esséniens qui se marient (*Guerre des Juifs* 2.8.13 § 161-162). Pour les gens de cette autre catégorie, la continuité de la procréation de la race humaine est si importante qu'ils se sentent obligés de faire leur devoir à cet égard. Comme pour compenser cette concession faite aux esséniens mariés, Josèphe s'empresse d'ajouter une information sur la rigueur avec laquelle ils choisissent leur future épouse et sur la restriction importante qu'ils s'imposent de ne pas avoir de rapports avec leur épouse pendant sa grossesse. Ce groupe de gens mariés était sans doute l'exception plutôt que la règle ; cela paraît vraisemblable non seulement par le fait que Josèphe en parle dans une sorte d'appendice à son exposé sur les esséniens dans la *Guerre des Juifs*, mais aussi en raison de ce qu'il en dit dans son récit plus court sur les esséniens dans *Ant.* 18.1.5 § 18-22, où il parle seulement d'esséniens célibataires (§ 21).

Cette distinction attestée par Josèphe pourrait expliquer les témoignages apparemment contradictoires. Il est probable que Philon et Pline connaissaient davantage les esséniens de réputation que par contact direct. De plus, ils ont pu utiliser des rapports qui soulignaient les aspects les plus inhabituels de la vie essénienne, comme le célibat. En fait, surtout en ce qui concerne Philon, les objectifs philosophiques et rhétoriques ont pu favoriser la mention des esséniens célibataires à cause de leur caractère exotique et le silence sur les esséniens mariés, plus prosaïques. Sur ces sujets, on peut à bon droit supposer que Josèphe était mieux informé, puisqu'il avait passé le début de sa vie en Palestine et qu'il était en outre de lignée sacerdotale. Même si nous émettons des doutes sur le récit enjolivé qu'il fait de l'odyssée spirituelle de ses années de jeunesse (*Autobiographie* 2 § 7-12), Josèphe a très bien pu avoir des contacts personnels avec des esséniens avant le désastre de 70 de notre ère. Son meilleur niveau de connaissance peut se reconnaître dans le fait qu'il sait faire la distinction entre esséniens mariés et esséniens célibataires.

La diversité d'observances parmi les esséniens pourrait expliquer les différentes présentations fournies par les matériaux de Qumrān. Il est possible que le *Document de Damas*, au moins en certaines de ses ordonnances, ait été adressé à la communauté plus large des esséniens qui vivaient à travers la Palestine et dont certains étaient mariés. On est porté à le penser par la façon curieuse dont est introduit le thème des épouses et des enfants en 7, 6-7 du manuscrit A (et pareillement en 19, 2-3 du manuscrit B) : « Et [ou : mais] s'ils habitent dans des campements selon la règle du pays et s'ils prennent des épouses et engendrent des enfants [...] » Le « et si » du début implique peut-être qu'on est en train de faire une exception à la situation habituelle, ce qui pourrait alors expliquer l'expression « selon la règle du pays » : si, en effet, ces membres vivent dans des communautés dispersées dans le pays d'Israël, ils peuvent avoir une vie de famille comme les Juifs ordinaires qui vivent autour d'eux.

Cela permettrait aussi de comprendre pourquoi l'auteur ressent le besoin d'appuyer ce qu'il dit sur un texte de la Tora (Nb 30, 17), dont le but est apparemment de démontrer que le mariage et l'éducation des enfants sont conformes à la Loi. De la sorte, le *Document de Damas*, précisément dans sa manière d'aborder la question des esséniens mariés, peut laisser entendre que la condition régulière, normative ou idéale des esséniens est le célibat ; c'est une condition qui est considérée comme admise et qui par conséquent n'est pas expliquée. À mon avis, le célibat peut également être considéré comme admis dans la *Règle de la communauté*. C'est la raison pour laquelle la *Règle de la communauté*, spécifiquement écrite pour la vie à Qumrān, ne fait pas d'exceptions concernant des esséniens mariés. Je crois donc vraisemblable que les gens de Qumrān, au moins pendant une partie de leur histoire, ont pratiqué le célibat, qui était l'idéal essénien, même si le mariage était autorisé pour certains groupes vivant en dehors de Qumrān. On pourrait également conjecturer qu'un groupe à l'intérieur de la communauté de Qumrān (peut-être les chefs sacerdotaux ?) observait le célibat, tandis que d'autres ne le pratiquaient pas ; mais je trouve cette solution moins vraisemblable [56].

En tout cas, les raisons en faveur du célibat étaient probablement très différentes pour Jésus et pour les gens de Qumrān. La déclaration choquante de Jésus sur ceux qui se font eunuques *en vue du royaume des cieux* donne à penser que, d'une certaine manière, il voyait son célibat comme une part de sa consécration totale, radicale, à la proclamation de l'événement du royaume et à la tâche de rassemblement de l'ensemble d'Israël, au moment où l'âge présent touchait à sa fin. De même que Jérémie, le prophète à la vie tragique, s'était vu appelé au célibat pour être, dans sa personne même, un signe « incarnant » la crise et le jugement qui planaient au-dessus d'Israël (Jr 16, 1-4), Jésus lui aussi, le prophète eschatologique, a peut-être vu son célibat comme un signe de la fin prochaine de l'ordre présent des choses. Pour ceux qui se consacraient totalement aux tâches du royaume, les affaires ne pouvaient pas continuer comme à l'habitude. La proclamation du royaume et l'appel d'Israël au repentir et au renouveau devait être pour Jésus une mission qui consumait tout le reste. Il n'y avait pas de temps pour une vie ordinaire, pas d'espace pour une existence privée.

On pourrait se hasarder à faire une autre conjecture. La controverse avec les sadducéens sur la résurrection (Mc 12, 18-27) nous a montré que Jésus avait une vision très particulière de la vie nouvelle et originale des personnes ressuscitées des morts au dernier jour. Les ressuscités pour la vie éternelle seraient « comme les anges ». Autrement dit, ils auraient bien des corps humains ; mais ces corps seraient dotés d'un type d'existence nouveau et différent. Comme il n'y aurait plus de risque de mort, il ne serait plus nécessaire d'engendrer une progéniture. Aussi n'y aurait-il ni mariage ni activité sexuelle. De ce point de vue, les corps des ressuscités seraient comme les corps subtils des anges, sexués mais célibataires. Il est donc possible que le prophète eschatologique, qui proclamait l'avènement du royaume et le réalisait déjà en partie dans sa propre vie, ait assumé l'état célibataire comme un signe prophétique ; il pensait en effet que les membres ressuscités d'Israël partageraient ce statut au dernier jour. C'est là pure conjecture, j'en conviens. Il est plus raisonnable de supposer que Jésus, à la manière de Jérémie, voyait le célibat comme faisant partie d'un ministère qui prenait toute sa vie et par lequel il était au service d'un Dieu qui venait au-devant d'Israël pour le jugement et la miséricorde.

Même s'il est possible que les gens de Qumrān ou les esséniens en général aient vu eux aussi le célibat dans une perspective eschatologique, leurs motivations précises en faveur du célibat étaient probablement différentes de celles de Jésus [57]. Étant donné la grande attention que la communauté de Qumrān portait aux règles de pureté en général et à l'activité sexuelle en particulier, le célibat a pu être simplement le prolongement, extrême mais logique, de cette importance donnée à la pureté du corps. Cela devient encore plus vraisemblable quand on sait à quelles règles de pureté étaient soumis les prêtres, pour prendre part à la liturgie du Temple de Jérusalem. Pendant tout le temps où ils étaient de service à l'autel du Temple, les prêtres étaient dans l'obligation de s'abstenir de rapports sexuels. Cette abstinence était, bien sûr, temporaire.

Or, par l'étude quotidienne de la Loi, par l'observance stricte de celle-ci et par l'adoration régulière en compagnie des anges, la communauté de Qumrān se voyait elle-même comme le substitut actuel du Temple profané de Jérusalem. Si donc les gens de Qumrān étaient perpétuellement engagés dans le service du Temple, on voit aisément comment aurait pu naître l'idée d'un célibat perpétuel, surtout du fait que la communauté était dirigée et façonnée spirituellement par des membres du sacerdoce. L'idée devait être d'autant plus forte que les anges perpétuellement célibataires étaient perçus comme présents aux liturgies de la communauté. Ainsi, une attention minutieuse accordée à la pureté rituelle du Temple aurait pu conduire la communauté à partager le célibat des anges de la même manière qu'elle partageait leur culte céleste [58].

Une autre version de cette idée de pureté est ancrée dans ce que les exégètes appellent la théologie vétérotestamentaire de la guerre sainte [59]. Lorsqu'Israël était engagé dans les « combats du Seigneur » et guerroyait contre les ennemis non juifs de Dieu et de son peuple, les soldats au combat étaient tenus de s'abstenir de rapports sexuels. Dieu et (ou) ses anges étaient censés être présents dans leur camp [60]. Leur guerre n'était après tout qu'un simple prolongement de leur service de Dieu et du culte qu'ils lui rendaient. Comme nous le montre le *Rouleau de la guerre*, les gens de Qumrān attendaient avec impatience une bataille eschatologique, dans laquelle ils affronteraient tous les ennemis de Dieu et les battraient définitivement ; aussi ont-ils pu se considérer dans le présent comme l'armée qui se préparait spirituellement pour ce combat. Étant en constante préparation pour la guerre sainte, ils ont pu observer la pureté rituelle exigée des guerriers engagés dans cette bataille.

En résumé, le célibat de Jésus et celui des gens de Qumrān ont bien pu avoir en commun un fondement eschatologique. Mais au-delà de cette base commune, la nature précise de la pensée eschatologique qui favorisait le célibat était probablement profondément différente. Pour Jésus, le célibat était un signe prophétique du royaume de Dieu à venir et pourtant déjà présent. Pour la communauté de Qumrān, c'était une expression sacerdotale de la pureté rituelle stricte, exigée de ceux qui étaient le Temple vivant de Dieu et qui, de ce fait, bénéficiaient de la compagnie des anges, en rendant leur culte à Dieu et en se préparant pour la guerre sainte finale.

(b) Pour ce qui est des *serments*, Jésus et les esséniens en désapprouvent la multiplication et l'usage futile [61]. Pour lui comme pour eux, cette attitude de refus trouve ses principales raisons dans l'obligation constante de dire la vérité et dans le devoir impérieux de ne pas manquer de révérence envers Dieu et envers son nom. Dans la *Guerre des Juifs* 2.8.6 § 135, Josèphe affirme que tout ce que disent les esséniens a davantage de poids qu'un serment, tant est grande leur réputation de véracité. Ils évitent en effet de faire un serment, car ils y voient quelque chose de pire qu'un parjure. Pour eux, si une personne ne peut pas être crue sans en appeler à Dieu, elle est déjà estampillée de menteuse. Le rejet formel des serments par les esséniens peut expliquer en partie pourquoi Hérode le Grand les dispensa du serment de loyauté envers lui (*Ant.* 15.10.4 § 371) [62].

Mais Josèphe atténue le caractère absolu de ces affirmations en notant que les candidats à l'adhésion à la communauté essénienne devaient faire des serments redoutables avant d'être reconnus comme membres à part entière (*Guerre des Juifs* 2.8.7 § 139). Cette prestation de serment est confirmée par *1QS* 5, 8, où le novice qui entre dans la communauté de Qumrān s'engage par serment « à revenir à la Loi de Moïse ». Le rite d'entrée dans la communauté avait probablement lieu lors de la fête communautaire annuelle du renouvellement de l'Alliance, au cours de laquelle étaient récitées les bénédictions et les malédictions de l'Alliance, suivies de la réponse de tous les membres : « Amen, Amen ». Ce faisant, ils renouvelaient effectivement le serment qu'ils avaient tous fait lors de leur entrée (*1QS* 1, 18 – 2, 19).

Pareillement, le *Document de Damas*, qui s'adresse à la communauté plus large des esséniens dispersés à travers la Palestine, parle du « serment de l'Alliance » prononcé par les enfants de membres déjà engagés dans la communauté, lorsqu'ils parviennent à l'âge de leur propre engagement (*CD* 15, 5-13). Le *Document de Damas* nous fournit également une possible explication des divergences déjà mentionnées qui existent entre les différentes déclarations de Josèphe au sujet des serments esséniens. Bien que le texte de *CD* 15, 1-4 ne soit pas parfaitement conservé, il semble interdire tous les serments qui utilisent les noms divins comme « Dieu » et « Seigneur », ainsi que tous les serments qui en appellent à la Tora mosaïque. De façon significative, une exception est faite pour les serments prêtés par ceux qui entrent dans la communauté « avec les malédictions de l'Alliance » (15, 1-2) [63]. Apparemment, ces malédictions de l'Alliance pouvaient être utilisées comme un moyen de jurer quand on était soumis à un examen judiciaire (15, 3). Cette interprétation est cohérente avec la section du *Document de Damas* explicitement intitulée dans le texte « au sujet du serment » (*CD* 9, 8-12). Un membre de la communauté ne doit pas faire de serment à un autre en privé. On ne peut le faire que devant des juges et à leur demande. En outre, quand quelque chose est volé et que le voleur ne peut être identifié, le propriétaire peut prononcer « le serment de la malédiction » contre le voleur qui n'a pas avoué [64].

On peut également trouver dans le Nouveau Testament certaines divergences dans la façon de parler des serments. Dans le discours sur la montagne, Jésus interdit tous les serments (Mt 5, 33-37 ; cf. Jc 5, 12). Mais cette tradition M isolée doit être contrebalancée par une autre tradition M, la polémique de Jésus contre l'enseignement (supposé) des pharisiens sur les serments par lesquels on est tenu et ceux par lesquels on ne l'est pas (Mt 23, 16-22). Cependant, au niveau de l'évangile de Matthieu, il pourrait bien ne pas y avoir de contradiction à strictement parler, dans la mesure où la polémique mordante de Matthieu 23 dit cela sur un ton railleur, *ad hominem*. L'objectif du passage est de critiquer et de rejeter un enseignement casuistique sur les serments et non de proposer un enseignement alternatif sur le sujet [65]. Pour Matthieu, le côté horrible du reniement de Jésus par Pierre pourrait venir en partie du fait que Pierre scelle son reniement par un serment (Mt 26, 72.74).

Curieusement, à part la variante de Mt 5, 33-37 qui se trouve en Jc 5, 12, le reste du Nouveau Testament semble ignorer une interdiction totale des serments. À un moment ou l'autre, Paul utilise des serments dans ses épîtres (1 Th 2, 5 ; 2 Co 1, 23 ; Ga 1, 20 ; Ph 1, 8 ; Rm 1, 9). Jean, le prophète du livre de l'Apocalypse, ne voit rien de mal à ce qu'un ange prononce un serment au nom de « celui qui vit dans les siècles des siècles » (Ap 10, 5, qui cite Dn 12, 7). D'une certaine manière, même Marc fait prononcer à Jésus une sorte de serment quand les pharisiens lui demandent un signe venant du ciel (Mc 8, 11-13). La brève réponse de Jésus au verset 12, habituellement traduite « il ne sera pas donné de signe à cette génération », est en réalité la forme abrégée d'une formule de serment de l'Ancien Testament, qui contient une malédiction conditionnelle : « *Si* un signe est donné à cette génération [par moi, que Dieu me fasse telle ou telle chose en guise de châtiment] [66]. » Mais si, comme c'est habituellement le cas, on conçoit un serment comme l'invocation de Dieu (soit en le nommant soit en utilisant un nom de substitution comme « cieux ») en vue de témoigner de la vérité de ce que dit ensuite la personne qui prononce le serment, le verset de Mc 8, 13, tel qu'il est, pourra difficilement être qualifié de serment.

En tout cas, l'interdiction totale de serments dans Mt 5, 34 peut tout à fait venir du Jésus historique. Elle est en discontinuité avec la pratique du judaïsme avant lui et avec la plus grande partie du christianisme après lui (notamment Paul), à la seule exception de Jc 5, 12 [67]. Ainsi, par comparaison avec la discipline essénienne, l'interdiction *totale* des serments par Jésus est parallèle à son interdiction *totale* du divorce. Alors que, sur ces deux questions, la pratique essénienne stricte avait tendance à aller dans le même sens de l'interdiction, les esséniens n'adoptaient pas une proscription totale des serments ou (peut-être) du divorce.

(c) Si nous passons des serments en général à un type particulier de serment ou de vœu, nous pouvons trouver un certain parallèle entre l'opposition de Jésus à l'emploi indu d'un vœu et une interdiction semblable dans le *Document de Damas*.

Dans Mc 7, 1-23, nous avons un long passage composite qui part en guerre contre la manière dont les pharisiens utilisent la « tradition des anciens » [68]. Jésus affirme que, parfois, l'observance de cette tradition annule de fait les commandements fondamentaux de Dieu dans l'Écriture (v. 7-8). Dans une sous-section, 7, 9-13, Jésus met en opposition le commandement de Dieu dans le Décalogue qui demande d'honorer (et donc de soutenir économiquement) son père et sa mère et le pieux subterfuge qui consiste à dédier une partie de ses biens à Dieu, en les soustrayant ainsi au fonds de soutien sur lequel les parents pourraient compter. Au verset 11, Jésus fait référence à cette sorte de vœu ou de serment, par lequel une possession ou une propriété est dédiée à un objectif sacré, en utilisant le mot araméen (et hébreu) *qorbān* (que Marc traduit avec justesse par *dōron*, « don ») [69]. Jésus n'est pas contre les dons faits par serment en tant que tels, mais bien contre l'usage détourné qui en est fait pour éviter une obligation première et capitale envers ses propres parents.

Il est difficile de savoir si la substance (pas la formulation exacte) de Mc 7, 9-13 remonte au Jésus historique, étant donné que l'unité n'a pas de parallèle ailleurs dans les évangiles. On n'a donc pas d'attestation multiple. Tout au plus peut-on attribuer cette unité à la Palestine d'avant 70, puisque l'évangile de Marc a été écrit aux environs de 70 de notre ère. Le mot araméen *qorbān*, qui a été traduit plus tard par « don » au moment où la tradition prémarcienne a été mise en grec, dénote suffisamment une provenance palestinienne.

Théoriquement, la tradition pourrait avoir été inventée par des Juifs chrétiens de première génération en Palestine. Cependant, nous n'avons aucun témoignage d'une source quelconque pour nous assurer que cette question abstruse sur le *qorbān* préoccupait les Juifs chrétiens de Palestine dans les décennies qui ont suivi la mort de Jésus et qu'elle constituait une ligne de partage entre eux et d'autres groupes juifs. Comme l'indiquent les lettres de Paul et les Actes des Apôtres, ce qui constituait l'ordre du jour des Juifs chrétiens de plus en plus assaillis de toutes parts dans la Palestine entre 40 et 66 de notre ère, c'étaient plutôt des questions importantes comme la circoncision, les lois alimentaires, les luttes de pouvoir à l'intérieur de l'Église et les relations avec les chrétiens d'origine non juive.

Par défaut, je crois donc plus vraisemblable de voir l'origine de la discussion sur le *qorbān* dans un débat entre Jésus et certains autres Juifs palestiniens (peut-être de sensibilité pharisienne) qui n'étaient pas d'accord avec lui sur la validité ou la révocabilité d'un serment qui privait de soutien les parents de quelqu'un [70]. Des exégètes de la première époque de la critique des formes tels que Bultmann ont objecté que, dans cette péricope, Jésus cite l'Écriture et débat sur une question particulière de *hălākâ* ; mais cette objection n'a de poids que pour ceux qui fixent Jésus dans l'image étrange d'un Juif qui aurait enseigné dans la Palestine du Ier siècle sans jamais citer les Écritures juives dans les débats et sans jamais discuter de comportement moral et rituel concret avec ses compatriotes juifs [71]. Les opinions variées et parfois conflictuelles sur les serments et les vœux que nous trouvons dans le *Document de Damas*, dans Philon, dans Josèphe et dans la littérature rabbinique laissent entendre que le sujet donnait matière à discussion dans le judaïsme, à l'époque du tournant de l'ère chrétienne [72]. Qu'un maître populaire comme Jésus ait exprimé son opinion sur la question, surtout si cela lui permettait de marquer des points contre un adversaire, est en parfaite cohérence avec ce que nous savons de Jésus et du judaïsme palestinien de l'époque.

En fait, le problème de l'annulation d'un serment ou d'un vœu se présente également dans le *Document de Damas*. Il est vrai que le mot *qorbān* n'apparaît pas comme tel dans *CD* 16, 1-20, un texte fragmentaire qui poursuit la question des serments et vœux entamée dans la colonne 15. Pourtant, dans le contexte plus large de diverses questions sur le moment où l'on doit annuler un serment ou un vœu, on trouve un cas similaire à la déclaration de Jésus sur le *qorbān* [73]. Deux lignes fragmentaires disent ceci : « [Ne laisse] personne sanctifier la nourriture [c'est-à-dire la consacrer à Dieu et ainsi en interdire un autre usage] de [sa bouche], car c'est ce qu'il dit [c'est-à-dire ce que Dieu dit à travers le prophète Michée, en Mi 7, 2] : “chacun piège son compagnon avec une proscription [*ḥērem*, la consécration de quelque chose à l'usage exclusif de Dieu] [74]”. »

Bien que la situation ne soit pas la même que celle dénoncée par Jésus dans Marc 7, il y a une similarité sous-jacente. Dans chacun des cas, un Israélite qui a une obligation fondamentale envers ses compagnons israélites (le soutien aux parents ou le partage de la nourriture avec un voisin dans le besoin) subvertit une partie de ses biens (argent ou nourriture) en les consacrant à Dieu. Dans chacun des cas, il y a rejet de cet usage détourné d'une pratique pieuse, qui permet d'éviter un devoir essentiel. Plutôt qu'une dépendance mutuelle, cette position commune à Jésus et aux esséniens montre qu'ils se situent ensemble dans l'antique tradition prophétique d'Israël ; celle-ci, en effet, blâmait régulièrement les manifestations extérieures de piété qui subvertissaient les intentions religieuses plus profondes de la Tora.

En résumé, à la fois les esséniens et Jésus ont exprimé du dédain pour les serments, surtout quand ceux-ci se multipliaient sans nécessité ou étaient prononcés pour des raisons futiles. Mais, semble-t-il, quand il s'adressait aux personnes qui le suivaient, Jésus interdisait totalement toutes sortes de vœux. Quand il s'adressait à ses adversaires dans un débat, probablement les pharisiens, Jésus mettait en lumière les incohérences ou les difficultés entraînées par leur acceptation partielle des serments. Par contre, même s'ils étaient en principe opposés aux serments, les esséniens en général et les gens de Qumrān en particulier faisaient usage de serments solennels pour célébrer et renouveler l'engagement des membres dans leur communauté. Il est possible que certains groupes stricts comme la communauté de Qumrān soient allés plus loin en interdisant tout type de serment. Pourtant, comme l'indique le *Document de Damas*, certains esséniens au moins autorisaient un usage restreint des serments et vœux.

(d) Pour ce qui est de leurs idées sur *les biens et la richesse*, Jésus et les esséniens ont des positions qui alignent encore une fois des ressemblances et des différences [75]. Voici ce que prescrit la *Règle de la communauté* pour les gens de Qumrān.

Après une période indéterminée d'instruction et d'observation initiale (*1QS* 6, 15-16), le candidat à l'entrée dans la communauté est soumis à une première année de formation (6, 16-17). S'il passe avec succès l'examen à la fin de cette année, il est autorisé à recevoir « la pureté » (peut-être de la nourriture solide rituellement pure et le récipient qui la contient). Ce qui lui appartient est remis à la garde du « surveillant » ou « inspecteur » *(hammĕbaqqēr)* des biens de la communauté, mais sans être encore intégré aux possessions de la communauté (6, 18-21).

Après une seconde année et un autre examen, le candidat devient membre à part entière de la communauté. Il est autorisé à partager la boisson rituellement pure de la communauté ; autrement dit, il peut maintenant participer pleinement aux repas communautaires. De plus, ses biens sont complètement intégrés à ceux de la communauté (6, 21-22). Il semble donc que les membres à part entière de la communauté de Qumrān pratiquaient une totale communauté de biens ou, quant à la disposition de biens personnels, une totale pauvreté [76]. Cette ligne de démarcation entre les gens de Qumrān et ceux de l'extérieur était donc prise très au sérieux. Si on découvrait qu'un membre avait menti sur ses biens ou son argent, il devait être puni en étant exclu du partage de la nourriture pure de la communauté pendant un an et être frappé d'une amende du quart de la nourriture qui lui revenait (6, 24-25). Partager tous les biens avec d'autres membres sans demander de créance constituait un signe distinctif d'appartenance à la communauté. Aussi aucun des membres de la communauté de Qumrān ne devait-il accepter nourriture, boisson ou biens de gens de l'extérieur sans les payer, ce qu'ils faisaient sans doute sur la caisse commune (5, 16-17).

Cette vie de partage des biens et de pauvreté individuelle dans la communauté de Qumrān correspond largement à la représentation composite de la vie essénienne qui résulte du regroupement des diverses affirmations de Philon et de Josèphe [77], même si, parfois, leurs descriptions laissent apparaître des traits spécifiques des communautés esséniennes dispersées en Palestine. Selon Philon et Josèphe, des groupes d'esséniens vivaient ensemble et partageaient des repas communs présidés par leurs chefs (*Apol.* 11.5 ; *Prob.* 12 § 85-86 ; *Guerre des Juifs* 2 § 129-133). N'ayant que mépris pour la richesse, les esséniens pratiquaient une entière communauté de biens. Aussi tous les membres devaient-ils remettre leurs possessions au groupe, ce qui effaçait les différences économiques à l'intérieur de la fraternité (*Guerre des Juifs* 2.8.3 § 122-123).

En échange de la remise de tous leurs biens, les nouveaux membres recevaient une petite pioche, un tissu servant de pagne pour les reins et une tunique blanche (§ 137) [78]. Un responsable de la communauté avait la charge de veiller aux besoins des membres : nourriture, vêtements et soins aux personnes malades et âgées (*Apol.* 11.13 ; *Prob.* 12 § 87). Les membres individuels étaient autorisés, sans permission spéciale de leurs chefs *(epimelētai)*, à en aider d'autres dans le besoin ; mais toute assistance apportée aux parents des membres nécessitait l'autorisation de l'administrateur financier *(epitropos)* (*Guerre des Juifs* 2.8.6 § 134). Les membres gagnaient leur vie principalement, mais pas entièrement, grâce l'agriculture, à l'élevage de bétail et à divers travaux. L'argent gagné dans ces activités était donné à celui qui avait la charge de trésorier. Le commerce et la fabrication d'armes étaient absolument interdits (*Apol.* 11.8-10 ; *Prob.* 12 § 78). Bref, même s'il y a quelques différences, les descriptions de Philon et de Josèphe rejoignent, dans l'ensemble, la vie de la communauté de Qumrān décrite dans la *Règle de la communauté*.

Bien qu'il ne soit pas aussi détaillé sur les questions d'aliénation des biens des membres, le *Document de Damas* se différencie nettement, sur certains points, de la description faite à la fois dans la *Règle de la communauté* et dans Philon et Josèphe. Cette différence vient sans doute du fait que le *Document de Damas* s'adresse non pas à une communauté quasi monastique comme celle de Qumrān, mais aux divers regroupements esséniens dans les villes d'Israël. Ces esséniens constituaient probablement l'« autre type » d'esséniens décrit brièvement par Josèphe (*Guerre des Juifs* 2.8.13 § 160-161). Dans ces regroupements ou « campements », quelques-uns au moins des esséniens étaient mariés et avaient des enfants. En conséquence, la manière de disposer des biens devait naturellement être différente de celle d'un groupe plus monastique, étant donné que l'observance rigoureuse de la pauvreté (jointe à la communauté de biens) pratiquée dans la communauté de Qumrān n'était pas réalisable. Même si les communautés esséniennes dispersées menaient une vie de groupe qui les coupait plus ou moins des villes dans lesquelles se trouvaient les gens de la secte, la réalité économique entrait en jeu et exigeait des échanges avec les Juifs ordinaires qui vivaient autour d'eux.

Aussi, dans le *Document de Damas*, les esséniens étaient-ils autorisés à faire du commerce avec les non esséniens, à condition d'en informer le « surveillant » ou « inspecteur » *(mĕbaqqēr)* de leur campement. Cependant, il ne pouvait se faire de commerce entre les membres de la communauté. C'est de la charité que les compagnons esséniens devaient recevoir ce dont ils avaient besoin (*CD* 13, 14-16 [79]). Ainsi, au lieu d'un régime strict de mise en commun de tous les biens, on avait une gestion rigoureuse des dons charitables. Les esséniens qui vivaient dans des villes étaient tenus de contribuer à un fonds commun, en y versant le salaire de deux journées au moins par mois ; ce fonds était administré par le « surveillant » et les juges de la communauté, pour subvenir aux besoins des malades et des pauvres (*CD* 14, 12-16).

Malgré toutes ces différences entre la communauté quasi monastique de Qumrān et les esséniens qui vivaient dans des villes, il est clair que les deux groupes partageaient le même objectif : éviter l'accumulation de grandes quantités de biens privés dans les mains de personnes relativement peu nombreuses. Autrement dit, ils cherchaient à éviter les larges écarts économiques et sociaux entre les riches et les pauvres, des écarts qui étaient une vraie plaie dans la plupart des sociétés méditerranéennes de l'Antiquité. L'esprit de communauté et de fraternité devait se trouver stimulé quand on voyait tous les membres vivre au même niveau socio-économique et partager leurs biens avec ceux et celles qui étaient dans le besoin. Il ne fait pas de doute que cela était plus facile à réaliser dans le cadre de la discipline de la communauté de Qumrān, avec la remise totale des biens des membres à la communauté. Cet idéal pouvait seulement être approché dans les communautés esséniennes où les hommes mariés qui possédaient quelques biens devaient entretenir les veuves et les enfants tout en apportant leur contribution au fonds commun.

Une fois encore, l'enseignement de Jésus sur la richesse et la pauvreté laisse voir des ressemblances et des différences par rapport à celui des esséniens. Jésus voyait la richesse comme un danger pour un engagement total envers Dieu et pour une acceptation de sa proclamation du royaume. Cette position de Jésus vis-à-vis de la richesse est soutenue à des degrés divers par le critère d'attestation multiple de sources et de formes et par les critères d'embarras, de discontinuité et de cohérence.

(α) Dans la tradition *marcienne*, Jésus proclame, au grand étonnement de ses disciples, qu'il est extrêmement difficile à un homme riche d'être sauvé. Pour bien faire entrer cette idée dans les esprits récalcitrants de ses disciples, Jésus emploie l'une de ses métaphores les plus frappantes : « Il est plus facile à un chameau de passer par le trou de l'aiguille qu'à un riche d'entrer dans le royaume de Dieu [80]. » Il ajoute après coup une réflexion réconfortante, pour atténuer le choc de sa déclaration radicale : « Pour les humains, cela [le salut d'une personne riche] est impossible, mais pas pour Dieu ; car tout est possible pour Dieu » (Mc 10, 23-27). Comme nous le verrons, on trouve également la substance de cet enseignement dans d'autres récits évangéliques et sous d'autres formes. L'insistance sur le danger des richesses est en cohérence avec la pensée apocalyptique juive en général, qui ne voit pas la richesse d'un bon œil. Elle est également en cohérence avec le style de vie de Jésus lui-même et de ses disciples les plus proches, dans la mesure où son ministère signifiait un abandon de son travail et de son chez soi ; Jésus et ses disciples devaient dépendre d'un système de soutien précaire, basé sur des dons d'argent et de biens et sur l'hospitalité des adhérents sédentaires bien disposés qui (paradoxalement) étaient relativement fortunés [81].

Au niveau de la rédaction de Marc [82], ce qui occasionne cet enseignement de Jésus est sa rencontre avec un homme riche qui lui demande, de la façon la plus obséquieuse, ce qu'il doit faire pour « avoir en *héritage* la vie éternelle » (Mc 10, 17-22) [83]. (On peut se demander si c'est également par héritage qu'il avait acquis sa richesse terrestre.) Jésus se contente de lui répondre en faisant sommairement référence à quelques-uns des dix commandements. L'homme riche soutient qu'il a observé tous ces commandements depuis sa jeunesse. Jésus fait alors monter les enchères en testant la sincérité de l'homme et la qualité de son engagement. Il ne manque encore qu'une seule chose, dit Jésus (une parole qui n'est peut-être pas dénuée d'ironie, dans la mesure où cette « seule chose » embrasse tout ce que l'homme possède). Jésus ordonne donc à l'homme riche de vendre tout ce qui est en sa possession pour le donner aux pauvres et de le suivre, dans le sens littéral et physique du terme, selon l'exigence imposée aux disciples. L'enthousiasme initial de l'homme riche s'effondre devant la demande radicale de Jésus. Le récit, qui amalgame un dialogue didactique et un récit d'appel, se termine tragiquement. Le visage de l'homme se décompose lorsqu'il entend la demande exigeante de Jésus :

« il s'assombrit et il s'en alla contristé, car il avait de grands biens » (Mc 10, 22).

Ce récit remonte-t-il à quelque épisode de la vie de Jésus ? Il est clair que le récit est au service d'un objectif théologique et littéraire, dans cette section de l'évangile de Marc (8, 27 – 10, 52) qui est dominée par les trois prédictions de Jésus concernant sa passion, sa mort et sa résurrection. Après avoir annoncé par deux fois sa passion (8, 31 ; 9, 31), Jésus entame son voyage décisif à Jérusalem (10, 1). En chemin, il prononce des instructions sur divers états de vie et sur les défis qu'ils posent aux gens qui le suivent (et, aux yeux de Marc, à de futurs chrétiens qui voudraient suivre Jésus, métaphoriquement parlant, sur le chemin de la croix). Jésus aborde successivement diverses questions : d'abord le mariage et le divorce (10, 2-12), puis la place des enfants dans le royaume (10, 13-16), ensuite les dangers auxquels sont confrontés les riches sur le chemin du salut (10, 17-27) et enfin les grandes récompenses promises aux proches disciples et en particulier aux Douze, ainsi que les exigences redoutables qui les attendent (10, 28-31.35-45). Il n'est pas dénué de sens que la troisième prédiction de la passion, la plus complète (10, 32-34), soit enchâssée au milieu de ces paroles sur les récompenses et les exigences.

Cependant, en dépit du fait que le récit de l'homme riche corresponde tout à fait au projet théologique de Marc dans le chapitre 10, certains des critères d'historicité invitent à voir l'origine de l'épisode dans le ministère de Jésus. Il y a d'abord le critère d'embarras. L'homme riche salue Jésus d'une manière tout à fait inhabituelle et obséquieuse. Il s'agenouille devant lui et demande : « Bon maître, que dois-je faire pour avoir en héritage la vie éternelle ? » (10, 17) [84]. Jésus rejette vivement cette adulation (qui s'avérera superficielle), en lui faisant cette réponse choquante (pour des chrétiens) : « Pourquoi m'appelles-tu bon ? Nul n'est bon que Dieu seul » (10, 18) [85]. Il est difficile d'imaginer que l'Église postpascale, au moment où elle cherchait à gagner des convertis à sa foi affirmant que le Jésus ressuscité était Seigneur, messie et Fils de Dieu, ait pris la peine de créer cette réponse. D'ailleurs, Matthieu est si troublé par la réponse de Jésus qu'il change le texte de Marc en une question inoffensive, « qu'as-tu à m'interroger *sur* ce qui est bon ? », qui amène directement à la référence aux dix commandements (Mt 19, 17-18).

Un autre aspect de la scène est également embarrassant et s'inscrit en discontinuité par rapport à la tradition marcienne : c'est l'unique échec d'un appel péremptoire de Jésus ; l'effet désiré n'est pas obtenu. Ailleurs dans Marc, l'appel explicite ou implicite lancé par Jésus à devenir disciple, à faire partie du cercle des Douze ou à partir en mission est toujours suivi d'effet (Mc 1, 16-20 ; 2, 13-14 ; 3, 13-19 ; 6, 7-13.30 ; 10, 46-52). L'échec de Jésus dans sa tentative de persuader l'homme riche ressort comme quelque chose de choquant. L'appel magnétique du Jésus charismatique est perçu comme ayant ses limites.

Il y a encore un point qui ne ressemble pas aux autres récits marciens dans lesquels Jésus appelle des personnes à devenir disciples, c'est le fait que Jésus demande à l'homme riche de vendre tout ce qu'il a, de tout donner aux pauvres et de le suivre alors comme disciple (totalement démuni de ses biens). Il est intéressant de noter que Jésus ne pose pas cette exigence d'ordre économique, précise et détaillée, aux autres personnes qu'il appelle à devenir disciples, comme par exemple, Pierre, André, Jacques, Jean ou Lévi. Ils doivent bien sûr abandonner leurs occupations du moment et leur maison en s'engageant à la suite de Jésus pour un avenir incertain. Mais il n'est pas question pour eux d'obligation de vendre tous leurs biens et de les donner aux pauvres. Le seul fait que Pierre, une fois appelé à être disciple, puisse encore recevoir Jésus chez lui à Capharnaüm, où sa belle-mère sert un repas à tout le groupe, montre bien que, dans la pensée de Marc au moins, tout appel à devenir disciple n'impliquait pas un appel à se démunir de tout (Mc 1, 29-31) [86]. Plus tard, une telle obligation radicale ne sera pas imposée non plus aux gens qui entreront dans l'Église de la première génération [87].

Ainsi, l'exigence de dépouillement total posée par Jésus comme condition pour devenir disciple semble être réservée au seul cas de ce riche individu et être taillée sur mesure pour lui. Elle est spécifique à cette situation : l'intransigeance de la condition posée par Jésus vise à démasquer l'absence de sincérité et d'engagement de ce riche flagorneur, qui sait s'agenouiller mais ne sait pas donner. Bref, les critères d'embarras et de dissemblance vont bien dans le sens de l'historicité fondamentale de cet épisode et de la mise en garde de Jésus contre le danger des richesses, un avertissement dont l'occasion est le refus par l'homme riche de l'appel que Jésus lui adresse.

(β) Dans la tradition Q, nous trouvons la raison positive pour laquelle Jésus et les gens qui le suivent peuvent renoncer à tout attrait pour les richesses. Dans Mt 6, 25-33 // Lc 12, 22-31, Jésus exhorte ceux qui le suivent à ne pas s'inquiéter de la nourriture, du vêtement et des autres biens, que ce monde considère comme nécessités vitales [88]. Ils devraient au contraire s'en remettre à l'attention providentielle du créateur qui est aussi leur Père. Pourvu qu'ils orientent leur esprit et leur vie vers le royaume de Dieu, qui constitue le cœur de la prédication de Jésus, le Père prendra soin du reste. C'est un très bon exemple de la manière dont Jésus tisse entre eux différents thèmes : des thèmes de sagesse vétérotestamentaire sur l'inutilité de l'inquiétude face à la gestion divine de la création et son thème eschatologique majeur du royaume. Les exhortations traditionnelles de sagesse reçoivent une nouvelle motivation et une nouvelle orientation en étant insérées dans le cadre général du royaume de Dieu à venir et déjà présent [89].

Jésus met en effet les gens qui le suivent devant un choix très clair entre deux possibilités. Dans un style apocalyptique typique, Jésus souligne que les deux forces en compétition, celle de Dieu et celle du démon, sont en lutte pour contrôler les cœurs humains. Pris entre ces deux forces opposées, les humains ne peuvent espérer devenir des individus totalement autonomes, libres par rapport à ces deux puissances concurrentes. Leur seule possibilité de choix consiste à opter pour celle des deux forces qui va dominer leur vie, pour celui des deux maîtres qu'ils vont servir. La nature humaine étant ce qu'elle est, les humains essaient de garder les deux et d'éviter d'avoir finalement à choisir. Mais c'est déjà là faire le mauvais choix.

Un autre logion Q (Mt 6, 24 // Lc 16, 13) rend ce message encore plus clair [90]. Jésus critique sévèrement la tendance universelle de l'humanité à louvoyer entre les deux ; il insiste : « Nul ne peut servir [ou être esclave de] deux maîtres : ou il haïra l'un et aimera l'autre, ou il s'attachera à l'un et méprisera l'autre. » Ce qui est le plus frappant dans ce logion, c'est la manière dont Jésus conclut alors cette brève opposition en rendant encore plus spécifique le choix entre les deux maîtres : « Vous ne pouvez servir Dieu et Mammon. »

Le mot « Mammon » (en grec, *mamōnas*) représente le mot araméen *māmōna'* (hébreu, *māmôn*). La forme hébraïque du mot se trouve dans certains des documents de Qumrān et dans la Mishna [91]. Dans ces deux collections de la littérature juive, le terme a le sens de « richesse », « opulence », « argent », « biens » ou « valeurs », sans la nuance démoniaque que Jésus y met dans Mt 6, 24 par. [92]. D'ailleurs, dans la Mishna, c'est le mot normal pour « argent » ou « richesse ». *Māmôn* est bien loin d'y être la quintessence du mal, puisque, pour faire l'exégèse du *Šĕma* (« Écoute, Israël [...] »), la Mishna explique que, dans le commandement de l'amour envers Dieu, l'expression « de toute ta force » signifie « de toute ta richesse » (*māmônekā*, en *m. Ber.* 9, 5) [93].

Jésus fait donc de ce mot un emploi tout à fait différent, en l'ouvrant à un nouveau sens. En créant une opposition forte entre servir Mammon et « servir » Dieu (c'est-à-dire l'adorer et lui obéir), Jésus personnifie Mammon comme un faux dieu. Il confronte ainsi chaque auditeur au choix primordial que les prophètes proposaient à Israël entre le vrai Dieu et les fausses idoles : qui voulez-vous adorer et suivre ? L'argent et les biens peuvent devenir des centres d'intérêt qui absorbent tout, au point que les possessions en viennent à posséder le possesseur et non l'inverse. C'est précisément l'appel de Jésus à se consacrer totalement au royaume de Dieu qui, par contraste, fait apparaître l'argent comme l'autre objet auquel on peut totalement se vouer, un objet qui ne supporte pas de rivalité. Le Père de Jésus et Mammon sont tous les deux des dieux jaloux. C'est pourquoi Jésus insiste pour dire qu'il ne peut y avoir de compromis ; il faut choisir. En fin de compte, de nombreux éléments vont dans le sens de l'authenticité de ce logion [94] : la présence de ce mot araméen *māmônā'* (translittéré en *mamōnas*) dans un logion en grec, le fait que, dans le Nouveau Testament, le terme *mamōnas* apparaisse seulement dans les paroles de Jésus, l'emploi inhabituel et relativement nouveau de ce mot araméen ordinaire pour décrire une force démoniaque ou un faux dieu confronté au vrai Dieu dans un combat eschatologique et enfin la cohérence de cette éthique eschatologique radicale avec les exigences de Jésus rencontrées ailleurs dans les évangiles.

La critique de la richesse faite par Jésus dans la tradition Q correspond à l'intérêt qu'il porte aux pauvres. Un exemple typique en est la version sobre de la première béatitude selon Luc, « heureux, [vous] les pauvres » (Lc 6, 20), que les exégètes considèrent généralement comme plus originale que celle de Matthieu, « heureux les pauvres en esprit » (Mt 5, 3)[95]. Pareillement, beaucoup pensent que la version lucanienne de la parabole du grand dîner (14, 16-24), avec l'intérêt qu'elle porte aux pauvres et aux malades, est plus proche de la forme originale de la parabole que la version matthéenne (22, 2-10) ; celle-ci transforme en effet un simple dîner en un festin de noce, qui devient une allégorie de l'histoire du salut[96].

(γ) La tradition lucanienne particulière (L) contient une grande quantité de matériaux qui traitent de la richesse et de la pauvreté[97]. Cependant, ces thèmes correspondent à un souci théologique majeur de Luc et apparemment de son Église. Aussi de sérieuses questions se posent-elles sur l'origine de ces traditions L dans le ministère du Jésus historique. Par exemple, nous avons déjà vu que la forme actuelle de la parabole de Lazare et de l'homme riche (Lc 16, 19-31), constituée d'un certain nombre de traditions différentes, est probablement une composition de Luc[98]. Néanmoins, la quantité de matériaux L qui abordent le sujet de la richesse est impressionnante ; et la plupart des exégètes admettent volontiers que certains des logia remontent à Jésus. Mais lesquels ?

Il est bien difficile de répondre à cette question. On le constate, par exemple, dans la parabole du riche insensé (Lc 12, 16-21). Celle-ci reprend un thème courant dans la littérature vétérotestamentaire prophétique et sapientielle : la folie d'accumuler richesse et luxe dans l'espoir illusoire de pouvoir être maître de son avenir. Ce que l'insensé ne parvient pas à comprendre c'est que la mort peut à tout moment mettre fin aux projets grandioses d'une personne ; et la richesse entassée passe alors à quelqu'un d'autre. Cette parabole pourrait bien sûr remonter à Jésus. Il était à la fois prophète et maître de sagesse. Mais y a-t-il rien dans cette parabole qui ne pourrait tout aussi bien relever de l'imagination d'un prophète juif ou d'un maître de sagesse de l'époque ou bien venir d'un disciple de Jésus qui aurait assimilé la manière dont le maître développait une parabole ? Même si je suis porté à penser que la parabole vient bien de Jésus, j'admets volontiers qu'on ne peut en être sûr[99].

Un passage qui aurait davantage de chances de remonter au Jésus historique est peut-être l'épisode curieux dont Luc fait la préface à cette parabole. Un auditeur de la foule demande à Jésus d'intervenir dans une querelle de famille à propos d'un héritage à partager (Lc 12, 13-14). Jésus repousse vivement la demande en posant une question rhétorique, qui, pour des oreilles chrétiennes, était probablement aussi choquante que celle de Mc 10, 18 (« pourquoi m'appelles-tu bon ? »). Dans Lc 12, 14 en effet, Jésus réagit à la demande en signifiant son refus par cette remarque : « Homme, qui m'a établi pour être votre juge ou régler vos partages [entre vous deux] ? » Cette réponse se trouve chez l'évangéliste qui, dans les Actes, dit avec insistance que Dieu a établi Jésus comme Seigneur et messie, comme juge des vivants et des morts (Ac 2, 36 ; 10, 42 ; 17, 31) ! Le critère d'embarras suggère donc de faire remonter cet épisode au Jésus historique [100]. Le fait de déclarer franchement que personne n'a institué Jésus pour être juge des humains et de leurs affaires ne paraît pas être l'invention d'une Église qui s'efforçait de promouvoir la foi en un Jésus Seigneur et juge eschatologique.

Mais que voulait dire le Jésus historique par cette question rhétorique un peu brutale ? Contrairement à de révérés maîtres de la Loi, auxquels on demandait parfois de régler des questions d'héritage et qui s'honoraient de jouer ce rôle influent dans la société, le prophète eschatologique Jésus exprime ici son dédain, voire son mépris, pour des questions mineures de propriété, quand sa mission urgente est de proclamer le royaume de Dieu à l'ensemble d'Israël. La réprimande adressée par Jésus à son interlocuteur laisse entendre que celui-ci devrait le solliciter pour quelque chose de plus vital qu'un héritage terrestre. On a envie de dire qu'il devrait reprendre, mais en toute sincérité, la question de l'homme riche superficiel de Marc : « que dois-je faire pour *avoir en héritage* la vie éternelle ? » (Mc 10, 17).

En résumé, tous les exemples cités dans ce bref aperçu des logia sur la richesse ne remontent pas nécessairement au Jésus historique, même si, à mon avis, c'est probablement le cas pour beaucoup d'entre eux. Mais le point important que je veux souligner est celui-ci : que nous soyons ou non d'accord sur tel ou tel logion, l'argument d'attestation multiple de sources et de formes indique globalement que le Jésus historique prend vigoureusement position contre le souci excessif de l'argent et de la propriété et contre la confiance mise en eux. Il avait lui-même abandonné son métier d'artisan du bois et vivait apparemment de dons volontaires et d'hospitalité bénévole. Les disciples qui avaient entendu son appel péremptoire à le suivre physiquement dans son ministère itinérant se trouvaient bien sûr invités à se détacher de leur travail, de leur maison et de leurs biens pour un futur incertain. Dans un cas au moins, Jésus est allé jusqu'à demander à un homme riche de vendre ses biens, de les donner aux pauvres et de le suivre au sens matériel du terme. L'incapacité de l'homme à relever le défi était un parfait exemple du fait que les humains, au niveau le plus fondamental de leur existence, sont totalement asservis à Dieu ou à l'argent. Leur vie et leurs choix sont dominés et façonnés par l'un ou par l'autre, même s'ils essayent de ne pas prendre parti. Les gens riches courent ainsi un grave danger spirituel ; leur salut n'est rien moins qu'un miracle, possible seulement pour Dieu.

Et pourtant, tout en critiquant la richesse comme un faux dieu potentiel qui séduit le gens et les arrache à la loyauté envers le seul vrai Dieu, Jésus n'a pas exigé de toutes les personnes qui adhéraient à lui dans un sens spirituel, de tous les gens qui d'une certaine manière croyaient en lui ou acceptaient son message, d'abandonner leurs maisons et leurs moyens de subsistance ou de vendre tout ce qu'ils avaient et de le donner aux pauvres. Si tel avait été le cas, il n'y aurait pas eu de gens comme Marthe et Marie pour assurer un système de soutien et d'hospitalité au cours des tournées de Jésus et de son entourage sur les routes de Palestine ; il n'y aurait pas eu autour de lui des femmes assez aisées pour aider ses disciples et lui-même « de leurs biens » (Lc 8, 3), des biens auxquels apparemment elles n'avaient pas renoncé ; il n'y aurait pas eu de Zachée riche et repentant pour donner l'hospitalité à Jésus et pour promettre de donner la *moitié* de ses biens aux pauvres et de réparer les fraudes commises envers autrui en lui rendant le quadruple.

Jésus, il est vrai, est toujours resté critique vis-à-vis de la richesse, en la considérant comme une dangereuse tentation. Pour une grande part, son ministère était tourné vers les pauvres de Palestine et ce sont eux plutôt que les riches qu'il a mis en avant comme destinataires du royaume. Mais cela ne se traduisait pas dans une attitude uniforme vis-à-vis de la richesse et de la pauvreté ; c'était en fonction des gens auxquels il avait affaire. À certains il demandait de donner tous leurs biens aux pauvres. À d'autres il demandait un engagement à durée indéterminée en tant que disciples, ce qui impliquait de laisser maison, travail et propriétés, mais sans qu'il soit question de vendre tout et de donner les produits de la vente aux pauvres [101]. À d'autres encore il demandait de lui assurer soutien et hospitalité, grâce aux ressources dont ils disposaient et dont ils ne s'étaient vraisemblablement pas démunis.

Sur ce point particulier, Jésus se distinguait des gens de Qumrān. Pour devenir membre de la communauté de Qumrān, on *devait* remettre tous ses biens, non pas aux pauvres en général, mais à la communauté que l'on rejoignait. Celle-ci se considérait comme la communauté des « pauvres », et à juste titre, puisque la pauvreté des individus était réelle et totale. Mais en même temps, nous ne devons pas oublier que nous avons ici affaire à un vocabulaire de pauvreté qui est pénétré d'une longue tradition théologique venant de l'Ancien Testament, en particulier des psaumes et des écrits prophétiques. La seule présence de ce vocabulaire théologique de la pauvreté dans divers textes vétérotestamentaires, juifs et chrétiens ne doit pas être automatiquement prise pour la description pure et simple d'un dénuement économique. Il faut toujours prendre en compte le contexte théologique spécifique. À Qumrān, la remise des biens personnels manifestait sûrement un refus de faire de l'argent le centre de sa vie ; mais elle garantissait également au novice la couverture de ses besoins essentiels par la communauté, qui avait désormais la responsabilité matérielle du nouveau membre. Les esséniens qui vivaient dans des villes réparties dans l'ensemble d'Israël représentaient une situation différente de celle de Jésus ou des gens de Qumrān. Ces esséniens avaient un régime de vie qui leur permettait d'exercer des métiers dans des villes juives et de gagner de l'argent, afin de pourvoir aux besoins de leur femme et de leurs enfants. Mais, à l'intérieur du groupe de la secte essénienne auquel on appartenait, on avait l'obligation de verser des contributions régulières à la caisse commune, en vue de venir en aide aux malades et aux indigents. Cela permettait d'éviter, entre riches et pauvres, les énormes fossés qui pourrissaient la société ordinaire, même si l'austérité de vie des esséniens qui vivaient dans les villes était loin d'être aussi prononcée que celle des habitants de Qumrān.

À travers leur mode de vie, Jésus, les esséniens vivant dans des villes et les esséniens de Qumrān critiquaient sévèrement une société qui faisait de l'argent son dieu caché ; mais il est étonnant de voir comment, dans ces différents groupes, on exprimait cette critique de manière nettement différente, selon que l'on vivait dans la société juive ordinaire ou en se mettant à l'écart. Ce n'est peut-être pas purement accidentel si, sur ce point, il y a une différence dans la manière dont Jésus et les gens de Qumrān se désignent eux-mêmes.

Les habitants de Qumrān se nomment fièrement « les pauvres » ; ils font ainsi écho à la spiritualité de nombreux psaumes et prophètes de l'Ancien Testament. Cette désignation décrit bien la pauvreté économique de chaque individu qui était membre à part entière de la communauté et elle met en avant l'attitude spirituelle de la communauté de Qumrān : il s'agit d'être totalement dépendant de Dieu en renonçant aux faux appuis de ce monde et peut-être de faire passer un message politique sous-jacent, déjà entendu dans les psaumes, les prophètes et les écrits intertestamentaires : nous sommes le parti de Dieu, un groupe temporairement et injustement exclu du pouvoir.

Le rapport de Jésus au mot « pauvre » est nettement différent. En tant que prophète eschatologique, il met en avant les pauvres de son auditoire et les déclare heureux (Lc 6, 20 par.) ; il proclame la bonne nouvelle aux pauvres (Lc 7, 22 par. ; cf. 4, 18) ; il exige qu'un homme riche vende tout ce qu'il a et le donne aux pauvres pour pouvoir se mettre à sa suite (Mc 10, 21 parr.) ; il rappelle à ses disciples qu'ils ont toujours les pauvres avec eux, tandis que lui, ils ne l'auront pas toujours (Mc 14, 7 par. // Jn 12, 8 [102]). Dans toutes ces affirmations, il faut remarquer que Jésus se situe implicitement en contrepoint des pauvres dont il parle et qu'il se distingue d'eux. Dans Mc 14, 7 par., comme dans un certain nombre d'autres textes évangéliques, il est question de donner de l'argent aux pauvres, *pas* à Jésus. Zachée promet de donner la moitié de ses biens aux pauvres, *pas* à Jésus, qui s'est invité chez lui (Lc 19, 8). Dans le récit johannique du Dernier repas, les disciples pensent que Judas s'en va pour donner aux pauvres de l'argent tiré de la bourse commune, qu'il tenait pour le groupe de Jésus (Jn 13, 29). Plus précisément, à la différence de certains chrétiens après lui, Jésus ne se désigne jamais directement comme « pauvre » et ne fait pas de ce mot un titre qui définirait tout son mouvement. En faisant ces observations, je n'entends pas nier que, économiquement parlant, Jésus était pauvre (Mt 8, 20 par. : « le Fils de l'homme n'a pas où reposer la tête. ») ni que les chrétiens ont pu en appeler à son style de vie pour fonder une spiritualité de la pauvreté. Mais il faut bien noter que, à la différence des gens de Qumrān, Jésus n'utilise pas le mot « pauvre » pour se désigner lui-même ou qualifier l'ensemble de son groupe. Jésus dit qu'il souhaite aider les pauvres mais il ne dit pas qu'il est l'un d'entre eux. La façon dont il se comprenait et se définissait lui-même historiquement ne doit pas être dénaturée par des idées théologiques ultérieures ou par un désir de l'assimiler à la communauté de Qumrān.

D. Jésus et Qumrān (les esséniens) : différences majeures

Après avoir parcouru cette liste de ressemblances et de différences, il est important, je crois, même au risque de me répéter, de porter attention à certains points remarquables de contraste entre Jésus et la communauté de Qumrān. Je le fais pour des raisons pédagogiques, étant donné que, souvent, ces points de contraste ne bénéficient pas de la considération qui leur est due, en particulier dans la littérature à sensation, qui a tendance à mettre en avant les seules ressemblances entre Jésus et la communauté de Qumrān, voire leur prétendue identité.

Cependant, avant d'examiner des points particuliers de contraste, il faut souligner la grande différence fondamentale entre les deux phénomènes historiques que nous étudions. Les esséniens étaient un mouvement sectaire juif de Palestine qui a duré quelque deux cents ans, dans la phase historique que l'on appelle globalement la période intertestamentaire. En tant que secte distincte, ils sont apparus en Palestine au cours de la première moitié du deuxième siècle avant notre ère et ils se sont maintenus comme groupe organisé jusqu'à la Première Guerre juive (66-70 de notre ère). Le sous-groupe des gens de Qumrān s'est installé sur ce site du désert de Juda au cours de la deuxième moitié du IIe siècle avant notre ère et a duré jusqu'en 68 de notre ère. La communauté de Qumrān fut fondée par le Maître de justice, un personnage anonyme qui appartenait sans doute à l'aristocratie sacerdotale de Jérusalem et qui pourrait même avoir exercé un moment la fonction de grand prêtre. Après sa fondation, la communauté de Qumrān a construit une série de bâtiments, elle a mis en place une organisation interne très complexe avec des règles de vie quotidienne détaillées et elle a entretenu un groupe de scribes très actifs ; ceux-ci copiaient des manuscrits venant de l'extérieur de la communauté et ils ont également produit tout un nouveau corpus de littérature religieuse propre à Qumrān.

Un portrait précis de Jésus de Nazareth pourrait difficilement être plus différent. Laïc juif de Nazareth en Galilée, artisan du bois n'ayant pas eu de formation de scribe ou n'ayant pas étudié la Loi, Jésus a passé deux ans et quelques mois (en 28-30 de notre ère) à circuler en Palestine, principalement en Galilée et avec des pèlerinages au Temple de Jérusalem. Dans son ministère itinérant, il s'appuyait plutôt sur la tradition ancienne des prophètes d'Israël au mode d'expression oral que sur la tradition plus récente des scribes érudits avec leurs compositions d'apocalypses et autres textes ésotériques. Jésus savait-il lire ? Nous n'en sommes même pas sûrs, bien que cela semble probable [103]. Ni lui ni ses disciples immédiats n'ont produit d'œuvre écrite durant son ministère. Son groupe de disciples, y compris le cercle rapproché des Douze, n'a pas rompu avec le courant majoritaire du judaïsme au cours du ministère de Jésus. Ils ont continué à fréquenter le Temple et à participer aux fêtes dirigées par le grand prêtre Caïphe alors au pouvoir. À strictement parler, le groupe de Jésus et de ses disciples ne pouvait donc pas être qualifié de secte au sens où l'était celui de Qumrān [104].

Pour être plus précis, Jésus semble avoir combiné dans son ministère un certain nombre de rôles religieux différents : un prophète eschatologique et thaumaturge à la manière d'Élie, un exorciste, un prophète qui s'est senti envoyé pour rassembler les tribus dispersées d'Israël à la fin des temps et qui a créé un noyau de douze disciples pour anticiper ce processus, un gourou religieux qui a regroupé autour de lui des disciples hommes et femmes et leur a demandé de le suivre dans son ministère itinérant, un maître de *hălākâ* (règles particulières de comportement concret en conformité avec la Loi juive), un maître de sagesse et un conteur de paraboles qui s'est adressé aux gens ordinaires et, peut-être vers la fin de son ministère, un prophète qui a affirmé au moins implicitement être le messie. De telles affirmations ont pu conduire à son exécution, ordonnée par le préfet romain Ponce Pilate, sur l'accusation d'avoir tenté de se faire « le roi des Juifs ».

Dans le cas du Maître de justice, certains textes de Qumrān ont été interprétés comme indiquant qu'il avait été mis à mort par ses ennemis. Cette interprétation est certes possible ; mais, à mon avis, il n'y a pas de témoignage clair et convaincant que le Maître de justice ait connu une mort violente du fait des autorités de Jérusalem alors au pouvoir [105]. Pareillement, rien ne nous indique que le Maître de justice ait jamais prétendu être le messie au cours de sa vie. Sur ces points, tout parallèle entre le Maître de justice et Jésus devrait se limiter au fait de la persécution par le grand prêtre au pouvoir, sachant que chacun d'eux a subi la persécution pour des motifs très différents : on a, d'un côté, un grand prêtre rival qui veut mettre en place des règles rituelles concurrentes dans le Temple et, de l'autre, un prophète laïque perturbateur, possible prétendant messianique.

C'est sur le vaste fond de tableau de ces différences essentielles entre l'institution de Qumrān, vieille de deux siècles, et le ministère itinérant, long de deux ans, d'un prophète eschatologique, guérisseur et maître laïque de Galilée qu'il faut considérer toute différence particulière. Même si le classement a quelque chose d'arbitraire, il est pratique de regrouper les différences les plus marquantes sous diverses têtes de chapitres.

1. Attitude précise en matière de hălākâ

La communauté de Qumrān en particulier et les esséniens en général observent la Loi de manière enthousiaste et stricte, voire outrancière aux yeux de la plupart des Juifs palestiniens, à la lettre et au-delà de la lettre. Les documents de Qumrān et les descriptions anciennes des esséniens témoignent de l'intérêt intense qu'ils portaient à l'interprétation, à la recherche et à la spécification de l'observance exacte de la *hălākâ*. Qu'il suffise de penser à l'interdiction de déféquer le jour du sabbat ou de cracher lors du rassemblement communautaire, aux bains rituels fréquents qui étaient demandés aux membres de la secte ou à l'observance de pureté rituelle, qui poussait au moins certains membres de la communauté de Qumrān à demeurer célibataires. Une punition stricte est infligée pour des infractions telles qu'un éclat de rire idiot ou le fait d'abuser de la main gauche pour accomplir certaines actions [106]. Pour prendre un document essénien particulier, le *Document de Damas* s'étend longuement sur des règles concernant l'épreuve à faire subir à une épouse soupçonnée d'adultère, le diagnostic des maladies de peau, l'impureté qui résulte des épanchements corporels ou de l'accouchement, les mariages arrangés frauduleusement et la pureté du Temple et de Jérusalem. On y trouve aussi diverses règles alimentaires qui vont au-delà des exigences de la Tora écrite et un code pénal concernant les transgressions de la *discipline* communautaire. Pour prendre un autre exemple, le document appelé *Lettre halakhique (4QMMT)* s'intéresse aux détails des règles de pureté et du Temple, pour déterminer, par exemple, si un liquide qui s'écoule transporte de l'impureté d'un récipient à un autre ou si, en cas d'immolation de bêtes gravides, on peut sacrifier la mère et le petit le même jour.

Par contre, tel qu'il est présenté dans les évangiles synoptiques, Jésus rejette explicitement un souci exagéré des règles de pureté et de ce qu'il considère en général comme des points mineurs de la Loi. Mais ce qui est encore plus significatif dans les quatre évangiles, c'est l'absence manifeste de la grande majorité des questions légales dont parlent les documents de

Qumrān. Comme nous le verrons dans le tome IV, cette absence ne doit pas être interprétée comme un rejet ou une abrogation par Jésus de la Loi mosaïque écrite. En tant que Juif palestinien du Ier siècle, Jésus considère la Loi de Moïse comme l'expression évidente et normative de la volonté de Dieu pour la conduite des Israélites. La Loi est bien sûr sujette à des interprétations ; cependant, même interprétée, elle est *la* révélation de la volonté de Dieu pour son peuple Israël. Mais Jésus ne manifeste pas d'intérêt pour les détails de *hălākâ*, tels qu'ils sont développés par les esséniens ; il fulmine même parfois contre un souci exagéré des petits détails de la Loi (Mt 23, 23 // Lc 11, 42). Bien loin d'être obsédé par des règles de pureté, il partage volontiers ses repas avec les pécheurs publics et les collecteurs de taxes (Mc 2, 13-17 ; Lc 19, 1-10 ; Mt 11, 19 // Lc 7, 34), il s'adresse aux lépreux et va jusqu'à les toucher (Mc 1, 40-45 ; Lc 17, 11-19 ; Mt 11, 5 par.) et, semble-t-il, il n'est pas troublé par les questions de pureté qui pourraient apparaître du fait que des femmes, sans leur mari, l'accompagnent et se mettent à son service au cours de son ministère itinérant (Lc 8, 1-3).

Contrairement à ce que fera plus tard la théologie systématique chrétienne, rien ne prouve que Jésus ait fondé cette attitude de liberté vis-à-vis des détails de la Loi et de la *hălākâ* sur un grand principe général comme le commandement de l'amour ou sur une éthique provisoire, qui aurait été valable pour la brève période précédant la venue du royaume en plénitude [107]. Il semble plutôt que les déclarations de Jésus sur la Loi et les observances halakhiques aient une certaine qualité d'improvisation, d'adaptation aux circonstances. En fin de compte, ses attitudes et ses actions semblent fondées sur son autorité prophétique et charismatique, si bien exprimée par le caractère péremptoire de sa formule introductive typique : « Amen, je vous le dis [...] ». Nombre d'actions et d'enseignements de Jésus laissent supposer que, sans bénéficier de la science déductive des scribes, il sait directement, intuitivement, dans une question légale donnée, quelle est la volonté de Dieu. Il en va de la manière dont Jésus se comporte vis-à-vis de la Loi mosaïque et de la *hălākâ* comme de sa position sur la résurrection des morts dans ses controverses avec les sadducéens ; il émane de lui cette sorte de certitude : « Il en est ainsi parce que je dis qu'il en est ainsi. » On trouve deux exemples notoires de cette attitude à propos de l'observance du sabbat et des règles de pureté.

(a) Les exégètes continuent de débattre sur l'historicité de récits particuliers dans lesquels Jésus a maille à partir avec certains Juifs de stricte observance, à cause de ses idées « libérales » sur le repos du sabbat [108]. Il est possible que des détails de ces récits et, dans certains cas, leur lien avec un miracle à accomplir soient secondaires dans la tradition ou la rédaction de la péricope. Mais, étant donné que ces controverses sont attestées dans la tradition marcienne (Mc 2, 23-28 ; 3, 1-6), dans la tradition L (Lc 13, 10-17 ; 14, 1-6) et dans la tradition johannique (Jn 5, 1-18 ;

9, 1-17), il est vraisemblable que Jésus était connu pour sa position quelque peu laxiste concernant l'obligation de s'abstenir de travailler le jour du sabbat.

L'une des paroles de Jésus sur le repos du sabbat est particulièrement étonnante ; elle est enchâssée dans un ensemble de récits de guérisons pratiquées le sabbat. Mc 3, 1-6 est le récit dans lequel, le jour du sabbat, Jésus guérit un homme à la main desséchée ; Jésus demande simplement à ses adversaires s'il est permis, le jour du sabbat, de faire le bien ou de faire le mal, de sauver un être vivant ou de le tuer (3, 4). Mais dans le parallèle matthéen de ce récit (Mt 12, 9-14), Matthieu propose une question rhétorique différente, avec un cas concret : « Qui d'entre vous, s'il n'a qu'une seule brebis et qu'elle tombe dans un trou le jour du sabbat, n'ira la prendre et l'en retirer ? Or, combien un être humain vaut plus qu'une brebis ! » (Mt 12, 11-12). Le parallèle lucanien (Lc 6, 6-11) suit essentiellement la forme marcienne du récit. Cependant, dans un récit lucanien particulier où Jésus guérit un homme hydropique (Lc 14, 1-6), la question rhétorique présente dans Mt 12, 11 réapparaît sous une forme variante : « Lequel d'entre vous, si son *fils* ou son *bœuf* vient à tomber dans un *puits*, ne l'en tirera aussitôt, [même] le jour du sabbat ? » (Lc 14, 5).

Il n'est pas facile ici de clarifier la question des liens entre les synoptiques. Il se peut qu'un logion Q isolé sur l'observance du sabbat ait été inséré par Matthieu dans une controverse marcienne concernant une guérison le jour du sabbat, tandis que Luc a choisi de l'incorporer dans un récit de controverse de sa tradition L particulière. Autre explication possible, les différences entre les deux questions rhétoriques pourraient très bien s'expliquer non pas par des emplois différents du document Q par Matthieu et par Luc, mais simplement par des traditions orales différentes qui seraient parvenues à Matthieu et à Luc sous des formes différentes : (1) Mt 12, 11 parle d'une brebis qui tombe dans un trou, tandis que Lc 14, 5 parle d'un fils ou d'un bœuf dans un puits ; (2) le raisonnement de Matthieu fonctionne sur un argument *a fortiori* (« combien un être humain vaut plus [...] », tandis que Luc utilise un argument *a pari* (on ferait la même chose dans les deux cas).

Ce raisonnement particulier de Jésus devient encore plus intéressant quand on le situe dans le contexte des débats entre Juifs sur la légalité d'actes précis le jour du sabbat. À cette époque du tournant de l'ère chrétienne, Jésus était loin d'être le seul maître juif à s'engager dans de tels débats. La Mishna (compilée vers 200 de notre ère) rapporte des désaccords sur la question de l'observance du sabbat entre la « maison » de Hillel et la « maison » de Shammaï ; et certaines de ces différences de vue pourraient très bien remonter à la période d'avant 70 (voir, par exemple, *m. Šabb.* 1, 4-8). Les désaccords sur le sabbat ne se limitaient pas aux seuls pharisiens. Comme nous l'avons vu dans les pages sur les sadducéens, il semblerait que ceux-ci aient été encore plus stricts que les pharisiens sur certains aspects au moins de l'observance du sabbat. Ils ne permettaient pas, en effet, d'utiliser la fiction légale du *'erûb* (la jonction ou la « fusion » de maisons) pour allonger la distance de marche autorisée le jour du sabbat. Comme nous l'avons déjà noté, les esséniens étaient extrêmement stricts sur l'observance du sabbat. En fait, contrairement à l'accord unanime supposé par Jésus dans son argument, les esséniens interdisaient de retirer un animal nouveau-né d'une citerne ou d'un trou dans lequel il était tombé un jour de sabbat (*CD* 11, 13-14). L'état corrompu du manuscrit du *Document de Damas* à cet endroit rend les choses peu claires ; mais il semble que les esséniens ne permettaient pas qu'un homme pareillement tombé dans un « endroit d'eau » puisse être aidé à en sortir au moyen d'une échelle, d'une corde ou d'un outil quelconque (bien que *4Q265* 7 ligne 7-8 permette qu'on lui lance un vêtement pour qu'il puisse s'en tirer). Contrairement à la rigueur des esséniens sur ce point, le Talmud babylonien (dont la compilation est habituellement datée des environs du Ve siècle de notre ère) autorise explicitement à placer des objets dans un puits pour en sortir un animal le jour du sabbat (*b. Šabb.* 128b) [109].

La manière dont différents partis et groupes sectaires juifs débattaient de l'observance du sabbat fait ressortir la pointe de l'argument de Jésus. Sa parole suppose à la fois une connaissance de la *hălākâ* stricte, qui interdisait toute aide à un animal tombé, et un rejet général (de sa part et de la part de son auditoire) de cette vision des choses comme étant trop rigoureuse. Jésus s'appuie sur ce consensus de base pour essayer de convaincre son auditoire que la guérison d'une personne malade est un exemple similaire d'indulgence et de pitié à pratiquer le jour du sabbat. Si cette indulgence raisonnable se comprend pour des animaux en détresse, à plus forte raison pour des humains en péril ! Il semblerait donc que, dans ce logion (si nous l'acceptons comme venant du Jésus historique), Jésus ne discute pas directement avec les esséniens, mais bien avec des compatriotes juifs qui, comme lui, considèrent comme trop strictes les règles esséniennes sur l'observance du sabbat. Cependant, étant donné la situation mouvante et diversifiée du judaïsme d'avant 70, il est également possible que l'interdiction stricte présente en *CD* 11, 13-14 ait été tenue aussi par d'autres Juifs rigoristes. Dans ce cas, Jésus n'aurait pas nécessairement fait allusion aux esséniens en particulier. Quoi qu'il en soit, la parole de Jésus dans Mt 12, 11 // Lc 14, 5 est un bon exemple de la conception tolérante de Jésus sur le repos du sabbat, selon les évangiles ; elle montre à quel point cette tolérance est en contradiction directe avec la rigueur des esséniens.

(b) Chaque Juif pratiquant avait le souci d'observer correctement les lois alimentaires du Pentateuque ; mais cette préoccupation était naturellement bien plus forte chez les esséniens obnubilés par la pureté. Dans la communauté de Qumrān, la maîtrise rigoureuse de l'acte essentiel du manger prenait la forme de repas pris en commun selon un rituel établi. Seuls les membres de la communauté qui étaient passés par le processus d'initiation et qui n'avaient pas depuis lors encouru de peine de censure pouvaient prendre les repas purs de la communauté (« la pureté des Nombreux »), qui étaient présidés et bénis par un membre du sacerdoce (*1QS* 6, 4-5.16-17) [110]. La nature sacrale de ces repas était amplifiée par leur caractère implicitement eschatologique. La description du repas commun habituel en *1QS* 6, 4-5 trouve un écho dans le tableau prophétique du repas commun des derniers jours, qui sera célébré lorsque les deux messies seront venus (*1QSa* 2, 17-21). S'il est vrai que les pharisiens cherchaient à faire de chaque repas un événement saint, sacerdotal, *a fortiori* cela se vérifiait-il pour les gens de Qumrān [111].

Rien ne pouvait donc être plus éloigné de l'esprit et de la pratique de la communauté de Qumrān que les dîners détendus et bien arrosés de Jésus en compagnie de gens considérés en Israël comme des « dévoyés » au plan social et religieux, les collecteurs de taxes et les pécheurs (Mt 11, 18-19 par. ; Mc 2, 13-17 ; Lc 19, 1-10 ; cf. Mt 8, 11-12 par. ; Mc 14, 25). Jésus donnait aux repas pris en commun un sens très différent. En tant que prophète eschatologique envoyé pour rassembler l'ensemble d'Israël dans les derniers temps, Jésus allait chercher volontairement les personnes marginalisées au plan social et religieux et célébrait ostensiblement leur intégration dans l'Israël de la fin des temps en faisant table commune avec eux. Dans une situation aussi ouverte, le type de pureté exigé dans la communauté de Qumrān aurait été hors de question. Si les pharisiens et d'autres juifs pieux étaient exaspérés par la façon dont Jésus fréquentait les repas pris en commun sans faire de distinction, il est facile d'imaginer quelle aurait été la réaction de quelqu'un de Qumrān [112].

Mais c'est peut-être là le point essentiel. Alors que les évangiles nous parlent de critiques de la part des pharisiens, ils font preuve d'un silence éloquent sur toute réaction de la part des esséniens ou des gens de Qumrān, des rigoristes en comparaison desquels les pharisiens avaient des allures de libéraux. En fait, malgré toutes leurs différences, les pharisiens et Jésus occupaient le même espace public et, par conséquent, se rencontraient, discutaient et s'affrontaient sur les pratiques alimentaires. S'il n'est pas fait mention de critiques formulées par les gens de Qumrān, c'est probablement parce que Jésus et cette communauté ne vivaient pas dans le même univers spirituel. Jésus était si éloigné de la communauté de Qumrān, sinon au plan géographique du moins au plan religieux, que les gens de Qumrān ou bien ne savaient rien de lui ou bien, s'ils avaient entendu parler de lui, l'avaient aussitôt disqualifié comme indigne d'être pris en considération. Si Jésus et les pharisiens s'affrontaient parfois, c'est parce qu'ils se prenaient mutuellement au sérieux. La communauté de Qumrān ne pouvait pas prendre Jésus au sérieux et n'avait rien à faire avec lui. C'est très vraisemblablement ce que dénote le silence des évangiles sur la communauté de Qumrān. Voilà pourquoi il est presque hors sujet de vouloir comparer et confronter Jésus et les gens de Qumrān. En un sens très réel, que les habitants de Qumrān aient ou non entendu parler de lui, Jésus n'existait pas pour eux. Cela nous rappelle les doutes d'Otto von Bismarck sur la vraisemblance d'une guerre entre une puissance terrestre comme l'Allemagne et une puissance navale comme la Grande Bretagne : où pourraient bien se livrer bataille un rat de terre et un rat d'eau [113] ?

2. *Intérêt porté aux calendriers*

Comme nous l'avons vu, les gens de Qumrān se préoccupaient beaucoup du calendrier qui devait régler les fêtes juives [114]. Apparemment, la communauté tenait à un vieux calendrier solaire (qui cependant intégrait peut-être quelques éléments d'un calendrier lunaire), alors que les prêtres qui faisaient la loi à Jérusalem utilisaient un calendrier lunaire (qui était cependant corrigé par des observations solaires). En fait, l'introduction du calendrier lunaire dans la liturgie du Temple de Jérusalem, au IIe siècle avant notre ère, a pu être l'une des causes qui a précipité le retrait du Maître de justice et ses adeptes loin du Temple et la fondation de la communauté de Qumrān. Comparativement, il est très frappant de constater que, dans son enseignement, Jésus ne se préoccupe jamais du calendrier que l'on doit suivre et ne fait aucune déclaration à ce sujet. Autant qu'on puisse le dire à partir des quatre évangiles, Jésus, comme la grande majorité des Juifs, suivait tout naturellement le calendrier des fêtes observé par les prêtres qui avaient la maîtrise sur le Temple de Jérusalem. Ce qui, pour les gens de Qumrān, était une question brûlante et la raison d'un schisme n'entrait même pas dans l'univers mental de Jésus. En cela, il faisait tout à fait partie du « courant majoritaire » du judaïsme palestinien [115].

3. *Haine ou amour des ennemis*

Dans un certain nombre de ses écrits, notamment dans la *Règle de la communauté* (*1QS* 1, 9-11 ; 2, 4 – 3, 6) et le *Rouleau de la guerre*, la communauté de Qumrān inculque explicitement la haine de tous ceux qui ne font pas partie de la communauté. Ces gens de l'extérieur étaient « les fils des ténèbres » et ils comprenaient aussi bien les non Juifs que ceux des Juifs qui n'acceptaient pas les idées et les pratiques des gens de Qumrān (« les fils de lumière »). Un tel sens de la séparation du reste du monde et d'une opposition féroce à tous les autres peut s'expliquer, au plan politique et social, par l'histoire passée de la communauté de Qumrān : elle avait dû se mettre à l'écart du sacerdoce de Jérusalem qui avait la maîtrise sur le Temple et subir une persécution de sa part. Cette expérience politique et sociale avait entraîné une vision du monde fortement dualiste, dans laquelle tout le cosmos, aussi bien invisible que visible, était partagé en deux camps engagés dans un combat eschatologique où se jouaient le sort des âmes individuelles et l'avenir du monde [116].

Jésus avait une vision du monde forgée par l'eschatologie juive, avec une touche d'apocalyptique ; mais sa façon d'envisager un combat final entre Dieu et Satan ne se traduisait pas dans une perspective extrême d'exclusion, qui aurait automatiquement précipité tous les « gens des Nations » et tous les Juifs ne faisant pas partie de son groupe dans l'anéantissement éternel. Jésus s'adressait à l'ensemble d'Israël, pécheurs et collecteurs de taxes compris, il avait une vision prophétique dans laquelle beaucoup de « gens des Nations » prendraient part au banquet eschatologique et il exerçait un ministère d'exorcisme des démoniaques, par lequel il faisait la guerre plutôt aux esprits mauvais qu'aux humains mauvais ; tout cela modifiait la tendance inhérente à l'apocalyptique juive, qui voyait tout en noir et blanc, en bon et mauvais, en « eux et nous ». Dans le même sens, au lieu d'ordonner explicitement la haine des gens qui ne faisaient pas partie de ses adeptes, Jésus mettait en avant, dans son enseignement direct, dans ses paraboles et dans sa pratique, un message d'amour, de pitié, de miséricorde et de pardon. Ce message central est richement et abondamment attesté dans les traditions de Marc, de Q, de M et de L (par exemple, Mc 2, 1-12.13-17 ; 11, 25 ; 12, 28-34 ; Mt 5, 21-26.38-48 ; 6, 12.14-15 ; 18, 10-14.15.21-35 ; Lc 7, 36-50 ; 9, 51-55 ; 10, 25-37 ; 15, 1-32 ; 18, 9-14 ; 19, 1-10 ; cf. Jn 8, 1-11). Peut-être plus frappant encore est le commandement d'aimer même ses ennemis et ses persécuteurs, en lien avec les exhortations à manifester pitié et pardon envers les pécheurs. Le commandement explicite d'aimer ses ennemis, qui se trouve dans la tradition Q (Mt 5, 44 par.), est étayé par d'autres logia Q (par exemple, Mt 5, 46-48 par. ; 5, 39-42 par.) et par des idées similaires dans des paraboles des traditions L et M (le bon samaritain, la pièce de monnaie perdue, le fils prodigue, le serviteur qui ne pardonne pas ; voir aussi Mc 11, 25). L'idée maîtresse de Jésus est donc de ne pas pratiquer de discrimination et de balayer large pour rassembler les brebis dispersées de la maison d'Israël. En cela, il se situe fortement en contraste avec la communauté de Qumrān, qui pratiquait un sectarisme d'exclusion et se voyait comme le seul véritable Israël. Pour tout dire, le sectarisme outrancier de Qumrān avait tendance à s'exprimer théologiquement dans un dualisme extrême, alors que la vision largement ouverte de Jésus tendait à atténuer, sans les abolir entièrement, les tendances dualistes de l'apocalyptique [117].

4. *Direction hiérarchique*

Il n'est pas surprenant qu'un groupe comme la communauté de Qumrān, dont les dirigeants étaient issus de la hiérarchie du Temple de Jérusalem, ait constitué une société hiérarchique fortement organisée, où la préséance était donnée aux prêtres et aux lévites (voir, par exemple *1QS* 1, 18 – 2, 23 ; 6, 3-5 ; 8, 1-4 ; *1QM* 2, 1-3) [118]. Comparativement, le mouvement de Jésus laisse apparaître un très faible niveau d'organisation, durant son ministère public [119]. Dans les chapitres précédents, nous avons pu tracer en gros trois cercles concentriques autour de Jésus : les foules qui le suivaient, les disciples qu'il avait appelés et le cercle des Douze qu'il avait choisis et envoyés pour une mission à court terme. Mais cet embryon d'organisation, si le nom lui convient, était pour le moins une réalité mouvante ; et nous sommes loin de tout savoir à son sujet. Dans quelle mesure les dons et l'hospitalité des sympathisants sédentaires étaient-ils organisés en une sorte de système de soutien régulier ou dans quelle mesure tout cela se faisait-il au gré des circonstances ? Nous ne pouvons le dire. Il va de soi que le soutien populaire en faveur de Jésus, spontané au départ, a pu progressivement prendre une tournure et un rythme réguliers, au cours des deux années pendant lesquelles Jésus voyageait à travers la Galilée et jusqu'à Jérusalem ; mais nous ne pouvons faire que des suppositions, même si elles ne sont pas entièrement gratuites. Les évangiles font des allusions suggestives à une bourse commune dans le groupe de Jésus, à son utilisation pour les besoins des pauvres, et au soutien permanent de femmes aux revenus élevés qui voyageaient avec Jésus (Jn 12, 4-8 ; 13, 29 ; Lc 8, 1-3) ; mais on n'a pas d'informations plus substantielles. Capharnaüm en Galilée et Béthanie près de Jérusalem ont pu devenir des « bases opérationnelles » ; mais, là encore, nous manquons de données permettant de tirer des conclusions fermes.

Au plan sociologique, il est tout à fait normal qu'un mouvement charismatique enthousiaste, formé autour d'un meneur talentueux, tende à passer, au bout d'un certain temps, au stade des habitudes de fonctionnement, de l'institution et de la rationalisation ; on peut trouver de telles tendances dans l'Église primitive [120]. Mais, à part peut-être la création des Douze par Jésus, ce genre de structures se trouve très peu, semble-t-il, dans le ministère public. Il va donc sans dire que l'importance donnée à la direction sacerdotale dans la communauté de Qumrān ne trouve pas d'écho dans le mouvement laïque conduit par le laïc juif appelé Jésus. Il existe un fort contraste entre la conscience qu'avaient les gens de Qumrān d'être la communauté fortement organisée de la « nouvelle alliance » (*CD* 6, 19 ; 19, 33), avec les conséquences sectaires de cette prise de conscience, et le mouvement eschatologique plus spontané de Jésus, ouvert à l'ensemble d'Israël. Ce contraste pourrait permettre de comprendre pourquoi le nom « alliance » est un terme important pour la communauté de Qumrān et pourquoi, à l'exception des mots de Jésus sur la coupe lors du Dernier repas (probablement « l'alliance dans mon sang »), il est entièrement absent des paroles de Jésus telles qu'elles nous sont conservées dans les évangiles [121]. Si Paul et l'épître aux Hébreux parlent de « nouvelle alliance », rien ne permet de dire que l'expression vient du Jésus historique [122].

5. L'accomplissement de miracles

Comme l'a longuement montré le tome II de *Un certain Juif, Jésus*, le fait que Jésus était censé avoir la capacité de faire des miracles tenait une place importante dans son ministère et entrait dans la définition qu'il donnait de lui-même [123]. Par contre, dans les manuscrits de Qumrān, ni le Maître de justice ni les messies attendus (à l'exception peut-être de *4Q521*) ne sont décrits comme des thaumaturges. Les types de guérisons et d'exorcismes qui entrent largement dans le portrait de Jésus tracé par les évangiles sont en grande partie absents des textes de Qumrān. Dans les matériaux narratifs de Qumrān, on peut trouver deux parallèles partiels : (1) dans l'*Apocryphe de la Genèse*, Abraham prie pour un pharaon malade et lui impose les mains afin de chasser un esprit mauvais qui lui fait du mal (*1QapGen* 20, 28-29) et (2) dans la fragmentaire *Prière de Nabonide*, un exorciste juif (Daniel ?) pardonne les péchés du roi Nabonide au nom de Dieu et, apparemment, libère ainsi le roi d'un « mauvais mal » qui l'accablait (*4QprNab* 6) [124]. Dans les deux cas, il s'agit (a) de récits d'*obsession* démoniaque plutôt que de *possession* (b) de récits dans lesquels un saint personnage prie Dieu pour le soulagement de quelqu'un d'autre mais n'ordonne pas directement à l'esprit mauvais de le quitter [125] et (c) de récits qui sont des reprises midrashiques de textes anciens sur des héros du temps jadis. Par contre, Marc et le document Q, écrits une génération après le ministère du Jésus historique, racontent ou font allusion à des exorcismes au sens strict, dans lesquels Jésus ordonne à un esprit mauvais qui s'est emparé du corps et du psychisme d'un individu de quitter celui-ci.

Si l'on élargit un peu l'enquête, les écrits de la bibliothèque de Qumrān permettent clairement de constater que les gens de la communauté étaient au courant de diverses pratiques de magie, d'incantations et de divination (astrologie et interprétation des rêves y compris) ; mais, dans l'ensemble, les textes légaux trouvés à Qumrān ou bien se taisent sur le sujet ou bien autorisent seulement à tirer au sort pour discerner la volonté de Dieu [126]. Dans la vision dualiste et eschatologique du monde qui est celle de la communauté, la magie et la divination étaient généralement censées appartenir à la sphère du mal de l'existence présente et étaient condamnées à être abolies lors du jugement final. La connaissance du futur devait s'acquérir par l'exégèse de l'Écriture, c'est-à-dire une interprétation inspirée comme celle qui se trouve dans les commentaires *(pēšer)* de la communauté de Qumrān, et non par la magie ou la divination. Il est vrai que Josèphe raconte quelques anecdotes (habituellement rejetées par les exégètes comme légendaires) à propos d'individus esséniens dont l'activité s'exerçait à Jérusalem (et même au sein de la politique royale) et qui étaient connus pour leur capacité à prophétiser [127]. Et pourtant, même Josèphe n'a aucun récit sur un personnage essénien connu pour avoir accompli toute une série de miracles. Dans tout cela, nous sommes bien loin du rôle consciemment assumé par Jésus, celui de prophète eschatologique thaumaturge revêtu du manteau d'Élie.

En résumé, les différences entre Jésus et la communauté de Qumrān (ou les esséniens) étaient nombreuses et profondes. Il n'est donc pas étonnant qu'il n'y ait pas eu interaction entre eux au cours du ministère public. Mais cet exercice de comparaison nous a permis de faire ressortir leurs ressemblances et leurs différences et il a l'avantage de nous rappeler que Jésus et son mouvement étaient seulement l'une des expressions d'un phénomène plus large de l'époque du tournant de notre ère : il existait en Palestine des groupes eschatologiques juifs, qui avaient des styles de vie radicaux, nourrissaient des espérances fortes pour l'avenir d'Israël et vivaient des relations tendues ou hostiles avec la classe sacerdotale au pouvoir à Jérusalem. Cependant, à la différence de la communauté de Qumrān, le Jésus itinérant s'employait à rejoindre tous les Israélites, à les interpeller et à les engager à sa suite. De manière analogue, Jésus et la communauté de Qumrān ont connu une catastrophe personnelle provoquée par les autorités romaines ; mais, contrairement à la communauté de Qumrān, Jésus a eu un impact qui s'est prolongé dans un mouvement durable et qui a largement débordé son époque et son pays.

2. Les samaritains

A. Introduction : pourquoi ici ?

Le lecteur pourrait s'étonner de ma façon de classer les matériaux. Les samaritains sont en effets mentionnés par leur nom dans les évangiles, alors que les gens de Qumrān ou les esséniens ne le sont pas. Pourquoi donc ai-je placé l'examen des samaritains après celui de la communauté de Qumrān ? Tout simplement parce que, malgré toutes leurs particularités par rapport au courant majoritaire du judaïsme palestinien (dans lequel j'inclus les pharisiens, les sadducéens, les prêtres et les gens du peuple), les gens de Qumrān ou les esséniens étaient clairement juifs. Vis-à-vis des Juifs palestiniens du Ier siècle, les samaritains avaient un statut pour le moins ambigu. Apparemment, un certain nombre de passages évangéliques ne voient en eux ni totalement des Juifs ni totalement des « gens des Nations ». Certains textes rabbiniques plus tardifs reflètent la même ambivalence. Aux yeux de certains au moins, les samaritains étaient donc des marginaux dans le sens littéral de dépassement des marges ou des frontières entre le monde des Juifs et celui des « gens des Nations ». Il demeure aussi problématique pour les historiens modernes que pour les auteurs du Iᵉʳ siècle de les classer correctement et d'en faire une description précise.

B. Problèmes de terminologie et de définition

Pour redire une orientation de base de ce volume, notre propos n'est pas de faire une étude générale et exhaustive des samaritains [128]. Notre objectif est plus réduit : il s'agit de Jésus *en relation avec* les samaritains. Étant donné cette restriction, que voulons-nous dire quand nous parlons des *samaritains* qui auraient pu avoir affaire à Jésus ? Le mot *samaritain* est un concept mouvant. Différents auteurs ont défini les samaritains en termes de géographie, de descendance physique ou de religion ou encore ils ont fait diverses combinaisons de ces trois approches [129].

1. Géographie

On pourrait définir essentiellement les samaritains en termes de géographie : les samaritains étaient les habitants de la région appelée Samarie, située dans la Palestine du Iᵉʳ siècle au nord de la Judée et au sud de la Galilée, à l'ouest du Jourdain. À l'origine, sa capitale s'appelait aussi Samarie ; mais, au Iᵉʳ siècle avant notre ère, Hérode le Grand l'avait rebâtie et l'avait renommée Sébaste en l'honneur d'Auguste César (Sébaste étant l'équivalent grec d'Auguste) [130]. Comme nous allons le voir, la population de cette zone géographique devrait plutôt être appelée les « Samariens » [131].

2. Descendance physique et configuration ethnique

On pourrait aussi définir les samaritains essentiellement en termes de descendance physique ou de configuration ethnique : les samaritains étaient les descendants présumés des tribus israélites d'Éphraïm et de Manassé (composantes principales du royaume d'Israël au nord), auxquels s'étaient mélangés au cours des siècles des groupes non israélites venus des empires assyrien et hellénistique. Plus que le point de vue géographique, cette approche ethnique a l'avantage de clarifier les choses en ce qui concerne la situation existant au Iᵉʳ siècle de notre ère. Au Iᵉʳ siècle, en effet, la région était habitée par un certain nombre de groupes ethniques différents, dont nous ne connaissons pas les proportions exactes [132]. Parmi ces groupes, il y avait probablement des samaritains (au troisième sens défini ci-après), des Juifs, d'autres populations indigènes sémitiques de la région de Syrie-Palestine qui avaient été hellénisées, des descendants des classes dirigeantes assyriennes, babyloniennes et perses et des descendants des conquérants grecs à l'époque d'Alexandre le Grand. Par conséquent, tout individu qui était géographiquement un « Samarien » n'était pas automatiquement « samaritain » au plan ethnique ou religieux.

3. Religion

On peut aussi définir les Samaritains principalement par leur religion : les Samaritains étaient des sémites (a) qui honoraient le Dieu Yahvé, (b) mais qui, à la différence du judaïsme majoritaire, révéraient le mont Garizim (proche de l'ancienne Sichem en Samarie) comme étant l'unique lieu où l'on devait édifier un autel ou un temple pour le culte public de Yahvé, (c) qui soutenaient que leur lignée de prêtres lévitiques, en fonction au mont Garizim, étaient les prêtres légitimes de l'organisation mosaïque, à l'opposé des prêtres exerçant dans le temple de Jérusalem et (d) qui n'acceptaient que les cinq livres de Moïse (le Pentateuque) comme Écriture faisant autorité, excluant le corpus non encore stabilisé des Prophètes et des Écrits, lequel se développait à côté du Pentateuque dans le judaïsme majoritaire. Les trois façons de définir les Samaritains se chevauchent en partie sans se recouvrir parfaitement, c'est en l'occurrence un aspect du problème.

Les évangiles tendent tout naturellement à considérer les Samaritains d'un point de vue religieux et certains éléments de la définition religieuse des Samaritains affleurent dans le récit de Jésus et la Samaritaine auprès du puits, dans Jean 4 (la plus longue évocation des Samaritains qui se trouve dans les évangiles). Aussi utiliserai-je la définition religieuse comme convenant le mieux à la perspective de notre recherche. Autre raison d'employer la définition religieuse : elle évite le piège d'imaginer que toute personne vivant dans la région de Samarie était samaritaine au sens religieux du terme. Au Ier siècle de notre ère, il restait, en Samarie, de notables poches de païens hellénisés, spécialement dans la capitale Sébaste (la ville de Samarie de l'Ancien Testament). Ces païens étaient des « Samaritains » du point de vue géographique mais n'étaient pas des « samaritains » au sens religieux.

Il est difficile d'aller au-delà de cette définition minimale et de donner des précisions sur la religion samaritaine du Ier siècle de notre ère. Les écrits religieux rédigés par les samaritains eux-mêmes datent des siècles suivants ; les plus anciennes compositions datent du IIIe ou du IVe siècle de notre ère. Nos principales sources du Ier siècle sont Josèphe et, secondairement, Luc-Actes et l'évangile de Jean. Aucun d'eux ne nous fait une description neutre des samaritains. Au dire de la plupart des critiques, le récit de Josèphe, en particulier, est hostile aux samaritains, bien qu'on ne sache pas bien s'il faut mettre cette hostilité au compte de l'auteur ou de ses sources [133]. Paradoxalement donc, nous pourrions presque nous réjouir de ce que le Nouveau Testament mentionne si peu de samaritains en relation avec Jésus ; car, si nous avions un corpus important de matériaux évangéliques sur le sujet, notre ignorance du « samaritanisme » du Iᵉʳ siècle nous laisserait sous-équipés pour en faire l'exégèse.

C. Le problème des origines historiques des samaritains

En définissant ainsi les samaritains au plan religieux, on a toutes les difficultés à essayer de déterminer quand et comment les samaritains sont apparus comme groupe distinct. l'Antiquité nous a fourni des récits samaritains et juifs qui racontent les origines des samaritains ; mais ni l'une ni l'autre de ces traditions narratives n'est historiquement fiable. Dans un anachronisme remarquable, la théologie samaritaine traditionnelle situe la scission fondamentale entre le samaritanisme et le judaïsme aussi haut que le XIᵉ siècle avant notre ère, au temps du prêtre Éli (qui était en activité vers la fin de la période des Juges, selon 1 S 1, 9 – 4, 18) [134]. Cette tradition samaritaine dit que le méchant Éli avait transféré le sanctuaire à Silo, alors que sa vraie place était le mont Garizim, près de Sichem. Ce faisant, Éli avait créé à la fois un lieu illégitime de culte et un sacerdoce illégitime. Tous les antagonismes ultérieurs entre samaritains et Juifs découlent de cette rupture primordiale avec la religion israélite authentique, qui avait son centre sur le mont Garizim et qui était maintenue par les samaritains, descendants directs des tribus d'Éphraïm et de Manassé.

La version juive des événements n'est pas aussi brutalement anachronique, mais elle n'est pas non plus historiquement exacte. À strictement parler, l'Ancien Testament n'applique jamais le terme « samaritains » au groupe religieux particulier centré autour du lieu de culte situé sur le mont Garizim. Dans l'Ancien Testament, le terme hébreu que les exégètes modernes traduisent habituellement par « les samaritains » *(haššōměrōnîm)* ne se trouve que dans 2 R 17, 29, au sein d'un passage fortement polémique. Dans ce verset 29, le nom *haššōměrōnîm* signifie simplement « les habitants de Samarie », dont on dit qu'ils ont fait des « hauts lieux » pour un faux culte dans le royaume d'Israël au nord [135]. Mais ce verset n'est qu'une partie d'un récit tendancieux plus ample, 2 R 17, 2-41, qui est passé par un certain nombre d'étapes de tradition et de rédaction [136]. Dans son état actuel, le texte raconte une histoire limpide, mais pas forcément exacte. Selon ce récit, Yahvé a anéanti le royaume d'Israël au nord à cause de son épouvantable péché d'idolâtrie. (Samarie *[šōměrôn]*, la capitale, fut de fait prise par les Assyriens en 722/721 avant notre ère.) Les Assyriens déportèrent Israël (on présume qu'il s'agit de la majorité voire de la totalité de la population du royaume du Nord), pour un exil apparemment considéré comme définitif. Les Assyriens firent alors venir dans l'ancien royaume du Nord diverses populations étrangères, pour occuper « les villes de Samarie à la place des fils d'Israël » (2 R 17, 24). Par ignorance, ces nouveaux groupes ne rendirent pas de culte à Yahvé, « le dieu du pays », et Yahvé envoya des lions qui tuèrent certains d'entre eux. Le roi d'Assyrie remédia à la situation en renvoyant sur place l'un des prêtres israélites déportés, afin d'enseigner aux nouveaux colons « la manière appropriée de rendre un culte au dieu du pays » (2 R 17, 27). Au verset 28, il est dit que le prêtre s'installa à Béthel (et *pas* à Sichem ou au mont Garizim) ; or Béthel était le sanctuaire habituellement considéré par l'Ancien Testament comme le centre du culte idolâtrique du royaume du Nord (cf. 1 R 12 – 13 ; Am 7, 10-17 ; Jr 48, 13). Le résultat, au moins selon le récit de l'Ancien Testament, fut que les nouveaux colons adoptèrent un polythéisme syncrétiste, dans lequel on sacrifiait à Yahvé et aux différents dieux importés par cette population mêlée. Pour résumer son récit, peut-être le rédacteur final de 2 R 17 jette-t-il un regard en coin vers le groupe religieux que nous appelons les samaritains et lui donne-t-il au passage un coup de patte, en concluant le chapitre ainsi : « Ces nations révéraient [littéralement, "craignaient"] Yahvé, mais elles servaient [également] leurs idoles, [comme le faisaient] aussi leurs enfants et les enfants de leurs enfants. Comme avaient fait leurs pères, [ainsi] font-ils jusqu'à ce jour » (2 R 17, 41).

Dans *Ant.* 9.14.1-3 § 277-291, Josèphe revient sur ce récit polémique et le développe. Dans sa reprise du récit, il est d'ailleurs le premier à utiliser sans ambiguïté le texte de 2 R 17 comme propagande anti-samaritaine. Selon Josèphe, les immigrants nouvellement installés dans le royaume du Nord venaient de Chouthos (équivalent du Kuta de l'Ancien Testament [2 R 17, 24]), que Josèphe situe en Perse. Aussi les appelle-t-il les « Chuthéens » ou « Chuthites » (*choutaioi* au § 288), et il applique ensuite ce nom aux samaritains (§ 290). Josèphe fait cette identification dans un contexte où il met l'accent sur les rites syncrétistes qui, dit-il, se sont poursuivis chez les Chuthéens (alias samaritains) jusqu'à son époque. Joseph fait ainsi clairement le lien entre les samaritains de son époque et les descendants des « gens des Nations » installés par les Assyriens dans l'ancien royaume du Nord. Les affirmations de Josèphe dans les *Antiquités*, traditionnellement entendues comme des allusions hostiles, ont eu naturellement un grand impact sur la façon dont on a compris les samaritains par la suite, puisque tout ce qu'il a raconté sur eux constitue de loin la seule source écrite de la période du tournant de l'ère chrétienne [137].

Si elle est de la bonne propagande, cette version des événements est de la mauvaise histoire. En passant au crible les sources littéraires et les vestiges archéologiques, beaucoup d'historiens actuels soutiennent que seule une petite partie de la population du royaume du Nord fut effectivement exilée par les Assyriens [138]. Les personnes visées en premier par la politique assyrienne ont dû être les classes supérieures, surtout dans la capitale, Samarie. En conséquence, les étrangers qui furent alors introduits dans l'ancien royaume du Nord furent probablement installés dans quelques villes plus importantes, en particulier dans la capitale, où une nouvelle classe dirigeante fut mise en place. Dans la suite de l'histoire du pays, ce fut souvent cette classe dirigeante de Samarie (qui serait mieux nommée « les Samariens ») qui entra en conflit avec les chefs juifs de Jérusalem. La plus grande partie de la population des zones rurales et des petites villes de l'ancien royaume du Nord continuait probablement d'être constituée d'Israélites de souche. En fait, le texte de 2 R 17 ne nous donne donc pas d'informations directes sur la communauté cultuelle centrée sur le mont Garizim, que le Nouveau Testament appelle les « samaritains ».

Par conséquent, il est difficile pour un historien de passer de 2 R 17 et de sa description tendancieuse de l'histoire israélite après la destruction du royaume du Nord à l'apparition des samaritains comme groupe religieux distinct, quelques siècles avant Jésus. Nos sources nous donnent peu de données brutes sur la situation dans l'ancien royaume du nord durant la plus grande partie de la souveraineté assyrienne, babylonienne et perse en Palestine (c'est-à-dire du VIIIe au IVe siècle avant notre ère). Ce que l'on peut dire, c'est que rien n'indique l'existence d'un groupe cultuel identifiable aux samaritains ou d'un quelconque « schisme » entre un tel groupe et Jérusalem. Même si les détails historiques précis de la réforme religieuse du roi Josias de Juda (qui régna de 640 à 609 avant notre ère) font encore l'objet de débats entre exégètes, il semble clair que les tentatives de ce roi pour ramener les Israélites du nord vers le Temple de Jérusalem ne se heurtèrent pas à un culte rival à Sichem ou à un groupe cultuel qui pourrait être assimilé aux samaritains de l'époque du Nouveau Testament.

D'ailleurs, le livre du Deutéronome, en tout ou en partie, semble avoir joué un rôle important dans les réformes de Josias, et ce livre constituait la dernière partie du Pentateuque samaritain. En outre, dans le Deutéronome, le mont Garizim est mentionné (11, 29 ; 27, 12) sans aucune censure ou remarque désobligeante. En fait, dans ces deux passages, le mont Garizim est associé à la prononciation rituelle positive des bénédictions (27, 12) et le mont Ébal, en face, à la prononciation rituelle des malédictions (27, 13). Il est clair que le « schisme » supposé entre les samaritains et les adorateurs de Yahvé à Jérusalem n'a pas encore eu lieu, lorsque le Deutéronome est écrit (si ce schisme a jamais existé). Il est également éloquent d'observer l'attitude constante des prophètes du Sud avant, pendant et après l'exil à Babylone (par exemple, Isaïe, Jérémie, Ézéchiel, Aggée et Zacharie). Dans les écrits qui leur sont attribués est exprimé l'espoir d'une restauration et d'une union des deux royaumes d'Israël et de Juda. Cette espérance est en contradiction avec toute idée d'une contamination permanente et irrévocable des tribus du Nord par une religion non juive polythéiste ou syncrétiste. Est également absente de ces écrits prophétiques toute allusion à « dix tribus perdues » de l'Israël du Nord, exilées de leur pays par les Assyriens (idée présente par contre dans *4 Esd* 13, 40, écrit datant de la fin du Ier siècle de notre ère).

Après la destruction de Jérusalem et l'exil des chefs du royaume de Juda, au sud, par les Babyloniens (587-586 avant notre ère) et après l'autorisation accordée à certains Judéens (c'est-à-dire « Juifs ») de revenir à Jérusalem sous la domination perse qui suivit (la souveraineté de Cyrus sur Babylone commença en 539-538 avant notre ère), on nous parle de l'activité déployée par Néhémie et Esdras pour rebâtir les murs et le Temple de Jérusalem et pour dissoudre les mariages mixtes entre Juifs et non-Juifs [139]. Dans cette entreprise, ils s'affrontent à l'opposition de divers adversaires, y compris des autorités exerçant la souveraineté politique en Samarie. Ce qui est raconté dans les livres d'Esdras et de Néhémie est embrouillé, et les problèmes chronologiques soulevés sont très complexes.

En fait, rien n'atteste clairement que l'opposition à laquelle ont dû faire face Néhémie et Esdras à diverses périodes du Vᵉ siècle avant notre ère (voire également du IVᵉ siècle) venait principalement d'un groupe religieux centré autour du mont Garizim et connu comme étant les samaritains [140]. C'est la manière dont les Juifs et les chrétiens en sont venus plus tard à lire et à raconter cette histoire qui a fait des samaritains la principale source de cette opposition (ainsi, par exemple, Josèphe dans *Ant.* 11.2.1-2 § 19-30 et 11.4.3-9 § 84-119). Mais, en s'appuyant sur le troisième Isaïe, Aggée, Zacharie, Néhémie et Esdras, les historiens modernes discernent par contre des querelles intestines entre divers groupes juifs du sud, notamment entre les Juifs qui étaient revenus de l'exil à Babylone et les Juifs qui étaient restés en Judée. À ces dissensions venaient se surajouter la mésentente entre les chefs juifs de Jérusalem et les gouvernants locaux de Samarie, qui se comportaient en agents de leurs suzerains perses. Ce qu'il faut remarquer, c'est que le groupe auquel le Nouveau Testament donne le nom de « samaritains » est totalement absent des récits de l'Ancien Testament qui racontent ces controverses.

Certains exégètes affirment que, pendant cette obscure période perse, un rai de lumière est projeté sur les samaritains par les papyri du Vᵉ siècle provenant de la colonie juive d'Éléphantine en Égypte. Afin de demander de l'aide pour leur propre Temple, qui avait été détruit, ces Juifs égyptiens envoyèrent des lettres à Bagoas, gouverneur et donc agent impérial de Judée, et à Delaiah et Shelemiah, les fils de Sânballat, gouverneur de Samarie, agent lui aussi de l'empire perse. Cette correspondance ne dit rien d'un « schisme » qui aurait déjà eu lieu entre les Juifs et les gens de Samarie et ne parle pas non plus de « samaritains », entendus en un sens religieux. Comme le fait remarquer R. J. Coggins, la ville de Samarie, à laquelle est envoyée la lettre (en même temps qu'à Jérusalem), fut un centre de pouvoir politique local, mais ne fut jamais le centre de la religion ou du sacerdoce samaritain. C'est le mont Garizim, près de Sichem, qui a tenu ce rôle [141].

Il n'y a pas non plus beaucoup d'éclairage à attendre de ce que raconte Josèphe sur l'origine du Temple samaritain à la fin de la période perse et sur les tractations des prêtres juifs et samaritains avec Alexandre le Grand [142]. Ces récits sont mêlés d'éléments légendaires ; aussi les historiens sont-ils divisés sur ce qui pourrait bien en être sauvegardé comme données historiques [143]. Certains auteurs suggèrent que, lors de la destruction de la ville de Samarie par Alexandre à cause d'une révolte contre sa souveraineté, de nombreux habitants se réfugièrent à Sichem, qui fut effectivement rebâtie vers 331 avant notre ère [144]. Cela a pu alors conduire à ce que Sichem devienne un centre religieux de la religion samaritaine qui commençait à émerger. Mais il nous faut admettre que nous sommes là surtout dans le domaine de la spéculation. Ces tentatives pour esquisser les origines du « samaritanisme » nous laissent frustrés ; la leçon essentielle à en tirer est peut-être que l'on doit soigneusement et constamment faire la distinction entre les « Samariens », c'est-à-dire les habitants et les gouvernants de la ville et du territoire qui portent le nom de Samarie, et les « samaritains », c'est-à-dire les adeptes d'un groupe religieux centré autour du mont Garizim-Sichem. Si l'on fait bien cette distinction, l'examen des témoignages disponibles ne fait que souligner notre ignorance des origines de la religion samaritaine avant la période hellénistique.

Avec toute cette incertitude, il n'est pas étonnant que les exégètes divergent sur le moment où les samaritains en sont venus à bâtir leur Temple sur le mont Garizim et sur la manière dont cela s'est fait. Certains (par exemple, Abram Spiro, Bo Reicke) situent l'événement vers la fin de la période perse, aux environs de 388 avant notre ère [145]. D'autres préfèrent une date plus tardive dans le IVe siècle, peu de temps après le début de la période hellénistique inaugurée par Alexandre le Grand [146]. Jusqu'à maintenant, le site exact du Temple samaritain sur le mont Garizim a échappé aux archéologues ; certains exégètes pensent que le site cultuel devait être beaucoup plus modeste que ce que l'on attendrait à la lecture des commentaires de Josèphe. À cet égard, il est bon de se souvenir que les traditions samaritaines insistent sur la sainteté du mont Garizim et sur l'autel que Moïse avait soi-disant ordonné d'y construire, et non sur un édifice-temple en tant que tel. Cela contraste avec l'Ancien Testament et les traditions juives ultérieures qui se focalisaient sur le Temple construit sur le mont Sion [147].

Dans cette ligne, il est intéressant de remarquer que le premier texte juif, deutérocanonique, à faire clairement allusion aux samaritains (sans cependant utiliser ce nom) ne fait pas mention d'un temple samaritain. Ce texte fortement polémique, Si 50, 25-26, se trouve à la fin du livre de Ben Sira (si on ne tient pas compte du chapitre 51, avec ses problèmes de critique textuelle). En Si 50, 25-26, le texte hébreu conservé dans le manuscrit B nous donne à lire un distique en forme de proverbe numérique [148] : « Il y a deux nations *[gôyîm]* que mon âme déteste, la troisième n'est pas [même] un peuple *['am]* : les habitants de la montagne de Séïr [= Édom], les Philistins, et la nation stupide *[gôy nābāl]* qui demeure à Sichem [149]. »

Le texte hébreu renferme un certain nombre de problèmes philologiques. Par exemple, doit-on presser le sens de *nābāl* (« stupide ») jusqu'à lui donner le sens de quelqu'un qui se rebelle contre Dieu ou qui dénie l'existence et la puissance du vrai Dieu, ce qui impliquerait que l'utilisation d'un sanctuaire rival par les samaritains correspondrait à un rejet effectif du vrai Dieu d'Israël ? Ou encore, doit-on voir dans ce texte la distinction, habituelle dans les textes juifs plus tardifs, entre *gôyîm* entendus comme « gens des Nations » et *'am* entendu comme le peuple élu d'Israël ? En tout cas, en mettant ceux qui demeurent à Sichem dans la même catégorie que les Édomites et les Philistins, ennemis traditionnels d'Israël, le texte de Si 50, 25-26 entend apparemment dénier aux samaritains toute revendication à faire partie d'Israël, le peuple élu de Dieu. Peut-être Ben Sira partage-t-il l'opinion du rédacteur final de 2 R 17, selon laquelle, on l'a dit, les samaritains sont une race mêlée qui pratique une religion polythéiste. Comme nous l'avons déjà vu, Josèphe est parfaitement d'accord avec cette tendance, qu'il souligne en donnant aux samaritains le nom de « Chuthéens », c'est-à-dire peuple de la région de Kuta, une des populations non juives implantées sur place par le roi d'Assyrie après la chute du royaume du Nord, Israël (voir 2 R 17, 24) [150].

Pendant la période hasmonéenne et au-delà, on continue d'écrire des choses quelque peu confuses sur les samaritains et leur attitude religieuse. En 2 M 6, 2 (cf. 5, 23) par exemple, il nous est dit que, sous la pression des mesures d'hellénisation du monarque séleucide Antiochus IV (175-164 avant notre ère), les samaritains acceptèrent l'influence hellénistique dans leur sanctuaire en donnant à leur Temple le nom de *Zeus Xenios* (Zeus l'ami des étrangers) [151]. Le texte ne dit pas explicitement que ce sont les samaritains qui ont pris l'initiative de demander ce nom pour leur Temple. On ne sera pas surpris de trouver chez Josèphe, dans *Ant.* 12.5.5 § 257-264, une version des événements plus hostile aux samaritains : ces derniers dénient toute parenté et toute similitude avec les Juifs et demandent de leur plein gré à Antiochus IV que leur Temple jusque-là anonyme reçoive le nom de *Zeus hellēnios* (le Zeus grec). La réalité historique pourrait simplement être de cet ordre : les samaritains, se sentant en fâcheuse position, n'ont pas résisté aux mesures d'hellénisation d'Antiochus avec le même zèle que celui manifesté par Judas Maccabée et ses partisans. En tout cas, après le triomphe des chefs hasmonéens sur les Séleucides, les relations entre les samaritains et les Juifs allèrent de mal en pis. Dans leur ambition, les souverains hasmonéens étendirent leur territoire et y inclurent la Samarie ; mais, contrairement aux populations locales d'autres régions (par exemple, l'Idumée), les samaritains refusèrent que le judaïsme de Jérusalem mette la main sur eux. La détérioration des relations atteignit un sommet au cours du règne du monarque hasmonéen et grand prêtre Jean Hyrcan, qui détruisit le sanctuaire samaritain du mont Garizim en 128 avant notre ère et la ville de Sichem vers 107 [152]. À partir de ce moment, les relations entre samaritains et Juifs connurent une extrême tension, même si les fluctuations de l'histoire les ont parfois amenés à des contacts mutuels plus amicaux.

Ce coup d'œil sur une histoire obscure et embrouillée devrait au moins nous apprendre à éviter des affirmations simplistes, aussi bien populaires que savantes. Par exemple, des auteurs discutent souvent du moment où le « schisme » entre les samaritains et le judaïsme a eu lieu. Les commentateurs plus circonspects rejettent à juste titre l'idée d'une seule rupture à un moment donné. Ils préfèrent parler d'une dérive progressive ou d'une série de ruptures qui ont alterné avec des rapprochements occasionnels et temporaires. Mais on doit se demander si le concept même de « schisme » est ici approprié. Ce mot suppose une unité ou une union originelle. Si nous parlons de samaritains et de *Juifs*, nous devons nous demander en quel sens ces deux groupes ont jamais été unis. Et nous sommes ramenés à notre problème initial de terminologie et de définitions. Les « Juifs » (*Ioudaioi* en grec, *yĕhûdîm* en hébreu, *yĕhûdā'în* en araméen) tiennent leur nom de la tribu de Juda et du territoire désigné sous le nom de Judée dans la période hellénistique et romaine (*Ioudaia* en grec, *yĕhûdâ* en hébreu, *yĕhûd* en araméen) [153]. Après l'exil à Babylone au VIe siècle avant notre ère, certains des « Juifs » qui avaient été exilés de Judée en Babylonie sont retournés dans leur pays d'origine en Palestine, avec l'intention précise, pour beaucoup d'entre eux, de reconstruire le Temple sur le mont Sion. Sur place, ils se trouvèrent en interaction avec d'autres gens originaires de Judée qui n'avaient pas été contraints à l'exil ; les rapports entre eux ne furent pas toujours heureux [154]. Si l'on comprend l'expression « Juifs palestiniens » comme désignant la communauté ethnique, géographique et religieuse qui a résulté de ces événements et de cette interaction et si l'on considère les pratiques et les croyances religieuses distinctives de cette communauté comme constitutives du « judaïsme palestinien », alors les samaritains, qui étaient issus d'une certaine manière de tribus de l'Israël du nord (très vraisemblablement Éphraïm et Manassé) et dont la religion était centrée sur le sanctuaire du mont Garizim, n'ont jamais appartenu au groupe que nous qualifions de Juifs palestiniens et n'ont jamais pratiqué la religion correspondante que nous appelons judaïsme. Conformément à leur situation historique et à la compréhension qu'ils ont d'eux-mêmes, les samaritains, dans leurs actes religieux essentiels, se reconnaissent comme « Israël » mais pas comme « Juifs » [155].

Une meilleure manière d'imaginer la façon dont se présentaient les choses au moment du tournant de l'ère chrétienne est peut-être alors celle-ci : le samaritanisme et le judaïsme étaient l'un comme l'autre des formes modernes de l'ancienne religion d'Israël, une religion palestinienne qui croyait au Dieu Yahvé et lui rendait un culte en tant que Dieu unique d'Israël, selon les prescriptions contenues dans les cinq livres de Moïse. Au cours des siècles, cette religion avait développé des pratiques distinctives, telles que la circoncision des nouveau-nés, l'interdiction de manger du porc, l'observance du septième jour comme jour de repos, une insistance sur la nécessité d'avoir un sanctuaire central, qui rassemblait les gens pour des célébrations annuelles de fêtes spéciales (par exemple, les fêtes de la Pâque, de la Pentecôte, des Tentes). Ce noyau central de la religion d'Israël a connu divers traumatismes, transformations et développements sous les assauts et les influences des empires assyriens, babyloniens, perses et hellénistiques.

Au cours des derniers siècles avant l'ère chrétienne, bien qu'à différents moments et de diverses manières, le samaritanisme et le judaïsme ont émergé du creuset de toute cette ébullition historique comme les deux expressions majeures de l'ancienne religion d'Israël, de l'ancien culte de Yahvé. Aucune des deux religions n'était directement dérivée de l'autre et aucune ne s'était détachée de l'autre [156]. Il n'y a pas eu un unique et définitif moment de schisme [157]. D'ailleurs, en un sens réel, il n'y a pas eu de schisme du tout. Cela permet d'expliquer l'étrange symbiose de ces deux formes plus récentes de l'ancienne religion d'Israël, qui vivaient parfois dans une violente opposition mutuelle et qui tentaient parfois des rapprochements précaires [158].

C'est au cœur de cette situation confuse et fluctuante du Ier siècle de notre ère qu'il nous faut placer les quelques textes évangéliques qui parlent des relations de Jésus avec les samaritains. Mais avant de nous lancer dans cet examen, il nous faut porter attention à un point. À partir de ce que nous avons vu, nous pouvons déjà exclure la présentation de la religion samaritaine du Ier siècle de notre ère qui en fait une sorte de polythéisme syncrétiste combiné avec des éléments juifs. Bien loin d'être polythéistes dans leur pratique ou leur croyance, les samaritains représentaient plutôt une expression conservatrice de la religion israélite ; ils étaient plus rigoureux que nombre de Juifs dans leur observance du sabbat et plus méfiants devant les innovations religieuses ; ce dernier trait pourrait en partie expliquer leur restriction du canon des livres sacrés au seul Pentateuque. Pour ce qui est du syncrétisme, au regard neutre de l'historien des religions, les samaritains n'apparaîtraient probablement pas plus syncrétistes que leurs voisins juifs ou, plus tard, chrétiens, dans le monde méditerranéen oriental.

D. Les problèmes des textes évangéliques

Les évangiles canoniques offrent relativement peu de matériaux concernant Jésus et les samaritains. Ce qu'ils nous présentent est fondamentalement en accord avec ce que nous connaissons par les sources extérieures au Nouveau Testament. Mais en même temps, les passages des évangiles qui parlent des samaritains n'ajoutent rien d'essentiellement nouveau à ce que nous savons d'eux par ailleurs. En outre, comme l'indiquent de nombreuses études exégétiques, les références évangéliques aux samaritains peuvent nous en dire davantage sur la situation de l'Église primitive dans l'accomplissement de sa mission en Palestine que sur le Jésus historique [159]. La meilleure manière d'avoir une vue d'ensemble de ce que ces références peuvent nous dire, le cas échéant, sur les relations de Jésus et des samaritains est de passer rapidement en revue chaque évangile ou chaque source évangélique [160].

1. Les mots « Samarie » et « samaritains » sont totalement absents de Marc et de la tradition Q, nos deux plus anciennes sources écrites de matériaux évangéliques. Cela peut déjà en soi nous indiquer que l'interaction

entre Jésus et les samaritains fut probablement peu considérable. Ce point est indirectement confirmé par Matthieu.

2. Dans Matthieu, le mot « samaritains » ne se trouve que dans le commandement négatif adressé par Jésus aux Douze au début du discours missionnaire (Mt 10, 5b-6) : « Ne prenez pas le chemin des “gens des Nations” et n’entrez pas dans une ville de samaritains *[eis polin samaritōn mē eiselthēte]* ; allez plutôt vers les brebis perdues de la maison d’Israël. » On ne peut pas prouver de façon absolue que ce logion est un produit de l’Église primitive ; dans ce cas, il aurait pu être créé par des Juifs chrétiens au conservatisme strict, qui s’opposaient à l’élargissement de la mission aux samaritains et aux « gens des Nations ». Mais en même temps, affirmer que ces mots viennent du Jésus historique se heurte à un certain nombre de difficultés.

(a) Tel qu’il est, le discours missionnaire de Matthieu (10, 5-42) est une création de Matthieu lui-même, qui a amalgamé les discours missionnaires trouvés dans Marc et dans la tradition Q. (C’est là un lieu commun de l’exégèse du Nouveau Testament, qui peut assez facilement être démontré en comparant les discours missionnaires de Mc 6, 7-11 ; Mt 10, 5-42 ; Lc 9, 3-5 et Lc 10, 2-12 [161].) Mais l’interdiction d’une mission vers les « gens des Nations » et les samaritains, telle qu’elle est formulée dans Mt 10, 5b-6, ne se trouve pas dans la forme du discours que donnent Marc ou la tradition Q. C’est donc manifestement Matthieu lui-même qui a introduit cette interdiction dans des discours missionnaires dont il a hérité et qu’il a combinés entre eux. Par conséquent, l’interdiction d’entrer dans une ville samaritaine doit venir soit du travail de création rédactionnelle de Matthieu, soit de sa tradition particulière M.

(b) Pour argumenter en faveur d’une interdiction qui serait purement et simplement une création matthéenne, on pourrait s’appuyer sur un logion parallèle présent plus loin dans l’évangile. En 15, 24, Matthieu insère une déclaration négative similaire, dans une version retravaillée du récit marcien de la femme syro-phénicienne qui supplie Jésus d’exorciser sa fille (Mc 7, 24-30). (À vrai dire, la femme syro-phénicienne du récit de Marc devient une femme cananéenne dans la version de Matthieu [15, 21-28].) C’est seulement dans la forme matthéenne du récit (dans Mt 15, 24) que Jésus se décrit lui-même en des termes rappelant l’ordre qu’il a donné aux Douze dans Mt 10, 6 : « Je n’ai été envoyé qu’aux brebis perdues de la maison d’Israël. » Étant donné que Mt 15, 24 est non seulement une insertion faite par Matthieu dans le récit marcien mais aussi manifestement le résultat de l’activité créatrice de Matthieu dans sa reprise de cette péricope marcienne, on peut dès lors soupçonner qu’il en va de même pour l’insertion de Mt 10, 5b-6 au sein des traditions du discours missionnaire venues de la tradition Q et de Marc. Pourtant, l’affaire est loin d’être claire. La présence en 10, 5b-6 d’un certain nombre de mots ou d’expressions rares fait hésiter. L’expression « sur le chemin des “gens des Nations” » *(eis hodon ethnōn)* se trouve seulement ici dans le Nouveau Testament et la locution « une ville de samaritains » *(polin*

Samaritōn) n'est pas ailleurs dans Matthieu. Il est donc possible, probable même pour certains, que l'on ait affaire à une tradition M, reprise par Matthieu dans sa rédaction, en fonction de ses propres objectifs [162].

(c) En tout cas, le logion de Mt 15, 24, au moins, devrait être considéré comme non historique dans son contexte actuel. En effet, nous avons déjà estimé, pour d'autres raisons, que le récit marcien sous-jacent sur la femme syro-phénicienne ne remonte pas au Jésus historique ; a fortiori doit-il en être de même pour ce que la rédaction matthéenne ajoute au récit [163].

Ce qui vient d'être dit ne permet pas de prouver avec certitude que Mt 10, 5b-6 est une création de l'Église primitive. La charge de la preuve incombe à la personne qui voudrait affirmer que cette directive missionnaire remonte au Jésus historique. À mon avis, ce logion est plus vraisemblablement le produit d'un groupe de la première génération chrétienne qui s'opposait à un élargissement de la proclamation de l'évangile à d'autres groupes que des Juifs. Encore faut-il noter ici un paradoxe important. Si le logion de Mt 10, 5b-6 peut ne pas être « authentique » au sens où il aurait été dit par le Jésus historique, il est peut-être cependant « authentique » en un sens plus large. Je m'explique. Si l'on met de côté la question de l'intention de son (ou de ses) créateur(s), le logion semble refléter fidèlement ce qui s'est effectivement passé pendant le ministère public : ni Jésus ni aucun de ses disciples immédiats n'a accompli une mission officielle, à valeur programmatique, auprès des samaritains *en tant que groupe*, sur le modèle du type de mission qu'ils ont accompli auprès de leurs compatriotes juifs de Galilée et de Judée. Nous devons en outre prendre bonne note de l'opinion significative supposée par Mt 10, 5b-6 : les samaritains ne sont pas des « gens des Nations », mais ils n'appartiennent pas non plus à « la maison d'Israël » (et ne font même pas partie des Israélites qui sont considérés comme « perdus »). Ainsi, le logion de Mt 10, 5b-6, qui vient probablement de Juifs chrétiens de la première génération de l'Église, rend bien compte du statut ambigu et de la marginalité des samaritains aux yeux des chrétiens et des Juifs du Iᵉʳ siècle de notre ère.

Le fait que Jésus n'entreprenne pas de mission en bonne et due forme auprès des samaritains en tant que groupe n'exclut pourtant pas la possibilité pour lui d'avoir des rencontres occasionnelles avec certaines personnes samaritaines ou de faire allusion à ces gens, comme nous le voyons précisément dans les évangiles de Luc et de Jean. Néanmoins, même s'ils font davantage référence aux samaritains, Luc et Jean ne doivent pas forcément être considérés comme fiables en tant que sources pour les relations du Jésus historique avec les samaritains. De tous les auteurs du Nouveau Testament, Luc (explicitement) et Jean (implicitement) sont les seuls à faire allusion à une prédication de l'évangile aux samaritains dans les premiers jours de l'Église (voir Ac 1, 8 ; 8, 1.5-25 ; 15, 3 ; cf. Jn 4, 35-38). La possibilité d'une relecture de l'histoire chrétienne transposée dans le ministère public de Jésus est donc tout à fait réelle.

3. Luc mentionne les samaritains dans des passages narratifs sur Jésus et dans des paroles de Jésus [164].

(a) Dans les matériaux narratifs, on trouve la guérison des dix lépreux, dont l'un se révèle être un samaritain (Lc 17, 11-19). En réalité, c'est seulement dans la seconde moitié du récit que le seul bénéficiaire de la guérison à revenir remercier Jésus est dit être un samaritain (v. 16b). Dans le volume II, j'ai fait remarquer que l'opposition entre la démarche de reconnaissance d'un seul samaritain et l'attitude blasée des neuf autres (vraisemblablement juifs) pouvait apparaître comme une anticipation de la manière dont Luc racontera la diffusion de l'Évangile chrétien dans les Actes des Apôtres : la persécution des chrétiens à Jérusalem conduira à entreprendre une mission en Samarie (Ac 8, 2-25) [165]. La vision schématique de Luc, selon laquelle de nombreux Juifs rejettent l'Évangile alors que quelques habitants de Samarie au moins l'accueillent, pourrait être préfigurée dans cette distinction faite par le récit des dix lépreux : le samaritain est le seul à avoir la foi (*pistis*, v. 19) et il est ainsi le seul à être non seulement guéri physiquement (*iathē* [v. 15], comme le furent les neuf autres) mais à être également sauvé spirituellement (au sens symbolique fort de *sesōken* [v. 19]). À mon avis, le récit des dix lépreux est le fruit de la tradition L plutôt qu'une pure création lucanienne et il n'est pas simplement un remaniement ou une variante de la guérison du lépreux de Mc 1, 40-45. Mais, étant donné les nombreuses résonances chrétiennes et en particulier lucaniennes présentes dans Lc 17, 11-19, je ne pense pas que les détails du récit puissent remonter avec certitude au Jésus historique. Cela ne veut pas dire non plus que les détails viennent à coup sûr de l'Église primitive ; cela veut simplement dire qu'on s'en tient au verdict frustrant mais fréquent de *non liquet* (ce n'est pas clair).

(b) L'autre élément narratif lucanien consiste en une brève allusion, au début du grand voyage de Jésus vers Jérusalem, une montée qui, dans le déroulement narratif de Luc, occupe l'ensemble des chapitres 9 à 19 et tient ainsi une place de premier plan dans la composition de l'évangile [166]. À peine Jésus a-t-il commencé ce voyage décisif, il nous est dit (9, 52-53) qu'il cherche à entrer dans un village de samaritains ; mais ceux-ci refusent de l'accueillir « parce qu'il faisait route vers Jérusalem [pour la fête de la Pâque] ». À tout le moins, ce verset laisse affleurer la concurrence entre les sanctuaires rivaux du mont Garizim et du mont Sion, qui étaient l'un et l'autre la destination des pèlerins pour la Pâque. Les disciples Jacques et Jean réagissent à ce refus avec colère en faisant une proposition aussi zélée que violente (v. 54) : « Seigneur, veux-tu que nous ordonnions au feu de descendre du ciel et de les consumer ? » Jésus réplique en réprimandant ses disciples vindicatifs et non le village inhospitalier. Puis il solutionne le problème de manière pragmatique en partant pour un autre village (v. 55-56). (Il n'est pas dit si cet autre village est habité par des samaritains, au sens religieux de la dénomination. Dans cette section de son évangile, Luc manifeste une connaissance de la géographie palestinienne pour le moins précaire.)

En soi, il n'y a rien d'improbable dans ce récit : nous voyons les bouillants « fils du tonnerre » (c'est ainsi que sont désignés Jacques et Jean dans Mc 3, 17, même si cette désignation n'est pas dans Luc) se heurter au Jésus miséricordieux. Pour le moins, la cohérence est un argument en faveur de l'historicité de l'épisode ; et différents commentateurs détectent un substrat lucanien sous la rédaction de Luc [167]. Mais on peut avoir des doutes en raison de la présence et de la fonction de ce récit dans la composition d'ensemble de Luc, à un moment capital au plan de la rédaction. Nous nous trouvons au commencement solennel de l'ensemble narratif du grand voyage de Luc ; et les versets 51-55 résonnent de toutes sortes d'allusions vétérotestamentaires et de thèmes clés lucaniens : « Or il advint, comme s'accomplissait le temps où il [Jésus] devait être enlevé, qu'il durcit sa face pour prendre le chemin de Jérusalem ; et il envoya des messagers devant sa face. S'étant mis en route, ils entrèrent dans un village de samaritains [168] [...] » Il ne faut pas oublier que Luc construit ici son texte à partir d'un schéma marcien et que, dans Marc (comme en Matthieu), ce voyage final se fait apparemment en traversant la Pérée au-delà du Jourdain, pour remonter ensuite vers Jérusalem en passant par Jéricho ; c'était l'itinéraire habituel pour les pèlerins juifs qui voulaient éviter l'hostilité des samaritains [169]. Certes, il reste possible que l'épisode raconté dans Lc 9, 52-56 ait effectivement eut lieu au cours d'un autre voyage aller ou retour de Galilée à Jérusalem (comme, par exemple, dans Jn 4) [170]. Mais la forte créativité rédactionnelle présente dans Lc 9, 51-55 laisse planer des doutes et, une fois encore, nous en restons au *non liquet* en ce qui concerne ce passage.

(c) La référence la plus célèbre de Luc aux samaritains se trouve dans la parabole du bon samaritain (10, 30-37). Nous entrons là dans le problème beaucoup vaste qui consiste à essayer de déterminer si une parabole isolée, dépourvue d'attestation multiple de sources, remonte au Jésus historique ou si elle est le produit de l'Église primitive. Nous reviendrons sur ce problème dans un chapitre ultérieur. Certains critiques, comme Gerhard Sellin, ont soutenu que Luc avait lui-même créé la parabole du bon samaritain, ainsi que le dialogue entre Jésus et un légiste, qui en constitue le cadre [171]. Si Sellin a raison, il n'est pas fondé d'utiliser la parabole pour comprendre les idées du Jésus historique. Toutefois, la position de Sellin repose sur un certain nombre d'opinions personnelles, qui vont de la structure et de la classification des diverses formes de paraboles aux idées théologiques de Luc sur la Loi mosaïque. Or ces opinions personnelles sont pour le moins discutables. Avec de nombreux critiques, je vois davantage de vraisemblance dans cette autre possibilité : même si, dans sa forme finale et dans l'emplacement qu'elle occupe au sein du troisième évangile, la parabole du bon samaritain manifeste le style rédactionnel et la théologie de Luc, elle n'est pas purement et simplement une création de Luc, mais elle remonte à sa tradition particulière L [172]. Le dialogue introductif entre un légiste et Jésus sur le double commandement de l'amour (Lc 10, 25-29) semble être le fruit de la réélaboration par Luc d'une tradition qui se trouve également dans Mc 12, 28-34 // Mt 22, 34-40. Les exégètes discutent de la nature exacte de la source utilisée par Luc (Marc ? Q ? L ?). En tout cas, on ressent un certain décalage entre l'introduction et la parabole : Luc éprouve le besoin de remodeler une tradition plus ancienne pour en faire une introduction qui puisse convenir à la parabole du bon samaritain et, malgré cela, cette introduction n'est pas parfaitement ajustée à ce qu'elle est censée introduire. Ce décalage indique probablement que la parabole elle-même est une tradition plus ancienne, reprise par Luc et retravaillée en fonction son projet théologique et littéraire plus vaste. Il est difficile de dire si la parabole remonte au Jésus historique, bien que la piété et le sentiment chrétien, sinon des arguments critiques péremptoires, aillent certainement dans ce sens [173].

Même si nous acceptions que l'essentiel de la parabole remonte à Jésus, que nous dirait-elle exactement du Jésus historique et des samaritains historiques ? Dans cette parabole, Jésus parle d'un samaritain pour le mettre au service de sa stratégie habituelle de renversement des attentes de son auditoire rempli d'autosatisfaction : un homme pauvre, blessé (vraisemblablement un Juif venant de Jérusalem, où il a peut-être participé au culte du Temple), reçoit de l'aide non pas d'un prêtre ou d'un lévite juif (ministres du Temple de Jérusalem), mais d'un samaritain méprisé (qui, par définition, rejette le Temple de Jérusalem). Dans le contexte lucanien, la parabole permet de redéfinir (ou, mieux, elle refuse de définir) qui est le prochain de quelqu'un (10, 29). Implicitement, la parabole nous dit ceci : le « compagnon », que le livre du Lévitique nous ordonne d'aimer (Lv 19, 18), n'est pas seulement le compagnon membre de notre communauté religieuse ou ethnique, mais tous et chacun des êtres humains dans le besoin [174]. Explicitement pourtant, la parabole ne s'achève pas sur une définition du prochain de quelqu'un, mais bien sur une injonction d'agir comme un proche envers toute personne dans le besoin. En tout cas, la parabole du bon samaritain est un appel à manifester pitié et compassion envers tous les membres souffrants de notre communauté humaine, sans tenir compte des barrières religieuses ou ethniques. Bien que ce ne soit pas sa visée première, la parabole suppose que Jésus déplore les relations hostiles entre les samaritains et les Juifs de son temps (une idée confortée par l'épisode de Lc 9, 52-56). À vrai dire, même si tout cela est vrai, nous ne sommes pas beaucoup plus avancés. Nous en restons avec une donnée assez mince : même sans avoir entrepris de mission formelle auprès des samaritains, Jésus a porté sur eux un regard bienveillant [175].

4. Dans Jean, comme dans Luc, nous avons un récit sur des relations de Jésus avec les samaritains et un logion mentionnant les samaritains.

(a) Le récit est la rencontre bien connue de Jésus avec la femme de Samarie, au puits (Jn 4, 4-42). Nous sommes ici confrontés, à grande échelle, au problème des relations entre la tradition, la rédaction et un possible noyau historique. Aucun exégète ne peut le nier, le récit, tel qu'il est en Jean 4, reflète la théologie de Jean et sa manière de structurer un récit pour le mettre au service de cette théologie. L'ensemble du texte fait apparaître des thèmes théologiques typiques de Jean et un vocabulaire johannique caractéristique [176]. Un procédé de structuration de l'ensemble du récit est particulièrement flagrant ; c'est ce que nous pourrions appeler une « christologie de la rencontre ». Comme dans d'autres pages du quatrième évangile (le regroupement des premiers disciples, dans Jn 1, 35-51 ; l'homme aveugle qui se met progressivement à voir qui est vraiment Jésus, en 9, 1-39), une personne (ou un groupe de personnes) qui n'a pas rencontré Jésus auparavant vient « buter » sur lui, se débat pour comprendre et pour formuler l'identité de ce maître étrange et décline toute une série de descriptions et de titres, habituellement classés avec soin dans un ordre ascendant. Cela se vérifie tout à fait avec la femme de Samarie : guidée par Jésus, elle accomplit un parcours spirituel en plusieurs étapes : elle part d'une première désignation inamicale de Jésus, « toi, un Juif » (4, 8), passe par le dénominatif *kyrios* (« monsieur » ou « seigneur » en 4, 11.15), par une question ironique dans laquelle elle lui demande s'il est plus grand que le patriarche Jacob (4, 12) et par l'affirmation qu'il est un prophète (4, 19), pour faire enfin, devant Jésus et devant ses compatriotes samaritains, la suggestion la plus haute, quoique encore hésitante, à savoir que ce Juif pourrait être le messie attendu (4, 25 et 29). Après avoir eux-mêmes rencontré Jésus, les samaritains concluent cette composition christologique en forme de récit par un chœur final d'acclamation : « c'est vraiment lui le sauveur du monde » (4, 42). De manière judicieuse, au beau milieu du récit, au cours d'un interlude au sein de l'action, Jésus semble faire prophétiquement allusion à la mission future de l'Église primitive auprès des samaritains (4, 31-38 ; cf. Ac 8) [177].

On est ainsi invité à la prudence si l'on veut prétendre que derrière cette magnifique composition théologique, qui préfigure si bien la mission chrétienne auprès des samaritains, se trouve un événement particulier de la vie du Jésus historique. Cependant, quoi qu'il en soit de la possible réalité événementielle sous-jacente, ce qui est frappant c'est que Jean 4 est, dans le Nouveau Testament, le passage le plus explicite et le mieux informé concernant les samaritains. Par exemple, il y a bien un puits au pied du mont Garizim. L'évangéliste a probablement tout à fait raison quand il nous fait savoir que les samaritains et les Juifs n'utilisent pas les mêmes ustensiles (v. 9, avec une allusion indirecte aux règles du pureté) [178]. À juste titre, le récit laisse aussi penser qu'il devait être très insolite pour un homme juif de parler à une femme samaritaine (avec une allusion possible à des soupçons concernant l'état d'impureté rituelle des femmes samaritaines et leur morale dissolue [179]). Constatation plus significative encore et cas unique dans le Nouveau Testament, il est fait explicitement mention de la concurrence entre le culte samaritain sur le mont Garizim (bien que le nom lui-même ne soit pas prononcé) et la vénération juive pour Jérusalem et son Temple (v. 20) [180]. Malgré tout le prétendu anti-judaïsme de l'évangile de Jean, c'est dans ce récit que Jésus est le plus directement identifié comme « Juif » (pour le distinguer d'un autre groupe religieux monothéiste de sémites palestiniens) et qu'il justifie clairement la position que doivent tenir les Juifs vis-à-vis des samaritains sur l'endroit approprié pour l'adoration publique et communautaire de Dieu (« nous [Juifs] adorons ce que nous connaissons », v. 22). Jésus résume même sa vision juive des choses concernant les samaritains dans cette déclaration lapidaire : « Le salut vient des Juifs ». On est en droit de penser que ce n'est pas là une pure et simple création rédactionnelle de l'évangéliste, spécialement connu pour sa polémique contre « les Juifs ». En outre, nous voyons la femme de Samarie attendre un messie prophète, maître ou révélateur de toutes choses (v. 25) ; cette attente est une confirmation, pour le Ier siècle, de ce que nous apprennent les sources samaritaines ultérieures : les samaritains attendaient un personnage eschatologique appelé le *Taheb*. Le Taheb n'était pas une figure royale davidique, mais davantage un prophète-maître-révélateur comme Moïse (cf. Dt 18, 15.18) [181]. En somme, comme dans beaucoup d'autres passages narratifs du quatrième évangile, nous avons l'impression d'entendre dans Jean 4 une tradition primitive judéo-chrétienne, fort bien informée sur la situation dans la Palestine du Ier siècle. Que ces matériaux remontent ou non en partie au Jésus historique, le passage de Jean 4 nous permet d'augmenter de façon importante ou de confirmer notre connaissance fragmentaire des samaritains du Ier siècle de notre ère [182].

(b) Dans Jn 8, 48 enfin, nous avons un logion qui emploie le mot « samaritain ». Toutefois, le mot n'est pas ici prononcé par Jésus mais par ses adversaires. C'est en fait une insulte qu'ils lui lancent au cours d'un violent échange d'invectives : « N'avons-nous pas raison de dire que tu es un samaritain et que tu as un démon ? » Cette insulte pourrait renvoyer aux origines prétendument illégitimes des samaritains (et donc indirectement à la naissance prétendue illégitime de Jésus [183]) ; mais elle fait plus vraisemblablement allusion aux pouvoirs prétendument magiques des samaritains (par exemple, Simon le magicien, Dosithée), qui, dans ce logion, sont attribués à leur fréquentation d'agents démoniaques. James D. Purvis donne une explication claire et ingénieuse de ce point, en le situant dans le contexte plus large de la polémique qui se développe au long du chapitre 8 [184]. Il propose de voir dans la double insulte prononcée par les adversaires de Jésus une réaction à deux déclarations faites auparavant par Jésus : (1) l'accusation portée par Jésus contre les Juifs quand il leur a dit qu'ils ne sont « pas de Dieu » (8, 47) et « pas des enfants d'Abraham » (8, 39-40), accusation qui devait ressembler à celle que des *samaritains* adressaient à des Juifs, et (2) la prétention de Jésus à être d'origine céleste ou divine (« d'en haut ») et donc « pas de ce monde » (8, 23), une prétention qui a amené ses adversaires à l'accuser d'être possédé par un *démon*. En 8, 49, c'est significatif, le Jésus johannique pense suffisant de répliquer à la double accusation de ses adversaires par une seule dénégation : « Je n'ai pas de démon. » Il est donc clair que, dans l'esprit de l'évangéliste, l'accusation d'être un samaritain et celle d'être un possédé sont deux manières différentes de dire la même chose désobligeante. Une grande partie du débat de Jean 8 reflète la polémique entre la communauté johannique et les Juifs ou les chrétiens d'origine juive à la fin du Iᵉʳ siècle de notre ère [185]. Quelle que soit donc l'historicité précise de cette controverse, le logion de 8, 48 exprime le dédain habituel avec lequel les Juifs pratiquants regardaient les samaritains.

Au bout du compte, il nous faut admettre que nous avons bien peu de données solides concernant les relations de Jésus avec les samaritains ou ses idées à leur égard [186]. Il y a au mieux, dans les traditions lucanienne et johannique, une attestation multiple du fait que Jésus portait un regard bienveillant sur les samaritains, même quand cette attitude n'était pas réciproque, et que, ce faisant, il prenait le contre-pied des idées typiques des Juifs de son époque. En outre, Luc et Jean laissent penser que Jésus a eu des rencontres positives, bien qu'occasionnelles, avec des samaritains particuliers. Mais, que ce soit par des affirmations explicites ou par un silence éloquent, tous les évangiles s'accordent sur le fait que, au cours de la vie de Jésus, il n'y a pas eu de mission officielle à valeur programmatique auprès des samaritains.

3. Les scribes

Je dois commencer cette section par un aveu. Si on s'intéresse aux scribes juifs dans ce chapitre, c'est en raison de la nécessité de corriger des idées fausses qui circulent à leur sujet [187]. En réalité, les scribes n'ont rien à faire dans un chapitre ou un livre traitant des relations de Jésus avec différents groupes religieux juifs, parce que les scribes, *dans leur compétence de scribes*, ne formaient aucun groupe religieux dans le judaïsme palestinien du temps de Jésus ni n'appartenaient à aucun groupe particulier. C'est pourtant la conception erronée qu'on se fait souvent d'eux, une idée fausse qui s'enracine dans la manière dont les décrivent les évangiles synoptiques et, à un degré moindre, les écrits rabbiniques ultérieurs. À la lecture des synoptiques, beaucoup de chrétiens ont eu l'impression que les scribes étaient par définition un groupe unifié de gens qui avaient étudié officiellement la Loi mosaïque dans le détail [188], qui étaient donc des experts reconnus pour les questions religieuses, morales et légales et qui, pour cette raison, avaient une grande influence dans la société et exerçaient un pouvoir politique, notamment en ayant des représentants qui siégeaient au sanhédrin de Jérusalem, aux côtés des chefs du sacerdoce et des anciens du laïcat. Sous sa forme la plus extrême, cette façon d'envisager les choses suppose, sans le démontrer, que tous les scribes étaient des spécialistes de la Tora (autrement dit des sages, des rabbis ou des sophistes) et que tous les spécialistes de la Tora étaient scribes. Curieusement, la fonction essentielle du scribe, celle qui consiste à écrire et à copier des documents est souvent minimisée ou oubliée.

Ce portrait est tout à fait simpliste, surtout parce qu'il oublie que, dans le monde méditerranéen antique, le mot « scribe » couvrait une large palette de significations. Ce mot servait à désigner divers personnages, du haut en bas de l'échelle sociale, éducative et politique. Il pouvait signifier des fonctions différentes selon les époques et les lieux. Comme le suggère Anthony Saldarini, notre société actuelle offrirait une dénomination ambiguë équivalente avec le mot « secrétaire »[189]. Ce terme peut désigner aujourd'hui soit l'employé de base qui prend des notes dans les réunions et les saisit sur ordinateur dans un petit local de l'entreprise, soit l'homme de confiance bien payé, assistant du directeur général de la même entreprise ; ou bien le haut fonctionnaire qui fait partie du conseil d'administration de l'entreprise aussi bien que le modeste employé de bureau de la ville, de l'État ou du gouvernement fédéral ; ou encore le secrétaire d'État qui a rang de ministre, comme, par exemple, le secrétaire d'État des États-Unis d'Amérique, qui est le quatrième dans l'ordre de succession si le président venait à mourir au cours de son mandat. Il n'est pas possible de définir en une seule phrase ce que signifie le mot « secrétaire » toujours et partout aujourd'hui. De la même manière, il n'est pas possible de définir en une seule phrase ce qu'était un scribe dans le monde méditerranéen ancien en général ou dans la Palestine du Ier siècle en particulier.

Pour comprendre le concept de scribe dans le monde antique, il faut partir du concept d'écriture[190]. Dans le monde méditerranéen ancien, seul un petit nombre de gens était capable de lire un document long et compliqué ; et il y en avait encore moins à pouvoir écrire un tel texte. Écrire de longs documents, ce qui est autre chose que d'inscrire son nom sur un document ou d'écrire quelques lignes de notes rapides, relevait d'une réelle compétence et demandait un long temps d'apprentissage. Aussi était-ce une profession distincte. Dans une société primitive de type agricole, elle était sans doute peu utile ; mais elle le devint de plus en plus quand se sont progressivement développées les villes, les transactions commerciales à grande échelle, les organisations militaires, les institutions pédagogiques et religieuses, la bureaucratie gouvernementale et, bien sûr, la collecte des impôts. Au fur et à mesure que ces besoins se faisaient jour, des scribes écrivaient, copiaient, en vue d'enregistrer des données pour les impôts et les contrôles militaires, des annales pour les archives du gouvernement, des textes religieux sacrés pour les temples et, le cas échéant, des œuvres littéraires pour l'élite cultivée[191].

Selon les temps et les lieux, on pouvait trouver des scribes aux différents niveaux de l'échelle sociale. Dans les villages, on comptait parmi eux des scribes peu instruits, qui rédigeaient des contrats de mariage ou d'autres enregistrements légaux et la correspondance personnelle des villageois illettrés. Parfois, leur activité de scribe pouvait leur fournir seulement un emploi à temps partiel ; aussi devaient-ils avoir d'autres moyens de subsistance. Ces scribes devaient être également des intermédiaires naturels, quand les villageois avaient affaire à des gens de l'administration plus haut placés dans le gouvernement. Dans les sociétés plus développées, des scribes ont pu faire partie de la classe administrative moyenne, au sein des institutions gouvernementales et religieuses. Dans les grandes villes, la demande a pu être assez forte pour permettre à certains scribes de s'installer comme professionnels privés pour l'écriture et la copie de documents. Les cours royales et l'organisation des temples importants ont pu permettre à des scribes de parvenir à un statut social élevé et d'avoir un pouvoir politique au moins indirect, en conseillant les souverains, en exécutant les ordres du gouvernement, en entreprenant des missions diplomatiques, en faisant passer des messages d'un fonctionnaire à un autre et en participant à l'éducation des enfants de l'élite. Le sacerdoce et le laïcat ont dû être représentés dans des cercles supérieurs de scribes.

Dans l'Israël ancien d'avant l'exil à Babylone, les principaux lieux d'activité des scribes devaient naturellement être la cour royale, l'armée et le Temple (ou les temples du royaume du nord). Il a pu y avoir, à Jérusalem et ailleurs, des écoles pour l'apprentissage du métier de scribe, mais on n'en a pas de témoignage direct. Le scribe le plus connu de la période préexilique est Baruch, l'ami et secrétaire du prophète Jérémie. Appelé *sōfēr* (« scribe ») en Jr 36, 26.32, Baruch nous montre des liens étonnants entre l'activité de prophète et celle de scribe, dans le contexte plus large du palais royal et du Temple de Jérusalem. D'ailleurs, l'empreinte d'un sceau retrouvée sur une archive royale laisse entendre que Baruch était peut-être scribe royal et membre d'une éminente famille de scribes [192].

Dans la période de la souveraineté perse en Judée après le retour de l'exil à Babylone, l'activité de scribe fut probablement limitée pour une grande part aux administrations du gouvernement et du Temple à Jérusalem, et celles-ci étaient loin d'être énormes. Le scribe juif le plus célèbre du début de la période postexilique, au moins du point de vue des livres d'Esdras et de Néhémie, fut le prêtre et chef de communauté Esdras. Les exégètes discutent pour savoir si le titre de « scribe » appliqué à Esdras signifie qu'il avait un statut bien défini dans les structures gouvernementales perses (peut-être même gouverneur ?) [193]. Il est vrai que le livre d'Esdras le décrit comme le principal fonctionnaire local au plan civil et au plan religieux ; mais certains critiques voient dans son statut, qui combine les rôles de scribe et de prêtre, une rétroprojection du statut de prêtres-scribes plus tardifs de la période du second Temple. Quoi qu'il en soit, Esdras était au moins un érudit et un maître de la Loi mosaïque, qui eut une grande influence sur la communauté juive de Jérusalem, au moment où celle-ci se débattait pour reconstruire la ville et son temple. Dans la Jérusalem postexilique, comme le montre l'exemple d'Esdras, les fonctions de prêtre-lévite, de chef de communauté et de scribe se recouvraient parfois ; mais il y avait sans doute aussi des laïcs parmi ces scribes. De manière plus précise, Esdras représente un cas frappant de scribe qui cumulait les fonctions de haut fonctionnaire civil, celles de chercheur et de maître en matière de Loi et celles de prêtre exerçant une fonction de chef de la communauté cultuelle (sans être grand prêtre !).

Il va sans dire que ce serait une erreur de considérer le cas particulier d'Esdras comme représentatif des scribes juifs palestiniens de la période postexilique en général [194]. Cependant, la création, la transmission et la canonisation progressive du Pentateuque mosaïque a dû donner au moins à certains scribes juifs de Palestine une aura et un rôle particuliers, qui n'avaient pas leur équivalent dans le monde gréco-romain. Apparemment, le statut des scribes a de nouveau changé en Palestine au cours de la période ptolémaïque, lorsque les souverains hellénistiques d'Égypte ont gouverné la Judée. Surtout en raison des réformes administratives de Ptolémée II Philadelphe, la part de la bureaucratie locale augmenta de manière significative ; cette réorganisation créa une demande de plus en plus forte de scribes, non seulement à Jérusalem mais aussi dans les bourgades et les villages [195]. La population de Jérusalem n'était plus la seule à avoir davantage besoin de documents ; il en était de même pour les populations des petites villes et de la campagne. Le statut et l'influence des scribes dans la société palestinienne s'en trouvèrent naturellement accrus.

C'est dans ce contexte d'accroissement de l'activité des scribes et de l'influence hellénistique que l'on peut le mieux comprendre un personnage comme Jésus Ben Sira, l'auteur du livre deutérocanonique (apocryphe) du Siracide (écrit vers le début du IIe siècle avant notre ère). C'était un ambassadeur cultivé qui avait beaucoup voyagé, un spécialiste de la Loi, un défenseur de la tradition de sagesse d'Israël et un maître de la jeunesse issue de la haute société de Jérusalem [196]. Dans Si 38, 24 – 39, 11, il fait du scribe un portrait idéal, dans lequel il mêle le sage, le spécialiste de la Loi, le fonctionnaire gouvernemental, l'enseignant et tout particulièrement l'homme religieux et saint, profondément attaché au Temple et à son sacerdoce ; bref, c'est l'archétype du Juif cultivé qui mène la vie d'homme pieux. Nous avons là le développement et l'exaltation religieuse de l'idée (et de l'idéal) du scribe, une conception qui devait être en grande partie inintelligible à un public non juif, grec ou romain, pour lequel un scribe était habituellement un écrivain-copiste professionnel ou un bureaucrate de niveau inférieur ou moyen.

Il est sûr que la plupart des scribes juifs palestiniens n'ont pas été des auteurs d'ouvrages religieux importants comme Ben Sira et n'ont sans doute pas incarné pleinement le portrait idéal peint par Ben Sira ; mais beaucoup d'entre eux avaient pour tâche de copier et de transmettre des documents sacrés pour les générations de Juifs qui les ont suivis. Certains de ces scribes au moins ont dû être en situation de devenir des maîtres religieux et des meneurs dans des groupes de Juifs pieux qui se consacraient à l'étude minutieuse et la pratique méticuleuse de la Loi. Au cours de la révolte maccabéenne (167-164 avant notre ère), quelques scribes profondément religieux se sont engagés dans la résistance aux mesures d'hellénisation prises par le roi syrien Antiochus IV Épiphane. Ils ont pu être associés au groupe mal défini connu sous le nom d'hassidéens (1 M 2, 42 ; 7, 12-14), bien que les textes ne soient pas clairs sur ce point [197]. Dans 2 M 6, 18-31, on nous raconte la noble résistance du scribe Éléazar, grand par l'âge et par l'influence exercée, qui préféra la torture et le martyre au reniement de la Loi mosaïque [198].

L'aura religieuse qui commençait à entourer le personnage du scribe juif de Palestine prit encore plus de rayonnement dans certains cercles apocalyptiques, comme on peut le voir dans le livre de Daniel, dans *1 Hénoch*, dans les fragments de Qumrān du *Livre des géants*, dans *4 Esdras* et dans *2 Baruch* [199]. Dans *1 Hénoch*, Hénoch est appelé deux fois « le scribe de justice » (12, 4 ; 15, 1) et assume à la fois les fonctions de prophète et de maître de sagesse. Dans la perspective apocalyptique, un scribe (comme Hénoch, Esdras ou Baruch) n'est pas seulement un écrivain ou un leader au plan religieux ou social, mais, de manière bien plus importante, quelqu'un qui reçoit, garde et enseigne la révélation apocalyptique, un auteur de littérature apocalyptique, un sage et un prédicateur qui annonce la repentance et les malheurs à venir, à Israël, au monde entier et aux puissances angéliques. Cela n'a rien à voir avec un copiste de contrats de mariage dans un village. Dans cette manière mouvante et toujours plus large de comprendre un scribe, la seule constante se trouve dans ce pouvoir rare, vénéré et parfois presque magique d'écrire de longs documents, dont des textes à portée religieuse ou même ésotérique. Alors qu'il a pu être un sage autant qu'un prophète, Jésus n'était décidément pas un scribe [200].

Il est frappant de voir la différence entre cette conception judéo-palestinienne du scribe idéal (que ce soit dans Ben Sira ou dans *1 Hénoch*) et la signification habituelle du mot scribe dans la littérature judéo-hellénistique, qui était fortement orientée vers le monde gréco-romain plus large. Par exemple, l'auteur de la *Lettre d'Aristée* (probablement écrite à Alexandrie au IIe siècle avant notre ère) et Josèphe mentionnent tous deux des Juifs cultivés et sages de leur époque qui étudiaient et enseignaient la Loi. Mais, conformément à l'usage gréco-romain, ils ne donnent pas à ces personnages vénérés le nom de scribe. Pour eux, le titre de scribe, appliqué à des personnes de leur temps, désigne des copistes, des secrétaires ou des bureaucrates du gouvernement et non des sages érudits et vénérables [201]. De ce point de vue, l'emploi du mot par les évangiles synoptiques (le texte original de l'évangile de Jean ne mentionne jamais les scribes [202]) reflète davantage le milieu de la Palestine juive que celui du monde gréco-romain plus large. Néanmoins, cet emploi synoptique ne nous fournit guère une description entièrement exacte et différenciée des scribes du temps de Jésus. En raison de leurs objectifs théologiques majeurs, les synoptiques ont tendance à présenter les scribes juifs comme un groupe homogénéisé de maîtres de la Loi et de chefs de communautés, unis dans leur opposition à Jésus, même si, nous le verrons, il y a quelques exceptions à la règle et quelques variations stylistiques entre les évangélistes. Passons à l'examen des trois évangiles synoptiques.

Marc trace un portrait de base des scribes, qui sera repris par Matthieu et Luc avec des modifications mineures. Selon Marc, qui joue sur les deux pôles de la Galilée et de Jérusalem, les scribes sont surtout associés à Jérusalem et sont donc du côté de l'opposition à Jésus. Au cours du ministère public, les scribes hostiles décrits par Marc viennent de Jérusalem ou y résident (3, 22 ; 7, 1.5 ; les prédictions de la passion en 8, 31 ; 10, 33). Les passages de 3, 22 et 7, 1.5 donnent l'impression d'une sorte de commission d'enquête envoyée de Jérusalem pour mettre en cause ou contrer l'activité de Jésus en Galilée. On n'est donc pas surpris de voir que, lors de la venue de Jésus à Jérusalem à la fin de son ministère public, ses rapports avec les scribes, présentés aux côtés des autres chefs juifs, sont presque entièrement négatifs. On trouve cet affrontement dans deux contextes : les récits de controverse de Jérusalem (11, 18.27 ; 12, 28.32 [ces deux versets étant les seules allusions positives à un scribe dans l'ensemble de l'évangile] ; 12, 35.38) et l'ensemble narratif de la passion (14, 1.43.53 ; 15, 1.31). Par contre, dans tout l'évangile de Marc, on ne trouve que quelques mentions de scribes résidant clairement en Galilée (peut-être 1, 22 ; 2, 6.16 ; la localisation géographique de 9, 11.14 n'est pas claire).

Dans les deux contextes, les scribes de Marc sont censés être des maîtres instruits dans la Loi mosaïque et (ou) des fonctionnaires qui jouissent d'autorité et de prestige dans la société juive. Marc présume peut-être que cette science et cette autorité sont liées à l'aptitude professionnelle des scribes à écrire des textes ; mais, curieusement, cela n'est jamais explicitement dit ni par Marc ni par aucun autre évangéliste [203]. Marc n'assimile pas purement et simplement les scribes aux pharisiens : cela est indiqué par Mc 2, 16, dont la leçon textuelle la plus vraisemblable parle des « scribes des pharisiens », c'est-à-dire des scribes professionnels qui appartenaient au parti des pharisiens et qui y enseignaient [204]. On peut en déduire que d'autres partis juifs devaient également avoir leurs scribes, bien que Marc ne le dise jamais franchement. Comme nous l'avons noté plus haut, les scribes sont habituellement décrits comme hostiles à Jésus, tandis que, dans Mc 1, 22, il est dit que Jésus enseigne le peuple avec autorité « et non pas comme les scribes » ; cela suggère à première vue que les scribes juifs n'ont pas d'autorité réelle pour enseigner [205]. Une chose est à remarquer : alors que nous sommes dans le premier chapitre de l'évangile et que les scribes ne sont pas encore effectivement entrés en scène, Marc éprouve le besoin de lancer cette attaque préventive, afin de dénier aux scribes juifs toute autorité pour enseigner. Cette polémique pourrait impliquer que, parmi les Juifs connus de Marc ou de sa tradition, il y avait au moins quelques scribes à jouir de cette autorité [206]. Comme un mauvais présage, tôt dans le ministère public, en 2, 6-7, les scribes jugent déjà que Jésus a blasphémé ; c'est sur ce chef d'accusation que Jésus sera finalement condamné par le sanhédrin de Jérusalem, dont font partie les scribes (14, 64). La polémique contre les scribes et leur manque d'autorité pour enseigner, qui refait surface à différents points du ministère public, trouve son équivalent, tout à la fin du ministère public, lorsque Jésus fait une critique mordante du comportement religieux ostentatoire des scribes ; selon lui, cette attitude ne fait que masquer leurs pratiques d'exploitation des plus démunis (Mc 12, 38-39).

Cette tonalité de polémique chrétienne résonne encore dans l'ensemble narratif marcien de la passion, mais sur un registre différent. Les scribes sont mentionnés aux côtés des chefs des prêtres et (parfois) des anciens ; avec eux, ils complotent de faire mourir Jésus et ils constituent l'une des trois parties du sanhédrin (supposé) de Jérusalem, devant lequel Jésus est mis en jugement. Ces scribes de Jérusalem sont donc censés exercer un pouvoir politique et religieux important à Jérusalem, sous l'autorité suprême du gouverneur romain, naturellement. Étant donné cette description très largement hostile des scribes, il est étonnant que Marc rapporte un récit dans lequel un scribe bienveillant est d'accord avec Jésus sur la question des deux plus grands commandements de la Loi (Mc 12, 28-34). C'est l'unique péricope qui va à contre-courant de la tendance fondamentale de Marc en particulier et de la tradition synoptique en général ; elle remonte très vraisemblablement à une tradition primitive et peut-être même à un événement réel de la vie de Jésus. Sa présence dans l'évangile de Marc peut également indiquer que les relations de la communauté de Marc (à Rome ?) avec le judaïsme ne sont pas rompues au point que Marc ne puisse concevoir qu'un scribe juif soit d'accord avec l'enseignement de Jésus sur la manière appropriée de situer l'amour de Dieu et l'amour du prochain dans la Loi de Moïse (à l'inverse du parallèle matthéen !) [207].

Le portrait des scribes juifs dressé par Matthieu correspond essentiellement à celui de Marc, bien que la palette soit, s'il est possible, encore plus sombre [208]. Dès le récit de l'enfance, dans un passage qui préfigure l'ensemble narratif de la passion (2, 4-5), les scribes agissent en tant qu'interprètes officiels de la Loi, aux côtés des grands prêtres de Jérusalem. Il n'échappe pas à Matthieu que, dans ce récit, la compétence des scribes est mise au service du roi Hérode, qui utilise leur science pour tenter de mettre l'enfant Jésus à mort. Le rôle que joueront finalement les scribes de Jérusalem dans la mort de Jésus est ainsi préfiguré au début de l'évangile.

Toutefois, pour Matthieu, ce sont les pharisiens bien plus que les scribes qui sont les adversaires par excellence de Jésus au cours du ministère public. Dans certains passages, Matthieu substitue les pharisiens aux scribes mentionnés dans la tradition marcienne dont il a hérité (voir Mt 9, 11 // Mc 2, 16 ; Mt 9, 34 et 12, 24 // Mc 3, 22 ; Mt 21, 45 // Mc 12, 12 [cf. 11, 27] ; Mt 22, 34 // Mc 12, 28). Mais cela n'empêche pas les scribes de fonctionner comme opposants durant le ministère public, surtout lorsqu'ils sont en compagnie des pharisiens. Ainsi, les pharisiens qui, dans Mc 8, 11, demandent un signe deviennent, dans Mt 12, 38, « quelques-uns des scribes et des pharisiens ». Le fait que l'autre version matthéenne du même épisode, dans Mt 16, 1, attribue aux personnes qui posent la question l'identité de « pharisiens et sadducéens » révèle bien la tendance de Matthieu à brouiller les distinctions entre les groupes juifs, dans le but de construire son « front uni de chefs juifs » contre Jésus [209].

Le brouillage des lignes de démarcation devient encore plus manifeste dans la rédaction matthéenne de la grande liste de malédictions du chapitre 23. Le catalogue de malédictions de Matthieu vise indistinctement « les scribes et les pharisiens » (23, 13.15.23.25.27.29 : cf. 23, 2 et aussi 5, 20 ; 12, 38 et [dans l'ordre inverse] 15, 1), tandis que le catalogue équivalent de Lc 11, 42-53 (qui reflète probablement la tradition Q originale) fait la distinction entre les pharisiens et les légistes, comme deux groupes séparés [210]. Matthieu répète comme un refrain cette dénomination de « scribes et pharisiens » en différents points du ministère public, ce qui pourrait donner l'impression d'une totale identification des deux groupes. Mais Matthieu ne fait jamais explicitement cette assimilation [211], peut-être parce que, nous le verrons plus loin, Matthieu a connaissance de l'existence de scribes chrétiens, alors qu'il ne connaît pas de pharisiens chrétiens. Cependant, chaque fois que les scribes sont associés aux pharisiens au cours du ministère public, ils sont vus sous un jour négatif.

Tout aussi négatif est le rôle des scribes dans les récits de controverse de Jérusalem et dans l'ensemble narratif de la passion de Matthieu, bien que les scribes n'y soient pas aussi souvent cités parmi les chefs que chez Marc. Le plus souvent, Matthieu parle seulement des chefs des prêtres et des anciens. À première vue, cela pourrait amener le lecteur moderne à supposer que Matthieu a une meilleure perception que Marc des réalités politiques du temps de Jésus : à Jérusalem, sous Pilate, les chefs sacerdotaux et les aristocrates laïques (les anciens) étaient les principaux acteurs politiques, les scribes jouant simplement un rôle de soutien. Mais une autre interprétation serait possible : la manière de faire de Matthieu pourrait dénoter sa tentative de ne pas attribuer aux scribes une pleine responsabilité dans la mort de Jésus. Pourtant, ces approches semblent toutes deux peu probables. Parfois, Matthieu présente lui aussi les scribes aux côtés des chefs des prêtres (ou de Caïphe) et des anciens comme l'une des trois composantes constitutives du sanhédrin (26, 57 et 59 ; 27, 41 ; cf. les prédictions de la passion en 16, 21 ; 20, 18). Le fait qu'il omette les scribes dans certains passages hérités de Marc pourrait donc être simplement une question de variation stylistique, qui n'aurait pas trop de signification au plan de la théologie et de l'histoire [212]. Après tout, c'est Matthieu qui, contrairement à Marc, dispose explicitement les trois groupes au pied de la croix, en train de se moquer de Jésus ; de la sorte, il reconstitue sur le Golgotha le sanhédrin hostile. En outre, en 21, 15, Matthieu ajoute une scène dans laquelle les chefs sacerdotaux et les scribes s'insurgent contre les miracles accomplis par Jésus dans le Temple et contre les cris des enfants qui le proclament Fils de David. Dans l'évangile de Matthieu, les scribes demeurent donc des opposants, même si leur mise en avant comme groupe distinct est quelque peu atténuée en comparaison de la présentation de Marc. Tous ces changements réalisés intentionnellement par Matthieu sont des exemples clairs de sa conception des scribes : il en a une vision fortement symbolique, théologique et polémique. On n'est donc pas étonné de voir le changement opéré par Matthieu en 22, 35 : le dialogue rapporté par Marc entre le scribe bienveillant et Jésus à propos du plus grand commandement de la Loi devient chez Matthieu une question hostile posée par un pharisien (qui, dans de nombreux manuscrits grecs, est appelé légiste [213]). Apparemment, Matthieu a de la difficulté à concevoir un scribe juif qui, au cours de l'affrontement final à Jérusalem, puisse exprimer un accord fondamental avec Jésus.

Par un saisissant contraste avec ce qui précède, Matthieu fait par deux fois allusion à l'existence de scribes chrétiens dans sa communauté ou dans sa tradition (13, 52 ; 23, 34). Dans un passage plus ambigu (8, 19-20), Matthieu décrit un scribe qui se propose de suivre Jésus. La réponse tranchante de Jésus sur le prix à payer pour être disciple (« Les renards ont des tanières et les oiseaux du ciel ont des nids [...] ») ne permet pas de déterminer s'il faut voir le scribe sous un jour positif (même naïf, il est sincère) ou sous un jour négatif (il est rejeté pour son manque de consistance) [214]. En tout cas, ces deux (ou trois) allusions positives à des scribes indiquent que, pour Matthieu, le problème qui se pose avec les scribes juifs n'est pas, en fin de compte, qu'ils soient des scribes, mais qu'ils soient des Juifs qui refusent de croire en Jésus. En soi, scribe renvoie à une profession, non à une attitude religieuse ou à un groupe sectaire.

Comme Matthieu, Luc reprend essentiellement le leitmotiv marcien dans sa présentation des scribes juifs, mais avec ses propres variations sur le thème. Comparé à celui de Marc, le portrait des scribes peint par l'évangile de Luc est peut-être plus flou. Au cours du ministère public, les scribes apparaissent régulièrement en compagnie des pharisiens et semblent plus ou moins assimilés à ceux-ci. Dans un style semblable à celui de Matthieu, Luc emploie à maintes reprises la dénomination « les scribes et les pharisiens » ou « les pharisiens et les scribes » [215]. Toujours comme Matthieu et en suivant essentiellement la manière de faire de Marc, Luc associe les scribes aux chefs des prêtres et parfois aux anciens dans le contexte des prédictions de la passion et de l'ensemble narratif de la passion. Cependant, la description n'est pas exactement la même que celle mise en place par Matthieu dans son travail rédactionnel à partir de Marc. Luc complique les choses en introduisant dans son évangile les catégories de « légiste » (*nomikos*, dans le sens d'une personne instruite dans la Loi mosaïque) et « maître [ou docteur] de la Loi » *(nomodidaskalos)* [216]. Étant donné cet emploi flou qui tend à les assimiler l'un à l'autre, il est probable que, pour Luc, ces deux catégories sont plus ou moins équivalentes à celle de scribe [217]. Par exemple, Luc conclut les deux catalogues de malédictions contre les pharisiens et contre les *légistes* par une mention globale des *scribes* et des pharisiens (11, 53). En outre, Luc parle de « pharisiens et légistes » en 7, 30 et 14, 3, et de « pharisiens et docteurs de la Loi » en 5, 17 ; apparemment, ce ne sont là que des variations stylistiques de sa formule plus habituelle « les scribes et les pharisiens », qu'il utilise d'ailleurs quand il reprend l'expression de 5, 17 en 5, 21.

Dans les Actes, Luc transporte la vision globale des scribes qui est la sienne dans son évangile ; mais il y ajoute quelques nouveaux détails. En particulier, au cours du jugement de Paul devant le sanhédrin, Luc indique que certains scribes appartiennent spécifiquement au parti des pharisiens (Ac 23, 9 ; cf. Mc 2, 16) ; on peut donc en déduire que d'autres scribes pourraient appartenir à d'autres partis (dans le contexte immédiat, à celui des sadducéens). Ainsi, au moins dans les Actes, les scribes ne sont pas entièrement assimilés aux pharisiens. Cela se confirme du fait que nous trouvons dans les Actes l'unique allusion lucanienne à un scribe non juif. Dans Ac 19, 35, Luc affiche sa culture gréco-romaine plus vaste en parlant d'un « scribe » d'Éphèse, qui est une sorte de secrétaire de mairie, de greffier ou tout autre type de bureaucrate, en tout cas un genre de scribe très différent de celui que nous voyons dans l'évangile de Luc. De ce point de vue au moins, Luc reflète fidèlement la divergence entre les emplois judéo-palestiniens et gréco-romains du terme.

Cette brève enquête nous amène à conclure qu'il faut se garder de prendre la présentation des scribes dans les synoptiques comme de la simple histoire. Ce qu'on y trouve concernant la nature et les fonctions des scribes est passé au filtre de la théologie et de la polémique chrétiennes et subit peut-être parfois le préjudice d'une ignorance de la situation palestinienne d'avant 70 [218]. Que peut-on dire alors des relations du Jésus historique avec les scribes historiques ? On ne peut parler qu'en termes généraux. Très vraisemblablement, Jésus a dû rencontrer divers types de scribes au cours de ses tournées en Galilée et en Judée et lors de ses séjours à Jérusalem pendant les fêtes. En Galilée, il a pu rencontrer des scribes de village bénéficiant d'une formation très limitée et entrer en discussion avec eux. (On peut se demander si Jésus lui-même n'a pas appris des bases d'hébreu et quelque chose des Écritures hébraïques auprès d'un scribe de village de ce type à Nazareth.) Des scribes plus cultivés pouvaient avoir des emplois privés ou gouvernementaux dans des villes plus grandes comme Capharnaüm, qui était une ville frontière importante pour Hérode Antipas, en raison des taxes à prélever. Dans la mesure où les scribes galiléens instruits et qualifiés étaient, au moins de temps en temps, employés par des Juifs ou des groupes juifs pieux pour copier le Pentateuque ou d'autres manuscrits religieux, certains d'entre eux ont probablement acquis une réputation de connaissance de la Loi et de compétence dans son interprétation. D'un point de vue pratique, lors des réunions religieuses du sabbat (*synagōgai*, dans le sens premier du terme), les scribes devaient être les personnes naturellement appelées à lire et à expliquer les manuscrits sacrés au public présent. Par conséquent, même si tous les scribes ne jouissaient pas d'une grande instruction religieuse ou d'une autorité pour enseigner, certains d'entre eux, surtout ceux qui appartenaient à des groupes de Juifs pieux et zélés (pharisiens ou non) ou qui travaillaient pour eux, devaient avoir une telle réputation. Il est possible que ce phénomène particulier ait été amplifié plus tard par les évangiles, qui l'auraient généralisé en lui donnant un caractère polémique.

Il se peut que Jésus ait rencontré à Jérusalem des scribes encore plus cultivés, qui bénéficiaient d'un statut social éminent et d'une belle aisance matérielle. Là, les scribes devaient avoir de nombreuses opportunités d'emplois, depuis le travail de copie de documents civils et sacrés pour des particuliers jusqu'à des fonctions dans l'administration gouvernementale (y compris judiciaire) ; au niveau local, celle-ci était contrôlée par le grand prêtre, entouré de l'aristocratie sacerdotale et laïque, et surveillée de près par le préfet romain, qui devait avoir besoin de ses propres scribes quand il se déplaçait à Jérusalem pendant les fêtes. Dans la ville sainte en particulier, certains scribes cultivés, dans le prolongement de la tradition de Ben Sira, pouvaient combiner les vocations d'écrivain copiste, de quelqu'un qui étudiait, enseignait et interprétait la Loi mosaïque, de fonctionnaire gouvernemental et de membre, voire de chef, d'un groupe pieux (qui pouvait être un groupe pharisien, mais pas exclusivement). S'il est vrai que, à l'époque de Jésus, les pharisiens étaient surtout concentrés à Jérusalem, il va de soi que les scribes qui appartenaient au mouvement pharisien ou qui en étaient les meneurs devaient également se trouver plus facilement à Jérusalem qu'en Galilée. Il est possible, on l'a vu, que certains des récits de controverse des évangiles remontent effectivement à des événements du ministère public de Jésus ; mais, bien que, plus tard, la trame narrative de Marc ait situé ces affrontements en Galilée, ils ont pu avoir lieu en fait à Jérusalem.

Pareillement, lorsque l'aristocratie sacerdotale et laïque, de concert sans doute avec le préfet romain, s'est arrangée pour faire arrêter Jésus, des scribes ont sûrement dû être impliqués, en particulier lors de l'« audience » juive, aussi informelle que celle-ci ait pu être. Contrairement à l'impression donnée par les synoptiques, les scribes, en tant que groupe, ne siégeaient pas aux côtés du chef des prêtres, Caïphe, et des aristocrates laïques ; ils n'étaient pas un groupe ayant un pouvoir distinct à l'intérieur du sanhédrin qui jugeait Jésus (une vision des choses qui, pour de nombreuses raisons historiques, est très contestable). Des scribes de haut rang pouvaient bien faire partie des conseillers de confiance dont s'était entouré Caïphe (d'où le nom de *synedrion*, au sens général de réunion ou de session) et des secrétaires chargés de prendre des notes ou de rédiger des chefs d'accusation ; mais ils étaient loin de bénéficier d'une autorité politique ou religieuse distincte de celle du grand prêtre ou d'être sur un pied d'égalité avec lui. En ce sens, ils étaient bien sûr des « subalternes », qui, pour leur pouvoir et leurs ressources, dépendaient de leurs riches patrons aristocratiques [219].

On le voit donc, si l'on parle des relations de Jésus avec les scribes juifs de la même façon que l'on parle des relations de Jésus avec les pharisiens, les sadducéens ou les samaritains (ou éventuellement les esséniens), on confond des catégories différentes, au détriment de l'histoire. Au fond, on met sur le même plan des mouvements politico-religieux qui n'existent qu'au sein du judaïsme et en Palestine et une profession largement répandue dans tout le monde méditerranéen ancien, même si celle-ci s'est développée sur des modes particuliers dans le judaïsme palestinien. Il est certes vraisemblable que Jésus a parfois eu affaire à divers types de scribes juifs et qu'il a dialogué ou débattu avec eux. Mais il est totalement faux de dire que les scribes juifs étaient un groupe religieux homogène, qui avait un projet théologique unifié et qui jouissait d'un pouvoir avec lequel il fallait compter, un groupe homogène qui constituait une partie du front uni contre Jésus. Par conséquent, étant donné la tendance des synoptiques à présenter les scribes comme des personnages habituels des discussions avec Jésus ou des complots contre lui, il faut faire très attention de ne pas en appeler à des péricopes évangéliques particulières pour avoir des informations sur des épisodes historiques spécifiques mettant en jeu des relations entre Jésus et des scribes juifs [220].

4. Les hérodiens

Quand on en arrive aux hérodiens, on a l'impression que rarement tant de choses ont été dites à partir de si peu de données du Nouveau Testament [221]. Le mot grec *hērǭdianoi* (= hérodiens) n'apparaît nulle part avant le Ier siècle de notre ère ; et, au Ier siècle, on ne le trouve qu'en Mc 3, 6 (à la fin de la guérison d'un homme à la main desséchée), dans Mc 12, 13 (au début de la question de la monnaie de l'impôt) et dans le passage de Matthieu (22, 16) qui dépend de Mc 12, 13 [222]. En 12, 14, dans son verset parallèle à Mc 3, 6, Matthieu ne reprend pas le terme « hérodiens ». De façon surprenante, malgré tout l'intérêt qu'il porte à la dynastie hérodienne et à son entourage, Luc ne mentionne jamais un groupe nommé les hérodiens. En dépit ou peut-être en raison de cette rareté des données, les théories sur l'identité des hérodiens se sont multipliées au cours des siècles, et les exégètes modernes ont rivalisé avec les Pères de l'Église en imagination et en bizarreries.

Si nous laissons de côté les explications les plus saugrenues (bien qu'il soit difficile de décider quelles théories méritent plus particulièrement ce qualificatif), nous pouvons repérer les options majeures qui ont été proposées pour définir les hérodiens et en établir la liste suivante [223] : (1) une secte religieuse qui prétendait qu'Hérode était le messie, même si les tenants de cette théorie divergent sur l'identité exacte du monarque ainsi désigné, Hérode le Grand (qui régna de 37 à 4 avant notre ère), Hérode Antipas (de 4 avant notre ère à 39 de notre ère), Hérode Agrippa Ier (de 41 à 44 de notre ère) ou Hérode Agrippa II (de 48 jusqu'aux environs de 93) ; (2) de façon moins précise, une secte fondée ou encouragée par Hérode le Grand ; (3) les esséniens ; (4) les sadducéens ou les boéthusiens, ces derniers étant compris comme un groupe en étroite relation avec les sadducéens ou un sous-ensemble de leur parti ; (5) un parti politique qui soutenait un monarque hérodien particulier ou la dynastie hérodienne en général ; (6) des fonctionnaires, des courtisans ou du personnel de service d'Hérode Antipas ; (7) des soldats d'Antipas ; (8) des Juifs qui avaient en aversion la souveraineté romaine directe par les préfets et qui, de ce fait, voulaient que le territoire d'Antipas (ou peut-être celui d'Agrippa Ier avant 41 de notre ère) s'étende aux limites du royaume d'Hérode le Grand tel qu'il existait auparavant ; (9) des partisans du Juif révolutionnaire, Judas le Galiléen (= Judas le Gaulonite, qui mena une révolte en 6 de notre ère), ou plus généralement des opposants extrémistes à la souveraineté romaine ; (10) une confrérie romaine (ou *collegium*) instituée en l'honneur d'Hérode le Grand, sur le modèle des confréries fondées à Rome en l'honneur de divers empereurs après leur mort ; (11) des Juifs qui appartenaient aux tétrarchies du nord de la Palestine, gouvernées à différentes époques par divers membres de la dynastie hérodienne ; (12) des publicains ou des collecteurs de taxes ; (13) les scribes ; (14) un groupe appelé *bĕnê bathyra* (= les fils de la ville de Bathyra) dans des sources rabbiniques. Certaines de ces théories se sont combinées les unes avec les autres, sous diverses configurations et en se référant à divers membres de la dynastie hérodienne. Les choses se compliquent encore du fait que, pour certains auteurs, Marc a historiquement raison de situer les hérodiens à l'époque de Jésus, tandis que d'autres y voient une référence anachronique à des partisans d'Agrippa Ier ou d'Agrippa II [224].

Il n'y a pas grand-chose à dire en faveur de la plupart de ces théories. Ce que nous pouvons faire remarquer c'est que la forme néotestamentaire *hērǭdianoi* (avec sa finale *-ianoi*) n'est pas la forme grecque appropriée pour « hérodiens ». La forme grecque convenable serait plutôt *hērōdeioi*, que nous trouvons une fois (mais une fois seulement) dans Josèphe [225]. La forme trouvée dans le Nouveau Testament semble dérivée d'une forme latine présumée ou théorique *herodiani* (*-iani* est une finale latine usuelle).

Les deux autres cas bien connus de noms grecs de ce type avec finale latine sont *Kaisarianoi* (= le mot latin *Caesariani*, qui, selon les contextes, signifie les troupes de César, ses partisans ou son personnel de service) [226] et *Christianoi* (« chrétiens », dans Ac 11, 26 ; 26, 28 ; 1 P 4, 16, peut-être pour imiter *Hērǭdianoi* ou *Kaisarianoi* et peut-être avec le sens railleur de personnel de service ou esclaves de leur maître, le Christ crucifié). Un autre exemple, quoique moins connu, est *Pompēianoi*, les partisans de Pompée (le Grand) [227]. Il faut bien admettre que ces parallèles venant du début de l'ère chrétienne sont peu nombreux ; mais ils rendent vraisemblable que le mot *hērǭdianoi* pourrait signifier le personnel de service ou les esclaves d'Hérode, ses fonctionnaires ou ses courtisans (des hauts fonctionnaires étant parfois d'anciens esclaves) et, plus généralement, tous les partisans du régime d'Hérode, qu'ils aient appartenu ou non à un groupe organisé ou à un parti [228]. Puisque « Hérode », sur le modèle de « César », est devenu le nom d'une dynastie, le mot lui-même ne permet pas de déterminer de quel Hérode il s'agit.

Les hérodiens, on l'a dit, apparaissent dans deux récits marciens de controverse, dont le premier est en même temps un miracle. Ces deux récits peuvent-ils apporter une lumière supplémentaire sur ce groupe aux contours indécis et sur ses relations possibles avec le Jésus historique ? Les deux épisodes racontés par Marc ont apparemment lieu au cours du ministère public de Jésus (28-30 de notre ère) : la guérison de l'homme à la main desséchée, en 3, 1-6, est située en Galilée assez tôt dans le ministère public, tandis que la question sur la monnaie de l'impôt, en 12, 13-17, est située à Jérusalem, au cours des derniers jours de Jésus. Dans les deux cas, les hérodiens apparaissent inopinément aux côtés des pharisiens bien connus et disparaissent aussi soudainement de la suite de la trame narrative. Dans les deux cas, les pharisiens sont mentionnés d'abord : « les pharisiens tenaient aussitôt conseil avec les hérodiens », en 3, 6, et, en 12, 13, « Ils [vraisemblablement les chefs des prêtres, les scribes et les anciens de 11, 27] lui envoient [à Jésus] quelques-uns des pharisiens et [quelques-uns] des hérodiens ». Dans les deux cas, le groupe des pharisiens et celui des hérodiens sont présentés comme œuvrant ensemble, solidaires dans une inimitié mortelle à l'égard de Jésus.

Les deux récits ont également une dimension politique, voilée ou manifeste. (1) En 3, 6, l'allusion politique est implicite. Dans la mesure où les pharisiens voulaient « faire périr » *(apolesōsin)* Jésus par la peine capitale – nous parlons ici du récit de Marc sans nous prononcer sur l'historicité des événements historiques – ils avaient nécessairement besoin du concours d'Hérode Antipas, qui détenait le pouvoir de prononcer la peine capitale dans sa tétrarchie, constituée de la Galilée et de la Pérée [229]. Étant donné le dessein de mort des pharisiens, leur conspiration avec les hérodiens a tout son sens dans l'univers narratif de Mc 3, 6. (2) La portée politique de la question sur la monnaie de l'impôt est évidente. La loyauté envers Rome devait naturellement être une préoccupation des partisans d'Antipas ou des gens à son service ; le tétrarque tenait son pouvoir de l'approbation de Rome et il finira par le perdre quand Rome le désapprouvera.

Étant donné la tonalité politique des deux récits, si nous devions les considérer comme historiques avec leurs mentions des hérodiens, ces gens seraient davantage à comprendre comme des serviteurs, des courtisans ou des fonctionnaires d'Hérode Antipas. Il n'y aurait pas à s'étonner le moins du monde que Jésus ait retenu leur attention. Après tout, c'était bien Hérode Antipas qui avait emprisonné et exécuté Jean le Baptiste, le mentor de Jésus, simplement parce qu'il le soupçonnait de pouvoir devenir le pivot d'une future révolte [230]. Antipas avait éliminé le danger par une frappe préventive. Pour « ce renard », rien de plus naturel que d'être sur ses gardes face à d'autres prophètes qui, comme Jean, pouvaient devenir un danger potentiel à cause de leur capacité à attirer de grandes foules enthousiastes. Jésus, ex-disciple de Jean, devait être d'autant plus inquiétant que, contrairement au Baptiste, il circulait à travers les villes et villages de Galilée, au lieu de se limiter aux environs du Jourdain. Le fait qu'il parlait régulièrement d'une sorte de royaume à venir ne pouvait que rendre les choses encore plus inquiétantes. Si, au cours du ministère public, les gens du peuple étaient vraiment portés à croire que Jésus était un descendant du roi David, cette croyance devait rendre ses activités positivement menaçantes pour les partisans d'Antipas, qui nourrissait lui-même des espoirs de prendre le titre officiel de roi. Par conséquent, si l'intérêt que les pharisiens portaient à Jésus ou l'opposition qu'ils lui manifestaient devaient être principalement de nature religieuse, le souci des hérodiens devait être essentiellement politique, même si habituellement, dans le judaïsme palestinien du Ier siècle, les deux aspects se recouvraient. La présence des hérodiens dans ces deux récits jouit donc d'une certaine cohérence avec la situation historique en Palestine.

Mais en même temps, l'adroite combinaison d'intérêts religieux et politiques dans ces deux récits devrait déclencher une sonnerie d'alarme dans l'esprit du critique. Marc nous présente un attelage tout à fait inhabituel de pharisiens et d'hérodiens, qui complotent ensemble contre Jésus, au début du ministère en Galilée (3, 6), et qui lui posent ensemble une question, pas longtemps avant son exécution à Jérusalem (12, 13). Est-ce là simplement la manière particulière dont l'évangéliste met en scène ce qu'il considère comme l'opposition unie de groupes religieux et politiques de Juifs palestiniens contre ce prophète et prêcheur non conformiste ? À tout le moins, le placement symétrique de ces deux récits de controverse dans l'évangile de Marc relève davantage de l'art théologique que de la simple histoire. L'association des pharisiens et des hérodiens apparaît une première fois au paroxysme du cycle galiléen de récits de controverse, de questions et d'affrontements, au début du ministère public (Mc 2, 1 – 3, 6), puis, une seconde fois, dans le cycle de Jérusalem de récits de controverse, de questions et d'affrontements, à la fin du ministère public (Mc 11, 27 – 12, 44). Dans un sens large, le front uni des pharisiens et des hérodiens encadre donc le ministère public et annonce ainsi, dès le départ en Galilée, l'opposition fatale des forces religieuses et politiques qui finira par porter ses fruits de mort à Jérusalem. Il s'agit là de polémique théologique marcienne et non de souvenir historique. C'est ce que laisse d'ailleurs entendre l'ensemble narratif marcien de la passion, puisque la tradition primitive de la passion, dont Marc est très proche, n'a pas connaissance de pharisiens et d'hérodiens impliqués dans le jugement et la mort de Jésus.

La fiabilité historique de la première mention de la conspiration des pharisiens et des hérodiens en vue de supprimer Jésus (3, 6) s'affaiblit encore du fait de notre incertitude sur une présence significative des pharisiens en Galilée au début du Iᵉʳ siècle de notre ère ; mais elle s'étiole de manière encore plus radicale du fait que, dans sa forme actuelle (surtout à cause de la présence du verset 6 !), le récit de controverse de 3, 1-6 est difficilement recevable comme événement historique. Comme nous l'avons vu, l'un des aspects remarquables du récit de la guérison par Jésus de l'homme à la main desséchée le jour du sabbat est que, littéralement, Jésus ne *fait* rien[231], c'est-à-dire qu'il n'accomplit aucune action à proprement parler : Jésus ne touche pas l'homme, n'impose pas les mains sur lui, ne le prend pas par la main, ne le met pas debout, comme c'est le cas dans d'autres récits évangéliques de miracles. Jésus se contente de donner oralement deux ordres : l'homme doit se lever à la vue de l'assemblée et il doit étendre la main (v. 3 et 5). Ce faisant, l'homme se retrouve avec sa main guérie. Étant donné que Jésus n'a entrepris aucune activité physique quelle qu'elle soit, il est irréaliste que les pharisiens, même s'ils n'étaient pas d'accord entre eux sur des points précis de l'observance du sabbat, aient pensé pouvoir mettre Jésus à mort simplement pour avoir prononcé des mots de guérison un jour de sabbat. Et une fois que l'on a exclu l'historicité de la soi-disant conspiration mentionnée en 3, 6 (à savoir le projet de mettre Jésus à mort au seul motif qu'il aurait rompu le sabbat en prononçant des paroles), la participation historique des hérodiens à cette conspiration s'exclut par le fait même. L'une des deux apparitions des hérodiens dans Marc s'élimine ainsi en tant que donnée historique.

D'autres considérations secondaires nous amènent également à mettre en doute l'historicité de ces deux épisodes. Par exemple, dans les deux passages, la conjonction des pharisiens et des hérodiens réalisée par Marc se trouve seulement dans un verset introductif (12, 13) ou conclusif (3, 6) ; la combinaison des deux groupes ne joue aucun rôle dans le corps de chacun des récits. D'ailleurs, dans le cadre plus large des deux cycles de récits de controverse, cet assemblage ne vient de nulle part et disparaît aussitôt. Que l'on attribue ces versets d'encadrement à la main de Marc ou à celle d'un collecteur prémarcien de récits de controverse (3, 6 conclut l'ensemble du cycle de controverses de 2, 1 – 3, 6), ils sont généralement considérés comme des constructions rédactionnelles [232]. Il est donc difficile de justifier que la conjonction des pharisiens et des hérodiens, présente seulement dans ces deux versets d'encadrement composés par un rédacteur, remonte aux formes originales de ces récits, tels qu'ils circulaient comme unités isolées dans la tradition orale, pour ne rien dire de possibles événements historiques sous-jacents à la tradition orale. Comme nous l'avons déjà vu, il est clair que ce n'est pas le cas en 3, 6. À mon avis, même s'il est impossible d'en être certain, le verset de Mc 12, 13 se comprend mieux si on le voit comme un cas similaire de création rédactionnelle par Marc, qui instaure ainsi une symétrie entre ses deux cycles de récits de controverse en Galilée et à Jérusalem [233]. Comme on l'a fait remarquer plus haut, même s'il n'y a pas d'invraisemblance à imaginer un front commun des pharisiens et des hérodiens lors des derniers jours de Jésus à Jérusalem, une telle conjonction de forces n'a pas d'impact perceptible ni même d'écho dans le compte rendu marcien de la passion.

Je n'ai pas l'intention, bien sûr, de nier l'existence d'un groupe de gens de service, de fonctionnaires et d'autres partisans autour d'Hérode Antipas, un groupe que nous pouvons légitimement, avec Marc, qualifier d'« hérodiens ». L'emploi unique de la dénomination similaire *hērōdeioi* par Josèphe (bien que, dans la *Guerre des Juifs* 1.16.6 § 319, il parle d'Hérode le Grand) peut fournir un argument d'analogie pour rendre vraisemblable l'existence d'un groupe portant ce nom au temps d'Hérode Antipas [234]. En outre, comme nous l'avons déjà noté, Hérode Antipas a dû, selon toute vraisemblance, se faire du souci à propos de Jésus et il a dû essayer d'en apprendre davantage sur lui ou même tenter d'agir contre lui. Malgré leurs tendances rédactionnelles, Marc et Luc pourraient bien faire écho à une réalité historique, quand ils font allusion l'un et l'autre à l'intérêt malsain porté à Jésus par Hérode Antipas (Mc 6, 14-16 ; Lc 9, 7-9 ; 13, 31-32 ; 23, 6-12 ; cf. 8, 3 ; Ac 13, 1). Antipas aurait même pu chercher à utiliser son personnel de service et ses alliés pour espionner Jésus, s'opposer à lui et le discréditer en public ; les systèmes d'espionnage étaient très courants dans l'empire romain du Ier siècle. Il est pour le moins vraisemblable qu'Antipas ait été vigilant et ne soit pas resté sans réagir. Il se peut même que cette vraisemblance ait influencé Marc dans sa construction dramatique.

Je ne crois donc pas nécessaire de nier par principe que, au cours du ministère public, des « hérodiens », au sens de partisans, fonctionnaires ou serviteurs d'Antipas, aient pu parfois débattre avec Jésus ou lui tendre oralement des pièges. Mais la question précise qui se pose à nous est de savoir si Mc 3, 6 et 12, 13 nous fournissent quelque information historique spécifique sur des épisodes particuliers qui auraient impliqué Jésus et les hérodiens. Tout bien considéré, la présence d'hérodiens comme acolytes des pharisiens précisément dans le verset de conclusion de l'épisode de la guérison un jour de sabbat (non historique à première vue) et dans le verset d'introduction de l'épisode de la monnaie de l'impôt – et nulle part ailleurs – soulève trop de soupçons critiques pour fonder une argumentation en faveur de l'historicité. À mon avis, il est préférable d'attribuer cette curieuse conjonction des deux groupes au travail rédactionnel de Marc ou d'un collecteur prémarcien de récits de controverse. Par conséquent, les passages de Mc 3, 6 et 12, 13, tels qu'ils sont dans le texte de Marc, ne nous disent rien de fiable sur des épisodes particuliers de la vie du Jésus historique. Une fois ce jugement posé, les discussions pour savoir si Marc fait allusion à Hérode Antipas ou bien, en commettant un anachronisme, à Hérode Agrippa Ier ou Hérode Agrippa II ne sont pas pertinentes pour la recherche sur le Jésus historique.

5. Les zélotes

La question des zélotes a été traitée quand nous nous sommes penchés sur le cas de Simon le cananéen (alias Simon le zélote) dans le chapitre XXVII, où ont été examinés un par un les membres des Douze[235]. Il nous faut seulement ici rappeler quelques points clés qui concernent la question des relations de Jésus avec les différents groupes ou partis juifs de son temps. (1) Si le terme « zélotes » est pris dans le sens que lui donne presque toujours Josèphe, à savoir celui d'un groupe organisé et armé de révolutionnaires en rébellion contre la souveraineté romaine en Palestine, le mot n'a rien à voir avec la question de l'existence et du mode de relations éventuelles entre Jésus et les zélotes. Dans ce sens du terme, les zélotes n'apparaissent pas comme groupe distinct avant la Première Révolte juive (66-70 de notre ère) et plus précisément au cours de l'hiver 67-68 à Jérusalem, alors que divers groupes politiques jouaient des coudes et manœuvraient pour contrôler la révolte. Il est donc par définition totalement anachronique de dire que Jésus a été un zélote ou même de parler de sa sympathie pour les zélotes, si on les comprend dans ce sens précis du mot. (2) Parler de relations de Jésus avec des zélotes n'a de sens que si l'on prend le mot zélote dans une signification plus ancienne et plus large. Dans ce sens, un zélote était un Juif (a) qui manifestait un zèle intense pour la pratique de la Loi de Moïse (b) qui encourageait ses compatriotes juifs à l'observance stricte la Loi, comme moyen de mettre à part Israël par rapport aux « gens des Nations », marqués par l'idolâtrie et l'immoralité, au milieu desquels ils vivaient, et (c) qui, dans certains cas, pouvait utiliser le harcèlement, la violence ou même le meurtre pour obliger ses compatriotes juifs à pratiquer une stricte séparation des « gens des Nations » et de leur manière de vivre. Cependant, tous les Juifs zélés pour la Loi ne faisaient pas de la violence un moyen d'exprimer leur zèle.

Simon le Zélote, l'un des Douze choisis par Jésus, était apparemment un zélote dans ce sens large. Nous ne savons pas dans quelle mesure il a pu s'engager dans des actions violentes avant d'être appelé par Jésus à faire partie du groupe des disciples et à être membre du cercle des Douze et, en un sens, la question est hors de propos. Le point important est que Jésus appelle ce Simon (1) à mener une vie commune qui implique la fréquentation de « collecteurs de taxes et de pécheurs [c'est-à-dire de Juifs qui n'observent pas la Loi] » (et même la participation à des repas festifs où il mange et boit avec eux) et (2) à faire partie d'un groupe de disciples dans lequel se trouve Lévi le collecteur de taxes. Comme disciple de Jésus, Simon a des fréquentations qui indiquent clairement qu'il avait dû dire adieu à ce qu'il pensait auparavant de ses compatriotes juifs et à sa manière de se comporter avec eux. Le fait que Jésus propose son message à l'ensemble de l'Israël de la fin des temps, son insistance sur la miséricorde et le pardon, son rejet de toute forme de représailles et son exhortation à aimer même ses ennemis sont totalement à l'opposé d'un zèle fanatique enclin à la violence.

Il y aura sans doute toujours des auteurs pour prétendre que les évangélistes ont gommé, camouflé, le véritable Jésus historique, c'est-à-dire le Jésus révolutionnaire violent, exécuté pour avoir tenté de fomenter une révolte contre Rome, et que les récits évangéliques ont remplacé ce personnage embarrassant par un Jésus doux et aimant. En un sens, face à la conviction de tels théoriciens d'une conspiration menée par Jésus, il ne sert à rien d'argumenter. Pour eux, la grande quantité de traditions évangéliques mise en avant par les exégètes pour réfuter leur théorie de la conspiration ne fait que démontrer l'omniprésence du camouflage. Il y a là une sorte de cercle vicieux. D'une part, les théoriciens de la conspiration affirment que le camouflage a été si massif et omniprésent que la plupart des exégètes se sont laissés berner. Mais, d'autre part, on nous demande de supposer que les évangélistes ont été particulièrement malhabiles dans leur camouflage, puisque, par inadvertance, ils ont laissé dans les évangiles assez de matériaux pour que ceux qui ont des yeux pour voir, à savoir les théoriciens de la conspiration, puissent découvrir nettement la vérité étouffée sur le Jésus révolutionnaire armé.

En dehors de la difficulté d'expliquer comment la plupart des Palestiniens du temps de Jésus auraient pu oublier si rapidement et si facilement la situation exacte de Jésus et les motifs de son exécution, le vice irrémédiable de cette théorie est de supposer qu'il y avait un ou plusieurs groupes organisés et armés de révolutionnaires juifs en activité en Palestine aux environs des années 28-30 de notre ère. Autant qu'on puisse le dire, il n'y en avait pas. La Palestine du temps de Jésus était secouée assurément par le brigandage, les troubles sociaux et les mouvements prophétiques populaires. Mais, pour autant que le dossier historique nous permette d'en juger, il n'existait pas de groupes organisés et armés de Juifs révolutionnaires en activité durant le ministère public de Jésus. On le sait, en dépit des faits, « Jésus le Zélote » fait toujours recette dans les médias alors que l'idée même est totalement anachronique. Cela nous rappelle une fois encore qu'une évaluation posée et nuancée de la situation politique, sociale et économique complexe de la Palestine du début du Ier siècle de notre ère n'a jamais été le point fort des présentations grand public du Jésus historique.

Nous en arrivons ainsi à la fin de notre étude des différents groupes juifs avec lesquels Jésus a pu être en relation au cours de son ministère public. Il faut bien admettre que les résultats de notre enquête dans ce chapitre sont assez maigres.

(1) Même si l'on peut dresser une liste étonnante de ressemblances et de différences entre Jésus et les esséniens (ou la communauté de Qumrān), il n'y a pas de preuve que Jésus ait jamais eu de rencontre face à face avec des représentants de ce mouvement. Il y a au mieux une possibilité qu'il ait fait allusion à certaines de leurs pratiques ou de leurs croyances, telles que l'observance du sabbat, mais seulement pour distinguer sa position de la leur. Cette absence de contact n'est pas vraiment surprenante : Jésus et les gens de Qumrān en particulier vivaient dans des mondes différents, tant au plan spirituel que, d'une certaine manière, au plan géographique.

(2) C'est aussi une séparation géographique qui distinguait les samaritains. En outre, au moins selon certains exégètes, on les mettait étrangement à part en les cataloguant comme Israélites mais non pas comme Juifs. L'attestation multiple de sources et de formes confirme que Jésus a eu un regard bienveillant pour les samaritains souvent méprisés et qu'il a eu, en quelques circonstances, des rencontres occasionnelles et positives avec certaines personnes samaritaines. Mais on ne peut pas dire grand-chose de plus.

(3) Ce que l'on peut dire des scribes, c'est qu'ils n'entraient pas réellement dans une liste de sectes ou de partis juifs. Ils étaient une profession, pas une secte ou un parti religieux rassemblé autour d'un projet théologique particulier. Au cours de son ministère itinérant, Jésus est probablement entré en relation avec divers types de scribes qui avaient des niveaux variés d'éducation et de statut social. Cependant, la présentation polémique des scribes comme groupe religieux unifié aux côtés des pharisiens ou comme une composante du sanhédrin reflète des débats théologiques ultérieurs, mais n'appartient pas à l'histoire.

(4) Pour ce qui est des hérodiens, nous avons seulement, dans l'évangile de Marc, deux récits de controverse qui se contentent de les mentionner brièvement. Leur présence dans les deux passages pourrait être due à une rédaction marcienne ou prémarcienne de traditions antérieures. Cela ne veut pas nier que des partisans, des gens de service ou même des fonctionnaires d'Hérode Antipas aient eu des raisons de porter attention à Jésus. Ils ont pu parfois se lancer dans des discussions avec lui ou chercher à le

discréditer en public. Mais, à cause de leur nombre restreint, les passages qui mentionnent les hérodiens (quelle qu'ait pu être l'exacte identité de ceux-ci) sont des sources douteuses pour une information historique fiable sur des épisodes historiques dans lesquels Jésus aurait été impliqué.

(5) Quant aux zélotes, enfin, si on les comprend comme un groupe organisé et armé de révolutionnaires juifs en lutte contre Rome, ils n'existent tout simplement pas à l'époque de Jésus.

Les résultats de l'enquête que nous avons menée dans ce chapitre sont donc plutôt maigres ; ils n'en constituent pas moins un apport positif à notre recherche globale sur le Jésus historique. En premier lieu, comme une grande partie de la recherche sur le Jésus historique, ils contribuent à déblayer le champ des affirmations souvent répétées mais fortement contestables sur les groupes avec lesquels Jésus était en relation, sur le public principal auquel il s'adressait et donc sur l'objectif essentiel de son ministère. En second lieu, et plus positivement encore, ce que nous avons vu dans ce chapitre confirme notre opinion fondamentale selon laquelle Jésus s'est vu lui-même comme le prophète eschatologique envoyé à *tout* Israël à la fin des temps, le prophète qui cherchait à préparer le peuple choisi en vue de l'acte final par lequel Dieu rassemblerait les douze tribus. Le message et le ministère de Jésus visaient l'ensemble du peuple juif et non quelque groupe sectaire ou élitiste. Même spécialement destinée aux pauvres, aux marginaux, aux brebis perdues d'Israël (qui constituaient de toute façon la majorité de la population), la mission de Jésus n'excluait aucun Israélite *a priori*. Ce n'est donc pas surprenant si Jésus a dépensé la plus grande partie de son temps et de son énergie à parler des grandes questions qui concernaient l'ensemble d'Israël plutôt que des détails de règles particulières, qui pouvaient captiver telle secte juive ou tel mouvement religieux. Dans la mesure où il est entré en discussion avec un groupe particulier, cela s'est fait plus vraisemblablement avec les pharisiens, qui étaient l'autre mouvement religieux de l'époque dont l'activité s'exerçait particulièrement auprès des gens du peuple. Dans une moindre mesure, au cours de ses pèlerinages à Jérusalem, il a dû s'adresser aux représentants des chefs juifs qui contrôlaient le Temple, y compris à ceux qui appartenaient au parti sadducéen. C'est dans l'affrontement avec cette élite de Jérusalem, peu nombreuse mais puissante, agissant main dans la main avec le préfet romain, que s'est finalement scellé le sort de Jésus.

Nous voici maintenant à la fin de notre enquête sur les relations réelles ou supposées de Jésus avec les plus importants des groupes, sectes ou mouvements juifs dont l'activité s'exerçait en Palestine durant son ministère. Il reste pourtant un lien très important à explorer, bien que ce soit un type de lien notoirement différent ; il s'agit de la relation de Jésus à la Loi mosaïque. En un sens, c'est ce lien qui déterminait toutes ses autres relations. Les relations de Jésus avec les pharisiens, les sadducéens et les gens du peuple se rangeaient sous le dais sacré de la Loi mosaïque ; celle-ci était la réalité qui définissait en fin de compte les relations entre Juifs palestiniens. Étant donné que la Loi était le facteur dominant et déterminant de la vie juive en Palestine, il ne faut pas nous étonner de nous y être heurtés à chaque tournant de notre enquête, que nous voulions porter attention à des récits de guérisons faites par Jésus le jour du sabbat, à son enseignement concernant des pratiques telles que les serments ou le divorce ou à ses relations avec les pharisiens, les sadducéens et les esséniens.

Néanmoins, la relation de Jésus à la Loi est d'un autre ordre que les relations étudiées dans ce volume. Ce n'est pas une relation à d'autres personnes ou groupes mais à un principe abstrait et omniprésent de la vie juive. C'est aussi une relation qui met en jeu toute une série d'énigmes. C'est pourquoi la question de la relation de Jésus à la Loi mosaïque est réservée au tome IV, dans lequel on se penchera sur d'autres énigmes et questions importantes du ministère public de Jésus : ses paraboles, la façon dont il se désignait lui-même et, finalement, sa mort.

Il reste maintenant à conclure cette enquête sur les relations de Jésus le Juif avec d'autres groupes et individus juifs.

CONCLUSION AU TOME III

ESQUISSE D'UN PORTRAIT DE JÉSUS

Après ce que nous venons de voir dans ce tome III sur Jésus le Juif et ses relations avec d'autres Juifs de Palestine, nous en arrivons naturellement à cette question : cela correspond-il, et de quelle manière, avec ce que nous avons appris sur le Jésus historique dans les tomes I et II de *Un certain Juif, Jésus* ? En progressant dans notre enquête sur Jésus pas à pas et méthodiquement, comme nous l'avons fait, nous aurions pu perdre le sens de l'ensemble, s'il y a bien sûr une vision d'ensemble à avoir. Aussi est-il temps, à la fin de ce tome III, de nous donner un peu de recul, de prendre une respiration et d'essayer de comprendre comment les acquis de ce volume sont en cohérence avec ceux des deux premiers tomes [1]. Est-ce que les conclusions auxquelles nous sommes parvenus contribuent à brosser de Jésus un portrait un peu clair, en partant de ses origines et depuis le commencement de son ministère jusqu'à ses relations multiples et variées avec ses compatriotes juifs palestiniens au cours de ce ministère ? La réponse à cette question nous ouvrira la voie qui nous permettra d'aborder les énigmes qui restent à résoudre autour de ce Juif énigmatique. Ces énigmes feront l'objet de notre quatrième et dernier volume.

1. Les racines de Jésus le Juif dans le judaïsme et dans la Galilée du Ier siècle

1. Naissance et famille

Vers 7-6 avant notre ère, un Juif du nom de *Yēshûa'*, un diminutif de *Yĕhôshûa'* (Josué), est né dans le village à flanc de colline de Nazareth, dans la basse Galilée. Les traditions narratives de l'enfance qui situent sa naissance à Bethléem de Judée (des traditions isolées du chapitre 2 de Matthieu et du chapitre 2 de Luc) sont probablement des adaptations théologiques chrétiennes ultérieures de la croyance en un Jésus messie royal davidique. Le nom de la mère de Jésus était Myriam ou Miriam (= Marie) ; son père putatif s'appelait *Yôsēf* (= Joseph). Les quatre évangiles, Paul, Josèphe et certains des premiers Pères de l'Église parlent de frères de Jésus. Marc, suivi par Matthieu, en nomme quatre : Jacob (= Jacques, qui sera plus tard un chef de l'Église de Jérusalem), Joseph, Juda (= Jude ou Judas) et Simon (= Siméon). En cohérence avec la culture patriarcale de l'époque, Marc et Matthieu mentionnent des sœurs, mais sans les nommer ni en donner le nombre. Il y a donc eu dans la famille au moins sept enfants qui ont survécu jusqu'à l'âge adulte. Marie elle-même a vécu assez longtemps pour voir le ministère public de son fils. Au contraire des autres membres de la famille, Joseph, le père de famille n'apparaît pas sur la scène des récits évangéliques au cours du ministère public. Selon l'interprétation habituelle, c'est le signe qu'il est mort avant que Jésus se fasse connaître publiquement.

Ces informations sur la famille de Jésus sont plutôt maigres ; mais elles peuvent avoir un lien intéressant avec le ministère public de Jésus. On ne peut s'empêcher de remarquer que chacun des noms des membres de la famille de Jésus remonte aux origines de l'histoire d'Israël : le patriarche Jacob (= Jacques), qui reçut le nom d'Israël ; les douze fils (et tribus) d'Israël (parmi lesquelles il y avait Juda, Joseph et Siméon) ; Miriam, la sœur de Moïse ; et enfin Josué/Jésus, le successeur de Moïse et le chef d'Israël pour l'entrée dans la Terre promise. Ce n'est sans doute pas purement par hasard si le Jésus adulte s'est vu lui-même appelé, en tant que prophète à la manière d'Élie, à inaugurer le rassemblement et le renouveau des douze tribus d'Israël à la fin des temps. L'un des actes prophétiques et symboliques qu'il a posé fut de regrouper autour de lui un cercle de douze disciples, qu'il envoya également pour une mission symbolique, limitée, auprès de leurs compatriotes.

On est tenté de supposer (et ce n'est peut-être rien de plus que de la spéculation) que la manière intensément juive dont Jésus concevait sa mission religieuse pourrait refléter son éducation dans une famille pieuse de l'Israël du nord, une famille qui participait au réveil de l'identité nationale et religieuse juive en Galilée, dans le sillage de la conquête du nord par les hasmonéens à la fin du IIe siècle et au début du Ier siècle avant notre ère. Pour la première fois depuis le règne du roi Salomon au Xe siècle avant notre ère, les régions du nord d'Israël avaient été réintégrées, avec ce qui restait de l'État du sud (la Judée au sens étroit), dans un Israël unique, un royaume des Juifs (la Judée au sens large), avec sa capitale dans la ville-temple de Jérusalem. Ce quasi mythique « retour aux origines » de la vie politique et religieuse d'Israël a pu avoir un impact sur des Juifs pieux de la campagne galiléenne qui avaient lutté pour préserver, regagner ou redéfinir leur identité juive face à l'envahissement de la culture hellénistique urbaine dans la région. Cela devait être encore plus vrai dans une famille comme celle de Joseph, qui prétendait – et je pense que c'était le cas – être de descendance davidique.

2. Le judaïsme en Galilée

Malgré toute sa ferveur, la foi juive que partageaient les Galiléens pieux de la campagne devait être assez simple et spontanée. Comme toute religion traditionnelle transmise par des groupes en grande partie sans instruction dans des zones rurales, elle devait insister sur les pratiques fondamentales plutôt que sur des détails théoriques discutés par l'élite religieuse. Dans le cas du judaïsme, les pratiques de base comprenaient la circoncision des enfants mâles, les lois de nourriture casher, les principales règles de pureté, le repos du sabbat et, quand c'était possible, le pèlerinage au Temple de Jérusalem pour les grandes fêtes, afin de prendre part aux sacrifices qui y étaient offerts. C'étaient là les actions qui marquaient et sanctifiaient le cycle régulier de la vie quotidienne, de la naissance à la mort, au rythme des saisons et des récoltes. Bien que non défini par des professions de foi détaillées, ce judaïsme populaire majoritaire était attaché à certaines croyances essentielles.

Comme c'est souvent le cas dans une religion populaire, ces croyances s'articulaient autour d'une très importante histoire des origines. Pour les Juifs, l'histoire était le mythe national de Dieu et d'Israël : le seul vrai Dieu (dont le nom sacré Yahvé ne devait pas être prononcé) avait choisi Israël comme son peuple particulier, l'avait libéré de l'esclavage par l'exode hors d'Égypte, lui avait donné l'Alliance et la Tora au mont Sinaï et l'avait fait entrer dans la Terre promise de Palestine, son patrimoine perpétuel. Mais souvent Israël s'était montré infidèle à l'Alliance et avait désobéi aux prophètes de Dieu. C'était en toute justice que Dieu avait puni son peuple par l'exil ; mais, plein de miséricorde, il l'avait ramené dans son pays et lui avait donné l'espérance d'un renouveau complet et glorieux dans un temps à venir, avec la restauration des douze tribus dans leur terre. Cette histoire d'Israël, cette histoire de salut qui sous-tendait la foi juive, a dû être répétée régulièrement dans l'étude et l'enseignement des Écritures, que l'on faisait le sabbat lors de réunions religieuses locales appelées « synagogues ». En réalité, nous avons bien peu d'informations sur l'institution de la synagogue dans la Galilée d'avant 70. À tout le moins, nous ne devons pas imaginer les synagogues galiléennes comme des grands bâtiments dédiés au culte public avec des liturgies bien établies : c'était au Temple de Jérusalem de jouer ce rôle.

Il a souvent été dit et redit que les Juifs galiléens étaient laxistes dans leurs pratiques, distants du Temple de Jérusalem et constamment rebelles ; mais, si elle a jamais été vraie, cette affirmation ne semble pas s'être vérifiée durant la vie adulte de Jésus. Il a dû y avoir, il est vrai, des différences, voire des tensions, entre le judaïsme des Galiléens ruraux et le judaïsme urbain, d'une certaine manière plus hellénisé, de Jérusalem, surtout au niveau de l'aristocratie de la ville. Et pourtant, laquelle de ces deux formes de judaïsme s'était révélée la plus exaspérée et la plus prompte à provoquer la guerre civile ? En fait, ce furent Jérusalem et la Judée, et non la Galilée rurale, qui, au IIe siècle avant notre ère, donnèrent naissance aux partis concurrents qu'étaient les sadducéens, les pharisiens et les esséniens. Et à l'époque de Jésus, Jérusalem et la Judée continuaient d'être le foyer de ces mouvements. Il n'est pas vraisemblable que des Juifs galiléens de la campagne aient eu l'instruction ou le loisir nécessaire pour étudier, discuter et pratiquer les subtilités de l'observance développées dans la *hălākâ* de ces trois groupes rivaux centrés au sud.

Il n'est guère surprenant que le Juif galiléen adulte nommé Jésus se soit trouvé en opposition à diverses opinions des pharisiens, des sadducéens (et peut-être occasionnellement des esséniens), tous parfaits produits, d'une manière ou d'une autre, de la scolastique et de la politique de Jérusalem, et qu'il ne se soit pas montré très pointilleux sur des règles précises de pureté et d'observance du sabbat. Le fils de Nazareth tenait de sa terre galiléenne. Un Juif de la campagne galiléenne qui, lors des grandes fêtes à Jérusalem, se présentait lui-même comme un prophète ayant une autorité charismatique sur la Loi et sur le Temple ne pouvait que s'attendre à une rude opposition de la part des autorités qui contrôlaient le Temple et de la part des experts de la Loi, quelle que soit leur obédience. En ce sens, Jésus fut dès le départ un marginal vis-à-vis de l'ordre établi de Jérusalem. Le moment venu, les autorités du Temple agiront main dans la main avec le préfet romain pour renforcer cette marginalisation et la rendre définitive. Les Juifs galiléens étaient des gens intéressants quant aux dîmes ou aux fêtes de pèlerinage, mais ils devaient rester à leur place.

À partir de 6 avant notre ère, les Galiléens qui venaient à Jérusalem en pèlerinage ont dû faire face à une nouvelle et fâcheuse réalité : la Judée (dans le sens restreint de territoire distinct de la Galilée) était devenue, avec la Samarie et l'Idumée, une province impériale de l'empire romain, gouvernée par un préfet romain résidant à Césarée Maritime. Même si le grand prêtre était effectivement chargé de gérer une bonne partie du quotidien de la vie juive à Jérusalem et en Judée, la souveraineté romaine directe devait naturellement accroître les tensions au sein des foules versatiles lors des fêtes de pèlerinage ; c'était précisément pendant ces périodes que le préfet romain et ses troupes avaient l'habitude d'être présents à Jérusalem pour contrôler la foule.

3. Grandir comme Juif de Galilée

Durant la vie adulte de Jésus, la Galilée était dans l'ensemble tranquille, par comparaison avec la Judée. Jusqu'en l'an 4 avant notre ère, la Galilée avait fait partie du royaume relativement autonome d'Hérode le Grand, roi à la solde de Rome mais jouissant d'une grande indépendance pour les affaires intérieures. À la mort d'Hérode le Grand en 4 avant notre ère, la Galilée devint une partie de la tétrarchie du fils d'Hérode, Antipas. En tant que simple tétrarque ou prince secondaire, Antipas se trouvait dans une position plus délicate et plus vulnérable que son père. Et pourtant, comme son père, il conserva une autonomie fondamentale dans la gestion des affaires intérieures. Plus important encore, il conserva sa propre armée. Contrairement aux absurdités étalées par des films de télévision, il n'y avait pas de troupes romaines stationnées en Galilée à l'époque où vécut Jésus. En outre, Antipas frappait sa propre monnaie et évitait soigneusement de graver sur ses pièces des figures humaines ou animales, qui auraient offensé les sensibilités juives. Antipas levait lui-même des impôts sur ses sujets et, en retour, il payait tribut à Rome. En faisant de la sorte, il fonctionnait comme un amortisseur rassurant : contrairement à leurs coreligionnaires de la province impériale de Judée au sud, ses sujets juifs n'avaient pas à payer directement tribut à Rome. Extérieurement, Antipas affectait d'être un Juif pratiquant, en montant à Jérusalem pour les grandes fêtes. Il est vrai que son divorce d'avec son épouse nabatéenne, suivi de son mariage scandaleux avec sa nièce Hérodiade, femme de son demi-frère, devait être tenu pour un inceste par les Juifs pratiquants [2] ; mais les relations conjugales des monarques tant hasmonéens qu'hérodiens étaient souvent bien au-dessous de la norme idéale. La nouvelle situation conjugale d'Antipas le laissait au moins monogame, au sens légal du terme, ce qui n'était pas obligatoire pour les Juifs de l'époque et n'avait certainement pas été le cas pour son père, qui avait eu dix femmes.

Tout compte fait donc, Jésus a grandi dans une Galilée gouvernée par un monarque qui se donnait l'apparence d'un Juif pratiquant. Les tensions qu'auraient pu créer la souveraineté romaine directe n'existaient pas. Ce n'est peut-être pas un hasard si, en dépit de l'apparente antipathie entre Jésus et Antipas (voir par exemple Mt 11, 7-9 par. ; Mc 8, 15 ; Lc 13, 31-33 ; 23, 6-12 [3]), Jésus le prophète galiléen a été mis à mort dans la Judée romaine et non dans la Galilée d'Antipas. Il est clair que, vue par nos yeux d'hommes modernes habitués à la démocratie, aux processus légaux et aux normes de justice sociale, la souveraineté d'Antipas aurait semblé intolérable. Mais rien ne prouve vraiment que la souveraineté d'Antipas ait engendré davantage d'injustice politique, d'exploitation sociale ou de lourdeur économique que la plupart des autres régimes du Proche-Orient avant ou après lui. Le Proche-Orient ancien fut toujours une région très rude. Antipas fut le deuxième monarque hérodien à rester aussi longtemps au pouvoir dans l'Antiquité et, si sa souveraineté s'est achevée brutalement, ce ne fut pas à cause d'une rébellion interne mais à cause d'une demande peu judicieuse adressée à l'empereur Caligula, dans laquelle il sollicitait de celui-ci le titre de roi. Cela témoigne du caractère relativement stable et paisible de son règne. Comme le montre la mort du Baptiste, il est clair que cette paix et cette stabilité résultaient d'une poigne de fer et non d'un souci des droits de l'homme et de la démocratie : Antipas exerçait sa souveraineté dans le Proche-Orient ancien, où l'on ne connaissait qu'une manière d'assurer la stabilité et la paix.

J'attire l'attention sur cet aspect de paix et stabilité relatives en Galilée, parce que Jésus est décrit trop souvent comme un virulent rebelle social, émergeant d'un chaudron bouillonnant d'injustice sociale et économique intolérable. Même s'il est séduisant pour les intellectuels modernes, un tel portrait attribue au Jésus historique un type de conscience sociale et de souci politique qui ne trouve guère d'appuis dans les évangiles. C'est également une description contestable des conditions de vie en Galilée et des sensibilités des Galiléens durant le ministère public. À l'époque du tournant de l'ère chrétienne, c'est significatif, des Juifs s'insurgèrent à plusieurs reprises contre les puissants empires syrien et romain, même si ce fut parfois pure folie de se révolter. Par contre, les Juifs de Galilée n'entreprirent jamais de s'insurger contre un Antipas au pouvoir pourtant bien plus faible.

4. *Statut socio-économique de Jésus*

Voilà donc le cadre relativement stable dans lequel Jésus a grandi. Comme apprenti de Joseph, il a probablement appris le métier d'artisan du bois (*tektōn*, en fait un travailleur et bâtisseur en toutes sortes de matériaux durs). Étant donné qu'il était un artisan exerçant son métier à Nazareth et peut-être dans d'autres villages de basse Galilée, il n'était pas à strictement parler un « paysan » (c'est-à-dire quelqu'un qui gagne sa vie en cultivant le sol et en élevant du bétail), en dépit du nombre de titres d'ouvrages et d'études sociologiques qui continuent à propager ce label. Alors que, à nos yeux, Jésus doit être rangé parmi les pauvres, il nous faut bien réaliser que, parmi ses compatriotes galiléens, environ quatre-vingt dix pour cent appartenaient à cette immense catégorie indéterminée, en sorte que cette désignation nous dit très peu de chose. Étant donné que son métier lui permettait de subvenir à ses besoins, et peut-être pendant un temps à ceux de sa famille (mère, frères et sœurs), il ne faisait pas partie des « plus pauvres des pauvres », une catégorie qui devait comprendre les travailleurs journaliers, les métayers, les mendiants et les esclaves, tout en bas de l'échelle sociale.

Si l'on se pose la question de savoir comment Jésus se voyait lui-même ou comment ses premiers disciples le voyaient, il est frappant de constater que, dans les matériaux de logia des évangiles, Jésus ne se désigne jamais lui-même directement comme pauvre ; et il en est de même pour les évangélistes dans leurs sections narratives. Par contre, les pauvres constituent un groupe auquel Jésus s'adresse et dont il se distingue lui-même : « Heureux *vous les pauvres* » (Lc 6, 20) « Les pauvres, en effet, vous les aurez toujours avec vous [...], mais moi, vous ne m'aurez pas toujours » (Mc 14, 7). À l'aune de la richesse occidentale actuelle (mais qu'en est-il en Haïti ou au Bengladesh ?), Jésus aurait manifestement été pauvre. Et pourtant, pour la grande majorité de ses compatriotes juifs galiléens, Jésus ne devait pas paraître particulièrement ou extrêmement pauvre. Son autonomie économique comme artisan et son insertion dans une famille juive pieuse devait lui assurer une situation honorable, dans une société rurale galiléenne, sensible aux critères d'honneur et de honte. À un moment donné, Jésus rejeta sa situation traditionnelle honorable, en abandonnant son travail, son village, sa mère (probablement veuve) et sa famille, pour s'embarquer dans la carrière de prophète charismatique itinérant. Aux yeux de ceux qui rejetaient ses revendications prophétiques, ce changement radical d'existence ne pouvait qu'attirer sur lui la honte et, aux yeux de ceux qui les acceptaient, il ne pouvait que lui procurer un grand honneur.

5. *L'étrangeté radicale de Jésus*

Au moment où Jésus s'est lancé dans sa nouvelle carrière de prophète de la fin des temps à la manière d'Élie, plusieurs choses ont dû le faire apparaître comme quelqu'un d'inhabituel ou d'étrange aux yeux de ses compatriotes juifs.

(a) À une période où une grande partie de la conduite spirituelle du judaïsme palestinien, mise à part l'influence du sacerdoce de Jérusalem [4], passait aux mains de Juifs érudits tels que les chefs instruits du mouvement pharisien, les auteurs d'apocalypses ou (pour une toute petite partie de la population) les esséniens, Jésus ne pouvait se prévaloir d'être un Juif très cultivé. Alors qu'il devait se mettre en avant comme leader religieux capable de donner à ses compatriotes juifs l'interprétation correcte des Écritures, il n'avait jamais formellement étudié la Tora sous la conduite d'un maître réputé de Jérusalem, comme cela fut le cas, semble-t-il, pour Saul-Paul. La connaissance des Écritures et des traditions juives que Jésus avait pu acquérir à Nazareth devait faire pâle figure devant l'éclat de la science des experts légistes de Jérusalem. Jésus savait-il lire et écrire ? En fait, on ne peut en être sûr ; mais, à mon avis, c'est le plus vraisemblable. Nous devons cependant laisser ouverte la possibilité que ce leader religieux ait assimilé les Écritures juives simplement en les entendant constamment répétées dans la récitation orale et commentées dans les homélies.

Le peu d'instruction reçue par Jésus se ressentait dans sa connaissance limitée des langues. Il parlait normalement l'araméen, le langage habituel des Juifs ordinaires de Palestine. Il est possible d'ailleurs qu'il l'ait parlé avec un accent galiléen ou dans un dialecte galiléen, que les gens cultivés de Jérusalem trouvaient affreux ou risible. À partir de la lecture qui en était faite en public ou de la récitation orale, sinon de sa propre capacité à lire les rouleaux, il devait être capable de citer des passages des Écritures juives en hébreu. Quant au grec, l'idée en vogue selon laquelle Jésus fréquentait le théâtre grec de la capitale galiléenne de Sepphoris est fortement contestable, pour un certain nombre de raisons, qui vont des moyens économiques limités de Jésus, en passant par le silence total de nos sources sur ses prétendues visites aux grandes villes de Galilée (Sepphoris, Tibériade) jusqu'au fait que beaucoup d'archéologues datent le théâtre mis à jour à Sepphoris d'une époque plus récente que celle de Jésus[5]. Jésus a pu apprendre des rudiments de grec pour pouvoir faire des échanges commerciaux ou participer à la vie sociale ; mais il n'y a aucune raison de penser qu'il ait publiquement enseigné en grec au cours de son ministère.

(b) Un deuxième aspect a dû faire apparaître Jésus comme quelqu'un d'insolite : son statut de célibataire. Le célibat n'était pas totalement inconnu dans le judaïsme palestinien de l'époque : il semble que certains esséniens, notamment à Qumrān, ainsi que certains ascètes des rives du Jourdain comme Jean le Baptiste et Bannus, le guru de Josèphe, aient été célibataires. Il est probable que Jésus, l'artisan du bois de Nazareth, n'a pas été sous l'influence du Baptiste avant d'atteindre la trentaine ; dès lors, les raisons pour lesquelles il est resté célibataire sont inconnues et inconnaissables. La seule parole qui puisse éclairer la question (le logion scandaleux des eunuques dans Mt 19, 12) suggère que, pour Jésus, le célibat participait de sa consécration totale à la cause du royaume de Dieu, dont la venue et la présence provoquait une crise dans l'histoire d'Israël, la fin du déroulement habituel des affaires et de la vie. Cela pourrait également se référer au prophète célibataire Jérémie. En tout cas, le phénomène d'un prophète itinérant célibataire qui appelait d'autres hommes à laisser leur famille pour le suivre a dû faire sourciller plus d'un Juif pieux, d'autant plus que Jésus ne se présentait pas comme un austère prophète du jugement dernier, du type de Jérémie ou du Baptiste, mais bien comme « un glouton et un ivrogne, un ami des collecteurs de taxes et des pécheurs » (Mt 11, 19 par.). Quoique se rattachant de bien des manières au modèle d'Élie (et parfois d'Élisée) en particulier et des prophètes prédicateurs d'Israël en général, le Jésus célibataire mais bon vivant, accompagné de femmes qui le suivaient et d'hommes qui avaient laissé leur famille, devait inévitablement frapper les Juifs pratiquants comme quelqu'un d'étrange ou de scandaleux. En dépit de toute la coloration prophétique de son personnage, cela au moins faisait de lui quelqu'un qui n'avait pas d'antécédent manifeste dans l'histoire sainte d'Israël.

(c) Célibataire sans instruction, venu d'un village des collines de basse Galilée, Jésus manifestait encore une troisième manière d'être insolite parmi les Juifs palestiniens ordinaires. En prélude à son ministère joyeux et optimiste, il donna paradoxalement son adhésion à un autre prophète juif étrange (et devint peut-être pendant quelque temps son disciple) : l'ascétique Jean le Baptiste, qui parcourait la basse vallée du Jourdain. Le baptême de Jean était en lui-même inhabituel : en effet, un Juif plongeait un autre Juif dans l'eau alors que, d'habitude, un Juif s'administrait à lui-même la purification rituelle. En acceptant ce baptême par Jean, Jésus proclamait son acceptation d'un message eschatologique qui appelait l'ensemble d'Israël à la repentance en vue du jugement imminent de Dieu. Malgré tous les changements visibles qui eurent lieu plus tard dans le ministère plus joyeux de Jésus, rien n'indique que Jésus ait jamais abandonné le message eschatologique essentiel qu'il avait adopté sur les rives du Jourdain, n'en déplaise à certains chercheurs actuels.

2. Le ministère de Jésus, le prophète à la manière d'Élie

Aux environs de l'an 28 de notre ère, après son baptême, Jésus sortit du cercle du prophète Jean et commença son propre ministère prophétique. Bien que les feuilletons télévisés nous présentent régulièrement d'effrayantes scènes de chaos dans la Palestine de l'époque, la période du ministère de Jésus fut relativement calme. Tous les principaux personnages politiques étaient bien en place et il n'y eut pas de changements de hauts responsables pendant le ministère public de Jésus. Tibère était empereur depuis l'an 14 de notre ère et il le restera jusqu'en 37. Il n'aimait pas les changements fréquents et encore moins les perturbations dans le gouvernement des provinces impériales. Comme nous le dit Tacite, l'empire était fondamentalement paisible sous Tibère, y compris donc en Palestine. Hérode Antipas était tétrarque de Galilée depuis l'an 4 avant notre ère et il restera dans sa fonction jusqu'au moment d'être déposé par Caligula en 39 de notre ère. Josèphe Caïphe avait assumé la charge de grand prêtre en 18 de notre ère et sera maintenu dans sa fonction, souvent sous le contrôle de la famille de son beau-père Hanne, jusqu'en 36 de notre ère. Ponce Pilate était le dernier, le petit jeune : devenu préfet de la province impériale de Judée en 26 de notre ère pour le rester jusqu'en 36, il est le gouverneur romain qui occupe le premier ou le deuxième rang pour la durée de son mandat dans la Judée d'avant 70. Ce n'est probablement pas un hasard si Pilate, déposé en raison de plaintes portées contre lui par les Samaritains et non par les Judéens, entraîna dans sa chute la déposition de Caïphe. Si les deux chefs, civil et religieux, avaient apparemment réussi à se maintenir aussi longtemps dans ce qui était souvent des arrangements de coulisses, c'était parce qu'ils s'entendaient bien, malgré quelques contretemps provoqués par le manque de sensibilité de Pilate aux croyances et aux pratiques juives. Des deux chefs, Caïphe avait la tâche la plus difficile : il devait réussir le fragile équilibre de servir de représentant et de tampon entre le préfet et la population judéenne, et réciproquement.

C'est dans le contexte de cette machine politique palestinienne, qui, pour ne pas être follement populaire, demeurait relativement bien huilée, que Jésus est subitement apparu, proclamant un message prophétique qui pouvait difficilement être perçu positivement par les politiciens en fonction : le présent ordre des choses allait rapidement toucher à sa fin. Le seul vrai Dieu allait imposer sa souveraineté définitive sur Israël en rassemblant les douze tribus dispersées et en restaurant ainsi son peuple choisi dans son intégralité originale. C'est pour annoncer prophétiquement la venue de ce « royaume [= souveraineté et règne] de Dieu » et pour commencer son actualisation dans des signes et des guérisons symboliques que Jésus se mit à parcourir la Galilée et la Judée. Il assuma consciemment le rôle du prophète Élie, qui était attendu pour restaurer Israël et le préparer à la venue de son Dieu. En imitation d'Élie, Jésus entreprit un ministère itinérant, en grande partie (mais pas uniquement) dans l'Israël du nord. Reprenant un épisode célèbre du ministère d'Élie (1 R 19, 19-21), il adressa à des disciples un appel péremptoire à le suivre dans son ministère itinérant, en exigeant d'eux parfois de grands sacrifices. En écho à la mission présumée d'Élie de rassembler les douze tribus d'Israël, Jésus constitua un cercle intérieur de douze disciples et les envoya en mission en Israël. Comme pour Élie (et pour Élisée), on pensait, même au cours de la vie de Jésus, que celui-ci avait accompli toute une série de miracles, y compris des résurrections de morts.

Si le relevé historique n'avait contenu qu'un seul de ces éléments, on aurait pu mettre en cause l'intention de Jésus de se référer à l'image d'Élie. Mais la convergence de tant d'actions différentes, soigneusement choisies et à valeur programmatique, crée inéluctablement une *Gestalt*, une configuration complexe d'éléments en corrélation, qui témoigne clairement de l'intention de Jésus de se présenter à ses compatriotes juifs comme le prophète de la fin des temps à la manière d'Élie. Par « fin des temps » ou « eschatologie » il ne faut pas entendre quelque destruction fantasmagorique du ciel et de la terre ou la fin absolue de l'histoire humaine à la manière des apocalypses juives comme *4 Esdras*. Jésus annonçait plutôt la fin de l'état présent des choses, la fin de l'histoire sainte telle qu'Israël l'avait connue jusqu'alors et la mise en place définitive d'un nouvel ordre des choses. Dieu exercerait bientôt sa souveraineté royale directement sur Israël et il accomplirait sa sainte volonté par son peuple repentant et pardonné ; celui-ci ferait alors l'expérience d'une plénitude de paix et de joie, selon le projet que Dieu avait fait pour lui depuis le commencement.

Jésus n'a pas dit ce que cela pouvait signifier dans le détail. Il n'était pas un leader politique dans le sens de quelqu'un qui propose un programme politique et social détaillé à mettre en application dans des mesures concrètes précises. La transformation d'Israël à la fin des temps devait plutôt être l'œuvre de Dieu venant comme roi. La tâche de Jésus, en tant que prophète de ce royaume, était de prophétiser cet avènement qui allait changer le monde et de commencer à y préparer Israël, en l'appelant au repentir, au baptême et à un renouveau de vie morale, dans une société aimante et compatissante. Par des actions publiques qui attiraient l'attention, comme les miracles, le fait de partager ses repas avec des Juifs à la réputation sociale et religieuse douteuse et celui d'envoyer les douze disciples vers leurs compatriotes israélites, Jésus entendait à la fois anticiper et mettre en route ce que Dieu seul accomplirait totalement lors de sa venue. Jésus comprenait tous ces actes prophétiques symboliques comme des déclencheurs des puissances du royaume qu'ils annonçaient.

Mais en même temps, ces actes étaient *seulement* symboliques et prophétiques. Ils ne constituaient pas des programmes pratiques visant à mettre en place un nouveau régime politique en Palestine. Jésus ne parlait pas en termes de projets pratiques à réaliser par des comités bureaucratiques ou des troupes rebelles. Il parlait en paraboles, en discours allusifs en forme d'énigmes, qui visaient à provoquer les gens et à changer les perceptions qu'ils avaient d'eux-mêmes, de leurs proches et de leur Dieu et non à décrire la manière dont ils devaient restructurer le système de la collecte des impôts ou celui de la répartition des terres. Il est vrai que, de façon audacieuse, voire hyperbolique, Jésus parlait de pardon magnanime (y compris de la remise des dettes), d'aumône désintéressée et de générosité dans l'assistance à apporter aux personnes dans le besoin. Cependant rien de tout cela, ni tout cela pris ensemble, ne constitue un programme politique ou économique clair et précis.

Mais on peut comprendre que les paroles et les actes de Jésus ne devaient pas manquer de susciter tensions et affrontements. D'un côté, Jésus lui-même n'avait pas de plan détaillé pour mettre en place un nouvel ordre politique et économique rival. De l'autre, ce que Jésus disait et faisait avait des conséquences dans l'ordre présent des choses, au plan politique, social et économique. Jésus ne déployait pas une stratégie pratique pour restaurer l'autonomie du royaume d'Israël, selon le mode où celui-ci avait existé sous sa forme davidique, hasmonéenne ou hérodienne. En tant que prophète eschatologique, Jésus annonçait et symbolisait un ordre des choses totalement différent, dont Dieu seul était le créateur. Il n'est guère surprenant que Caïphe ou Pilate, absorbés dans les tâches de gestion de la Judée au jour le jour, n'aient pu saisir les subtiles nuances eschatologiques de la manière dont Jésus comprenait le royaume de Dieu. Ce qu'ils voyaient depuis les fenêtres de leurs palais de Jérusalem était un prophète juif populaire qui remuait une populace juive enthousiaste lors des fêtes de pèlerinage. Non seulement il haranguait les foules attroupées dans le complexe du Temple en leur proposant des visions sur un nouveau royaume imminent ; mais il étayait son message grisant par de supposés miracles qui anticipaient la transformation à venir. Pour aggraver les choses, selon des rumeurs, certains des disciples ou des membres de la famille de Jésus prétendaient même qu'il était descendant du roi David.

Après tout, Jean le Baptiste n'avait pas eu de prétentions ou d'actions explicitement politiques ; et pourtant Antipas avait décidé, en l'exécutant, qu'une action préventive légère valait mieux que les lourds moyens militaires d'une action curative. Une exécution unique (rien n'est dit d'une persécution ultérieure et encore moins d'une exécution de disciples de Jean) coupait l'herbe sous le pied d'une éventuelle insurrection future. En un sens, étant donné les tensions qui s'accroissaient à chaque visite de Jésus à Jérusalem durant les fêtes, surtout après les actes provocateurs et prophétiques de son entrée à Jérusalem et de sa « purification » du Temple juste avant la Pâque de l'an 30 de notre ère, Caïphe et Pilate adoptèrent la « solution Antipas » : décapiter le mouvement en lui portant un coup décisif et préventif. Privé de sa tête, le mouvement, centré sur un unique prophète charismatique et totalement dépendant de celui qui exerçait l'autorité sur le groupe, serait prestement dissout. Pour parler comme nombre de politiciens, cela sembla une bonne idée sur le moment.

Les croyants chrétiens, cela va de soi, soutiennent que le geste de *Realpolitik* de Pilate n'est pas parvenu à dissoudre le mouvement de Jésus parce que ce Jésus crucifié est ressuscité des morts et a chargé ses disciples de répandre la bonne nouvelle à travers le monde. Comme cela a été maintes fois souligné dans *Un certain Juif, Jésus*, un historien, avec sa compétence d'historien, ne peut en appeler à de telles explications théologiques ; celles-ci se situent, en effet, en dehors du cadre de ce qui est théoriquement vérifiable expérimentalement par tout observateur impartial, croyant ou incroyant. Y a-t-il par contre, dans le ministère public de Jésus, des raisons historiques discernables qui permettent d'expliquer pourquoi la frappe préventive de Pilate n'a pas eu le même impact destructeur sur le mouvement de Jésus que le coup porté par Antipas contre le mouvement du Baptiste [6] ? Une solution possible est apparue progressivement dans ces trois tomes de *Un certain Juif, Jésus* : à la différence de Jean, le Jésus charismatique n'a pas négligé de structurer son mouvement et de lui donner une identité distincte à l'intérieur du judaïsme palestinien.

3. Structures embryonnaires parmi les disciples juifs de Jésus

Pour certains critiques du Nouveau Testament, il est contradictoire de penser que Jésus le prophète eschatologique, entièrement pris par des espoirs de venue imminente du royaume définitif de Dieu, se soit donné la peine de procurer une structure quelconque à ce groupe hétéroclite de gens qui le suivaient. Or, comme nous l'avons vu dans le chapitre XXX, aucun groupe n'était aussi fortement modelé par de ferventes attentes eschatologiques que les gens de Qumrān ; et pourtant, la communauté de Qumrān faisait montre d'une véritable manie de la structure dans sa vie monastique présente, dans la bataille eschatologique future entre les fils de lumière et les fils de ténèbres et dans l'état bienheureux définitif de la communauté de la nouvelle alliance, après la victoire finale. En fait, à travers l'ensemble de l'histoire telle qu'elle est rapportée dans les Écritures, Israël, le peuple de Dieu, n'a jamais existé sans certaines structures. Pour des Israélites qui attendaient le renouvellement final du peuple de Dieu, il n'y avait pas de raisons de s'attendre à ce que toutes les structures disparaissent à la fin des temps : changement de structures, certes, mais pas disparition totale.

1. Marques d'identité

Il n'est donc pas surprenant que le Jésus prophète eschatologique ait fourni à son mouvement quelques marques essentielles d'identité et des éléments de structuration. Certaines de ces marques d'identité venaient, quelque peu modifiées, du mentor de Jésus, le Baptiste. Comme le Baptiste, Jésus a continué de pratiquer le baptême, qui servait de rite d'initiation dans le groupe de Juifs qui accueillaient son message eschatologique et qui s'engageaient dans la voie du repentir. Comme le Baptiste, Jésus a gardé auprès de lui un certain nombre de gens qui le suivaient pour en faire un cercle relativement stable de disciples. Comme Jean, Jésus a enseigné à ses disciples des pratiques religieuses spécifiques, y compris la manière de prier, et des règles sur le jeûne.

C'est là que Jésus a commencé à prendre de la distance par rapport à Jean. Peut-être pour démarquer ses disciples de ceux de Jean et d'autres mouvements juifs de renouveau, Jésus a adopté un certain nombre de pratiques très différentes de celles de Jean et de la plupart des Juifs pieux. La plus frappante de ces différences était l'interdiction de la part de Jésus de tout jeûne volontaire, une interdiction qui se situait aux antipodes des manières ascétiques du Baptiste et, naturellement, de la pratique des Juifs pieux en général. En corrélation avec cette interdiction du jeûne, une autre pratique de Jésus était bien connue et, pour certains, de triste notoriété : il participait régulièrement à des repas de fête, surtout avec les dévoyés sociaux et religieux de l'époque, « les collecteurs de taxes et les pécheurs ». Pour Jésus, ce n'était pas le jeûne mais ces repas de fête qui prophétisaient et commençaient à réaliser le rassemblement de tout Israël, y compris les brebis perdues, dans le joyeux banquet de la fin des temps. Jésus le bon vivant donnait ainsi à son mouvement une marque très différente du caractère ascétique donné au sien par le Baptiste. Une autre marque d'identité, contrastant avec la pratique de longues prières et hymnes que l'on trouve, par exemple, à Qumrān, était la prière concise de Jésus pour la venue du royaume, connue des chrétiens comme la prière du Seigneur ou le Notre Père. Contrairement à l'interdiction totale du jeûne, cette dernière marque d'identité s'est définitivement fixée.

2. Les trois cercles concentriques d'adeptes

En plus des marques individuelles d'identité, Jésus a donné à son mouvement un profil spécifique en créant en réalité trois cercles concentriques d'adeptes. Comme je l'ai sans cesse répété dans ce volume, vouloir classer tous les adeptes de Jésus dans des groupes bien définis correspondant à trois cercles concentriques aboutit à simplifier une réalité vraisemblablement plus complexe et plus mouvante. Cependant, le modèle en trois parties que j'ai établi saisit quelque chose d'important et de caractéristique du mouvement Jésus au cours du ministère public. Il s'agit tout simplement d'un fait : parmi les « gens qui suivaient » Jésus au sens littéral du terme, on pouvait distinguer trois groupes.

(a) Le cercle extérieur des « gens qui suivaient » Jésus était constitué par les *foules* qui, au moins pour un temps, suivaient physiquement le Jésus itinérant dans ses tournées de prédication, pour entendre son message ou bénéficier d'une guérison. De par sa nature même, ce cercle extérieur était le plus mouvant et le plus transitoire des groupes qui suivaient Jésus. Dans nos sources, les foules ne portent pas de nom particulier et, habituellement, ne sont pas dénombrées ; elles allaient et venaient et grossissaient peut-être quand Jésus entreprenait l'un de ses pèlerinages à Jérusalem pour les grandes fêtes. Quoique instables et peut-être parfois versatiles, ces foules occupent cependant une place centrale dans l'ensemble de l'histoire dont nous parlons. Sans elles, sans leur imprévisible inconstance à Jérusalem durant les fêtes, on peut penser que ni Caïphe ni Pilate n'auraient senti que Jésus était devenu trop dangereux pour qu'on le laisse continuer son ministère. Un prophète sans personne pour le suivre ou un maître sans disciples aurait été loin de paraître aussi menaçant [7].

(b) C'est au sein de ces foules toujours changeantes que Jésus a probablement pris au moins certaines personnes pour en faire un groupe plus stable : le cercle médian des gens qui le suivaient sur un temps long et des auditeurs qui assimilaient son message et ses pratiques. Ce cercle médian de *disciples* se distinguait comme groupe séparé de gens non pas en raison de leur propre décision d'en faire partie mais en raison du choix de Jésus. C'était lui qui prenait l'initiative d'appeler qui il voulait pour être disciple. Contrairement aux étudiants rabbiniques plus tardifs, qui habituellement se trouvaient eux-mêmes des maîtres particuliers avec lesquels ils désiraient étudier la Tora, les disciples de Jésus étaient choisis par lui et non l'inverse. De plus, étant donné que la condition de disciple, telle qu'elle était comprise par Jésus, impliquait non pas une adhésion globale à son message ou une étude générale de celui-ci mais bien une démarche réelle consistant à suivre physiquement le maître sur les routes de Galilée, son appel péremptoire exigeait de chacun des disciples qu'il laisse famille, maison, biens et profession pour un temps indéfini. Le fait de partir à la suite de Jésus pour une durée indéterminée faisait courir aux disciples des dangers éventuels et pouvait les exposer à l'hostilité de leur entourage, et même de leurs familles, qu'ils avaient laissées sur place et peut-être dans le pétrin.

Pour les disciples, comme pour les foules, nous manquons de chiffres précis. Nul doute que le cercle des disciples est resté mouvant, moins cependant que celui des foules. Quant aux noms, hormis ceux des Douze (qui font partie des disciples), nous n'en avons que quelques-uns, par exemple, Lévi, dans la tradition marcienne, et Nathanaël, dans la tradition johannique. Ces personnages nous rappellent utilement que tous les disciples n'appartenaient pas au cercle intérieur des Douze, alors que tous les Douze étaient également disciples et même les premiers d'entre eux. Un aspect significatif du cercle des disciples est que Jésus voulait apparemment laisser transparaître à travers lui sa volonté d'atteindre Israël comme *un tout* et pas simplement les gens pieux et zélés d'un côté et les marginaux et bannis de l'autre. Dans le cercle des disciples, se côtoyaient des tandems aussi bizarres que Simon le Zélote et Lévi le collecteur de taxes. Ils étaient des témoignages vivants de la volonté de cet étrange prophète, ouvert à tous et à toutes, de s'adresser non seulement à une élite ascétique et puritaine d'une part et à des bannis de la religion d'autre part, mais à l'ensemble du peuple de Dieu.

(c) Si le cercle médian hétéroclite des disciples reflétait déjà la volonté de Jésus d'atteindre l'ensemble d'Israël, le symbolisme d'un Israël restauré était encore plus fort quand on en arrivait au cercle intérieur des *Douze*. De par leur nature même, ils étaient une prophétie numérique vivante. Les Douze étaient le groupe le plus stable des gens qui suivaient Jésus. Sur les deux ans et un peu plus que dura le ministère public, on n'enregistre qu'un changement parmi les membres : le « Judas de Jacques » de Luc à la place du « Thaddée » de Marc. Étant donné les vicissitudes et les exigences d'un parcours de deux ans à travers la Galilée, avec des montées à Jérusalem, il est remarquable qu'il n'y ait eu qu'un remplacement dans les rangs des Douze. De plus, malgré les épisodes de ruptures qui ont entouré la mort de Jésus, les Douze se sont bien vite rassemblés de nouveau à Jérusalem pour fonctionner comme un groupe important de responsables dans les premiers temps de l'Église. Cette cohésion des Douze, *précisément en tant que « les Douze »*, au milieu de tant de pressions et malgré quelques changements individuels, témoigne des efforts que Jésus a dû déployer pour les façonner en un groupe stable. Déterminé à rassembler tout Israël en préparation de l'avènement de Dieu comme roi, Jésus voyait dans les Douze le signe prophétique et le noyau des douze tribus de jadis. L'envoi des Douze par Jésus vers Israël pour une brève mission au cours de son propre ministère dénote non pas tant une stratégie missionnaire pratique de sa part qu'un acte prophétique et symbolique supplémentaire, qui déclenchait le pouvoir prophétique contenu dans le signe des Douze. Leur mission à court terme envers Israël non seulement symbolisait, mais, dans l'idée de Jésus, mettait effectivement en branle le drame qui devait trouver son dénouement dans l'acte eschatologique par lequel Dieu reconstituerait les douze tribus.

La cohésion substantielle des Douze au milieu de tant de changements a pu également être facilitée par certains personnages clés à l'intérieur du groupe. Simon Pierre semble avoir été le leader et (ou) le porte-parole du cercle des Douze à la fois au cours du ministère public et dans les premiers temps de l'Église de Jérusalem. Mis à part Jésus lui-même, Pierre fut probablement le lien personnel le plus important entre les « Juifs pour Jésus » du ministère public et les « Juifs pour le Seigneur ressuscité Jésus » de l'Église embryonnaire. Pêcheur originaire des villes de Bethsaïde et de Capharnaüm sur la rive nord de la mer de Galilée, Pierre faisait partie des premiers disciples appelés par Jésus. Nous avons une attestation multiple (Matthieu et Jean, dans des courants différents de traditions et dans des récits différents) du fait que Jésus lui-même donna à Simon le second nom, le surnom ou le titre de *Kēpā'* (mot araméen signifiant « rocher » ou « caillou », *Petros* en grec). Quelle que soit l'intention précise de Jésus en donnant ce nom à Simon, il faut probablement l'interpréter à la lumière de la création des Douze par Jésus et de la place de Pierre comme leader des Douze. Le fameux texte « tu es Pierre » de Mt 16, 18-19 serait ici utile s'il remontait au Jésus historique ; mais c'est plus probablement un logion postpascal.

Les quatre évangiles ainsi que certaines épîtres de Paul concourent à donner l'impression d'ensemble que Pierre n'était pas un personnage simple. D'un côté, il était plein d'énergie et de ferveur dans son engagement envers Jésus et sa cause. Comme l'affirment toutes deux, mais de manières très différentes, la tradition marcienne et la tradition johannique, c'est Pierre qui fit une profession de foi en Jésus à un moment crucial du ministère public. D'un autre côté, Pierre était capable d'insoumission, de doute et d'affolement. À la fin, provoqué par le personnel du grand prêtre après l'arrestation de Jésus, il nia avoir même connu Jésus. Le parcours de Pierre dans l'Église primitive fournit un portrait similaire, où se juxtaposent ombres et lumières : chef zélé et audacieux de l'Église de Jérusalem, il a enduré persécution et emprisonnement ; mais, dans sa manière de gouverner l'Église, il s'est également montré capable de brusques retournements, qui semblaient malhonnêtes et hypocrites, au moins aux yeux de Paul. Cette juxtaposition même de forces et de faiblesses (le clair-obscur d'une peinture baroque) a rendu son personnage assez fascinant pour les premiers chrétiens, dont il était le chef, et pour la théologie et l'homilétique chrétiennes ultérieures. Si Simon Pierre est celui des Douze que nous connaissons le mieux, c'est tout simplement parce qu'il était le membre le plus éminent et le plus influent du groupe des Douze, au cours du ministère public comme dans les premiers temps de l'Église.

On ne peut dire que très peu de chose, voire rien, sur les autres membres des Douze. Les fils de Zébédée, Jacques et Jean, étaient eux aussi des pêcheurs des rives nord de la mer de Galilée. Le seul épisode mémorable où ils sont impliqués au cours du ministère public n'est pas très flatteur. Les deux frères ont cherché à obtenir les premières places aux côtés de Jésus, quand le royaume arriverait dans sa plénitude. Jésus les rembarra en leur promettant seulement une participation à ses souffrances ; le reste était dans les mains de son Père. La prophétie de Jésus se réalisa pour Jacques, le premier des Douze à subir le martyre. Nous n'avons pas d'information fiable pour savoir si elle se réalisa pour Jean.

Le seul autre membre des Douze sur lequel on sait quelque chose de significatif est Judas Iscariote (ou, dans l'évangile de Jean, Judas le fils de Simon Iscariote). Quelles qu'en soient les raisons (et les motifs réels nous sont à jamais perdus), Judas coopéra avec les autorités de Jérusalem pour faire arrêter Jésus, la nuit de son Dernier repas avec ses disciples, juste avant la Pâque. Malgré les interminables spéculations théologiques sur Judas et les développements sans bornes de son histoire dans l'imagination chrétienne, nous ne savons rien de plus sur lui. Comme un oiseau dans la nuit, il a traversé un moment le faisceau de lumière du ministère de Jésus, pour replonger aussitôt dans le noir.

En résumé, le cercle des Douze est important non pas à cause des prouesses réalisées par ses membres pris individuellement, mais à cause de la signification qu'il a précisément en tant que groupe de douze personnes. Ce groupe était le symbole prophétique et le noyau de l'Israël restauré, dont Jésus faisait l'objectif principal de sa mission.

3. Groupes d'adhérents en dehors des trois cercles

Parvenus à la fin de ce regard rapide sur les trois cercles concentriques d'adeptes de Jésus, nous ne devons pas perdre de vue que tous les Juifs qui ont cru au message de Jésus ou qui ont soutenu son mouvement ne se laissent pas classer dans l'un des trois cercles. Deux groupes importants sont dans ce cas.

(a) Différentes *femmes* juives qui en étaient venues à croire en la mission de Jésus s'étaient attachées à la troupe itinérante de Jésus (cela s'était peut-être fait progressivement au cours du temps) et elles *le suivaient* dans ses tournées de prédication en Galilée et jusqu'à Jérusalem pour sa Pâque finale. Dans ce groupe, une place éminente était tenue par

Marie, du village galiléen de Magdala. S'il faut en croire Luc, elle et d'autres femmes qui possédaient des biens et dont certaines avaient des liens avec la cour d'Hérode Antipas contribuaient à soutenir la troupe itinérante de Jésus par leur argent et par leurs services personnels. Selon les versions indépendantes des récits de la passion de Marc et de Jean, certaines de ces femmes furent témoins de la crucifixion et de la mort de Jésus et participèrent à son ensevelissement. Les récits de Marc et de Jean associent également Marie de Magdala à la découverte du tombeau vide, le matin du premier jour de la semaine.

Un phénomène curieux est à relever dans ce que nous rapportent les évangiles sur ces femmes dévouées : à la différence des adeptes hommes, à la fois fidèles et hésitants, ces femmes ne sont jamais explicitement appelées disciples. Sauf un possible parti pris machiste des évangélistes, les raisons de cette étrange omission peuvent se trouver dans le simple fait philologique que ni l'hébreu ni l'araméen anciens n'avaient de forme féminine pour le mot « disciple ». Et puis aussi, à cause des préjugés ou des simples caprices de la tradition orale, il se peut que les évangélistes n'aient pas eu connaissance de récits racontant un appel à devenir disciples, adressé par Jésus à ces femmes. En tout cas, l'absence du titre de « disciple » pour ces adeptes femmes vient à propos nous rappeler qu'on ne doit pas évaluer les fonctions, les activités ou l'importance de personnes particulières à l'intérieur d'un groupe religieux sur le seul critère de la présence ou de l'absence de certains titres ou labels.

(b) Parmi ceux qui étaient adhérents au mouvement lancé par Jésus ou qui le soutenaient, il y avait un second groupe de gens significatifs, qui n'appartenaient à aucun des trois cercles concentriques d'adeptes, pour la simple raison qu'ils ne suivaient pas Jésus, au sens littéral, physique du verbe. Les récits évangéliques appliquent normalement le verbe « suivre » aux seuls adhérents qui suivaient littéralement Jésus à travers la Galilée. Ce n'est donc pas un hasard si les très hospitalières Marie et Marthe, le repentant Zachée et le bien-aimé Lazare ne sont pas appelés disciples dans les évangiles, malgré leur engagement envers Jésus et les services qu'ils lui ont rendu. Ils faisaient partie des gens « casaniers » qui le soutenaient, en apportant au mouvement une aide qui était loin d'être négligeable. En offrant argent, nourriture et hébergement, ils ont fourni à la troupe itinérante des disciples de Jésus le réseau d'assistance indispensable pendant une période de plus de deux ans. On aimerait savoir si et dans quelle mesure ce système de soutien allait au-delà de l'aide purement occasionnelle et s'il a pu être l'objet d'une organisation consciente de la part de Jésus. En tout cas, le système d'assistance nous rappelle une fois encore que tous les adeptes de Jésus n'étaient pas des plus pauvres. Donner l'hospitalité à Jésus et à ses disciples quand ils débarquaient dans un village ne devait pas être une petite charge et ne devait pas être simple à gérer. La dernière mention que nous ayons d'un personnage sédentaire assez fortuné qui soutenait Jésus se trouve à la fin du ministère public : il s'agit d'un Juif anonyme de Jérusalem, probablement propriétaire d'une maison relativement grande avec toutes les commodités pour préparer à manger ; c'est lui qui reçoit Jésus avec ses disciples pour son Dernier repas.

En bref, le mouvement Jésus est loin d'être un ramassis amorphe d'enthousiastes aux yeux hagards, dont les attentes eschatologiques excluaient toute organisation pratique ; il laisse voir au contraire des éléments d'organisation et de structures, même embryonnaires. Généralement, les mouvements religieux importants de l'Antiquité ou du Moyen Âge ont réussi à décoller, à se propager et à tenir la distance parce que, quelque part au milieu de l'enthousiasme des commencements, il y a eu un ou des leaders qui savaient comment s'organiser, élaborer des traditions orales et les mettre en circulation ou comment consigner ces traditions dans ce qui deviendrait des livres sacrés. De toute évidence, l'Église primitive s'est développée sous la conduite de leaders tels que Pierre, Jacques, Étienne, Barnabé et Paul. Mais une donnée est peut-être moins évidente : avant même que l'Église chrétienne ait pris son envol, le mouvement de Jésus a subsisté et s'est propagé entre 28 et 30 de notre ère parce que Jésus lui-même était expert dans l'art de créer des marques d'identité, des structures embryonnaires et des systèmes de soutien pour son mouvement, à l'intérieur du judaïsme du Ier siècle. Comme nous l'avons vu, ce mouvement avait en effet des parallèles et des concurrents dans la Palestine de son temps.

4. Les concurrents juifs sur le marché religieux et politique de Palestine

Si Jésus et son mouvement avaient des concurrents, quels étaient les enjeux qui les mettaient en compétition ? Pour le dire succinctement, il s'agissait de se faire accepter par le peuple d'Israël et d'obtenir son adhésion ou, vu dans l'autre sens, d'acquérir le pouvoir, l'autorité ou l'influence nécessaires pour conduire Israël. Aux environs du tournant de l'ère chrétienne, la plupart des Juifs palestiniens ordinaires n'appartenaient à aucune des quatre « écoles philosophiques » ou « groupes d'opinion » *(haireseis)* mentionnés par Josèphe (*Ant.* 18.1.2-6 § 11-25 ; cf. *Guerre des Juifs* 2.8.1-8 § 117-166) : les pharisiens, les sadducéens, les esséniens (auxquels la plupart des exégètes modernes associent Qumrān) et la « quatrième philosophie » (des Juifs qui résistèrent directement à la souveraineté et à l'impôt romains en Judée en 6 de notre ère, au motif que Dieu était le seul vrai souverain d'Israël). De manières étonnamment différentes selon les cas, Jésus se situe en dehors des quatre écoles de pensée de cette liste.

1. La quatrième philosophie [8]

Il ne fait aucun doute qu'il y ait eu du mécontentement politique et de l'agitation sociale parmi les Palestiniens juifs à l'époque de Jésus, même s'il y en avait davantage dans la Judée gouvernée par Rome que dans la Galilée gouvernée par Hérode. Cependant, on n'a pas de témoignage d'un groupe organisé de révolutionnaires armés en activité durant le ministère de Jésus. Ce à quoi fait allusion Josèphe en parlant de « quatrième philosophie » était un groupe de Juifs qui s'opposèrent aux Romains quand ceux-ci firent de la Judée une province impériale en 6 de notre ère et imposèrent un recensement en vue de prélever l'impôt. Malgré l'intention de Josèphe de relier ce groupe aux révolutionnaires de la Première Guerre juive, il n'y avait probablement pas entre eux de lien historique direct par l'intermédiaire d'un mouvement organisé continu. Dans Josèphe, quand il est utilisé pour décrire une troupe organisée de révolutionnaires armés luttant contre Rome, le terme « zélotes » renvoie à un mouvement qui est apparu à Jérusalem vers 68 de notre ère. Aussi est-ce un non-sens historique que de parler de relations de Jésus avec la quatrième philosophie ou les zélotes ou de sympathie de sa part à leur égard. L'idée d'un Jésus zélote ou sympathisant des zélotes refait régulièrement surface dans les ouvrages de vulgarisation facile, qui ressemblent davantage à des romans et qui n'ont aucun appui dans une exégèse sérieuse. L'époque de Jésus n'ignorait certes pas la violence et le banditisme ; mais on n'a pas de témoignage de révolte armée contre Rome durant le ministère public.

2. Les esséniens et Qumrān

Un autre groupe n'apparaît pas non plus dans les quatre évangiles, mais pour des raisons différentes : ce sont les esséniens, au caractère ésotérique et à la fidélité rigoureuse vis-à-vis de la Loi ; par rapport aux esséniens, les gens de Qumrān constituaient un sous-ensemble particulier, une branche radicale, une école de scribes ou peut-être une « maison mère ». La différence fondamentale de comportement et de style de vie entre les esséniens vivant à l'écart et dans l'ascèse et le Jésus sociable et amateur de bons repas laisse penser dès le départ que Jésus n'était pas essénien. L'obsession des esséniens à propos des détails des observances légales et cultuelles (sabbat, bains rituels réguliers, pureté dans les repas communautaires, exactitude du calendrier), leur dualisme farouchement sectaire qui entretenait la haine des ennemis et leurs structures hiérarchiques sacerdotales contrastent fortement avec le manque d'intérêt de Jésus pour ces questions ou leur rejet pur et simple. Les ressemblances qui existaient entre Jésus et les esséniens peuvent souvent s'expliquer très simplement : Jésus et les esséniens avaient en commun d'être des Juifs palestiniens sensibles à l'eschatologie, des Juifs nourris des Écritures lues dans une lumière prophétique, des Juifs soucieux du renouveau d'Israël à la fin des temps, des Juifs qui, à des degrés variables, se trouvaient en tension vis-à-vis des autorités sacerdotales qui contrôlaient le Temple de Jérusalem. Ce terreau commun favorisait certaines ressemblances entre Jésus et les esséniens sur des questions particulières. Mais d'énormes différences pouvaient aussi s'observer entre eux.

(a) Pour ce qui est de *l'eschatologie*, Jésus et les esséniens portaient des espérances eschatologiques façonnées par une tension dialectique entre un « déjà » et un « pas encore ». Pour la communauté de Qumrān en particulier, le temps présent, malgré toutes ses épreuves, permettait déjà de participer à la vie et à l'adoration des anges. Chaque membre de la communauté était peut-être censé passer à cette existence angélique au moment de la mort. Les espérances futures pour Israël ici sur terre supposaient une guerre finale entre le bien et le mal, à la fin de laquelle les fils de lumière (les gens de Qumrān, naturellement) auraient la victoire et entreraient dans un état définitif de salut. Si l'idée d'une résurrection générale des morts s'inscrit tant soit peu dans les espérances de la communauté de Qumrān, elle reste seulement marginale.

Tout à fait à l'opposé de l'observance puritaine et stricte des esséniens, le « déjà » de la proclamation eschatologique de Jésus prenait corps dans des banquets, qui accueillaient des gens de mauvaise réputation comme des collecteurs de taxes et des pécheurs. Selon Jésus, cette dimension du « déjà » se réalisait également dans ses miracles. Les prodiges du type de ceux énumérés par Jésus dans Mt 11, 5 trouvent un parallèle strict dans un document fragmentaire de Qumrān *(4Q521)* ; mais celui-ci parle du temps *à venir* du messie, alors que, pour Jésus, ce temps est déjà présent. Les espérances messianiques des esséniens sont difficiles à résumer, car elles couvrent toute une palette de figures messianiques et (ou) de prophètes eschatologiques. L'attente d'un prophète eschatologique comme Élie, qui était tout juste esquissée chez les esséniens, était centrale dans la conception que Jésus avait de lui-même. Pourtant, le modèle du prophète à la manière d'Élie n'était pas la seule manière dont Jésus se comprenait lui-même. Comme le montrera le tome IV de *Un certain Juif, Jésus*, il semble que, vers la fin de sa vie, Jésus a également revendiqué symboliquement la messianité davidique ; et certains de ses disciples ont déjà pu penser à cela au cours du ministère public. À Qumrān, quand il est question d'un messie royal ou davidique, celui-ci est parfois subordonné à un personnage sacerdotal. Inutile de dire qu'une telle idée n'a pas d'équivalent dans les attentes de Jésus.

(b) Pour ce qui est du *Temple de Jérusalem*, les gens de Qumrān rejetaient la situation présente du sacerdoce, du calendrier et du culte dans le Temple et aspiraient à la restauration d'un sacerdoce sadoqite légitime (c'est-à-dire le sacerdoce conservé dans leur communauté), à la réintroduction du calendrier solaire (c'est-à-dire leur calendrier) pour réguler les dates des fêtes et à l'utilisation d'une *Hălākâ* (c'est-à-dire leur *Hălākâ*) pour les rituels du Temple. Tout cela reflétait l'origine et la direction sacerdotales de leur communauté. Leurs espérances pour le futur ont pu inclure à la fois un temple idéalisé dans le temps présent et un temple eschatologique dans la nouvelle création. D'ici là, les gens de Qumrān évitaient le temple profané de Jérusalem ; ils remplaçaient son culte impur par leur propre culte en compagnie des anges et par leur pratique scrupuleuse de la Loi mosaïque.

Par contre, Jésus ne voyait pas de difficulté à participer aux grandes fêtes dans le Temple et, par le fait même, à reconnaître et à accepter l'administration des prêtres qui en avaient le contrôle. Il acceptait ainsi le Temple de Jérusalem *dans l'ordre présent des choses*. Vers la fin de son ministère cependant, dans des paroles prophétiques et dans une action prophétique et symbolique (la « purification » du Temple), Jésus a prédit la destruction du Temple. Par conséquent, alors que les gens de Qumrān refusaient d'utiliser le temple présent, en attendant un temple purifié dont ils auraient la maîtrise, Jésus, lui, acceptait d'utiliser le temple en place, même s'il en prophétisait la destruction. On ne sait pas clairement si Jésus attendait un temple nouveau et meilleur au sens littéral d'une construction matérielle ou au sens métaphorique d'une communauté israélite renouvelée.

(c) Pour ce qui est des *règles de comportement*, jusqu'à un certain point Jésus et les esséniens partageaient un radicalisme éthique qui découlait de leurs fortes attentes eschatologiques. Ce radicalisme conduisait parfois à des positions semblables sur des questions de morale individuelle. Jésus et les esséniens avaient tendance à avoir les mêmes normes et interdictions strictes en matière de sexualité. Jésus et au moins certains esséniens pratiquaient le célibat et affirmaient en même temps que, pour la plupart des gens, le mariage monogame faisait partie de l'ordre présent de la création. Cependant, alors que les esséniens développaient des règles détaillées concernant le comportement sexuel, de telles réglementations minutieuses ne jouaient aucun rôle significatif dans l'enseignement de Jésus. La rigueur de Jésus en matière sexuelle apparaît dans son enseignement sur le mariage et le divorce. Jésus exige que le mariage soit monogame et indissoluble ; il assimilait donc le divorce (avec le remariage qui en était la conséquence naturelle) à un adultère. Les esséniens avaient pareillement une vision négative du divorce ; mais il n'est pas certain qu'ils en aient fait l'interdiction absolue dans l'âge présent.

La seule pratique vraiment ascétique de Jésus était son célibat. Cependant, alors que Jésus lui-même était célibataire, il n'a pas fait du célibat une condition pour devenir un de ses proches disciples (comme en témoigne Simon Pierre qui a une belle-mère). Comme on l'a fait remarquer plus haut, Jésus comprenait probablement son célibat comme une expression de son engagement total dans son rôle de prophète eschatologique proclamant et inaugurant le royaume de Dieu. Même si les esséniens ne pratiquaient pas tous le célibat, il semble que c'était le cas pour certains groupes (surtout à Qumrān). Le célibat était vraisemblablement une condition requise pour faire partie des groupes spéciaux d'esséniens qui pratiquaient ce type de vie en communauté. C'est seulement au plan de leur fondement eschatologique ultime que les motivations des esséniens en faveur du célibat ont dû être semblables à celles de Jésus. Les raisons spécifiques des esséniens devaient être très différentes : par exemple, le souci strict de la pureté rituelle (et surtout sacerdotale) dans une communauté qui tenait lieu de temple vivant pour l'âge présent, le culte en compagnie des anges (célibataires) ou peut-être la préparation en vue de la guerre sainte finale.

Quant à la pratique de faire des serments par le nom de Dieu, Jésus et les esséniens en désapprouvaient la multiplication et l'usage futile ainsi que la pratique perverse qui consistait à consacrer à Dieu une partie des biens que l'on possédait pour éviter d'apporter de l'aide à un parent ou un voisin dans le besoin. Mais les esséniens utilisaient des serments solennels qui faisaient partie du rituel d'entrée dans la communauté, et il est possible qu'ils aient également autorisé des serments dans d'autres circonstances juridiques particulières. Dans les évangiles, et surtout dans Matthieu, les matériaux concernant les serments vont dans des directions différentes selon les cas ; mais il est vraisemblable que le Jésus historique interdisait tout serment (Mt 5, 34).

(d) Pour ce qui concerne *la richesse et la propriété*, tous les membres de la communauté de Qumrān cédaient tous leurs biens au fonds commun du groupe. Les esséniens qui vivaient dans des regroupements de familles dispersés à travers Israël ne pouvaient pas appliquer ce régime ; aussi ne pratiquaient-ils pas un système strict de mise en commun de tous les biens mais plutôt un système précis de dons charitables à un fonds commun pour les nécessiteux. Ainsi, de différentes manières et selon des degrés divers, la communauté de Qumrān, comme le groupe plus large des esséniens, cherchait à éviter les grandes disparités entre les riches et les pauvres, sources de graves déséquilibres dans la plus grande partie du monde méditerranéen ancien.

Pour sa part, Jésus mettait perpétuellement en garde contre les dangers des richesses, qui devenaient facilement un obstacle à l'engagement total envers Dieu et à l'acceptation de la proclamation du royaume. Dans sa propre vie, Jésus a choisi de renoncer à la possession de biens et de richesses. Il avait librement abandonné son gagne-pain, sa maison et sa famille pour proclamer le royaume à tout Israël. À cause de cela, il devait dépendre de l'hospitalité et des contributions de ceux et celles qui le soutenaient. Pareillement, ceux qu'il appelait à devenir disciples devaient quitter maison et famille au moins pour un temps indéterminé, même si les évangiles présentent seulement un cas où Jésus demande explicitement à quelqu'un appelé à devenir disciple de vendre tout ce qu'il a et de le donner aux pauvres. Ce que Jésus exigeait de *tous* ceux qui le soutenaient était une totale confiance dans la providence aimante de Dieu, une confiance qui libère de l'angoisse devant les faux biens, l'argent et les possessions, et de l'asservissement par rapport à eux. Cette mise en garde adressée par Jésus à ceux qui ont des biens est en corrélation avec sa sollicitude envers les pauvres.

Cependant, comme on vient de le dire, Jésus n'exigeait pas de tous ceux qui le soutenaient de céder tous leurs biens et de devenir littéralement et économiquement pauvres. S'il l'avait fait, il n'y aurait pas eu Marthe et Marie ou Marie Madeleine pour lui apporter leur aide, ainsi qu'à ceux qui le suivaient. Jésus ne suivait donc pas l'exemple des gens de Qumrān, qui exigeaient que tous leurs membres abandonnent tous leurs biens à la communauté. C'est tout à fait justement et littéralement que les gens de Qumrān pouvaient se présenter comme « les pauvres » (par exemple, *1QpHab* 12, 3.6.10). Curieusement, malgré sa renonciation à sa maison, à son métier et à ses ressources, le Jésus itinérant n'emploie jamais l'étiquette de « pauvre » pour se désigner lui-même et ne fait jamais entrer ce terme dans la définition de son mouvement. Les pauvres constituent plutôt un groupe dont il porte le souci ; mais, à ses propres yeux et selon ses paroles, il n'appartient pas lui-même à ce groupe.

3. Les sadducéens

S'il existait quelques liens surprenants entre Jésus et la communauté de Qumrān et le groupe plus large des esséniens, en raison de la ressemblance de leurs perspectives eschatologiques, on ne peut pas en dire autant de Jésus et des sadducéens, un autre groupe lié au sacerdoce juif. Avec les sadducéens, Jésus avait simplement en commun d'appartenir au courant majoritaire du judaïsme, ce qui incluait d'accepter la participation au culte sacrificiel du Temple de Jérusalem, géré par les chefs sacerdotaux aristocratiques. En dehors de cela, Jésus et les sadducéens se situaient aux extrémités opposées du spectre, tant au plan théologique que social.

Parti principalement aristocratique et majoritairement sacerdotal centré à Jérusalem, les sadducéens avaient vu leur pouvoir éclipsé pendant le règne d'Hérode le Grand. La souveraineté romaine directe en Judée leur avait redonné des chances, car les Romains préféraient se servir des aristocrates locaux des provinces éloignées comme instruments de contrôle de ces régions. Même si les aristocrates, les gens riches ou les prêtres n'appartenaient pas tous au parti sadducéen, c'était le cas de beaucoup d'entre eux. Au temps de la souveraineté romaine directe, un grand nombre de grands prêtres étaient probablement sadducéens. Relativement peu nombreux et manquant de soutien populaire parmi les gens du peuple, les sadducéens comptaient sur leurs richesses, sur leur influence auprès d'un bon nombre des familles de grands prêtres (et donc dans la gestion du Temple) et sur le soutien des suzerains romains pour se maintenir au pouvoir ou au moins pour rester proches des leviers du pouvoir.

Pour les questions d'observance légale, les sadducéens s'opposaient aux « traditions des pères », sur lesquelles s'appuyaient les pharisiens et qui n'étaient pas contenues dans la Loi mosaïque écrite. Pourtant, même les sadducéens avaient eux aussi leur propre ensemble de traditions qui ne venaient pas explicitement de l'Écriture, notamment en matière de culte et de pureté. Alors qu'on les décrit souvent comme des conservateurs rigides attachés à la lettre, les sadducéens avaient mis en vigueur le relativement nouveau calendrier lunaire pour les fêtes du Temple, par opposition au calendrier solaire conservé et soutenu par la communauté de Qumrān. Dans leurs discussions avec les pharisiens sur des règles concrètes de comportement *(hălākôt)*, les sadducéens prenaient tantôt la position la moins rigoureuse, tantôt la moins laxiste. Cette variabilité s'étendait également aux affaires civiles et criminelles. En matière doctrinale, les sadducéens étaient bien sûr conservateurs, dans le sens où ils rejetaient un certain nombre de croyances qui étaient devenues populaires dans le judaïsme vers le tournant de l'ère chrétienne : la résurrection des morts, la récompense et le châtiment au-delà de la tombe, la vie éternelle, ainsi que l'angélologie et la démonologie foisonnantes de la pensée apocalyptique. Sur ces points, Jésus était plus proche des pharisiens novateurs, des différents courants du judaïsme apocalyptique qui existaient en Palestine à l'époque et, d'ailleurs, de beaucoup de Juifs ordinaires, qui acceptaient ces idées nouvelles.

Étant donné ce portrait des sadducéens, il ne faut pas s'étonner qu'ils apparaissent très rarement dans les récits du ministère public et s'ils ne jouent un rôle important que dans une seule péricope évangélique (Mc 12, 18-27 parr.)[9]. Cela va de soi, dans la mesure où Jésus a passé la plus grande partie de son temps à s'adresser aux Juifs ordinaires à travers la Galilée et la Judée, et non à un petit groupe de riches aristocrates à Jérusalem. C'est donc logique que la seule scène des évangiles dans laquelle s'affrontent Jésus et les sadducéens se situe dans le Temple de Jérusalem et que la discussion tourne autour d'un point doctrinal qui ne pouvait que mettre en désaccord Jésus et les sadducéens : la résurrection générale des morts et la vie éternelle. Étant donné leur insistance sur l'autorité des cinq livres de Moïse, c'est-à-dire la partie des Écritures juives qui constituait un corpus clairement défini et qui était pratiquement acceptée comme normative par tous les Juifs, les sadducéens s'appuient sur la loi du lévirat (Dt 25, 5) pour imaginer le cas délibérément risible d'une femme devenue successivement l'épouse de sept frères, qui meurent tous l'un après l'autre. Les sadducéens supposent que la situation conjugale de la femme et de ses maris à la résurrection serait un imbroglio désespéré, qui impliquerait une situation scandaleuse de polyandrie. Les sadducéens pourraient également laisser entendre un autre point : le fait même que Moïse soit allé jusqu'à garantir au défunt « l'immortalité » consistant à avoir une progéniture qui porte son nom et continue sa lignée n'indiquerait-il pas que Moïse n'envisageait aucune autre forme d'immortalité ?

Jésus répond d'abord à cet argument en déniant la supposition sous-jacente à la question des sadducéens (et de certains autres Juifs qui ne croyaient pas à la résurrection), à savoir que la résurrection des morts serait un retour à quelque chose du même ordre que les conditions terrestres présentes, même améliorées et amenées à leur perfection. Jésus comprend au contraire la résurrection comme un acte qui entraîne une transformation fondamentale de l'existence humaine, où le mariage, l'activité sexuelle et la procréation n'ont plus de rôle à jouer. Alors, puisque les sadducéens ont une prédilection pour les arguments tirés du Pentateuque, Jésus leur répond en citant Ex 3, 6 (« Je suis le Dieu d'Abraham [...] »), pour montrer que la doctrine de la résurrection des morts, si elle n'est pas directement enseignée dans la Loi de Moïse, y est au moins sous-entendue. Ainsi, après avoir redéfini la nature de la vie ressuscitée, Jésus en vient à redéfinir aussi un passage clé de la Tora, l'apparition de Yahvé à Moïse dans le buisson ardent. Apparemment seul parmi les maîtres juifs de cette époque du tournant de l'ère chrétienne à faire une telle assertion, Jésus affirme que Ex 3, 6 montre que Dieu donne vie aux morts. En fait, Jésus relève l'affirmation, sous-entendue dans Ex 3, 6, que Dieu avait choisi les patriarches et leurs descendants pour en faire son peuple particulier et qu'il avait implicitement promis d'agir comme leur protecteur et sauveur. Puis Jésus fait déborder cette promesse au-delà de la libération du mal en ce monde pour l'étendre à la libération définitive du mal qu'est la résurrection des morts. Nier la résurrection revient à nier que la nature même du Dieu d'Israël est d'être le Dieu des vivants. Jésus conclut donc son attaque contre les sadducéens par un blâme cinglant lancé aux prétendus chefs d'Israël : « Vous êtes grandement dans l'erreur » (Mc 12, 27).

Une chose est significative : c'est seulement dans cette confrontation avec les sadducéens et seulement à partir de cette question particulière posée par eux que Jésus est amené à une réflexion explicite sur la résurrection générale. Ailleurs dans son enseignement (par exemple, Mt 8, 11 par. ; Lc 14, 14 ; Mt 11, 21-24 par. ; 12, 41-42 par. ; Mc 9, 43-47 ; 14, 25), il se contente d'y faire allusion ou de la supposer. Quel que soit le lien établi par Jésus entre la résurrection générale et le cœur de sa prédication, à savoir l'avènement du royaume de Dieu et la restauration de l'ensemble d'Israël, la résurrection des morts faisait partie pour lui de l'accomplissement du plan de Dieu pour Israël. Alors que nous voyons Jésus capable d'en appeler à Ex 3, 6 dans sa joute scripturaire avec les sadducéens, le tableau d'ensemble de son ministère donne à penser que, finalement, il connaît le fait de la résurrection pour les mêmes raisons qu'il connaît le fait de l'avènement du royaume de Dieu : il est le prophète eschatologique qui a une connaissance directe et autorisée de la volonté et du projet de Dieu pour son peuple. Cette revendication d'autorité et de connaissance charismatiques, qui se passe fondamentalement de tous les canaux traditionnels du savoir et du pouvoir religieux, ne devait pas faciliter les rapports avec les sadducéens et ne pouvait au contraire que les décontenancer, eux qui étaient déterminés à garder fermement en main les rênes du pouvoir religieux institutionnel dans le judaïsme palestinien. Et Caïphe était très vraisemblablement sadducéen.

4. *Les pharisiens*

À la différence des sadducéens, les pharisiens, qui avaient autrefois tenu les rênes du pouvoir politique sous certains des monarques hasmonéens, ne les avaient plus en main dans la période de souveraineté romaine directe. Dans l'impossibilité d'exercer désormais un pouvoir par la force, ils étaient donc dans l'obligation de tenter d'avoir une influence sur les gens du peuple par l'éducation et la persuasion. C'est ce qui explique que les rencontres et les controverses de Jésus avec les pharisiens étaient beaucoup plus inéluctables que celles avec les sadducéens aristocrates et les esséniens sectaires. Jésus et les pharisiens représentaient les deux mouvements religieux majeurs qui menaient une action auprès des Juifs ordinaires de Palestine vers la fin des années 20 du Ier siècle. Certes, dans certains récits évangéliques, le fait de nommer des pharisiens comme interlocuteurs ou opposants de Jésus peut être un ajout secondaire, qui reflète des polémiques chrétiennes ultérieures de la deuxième moitié du Ier siècle. Mais l'attestation multiple de sources et de formes, ainsi que la dynamique de la concurrence religieuse dans le judaïsme palestinien du début du Ier siècle, rend hautement probable que Jésus et les pharisiens ont eu à entrer en dialogue et en débat au cours du ministère public. Il y a ici une sorte d'ironie dans le fait que les principaux partenaires qui s'affrontent à Jésus pendant sa vie publique ne sont pas intervenus directement dans la fin de sa vie. N'ayant pas de pouvoir politique, les pharisiens ne furent pas impliqués dans l'arrestation et l'exécution de Jésus. En effet, les couches les plus anciennes des récits de la passion, malgré leur poids chrétien de théologie, d'apologétique et de polémique, n'affirment jamais que les pharisiens y furent impliqués.

Mais qui étaient exactement les pharisiens ? Il existe actuellement une grande diversité d'opinions exégétiques sur la question. Comparée à la recherche sur les pharisiens historiques, même la recherche sur le Jésus historique paraît facile [10]. Quelques affirmations importantes concernant leur origine et leur développement semblent assez sûres. Les pharisiens sont apparus pendant les combats entre factions sectaires et politiques, au début de la période hasmonéenne. Ils ont eu le pouvoir au cours de la première partie du règne de Jean Hyrcan (134-104 avant notre ère) et de nouveau pendant le règne de la reine Salomé Alexandra (76-69). Au cours du règne de celle-ci, les pharisiens ne se sont pas contentés d'imposer leurs lois à la nation ; ils se sont également violemment vengés de leurs ennemis politiques. Ils n'étaient ni quiétistes ni pacifistes et ne le devinrent jamais. La chute des hasmonéens signifia le déclin du pouvoir politique direct des pharisiens. Hérode le grand ne tolérait pas de pouvoir politique rival dans son royaume. Le mieux que les pharisiens pouvaient faire était d'essayer d'exercer une influence indirecte, en usant parfois d'intrigues de cour. C'est probablement à ce moment-là que les pharisiens ont commencé à comprendre que tout pouvoir, à l'avenir, devrait être indirect, basé sur leur influence et leur popularité auprès des gens du peuple.

À partir de 6 de notre ère, la souveraineté romaine directe sur la Judée signifia une montée en puissance des sadducéens, puisque dans les provinces éloignées, on l'a déjà noté, les Romains préféraient gouverner par l'intermédiaire des aristocrates locaux. Les pharisiens restèrent donc une fois encore sur le carreau. Le mieux qu'ils pouvaient faire était alors de redoubler leurs efforts parmi les gens du peuple, auprès desquels ils jouissaient d'une réputation de connaissance précise de la Loi mosaïque. L'accès indirect des pharisiens au pouvoir a pu prendre davantage d'ampleur si, comme le pensent certains, ils faisaient partie de cette classe de services dont les dirigeants avaient besoin pour faire fonctionner la bureaucratie gouvernementale au quotidien. Si tel était le cas, il est probable qu'ils aient eu parfois la possibilité de persuader les aristocrates au pouvoir de se ranger à leurs idées, étant donné en particulier que certains membres du sacerdoce furent également pharisiens. Quelques pharisiens se hissèrent même aux échelons les plus élevés du pouvoir ou de l'influence, notamment le juriste Gamaliel Ier à l'époque des premiers temps du christianisme (Ac 5, 34) et son fils Siméon Ier, un membre clé du gouvernement modéré de coalition dans les premiers temps de la Première Guerre juive. Il y avait également un prêtre pharisien dans la délégation envoyée par le gouvernement révolutionnaire pour relever Josèphe de son commandement en Galilée. Dans de rares cas, le parti des pharisiens a donc eu accès direct au pouvoir à travers des pharisiens individuels éminents.

La catastrophe de la Première Guerre juive, qui se termina par la prise de Jérusalem et la destruction du Temple, entraîna également le démantèlement de la plupart des groupes en concurrence dans le judaïsme d'avant 70. Les pharisiens furent le seul groupe à s'en sortir relativement intact : ils restèrent assez nombreux, gardèrent leur tradition d'enseignement et continuèrent de bénéficier du respect des gens du peuple. Après la prise de Jérusalem, les pharisiens se joignirent à d'autres survivants, y compris divers prêtres et scribes, pour se retrouver à Yabneh (Jamnia) sur la côte méditerranéenne ; ils tentèrent là de préserver, de développer et d'adapter les traditions légales juives d'avant 70 à la situation totalement différente d'après 70. Cette association de groupes différents fut à l'origine du premier mouvement rabbinique. Les pharisiens d'avant 70 ne peuvent pas être assimilés de façon simpliste aux rabbis d'après 70 ; mais ils eurent une influence majeure sur la nouvelle forme de judaïsme qui se faisait jour à Yabneh et ils contribuèrent à son développement.

Il est très difficile de passer de ces généralisations à un exposé détaillé des pratiques et des croyances pharisiennes. Nos trois sources principales d'information, le Nouveau Testament, Josèphe et la littérature rabbinique, font toutes problème. À l'exception des épîtres de Paul, elles datent toutes de la période d'après 70. Chacun de ces corpus littéraire est grevé de préjugés et parfois de points de vue anachroniques. Les évangiles reflètent la lutte entre le christianisme naissant et le judaïsme rabbinique naissant. Les descriptions des pharisiens faites par Josèphe sont souvent citées tout bonnement comme de l'histoire pure et simple ; et pourtant, d'une œuvre à l'autre, Josèphe modifie l'appréciation qu'il porte sur les pharisiens et, en fait, il pourrait bien mentir lorsque, vers la fin de sa vie, il affirme avoir été pharisien pendant toute son existence adulte. La plus ancienne partie de la littérature rabbinique, la Mishna, a été composée presque deux cents ans après le ministère de Jésus.

Même dans les passages de la Mishna qui parlent de *pĕrûšîn*, il n'est pas du tout facile de déterminer si le terme hébreu se réfère à ce que nous entendons par pharisiens ; en tout cas, il ne faut pas automatiquement assimiler ceux-ci aux « sages » ou aux « scribes » rabbiniques. Si nous nous en tenons aux passages de la Mishna et de la Tosephta où les pharisiens et les sadducéens sont présentés en opposition les uns aux autres sur des questions juridiques, il nous reste environ sept cas, dans lesquels les pharisiens débattent avec leurs adversaires sur des questions telles que la pureté des rouleaux de l'Écriture et la pureté des liquides, la responsabilité civile d'individus qui causent des dommages, la manière appropriée de rédiger un certificat de divorce, la pureté des objets cultuels du Temple et la possibilité pour une fille de recevoir un héritage de son père.

Devant les difficultés soulevées par nos trois sources (le Nouveau Testament, Josèphe et la littérature rabbinique), il est judicieux de s'en tenir à des cas où au moins deux des trois sources sont d'accord sur un aspect ou l'autre des pharisiens. Cette méthode minimaliste permet cependant d'affirmer six points importants concernant les pharisiens historiques.

(a) Les pharisiens étaient un groupe juif qui avait des intérêts à la fois politiques et religieux et qui fut en activité en Palestine depuis le milieu du IIe siècle avant notre ère jusqu'à la Première Guerre juive (66-70 de notre ère).

(b) Les pharisiens étaient réputés pour l'exactitude ou la précision de leur interprétation et de leur pratique de la Loi mosaïque. Dans l'ensemble, leur souci de la Loi mosaïque les amenait à être plutôt indulgents que sévères dans leurs jugements.

(c) Dans leurs controverses avec d'autres groupes juifs au sujet de la Loi, les pharisiens mettaient parfois en avant des idées et des pratiques légales qui, ils l'admettaient ouvertement, ne se trouvaient pas comme telles dans la Loi écrite de Moïse. Les pharisiens considéraient ces idées et pratiques supplémentaires comme étant de vénérables traditions transmises par les « pères » ou les « anciens » et comme étant la volonté de Dieu pour l'ensemble d'Israël. (Ce concept embryonnaire d'une Loi de Moïse à laquelle *s'ajoutent* les traditions des pères ne doit pas être identifié avec la doctrine de la double Tora, beaucoup plus élaborée, que l'on trouvera développée seulement dans les deux Talmuds. Selon cette doctrine plus tardive, sur le mont Sinaï Dieu a donné à Moïse la double Tora, qui comprenait à la fois les cinq livres écrits par Moïse et la Tora orale, transmise par une chaîne de tradition orale jusqu'aux sages rabbiniques.) Les pharisiens se démarquaient nettement des sadducéens dans leur attitude à l'égard des gens du peuple. Au Ier siècle de notre ère, les premiers s'activaient à essayer de convaincre les Juifs ordinaires d'observer volontairement les traditions pharisiennes dans leur vie de tous les jours. Inutile de dire que leurs efforts n'étaient pas entièrement couronnés de succès ; mais ils ne considéraient jamais les gens du peuple comme d'abominables pécheurs peu fréquentables pour la seule raison qu'ils ne suivaient pas les pratiques pharisiennes.

(d) En nous appuyant sur l'attestation multiple de sources, nous pouvons être à peu près sûrs des préoccupations légales qui caractérisaient les pharisiens : règles de pureté concernant la nourriture et les récipients destinés aux aliments et aux boissons ; souci de ce qui souille ou ne souille pas les mains ; règles de pureté concernant les cadavres et les tombes ; pureté des objets cultuels ; contributions diverses à apporter au Temple et à son personnel sacerdotal ; observances particulières pour le sabbat et les jours saints ; mariage et divorce, y compris le certificat de divorce et les motifs du divorce.

(e) Si les pharisiens, comme d'autres groupes, se caractérisaient par leurs conceptions des pratiques légales, ils avaient aussi certaines positions doctrinales caractéristiques. (α) Contrairement aux sadducéens, les pharisiens croyaient à une forme de vie au-delà de la tombe et en particulier à la résurrection des morts. (β) Indirectement, à partir de ce que l'ex-pharisien Paul considère comme allant de soi lorsqu'il développe sa théologie, on peut conjecturer que certains pharisiens au moins attendaient une sorte de messie, dont la venue était annoncée dans les Écritures, à condition qu'on les lise à nouveaux frais, c'est-à-dire sous un éclairage eschatologique et messianique. En effet, certains pharisiens au moins partageaient probablement une vision apocalyptique de l'histoire du salut, qui allait de l'élection d'Israël et de la réception de la Loi jusqu'à l'accomplissement de toutes les promesses contenues dans la Loi et les prophètes, y compris le messie et la résurrection des morts. À l'intérieur de cette histoire globale du salut, la Loi jouait un rôle salvifique particulier.

(f) Un dernier élément de la doctrine pharisienne concernait l'interaction entre la providence divine et l'effort humain. Les deux étaient affirmés d'une manière ou d'une autre ; mais ce que nous connaissons de la position exacte des pharisiens n'est pas très clair, étant donné les changements d'opinion de Josèphe sur la question.

Il ne faut pas oublier que ces six caractéristiques spécifiques, même si on les met ensemble pour former une *Gestalt*, ne situent pas forcément les pharisiens à part du courant majoritaire du judaïsme (contrairement à ce qui se passait pour la communauté de Qumrān). Elles les distinguent plutôt comme un groupe particulier à l'intérieur de ce courant majoritaire. Mais en même temps, les pharisiens ne *constituaient* pas le judaïsme majoritaire (et encore moins un mythique judaïsme monolithique ou « normatif ») ; et ils n'étaient pas non plus considérés ainsi par les gens du peuple [11].

C'est seulement après cette vue d'ensemble que l'on peut peser les difficultés de la question des relations de Jésus avec les pharisiens. En plus des problèmes déjà notés, on doit tenir compte des tendances rédactionnelles de chaque évangéliste, quand on essaie d'utiliser les péricopes évangéliques qui mentionnent les pharisiens. Par exemple, Matthieu et Luc ont tendance à introduire des mentions des pharisiens, et surtout des allusions négatives, dans des passages où les pharisiens n'apparaissent pas dans Marc. Les tendances rédactionnelles de Matthieu et de Luc étant ce qu'elles sont, on doit en déduire que Marc a pu agir de la même façon vis-à-vis de ses sources. En fait, les objectifs stylistiques et théologiques affichés par Marc en disposant les deux récits de controverse de Galilée et de Jérusalem aux deux extrémités du ministère public nous invitent à être prudents et à ne pas considérer les rares cas de controverses directes entre Jésus et les pharisiens comme des comptes rendus historiques. En outre, Matthieu et Jean ont une tendance évidente à faire des pharisiens *les* ennemis de Jésus pendant le ministère public. Ils se font ainsi l'écho de la lutte entre l'Église primitive et le mouvement rabbinique embryonnaire de la période d'après 70, identifié de manière anachronique avec les pharisiens du temps de Jésus. Pour compliquer encore les choses, il est possible que les pharisiens historiques d'avant 70 aient été concentrés dans et autour de Jérusalem ou au moins dans la Judée en général et qu'ils n'aient eu en Galilée qu'une présence minime. Il se pourrait que ce soit la « géographie théologique » de la narration de Marc qui ait nécessité une réimplantation des pharisiens en Galilée, où Marc situe la plus grande partie du ministère de Jésus, avant son voyage fatal (et unique) à Jérusalem, vers la fin de l'évangile.

Les questions avec lesquelles on se débat ici ne sont pas sans rappeler le problème rencontré pour les récits de miracles dans le tome II. Les relations et les controverses entre Jésus et les pharisiens constituent un fait de base, qui jouit d'une large attestation multiple de sources et de formes (tout comme le fait de base que Jésus affirmait et était censé accomplir des miracles au cours de son ministère public). Quand on veut aller au-delà de ce fait de base, pour passer aux péricopes particulières qui mettent en scène des pharisiens, les choses deviennent beaucoup moins claires (comme c'est le cas pour les récits particuliers de miracles). On peut dire au moins que certains types de péricopes évangéliques qui présentent Jésus en train d'échanger avec les pharisiens ou de parler d'eux jouissent d'une vraisemblance historique, en raison de ce que nous savons sur les pharisiens par d'autres sources. On peut repérer les quatre points suivants.

1. Ce sont les pharisiens qui sont présentés comme les personnages en discussion avec Jésus sur la question du divorce. Cette description est cohérente avec les débats sur les motifs du divorce entre la « maison » de Hillel et la « maison » de Shammaï. Jésus est présenté comme s'opposant à l'autorisation du divorce donnée par les pharisiens, en raison de ses perspectives eschatologiques propres : la fin des temps restaurerait l'institution du mariage comme le créateur l'avait prévue depuis le commencement, à savoir comme un mariage monogame et permanent. Tout en étant peut-être plus radical que la perspective essénienne, cet argument de Jésus est semblable à ce que nous trouvons dans les écrits esséniens et reflète une approche du problème différente des débats entre l'école de Hillel et l'école de Shammaï.

2. Si le prophète eschatologique Jésus fut impliqué dans des conflits théologiques avec les pharisiens, il n'est pas surprenant que ceux-ci aient été l'objet de certaines malédictions prononcées par lui contre ceux qui rejetaient son message.

3. On le sait, Jésus était un conteur de paraboles, et celles-ci inculquaient souvent le renversement des valeurs apporté par la fin des temps. Aussi la parabole du pharisien et du collecteur de taxes, qui est souvent considérée par de nombreux spécialistes des paraboles comme remontant au Jésus historique, pourrait-elle être un exemple privilégié de ce retournement nécessaire du regard porté habituellement par les gens du peuple sur des pharisiens qu'ils tenaient en haute estime et sur des collecteurs de taxes qu'ils méprisaient.

4. Étant donné la polémique contre les pharisiens présente dans les évangiles, le critère de discontinuité ou d'embarras joue en faveur de l'historicité des rares péricopes où Jésus reçoit un accueil sympathique de la part de certains pharisiens.

En plus de ces arguments, il y a à considérer un fait global, à savoir que Jésus cherchait à s'adresser à l'ensemble d'Israël et pas simplement à un groupe particulier. Si en effet les pharisiens constituaient un mouvement populaire important dans l'Israël du temps de Jésus et si, contrairement aux gens de Qumrān, ils ne se coupaient pas des gens du peuple mais menaient leurs activités au milieu d'eux, comment Jésus aurait-il pu ne pas avoir de contacts avec eux ? Sur de nombreux points concernant le présent et l'avenir d'Israël, Jésus et les pharisiens devaient être d'accord ou avoir au moins pas mal de choses en commun. Les points de désaccord entre eux tournaient autour du scénario eschatologique envisagé par Jésus, autour de la place spéciale qu'il accordait à lui-même, à son ministère et à ses miracles dans ce scénario et autour des enseignements halakhiques inhabituels qui découlaient de ce scénario (par exemple, l'interdiction du divorce, le célibat comme manière d'être au service du royaume, le refus du jeûne volontaire et, en fonction des circonstances, la négligence ou le rejet des obligations familiales et des règles de pureté). On sait que les prophètes israélites avaient pratiqué une longue tradition de dénonciations implacables de leurs adversaires ; aussi ne faut-il pas être surpris si le prophète Jésus lance de semblables invectives contre ses opposants, y compris les pharisiens. De telles attaques verbales prononcées par le Jésus historique ne doivent pas être perçues comme des accusations proférées de l'extérieur contre le judaïsme, comme cela a souvent été compris dans l'histoire chrétienne ultérieure.

À partir de tout ce que nous avons vu, il apparaît clairement qu'il ne faut pas amalgamer naïvement la question particulière des relations de Jésus avec les pharisiens et la question beaucoup plus large de la relation de Jésus à la Loi mosaïque. Des récits évangéliques qui rapportent une déclaration de Jésus concernant la Loi pourraient être fondamentalement historiques, alors que la présence de pharisiens comme partenaires du débat dans ces récits pourrait être une création chrétienne plus tardive. Au Ier siècle de notre ère, les pharisiens étaient loin d'être le seul groupe de Juifs palestiniens à se préoccuper de la Loi mosaïque. L'enseignement de Jésus sur des sujets comme le divorce et le jeûne devait intéresser et peut-être déranger beaucoup de Juifs qui n'étaient pas pharisiens. C'est pourquoi, dans un chapitre ultérieur, distinct de l'étude présente sur les pharisiens historiques, nous concentrerons notre attention sur la relation de Jésus à la Loi mosaïque, le dais sacré qui recouvre toutes les relations de Jésus avec d'autres Juifs. Le problème est que ce thème de « Jésus et la Loi mosaïque » est un sujet capital, dont la portée est très large et qui contient d'innombrables énigmes. Aussi ai-je décidé de réserver ce problème très difficile pour le quatrième et dernier tome de *Un certain Juif, Jésus*, un volume qui s'attaquera aux grandes énigmes qui entourent le Jésus historique. J'ai volontairement gardé ces énigmes pour la fin de notre enquête, dans l'espoir que ce que nous avons vu dans les trois premiers volumes nous aidera à solutionner les quatre grandes énigmes sur lesquelles se penchera le tome IV.

5. Ouverture sur les dernières énigmes

Le volume final de notre enquête aura donc pour thème « l'énigme que représentait Jésus et que lui-même était ». Les quatre grandes énigmes à considérer sont l'énigme de l'enseignement de Jésus concernant la Loi, les énigmes ou le discours mystérieux des paraboles de Jésus, les énigmes ou le discours mystérieux des auto-désignations de Jésus (un terme meilleur que les « titres ») et enfin l'énigme ou l'aspect mystérieux de sa mort. J'ai volontairement regroupé ces quatre grandes énigmes, en une sorte de livret non musical de « variations » sur le thème « énigme », précisément parce que leur caractère énigmatique a parfois été minimisé ou négligé.

1. Par exemple, la judaïté de Jésus a parfois été complaisamment utilisée pour signifier que la relation de Jésus à la Loi mosaïque allait de soi et ne faisait pas problème : Jésus était un Juif qui soutenait et observait la Loi mosaïque, un point c'est tout. Si la première partie de cette affirmation est correcte, sa compréhension de la Loi mosaïque et les diverses positions qu'il a prises vis-à-vis de la Loi dans la Palestine du Ier siècle ne sont pas tout à fait aussi simples, comme l'a déjà montré notre étude sur les esséniens, les sadducéens et les pharisiens. Quand on passe des généralités aux points particuliers, la position de Jésus vis-à-vis de la Loi pose une véritable énigme.

2. Pour nombre de lecteurs bien au fait des ouvrages sur le Jésus historique, la décision que j'ai prise de réserver l'étude des paraboles de Jésus au dernier volume peut sembler en soi énigmatique. Bien sûr, depuis Adolf Jülicher, en passant par C. H. Dodd et Joachim Jeremias et jusqu'à Norman Perrin, John Dominic Crossan et le « Jesus Seminar », les paraboles ont été pour les exégètes de tous genres la voie royale, le chemin le plus aisé, la route d'accès la plus sûre pour parvenir au Jésus historique. Qu'on me permette d'être d'un autre avis. Non seulement les paraboles sont elles-mêmes des énigmes posées dans un discours crypté, mais leur relation précise au Jésus historique pose également une énigme. Soumises à la même application stricte des critères d'historicité utilisés pour les autres matériaux évangéliques, beaucoup de paraboles pourraient ne pas s'en tirer aussi bien que certains exégètes aimeraient le croire.

3. Plutôt que de parler des « titres de Jésus » (ou, pire encore, des « titres christologiques de Jésus »), je pense préférable de comprendre les manières dont le Jésus historique a pu se désigner lui-même (par exemple, Fils de l'homme, Fils) comme une façon de parler énigmatique, pas très différente des paraboles. Comme les paraboles, les expressions étranges qu'il utilisait pour se désigner visaient à exciter l'esprit de ses auditeurs

pour rendre leur pensée active ; elles voulaient poser des questions dérangeantes au lieu de donner des réponses toutes faites.

4. Enfin, les raisons précises pour lesquelles la vie de Jésus s'est terminée comme on le sait, à savoir par une crucifixion ordonnée par le préfet romain, sur l'accusation d'avoir affirmé être le roi des Juifs, constituent la plus forte, la plus troublante et la plus centrale de toutes les énigmes que posait Jésus et qu'il était. Toute reconstruction du Jésus historique doit se terminer par cette énigme et finalement être jugée suffisante ou insuffisante en fonction de sa capacité à éclairer cette énigme. C'est à l'énorme tâche de démêler ces quatre grandes énigmes entourant le Jésus historique que nous consacrerons nos efforts dans le quatrième et dernier volume de *Un certain Juif, Jésus*.

NOTES

NOTES DE L'INTRODUCTION

1. John P. MEIER, *Un certain Juif, Jésus. Les données de l'histoire*, t. 1 : *Les sources, les origines, les dates*, Paris, Cerf, 2005 ; t. 2 : *La parole et les gestes*, Paris, Cerf, 2005.

2. Cette observation ne vaut évidemment pas de la seule recherche sur le Jésus historique. C'est un lieu commun, par exemple, en phénoménologie ; voir, par ex. Edith STEIN, *On the Problem of Empathy*, Washington DC, ICS, 1989 (édition originale allemande *Zum Problem der Einfühlung*, 1917), pp. 88, 116. Stein prend appui sur l'ouvrage de Max SCHELER, *Nature et formes de la sympathie*, Petite bibliothèque Payot, Paris, Payot, 2003 ; première édition allemande *Wesen und Formen der Sympathie*, 1913.

3. La remarque a souvent été faite par BEN WITHERINGTON III dans ses différents ouvrages. Voir, par ex., *The Christology of Jesus*, Minneapolis, Fortress, 1990, pp. 24-25 ; *The Jesus Quest* (Downers Grove IL, InterVarsity, 1995, pp. 35-36). Une façon de définir des termes comme « groupes » et « mouvements » dans une perspective sociologique est proposée par Anthony J. SALDARINI, *Pharisees, Scribes and Sadducees in Palestinian Society. A Sociological Approach*, Wilmington DE, Glazier, 1988, pp. 309-314. Étant donné le caractère limité et fragmentaire de nos sources, des termes comme « groupes » et « mouvements » doivent inévitablement demeurer vagues quand on les applique aux disciples de Jésus. Sur le problème récurrent de la définition des « sectes » voir note 12 ci-dessous.

4. *Jesus the Jew*, Philadelphie, Fortress, 1973 [*Jésus le Juif*, Jésus et Jésus-Christ, Paris, Desclée, 1978] ; *Jesus and the World of Judaism*, Philadelphie, Fortress, 1983 ; *The Religion of Jesus the Jew*, Minneapolis, Fortress, 1993. L'auteur du présent ouvrage se sent encouragé par le fait que les ouvrages de VERMES s'échelonnent sur des intervalles de dix ans. [Effectivement, le tome 3 de MEIER, *A Marginal Jew, Jesus* est paru dans l'édition originale juste dix ans après la publication des deux premiers tomes – NdT.]

5. E. P. SANDERS, *Jesus and Judaism*, Philadelphie, Fortress, 1985. Beaucoup de points mis en lumière dans sa volumineuse étude *Judaism. Practice & Belief 63 BCE – 66 CE* (Londres, SCM et Philadelphie, Trinity, 1992) ont été incorporés dans sa présentation plus vulgarisée, *The Historical Figure of Jesus* (Londres, Penguin, 1993). On trouvera l'essentiel dans la vue d'ensemble de James H. CHARLESWORTH, *Jesus within Judaism* (Anchor Bible Reference Library, New York, Doubleday, 1988), qu'il a complété par d'autres ouvrages écrits par lui-même ou édités par lui. Des recueils d'essais qu'il a édités citons *Jews and Christians. Exploring the Past, Present, and Future* (New York, Crossroad, 1990) et *Jesus' Jewishness* (New York, Crossroad, 1991).

6. Dale C. ALLISON, *Jesus of Nazareth Millenarian Prophet*, Minneapolis, Fortress, 1998 ; Bart D. EHRMAN, *Jesus Apocalyptic Prophet of the New Millennium*, Oxford, Oxford University, 1999 ; Paula FREDRIKSEN, *Jesus of Nazareth, King of the Jews*, New

York, Knopf, 1999 ; Bruce CHILTON, *Rabbi Jesus*, New York, Doubleday, 2000 ; Jürgen BECKER, *Jesus of Nazareth*, Berlin/New York, de Gruyter, 1998 ; N. T. WRIGHT, *Jesus and the Victory of God*, Minneapolis, Fortress, 1996 ; Jacques SCHLOSSER, *Jésus de Nazareth*, Paris, Agnès Viénot, 2e édition, 2002. Il n'est pas besoin de dire que ces auteurs diffèrent largement entre eux sur la façon de comprendre *quelle sorte de Juif* était Jésus. Pour la discussion sur le type de Juif qu'était Jésus voir les observations de Mark Allan POWELL, *Jesus as a Figure in History*, Louisville, Westminster/John Knox, 1998, pp. 169-172 ; l'ouvrage de Powell apporte une vue d'ensemble utile des positions de quelques exégètes importants engagés dans cette « troisième quête de Jésus ». On pourra trouver un aperçu plus bref dans Craig A. EVANS, « The Third Quest of the Historical Jesus : A Bibliographical Essay », *Christian Scholar's Review* 28 (1999), pp. 532-543 ; voir également les réflexions de méthodologie de Joel B. GREEN, « In Quest of the Historical : Jesus, the Gospels, and Historicisms Old and New », *ibid.*, pp. 544-560. [Sur la troisième quête voir aussi *Un certain Juif, Jésus*, t. 2, note de l'introduction (p. 767) et compléments bibliographiques (pp. 1253-1254).]

7. Parmi l'abondance des volumes produits par les membres actuels ou anciens du *Jesus Seminar* on pourra consulter les ouvrages représentatifs suivants : John Dominic CROSSAN, *The Historical Jesus. The Life of a Mediterranean Jewish Peasant*, San Francisco, Harper, 1991 ; IDEM, *Jesus. A Revolutionary Biography*, San Francisco, Harper, 1994 ; Burton L. MACK, *A Myth of Innocence*, Philadelphie, Fortress, 1988 ; Robert W. FUNK, *Honest to Jesus*, San Francisco, Harper, 1998 ; Robert W. FUNK et al., *The Five Gospels*, New York, Macmillan, 1993.

8. Une certaine loi de proportionnalité inverse permet peut-être de soupçonner pourquoi certains livres récents ont négligé la judaïté spécifique de Jésus et ses relations spécifiques avec d'autres Juifs pris individuellement ou avec des groupes juifs : dans la mesure où l'on ignore cette double focalisation, Jésus peut devenir, sous des formes fort convenables, une vague silhouette idéologique, un modèle sociologique, un archétype jungien ou simplement le code sur lequel on pourra projeter à souhait tout programme ou toute entreprise que l'on voudra. Ce qui m'intéresse au premier chef dans cette question, comme partout dans cet ouvrage, est d'ordre historique et non pas théologique. On trouvera quelques réflexions brèves sur quelques-unes des ramifications théologiques de la judaïté de Jésus dans mon article « The Present State of the "Third Quest" for the Historical Jesus : Loss and Gain », *Bib* 80 (1999), pp. 459-487.

9. Voir la brève esquisse à la fin de *Un certain Juif, Jésus*, t. 2, pp. 755-764.

10. Comme nous le verrons, il faut, par moment, élargir cette rubrique générale. Par exemple, les spécialistes se demandent aujourd'hui encore jusqu'à quel point et en quel sens les Samaritains du Ier siècle pouvaient être considérés comme étant « juifs ». Voir mon étude sur les Samaritains au chapitre XXX.

11. Le lecteur se rappellera que les chapitres sont numérotés à la suite à travers l'ensemble de l'ouvrage *Un certain Juif, Jésus* à partir du tome premier. L'avantage de cette approche est que la référence « chapitre II », par exemple, ne peut concerner qu'un seul et même chapitre de l'ensemble de l'œuvre et non pas des chapitres différents dans des tomes différents.

12. Dans ce contexte, j'entends « sectaire » dans la ligne de la définition avancée par Shaye J. D. COHEN, *From the Maccabees to the Mishnah*, Library of Early Christianity 7, Philadelphie : Westminster, 1987, p. 125 : « Un petit groupe organisé qui se sépare lui-même d'un corps religieux plus large et affirme que lui seul incarne les idéals du grand groupe parce que lui seul comprend la volonté de Dieu. » Ni les pharisiens ni à plus forte raison les sadducéens ne sont organiquement séparés du courant dominant du judaïsme qui plaçait son centre spirituel dans le temple de Jérusalem. Les qumraniens eux se sont séparés.

13. Sur le concept de « judaïsme commun » [ou « judaïsme majoritaire »] voir SANDERS, *Judaism. Practice & Belief*, p. 47-303. Je penche pour cette manière de voir plutôt que pour celle de Roland DEINES, qui cherche à réhabiliter l'expression « judaïsme normatif » au sens où les pharisiens d'avant 70 auraient été reconnus par les Juifs ordinaires de Palestine comme incarnant le judaïsme normatif ; voir son ouvrage *Die Pharisäer*, WUNT 101, Tübingen, Mohr (Siebeck), 1997, pp. 534-555. Sur la position de Deines, voir mon essai « The Quest for the Historical Pharisee », *CBQ* 61 (1999), pp. 713-722.

14. Le lecteur voudra bien me pardonner de répéter ici ce que je pensais avoir établi clairement aux pp. 16-19 du tome premier. Le fait que certains exégètes ont mal compris ou déformé ma position m'oblige à expliquer l'évidence. [Rappelons que le titre original de l'œuvre de J. P. Meier est *A marginal Jew, Jesus* – NdT.]

15. Voir par exemple Janice E. PERLMAN, *The Myth of Marginality*, Berkeley/Los Angeles/Londres, University of California, 1976.

16. Pour une approche du « *real Jesus* » [le Jésus réel] qui a cours dans la sphère théologique et christologique plutôt qu'historique voir Luke Timothy JOHNSON, *The Real Jesus*, San Francisco, Harper, 1996 [*Jésus sans parti pris*, Paris, Cerf, 2000] ; cf. son ouvrage *Living Jesus*, San Francisco, Harper, 1999. Il affirme p. 142 [trad. fr. p. 186], par exemple, que « le "véritable Jésus" est, du point de vue de la foi chrétienne, le Jésus ressuscité... » Cette définition ne me fait aucunement difficulté quand on travaille dans le domaine de la foi et de la théologie ; voir par ex. *Un certain Juif, Jésus*, t. 1, p. 120. Mais, comme je l'ai indiqué dans ce passage, il existe un autre sens de « réel » qui est propre à la recherche historique moderne (cf. *Un certain Juif, Jésus*, t. 1, pp. 27-31) et que Johnson refuse d'appliquer dans le cas spécial de Jésus de Nazareth. [JOHNSON, *op. cit.*, pp. 168-175 de la trad. fr., présente une critique de l'approche de John Paul Meier – NdT.]

17. Un peu à la manière du formatage des disques durs des ordinateurs (différents niveaux de formatage sont possibles), l'écriture de l'histoire et de la biographie, toujours interprétative à un certain degré, permet différents niveaux d'interprétation. La collecte même des données et le fait d'émettre des jugements sur leur historicité comporte un certain « premier niveau » d'interprétation. Au-delà de ce premier niveau, *Un certain Juif, Jésus*, s'efforce autant que possible de laisser toute interprétation globale sur Jésus et son œuvre émerger de manière graduelle et naturelle à partir de la convergence des données jugées historiques. En particulier, *Un certain Juif, Jésus*, ne cherche pas à imposer telle ou telle grille d'interprétation prédéterminée qu'elle soit politique ou économique ou sociologique. Des grilles de ce genre peuvent être utiles à un stade ultérieur d'interprétation, mais dans la recherche du Jésus historique elles ne génèrent pas de données sur Jésus ni ne résolvent le problème de l'historicité des données. Évidemment, *Un certain Juif, Jésus*, met en œuvre des présupposés, mais ce sont les présupposés généraux de l'historiographie.

18. Dans le grec, les expressions clés qui contiennent les mots affirmant l'effet sotériologique de la mort de Jésus sont : *ton di'hēmas tous anthrōpous kai dia tēn hēmeteran sōtērian katelthonta ek tōn ouranōn... staurōthenta te hyper hēmōn epi Pontiou Pilatou kai pathonta...* Une version légèrement plus développée de ce credo est régulièrement utilisée à la messe du dimanche dans l'Église catholique romaine.

19. Sur les débats récents à propos de la relation du Jésus historique avec la foi chrétienne et la christologie on pourra se reporter à William P. LOEWE, « From the Humanity of Christ to the Historical Jesus », *TS* 61 (2000), pp. 314-331.

20. Les arguments à l'appui de cette position sont présentés dans *Un certain Juif, Jésus*, t. 1, pp. 71-100 et 317-340.

21. Geza VERMES clame son dédain pour la « méthodologie » et affirme qu'il préfère « avancer un peu au jugé » dans *The Religion of Jesus the Jew*, Mineapolis, Fortress, 1993, p. 7. Le problème, toutefois, est que toute investigation érudite, si elle n'est pas totalement erratique, met en œuvre quelques règles, qu'elles soient ou non reconnues, labellisées, minutieusement pesées. Dans l'ouvrage de Vermes, le danger que court le chercheur qui néglige d'éprouver sa méthode et ses critères saute presque immédiatement aux yeux. (1) Il met implicitement en œuvre le critère de l'attestation multiple des sources, mais n'use pas de ce critère de façon correcte. Pour montrer, par exemple, que Jésus observait la loi cultuelle, Vermes soutient que « les évangiles synoptiques rapportent tous les trois qu'après avoir guéri le lépreux, il [Jésus] lui enjoignit d'aller se montrer à un prêtre pour vérification » (p. 18) ; comme témoin, il cite Mc 1, 44. Or, au jugement de la plupart des commentateurs, les versions du récit en Matthieu et en Luc sont simplement l'adaptation théologique du récit de Marc faite par chacun d'eux. Il n'y a donc qu'une seule source indépendante qui atteste l'événement historique. Les parallèles de Matthieu et de Luc attestent certainement ce que Matthieu et Luc pensaient concernant Jésus, mais ils ne représentent pas des témoins supplémentaires de l'historicité de l'événement. (Même si l'on préfère l'opinion que Marc dépend de Matthieu, il n'en reste pas moins qu'il n'existe qu'une seule source indépendante.) (2) Vermes recourt à une sorte de combinaison des critères de l'embarras et de la discontinuité (p. 17). Cependant, dans l'utilisation d'un tel critère, il faut être très prudent quand on fait appel au matériau rabbinique. Malheureusement, Vermes recourt avec une liberté et une facilité déconcertantes non seulement à la Mishna (rédigée autour de 200 de notre ère) mais aussi à la Tosefta, aux différents midrashs et targums et même au Talmud de Jérusalem (dont la rédaction remonte à la première moitié du Ve siècle) et au Talmud babylonien (rédigé dans la première moitié du VIe siècle et fixé dans sa forme définitive au VIIIe siècle). Le problème du recours au matériau rabbinique pour comprendre le(s) judaïsme(s) du Ier siècle de notre ère, problème bien mis en lumière en particulier par Jacob Neusner, n'est pas abordé sérieusement (pp. 7-10). Comparer l'évaluation soigneuse de la question – même si elle est loin d'être admise de tous les côtés – chez E. P. SANDERS, *Jewish Law from Jesus to Mishna. Five Studies*, Londres, SCM, et Philadelphie, Trinity, 1990 ; IDEM, *Judaism. Practice & Belief 63 BCE – 66 CE*, Londres, SCM et Philadelphie, Trinity, 1992 ; Craig A. EVANS, « Mishna and Messiah "In Context" : Some Comments on Jacob Neusner's Proposals », *JBL* 112 (1993), pp. 267-289 ; et, en réponse à Sanders et Evans, Jabob NEUSNER, « Mr. Sander's Phariseees and Mine », *SJT* 44 (1991), pp. 73-95 ; IDEM, « The Mishnah in Philosophical Context and Out of Canonical Bounds », *JBL* 112 (1993), pp. 291-304.

NOTES DU CHAPITRE XXIV

1. En rigueur de terme, *akolouthos* est un adjectif signifiant « suivant » [« qui fait route avec », « accompagnant »]. Cependant, dans le grec ancien, il est le plus souvent employé, au masculin, comme substantif, « compagnon ». Il est intéressant de noter qu'*akolouthos* ne se trouve jamais dans le Nouveau Testament ; la même chose vaut des noms abstraits signifiant la « suivance » [le fait de suivre], à savoir *akolouthēsis* et *akolouthia*. Pour le sens religieux d'*akolouthos* dans un écrit judéo-hellénistique voir *Ep. Arist.* 240 ; on en trouvera une édition critique dans Moses HADAS (éd.), *Aristeas to Philocrates (Letter of Aristeas)*, Jewish Apocryphal Literature, New York, Ktav, 1973, pp. 194-195. [André PELLETIER éd., *Lettre d'Aristée à Philocrate*, SC 89, Paris, Cerf, 1962.]

[Nous n'avons pas trouvé d'équivalents français exacts pour les substantifs *follower*, qui traduit *akolouthos*, et *following* qui traduit *akolouthēsis* et *akolouthia*, au sens où ces termes sont employés dans cette étude. Pour *follower* nous traduirons, suivant les contextes par *personne qui suit* (masculin ou féminin), *gens qui suivent*, *compagnon*, *accompagnant*, parfois *adepte* voire carrément *disciple* dans certains cas précis. Pour désigner la démarche, l'état ou le statut de celui qui suit ou accompagne Jésus, le latin, l'anglais et l'allemand, par exemple, emploient respectivement *sequela, the following, die Nachfolge.* À défaut d'un substantif équivalent en français, on emploie parfois le néologisme *suivance* que nous retiendrons fréquemment ; parfois nous traduirons simplement par *accompagnement, fait de suivre...* Le classique *imitation de Jésus Christ* est utilisé dans des contextes tout à fait différents et serait ici hors de propos. Pour *discipleship*, on utilisera le plus ordinairement « condition de disciple » – NdT.]

2. Et tout d'abord, la forme participiale du verbe *akoloutheō* (« suivre ») n'est pas tellement commune dans les évangiles. Quand on l'emploie, ce n'est habituellement pas comme un substantif. Elle désigne un individu ou un groupe qui se trouve suivre Jésus physiquement à un moment donné de la narration (par ex. Mt 8, 10 par., Mc 10, 32 ; 11, 9).

3. C'est quelque peu surprenant quand l'on considère que *akoloutheō* était déjà connu dans le grec classique profane comme une métaphore de la « suivance » intellectuelle, morale ou religieuse. Cet usage s'est continué dans le grec de la koinè, notamment dans la philosophie morale populaire. Sur ce point voir Gerhard KITTEL, *« akoloutheō »*, *TDNT* 1 (1964) pp. 210-216, spéc. p. 210. On se demande si, dans les évangiles, l'emploi de *akoloutheō* au sens de suivre Jésus se rattache d'une manière ou d'une autre au fait que Jésus a lui-même adopté sciemment le modèle d'Élie, le prophète itinérant et thaumaturge de l'Israël du nord (sur ce point voir *Un certain Juif, Jésus*, t. 2, pp. 757-761. Dans 1 R 19, 20, Élisée reçoit l'appel de suivre Élie, et Élisée fait la promesse de le suivre ; cette promesse de suivre est exprimée par la construction hébraïque *wĕ'ēlkâ 'aḥărêkā* (« et j'irai derrière toi »). Il est vrai, *akoloutheō* n'est pas le verbe employé habituellement dans la Septante pour traduire cette construction hébraïque, mais on l'utilise ici en 3 Rois 19, 20 (référence LXX pour le passage) : *kai* *akolouthēsō opisō sou*. Cette construction est rare dans la Septante dans le sens de suivre avec empressement un être humain qui est une figure religieuse jouissant d'une grande estime. Fait intéressant, quand Josèphe raconte l'épisode dans *Ant.* 8.13.7 § 354, il emploie le simple datif avec ce verbe *(ēkolouthēsan Ēlią)*. C'est là l'usage habituel du grec plutôt que l'emploi du verbe avec la préposition *opisō* (« derrière »), qui, par contre, reflète la construction hébraïque. C'est aussi la construction avec le datif que l'on trouve régulièrement dans les évangiles ; pour de rares exceptions voir Mc 8, 34 (une leçon discutée), Mt 10, 38.

4. On ne sera guère surpris de voir que dans les rares cas où, dans les évangiles, *akoloutheō* évoque une démarche strictement physique, il n'est pas question d'un mouvement vers Jésus. En Mc 14, 13 par ex., deux disciples reçoivent l'ordre de suivre un homme qui porte une jarre d'eau. Dans Mt 9, 19, nous avons le cas particulier où Jésus suit quelqu'un, à savoir le notable qui lui demande de venir ressusciter sa fille. En Jn 11, 31, les Juifs suivent Marie, la sœur de Lazare, quand elle quitte sa maison pour aller à la rencontre de Jésus. Dans Jn 20, 6, Pierre suit le disciple bien-aimé pour se rendre au tombeau vide.

5. Un tableau schématique des différents emplois de *akoloutheō* dans le Nouveau Testament, avec la liste des passages concernés, est établi par Anselm SCHULZ, *Nachfolgen und Nachahmen*, SANT 6, Munich, Kösel, 1962, pp. 195-196. Heinrich ZIMMERMANN (« Christus nachfolgen. Eine Studie zu den Nachfolge-Worten der synoptischen Evangelien », *TGl* [1963], pp. 241-255) propose une interprétation quelque peu différente des données ; pour lui l'emploi de *akoloutheō* dans les synoptiques ne se limite pas à la relation des premiers disciples avec le Jésus historique mais s'applique à tous les chrétiens.

6. Le verbe *akoloutheō* se trouve 25 fois dans Matthieu, 18 fois dans Marc, 17 fois dans Luc et 19 fois dans Jean ; dans presque toutes ces occurrences celui qui est suivi est Jésus (les rares exceptions sont Mc 14, 13 ; Mt 9, 19 ; Jn 11, 31). Les occurrences de *akoloutheō* en dehors des évangiles se trouvent dans Ac 12, 8. 9 ; 13, 43 ; 21, 36 ; 1 Co 10, 4 ; Ap 6, 8 ; 14, 4. 8. 9. 13 ; 19, 14. Aucune de ces onze occurrences ne concerne Jésus durant son ministère public. Ap 14, 4 ; 19, 14 concernent le Christ exalté, céleste (l'Agneau, la Parole de Dieu). On est frappé par l'absence presque totale de *akoloutheō* dans les épîtres du Nouveau Testament ; l'unique cas, 1 Co 10, 4, concerne le rocher qui suivait les Israélites dans le désert. Quant à Ac 12, 8. 9, il s'agit de Pierre qui suit un ange pour sortir de prison, tandis que 21, 36 concerne une foule hostile qui traîne Paul hors du temple de Jérusalem et crie : « À mort ! ». Seul Ac 13, 43 fait écho à l'usage des évangiles : lors de la dispersion à la sortie de la réunion à la synagogue d'Antioche de Pisidie, « un bon nombre de Juifs et de prosélytes suivirent Paul et Barnabé ». Quant aux composés avec *akoloutheō* dans le Nouveau Testament, aucune des trois occurrences de *exakoloutheō* dans 2 Pierre (1, 16 ; 2, 2 ; 2, 15) ne concerne Jésus. La même chose vaut pour *parakoloutheō* dans Mc 16, 17 ; Lc 1, 3 ; 1 Tm 4, 6 ; 2 Tm 3, 10 ; et pour *epakoloutheō* dans Mc 16, 20 ; 1 Tm 5, 10. 24 ; 1 P 2, 21. Seul 1 P 2, 21 est plus proche de l'usage des évangiles quand il exhorte les chrétiens à suivre *(epakolouthēsēte)* les traces du Christ qui a souffert pour eux.

7. Disant cela, je suis conscient que Mc 1, 16-20 et Jn 1, 35-51 sont tous deux cadrés par Marc et Jean de façon à s'adapter aux structures littéraires et aux programmes théologiques de leurs évangiles respectifs. Ceci admis tout comme les grandes différences de détails entre les deux narrations, il est peut-être d'autant plus frappant de voir les deux évangélistes s'accorder (attestation multiple des sources) sur le fait que Jésus, avant de commencer à attirer de grandes foules, a attiré à lui un tout petit nombre de disciples prééminents et que parmi ces disciples clés se trouvaient Pierre et André.

8. La traduction courante du grec *ochlos* par « foule » semble justifiée pour la plupart des passages où le terme se présente dans les quatre évangiles. Comme nous le verrons ci-dessous, la description de la foule (ou des foules) varie d'un contexte à l'autre mais la traduction vague de « foule » s'accorde bien avec l'imprécision des évangélistes. Une nuance spécifique du terme générique de « foule » dans certains passage des évangiles mérite d'être notée : « le peuple d'en bas » ou « le peuple ordinaire » distingué des chefs ou opposé aux chefs (par ex. Mc 11, 18). Très naturellement ce sens se trouve en particulier dans les scènes situées à Jérusalem. Dans de rares passages deux autres significations de *ochlos* sont à la limite possibles : « masse », « populace » (par exemple dans les références méprisantes de Jn 7, 49) et « troupe armée » (par ex. dans la scène de l'arrestation à Gethsémani dans Mc 14, 43 parr.). Le sens d'« embarras » ou « tumulte » n'est pas représenté dans le Nouveau Testament.

9. L'utilisation rédactionnelle des foules par chaque évangéliste dans la ligne de ses visées littéraires et théologiques n'est pas notre propos ici. Il suffit de dire que Marc fait très tôt (4, 10-12) une distinction nette entre (1) ceux du dedans (ceux « autour de Jésus avec les Douze », un groupe qui comprend peut-être ceux qui ont été entraînés dans une plus grande proximité de Jésus et sont désireux de l'interroger plus avant), auxquels est donné le mystère du royaume des cieux, et (2) ceux du dehors (qui comprennent la plus grande partie de la foule de 4, 1, dont la plupart des gens n'ont pas été attirés plus près de Jésus pour lui poser encore d'autres questions), pour qui toute chose arrive en énigmes en sorte qu'ils ne puissent ni voir ni comprendre. Dans Marc, cependant, au fur et à mesure que la narration progresse, émerge un processus de renversement où certains qui semblent du dehors se retrouvent être ceux du dedans et où les privilégiés du dedans sont exposés à devenir ceux du dehors. Tout en reprenant et en renforçant la distinction fondamentale de Marc entre la foule et les disciples (Mt 13, 10-17 : les disciples voient et comprennent), Matthieu présente les foules comme changeantes dans leur opinion sur Jésus durant son ministère public, simplement pour conduire à leur fusion fatidique avec les autorités de Jérusalem et en faire, lors du procès de Jésus devant Pilate (27, 25), « tout le peuple » *(pas ho laos)*. Luc reprend lui aussi la distinction de Marc entre les disciples et les foules (Lc 8, 9-10 ; cf. 8, 4) ; mais il alterne souvent *ochlos* et *laos* (« peuple »), un terme à connotation religieuse, et il tend à présenter une foule qui témoigne au moins d'une certaine sympathie pour Jésus (notons-le, même lors de l'exécution de Jésus dans Lc 23, 48). La même note de sympathie caractérise le peuple ordinaire aux premiers temps de l'Église de Jérusalem dans les Actes (par ex. 2, 47 ; 5, 13). Pour Luc, la foule écoute Jésus et les apôtres ; elle est en principe ouverte à la conversion ; c'est un réservoir de disciples potentiels. Mais dans son état présent (spécialement durant le grand récit de la montée de Lc 9, 51 – 19, 27), la foule est ambivalente, faute de comprendre et de se repentir. De manière générale, l'évangile de Jean n'accorde pas autant d'attention à la foule que les synoptiques. C'est uniquement dans Jn 6, 2-24 que nous trouvons un écho à la présentation synoptique d'une foule qui suit Jésus à travers la Galilée. En dehors du chapitre 6, le terme *ochlos* n'a de l'importance qu'au chapitre 7, qui rapporte la dispute de Jésus lors de la fête des tabernacles, et au chapitre 12, qui relate le dernier contact et échange de Jésus avec le peuple ordinaire avant sa passion. La foule johannique fait parfois fonction de caisse de résonance pour Jésus quand il développe son enseignement dans ses discours. Dans l'ensemble, la foule johannique est désemparée et divisée à propos de Jésus. Elle est attirée par ses signes et son enseignement ; elle n'est pas hostile à la manière des autorités de Jérusalem ; mais elle n'en manque pas moins de véritable intelligence quant aux origines de Jésus qui vient « d'en haut », « du Père ». Aussi applique-t-elle des titres et des catégories inadéquats à Jésus et n'advient-elle pas à ce que l'évangéliste considère comme la foi authentique en Jésus. Il n'en reste pas moins frappant que Jean, à la différence des synoptiques, ne fait nulle part de l'*ochlos* l'un des acteurs du drame du récit de la passion ; l'*ochlos* disparaît après le chapitre 12. En somme, en dépit de toutes leurs différences rédactionnelles, les quatre évangélistes gardent habituellement une distinction fondamentale entre les foules ambivalentes et les disciples engagés (et tout aussi bien les adeptes sédentaires de Jésus). Sur l'emploi d'*ochlos* dans les évangiles en général voir Rudolf MEYER and Peter KATZ, « *ochlos* », *TDNT* 5 (1967), pp. 582-590. Pour Marc voir Theodore J. WEEDEN, *Mark-Traditions in Conflict*, Philadelphie, Fortress, 1971 ; Werner H. KELBER, *Mark's Story of Jesus*, Philadelphie, Fortress, 1979 ; Joel MARCUS, *The Mystery of the Kingdom of God*, SBLDS 90, Atlanta, Scholars Press, 1986, pp. 89-96. Pour Matthieu voir Jack Dean KINGSBURY, « The Verb *Akolouthein* ("To Follow") as an Index of Matthew's View of His Community », *JBL* 97 (1978), pp. 56-73 ; Michael J. WILKINS, *The Concept of Disciple in Matthew's Gospel*, NovTSup 59, Leyde, Brill, 1988, pp. 137-141. Pour Luc voir Heinz SCHÜRMANN, *Das Lukasevangelium*, HTKNT 3, Fribourg/Bâle/Vienne, Herder, 1969, t. 1, pp. 266-267, 278, 311-312 ; Robert C. TANNEHILL, *The Narrative Unity of Luke-Acts. A Literary Interpretation. Volume 1 : The Gospel according to Luke*, Foundations and Facets, Philadelphie, Fortress, 1986, pp. 143-166 ; Jack Dean KINGSBURY, *Conflict in Luke. Jesus, Authorities, Disciples*, Minneapolis, Fortress, 1991, pp. 28-31 ; Frank MATERA, « Jesus' Journey to Jerusalem (Luke 9.51-19.46) : A Conflict with Israel », *JSNT* 51 (1993), pp. 57-77. Pour Jean voir Rudolf SCHNACKENBURG, *Das Johannesevangelium. II. Teil*, HTKNT 4/2, Fribourg/Bâle/Vienne, Herder, 1971, pp. 17, 199, 218-224, 488 ; R. Alan CULPEPPER, *Anatomy of the Fourth Gospel*, NT Foundations and Facets, Philadelphie, Fortress, 1983, pp. 131-132 ; Martin MEISER, *Die Reaktion des Volkes auf Jesus*, BZNW 96, Berlin, de Gruyter, 1998.

10. Les évangiles synoptiques emploient le singulier et le pluriel d'*ochlos* sans qu'il y ait de différence discernable entre les deux quant au sens. Par exemple, Marc emploie presque toujours le singulier, tandis que Matthieu fait souvent usage du pluriel. Nous avons affaire simplement à des tendances littéraires, on en a un signe clair dans le fait que, dans tel récit, Matthieu change le singulier en pluriel sans qu'il y ait changement du sens ; voir par exemple Mc 15, 11 et Mt 27, 20. Tout comme Matthieu, Luc oscille librement entre le singulier et le pluriel. Quant à Jean, comme Marc, il emploie presque toujours le singulier. De fait, Jn 7, 12 est le seul endroit où le pluriel est possible, mais même cette leçon est discutée.

11. Les quatre évangiles emploient différentes formes de *polys*, *polloi* (« beaucoup », « nombreux ») soit comme des substantifs soit comme des adjectifs qui modifient des noms comme *ochlos* et *plēthos*. Par contre, seul Luc emploie *plēthos* avec une certaine fréquence : 8 fois dans l'évangile, 16 fois dans les Actes. Marc et Jean, l'emploient deux fois chacun. Matthieu ne l'emploie jamais. Le masculin pluriel *pantes* (« tous ») occupe évidemment un éventail large et vague et n'a souvent rien à voir avec les foules. Dans les contextes où il est fait mention de foules, *pantes* peut modifier directement *ochloi* (par ex. Mt 12, 23) ou peut se trouver seul pour désigner toute la foule (par ex. Mt 14, 20 ; 21, 26 : « nous redoutons la foule, car tous tiennent Jean pour un prophète »). Le terme désigne parfois un groupe plus spécifique au sein de la foule : par ex. Mt 14, 35 : « Ils lui apportèrent tous les malades... » Parfois le singulier *pas* modifie directement *ochlos* (par ex. Lc 13, 17). L'effet naturel de ces emplois variés de *polys*, *polloi*, *pas* et *pantes* est de donner l'impression de foules immenses.

12. Parmi les rares cas de foules plus petites et spécifiques, il nous faut certainement placer la foule des pleureurs qui provoque une agitation à la maison du chef dont la fille vient de mourir (Mt 9, 23). Curieusement Marc ne mentionne pas d'*ochlos* à cet endroit, tandis que Luc parle vaguement de « tous » *(pantes)*. Un autre exemple possible est l'*ochlos* (Matthieu : *ochlos polys*) qui vient pour arrêter Jésus à Gethsémani (Mc 14, 43 // Mt 26, 47 // Lc 22, 47). Le sens d'*ochlos* dans ce passage est sans doute « troupe ». Mais le fait que Mt 26, 55 présente Jésus s'adressant à ces « foules » et se plaignant de ce qu'elles ne l'aient pas arrêté tandis qu'il était assis tous les jours dans le Temple à enseigner, laisse ouverte la possibilité de comprendre *ochlos* en Mt 26, 47 dans un sens plus large : des foules en général ou la police du Temple ? En tout cas, suivant l'opinion de Raymond E. BROWN (*The Death of the Messiah*, Anchor Bible Reference Library ; 2 vol., New York, Doubleday, 1994, t. 1, p. 247), « bas peuple » ou « populace » serait une interprétation excessive. Pour Brown (p. 248), « la relation de Luc, qui mentionne une foule comprenant pour une part des chefs de la garde du Temple, forme un pont entre la relation de Marc/Matthieu, qui parlent d'une foule, et celle de Jean, qui ne parle pas d'une foule mais de soldats et de gardes du type police. » [Voir aussi la traduction française un peu différente de BROWN dans *La mort du Messie*, Paris, Bayard, 2005, pp. 295 ct 298 qui rend *crowd* par *troupe* – NdT.]

13. MEIER, *Un certain Juif, Jésus*, t. 2, pp. 730-750.

14. Sur le récit de la femme souffrant d'hémorragie voir *Un certain Juif, Jésus*, t. 2, pp. 532-534.

15. Sur les données statistiques et les cas douteux (dans lesquels le matériau particulier de Luc peut provenir en réalité de Q) voir John S. KLOPPENBORG, *Q Parallels*, Foundations and Facets, Sonoma CA, Polebridge, 1988, p. 227.

16. Sur ce matériau voir *Un certain Juif, Jésus*, t. 2, pp. 487-489.

17. Sur ce matériau voir aussi *ibid.*, t. 2, pp. 129-135.

18. Un bon candidat serait Mt 7, 28 (« les foules furent frappées de son enseignement »), qui semble représenter le remodelage rédactionnel par Matthieu de Mc 1, 22 (« et ils furent étonnés de son enseignement »), où la formulation dans le grec est exactement la même, hormis « les foules » *(hoi ochloi)* de Matthieu. « Les foules » n'apparaissent pas du tout dans Mc 1, 21-28 (l'exorcisme du possédé dans la synagogue de Capharnaüm), bien que Mc 1, 27 dise qu'« ils furent tous *(pantes)* saisis ».

19. *Un certain Juif, Jésus*, t. 1, pp. 55-56.

20. Il faut noter cependant que la présentation globale de Josèphe, disant que Jésus « gagna » ou « attira dans sa suite » *(epēgageto)* beaucoup de Juifs, peut comprendre deux « cercles » d'adeptes que je différencie : les foules et les disciples. Certains pourront en appeler tout aussi bien à Tacite (*Annales* 15, 44) pour appuyer l'idée que Jésus avait une suite importante durant sa vie publique. On peut inférer cette idée de la façon dont Tacite passe aisément du thème des chrétiens exécutés par Néron à l'exécution du Christ par Ponce Pilate pour repasser à l'existence (ostensiblement continuée) du mouvement chrétien par la suite. Après avoir mentionné la mort de Jésus, Tacite commente immédiatement : « Réprimée sur le moment [à savoir par l'exécution de Jésus], cette exécrable superstition faisait de nouveau *[rursum]* irruption non seulement en Judée, le berceau du mal, mais encore à Rome où tout ce qu'il y a d'affreux ou de honteux dans le monde converge et se répand » [traduction de Pierre WUILLEMER dans *Tacite, Annales, livres XIII-XVI*, Paris, Les Belles Lettres, 1978, p. 171]. Étant donné que par « exécrable superstition », Tacite désigne le mouvement chrétien et qu'il considère que ce mouvement n'a été supprimé que momentanément par l'exécution de Jésus, on peut déduire tout naturellement que Tacite pensait que le mouvement existait déjà du vivant de Jésus. Tout cela est certes vrai, mais il faut admettre que nous pouvons avoir affaire à un exemple de rétroprojection naïve d'un état de choses ultérieur dans une période antérieure – une tendance connue pour ce qui est des historiens gréco-romains.

21. Ce point a été soulevé brièvement dans *Un certain Juif, Jésus*, t. 2, pp. 467-471. Il va sans dire qu'il faudra l'étudier plus amplement dans la suite. Sur ce point précis voir Craig A. EVANS, « From Public Ministry to the Passion : Can a Link Be Found between the (Galilean) Life and the (Judean) Death of Jesus ? » dans son ouvrage *Jesus*

& His Contemporaries. Comparative Studies, AGJU 25, Leyde, Brill, 1995, pp. 301-318.

22. *Un certain Juif, Jésus*, t. 2, pp. 75-82.

23. Sur Theudas voir *Ant.* 20.5.1 §§ 97-99 (cf. la référence confuse dans Ac 5, 36) ; sur « l'Égyptien, faux prophète » voir *G. J.*, 2. 13. §§ 261-263 (cf. *Ant.* 20.8.6 § 169-172 ; Ac 21, 38). Sur ces questions voir EVANS, « From Public Ministry to the Passion », pp. 317-318. Josèphe dit que Theudas a persuadé un grand nombre de gens du commun peuple *(ton pleiston ochlos)* de le suivre au Jourdain ; « il en a déçu beaucoup *[pollous]* ». Dans *Guerre des Juifs*, il affirme que « l'Égyptien, faux prophète » a attiré environ 30 000 adeptes, tandis qu'Ac 21, 38 ne parle que de 4 000. Dans *Antiquités juives* (et de façon semblable dans *Guerre des Juifs*) Josèphe fait précéder sa présentation de l'Égyptien par une référence générale aux imposteurs qui persuadaient la foule *(ton ochlon)* de les suivre au désert ; beaucoup *(polloi)* ont été punis pour leur manque de jugement. On notera que, dans ces présentations, Josèphe tend à utiliser le même vocabulaire que les évangiles pour désigner le commun peuple : *ochlos*, *polloi* et *plēthos*. Une partie au moins de ce modèle global suggéré par Josèphe peut se vérifier tant pour le Baptiste que pour Jésus : un personnage prophétique, qui entraîne de grandes foules, attire également l'attention dangereuse des autorités civiles. Toutefois E. P. SANDERS (*Jesus and Judaism*, pp. 294-306) note une différence importante : les Romains ont estimé nécessaire de mettre à mort ou d'emprisonner un grand nombre d'adeptes de Theudas et de l'Égyptien. Le pouvoir n'a pas senti le même besoin dans le cas du Baptiste ni dans celui de Jésus. Il lui a suffi d'exécuter le chef. Quelques conclusions probables peuvent être tirées de cette observation : (1) ni le Baptiste ni Jésus n'ont eu un programme politique déclaré qui aurait projeté de changer le gouvernement par la force ; (2) ni l'un ni l'autre n'a organisé de grands rassemblements en vue d'une action politique ou pour organiser des démonstrations ; et (3) aucun d'eux n'a organisé de marches avec des foules importantes (éventuellement équipées d'armes) pour aller défier les instances politiques et militaires en place.

24. On peut déceler déjà cette idée en germe dans *La vie de Jésus* de RENAN [Paris, Michel Lévy, 24 juin 1863 – Disponible avec présentation et annotations de Jean GAULMIER, dans Folio, Paris, Gallimard, 1974]. Renan célèbre les premiers temps de la Galilée comme une heureuse utopie ou un paradis (voir édition Folio pp. 197-249). La tonalité devient plus sombre quand Jésus fait ses premières tentatives pour diffuser son message à Jérusalem (pp. 250-263). Mais la vision d'ensemble de Renan sur le développement de Jésus est plus complexe et ne se réduit pas à un simple printemps de Galilée suivi du rejet par les foules et la désertion des disciples. La reconstitution de Renan fait l'objet d'une critique caustique dans Albert SCHWEITZER, *Geschichte der Leben Jesu-Forschung*, UTB [Uni-Taschenbücher], Tübingen, Mohr (Siebeck), 1984, pp. 207-218 (première édition 1906). On trouvera une évaluation plus sympathique dans E. A. SCHEFFLER, « Ernest Renan's Jesus : An Appraisal », *Neot* 33 (1999), pp. 179-199. L'idée que la « crise » de Jean 6 peut refléter une tradition historique se trouve sous une forme plus développée dans C. H. DODD, *Historical Tradition in the Fourth Gospel*, Cambridge, Cambridge University, 1963, p. 222 : « Si l'on prend au sérieux le récit de Jean, on comprend pourquoi, à un stade ancien, ce moment particulier du ministère [c.-à-d. les événements de Jean 6] a gravé cette séquence d'événements dans la mémoire des disciples de Jésus ; ce fut un moment de crise et un tournant. Le vaste rassemblement [de la nourriture des cinq mille]... a représenté un moment culminant de sa popularité. Mais cette popularité prit un tour désastreux... il en résulta de nombreuses défections. » [Traduction française *La tradition historique du quatrième évangile*, Lectio divina 128, Paris, Cerf, 1987, p. 286.] Voir aussi M.-J. LAGRANGE, *Évangile selon saint Jean*, EBib, 5e éd., Paris, Gabalda, 1936, p. 186. Sur la raison qu'eut Jésus de mettre fin au ministère galiléen qui avait si bien commencé une explication alternative en deux parties est apportée par Xavier LÉON-DUFOUR (*Les évangiles et l'histoire de Jésus*, Parole de Dieu, Paris, Seuil, 1963, pp. 365-367) : (1) le danger que représentait Hérode Antipas et (2) l'incompréhension des foules, qui ne songeaient qu'à un Messie terrestre, temporel. Il faut se demander si ce scénario n'est pas une création imaginative qui tisse ensemble différents textes synoptiques et Jean 6. À mon avis, Günther BORNKAMM (*Qui est Jésus de Nazareth ?*, Parole de Dieu, Seuil, Paris, 1973, p. 175) rejette très justement l'idée d'un « printemps galiléen ». Dans le souci de sauver un printemps ou une crise en Galilée, Franz MUSSNER (« Gab es eine "galiläische Krise" ? » dans *Orientierung an Jesus*, Josef Schmid Festschrift, Paul HOFFMANN et al. éd., Fribourg/Bâle/Vienne, Herder, 1973, pp. 238-252) tire une conclusion excessive du simple fait que le ministère de Jésus comportait à la fois l'offre du salut et le rejet de cette offre ; il s'appuie trop sur l'ordre rédactionnel des synoptiques considéré comme historique.

25. Ce point est souligné dans *Un certain Juif, Jésus*, t. 1, pp. 259-262.

26. On est surpris de voir un historien consciencieux comme Michael GRANT (*Jesus. An Historian's Review of the Gospels*, New York, Scribner's, 1977, p. 128) considérer Jean 6 comme une relation fiable de l'échec de la mission de Jésus en Galilée. Comme il le fait ailleurs dans son ouvrage, Grant ne pose pas assez de questions critiques concernant les dits et récits sur lesquels il se fonde. Ici en particulier, nous nous trouvons devant une harmonisation non critique de Jean avec les synoptiques et un présupposé sur l'ordre des événements dans le ministère que l'on aurait beaucoup de mal à vérifier. En dépit du titre du chapitre 7 de Grant (« Failure in Galilee », pp. 111-133), il n'est absolument pas certain que nous puissions mettre en évidence, dans le ministère de Jésus, un temps particulier marqué par l'« échec » de la mission de Galilée, après quoi (ou à cause de quoi) il s'engagea dans un gageure fatale à Jérusalem. Quand on parle de « l'échec » du ministère de Jésus, il faut l'entendre de son appel à tout Israël et de son échec à obtenir que tout Israël réponde à son message par l'engagement total qu'il demandait – d'où, par exemple, les malédictions qu'il a proférées contre Chorozaïn, Bethsaïde et Capharnaüm (Mt 11, 20-24 par.). Mais nous n'avons aucune preuve que cet échec fut plus marqué en Galilée qu'en Judée ou que le ministère de Galilée « échoua » à tel moment critique particulier. L'« échec » ultime de la mort ignominieuse sur la croix a eu lieu en Judée, non pas en Galilée.

27. Dans Jn 6, 66 l'expression du début *ek toutou* (« dès lors ») est ambiguë : soit « à partir de ce moment » (sens temporel), soit « à cause de cela », c'est-à-dire « à cause de ce que Jésus a dit » (sens causal). Étant donné que « à partir de ce moment » renvoie au moment où Jésus a prononcé son discours sur le pain de vie, la portée de la phrase reste pour l'essentiel la même dans les deux interprétations. Raymond E. BROWN (*The Gospel According to John*, AB 29 et 29A, Garden City NY, Doubleday, 1966 et 1970], t. 1, p. 297) suggère qu'un sens théologique plus profond est possible : « à cause de cela » peut renvoyer au v. 65, où Jésus dit aux disciples récalcitrants : « c'est pourquoi *[dia touto]* je vous ai dit que personne ne peut venir à moi [c.-à-d. croire en moi et ainsi être un vrai disciple], si cela ne lui est pas donné par le Père. »

28. Raymond E. BROWN, *The Community of the Beloved Disciple*, New York/ Ramsey NJ/Toronto, Paulist, 1979, pp. 73-74 [*La communauté du disciple bien-aimé*, Lectio divina 115, Paris, Cerf, 1983, pp. 81-82 ; voir aussi pp. 89-91]. (Dans son ouvrage précédent, *The Gospel according to John*, t. 1, pp. 300-301, Brown est davantage disposé à voir à l'arrière-plan de Jn 6, 66 quelque événement historique du ministère de Jésus). L'idée d'une référence aux problèmes de la communauté johannique est également appuyée par Barnabas LINDARS, *The Gospel of John*, NCB, Grand Rapids, Eerdmans, et Londres, Marshall, Morgan & Scott, 1972, pp. 270-271 ; Robert KYSAR, *John*, Augsburg Commentary, Minneapolis, Augsburg, 1986, p. 112.

29. Bien qu'il ait tendance à confondre questions historiques, littéraires et théologiques, Ulrich HEDINGER (« Jesus und die Volksmenge », *TZ* 32 [1976], pp. 201-206) souligne à juste titre qu'il n'y a pas de raison de penser que la relation positive entre Jésus et les foules fut un simple épisode du ministère public.

30. Voir les observations dans *Un certain Juif, Jésus*, t. 1, pp. 179-186.

31. Pour être complet, j'inclus dans la liste que je donne dans le texte principal à la fois ceux qui n'étaient pas des adhérents engagés dans le mouvement de Jésus quand ils s'approchèrent de Jésus (par ex. Zachée, le centurion de Capharnaüm) et ceux qui l'étaient (par ex. la femme qui oignit la tête de Jésus avant son arrestation). Ainsi sont représentés dans la liste et des membres du cercle plus extérieur et des membres du cercle rapproché des disciples.

32. C'est le sens de « pécheurs » défendu par E. P. Sanders ; pour la discussion de ses points de vue comparés à ceux de Joachim Jeremias et James D. G. DUNN voir MEIER, *Un certain Juif, Jésus*, t. 2, pp. 144-145, 843.

33. Même quand, dans Lc 13, 14, le chef de la synagogue réprimande « la foule » sur l'observance du sabbat, sa critique vise en réalité Jésus à travers la foule. Dans le contexte qui précède immédiatement, c'est Jésus et non pas la foule qui est censé avoir violé le sabbat en guérissant une femme infirme.

34. Sur cette question voir SANDERS, *Jesus and Judaism*, pp. 176-182. Pour une étude complète voir Aharon OPPENHEIMER, *The 'Am Ha-Aretz : A Study in the Social History of the Jewish People in the Hellenistic-Roman Period*, ALGHJ 8, Leyde, Brill, 1977. Il ne faut pas confondre le sens rabbinique de l'expression avec les sens antérieurs (et variés) de l'expression dans l'Ancien Testament ; sur les sens dans l'Ancien Testament voir A. H. J. GRUNNEWEG, « *'am hā'āreṣ* – A Semantic Revolution », *ZAW* 59 (1983), pp. 437-440. Peut-être l'une des plus anciennes occurrences attestées du sens rabbinique de *'am hā'āreṣ* se trouve-t-elle dans un dit attribué à Hillel (au moins dans le contexte actuel de la Mishna) dans *m. 'Abot* 2, 5 (ou 2, 6 dans certaines éditions) : « Nul ignorant [à suppléer : "n'est" ou "ne peut être"] pieux » *(wĕ lō' 'am hā'āreṣ ḥāsîd)*. Dans le contexte, le *'am hā'āreṣ* est mentionné simultanément avec l'inculte, le timoré, l'irascible, ou celui qui fait beaucoup de commerce, tandis que la mention de celui qui n'est pas pieux voisine avec l'homme qui ne craint pas le péché, qui n'est pas capable d'apprendre ou d'enseigner [la Torah] et ne devient pas sage. Ainsi donc, dans ce dit, même si quelqu'un qui appartient aux « gens de la terre » manque de la disposition morale ou intellectuelle adéquate (ou peut-être simplement de temps libre) pour étudier ou pratiquer la Loi avec zèle, on ne le stigmatise pas pour autant comme apostat ou comme quelqu'un qui a effectivement rejeté la Loi mosaïque.

35. Voir par ex. BROWN, *The Gospel According to John*, t. 1, p. 325 ; SCHNACKENBURG, *Das Johannesevangelium. II. Teil*, pp. 221-222.

36. Nulle part dans les quatre évangiles nous ne trouvons une expression comme *ho laos* [ou : *hoi laoi*] *tēs gēs* ou *to ethnos* [ou *ta ethnē*] *tēs gēs* qui traduirait de façon exacte l'hébreu *'am* [ou *'ammê*] *hā'āreṣ*. Comparer par contraste à cet égard par ex. 2 R 11, 14, où *'am hā'āreṣ* du texte massorétique est traduit par *ho laos tēs gēs* dans la Septante (4 Règnes 11, 14) et Ne 10, 31-32 où *'ammê hā'āreṣ* du texte massorétique est traduit à deux reprises par *tois laois* [ou : *hoi laoi*] *tēs gēs* dans la Septante (2 Esdras 20, 31-32)). Les affirmations sur Qumrān ne peuvent être avancées qu'avec prudence, car il nous faut attendre l'examen savant détaillé de tous les fragments ; toutefois il semble que les quelques rares textes non bibliques de Qumrān qui emploient *'am hā'āreṣ*, *'am hā'ărāṣôt*, ou *'ammê hā'ărāṣôt*, n'emploient pas les termes dans le sens rabbinique particulier que nous commençons à trouver dans la Mishna. Voir *1QH* 4, 26 ; *1QM* 10, 9 ; *4Q381* 69, 1 ; *4QVisSam* 2, 5. On peut vérifier les textes dans

James H. CHARLESWORTH, *Graphic Concordance to the Dead Sea Scrolls*, Tübingen, Mohr [Siebeck] et Louisville, Westminster/John Knox, 1991). Il est intéressant de noter que Josèphe n'emploie jamais *ho laos* [ou : *hoi laoi*] *tēs gēs* dans ses écrits ; voir Karl H. RENGSTORF, *A Complete Concordance to Flavius Josephus*, 4 vol., Leyde, Brill, 1973-1983, t. 3, pp. 13-15. En somme, donc, si ni le Nouveau Testament ni Josèphe n'emploient jamais « les gens de la terre » et si les rares occurrences de l'expression dans le matériau non biblique de Qumrān ne reflètent pas l'usage rabbinique particulier, on peut discuter de l'utilité de recourir, dans la recherche sur Jésus, à l'expression rabbinique « gens de la terre » comme outil d'interprétation pour comprendre le ministère de Jésus dans la première partie du Ier siècle de notre ère. Voir aussi sur cette question Claude G. MONTEFIORE, *The Synoptic Gospels*, 2 vol., 2e éd., New York, Ktav, 1968, t. 1, pp. CVII-CX et CXXXIII-CXXXIV et les commentaires de Roland DEINES, *Die Pharisäer*, WUNT 101, Tübingen, Mohr (Siebeck), 1997, pp. 367-369.

NOTES DU CHAPITRE XXV

1. Pour une première orientation et une bibliographie plus ample sur le mot et le concept de « disciple » voir Theobald SÜSS, « Nachfolge Jesu », *TLZ* 78 (1953), pp. 129-140 ; Eduard SCHWEIZER, *Lordship and Discipleship*, SBT 28, Naperville IL, Allenson, 1960 ; SCHULZ, *Nachfolgen und Nachahmen* ; Pierson PARKER, « Disciple », *IDB*, t. 1, p. 845 ; Nils A. DAHL, *Das Volk Gottes. Eine Untersuchung zum Kirchenbewusstsein des Urchristentums*, 2e éd., Darmstadt, Wissenschaftliche Buchgesellschaft, 1963, pp. 158-174 ; KITTEL, « *akoloutheō*, etc. », TDNT 3 (1964), pp. 210-216 ; Karl Heinrich RENGSTORF, *« didasko, didaskalos*, etc. », TDNT 2 (1964), pp. 135-165 ; IDEM, « *manthanō*, etc. », *TDNT* 4 (1967), pp. 390-461 ; Hans Dieter BETZ, *Nachfolge und Nachahmung Jesu Christi im Neuen Testament*, BHT 37, Tübingen, Mohr (Siebeck), 1967, pp. 13-43 ; Ferdinand HAHN, « Die Nachfolge Jesu in vorösterlicher Zeit » dans *Die Anfänge der Kirche im Neuen Testament*, Paul RIEGER éd., Göttingen, Vandenhoeck & Ruprecht, 1967, pp. 7-36 ; Martin HENGEL, *Nachfolge und Charisma*, BZNW 34, Berlin, de Gruyter, 1968 = *The Charismatic Leader and His Followers*, New York, Crossroad, 1981 ; Eduard LOHSE, « *rabbi*, rabbouni », *TDNT* 6 (1968), pp. 961-965 ; Robert P. MEYE, *Jesus and the Twelve. Discipleship and Revelation in Mark's Gospel*, Grand Rapids, Eerdmans, 1968 ; Heinz SCHÜRMANN, « Der Jüngerkreis Jesu als Zeichen für Israel (und als Urbild des kirchlichen Rätestandes) » dans *Ursprung und Gestalt*, Kommentare und Beiträge zum Alten und Neuen Testament, Düsseldorf, Patmos, 1970, pp. 45-60 ; Ulrich LUZ, « Discipleship » dans *IDBSup* (1976), pp. 232-233 ; Ernest BEST, « The Role of the Disciples in Mark », *NTS* 23 (1976-77), pp. 377-401 ; Rainer RIESNER, *Jesus als Lehrer*, WUNT 2/7, Tübingen, Mohr (Siebeck), 1981, pp. 408-498 ; Fernando F. SEGOVIA, « Introduction : Call and Discipleship » dans Fernando F. SEGOVIA éd., *Discipleship in the New Testament*, Philadelphie, Fortress, 1985, pp. 1-23 ; Claude COULOT, *Jésus et le disciple*, EBib n.s. 8, Paris, Gabalda, 1987 ; Michael J. WILKINS, *The Concept of Disciple in Matthew's Gospel as Reflected in the Use of the Term* Mathētēs, NovTSup 59, Leyde, Brill, 1988 ; C. Clifton BLACK, *The Disciples According to Mark. Markan Redaction in Current Debate*, JSNTSup 27, Sheffield, JSOT, 1989 ; Christopher D. MARSHALL, *Faith As a Theme in Mark's Narrative*, SNTSMS 64, Cambridge, Cambridge University, 1989 ; Ben WITHERINGTON III, *The Christology of Jesus*, pp. 118-143 ; Joachim GNILKA, *Jesus von Nazaret. Botschaft und Geschichte*, HTKNT Supplementband 3, Fribourg/Bâle/ Vienne, Herder, 1990, pp. 66-93 ; Hans WEDER, « Disciple, Discipleship », dans *The Anchor Bible Dictionary*, David Noel FREEDMAN éd., 6 vol., New York, Doubleday, 1992, t. 2, pp. 207-210 ; James D. G. DUNN, *Jesus' Call to Discipleship*, Cambridge, Cambridge University, 1992 ; Stephen C. BARTON, *Discipleship and Family Ties in Mark and Matthew*, SNTSMS 80, Cambridge, Cambridge University, 1994 ; Whitney Taylor SHINER, *Follow Me ! Disciples in Markan Rhetoric*, SBLDS 145, Atlanta, Scholars Press, 1995 ; Christoph HEIL, « Was ist "Nachfolge Jesu" ? », *BK* 54 (1999), pp. 80-84. Il faut noter que les articles de Kittel et Rengstorf dans le *TDNT* [= TWNT dans l'édition originale allemande], qui sont utiles pour les données purement philologiques, sont gouvernés par une interprétation théologique hostile aux développements rabbiniques et chrétiens ultérieurs. WILKINS, *The Concept of Disciple*, est un meilleur guide pour ce qui concerne le matériau vétérotestamentaire, juif et gréco-romain.

2. Proportionnellement à la quantité des mots d'un livre donné, la fréquence de *mathētēs* suit un ordre décroissant dans Jean, Marc, Matthieu, Luc et Actes. Ces statistiques proviennent de mon propre comptage ; le « total » fait 261 occurrences de *mathētēs* dans le Nouveau Testament. Cependant différents ouvrages de référence arrivent à des chiffres légèrement différents. Robert MORGENTHALER, par exemple, compte 262 occurrences, du fait qu'il identifie 73 occurrences dans Matthieu ; voir son ouvrage *Statistik des neutestamentlichen Wortschatzes*, Zurich/Francfort, Gotthelf, 1958, p. 118. La différence dans les comptages s'explique par le fait que Matthieu en particulier comporte un certain nombre de variantes textuelles dans les passages où apparaît le terme *mathētēs* : par ex. 8, 21. 25 ; 20, 17 ; 26, 20. Mais ces variantes mineures n'affectent pas l'impression générale produite par le grand nombre d'occurrences dans les évangiles. À ces statistiques, il faut ajouter (1) l'occurrence unique dans le Nouveau Testament de *symmathētēs* (« condisciple » [« disciple compagnon »]) dans Jn 11, 16 (Thomas le Jumeau s'adressant aux autres disciples) et (2) l'occurrence unique dans le Nouveau Testament de *mathētria* (« femme disciple ») employé pour une femme chrétienne du nom de Tabitha dans Actes 9, 36.

3. Pour les disciples des pharisiens voir Mc 2, 18// Lc 5, 33 ; Mt 22, 16 ; pour les disciples du Baptiste voir Mc 2, 18 *(bis)* parr. ; Mc 6, 29 par ; Mt 11, 2 // Lc 7, 18 *(bis)* ; Lc 11, 1 (également, par implication, Ac 19, 1) ; Jn 3, 25 ; pour les disciples de Moïse voir Jn 9, 28 (la seule occurrence dans le Nouveau Testament). Dans Ac 9, 25 nous avons le seul exemple où « disciples » désigne les disciples de Paul ; sur le problème de critique textuelle voir Gerhard SCHNEIDER, *Die Apostelgeschichte*, HTKNT 5, Fribourg/Bâle/Vienne, Herder, 1980 et 1982, t. 2, pp. 32, 37.

4. Sur ce point voir I. Howard MARSHALL, *Luke : Historian and Theologian*, Grand Rapids, Zondervan, 1971, p. 193. Cet usage particulier de Luc peut s'expliquer au moins en partie par l'idée que Luc l'a emprunté à l'une des sources dans lesquelles il a puisé pour rédiger les Actes ; ainsi par ex. RENGSTORF, « *manthanō*, etc. », pp. 442-443. Mais une explication de ce genre est de peu de valeur tant qu'il n'y a pas de consensus sur l'existence, la nature et l'étendue des sources que Luc a utilisées pour rédiger les Actes ; voir par ex. Jacques DUPONT, *Les sources du Livre des Actes*, Paris, Desclée de Brouwer, 1960, pp. 156-157 ; SCHNEIDER, *Die Apostelgeschichte*, t. 1, pp. 82-103. Sur les différentes façons de Luc d'établir une continuité entre la narration de son évangile et celle des Actes, notamment en soulignant figures et événements parallèles, voir Robert F. O'TOOLE, *The Unity of Luke's Theology. An Analysis of Luke – Acts*, Good News Studies 9, Wilmington DE, Glazier, 1984, pp. 62-94 ; cf. Charles H. TALBERT, *Literary Patterns, Theological Themes, and the Genre of Luke-Acts*, SBLMS 20, Missoula MT, Scholars Press, 1974 ; Luke Timothy JOHNSON, « Luke-Acts, Book of » dans *The Anchor Bible Dictionary*, t. 4, pp. 403-420, spéc. pp. 409-410.

5. La seule exception se trouve dans le discours de Pierre au « Concile de Jérusalem » dans Ac 15, 10. La plupart des critiques s'accordent pour dire que le discours de Pierre, au moins dans sa formulation précise, est une création rédactionnelle de Luc ; par ex. Martin DIBELIUS, « Das Apostelkonzil » dans *Aufsätze zur Apostelgeschichte*, FRLANT 60 ; 5e éd., Göttingen, Vandenhoeck & Ruprecht, 1968, pp. 85-86 ; Ernst HAENCHEN, *Die Apostelgeschichte*, MeyerK 3, Göttingen, Vandenhoeck & Ruprecht, 1968, pp. 386-387 et 398-400 ; Hans CONZELMANN, *Acts of the Apostles*, Hermeneia, Philadelphie, Fortress, 1987 (original allemand 1972), pp. 116-117. Le plus vraisemblablement c'est Luc lui-même qui a pris l'initiative de mettre dans la bouche de Pierre, d'une part, la désignation des chrétiens d'origine païenne par le terme de « disciples » et, d'autre part, la proclamation de la doctrine du salut par la grâce et non pas la Loi, qui est la même que celle affirmée par Paul en Ac 13, 38-39. Comme l'indique SCHNEIDER (*Die Apostelgeschichte*, t. 2, p. 181), la conception de la Loi exprimée en Ac 15, 10 ne se rattache ni au judaïsme du Ier siècle ni à Paul ; elle reflète plutôt le point de vue d'un chrétien pour qui la séparation d'avec le judaïsme est déjà de l'histoire du passé.

6. Je renvoie ici aux écrits chrétiens non canoniques que l'on appelle les « Pères apostoliques » ; ils s'échelonnent de la fin du Ier siècle au début ou au milieu du IIe siècle. Ce qui frappe le plus est l'absence complète du nom *mathētēs* chez un grand nombre de Pères apostoliques : *1 Clément* (env. 96 apr. JC), *2 Clément* (env. 150 [on la désigne aussi comme *Pseudo-Seconde lettre de Clément* ou *Homélie du IIe siècle*]), la *Lettre de Barnabé* (env. 130-138), la *Lettre de Polycarpe aux Philippiens* (env. 110-130, suivant l'opinion que l'on adopte sur l'unité ou le caractère composite de cette lettre), le *Pasteur d'Hermas* (env. 140-150) et la *Didachè* (env. 100-150). Dans le reste des Pères apostoliques (Ignace d'Antioche, Papias, le *Martyre de Polycarpe*) on ne trouve que douze cas authentiques ; on trouvera la liste de ces occurrences dans Edgar J. GOODSPEED, *Index Patristicus*, Peabody MA, Hendrickson, 1993 (première édition 1907), p. 135. Le Père apostolique qui emploie le plus *mathētēs* – en fait neuf des douze occurrences – est Ignace dans ses lettres (écrites entre 108 et 117 apr. JC). La plupart des exemples dans Ignace reflètent la situation particulière de martyre imminent qui est la sienne. Pour Ignace, le vrai disciple est le martyr ; quand il écrit ses lettres, il est seulement sur la voie pour atteindre cette condition (*Éphésiens* 1, 2 ; *Romains* 4, 2 ; 5, 3 ; *Tralliens* 5, 2 ; *Magnésiens* 9, 1 et probablement la *Lettre d'Ignace à Polycarpe* 7, 1). Dans un cas, parlant de la mort et de la résurrection, il renvoie aux prophètes de l'Ancien Testament qu'il présente comme disciples spirituels [disciples par l'esprit] de Jésus Christ (*Magnésiens* 9, 2). Dans deux cas, il emploie *mathētēs* dans un sens proche de celui des Actes, c.-à-d. les chrétiens en général dans l'Église (dans la *Lettre d'Ignace à Polycarpe* 2, 1 et dans *Magnésiens* 10, 1). Chose curieuse, il n'emploie jamais *mathētēs* pour les disciples de Jésus durant son ministère public. C'est seulement quand nous arrivons à Papias d'Hiérapolis dans son *Explication des paroles du Seigneur* (écrite env. 130 apr. JC, des fragments sont conservés dans l'*Histoire ecclésiastique* d'EUSÈBE) que nous trouvons deux références aux « disciples du Seigneur » dans un contexte où sont nommées des figures comme André, Pierre, Philippe, Thomas, Jacques, Jean et Matthieu (*Histoire ecclésiastique* 3, 39 § 4). Les fragments montrent que Papias connaissait les évangiles de Marc et de Matthieu ; aussi l'emploi qu'il fait de *mathētai* pour les disciples de Jésus reflète-t-il probablement le fait qu'il connaissait et a utilisé ces évangiles. Le *Martyre de Polycarpe* 17, 3 (écrit env. 156 apr. JC) reflète l'usage ignatien décrivant les martyrs comme *mathētai* ; 17, 3 contient également la seule occurrence de « condisciple » [ou « compagnon disciple »] *(symmathētēs)*. (Deux autres occurrences de *mathētēs* dans le *Martyre de Polycarpe* se trouvent dans un ajout postérieur à l'écrit). Bien que la *Lettre à Diognète* soit parfois énumérée parmi les Pères apostoliques, elle date probablement de la fin du IIe siècle ou du début du IIIe siècle et doit se classer parmi les Apologistes ; elle contient quatre exemples de *mathētēs* (une fois pour l'auteur, une fois pour ceux qui deviennent chrétiens et deux fois pour les disciples réels de Jésus). En somme, la plupart des Pères apostoliques n'emploient jamais *mathētēs*. Ignace, qui émarge pour la grande majorité des occurrences, l'emploie le plus souvent pour les martyrs, rarement pour les chrétiens contemporains en général et jamais pour les disciples réels de Jésus. Tout ceci vient à l'appui de mon assertion que « disciple » n'était pas une auto-désignation très répandue chez les chrétiens dans l'Église primitive, une auto-désignation qui aurait ensuite été transposée dans le passé sur les disciples qui ont suivi Jésus à l'origine.

7. Les trois passages où *mathētēs* apparaît dans le codex Alexandrinus de la Septante (Jr 13, 21 ; 20, 11 ; 26, 9 [= TM 46, 9]) sont tous des cas évidents de mauvaise traduction, d'erreurs de copistes ou même d'influence chrétienne ; voir RENGSTORF, « *manthanō*, etc. », p. 426.

8. WILKINS, *The Concept of Disciple*, p. 97.

9. Pour l'étude de *mathētēs* dans Philon et Josèphe, je suis particulièrement redevable à l'ouvrage de WILKINS, *The Concept of Disciple*, pp. 100-104, 111-116. Pour ne donner que quelques exemples de l'usage de Philon : parfois *mathētēs* est employé dans un sens général pour quelqu'un qui apprend (par ex. un enfant vis-à-vis de ses parents dans *De specialibus legibus*, 2, 39 § 227) ; le mot *mathētēs* est employé dans un contexte scolaire ordinaire pour désigner quelqu'un qui reçoit l'instruction d'un maître (*De specialibus legibus*, 4, 26 § 140) ; lorsqu'il formule une hiérarchie dans l'apprentissage, Philon emploie « disciple » pour quelqu'un qui est plus avancé dans l'apprentissage, une personne située au-dessus du peuple ordinaire mais au-dessous du parfait. C'est quelqu'un qui est apte à enseigner d'autres qui sont à la recherche de la sagesse (*Quod deterius potiori insidiari soleat*, 19 § 63-66). Le type le plus élevé du disciple, cependant, est celui qui a dépassé l'instruction humaine. Étant parfaite, une telle personne est enseignée directement par Dieu lui-même (*De sacrificiis Abelis et Caini*, 2 § 7).

10. L'ouvrage classique sur cette question est Martin HENGEL, *Judaism and Hellenism. Studies in Their Encounter in Palestine during the Early Hellenistic Period*, 2 vol., Minneapolis, Fortress, 1974 ; voir aussi son ouvrage *The « Hellenization » of Judaea in the First Century after Christ*, Londres, SCM, et Philadelphie, Trinity, 1989. On peut exagérer et on a parfois exagéré la perception valable de Hengel. On trouvera une saine mise en garde contre l'exagération de l'hellénisation de la Palestine juive au tournant de notre ère dans Ben WITHERINGTON III, *Jesus the Sage. The Pilgrimage of Wisdom*, Minneapolis, Fortress, 1994, pp. 118-123 ; et plus fermement dans Louis H. FELDMAN, « Hengel's *Judaism and Hellenism* in Retrospect », *JBL* 96 (1977), pp. 371-382 ; IDEM, *Jew and Gentile in the Ancient World. Attitudes and Interactions from Alexander to Justinian*, Princeton, Princeton University, 1993, spéc. pp. 3-44.

11. Joseph A. FITZMYER (*Luke the Theologian. Aspects of His Teaching*, New York/Mahwah NJ, Paulist, 1989, pp. 118-121) signale l'attestation abondante de « disciple » dans les évangiles et les Actes par comparaison à son absence presque complète dans les Écritures hébraïques, la Septante et Qumrān. Il avance l'idée (p. 121) que « “la condition de disciple” avec un sens religieux a sans doute émergé en tant que phénomène chrétien ». Le traité *Sanhédrin* du Talmud babylonien mentionne cinq « disciples » de Jésus par leur nom : Mattai, Naqai, Nester, Buni et Todah (*b. Sanh.* 43a). (On les a identifiés avec différents disciples nommés dans le Nouveau Testament ; Joseph KLAUSNER [*Jésus de Nazareth, son temps, sa vie, sa doctrine*, Paris, Payot, 1933, pp. 29-31 – original hébreu 1922] se prononce en faveur de Matthieu, Luc, André, Jean et Thaddée). En réalité, ce texte talmudique consiste en deux passages distincts ; le premier nomme simplement cinq disciples, tandis que le second raconte une histoire comique sur leur condamnation à mort l'un après l'autre. Dans son *Jésus de Nazareth* (pp. 29-31), Klausner donne de bonnes raisons de mettre en doute l'exactitude historique des deux passages (« baraïtas ») en question. Le texte de *Sanhédrin* semble résulter d'un mélange confus d'informations du Nouveau Testament et d'un récit macabre qui fait des calembours sur les noms des cinq disciples au moment de leur condamnation à mort. Nous avons ici le plus probablement une réplique polémique juive à une certaine tradition chrétienne. Le Talmud ne nous fournit donc pas une autre source indépendante pour l'argument de l'attestation multiple, cependant la formulation du passage en *b. Sanh.* 43a confirme du moins la supposition que l'équivalent hébreu naturel du grec *mathētai* (au moins lorsqu'il était appliqué aux disciples de Jésus) était *talmîdîm*, puisque c'est le mot utilisé dans le texte talmudique. La suggestion de T. W. MANSON (*The Teaching of Jesus*, 2e éd., Cambridge, Cambridge University, 1935, pp. 237-240) que *mathētēs* dans les évangiles ne représente pas le terme araméen *talmîdā'* (« disciple », « étudiant ») mais l'araméen *šĕwilyā'* (« apprenti ») n'a pas bénéficié d'un accueil général chez les exégètes. La suggestion est basée (1) sur la théorie ténue d'une mauvaise traduction de mots araméens en grec et (2) sur le présupposé que Jésus aurait de propos délibéré choisi un mot qui se trouvait en opposition avec les écoles rabbiniques et leurs *talmîdîm*. Ce qui fait problème ici est que Manson présuppose ce qui n'est probablement pas exact : qu'il y avait un système bien défini d'écoles rabbiniques au temps de Jésus, dans lesquelles *talmîd* était utilisé comme terme technique pour désigner l'étudiant rabbinique d'une école de ce type. Sur tout cela voir Wilkins, *The Concept of Disciple*, pp. 94-95.

12. Les « disciples » du Baptiste bénéficient de la multiple attestation des sources : Marc (2, 18 parr. *[bis]* ; Mc 6, 29 par.), Q (Mt 11, 2 // Lc 7, 18 *[bis]*), L (Lc 11, 1 ; et aussi, par implication, Ac 19, 1-4) et Jean (3, 25). La seule hésitation provient du fait qu'un mode de pensée et un vocabulaire chrétiens qui se répandent alors ont pu affecter la présentation des adeptes du Baptiste dans les évangiles. On note que la description des adeptes du Baptiste dans Josèphe n'utilise pas la terminologie du *mathētēs* (*Ant.* 18, 5. 2 §§ 116-119).

13. Ce point sera démontré longuement dans la section II : « Qui peut être qualifié de disciple de Jésus ? » Pour l'instant admettons-le comme un lieu commun de la recherche néotestamentaire.

14. John KLOPPENBORG suggère que « disciple » a pu se trouver dans quelques rares autres passages de Q conservés soit par Matthieu soit par Luc mais pas dans les deux ; voir son ouvrage *Q Parallels*, Foundations and Facets, Sonoma CA, Polebridge, 1988, p. 224. Je préfère ne citer que les deux occurrences qui sont clairement du matériau Q. Entre parenthèses, je voudrais noter le danger qu'il y a à affirmer ou à nier l'existence historique d'un groupe donné durant le ministère public de Jésus en se fondant uniquement sur une attestation abondante ou parcimonieuse dans le document Q. Personne ne niera l'existence de disciples autour de Jésus ; or ils ne sont attestés que de manière parcimonieuse dans Q. Il faudra y penser lorsqu'on en viendra à la question de l'existence historique des Douze.

15. Pour examiner le problème de Mt 10, 42, il nous faut revenir à Mc 9, 41 où on lit : « Qui vous abreuve d'une coupe d'eau au nom *[en onomati]* de votre appartenance au messie *[hoti Christou este]*, amen, je vous dis : il ne perdra pas son salaire ». L'expression « parce que vous êtes de Christ » semble une circonlocution pour dire « parce que vous êtes chrétiens ». Si c'est le cas, la formulation précise du logion dans Marc ne remonte pas à Jésus, quoi que l'on pense de la substance de ce logion. Sur ce point voir Rudolf PESCH, *Das Markusevangelium*, HTKNT 2, 2 vol., Fribourg/Bâle/Vienne, Herder, 1976 et 1977, t. 2, pp. 111-112 ; Morna D. HOOKER, *The Gospel According to Saint Mark*, Black NT Commentary, Peabody MA, Hendrickson, 1991, p. 231 ; contre une influence chrétienne ultérieure : GUNDRY, *Mark*, pp. 511-512, 522-523. Bien que la question ne soit pas entièrement claire, il semble que Mt 10, 42 dépende de Mc 9, 41, auquel Matthieu apporte un certain nombre de modifications typiquement matthéennes, y compris l'insertion de son terme favori de « disciple » : « Qui abreuvera un de ces petits – seulement d'une coupe d'eau fraîche – en nom de disciple *[eis onoma mathētou]*, amen je vous dis : il ne perdra pas son salaire. » Si l'on admet que Matthieu dépend d'un logion marcien qui manifeste déjà une influence chrétienne, et si l'on admet que Matthieu a un penchant pour la terminologie de « disciple » (*mathētēs* se trouve 72 fois dans son évangile, comparé aux 46 fois de Marc et 37 fois de Luc), alors attribuer au Jésus historique la forme matthéenne du logion et sa mention du « disciple » devient chose très discutable. Sur la rédaction matthéenne de Mc 9, 41, voir Robert H. GUNDRY, *Matthew. A Commentary on His Literary and Theological Art*, Grand Rapids, Eerdmans, 1982, pp. 202-203. Gundry montre que Matthieu a probablement ajusté la formulation du logion de Marc pour le faire cadrer avec les deux dits précédents sur la récompense en Mt 10, 41 qui ont le refrain « en nom de prophète… en nom de juste ». [Pour la traduction des versets des évangiles de Marc et de Matthieu nous avons suivi ici sœur JEANNE D'ARC, *Les évangiles. Les quatre*, Paris, Desclée de Brouwer, 1992 – NdT.]

Un exemple de logion sur le « disciple » qui se trouve uniquement dans Luc est 14, 33 : « Ainsi donc, quiconque parmi vous ne renonce pas à tout ce qui lui appartient ne peut être mon disciple. » Il est difficile de se prononcer en la matière à cause de l'absence de parallèle ; mais il paraît vraisemblable que ce verset est une création rédactionnelle. D'une manière typiquement lucanienne, il sert de conclusion logique et rhétorique (« ainsi donc… ») à la parabole qui précède (14, 28-32) et à tout le mini-discours de 14, 25-32 (reprenant le refrain des vv. 26 + 27 : « … ne peut être mon disciple »). De plus, le v. 33 martèle bien l'insistance de Luc sur la nécessité de renoncer à tous les biens (voir par ex. 5, 11 ; 12, 33 ; 18, 22) ; sur cette préoccupation rédactionnelle voir Luke Timothy JOHNSON, *The Literary Function of Possessions in Luke-Acts*, SBLDS 39, Missoula MT, Scholars Press, 1977. Prenant tout cela en considération, Joseph A. FITZMYER (*The Gospel According to Luke*, AB 28 et 28A, Garden City, NY, Doubleday, 1981 et 1985, t. 2, p. 1061) estime que 14, 33 est rédactionnel.

16. Peut-être le texte de Josèphe met-il sur la voie d'un genre d'argumentation différent pour prouver l'existence de disciples durant le ministère de Jésus, un argument qui découle de ce qui s'est passé effectivement après ce ministère. La raison qui fait que nous ayons des Évangiles à partir desquels nous pouvons bâtir des argumentations sur le Jésus historique tient au fait que certains des adeptes de Jésus ont continué ce qu'ils avaient compris de sa mission et devinrent, le moment venu, des chefs dans l'Église primitive. Sans ce phénomène d'un groupe stable de disciples qui ont assuré une certaine continuité, la recherche du Jésus historique ne serait pas un projet réalisable.

17. *Un certain Juif, Jésus*, t. 2, pp. 103-120.

18. *Ibid.* t. 2, pp. 106-119.

19. Une bonne partie du tome 2 de *Un certain Juif, Jésus*, a été consacrée à apporter les preuves que Jésus fut un prophète eschatologique thaumaturge sur le modèle d'Élie ; on trouvera un résumé de cette présentation dans *Un certain Juif, Jésus*, t. 2, pp. 755-764. L'activité de Jésus comme enseignant bénéficie d'une abondante attestation multiple : (1) des blocs de matériaux d'enseignement sont conservés dans tous les courants de la tradition des évangiles : Marc, Q, M, L et Jean ; (2) de même Jésus est décrit ou abordé comme maître *(didaskalos)* ou rabbi dans tous les courants de la tradition évangélique tout comme dans Josèphe (*Ant.* 18, 3, .3. § 63 : *didaskalos anthrōpōn tōn hēdonę talēthē dechomenōn*, « un maître de ceux qui reçoivent avec joie la vérité » ; le verbe « enseigner » *(didaskō)* est employé pour décrire l'activité de Jésus dans Marc, M, L, J et éventuellement Q. Comme on peut s'y attendre, le nom « enseignement » *(didachē)* est employé en référence à Jésus dans tous les quatre évangiles. Que Jésus ait fonctionné comme enseignant est tellement évident qu'il n'est pas besoin d'épuiser plus de forces sur ce point. L'élément qui surprend n'est pas que Jésus fût un maître mais qu'il ait combiné le rôle d'un maître avec d'autres rôles qui n'étaient habituellement pas associés à un maître juif palestinien dans la première partie du Iᵉʳ siècle de notre ère : prophète eschatologique et faiseur de miracles. Pour l'étude de Jésus comme maître voir : RIESNER, *Jesus als Lehrer* ; Vernon K. ROBBINS, *Jesus the*

Teacher. A Socio-Rhetorical Interpretation of Mark, Philadelphie, Fortress, 1984 ; Samuel BYRSKOG, *Jesus the Only Teacher. Didactic Authority and Transmission in Ancient Israel, Ancient Judaism and the Matthean Community*, ConBNT 24, Stockholm, Almqvist & Wiksell, 1994. En considération de tout cela, on est étonné de lire l'affirmation de Rengstorf (« *manthanō*, etc. », p. 453) disant : « le souvenir de Jésus comme maître semble avoir été assez secondaire ». Ici Rengstorf est poussé par son programme théologique qui nie tout « principe de tradition » dans l'activité de Jésus et de la première génération chrétienne. Pour Rengstorf le principe de tradition est étranger à Jésus parce que ce principe est « grec ou rabbinique » et donc quelque chose qui doit être évalué en termes négatifs.

20. R. Alan CULPEPPER, *The Johannine School*, SBLDS 26, Missoula MT, Scholars Press, 1975. Sa position est en contraste frappant avec celle de RENGSTORF (« *manthanō*, etc. », p. 454), incité par sa motivation théologique à nier que nous puissions parler de Jésus comme du chef d'une école. Dans la mesure où il se réfère aux structures et méthodes d'apprendre reflétées dans la littérature rabbinique ultérieure, Rengstorf a raison ; mais il y a plus en cause dans cette dénégation quand il affirme carrément : « ... Jésus n'est nulle part le chef d'une école ; il est le Seigneur vivant de Son peuple. » Cela n'est pas exactement une description et une comparaison d'ordre historique ; cela relève de la confession de foi théologique et de l'apologétique.

21. CULPEPPER (*The Johannine School*, pp. 258-259) tente d'isoler neuf caractéristiques des différentes écoles qu'il passe en revue : (1) insistance sur l'amitié et le compagnonnage entre les disciples ; (2) des origines partant d'un fondateur vénéré comme un sage exemplaire ; (3) enseignements et traditions du fondateur valorisées par les disciples ; (4) appartenance à l'école à titre de membres, appartenance fondée sur le fait d'être disciple du fondateur ; (5) activités communes telles que enseignement, étude et écriture ; (6) repas pris ensemble ; (7) règles et pratiques concernant l'admission, la présence permanente et l'avancement à l'intérieur de l'école ; (8) certains degrés de distance par rapport à la société ; (9) moyens organisationnels pour assurer l'existence continuée de l'école. Il va sans dire que toutes ces caractéristiques ne se retrouvent pas avec une égale rigueur ou clarté dans toutes les écoles. L'exemple de l'école de Philon pose particulièrement question. Mais, même si nous n'insistons pas sur une liste précise de caractéristiques, le phénomène « école » dans la société gréco-romaine est assez évident et les disciples de Jésus appartiennent à ce phénomène pris au sens large. S'il faut entendre « école » dans un sens élastique et variable, cela vaut aussi de « disciple ». Pour WILKINS (*The Concept of Disciple*, pp. 11-32) on peut distinguer dans le grec classique les différents sens suivants de *mathētēs* : (1) emploi général ancien : « celui qui apprend », un étudiant qui se consacre à la matière concernée ; (2) emploi technique, avec le sens d'une dépendance directe par rapport à une autorité supérieure : (a) emploi technique non spécifique : « adhérent », quelqu'un qui accepte la façon de vivre d'un milieu culturel ; (b) sens technique spécialisé : « pupille d'une institution ». Ces sens ont persisté dans le monde hellénistique, mais on y trouvait une tendance à employer *mathētēs* spécialement pour quelqu'un qui adhère à un philosophe, un grand penseur, ou une figure religieuse (*ibid.*, pp. 32-42). On voit que, pour les premiers chrétiens hellénophones, *mathētēs* convenait tout naturellement pour les adhérents fervents du grand maître qu'était Jésus.

22. Parmi les ouvrages qui ont développé la comparaison entre Jésus et les philosophes cyniques citons : F. Gerald DOWNING, *Jesus and the Threat of Freedom*, Londres, SCM, 1987 ; IDEM, *Christ and the Cynics : Jesus and Other Radical Preachers in First Century Tradition*, Sheffield, JSOT, 1988 ; IDEM, *Cynics and Christian Origins*, Édimbourg, Clark, 1992 ; voir aussi Ronald F. HOCK, « Cynics » dans *Anchor Bible Dictionary*, t. 1, pp. 1221-1226. Différents exégètes ont eu recours, avec des résultats divers, à des traditions cyniques pour interpréter le Jésus historique ;

voir par ex. Burton MACK, *A Myth of Innocence. Mark and Christian Origins*, Philadelphie, Fortress, 1988, pp. 67-69, 73-74 ; John Dominic CROSSAN, *The Historical Jesus. The Life of a Mediterranean Jewish Peasant*, San Francisco, Harper, 1991, pp. 72-88, 295, 304, 338. On trouvera une critique de toute cette approche dans Richard A. HORSLEY, *Jesus and the Spiral of Violence*, San Francisco, Harper & Row, 1987, pp. 230-231 ; Hans Dieter BETZ, « Jesus and the Cynics : Survey and Analysis of a Hypothesis », *JR* 74 (1994), pp. 453-475, spéc. pp. 470-475 ; WITHERINGTON, *Jesus the Sage*, pp. 117-145 ; IDEM, *The Jesus Quest. The Third Search for the Jew of Nazareth*, Downers Grove IL, InterVarsity, 1995, pp. 58-92 (discute en particulier les affirmations de Crossan) ; Paul Rhodes EDDY, « Jesus as Diogenes ? Reflections on the Cynic Jesus Thesis », *JBL* 115 (1996) pp. 449-469. À mon avis, vouloir dessiner Jésus en cynique est un exemple du phénomène commun dans la recherche sur Jésus, à savoir échafauder beaucoup sur peu de bases. Comme l'ont montré longuement les deux premiers tomes de notre ouvrage, Jésus était avant tout un prophète eschatologique juif avec les traits d'un Élie thaumaturge. Dans cette description il y a peu de choses voire rien qui permette de le tirer vers la tradition philosophique cynique. Comme le soulignent WITHERINGTON et EDDY respectivement dans *Jesus the Sage* et « Jesus as Diogenes ? », il est certain que Jésus représentait également la tradition de sagesse d'Israël ; mais c'est *cette* tradition de sagesse et non le mouvement philosophique connu sous le nom de cynisme qui fournit le contexte fondamental pour l'interprétation de l'enseignement sapiential de Jésus. On ne nie pas pour autant que l'on puisse relever différents parallèles ponctuels entre Jésus et les cyniques, comme le montrent à juste titre Downing, Crossan et d'autres : par exemple, le mépris délibéré de certaines conventions sociales, un style de vie itinérant, un appel à se détacher d'une vie luxueuse. Toutefois, tout le contexte et la force de motivation de l'enseignement et des actions de Jésus sont différents : la venue imminente de la royauté de Dieu pour son peuple Israël, une royauté déjà présente par les miracles et l'enseignement de Jésus. À la différence des disciples de Jésus envoyés en mission dans les villes et villages juifs de Galilée, les cyniques ne formaient pas de groupe social, n'avaient pas de base communautaire et paraissaient principalement dans les cités du monde gréco-romain. De plus, il n'est pas évident que l'on puisse même dire que le cynisme fût présent dans et autour de la Palestine dans la première partie du Ier siècle de notre ère. Le cynisme semble avoir subi une éclipse voire une sorte de mort au IIe et au Ier siècle av. JC et ce n'est qu'au milieu du Ier siècle de notre ère, après la mort de Jésus, qu'une reviviscence du cynisme a commencé. Que le cynisme fût à l'œuvre dans la société paysanne de Galilée où Jésus a vécu est, par conséquent, un fait hautement discutable. Et par ailleurs, même si les grandes cités de Palestine, leurs élites dirigeantes et leurs partisans étaient alors hellénisés à des degrés divers, les exégètes débattent toujours de l'importance de la pénétration de cette hellénisation chez les paysans de la campagne, spécialement quand il s'agit des paysans juifs fidèles à leurs traditions religieuses. En fin de compte, le portrait cynique de Jésus, spécialement tel qu'il est dessiné par Crossan et Mack, manque de prendre au sérieux sa judéité, son eschatologie prophétique et la situation socio-religieuse spécifique des villes et villages de la Galilée rurale dans la première partie du Ier siècle de notre ère.

23. COHEN, *From the Maccabees to the Mishnah*, p. 122.

24. *Ibid.* Cette vision équilibrée est préférable à l'affirmation apologétique de RENGSTOF (« *manthanō*, etc. », p. 455) qu'en dépit de « la parenté de forme..., il n'y a pas... de relation interne » entre le *talmîd* du judaïsme rabbinique postérieur et le *mathētēs* de Jésus.

25. L'appel d'Élisée par Élie est certes la plus claire préfiguration de la relation « prophète-disciple » qu'on trouve dans le mouvement de Jésus ; mais l'Ancien Testament fournit, à ce phénomène qu'est la position de disciple, un arrière-plan beaucoup plus important que ne l'admet RENGSTORF dans son article du *TDNT* [= traduction anglaise du TWNT] sur *manthanō* et *mathētēs*, quand il parle de « l'absence... de la relation maître-disciple dans l'Ancien Testament » (p. 427). Comme le montre WILKINS (*The Concept of Disciple*, pp. 43-91), dans l'Ancien Testament, la réalité sociale de la relation maître-disciple ne se restreint nullement au vocabulaire qui désigne la condition de disciple : (1) En termes explicites, *talmîd* n'apparaît que dans 1 Ch 25, 8 à propos d'un apprenti musicien se faisant initier à son métier. L'adjectif verbal ou substantif *limmûd* (« enseigné », « habitué » et, comme nom, « disciple ») se présente six fois dans l'Ancien Testament, toujours dans la littérature prophétique. Bien que « mes disciples » dans Is 8, 16 puisse concerner des disciples de Dieu, il désigne plus probablement les disciples réunis autour du prophète Isaïe, des disciples qui écoutent et attestent sa prophétie (ainsi Otto KAISER, *Isaiah 1-12*, OTL, Philadelphie, Westminster, 1972, p. 120). Quand le Deutéro-Isaïe applique la terminologie du *limmûd* à la relation du serviteur (ou d'Israël) avec Yahvé (Is 50, 4 *[bis]* ; 54, 13), la métaphore de Yahvé enseignant quelqu'un qui se présente comme un disciple présuppose un groupe de gens en Israël qui est identifiable et que l'on désigne comme « des enseignés » ou « des disciples » ; voir Claus WESTERMANN, *Isaiah 40-66*, OTL, Philadelphie, Westminster, 1969, pp. 225-229. (2) Par-delà la seule terminologie, la réalité sociale de la relation maître-disciple a existé en Israël de différentes façons dans les cercles de prophètes (bandes de prophètes en relation avec Samuel, « fils de prophètes » en relation avec Élie et Élisée), de scribes (travaillant dans les familles, l'administration du Temple, l'administration royale et la bureaucratie postexilique) et de sages (exerçant une activité dans le clan, à la porte de la ville, à la cour royale et dans les écoles). Y eut-il des écoles officielles de scribes ou de sagesse pendant la période de l'Ancien Testament ? La question reste discutée – cependant Ben Sira semble exercer dans le contexte d'une sorte d'école ou d'académie ; mais tout au moins l'ancien Israël n'était pas étranger à différentes sortes de relations maître-disciple. Les diverses expressions de la situation de disciple que l'on trouve dans les courants israélites de la prophétie, de la sagesse et de l'apocalyptique se cristallisent d'une façon particulière dans la relation de Jésus et de ses disciples. Cependant, la relation Élie-Élisée procure probablement le modèle particulier le plus net. Certes, le Baptiste et son cercle de disciples ont pu transmettre à Jésus quelque chose de ce modèle, mais le Baptiste, dans l'ensemble, ne correspond pas au modèle d'un prophète itinérant *thaumaturge* qui est spécialement *actif dans l'Israël du Nord*, qui *adresse un appel à un autre individu le sommant de quitter métier et famille pour le suivre* (nous n'avons aucune preuve que le Baptiste se soit fait des disciples de cette manière). Par conséquent, la tentative d'établir une relation Élie-Élisée entre le Baptiste et Jésus peut sembler séduisante à première vue, mais elle ne résiste pas à une analyse détaillée.

26. Dans le développement des récits autour d'Élie et d'Élisée qui se fait au temps de Jésus, l'idée d'une relation maître-disciple est fortement mise en valeur. Dans les *Antiquités juives*, Josèphe reprend le récit de 2 Rois qui mentionne des anciens assis face à Élisée (2 R 6, 32) ; or Josèphe en fait des « disciples » (*mathētai* dans *Ant.* 9, 3, 4 § 68). Là où 2 R 9, 1 dit qu'Élisée envoya un des fils des prophètes exécuter une mission, Josèphe parle d'Élisée envoyant « l'un de ses disciples » (*hena tōn autou mathētōn* dans *Ant.* 9, 6, 1 § 106) Ce développement se poursuit dans la littérature rabbinique au cours des siècles après Jésus. RENGSTOF (« *manthanō*, etc. », p. 437) fait observer que dans *t. Soṭa* 4, 7, « Élisée est appelé un *talmîd* d'Élie, qui lui, à son tour, est *talmîd* de Moïse ». WILKINS (*The Concept of Disciple*, p. 59) signale un autre targum sur 2 R 2, 12 (qui rapporte la réaction d'Élisée lorsque Élie fut enlevé au ciel dans un char de feu) où le cri « mon père » lancé par Élisée vers Élie devient « mon rabbi ». RENGSTOF (« *manthanō*, etc. », p. 434) note également que l'araméen du targum rend l'hébreu *bĕnê-hannĕbî'îm* (« les fils des prophètes ») en 2 R 2, 15 (et ailleurs) par *talmîdê nĕbiyyā'* (« disciples du prophète »).

27. Tout au long de l'argumentation qui suit à propos des différents logia, il faut souligner un point : mon problème ici n'est pas d'établir, par exemple, si c'est Marc, Q ou Jean qui représente la forme la plus ancienne d'un dit ou quelle est exactement la formulation la plus ancienne d'un dit. À ce stade, je cherche seulement à établir par les différents critères (spécialement l'attestation multiple) que tel trait, telle idée ou tel aspect particuliers de la condition de disciple de Jésus ne sont pas une simple invention de l'Église primitive mais remontent effectivement au ministère du Jésus historique.

28. On notera que le trop enthousiaste homme riche de Mc 10, 17-22 ne demande pas à suivre Jésus comme disciple, il pose plutôt la question : « Que dois-je faire pour recevoir la vie éternelle en partage ? » Comme le montre la fin tragique de l'histoire, l'homme riche ne soupçonne pas, dans cet exemple concret, que recevoir la vie éternelle en partage signifie abandonner tout son argent aux pauvres et suivre littéralement Jésus (v. 21). Quand Jésus l'appelle à faire ce sacrifice pour devenir un disciple, l'homme riche s'en va tout triste. À ces trois exemples l'on peut ajouter « l'appel implicite » que Jésus adresse à l'aveugle Bartimée du fait même qu'il le guérit lors de sa montée à Jérusalem pour la Pâque (Mc 10, 46-52). Comme beaucoup d'exégètes l'ont noté, la façon dont Marc arrange la narration mélange la forme d'un récit de miracle avec celle d'un récit de vocation ; voir *Un certain Juif, Jésus*, t. 2, pp. 1093. En un sens, l'apogée du récit est atteint non pas quand Bartimée recouvre la vue mais quand tombent les paroles finales du récit : « Et il [Bartimée] le [Jésus] suivit *[ēkolouthei]* sur le chemin [à savoir le chemin vers Jérusalem et la croix]. » Néanmoins il faut distinguer le récit de Bartimée des récits de l'appel adressé par Jésus aux quatre disciples, à Lévi et à l'homme riche. Ces trois récits sont, par essence même, des « récits de vocation » ; ils ne peuvent tout simplement pas être racontés sans l'élément central de Jésus appelant des gens à le suivre. Par contre, dans la guérison de Bartimée, l'élément « récit de vocation » est suggéré plutôt qu'affirmé et peut appartenir à l'arrangement rédactionnel de Marc plutôt qu'au récit traditionnel du miracle.

29. Comme on l'a noté ci-dessus, le récit de Mt 8, 21-22 par. fait écho, mais avec une urgence accrue, à la demande adressée par Élie à Élisée en 1 R 19, 19-21. Là, Élisée est autorisé à retourner prendre congé de ses parents (cependant ce qu'Élie dit à la fin du v. 20 – et que l'on traduit souvent comme une permission indirecte – reste obscur dans l'hébreu) ; Jésus ne tolère pas de délai de ce genre motivé par la piété filiale. Il n'y a pas de preuve que « laisse les morts enterrer leurs morts » fût jamais un proverbe général dans le monde méditerranéen ancien ; c'est plus vraisemblablement un aphorisme subversif de Jésus. Sur l'arrière-plan d'histoire des religions de Mt 8, 21-22 voir HENGEL, *The Charismatic Leader*, pp. 3-15 ; également SANDERS, *Jesus and Judaism*, pp. 252-255. Hengel (p. 7) rejette fort justement différentes tentatives faites pour enlever à l'ordre de Jésus son venin et son scandale soit en le considérant comme une mauvaise traduction de l'araméen soit en faisant une interprétation contournée de cet ordre pris tel quel dans le grec. Hengel et Sanders s'appuient tous deux sur le critère de discontinuité pour défendre l'authenticité du logion. L'enterrement convenable des défunts par les proches parents et alliés (spécialement par le fils du défunt) était l'une des obligations les plus sacrées reconnues à travers tout le monde méditerranéen ancien ; voir par exemple pour Corinthe dans Richard E. DEMARIS, « Corinthian Religion and Baptism for the Dead (1 Corinthians 15:29) : Insights from Archaeology and Anthropology », *JBL* 114 (1995), pp. 661-682. Prôné fortement par la piété juive, c'était l'une des plus importantes expressions pratiques de l'obéissance au quatrième commandement du Décalogue (« Tu honoreras ton père et ta mère »). Il semble que la pratique chrétienne primitive n'a jamais rejeté cette obligation de donner une sépulture décente – même quand le défunt n'était pas de la parenté (voir par ex. Ac 5, 6. 9-10 ; 8, 2).

30. Différents exégètes avancent que ce logion lucanien aurait pu se trouver dans Q, réuni avec les deux autres logia qu'on trouve dans Mt 8, 19-20 + 21-22 par. ; ainsi HENGEL, *The Charismatic Leader*, p. 4. Cependant FITZMYER (*The Gospel According to Luke*, t. 1, p. 833) représente les commentateurs qui pensent que Lc 9, 61-62 provient de L ou éventuellement de la rédaction de Luc. On trouvera une liste des auteurs pour et contre dans KLOPPENBORG, *Q Parallels*, p. 604.

31. On trouvera une argumentation à l'appui de cette position dans *Un certain Juif, Jésus*, t. 2, p. 824 n. 68.

32. Les commentateurs continuent de débattre de l'identification du groupe mentionné dans les deux propositions « car ils étaient nombreux et ils le suivaient » à la fin de Mc 2, 15. Il existe trois possibilités : (1) Il s'agit des collecteurs des taxes et des pécheurs mentionnés plus haut en 2, 15 ; ainsi GUNDRY, *Mark*, pp. 125, 128. Mais (a) les propositions [unités grammaticales] dont on discute doivent sauter par dessus le nom de « disciples » qui est plus proche pour renvoyer à deux noms relativement éloignés ; et (b) l'affirmation « car ils étaient nombreux » serait désespérément redondante après l'expression « beaucoup de collecteurs des taxes et de pécheurs ». (2) La proposition « ils étaient nombreux » renvoie aux disciples, mais *kai ēkolouthoun autǭ* (« et ils le suivaient ») se rattache en réalité au début du v. 16 et a pour sujet « les scribes des pharisiens » ; ainsi Robert A. GUELICH, *Mark 1-8:26*, Word Biblical Commentary 34A, Dallas, Word, 1989, pp. 97-98, 102. Certes, il est vrai que Marc peut employer *akoloutheō* dans un sens neutre plutôt que positif ; mais nulle part dans son évangile il ne décrit les adversaires religieux de Jésus comme le « suivant ». Référer *akoloutheō* aux adversaires de Jésus au v. 15, alors qu'il vient d'être employé deux fois dans le sens religieux strict d'être attentif à un appel à devenir disciple au v. 14, voilà qui est particulièrement discordant. (3) Par conséquent l'explication la plus simple est que les deux propositions renvoient à l'expression qui précède immédiatement, « ses disciples » *(tois mathētais autou)*. Sur ce point voir Bruce METZGER, *A Textual Commentary on the Greek New Testament*, 2e éd., Stuttgart, Deutsche Bibelgesellschaft, 1994, p. 67.

33. *Un certain Juif, Jésus*, t. 1, pp. 171-179.

34. En suivant la leçon du manuscrit hébreu B, « dans la maison de mon instruction » *(bĕbêt midrāšî)* qui (conformément aux contraintes d'une forme construite hébraïque) signifie en effet « ma maison d'instruction ». Toutefois ni le grec ni la traduction syriaque n'ont le pronom possessif. Pour ce motif Patrick W. SKEHAN et Alexander A. DI LELLA (*The Wisdom of Ben Sira*, AB 39, New York, Doubleday, 1987, pp. 573, 575, 578) préfèrent la traduction « dans la maison de l'instruction » ; ils ont peut-être raison.

35. On peut se demander si l'affirmation de Josèphe sur son adhésion au mouvement pharisien à un âge aussi précoce n'est pas teintée d'arrière-pensée.

36. Il est intéressant de noter que Josèphe inclut les esséniens dans ce scénario. Il n'y a pas lieu de penser que *eux* se soient adressés à Josèphe pour lui demander de façon péremptoire de les suivre. Et on imagine que cela valait encore plus de la communauté de Qumrān, isolée qu'elle était au nord-est de la mer Morte. Pour autant que nous sachions, les qumraniens n'envoyaient pas d'émissaires parcourir la Palestine pour recruter de nouveaux membres. Comme beaucoup de communautés « monastiques », ils attendaient probablement que des personnes motivées – les vrais repentants – viennent s'adresser à eux. Étant donné le caractère farouchement sectaire de Qumrān avec sa vision du monde dualiste et son scénario apocalyptique, il ne fait pas de doute qu'une fois entré dans la communauté, on avait l'obligation grave d'y demeurer. Sur tout cela, je maintiens mon point de vue que Qumrān était lié d'une façon ou d'une autre au mouvement essénien (voir, par exemple *Un certain Juif, Jésus*, t. 1, pp. 64-66, 208-213 et t. 2, pp. 34-37) : vouloir identifier Qumrān comme sadducéen pose beaucoup de difficultés, comme le montre Fitzmyer (cf. l'article cité ci-dessous). On sait, cependant, que le débat sur l'identité des qumraniens reste très vif ; on trouvera un échantillon de différents points de vue dans Philip R. DAVIES, *Behind the Essenes. History and Ideology in the Dead Sea Scrolls*, Brown Judaic Studies 94, Atlanta, Scholars, 1987 ; Geza VERMES et Martin D. GOODMAN, *The Essenes According to the Classical Sources*, Oxford Centre Textbooks 1, Sheffield, JSOT, 1989, pp. 12-13 ; Lawrence H. SCHIFFMAN, « The Sadducean Origins of the Dead Sea Scroll Sect » dans *Understanding the Dead Sea Scrolls*, Hershel SHANKS éd., New York, Random House, 1992, pp. 35-49 [« Les origines sadducéennes de la secte des manuscrits de la mer Morte » dans *L'aventure des manuscrits de la mer Morte*, Paris, Seuil, 1996, pp. 51-85] ; James C. VANDERKAM, « The People of the Dead Sea Scrolls : Essenes or Sadducees ? » dans *ibid.*, pp. 50-62 [*L'aventure*, pp. 86-102] ; Shemaryahu TALMON, « The Community of the Renewed Covenant : Between Judaism and Christianity » dans *The Community of the Renewed Covenant*, Christianity and Judaism in Antiquity 10, Eugene ULRICH et James VANDERKAM éd., Notre Dame IN, University of Notre Dame, 1994, pp. 3-24 ; Joseph M. BAUMGARTEN, « Sadducean Elements in Qumran Law » dans *ibid.*, pp. 27-36 ; Lawrence H. SCHIFFMAN, « The *Temple Scroll* and the Nature of Its Law : The Status of the Question » dans *ibid.*, pp. 37-55 ; Joseph A. FITZMYER, « The Qumran Community : Essene or Sadducean ? », *HeyJ* 36 (1995), pp. 467-476.

37. Voir par ex. dans Jacob NEUSNER (*Introduction to Rabbinic Literature*, Anchor Bible Reference Library, New York, Doubleday, 1994, pp. 600-608) l'étude des histoires des *Avot de Rabbi Nathan* (*'Abot R. Nat.* 6, 4-6) qui racontent comment Rabbi Aqiba et Rabbi Éliézer décidèrent de commencer l'étude de la Torah auprès de maîtres renommés. Avec quelque hésitation, Neusner (p. 51) date les *Avot de Rabbi Nathan* autour de 500 de notre ère. La complexe histoire de la rédaction de ce traité « extracanonique » peut s'étirer du IIIe au VIIe voir VIIIe siècle ; voir H. L. STRACK et G. STEMBERGER, *Introduction to the Talmud and Midrash*, Édimbourg, Clark, 1991, pp. 246-247 [*Introduction au Talmud et au Midrash*, traduction et adaptation française de Maurice-Ruben HAYOUN, Patrimoines, Paris, 1986, Cerf, pp. 261-263]. On trouvera une traduction [en anglais] et un commentaire dans Anthony J. SALDARINI, *The Fathers According to Rabbi Nathan*, SJLA 11, Leyde, Brill, 1975 ; Jacob NEUSNER, *The Fathers According to Rabbi Nathan*, Brown Judaic Studies 114, Atlanta, Scholars Press, 1986). [Traduction française des *Avot de Rabbi Nathan* par Eric SMILÉVITCH dans *Leçons des Pères du Monde*, Les Dix Paroles, Verdier, Paris, 1983.]

38. Il va sans dire, les rabbis, comme la plupart des maîtres, avaient la préoccupation de réunir un groupe important d'étudiants zélés autour d'eux ; voir par ex. la directive de *m. 'Abot* 1, 1 : « ... que vos élèves se dressent nombreux » *(ha'ămîdû talmîdîm harbēh)*. Mais entreprendre des études n'en restait pas moins à l'initiative de celui qui s'intéressait à la chose. Suivant *m. 'Abot* 1, 4, Yossé ben Yozèr en exhortait d'autres : « Que ta maison soit une maison de réunion *[bētĕkā bêt wa'ad]* pour les sages, agrippe-toi à la poussière de leurs pieds et bois leurs paroles dans la soif. » Selon *m. 'Abot* 1, 6, Josué ben Perahia donna ce conseil : « Fais-toi *['ăśēh]* un maître *[rab]* et acquiers un compagnon [*ḥābēr*, c.-à-d. "compagnon d'étude"]... » Sur l'emploi de *rab* pour désigner un enseignant de religion sans que cela implique nécessairement un système déterminé de qualifications tel que nous le trouvons chez les rabbis postérieurs voir Benedict T. VIVIANO, *Study as Worship. Aboth and the New Testament*, SJLA 26, Leyde, Brill, 1978, pp. 12-13. Il n'est pas douteux que la situation était plus fluide au temps de Jésus. Tels que les décrivent les évangiles, on s'adressait à Jésus (par ex. Mc 9, 5 ; Mt 26, 49 ; Jn 1, 38. 49 ; 3, 2) tout comme à Jean le Baptiste

(Jn 3, 26) en leur donnant le titre de « Rabbi », bien que rien n'atteste qu'ils aient entrepris des études de la Torah de « niveau supérieur » auprès d'un maître renommé. Dans la tradition rabbinique, nous ne pouvons pas trouver de parallèle clair à l'initiative pratiquée par Jésus ; de ce fait, certains exégètes avancent le thème des chefs de file philosophiques ou religieux de la tradition gréco-romaine qui appelaient des disciples. Certes, les parallèles ne sont pas parfaits, mais il n'est pas besoin de les écarter de façon polémique, comme le fait RENGSTORF (« *manthanō*, etc. », p. 445). [Pour la traduction des citations de *m. 'Abot* nous suivons l'édition française *Leçons des Pères du monde*, Éric SMILÉVITCH (trad.), Les Dix Paroles, Verdier, Paris, 1983, p. 25 – NdT.]

39. Voir par ex. *Sipre* 305 sur Dt 31,14 : « Rabbi Yohanan ben Zakkai chevauchait une ânesse, *et ses disciples marchaient derrière lui* [ou : suivaient après lui]. » Pour l'expression clé que j'ai placée en italiques, on trouve le même énoncé dans les mêmes termes en hébreu dans *b. Ketub.* 66b : *whyw tlmydyn mhlkyn 'ḥrw*. On trouve une proposition équivalente dans l'araméen de *b. Ketub.* 72b, où Rabbah bar Ḥana rapporte : « Une fois nous *marchions derrière* [ou : allions après] Rab 'Uqba'... ». L'araméen de l'expression clé est *q'zylnn* [ou, en corrigeant : *'zylnn btryh*. On trouve également Bar Ḥana dans *b. 'Abod. Zar.* 43a ; là il fait dire à Rabbi Yehoshua ben Levi : « Une fois *je marchais après* [ou : derrière] l'éminent Rabbi Eléazar Haqqapar sur le chemin... » En hébreu l'expression clé est *mhlk'ḥr*. À partir de ces exemples et d'autres, on peut faire les observations suivantes : (1) Dans ces contextes, l'expression « aller après » a le sens littéral de « marcher derrière » quelqu'un qui marche ou qui se déplace sur une monture. Elle connote la position respectueuse d'un disciple rabbinique allant derrière son maître, bien que parfois un serviteur pût marcher devant. L'expression « marcher derrière » ou « aller après » ne joue pas le rôle d'une formule codée dense et prégnante qui résume l'ensemble de l'engagement de vivre en disciple. Elle fonctionne plutôt comme le détail pittoresque qui introduit une anecdote. (2) C'est dans ce sens qu'est employée l'expression « aller après » ou « marcher derrière » aussi bien en hébreu qu'en araméen. (3) Tous les exemples habituellement cités dans la littérature exégétique proviennent de collections rabbiniques postérieures à la Mishna.

40. Il va sans dire, dans le monde ancien comme dans le monde moderne les étudiants devaient souvent partir de chez eux pendant un temps pour suivre une formation. La fait se vérifiait certainement pour des étudiants rabbiniques. Mais cette nécessité bien connue de la vie étudiante est très différente de l'appel péremptoire de Jésus qui imposait de quitter maison, famille et biens comme une condition nécessaire pour quiconque voulait le « suivre » dans son ministère itinérant pour un futur indéterminé. La différence entre les obligations que comportait suivre Jésus et la nécessité de partir temporairement de chez soi pour étudier auprès d'un rabbi éminent peut être illustrée de façon indirecte par une légende sur Aqiba ben Joseph, un grand rabbin du IIe siècle. Le Talmud de Babylone conserve différentes formes (*b. Ned.* 50a ; *b. Ketub.* 62b-63a) de l'histoire d'Aqiba qui quitta sa femme et sa maison pour douze années d'étude. Quand il revint à la maison, il surprit un voisin indélicat qui se moquait de sa femme si longtemps abandonnée. La femme d'Aqiba répliqua qu'elle consentirait à douze nouvelles années si Aqiba le désirait. Sans faire connaître sa présence, Aqiba repartit et consacra douze ans de plus à étudier. À la fin, cependant, il revint chez sa femme et, par la suite, devint riche et fameux. L'histoire dans sa forme présente est considérée à juste titre comme une légende, mais elle indique de manière indirecte ceci : peu importe la longueur du temps que l'étudiant rabbinique passait loin de chez lui pour ses études, on supposait tout naturellement qu'il reviendrait à la maison une fois ses études achevées. (Sur le caractère très peu fiables des données narratives du Talmud sur les rabbis et sur les quelques informations historiques que nous possédons concernant Aqiba voir STRACK et STEMBERGER, *Introduction to the Talmud and Midrash*, pp. 66-68, 79-80 [*Introduction au Talmud et au Midrash*, pp. 86, 80-90,

100-101].) À côté d'Aqiba, signalons un autre érudit de la période tanaïtique, Siméon ben Azzaï, qui resta célibataire ; à son sujet voir *Un certain Juif, Jésus*, t. 1, p. 213. Tout le monde l'admet, ben Azzaï était une rare exception. Dans le cas d'Aqiba comme dans celui de ben Azzaï, leur sacrifice spécial faisait partie de leurs histoires particulières et n'appartenait à l'essence de la condition de disciple dans le milieu rabbinique.

41. Voir RENGSTORF, *« manthanō*, etc. », p. 445. À la longue, s'est développée, dans la littérature rabbinique, une distinction entre, d'une part, un simple disciple *(talmîd)*, qui poursuivait encore ses études et n'était pas habilité à porter des décisions sur l'application de la loi religieuse dans des cas concrets et, d'autre part, le « disciple d'un sage » *(talmîd ḥākām)* à ce point avancé dans ses études et admiré pour son savoir qu'il était autorisé à porter de telles décisions, même s'il n'avait pas encore reçu l'ordination rabbinique officielle. Sur cette question voir RENGSTORF, *ibid.*, p. 432 ; WILKENS, *The Concept of Disciple*, pp. 93-94. L'expression « disciples des sages » se trouve déjà dans la Mishna, par ex. dans *m. Mak.* 2, 5 ; mais tous ne s'accordent pas pour dire qu'elle comportait dès ce moment le sens technique plus tardif. En faveur du sens plus général d'« érudits » dans ce texte citons Samuel KRAUSS, *Die Mischna. IV Seder. Néziqin 4. u. 5. Traktat : Sanhedrin-Makkôt*, Giessen, Töpelmann, 1933, p. 344. On peut trouver l'expression plus tard dans beaucoup de textes rabbiniques, par ex. *b. Soṭa* 22a (mais la leçon *ḥākām* après *talmîd* est discutée), *b. Sabb.* 114a.

42. STRACK and STEMBERGER, *Introduction to the Talmud and Midrash*, p. 15 [*Introduction au Talmud et au Midrash*, p. 35] : « L'objectif de la formation rabbinique est de pouvoir trancher par soi-même en matière de droit religieux. »

43. Sur l'évolution de la pratique de l'ordination (par ex. de l'imposition des mains au prononcé d'une simple formule, et de l'ordination par un rabbi à l'ordination par le patriarche) voir *ibid.* [dans la trad. fr., pp. 35-36]. Voir aussi Eduard LOHSE, *Die Ordination im Spätjudentum und Urchristentum*, Göttingen, Vandenhoeck & Ruprecht, 1951, pp. 28-66 ; David DAUBE, « The Laying on of Hands », *The New Testament and Rabbinic Judaism*, Peabody MA, Hendrickson, 1956, pp. 224-246 ; Hugo MANTEL, *Studies in the History of the Sanhedrin*, Cambridge MA, Harvard University, 1961, pp. 206-221. Il ne semble pas qu'il ait existé une cérémonie officielle de l'ordination des étudiants avant 70 de notre ère. Suivant l'opinion de certains chercheurs, l'emploi du verbe *sāmak* (littéralement « appuyer sur », « presser ») et du nom équivalent *sĕmîkâ* pour l'ordination rabbinique serait attesté dès la Mishna ; voir, par ex., *m. Sanh.* 3, 1 ; 4, 4. Toutefois, d'autres exégètes pensent que, pour cette époque ancienne, il vaut mieux traduire le verbe par « nommer [à un poste] », au sens de combler une vacance chez les membres du groupe ; voir MANTEL, *Studies*, p. 206 n. 225 (continuée p. 207). Par conséquent, certains traducteurs (par ex. Herbert DANBY, *The Mishnah*, Oxford, Oxford University, 1933, p. 387 ; Philip BLACKMAN, *Mishnayoth*, 7 vol., 2e éd., New York, Judaica, 1963-64, t. 4, p. 253) préfèrent retenir, pour *m. Sanh.* 4, 4, le sens faible de « nommer », tandis que d'autres (par ex. KRAUSS, *Die Mischna. Sanhedrin-Makkôt*, pp. 157-158 ; Jacob NEUSNER, *The Mishnah*, New Haven, Yale, 1988, p. 590) préfèrent le sens plus fort de « ordonner ». Dans le contexte actuel, le texte de *Hag.* 2, 2 renvoie nettement à l'imposition des mains sur une offrande ; les exposés qui cherchent à montrer que le texte original concernait l'ordination ne peuvent que rester hautement spéculatifs (voir, pour ce débat, LOHSE, *Die Ordination*, pp. 30-32). Même Lohse, qui affirme (à tort selon moi) qu'au temps des apôtres du Nouveau Testament il existait, pour les érudits juifs, un rite d'ordination avec une forme fixe, admet que pour avoir une information sans ambiguïté il nous faut nous reporter aux deux Talmuds (*ibid.*, p. 32) ; il fait peut-être trop confiance aux données talmudiques pour sa reconstitution de la situation dans la deuxième moitié du Ier siècle de notre ère.

44. Sur cette question voir Gerhard DAUTZENBERG, *Sein Leben bewahren.* Psyché *in den Herrenworten der Evangelien*, SANT 14, Munich, Kösel, 1966, pp. 59-60. Comme le signale Augustin GEORGE (« Qui veut sauver sa vie la perdra ; qui perd sa vie la sauvera », *Bible et vie chrétienne* 83 [1968], pp. 11-24, spéc. pp. 22-23), les contextes précis dans lesquels on trouve, dans les quatre évangiles, des sentences du genre de Mc 8, 35 parr. sont le plus probablement dus aux évangélistes ou aux premiers détenteurs de la tradition chrétienne qui ont réuni les dits de Jésus par thèmes communs ou par mots clés ; de même DAUTZENBERG, *ibid.*, p. 61. Ce serait donc une erreur méthodologique que de vouloir interpréter le sens qu'avait, par ex. Mc 8, 35 dans la bouche du Jésus historique en s'appuyant sur le contexte rédactionnel d'un évangile.

45. Vincent TAYLOR, *The Gospel According to St. Mark*, 2e éd., Londres, Macmillan, 1966, p. 382. DAUTZENBERG, *Sein Leben bewahren*, pp. 51-53 discute les ressemblances principales de structure grammaticale, de vocabulaire et de pensée entre les formes diverses de ce logion tout comme leurs différences. On trouvera un tableau utile des différentes formes à la page 206 de l'article de Walter REBELL, « "Sein Leben verlieren" (Mark 8.35 parr.) als Strukturmoment vor- und nachösterlichen Glaubens », *NTS* 35 (1989), pp. 202-218. On relève un vague écho de Mc 8, 35 dans l'*Évangile copte de Thomas*, logion 67 ; mais la pensée est entièrement transformée par la vision du monde gnostique : pour connaître le Tout (c.-à-d. le monde du divin, de la lumière) il faut connaître le véritable intérieur de soi-même qui est consubstantiel à la lumière. Sur la théologie gnostique de ce logion voir Michael FIEGER, *Das Thomasevangelium. Einleitung, Kommentar und Systematik*, NTAbh 22, Munster, Aschendorff, 1991, pp. 196-197.

46. Aussi ne serais-je pas aussi sûr que GEORGE (« Qui veut sauver sa vie », p. 11) que toutes les formes de cet aphorisme qu'on trouve dans les quatre évangiles « proviennent sans doute d'une unique parole du Maître ».

47. Les critiques des évangiles distinguent entre : (1) un proverbe qui énonce une vérité générale par le truchement d'une voix collective et qui confirme la sagesse traditionnelle de la communauté et (2) un aphorisme qui parle de situations concrètes par l'intermédiaire d'une voix individuelle, renverse les idées reçues et bouleverse la sagesse traditionnelle. Si une telle distinction peut être valable de notre point de vue, il faut nous rappeler que, pour les Juifs anciens, proverbe et aphorisme correspondaient tous deux à la catégorie très élastique du *māšāl*. Sur les distinctions, leur valeur et leurs limites voir WITHERINGTON, *Jesus the Sage*, pp. 3-19 et 147-165. Sur Mc 8, 35 en tant que *māšāl* paradoxal en deux parties, voir Pesch, *Das Markusevangelium*, 2, 61.

48. Les manuscrits qui, dans Mc 8, 35, omettent « moi et » comprennent l'ancien papyrus 45 (première moitié du IIIe siècle) et l'important, bien que idiosyncratique, codex de Bèze (Ve siècle).

49. Le texte classique sur cette question est Frans NEIRYNCK, *Duality in Mark. Contributions to the Study of the Markan Redaction*, BETL 31, Louvain, Université de Louvain, 1972).

50. Ainsi DAUTZENBERG, *Sein Leben bewahren*, pp. 60-61. Marc est certes le plus court des évangiles, mais il présente le plus grand nombre d'occurrences du mot « évangile » *(euaggelion)*. On trouve quatre occurrences dans Matthieu, sept dans Marc (étant exclue l'occurrence dans la finale de Marc à savoir Mc 15, 16). Plus frappante est l'absence complète du nom « évangile » dans les évangiles de Luc et de Jean. Sur « évangile » dans la théologie de Marc voir Willi MARXSEN, *Der Evangelist Markus*, FRLANT 67, 2e éd., Göttingen, Vandenhoeck & Ruprecht, 1959, pp. 77-101 ; Leander E. KECK, « The Introduction to Mark's Gospel », *NTS* 12 (1965-66), pp. 352-370 ; Gerhard DAUTZENBERG, « Die Zeit des Evangeliums. Mk 1,1-15 und die Konzeption des Markusevangeliums », *BZ* 21 (1977), pp. 219-234, et *BZ* 22 (1978), pp. 76-91 ; Detlev DORMEYER, « Die Kompositionsmetapher "Evangelium Jesu Christi, des Sohnes Gottes" Mk 1.1. Ihre theologische und literarische Aufgabe in der Jesus-Biographie des Markus », *NTS* 33 (1987), pp. 452-468 ; M. Eugene BORING, « Mark 1:1-15 and the Beginning of the Gospel » dans *How Gospels Begin*, Semeia 52, Dennis E. SMITH éd., Atlanta, Scholars Press, 1991, pp. 43-81. Sur les raisons possibles de l'omission de « à cause de l'évangile » dans Matthieu et Luc – indépendamment l'un de l'autre – voir REBELL, « "Sein Leben verlieren" », p. 209 et la n. 1.

51. Sur cette question voir Akira SATAKE, « Das Leiden der Jünger "um meinetwillen" », *ZNW* 67 (1976), pp. 4-19 ; également Rudolf BULTMANN, *Die Geschichte der synoptischen Tradition*, FRLANT 29, 8e éd., Göttingen, Vandenhoeck & Ruprecht, 1970 (première édition 1921), p. 97 [*Histoire de la tradition synoptique*, Paris, Seuil, pp. 124, 144]. Si Satake a raison de dire que le contexte général du logion relève de la pensée apocalyptique juive sur la souffrance des justes dans cette vie et leur récompense correspondante dans l'autre, il fait fausse route quand il nie que Mc 8, 35 vient du Jésus historique. Son raisonnement est curieux : puisque le logion ne parle pas de la souffrance de Jésus *et* des disciples, mais seulement de la souffrance des disciples, il ne peut venir du Jésus historique qui – selon Satake – a certainement parlé de l'éventualité de ses propres souffrances. Je suis d'accord avec la dernière partie du raisonnement de Satake, mais il ne s'ensuit nullement que chaque dit singulier prononcé par Jésus sur la souffrance devait mentionner à la fois ses souffrances et celles des disciples. Cela vaut d'autant plus si, comme c'est vraisemblable pour Mc 8, 35, Jésus a adapté un proverbe général qui, en conséquence, est formulé à la troisième personne du singulier *(hos gar ean...)*. Même Bultmann (*ibid.*, p. 110 [*Histoire*, pp. 137-138]) est moins sceptique que Satake ; il accepte Mc 8, 35 comme authentique parce que ce logion est chargé de la puissance de l'appel de Jésus au repentir et parce qu'il exprime une nouveauté caractéristique qui va au-delà de la sagesse et de la piété populaires sans pour autant dépendre du judaïsme apocalyptique ou rabbinique.

52. Ainsi GEORGE, « Qui veut sauver sa vie », p. 20. Rudolf LAUFEN (*Die Doppelüberlieferungen der Logienquelle and des Markusevangeliums*, BBB 54, Bonn, Hanstein, 1980, pp. 321-322), avec de nombreux autres exégètes, argue que « à cause de moi » appartient même à la forme Q la plus primitive du logion ; néanmoins il ne prête pas assez attention à l'absence de l'expression dans Jn 12, 25. Je trouve l'accord de deux formes indépendantes, l'une de Luc (Lc 17, 33) et l'autre de Jean, significatif, spécialement quand l'expression qui manque dans leurs deux versions vient détruire le parallélisme de l'aphorisme.

53. DAUTZENBERG, *Sein Leben bewahren*, pp. 13-60 ; il est suivi par d'autres, par ex. GEORGE, « Qui veut sauver sa vie », pp. 11-13 ; Josef SUDBRACK, « "'Wer sein Leben um meinetwillen verliert..." (Mk 8, 35) », *Geist und Leben* 40 (1967), pp. 161-170. Tout en ayant bien saisi la question, ces interprètes semblent s'engager parfois dans un exercice herméneutique qui fait parler Jésus comme Heidegger (par ex. « angoisse existentielle face à la mort »). Il faut se rappeler que l'influence hellénistique et le dualisme apocalyptique (entraînant parfois un dualisme du corps et de l'âme) eurent leur impact sur le judaïsme du Ier siècle, y compris sur son anthropologie (un facteur que Dautzenberg reconnaît) ; une influence de ce genre est nette dans Mt 10, 28 (contrastant avec Lc 12, 4-5). On peut aussi noter une ambiguïté dans l'emploi du verbe *appolymi* (*apolesei* dans Mc 8, 35) qui peut signifier soit « détruire » soit « perdre » ; sur ce point voir Albrecht ŒPKE, « *apollymi*, etc. », TDNT 1 (1964), pp. 394-397, spéc. pp. 394-395. On peut argumenter sur le fait que le sens plus fort de détruire (avec la connotation d'un acte de volonté personnel ou d'une faute) fournit la meilleure antithèse à « sauver » *(sōsai)*, tandis que le sens plus faible de « perdre » fournit une meilleure antithèse à « trouver » (*heurōn* dans la version matthéenne de l'aphorisme en

Mt 10, 39). Pour bien faire comprendre que le même verbe est employé dans ces logia, je retiens tout au long la traduction « perdre ».

54. Sur les parallèles de mots que l'on trouve dans les exhortations des chefs militaires appelant leurs troupes à la bravoure dans la bataille voir Johannes B. BAUER, « "Wer sein Leben retten will..." Mk 8, 35 parr. » dans *Neutestamentliche Aufsätze*, Josef Schmid Festschrift, J. BLINZLER, O. KUSS, et F. MUSSNER éd., Regensburg, Pustet, 1963, pp. 7-10. Les commentateurs citent souvent des parallèles de la littérature rabbinique ; toutefois il faut noter que la plupart de ces parallèles (1) sont postérieurs à la Mishna (mais voir le dit araméen de Hillel dans *m. 'Abot* 1, 13 au sujet de la quête ambitieuse de notoriété qui ruine votre renom) et (2) adoptent la perspective de la sagesse traditionnelle de sauver et perdre sa vie physique en ce monde. À cet égard, les parallèles n'ont pas du tout la même visée que la justification eschatologique promise par Jésus.

55. On trouvera des parallèles aux éléments fondamentaux de ce schéma de pensée dans la littérature apocalyptique juive des siècles avant et après Jésus. Par exemple *1 Hénoch* 108, 10 : « J'ai dit dans Mes écritures toute la bénédiction et la récompense qui leur sont destinées, parce qu'ils ont été trouvés préférant le ciel à leur propre vie en ce monde, tout en étant écrasés par les méchants..., alors ils me bénissaient » [traduction André CAQUOT dans *La Bible. Écrits intertestamentaires*, André DUPONT-SOMMER et Marc PHILONENKO éd., La Pléiade, Paris, Gallimard, 1987, pp. 624-625. John P. Meier suit la traduction anglaise assez divergente dans le détail de Michael A. KNIBB, *The Ethiopic Book of Enoch*, 2 vol., Oxford, Clarendon, 1978, t. 2, p. 251 et signale une autre traduction légèrement différente de E. ISAAC dans James H. CHARLESWORTH éd., *The Old Testament* Pseudepigraph 2 vol., Garden City NY, Doubleday, 1983 et 1985, t. 1, pp. 88-89. – NdT]. Le *Quatrième livre d'Esdras* 88-91 parle de la récompense donnée « aux âmes de ceux qui ont suivi les voies du Très-Haut... pour le temps où elles devront se séparer du vase corruptible. Lorsqu'elles y demeuraient elles ont peiné pour servir le Très-Haut... C'est pourquoi... elles voient d'abord, avec une grande joie, la gloire de Celui qui les reçoit... » [Traduction Pierre GEOLTRAIN dans *La Bible. Écrits intertestamentaires*, p. 1426. – John P. Meier suit la traduction de Michael Edward STONE, *Fourth Ezra* Hermeneia, Minneapolis, Fortress, 1990, p. 236.]

56. Sur l'opinion qui considère Luc 17, 33 comme un simple rewriting de Mc 8, 35 voir par ex. Josef SCHMID, *Das Evangelium nach Lukas*, RNT 3, 4e éd., Regensburg, Pustet, 1960, p. 277 ; on trouvera une argumentation détaillée dans Josef ZMIJEWSKI, *Die Eschatologiereden des Lukas – Evangeliums. Eine traditions – und redaktionsgeschichtliche Untersuchung zu Lk 21, 5-36 und Lk 17, 20-37*, BBB 40, Bonn, Hanstein, 1972, pp. 479-482.

57. Comme exemples frappants de la tendance de Luc à éviter les doublets citons : (1) Contrairement à Marc et à Mathieu, Luc n'a qu'une seule relation de la nourriture de la foule (Lc 9, 10-17). (2) Contrairement à Matthieu, Luc ne reprend que la version Q de l'interdiction du divorce (Lc 16, 18), tandis qu'il omet la version marcienne (Mc 10, 1-12), alors que Matthieu retient (Mt 19, 1-12) en plus la version Q (Mt 5, 31-32). (3) L'omission de l'onction à Béthanie (Mc 14, 3-9) est sans doute un autre exemple de cette tendance, étant donné que Luc donne déjà plus haut dans son évangile le récit de la femme pécheresse qui oint Jésus dans la maison d'un pharisien de Galilée (Lc 7, 36-50). Cependant on ne peut parler chez Luc que d'une « tendance » à éviter les doublets ; dans certains cas, il les maintient. Sur la tendance générale de Luc d'éviter les doublets et les raisons qui le font en retenir certains voir Heinz SCHÜRMANN, « Die Dubletten im Lukasevangelium. Ein Beitrag zur Verdeutlichung des lukanischen Redaktionsverfahrens » dans *Traditionsgeschichtliche Untersuchungen zu den synoptischen Evangelien*, Kommentare und Beiträge zum Alten und Neuen Testament,

Düsseldorf, Patmos, 1968, pp. 272-278 ; IDEM, « Die Dublettenvermeidungen im Lukasevangelium. Ein Beitrag zur Verdeutlichung des lukanischen Redaktionsverfahrens, *ibid.*, pp. 279-289. Voir également FITZMYER, *The Gospel According to Luke*, t. 1, pp. 81-82 ; KLOPPENBORG, *Q Parallels*, p. 170.

58. L'un des défenseurs les plus décidés de ce point de vue est LAUFEN, *Die Doppelüberlieferungen*, pp. 315-318. Laufen affirme qu'il n'y a « pas de doute » sur la question. D'autres exégètes sont plus réservés dans leurs jugements ; par ex. Migaku SATO (*Q und Prophetie*, WUNT 2/29, Tübingen, Mohr [Siebeck], 1988, pp. 21-22) compte Lc 17, 33 par. parmi les logia dont la présence en Q est tout à fait possible quoique incertaine. Pour aboutir à ce jugement, Sato s'appuie peut-être trop fortement sur le simple comptage des mots courants. En général les exégètes qui ont examiné le matériau de Q dans les derniers détails comptent Lc 17, 33 par. parmi les logia Q ; ainsi par ex. Dieter LÜHRMANN, *Die Redaktion der Logienquelle* WMANT 33, Neukirchen-Vluyn, Neukirchener Verlag, 1969, p. 72 ; Paul HOFFMANN, *Studien zur Theologie der Logienquelle*, NTAbh 8, Munster, Aschendorff, 1972, p. 42 ; Siegfried SCHULZ, *Q. Die Spruchquelle der Evangelisten*, Zurich, Theologischer Verlag, 1972, pp. 444-446 ; Athanasius POLAG, *Die Christologie der Logienquelle*, WMANT 45, Neukirchen-Vluyn, Neukirchener Verlag, 1977, p. 6 ; John S. KLOPPENBORG, *The Formation of Q*, Studies in Antiquity and Christianity, Philadelphie, Fortress, 1987, pp. 230-232 ; David R. CATCHPOLE, *The Quest For Q*, Édimbourg, Clark, 1993, p. 182 n. 84. Je considère que la présence de Lc 17, 33 par. dans Q est plus probable que la théorie d'un rewriting de Mc 8, 35 parr. Toutefois, le désaccord entre exégètes est utile pour nous rappeler que discuter de Q c'est traiter d'une entité hypothétique.

59. À propos de cette suggestion voir Alan Hugh MCNEILE, *The Gospel According to St. Matthew*, Grand Rapids, Baker, 1980 (édition originale 1915), pp. 148-149. Il note que *peripoieomai* et *zǭogoneō* sont employés respectivement 10 et 11 fois dans la Septante pour l'hébreu *ḥāyâ*, « vivre » (habituellement au pilel ou au hip'îl avec le sens causatif : « garder vivant » ou « faire vivre »). Néanmoins, dans une communication orale, le prof. Joseph A. Fitzmyer m'a indiqué qu'il considère le verbe araméen *šēzib* (« sauver », « mettre hors de danger ») comme le candidat le plus probable pour l'arrière-plan de *sǭzō*.

60. Dans Lc 17, 33, le sens le plus vraisemblable de *peripoieō* à la voix moyenne est « sauver ou mettre hors de danger (pour soi-même) », « conserver (pour soi-même) » ; c'est le sens que retient Walter BAUER dans son *Griechisch-deutsches Wörterbuch zu den Schriften des Neuen Testaments und der frühchristlichen Literatur*, Kurt et Barbara ALAND éd., 6e éd., Berlin/New York, de Gruyter, 1988. Est également possible le sens de « obtenir (pour soi-même) », « acquérir », « gagner (pour soi) », bien qu'il paraisse moins probable si le concept antithétique est « perdre » ou « détruire » *sa propre vie*. De même, le sens le plus probable de *zǭogoneō* est ici « « garder ou conserver en vie » (c'est ici encore le choix de Bauer pour Lc 17, 33), bien que « donner vie à », « rendre vivant » soient également des significations possibles de ce verbe.

61. Par une curieuse coïncidence, les deux verbes se trouvent seulement trois fois dans le Nouveau Testament et exactement dans les mêmes trois livres : une fois dans Luc, une fois dans les Actes et une fois dans 1 Timothée. Étant donné que *peripoieō* et *zǭogoneō* ne se trouvent que rarement dans le Nouveau Testament et seulement dans des œuvres tardives du Nouveau Testament, nous pouvons tout au moins conjecturer que ces deux verbes ne représentent probablement pas la plus ancienne forme (ou les plus anciennes formes) de base de l'aphorisme. De plus, il est difficile de juger si ces deux verbes sont des productions dues à la rédaction de l'aphorisme traditionnel par la plume de Luc ou s'ils faisaient déjà partie de la version de l'aphorisme reçu de la tradition Q. La présence de chacun des verbes une fois dans Actes peut plaider en faveur d'une rédaction lucanienne de Lc 17, 33 ; mais les deux occurrences dans Actes peuvent refléter une tradition prélucanienne de Lc 17, 33 (*zōogoneisthai* dans le discours d'Étienne lors de son procès en 7, 19 ; *periepoiēsato* dans le discours d'adieu de Paul aux anciens d'Éphèse en 20, 28) ; voir Ulrich WILCKENS, *Die Missionsreden der Apostelgeschichte. Form- und traditionsgeschichtliche Untersuchungen*, WMANT 5, 3e éd., Neukirchen-Vluyn, Neukirchener Verlag, 1974, 1re éd. 1961), pp. 220-224, 185 n. 2, 197 n. 2. Je penche pour l'opinion que les deux verbes grecs se trouvaient déjà dans la tradition Q que connaissait Luc (Q^{Lk}) ; mais notre manque de certitude en la matière nous rappelle que les conclusions concernant Q doivent rester hypothétiques et précaires. On ne peut exclurc la possibilité que le choix des deux verbes ou du moins les variantes des verbes proviennent de Luc, qui remplace certains verbes comme *sōzō* (« sauver ») qu'il a trouvé dans sa source. Par conséquent, dans ma rétroversion du logion primitif de Marc/Q en araméen, j'ai choisi *šēzib* pour traduire l'idée de « sauver » (privilégiant ainsi le *sōzō* de Marc).

62. Il vaut la peine de noter que LAUFEN (*Die Doppelüberlieferungen*, p. 321), qui pour le reste considère plutôt la forme matthéenne du logion comme primitive, admet que la construction de Luc avec des propositions relatives conditionnelles est plus primitive ; de même W. D. DAVIES and Dale C. ALLISON Jr., *The Gospel According to Saint Matthew*, ICC, 3 vol., Édimbourg, Clark, 1988, 1991 et 1997, t. 2, p. 224. Différents commentateurs avancent que Matthieu a été influencé par les participes épithètes pris comme substantifs dans les versets tout autour (10, 37. 40, 41). C'est possible mais non pas certain, étant donné qu'un nombre de versets tout autour comportent des propositions relatives (10, 32. 33. 38. 42).

63. Ulrich LUZ, *Matthew 1-7*, Minneapolis, Augsburg, 1989, p. 59.

64. Parmi les commentateurs de Matthieu qui attribuent tout ensemble la construction participiale, le verbe « trouver » et l'expression « à cause de moi » à la rédaction de Matthieu nous trouvons GUNDRY, *Matthew*, p. 201. L'opinion à l'exact opposé est proposée par SCHULZ, *Q. Die Spruchquelle der Evangelisten*, pp. 444-445 : Mt 10, 39 représente presque parfaitement la forme Q primitive du logion, la seule question qui reste ouverte étant la proposition « à cause de moi ». En proposant son opinion, Schulz s'appuie davantage sur des affirmations apodictiques que sur une argumentation détaillée. Est encore plus incertaine la question de l'emplacement primitif de ce logion dans Q. Beaucoup de commentateurs préconisent soit l'ordre de Matthieu soit celui de Luc (voir KLOPPENBORG, *Q Parallels*, p. 170 ; REBELL, « "Sein Leben verlieren" », p. 207) ; mais HOFFMANN (*Studien*, p. 5, 42) a probablement raison en affirmant que l'on ne peut pas connaître le contexte primitif de Q.

65. On peut arguer qu'un verbe évoquant l'idée de « désirer » (Mc 8, 35 par.) ou de « chercher » (Lc 17, 33) est un ajout secondaire au logion primitif parce que (1) il fausse l'équilibre entre les deux moitiés de l'aphorisme et (2) il manque dans la forme qu'on trouve dans Mt 10, 30 et Jn 12, 25. Cela est sans doute vrai, mais je penche pour l'opinion suivante : bien qu'un verbe particulier signifiant vouloir ou chercher était absent dès l'origine dans la forme johannique du logion, il faisait partie de sa forme primitive de Marc-Q. (1) Tel que le logion est construit dans Marc ou Luc, un verbe de volonté comme « désirer » ou « chercher » tenait une place essentielle dans la première moitié de l'aphorisme, alors qu'il n'aurait pas été en situation dans la seconde moitié. « Désirer » ou « chercher » évoque l'attachement égoïste, lâche et finalement futile à sa propre vie chez un disciple qui craint de se perdre lui-même et accomplit paradoxalement ce qu'il craint. Par conséquent le verbe de volonté joue un rôle important dans la première moitié de l'aphorisme ; le fait qu'il dérange l'équilibre parfait des deux moitiés a une justification rhétorique. D'ailleurs un tel verbe n'aurait pas sa place dans la seconde moitié. Le dit n'a pas pour but d'exhorter des disciples masochistes à désirer ou à découvrir souffrance et martyre dans leurs vies ; mais ceux qui acceptent un tel sort s'il leur échoit comme prix de leur condition de disciple garderont ou sauveront leur vie dans le royaume eschatologique. (2) Certes, il n'y a pas de verbe particulier de volonté dans Jn 12, 25, mais un certain élément de volonté est contenu dans les verbes « aimer » et « haïr ». En somme donc, je préfère l'hypothèse que deux formes primitives différentes de l'aphorisme ont circulé dans la tradition araméenne, la forme johannique étant de structure plus parfaitement équilibrée que la forme de Marc-Q.

66. Comme je l'ai indiqué ci-dessus, d'autres verbes araméens ont pu se trouver à l'arrière-plan des verbes grecs du logion, par ex. il est possible que pour « désirer » ou « souhaiter » il y eut *b'h* (au sens propre « chercher », « réclamer ») (voir Matthew BLACK, *An Aramaic Approach to the Gospels and Acts*, Oxford, Clarendon, 1946, p. 178), et *ḥyh* (au *hap'el*), *nṣl* ou éventuellement *yš'* pour « sauver » ou « mettre hors de danger ». Certains préféreront peut-être le hap'el du verbe araméen « vivre » *(ḥyh)* parce qu'il pourrait aider à expliquer *sǭzō* dans Marc et *zǭogoneō* dans Luc ; parfois les deux verbes traduisent des formes du verbe hébreu *ḥyh* dans la Septante. Par ex. dans Ez 13, 18, là où l'hébreu emploie le pi'el de *ḥyh* avec le pluriel *nepeš* au sens de « garder les gens en vie » ou « sauver des vies », la Septante traduit par la proposition *kai psychas periepoiounto*. Là où Jn 12, 25 emploie *phylassō* à la place du *sǭzō* de Marc ou du *peripoieomai* de Luc, Ez 18, 27 est éclairant ; dans ce cas la Septante traduit le pi'el de *ḥyh* par *houtos tēn psychēn ephylaxen* (« il a sauvé [ou : il sauvera] sa vie ») ; voir aussi Ex 1, 16-17 ou *peripoieomai* et *zǭogoneō* sont employés dans des versets successifs pour traduire des formes de *hyh*. La Septante emploie le verbe *sǭzō* pour *ḥyh* dans LXX Ps 29, 4 ; Pr 15, 27. Il est intéressant de noter que, dans la Septante, *zǭogoneō* apparaît onze fois et traduit toujours quelque forme de *ḥyh*. Des expressions semblables exprimant l'idée de sauver sa vie et employées dans le texte massorétique et dans la Septante mais aussi dans la littérature rabbinique et la littérature païenne grecque sont repérées dans DAUTZENBERG, *Sein Leben Bewahren*, pp. 53-56. Cependant, la faiblesse de toute cette approche vient du fait que les verbes *peripoieomai* et *zǭogoneō* pourraient être des productions de la rédaction lucanienne. Sur la conjonction qui joint les deux parties de l'aphorisme, j'ai choisi *wĕ*, qui reflète le *kai* (« et ») de Mt 10, 39 et Jn 12, 25 ; *kai* pourrait refléter parfaitement le style sémitique (j'ai choisi *wĕ* même avant la lettre *mem* parce que l'emploi de *û* à la place de *wĕ* avant la lettre *mem* est probablement un exemple de l'influence de l'hébreu massorétique sur l'araméen biblique). Le *de* (« mais ») postposé qu'on trouve dans d'autres formes de l'aphorisme reflète peut-être une adaptation à un style plus grécisé.

67. Pour une étude détaillée de Jn 12, 25 comparé avec les formes synoptiques du logion voir C. H. DODD, « Some Johannine "Herrenworte" with Parallels in the Synoptic Gospels », *NTS* 2 (1955-1956), pp. 75-86, spéc. pp. 78-81 ; IDEM, *Historical Tradition*, pp. 338-343 [*La tradition historique*, pp. 425-431] ; BROWN, *The Gospel According to John*, t. 1, pp. 473-474 ; SCHNACKENBURG, *Das Johannesevangelium. II. Teil*, pp. 481-482.

68. Dans la tradition textuelle de Jn 12, 25, la « forme en -ω » du verbe *apollyei*, est attestée par un nombre important de manuscrits plus anciens : par ex. papyrus 66, les codex Sinaïticus, Vaticanus et Washingtonianus. Les codex Alexandrinus, de Bèze et Koridethi ont corrigé en prenant le futur de la forme classique en *-mi* du verbe *apollymi* (c.-à-d. *apollesei*, que l'on trouve dans toutes les autres formes du logion). Sur ce point voir BDR, p. 67 § 92. Chose significative, alors que l'on trouve certaines formes du verbe *apollymi* dans le quatrième évangile, presque toujours dans la bouche de Jésus, c'est ici la seule fois où le verbe se trouve dans la forme en – ω. (En effet, pour ce verbe, la forme en *omega* est rare dans le Nouveau Testament ; voir un autre exemple dans Rm 14, 15.) C'est peut-être un autre indice pointant vers la tradition préévangélique plutôt que vers un travail créatif de l'évangéliste.

69. Bien que le vocabulaire soit différent, l'idée de « garder » *(phylaxei)* sa vie dans Jean est semblable à l'idée de « conserver » *(peripoiēsasthai, zǭogonēsei)* sa vie dans Luc.

70. Non seulement la surcharge de la deuxième moitié de l'aphorisme mais aussi le caractère spécifiquement johannique des mots et des concepts *(kosmos, zōē aiōnios)* plaident pour considérer « dans ce monde » et « pour la vie éternelle » comme des ajouts plus tardifs à la forme primitive du logion ; voir Barnabas LINDARS, *The Gospel of John*, NCB, Grand Rapids, Eerdmans, 1972, p. 429. Comme le montre DODD (*Historical Tradition*, p. 340 [*La tradition historique*, p. 428]) « non seulement le mot *kosmos* est environ quatre fois plus courant dans le quatrième évangile que dans tous les autres réunis, mais *ho kosmos houtos* est particulier au quatrième évangile, où il figure onze fois, tandis que *zōē aiōnios* est plus de deux fois plus fréquent dans cet évangile que dans les trois synoptiques ».

Suivant l'opinion de certains commentateurs, en ajoutant *eis zōēn aiōnion* (« pour la vie éternelle »), Jean introduit dans le logion une distinction (typique de sa théologie) entre la vie humaine physique *(psychē)* de ce monde *(en tǭ kosmǭ toutǭ)* et la vie éternelle et divine qui ne change pas *(zōē)*, rendue accessible par la foi au Fils de Dieu. Ce dualisme johannique caractéristique, affirme-t-on, est étranger aux formes synoptiques du logion, où *psychē* est le seul terme utilisé pour « vie » et signifie l'existence concrète d'un être humain qui peut être soit perdue soit sauvée, les deux ici-bas et dans le futur eschatologique. Bien que le logion manifeste du dualisme johannique, la distinction entre *psychē* et *zōē* n'y est pas si simple : mépriser sa vie présente *(psychē)* dans le monde signifie qu'on « la » (c.-à-d. sa *psychē*) conservera (*phylaxei*, un futur) dans une vie éternelle (ce qui dénote la continuation dans la durée et le but). Ainsi le dualisme johannique, à la différence de celui d'un pur gnostique, ne passe pas simplement l'existence humaine maintenant dans le corps par pertes et profits ; il y a continuité entre la vie humaine présente du croyant et le salut final dans le futur. Il n'est pas douteux, pour Jean l'insistance est mise sur la décision de foi maintenant, qui détermine inexorablement le futur. Ce point est appuyé par une autre touche typiquement johannique : le présent du verbe *apollyei* (« perd » ou « détruit »). Alors que toutes les formes synoptiques ont ce verbe (au moins à certains endroits du logion) au futur (reflétant l'eschatologie future des synoptiques), l'eschatologie réalisée de Jean fait naturellement glisser le verbe au présent : si, incrédule, l'on s'accroche à la vie comme à la valeur suprême, on est naturellement damné. Cependant, donnée typique de la pensée et de l'expression dialectique de Jean, le futur n'est pas simplement oublié.

71. D'après l'opinion de DODD (*Historical Tradition*, p. 341 [*La tradition historique*, p. 428]), « la version johannique de cette parole [dépouillée des expressions qualificatives ajoutées par l'évangéliste] est plus proche de Matthieu par la forme, de Marc et de Luc par le sens, mais supérieure à toutes les autres en ce qu'elle combine élégance et clarté. » Au contraire, pour DAUTZENBERG (*Sein Leben Bewahren*, p. 65), Jn 12, 25 est la forme la plus développée du logion. Cela est peut-être vrai du logion tel qu'il se trouve actuellement dans le quatrième évangile ; cependant la forme préévangélique facile à discerner paraît assez primitive. Travaillant sous l'influence de Dautzenberg, REBELL (« "Sein Leben verlieren" », p. 210) passe à côté de la question et écarte trop vite la forme johannique comme moyen pour reconstituer la forme primitive du logion.

72. Le futur « perdra » *(apolesei)* est attesté dans toutes les formes synoptiques du logion (et dans les variantes de Jn 12, 25), le présent « perd » *(apollyei)* est très probablement une modification rédactionnelle due à l'eschatologie réalisée de Jean et le verbe « gardera » *(phylaxei)*, qui fait pendant, est au futur ; pour ces motifs je crois que, dans la forme préévangélique de Jn 12, 25, le temps des deux verbes principaux était probablement le futur.

73. Sur l'emploi du couple amour-haine dans la religion gréco-romaine païenne, voir par exemple le *Corpus hermétique* 4, 6. L'opposition des verbes « aimer » et « haïr » (*'āhab* et *śānē'*) est courante dans le texte massorétique de l'Ancien Testament ; dans la Septante, *agapaō* (« aimer ») est plus fréquemment opposé à *miseō* (« haïr ») que ne l'est *phileō*. Sur « aimer » et « haïr » employés pour exprimer la préférence plutôt que des émotions diamétralement opposées voir, par ex., Dt 21, 15-17 ; Gn 29, 30-33. Sur cette question voir DODD, *Historical Tradition*, p. 342 [*La tradition historique*, p. 429].

74. Sur les béatitudes voir *Un certain Juif, Jésus*, t. 2, pp. 268-292.

75. On trouvera dans l'*Évangile copte de Thomas, logion* 55 un texte mixte qui résulte de l'amalgame de Mt 10, 37-38 et de Lc 14, 26-27 : « Quiconque ne hait pas son père et sa mère ne pourra pas devenir mon disciple. Et quiconque ne hait pas ses frères et sœurs et ne porte pas sa croix comme moi ne sera pas digne de moi » [trad. française de Claudio GIANOTTO dans *Écrits apocryphes chrétiens*, t. 1, François BOVON et Pierre GEOLTRAIN éd., La Pléiade, Paris, Gallimard, 1997, p. 44]. Nous avons ici un exemple qui démontre bien comment l'*Évangile de Thomas* mélange différentes expressions de différents évangiles synoptiques pour créer sa propre forme de logion évangélique. Dans l'ensemble, le *logion* est plus proche de Luc que de Matthieu. Les expressions « ne hait pas [opposé à "aimer" de Matthieu] », « *son* père et *sa* mère [avec deux pronoms possessifs, reflets du *heautou* de Luc, qui n'est pas dans Matthieu] », « frères et sœurs [Matthieu dit "fils ou fille"] » et « ne pourra pas devenir mon disciple » viennent de Luc. Cependant, à la fin du *logion*, nous voyons une trace nette de la tendance rédactionnelle de Matthieu ou de la tradition M : « ne sera pas digne de moi ». Les mots clés *mathētēs* (« disciple »), *stauros* (« croix ») et *axios* (« digne ») apparaissent en grec dans le texte copte. Le thème de l'imitation de Jésus portant sa croix, qui est implicite dans les passages des évangiles synoptiques, est explicité dans l'*Évangile de Thomas* par l'ajout : « ... porter sa croix *comme moi* ». Sur l'ensemble du *logion* voir FIEGER, *Das Thomasevangelium*, pp. 165-167. Un *logion* semblable, avec un amalgame semblable de Mt 10, 37 et Lc 14, 26 et un ajout semblable de « comme moi », se trouve dans l'*Évangile de Thomas, logion* 101. Toutefois le texte est fragmentaire et on n'y parle pas de porter sa croix ; voir FIEGER, *ibid.*, pp. 256-257. L'analyse des parallèles de l'*Évangile de Thomas* avec Mc 8, 34-35 parr., faite par Fieger, montre qu'il est hautement invraisemblable que les versions de ces logia dans *Thomas* soient indépendants des synoptiques.

76. Dès que l'on tente d'interpréter Mc 8, 34, on se trouve en face d'un problème de critique textuelle. La leçon « Si quelqu'un veut me *suivre (akolouthein)* », au début de la proposition conditionnelle, est représentée par le papyrus 45 (début du IIIe siècle) et les codex Ephraemi rescriptus (Ve siècle), de Bèze, Washingtonianus (Ve siècle) et Koridethi (IXe siècle), tout comme par la majorité des manuscrits tardifs. La leçon est donc représentée par une combinaison de types de texte, en l'occurrence le type césaréen, le type dit occidental et le type byzantin. Toutefois certains codex anciens excellents (Sinaïticus, Vaticanus [les deux représentant le type de texte alexandrin du IVe siècle] et Alexandrinus [représentant la tradition byzantine du Ve siècle] sont ici en faveur de la leçon *« venir » (elthein)*. Les opinions sont partagées. D'une part, beaucoup de commentateurs (par ex. LAUFEN, *Die Doppelüberlieferungen*, p. 547 n. 15 ; GUNDRY, *Mark*, p. 434-435 avec hésitation) plaident en faveur de « venir » (représenté par les grands codex alexandrins) ; l'emploi de « suivre » dans la proposition du début de 8, 34 peut être considéré comme le résultat d'une assimilation à la dernière proposition du verset « me suivre *(akoloutheitō)* » tout comme à la forme Q de Mt 10, 38, dont il résulte un énoncé redondant dans Mc 8, 34. D'autre part, « venir » dans Mc 8, 34 peut être considéré comme une assimilation aux parallèles marciens (Mt 16, 24 // Lc 9, 23) tout comme au parallèle Q de Lc 14, 27, qui tous ont la leçon « *venir* après moi ». La substitution de « venir » à « suivre » résulte peut-être du désir des scribes d'éviter ce qui semblait une redondance malheureuse et peu logique (« si quelqu'un veut me suivre... il doit me suive »). « Suivre » est le texte qui a la faveur à la fois de la 3e et de la 4e édition de l'*UBSGNT*. Finalement, j'incline à accepter « suivre » en Mc 8, 34a, même si j'admets qu'il y a de bons arguments des deux côtés. Je pense que la redondance est plus apparente que réelle, étant donné que la première mention est conditionnelle (« si quelqu'un *désire* suivre après moi ») par opposition à l'ordre qui est le temps fort (« [alors] qu'il me suive ! »). De plus, la contradiction apparente a une intention rhétorique (une structure du verset avec inclusion et chiasme), cherchant à inculquer à la fois le but (suivre Jésus) et les moyens d'y parvenir (se renoncer à soi-même et prendre sa croix). Du point de vue de la recherche des exégètes sur le Jésus historique, toute la question est peut-être problématique étant donné que « suivre après » et « venir après » pourraient remonter à la même expression sémitique ; par conséquent la redondance pourrait être originale et intentionnelle de la part de Jésus.

77. Le chiasme est plus affirmé en grec que dans la plupart des traductions, du fait que, dans la proposition conditionnelle du début (protase), l'expression « après moi » est placée avant le verbe « suivre », tandis que, dans la conclusion de la sentence (apodose), « me » vient après « suivre » *(opisō mou akolouthein... akoloutheitō moi).* On se rappellera que Mc 8, 35 parr. était également caractérisé par un chiasme, quoiqu'on n'y trouvât pas la structure antithétique en deux parties que l'on observe ici en Mc 8, 34 parr.

78. Sur cette question voir GUNDRY, *Mark*, p. 435. La pleine force de la 3e personne de l'impératif du grec est quelque peu atténuée dans les traductions (« *qu*'il me suive »). Une traduction comme « il doit me suivre ! » rendrait mieux la tonalité de l'impératif.

79. Il est difficile de deviner quelle expression sémitique pourrait être sous-jacente à *aparnēsasthō heauton*. À la page 64 de l'*Ergänzungsheft* (4e éd. Göttingen, Vandenhoeck & Ruprecht, 1971) à sa *Geschichte*, BULTMANN, empruntant une suggestion de A. Fridrichsen, incline à considérer que « se renonce à lui-même » vient en substitution d'une formule plus primitive « hait sa propre vie [ou lui-même] ». [*L'histoire de la tradition synoptique suivie du complément de 1971*, Paris, Seuil, 1973, p. 510 : « Fridrichsen... tient la parole sur le renoncement à soi (Mc 8, 34) pour une amplification pléonastique. »] Le pronom réfléchi pourrait représenter *napšeh*, qui pourrait être reflété dans le plus littéral *psychēn autou* de Mc 8, 35 parr. ; comme nous l'avons vu, le parallèle johannique pour Mc 8, 35 donne *ho misōn tēn psychēn autou ; misei... tēn psychēn heautou* se trouve également dans Lc 14, 26, mais la présence de *psychē* dans cette liste des choses qu'il faut haïr peut être due à la rédaction lucanienne. D'autres suggestions sur le substrat araméen retiennent le verbe *kĕpar* (« renier », « renoncer ») au *pe'al + bĕ + napšeh* comme complément d'objet ; pour une forme légèrement différente de cette suggestion voir Gustaf DALMAN, *Jesus Jeshua. Studies in the Gospels*, New York, Ktav, 1971 (édition originale 1929), p. 191.

80. Je traiterai de la crucifixion en détail dans un chapitre ultérieur. Pour le moment voir Martin HENGEL, *Crucifixion*, Philadelphie, Fortress, 1977 ; Joseph A. FITZMYER, « Crucifixion in Ancient Palestine, Qumran Literature, and the New Testament » dans *To Advance the Gospel*, New York, Crossroad, 1981, pp. 125-146 ; Gerald G. O'COLLINS, « Crucifixion » dans *Anchor Bible Dictionary*, t. 1, pp. 1207-1210.

81. Sur l'authenticité de Mt 19, 12 voir *Un certain Juif, Jésus*, t. 1, pp. 214-217. Sur l'authenticité des paroles eucharistiques de Jésus voir John P. MEIER, « The Eucharist at the Last Supper : Did It Happen ? », *TD* (Winter, 1995-1996), pp. 1-17.

82. C'est le message des deux paraboles jumelles qui se trouvent dans la tradition spéciale de Luc, à savoir la parabole de l'homme qui construit une tour (Lc 14, 28-30) et la parabole du roi qui monte le projet d'une campagne militaire (Lc 14, 31-32) : prenez conscience du coût effrayant avant de vous lancer dans l'entreprise. Ce n'est pas par hasard que, dans la composition de Luc, ces deux paraboles suivent deux logia de Q sur la condition de disciple en 14, 26 + 27 : l'obligation de haïr père et mère et l'obligation de porter sa croix. Sur tout cela voir FITZMYER, *The Gospel According to Luke*, t. 2, pp. 1060-1063.

83. Certains commentateurs voient l'impératif de conclusion « suis-moi » comme la récapitulation des deux premiers impératifs, tandis que d'autres le regardent comme le but atteint par l'accomplissement des actions décrites dans les deux premiers impératifs. En regard de l'imagerie brutale et de la rhétorique intentionnellement choquante, c'est une distinction fine qui n'intéressait probablement ni Jésus ni son auditoire.

84. Par conséquent je ne vois pas la portée de l'objection de FITZMYER (*The Gospel According to Luke*, t. 1, pp. 785-786), qui préfère une idée de D.-F. Strauss, d'après laquelle la forme primitive du logion renvoie peut-être au fait de porter le joug de Jésus (cf. Mt 11, 29). Traitant de la forme Q de ce logion, SCHULZ (*Q. Die Spruchquelle der Evangelisten*, pp. 431-433) tire des conclusions excessives de l'absence de la croix (salvatrice) de Jésus dans ce logion. Chaque logion ne peut pas tout dire et nous ne devons pas supposer que le document Q dans son ensemble ait dit tout de ce qu'on pouvait dire de la foi chrétienne des gens qui utilisaient de document.

85. Différents commentateurs considèrent la croix dans ce logion comme une image populaire utilisée par des zélotes, comme une reformulation de l'image du joug que l'on porte (cf. Mt 11, 29), comme une palissade en bois transportée par la suite d'un commandant militaire, comme un signe cultuel dont on marque un adepte, ou comme l'exigence pour tout disciple d'avoir à subir littéralement le martyre ; toutes ces tentatives passent à côté de la rhétorique vigoureuse voire brutale. Sur ces différentes interprétations et les raisons de les rejeter voir LAUFEN, *Die Doppelüberlieferungen*, pp. 309-313.

86. On trouvera le texte dans W. A. OLDFATHER éd., *Epictetus*, LCL, 2 vol., Cambridge MA, Harvard University, et Londres, Heinemann, 1925 et 1928, t. 1, pp. 229-230 [traduction fr. *Épictète. Entretiens. Manuel*, Joseph SOUILHÉ et A. JAGU éd., Les grandes œuvres de l'Antiquité, Les Belles Lettres, Paris, 1950, p. 191]. Épictète n'est certainement ni le premier ni le seul philosophe du monde grec ou romain à employer la croix dans un contexte philosophique ou rhétorique dans un but d'enseignement. L'exemple le plus fameux vient peut-être de PLATON, *La République* 2, 5, 361 et 362a, où l'on argue que l'homme entièrement juste ou innocent sera fouetté, torturé de toutes sortes de façons et finalement empalé (ou crucifié ; c'est le verbe rare *anaschindyleuō* qui est utilisé) ; pour le texte grec avec traduction en anglais voir Paul SHOREY éd., *Plato. The Republic*, LCL, 2 vol., Londres, Heinemann, et New York, Putnam's Sons, 1930 et 1935, t. 1, pp. 124-125. [Texte grec et traduction française dans PLATON, *Œuvres complètes*, t. VI, *La République*, *livres I-III*, trad. Émile CHAMBRY, Collection des Universités de France, Paris, Belles Lettres, 1932 (rééd. 1983), p. 55.] HENGEL (*Crucifixion*, pp. 64-68) a rassemblé des citations d'auteurs païens latins qui utilisent la croix de manière symbolique ou rhétorique. On trouvera une histoire du symbole de la croix, accompagnée d'abondantes photographies, dans Jack FINEGAN, *The Archeology of the New Testament*, éd. revue, Princeton, Princeton University, 1992, pp. 339-389.

87. Une argumentation différente en faveur de l'historicité de ce logion est proposée par Erich DINKLER, « Jesu Wort vom Kreuztragen » dans *Neutestamentliche Studien für Rudolf Bultmann*, BZNW 21, W. ELTESTER éd., Berlin, Töpelmann, 1954, pp. 110-129. Dinkler avance l'idée d'une histoire de la tradition plutôt compliquée qui mélange des matériaux d'avant et d'après le temps de Jésus. Il pense que le Jésus historique renvoyait au symbole ou au sceau du « tau » annoncé dans Ez 9, 4. Cette explication que je trouve hautement invraisemblable est appuyée par PESCH, *Das Markusevangelium*, t. 2, p. 60.

88. Comme le note KLOPPENBORG (*Q Parallels*, p. 170), la plupart des commentateurs acceptent ce logion comme un dit de Q. LAUFEN (*Die Doppelüberlieferungen*, p. 546 n. 2) affirme que, pour autant qu'il sache, aucun des critiques qui admettent la théorie des deux sources sur l'origine des synoptiques ne nie la présence de ce logion dans Q.

89. Unc reconstitution semblable est proposée par LAUFEN, *Die Doppelüberlieferungen* (voir son argumentation en faveur de ce libellé pp. 303-304) et SCHULZ, *Q. Die Spruchquelle der Evangelisten*, pp. 430-431. Il faut toujours rester réservé sur de telles reconstitutions, surtout dans ce cas parce que « disciple » est un mot relativement rare dans Q.

90. PESCH (*Das Markusevangelium*, t. 2, p. 61) préfère la forme de Marc comme plus primitive, tandis que SCHÜRMANN (*Das Lukasevangelium*, t. 1, p. 542) se prononce en faveur de la forme Q. LAUFEN (*Die Doppelüberlieferungen*, p. 305-308) suggère comme formule de base Mc 8, 34 moins la proposition « qu'il renonce à lui-même et... ».

91. Sur la « personnalité dyadique » voir Bruce J. MALINA, *The New Testament World. Insights from Cultural Anthropology*, Atlanta, John Knox, 1981, pp. 51-70. Il va sans dire, toutes les généralisations sociologiques doivent être vérifiées en regard de l'époque et du lieu spécifiques dont on traite. Par exemple, il se peut que, du fait des pressions socio-économiques, la famille patriarcale importante et étendue fût en train de s'effondrer dans la Judée du Ier siècle de notre ère et que même le père d'une famille nucléaire eût des difficultés à faire prévaloir sa volonté dans de telles situations. Sur cette hypothèse voir Martin GOODMAN, *The Ruling Class of Judaea. The Origins of the Jewish Revolt against Rome A. D. 66-70*, Cambridge, Cambridge University, 1987, pp. 68-75. Au même moment, des conditions différentes ont pu prévaloir en Galilée où Hérode Antipas a créé une situation comparativement stable, quoique oppressive, durant son règne (4 av. JC à 39 apr. JC). Voir *Un certain Juif, Jésus*, t. 1, pp. 183-184.

92. Une fois de plus, les crochets indiquent d'éventuels ajouts de la tradition orale chrétienne ou des évangélistes. Plus haut, lors de l'étude de Mc 8, 35 parr., j'ai indiqué les raisons d'omettre les mots entre crochets. Je le souligne de nouveau, ce qui m'intéresse ici, c'est l'idée maîtresse du propos du Jésus historique, non pas le libellé exact de la forme la plus primitive d'un logion particulier. Par conséquent, je ne discute pas ici en détail de la forme la plus primitive de la récompense promise (cf. Mc 10, 30 // Mt 19, 29 // Lc 18, 29-30) ; je centre plutôt l'attention sur le sacrifice demandé par Jésus. Beaucoup de commentateurs suggèrent que la liste détaillée des récompenses, la mention des persécutions et la distinction entre « dans le temps présent » et « dans le monde à venir » reflètent l'expérience et la pensée ultérieure des missionnaires chrétiens ; voir par exemple Nikolaus WALTER, « Zur Analyse von Mc 10:17-31 », *ZNW* 53 (1962), pp. 206-218, spéc. pp. 216-217, qui se réfère à BULTMANN, *Geschichte*, p. 115 [*Histoire*, p. 143]. Contre cette opinion citons GUNDRY, *Mark*, pp. 566-569. Sur les missionnaires chrétiens itinérants voir le fameux essai de Gerd THEISSEN, « Legitimation and Subsistence : An Essay on the Sociology of Early Christian Missionaries » dans *The Social Setting of Pauline Christianity. Essays on Corinth*, Philadelphie, Fortress, 1982, pp. 27-67 [« Radicalisme itinérant. La transmission des paroles de Jésus au sein du christianisme primitif du point de vue de la sociologie de la littérature », dans *Histoire sociale du christianisme primitif*, Genève, Labor et Fides, 1996, pp. 17-46]. D'emblée, nous devons être au clair sur ce que Mc 10, 28-30 parr. et des dits semblables *ne* nous disent *pas*. On ne dit rien des arrangements pratiques que les différents disciples individuellement ont pu faire au sujet de leur maison et de leur famille. La rupture avec la maison et la famille était-elle toujours aussi radicale et permanente que les paroles de Jésus paraissent le demander ? La prudence est suggérée par un cas que nous connaissons, celui de Simon Pierre (sur cette question voir TAYLOR, *Mark*, p. 433). Très vite après avoir présenté Pierre et André laissant leurs filets pour suivre Jésus (Mc 1, 16-18), Marc décrit Jésus qui est reçu pour un repas de sabbat dans la maison de Pierre et André à Capharnaüm, ce repas étant servi par la belle-mère de Pierre (1, 29-31). (Luc réorganise peut-être les choses au bénéfice de la consistance logique et morale quand il place le récit qui mentionne la maison de Simon Pierre et sa belle-mère [Lc 4, 38-39] avant le récit de la vocation de Pierre, avec, en conclusion, l'affirmation que Pierre et ses associés « ont tout laissé » pour suivre Jésus [Lc 5, 1-11]). Plus tard, au cours de son ministère public, Jésus ne semble jamais manquer de bateau, dont on dit parfois qu'il est fourni par ses disciples (voir par ex. Mc 3, 9 ; 4, 1.35-36 ; Jn 6, 16-17). Plus tard encore, dans la première génération chrétienne, nous apprenons que Céphas (c.-à-d. Simon Pierre), les apôtres et les frères de Jésus entreprennent tous leurs voyages missionnaires *en emmenant avec eux leurs femmes* aux frais des Églises (1 Co 9, 4-7 ; voir Gordon D. FEE, *The First Epistle to the Corinthians*, NICNT, Grand Rapids, Eerdmans, 1987, pp. 403-404). Reste la question : dans quelle mesure ou pour combien de temps Simon Pierre a-t-il réellement quitté sa famille et sa maison durant le ministère de Jésus – un ministère dont la tranche galiléenne semble avoir utilisé Capharnaüm comme base de départ ? (GUNDRY [*Mark*, p. 558] fait une suggestion intéressante : si la version marcienne du logion omet « femme » dans l'énumération des gens que les disciples abandonnèrent, cette omission pourrait être, de quelque manière, en rapport avec le fait que Pierre a emmené avec lui sa femme dans ses voyages missionnaires. Cependant la plupart des gens mentionnés dans Mc 10, 29 s'équilibrent par paires – « frères ou sœurs ou mère ou père » – et, de ce fait, l'absence de « femme » peut s'expliquer en termes rhétoriques par l'absence de « mari », le logion étant adressé d'abord à Pierre et aux Douze.) En tout cas, tout cela nous rappelle qu'il est dangereux d'utiliser les maigres données dont nous disposons dans le Nouveau Testament pour tisser des assertions sociologiques globales concernant le mouvement de Jésus et le christianisme primitif. Nous devons admettre la possibilité d'une certaine divergence – même le cas de Judas Iscariote mis à part – entre ce que Jésus a demandé à ses disciples et ce que les disciples individuellement ont pu faire en réalité. Pour prendre un exemple analogue : pendant des siècles des prêtres et des religieux catholiques romains ont proclamé, déclaré et affirmé sincèrement qu'ils suivaient l'exigence radicale de Jésus que nous sommes en train d'étudier dans ce texte. Il serait périlleux de tirer des conclusions sociologiques globales sur les styles de vie réels de ces prêtres et religieux à partir de la rhétorique religieuse qu'ils ont sincèrement embrassé et pensé refléter. De même, il faut procéder prudemment quand on utilise la rhétorique radicale de Jésus pour tirer des conclusions sociologiques sur la façon dont les disciples individuellement ont vécu cet appel radical dans le concret de leur vie quotidienne. Rhétorique religieuse et réalité humaine ne coïncident pas toujours.

93. Voir par ex. Friedrich Gustav LANG, « *Sola gratia* im Markusevangelium » dans *Rechtfertigung*, Ernst Käsemann Festschrift, J. FRIEDRICH, W. PÖHLMANN et P. STUHLMACHER (éd.), Tübingen, Mohr (Siebeck), Göttingen, Vandenhoeck & Ruprecht, 1976, pp. 321-337. Le centre d'intérêt de Lang est la théologie rédactionnelle de Marc, mais même à ce niveau il manifeste une tendance à transposer la théologie de Paul sur les évangélistes.

94. Ainsi BULTMANN, *Geschichte*, pp. 172-173 [*Histoire*, pp. 204-205] ; FITZMYER, *The Gospel According to Luke*, t. 2, pp. 1060-1061 (qui décèle tout autant des touches rédactionnelles de Luc) ; DAVIES et ALLISON, *Matthew*, t. 2, p. 221.

95. Malgré quelques différences de formulation dans Mt 10, 34 // Lc 12, 51-53, la plupart des commentateurs considèrent le logion comme du matériau Q ; voir KLOPPENBORG, *Q Parallels*, p. 142. Pour débrouiller ce qui est rédactionnel dans les versions de Matthieu et de Luc voir SCHULZ, *Q. Die Spruchquelle*, pp. 258-259 ; le plus probablement Lc 12, 52, qui manque dans le parallèle de Matthieu, est un ajout. Selon l'argumentation de DAVIES and ALLISON (*Matthew*, t. 2, p. 218), Mt 10, 34 reflèterait plus fidèlement un substrat sémitique dans sa formulation : « apporter non pas la paix sur terre mais le glaive ». Mt 10, 35 par. fait écho à Mi 7, 6 ; de ce fait certains exégètes soupçonnent une création chrétienne. Toutefois (1) les textes synoptiques ne reproduisent exactement ni le texte massorétique ni la Septante. (2) Chose plus importante, l'idée que toute citation ou tout écho des Écritures juives signifie nécessairement que le texte dérive de l'Église plutôt que de Jésus, présuppose un portrait assez étrange de Jésus, le prophète et maître juif : quelqu'un qui aurait proposé son enseignement sur l'accomplissement des prophéties d'Israël et la bonne voie pour accomplir la volonté de Dieu dans les derniers temps sans jamais citer les prophètes ou la Torah ou sans y faire allusion. Cette façon d'éloigner le Jésus historique de son propre héritage juif est un aspect malencontreux de la recherche traditionnelle qu'il faut dépasser. Mt 10, 36 (« on aura pour ennemis les gens de sa maison ») est probablement un ajout de Matthieu au logion Q traditionnel car (1) il n'a pas de parallèle dans Luc et (2), plutôt que d'être une allusion au texte massorétique de Mi 7, 6 comme l'est le v. 35, il représente (à la différence de la Septante) une traduction exacte du texte massorétique.

96. Voir par ex. Za 13, 3 ; *1 Hénoch* 99, 5 ; 100, 1-2 ; *Jubilés* 23, 16 ; *2 Apocalypse de Baruch* 70, 6. Pour « épée » comme image du jugement divin ou de la punition dans le temps de la fin, voir par ex. Is 66, 16 ; Sg 5, 20 ; *Jubilés* 9, 15 ; *1 Hénoch* 62, 12 ; 63, 11 ; 90, 19 ; 91, 11-12 ; *2 Apocalypse de Baruch* 27, 5 ; 40, 1. C'est avec ces courants prophétiques et apocalyptiques que l'enseignement de Jésus sur la rupture des liens familiaux par loyauté envers lui se trouve en cohérence plutôt qu'avec la sagesse israélite traditionnelle. En regard de ces traditions prophétiques et apocalyptiques qui ont cours dans la Palestine juive du Ier siècle, il n'est pas nécessaire de chercher ailleurs des influences du cynisme gréco-romain.

97. Même les tenants plus sceptiques de la critique des formes voient quelque tradition historique derrière Mc 3, 21. 31-35, bien que d'un exégète à l'autre ils diffèrent pour déterminer quels versets sont secondaires. BULTMANN (*Geschichte*, pp. 28-29 [*Histoire*, p. 47]) pense que les vv. 31-34 sont une anecdote secondaire créée pour cadrer avec le logion original du v. 35. DIBELIUS défend l'opinion opposée dans la première édition de sa *Formgeschichte*, même s'il a changé d'opinion plus tard ; voir la sixième édition de sa *Formgeschichte*, pp. 43-44. Peu importe qui a raison sur la détermination de la partie originale du récit ; en effet, dans ce débat, on s'accorde en général des deux côtés que cette tradition peu édifiante sur la mère et les frères de Jésus remonte probablement sous quelque forme au ministère public ; le critère de l'embarras s'applique ici. Même Bultmann pense que Mc 3, 21 n'a pas simplement été formé à partir du v. 35 mais « repose… sur une bonne tradition ancienne ».

98. Sur *hoi par' autou* voir TAYLOR, *Mark*, p. 236. Dans le grec classique, *hoi para tinos* désigne des envoyés d'une personne ou des ambassadeurs. Dans le grec de la koinè, le sens de l'expression s'élargit pour désigner différentes sortes de gens qui sont intimement liés à une personne ; parmi les traductions possibles signalons « agents », « adhérents », « amis », « famille », « proches » ou « parents ». Pour « maisonnée » ou « famille » voir LXX Pr 31, 21 ; Su 33 [= Histoire de Suzanne dans Daniel grec 13, 33] (les deux dans la Septante et dans Théodotion) ; JOSÈPHE, *Ant.* 1.10.5 § 193. Le sens de « famille » ou « proches » s'avère juste pour Mc 3, 21 non pas en considérant l'expression dans l'abstrait mais plutôt en l'interprétant au sein de l'ensemble de la composition de 3, 20-35 : famille hostile (3, 21) – scribes hostiles (3, 22-30) – famille hostile (3, 31-35). Comme le signale GUNDRY (*Mark*, p. 171), un autre argument en faveur du sens de « famille » est fondé sur la « dualité » de Marc, c.-à-d. l'emploi, caractéristique chez lui, de deux expressions plus ou moins synonymes, dont la seconde apporte une plus grande spécification à la première : ici *hē mētēr autou kai hoi adelphoi autou* au v. 31 donne une spécification de plus au *hoi par' autou* du v. 21. Dans quelle proportion Marc 3, 20-21 est-il traditionnel ou rédactionnel ? le débat se continue chez les commentateurs ; voir les opinions et les auteurs énumérés dans GUELICH, *Mark 1 – 8:26*, pp. 169-170. D'après Guelich, le contenu et le style (le retour de Jésus, la grande foule, l'impossibilité pour les disciples de manger) sont des arguments suggérant que 3, 20 provient de la rédaction marcienne ; par contre, en 3, 21, un usage qui n'est pas caractéristique de Marc suggère que ce verset (sa famille sort pour s'emparer de lui) pourrait bien venir de la tradition prémarcienne – une façon de voir que partage même Bultmann. La main rédactionnelle de Marc se manifesterait alors principalement dans l'emplacement de ce verset pour créer l'arrangement marcien caractéristique du type « sandwich » ou « intercalation ».

99. Pour une étude des remarques faites par manière de parenthèse dans le quatrième évangile voir Gilbert VAN BELLE, *Les parenthèses dans l'évangile de Jean*, Studiorum Novi Testamenti Auxilia 11, Louvain, Université de Louvain/Peeters, 1985. Sur Jn 7, 5 voir spéc. p. 78. On trouvera un traitement moins exhaustif dans Tom THATCHER, « A New Look at Asides in the Fourth Gospel », *BSac* 151 (1994), pp. 428-439. Van Belle montre que de telles remarques par mode de parenthèse sont caractéristiques du style de l'évangéliste tout au long de son évangile ; par conséquent une remarque sous forme de parenthèse ne doit pas être attribuée de façon automatique au rédacteur final. Il ne faudrait donc pas attribuer Jn 7, 5 en particulier au rédacteur final, car il est théologiquement et structurellement en correspondance avec le thème de la mère et des frères de Jésus dans Jn 2, 1-12 et 19, 26-27.

100. Sur ce point voir *Un certain Juif, Jésus*, t. 2, pp. 715-717. De l'accord de la plupart des commentateurs, la référence à « mes frères » dans la bouche du Jésus ressuscité renvoie aux disciples mentionnés plus loin en 20, 19. Cela rend plus clair le message exprimé sur la croix (19, 26-27) : les disciples qui croient, et non pas la fratrie incrédule, sont les vrais frères de Jésus.

101. Sur les différentes façons dont les synoptiques parlent de la mère de Jésus, voir Raymond E. BROWN et al., *Mary in the New Testament*, Philadelphie, Fortress, et New York, Paulist, 1978, pp. 51-177.

102. Sur Lc 11, 27-28 voir BULTMANN, *Geschichte*, pp. 29-30 [*Histoire*, pp. 47-48] (qui classe la péricope parmi les apophtegmes biographiques) ; DIBELIUS, *Formgeschichte*, p. 162 (qui classe la péricope comme une chrie [courte sentence générale bien balancée, de portée générale et d'usage répandu – NdT]). Bultmann note la ressemblance du motif en Lc 11, 27-28 et en Mc 3, 31-35, même s'il nie toute dépendance littéraire d'un texte à l'autre. Pour Bultmann, Lc 11, 27-28, qui était d'origine une unité, représente une « scène idéale », donc pas un événement historique de la vie de Jésus. FITZMYER (*The Gospel According to Luke*, t. 2, pp. 926-929) montre qu'il faut interpréter la péricope en termes positifs dans son contexte lucanien ; de même BROWN et al., *Mary in the New Testament*, pp. 170-172. Une interprétation plus négative est proposée par I. Howard MARSHALL, *The Gospel of Luke*, Grand Rapids, Eerdmans, 1978, pp. 480-482. De façon semblable T. W. MANSON (*The Sayings of Jesus*, Londres, SCM, 1949 [édition originale 1937], p. 88) voit une note négative dans la réponse de Jésus en 11, 28, mais il semble penser à la situation originale hypothétique dans la vie de Jésus plutôt qu'au cadre rédactionnel de Luc.

103. Voir Meier (*Un certain Juif, Jésus*, t. 1, pp. 48-49) pour une comparaison de la tradition fiable sur le martyre de Jean dans Josèphe avec le traitement légendaire d'Hégésippe, tel qu'il est rapporté par Eusèbe. On trouvera un aperçu d'ensemble des données du Nouveau Testament sur Jacques dans Florence Morgan GILLMAN, « James, Brother of Jesus » dans *Anchor Bible Dictionary*, t. 3, pp. 620-621.

104. Cela semble une interprétation beaucoup plus vraisemblable que l'idée d'un Marc et d'un Jean se lançant dans une violente polémique contre Jacques, la famille de Jésus ou l'Église de Jérusalem en général. La seule personne de la première génération chrétienne dont nous sachions qu'elle fût engagée dans une controverse prolongée avec Jacques ou les gens autour de lui fut Paul. Or, malgré tous ses accès de polémique, Paul ne s'en est jamais pris directement à Jacques comme à quelqu'un qui aurait manqué de foi. Encore moins s'est-il lancé dans une polémique directe contre l'Église de Jérusalem, avec laquelle il voulait rester en relation, si malaisé que cela pût être. Quand nous en arrivons à l'époque de la troisième génération chrétienne et de la composition finale du quatrième évangile, on se demande à quoi aurait bien pu servir une polémique contre Jacques, mort martyr, ou contre l'Église de Jérusalem, disparue de la scène depuis longtemps déjà. Un peu comme certains films hollywoodiens, certains types de critique néotestamentaire souffrent d'un penchant excessif pour les théories qui s'intéressent aux conspirations.

105. Sur cette question voir RENGSTORF, « *manthanō*, etc. », pp. 406-407.

106. HENGEL (*The Charismatic Leader*, p. 14) note un petit nombre d'anecdotes rabbiniques qui, à l'instar des récits de vocation de la tradition philosophique grecque, relatent les protestations d'une famille s'opposant à l'entrée de l'un de ses membres dans une école rabbinique. L'anecdote finit régulièrement par une réconciliation fondée sur l'honneur qui échoira plus tard à l'étudiant.

107. J'ai choisi prudemment l'expression « disciple historique du Jésus historique » Je ne nie pas que, dans quelques rares occasions, les évangélistes ont pu créer un disciple de façon « rédactionnelle ». En d'autres termes, pour des visées théologiques, les évangélistes ont pu appliquer le titre de disciple à quelqu'un qui historiquement ne l'était pas au temps du ministère terrestre de Jésus. Un exemple clair est celui de Joseph d'Arimathée. Dans Mc 15, 43, il est simplement un « membre éminent du conseil qui attendait lui aussi le Royaume de Dieu ». Plus ou moins équivalemment, Luc 23, 50 l'appelle « un conseiller et un homme bon et juste » et, pour signifier qu'il n'y a pas d'erreur ici, Luc ajoute au v. 51 « il n'avait pas donné son accord ni à leur dessein ni à leurs actes [c.-à-d. les actions de ceux qui réclamaient la mort de Jésus] ». Puis Luc continue avec Marc : « qui attendait le royaume de Dieu ». Ayant vécu l'expérience de la rupture entre son Église et la synagogue, Matthieu n'est pas à l'aise avec ce statut ambigu et entre-deux de Joseph ; aussi fait-il, en 27, 57, de Joseph « un homme riche… qui était lui-aussi devenu disciple de Jésus *[emathēteuthē tǭ Iēsou]* ». Ayant lui aussi l'expérience d'une rupture dramatique avec la synagogue et tenant une théologie dualiste qui n'admet pas de position médiane, Jean redéfinit Joseph comme le fait Matthieu : en Jn 19, 38 Josèphe est « un disciple de Jésus *[mathēthēs tou Iēsou]*, mais en secret par crainte des Juifs ». Il est clair que dans Matthieu et Jean nous n'avons pas affaire à « un disciple historique du Jésus historique » ; il s'agit plutôt d'un statut de création rédactionnelle pour une personne qui, dans la plus ancienne tradition évangélique, n'était pas désignée comme disciple. Un tel « disciple rédactionnel » est sans intérêt pour notre propos historique. On peut faire une remarque semblable à propos des commentaires de Jean qui font de Jésus le porte-parole de la communauté johannique pour blâmer les chrétiens juifs tenants d'une christologie au rabais et qui sont apparemment restés dans la synagogue. Par exemple, supposé s'adresser aux « Juifs qui avaient cru en lui », le Jésus johannique dit (8, 31-32) : « Si vous demeurez dans ma parole, vous êtes vraiment mes disciples et vous connaîtrez la vérité et la vérité vous rendra libres. » Cet écho de la polémique johannique vers la fin du Iᵉʳ siècle de notre ère ne nous apprend rien sur les disciples historiques du Jésus historique.

108. CULPEPPER, *The Johannine School*, p. 225.

109. *Ibid.*

110. Nous aurons à traiter à part des disciples comme Pierre, André, Jacques et Jean, qui appartenaient au cercle rapproché des Douze, lorsque nous étudierons ce groupe. Pour le moment, nous nous intéressons à eux uniquement dans la mesure où ils appartiennent au groupe plus large des disciples et sont représentatifs de ses caractéristiques. Dans l'évangile de Jean, l'anonyme « disciple que Jésus aimait » pose un problème particulier. D'un côté, l'évangéliste le désigne clairement comme un disciple, en fait *le* disciple par excellence (tel est le sens de l'affirmation polémique « *le* disciple que Jésus aimait [plus que tous les autres] »). De l'autre côté, ce disciple n'apparaît nulle part dans le quatrième évangile avant le Dernier repas, donc avant le moment où le ministère de Jésus aboutit à sa conclusion. Il apparaît alors – si nous nous limitons aux passages où son identification est claire – uniquement et de façon fugace au Dernier repas (Jn 13, 23-25), à la croix (19, 26-27) et au tombeau vide (20, 2-10). C'est peut-être également lui le personnage présenté simplement comme « un autre disciple » qui était connu du grand prêtre (18, 15-16). Ce n'est probablement pas lui qu'il faut identifier avec le compagnon d'André dans 1, 35-39 (le plus probablement Philippe). Ne disposant pas d'information sur le disciple bien-aimé avant la fin du ministère public, nous manquons des données nécessaires qui permettraient de dire s'il correspondait aux trois exigences que nous avons déduites des évangiles. Évidemment, ceux, pour qui le disciple bien-aimé n'est qu'une figure idéale crée par l'évangéliste et ne reflète pas une figure historique réelle du temps de Jésus, ne voient pas de grand problème ici : le disciple bien-aimé est une invention pure et simple de la rédaction. Les exégètes conservateurs, qui se prononcent pour l'identification du disciple bien-aimé avec Jean fils de Zébédée, eux non plus n'ont pas de problème : étant l'un des Douze, il est compté évidemment parmi les disciples. Mais qu'en est-il des exégètes (dont moi) qui n'acceptent pas cette identification et tiennent cependant que la figure du disciple bien-aimé, si légendaire que soit son portrait dans l'évangile, est basée sur quelque figure historique ? À mon avis, on peut tenir la position que le statut de « disciple » au sens strict donné à ce personnage historique est dû à la vénération dont il jouissait dans la communauté de Jean ou à la créativité théologique de l'évangéliste. Le libellé même du titre, « le disciple que Jésus *aimait* (*ēgapa*, à l'imparfait) », donne l'impression d'un groupe qui se tourne vers le passé sacré, quand Jésus, durant sa vie terrestre, aimait ceux qui le suivaient ; ce libellé n'aurait pas eu de sens si l'expression avait été utilisée durant le ministère de Jésus. Dans le cas du disciple bien-aimé, le statut de disciple peut donc être rédactionnel au même sens que dans le cas de Joseph d'Arimathée : le personnage a réellement existé mais son statut de disciple au sens strict est un honneur conféré *post factum*.

111. Suivant l'opinion que défend énergiquement Robert P. MEYE (*Jesus and the Twelve. Discipleship and Revelation in Mark's Gospel*, Grand Rapids, Eerdmans, 1968, pp. 170-171), la tradition évangélique n'identifie nulle part comme disciples les femmes qui suivaient Jésus, spécifiquement les femmes nommées à la croix. Il met en avant la disjonction impliquée en Mc 16, 7, quand le jeune homme au tombeau vide dit aux deux *femmes* qui avaient été à la croix : « Allez dire à *ses disciples*... »

112. Voir Quentin QUESNELL, « The Women at Luke's Supper » dans *Political Issues in Luke – Acts*, Richard J. CASSIDY et Philip J. SCHARPER éd., Maryknoll NY, Orbis, 1983, pp. 59-79. Pour défendre l'idée que Luc considère les femmes comme disciples, Quesnell s'appuie sur les données suivantes : (1) Luc emploie facilement « disciples » dans les Actes à la fois pour les hommes et pour les femmes (par ex.

Ac 9, 1-2) et il n'y a pas de raison de penser qu'il en use autrement dans les évangiles. (En réalité, il y en a). (2) Le message des anges aux femmes à la tombe en Lc 24, 4-7 leur rappelle que Jésus leur a prophétisé sa mort et sa résurrection ; or les annonces lucaniennes de la passion en Galilée (Lc 9, 22. 44) s'adressent aux disciples. (3) « La multitude des disciples » en Lc 19, 37 devait certainement inclure les femmes qui l'avaient accompagné depuis la Galilée (23, 49. 55). Quesnell souligne que sa recherche porte uniquement sur le point de vue rédactionnel de Luc et non pas sur la situation réelle du Jésus historique. On trouvera une discussion complète du rôle des femmes dans Luc dans Barbara E. REID, *Choosing the Better Part ? Women in the Gospel of Luke*, Collegeville MN, Liturgical Press (Glazier), 1996.

113. On ne peut souligner assez que notre attention se porte sur une question étroite de reconstitution historique : les femmes qui faisaient partie de ceux qui suivaient Jésus étaient-elles considérées comme ou appelées disciples durant le ministère de Jésus ? Étant donné nos sources limitées, une bonne partie de ce qui suit doit rester de l'ordre de l'hypothèse. On ne cherche nullement ici à aborder les questions plus larges de la réalité historique ou du portrait théologique des femmes dans les évangiles ou dans le Nouveau Testament en général – sans parler du propos encore plus large d'une herméneutique féministe des données néotestamentaires. Sur ces questions et ces buts plus vastes voir Elizabeth M. TETLOW, *Women and Ministry in the New Testament*, New York/ Ramsey NJ, Paulist, 1980 ; Elisabeth MOLTMANN-WENDEL, *The Women Around Jesus*, New York, Crossroad, 1982 (original allemand 1980) ; Elisabeth SCHÜSSLER FIORENZA, *In Memory of Her. A Feminist Theological Reconstruction of Christian Origins*, New York, Crossroad, 1983 [*En mémoire d'elle*, Théologies 136, Paris, Cerf, 1986] ; IDEM, *Jesus. Miriam's Child, Sophia's Prophet*, New York, Continuum, 1994 ; Carla RICCI, *Mary Magdalene and Many Others. Women Who Followed Jesus*, Minneapolis, Fortress, 1994 ; Ingrid Rosa KITZBERGER, « Mary of Bethany and Mary of Magdala – Two Female Characters in the Johannine Passion Narrative : A Feminist, Narrative-Critical Reader-Response », *NTS* 41 (1995), pp. 564-586 ; Warren CARTER, « Getting Martha out of the Kitchen : Luke 10 : 38-42 Again », *CBQ* 58 (1996), pp. 264-280. Pour le débat de Ricci sur la question de savoir si les femmes qui suivaient Jésus doivent être regardées comme des disciples voir pages 179-192 de son ouvrage. TETLOW (*Women and Ministry*, pp. 93-94) représente une tendance commune dans la littérature, qui est de passer presque immédiatement du fait que certaines femmes « suivaient » Jésus à la conclusion que ces femmes étaient des « disciples » de Jésus. C'est ce passage logique de « suivaient » à « disciples » qu'il faut examiner plus rigoureusement.

114. Sur les nombreuses questions d'exégèse liées à cette énumération voir BROWN, *The Death of the Messiah*, t. 2, pp. 1152-1160, 1169-1171 [*La mort du Messie*, Paris, Bayard, 2005, pp. 1268-1276 et 1287-1289] ; Ben WITHERINGTON III, *Women in the Ministry of Jesus*, SNTSMS 51, Cambridge, Cambridge University, 1984, pp. 118-123. Telle que je comprends l'énumération de Marc, elle comporte trois femmes qui sont expressément nommées. Mon étude ici concerne uniquement la présence d'adhérentes féminines auprès de la croix ; j'ignore pour le moment les autres problèmes que pose ce texte. Concernant les auteurs qui tiennent que Mc 15, 40 faisait partie d'un récit de la passion prémarcien, voir leur liste établie par Marion L. SOARDS dans BROWN, *The Death of the Messiah*, t. 2, pp. 1516-1517 ; on peut y ajouter Martin HENGEL, « Maria Magdalena und die Frauen als Zeugen » dans *Abraham unser Vater*, Otto Michel Festschrift, Arbeiten zur Geschichte des Spätjudentums and Urchristentums 5 ; Otto BETZ, Martin HENGEL et Peter SCHMIDT éd., Leyde/Cologne, Brill, 1963, pp. 243-256. Brown signale que la construction embarrassée de Marc dans 15, 40-41 peut créer l'impression qu'il y a deux groupes de femmes : celles qui sont nommées et dont on dit expressément qu'elles ont suivi et servi Jésus en Galilée, et un groupe anonyme plus important dont on dit simplement qu'il est monté avec lui à Jérusalem. Marc cherche-t-il de fait à différencier les deux types de femmes de façon aussi rigoureuse ? cela n'est pas évident et, à mon avis, improbable, car, dans une sorte d'inclusion, Marc mentionne le groupe de femmes plus important à la fois au début du v. 40 et vers la fin du v. 41. De manières différentes, Mt 27, 55-56 comme Lc 23, 49 supprime l'éventuelle distinction. Quant au verbe problématique « servir » *(diakoneō)*, BROWN (*ibid.* n. 29) pense que l'emploi marcien (par ex. Mc 1, 13. 31) est en faveur du sens « s'occuper des besoins matériels, en particulier du boire et du manger ». Il distingue (p. 1170) cet emploi plus simple du sens qu'a le verbe en Lc 8, 3 où, puisque les femmes « servaient » Jésus et les Douze « de leurs propres biens », le verbe signifie « pourvoir » ; cf. HENGEL, « Maria Magdalena », pp. 247-248. Sur le problème de *diakoneō* voir mon étude des textes de Luc ci-dessus ; cf. Hermann W. BEYER, « *diakoneō*, etc. », *TDNT* 2 (1964), pp. 81-93 (avec la théologisation discutable des données typique du *TDNT* [= *TWNT*]) ; John N. COLLINS, *Diakonia. Re-interpreting the Ancient Sources*, New York/Oxford, Oxford University, 1990, spéc. pp. 245-252 (avec une élaboration théologique qui lui est personnelle).

115. Winsome MUNRO (« Women Disciples in Mark ? », *CBQ* 44 (1982), pp. 225-241) pense que Marc a intentionnellement supprimé la tradition des femmes actives pendant le ministère de Galilée ; malheureusement son point de vue sur cette question, comme beaucoup de ses positions tout au long de son article, repose sur des hypothèses très fantaisistes.

116. Sur la présentation des femmes auprès de la croix dans Jean, voir BROWN, *The Death of the Messiah*, t. 2, pp. 1013-1026 [*La mort du Messie*, pp. 1214-1233]. Jn 19, 25 ne mentionne pas que les femmes ont suivi Jésus en Galilée ou depuis la Galilée, mais cela ne surprend guère puisque le ministère itinérant de Jésus dans la Galilée joue un rôle singulièrement modeste dans l'évangile de Jean, comparé aux synoptiques. Par conséquent, il ne faut pas entendre l'absence de toute mention à propos de femmes qui suivaient Jésus en Galilée ou depuis la Galilée comme signifiant que les femmes n'avaient pas d'importance dans le quatrième évangile ; voir Raymond E. BROWN, « Roles of Women in the Fourth Gospel », publié comme appendice II à son ouvrage *The Community of the Beloved Disciple*, New York/Ramsey NJ/Toronto, Paulist, 1979, pp. 183-198 [*La communauté du disciple bien-aimé*, pp. 201-217].

117. En toute rigueur de termes, l'évangile de Jean, à la différence des synoptiques, n'indique pas que l'une quelconque des femmes ait été témoin de la sépulture, mais le récit de Marie Magdeleine venant au tombeau vide le dimanche matin (Jn 20, 1-2) présuppose qu'elle ait vu où l'on a enterré Jésus.

118. Par souci de clarté, beaucoup de traductions créent une deuxième phrase qui commence par « et les Douze » au v. 1 (par ex. « et les Douze étaient avec lui ») ; en réalité cela défait l'unité de l'ensemble de 8, 1-3, qui est une seule phrase longue, étalée. Les pronoms/noms *autos* (Jésus), *hoi dōdeka, gynaikes tines* et *heterai pollai* sont les sujets du même verbe *diōdeuen* (« faisait route ») du v. 1 ; noter la concaténation de *autos... KAI hoi dōdeka... KAI gynaikes tines... KAI heterai pollai*. Luc place ensemble Jésus, les Douze et certaines femmes et le traducteur ne devrait pas les dissocier. Certains manuscrits donnent la leçon « *le* servaient [*lui*, à savoir Jésus seul] » plutôt que « *les* servaient [à savoir Jésus et les Douze] ». Pour les arguments en faveur de la leçon « le » voir Robert J. KARRIS, « Women and Discipleship in Luke », *CBQ* 56 (1994), pp. 1-20, spéc. pp. 5-10 ; de plus, l'auteur fournit une abondante bibliographie sur les femmes dans Luc-Actes. De bons manuscrits peuvent être avancés pour chacune des deux options à propos de 8, 3. La leçon avec le pluriel est attestée par une importante gamme de types de textes : par ex. l'alexandrin (codex Vaticanus, Washingtonianus), l'« occidental » (codex de Bèze), le césaréen (famille 13 [groupe Ferrar]) et la tradition byzantine plus tardive (codex Koridethi). Le remplacement du pluriel par la leçon avec le singulier peut s'expliquer par (1) la tendance commune des scribes chrétiens de créer une leçon christocentrique et (2) l'influence du texte clé marcien qui mentionne les femmes, Mc 15, 41 ; ce texte souligne que les femmes l'ont suivi *[lui]* et l'ont servi *[lui]* ; le parallèle de Lc 23, 49 adopte le pronom au singulier. Je suis donc d'accord avec METZGER (*Textual Commentary*, pp. 120-121), FITZMYER (*The Gospel According to Luke*, t. 1, p. 698) ; COLLINS (*Diakonia*, p. 245) et les 3e et 4e éditions de l'*UBSGNT* qui acceptent la leçon du pluriel *autois* pour Lc 8, 3.

On trouvera des discussions sur la valeur historique et le sens de Lc 8, 1-3 dans Ben WITHERINGTON III, « On the Road with Mary Magdalene, Joanna, Susanna, and Other Disciples-Luke 8:1-3 », *ZNW* 70 (1979), pp. 243-248 ; IDEM, *Women*, pp. 116-118 ; à l'opposé du point de vue de Witherington signalons David C. SIM, « The Women Followers of Jesus : The Implications of Luke 8:1-3 », *HeyJ* 30 (1989), pp. 51-62. L'une des études les plus exhaustives de la péricope se trouve dans RICCI, *Mary Magdalene*. Ricci note (p. 127) que les « nombreuses autres » femmes mentionnées en 8, 3 auraient pu être comprises parmi celles que Jésus avait guéries. Cependant, en regard de la distinction que fait le texte entre « quelques » *(tines)* femmes au v. 2 et « de nombreuses autres » *(heterai pollai)* femmes au v. 3, Ricci pense qu'il est plus vraisemblable que les « nombreuses autres » ne sont pas comprises parmi celles que Jésus avait guéries. Ricci (p. 54) considère que Lc 8, 3 place le groupe des femmes dans une relation de proximité immédiate avec Jésus identique à celle dont jouissent les Douze, le groupe appelé disciples se tenant quant à lui plus à distance. En effet, elle risque l'hypothèse (p. 129) que Luc veut dessiner un parallèle entre les trois femmes nommées en 8, 2-3 et le cercle intime de trois hommes (Pierre, Jacques et Jean) à l'intérieur des douze apôtres ; elle se fait ici l'écho de HENGEL, « Maria Magdalena », p. 248.

119. Voir *Un certain Juif, Jésus*, t. 2, pp. 489-491.

120. Sur l'impossibilité de dériver simplement Lc 7, 1-3 de Mc 15, 40-41 voir RICCI, *Mary Magdalene*, p. 27.

121. On peut donc s'interroger sur l'affirmation de Hans CONZELMANN (*The Theology of St Luke*, New York, Harper & Row, 1967, p. 47 n. 1) disant que « tout comme les disciples hommes devinrent des apôtres, les disciples femmes devinrent des diaconesses (v. 3) ». Luc emploie fréquemment le terme « apôtre » pour les Douze dans les évangiles comme dans Actes ; il n'emploie jamais « diaconesse » ou un nom semblable pour les femmes nommées en Lc 8, 2-3, qui ne sont plus jamais nommées après Lc 24, 10 et qui pratiquement disparaissent de son récit après une référence en passant dans Ac 1, 14. Pour le programme que Luc expose dans le prologue de son évangile voir Richard J. DILLON, « Previewing Luke's Project from His Prologue (Luke 1:1-4) », *CBQ* 43 (1981), pp. 205-227, spéc. pp. 214-217.

122. Ainsi HENGEL, « Maria Magdalena », p. 243. Il n'est pas question ici de s'engager dans les caricatures que l'on répand parfois sur le statut de la femme juive aux environs du temps de Jésus. Les conditions ont varié suivant la classe socio-économique, le statut matrimonial et le contexte légal (sphère publique ou privée). Il n'est pas vrai qu'une femme était simplement et toujours assimilée aux biens meubles. Sur la thèse selon laquelle la Mishna oscille entre traiter une femme juive comme une personne et la traiter comme un bien meuble suivant ce qui résulte du contrôle de ses fonctions biologiques par un mâle compétent, voir Judith Rommey WEGNER, *Chattel or Person ? The Status of Women in the Mishnah*, New York/Oxford, Oxford University, 1988, pp. 3-19 ; pour un bref exposé de la situation voir SIM, « The Women Followers of Jesus », pp. 54-55. Il va sans dire qu'appliquer le matériau mishnaïque au temps de Jésus requiert beaucoup de précaution. Cependant, on ne risque rien en disant que, en règle générale, les maîtres religieux juifs de Palestine au Ier siècle de notre ère n'admettaient pas les femmes dans le cercle de leurs disciples masculins qui se faisaient instruire, sans parler de femmes mariées qui se seraient déplacées en compagnie de tels maîtres sans que leurs maris soient présents. Il faut se rappeler cependant que dans le monde méditerranéen ancien les femmes pouvaient fournir et fournissaient de l'aide financière et matérielle tant aux rabbis qu'aux synagogues ; voir WITHERINGTON, « On the Road », p. 244.

Naturellement, à la maison, on enseignait aux femmes leurs obligations domestiques ; dans de rares cas, un mari rabbin pouvait donner une instruction plus détaillée en privé. Mais, comme le fait remarquer WEGNER (*Chattel or Person ?*, p. 161) : « Les sages n'ont jamais envisagé la possibilité que les hommes et les femmes étudient [la Torah] *ensemble.* » Sur les contacts des maîtres juifs (ou de leurs élèves) avec les femmes, voir (de source chrétienne) Jn 4, 27 ; et (de sources rabbiniques) *m. 'Abot* 1, 5 ; 2, 7 ; *m. Soṭa* 3:4 ; cf. VIVIANO, *Study as Worship*, pp. 11, 46. Sur l'absence d'une instruction officielle des femmes par les rabbis portant sur la Torah voir Léonie J. ARCHER, *Her Price Is beyond Rubies. The Jewish Woman in Graeco-Roman Palestine*, JSOTSup 60, Sheffield, JSOT, 1990, pp. 69-101 ; on trouvera une tentative pour réexaminer cette tradition dans un contexte moderne dans Moshe MEISELMAN, *Jewish Woman in Jewish Law*, The Library of Jewish Law and Ethics 6, New York, Ktav/Yeshiva University, 1978, pp. 34-42. Sur la question des références éparses au sujet de femmes compétentes dans l'enseignement rabbinique officiel, David GOODBLATT (« The Beruriah Traditions » dans *Persons and Institutions in Early Rabbinic Judaism*, Brown Judaic Studies 3, William Scott GREEN éd., Missoula MT, Scholars Press, 1977, pp. 207-229) argue que des anecdotes mentionnant la formation rabbinique avancée de Beruriah, la femme de rabbi Meir, apparaissent uniquement dans la strate babylonienne amoraïque de la littérature talmudique et reflètent probablement une situation spéciale de la Babylonie aux environs du Ve siècle de notre ère. Bien qu'elle s'avance avec prudence sur cette question, le livre d'Archer est gâché par un emploi non critique de matériau du Talmud à propos des conditions en Palestine au tournant de notre ère. On peut dire la même chose de l'appendice de JEREMIAS, « The Social Position of Women » dans son ouvrage *Jerusalem in the Time of Jesus*, Londres, SCM, 1969, pp. 359-376, spéc. p. 373 [« Appendice : la situation sociale de la femme », dans *Jérusalem au temps de Jésus*, Études annexes de la Bible de Jérusalem, Paris, Cerf, 1967, pp. 471-492, spéc. p. 491].

Pour ce qui est de la littérature chrétienne, nous ne trouvons pas de référence claire à une femme disciple dévouée suivant un maître célibataire masculin dans la mission chrétienne avant d'en arriver aux très fantaisistes (pour ne pas dire romantiques) *Actes de Paul (et de Thècle)*, composés autour de la fin du IIe siècle de notre ère ; voir Wilhelm SCHNEEMELCHER, « Taten des Paulus und der Thekla » dans Edgar HENNECKE et Wilhelm SCHNEEMELCHER éd., *Neutestamentliche Apokryphen*, 2 vol., 4e éd., Tübingen, Mohr (Siebeck), 1968 et 1971, pp. 243-251. Inutile de dire, cette pauvreté des données n'a pas empêché certains de proposer des hypothèses farfelues sur la façon précise dont des femmes ont participé à la mission de la première génération chrétienne ; nous avons là un bel exemple d'« imagination historique » qui n'est presque que de l'imagination et nullement de l'histoire.

123. À propos des intentions rédactionnelles éventuelles que cette tradition sert dans le programme théologique général de Luc voir WITHERINGTON, « On the Road », pp. 243-248.

124. SIM (« The Women Followers of Jesus », pp. 51-62) soutient que la fortunée Jeanne n'était pas représentative des femmes qui suivaient Jésus. Selon lui, la plupart de ces femmes étaient pauvres et ainsi elles mettaient en commun le peu d'argent qu'elles avaient pour entretenir Jésus. Cela est possible, mais les conjectures de Sim sur le statut socio-économique et matrimonial de ces femmes (par ex. la plupart d'entre elles vivaient seules) vont trop au-delà des maigres données dont nous disposons.

125. Par conséquent c'est peut-être aller au-delà de ce que le texte dit réellement que d'affirmer, comme le fait Ricci (*Mary Magdalene*, p. 159), que les femmes de Lc 8, 1-3 « avaient mis leur patrimoine à la disposition du groupe [Jésus et les Douze] ».

126. Witherington (*Women*, p. 122) avance l'idée, à propos des femmes auprès de la croix en Mc 15, 40, que Marc n'emploie pas *hoi mathētai* pour ces femmes « parce d'habitude il réserve ce mot pour les témoins officiels ou pour le cercle intime de Jésus, c.-à-d. les Douze ». La faiblesse de cette approche est signalée par la restriction « d'habitude ». En réalité, Marc, qui ne relate pas, avant 3, 13-19, le choix par Jésus de douze hommes pour constituer le groupe intime, emploie « disciples » pour ceux qui suivent Jésus en 2, 15-16. 18. 23 ; 3, 7. 9. À moins de rejeter tout ce que la critique narrative nous a appris à propos de Marc comme récit, les mentions des « disciples » dans ces versets ne peuvent renvoyer à un groupe qui n'existe pas encore dans le récit. De plus, venant juste après l'appel de Lévi (qui ne fait pas partie des Douze) à suivre Jésus en 2, 13-14, les mentions des disciples en 2, 15-16 ne plaident guère pour une limitation du mot aux Douze, d'autant plus que ces disciples sont décrits comme « nombreux » (2, 15), alors que seulement quatre des Douze (Pierre, André, Jacques et Jean) ont été mentionnés jusqu'à présent. La même remarque vaut fondamentalement aussi bien pour la narration de Luc. C'est plutôt à Matthieu qu'à Marc que l'on connaît une tendance à identifier les disciples avec les Douze (Lévi est transformé en Matthieu de manière à le faire paraître dans la liste des Douze). Cependant, du fait que Matthieu ne raconte nulle part le récit du choix des Douze, l'extension exacte du groupe appelé « disciples » reste particulièrement vague avant l'énumération des Douze en Mt 10, 2-4. Jean, qui ne mentionne guère les Douze durant le ministère public (uniquement dans 6, 67. 70-71 où seuls Pierre et Judas sont nettement membres du groupe), ne manifeste aucune tendance à identifier « les disciples » avec « les Douze », en particulier parce que le disciple idéal de Jean, « le disciple que Jésus aimait », ne semble pas être un membre des Douze. En somme, on ne peut expliquer l'absence de mentions des femmes qui suivaient Jésus en tant que « disciples » en se fondant sur une équation hautement douteuse entre les « disciples » et « les Douze » chez les évangélistes.

127. Sur l'historicité du récit de Bartimée voir *Un certain Juif, Jésus*, t. 2, pp. 505-510. Il faut se garder d'une affirmation trop ferme étant donné que l'assertion finale de Mc 10, 52 (« et il le suivit sur le chemin [ou : dans la voie] ») peut très bien être un commentaire interprétatif de Marc.

128. Sur cette question voir A. E. Harvey, *Jesus and the Constraints of History*, Philadelphie, Westminster, 1982, spéc. pp. 1-10.

129. Comme on l'a noté ci-dessus, les évangiles fournissent une attestation multiple de l'emploi du mot « disciples » pour les adeptes du Baptiste. Cependant, il faut se méfier de possibles anachronismes dans la présentation chrétienne du Baptiste ; par moment, les termes employés par Jésus ou les premiers chrétiens ont pu être rétro-projetés sur le Baptiste et ses adhérents. Toutefois, étant donné les références aux « disciples » du Baptiste dans Marc, Q, L et Jean, je pense qu'il est probable que le Baptiste ait employé *talmîdayyā'* pour ses proches adeptes.

130. Sur l'intérêt de Luc pour les femmes, un intérêt que l'on peut vérifier sur de simples bases statistiques, voir Ricci, *Mary Magdalene*, pp. 63-64. Pratiquement, quelle que soit la façon de mesurer adoptée, il devance chacun des autres évangiles canoniques. Ricci avance l'idée (pp. 68-71) que cet intérêt doit s'expliquer non pas tellement par le tempérament et la culture sociale de Luc mais plutôt par le fait qu'il aurait disposé d'une source ou d'une tradition spéciales, une tradition transmise par des femmes. Comme ailleurs dans son livre, Ricci se laisse emporter par des spéculations hautement imaginatives.

131. Pour les écrits apocryphes et gnostiques de la période patristique qui contiennent des références à Marie Magdeleine, souvent présentée comme une adepte privilégiée de Jésus, signalons l'*Évangile de Thomas* copte, l'*Évangile secret de Marc*, l'*Évangile selon Marie*, la *Pistis Sophia*, la *Sagesse de Jésus Christ*, le *Dialogue du Sauveur*, l'*Évangile de Philippe* et les *Actes de Philippe*. Sur tout cela voir Raymond F. COLLINS, « Mary (Magdalene) » dans *Anchor Bible Dictionary*, t. 4, pp. 579-581.

132. Dans le texte grec de l'*Évangile de Pierre* 12, 50-51 on lit en partie ceci : *orthrou de tēs kyriakēs Mariam hē Magdalēnē mathētria tou kyriou... ēlthen epi to mnēmeion* (« le matin du dimanche [exactement : du jour du Seigneur !], Marie Madeleine, disciple [au féminin] du Seigneur... se rendit au sépulcre »). On trouvera texte critique et commentaire dans M. G. MARA (éd.), *Évangile de Pierre*, SC 201, Paris, Cerf, 1973, p. 62. [Voir aussi une traduction d'Éric JUNOT dans *Écrits apocryphes chrétiens* t. 1, François BOVON et Pierre GEOLTRAIN éd., La Pléiade, Paris, Gallimard, 1997, p. 253.] Il va sans dire, nous ne pouvons parler que des fragments de l'*Évangile de Pierre* dont nous disposons. À ce stade de l'érudition, on ne peut pas savoir si cet écrit a utilisé le terme *mathētria* dans son récit du ministère public – si tant est qu'il y eût effectivement un récit du ministère public dans l'*Évangile de Pierre*. Il est intéressant de le noter, même John Dominic CROSSAN (*The Cross That Spoke*, San Francisco, Harper & Row, 1988, p. 412), pour qui le noyau primitif de l'*Évangile de Pierre* (un hypothétique « évangile de la croix ») remonte au tout début de l'Église, n'inclut pas la référence à Marie Magdeleine comme disciple femme dans son hypothétique « évangile de la croix ». Concernant mon opinion que l'*Évangile de Pierre* provient tout entier du IIe siècle et manifeste une connaissance de quelques-uns des évangiles canoniques (notamment Matthieu) voir *Un certain Juif, Jésus*, t. 1, pp. 75-78 ; cf. MARA, *Évangile de Pierre*, pp. 213-215 ; Frans NEIRYNCK, « The Apocryphal Gospels and the Gospel of Mark » dans *Evangelica*, BETL 60 et 99, 2 vol., F. VAN SEGBROECK, Louvain, Université de Louvain/Peeters, 1982 et 1991, t. 2, pp. 715-772, spéc. pp. 732-749 ; BROWN, *The Death of the Messiah*, t. 2, pp. 1317-1349 [*La mort du Messie*, pp. 1445-1484]. Il n'est pas surprenant que les occurrences relativement éparses de *mathētria* dans le grec de la koinè se trouvent le plus fréquemment dans des textes philosophiques. Dans sa *Bibliothèque historique* 2, 52. 7 DIODORE DE SICILE (Ier siècle av. JC) emploie une fois le terme dans un sens métaphorique lorsqu'il dit que les arts humains deviennent « disciples » *[mathētrias]* de la nature en conférant des couleurs variées aux objets ; pour le texte grec voir C. H. OLDFATHER et al. éd., *Diodorus of Sicily*, LCL, 12 vol., Cambridge, Harvard University, et Londres, Heinemann, 1933-1967, t. 2, p. 56 [trad. française : DIODORE DE SICILE. *Bibliothèque historique. Tome II Livre II*, Bernard ECK éd., Les Belles Lettres, Paris, 1983, p. 91]. Dans ses *Vies des philosophes illutres* 4, 2 et 8, 42, DIOGÈNE LAËRCE (IIIe siècle apr. JC) mentionne des femmes étudiantes chez Platon et Pythagore ; pour le texte grec voir R. D. HICKS éd., *Diogenes Laertius. Lives of Eminent Philosophers*, LCL, 2 vol., Cambridge MA, Harvard University, et Londres, Heinemann, 1925, t. 1, p. 374 et t. 2, p. 358. [DIOGÈNE LAËRCE, *Vies, doctrines et sentences des philosophes illustres*, trad. Robert GENAILLE, Paris, Garnier-Flammarion, t. 1 (1961), p. 178 ; t. 2 (1963), p. 139]. L'autre forme du nom féminin, *mathētris*, est également rare et ne se trouve nulle part dans le Nouveau Testament ou dans la littérature chrétienne ancienne. Cependant, dans son *Quod Deus sit immutabilis* 2 [5], PHILON dit d'Anne, la mère de Samuel : *toutou ginetai mathētris kai diadochos Anna* (« de lui [c.-à-d. Abraham] Anne est devenue [la] disciple et successeur »). Dans ce contexte, Philon interprète de façon allégorique Anne comme don de la sagesse de Dieu. [Texte et trad. française dans *Les œuvres de Philon d'Alexandrie*, t. 7-8, *De gigantibus. Quod Deus sit immutabilis*, trad. A. MOSÈS, Paris, Cerf, 1963, p. 65.]

133. BULTMANN (*Geschichte*, pp. 33, 58-59 [*Histoire*, pp. 51, 78-79]) considère le récit comme un apophtegme biographique et une « scène idéale » (par conséquent non historique). Par contre, DIBELIUS (*Formgeschichte*, p. 293), bien qu'il l'appelle une légende, admet un certain fondement dans la réalité historique, comme le fait MARSHALL (*The Gospel of Luke*, p. 451). Au sujet de la présentation des femmes dans Luc – Actes en général et dans Lc 10, 38-42 en particulier voir Mary Rose D'ANGELO, « Women in Luke-Acts : A Redactional View », *JBL* 109 (1990), pp. 441-461, spéc. pp. 454-455. Je ne suis pas convaincu par l'argumentation de D'Angelo pour qui l'intention rédactionnelle de Luc dans le récit de Marthe et Marie serait de décourager ou de limiter le ministère des femmes dans l'Église, un ministère représenté par Marthe faisant le service. (1) La pointe de l'affirmation positive de Jésus est que l'écoute attentive de sa parole est la seule chose nécessaire pour tout un chacun qui se voudrait disciple. Cela vaut pour les hommes tout autant que pour les femmes et, de soi, ne limite pas plus le ministère féminin que le ministère masculin. (2) Dans l'évangile de Luc (à l'opposé des deux emplois dans les Actes), le verbe *diakoneō* (« servir » ou « pourvoir aux besoins », l'action de Marthe en 10, 40) n'est jamais employé directement et sans ambiguïté pour l'activité « ministérielle » telle qu'annoncer la parole, accomplir des actions liturgiques ou exercer un rôle de chef dans la communauté croyante. En contraste, il est employé clairement avec le sens de servir aux tables ou jouer le rôle de l'hôte(sse) ; ainsi par exemple 4, 39 ; 12, 37 ; 17, 8. C'est aussi le sens du mot dans le propos métaphorique de Jésus au Dernier repas en 22, 26-27 : confronté aux disciples qui, centrés sur eux-mêmes, se querellent sur celui d'entre eux qui est le plus grand, Jésus compare son attitude et sa conduite humbles envers ses disciples avec celles d'une personne qui sert à table. Le verbe *diakoneō* est employé ici pour décrire son comportement, non pas pour définir une quelconque action ministérielle accomplie par lui. Noter le « *comme* celui qui sert » *(hōs ho diakonōn)* en 22, 26-27. L'image du service à table est renforcée par le contexte global du Dernier repas et par le vocabulaire de Jésus (*ho anakeimenos* [« celui qui est allongé à table »] et *hina esthēte kai pinēte epi tēs trapezēs mou* [« afin que vous mangiez et buviez à ma table »]) ; cf. COLLINS, *Diakonia*, pp. 246-247. Dans l'évangile de Luc le nom *diakonia* (« service ») ne se trouve qu'en 10, 40 (« Marthe s'affairait à un important service ») ; c'est dans les Actes, pas dans l'évangile, qu'il signifie différents types de service ministériel de l'Église. (3) Nous avons ici un bon exemple d'une règle de base de l'exégèse : le contexte immédiat, non pas le contexte éloigné, est le premier guide pour l'interprétation d'une unité. Étant donné que le cadre de la scène dans Lc 10, 38-42 est celui d'un dignitaire itinérant reçu par Marthe dans sa maison (v. 38 : *hypodexato* : « accueille », « reçoit comme un invité »), l'idée d'hospitalité et de service de la table est le sens naturel ; voir en 10, 38-41 des références à un rôle de direction dans l'Église chrétienne frise l'allégorie patristique.

Le sens de *diakoneō* dans Lc 8, 3 est moins clair ; la bienfaisance des femmes en faveur de Jésus et des Douze qui se déplaçaient à travers la Galilée peut renvoyer à beaucoup de genres d'aide et de service, pas simplement le service de la table, même s'il n'est pas nécessairement exclu. Dans la même ligne, on décrit des disciples hommes qui stockent et distribuent de la nourriture en Mc 6, 38. 41. Dans Jn 6, 12 on dit explicitement que c'est la tâche des disciples de ramasser les morceaux qui restent. Dans Jn 4, 8. 31, les disciples hommes (cf. v. 27) à la fois achètent la nourriture (cf. Mc 6, 37) et cherchent ensuite à la servir à Jésus. Étant donnés tous ces passages, il est étrange de voir certains commentateurs parler avec insistance des tâches de « domestiques » qui consistent à procurer, préparer et servir la nourriture à Jésus et à ses disciples ; voir par ex. COLLINS, *Diakonia*, p. 245. Les évangiles ne semblent pas considérer une telle activité comme tâche subalterne de domestique. En réalité, le « service de la nourriture » à l'intérieur de cercle de Jésus et de ses disciples est plus explicitement assigné aux adhérents hommes qu'aux femmes.

134. Voir chez Luc la description de Saul/Paul initié à l'étude de la Torah aux pieds de Gamaliel (Ac 22, 3 ; y a-t-il un écho de cette idée en Lc 8, 35 + 38-39 ?) ; de même dans la littérature rabbinique voir par ex. *m. 'Abot* 1, 4.

135. Il faut probablement voir un jeu de mots dans l'emploi de *merida* dans Lc 10, 42 : (1) une « portion » de nourriture que Marthe se préoccupe de préparer en s'affairant et s'agitant beaucoup : mais il suffit d'un seul plat ; et (2) une « part », « lot » ou « partage » du salut que Jésus apporte par sa parole : c'est cela que Marie a choisi en écoutant Jésus. Une limitation très littérale de *merida* à une « portion de nourriture » explique peut-être en partie le désir des copistes d'« améliorer » le texte. En dépit de la situation confuse du texte, « seule une chose est nécessaire » est le plus probablement la leçon primitive ; voir Aelred BAKER, « One Thing Necessary », *CBQ* 27 (1965), pp. 127-137 ; Morley STEVENSON, « Martha and Mary », *ExpTim* 28 (1916-17), p. 478 ; METZGER, *Textual Commentary*, p. 129 ; WITHERINGTON, *Women*, pp. 102-103. Sur ce point je diffère de Gordon D. FEE (« "One Thing Needful" ? Luke 10:42 » dans *New Testament Textual Criticism*, Bruce M. Metzger Festschrift, Oxford, Clarendon, 1981, pp. 61-75), qui donne une excellente vue d'ensemble des données, opinions et arguments ; sur cette question voir aussi Erling LALAND, « Die Martha-Maria Perikope Lukas 10, 38-42 », *ST* 13 (1959), pp. 70-85 ; Monika AUGSTEN, « Lukanische Miszelle », *NTS* 14 (1967-1968), pp. 581-583.

136. Richard A. HORSLEY (*Jesus and the Spiral of Violence. Popular Jewish Resistance in Roman Palestine*, San Francisco, Harper & Row, 1987, pp. 209-284) prend en compte la question importante de l'interaction pratique de Jésus avec les communautés locales ; mais à partir de cette appréciation valable, il invente des scénarios hautement fantaisistes.

137. *Un certain Juif, Jésus*, t. 2, pp. 457-754.

138. On aimerait pouvoir se montrer plus précis à propos de ces « groupes d'entraide », mais les données ne permettent pas d'autres spéculations ; s'essaie à de telles spéculations Richard A. HORSLEY, *Sociology and the Jesus Movement*, New York, Crossroad, 1989, pp. 105-129. Il avance l'idée que le « mouvement de Jésus » cherchait à revitaliser la vie locale des communautés villageoises de la Palestine juive « sous le mode de communautés familiales égalitaires non patriarcales » (p. 128).

139. Certains préféreront compter ces sympathisants sédentaires comme un cercle à part parmi les cercles concentriques. Cependant, puisque l'une de leurs principales fonctions (et l'une des raisons majeures que nous leur connaissons) consistait à élargir le soutien au Jésus itinérant avec son entourage de disciples itinérants, je pense qu'il vaut mieux les considérer comme des auxiliaires rattachés au second cercle.

NOTES DU CHAPITRE XXVI

1. Pour une orientation de base et une plus ample bibliographie voir J. B. LIGHTFOOT, « The Name and Office of an Apostle » dans *Epistle of St. Paul to the Galatians*, Grand Rapids, Zondervan, 1957 (première édition 1865), pp. 92-101 ; Julius WELLHAUSEN, *Einleitung in den drei ersten Evangelien*, Berlin, Reimer, 1905, p. 112 ; Julius WAGENMANN, *Die Stellung des Apostels Paulus neben den Zwölf in den ersten zwei Jahrhunderten*, BZNW 3, Giessen, Töpelmann, 1926 : Kirsopp LAKE, « The Twelve and the Apostles » dans *The Beginnings of Christianity. Part I. The Acts of the Apostles. Volume V*, Grand Rapids, Baker, 1979 (édition originale 1933), pp. 37-59 ; Nils Alstrup DAHL, *Das Volk Gottes*, Darmstadt, Wissenschaftliche Buchgesellschaft, 1963 (première édition 1941), pp. 158-159 ; Werner Georg KÜMMEL, *Kirchenbegriff und Geschichtsbewusstsein in der Urgemeinde und bei Jesus*, SymBU 1, Zurich, Niehans, 1943, pp. 3-7 et 30-32 ; Hans VON CAMPENHAUSEN, « Der urchristliche Apostelbegriff », *ST* 1 (1947), pp. 96-130 ; Rudolf BULTMANN, *Theology of the New Testament*, 2 vol., Londres, SCM, 1952, t. 1, p. 37 ; Innozenz DAUMOSER, *Berufung und Erwählung bei den Synoptikern*, Meisenheim am Glan, Hain, 1954, pp. 74-82 ; Philipp VIELHAUER, « Gottesreich und Menschensohn in der Verkündigung Jesu » dans *Aufsätze zum Neuen Testament*, TBÜ 31, Munich, Kaiser, 1965, pp. 55-91 ; Günther BORNKAMM, *Jesus of Nazareth*, New York, Harper & Row, 1960, p. 150 [*Qui est Jésus de Nazareth ?* PD, Paris, Seuil, pp. 171-172] ; Günter KLEIN, *Die zwölf Apostel. Ursprung und Gehalt einer Idee*, FRLANT 77, Göttingen, Vandenhoeck & Ruprecht, 1961 ; Béda RIGAUX, « Die "Zwölf" in Geschichte und Kerygma », dans *Der historische Jesus und der kerygmatische Christus*, Helmut RISTOW et Karl MATTHIAE éd., Berlin, Evangelische Verlagsanstalt, 1962, pp. 468-486 ; IDEM, « Les douze Apôtres », *Concilium* 34 (1968), édition fr. pp. 11-18 ; M. H. SHEPHERD Jr., « Twelve, The » dans *IDB*, t. 4, p. 719 ; Karl Heinrich RENGSTORF, « *dōdeka*, etc. », *TDNT* 2 (1964), pp. 321-328 ; Jürgen ROLOFF, *Apostolat – Verkündigung – Kirche*, Gütersloh, Mohn, 1965 ; Jean GIBLET, « Les Douze. Histoire et théologie » dans *Aux origines de l'Église*, RechBib 7, Bruges, Desclée de Brouwer, 1965, pp. 51-64 ; Gottfried SCHILLE, *Die urchristliche Kollegialmission*, ATANT 48, Zurich/Stuttgart, Zwingli, 1967 ; Robert P. MEYE, *Jesus and the Twelve. Discipleship and Revelation in Mark's Gospel*, Grand Rapids, Eerdmanns, 1968 ; Sean FREYNE, *The Twelve : Disciples and Apostles*, Londres/Sydney, Sheed and Ward, 1968 ; Walter SCHMITHALS, *The Office of Apostle in the Early Church*, Nashville/New York, Abingdon, 1969, pp. 67-95 et 231-288 ; Karl KERTELGE, « Die Funktion der "Zwölf" im Markusevangelium », *TTZ* 78 (1969), pp. 193-206 ; Rudolf SCHNACKENBURG, « Apostel vor und neben Paulus » dans *Schriften zum Neuen Testament*, Munich, Kösel, 1971, pp. 338-358 ; Günther SCHMAHL, « Die Berufung der Zwölf im Markusevangelium », *TTZ* 81 (1972), pp. 203-213 ; IDEM, *Die Zwölf im Markusevangelium. Eine redaktionsgeschichtliche Untersuchung*, Trierer Theologische Studien 30, Trêves, Paulinus, 1974 ; Klemens STOCK, *Boten aus dem Mit-Ihm-Sein. Das Verhältnis zwischen Jesus und den Zwölf nach Markus*, AnBib 70, Rome, Institut biblique, 1975 ; Wolfgang TRILLING, « Zur

Entstehung des Zwölferkreises. Eine geschichtskritische Überlegung » dans *Die Kirche des Anfangs*, Heinz Schürmann Festschrift, Rudolf SCHNACKENBURG, Josef ERNST et Joachim WANKE éd., Leipzig, St. Benno, 1977, pp. 201-222 ; Ernest BEST, « Mark's Use of the Twelve », *ZNW* 69 (1978), pp. 11-35 ; SANDERS, *Jesus and Judaism*, pp. 98-106 ; Jacques DUPONT, « Le nom d'Apôtres : a-t-il été donné aux Douze par Jésus ? » dans *Études sur les évangiles synoptiques*, BETL 70, 2 vol., Frans NEIRYNCK éd., Louvain, Université de Louvain/Peeters, 1985, t. 2, pp. 976-1018 ; Francis H. AGNEW, « The Origin of the NT Apostle-Concept : A Review of Research », *JBL* 105 (1986), pp. 75-96 ; W. HORBURY, « The Twelve and the Phylarchs », *NTS* 32 (1986), pp. 503-527 ; Raymond E. BROWN, « The Twelve and the Apostolate » dans *NJBC*, pp. 1377-1381 (§§ 135-157) ; Raymond F. COLLINS, « Twelve, The » dans *Anchor Bible Dictionary*, t. 6, pp. 670-671.

2. À strictement parler, cela vaut aussi de Luc qui suit Matthieu en parlant des « Douze ». Cependant, comme nous le verrons ci-dessous, Luc semble identifier « les Douze » avec « les apôtres », même s'il n'emploie pas « les douze apôtres » comme une formule établie.

3. MEYE (*Jesus and the Twelve*, pp. 110-115) prétend que, dans la perspective rédactionnelle de Marc, les Douze et les disciples sont des groupes coextensifs. Cependant cette thèse ne tient pas parce que (1) Lévi, le collecteur de taxes, est explicitement appelé par Jésus à la condition de disciple (Mc 2, 13-15) mais il n'est pas énuméré parmi les Douze et (2) on nous dit dès 2, 15 (suivant l'interprétation la plus probable du grec) que les disciples étaient nombreux – à une époque où des Douze seuls Pierre, André, Jacques et Jean ont été mentionnés ; les Douze ne sont pas choisis et nommés avant 3, 13-19. Étant donné ce contexte large, quand Marc dit en 3, 13 que Jésus « lui-même appelle ceux qu'il voulait et ils vinrent à lui », le sens naturel (surtout après la nette distinction entre les disciples de Jésus et la grande foule en 3, 7) est que Jésus choisit les Douze du milieu d'un groupe plus large de disciples. Ainsi Luc interprète-t-il Marc correctement quand il réécrit Mc 3, 13 dans Lc 6, 13 : « Et il [Jésus] convoqua ses disciples et il choisit douze d'entre eux… » (3) On pourra aussi noter ceci : certes l'homme riche de Mc 10, 17-22 refuse l'appel de Jésus à devenir disciple, mais Marc ne voit pas de problème à présenter Jésus appelant très sérieusement quelqu'un en dehors des Douze à accepter la condition de disciple. Les essais compliqués de MEYE (pp. 140-145 et 157-159) pour trouver une explication convaincante pour l'incident de Lévi, pour les disciples nombreux de Mc 2, 15 et pour l'appel de l'homme riche ne réussissent pas à convaincre.

En contraste avec Marc, un certain nombre de traits rédactionnels de Matthieu suggèrent que Matthieu assimile les Douze à la totalité du groupe des disciples. (1) C'est probablement pour cette raison que Matthieu l'évangéliste change le nom de Lévi en Matthieu (Mt 9, 9 qui contraste avec Mc 2, 14), c.-à-d. il fait en sorte que quiconque est appelé par Jésus à devenir disciple se retrouve dans la liste des Douze (« Matthieu *le collecteur de taxes* » dans Mt 10, 3). (2) Par conséquent, ne faisant mention ni de Lévi comme Marc ni du « disciple que Jésus aimait » comme Jean, Matthieu ne nomme ou ne met en avant individuellement aucun disciple qui n'apparaît pas dans la liste des Douze. (3) En omettant tout récit séparé du choix des Douze (tel qu'on le trouve en Mc 3, 13-19 // Lc 6, 12-16), Matthieu évite d'avoir à présenter Jésus appelant les Douze du milieu d'un groupe plus large, sans doute de disciples. Pourtant il garde le récit de l'appel avorté de l'homme riche ; il en résulte que son tableau n'est pas tout à fait clair. Peut-être peut-on dire que Matthieu présente le cercle des Douze comme *de facto* coextensif au cercle des disciples. Sur toute cette question voir STOCK, *Boten aus dem Mit-Ihm-Sein*, pp. 199-203.

4. Qu'il y a quelque figure historique derrière le « disciple que Jésus aimait » de Jean est la position défendue par Oscar CULLMANN, *Le milieu johannique*, Neuchâtel,

Delachaux et Niestlé, pp. 97-123 ; Raymond E. Brown, *The Community of the Beloved Disciple*, New York/Ramsey NJ/Toronto, Paulist, 1979, pp. 31-34 [*La communauté du disciple bien-aimé*, LD 115, Paris, Cerf, 1983, pp. 33-37].

5. Le propos qui suit ne prétend pas être un aperçu complet de l'emploi du mot « apôtre » dans le Nouveau Testament ; il veut uniquement expliquer pourquoi je parle des « Douze » et non pas des « douze apôtres ». Durant son ministère terrestre, Jésus n'a pas donné aux Douze le titre d'« apôtres », entendu comme une désignation fixe qui leur est propre ; c'est l'opinion défendue par Dupont, « Le nom », pp. 1017-1018 ; Roloff, *Apostolat*, pp. 144-145 ; Rigaux, « Les douze Apôtres », p. 12. Pour la position un peu plus ambiguë de Karl Heinrich Rengstorf, voir son article *« apostolos »* dans *TDNT*, t. 1, 1964, p. 429.

6. À mon avis, la proposition « qu'il a aussi appelé apôtres », qui est la leçon de certains manuscrits importants (Sinaïticus, Vaticanus, Koridethi) pour Mc 3, 14, et qui est placée après « il en établit douze », n'est pas primitive. Elle représente plutôt une harmonisation avec Lc 6, 13, où cette proposition se trouve mot pour mot (dans Marc, en dehors de 3, 15 le verbe corespondant à « appelés » *[onomazō]* ne se trouve nulle part, alors que Luc l'emploie trois fois dans ses deux écrits). Cette harmonisation, mise en évidence par l'insertion malhabile de la proposition dans Mc 3, 14, ne surprend guère étant donné que la tradition manuscrite grecque montre différentes tentatives d'harmoniser le récit marcien du choix des Douze avec Mt 10, 1-4 et Lc 6, 12-16. Ici je suis d'accord avec Taylor (*The Gospel according to St. Mark*, p. 230), Meye (*Jesus and the Twelve*, p. 190), Pesch (*Das Markusevangelium*, t. 1, p. 203) et Hooker (*The Gospel According to Saint Mark*, pp. 110-111) et me sépare de Metzger (*TCGNT*, 2e éd., p. 69) qui pense que l'attestation externe est trop forte pour qu'on puisse justifier l'omission de la proposition en question. Cependant même lui et son comité admettent le statut incertain de cette proposition en la plaçant entre crochets et en lui assignant le coefficient « C », qui indique que le comité qui compose le texte de l'*UBSGNT* a éprouvé des difficultés pour déterminer quelle variante retenir. La position de Guelich (*Mark 1 – 8:26*, p. 154) est semblable à celle de Metzger. Gundry (*Mark*, p. 164) se déclare nettement en faveur de la leçon avec la proposition discutée.

7. Curieusement c'est dans Mt 10, 2, et non pas dans l'évangile de Luc, que nous trouvons l'expression extrêmement rare dans le Nouveau Testament « les douze apôtres ». Le point de vue de l'Église de la fin du Ier siècle se reflète peut-être ici ne fut-ce que très fugitivement.

8. Dans le grec classique, *apostolos* peut signifier une « expédition navale » et probablement aussi désigner le « commandant » d'une telle expédition. Chez Josèphe (dans un et peut-être deux passages), il signifie probablement « envoi » ; dans les papyrus il signifie le plus souvent un « connaissement », assez souvent un « passeport » et également une « lettre ». Dans quelques cas isolés, notamment dans la Septante (3 Règnes 14, 6 du codex Alexandrinus [manque dans le Vaticanus] ; Is 18, 2 de Symmaque), il signifie « ambassadeur », « délégué », « messager ». Voir Bauer, *Wörterbuch*, 6e éd., col. 200 ; Karl Heinrich Rengstorf, « *apostellō*, etc. » dans *TDNT*, t. 1, 1964, pp. 407-414.

9. Il est inutile de s'engager dans des théories hautement spéculatives pour faire dériver le terme chrétien d'« apôtre » soit de l'institution rabbinique du *šālîaḥ* (un agent légal envoyé en mission avec la pleine autorité d'un envoyé) – une institution qui n'est pas attestée documentairement avant le temps de Jésus – soit de supposés apôtres gnostiques de Syrie (une construction érudite de Schmithals pour laquelle il n'y a pas d'attestation pour la première partie du Ier siècle de notre ère). Le concept vétérotestamentaire général de Dieu envoyant certains messages (spécialement les prophètes) à Israël munis d'autorité, l'envoi par Jésus de ses disciples (spécialement les Douze) pour une mission limitée à Israël durant son ministère public et les expériences des apparitions de Jésus ressuscité faites pas les disciples (quelle que soit la façon dont on évalue ces affirmations), voilà des données qui constituent un arrière-plan et un catalyseur plus intelligibles pour ce qu'est l'« apostolat » aux tout premiers temps de l'Église primitive. Contrairement à la théorie de Klein, l'apôtre Paul n'a pas inventé le concept ou l'institution de l'apostolat ; il a trouvé l'apostolat existant déjà dans l'Église des premiers temps et a cherché à revendiquer le même statut pour lui-même (voir par ex. Ga 1, 17-19 ; 2, 8 ; 1 Co 9, 1-6 ; 15, 7-9). Sur toute cette question voir BROWN, « The Twelve and the Apostolate », pp. 1380-1381.

10. L'opinion (opposée à celle de Klein ou de Schmithals) qui soutient que les Douze ont compté comme apôtres dès les tout premiers temps de l'Église est défendue par ROLOFF, *Apostolat*, p. 57-60 ; BROWN, « The Twelve and the Apostolate », p. 1381. D'emblée le verbe « compter » recèle un problème méthodologique – « compter » aux yeux de qui ? Un autre problème, plus proprement exégétique, est que le texte clé de 1 Co 15, 3-8 est ouvert à plus d'une interprétation. (1) D'un côté, « tous les apôtres » au v. 7, Paul qui se désigne lui-même comme « le dernier des apôtres » au v. 9, enfin sa revendication d'avoir travaillé plus que « eux tous » au v. 10 signifient selon certains que Paul entend que les Douze du v. 5 sont des apôtres. (2) D'un autre côté, les « cinq cents frères » du v. 6 ne comptaient probablement pas tous comme des apôtres aux yeux de Paul ; donc au moins quelques personnes ou groupes de la liste n'étaient pas automatiquement regardés comme des apôtres du seul fait qu'ils ont été témoins d'une apparition du Ressuscité. Comment alors pouvons-nous être sûrs que les Douze ont compté comme apôtres du seul fait qu'ils figurent sur la liste en tant que témoins de la résurrection ?

11. Voir la discussion philologique de Joseph A. FITZMYER, *Romans*, AB 33, New York, Doubleday, 1992, pp. 737-738. Comme James D. G. DUNN (*Romans*, Word Biblical Commentary 38 et 38A, 2 vol., Dallas, Word, 1988, t. 2, pp. 894-895) et beaucoup d'autres commentateurs récents le signalent (1) le grec *Iounian* doit être considéré comme un nom de femme et (2) dans ce contexte la proposition *hoitines eisin episēmoi en tois apostolois* signifie presque certainement « qui sont éminents parmi les apôtres » et non pas « éminents aux yeux des apôtres ». D'autres noms mentionnés par Paul qui, dans son esprit, sont peut-être comptés comme apôtres comprennent Jacques « le frère du Seigneur » (Ga 1, 19, mais le texte grec est ambigu) et Barnabé (si nous devons rapprocher des passages comme 1 Co 4, 9 ; 9, 6 ; Ga 2, 9 et comprendre le « nous » de Paul comme incluant Barnabé dans son apostolat). Le « nous » apostolique peut inclure Sylvain et Timothée dans 1 Th 2, 6-7 et Apollos dans 1 Co 4, 6 (+ 9), mais c'est moins vraisemblable.

12. Sur 2 Co 8, 23 voir Victor Paul FURNISH (*II Corinthians*, AB 32A, Garden City NY, Doubleday, 1984, p. 425) qui préfère traduire l'expression par « délégués des Églises » pour éviter l'impression que ces gens sont apôtres dans le même sens que l'est Paul. Sur Ph 2, 25 voir J. L. HOULDEN (*Paul's Letters from Prison*, Westminster Pelican Commentaries, Philadelphie, Westminster, 1970, p. 93) ; pour lui Épaphrodite est appelé ici « apôtre » au sens de messager de l'Église de Philippes envoyé au service de chrétiens.

13. On trouvera une exégèse soigneuse de Lc 6, 12-16 dans FITZMYER, *The Gospel According to Luke*, t. 1, pp. 613-620. Fitzmyer juge que « cet épisode de Luc... fait l'équivalence entre eux [les Douze] et les apôtres, en présentant ce titre comme étant conféré par Jésus lui-même... » (p. 616). Il soutient (p. 618) que Luc restreint le titre d'« apôtre » aux Douze. On trouvera la même opinion dans CONZELMANN, *The Theology of St Luke*, p. 216 n. 1 ; SCHÜRMANN, *Das Lukasevangelium*, t. 1, pp. 314-315 ; Josef ERNST, *Das Evangelium nach Lukas*, RNT, Regensburg, Pustet,

1977, pp. 207-208 ; Eduard SCHWEIZER, *The Good News According to Luke*, Atlanta, John Knox, 1984, p. 115 ; Peter K. NELSON, *Leadership and Discipleship. A Study of Luke 22:24-30*, SBLDS 138, Atlanta, Scholars Press, 1994, pp. 44-45.

14. Il n'est pas douteux que l'équation entre les Douze et les apôtres se trouve semblablement dans la source de Luc, à savoir Mc 6, 7 + 30 ; mais Marc n'entreprend pas de développer cette équation tout au long de son évangile.

15. Sur ce passage voir SCHNEIDER, *Die Apostelgeschichte*, t. 1, pp. 212-232. Schneider affirme (p. 222) que dans Luc-Actes il y a coïncidence entre les Douze et les apôtres. De même VON CAMPENHAUSEN, « Der urchristliche Apostelbegriff », pp. 104, 115. Cela est, en fait, la thèse principale de KLEIN dans son *Die zwölf Apostel*, pp. 202-216.

16. SCHNEIDER (*Die Apostelgeschichte*, t. 2, pp. 152, 159) pense que « les apôtres » de 14, 14 se trouvait dans la source de Luc et que Luc lui-même a introduit la formule en 14, 4 ; voir aussi HAENCHEN, *Die Apostelgeschichte*, p. 362 n. 5 ; CONZELMANN, *Acts*, pp. 108 et 111 ; cf. KLEIN, *Die zwölf Apostel*, pp. 211-213. Il est possible que la source ait employé le terme dans le sens de messager autorisé de l'Église d'Antioche. Schneider imagine que, dans Actes 14, Luc a tenu à utiliser ce titre pour créer un parallèle (concernant l'annonce de la foi et l'accomplissement des miracles) entre Paul et Barnabé d'une part et les douze apôtres d'autre part. Vouloir prétendre que « les apôtres » dans 14, 4. 14 ne sont pas la leçon originale dans le texte grec des Actes est une solution de type désespéré (contre KLEIN, pp. 212-213) ; le codex de Bèze est le seul témoin significatif qui omet « les apôtres » au v. 14. Dans « The Apostles According to Luke » (chap. 8 de son ouvrage *Human Agents of Cosmic Power in Hellenistic Judaism and the Synoptic Tradition*, JSNTSup 41, Sheffield, JSOT, 1990, pp. 109-123) Mary E. MILLS pense apparemment que dans les Actes Luc présente Paul comme un apôtre parallèle à l'apôtre Pierre. Cette identification semble provenir de l'insistance qu'elle met sur la conception qu'elle prête à Luc : pour lui les apôtres seraient des disciples qui, dans les Actes, accomplissent des merveilles au nom de Jésus et par le pouvoir de ce nom. Dans son étude, elle ne distingue pas assez soigneusement les différents termes tels que « disciples », « apôtres » et « les Douze ».

17. L'accord indépendant de Marc et de Jean dans l'emploi de l'expression simple « les Douze » indique, à mon avis, que c'était la forme d'expression la plus ancienne et qu'elle remontait à Jésus ; voir RIGAUX, « "Die Zwölf" », p. 472. Que Matthieu, parfois (26, 14. 20. 47) et Luc, toujours, disent simplement « les Douze » – Luc n'emploie nulle part la désignation fixe « les douze disciples » ou « les douze apôtres » – appuie cette opinion. Les « douze disciples » de Matthieu et l'identification des « Douze » avec « les apôtres » chez Luc (ou au moins le rapprochement étroit qu'il établit entre eux) trahissent tous deux des signes d'un développement secondaire qui culmine, pour ce qui est de l'histoire chrétienne de la tradition, dans « les douze apôtres de l'Agneau » de l'Apocalypse et dans le titre de la *Didachè*, « Enseignement du Seigneur transmis par les apôtres aux nations » (cf. *Lettre de Barnabé* 8, 3).

18. Adelbert DENAUX (« Did Jesus Found the Church ? », *LS* 21 [1996], pp. 25-45) donne une liste utile des critiques les plus importants (principalement allemands) pour les deux approches de la question. (Dans ce qui suit j'ajoute quelques exégètes de plus à sa liste). Affirment l'existence des Douze durant le ministère public de Jésus : Julius Wagenmann, Werner Georg Kümmel, Lucien Cerfaux, Hans von Campenhausen, Jacques Dupont, Birger Gerhardsson, Béda Rigaux, Günther Bornkamm, Ulrich Wilckens, Jürgen Roloff, Anton Vögtle, Heinz Schürmann, Rudolf Schnackenburg, Martin Hengel, Helmut Merklein, E. P. Sanders, Joachim Gnilka, Raymond E. Brown et Joseph A. Fitzmyer. Nient cette existence (avec des degrés de probabilité variable) : Julius Wellhausen (qui reprend une idée avancée par Friedrich Schleiermacher),

Johannes Weiss, Emmanuel Hirsch, Philipp Vielhauer, Günter Klein, Walter Schmithals, Herbert Braun, Gottfried Schille, Siegfried Schulz, Hans Conzelmann et John Dominic Crossan. Pour les deux positions au sujet de cette question on trouvera une bibliographie étendue, principalement d'auteurs allemands, dans les notes de KLEIN, *Die zwölf Apostel*, pp. 34-37. Un bref résumé des arguments employés par de nombreux critiques à l'appui de l'existence des Douze durant le ministère de Jésus est proposé dans KÜMMEL, *Kirchenbegriff*, pp. 30-32. On en trouvera un écho dans la réfutation de KLEIN, *Die Zwölf Apostel*, p. 35. La négation de l'origine des Douze dans le ministère de Jésus étant à la base de la thèse plus ample de Klein sur « les douze apôtres », on s'étonnera d'autant plus qu'il ne se préoccupe pas d'argumenter la question et qu'il se contente de donner simplement un rapide résumé des arguments de Vielhauer et d'autres érudits de même sensibilité (pp. 35-37).

19. Comme exemples d'études sur les Douze (dont certaines ne distinguent pas toujours soigneusement entre les « disciples » et les « Douze ») citons Theodore J. WEEDEN Sr., *Mark-Traditions in Conflict*, Philadelphie, Fortress, 1971 ; RIGAUX, « Die "Zwölf" » ; MEYE, *Jesus and the Twelve* ; KERTELGE, « Die Funktion » ; SCHMAHL, *Die Zwölf* ; Klemens STOCK, *Boten aus dem Mit-Ihm-Sei* ; Augustine STOCK, *Call to Discipleship*, Good News Studies 1, Wilmington DE, Glazier, 1982 ; Ernest BEST, *Mark. The Gospel as Story*, Édimbourg, Clark, 1983 ; IDEM, « Mark's Use of the Twelve » ; Vernon K. ROBBINS, *Jesus the Teacher*, Philadelphie, Fortress, 1984 ; SHINER, *Follow Me !*.

20. Ainsi SCHULZ, Q. *Die Spruchquelle der Evangelisten*, p. 335 n. 92.

21. BEST, « Mark's Use of the Twelve », pp. 11-35. VIELHAUER (« Gottesreich », p. 69) utilise la rédaction de Marc de façon différente pour en tirer argument contre l'existence des Douze durant le ministère de Jésus : l'existence historique des Douze est douteuse parce que, d'un point de vue littéraire, les Douze ne sont connectés que de manière lâche à la narration de l'évangile de Marc. Je trouve cet argument étrange ; le lien strictement logique entre l'existence historique des Douze et la façon dont Marc introduit des références à eux dans la structure rédactionnelle de son évangile est chose difficile à saisir. La structure littéraire de Marc est souvent lâche et épisodique. En réalité, on pourrait faire la même remarque à propos de l'expression « les disciples » dans Marc ; cependant personne n'utilisera sans doute ce point comme argument contre l'existence historique de disciples de Jésus.

22. TRILLING, « Zur Entstehung », pp. 204-206 ; cf. KERTELGE, « Die Funktion », pp. 196-197. On trouvera un jugement similaire dans RIGAUX, « Die "Zwölf" », pp. 470-482. On peut se demander si même ces auteurs n'attribuent pas trop vite la plupart des références aux Douze à la rédaction de Marc. D'abord, la seule présence de l'expression « les Douze » dans des phrases qui introduisent des dits de Jésus ne prouve pas de façon automatique que, dans des cas de ce type, la formule « les Douze » ait été introduite de manière rédactionnelle par Marc. Si l'on admet, par exemple, l'opinion de Pesch d'un Marc qui conserve dans sa rédaction d'importants blocs de matériaux traditionnels (en particulier dans la narration de la passion prise au sens large), alors, même dans les versets qui introduisent des dits de Jésus, différentes références aux Douze pourraient appartenir à la tradition prémarcienne.

23. GUELICH (*Mark 1 – 8:26*, p. 155) résume bien la question : « À part quelques exceptions (par ex. Klein, Schmithals…), le consensus commun admet que la désignation des Douze (3, 16-19) est une tradition prémarcienne. Le sémitisme qui est derrière « désigner » *(epoiēsen)* [instituer, établir, engager – NdT], plusieurs noms qui n'apparaissent plus nulle part dans Marc, l'emploi de patronymes et de surnoms comme Pierre, Boanergès et Iscariote, enfin la présence de listes semblables dans Mt 10, 2-4 ; Lc 6, 14-16 ; Ac 1, 13 appuient ce consensus. La part de la rédaction marcienne en

3, 13-15 est toutefois un point davantage susceptible de discussion. » Guelich développe ensuite l'argument que même 3, 13-15 atteste une tradition sous-jacente. Voir aussi Karl-Georg REPLOH, *Markus – Lehrer der Gemeinde*, SBM 9, Stuttgart, Katholisches Bibelwerk, 1969, pp. 43-50 ; PESCH, *Das Markusevangelium*, t. 1, pp. 202-203.

24. Sur cette question voir SCHMAHL, *Die Zwölf*, pp. 64-65. L'absence de l'article défini devant « Douze » dans Mc 3, 14 (« et il fit [institua] douze ») n'est pas un argument contre la question fondamentale à savoir que la tradition prémarcienne a connaissance d'un groupe spécial de douze disciples.

25. Pour les arguments pour et contre voir METZGER, *A Textual Commentary*, 2e éd., p. 69. Lui et ses collègues expriment leur incertitude en retenant les mots dans le texte mais entre crochets. GUELICH (*Mark 1 – 8:26*, p. 154) argumente en faveur du caractère primitif de 3, 16a dans le texte de Marc : 3, 16a a pour fonction de résumer la pensée « après la parenthèse de 3, 14b-15 ».

26. Trilling reflète le consensus des exégètes qui étudient Marc dans la perspective de la critique de la rédaction comme on peut le voir d'après le tableau (établi par Marion L. SOARDS) de BROWN, *The Death of the Messiah*, t. 2, p. 1504-1505. La grande majorité des critiques de la rédaction énumérés dans ce tableau et qui ont étudié Mc 14, 43 considèrent ce verset comme une partie du récit prémarcien de la passion. Le rapport de la tradition de Judas avec le critère de l'embarras sera étudié plus loin.

27. Comme KERTELGE (« Die Funktion », p. 196) le note, la seule exception importante est la référence indirecte aux Douze dans Mt 19, 28 par. (qui provient de Q).

28. Pour une exégèse essentielle et une bibliographie plus ample voir les commentaires classiques dont PESCH, *Das Markusevangelium*, t. 1, pp. 202-209 ; GUELICH, *Mark 1 – 8:26*, pp. 153-166 ; GUNDRY, *Mark*, pp. 163-170 ; FITZMYER, *The Gospel According to Luke*, t. 1, pp. 613-621 ; également STOCK, *Boten aus dem Mit-Ihm-Sein*, pp. 7-53.

29. Sur la variante « Lebbée » à la place de « Thaddée » dans quelques textes anciens voir l'étude sur Thaddée dans le chapitre suivant, section II, numéro 2.

30. Concernant « Simon le Zélote » comme simple forme alternative de « Simon le Cananéen » on se reportera à l'étude sur les membres individuels des Douze dans le chapitre suivant, section II, numéro 8.

31. Sur cette question voir MEYE, *Jesus and the Twelve*, pp. 200-201.

32. Ainsi, fort justement, FITZMYER, *The Gospel According to Luke*, t. 1, pp. 619-620. Il attire l'attention (p. 614) sur un phénomène semblable : les variations dans la liste des noms des douze tribus (ou des douze patriarches) dans l'Ancien Testament. On trouvera une étude complète de ces variations dans Phillip J. RASK, « The Lists of the Twelve Tribes of Israel », thèse de doctorat, Washington DC, The Catholic University of America, 1990). En réalité, comparées aux nombreuses variantions dans les noms des douze tribus qu'on relève dans l'Ancien Testament, les pseudépigraphes, Qumrān, Philon, Josèphe et le livre de l'Apocalypse, les variations dans les quatre listes des Douze sont relativement mineures.

33. Ici je ne suis pas SANDERS (*Jesus and Judaism*, p. 102). Il pense que le symbolisme du nombre douze intéressait Jésus, mais qu'il ne tenait pas particulièrement à avoir toujours douze hommes dans le groupe désigné par « les Douze » : « ... Jésus a utilisé le nombre douze de façon symbolique, sans que personne à ce moment ni plus tard fût en mesure de compter de manière précise douze [hommes individuels dans le groupe]. » En réalité, Marc, Matthieu et Luc comptent de façon précise douze hommes dans le groupe, même si Luc diffère des deux autres évangélistes synoptiques sur le nom d'une personne. Je ne comprends pas comment ce groupe particulier d'hommes aurait pu symboliser les espérances eschatologiques liées au nombre douze et même être désigné par le terme établi « les Douze » si, en réalité, durant le ministère de Jésus, les membres du groupe ne furent pas, au moins la plupart du temps, au nombre de douze. Comment le symbolisme du nombre qui affecte ce groupe durant le ministère public de Jésus pouvait être déconnecté, sur une longue durée, du nombre réel des individus du groupe, voilà qui m'échappe. Il faut, très certainement, admettre la possibilité d'un bref décalage, quand un membre quittait les Douze et devait être remplacé par quelqu'un d'autre. Cela a pu se produire durant le ministère de Jésus dans le cas de Thaddée ou de Judas [Jude] de Jacques et, après le ministère de Jésus, pour Judas l'Iscariote et Matthias. Mais de brèves interruptions ne justifient pas la conclusion que le nombre des disciples qui constituaient les Douze était sans importance ; le phénomène manifestement historique du remplacement plaide en sens opposé.

34. Comme Luc – Actes, Matthieu laisse tomber la parenthèse qui mentionne le surnom que Jésus a donné aux fils de Zébédée (« Boanergès », dont Marc prétend qu'il signifie « fils du tonnerre »). Matthieu et Luc ont probablement laissé tomber la mention parce que (1) elle dérange le déroulement fluide de la liste et/ou (2) elle a pu laisser les derniers évangélistes perplexes tout autant que les exégètes modernes. Pour autant que nous sachions, Matthieu et Luc ont pu douter de l'interprétation que Marc donne de Boanergès, mais ils n'avaient pas d'alternative à offrir. Pour la discussion de « Boanergès » voir l'étude sur Jean fils de Zébédée dans le chapitre suivant, section II, numéro 11. Le groupement par paires est peut-être une allusion aux fils/tribus de Jacob en fonction de leurs mères. Toutes les mères ont mis au monde les fils par paires ou par multiples de deux (voir Gn 29, 31 – 35, 19).

35. Un problème demeure : pourquoi le premier évangéliste a-t-il choisi, dans la liste des Douze, Matthieu comme personnage à identifier avec Lévi ? On trouvera différentes suggestions dans Rudolf PESCH, « Levi-Matthäus (Mc 2. 14/Mt 9. 9 ; 10. 3) : Ein Beitrag zur Lösung eines alten Problems », *ZNW* 59 (1968), pp. 40-56 ; Mark KILEY, « Why "Matthew" in Matt 9,9-13 ? », *Bib* 65 (1984), pp. 347-351.

36. DAVIES et ALLISON (*Matthew*, t. 2, pp. 144-145) signale d'autres accords mineurs entre les listes de Matthieu et de Luc. Ils laissent ouverte la possibilité que Matthieu et Luc reflètent ici une tradition Q, bien que, pour la majeure part, ils expliquent la liste de Matthieu comme un réélaboration rédactionnelle de celle de Marc ; cf. GUNDRY, *Matthew*, pp. 182-183 (qui adopte l'opinion inhabituelle que Luc utilise Matthieu).

37. Nous avons ici un bon exemple d'un « accord mineur » de Matthieu et Luc contre Marc qui tient à la coïncidence du désir de l'un et de l'autre d'améliorer le texte de Marc. Semblablement, le fait que Luc comme Matthieu ajoute « son frère » après le nom d'André peut être un accord accidentel et ne doit probablement pas être utilisé comme argument en faveur d'une liste Q des douze noms. Matthieu a pu ajouter « son frère » après le nom d'André pour obtenir un équilibre avec la même proposition utilisée après le nom de Jean, le frère de Jacques. Peut-être Luc n'utilise-t-il pas ce procédé d'équilibrage en totalité (c.-à-d. il n'ajoute pas « son frère » après le nom de Jean) parce que, dans son évangile, Jacques et Jean sont traités différemment d'André. Jacques et Jean ont déjà été introduits comme les fils de Zébédée (et donc frères) plus haut dans Lc 5, 10. Mais André est absent de l'appel initial de Pierre, Jacques et Jean après la pêche miraculeuse (Lc 5, 1-11). De ce fait, quand, dans la liste des Douze, Luc mentionne André pour la première et unique fois dans son évangile (6, 14), il apporte l'explication qu'il a automatiquement omise quand il a laissé tomber la version marcienne de l'appel des *quatre* premiers disciples : André était le frère de Pierre.

38. Sur ce texte et les différentes modifications faites dans les versions anciennes pour clarifier l'identité de ce personnage, voir BROWN, *The Gospel According to John*,

t. 2, p. 641. SCHNACKENBURG (*Das Johannesevangelium. III. Teil*, p. 92) pense que le Judas [Jude] mentionné en Jn 13, 22 fait sûrement partie des Douze dans l'esprit de l'évangéliste. Je ne pense pas qu'on puisse l'établir avec certitude, mais il est notable que tous les autres qui sont *appelés* disciples et sont en relation avec Jésus durant le Dernier repas johannique (Pierre, Judas l'Iscariote, Thomas, Philippe) apparaissent dans les listes des Douze des synoptiques. En conséquence, je considère qu'il est possible, sans qu'on puisse en fournir la preuve, que le Judas de Jn 14, 22 soit le Judas de Jacques mentionné dans Luc 6, 16//Ac 1, 13.

39. SCHÜRMANN (*Das Lukasevangelium*, t. 1, pp. 318-319) prend fermement position pour une source non marcienne dont Luc aurait disposé ; il avance toutefois l'idée que c'est déjà dans Q que la liste des noms se serait trouvée jointe au matériau qui est à l'arrière-plan de Lc 6, 12-13a. SCHNEIDER (*Die Apostelgeschichte*, t. 1, p. 206) se prononce également en faveur de Q.

40. SCHNEIDER (*Die Apostelgeschichte*, t. 1, p. 199) affirme avec raison que, dans son évangile, Luc puise dans le matériau ; voir aussi HAENCHEN, *Die Apostelgeschichte*, p. 120 ; CONZELMANN, *Acts of the Apostles*, p. 9.

41. On convient généralement qu'il est possible que la liste de l'évangile de Luc fût partiellement assimilée à Marc et que les Actes représentent la forme plus primitive de la lise de la tradition L. Cette explication alternative ne change pas l'idée maîtresse de mon argumentation, à savoir que la liste des Douze bénéficie de l'attestation multiple des sources (Marc et L).

42. Sur les problèmes exégétiques impliqués ici voir BROWN, *The Gospel According to John*, t. 1, p. 298. Il énumère (pp. 301-302) les parallèles entre Jn 6, 67-71 et les différentes versions de la scène synoptique de la confession de Pierre à Césarée de Philippe. La mention du père de Judas, Simon, et l'attribution d'« Iscariote » à Simon plutôt qu'à Judas (c'est la leçon des meilleurs manuscrits pour Jn 6, 71) restent sans parallèle nulle part dans la tradition synoptique – c'est un autre signe que Jean représente une tradition indépendante.

43. J'emploie à dessein l'expression « une référence indirecte aux Douze dans la tradition Q » parce que Mt 19, 28 par. ne désigne pas directement « les Douze » par la formule établie (*hoi dōdeka*) que l'on trouve ailleurs dans les évangiles ; à la place nous avons ici une référence aux Douze à travers l'image des « douze trônes » (en admettant pour le moment que la formulation matthéenne soit primitive). Il n'en reste pas moins que Jésus parle à certains adeptes proches et leur promet qu'au dernier jugement ils siégeront sur *douze* trônes pour juger (ou diriger) les *douze* tribus d'Israël. Admettant que nous connaissons dans l'Église des origines un groupe dirigeant appelé les Douze, non seulement les textes de Matthieu et de Luc dans leur contexte rédactionnel mais aussi le logion traditionnel qui circulait dans l'Église primitive peut difficilement se rapporter à un autre groupe de personnes hormis les Douze.

44. Sur cette question et sur le logion en général voir Jacques DUPONT ; « Le logion des douze trônes (Mt 19, 28 ; Lc 22, 28-30) » dans *Études sur les évangiles synoptiques*, BETL 70, 2 vol., Frans NEIRYNCK éd., Louvain, Université de Louvain/Peeters, 1985, pp. 706-743 ; Ingo BROER, « Das Ringen der Gemeinde um Israel. Exegetischer Versuch über Mt 19,28 » dans *Jesus und der Menschensohn*, Anton Vögtle Festschrift, Rudolf PESCH, Rudolf SCHNACKENBURG et Odilo KAISER éd., Fribourg/Bâle/Vienne, Herder, 1975, pp. 148-165 ; GRUNDMANN, *Das Evangelium nach Matthäus*, p. 435 ; FITZMYER, *The Gospel According to Luke*, t. 2, pp. 1411-1419. La plupart des exégètes admettent que la partie finale du logion, qui est l'objet de la discussion ici, vient de Q (par ex. Schulz, Hoffmann, Lührmann, Polag, Havener, Kloppenborg, Boring, et Catchpole). Cependant certains exégètes préfèrent voir deux traditions indépendantes qui auraient été conservées par M et L ; ainsi T. W. MANSON, *The Sayings of Jesus*, Londres, SCM, 1949 (éd. originale 1937), pp. 216-217. SATO (*Q und Prophetie*, t. 2, p. 23) reste hésitant quant à l'existence d'un logion dans Q. On trouvera un aperçu des opinions dans KLOPPENBORG, *Q Parallels*, p. 202. Une approche différente, qui soutient que Lc 22, 30 est une partie de la tradition du Dernier repas, peut-être même une partie d'un récit de la passion spécial de Luc, est proposée dans SCHÜRMANN, *Jesu Abschiedsrede Lk 22,21-38. III. Teil einer quellenkritischen Untersuchung des lukanischen Abendmahlsberichtes Lk 22,7-38*, NTAbh 20/5, 2e éd., Münster, Aschendorff, 1977 (éd. originale 1957), pp. 36-63, 139-142. Dans la « postface » de la 2e édition, pp. 168-170, Schürmann se sent moins sûr à propos de certains de ses points de vue. Daniel MARGUERAT (*Le jugement dans l'évangile de Matthieu*, Le Monde de la Bible 6, 2e éd., Genève, Labor et Fides, 1985, p. 462) va trop loin quand il affirme que Ap 3, 20-21 est une autre version du logion. Ce passage présente certes quelques motifs apocalyptiques semblables, mais il ne les emploie pas de la même façon et pour dire la même chose.

45. D'un côté, Matthieu doit chercher à insérer le matériau dans son contexte plus large sur les exigences et les récompenses de la condition de disciple en Matthieu 19 ; l'introduction du thème du Fils de l'homme au jugement dernier, un thème favori de Matthieu, peut être rédactionnelle en 19, 28. D'un autre côté, manifestement Luc coud ensemble différents logia disparates. En effet, Lc 22, 29-30a, avec les thèmes de royaume, de testament, de manger et boire à la table de Jésus, ne cadre que de façon maladroite (tant pour le contenu que pour la syntaxe) avec 30b (siéger sur des trônes et juger les douze tribus d'Israël). Le caractère composite de Lc 22, 28-30 est analysé par BROER, « Das Ringen », pp. 149-150. Avec un certain nombre d'autres exégètes, SCHULZ (*Q. Die Spruchquelle der Evangelisten*, p. 332) pense que Lc 22, 30a est probablement rédactionnel. Concernant le contexte théologique plus large de la forme lucanienne du logion dans Luc – Actes, voir JERVELL, « The Twelve on Israel's Thrones » dans *Luke and the People of God*, Minneapolis, Augsburg, 1972, pp. 75-112. Différents exégètes qui soutiennent la forme du logion de Matthieu ou celle de Luc comme primitive sont signalés dans BROER, « Das Ringen », p. 148 n. 2 (continuée p. 149).

46. Chose surprenante, KLEIN (*Die zwölf Apostel*, p. 36) pense pouvoir régler la question du logion Q simplement en notant que le mot « régénération » *(paliggenesia)* dans Mt 19, 28 rend le dit « suspect ». C'est ignorer le point clé que probablement on ne peut trouver du matériau Q que dans les paroles finales de Mt 19, 28 // Lc 22, 30 : « ... *vous* siégerez sur (douze) trônes, pour juger les douze tribus d'Israël. » C'est très précisément la partie du texte qui est composée en caractères gras et soulignée dans Kloppenborg, *Q Parallels*, p. 202 ; cf. RIGAUX, « Die "Zwölf" », p. 476. La recherche sur Q, par définition, se focalise sur les matériaux que Matthieu et Luc ont en commun et omet les matériaux qui viennent de la rédaction de Matthieu ou de Luc, ce qui est probablement le cas pour la *paliggenesia* de Matthieu.

47. En dépit de toutes les différences dans l'introduction du logion chez Matthieu (« vous qui m'avez suivi ») et chez Luc (« vous êtes, vous, ceux qui ont persévéré avec moi dans mes épreuves »), il y a une similitude sous-jacente : Jésus ne parle pas aux foules en général mais à ceux qui l'ont suivi et lui sont spécialement proches. Contre BROER (« Das Ringen », p. 163), il n'y a pas de raison de douter que la 2e personne du pluriel (vous siégerez) soit primitive dans le logion.

48. Pour les différents sens de *krinō* possibles ici, voir DUPONT, « Le logion », pp. 721-732. Les deux possibilités fondamentales sont : (1) « juger », à savoir au jugement dernier, avec soit (a) la nuance positive d'« obtenir justice pour », « voir justice faite pour », ou (b) la nuance négative de « condamner » (un sens vraisemblable dans la théologie rédactionnelle de Matthieu) ; ou (2) « gouverner », « régner »,

« exercer la souveraineté sur » (pas habituel dans le Nouveau Testament, ce sens est attesté dans l'Ancien Testament et les pseudépigraphes et il est possible dans le contexte rédactionnel et la théologie de Luc). Il va sans dire, un sens n'exclut pas nécessairement l'autre ; en outre, à considérer la saveur fortement vétérotestamentaire et juive du logion, il faut admettre que l'emploi de ce verbe peut être un sémitisme. (L'interprétation étrange de *krinō* chez BROER [« Das Ringen », pp. 162-163], pour qui il s'agit des adeptes de Jésus exerçant un jugement qui annihile Israël, ne trouve pas de fondement dans le logion de Q pris en lui-même, indépendamment de son contexte rédactionnel dans Matthieu.) Dans tous les cas, la référence aux douze tribus d'Israël, qui n'existaient pas comme réalité empirique au temps de Jésus mais dont au moins certains Juifs attendaient qu'elles seraient de nouveau rassemblées au temps de la fin (voir *Un certain Juif, Jésus*, t. 2 pp. 189-231), est tournée vers l'avenir et pointe vers quelque événement (le jugement dernier) ou situation (la pleine venue du règne de Dieu) eschatologiques. DUPONT (pp. 732-737) suggère qu'à l'arrière-plan de la promesse de Jésus aux Douze pourrait se profiler la curieuse mention des « trônes » au pluriel de la scène du jugement en Dn 7, 9 (quoique l'Ancien des jours ait un « trône » au singulier). Le pluriel a suscité plus tard, chez les rabbins, spéculation et réflexions sur les grands personnages ou princes d'Israël participant au jugement de Dieu ; mais nous ne pouvons être sûrs qu'une telle spéculation circulait au temps de Jésus.

49. DUPONT (« Le logion », p. 721) note que, dans le même verset, Luc procède apparemment à une autre modification pour raison de style : la formule plus naturelle de Matthieu *krinontes tas dōdeka phylas tou Israel* (qui reflète probablement Q) subit, dans Luc, une inversion inhabituelle (qu'on trouve ailleurs dans le style grec de Luc) en *tas dōdeka phylas krinontes tou Israel.* S'appuyant sur sa théorie d'une tradition prélucanienne du Dernier repas, SCHÜRMANN (*Jesu Abschiedsrede Lk 22,21-38. III. Teil*, p. 52) suggère que la tradition prélucanienne a laissé tomber le « douze » devant « trônes » pour permettre une application plus générale d'un dit qui, à l'origine, faisait uniquement référence aux Douze.

50. Ainsi DUPONT, « Le logion », p. 720 ; Witherington, *The Christology of Jesus*, p. 141.

51. Ainsi, entre autres, ROLOFF, *Apostolat*, pp. 148-149 ; TRILLING, « Zur Entstehung », p. 215 ; FITZMYER, *The Gospel According to Luke*, t. 2, p. 1419 ; WITHERINGTON, *The Christology of Jesus*, p. 141 ; SCHULZ, *Q. Die Spruchquelle der Evangelisten*, p. 332 ; MARGUERAT, *Le jugement*, p. 462 n. 45 (bien que Schulz et Marguerat ne pensent pas que le dit remonte au Jésus historique ; ainsi également BULTMANN, *Geschichte*, pp. 170-171 [*Histoire*, pp. 202-203]). Il est intéressant de noter que VIELHAUER (« Gottessreich », p. 67), qui rejette tout ensemble l'authenticité de Mt 19, 28 par. et l'existence des Douze durant le ministère de Jésus, n'en déclare pas moins que la forme primitive du logion ne peut certes pas être déterminée, mais que le dit renvoie pourtant à une promesse de Jésus aux Douze les assurant qu'ils régneront sur les douze tribus d'Israël. On peut également observer qu'à supposer que le logion primitif de Q ne renvoie pas aux Douze, la seule présence dans le logion des « douze tribus » n'aurait pas fait ajouter de façon automatique ou naturelle le numéral « douze » devant « trônes » à une étape secondaire de la tradition. Dans l'Ancien Testament, dans la littérature intertestamentaire et dans le Nouveau Testament nous trouvons beaucoup de passages qui parlent ou font la description du rassemblement ou du jugement de *tout* Israël (parfois l'idée précise de *toutes* les tribus est soulignée), cependant aucune de ces descriptions ne génère l'idée de douze trônes correspondant aux douze tribus qui seront jugées ou gouvernées. Les douze trônes en Mt 19, 28 s'expliquent plus naturellement en corrélation avec les Douze à qui la parole s'adresse.

52. *Un certain Juif, Jésus*, t. 2, pp. 189-381.

53. L'idée du rassemblement des douze tribus d'Israël à la fin des temps (ou au temps du Messie) était une espérance vivante au temps de Jésus comme en témoignent beaucoup d'écrits juifs à la fois de l'Ancien Testament et des pseudépigraphes qui soit furent composés soit étaient toujours lus à cette époque, par ex. Tobie (dont on a trouvé des fragments à Qumrān ; voir Joseph A. FITZMYER, « The Aramaic and Hebrew Fragments of Tobit from Qumran Cave 4 », *CBQ* 57 [1995], pp. 655-675), Ba 4-5 ; Si 36, 10-13 ; 48, 10 ; 2 M 1, 27-29 ; 2, 17-18 ; *Psaumes de Salomon* 11 ; 17, 26-32. 40-46 ; *1QM* 2, 1-3. 7-8 ; 5, 1-2 ; *11QTemple* 18, 14-16. Sur ces textes et leur relation avec l'espérance eschatologique en connexion avec l'idée des Douze voir SANDERS, *Jesus and Judaism*, pp. 95-106. D'une façon plus spécifique, la forme de base des *Testaments des douze patriarches* montre que le symbolisme de douze patriarches instruisant les douze tribus et préfigurant leur histoire était vivant au temps de Jésus. Bien que les *Testaments* dans leur état actuel fassent apparaître une rédaction chrétienne (dont l'étendue précise reste débattue entre exégètes), leurs racines remontent à la période préchrétienne – en témoignent les fragments des *Testaments* de certains patriarches à Qumrān. Sur ce point voir Howard Clark KEE, « Testaments of the Twelve Patriarchs » dans *The Old Testament Pseudepigrapha*, 2 vol., James H. CHARLESWORTH éd., Garden City NY, Doubleday, 1983 et 1985, t. 1, pp. 775-780 – quoique Kee minimise l'influence chrétienne et fasse remonter la date des *Testaments* beaucoup plus haut (IIe siècle av. JC) que je ne le ferais.

54. Ainsi TRILLING, « Zur Entstehung », p. 216. Les exemples partiels cités par Dupont et d'autres proviennent de la littérature rabbinique postérieure.

55. La remarque est faite par MANSON, *The Sayings of Jesus*, p. 217 ; de même WITHERINGTON, *The Christology of Jesus*, p. 141.

56. On trouvera une liste des exégètes qui soutiennent l'authenticité du logion et de ceux qui la nient dans SCHULZ, *Q. Die Spruchquelle der Evangelisten*, p. 333 n. 80.

57. VIELHAUER, « Gottesreich », p. 69. Dans une variante curieuse de cet argument, SATO (*Q und Prophetie*, p. 23) se fonde sur l'absence du concept « les Douze » ailleurs dans Q pour nier que Mt 19, 28 par. soit un logion de Q. Comme je l'indique dans le texte principal, l'absence presque complète de *mathētēs* (pour désigner un disciple de Jésus) dans Q montre, par analogie, à quel point cet argument est fragile.

58. On trouvera une liste de tous ces passages dans KLOPPENBORG, *Q Parallels*, p. 224.

59. RIGAUX, « Die "Zwölf" », p. 469 donne un résumé des différentes raisons qui ont conduit à ce jugement – devenu un lieu commun chez les exégètes du Nouveau Testament. Gordon D. FEE (*The First Epistle to the Corinthians*, NICNT, Grand Rapids, Eerdmans, 1987, p. 718) résume très bien ces raison : (1) le fait que Paul dise que ce résumé de « l'évangile » est une chose qu'il a à la fois « reçue » puis « transmise » aux Corinthiens ; (2) la forme stylisée des quatre énoncés dans 1 Co 15, 3-5 en deux séries de données équilibrées ; (3) le *hoti* (« que ») répété avant chaque proposition, ce qui implique une sorte de citation et (4) l'apparition de plusieurs termes non pauliniens dans un rayon aussi court. Sur cette question voir Joachim JEREMIAS, *La dernière cène. Les paroles de Jésus*, LD 75, Paris, Cerf, 1972, pp. 113-116. Sur des questions spécifiques concernant 1 Co 15, 3-5 voir John KLOPPENBORG, « An Analysis of the Pre-Pauline Formula in 1 Cor 15:3b-5 in Light of Some Recent Literature », *CBQ* 40 (1978), pp. 351-367 ; Jerome MURPHY-O'CONNOR, « Tradition and Redaction in 1 Cor 15:3-7 », *CBQ* 43 (1981), pp. 582-589.

60. Pour les textes qui entrent en ligne de compte voir Hans CONZELMANN, *Der erste Brief an die Korinther*, MeyerK 5, Göttingen, Vandenhoeck & Ruprecht, 1969, p. 23.

61. Sur ces questions et d'autres concernant la chronologie paulinienne voir Robert JEWETT, A *Chronology of Paul's Life*, Philadelphie, Fortress, 1979, pp. 29-38 ; Jerome MURPHY-O'CONNOR, *St. Paul's Corinth*, Wilmington DE, Glazier, 1983, pp. 129-152 [*Corinthe au temps de saint Paul*, Paris, Cerf, 1986 et 2004, pp. 201-231] ; Gerd LUEDEMANN, *Paul Apostle to the Gentiles. Studies in Chronology*, Philadelphie, Fortress, 1984, pp. 262-263 ; Joseph A. FITZMYER, « Paul » dans *NJBC*, pp. 1330-1332 (§ 9).

62. Nous avons une attestation multiple des sources pour l'affirmation que c'est Jésus lui-même qui a donné à Simon le nom de Céphas (= Pierre) durant le ministère public : Mc 3, 16 ; Jn 1, 42 et probablement la liste L des Douze dans Lc 6, 12-16 (v. 14). (D'aucuns voudront ajouter la tradition M particulière de Mt 16, 18.) Il n'y a dans le Nouveau Testament aucune tradition rivale pour affirmer que le second nom de Simon lui fut donné après Pâques. De plus, si l'on veut arguer que Simon a reçu le nom de Céphas/Pierre seulement dans les tout premiers temps de l'Église, il faudra expliquer pourquoi et comment un nom donné à Simon (par qui ?) de façon relativement si tardive est devenu la façon typique de faire mention de lui dans des courants si différents de la tradition néotestamentaire des première, deuxième et troisième générations chrétiennes (Paul, Marc, M, L, Jean et les épîtres de Pierre). Pour une étude complète sur les noms de Céphas et de Pierre voir le chapitre suivant, section II, n. 12.

63. VIELHAUER, « Gottesreich », pp. 69-71.

64. De surcroît, VIELHAUER (« Gottesreich », p. 69) utilise une distinction facile entre un groupe fixe de douze hommes qui a constitué une institution durable et un groupe de douze hommes qui a existé simplement comme un cercle de personnes à un moment particulier du temps dans le passé. C'est là introduire une dichotomie discutable, en particulier en regard de la situation fluide durant le ministère de Jésus et les tout premiers temps de l'Église. On notera de manière générale que le vocabulaire « institution » et « fonction » *(Amt)* est utilisé de façon trop rapide et vague dans les discussions allemandes sur les Douze.

65. Sur cette question voir Joachim JEREMIAS, *Théologie du Nouveau Testament. I. La prédication de Jésus*, LD 76, Paris, Cerf, 1973, p. 291. J'admets volontiers que, dans sa forme présente, le récit de l'élection de Matthias dans Ac 1, 15-26 montre à la fois des traits légendaires et des traits de rédaction lucanienne ; mais je n'écarterais pas trop vite l'idée sous-jacente que, en pleine ferveur eschatologique de leur première proclamation de la résurrection de Jésus à leurs adeptes israélites, les disciples aient choisi (peu importe par quel moyen) un disciple pour remplacer Judas – le cercle reconstitué des Douze reflétant ainsi parfaitement la promesse eschatologique des douze tribus restaurées d'Israël. Écarter toute la tradition de l'élection de Matthias comme légendaire ou « secondaire » par une affirmation catégorique (ainsi KLEIN, *Die zwölf Apostel*, p. 36) faute d'une argumentation détaillée, cela n'est pas acceptable. Il est intéressant de noter que, dans son texte principal, SCHMITHALS (*The Office of Apostle*, p. 70) rejette l'élection de Matthias comme étant une légende, mais ensuite, dans la note 58, il hésite apparemment : « La relation sur le choix postérieur de Matthias peut, il est vrai, remonter à d'anciennes traditions qui relataient la pleine reconstitution du cercle des douze après l'apostasie de Judas. » Pour HAENCHEN (*Die Apostelgeschichte*, p. 128), l'affirmation que c'est Matthias et non pas Barnabé qui devint apôtre par tirage au sort peut remonter à la tradition plutôt que de représenter une invention de Luc. RIGAUX (« Die "Zwölf" », p. 479) est également en faveur d'un noyau historique dans la tradition de Matthias.

66. Sur cette question voir RIGAUX, « Die "Zwölf" », p. 480 ; TRILLING, « Zur Entstehung », p. 211. La finale canonique de l'évangile de Marc, du IIe siècle, probablement un pastiche des récits d'apparition du Ressuscité dans Matthieu et dans Luc, utilise également la désignation postérieure « les Onze » (Mc 16, 14). On trouve également « les Onze » dans Ac 2, 14, mais simplement parce que, à titre de chef et de porte-parole, Pierre est distingué des onze autres membres du groupe des Douze récemment reconstitué. Très curieusement, cela épuise toutes les occurrences du mot « onze » *(hendeka)* dans le Nouveau Testament. Ainsi donc le terme ne se trouve que dans les récits contenus dans les écrits tardifs du Nouveau Testament, des récits situés dans un contexte d'après la résurrection. Comme nous l'observons dans d'autres cas, le quatrième évangile garde la façon de parler plus primitive. Bien qu'il sût que c'était durant le ministère public de Jésus que les Douze existaient, que Thomas et Judas étaient tous deux membres des Douze et que Judas avait apostasié en trahissant Jésus, Jean mentionne Thomas après la résurrection comme « l'un des Douze » (Jn 20, 24). Sur cette question, au lieu de partager les tendances historicisantes de Matthieu et de Luc, Jean garde la façon de parler primitive que l'on trouve dans la formule de la confession de foi de 1 Co 15, 3-5.

67. Quand on traite de Judas, on dit communément qu'il a « trahi » Jésus et on parle habituellement de sa « trahison ». J'emploie parfois cette terminologie par commodité et par convention ; cependant « trahir » n'est pas la traduction la plus exacte du verbe *paradidōmi* employé dans le Nouveau Testament et systématiquement en lien avec le nom de Judas dans les quatre évangiles. En rigueur de termes, le verbe signifie « remettre » ou « transmettre » ; le verbe est utilisé dans les narrations du Nouveau Testament pour affirmer que Judas a « remis », « transmis », « livré » Jésus aux autorités hostiles. Certes, dans le contexte spécifique d'un disciple intime, objet de confiance, qui livre son maître supposé révéré aux autorités qui vont peut-être l'exécuter, l'acte de le livrer peut en effet constituer un acte de trahison ; mais ce deuxième sens découle du cadre plus large du récit, non pas du verbe particulier qui est utilisé. Et quel est ce contexte plus large des différents évangiles ? C'est, en fait, uniquement Luc qui, en termes explicites, appelle Judas le « traître » (*prodotēs*, 6, 16), montrant ainsi clairement comment au moins un auteur du Nouveau Testament a compris la terminologie « livrer ». La malédiction prononcée par Jésus au Dernier repas (Mc 14, 21 parr.) sur celui qui le livre indique que Marc – avec Matthieu et Luc – et probablement aussi la tradition prémarcienne (ainsi PESCH, *Das Markusevangelium*, t. 2, pp. 346-353) ont vu l'acte de livrer sous un jour négatif. Sur l'appréciation que Matthieu et Jean font de l'action de Judas nous n'avons guère de doute. Mais pourquoi, alors, les évangélistes, y compris Luc, aussi bien que la tradition avant eux, privilégient-ils le verbe *paradidōmi* (« livrer ») ? Une réponse possible est que cet emploi du verbe *paradidōmi* pemet aux auteurs du Nouveau Testament d'entrelacer l'action de Judas avec celles d'autres personnes, humaines ou divine, dont on dit dans un sens ou un autre qu'elles livrent Jésus – notamment Dieu le Père qui, dans un sens sotériologique, livre Jésus à sa mort (bien qu'ici le verbe soit régulièrement employé à la voix passive et que l'agent reste inexprimé) ; sur tout cela voir BROWN, *The Death of the Messiah*, t. 1, pp. 211-213 [*La mort du Messie*, pp. 254-257]. En quoi consista exactement l'acte de « livrer » accompli par Judas, cela reste objet de chauds débats parmi les exégètes ; c'était probablement sa coopération pour expliquer aux autorités quand et où elles pourraient arrêter Jésus le plus facilement à l'insu du public et sans tumulte (ainsi BROWN, « Overall View of Judas Iscariot », *The Death of the Messiah*, t. 2, p. 1401 [« Judas Iscariote » dans *La mort du Messie*, p. 1540]). Les discussions sur les motifs, intentions et la culpabilité morale de Judas, qui ont de l'intérêt du point de vue théologique, sont sans solution d'un point de vue purement historique, dès lors que nous manquons de toute donnée sûre sur ces questions ; les énoncés des évangiles et des Actes qui sont en cause relèvent d'une très ancienne théologie chrétienne. On trouvera une reconstitution fantaisiste dans William KLASSEN, *Judas. Betrayer or Friend of Jesus ?*, Minneapolis, Fortress, 1996), pp. 73-74. On ne sera pas surpris de voir le livre de Klassen s'achever (pp. 205-207) par : « Un billet sur son suicide laissé par Judas Iscariote, env. 30 de l'ère commune. » La recherche du Judas historique, tout comme la recherche du Jésus historique, finit souvent par nous donner un roman.

68. Trilling (« Zur Entstehung », p. 208) considère la tradition de la trahison de Jésus par Judas, « l'un des Douze », comme l'argument le plus fort de l'existence prépascale des Douze ; voir aussi WAGENMANN, *Die Stellung*, p. 5. Fort justement, Trilling pense que les diverses tentatives faites par les exégètes pour expliquer comment Judas est devenu un membre du groupe postpascal des disciples appelés les Douze (ou fut rétroprojeté sur un mythique groupe prépascal des Douze) ne réussissent pas à être convaincantes. Dans le texte principal qui suit, je focalise l'attention uniquement sur Judas comme argument pour l'existence des Douze durant le ministère public ; je ne cherche nullement à couvrir tout le matériau ou toutes les questions concernant Judas. Concernant les différentes approches sur Judas (parfois avec des tendances romancées ou psychologisantes) voir Donatus HAUGG, *Judas Iskarioth in den neutestamentlichen Berichten*, Fribourg, Herder, 1930 ; Roman B. HALAS, *Judas Iscariot*, Studies in Sacred Theology 96, Washington DC, Catholic University of America, 1946 ; K. LÜTHI, *Judas Iscarioth in der Geschichte der Auslegung von der Reformation bis zur Gegenwart*, Zurich, Zwingli, 1955 ; Oscar CULLMANN, « Der zwölfte Apostel » dans *Vorträge und Aufsätze 1925-1962*, Karlfried FRÖHLICH éd., Tübingen, Mohr (Siebeck), et Zurich, Zwingli, 1966, pp. 214-222 ; Wiard POPKES, *Christus Traditus. Eine Untersuchung zum Begriff der Dahingabe im Neuen Testament*, Stuttgart/Zurich, Zwingli, 1967, pp. 174-181 et 217-218 ; Bertil GÄRTNER, *Iscariot*, FBBS 29, Philadelphie, Fortress, 1971 ; J.-Alfred MORIN, « Les deux derniers des Douze : Simon le Zélote et Judas Iskariōth », *RB* 80 (1973), pp. 332-358, spéc. pp. 349-358 ; H. L. GOLDSCHMIDT et M. LIMBECK, *Heilvoller Verrat ? Judas im Neuen Testament*, Stuttgart, KBW, 1976 ; W. VOGLER, *Judas Iskarioth*, Theologische Arbeiten 42, 2e éd., Berlin, Evangelische Verlagsanstalt, 1985 ; H. WAGNER éd., *Judas Iskariot*, Francfort, Knecht, 1985 ; Hans-Josef KLAUCK, *Judas – ein Jünger des Herrn*, QD 111, Fribourg/Bâle/Vienne, Herder, 1987 ; Günther SCHWARZ, *Jesus und Judas*, BWANT 123, Stuttgart, Kohlhammer, 1988 ; Paul MCGLASSON, *Jesus and Judas. Biblical Exegesis in Barth*, American Academy of Religion, Academy Series 72, Atlanta, Scholars Press, 1991, pp. 135-147 ; William KLASSEN, « Judas Iscariot », dans *Anchor Bible Dictionary*, t. 3, pp. 1091-1096 ; IDEM, *Judas* ; BROWN, « Overall View of Judas Iscariot » dans *The Death of the Messiah*, t. 2, pp. 1394-1418 [« Judas Iscariote » dans *La mort du Messie*, pp. 1534-1561].

69. Sur cette question voir RIGAUX, « Die "Zwölf" », p. 479.

70. La trahison de Jésus par Judas, « l'un des Douze », est la principale pierre d'achoppement pour la position de VIELHAUER ; fait ironique, il voit ce dilemme comme un miroir de l'Église primitive. Le raisonnement contourné qu'il élabore pour montrer que l'Église a dérivé de textes de l'Ancien Testament l'idée que l'un des Douze a trahi Jésus ne réussit pas être convaincante (« Gottesreich », p. 70). Il veut bien admettre comme fait historique que l'un des disciples de Jésus l'a trahi (on ne voit jamais clairement pourquoi il accepte la tradition de Judas jusque là et non pas le reste). L'Église a cherché ensuite des textes d'Écriture (compris comme prophéties) pour expliquer ce fait scandaleux. Elle a inventé la scène où Jésus désigne le traître lors du Dernier repas en créant l'allusion au Ps 41, 10 (TM) ou Ps 40, 10 (LXX) (un ami en qui le psalmiste avait confiance et qui a partagé ses repas l'a ensuite agressé) – une allusion que Jn 13, 18 explicitera plus tard. L'idée d'une trahison par un compagnon de table qui avait été pendant longtemps adepte de Jésus a donné naissance à son tour à l'idée d'une trahison par l'un des Douze, une fois le groupe des Douze constitué dans l'Église primitive puis rétroprojeté dans la vie de Jésus. Non seulement cette théorie est de manière générale compliquée et gratuite, elle échoue aussi spécifiquement, parce que (1) le verset supposé décisif du psaume n'est jamais cité explicitement avant l'évangile de Jean ; (2) quoi qu'il en soit, le verset du psaume ne parle pas de *livrer* un compagnon de table *à ses ennemis*, ce qui est un élément clé de la trahison de Judas ; (3) l'histoire de la tradition compliquée et à multiples étapes que postule Vielhauer postule une durée longue durant laquelle la trahison par l'un des Douze pût se développer dans l'Église ; or la tradition de la trahison de Judas est déjà insérée dans les traditions de la passion prémarcienne aussi bien que préjohannique ; (4) finalement la théorie de Vielhauer n'explique nulle part de façon adéquate pourquoi ou comment le même nom (Judas Iscariote [ou Judas fils de Simon Iscariote]) est apparu indépendamment dans les deux traditions de la passion, prémarcienne et préjohannique, comme le nom d'un membre des Douze devenu traître. On trouvera une critique de la théorie de Vielhauer sous un angle un peu différent dans SANDERS, *Jesus and Judaism*, pp. 99-101.

71. Dans son livre *Who Killed Jesus ?* (San Francisco, Harper, 1995, p. 75), John Dominic CROSSAN évite les hypothèses improbables de Vielhauer et de Klein et admet qu'un disciple du nom de Judas a effectivement trahi le Jésus historique. Mais ensuite il rejette la conclusion naturelle que le cercle des Douze, auquel Judas a appartenu, ait existé durant le ministère de Jésus. Il le fait en niant que Judas fût un membre des Douze. Judas ne pouvait pas être un membre des Douze puisque, affirme Crossan, les Douze comme groupe déterminé n'existaient pas durant le ministère de Jésus. Plutôt qu'argumenter longuement ce point capital, Crossan déclare de façon catégorique *(ibid.)* : « Je ne pense pas qu'il [Judas] était un membre des Douze, parce que ce regroupement symbolique des Douze nouveaux patriarches chrétiens pour remplacer les Douze anciens patriarches juifs a eu lieu seulement après la mort de Jésus. Il y a, par exemple, des pans entiers du christianisme primitif qui n'ont jamais entendu parler de cette institution. Mais des traditions chrétiennes anciennes, différentes et indépendantes, savaient des choses sur lui [Judas]... » C'est là un type de raisonnement étrange ; les mêmes arguments, utilisés de la même manière globale, pourraient tout aussi aisément prouver le contraire étant donné (1) que des traditions chrétiennes anciennes, différentes et indépendantes, savaient des choses sur les Douze et (2) que des pans entiers du christianisme primitif n'ont jamais entendu parlé de Judas ou, du moins, ne font jamais mention de lui dans le Nouveau Testament. L'application des critères d'historicité aux données exige beaucoup plus de rigueur.

72. Sur cette question voir RIGAUX, « Die "Zwölf" », p. 478.

73. SCHMITHALS, *The Office of Apostle*, p. 69.

74. MEYE (*Jesus and the Twelve*, p. 208) fait observer à juste titre à propos de l'approche de Vielhauer : « D'abord on enlève du compagnonnage de Jésus Judas et tout le cercle prépascal des Douze... et ensuite par un processus très compliqué on le fait revenir dans le compagnonnage de Jésus avec les Douze au titre d'un postulat théologique. » Voir ausssi Eduard SCHWEIZER, *Das Evangelium nach Markus*, NTD 1, 2e éd., Göttingen, Vandenhoeck & Ruprecht, 1968, pp. 71-72. SCHILLE (*Die urchristliche Kollegialmission*, p. 148) pense que la difficulté pour expliquer la position de Judas dans la tradition plus tardive des Douze est atténuée si nous supposons que Judas appartenait au groupe des pèlerins galiléens autour de Jésus qui montèrent avec lui à Jérusalem pour la dernière Pâque. Comment cela explique l'inexplicable, voilà qui m'échappe.

75. Ce point est souligné par TRILLING, « Zur Entstehung », p. 208.

76. À témoin, en effet, les zigzags d'une seule parmi les positions défendues par des exégètes. Dans son article « Der Markusschluss, die Verklärungsgeschichte und die Aussendung der Zwölf », *ZTK* 69 (1972), pp. 379-411, écrit après *The Office of Apostle*, SCHMITHALS fait du délayage sur la question du quand et du comment de l'apparition de Judas et de la tradition le concernant. Il offre de nombreuses suggestions. Ma favorite est la suivante : « Il est également possible que Marc souhaitait discréditer, en le présentant comme le “traître de Jésus”, un ancien disciple de Jésus qui s'appelait Judas Iscariote et auquel on se référait comme à un pilier de la tradition dans des cercles chrétiens que Marc attaque dans son évangile. » Pour faire une place à Judas dans la liste des Douze, Marc aurait pu remplacer Judas de Jacques par Judas Iscariote. Ah, le tissu embrouillé qu'on est en train de machiner ici !

77. Peut-être, pour l'essentiel, le peu de force des diverses tentatives qui cherchent à nier l'existence des Douze durant le ministère de Jésus se reflète-t-il dans l'hésitation de WELLHAUSEN (*Einleitung*, p. 112), l'un des premiers tenants de cette théorie. Selon lui, il est probable que les Douze ne faisaient pas partie la vie de Jésus, mais qu'ils apparurent pour la première fois au début de la période apostolique. Cependant, ajoute-t-il, il est possible qu'ils furent les compagnons de Jésus au Dernier repas et furent ainsi en quelque sorte les « héritiers testamentaires du Maître ».

78. Pour ce type d'argument voir A. M. FARRER, « The Ministry in the New Testament » dans *The Apostolic Ministry*, Kenneth E. KIRK éd., Londres, Hodder & Stoughton, 1946, pp. 113-182, spéc. pp. 119-120.

79. On pourrait dire la même chose d'à peu près l'ensemble du corpus des Pères apostoliques. L'emploi de « douze » pour désigner les douze apôtres ou disciples se limite au titre de la *Didachè* (qui est probablement une addition secondaire au corps de l'œuvre) et à une référence indirecte dans le *Pasteur d'Hermas* (Similitude IX, 17, 1 : les douze montagnes représentent les douze tribus auxquelles les apôtres ont annoncé le Fils de Dieu).

80. SCHMITHALS mentionne ce point dans *The Office of Apostle*, pp. 69-70 en lui donnant cependant une mauvaise interprétation. Il échafaude le scénario hautement improbable de (1) une vie de Jésus sans les Douze (2) la création soudaine des Douze après Pâques comme un résultat d'une apparition de la résurrection (3) l'attribution aux Douze d'un statut si important et si élevé dans l'Église des débuts qu'il fut rétroprojeté dans les différents courants de la tradition du Nouveau Testament (Marc, Q, L et Jean) (4) la désintégration précoce des Douze, dès l'apostasie de Judas et pas plus tard que le martyre de Jacques fils de Zébédée, et par conséquent (5) l'absence presque totale des Douze du reste des traditions et écrits de l'Église du Ier siècle. (6) Les choses se compliquent davantage si l'on ajoute les perfectionnements apportés par son article ultérieur « Der Markusschluss », pp. 398-401 (par ex. Marc fut le premier à rétroprojeter les Douze dans le ministère public). Une hypothèse aussi compliquée, imaginant un surgissement et une disparition à la façon d'un météore, met la crédulité à rude épreuve et n'est, en fin de compte, d'aucune nécessité.

81. Je résume ici brièvement ce qui est détaillé longuement dans *Un certain Juif, Jésus*, t. 2, pp. 189-231. Tandis que l'étude dans le tome 2 est centrée sur le symbole à forte potentialité du « royaume de Dieu », ici la focalisation porte plutôt sur l'espérance prophétique de voir les douze tribus d'Israël rétablies à la fin des temps.

82. La réalité historique ne fut probablement pas aussi simple, mais ce qui nous intéresse ici c'est l'histoire biblique telle que la connaissaient et à laquelle croyaient les Juifs au temps de Jésus.

83. Sur ce texte voir Sherman E. JOHNSON, « The Dead Sea Manual of Discipline and the Jerusalem Church of Acts » dans *The Scrolls and the New Testament*, Krister STENDAHL avec James H. CHARLESWORTH éd., New York, Crossroad, 1992 (première édition 1957), pp. 129-142, spéc. pp. 133-134 ; Bo REICKE, « The Constitution of the Primitive Church in the Light of Jewish Documents », *ibid.*, pp. 143-156, spéc. pp. 151-152 ; Joseph A. FITZMYER, « The Qumran Scrolls, the Ebionites, and Their Literature », *ibid.*, pp. 208-231, spéc. p. 223. Le texte de Qumrān est utile pour confirmer l'importance du symbole de douze hommes comme chefs de l'Israël eschatologique, mais toute dépendance directe soit de Jésus soit de l'Église de Jérusalem par rapport aux structures de Qumrān est hautement discutable (cf. REICKE, « The Constitution », p. 152). JOHNSON (« The Dead Sea Manual », p. 134) pense qu'à Qumrān le groupe de douze gouvernait une communauté dans l'expectative eschatologique, tout comme les Douze dans l'Église primitive constituaient le conseil de la communauté de Jérusalem pour la venue de l'âge messianique (en faisant appel au logion Q de Mt 19, 28 par.). Il faut noter que *1QS* 8, 1 même est ambigu, du fait qu'il n'est pas tout à fait clair si les trois prêtres appartenaient au groupe des douze hommes ou étaient distincts de lui (ce qui est indiqué si l'on traduit *'îš* par « laïcs »). Par exemple, REICKE (« The Constitution », p. 151) pense que les douze hommes n'étaient pas des laïcs. A. DUPONT-SOMMER (*Les écrits esséniens découverts près de la mer Morte*, Paris, Payot, 1980, p. 105 n. 4) pense à un collège de 15 membres, 12 laïques et 3 prêtres ; cette opinion est également défendue par Geza VERMES, *The Dead Sea Scrolls in English*, 3e éd., Londres, Penguin, 1987, p. 4. La traduction en anglais fournie par *The Dead Sea Scrolls. Volume 1. Rule of the Community and Related Documents* (Princeton Theological Seminary Dead Sea Scrolls Project, James H. CHARLESWORTH éd., Tübingen, Mohr [Siebeck], et Louisville, Westminster/John Knox, 1994) laisse la question dans l'ambiguïté en proposant (p. 45) « (lay)men » *[hommes (laïques)]*. Les exégètes diffèrent également sur le groupe du Nouveau Testament avec lequel on pourrait éventuellement comparer les trois prêtres, étant donné qu'aucun groupe chrétien particulier n'a porté le label « prêtres » (distinct de « presbytres ») au Ier siècle. Certains pensent à Pierre et aux fils de Zébédée dans les évangiles synoptiques, tandis que d'autres évoquent les trois piliers (Jacques, Céphas et Jean) de Ga 2, 9.

84. E. P. SANDERS est l'un des principaux protagonistes qui considèrent une « eschatologie de restauration » comme un arrière-plan important pour comprendre le Jésus historique ; voir son ouvrage *Jesus and Judaism*, pp. 77-119.

85. Pour une étude exhaustive de ces actions symboliques et d'autres actions symboliques de Jésus on se reportera à Maria TRAUTMANN, *Zeichenhafte Handlungen Jesu. Ein Beitrag zur Frage nach dem geschichtlichen Jesus*, FB 37, Wurzbourg, Echter, 1980. L'étude de la constitution du cercle des Douze se trouve pp. 168-233. L'argumentation de Trautmann diffère de la mienne en ce qu'elle ne pense pas que le logion Q de Mt 19, 28 par. (qui, à son avis, contient la mention des « douze trônes ») remonte au Jésus historique. Par contre, elle tient que Q contenait une liste des noms des Douze, que le discours missionnaire de Q contenait Mt 10, 5b-6, qui était, dans sa toute première forme, un dit du Jésus historique adressé aux Douze, et que, par conséquent, le discours missionnaire de Q s'adressait aux Douze. Je ne suis pas d'accord avec ce que je considère comme une démarche de raisonnement ténue ; mais je rejoins ses conclusions à savoir que le Jésus historique a créé et envoyé les Douze pour répercuter son propre appel à tout Israël en ce temps de la fin. Selon l'opinion de Trautmann, l'intention de Jésus de rassembler les brebis perdues de la maison d'Israël accomplissait en particulier les espérances du livre d'Ézéchiel. Voir aussi Morna D. HOOKER, *The Signs of a Prophet. The Prophetic Actions of Jesus*, Harrisburg PA, Trinity, 1997.

86. Sur la puissance dynamique des actions symboliques des prophètes voir Gerhard VON RAD, *Théologie de l'Ancien Testament*, 2 vol., Nouvelle série théologique 12 et 18, Genève, Labor et Fides, 1967, t. 2, pp. 85-87 : « Tout comme la parole pathétique, le signe pouvait, aux yeux des anciens, non seulement signifier une réalité, mais aussi lui faire prendre corps, c'est-à-dire qu'il pouvait avoir une action créatrice… ; il est même probable que, dans les anciennes cultures, le signe atteignait à cet égard un degré plus élevé que la parole… Dans les signes, c'est Yahvé lui-même qui agit envers Israël par l'intermédiaire du prophète. Le signe était une préfiguration créatrice de ce qui allait venir ; la réalité devait le suivre sans délai. Parce que le prophète, sous forme de signe, dresse en petit dans l'histoire ce qui doit venir, la réalisation de cet événement futur est mise en train… Toute exégèse doit donc partir de cette notion de l'acte significatif, notion qui nous a été révélée seulement par la science des religions. » Voir aussi J. LINDBLOM, *Prophecy in Ancient Israel*, Philadelphie, Fortress, 1962, pp. 165-173 ; Georg FOHRER, *Die symbolischen Handlungen der Propheten*, ATANT 54, 2e éd., Zurich/Stuttgart, Zwingli, p. 1968) ; TRAUTMANN, *Zeichenhafte Handlungen* ; David STACEY, *Prophetic Drama in the Old Testament*, Londres, Epworth, 1990).

87. Sur cette question voir la conclusion du tome 2 de *Un certain Juif, Jésus*.

88. Comme je l'indique ci-dessous, cette formulation ne veut pas exclure la possibilité que Jésus ait aussi envoyé d'autres disciples en mission ou qu'il ait envoyé des disciples plus d'une fois. Sur la question du discours missionnaire de Jésus et la mission des Douze (ou de disciples en général) voir, en plus des commentaires classiques, E. SCHOTT, « Die Aussendungsrede Mt 10. Mc 6. Lc 9. 10 », *ZNW* 7 (1906), pp. 140-150 ; Ferdinand HAHN, *Mission in the New Testament*, SBT 47, Naperville IL, Allenson, 1965, spéc. pp. 41-46 ; Joachim JEREMIAS, « Paarweise Sendung im Neuen Testament » dans *Abba. Studien zur neutestamentlichen Theologie und Zeitgeschichte*, Göttingen, Vandenhoeck & Ruprecht, 1966, pp. 132-139 [chapitre non retenu dans l'édition française *Abba, Jésus et son Père*, PD, Paris, Seuil, 1968] ; Heinz SCHÜRMANN, « Mt 10, 5b-6 und die Vorgeschichte des synoptischen Aussendungsberichtes » dans *Traditionsgeschichtliche Untersuchungen zu den synoptischen Evangelien*, Kommentare und Beiträge zum Alten und Neuen Testament, Düsseldorf, Patmos, 1968, pp. 137-149 ; Heinrich KASTING, *Die Anfänge der urchristlichen Mission*, BevT 55, Munich, Kaiser, 1969, spéc. pp. 124-126 ; F. W. BEARE, « The Mission of the Disciples and the Mission Charge : Matthew 10 and Parallels », *JBL* 89 (1970), pp. 1-13 ; G. TESTA, « Studio di Mc 6, 6b-13 secondo il metodo della storia della tradizione », *Divus Thomas* 75 (1972), pp. 177-191 ; SCHMITHALS, « Der Markusschluss », pp. 379-411 ; Gerd THEISSEN, « Wanderradikalismus. Literatursoziologische Aspekte der Überlieferung von Worten Jesu im Urchristentum », *ZTK* 70 (1973), pp. 245-271 ; Siegfried SCHULZ, « 'Die Gottesherrschaft ist nahe herbeigekommen' (Mt 10,7/Lk 10,9). Der kerygmatische Entwurf der Q-Gemeinde Syriens » dans *Das Wort und die Wörter*, Gerhard Friedrich Festschrift, Horst BALZ et Siegfried SCHULZ éd., Stuttgart, Kohlhammer, 1973, pp. 57-67 ; Michi MIYOSHI, *Der Anfang des Reiseberichts. Lk 9,51-10,24*, AnBib 60, Rome, Institut bilique, 1974, pp. 59-94 ; Arland D. JACOBSON, « The Literary Unity of Q. Lc 10,2-16 and Parallels as a Test Case » dans *Logia. Les paroles de Jésus – The Sayings of Jesus*, BETL 59, Mémorial Joseph Coppens, Joël DELOBEL éd., Louvain, Peeters/Université de Louvain, pp. 419-423 ; Rudolf PESCH, « Voraussetzungen und Anfänge der urchristlichen Mission » dans *Mission im Neuen Testament*, QD 93, Karl KERTELGE éd., Fribourg/Bâle/Vienne, Herder, 1982, pp. 11-70 ; Gerhard SCHNEIDER, « Der Missionsauftrag Jesu in der Darstellung der Evangelien », *ibid.*, pp. 71-92 ; Hubert FRANKEMÖLLE, « Zur Theologie der Mission im Matthäusevangelium », *ibid.*, pp. 93-129 ; Klemens STOCK, « Theologie der Mission bei Markus », *ibid.*, pp. 130-144 ; Donald SENIOR et Carroll STUHLMUELLER, *The Biblical Foundations for Mission*, Maryknoll NY, Orbis, 1983, pp. 141-160, 250-251, 266 ; Christopher M. TUCKETT, « Paul and the Synoptic Discourse », *ETL* 60 (1984), pp. 376-381 ; Risto URO, *Sheep among the Wolves. A Study on the Mission Instructions of Q*, Annales Academiae Scientiarum Fennicae, Dissertationes Humanarum Litterarum 47, Helsinki, Suomalainen Tiedeakatemia, 1987 ; GNILKA, *Jesus von Nazaret*, pp. 166-193. On trouvera une liste des exégètes pour et contre l'historicité de la mission dans LAUFEN, *Die Doppelüberlieferungen*, pp. 525-526 nn. 387, 388, 389, 391, 393. On verra les deux extrêmes parmi les positions diverses : d'un côté dans l'ouvrage de BULTMANN, *Geschichte* (pp. 155-156 [*Histoire*, pp. 185-186] : primitivement c'est le Ressuscité qui parlait dans ce discours, c'est dire que nous avons affaire ici à une formation de la communauté ; d'autres opinions, moins sceptiques, sont notées dans le *Ergänzungsheft* [1971], p. 59 [= « Complément (1971) » dans *Histoire*, pp. 551-552]) ; et de l'autre côté dans l'ouvrage de MANSON, *The Sayings of Jesus* (p. 73 : « La mission des disciples est l'un des faits les mieux attestés de la vie de Jésus »). Si certains exégètes comme BEARE (« The Mission », p. 13) adoptent sans réserve le point de vue de Bultmann, beaucoup sont moins sceptiques que Bultmann et moins confiants que Manson.

89. MANSON (*The Sayings of Jesus*, pp. 73-74) affirme qu'il y avait également des instructions missionnaires dans le matériau spécial de M et de L, mais cette opinion est très discutable. À l'autre extrême, David CATCHPOLE (*The Quest for Q*, Édimbourg, 1993, pp. 152-158) se range à l'opinion minoritaire guère vraisemblable selon laquelle, dans le discours missionnaire, Marc dépend de Q ; contre cette opinion se prononce URO, *Sheep among the Wolves*, pp. 101 n. 17. L'opinion majoritaire (les discours missionnaires sont à la fois dans les traditions de Marc et de Q) est longuement présentée et défendue par LAUFEN, *Die Doppelüberlieferungen*, pp. 201-301 ; voir aussi HAHN, *Mission*, pp. 41-42 ; FITZMYER, *The Gospel According to Luke*, t. 1, p. 751. Certains commentateurs traitent deux parallèles de l'*Évangile de Thomas* copte (*logion* 73 = Lc 10, 2 par. ; *logion* 14b = Lc 10, 8-9 par.) comme des sources indépendantes par rapport aux évangiles synoptiques. Sur cette question voir FITZMYER, *ibid.*, t. 2, pp. 842-843 ; Michael FIEGER, *Das Thomasevangelium. Einleitung, Kommentar und Systematik*, NTAbh 22, Munster, Aschendorff, 1991, pp. 71-76 (pour le *logion* 14) et pp. 205-206 (pour le *logion* 73) ; et mes observations sur le *logion* 14 comme typique d'un collage théologique dans *Un certain Juif, Jésus*, t. 1, pp. 89-91, 339 n. 142. Parfois on construit une argumentation contre l'historicité de la mission durant le ministère de Jésus en s'appuyant sur le silence total de l'évangile de Jean. C'est un bon exemple du danger que représente un argument *a silentio*. Le centrage christologique du quatrième évangile braque le projecteur sur la personne de Jésus à tel point que beaucoup de thèmes présents dans les synoptiques disparaissent dans Jean. En conséquence, il n'y a pas d'appel des Douze dans Jean, ni de mission des Douze (Jésus est l'unique *envoyé*, un point c'est tout), ni de miracles accomplis par les Douze, et, d'une manière générale, pas de grand développement de ce que nous appellerions des motifs « ecclésiologiques ». Cependant, tout comme il y a quelques références « fossiles » aux Douze (6, 67. 70-71 ; 20, 24), qui montrent que le groupe était connu de la tradition johannique, il y a peut-être des traces d'un souvenir que Jésus a envoyé ses disciples en mission durant sa vie. C'est une des explications possibles du propos déroutant que Jésus tient à ses disciples dans le récit de la femme samaritaine près du puits au début du ministère public (4, 38 ; cf. 17, 18) : « Je vous ai envoyés [*apesteila*, à l'aoriste] moissonner ce qui ne vous a coûté aucun travail. » Tout en admettant une référence anticipant sur la mission d'après la résurrection, BROWN (*The Gospel According to John*, t. 1, p. 183) admet aussi qu'il y ait une référence possible à une mission durant le ministère de Jésus. Il note à juste titre des échos de Lc 10, 1-2 dans Jn 4, 35-38.

90. Ainsi BULTMANN, *Geschichte*, pp. 155-156 [*Histoire*, pp. 185-186} ; REPLOH, *Markus – Lehrer der Gemeinde*, p. 53. Il ne faudrait pas l'entendre comme signifiant toutefois que Marc connaissait ou utilisait Q. On trouvera des réserves sur l'opinion qui considère le discours missionnaire de Marc comme un extrait ou un abrégé (spécialement de Q) dans URO, *Sheep among the Wolves*, pp. 36-39 et 98-99.

91. Pour les arguments pour et contre les leçons « soixante-dix » et « soixante-douze » dans Lc 10, 1 voir Bruce M. METZGER, « Seventy or Seventy-Two Disciples ? », *NTS* 5 (1958-59), pp. 299-306 ; Sidney JELLICOE, « St Luke and the "Seventy(-Two)" », *NTS* 6 (1959-60), pp. 319-321 ; et aussi METZGER, *Textual Commentary*, 2e éd., pp. 126-127 ; FITZMYER, *The Gospel According to Luke*, t. 2, pp. 845-846. Il ne semble pas qu'il y ait actuellement une solution claire à ce problème.

92. Sur les influences mutuelles compliquées voir MIYOSHI, *Der Anfang*, pp. 74-75.

93. LAUFEN (*Die Doppelüberlieferungen*, pp. 202-203) est trop hésitant quant à une possible créativité de Luc à cet endroit. FITZMYER (*The Gospel According to Luke*, t. 2, p. 845) fait le commentaire suivant sur les soixante-dix(ou soixante-douze) : « Il est impossible de penser que le nombre faisait partie de "Q", puisque ce verset [Lc 10, 1] est de la plume même de Luc » ; voir aussi MIYOSHI, *Der Anfang*, pp. 76-80. URO (*Sheep among the Wolves*, pp. 62-66) se prononce encore plus fermement en faveur d'une création de Luc ; il signale la discordance entre le logion Q qui se plaint du petit nombre d'ouvriers (Lc 10, 2 par.) et l'envoi par Jésus des « soixante-dix (-douze) autres ». que Luc fait précéder immédiatement (10, 1). En tout cas, Luc ne s'intéresse pas beaucoup à deux missions historiquement distinctes. Dans son mini-discours du Dernier repas (Lc 22, 35), il met en scène Jésus qui renvoie aux instructions qu'il a données dans le discours missionnaire : « Lorsque je vous ai envoyés sans bourse, ni sac, ni sandales… » Or, bien que le cadre du Dernier repas dans Luc requiert que Jésus parle à ses douze apôtres (envoyés en mission au chapitre 9), on trouve, par contre, et dans les mêmes termes grecs, la séquence exacte des noms (bourse, sac, sandales) qui est celle des instructions de Jésus aux soixante-dix (-douze) en Lc 10, 4 : *ballantion… pēran… hypodēmata*. Parmi ces mots, seul *pēran* se trouve dans les instructions aux Douze dans 9, 3.

94. SCHULZ (*Q. Die Spruchquelle der Evangelisten*, pp. 404 et 408) explicite les raisons qui justifient sa position. On trouvera une longue liste des exégètes pour lesquels l'ordre de Luc est plus proche de Q dans Kloppenborg (*Q Parallels*, p. 72) ; seuls Beare et Harnack sont énumérés comme optant pour l'ordre de Matthieu.

95. Pour des travaux détaillés qui tentent de discerner le matériau primitif derrière les formes du discours de Matthieu et/ou de Q voir HOFFMANN, *Studien*, pp. 236-311 ; LAUFEN, *Die Doppelüberlieferungen*, pp. 246-260 ; URO, *Sheep among the Wolves*, pp. 73-96. Les similitudes mais aussi les différences dans ces reconstitutions du matériau Q devraient nous rappeler combien toute reconstitution hypothétique de l'étendue précise et des termes exacts de Q reste fragile. Mais les analyses entreprises par les exégètes ci-dessus cités montrent assez le phénomène fondamental d'une tradition plus ancienne retravaillée par Q. De même, l'on peut discerner le remaniement d'éléments traditionnels plus anciens par la forme marcienne à la fois (1) dans le passage du discours indirect avec une proposition introduite par *hina* (Mc 6, 8) au discours direct (v. 9), grâce à un participe accusatif (v. 9a, apparemment le sujet d'un infinitif sous-entendu), et (2) dans l'atténuation (vv. 8-9) de certaines, mais pas toutes, les interdictions radicales conservées dans Q (cf. Lc 10, 4) ; sur cela voir PESCH, *Das Markusevangelium*, t. 1, p. 326. Comme le signale URO (*ibid.*, p. 103) il ne serait jamais venu à l'esprit de Marc – spécialement dans un bref ensemble d'instructions – d'affirmer explicitement que Jésus a autorisé un bâton, pièce qui faisait partie de l'équipement normal de tout voyageur ancien, sauf si la tradition qu'il éditait l'avait interdit.

96. Comme la plupart des exégètes, je n'inclus pas dans ce schéma des éléments de la forme présente du discours dans lesquels on peut détecter des influences de la mission chrétienne postérieure : par ex. l'insistance sur le fait de demeurer dans la même maison (Lc 10, 7) semble supposer un séjour assez long dans une ville donnée quand les missionnaires (chrétiens) cherchaient à établir une communauté (chrétienne) stable. Mon intention, dans ce schéma, est de mettre en lumière les cinq éléments de base, non pas les détails explicatifs supplémentaires, qui sont empruntés pour la plupart à Q.

97. CATCHPOLE, *The Quest for Q*, p. 180. Catchpole pense en particulier que Lc 10, 3 par. était le début de l'instruction missionnaire dans Q et que le texte se lisait ainsi : « Allez ! Voici, je vous envoie comme des agneaux au milieu des loups. »

Semblablement URO (*Sheep among the Wolves*, pp. 75-76) retient ce verset pour le début du discours de Q.

98. On trouvera une liste des diverses interprétations de l'interdiction de saluer quiconque en route dans FITZMYER, *The Gospel According to Luke*, t. 2, p. 847. Du fait qu'elle ne se trouve que dans Lc 10, 4, URO (*Sheep among the Wolves*, pp. 77-78) soutient son inclusion dans Q.

99. SATO (*Q und Prophetie*, pp. 311-312) souligne que ce renoncement aux équipements habituels du voyage est un exemple d'action prophétique symbolique, cette fois de la part des disciples envoyés par Jésus. Sato avance la suggestion intéressante que les disciples pauvres et sans défense réalisaient ainsi dans leur propre vie les béatitudes eschatologiques et éthiques que Jésus avait inculquées dans le discours de la montagne/discours de la plaine (Lc 6, 20-21. 27-38 par.). Les exégètes admettent en général que la permission d'utiliser un bâton et de porter des sandales, dans Marc 6, 8-9, est une atténuation secondaire des exigences radicales reflétées par la forme Q du discours (ainsi TAYLOR, *The Gospel According to St. Mark*, p. 304). Une opinion minoritaire et peu convaincante sur ce sujet est adoptée par GUNDRY, *Mark*, p. 308. Toutefois je ne vois pas de raison de soutenir, comme le fait LAUFEN (*Die Doppelüberlieferungen*, pp. 252-253), que les interdictions radicales de Q étaient primitivement pure hyperbole. SATO (*Q und Prophetie*, p. 311) rejette à juste titre cette opinion. Dans la situation première d'une brève mission d'urgence auprès des villes du voisinage en Palestine, il n'était pas impossible de remplir les exigences radicales. La situation était bien différente une fois qu'entraient en perspective des missions longues, quelquefois outremer ; d'où, peut-être, les modifications marciennes. HOFFMANN (*Studien*, p. 241) prend les interdictions de façon très littérale et suggère que les prohibitions radicales du pain et du bagage du voyageur (ou du mendiant) – des provisions que même des philosophes cyniques itinérants emportaient avec eux – voulaient montrer que les disciples de Jésus surpassaient même les cyniques dans leur abstention sévère des biens habituels. Sur la question plus vaste du christianisme et du cynisme voir F. Gerald DOWNING, « Cynics and Christians », *NTS* 30 (1984), pp. 584-593 ; cf. THEISSEN, « Wanderradikalismus », pp. 255-256. PESCH (*Das Markusevangelium*, t. 1, p. 328) voit un semblable dépassement par rapport aux esséniens, qui autorisaient des armes et des sandales pour leurs voyages ; sur cela voir JOSÈPHE, *Guerre des Juifs*, 2.8.4 §§ 124-127. Comme le signale CATCHPOLE (*The Quest for Q*, p. 182), la prohibition radicale de Q concernant tout moyen et support que ce soit pour le voyage va à l'encontre de l'instinct humain, de la pratique cynique et des présupposés juifs que l'on note dans la littérature rabbinique, des règles des esséniens et de la pratique de certains missionnaires chrétiens que nous connaissons (par ex. Mc 6, 8. 9 ; la pratique habituelle de Paul). Ainsi on peut soutenir, au nom du critère de discontinuité, que ces interdictions radicales viennent de Jésus (cf. p. 188). Parfois les exégètes avancent comme parallèle à ces interdictions un interdit rabbinique défendant de faire entrer certains objets sur les parvis du Temple (*m. Ber.* 9, 5) : « On n'entrera pas sur la Colline de la Maison [c.-à-d. le mont saint du Temple] avec son bâton ni avec ses chaussures ni avec son argent ni avec la poussière à ses pieds... » C'est un bon exemple sur la façon dont il ne faut pas utiliser les textes rabbiniques. À première vue, le parallèle des mots est aveuglant, mais un examen plus précis montre que les accords sont purement de l'ordre des mots ; le contexte et la portée des deux dits sont très différents. Le passage mishnaïque vise l'attitude et la conduite pleines de révérence qui est propre aux pèlerins de Jérusalem vis-à-vis du mont du Temple, avec la préoccupation spéciale de ne pas profaner l'espace sacré par des éléments de la vie ordinaire. Le contexte du discours missionnaire est celui de l'urgence eschatologique dans une situation de crise et celui de la totale dépendance à l'égard de Dieu au nom de quoi le disciple se passe de tout l'équipement habituel du voyage. Sur ce point voir LAUFEN, *ibid.*, p. 254. Par conséquent la tentative de certains commentateurs (par ex. Walter GRUNDMANN, *Das Evangelium nach Markus*, THKNT 2, 6e éd., Berlin, Evangelische Verlagsanstalt, 1973, p. 124) d'utiliser ce passage de la Mishna pour considérer les disciples comme des pèlerins flirte avec l'allégorie patristique.

100. CATCHPOLE (*The Quest for Q*, pp. 184-185) voit dans cette importante paix eschatologique, que les disciples sont chargés d'apporter à l'hôte qui les accueille, la vraie raison pour laquelle ils ne doivent pas s'engager dans de banals, superficiels échanges de « paix » *(šālôm)* en chemin. Cela est possible, toutefois la position de Catchpole n'est pas tout à fait sûre, car l'interdiction de saluer en chemin dans Lc 10, 4 *(kai mēdena kata tēn hodon aspasēsthe)* n'utilise pas le mot « paix » *(eirēnē)* qui est la salutation à l'adresse de l'hôte dans Lc 10, 5. Voir toutefois l'équivalence entre le verbe « saluer » et le substantif « paix » dans Mt 10, 12-13 (dans le contexte de l'entrée dans une maison).

101. GUELICH (*Mark 1 – 8:26* pp. 322-323) mentionne trois significations possibles du geste symbolique : (1) Puisque habituellement les Juifs secouaient la poussière de leurs pieds quand ils revenaient d'un territoire païen, la ville qui rejette le message du rassemblement d'Israël est considérée comme n'étant plus israélite mais comme païenne. Un des problèmes que pose cette approche est que la preuve d'une telle attitude et/ou pratique ne nous est donnée que par la littérature rabbinique postérieure : cf. *m. Tohar* 4, 5 ; *m. Ohol.* 2, 3 (mais il faut noter qu'aucun des deux passages ne parle explicitement de Juifs revenant de pays païens et secouant la poussière de leurs pieds). (2) Le geste symbolise la cessation de tout nouveau contact et de toute nouvelle communication entre les disciples et la ville incrédule ; c'est par conséquent l'exclusion de toute nouvelle occasion pour cette ville d'entendre le message des disciples ou de bénéficier de leur ministère de guérison. (3) Le geste montre que les messagers ont intentionnellement mis fin à leur travail et maintenant « se lavent les mains » de toute autre responsabilité concernant la ville incrédule. Il est clair qu'une explication n'exclut pas nécessairement l'autre ; de tels symboles sont, de par leur nature, polyvalents. JEREMIAS (*Théologie du Nouveau Testament*, p. 295) donne une interprétation différente du geste : « ... secouer de leur manteau la poussière que leurs pas y ont fait voler » ; cf. Ne 5, 13 ; Ac 13, 51 ; 18, 6. SATO (*Q und Prophetie*, p. 313 n. 610) rejette fermement cette interprétation. Quoi qu'il en soit, la signification de l'acte reste fondamentalement la même. Pour d'autres interprétations possibles (spécialement en référence à des passages du livre des Actes) voir Henry J. CADBURY, « Dust and Garments » dans *The Beginnings of Christianity. Part I. The Acts of the Apostles*, 5 vol., F. J. Foakes JACKSON et Kirsopp LAKE éd., Grand Rapids, Baker, 1979 (édition originale 1933), t. 5, pp. 269-277.

102. Les commentateurs renvoient d'habitude à l'institution rabbinique bien connue du *šālîaḥ* (un agent légal ayant pleine autorité) et au fameux dicton souvent répété dans les écrits rabbiniques (par ex. *m. Ber.* 5, 5) : « Le *šālîaḥ* d'un homme c'est l'homme lui-même » (*šĕlûḥô šel 'ādām kĕmôtô*). Le problème, toutefois, est que l'on n'a pas de preuve que l'institution légale du *šālîaḥ* ou le dit en question aient existé dans la première moitié du Ier siècle de notre ère. Un arrière-plan plus vraisemblable pour les dits de Jésus est la tradition vétérotestamentaire de Yahvé envoyant son prophète avec autorité pour annoncer à Israël sa parole puissante du salut et/ou du jugement – spécialement l'idée deutéronomiste des prophètes qui sont envoyés, aux dernières heures avant que le désastre vienne frapper, pour appeler un Israël récalcitrant au repentir et qui sont rejetés. L'arrière-plan vétérotestamentaire correspond bien à la façon dont Jésus se présente lui-même à Israël comme le prophète eschatologique. Il faut noter cependant une modification, à savoir que c'est maintenant Jésus, le prophète eschatologique, qui envoie ses disciples avec son autorité tout comme Dieu a envoyé Jésus avec son autorité. Sur ce dernier point voir SCHULZ, *Q. Die Spruchquelle der Evangelisten*, pp. 412-413.

103. Au milieu de tous les désaccords entre exégètes, certaines tendances dominent. Par exemple, KLOPPENBORG (*The Formation of Q*, pp. 192-193) suggère comme étant « le noyau de la tradition » sur la mission une liste d'éléments plus courte : au moins « l'instruction sur l'équipement » (Lc 10, 4 // Mc 6, 8-9) et les instructions concernant l'accueil (Lc 10, 5-7 // Mc 6, 10) et le rejet (Lc 10, 10-11 // Mc 6, 11). HAHN (*Mission*, pp. 43-44) pense que le modèle de base commun, déjà élargi en Q, consistait dans ce que je compte comme les quatre premiers éléments, tout en admettant qu'il y ait problème pour le premier. Finalement, Hahn juge que, si certains éléments du noyau remontent au Jésus historique (par ex. Lc 10, 8-11), le modèle plus étendu du discours doit être attribué à l'Église primitive (p. 46). Semblable à la reconstitution de Hahn est celle de URO, *Sheep among the Wolves*, pp. 101-102. Uro suggère (p. 106) que l'antécédent commun des formes du discours de Marc et de Q comprenait quelque chose comme Lc 10, 4-11 moins Lc 10, 7c (« pas de maison en maison ») et 10, 8b (« mangez ce qu'on vous offrira »). Remontant encore plus haut, Uro postule une forme plus ancienne de la tradition, constituée des interdictions d'équipement pour le voyage et des instructions au sujet des maisons (pp. 106-108). Très différent de cette approche est l'hypothèse de SCHÜRMANN (« Mt 10, 5b-6 », pp. 148-149) : le noyau primitif et la partie principale de toute la péricope de la mission était Lc 10, 1 + Mt 10, 5b-6 + Lc 10, 8-11 ; cette opinion, qui n'a pas bénéficié d'un large accueil dans les études subséquentes, est critiquée par URO, *Sheep among the Wolves*, pp. 108-109.

104. KASTING, *Die Anfänge*, pp. 125-126.

105. Ce n'est certainement pas un hasard si nous avons une large attestation multiple pour un dit de Jésus dans lequel il relie (d'une manière ou d'une autre) l'acte d'accueillir l'un de ses disciples, l'acte de l'accueillir lui-même et l'acte d'accueillir Dieu : ainsi, par ex. Mt 10, 40 : « Qui vous [au pluriel : dans le contexte, les douze disciples envoyés en mission] reçoit, me reçoit et qui me reçoit, reçoit Celui qui m'a envoyé. » Pour les différentes formes de ce logion voir Lc 10, 16 (avec les verbes « écouter » et « rejeter », *akouō* et *atheteō*) ; Mt 10, 40 (avec le verbe « recevoir », *dechomai*) ; Jn 13, 20 (avec le verbe « recevoir », *lambanō* ; cf. Jn 12, 44-45 ; 5, 23) ; et, de façon plus éloignée, Mc 9, 37 (avec le verbe « recevoir », *dechomai*). Dans tous ces logia, Jésus renvoie, dans une périphrase de respect, à Dieu comme à « Celui qui m'a *envoyé* » (*apostellō* dans la tradition synoptique, *pempō* dans Jean). Ces logia, par contre, ne constituent qu'une pièce du témoignage sur la conscience de Jésus d'être *envoyé*, attestée dans des logia variés et des images diverses par tous les courants majeurs de la tradition des évangiles. Ce n'est pas sans raison que Martin HENGEL (« The Origins of the Christian Mission » dans *Between Jesus and Paul*, Londres, SCM, 1983, pp. 48-64) fait observer (p. 62) : « Si quelqu'un doit être appelé le missionnaire primordial, c'est lui [Jésus] qui doit l'être. »

106. Sur cette question voir HENGEL, *The Charismatic Leader*, p. 74. À l'opposé, pour HOFFMANN (*Studien*, pp. 262-263) il s'agit uniquement du « partage » de l'œuvre ou du ministère de Jésus par ses disciples. Il ne dit nulle part clairement en quoi consiste exactement ce partage, pourquoi il requiert d'un groupe de gens qu'ils quittent famille, maison et métier sur une longue période pour suivre Jésus à travers la Palestine ni comment en particulier les « Douze » ont « partagé » le ministère de Jésus. À l'opposé, CATCHPOLE (*The Quest for Q*, p. 188) affirme fermement que l'instruction pour la mission, qu'il isole dans Lc 10, 3. 4. 5-7. 9a. 10a, 11a. 12, vient du Jésus historique. FITZMYER (*The Gospel According to Luke*, t. 1, p. 753) reste réservé sur la question : « Il n'y a pas de raison de la [la mission des disciples durant le ministère de Jésus] mettre en question sur un long terme, même si le cumul du témoignage des synoptiques plaide au plus pour la plausibilité ». Je monterais de « plausibilité » à « probabilité ».

107. Un certain nombre d'exégètes pensent que l'introduction de Matthieu (Mt 10, 1.5a) dépend de Mc 6, 7 et que, pour la plus grande partie, Lc 10, 1 est probablement dû à la rédaction de Luc (ainsi SCHULZ, *Q. Die Spruchquelle der Evangelisten*, p. 404 ; MIYOSHI [*Der Anfang*, p. 73] pense que Lc 10, 1-2a est rédactionnel) ; en tout cas il ne représenterait pas Q. Sur tout cela voir LAUFEN, *Die Doppelüberlieferungen*, pp. 201-205 ; M. Eugene BORING, *The Continuing Voice of Jesus*, Louisville, Westminster/John Knox, 1991, p. 206. URO (*Sheep among the Wolves*, pp. 74-75) est un peu moins sûr et s'appuie, avec beaucoup d'hésitation, sur des accords mineurs entre Mt 10, 1 et Lc 9, 1 pour avancer l'idée que le discours de Q était introduit par une formulation comme celle-ci : « Et convoquant ses disciples, il leur donna autorité pour guérir les maladies. Et il leur dit... »

108. Par exemple GUELICH (*Mark 1 – 8:26*, p. 319) pense que la main de Marc est la plus évidente dans le cadre (6, 7. 12-13) : « Vocabulaire, style et contenu indiquent la rédaction même de Marc basée dans une large mesure sur l'appel des Douze en 3, 13-19. » Voir aussi p. 321. L'opinion que le cadre du discours missionnaire est dû dans une large mesure à Marc est partagée par HOFFMANN, *Studien*, p. 238 et par URO, *Sheep among the Wolves*, pp. 26-39. Elle est argumentée dans le détail par REPLOH, *Markus-Lehrer der Gemeinde*, pp. 50-58 et par STOCK, *Boten aus dem Mit-Ihm-Sein*, pp. 82-97. En désaccord avec cette opinion : Ernst LOHMEYER, *Das Evangelium des Markus*, MeyerK 1/2, Göttingen, Vandenhoeck & Ruprecht, 1967 (1re éd. 1937), p. 113 ; PESCH (*Das Markusevangelium*, t. 1, pp. 326-327) et GUNDRY (*Mark*, p. 307) ; à leur avis, il est vraisemblable que la tradition avait un cadre narratif (ou au moins une introduction) antérieurement à Marc.

109. Parmi ceux qui sont en faveur d'une mission des Douze durant le ministère de Jésus citons SCHNEIDER (« Der Missionsauftrag », pp. 83-84), qui, à son tour, cite PESCH, *Das Markusevangelium*, t. 1, p. 331.

110. Par exemple, KASTING (*Die Anfänge*, pp. 124-125), qui admet la possibilité de la mission des disciples en général, est négatif sur la question de la mission des Douze, avant tout parce qu'il doute que les Douze aient existé du temps du ministère de Jésus.

111. Sur cette question voir PESCH, *Das Markusevangelium*, t. 1, p. 331.

112. Sur ce point voir C. K. BARRETT, *The Signs of an Apostle*, Philadelphie, Fortress, 1972, pp. 31-32 (mais non pas ses réserves) ; GUNDRY, *Mark*, p. 307.

113. La seule exception éventuelle – et, pour l'étayer, il faut lire quelque peu entre les lignes – se trouve dans Ac 9, 31-32. Au v. 31 Luc présente l'un de ses sommaires sur la vie de l'Église primitive de Palestine. Il commence : « L'Église, donc, sur toute l'étendue de la Judée, de la Galilée et de la Samarie, vivait en paix... » Puis, le sommaire achevé, Luc introduit deux récits de miracle qui impliquent Pierre (9, 32-43 : la guérison d'Énée et la résurrection de Dorcas, toutes deux situées en Judée) avec ces mots : « Et Pierre, qui se déplaçait dans toutes ces régions *[dia pantōn]*, descendit chez les saints qui habitaient à Lydda. » (Puisque des chrétiens sont déjà présents dans les villes que Pierre visite, sa visite est autant « pastorale » que « missionnaire » ; Conzelmann l'appelle une « tournée d'inspection ».) Que le vague *dia pantōn* renvoie plus haut et inclut la Galilée du v. 31 est chose discutable, surtout du fait qu'il n'y a pas de liaison directe entre les deux récits de miracle en Judée et le sommaire qui précède. Dans la division des péricopes qu'il propose, HAENCHEN (*Die Apostelgeschichte*, p. 280), par exemple, rattache le v. 31 au récit sur Paul dans le chapitre 9 (après la persécution suit la paix), tandis qu'il commence une nouvelle section avec le v. 32. SCHNEIDER (*Die Apostelgeschichte*, t. 2, p. 50) laisse ouverte la question de savoir si *dia* *pantōn* renvoie aux régions mentionnées au v. 31 ou à toutes les communautés chrétiennes que Pierre visite en tant que « l'inspecteur de Jérusalem ». En outre, CONZELMANN (*Acts of the Apostles*, p. 76) note que *pantōn* peut renvoyer soit aux personnes soit aux lieux.

114. Pour beaucoup d'exégètes 1 Co 9, 5 signifie que Paul mentionne les voyages (apparemment aux frais de l'Église) « du reste des apôtres et des frères du Seigneur et de Céphas [= Pierre] ». (D'autres exégètes cependant interprètent le verset en référence au statut matrimonial des autres missionnaires comparé au célibat de Paul.) En tout cas, comme nous l'avons déjà vu, Paul n'indique nulle part en quelque terme explicite qu'à ses yeux tous les Douze sont « apôtres ». Il serait par conséquent problématique de voir ici les Douze inclus dans le groupe appelé « le reste des apôtres » et d'en tirer des conclusions sur les voyages des Douze. (En fait, « apôtres » en 9, 5 désigne peut-être non pas les apôtres au sens plein, « plénipotentiaire », que Paul revendique pour lui-même mais, dans un sens plus lâche, des missionnaires ou délégués envoyés par les Églises individuelles.) Pour les différents problèmes impliqués dans ce verset voir CONZELMANN, *Der erste Brief an die Korinther*, p. 181 ; FEE, *The First Epistle to the Corinthians*, pp. 402-404.

115. On trouvera dans SCHMITHALS (« Der Markusschluss », p. 398-409) un bon exemple des théories compliquées dans lesquelles des exégètes s'emmêlent quand ils adoptent la théorie de la rétroprojection. On dit que le document que Marc est supposé avoir rédigé pour créer son évangile contenait un récit de Jésus ressuscité apparaissant aux Douze et les envoyant en mission. Marc aurait supprimé ce matériau du récit de la résurrection à cause de sa théorie du « secret messianique ». Puis il aurait rétroprojeté l'apparition du Ressuscité aux Douze (apparition qui, selon l'école de pensée Vielhauer-Klein-Schmithals, a créé les Douze comme groupe fixe) dans Mc 3, 13-19 (l'appel des Douze), tandis que l'instruction missionnaire aurait été retransposée dans Mc 6, 7-13 (le discours missionnaire).

116. On trouve aussi d'autres différences, mineures : l'appel de Jacques et de Jean est plus bref du fait que les paroles de Jésus ne sont pas citées, mais il est plus détaillé du fait que sont mentionnés le père de Jacques et Jean (Zébédée), les employés, le travail de réparation (ou de pliage) des filets et un bateau. Ces différences m'incitent à la prudence sur la théorie qui considère le récit de l'appel de Jacques et Jean comme une simple création secondaire, fabriquée sur le modèle de l'appel de Pierre et André. Je ne nie pas pour autant qu'un parallèle littéraire a été créé entre les deux appels et que, dans l'état présent du récit, le deuxième appel n'a tout son sens qu'en connexion avec le premier appel. Sur tout cela voir Rudolf PESCH, « Berufung und Sendung, Nachfolge und Mission. Eine Studie zu Mk 1,16-20 », *ZKT* 91 (1969), pp. 1-31, spéc. pp. 8-18 ; REPLOH, *Markus-Lehrer der Gemeinde*, pp. 27-29 ; GUELICH, *Mark 1–8:26*, pp. 49-52 ; GUNDRY, *Mark*, p. 72.

117. Pour une exégèse de base et une plus ample bibliographie voir Jindřich MÁNEK, « Fishers of Men », *NovT* 2 (1958), pp. 138-141 ; Charles W. F. SMITH, « Fishers of Men. Footnotes on a Gospel Figure », *HTR* 52 (1959), pp. 187-203 ; Otto BETZ, « Donnersöhne, Menschenfischer und der davidische Messias », *RevQ* 3 (1961), pp. 41-70, spéc. 53-61 ; Werner BIEDER, *Die Berufung im Neuen Testament*, ATANT 38, Zurich, Zwingli, 1961, pp. 7-15 ; SCHULZ, *Nachfolgen und Nachahmen*, pp. 97-116 ; Anton VÖGTLE, « Exegetische Erwägungen über das Wissen und Selbstbewusstsein Jesu » dans *Gott in Welt*, Karl Rahner Festschrift, 2 vol., Fribourg/Bâle/Vienne, Herder, 1964, t. 1, pp. 608-667, spéc. pp. 616-618 ; Wilhelm H. WUELLNER, *The Meaning of « Fishers of Men »*, New Testament Library, Philadelphie, Westminster, 1967 ; Hans Dieter BETZ, *Nachfolge und Nachahmung* ; Francis AGNEW, « Vocatio primorum discipulorum in traditione synoptica », *VD* 46 (1968), pp. 129-147 ; Günter KLEIN, « Die Berufung des Petrus » dans *Rekonstruktion und Interpretation. Gesammelte Aufsätze zum Neuen Testament*, BevT 50, Munich, Kaiser, 1969, pp. 1-48 (avec un *Nachtrag* ; primitivement dans *ZNW* 58 [1967], pp. 1-44) ; REPLOH, *Markus – Lehrer der Gemeinde*, pp. 27-35 ; Ernest BEST, *Following Jesus. Discipleship in the Gospel of Mark*, JSNTSup 4, Sheffield, JSOT, 1981, pp. 166-174.

118. Otto BETZ, « Donnersöhne », p. 53. L'article de Betz représente une façon pleine d'imagination de tisser ensemble de nombreux textes différents de l'Ancien Testament, de Qumrān, du Nouveau Testament ou des *Testaments des douze patriarches*.

119. Dans son ouvrage *The Meaning of « Fishers of Men »*, WUELLNER présente un aperçu ample des emplois littéraires et iconographiques de l'imagerie poisson/pêcheur dans le monde ancien. Cependant l'ouvrage souffre de beaucoup de difficultés. Il manque fondamentalement de rigueur méthodologique : il associe allègrement des termes divers comme « poisson », « pêcher », « pêcheur », « chasseur », « oiseleur », « filet », « capture », « piège » et même « berger » et va jusqu'à les dire interchangeables. Pour le dire avec les mots de Howard Clark KEE dans sa recension du livre de Wuellner (*JBL* 87 [1968], pp. 220-221), « la conséquence inévitable est un chaos méthodologique ». Wuellner lance son propre filet loin et large à la manière de Carl Jung et de Joseph Campbell, ce dont il résulte un manque de précision historique et textuelle. Comme KLEIN (« Die Berufung des Petrus », p. 48 [dans le *Nachtrag* à l'article primitif]) le signale à juste titre, on transpose la métaphore « pêcheurs d'homme » de façon arbitraire dans toutes sortes de textes où elle ne figure pas ; car dans l'esprit de Wuellner hanté par les archétypes, toute chose est en connexion avec toute autre chose. Ainsi, on voit la tradition de la « pêche des hommes » dans « la tradition légendaire juive des anges... courant après les filles des hommes dans Genèse 6... » (p. 69). « Inspirés par l'idéal classique grec de la *paideia*, "pêcher des hommes" et "faire des disciples" *(mathēteuein)* deviennent interchangeables » (p. 71). « La désignation du jeune berger David pour la charge royale de paître Israël nous fournit l'analogie la plus étroite avec le récit du Nouveau Testament où des pêcheurs de Galilée sont appelés à devenir pêcheurs d'hommes » (p. 100). C'est son projet herméneutique et théologique global, plutôt qu'une sérieuse exégèse des textes individuels, qui est au cœur du travail de Wuellner ; la chose est la plus évidente quand, dans l'espace de deux phrases, il met en contraste Jean le Baptiste et Qumrān d'un côté et « le "centre" pharisien et sadducéen » (assimilé « aux rabbis ») de l'autre pour montrer leur différence sur ce que Tillich appelle l'Être Nouveau [*the New Being*] (pp. 121-122).

120. En situant Jésus ainsi, je ne nie d'aucune manière l'influence hellénistique en Palestine au tournant de notre ère, encore que, dans certains ouvrages récents sur le Jésus historique, l'on ait parfois surfait cet aspect. Malgré toutes les influences hellénistiques étrangères en Palestine, le contexte essentiel qu'il faut examiner si l'on s'intéresse au sens d'une métaphore employée par un Juif de la Palestine du Ier siècle (de la Galilée rurale) s'adressant à d'autres Juifs dans une situation religieuse, c'est l'héritage spirituel propre aux Juifs, attesté par le courant des traditions juives palestiniennes allant de l'Ancien Testament, en passant par la période « intertestamentaire » (par ex. Qumrān), à la littérature rabbinique postérieure (en recourant à cette dernière avec prudence pour éviter les anachronismes). Préférer à ces sources Lucien de Samosate (IIe siècle de notre ère) ou Diogène Laërce (IIIe siècle de notre ère) est une méthodologie discutable.

121. Dans l'étude de cette péricope, on se permet trop souvent de faire découler un jugement contre son historicité d'un jugement sur la catégorie de la critique des formes que l'on attribue à cette péricope, par ex. un apophtegme qui est une scène idéale

(Bultmann), un paradigme (Dibelius), une légende étiologique de disciple, une légende missionnaire étiologique, un récit de vocation. En réalité, il y a quelque vérité dans chacun de ces labels, mais aucun d'entre eux ni tous ensemble ne peuvent décider de façon automatique si quelque événement historique se trouve à l'origine de Mc 1, 16-20. J'admets volontiers que l'appel d'Élisée par Élie (1 R 19, 19-21), le désir d'exalter certains chefs de l'Église des origines (par ex. Pierre, Jacques et Jean), le désir de voir toute vocation chrétienne fondée dans l'appel premier des disciples par Jésus et le désir de fonder l'activité missionnaire en cours de l'Église dans l'ordre donné par Jésus, que tout cela a pu influencer la narration. C'est là simplement redire l'apport fondamental de la critique des formes à propos du *Sitz im Leben* qu'est l'Église à l'œuvre dans la formation et la transmission de la tradition de Jésus. On peut affirmer la même chose à propos des ensembles narratifs des évangiles sur la crucifixion. Or, à coup sûr, personne ne tirera du caractère légendaire, étiologique, midrashique ou parénétique de ces narrations la conclusion que Jésus n'a pas été crucifié. PESCH (« Berufung und Sendung » 1-3) proteste à juste titre contre le fait d'admettre que des jugements de la critique des formes déterminent des jugements a priori sur l'historicité. Ces distinctions fondamentales faites, Pesch (p. 25) n'a pas de problème logique pour défendre l'historicité fondamentale de Mc 1, 16-18, tout en attribuant cette péricope à la catégorie « étiologie missionnaire » pour ce qui est de la critique de la forme.

122. Pour la métaphore des pêcheurs et des chasseurs voir Jr 16, 16 : « Voici : j'envoie quantité de pêcheurs [= les ennemis d'Israël, par ex. les Babyloniens] – oracle de Yahvé – et il les pêcheront [à savoir les Israélites comme des poissons]. Et après cela j'enverrai quantité de chasseurs et ils les chasseront de toute montagne et de toute colline et des creux des rochers. » Dans la Septante le mot pour « pêcheurs » est le même que dans Mc 1, 17 : *haleeis* (prononcé aussi *halieis*). L'oracle de Jr 16, 16 sur la ruine est immédiatement précédé d'un oracle prophétisant le retour d'Israël de l'exil vers la terre promise (16, 14-15). Bien que ce dernier oracle ne soit pas à sa place dans le contexte général de ruine de Jérémie 16 (cf. Jr 23, 7-8 ; voir John BRIGHT, *Jeremiah*, AB 21, 2e éd., Garden City NY, Doubleday, 1965, pp. 112-113), sa position dans la forme finale du livre – c'est tout au plus une conjecture – a pu suggérer à Jésus le tour nouveau, salvifique qu'il donne à l'image primitivement négative de pêcher des hommes. À tout le moins, Jr 16, 14-15 cadre avec l'idée du rassemblement de tout Israël, la mission de Jésus que celui-ci a partagée avec les Douze. MÁNEK (« Fishers of Men », pp. 138-141) voit très bien une possible connexion entre « pêcheurs d'hommes » et Jr 16, 15, mais il se lance dans une spéculation dépourvue de toute preuve quand il transpose sur la métaphore simple de Mc 1, 17 tout le mythe cosmologique du Proche-Orient ancien du combat entre Dieu et les forces du chaos, de la mort et du monde souterrain, symbolisées par l'eau. Mánek saute trop vite de la métaphore familière de la pêche au mythe cosmique du triomphe de Dieu sur le monstre aquatique du chaos ; cf. GUNDRY, *Mark*, p. 72. Sur la métaphore des hameçons utilisés pour prendre le poisson voir Ez 29, 4-5, où Yahvé pose des crochets dans les mâchoires du crocodile Égypte pour tirer l'Égypte du Nil avec tous les poissons du Nil collés à ses écailles ; puis Yahvé jette le crocodile dans le désert pour qu'il périsse. Am 4, 2 prédit que, au jour du jugement, les femmes opulentes de Samarie seront enlevées avec des harpons de pêche. Ha 1, 14-17 affirme que Yahvé a traité les humains comme les poissons de la mer ; le méchant les tire à l'hameçon pour les dévorer. Ainsi, dans l'Ancien Testament, les images de pêcher des humains ou de les attraper avec des hameçons renvoient ordinairement au jugement et à la destruction. Pour l'image de « prendre » des hommes (avec la racine *ṣwd*) dans la littérature rabbinique postérieure voir Str-B, t. 1, p. 188 ; voir aussi HENGEL (*The Charismatic Leader*, pp. 76-78) à propos de l'absence de parallèles directs de Mc 1, 17 dans l'Ancien Testament, Qumrān, la littérature rabbinique et la diatribe grecque.

123. On trouve des images de filets, de pêche et de pêcheurs dans un contexte de jugement et de destruction dans *1QH* 3, 26 (les filets des méchants ont été jetés pardessus la face des eaux) et 5, 7-8 (qui emploie les mêmes mots pour « pêcheurs » et « chasseurs » que ceux qu'on trouve dans Jr 16, 16). Otto BETZ (« Donnersöhne », p. 53) pense que, dans ce dernier texte, les pêcheurs sont les anges qui exécutent le châtiment au jugement dernier, mais le texte n'est pas tout à fait clair.

124. Comme le signale SMITH (« Fishers of Men », p. 187), Mc 1, 17 n'est pas l'exemple d'une image appliquée d'abord au Christ, puis transférée secondairement à ses disciples, puisque nulle part dans le Nouveau Testament le Christ n'est décrit comme pêcheur. Cela est significatif si l'on considère que d'autres descriptions ou métaphores appliquées au Christ (par ex. berger [pasteur], maître, gardien, serviteur, l'envoyé [apôtre]) sont appliquées aussi aux chefs d'Église. Cette différence comporte une raison claire qui apparaît quand, par exemple, l'on met en contraste l'image du berger avec celle du pêcheur. Comme l'indique BEST (*Following Jesus*, pp. 171-172), un berger prend soin de ses moutons pendant quelque temps avant d'en user comme nourriture. Par contre, la première rencontre entre le poisson et le pêcheur est fatale et finale. Le seul but de la pêche (à la différence de la garde d'un troupeau) est de tuer et de manger le poisson, d'où le caractère étrange de la métaphore utilisée par Jésus.

125. WUELLNER, *The Meaning of « Fishers of Men »*, p. 134.

126. Hengel (*The Charismatic Leader*, p. 78) suggère que l'on pourrait comparer le logion des « pêcheurs d'hommes » avec d'autres dits paradoxaux et provocants de Jésus tels que « Laissez les morts enterrer leurs morts » (Mt 8, 22 par.). Cette opinion est plus vraisemblable que l'assertion étrange de SMITH (« Fishers of Men », p. 188) : pour lui « la possibilité que Jésus... ait utilisé des figures connues dans un sens entièrement nouveau semble mince ». Comme le reconnaît WUELLNER (*The Meaning of « Fishers of Men »*, pp. 138-139), une telle affirmation passe complètement à côté de l'originalité et de la créativité frappante et parfois choquante de Jésus dans ses dits et en particulier dans ses paraboles. Tout aussi discutable est l'idée de Smith que Jésus a employé la métaphore « pêcheurs d'hommes » essentiellement dans le même sens négatif et menaçant que l'Ancien Testament et Qumrān. En d'autres termes, Jésus aurait mandaté Pierre et André pour rassembler le peuple en vue du jugement, que Smith semble comprendre largement en termes de condamnation et de châtiment. Cela ne concorde guère avec le mouvement général de la mission de Jésus ; dans la perspective de la venue du royaume de Dieu, il a cherché à rassembler et à rétablir Israël précisément pour le sauver de la condamnation finale (ainsi fort justement GUNDRY, *Mark*, p. 72). C'est en ce sens que « celui qui ne rassemble pas avec moi disperse » (Mt 12, 30 par.). Ceux qui refusent d'être « pris » ou réunis dans l'Israël rétabli seront soumis au jugement au sens de condamnation. Pour la défense de l'authenticité de Mc 1, 17, certains veulent également faire appel au critère de l'attestation multiple des sources, puisque dans Lc 5, 10 Jésus prononce le logion pour Simon (= Pierre) sous une forme différente : « Ne crains pas ; à partir de maintenant tu [s'adresse au seul Pierre] prendras *[zōgrōn]* des hommes [*anthrōpous*, c'est-à-dire des humains opposés aux poissons]. » Suivant la perspective générale que l'on adopte sur l'histoire des sources et de la tradition du récit de la pêche miraculeuse dans Lc 5, 1-11, on considérera Lc 5, 10 comme une version indépendante ou comme un rewriting rédactionnel de Mc 1, 17. Or je pense (1) que sous-jacent à Lc 5, 1-11 se trouve un récit d'une apparition de Jésus d'après la résurrection (un point qui apparaît nettement dans le parallèle de Jn 21, 1-11) et (2) que la forme actuelle de Lc 5, 1-11 provient d'une rétroprojection de ce récit dans le ministère public en même temps que d'un rewriting du récit à la lumière du récit de vocation de Mc 1, 16-20 ; de ce fait je penche pour l'opinion que Lc 5, 10 représente une adaptation rédactionnelle de Mc 1, 17. Sur cette question voir *Un certain Juif, Jésus*, t. 2, pp. 664-674 ; cf. FITZMYER, *The Gospel According to Luke*,

t. 1, pp. 559-564 ; AGNEW, « Vocatio », pp. 137-138. En conséquence, je ne fais pas appel au critère de l'attestation multiple dans mon argumentation en faveur de l'authenticité de Mc 1, 17. PESCH (« Berufung and Sendung », pp. 5-7) est favorable à l'idée que Lc 5, 10 est une rédaction lucanienne de Mc 1, 17 ; il suggère que la reformulation de la métaphore dans Luc voulait éviter l'image dérangeante de pêcher des hommes (avec l'idée concomitante de les tuer et de les manger) en substituant le verbe *zōgreō*, qui signifie « prendre [quelqu'un] vivant ». MARSHALL (*The Gospel of Luke*, p. 205) signale que *zōgreō* est employé dans la Septante au sens d'épargner des personnes ou de les sauver de la mort ; voir Nb 31, 15. 18 ; Dt 20, 16. Il n'est dès lors pas besoin de faire appel, comme le fait HENGEL (*ibid.*, p. 76), à une variante de traduction du mot araméen *ṣayyād* (« chasseur » ou « pêcheur ») pour expliquer le *genesthai halieis* de Mc 1, 17 et le *zōgrōn* de Lc 5, 10. Il est encore moins besoin de considérer l'injonction faite à Pierre dans Lc 5, 10 comme plus primitive que Mc 1, 17 dans l'histoire de la tradition, ainsi que le fait KLEIN, « Die Berufung des Petrus », pp. 11-48. Malgré l'effort qu'il déploie pour défendre son approche (pp. 32-35), l'analyse de Klein est faussée parce qu'elle manque de faire une analyse détaillée de Jn 21, 1-14 en tandem avec son analyse initiale de Lc 5, 1-11. Au lieu de cela, il ne traite de Jn 21, 1-14 que vers la fin de son article ; de ce fait il échoue à comprendre correctement les interférences entre la tradition des apparitions de la résurrection (sous-jacente à Jn 21, 1-14) et le récit de vocation de Mc 1, 16-20 tels que Luc (ou sa tradition spéciale) les mélange de manière créative en Lc 5, 1-11. De même Klein ne réussit pas à faire droit à la main rédactionnelle de Luc non seulement dans Lc 5, 1-11 mais aussi dans sa façon de traiter de Pierre ailleurs dans le troisième évangile.

127. Il se peut, toutefois, que la rédaction de Marc ait compris que la même promesse s'applique aussi bien à Jacques et Jean, étant donné qu'ils sont eux aussi des pêcheurs.

128. On ne décide pas pour autant de la question rédactionnelle concernant la façon dont Marc a réécrit la tradition sous jacente à Mc 1, 16-20. Comme d'habitude, PESCH (« Die Berufung und Sendung », pp. 7-8) voit en Marc un rédacteur conservateur qui n'a fait que peu d'ajouts ; REPLOH (*Markus – Lehrer der Gemeinde*, pp. 29-30) admet une quantité un peu plus importante de rédaction marcienne ; voir aussi BEST, *Following Jesus*, pp. 166-168. À mon avis, peu importe laquelle des deux approches on retient, le noyau du logion de Mc 1, 17 et sa connexion avec la tradition de l'appel de Pierre (et André) sont antérieurs à la rédaction de Marc. Les détails de cet appel et sa position chronologique dans le ministère public de Jésus (sa place proche du début est peut-être due à la rédaction de Marc) n'affectent pas mon argumentation de base.

129. Sur cette question voir PESCH, « Berufung und Sendung », pp. 21-22.

130. WUELLNER (*The Meaning of « Fishers of Men »*, p. 152) présente une interprétation semblable.

131. Point n'est besoin de le dire, je ne recommande pas ici l'hypothèse discutable d'Albert SCHWEITZER (*Geschichte der Leben Jesu-Forschung*, Siebenstern-Taschenbuch 79/80, 2 vol., Munich/Hambourg, Siebenstern Taschenbuch, 1966 [1re éd. 1906], t. 2, pp. 402-450) que Jésus attendait la pleine venue du royaume de Dieu avant que les disciples eussent achevé leur mission et que, de ce fait, il ne devait pas les revoir dans l'âge présent. Curieusement, Schweitzer faisait reposer une bonne partie de sa théorie sur la base boiteuse de Mt 10, 23 (« Quand on vous pourchassera dans telle ville, fuyez dans telle autre. Amen, je vous le dis, vous n'aurez pas fini [de parcourir] les villes d'Israël jusqu'à ce [avant] que vienne le Fils de l'homme ») – un verset dont l'origine, l'histoire de la tradition et la signification sont parmi les plus difficiles à déterminer dans toute la tradition des évangiles. À mon avis, Mt 10, 23 est un logion non pas du Jésus historique mais d'un prophète chrétien ; voir *Un certain Juif, Jésus*, t. 2, pp. 295-297.

132. Cette façon de voir est proche de la position énoncée avec prudence par Vögtle, « Exegetische Erwägungen », p. 617 : « Ainsi donc, jusqu'à maintenant, il n'est pas possible de décider si Jésus a envoyé spécifiquement les Douze et uniquement les Douze ou, au contraire, un cercle plus large de disciples... » De même Hahn, « Die Nachfolge Jesu », pp. 29-30.

NOTES DU CHAPITRE XXVII

1. Ici il nous faut admettre une exception pour un seul cas de changement de noms dans la liste des Douze : « Thaddée » dans les listes de Marc et de Matthieu face à « Jude de Jacques » dans les listes de Luc. Si ce changement signifie qu'un des premiers membres des Douze s'est retiré du groupe durant le ministère public, les dernières affirmations faites ci-dessus dans le texte principal ne valent pas pour ce cas individuel. De même, comme on l'a noté ci-dessus dans le texte principal, qu'elles ne valent pas pour Judas Iscariote.

2. Sur les résultats négatifs de l'examen minutieux du matériau de Nag Hammadi en vue d'y trouver des renseignements sur le Jésus historique voir *Un certain Juif, Jésus*, t. 1, pp. 82-99. Pour un aperçu du débat plus favorable à « l'autonomie » si ce n'est à « l'indépendance » de la tradition des *logia* de l'*Évangile de Thomas*, voir Robert McL. WILSON, « The Gospel of Thomas Reconsidered » dans *Divitiae Aegypti*, Martin Krause Festschrift, Cäcilia FLUCK et al. éd., Wiesbaden, Reichert, 1995, pp. 331-336. Voir aussi James M. ROBINSON et Christoph HEIL, « The Lilies of the Field : Saying 36 of the *Gospel of Thomas* and Secondary Accretions in Q 12.22b-31 », *NTS* 47 (2000), pp. 1-25.

3. On trouvera un résumé utile des traditions sur Barthélemy dans le Nouveau Testament et dans la littérature postérieure dans Michael J. WILKINS, « Bartholomew » dans *Anchor Bible Dictionary*, t. 1, p. 615. Le seul jugement discutable dans cet article est : « ... rejeter de façon catégorique l'identification [de Barthélemy avec Nathanaël] est... non justifié ». C'est justifié par le principe philosophique fondamental que ce qui est affirmé sans motif peut être nié sans motif. Même le statut du nom de Barthélemy comme patronyme n'est pas clair, car, comme le signale E. P. BLAIR (« Bartholomew » dans *IDB*, t. 1, p. 359), au temps du Nouveau Testament, certains noms, qui pouvaient être patronymiques en théorie, ont été employés comme des noms propres indépendants. De plus, d'autres noms patronymiques des listes des Douze ne sont pas formulés avec *bar* (terme araméen pour « fils ») mais plutôt au génitif grec, sous-entendu le nom grec *huios* (« fils »), par exemple « Jacques de Zébédée » [= « Jacques fils de Zébédée »].

4. Quelquefois on tient l'argumentation suivante : (1) puisque dans Jn 1, 45-46 Philippe introduit Nathanaël auprès de Jésus et (2) que dans les trois listes synoptiques des Douze le nom de Barthélemy suit Philippe, Barthélemy était le patronyme de Nathanaël. Mais (1) dans l'évangile de Jean c'est avec André et non pas avec Nathanaël que Philippe est régulièrement associé (1, 35-44 ; 6, 5-9 ; 12, 21-22) et (2) la liste d'Ac 1, 13 n'a pas retenu la connexion entre Philippe et Barthélemy.

5. Sur les différents personnages appelés Jude (= Judas) dans le Nouveau Testament et sur les tentatives des copistes de réécrire le nom en « Judas le Cananéen » ou en « (Judas) Thomas » dans Jn 14, 22, voir BROWN, *The Gospel According to John*, t. 2,

p. 641. Brown conclut : « En présence d'une attestation aussi confuse, aucune décision [sur l'identité de Judas en 14, 22] n'est possible. »

6. À qui pense l'auteur effectif de l'épître de Jude quand il utilise la désignation « Jude, serviteur de Jésus Christ et frère de Jacques » ? Sur ce problème voir Jerome H. NEYREY, *2 Peter, Jude*, AB 37C, New York, Doubleday, 1993, pp. 44-45.

7. Pour d'autres matériaux voir Robert D. MILLER II, « Judas » (entrée 7) dans *Anchor Bible Dictionary*, t. 3, p. 1090. On trouve l'identification de Jude avec « le Cananéen » ou « le Zélote » dans certaines versions coptes et vieilles latines de Jn 14, 22, tandis que l'identification avec Thomas est donnée par certaines versions syriaques.

8. Certains exégètes font grand cas du nom de « Lebbée » qu'on trouve dans quelques manuscrits de Marc et de Matthieu à la place de, ou simultanément avec, « Thaddée ». On a avancé toutes sortes de théories d'équivalences ou de substitutions (soit seulement des noms, soit des personnes historiques réelles) ; voir TAYLOR, *The Gospel According to St. Mark*, pp. 233-234 ; DAVIES et ALLISON, *The Gospel According to Saint Matthew*, t. 2, p. 156 ; JoAnn Ford WATSON, « Thaddeus (Person) » dans *Anchor Bible Dictionary*, t. 6, p. 435. À mon avis, c'est « Thaddée » (tout court) qui est la leçon primitive de Marc comme de Matthieu. (1) Dans Mc 3, 18, « Lebbée » se trouve uniquement dans le codex de Bèze et dans un certain nombre de manuscrits des vieilles latines ; par conséquent, il est limité à une partie seulement de la tradition textuelle dite « occidentale ». Fort justement, l'*UBSGNT* (4e édition) attribue à la leçon « Thaddée » le statut « A » (certain). (2) Pour Mt 10, 3, les leçons sont plus variées : « Thaddée », « Thaddée appelé Lebbée », « Lebbée appelé Thaddée », etc. Bien que l'attestation des témoins textuels soit plus confuse, l'*UBSGNT* (4e éd.) préfère très justement « Thaddée » et lui attribue la notation « B » (presque certain). Je pense qu'on peut développer en faveur de « Thaddée » sans autre précision dans Mt 10, 3 une argumentation qui part des conclusions auxquelles nous sommes parvenus au sujet des sources des listes de Douze : à part le cas présent, il n'y a pas de raison de supposer que la liste des Douze dans Matthieu soit dérivée de quelque source par-delà la liste de Marc. Par conséquent, une fois que l'on a tranché que la leçon de Marc est « Thaddée » sans autre précision, on voit difficilement quelle raison rédactionnelle aurait pu conduire Matthieu, qui n'avait pas d'autre source devant ses yeux, à changer « Thaddée » en « Lebbée ». Il est difficile de dire si « Lebbée » provient uniquement d'une confusion de copiste faite lors de la transcription de certains manuscrits ou si des difficultés exégétiques rencontrées pour faire concorder entre elles différentes listes néotestamentaires des Douze ont conduit certains scribes chrétiens à changer le nom de propos délibéré. Pour la théorie qui fait provenir « Lebbée » d'une tentative d'introduire Lévi dans la liste des Douze (« Lebbée » étant un latinisme pour « Lévi ») voir Barnabas LINDARS, « Matthew, Levi, Lebbaeus and the Value of the Western Text », *NTS* 4 (1957-1958), pp. 220-222. Quoi qu'il en soit, « Lebbée » n'est primitif ni dans le texte de Marc ni dans celui de Matthieu ; aussi n'entre-t-il pas en ligne de compte pour notre étude de l'existence historique des Douze durant le ministère de Jésus. La confusion sur Lebbée est apparue chez des scribes chrétiens et non pas chez des Juifs qui ont suivi Jésus ni même chez les premiers chrétiens juifs de Palestine.

9. Tout ce que nous savons de Jacques le Mineur tient en un seul verset du Nouveau Testament, à savoir Mc 15, 40 : l'une des femmes qui se tient à distance de la croix de Jésus était « Marie la mère de Jacques le petit et de Joset [= Joseph] ». « Jacques le petit et Joset » ne doivent pas être identifiés avec Jacques et Joset mentionnés comme frères de Jésus dans Mc 6, 3. Prenant en compte les apports de la critique de la rédaction et de la narration, on se demandera pourquoi Marc attache la désignation distinctive « le petit » au Jacques de 15, 40. La seule réponse raisonnable est : pour le distinguer d'autres personnages déjà nommés Jacques dans sa narration, à savoir Jacques le fils de Zébédée et Jacques le frère de Jésus. Étant donné que Marc a déjà attribué à ce dernier Jacques une identité très claire et fortement marquée (frère de Jésus), comment le lecteur de l'évangile de Marc pourrait-il savoir que le Jacques de 6, 3 serait à identifier avec un Jacques qui, dans 15, 40, est désigné par un label tout à fait différent ? Et dans quel but Marc aurait-il pu introduire pour le même personnage un label nouveau qui jette la confusion ? Au contraire, s'il fallait que le lecteur sache clairement que le Jacques en cause dans 15, 40 était le même que celui de 6, 3, Marc aurait plutôt dû soit utiliser l'expression « le frère de Jésus » en 15, 40, soit répéter les noms de tous les quatre frères tels qu'ils sont énumérés en 6, 3. Sur toute cette question voir *Un certain Juif, Jésus*, t. 1, p. 405-406 n. 21.

10. Sur cette question voir John P. MEIER, *The Vision of Matthew*, Theological Inquiries, New York/Ramsey NJ/Toronto, Paulist, 1979, pp. 23-25.

11. Sur cette possibilité voir *Un certain Juif, Jésus*, t. 2, p. 824 n. 68 ; et aussi Rudolf SCHNACKENBURG, *The Gospel According to St John. Volume One*, Londres, Burns & Oates, et New York, Herder and Herder, 1968, pp. 310-311.

12. Sur les problèmes géographiques et politiques impliqués dans l'identification exacte de la Bethsaïde du Nouveau Testament, voir *Un certain Juif, Jésus*, t. 2, pp. 510-515, 1100. Sur les fouilles de Bethsaïde voir Heinz-Wolfgang KUHN et Rami ARAV, « The Bethsaida Excavations : Historical and Archaeological Approaches » dans *The Future of Early Christianity*, Helmut Koester Festschrift, Minneapolis, Fortress, 1991, pp. 77-106. Étant donné que Pline dans son *Histoire naturelle*, Eusèbe et Jérôme mentionnent Bethsaïde comme étant située en Galilée, alors que, rigoureusement parlant, elle se trouvait juste en dehors de la Galilée sur la rive nord-est du lac de Galilée, légèrement à l'est du Jourdain, il ne faut trop tenir rigueur à Jean de faire référence à la ville avec des indications imprécises et populaires. Sur la tradition johannique qui fait de Bethsaïde la ville de Pierre à la différence de la tradition marcienne de Capharnaüm voir l'étude sur Pierre ci-dessous.

13. Sur toute cette question voir *Un certain Juif, Jésus*, t. 2, pp. 104-121.

14. Quand l'on considère que Pierre est rarement associé à André dans la tradition synoptique après leur premier appel et qu'il n'est jamais réuni avec lui dans aucune information dont nous disposons en provenance de l'Église des débuts, ce silence même est peut-être le meilleur argument en faveur de l'historicité de l'affirmation qu'André était lié à Pierre lors de leur appel initial par Jésus – qu'on le comprenne dans les termes de Marc 1 ou de Jean 1. Sur André voir Dennis R. MACDONALD, « Andrew (Person) » dans *Anchor Bible Dictionary*, t. 1, pp. 242-244. Comme Peter M. PETERSON (*Andrew, Brother of Simon Peter. His History and Legends*, NovTSup, Leyde, Brill, 1958, pp. 17-23) le signale, la tradition de l'Orient chrétien qui établit un lien entre André et Byzance (plus tard Constantinople) ne remonte pas plus haut que le VIIIe voire le IXe siècle. Peterson pense également que les références à André dans le quatrième évangile sont légendaires (p. 47).

15. Voir l'analyse du récit de Lazare dans *Un certain Juif, Jésus*, t. 2, pp. 588-617 ; pour le v. 16 voir p. 599.

16. De plus, la question se complique du fait que « Thomas » n'était pas employé régulièrement comme nom propre dans l'hébreu ou l'araméen, mais que, par contre, le grec *Thōmas* était utilisé comme nom propre dans les régions hellénophones. Il se peut, comme le suggère BROWN (*The Gospel According to John*, t. 1, p. 424), que le nom grec *Thōmas*, à cause de sa ressemblance avec un nom sémitique, ait été adopté par les Juifs dans des régions où l'on parlait le grec.

17. Le matériau de Nag Hammadi sur Thomas comprend l'*Évangile de Thomas* copte du IIe siècle et le *Livre de Thomas l'athlète* du IIIe siècle qui tous deux reflètent une vision négative de la matière et de la sexualité et prônent de ce fait un ascétisme radical. On retrouve les mêmes traits dans les *Actes de Thomas* du IIIe siècle, dont la composition originale est en syriaque. Sur « l'école de saint Thomas » voir Bentley LAYTON, *The Gnostic Scriptures*, Garden City NY, Doubleday, 1987, pp. 359-365. Que « Judas Thomas (appelé aussi Didyme) » soit le frère jumeau de Jésus est clairement affirmé dans le *Livre de Thomas l'athlète* 138, 7-19 et *Actes de Thomas*, chapitres 11, 31. 39. Par contre, l'idée est au mieux suggérée dans l'*Évangile de Thomas* copte, qui présuppose plutôt l'identité « consubstantielle » de toute personne sauvée (incluant très certainement Thomas) avec le sauveur, puisque l'être intime de toute personne sauvée est divin. Chose assez curieuse ici, dans la seule œuvre de « l'école de saint Thomas » qui date clairement du IIe siècle, à savoir l'*Évangile de Thomas* copte, Thomas est en réalité une figure périphérique qui n'appartient que peu au matériau traditionnel du livre. Il est introduit comme l'auteur de l'œuvre dans la phrase d'introduction qui est visiblement rédactionnelle, mais il ne figure de manière proéminente que dans un seul autre *logion*, le long *logion* 13, où Simon Pierre et Matthieu sont également mentionnés mais où Thomas est exalté comme celui qui possède la connaissance secrète de la nature de Jésus. Ce *logion* est en tension par rapport au *logion* rival immédiatement précédent, le *logion* 12, où Jacques le Juste (le frère de Jésus) est exalté comme le chef des disciples après le départ de Jésus. Sur cette tension voir Gilles QUISPEL, « "The Gospel of Thomas" and the "Gospel of the Hebrews" », *NTS* 12 (1965-66), pp. 371-382, spéc. p. 380. Par conséquent l'*Évangile de Thomas*, la plus ancienne œuvre apocryphe et gnosticisante placée sous le nom de Thomas, ne présente pas une tradition qui s'enracine réellement dans ce personnage et il n'impose pas nettement l'idée que Thomas est le frère jumeau de Jésus. Comme on l'a déjà noté, la leçon « Judas Thomas » de quelques textes syriaques de Jn 14, 22 pourrait aussi refléter la légende sur Thomas en phase de développement, faisant de lui le frère jumeau de Jésus, si l'on comprend que le « Judas » mentionné dans les textes est Jude frère de Jésus. Comme QUISPEL le signale (*ibid.*, p. 380), on est surpris de voir un érudit aussi critique que Helmut KOESTER (« *Gnōmai diaphoroi*. The Origin and Nature of Diversification in the History of Early Christianity », *HTR* 58 [1965], pp. 279-318, spéc. pp. 296-297) appuyer l'idée que le christianisme est arrivé à Édesse par l'œuvre de Thomas, qui était en réalité Jude, le jumeau de Jésus. Comment peut-on être aussi sceptique quand il s'agit du Jésus historique et si crédule quand il s'agit du frère jumeau de Jésus, Jude Thomas, voilà qui vous sidère.

18. Quant au premier nom, « Simon [en grec *Simōn*] » était un nom grec courant employé par des Juifs hellénophones au tournant de notre ère pour représenter le nom sémitique *Šim'ôn* de consonance similaire. La Septante rend habituellement le nom sémitique par la forme grecque *Symeōn*, quoique certains livres deutérocanoniques (Ben Sira, 1 et 2 Maccabées) emploient la forme grecque originale *Simōn*. Dans le Nouveau Testament la tendance va juste dans le sens opposé. La forme que l'on trouve couramment dans le Nouveau Testament est l'original grec *Simōn*, alors que l'emploi de *Symeōn* est relativement rare et n'intervient que dans les derniers livres du Nouveau Testament et uniquement dans des références à l'Ancien Testament ou dans des passages qui veulent rendre une tonalité sémitique : Lc 2, 25. 34 ; 3, 30 ; Ac 13, 1 ; 15, 14 ; 2 P 1, 1 ; Ap 7, 7. L'hébreu *Šim'ôn* et sa translittération grecque *Symeōn* sont traduits par « Syméon » ou « Siméon » dans la plupart des traductions françaises, tandis que le grec *Simōn* est rendu par « Simon ». Je suis cette convention quand je mentionne Simon le Zélote et Simon Pierre. Voir Joseph A. FITZMYER, « Aramaic *Kepha'* and Peter's Name in the New Testament » dans *Text and Interpretation*, Matthew Black Festschrift, Ernest BEST et R. McL. WILSON éd., Cambridge, Cambridge University,

1979, pp. 121-132 (= *To Advance the Gospel*, New York, Crossroad, 1981, pp. 112-124).

19. L'un des partisans les plus connus de cette façon de voir était S. G. F. BRANDON, *Jesus and the Zealots. A Study of the Political Factor in Primitive Christianity*, Manchester, Manchester University, 1967. Sur toute la question de la relation de Jésus à la situation politique de la Palestine juive voir les essais réunis dans *Jesus and the Politics of His Day*, Ernst BAMMEL et C. F. D. MOULE éd., Cambridge : Cambridge University, 1984. Ont un intérêt particulier J. P. M. SWEET, « The Zealots and Jesus », pp. 1-9 ; E. BAMMEL, « The Revolution Theory from Reimarus to Brandon », pp. 11-68 ; G. M. STYLER, « Argumentum e silentio », pp. 101-107 ; E. BAMMEL, « The Poor and the Zealots », pp. 109-128. On notera dans certains de ces essais un défaut de définition critique qui précise bien qui furent les zélotes.

20. Sur cette question voir Morton SMITH, « Zealots and Sicarii. Their Origins and Relation », *HTR* 64 (1971), pp. 1-19 ; Shaye J. D. COHEN, *Josephus in Galilee and Rome*, Columbia Studies in the Classical Tradition 8, Leyde, Brill, 1979 ; IDEM, *From the Maccabees to the Mishnah* Library of Early Christianity 7, Philadelphie, Westminster, 1987, pp. 164-166 ; voir aussi FITZMYER, *The Gospel According to Luke*, t. 1, p. 619. On trouvera une bonne vue d'ensemble de toute la question des zélotes, d'autres factions impliquées dans la Première Guerre juive (le gouvernement provisoire conduit par des aristocrates prêtres et laïcs, les sicaires, le groupe menés par Jean de Gischala, le groupe mené par Simon bar Giora) et du problème plus large des mouvements révolutionnaires juifs de Palestine dans David RHOADS, « Zealots » dans *The Anchor Bible Dictionary*, t. 6, pp. 1043-1054, avec une annexe bibliographique fort utile. Comme ouvrages classiques sur la question qui représentent une grande variété d'opinions signalons R. J. Foakes JACKSON et Kirsopp LAKE, « The Zealots » dans *The Beginnings of Christianity. Part I. The Acts of the Apostles. Vol. I*, R. J. Foakes JACKSON et Kirsopp LAKE éd., Grand Rapids, Baker, 1979 (première édition 1920), pp. 421-425 ; William R. FARMER, *Maccabees, Zealots, and Josephus. An Inquiry into Jewish Nationalism in the Greco-Roman Period*, Westport CT, Greenwood, 1973 (première édition 1956) ; BRANDON, *Jesus and the Zealots* ; Oscar CULLMANN, *Jésus et les révolutionnaires de son temps*, Genève, Labor et Fides, 1970 ; Martin HENGEL, *Was Jesus a Revolutionist ?*, Philadelphie, Fortress, 1971 ; IDEM, *Victory over Violence*, Philadelphie, Fortress, 1973 ; IDEM, *The Zealots*, Édimbourg, Clark, 1989 ; David RHOADS, *Israel in Revolution : 6-74 C.E.*, Philadelphie, Fortress, 1976 ; J.-Alfred MORIN, « Les deux derniers des Douze : Simon le Zélote et Judas Iskariōth », *RB* 80 (1973), pp. 332-358 ; D. HILL, « Jesus and Josephus' "Messianic Prophets" » dans *Text and Interpretation*, Matthew Black Festschrift, E. BEST et R. McL. WILSON éd., Cambridge, Cambridge University, 1979, pp. 143-54 ; Emil SCHÜRER, *The History of the Jewish People in the Age of Jesus Christ*, 4 vol., revus et édités par Geza VERMES, Fergus MILLAR et Matthew BLACK, Édimbourg, Clark, 1973-87, t. 2, pp. 598-606 ; Sean FREYNE, *Galilee from Alexander the Great to Hadrian : 323 B.C.E. to 135 C.E.*, Center for the Study of Judaism and Christianity in Antiquity 5, Notre Dame IN, University of Notre Dame, et Wilmington DE, Glazier, 1980 ; Tessa RAJAK, *Josephus. The Historian and His Society*, Philadelphie, Fortress, 1983 ; Richard A. HORSLEY et John S. HANSON, *Bandits, Prophets, and Messiahs* (Minneapolis, Seabury, 1985 ; Richard A. HORSLEY, *Jesus and the Spiral of Violence*, San Francisco, Harper & Row, 1987 ; Martin GOODMAN, *The Ruling Class of Judaea*, Cambridge, Cambridge University, 1987 ; Lester L. GRABBE, *Judaism from Cyrus to Hadrian. Volume Two : The Roman Period*, Minneapolis, Fortress, 1992, pp. 457-459 ; Monette BOHRMANN, *Flavius Josephus, the Zealots and Yavne*, Berne, Lang, 1994.

21. Siméon et Lévi, les fils de Jacob, sont également mentionnés dans cette tradition (cf. Gn 34, 25-31 et l'évaluation négative de Gn 49, 5-7) ; sur cette question voir

William R. FARMER, « Zealot » dans *IDB*, t. 4, pp. 936-939. Comme textes importants qui font explicitement référence au « zèle » dans les actes violents de ces héros signalons Nb 25, 10-13 (Phinéas) ; Si 45, 23-24 ; 1 M 2, 54 (Phinéas) ; 1 M 2, 15-28 (Mattathias) ; Si 48, 2 (Élie) ; *Jubilés* 30, 5-20 (Lévi) ; Jdt 9, 2-4 (Siméon).

22. On trouve souvent, lié à une idée fausse de « zélotes », le tableau hautement discutable de la Galilée au temps de Jésus, dépeinte comme un chaudron sans cesse en ébullition en pleine fièvre révolutionnaire. Contre cette façon de voir : FREYNE, *Galilee from Alexander the Great to Hadrian*, pp. 208-255 ; cf. *Un certain Juif, Jésus*, t. 1, pp. 183-184.

23. Sur le « zèle » à la façon de Phinéas et le Paul préchrétien voir Martin HENGEL, *Acts and the History of Earliest Christianity*, Philadelphia, Fortress, 1979, pp. 83-84 ; Terence L. DONALDSON, « Zealot and Convert : The Origin of Paul's Christ-Torah Antithesis », *CBQ* 51 (1989), pp. 655-682 ; Jürgen BECKER, *Paul Apostle to the Gentiles*, Louisville, Westminster/John Knox, 1993 (édition originale allemande 1989), pp. 66-69. La faiblesse de l'étude de Mark R. FAIRCHILD (« Paul's Pre-Christian Zealot Associations : A Re-examination of Gal 1. 4 and Acts 22. 3 », *NTS* 45 [1999], pp. 514-532) est de passer trop vite des traditions zélotes *au* mouvement zélote au sens large.

24. À propos de l'attestation du partage de table de Jésus avec les collecteurs de taxes et les pécheurs voir *Un certain Juif, Jésus*, t. 2, pp. 1247, n. 317 (continuée pp. 1248-1249).

25. Une vue d'ensemble sur les problèmes liés à Judas Iscariote est exposée dans BROWN, *The Death of the Messiah*, t. 2, pp. 1394-1418 [*La mort du Messie*, pp. 1534-1561].

26. On se rappellera que Boito et Verdi ne furent pas satisfaits de la motivation mesquine de Iago pour sa « trahison » d'Othello. Pour combler la lacune, ils ont écrit pour Iago la fameuse aria « Credo in un Dio crudel » (« Je crois en un Dieu cruel ») ; elle fournit un motif plus profond, théologique, à l'infamie autrement insondable de Iago.

27. On reste perplexe par exemple devant la récapitulation faite par KLASSEN sur « Judas in Recent Discussion » dans son article « Judas » de l'*Anchor Bible Dictionary*, t. 3, p. 1096 : « Les nombreux romans sur Judas au XXe siècle et les révisions auxquelles ils soumettent le point de vue traditionnel (pour ne pas mentionner les films et comédies musicales dans lesquels Judas figure) *témoignent de la recherche ininterrompue du Judas historique* » (souligné par moi). Une sorte d'obstination aberrante dans la recherche moderne du Jésus historique est poussée ici à la ennième puissance. Plus étrange encore est l'approche de Günther SCHWARZ (*Jesus and Judas*, p. 237) qui mélange reconstitutions araméennes hypothétiques et spéculations théologiques pour aboutir à une conclusion supposée historique : Jésus a désiré mourir, il a contrôlé sa mort au point d'en fixer le moment, et il a donné à Judas un rôle spécifique à jouer pour arranger cette mort, un rôle que Judas a joué très docilement. On trouvera un bon antidote à toute cette imagination débridée dans l'approche saine et modeste de KLAUCK, *Judas*, pp. 137-146.

28. Ainsi Gustav DALMAN, *Die Worte Jesu*, Leipzig, Hinrichs, 1898, p. 42.

29. On trouvera une revue et une évaluation des théories dans MORIN, « Les deux derniers des Douze », pp. 349-358 ; Albert EHRMAN, « Judas Iscariot and Abba Saqqara », *JBL* 97 (1978), pp. 572-573 ; Yoël ARBEITMAN, « The Suffix of Iscariot », *JBL* 99 (1980), pp. 122-124 ; KLAUCK, *Judas*, pp. 40-44 ; SCHWARZ, *Jesus und Judas*, pp. 6-12 ; KLASSEN, « Judas Iscariot », pp. 1091-1092 ; IDEM, *Judas*, pp. 32-34 ;

BROWN, *The Death of the Messiah*, t. 2, pp. 1410-1416 [*La mort du Messie*, pp. 1552-1558]. Sur les deux transcriptions différentes d'Iscariote, *Iskariōth* et *Iskariōtēs*, et sur les variantes de critique textuelle voir KLAUCK, *ibid.*, pp. 40-41 ; BROWN, *ibid.*, pp. 1411-1413 [*La mort du Messie*, pp. 1553-1554].

30. Voir BROWN, *The Death o f the Messiah*, t. 2, p. 1414 [*La mort du Messie*, pp. 1556].

31. Cependant la tradition textuelle est très divisée. Sans surprise, l'*UBSGNT* (3e éd.) donne à la leçon le coefficient « C » pour chacun des passages, ce qui indique que, du fait du degré considérable de doute, le comité avait de la difficulté pour décider quelle variante retenir pour le texte. Pour les arguments en faveur de *Iskariōtou* (modifiant *Simōnos*, père de Judas) voir METZGER, *Textual Commentary*, 2e éd., pp. 184, 204-205. Peut-être le meilleur argument en faveur du rattachement d'« Iscariote » à « Simon » plutôt qu'à « Judas » est-il que cette la leçon est la plus difficile ; cette leçon invitait très tôt les copistes chrétiens, qui connaissaient l'usage des évangiles synoptiques, à procéder à une correction. Il est difficile d'expliquer pourquoi ils auraient changé dans l'évangile de Jean une leçon qui concordait avec les synoptiques (c.-à-d. « Judas Iscariote ») pour créer une leçon tout à fait inconnue par ailleurs.

32. Voir *Un certain Juif, Jésus*, t. 2, pp. 664-674. De même Rudolf PESCH, *Simon-Petrus. Geschichte und geschichtliche Bedeutung der ersten Jünger Jesu Christ*, Päpste und Papsttum 15, Stuttgart, Hiersemann, 1980, p. 36.

33. Une autre possibilité est que l'idée d'un groupe interne restreint de trois soit une rétroprojection déformée de la situation de l'Église de Jérusalem de la première génération chrétienne, quand, pour un temps, Jacques *le frère de Jésus*, Céphas (= Pierre) et Jean (le fils de Zébédée) étaient les « colonnes » de la communauté de Jérusalem (voir Ga 2, 9) – Jacques fils de Zébédée et frère de Jean ayant déjà subi le martyre par Hérode Agrippa Ier (Ac 12, 2). Dans ce cas, on n'aurait pas seulement retransposé un groupe chrétien dirigeant de trois membres dans le ministère public de Jésus, mais au cours du processus on aurait substitué Jacques le fils de Zébédée à Jacques frère de Jésus – cela nécessairement parce que l'on savait bien que les frères de Jésus n'ont pas cru en lui durant son ministère public. Si cette hypothèse (avouons-le, hautement spéculative) était la vraie, cela signifierait que l'idée du groupe très intime de trois n'a pas été inventée par Marc mais existait déjà dans certaines traditions qu'il a reçues. Une telle hypothèse affaiblirait l'argumentation de PESCH (*Simon-Petrus*, p. 23) sur l'existence historique du groupe de trois durant le ministère public ; Pesch fait remarquer que Pierre, Jacques (le fils de Zébédée) et Jean ne tenaient pas une fonction de groupe dirigeant dans l'Église primitive.

34. Il faut en convenir, nous n'avons pas d'attestation du Ier siècle pour le martyre de Jacques fils de Zébédée en dehors d'Ac 12, 2. À vrai dire, cependant, la plupart des commentateurs des Actes semblent accepter sans plus de difficulté l'historicité fondamentale au moins du simple fait du martyre de Jacques par Agrippa Ier. Cette acceptation est raisonnable. L'ensemble d'Ac 12, 1-23, qui n'est « pas distinctement dans le style de Luc » est quasiment un bloc isolé à l'intérieur du déroulement de la narration plus large des Actes ; il « est beaucoup plus facilement détachable du fil principal de l'ensemble narratif des Actes que tout autre [paragraphe] » (BARRETT, *Acts*, t. 1, p. 568). C'est encore plus vrai de la mention, faite en passant, de la mise à mort de Jacques au v. 2. Comme le dit encore Barrett (p. 569), « il est difficile de voir en quoi le déroulement du récit de Luc est affecté » par la brève notice sur le martyre de Jacques. Par conséquent beaucoup sont d'accord que Luc n'a pas inventé la mention, faite en passant, de la mort de Jacques mais qu'il l'a plutôt reçue d'une source juive-chrétienne palestinienne (voir FITZMYER, *Acts*, p. 486). On remarquera que ni le simple fait du martyre de Jacques ni son emplacement dans l'ensemble narratif de Luc ne semblent contribuer à quelque grand projet théologique. L'énoncé du v. 2, qui tient en une phrase, réclame fortement une plus ample élaboration supplémentaire, qu'il reçoit comme il se doit dans les vieilles légendes et dans les spéculations érudites modernes ; voir par ex. la reconstitution – à mon avis invraisemblable – du contexte juridique de l'exécution de Jacques dans Josef BLINZLER, « Rechtsgeschichtliches zur Hinrichtung des Zebedäiden Jakobus (Apg XII, 2) », *NovT* 5 (1962), pp. 191-206. Est également très spéculatif l'article d'Oscar CULLMANN, « Courants multiples dans la communauté primitive. À propos du martyre de Jacques fils de Zébédée », *RSR* 60 (1972), pp. 55-68. Le fait même que la sobre notice d'Ac 12, 2 n'ait pas bénéficié d'une telle élaboration au temps où elle est parvenue à Luc plaide en faveur de sa crédibilité.

35. Sur les différents personnages appelés Jacques dans le Nouveau Testament et le problème des distinctions à faire entre elles, voir Donald A. HAGNER, « James (Person) » dans *Anchor Bible Dictionary*, t. 3, pp. 616-618. Hagner (p. 617) considère comme probable que Matthieu identifie la Salomé mentionnée dans Marc (15, 40) au pied de la croix avec la mère des fils de Zébédée (Mt 27, 56). Au contraire, je vois ici un changement rédactionnel intentionnel de la part de Matthieu. Pour atténuer le tableau négatif de Jacques et Jean de Mc 10, 35-45, Matthieu, dans son récit parallèle, attribue à leur mère la requête initiale adressée à Jésus de faire asseoir Jacques et Jean à sa droite et à sa gauche dans son royaume (Mt 20, 20). Or, dès lors qu'il avait introduit cette femme précise parmi les adeptes de Jésus qui sont montés avec lui à Jérusalem (et par conséquent à la croix), l'esprit plutôt comptable de l'évangéliste ne voulait pas la perdre ; par conséquent il la fait apparaître parmi les femmes au pied de la croix à la place de Salomé, qui n'est pas mentionnée dans Marc (ni d'ailleurs dans Matthieu) avant la scène au pied de la croix. Toute autre spéculation sur Salomé en relation avec Jacques et Jean est sans fondement.

36. Certains exégètes voudront peut-être ajouter le rédacteur final du quatrième évangile – si, comme il semble probable, il ne faut pas l'identifier avec l'auteur des épîtres johanniques. Sur les raisons qui s'opposent à l'identification de Jean fils de Zébédée, de l'auteur du quatrième évangile, du rédacteur final de l'évangile et de l'anonyme « disciple que Jésus aimait » voir B. W. BACON, « John and the Pseudo-Johns », *ZNW* 31 (1932), pp. 132-150 ; Pierson PARKER, « John the Son of Zebedee and the Fourth Gospel », *JBL* 81 (1962), pp. 35-43 ; BROWN, *The Community of the Beloved Disciple* [*La communauté du disciple bien-aimé*] ; l'excursus de Rudolf SCHNACKENBUG, « Der Jünger, den Jesus liebte » dans *Das Johannesevangelium. III. Teil*, HTKNT 4/3 ; Fribourg/Bâle/Vienne, Herder, 1975, pp. 449-464 ; Joachim KÜGLER, *Der Jünger, den Jesus liebte*, SBB 16, Stuttgart, KBW, 1988, pp. 439-448 ; Brendan BYRNE, « Beloved Disciple » dans *Anchor Bible Dictionary*, t. 1, pp. 658-661. Sur la question plus discutée des identités distinctes de l'auteur des épîtres johanniques et de l'auteur du quatrième évangile, voir Raymond E. BROWN, *The Epistles of John*, AB 30, Garden City NY, Doubleday, 1982, pp. 14-30, 69-115. L'identité distincte du nommé Jean auteur de l'Apocalypse a été soutenue par certains déjà à l'époque patristique ; aucun exégète sérieux ne l'identifierait aujourd'hui avec les auteurs du quatrième évangile ou des épîtres johanniques. Raymond COLLINS (« John [Disciple] » dans *Anchor Bible Dictionary*, t. 3, pp. 883-886) résume très bien le consensus critique actuel en disant (p. 885) : « La critique historique a… montré que les cinq œuvres [Jean, les trois épîtres de Jean et l'Apocalypse] n'ont pas pu être écrites par le même auteur et il est hautement invraisemblable que Jean, le fils de Zébédée, fût l'auteur d'aucune d'entre elles. » On trouvera une tentative d'un conservatisme d'arrière-garde qui veut défendre le lien entre Jean, fils de Zébédée, et le quatrième évangile dans John A. T. ROBINSON, *The Priority of John*, Oak Park IL, Meyer-Stone, 1985. Comme approche conservatrice de l'évangile, tout à fait respectable du point de vue critique et intellectuel, signalons Martin HENGEL, *The Johannine Question*,

Londres, SCM, et Philadelphie, Trinity, 1989. Un parcours de la pensée critique et des divagations légendaires sur Jean fils de Zébédée à travers les âges est proposé dans l'excellente vue d'ensemble de R. Alan CULPEPPER, *John, the Son of Zebedee. The Life of a Legend*, Studies on Personalities of the NT, Columbia SC, University of South Carolina, 1994.

37. C'est une remarque majeure faite tout au long de l'ouvrage de WUELLNER, *The Meaning of « Fishers of Men »* ; voir aussi CULPEPPER, *John, the Son of Zebedee*, pp. 9-15.

38. La faiblesse de cette explication tient au fait que les Actes, le livre même qui relate le martyre de Jacques (12, 2), sont aussi le seul livre du Nouveau Testament à mentionner Jean avant Jacques.

39. Dans ce qui suit, je dépends du résumé des opinions dans CULPEPPER, *John, the Son of Zebedee*, p. 38-40.

40. Le problème est étudié par Randall BUTH, Mark 3:17 *Boneregem* and Popular Etymology », *JSNT* 10 (1981), pp. 29-33, qui imagine comme solution un jeu de mots dû à un copiste grec. D. R. G. BEATTIE, par exemple, suggère qu'un scribe aurait lu par erreur *r's* à la place de l'original *r'm* (« tonnerre ») ; pensant que le *mem* final était un *samek* il aurait fabriqué l'étrange finale *-rges* pour le nom grec. Voir « Boanerges : A Semiticist's Solution », *Irish Biblical Studies* 5 (1983), pp. 11-13.

41. Voir Gustaf DALMAN, *Grammatik des jüdisch-palästinischen Aramäisch*, Darmstadt, Wissenschaftliche Buchgesellschaft, 1960 (édition originale 1905), p. 144 n. 2 ; IDEM, *Die Worte Jesu*, pp. 33, 39-40 ; BAUER, *Wörterbuch*, 6e éd., col. 287.

42. BETZ, « Donnersöhne », pp. 41-51.

43. Pour les arguments pour et contre l'historicité voir Eino WILHELMS, « Der fremde Exorzist », *ST* 3 (1949), pp. 162-171 ; Jacques SCHLOSSER, « L'exorciste étranger (Mc 9, 38-39) », *RevScRel* 56 (1982), pp. 229-239 ; E. A. RUSSELL, « A Plea for Tolerance (Mk 9.38-40) », *Irish Biblical Studies* 8 (1986), 154-160 ; CULPEPPER, *John, the Son of Zebedee*, pp. 41-43. Les arguments en faveur de l'historicité proposés par des critiques comme Russel ne me paraissent pas convaincants. (1) Certains défendent l'historicité en s'appuyant sur le fait que l'Église primitive n'aurait pas créé un récit qui prône une attitude de tolérance dans une perspective à ce point libérale. Voilà qui suppose une vision étrangement monolithique de l'Église de la première génération, qui n'est guère en phase avec le débat que nous devinons dans les lettres de Paul. S'il y a quelque vérité dans l'idée que certains des dits de Jésus proviennent des prophètes chrétiens, on peut imaginer que quelques-uns d'entre eux ont épousé une position « libérale » sur l'exercice de l'autorité charismatique au nom de Jésus. (2) L'idée qu'un disciple éminent pût énoncer une façon de voir que Jésus aurait ensuite rejetée n'est guère un argument en faveur de l'historicité quand on traite de l'évangile de Marc, où Jésus tance régulièrement ses disciples pour leur manque d'intelligence. (3) Cette péricope est très certainement unique ; c'est l'unique récit d'évangile où Jean fils de Zébédée agit seul comme le porte-parole des disciples dans un échange avec Jésus. C'est peut-être l'argument unique – mais bien ténu – en faveur de l'historicité susceptible de vous faire hésiter. Toutefois, comme le suggère CULPEPPER (pp. 43), il est possible que le surnom « fils du tonnerre », donné par Jésus dans le sens positif de témoins puissants de son message, fût ultérieurement (mal) interprété par l'Église dans un sens psychologique négatif par référence au zèle impulsif de Jean. Les évangiles et actes apocryphes le montrent, les légendes qui se sont constituées concernant les premiers disciples et chefs d'Église ne furent pas toutes louangeuses et édifiantes. Ainsi, tout en admettant que nous ne pouvons atteindre la certitude, j'incline pour l'opinion que l'anecdote sur l'exorciste indépendant ne remonte pas au ministère du

Jésus historique. Cependant beaucoup de critiques défendent l'historicité du récit ; voir Karl Ludwig SCHMIDT, *Der Rahmen der Geschichte Jesu*, Darmstadt, Wissenschaftliche Buchgesellschaft, 1969 (éd. originale 1919), p. 236 ; TAYLOR, *The Gospel According to St. Mark*, p. 406 ; PESCH, *Das Markusevangelium*, t. 2 ; p. 109 ; GUNDRY, *Mark*, pp. 520-5221. Pour des arguments contre l'historicité voir BULTMANN, *Geschichte*, pp. 23-24 [*Histoire*, p. 41] ; Ernst LOHMEYER, *Das Evangelium des Markus*, MeyerK 1/2, Göttingen, Vandenhoeck & Ruprecht, 1967 (éd. originale 1937) p. 195 ; Ernst HAENCHEN, *Der Weg Jesu*, 2e éd., Berlin, de Gruyter, 1968, p. 327 ; HOOKER, *Mark*, p. 229. DIBELIUS *(Formgeschichte*, p. 159 n. 2) semble incertain. En faveur de l'opinion que, dans les vv. 38-39, Marc a composé un matériau nouveau pour son discours sur la condition de disciple nous trouvons Harry FLEDDERMANN, « The Discipleship Discourse (Mark 9:33-50) », *CBQ* 43 (1981), pp. 57-75.

44. Sur la composition et les thèmes théologiques de Luc voir FITZMYER, *The Gospel According to Luke*, t. 1, pp. 826-827.

45. CULPEPPER (*John, the Son of Zebedee*, p. 44) pense qu'une méprise de l'Église des origines (ou peut-être de Luc) sur le surnom « fils du tonnerre », compris en termes de zèle impulsif, a conduit à introduire Jacques et Jean dans ce récit. De même, MARSHALL (*Luke*, p. 406) est en faveur de la possibilité que « Jacques et Jean » soient un ajout secondaire dans le récit. BULTMANN (*Geschichte*, p. 24 [*Histoire*, p. 42]) regarde tout le récit comme émanant de l'expérience missionnaire de l'Église primitive ; GRUNDMANN (*Das Evangelium nach Lukas*, p. 201) reste incertain ; Josef ERNST (*Das Evangelium nach Lukas*, RNT, Regensburg, Pustet, 1977, p. 317) prend une position qu'on pourrait dire d'intermédiaire : le récit remonte à une expérience faite par Jésus durant son ministère public et par les disciples avant et après Pâques ; mais Luc a inséré le récit dans le « traversée fictive de la Samarie ». Ernst (p. 318) hésite sur l'historicité du rôle de Jacques et de Jean dans le récit.

46. Voir BULTMANN, *Geschichte*, p. 23 [*Histoire*, p. 41] ; on trouvera des arguments en faveur de l'authenticité fondamentale de Mc 10, 38-39 dans SANDERS, *Jesus and Judaism*, p. 147. Sur le problème de l'interprétation de la péricope voir Georg BRAUMANN, « Leidenkelch and Todestaufe (Mk 10:38f.) », *ZNW* 56 (1965), pp. 178-183 ; André FEUILLET, « La coupe et le baptême de la passion », *RB* 74 (1967), pp. 356-391 ; S. LÉGASSE, « Approche de l'épisode pré-évangélique des fils de Zébédée (Marc X. 35-40 par.) », *NTS* 20 (1974), pp. 161-177. Opposé à l'opinion que Mc 10, 35-40 s'est développé à travers différentes étapes de la tradition orale, Légasse attire l'attention sur la structure chiastique du noyau de tout le récit : siéger à droite et à gauche (v. 37), boire la coupe et être baptisé d'un baptême (v. 38) – boire la coupe et être baptisé d'un baptême (v. 39) –, siéger à droite et à gauche (v. 40). En conséquence, Légasse pense que la forme orale du récit sous-jacent à Mc 10, 35-40 était une unité depuis le début.

47. Il y a peut-être chez Marc une intention ironique dans la mention des places à droite et à gauche de Jésus puisqu'il s'avère que ce sont les places réservées aux deux brigands crucifiés avec Jésus (15, 27).

48. Pour une interprétation alternative du grec elliptique – qui entend le grec *all'* au sens de « excepté » et non pas de « mais » – voir GUNDRY, *Mark*, p. 578. L'interprétation de Gundry me paraît moins vraisemblable dans le contexte général. Quoi qu'il en soit, comme Gundry le fait remarquer, même dans son interprétation, Jésus nie détenir l'autorité dernière dans la préparation et l'attribution des sièges les plus honorables ; le passif (« c'est préparé ») est un passif divin, qui indique que c'est Dieu seul qui a préparé et attribué les différentes récompenses eschatologiques.

49. Sur cette question voir LÉGASSE, « Approche », pp. 170-174 ; cependant Légasse rejette la connexion avec Mt 19,28 par. À mon avis, il restreint indûment l'imagerie de Mt 19, 28.

50. Dieu présente à ses saints, c.-à-d. aux Israélites fidèles, une coupe pleine de bénédiction ou de salut (par ex. Ps 23, 5 ; 116, 13). Les méchants doivent boire jusqu'à la lie la coupe de vin qu'est la colère de Dieu (par ex. Ps 11, 6 ; 75, 8 [TM 75, 9] ; Is 51, 17. 22 ; Jr 25, 15 ; 49, 12 ; Ha 2, 15-16). Le symbole de la coupe du jugement est largement répandu dans la littérature intertestamentaire : *1QpHab* 11, 14-15 ; *4QpNah* 4, 6 (fragmentaire mais le sens est clair du fait du contexte plus large) ; *Psaumes de Salomon* 8, 14 ; *2 Apocalypse de Baruch* 13, 8 ; *Antiquités bibliques* 50, 6. Même les bons doivent goûter la coupe de la mort ; voir *Testament d'Abraham* 1, 3 dans la recension A : « Mais pour lui aussi [le juste Abraham] vinrent la coupe amère, commune et inévitable de la mort et le terme obscur de la vie » [trad. Francis SCHMIDT dans *La Bible. Écrits intertestamentaires*, La Pléiade, Paris, Gallimard, 1987, p. 1656]. Dans *Martyre et Ascension d'Isaïe* 5, 13 nous trouvons « la coupe » employée de façon absolue pour le martyre du prophète perpétré par le chef méchant ; mais une influence chrétienne est peut-être à l'œuvre ici. Sur le symbolisme de la coupe dans l'Ancien et le Nouveau Testaments voir J. L. KELSO, « Cup » dans *IDB*, t. 1, pp. 748-749.

51. Sur l'imagerie de la submersion par l'eau ou de l'enfoncement dans l'abîme voir par ex. 2 S 22, 5 (cf. Ps 18, 4), Ps 69, 2-3 ; Ps 42, 7 (TM 42, 8). (Pour la traduction de Ps 69, 3 Symmaque emploie *baptizō* pour rendre l'hébreu *ṭāba'*, « s'enfoncer ».) Le grec *baptizō* est employé pour traduire l'hébreu *ṭābal* dans LXX 4 Règnes 5, 14 (= TM 2 R 5, 14) dans le sens littéral de se plonger soi-même dans l'eau. Nous trouvons *baptizō* employé dans le sens métaphorique pour une détresse extrême ou une ruine qui engloutissent une personne ou un groupe dans LXX Isaïe 21, 4 et dans JOSÈPHE, *Guerre des Juifs*, 4.3.3 § 137. En tout, on trouve *baptizō* quatre fois dans la Septante dans le sens littéral et dans le sens métaphorique du verbe. On connaît aussi l'emploi métaphorique de *baptizō* au sens d'être submergé par les flots dans la littérature grecque païenne, par ex ; DIODORE DE SICILE 1.73 § 6 ; Plutarque, *Galba*, 21 § 2. Cependant, ce qui était sans doute plus important pour l'emploi métaphorique du terme par Jésus était le baptême pratiqué par Jean le Baptiste et par lui-même, en même temps que le titre spécial *ho baptistēs* ou *ho baptizōn* donné à Jean et qui représente probablement une forme participiale de l'araméen *ṭĕbal*. Le fait que le Jésus historique a parlé de la souffrance à laquelle il devait s'attendre en recourant à l'image du baptême est appuyé par l'attestation multiple des sources, à savoir Mc 10, 38-39 et la tradition spéciale L dans Lc 12, 50 (où l'on pense généralement déceler des signes de la main rédactionnelle de Luc) : « C'est un baptême dont je dois être baptisé et combien je me sens accablé [ou : combien je suis dominé par cette pensée] jusqu'à ce qu'il soit accompli. » Se prononce en faveur de l'authenticité de Lc 12, 50 : GRUNDMANN, *Das Evangelium nach Lukas*, p. 271. Y voit une création de Luc sur la base de Mc 10, 38 : Helmut KOESTER, « synechō », *TDNT* 7 (1971), p. 885 n. 77 ; contre cette théorie : MARSHALL, *The Gospel of Luke*, pp. 54-48 et aussi LÉGASSE, « Approche », pp. 165-170. Vouloir référer « coupe » et « baptême » dans Mc 10, 38 aux sacrements chrétiens, comme le fait BRAUMANN (« Leidenkelch », pp. 178-183), c'est faire violence au texte même au niveau de l'évangile de Marc parce que (1) l'ordre des symboles est incorrect (le baptême devrait venir en premier lieu et la coupe eucharistique ensuite) ; (2) cela n'a pas de sens de demander aux disciples s'ils *sont capables de (dynasthe)* boire la coupe et être baptisés ; si ces actes sont interprétés en référence aux rites chrétiens, il s'agit d'actes essentiels pour tous les croyants et non pas de quelque exploit particulier que seuls quelques adeptes choisis seraient capables d'endurer ; (3) on lit dans l'emploi de « baptême » en Mc 10, 38 l'idée paulinienne de l'union à la mort du Christ réalisée par le baptême chrétien (par ex. Rm 6, 3-5), une idée que n'exprime pas l'évangile de Marc. Une approche plus nuancée d'une possible référence sacramentelle est proposée par FEUILLET, « La coupe », pp. 383-391.

52. En plus des influences de Mc 10, 35-40, les légendes ont également pu être affectées par l'identification qu'on a faite parfois entre Jean fils de Zébédée et Jean l'auteur de l'Apocalypse, lequel fut exilé sur l'île de Patmos à cause de son témoignage chrétien (Ap 1, 9). Les références patristiques et liturgiques postérieures deviennent confuses et embrouillées au point que l'on semble parfois confondre Jean fils de Zébédée avec Jean le Baptiste qui a subi le martyre. On voit là le danger qu'il y a à faire appel aux témoins patristiques des siècles postérieurs pour déterminer le destin historique de Jean fils de Zébédée. Pour une étude détaillée de Jean fils de Zébédée dans la littérature patristique voir CULPEPPER, *John, the Son of Zebedee*, pp. 107-250 ; on trouvera une brève réfutation de la tradition patristique sur le martyre supposé de Jean dans TAYLOR, *The Gospel According to St. Mark*, p. 442 ; cf. FEUILLET, « La coupe », pp. 360-362. Pour des débats plus anciens sur la question voir Eduard SCHWARTZ, « Über den Tod der Söhne Zebedäi » dans *Johannes und sein Evangelium*, Wege der Forschung 82, Karl H. RENGSTORF éd., Darmstadt, Wissenschaftliche Buchgesellschaft, 1973, pp. 202-272 ; J. H. BERNARD, « Die Traditionen über den Tod des Zebedäussohnes Johannes », *ibid.*, pp. 273-290 ; Friedrich SPITTA, « Die neutestamentliche Grundlage der Ansicht von E. Schwartz über den Tod der Söhne Zebedäi », *ibid.*, pp. 291-313. Réponse de SCHWARTZ à Spitta dans « Noch einmal der Tod der Söhne Zebedaei », *ZNW* 11 (1910), pp. 89-104 ; son opinion est appuyée par Johannes WEISS, « Zum Märtyrertod der Zebedäiden », *ibid.*, p. 167. Une tentative plus récente pour défendre l'historicité du martyre de Jean tout comme de Jacques, à partir d'un appel très discutable au témoignage de Ap 11, 3-13, se trouve dans Michael OBERWEIS, « Das Martyrium der Zebedäiden in Mk 10.35-40 (Mt 20.20-3) und Offb 11.3-13 », *NTS* 44 (1998), pp. 74-92.

53. Le martyre d'Étienne est raconté dans Ac 7, 54-60. Le martyre de Paul est suggéré dans Ac 20, 25-38 ; 21, 11 et 1 Tm 4, 6-18 ; il est affirmé dans *1 Clément* 5, 1-7 et insinué par IGNACE D'ANTIOCHE, *Romains* 4, 1-3. Le martyre de Pierre est « prophétisé » dans Jn 21, 18-19 et semblablement affirmé ou évoqué par allusion dans les mêmes passages de *1 Clément* et d'Ignace. Sur Ignace voir le commentaire de William R. SCHOEDEL, *Ignatius of Antioch*, Hermeneia, Philadelphie, Fortress, 1985, p. 176 : « Ainsi donc le choix ici [en *Romains* 4, 3] de Pierre et de Paul reflète sans doute aucun qu'Ignace a conscience d'une tradition concernant leur [de Pierre et de Paul] présence et leur martyre conjoints à Rome, ce qui rehausse de manière significative le prestige de la communauté chrétienne de cette ville. » On trouvera une opinion plus réservée sur ce passage d'Ignace dans Pheme PERKINS, *Peter. Apostle for the Whole Church*, Studies on Personalities of the NT, Columbia SC, University of South Carolina, 1994, pp. 138-139. Le martyre de Jacques le frère de Jésus est relaté dans JOSÈPHE, *Ant.* 20.9.1 § 200 (voir *Un certain Juif, Jésus*, t. 1, pp. 48-50).

54. Sur la signification possible de la métaphore des « colonnes » voir C. K. BARRETT, « Paul and the Pillar' Apostles » dans *Studia Paulina in Honorem Johannis de Zwaan Septuagenarii*, J. N. SEVENSTER et W. C. VAN UNNIK éd., Haarlem, Bohn, 1953, pp. 1-19 ; Günter KLEIN, « Galater 2,6-9 und die Geschichte der Jerusalemer Urgemeinde » dans *Rekonstruktion and Interpretation*, BEvT 50, Munich, Kaiser, 1969, pp. 99-128 ; Ulrich WILCKENS, *« stylos »*, *TDNT* 7 (1971), pp. 732-736 ; Roger D. AUS, « Three Pillars and Three Patriarchs : A Proposal Concerning Gal 2:9 », *ZNW* 70 (1979), pp. 252-261. La théorie de SCHWARTZ (« Über den Tod », pp. 202-206) montre le danger qu'il y a à sauter à la conclusion que Mc 10, 35-40 doit se référer au martyre et doit être un *vaticinium ex eventu*. Le raisonnement de Schwartz est le suivant : puisque Mc 10, 35-40 est nécessairement une prédiction *post factum* et que Jean comme son frère Jacques ont donc dû être livrés au martyre par Hérode Agrippa Ier en 43 ou 44 de notre ère, le Jean mentionné comme l'une des trois colonnes en Ga 2, 9 doit être un autre Jean ! Le raisonnement de Schwartz est attaqué par BERNARD, « Die Traditionen », pp. 273-290 ; et par SPITTA, « Die neutestamentliche Grundlage », pp. 291-313.

55. Si nous acceptons comme une donnée fondamentale que Jésus s'est présenté lui-même comme un prophète envoyé par Dieu à Israël, nous n'avons vraiment pas de quoi être surpris de le voir proférer des prophéties aussi bien au sujet de personnes individuelles qu'au sujet de toute la nation. Des prophètes comme Amos, Isaïe et Jérémie ont proféré un bon nombre de prophéties concernant des individus (par ex. Jéroboam II, Amasias, Ézéchias, Shebna, Élyaqim, Pashehur, Hananya et Sédécias). L'Ancien Testament connaît aussi des prophéties qui ne se sont pas accomplies (par ex. la prophétie que Jéroboam II mourrait par l'épée selon Am 7, 11), du moins pleinement ou littéralement, et atteste, par ailleurs, des efforts faits après coup pour réinterpréter des prophéties qui ont apparemment échoué afin de les faire coïncider avec l'histoire ultérieure (par ex. Dn 9, 2. 24).

56. CULPEPPER, *John, the Son of Zebedee*, p. 40.

57. La bibliographie sur Pierre, qu'il s'agisse du personnage historique ou du symbole théologique, est vaste. Signalons quelques ouvrages qui peuvent apporter au lecteur une vue d'ensemble des problèmes et fournir une bibliographie complémentaire : Oscar CULLMANN, *Saint Pierre – disciple – apôtre – martyr*, Bibliothèque théologique, Neuchâtel/Paris, Delachaux et Niestlé, 1962 ; Raymond E. BROWN, Karl P. DONFRIED et John REUMANN éd., *Peter in the New Testament*, Minneapolis, Augsburg, et New York/Paramus/Toronto, Paulist, 1973 [*Saint Pierre dans le Nouveau Testament*, LD 79, Paris, Cerf, 1974] ; Wolfgang DIETRICH, *Das Petrusbild der lukanischen Schriften*, BWANT 5/14, Stuttgart, Kohlhammer, 1972 ; Jack Dean KINGSBURY, « The Figure of Peter in Matthew's Gospel as a Theological Problem », *JBL* 98 (1979), pp. 67-83 ; PESCH, *Simon-Petrus* ; Arthur H. MAYNARD, « The Role of Peter in the Fourth Gospel », *NTS* 30 (1984), pp. 531-548 ; Rudolf SCHNACKENBURG, « Petrus im Matthäusevangelium » dans *À cause de l'évangile*, Mélanges Jacques DUPONT, LD 123, Paris, Cerf, 1985, pp. 107-125 ; Carsten Peter THIEDE, *Simon Peter. From Galilee to Rome*, Grand Rapids, Academie/Zondervan, 1986 ; Kevin QUAST, *Peter and the Beloved Disciple. Figures for a Community in Crisis*, JSNTSup 32, Sheffield, JSOT, 1989 ; Arthur J. DROGE, « The Status of Peter in the Fourth Gospel : John 18:10-11 », *JBL* 109 (1990), pp. 307-311 ; Arlo J. NAU, *Peter in Matthew*, Collegeville MN, Liturgical Press, 1992 ; PERKINS, *Peter* ; João TAVARES DE LIMA, *« Tu serás chamado Kēphas ». Estudo exegético sobre Pedro no quarto evangelho*, Analecta Gregoriana 265, Series Facultatis Theologiae, sectio B 89, Rome, Université grégorienne, 1994. (On donnera plus loin une bibliographie à part pour Mt 16, 17-19.)

58. Sur la distinction entre « le Simon historique » et « le Pierre de la foi » voir PESCH, *Simon-Petrus*, pp. 1-8.

59. Sur la marche de Jésus sur les eaux voir *Un certain Juif, Jésus*, t. 2, pp. 905-924 ; sur la pêche miraculeuse voir t. 2, pp. 664-674 ; sur la malédiction du figuier desséché voir t. 2, pp. 649-664 ; sur l'acquittement de l'impôt du Temple voir t. 2, pp. 644-649 ; et sur la guérison de la belle-mère de Pierre voir t. 2, pp. 531-532. Le dernier de ces récits a été coté *non liquet* (« pas clair » de toute façon) ; on a jugé que le reste était des créations de l'Église primitive.

60. Ce qui suit veut être le constat du consensus, le résumé de ce que la plupart des exégètes admettent comme historique. Je sais que différents points ont fait l'objet de discussion de la part de tel ou tel exégète : par exemple, Günther Klein a rejeté l'historicité du reniement de Pierre après l'arrestation de Jésus. J'examinerai certains de ces points discutés plus en détail après avoir présenté le résumé.

61. FITZMYER (« Aramaic *Kepha'* », p. 122) retient l'opinion communément reçue : « L'emploi simultané de Syméon et de Simon [pour Pierre dans le Nouveau Testament] reflète la coutume, bien connue chez les Juifs de ce temps, de donner le nom d'un patriarche célèbre ou d'un personnage de l'Ancien Testament à un enfant mâle en même temps qu'un nom grec/romain de prononciation semblable. » C'est théoriquement possible, mais pas tellement vraisemblable, du fait que, au temps où il était pêcheur en Galilée dans les années 20 et 30 du Ier siècle, Pierre portait simplement le nom de Syméon *(Šim'ôn)*, tandis que le grec Simon fut introduit pour le désigner une fois que l'on se mit à traduire le récit évangélique en grec. Sur Simon comme nom courant pour des Juifs au tournant de notre ère voir A. FITZMYER, « The Name Simon » dans *Essays on the Semitic Background of the New Testament*, SBLSBS 5, Missoula MT, Scholars Press, 1974, pp. 105-112. Une énumération complète des occurrences de « Simon », « Syméon », « Pierre » et « Simon Pierre » dans les évangiles est proposée par PESCH, *Simon-Petrus*, pp. 25-27.

62. Le fait que le Pierre historique fut un pêcheur s'appuie uniquement sur la tradition marcienne (Mc 1, 16-18 ; je considère Mt 17, 24-27 comme une création chrétienne), mais le portrait de Pierre en pêcheur s'appuie indirectement sur l'image de Pierre conduisant une sortie de pêche dans Jn 21, 1-14 (toutefois, il est vrai, dans un contexte d'après résurrection). De même le fait de placer la maison de Pierre à Capharnaüm s'appuie uniquement sur la tradition marcienne, encore que d'aucuns voudraient aujourd'hui corroborer cette domiciliation par des découvertes archéologiques récentes. Virgilio C. CORBO (« Capernaum [Place] » dans *Anchor Bible Dictionary*, t. 1, pp. 866-869) affirme de façon catégorique que c'est la maison de Pierre à Capharnaüm qui a été découverte ; une approche plus prudente est proposée par Jerome MURPHY-O'CONNOR, *The Holy Land*, 2e éd., Oxford, Oxford University, 1986, pp. 188-191 ; Jack FINEGAN, *The Archeology of the New Testament. The Life of Jesus and the Beginning of the Early Church*, éd. revue, Princeton, Princeton University, 1992, pp. 107-111 ; et Leslie J. HOPPE, *The Synagogues and Churches of Ancient Palestine*, Collegeville MN, Glazier/Liturgical Press, 1994, pp. 81-89. La difficulté vient de ce que le portrait marcien de Pierre vivant à Capharnaüm est en conflit avec la remarque faite en passant dans Jn 1, 44 que la ville de Pierre et André était Bethsaïde ; elle a été résolue différemment suivant les commentateurs ; voir par ex. dans BROWN, *The Gospel According to John*, t. 1, p. 82. Soucieux d'harmonisation certains avancent que Pierre et André étaient originaires de Bethsaïde et avaient migré plus tard à Capharnaüm lors du mariage de Pierre (ainsi PESCH, *Simon-Petrus*, pp. 10-12) ; d'autres font remarquer que Pierre a pu vivre à Capharnaüm, mais que son activité de pêcheur sur le bord nord de la mer de Galilée a pu être un motif pour lui de prendre une petite maison à Bethsaïde (sur le bord nord-est) tout en habitant une maison familiale plus grande à Capharnaüm (sur le bord nord-ouest). Ce point mineur n'a pas d'importance pour notre recherche. Comme pour la donnée présentant Jésus comme un artisan du bois (Mc 6, 3 ; voir *Un certain Juif, Jésus*, t. 1, p. 181) la plupart des exégètes semblent disposés à admettre l'idée que Pierre était un pêcheur et qu'il était lié à Capharnaüm d'une façon ou d'une autre, cela pour la simple raison de bon sens qu'on ne voit pas de motif particulier pour lequel on aurait inventé de tels détails. On notera qu'avec Marc, Q et Jean (Mc 1, 21 ; 2, 1 ; 9, 33 ; Mt 8, 5 // Lc 7, 1 ; Mt 11, 23 // Lc 10, 15 ; Jn 2, 12 ; 4, 46 ; 6, 17. 24. 59), nous avons une attestation multiple du fait que Capharnaüm fut un foyer important du ministère de Jésus en Galilée ; de plus, il n'est pas douteux que la pêche était une activité essentielle à Capharnaüm. Le fait que Pierre était marié et l'est resté durant son activité missionnaire chrétienne s'appuie sur une curieuse attestation multiple des sources : Mc 1, 29-31 et 1 Co 9, 5. Son lien simultané avec Bethsaïde et avec Capharnaüm aussi bien que les exigences de son commerce peuvent indiquer qu'il était capable de parler à la fois araméen et grec ; s'il en est ainsi, sa connaissance du grec lui aura certainement été utile plus tard lors de son voyage à Antioche, Corinthe (?) et Rome.

63. On trouvera une présentation d'ensemble des différentes traditions de l'appel de Pierre dans S. O. ABOGUNRIN, « The Three Variant Accounts of Peter's Call : A Critical and Theological Examination of the Texts », *NTS* 31 (1985), pp. 587-602.

64. En référence à Jn 1, 35-42 j'emploie le mot « appel » à devenir disciple de manière seulement analogue. Dans l'ensemble, Jean 1 ne spécifie pas l'ordre péremptoire de suivre Jésus que nous trouvons dans les synoptiques. La seule exception est l'ordre donné à Philippe : « Suis-moi ! » (Jn 1, 43).

65. Voir *Un certain Juif, Jésus*, t. 2, pp. 104-122. PESCH (*Simon-Petrus*, pp. 15, 19-20) suggère que c'est André qui, après son baptême par le Baptiste, est demeuré dans le cercle des disciples et a fait ainsi connaissance de Jésus. Peut-être le quatrième évangile est-il dans le vrai quand il affirme qu'André a amené Pierre à Jésus, même si cette rencontre a pu avoir lieu ailleurs en Galilée plutôt que du côté du Jourdain.

66. Je dis « au moins en partie » parce qu'il faut admettre l'influence (1) de la foi chrétienne primitive que le Christ ressuscité est apparu d'abord à Céphas (= Pierre ; 1 Co 15, 5 ; cf. Lc 24, 34) et (2) du leadership de Pierre et de son activité missionnaire dans la première génération chrétienne. La foi chrétienne et l'activité rédactionnelle de l'évangéliste expliquent sans aucun doute certaines références de l'évangile au rôle de Pierre comme chef et porte-parole, mais l'attestation multiple des sources suffit pour indiquer que le Pierre historique a exercé un rôle de leadership durant le ministère de Jésus. Toutefois nous reste la question : pourquoi Pierre fut-il un chef et/ou porte-parole durant le ministère public ? On peut alors faire des théories sur le caractère naturel de l'homme (dans le cas de Pierre, avec beaucoup de points faibles et aussi des points forts) ou sur une nomination ou désignation par Jésus (appuyée par des textes comme Mt 16, 18-19 ; Lc 22, 31-32 et Jn 1, 42, que nous examinerons plus loin).

67. Comme je l'ai noté, un problème majeur au sujet du groupe resserré des trois (Pierre, Jacques et Jean) tient à ce qu'il n'est attesté que par la tradition marcienne (y inclus les passages parallèles qui dépendent de Marc) et qu'il cadre bien avec le « secret messianique » de Marc. Pris individuellement, les récits synoptiques qui font mention du groupe resserré des trois diffèrent quant à une possible vérification historique. Je pense que la résurrection de la fille de Jaïre (Mc 5, 21-43 parr.) reflète un événement de la vie de Jésus ; voir *Un certain Juif, Jésus*, t. 2, pp. 563-576. Par contre, la transfiguration de Jésus (Mc 9, 2-8 parr.) est, par sa nature même, une expérience religieuse ésotérique qui ne permet pas de vérification historique du genre de celle qui est notre but dans cette recherche ; voir mes remarques dans *Un certain Juif, Jésus*, t. 2, p. 1178. Il est difficile d'appuyer sur des bases historiques le rôle spécial des trois disciples au moment de la prière de Jésus agonisant à Gethsémani (Mc 14, 32-42), alors que Marc lui-même souligne que le trio dormait durant tout l'épisode. Quant à un groupe resserré de quatre (Pierre, Jacques, Jean et André) bénéficiaire d'un enseignement spécial de Jésus, le seul passage pertinent est Mc 13, 3, qui spécifie l'auditoire du discours eschatologique. Beaucoup d'exégètes considèrent que 13, 3 appartient à l'introduction rédactionnelle marcienne du discours et qu'elle renvoie par mode d'inclusion à l'appel des quatre premiers disciples au chapitre 1, mais en plaçant André en dernier pour tenir compte du groupe resserré des trois qui a été mentionné durant le ministère public. Il est significatif, par exemple, que Rudolf PESCH, en dépit de ses nombreux changements d'opinion entre sa première et sa deuxième grande étude du discours eschatologique de Marc, reste toujours favorable à l'idée que la mention du groupe des quatre en 13, 3 est probablement une contribution de Marc ; comparer son ouvrage *Naherwartungen*.

Tradition and Redaktion in Mk 13 (Kommentare and Beiträge zum Alten and Neuen Testament, Düsseldorf, Patmos, 1968) avec son *Markusevangelium*, t. 2, pp. 264-318, spéc. pp. 273-275.

68. On peut trouver une documentation préchrétienne sur le sens de l'araméen *kēpā'* dans différents fragments de Qumrān : *11QtgJob* 32, 1 (traduit l'hébreu Jb 39, 1) ; *11QtgJob* 33, 9 (traduit l'hébreu Jb 39, 28) ; *4QEn^e* 4, iii, 19 ; *4QEn^c* 4, 3 ; *4QEn^a* 1, ii, 8. Le nom féminin grec *Petra* désigne « un roc grand et solide ». À strictement parler, par conséquent, *petros* et *petra* doivent être distingués quant à leur sens ; cependant, certains exégètes affirment qu'ils étaient souvent employés de façon interchangeable. Cette position est soutenue par Oscar CULLMANN, *« petra »*, *TDNT* 6 (1968), pp. 95-99 ; cf. FITZMYER, « Aramaic *Kepha'* », pp. 121-132, spéc. p. 131 ; et de façon catégorique par Crys C. CARAGOUNIS, *Peter and the Rock*, BZNW 58, Berlin/New York, de Gruyter, 1989, pp. 9-16. Cependant Peter LAMPE apporte un correctif : l'emploi de *petros* au sens de « roc » n'était pas tellement courant dans le grec ancien ; voir son article « Das Spiel mit dem Petrusnamen – Matt. XVI. 18 », *NTS* 25 (1978-79), pp. 227-245, spéc. pp. 240-241 ; voir aussi PESCH, *Simon-Petrus*, pp. 27-34 (notablement sous l'influence de Lampe). Quant à l'emploi de ces mots comme noms propres, FITZMYER (« Aramaic *Kepha'* », pp. 127-130) signale une occurrence de *kp'* dans un papyrus araméen d'Éléphantine en Égypte qui date de la fin du Ve siècle de notre ère. Il soutient de façon ferme que le mot est employé dans ce texte comme un nom propre araméen ; mais, ainsi qu'il le note, cette opinion ne convainc pas tous les exégètes. De plus, aucune occurrence de *kēpā'* comme nom propre araméen donné à un homme n'est documentée à ce jour pour la Palestine vers le tournant de notre ère. Quant à *Petros*, en dépit des affirmations de CARAGOUNIS (*Peter and the Rock*, pp. 17-25), on ne trouve aucun témoin sérieux et sans ambiguïté qui permette d'en dater l'emploi comme nom propre d'un homme dans la première moitié du Ier siècle de notre ère. Les positions de Caragounis sont critiquées dans les recensions de son ouvrage faites par Gérard CLAUDEL, *Bib* 71 (1990), pp. 570-576 ; John P. MEIER, *CBQ* 53 (1991), pp. 492-493.

69. Comme nous le verrons, le sens précis de « tu es Pierre » dans Mt 16, 18 (attribution d'un nouveau nom ou interprétation d'un nom déjà employé) est objet de débat. Lc 6, 14 dit également que Jésus a donné à Simon le nom de Pierre, mais ici Luc dépend de Mc 3, 16, tandis que Mt 16, 18 et Jn 1, 42 sont des traditions indépendantes. Sur le nom de Pierre dans ses diverses formes voir CULLMANN, « *petra* », pp. 95-99 ; « *Petros, Kēphas* », *ibid.*, pp. 100-112 ; J. K. ELLIOTT, « *Kēphas : Simôn Petros : ho Petros*. An Examination of New Testament Usage », *NovT* 14 (1972), pp. 241-256 ; FITZMYER, « Aramaic *Kepha'* », pp. 121-132 ; CARAGOUNIS, *Peter and the Rock* ; Timothy WIARDA, « Simon, Jesus of Nazareth, Son of Jonah, Son of John : Realistic Detail in the Gospels and Acts », *NTS* 40 (1994), pp. 196-209.

70. Sur le problème de critique textuelle concernant Syméon (leçon alternative : Simon) dans 2 P 1, 1 voir METZGER, *Textual Commentary*, 2e éd., p. 629. Avec FITZMYER (« Aramaic *Kepha'* », p. 122 n. 4), je ne pense pas que, dans Ac 15, 14, Luc veuille mentionner quelqu'un d'autre du nom de Syméon (par ex. le Syméon Niger de Ac 13, 1). FITZMYER (« Acts of the Apostles » dans *JBC*, t. 2, pp. 195, § 75) suggère qu'une source voulait évoquer quelque autre Syméon, éventuellement Syméon Niger, mais Luc a pensé qu'elle mentionnait Simon Pierre ; cf. Paul J. ACHTEMEIER, « An Elusive Unity : Paul, Acts, and the Early Church », *CBQ* 48 (1986), pp. 1-26. C'est chose possible, mais je pense plus vraisemblable que l'occurrence du nom sémitique précisément dans la bouche de Jacques est probablement un choix stylistique délibéré de la part de Luc, qui désire donner une tonalité sémitique voire « biblique » au discours de Jacques ; cf. Richard J. DILLON, « Acts of the Apostles » dans *NJBC*, p. 752, § 83.

71. Certains exégètes incluraient dans l'attestation multiple ce qu'ils considèrent comme un récit de la passion lucanien indépendant. Les débats critiques sur Lc 22, 31-32 et la tradition du reniement de Jésus par Pierre seront abordés en détail ci-dessous.

72. Sur la tradition du martyre voir PERKINS, *Peter*, pp. 138-139, 38. Sur l'ensemble de la question des fouilles sous la basilique Saint-Pierre voir Jocelyn TOYNBEE et John Ward PERKINS, *The Shrine of St. Peter and the Vatican Excavations*, New York, Pantheon, 1957 ; Erich DINKIER, « Die Petrus-Rom-Frage. Ein Forschungsbericht », *Tru* 25 (1959), pp. 189-230, 289-335 ; 27 (1961), pp. 33-64 ; Margherita GUARDUCCI, *The Tradition of Peter in the Vatican in the Light of History and Archaeology*, Cité du Vatican, Presses polyglottes du Vatican, 1963 ; Daniel W. O'CONNOR, *Peter in Rome*, New York, Columbia University, 1969 ; Engelbert KIRSCHBAUM, *Die Gräber der Apostelfürsten. St. Peter und St. Paul in Rom*, 3e éd., Frankfurt, Societäts-Verlag, 1974 ; PESCH, *Simon-Petrus*, pp. 113-134 ; John E. WALSH, *The Bones of St. Peter*, Garden City NY, Doubleday, 1982.

73. Sur les parallèles avec l'Ancien Testament et les récits juifs dans lesquels un changement de nom signifie l'appel à un nouveau rôle dans l'histoire du salut (par ex. Abram et Abraham, Jacob et Israël, Saraï et Sarah) voir PESCH, *Simon-Petrus*, p. 28 ; cf. Tavares DE LIMA, *« Tu serás chamado Kēphas »*, pp. 67-72. Les parallèles avec Abram, Saraï et d'autres récits de changement de nom dans la Genèse suggèrent que, pour le narrateur, le changement du nom de Simon en Céphas/Pierre entre en vigueur dès que Jésus proclame le nouveau nom.

74. Cf. Lc 24, 34 où « Simon » est employé par les disciples après Pâques dans ce qui semble représenter une formule kérygmatique primitive. Sur les tendances rédactionnelles de chaque évangéliste dans sa façon d'employer « Simon », « Pierre » et « Céphas », voir ELLIOTT, *« Képhas »*, pp. 241-256 – mais les opinions d'Eliott sur les relations entre synoptiques et ses jugements de critique textuelle n'ont pas bénéficié d'un accueil universel.

75. Je dis « régulièrement » parce qu'il ne s'agit pas d'une règle coulée dans le béton. Au Dernier repas, dans Luc, Jésus fait précéder son avertissement sur la crise imminente et sa promesse de prière par un « Simon, Simon » (Lc 22, 31) introductif ; mais, quand il prédit ensuite le reniement de Pierre, il emploie le vocatif « Pierre » (22, 34). Beaucoup d'exégètes voient ici un indice que nous avons affaire à des sources distinctes ; mais que le changement des noms signifie cela reste un point discuté. Lc 22, 31-34 constitue toutefois une objection à l'affirmation que l'emploi de « Simon » à la place de Pierre dans les derniers chapitres des évangiles connote nécessairement une allusion au fait que Pierre a failli à la vocation de vrai disciple.

76. On trouvera une vue d'ensemble des opinions suivant l'interprétation des différentes époques dans Joseph LUDWIG, *Die Primatworte Mt 16,18.19 in der altkirchlichen Exegese*, NTAbh Band 19, Heft 4 ; Munster, Aschendorff, 1952 ; Franz OBRIST, *Echtheitsfragen und Deutung der Primatsstelle Mt 16,18ff in der deutschen protestantischen Theologie der letzten dreissig Jahre*, NTAbh Band 21, Heft 3/4, Munster, Aschendorff, 1961 ; Joseph A. BURGESS, *A History of the Exegesis of Matthew 16:17-19 from 1781 to 1965*, Ann Arbor MI, Edwards Brothers, 1976. Pour un échantillonnage des approches de notre temps voir Anton VÖGTLE, « Messiasbekenntnis und Petrusverheissung. Zur Komposition Mt 16,13-23 par. », *BZ* 1 (1957), pp. 252-272 ; IDEM, « Zum Problem der Herkunft von "Mt 16,17-19" » dans *Orientierung an Jesus*, Josef Schmid Festschrift, Paul HOFFMANN et al. éd., Fribourg/Bâle/Vienne, Herder, 1973, pp. 372-393 ; Oscar CULLMANN, « L'apôtre Pierre instrument du diable et instrument de Dieu », dans *New Testament Essays*, Mémorial T. W. Manson, A. J. B. HIGGINS éd., Manchester, Manchester University, 1959, pp. 94-105 ; Johannes

RINGGER, « Das Felsenwort » dans *Begegnung der Christen*, Otto Karrer Festschrift, Maximilian ROESLE et Oscar CULLMANN éd., Stuttgart, Evangelisches Verlagswerk, et Frankfurt, Knecht, 1959, pp. 271-347 ; Josef SCHMID, « Petrus "der Fels" und die Petrusgestalt der Urgemeinde », *ibid.*, pp. 347-359 ; André LEGAULT, « L'authenticité de Mt 16:17-19 et le silence de Marc et de Luc » dans *L'Église dans la Bible*, Studia 13, Bruges, Desclée de Brouwer, 1962, pp. 35-52 ; Ernst HAENCHEN, « Die Komposition von Mk VII 27 – IX 1 und par. », *NovT* 6 (1963), pp. 81-109 ; Kenneth L. CARROLL, « "'Thou Art Peter" », *NovT* 6 (1963), pp. 268-276 ; Robert H. GUNDRY, « The Narrative Framework of Matthew XVI 17-19 », *NovT* 7 (1964), pp. 1-9 ; Jacques DUPONT, « La révélation du Fils de Dieu en faveur de Pierre (Mt 16, 17) et de Paul (Ga 1, 16) », *RSR* 52 (1964), pp. 411-420 ; François REFOULÉ, « Primauté de Pierre dans les évangiles », *RevScRel* 38 (1964), pp. 1-41 ; Erich DINKLER, « Petrusbekenntnis und Satanswort. Das Problem der Messianität Jesu » dans *Zeit und Geschichte*, Rudolf Bultmann Festschrift, Tübingen, Mohr (Siebeck), 1964, pp. 127-153 ; Reinhart HUMMEL, *Die Auseinandersetzung zwischen Kirche und Judentum im Matthäusevangelium*, BevT 33, 2e éd., Munich, Kaiser, 1966, pp. 59-64 ; BROWN et al., *Peter in the New Testament*, pp. 83-101 [*Saint Pierre dans le Nouveau Testament*, pp. 105-126] ; André FEUILLET, « "Chercher à persuader Dieu" (Ga 1:10a). Le début de l'Épître aux Galates et la scène matthéenne de Césarée de Philippe », *NovT* 12 (1970), pp. 350-360 ; Günther BORNKAMM, « The Authority to "Bind" and "Loose" in the Church in Matthew's Gospel » dans *Jesus and Man's Hope*, 2 vol., Dikran HADIDIAN et al. éd., Pittsburgh, Pittsburgh Theological Seminary, 1970 et 1971, t. 1, pp. 37-50 ; Georg STRECKER, *Der Weg der Gerechtigkeit*, FRLANT 82, 3e éd., Göttingen, Vandenhoeck & Ruprecht, 1971, pp. 201-206 ; Paul HOFFMANN, « Der Petrus-Primat im Matthäusevangelium » dans *Neues Testament und Kirche*, Rudolf Schnackenburg Festschrift, Joachim GNILKA éd., Fribourg/Bâle/Vienne, Herder, 1974, pp. 94-114 ; Max WILCOX, « Peter and the Rock : A Fresh Look at Matthew XVI. 17819 » *NTS* 22 (1975-76), pp. 73-88 ; Christoph KÄHLER, « Zur Form- und Traditionsgeschichte von Matth. XVI. 17-19 », *NTS* 23 (1976-77), pp. 36-58 ; Franz MUSSNER, *Petrus und Paulus – Pole der Einheit*, QD 76, Fribourg/Bâle/Vienne, Herder, 1976, pp. 11-22 ; Ferdinand HAHN, « Die Petrusverheissung Mt 16,18f. » dans *Das kirchliche Amt im Neuen Testament*, Wege der Forschung 189, Karl KERTELGE éd., Darmstadt, Wissenschaftliche Buchgesellschaft, 1977, pp. 543-561 ; John P. MEIER, *The Vision of Matthew*, Theological Inquiries ; New York/Ramsey/Toronto, Paulist, 1979, pp. 106-21 ; LAMPE, « Das Spiel » ; J.-M. VAN CANGH et M. VAN ESBROECK, « La primauté de Pierre (Mt 16,16-19) et son contexte judaïque », *RTL* 11 (1980), pp. 310-324 ; Stephen GERO, « The Gates or the Bars of Hades ? A Note on Matthew 16.18 », *NTS* 27 (1981), pp. 411-414 ; M.-A. CHEVALLIER, « "Tu es Pierre, tu es le nouvel Abraham" (Mt 16/18) », *ETR* 57 (1982), pp. 375-387 ; J. Duncan M. DERRETT, « Binding and Loosing (Matt 16:19 ; 18:18 ; John 29 *[sic]* :23) », *JBL* 102 (1983), pp. 112-117 ; Bernard P. ROBINSON, « Peter and His Successors : Tradition and Redaction in Matthew 16.17-19 », *JSNT* 21 (1984), pp. 85-104 ; Pierre GRELOT, « L'origine de Matthieu 16, 16-19 » dans *À cause de l'évangile*, Mélanges Jacques Dupont, LD 123, Paris, Cerf, 1985, pp. 91-105 ; Richard H. HIERS, « "Binding" and "Loosing" : The Matthean Authorizations », *JBL* 104 (1985), pp. 233-250 ; Herbert W. BASSER, « Derrett's "Binding" Reopened », *JBL* 104 (1985), pp. 297-300 ; Augustine STOCK, « Is Matthew's Presentation of Peter Ironic ? », *BTB* 17 (1987), pp. 64-69 ; Joachim GNILKA, « "Tu es, Petrus". Die Petrus-Verheissung in Mt 16,17-19 », *MTZ* 38 (1987), pp. 3-17 ; P. GRELOT, « "Sur cette pierre je bâtirai mon Église" (Mt 16, 18b) », *NRT* 109 (1987), pp. 641-659 ; Gérard CLAUDEL, *La confession de Pierre*, EBib n.s. 10, Paris, Gabalda, 1988 ; Joel MARCUS, « The Gates of Hades and the Keys of the Kingdom (Matt 16:18-19) », *CBQ* 50 (1988), pp. 443-455 ; Hildebrecht HOMMEL, « Die Tore des Hades », *ZNW* 80 (1989), pp. 124-125 ; CARAGOUNIS, *Peter and the Rock*, pp. 61-119 ; DAVIES et ALLISON, *The Gospel According to Saint Matthew*, t. 2, pp. 602-652 ; Ulrich LUZ, « Das Primatwort Matthäus 16.17-19 aus wirkungsgeschichtlicher Sicht », *NTS* 37 (1991), pp. 41-33 ; A. del AGUA, « Derás narrativo del sobrenombre de "Pedro" en el conjunto de Mt 16,17-19 », *Salmanticensis* 39 (1992), pp. 11-33 ; François REFOULÉ, « Le Parallèle Matthieu 16/16-17 – Galates 1/15-16 réexaminé », *ETR* 67 (1992), pp. 161-175 ; Christian GRAPPE, « Mt 16,17-19 et le récit de la Passion », *RHPR* 72 (1992), pp. 33-40.

Dans cette première investigation, je traite Mt 16, 17-19 comme une unité, tel que le texte se trouve maintenant dans l'évangile de Matthieu. Ce faisant, je ne veux pas préjuger de la question ultérieure qui est de savoir si les différentes expressions de cette unité viennent de la même strate de la tradition ou de strates différentes. Il se peut, par exemple, que la fin du v. 16, tout le v. 17 et le début du v. 18 soient des ajouts rédactionnels de Matthieu, qui créent un pont entre le récit de Marc de la confession de Pierre et la promesse spéciale faite à Pierre, qui vient d'une tradition d'apparition du Ressuscité ; sur cette question voir VÖGTLE, « Zum Problem », pp. 372-391.

77. Quand, à propos de la déclaration de Pierre dans Mc 8, 29, nous utilisons des expressions comme « profession » ou « confession » de foi en Jésus, il nous faut être attentifs à ne pas importer dans ces paroles le sens plus tardif de la formule de foi chrétienne. Dans le contexte d'une recherche sur le Jésus historique, une expression comme « foi en Jésus » est à comprendre par analogie avec l'affirmation de *1QpHab* 8, 1-3 qui indique que les qumraniens mettaient leur foi dans le Maître de justice : « ... ceux qui pratiquent la Loi dans la maison de Juda, Dieu les délivrera de la maison du jugement à cause de leur affliction et de leur foi dans le [ou : confiance dans le ; ou : fidélité au] Maître de justice » [trad. André DUPONT-SOMMER dans *La Bible. Écrits intertestamentaires*, La Pléiade, Paris, Gallimard, p. 347]. En d'autres termes, les qumraniens acceptaient le Maître de justice comme le maître légitime, approuvé par Dieu, qui enseignait la vraie interprétation eschatologique de la Torah et des Prophètes. En ce sens, ils font état de « leur foi au Maître de justice » (*ĕmûnātām bĕmôrēh haṣṣedeq*. De façon semblable, on pouvait dire des disciples qu'ils « croient en Jésus » au sens où ils acceptaient son annonce du royaume de Dieu, présent et encore sur le point de venir bientôt, et que, par conséquent, ils acceptaient Jésus comme un prophète à la manière d'Élie pour le temps de la fin, comme celui qui est chargé de rassembler et de restaurer Israël.

78. Comme ailleurs, je considère que Jean représente une source indépendante des synoptiques. L'opinion selon laquelle Jean dépend ici de la rédaction lucanienne du récit de la confession de Pierre est défendue par PESCH, *Simon-Petrus*, p. 37. Pesch (*ibid.*, pp. 37-40) soutient que la confession de Pierre qui reconnaît Jésus comme le Messie, prononcée dans la région de Césarée de Philippe, est historique telle qu'elle est présentée dans Mc 8, 27-30 ; à mon avis il ne donne nulle part de raisons suffisantes pour soutenir si nettement l'historicité de la relation de Marc. Voir aussi Tavares DE LIMA, « *Tu serás chamado Kēphas* », pp. 128-133.

79. En faveur de l'authenticité (mais dans des contextes différents de la vie de Jésus) signalons, par exemple, CULLMANN, *Saint Pierre*, pp. 148-191 (au Dernier repas) ; GUNDRY, « The Narrative Framework », pp. 1-9 (contre la théorie du Dernier repas de Cullmann). On trouvera une rétroversion en araméen de Mt 16, 16-19 dans GRELOT, « L'origine », p. 98. Toutefois, Grelot pense que la forme complète de cette unité traditionnelle appartient au cadre d'une apparition de Jésus ressuscité à Pierre. Tous ne sont pas d'accord sur la présence d'un grand nombre d'aramaïsmes dans Mt 16, 17-19 et sur un original sémitique derrière le texte grec actuel. Sur ce point voir KÄHLER, « Zur Form- und Traditionsgeschichte », pp. 38-43 ; lui aussi suggère une apparition du Ressuscité comme cadre narratif primitif.

80. PESCH (*Simon-Petrus*, pp. 29-32) préfère « pierre » comme sens primitif du nom *Petros* ; il suggère que Jésus voyait Pierre comme la pierre précieuse, que ce soit dans le sens d'une pierre de fondation, d'une pierre d'angle ou d'une pierre décorative, dans la structure qu'il était en train de créer, à savoir le cercle des Douze, lequel, quant à lui, symbolisait les douze tribus rétablies d'Israël.

81. Il faut qualifier ce nombre par « quelque » à cause des leçons des variantes. Il faut se rappeler aussi que, pour un certain nombre de livres de la Septante (par ex. Judith, 1 Maccabées) nous manquons d'un original hébreu.

82. Sur ce point voir JEREMIAS, *Théologie du Nouveau Testament*, p. 212-213. D'autres passages de Qumrān ici pertinents qui emploient des métaphores semblables comprennent *4QFlor* 1, 6 ; *1QH* 6, 24-26 ; voir GNILKA, « "Tu es, Petrus" », pp. 12-13.

83. La mention de l'Hadès renvoie probablement tout d'abord à la puissance de la mort ; mais au tournant de notre ère, le royaume de la mort et le royaume du péché ou du mal étaient parfois entremêlés dans l'eschatologie juive et chrétienne. Voir par ex. Lc 10, 15 ; 16, 23 ; Ap 20, 13-15 ; cf. JOSÈPHE, *Ant.* 18.1.3. § 14. Quoi qu'il en soit des distinctions fines que nous pouvons faire entre péché et mort, Paul en particulier (par ex. Rm 5, 8) et les premiers chrétiens en général voyaient le péché et la mort comme des puissances de destruction que Dieu vaincrait à la fin des temps.

84. Voir GNILKA, « "Tu es, Petrus" », p. 12.

85. Dans les quelques endroits du Nouveau Testament où le mot a un sens différent, le texte en question est souvent une citation de ou une allusion à un passage de l'Ancien Testament (par ex. Ac 7, 38 ; He 2, 12) et évoque en termes typologiques l'Église chrétienne. Le sens d'assemblée purement séculière ou politique est très rare (voir le cas spécial d'Ac 19, 32. 39. 40).

86. Cela reste vrai en dépit des fameux parallèles des règles disciplinaires de Qumrān (*1QS* 5, 24-6, 1 ; *CD* [MS A] 9, 2-8 ; cf. *5Q12*). Comme Qumrān, Mt 18, 15-17, suppose une communauté locale, organisée, avec des procédures claires pour punir les membres récalcitrants. Cela reflète la situation de communautés locales de l'Église des origines et non pas un groupe de disciples itinérants dans leurs rapports directs avec un Jésus itinérant. Sur les parallèles qumraniens à ces textes de Matthieu voir Joachim GNILKA, « Die Kirche des Matthäus und die Gemeinde von Qumran », *BZ* 7 (1963), pp. 43-63 ; W. D. DAVIES, *The Setting of the Sermon on the Mount*, Cambridge, Cambridge University, 1966, pp. 221-224.

87. Bien que Jn 20, 23 et 21, 15-17 viennent à l'évidence tous deux de la tradition johannique, nous sommes là en présence d'un type atténué d'attestation multiple dans la mesure où Jn 20, 23 représente la main et l'esprit de l'évangéliste (pas de rôle spécial pour Pierre dans les apparitions du Ressuscité), tandis que Jn 21, 15-17 vient de la main et de l'esprit du rédacteur final, qui semble mieux disposé à l'égard d'un rôle pastoral de Pierre après Pâques.

88. Quoique Pierre ne soit pas explicitement mentionné comme présent à l'apparition du Ressuscité, l'énoncé du verset suivant (20, 24) souligne que « Thomas, *l'un des Douze*, n'était pas *avec eux* quand Jésus est venu ». Il s'ensuit naturellement que, puisque Thomas est singularisé comme le membre des Douze qui n'était pas présent dans le groupe auquel Jésus est apparu, Pierre est présumé être présent dans le groupe.

89. On trouvera diverses explications pour la différence des patronymes dans Mt 16, 17 et Jn 21, 15-17 dans DAVIES et ALLISON, *The Gospel According to Saint Matthew*, t. 2, p. 622 ; ELLIOTT, « *Kēphas* », p. 244 (qui soutient que Jonas est primitif) ; CLAUDEL, *La confession*, p. 327-330 (qui soutient que Jean est primitif). À mon avis, l'explication la plus vraisemblable de la différence est que le nom original du père de

Pierre, qu'il fût Jonas *(yônâ)* ou Jean *(yôḥānān)*, a été déformé par inadvertance au fil des décennies de la tradition orale soit de la communauté de Matthieu soit de celle de Jean. Une telle déformation n'est pas une simple possibilité théorique. Les manuscrits de la Septante remplacent parfois l'un des noms par l'autre (voir par ex. LXX 1 Ch 26, 3). Nous n'avons aucun moyen de savoir quelle forme du nom est historiquement correcte, même si la rareté de Jonas comme nom propre au tournant de notre ère peut être un argument en faveur du caractère original de Jean qui aurait été changé par Matthieu (ou sa tradition spéciale) en Jonas dans des visées théologiques (par ex. le signe de Jonas en Mt 12, 39 et 16, 4 ; le rôle de Pierre comme vrai prophète ; ou la mauvaise volonté initiale de Jonas et de Pierre pour aller vers les païens [Jon 1, 1-3 ; Ac 10]) ; voir Joachim JEREMIAS, *« Iōnas »* dans *TDNT* 3 (1965), pp. 406-410. Quant aux autres théories – à mon avis moins vraisemblables – citons les suivantes : (1) Pierre a été un zélote ; bar-Jona dérive d'un mot akkadien signifiant « terroriste ». (2) La tradition de la communauté johannique a changé le nom primitif de Jonas (qui n'était pas couramment utilisé à cette époque) en Jean, un nom plus commun et populaire. (3) Le changement, fait par inadvertance, a été provoqué par l'occurrence courante du nom de Jean à cette époque.

90. Voir *Un certain Juif, Jésus*, t. 2, pp. 668-670. Que Mt 16, 17-19 soit un logion postpascal est l'un des points fondamentaux de ce que LUZ (« Das Primatwort », p. 415) considère comme l'actuel consensus critique chez les exégètes catholiques et protestants.

91. Sur la question de possibles contacts entre Ga 1, 15-16 et Mt 16, 17-19 voir DUPONT, « La révélation », pp. 411-420 ; REFOULÉ, « Primauté », pp. 1-41 ; FEUILLET, « "Chercher" », pp. 350-360. Je ne trouve pas vraisemblable que l'un des passages dépende de l'autre ; je pense plutôt qu'une expérience similaire de la première génération chrétienne a poussé à recourir à des concepts et à un vocabulaire semblables. Il ne faut cependant pas négliger les différences aussi bien que les ressemblances : par ex. « chair et sang » fonctionne de façon quelque peu différente dans Ga 1, 16 comparé à Mt 16, 17.

92. Dans la forme comme dans la substance, Mt 16, 17-19 comporte des ressemblances avec diverses traditions juives qui ont trait à des révélations données à un voyant apocalyptique – ce qui est certainement une des façons dont un Juif de Palestine au Ier siècle pouvait interpréter la tradition d'une apparition du Jésus ressuscité. Sur cette question voir KÄHLER, « Zur Form- and Traditionsgeschichte », pp. 46-55 ; comme exemples de béatitudes adressées à des personnes qui reçoivent des révélations il énumère ; *4 Esdras* 10, 57 ; *Joseph et Aséneth* 16, 14 ; *3 Hénoch* 4:9 ; *Memar Marqah* 2 § 9 ; *Évangile de Barthélemy* 1 § 8 ; *Apocalypse de Paul ; Pistis Sophia* ; et *Apocalypse éthiopienne de Marie.* Voir aussi George W. E. NICKELSBURG, « Enoch, Levi, and Peter : Recipients of Revelation in Upper Galilee », *JBL* 100 (1981), pp. 575-600.

93. C'est à cause de cette décision exégétique que je n'inclus pas ici un traitement détaillé des nombreuses questions disputées concernant les éléments individuels de Mt 16, 17-19 : par ex., est-ce Pierre lui-même (pris indépendamment de sa confession, de sa foi et peut-être de Jésus lui-même) qui est identifié comme le roc sur lequel Jésus bâtira son Église ? Ce « elle » sur laquelle les portes de l'Hadès ne prévaudront pas est-ce la pierre ou l'Église [grammaticalement *autēs* peut avoir pour antécédent soit *petra* soit *ekklēsia* qui sont tous deux au féminin en grec – NdT] ? Et le pouvoir de lier et délier se réfère-t-il d'abord à l'autorité d'enseigner ou au pouvoir d'excommunier de la communauté ou d'y admettre, ou à quelque autre fonction (par ex. l'exorcisme) ? Il y a de nombreuses autres questions, certes importantes pour une exégèse approfondie du passage, qui perdent de leur importance pour notre investigation, dès lors que nous décidons que ces logia ne proviennent pas du ministère public.

Si l'on me presse de résumer ma propre opinion sur la controverse Simon-Céphas-Pierre, je privilégierais les thèses suivantes :

1. Durant le ministère public, Simon portait déjà le deuxième nom ou surnom araméen *kēpā'* (« roc »), un nom que lui a probablement donné Jésus. Pour autant que nous sachions, *kēpa'* n'était pas d'un usage habituel comme nom propre pour un homme juif en Palestine au temps de Jésus.

2. Dans les tout premiers temps de l'Église, l'araméen *kēpa'* a reçu très vite une forme grecque correspondante par l'ajout d'un « s », ce qui donna *Kēphas*, un nom grec de la première déclinaison.

3. De même, très tôt (si nous en jugeons par l'attestation multiple de Paul et des traditions prémarcienne et préjohannique), la forme translittérée *Kēphas* fut traduite en grec en employant le nom *Petros*. Certes, *kēpa'* aurait été rendu plus naturellement par le nom féminin *Petra* (« roc »), mais la forme masculine *Petros* (qui pouvait parfois signifier « roc », même si son sens ordinaire était « pierre ») convenait mieux comme nom pour un homme. Ici encore, pour autant que nous sachions, *petros* n'était pas habituellement employé comme nom propre grec dans la première moitié du Ier siècle de notre ère.

4. À la différence de *Boanērges*, le surnom araméen des fils de Zébédée, on considérait apparemment le surnom de Pierre comme ayant une véritable portée. À la différence de *Boanērges*, on a mémorisé et utilisé *kēpa'* tout au long du Ier siècle (de Paul à Jean) ; sa signification était considérée comme importante au point que l'on a non seulement translittéré le mot mais qu'on l'a également traduit en grec par *Petros*, qui, le moment voulu, est devenu d'emploi classique chez les chrétiens hellénophones.

5. Que certains chrétiens au moins voyaient au nom de Pierre un sens théologique, Mt 16, 18 le montre.

6. Même si l'on a surestimé le nombre de sémitismes dans Mt 16, 17-19, une partie au moins dans ces versets remonte probablement à une tradition araméenne. Une possible rétroversion de l'énoncé pétrinien clé de 16, 18 pourrait être *'antāh hû' kēpā' wê'al kēpā' dēn 'ebnêh qĕhālî*. D'après cette rétroversion, *kēpā'* était employé deux fois dans l'araméen pour renvoyer et à la personne appelée « Roc » (à savoir Simon) et au roc sur lequel Jésus voulait construire son assemblée. Ainsi, la deuxième occurrence de *kēpā'* devait très naturellement renvoyer à la première.

7. C'est probablement ainsi que le(s) traducteur(s) grec(s) de la tradition araméenne a(ont) compris l'énoncé. Cependant, à cause de la difficulté des genres différents de *petros* et de *petra* que l'on a notée ci-dessus dans le point (3) et peut-être parce que *Petros* comme nom grec de Simon était déjà chose acquise dans l'Église primitive, la version grecque de Mt 16, 18 a repris la substance du jeu de mot dans une forme légèrement atténuée en jouant sur *Petros* (le nouveau nom de Simon) / *petra* (nom commun).

94. Ici je suis d'accord avec GUNDRY (*Mark*, pp. 450-451) pour souligner le point commun de toutes les occurrences de *epitimaō*, à savoir la note de sévérité ; cf. Carl KAZMIERSKI, « Mk 8,33 – Eine Ermahnung an die Kirche ? » dans *Biblische Randbemerkungen*, Rudolf Schnackenburg Festschrift, 2e éd., Würzburg, Echter, 1974, pp. 103-112, spéc. pp. 106-107. Ceci va à l'encontre de la tentative de PESCH (*Das Markusevangelium*, t. 2, p. 47) de distinguer les différentes nuances de *epitimaō* au v. 30 et aux vv. 32-33.

95. Sur ce point voir HOOKER, *The Gospel According to Saint Mark*, pp. 204-205.

96. Voir GRUNDMANN, *Das Evangelium nach Markus*, p. 166.

97. Ce ne sont pas seulement les chrétiens des siècles postérieurs qui ont perçu l'embarras. Luc, qui cherche souvent à épargner Pierre, laisse tomber tout l'incident de la réprimande de Pierre à Jésus et de la réprimande de Jésus à Pierre. Dans Lc 9, 20-21, Luc va rapidement de la confession de foi de Pierre, en passant par la recommandation du silence faite par Jésus, à la première annonce de la passion. Nonobstant le critère de l'embarras, PESCH (*Simon-Petrus*, pp. 41-42) pense que rien dans Mc 8, 31-33, y compris l'appellation Satan, ne remonte à un événement de la vie de Jésus. Alors que j'accorde beaucoup de poids au critère de l'embarras, la tentative de TAYLOR (*The Gospel According to St. Mark*, p. 379) de lui ajouter un critère de la vivacité de la narration (que l'on observe en Mc 8, 32-33), une narration supposée venir d'un témoignage original (à savoir de Pierre), n'est pas convaincante. Des récits aux couleurs de la vie, on peut en trouver dans tout bon roman ; voir *Un certain Juif, Jésus*, t. 1, pp. 114-115.

98. Voir GRUNDMANN, *Das Evangelium nach Markus*, p. 171 ; HOOKER, *The Gospel According to Saint Mark*, p. 206-207. GUNDRY (*Mark*, pp. 432-433) insiste sur la séquence des mouvements dans le récit pour soutenir l'opinion suivante : l'ordre de Jésus signifie qu'il commande à Pierre « de retourner à sa place au milieu des disciples, qui est la sienne, de suivre derrière lui... et de ne pas le [Jésus] prendre à part en marchant devant lui ou, du moins, à côté de lui ». En faveur de ce point de vue on peut avancer le sens habituel de *opisō mou* (opposé à *eis ta opis*, qu'on a dans Jn 6, 66 avec le sens de quitter totalement Jésus), que l'on trouve dans Mc 1, 17. 20 et notamment ici en 8, 34, et qui signifie suivre Jésus en étant son disciple. Ce qui fait difficulté dans ce point de vue est que (1) les autres exemples de *opisō mou* dans Marc vont de pair avec *deute, aperchomai* et *erchomai* et non pas avec *hypagō* comme en 8, 33 et que (2) l'adresse directe « Satan » ne permet guère d'imaginer un appel à devenir disciple adressé à une personne répondant à ce nom.

99. Ainsi fort justement LOHMEYER (*Das Evangelium des Markus*, p. 170 n. 1) contre BULTMANN (*Geschichte*, pp. 276-277 [*Histoire*, p. 317]) qui juge que tout l'échange entre Pierre et Jésus en Mc 8, 31-33 est en réalité une polémique contre la conception judéo-chrétienne représentée par Pierre. Par conséquent, pour Bultmann, rien de ce matériau, y compris l'appellation Satan, ne remonte à Jésus. Par contre, il met cette opinion en connexion avec le point de vue fort discutable que Mt 16, 17-19 était la conclusion primitive du récit de la confession de Pierre, une conclusion que Marc aurait supprimée et remplacée par la polémique paulinienne contre Pierre. On notera en passant que le modèle bultmannien d'un christianisme paulinien-hellénistique tout d'un bloc et attaquant violemment un christianisme judéo-pétrinien est désespérément simpliste et dépassé ; voir Raymond E. BROWN, « Not Jewish Christianity and Gentile Christianity, but Types of Jewish/Gentile Christianity », *CBQ* 45 (1983), pp. 74-79.

100. Sur l'araméen *śāṭān* comme nom commun au sens de « adversaire » voir par ex. *4QTLev ar*[a] 1, 17. Sur cette interprétation voir Meinrad LIMBECK, « Satan und das Böse im Neuen Testament » dans *Teufelsglaube*, Herbert HAAG éd., Tübingen, Katzmann, 1974, pp. 273-388, spéc. pp. 292-293 ; PESCH, *Das Markusevangelium*, t. 2, p. 54. Pesch fait remarquer que (1) les écrits juifs autour du temps de Jésus n'ont pas identifié Satan avec quelque être humain historique que ce soit et que (2) l'on pouvait s'attendre à ce que Satan signifie « les pensées du diable » et non pas « les pensées des hommes ». (GUNDRY [*Mark*, p. 451] tente de répondre à ce deuxième point, mais sa réponse n'est pas très efficace.) Il peut y avoir ici un faible écho de 2 S 19, 23, où David appelle Abishaï, l'un de ses partisans trop zélés, un *śāṭān* parce qu'il presse le roi d'exécuter son ancien ennemi, Shimeï. Sur ce texte voir Peggy L. DAY, « Abishai the *śāṭān* in 2 Samuel 19:17-24 », *CBQ* 49 (1987), pp. 543-547.

101. Voir PESCH, *Das Markusevangelium*, t. 2, p. 55 ; il nie l'historicité de la scène de Mc 8, 31-33 ; par contre l'idée que Jésus aurait appelé Pierre *śāṭān* pourrait remonter à quelque souvenir d'une résistance de Pierre au message de Jésus sur la nécessité de la souffrance.

102. Sur le caractère nettement composite du matériau de Lc 22, 24-30 voir FITZMYER, *The Gospel According to Luke*, t. 2, pp. 1411-1419. Dans cette péricope nous sommes probablement en présence d'un mélange de logia du Jésus historique, de créations de l'Église des origines et de rédaction lucanienne (spécialement l'utilisation du Dernier repas comme contexte de l'ensemble). Néanmoins une unité de thème est sous-jacente ; sur ce point voir Peter K. NELSON, *Leadership and Discipleship. A Study of Luke 22:24-30.*

103. L'emploi du participe au pluriel *(hēgoumenoi)* renvoie aux chefs de la communauté ecclésiale locale dans He 13, 7. 17. 24 ; on trouve un usage plus vague dans Ac 15, 22.

104. Voir FITZMYER, *The Gospel According to Luke*, t. 2, p. 1422.

105. Sur le thème de l'apostasie dans Luc voir Schuyler BROWN, *Apostasy and Perseverance in the Theology of Luke*, AnBib 36, Rome, Institut biblique, 1969.

106. Gustav STÄHLIN (*« exaiteō »*, *TDNT* 1 [1964], p. 195) pense que le verbe « chercher » ou « réclamer » signifie que le diable demande la remise des Douze au sens où il demanderait à Dieu de les lui livrer pour les éprouver, tout comme, dans Jb 1–2, Satan a demandé à Dieu de lui abandonner Job. Mais Stählin va peut-être trop loin lorsqu'il affirme que dans Lc 22, 31 le diable « est l'anti-messie qui vanne (Mt 3, 12) ou passe au crible le froment ». L'image précise évoquée par le « criblage » *(siniasai)* n'est pas claire. C'est très probablement une allusion à Am 9, 9 : « Je vais secouer, parmi toutes les nations, la maison d'Israël comme on secoue dans un crible. » Cependant il n'existe pas de véritable parallèle entre la formulation précise de ce passage dans la Septante et Lc 22, 31 ; le contact, si tant est qu'il y en ait un, se situe au niveau de la pensée et non pas des mots. Les commentateurs discutent de l'application exacte de l'image aux Douze ; sur les théories diverses voir MARSHALL, *The Gospel of Luke*, pp. 820-821. Quelle que soit le tableau précis que l'on évoque, le sens général est celui de tribulations et de désordre causés par une tentation et des épreuves violentes. Certains commentateurs voient dans les mentions de « revenir » et « affermir » les frères une allusion à 2 S 15, 20 où le roi David, en fuite devant son fils Absalom rebelle, dit à l'étranger Ittaï le Guittite de ne pas le suivre dans son exil : « Retourne et remmène tes frères avec toi ; [que le Seigneur te témoigne] fidélité et loyauté. » C'est au mieux un faible écho, puisque David presse un étranger qui n'est entré que récemment à son service de l'abandonner, tandis que l'étranger insiste pour rester avec lui.

107. Voir DIETRICH, *Das Petrusbild*, pp. 123-124. On peut se demander s'il n'y aurait pas ici une allusion à la scène de Za 3, 1-10, où le grand-prêtre Josué (= Pierre ?) est accusé par Satan mais défendu par Yahvé par l'intermédiaire de son ange (= Jésus ?). Tout juste possible, un tel écho a plutôt un goût d'allégorie patristique.

108. Voir FITZMYER, *The Gospel According to Luke*, t. 2, pp. 1459, 1465 ; BROWN, *The Death of the Messiah*, t. 1, pp. 604-605 [*La mort du Messie*, p. 679]. Cependant DIETRICH *(Das Petrusbild*, p. 149) rejette l'idée que Luc cherche à épargner Pierre dans le récit du reniement. Même s'il n'y a pas de gradation paroxysmique dans les trois reniements de Pierre, Dietrich repère un paroxysme chez les trois accusateurs et dans leurs accusations (*ibid.*, p. 155). Du côté opposé, Schuyler BROWN (*Apostasy and Perseverance*, p. 70) voit chez Luc une atténuation du reniement de Pierre dans le fait que dans Luc Pierre nie simplement sa relation personnelle avec Jésus en 22, 57 (« Je ne le connais pas ») et non pas sa profession de foi en Jésus comme Messie. Pour Brown le péché de Pierre est un péché de lâcheté, non pas une perte de la foi.

109. Voir FITZMYER, *The Gospel According to Luke*, t. 2, pp. 1425, 1460-1461 ; Frank J. MATERA, *Passion Narratives and Gospel Theologies*, Theological Inquiries, New York/Mahwah NJ, Paulist, 1986, p. 171. BROWN (*The Death of the Messiah*, t. 1, p. 608 [*La mort du Messie*, pp. 683-684]) fait remarquer que c'est le regard de Jésus en direction de Pierre plutôt que le chant du coq qui est « la première impulsion qui pousse Pierre à se rappeler » que Jésus avait prédit son reniement – et peut-être aussi que Jésus avait promis que Pierre « reviendrait » et affermirait ses frères. Brown note aussi (p. 608 n. 37) que le verbe « tourner [retourner] » *(strephō)* a souvent « une portée théologique » dans Luc-Actes.

110. Sur les différentes interprétations de « toutes ses connaissances » voir Raymond BROWN, *The Death of the Messiah*, t. 2, pp. 1171-1173. Voir aussi GRUNDMANN, *Das Evangelium nach Lukas* ; ERNST, *Das Evangelium nach Lukas*, p. 640 ; Charles H. TALBERT, *Literary Patterns, Theological Themes, and the Genre of Luke – Acts*, SBLMS 20, Missoula MT, Scholars Press, 1974, pp. 113-114. DIETRICH (*Das Petrusbild*, p. 125) rejette une référence à Pierre et aux Onze. Sont en faveur d'une telle référence : Jack FINEGAN, *Die Überlieferung der Leidens- und Auferstehungsgeschichte Jesu*, BZNW 15, Giessen, Töpelmann, 1934, p. 33 n. 2 (continuée p. 34) ; Schuyler BROWN, *Apostasy*, p. 70. Selon moi, il est difficile de prendre l'expression « *toutes* ses connaissances » (même si elle est hyperbolique) au sérieux et d'exclure en même temps Pierre et le reste des Onze. Cette expression peut certainement inclure d'autres hommes galiléens qui suivaient Jésus mais il est difficile de défendre une telle référence inclusive en excluant en même temps Pierre et le reste des Onze. Confronté à la tradition fermement enracinée de la fuite des disciples après l'arrestation de Jésus (une idée présente à la fois dans les traditions prémarcienne et préjohannique de la passion), Luc a sans doute senti que son rewriting du récit pour inclure Pierre et le reste des Onze au pied de la croix requérait un certain vague diplomatique dans l'expression ; voir FINEGAN *(ibid.)*, d'accord avec Maurice Goguel.

111. Voir FITZMYER, *The Gospel According to Luke*, t. 2, p. 1423.

112. FINEGAN (*Die Überlieferung*, p. 14-15) défend l'idée que Lc 22, 31-34 serait, pour l'essentiel, une reformulation de Mc 14, 27-31, couplée avec une part créative venant de la plume de Luc. Parmi les traces éventuelles de la main de la rédaction lucanienne dans les vv. 31-32 on pourrait lister *idou* (« voici »), le nom et le rôle de « Satan », l'infinitif introduit par l'article du génitif *tou* (*tou siniasai*, « passer au crible »), le verbe *deomai* (« prier »), le verbe *ekleipō*, le fait de porter intérêt à la prière de Jésus et certains mots typiques de Luc à la fin du v. 32 (*epistrephō*, *stērizō*), enfin le pluriel *adēlphoi* employé pour les croyants chrétiens.

113. FITZMYER (*The Gospel According to Luke*, t. 2, p. 1421), qui partage cette opinion, énumère différents partisans de l'idée que 22, 31-32 est une tradition L dont Luc a hérité ; ils s'échelonnent du sceptique Rudolf BULTMANN (*Geschichte*, pp. 287-288 [*Histoire*, pp. 327-328]) au conservateur Vincent TAYLOR, *The Passion Narrative of St Luke*, SNTSMS 19, Cambridge, Cambridge University, 1972, p. 65. Voir aussi DIBELIUS (*Formgeschichte*, p. 201), qui mentionne la possibilité que la référence au leadership de Pierre au milieu des disciples après la passion soit une prophétie *post factum*.

114. Si, et je pense que c'est le cas (voir BROWN, *The Death of the Messiah*, t. 1, pp. 64-75 [*La mort du Messie*, pp. 98-110, 129]), Marc est la seule source continue de Luc pour son récit de la passion, une éventuelle tradition spéciale L sous-jacente à Lc 22, 31-32 n'aurait été insérée que secondairement par Luc dans la structure du

Dernier repas de Marc. Chose étrange, Günter KLEIN (« Die Verleugnung des Petrus » dans *Rekonstruktion and Interpretation*, BevT 50, Munich, Kaiser, 1969, pp. 49-98) voudrait se servir de Lc 22, 31-32 pour disqualifier la tradition du reniement de Jésus par Pierre comme non historique, une tradition pourtant solidement enracinée dans les traditions prémarcienne et préjohannique de la passion. En effet, puisque l'emplacement de 22, 31-32 dans le Dernier repas – et probablement dans l'ensemble du récit de la passion – n'est pas primitif et que le cadre narratif original de 22, 31-32 (s'il n'est pas simplement une création de Luc) reste inconnu, la tradition flottante et historiquement suspecte de Lc 22, 31-32 ne peut guère être utilisée pour jeter le doute sur la tradition du reniement, qui, elle, repose sur des bases beaucoup plus solides. Sur le reniement de Pierre et le déni du reniement *[the denial of denial]* chez Klein voir ci-dessous.

115. Bien que la majorité des exégètes soient en faveur de l'historicité quant à l'essentiel de l'événement qui est à l'arrière-plan des récits du reniement dans les évangiles, quelques exégètes de renom, dont Maurice Goguel, Rudolf Bultmann et Alfred Loisy dernière manière, nient l'historicité du reniement de Pierre. Günter KLEIN (« Die Verleugnung des Petrus », pp. 49-98) est probablement le protagoniste le plus connu à se prononcer contre l'historicité. Contre le rejet de l'historicité défendu par Klein on peut formuler les observations qui suivent.

1. Le reniement de Pierre est, comme l'affirme Klein, une unité que l'on peut isoler à l'intérieur du récit de la passion, une unité distincte que l'on peut facilement retirer sans déranger l'ensemble narratif plus large. Cependant ce fait découle du sujet spécial qui est abordé : c'est la seule unité importante dans les récits prémarcien et préjohannique de la passion qui soit focalisée sur quelqu'un d'autre que Jésus, tandis que Jésus est totalement absent de cette étape. Or, on peut également isoler et facilement omettre la courte péricope qui traite des femmes témoins au pied de la croix, mais cela ne prouve guère que la présence de femmes témoins à la croix n'est pas historique. Sur la question de la narration du reniement comme unité à part, voir DODD, *Historical Tradition*, p. 84 n. 1 [*Tradition historique*, pp. 117 n. 100].

2. Klein expédie rapidement la version johannique du récit sans prendre suffisamment en considération la question de la source indépendante que Jean représente. Comme je le fais tout au long des trois tomes de *Un certain Juif, Jésus*, je soutiens que Jean représente une tradition indépendante et cette position a été confirmée maintes et maintes fois. Les études circonstanciées d'exégètes comme Dodd, Brown, Schnackenburg et Fortna ont confirmé ce point pour ce qui concerne le récit du reniement ; pour leurs travaux voir le développement ci-dessous sur le critère de l'attestation multiple. En bref, l'attestation multiple de Marc et Jean rend le rejet de l'historicité soutenu par Klein fort discutable.

3. Comme je l'ai déjà indiqué ci-dessus, la tentative de Klein de faire jouer Lc 22, 31-32 contre la tradition du reniement est bizarre : (a) L'attestation multiple de Marc et Jean montre que le reniement de Pierre est profondément enraciné dans la tradition de la passion, alors que nous n'avons pas de certitude sur le cadre narratif original de Lc 22, 31-32 (si, en réalité, ce n'est pas une création de Luc). À tout le moins la forme actuelle et l'emplacement du logion sont dus à Luc – et donc aussi la tension qui peut résulter entre ce logion et la tradition du reniement. Or Luc a voulu tenir les deux types de logia l'un à côté de l'autre, un fait qui conduit à mon point suivant. – (b) Contrairement à Klein, je pense qu'il n'est pas besoin de prendre la proposition *mē eklipę̄ hē pistis sou* (« pour que ta foi ne défaille pas ») comme désespérément opposée à la tradition du reniement de Pierre. Luc n'a pas compris les choses ainsi. Le verbe *ekleipō* peut contenir par lui-même l'idée de « totalement », par exemple quand il est employé pour dire de quelqu'un qu'il voit ses années « finir » (He 1, 12 citant LXX Ps 101, 28), son argent « disparaître » ou « s'épuiser » (1 M 3, 29 ; Lc 16, 9), ou qu'il « meurt » ou est « détruit » (Gn 49, 33 ; Tb 14, 11 ;

LXX Ps 17, 38 ; Sg 5, 13 ; *G. J.*, 4.1.9 § 68 ; *Ant.* 2.7.5 § 184) Par conséquent, ce n'est pas de l'*eisegesis* [= lire dans le texte ce qu'on y met – NdT] de prendre Lc 22, 32 comme signifiant que Jésus a prié pour que la foi de Pierre ne disparaisse pas complètement ou ne soit pas détruite. Il est clair que Luc ne pense pas que la foi de Pierre ait disparu, qu'elle soit morte, ou qu'elle ait complètement failli. Par conséquent, dans l'esprit de Luc, la prière de Jésus est efficace, malgré le reniement de Pierre. À mon avis, l'antithèse stricte entre Lc 22, 31-32 et la tradition du reniement est dans la tête de Klein et non pas dans le texte de Luc ; Klein aurait dû prêter plus rigoureusement attention au sens et aux implications du verbe *ekleipō.* – (c) Klein, comme Bultmann avant lui, doit tenir que le participe *epistrepsas* (« revenu ») dans Lc 22, 32 est un ajout de Luc à une tradition plus ancienne qui ne savait rien d'un reniement de Jésus par Pierre ; ni Klein ni Bultmann n'avancent d'attestations solides pour cette thèse. Sur tout cela voir MARSHALL, *The Gospel of Luke*, pp. 821-822 ; DIETRICH, *Das Petrusbild*, pp. 121-136.

4. L'explication de Klein lui-même sur l'origine du récit du reniement de Pierre est ni plus ni moins que de la plus mauvaise « imagination historique » – pas une reconstitution historique. Klein affirme, sans la moindre preuve réelle, que, dans l'Église primitive, Pierre était *successivement* la tête des Douze, puis le chef des apôtres et après cela un membre des trois colonnes de Jérusalem. Ayant quitté chaque groupe pour rejoindre le suivant – d'où le triple reniement – il se serait finalement mis à son compte comme missionnaire et serait venu en cette qualité à Rome. Pas besoin de le dire, il n'existe aucune preuve que le rôle de Pierre dans chacun des trois groupes mentionnés ait nécessité qu'il cesse d'être chef ou membre dans les autres groupes. Ga 2, 7-9 indique juste le contraire. Pierre était à la fois un apôtre et l'une des trois colonnes ; nulle part dans ou hors du Nouveau Testament il n'est jamais dit que Pierre ait cessé d'être l'un des Douze. Toute la théorie de Klein mérite de figurer comme l'un des spécimens d'interprétation les plus contorsionnés et alambiqués de l'histoire de l'exégèse du XXe siècle. Puisque même Klein trouve la théorie hautement spéculative de Eta LINNEMANN (« Die Verleugnung des Petrus », *ZTK* 63 (1966), pp. 1-32) improbable parce qu'elle manque de tout fondement dans des événements vérifiables de l'Église des origines, le lecteur m'excusera de ne pas l'aborder en détail.

Comme Dodd et Brown, Max WILCOX (« The Denial Sequence in Mark XIV. 26-31, 66-72 », *NTS* 17 (1970-71), pp. 426-436) est lui aussi plus ouvert à l'idée d'un événement historique impliquant le reniement de Jésus par Pierre durant la passion, un événement qui serait à l'arrière-plan de textes littéraires qui sont nettement artificiels dans leur formulation présente. Sur l'histoire de l'interprétation de la version marcienne du récit (dans une monographie dont on convient qu'elle pratique une herméneutique théologique conservatrice) voir Robert W. HERRON Jr., *Mark's Account of Peter's Denial of Jesus. A History of Its Interpretation*, Lanham MD/New York/Londres, University Press of America, 1991.

116. Sur l'argument de l'embarras voir BROWN, *The Death of the Messiah*, t. 1, p. 615 [*La mort du Messie*, p. 691]. À propos de l'opinion de Paul sur Pierre voir Eduard LOHSE, « St. Peter's Apostleship in the Judgment of St. Paul, the Apostle to the Gentiles », *Greg* 72 (1991), pp. 419-435 ; cf. Martin KARRER, « Petrus im paulinischen Gemeindekreis », *ZNW* 80 (1989), pp. 21-31. Sur la question de la polémique contre Pierre voir Terence V. SMITH, *Petrine Controversies in Early Christianity*, WUNT 2/15 ; Tübingen, Mohr (Siebeck), 1985). On peut admettre que, comparés à Matthieu et Luc – Actes, Marc et Jean, par exemple, ont une opinion plus réservée sur Pierre, voire parfois négative, mais on ne trouve dans aucun des évangiles canoniques le rejet en bloc de Pierre, attesté dans certains écrits du IIe et du IIIe siècle.

117. Cette position sur le récit du reniement est explicitée dans l'étude de Neil J. MCELENEY, « Peter's Denials – How Many ? To Whom ? », *CBQ* 52 (1990), pp. 467-472.

Il montre qu'il faut expliquer les variantes de Matthieu et Luc pour ce récit par leurs tendances éditoriales (par ex. la tendance de Matthieu à mettre le pluriel et la technique de mise en scène de Luc) et qu'elles ne requièrent pas de sources spéciales en plus de Marc. BULTMANN (*Geschichte*, p. 290 [*Histoire*, p. 330]) pense que Luc représente, au moins pour une part, une autre tradition du reniement et, en fait, une tradition antérieure à Marc.

118. On trouvera une défense de l'indépendance de Jean pour la tradition du reniement dans DODD, *Historical Tradition*, pp. 83-88 [*Tradition historique*, pp. 116-123] ; BROWN, *The Gospel According to John*, t. 2, pp. 836-842 ; IDEM, *The Death of the Messiah*, t. 1, pp. 610-614 [*La mort du Messie*, pp. 686-688] ; SCHNACKENBURG ; *Das Johannesevangelium. III. Teil*, pp. 258-273 ; Robert T. FORTNA, « Jesus and Peter at the High Priest's House : A Test Case for the Question of the Relation between Mark's and John's Gospels », *NTS* 24 (1978), pp. 371-383. Sur la présentation du triple reniement dans Jean et les différences avec les synoptiques voir aussi QUAST, *Peter and the Beloved Disciple*, pp. 71-89. BROWN, *The Death of the Messiah*, t. 1, pp. 590-591 [*La mort du Messie*, pp. 664-665] propose un tableau utile des ressemblances et des différences entre évangélistes dans leurs récits du reniement.

119. Un détail particulièrement énigmatique est la référence à « un autre disciple… connu du grand prêtre », qui demande à la gardienne de la porte de laisser entrer Pierre dans la cour du grand prêtre (Jn 18, 15-16). BULTMANN (*Das Evangelium des Johannes*, p. 499 n. 6) avance avec hésitation l'idée que le quatrième évangéliste a inventé ce disciple pour expliquer comment Pierre a obtenu d'entrer dans le palais du grand prêtre. L'objection naturelle à ce type de raisonnement est qu'aucun des trois synoptiques n'a senti le besoin d'expliquer comment Pierre est entré. En réalité, on pourrait aisément joindre une partie du v. 15 (« Or Simon Pierre… suivait Jésus… et il est entra avec Jésus dans le palais du grand prêtre ») et le v. 17 (« La servante qui gardait la porte dit à Pierre… ») sans que personne ne s'aperçoive de l'absence du v. 16 et de « l'autre disciple », tellement ils sont superflus dans l'ensemble de la narration. De plus, cet « autre disciple » (qu'il soit mentionné ou non pour qu'on l'identifie avec « le disciple que Jésus aimait ») ne joue plus aucun autre rôle – ni théologique ni simplement narratif – dans le récit du reniement de Pierre. Comme BROWN (*The Gospel According to John*, t. 2, p. 841) le fait très justement remarquer, « inventer un disciple de Jésus qui de façon inexplicable était admis dans le palais du grand prêtre, c'est créer une difficulté là où il n'y en avait pas ». Aussi SCHNACKENBURG (*Das Johannesevangelium. III. Teil*, pp. 266-267) conclut-il que l'autre disciple était déjà présent dans la source (non synoptique) du quatrième évangéliste, ce qui vaut d'ailleurs probablement du détail curieux (v. 18) du feu qui est un « feu de braise » *(anthrakian)*. Des considérations de ce genre ont conduit DIBELIUS (*Formgeschichte*, p. 271) à conclure que cet autre disciple était une figure historique. Quoi qu'il en soit, à la lumière de toutes ces observations, il est très difficile de considérer l'autre disciple simplement comme un ajout rédactionnel apporté à la version marcienne du récit par le quatrième évangéliste.

120. FORTNA (« Jesus and Peter », pp. 378-379), par ex., soutient que la version de Marc fait penser qu'il y eut primitivement un seul reniement qui a été amplifié en trois ; mais Fortna soutient aussi – fort justement je crois, contre Kim DEWEY (« Peter's Curse and Cursed Peter » dans *The Passion in Mark*, Werner H. KELBER éd., Philadelphie, Fortress, 1976, pp. 96-114) – que, si une telle amplification a eu lieu, elle était déjà présente dans les étapes prémarcienne et préjohannique du récit de la passion.

121. Voir par ex. John Dominic CROSSAN, *The Historical Jesus*, San Francisco, Harper, 1991, pp. 261-264, 341. À la différence d'autres auteurs, Crossan fournit une définition ; voir son ouvrage *Jesus. A Revolutionary Biography*, San Francisco, Harper, 1994, p. 71 : « … l'égalitarisme radical… [signifie] une égalité absolue des gens qui rejette la validité de toute discrimination entre eux et nie la nécessité de toute hiérarchie parmi eux. » Voilà qui, à son tour, demande une définition soigneuse de ce qu'on peut qualifier de « radical » et d'« absolu » sans parler de « discrimination » ou de « hiérarchie », des termes aujourd'hui souvent utilisés dans nos pays pour des aspects que l'on apprécie guère, quels qu'ils soient. De plus, Crossan lui-même *(ibid.)* sent l'objection immédiate à savoir que ces concepts comportent une bonne part d'idéologie moderne « rétroprojetée par anachronisme » dans la Palestine juive du Ier siècle. Malgré tous ses efforts pour y répondre, je pense que l'objection demeure. On fera bien d'être attentif aux précautions méthodologiques formulées par GOODMAN, *The Ruling Class of Judaea*.

122. *Un certain Juif, Jésus*, t. 2, pp. 375-376.

123. Sur cette question voir John P. MEIER, « Dividing Lines in Jesus Research Today », *Int* 50 (1996), pp. 355-372, spéc. pp. 366-367. Je ne mentionne pas ici les paroles et gestes de Jésus sur le pain et le vin au Dernier repas, étant donné que cette pratique symbolique particulière, quoiqu'elle fut reprise par l'Église des origines et y devint très importante, n'a pas modelé la vie des disciples durant le ministère public. Sur l'historicité des paroles de Jésus sur le pain et le vin voir mon article « The Eucharist at the Last Supper : Did It Happen ? » ; *TD* 42 (1995), pp. 335-351.

124. Voir *Un certain Juif, Jésus*, t. 2, pp. 258-267.

125. Même si l'on juge qu'ils sont des créations de l'Église des origines, des énoncés comme Mt 10, 5-6 (« Ne prenez pas le chemin des païens et n'entrez pas dans une ville des Samaritains ; allez plutôt vers les brebis perdues de la maison d'Israël ») et 15, 24 (« Je n'ai été envoyé qu'aux brebis perdues de la maison d'Israël ») reflètent ce qui semble avoir été la pratique réelle de Jésus et de ses disciples durant le ministère public.

126. La façon dont les théologiens d'aujourd'hui posent la question de savoir si Jésus a fondé l'Église est méthodologiquement plus élaborée que ce ne fut souvent le cas dans le passé. Pour une étude complète de cette question théologique clé, que nous ne pouvons qu'effleurer ici, voir Gerhard LOHFINK, *Jesus and Community*, Philadelphie, Fortress et New York/Ramsey NY, Paulist, 1984. Lohfink condense toute son approche au début de sa préface (p. XI) : « La théologie critique s'est longtemps demandé de façon catégorique si le Jésus historique a réellement fondé l'Église. Or il est devenu de plus en plus clair que cette question n'est pas posée dans les bons termes. Il n'y a guère d'exagération à dire que Jésus n'a pas pu fonder une Église puisque longtemps il n'a existé que le peuple du Dieu unique, Israël. » Voir aussi DENAUX, « Did Jesus Found the Church ? », pp. 25-45, spéc. p. 38 : « Nous sommes maintenant assez équipés pour formuler notre propre réponse à la question : Jésus a-t-il fondé une Église ? Si la question concerne la possibilité qu'il y eut au cours de sa vie un acte de fondation nettement déterminé par lequel Jésus aurait officiellement établi son Église, alors notre réponse est négative. Cependant si nous pensons à la naissance de l'Église en termes d'un processus en plusieurs phases qui remontent à l'ensemble de l'événement Christ, auquel appartiennent à l'évidence les moments fondateurs de l'Église au cours de la vie terrestre de Jésus, alors notre réponse est expressément positive. » Michael A. FAHEY (« Church » dans *Systematic Theology. Roman Catholic Perspectives*, 2 vols., Francis SCHÜSSLER FIORENZA et John P. GALVIN éd., Minneapolis, Fortress, 1991, pp. 3-74) parle (p. 19) de l'Église comme « la communauté qui a émergé de la prédication de Jésus, de sa vie, de sa mort et de sa résurrection… » Joseph RATZINGER (« Ein Versuch zur Frage des Traditionsbegriffs » dans Karl RAHNER et Joseph RATZINGER, *Offenbarung und Überlieferung*, Quaestiones disputatae, Fribourg-Bâle-Vienne, 1965, p. 41 [« Essai sur le problème du concept de tradition » dans *Révélation et Tradition*, Quaestiones disputatae, Paris, Desclée de Brouwer, 1972, p. 64]) pense que « ce n'est qu'une série d'obstacles historiques – parmi lesquels il faut surtout mentionner l'exécution d'Étienne, celle de Jacques, de même que, finalement et de façon décisive, l'emprisonnement de Pierre et sa fuite –, qui... ont amené... à créer... l'Église au lieu du royaume. » Voir en plus Francis SCHÜSSLER FIORENZA, *Foundational Theology. Jesus and the Church*, New York, Crossroad, 1984.

NOTES DU CHAPITRE XXVIII

1. Sur l'ensemble de la question du Baptiste et des mouvements baptistes, voir *Un certain Juif, Jésus*, t. 2, pp. 27-185, 769-867 ; également Joseph THOMAS, *Le mouvement baptiste en Palestine et Syrie (150 av. JC – 300 apr. JC*, Universitas Catholica Lovaniensis 2/28, Gembloux, Duculot, 1935 ; Knut BACKHAUS, *Die « Jüngerkreise » des Täufers Johannes. Eine Studie zu den religionsgeschichtlichen Ursprüngen des Christentums*, Paderborner Theologische Studien 9, Paderborn, Schöningh, 1991 ; Robert L. WEBB, *John the Baptizer and Prophet. A Socio-Historical Study*, JSNTSup 62, Sheffield, JSOT, 1991, pp. 95-216.

2. On ne trouve d'étude ample et qualifiée sur les « écoles de pensée » juives ni dans l'*Autobiographie* ni dans le *Contre Apion* de JOSÈPHE. Il en fait une présentation systématique dans la *Guerre des Juifs* (2.8.1-14 §§ 118-166, avec un traitement assez développé et élogieux sur les esséniens) et deux présentations dans les *Antiquités* (13.5.9 § 171-73 ; 18.1.2-6 § 11-25). La première et la troisième études incluent la « quatrième philosophie » de Judas le Galiléen (et Saddoq le Pharisien) ; la deuxième étude, qui omet la « quatrième philosophie », est relativement brève. Josèphe emploie le label « la quatrième philosophie » pour désigner un groupe d'hommes caractérisés par leur radicalisme religieux (sous la conduite de Judas le Galiléen et Saddoq le Pharisien) et qui ont fomenté la résistance contre le recensement romain imposé par Quirinius en vue de la levée des impôts, après que les Romains eurent déposé Archélaos, le fils d'Hérode le Grand, en l'an 6 de notre ère (*G. J.*, 2.8.1 § 118 ; *Ant.* 18.1.1 §§ 3-9). Notons que Josèphe n'identifie pas cette quatrième philosophie, qui fut écrasée par les Romains, avec les zélotes, qui étaient l'un des groupes révolutionnaires qui se battirent pour le contrôle de Jérusalem durant la Première Guerre juive. Certes Josèphe voulait probablement que ses lecteurs voient une certaine « succession impie » allant depuis la quatrième philosophie, en passant par différents troubles sociaux provoqués par les « brigands » ou « bandits » sous la domination romaine, jusqu'aux zélotes et autres révolutionnaires radicaux au moment de la Première Guerre juive ; mais, en réalité, il n'existait pas, entre le temps de Judas le Galiléen (si tant est que sa résistance comportât le recours aux armes) et le déclenchement de la Première Guerre juive, de mouvement de résistance unique de longue durée, organisé et armé, contre la domination romaine. Richard A. HORSLEY et John S. HANSON (*Bandits, Prophets, and Messiahs. Popular Movements in the Time of Jesus*, Minneapolis, Seabury/Winston, 1985, pp. 190-199) soutiennent l'opinion (opposée à celle que l'on trouve souvent dans les présentations historiques générales de la période) que la quatrième philosophie de Judas ne s'est pas engagée dans une rébellion violente et n'a pas dirigé de révolte armée contre Rome. Ils rangent Judas et Saddoq dans la tradition des martyrs de milieu cultivé qui pratiquaient la résistance non-violente plutôt que la révolte armée contre Rome. Il reste au moins à discuter si cette opinion peut cadrer avec les affirmations de Josèphe selon qui Judas « incitait ses compatriotes à la révolte » *(eis apostasin enēge tous epichōrious)* et ses partisans étaient appelés à ne pas reculer devant la tuerie qui pouvait leur incomber *(mē exaphiōntai phonou tou ep' autois)*. Horsley et Hanston défendent leur position en traduisant *apostasin* par « résistance », un mot moins violent, au lieu de « révolte », et en interprétant l'expression ambiguë *phonou tou ep' autois* (« meurtre », « tuerie » qui de quelque façon est « sur eux ») comme quelque chose que les résistants juifs pourraient avoir à subir, non pas comme quelque chose dans quoi ils pourraient avoir à s'engager. Mais comment Judas et Saddoq pouvaient-ils espérer sérieusement que la nation juive aurait pu « faire une tentative d'indépendance » (*Ant.* 18.1.1 § 4) sur la seule base d'une résistance non-violente contre Rome, voilà qui n'est pas clair. Quoi qu'il en soit, le point qui est important pour nous est que cette quatrième philosophie n'a pas connu la longue continuité historique des pharisiens, des sadducéens et des esséniens, qui remontent jusqu'au milieu du IIe siècle avant notre ère (même si l'on admet qu'en fait la communauté de Qumrān a apparemment subi, au cours de la dernière partie du Ier siècle av. JC, une interruption dans son installation dans les parages de la mer Morte.) Et la quatrième philosophie n'a pas davantage mis en place, entre l'an 6 et l'an 70 de notre ère, une organisation suivie qu'un Juif zélé aurait pu rejoindre et avec laquelle Jésus aurait pu avoir des relations positives ou négatives. Ni la quatrième philosophie ni les zélotes n'ont existé comme groupe politique ou militaire organisé au temps de Jésus ; aussi ne les étudions-nous pas dans ce chapitre. Pour plus de données sur les « zélotes » et le fanatisme *(zealotry)* voir l'étude sur Simon le Cananéen (zélote) dans la section II, § 8 au chapitre XXVII de ce tome et dans la section V du chapitre XXX. Pour la présentation des zélotes par HORSLEY et HANSON voir *Bandits*, pp. 216-241.

3. L'ouvrage classique ancien est celui d'Emil SCHÜRER, *The History of the Jewish People in the Age of Jesus Christ*, éd. revue sous la direction Geza VERMES, Fergus MILLAR, Matthew BLACK et Martin GOODMAN ; 3 vol. [le t. 3 comprenant deux parties], Édimbourg, Clark, 1973-1987). Ces volumes, qui contiennent certes une information valable, manifestent une tension évidente entre les conceptions plus anciennes sur les partis juifs et les perspectives plus récentes. Voir la présentation obsolète des pharisiens (t. 2, pp. 388-390) et la présentation quasi contradictoire de la note 20 p. 389, qui prend en compte les travaux de chercheurs comme Jacob Neusner. Beaucoup plus à jour, bien que controversé, est l'ouvrage d'E. P. SANDERS *Judaism. Practice and Belief. 63 BCE – 66 CE*, Londres, SCM et Philadelphie, Trinity, 1992 ; voir aussi Jacob NEUSNER, *First Century Judaism in Crisis*, éd. augmentée, New York, Ktav, 1982 (éd. originale 1975) ; IDEM, *Judaism in the Beginning of Christianity*, Philadelphie, Fortress, 1984 [*Le judaïsme à l'aube du christianisme*, Lire la Bible 71, Paris, Cerf, 1986] ; Martin GOODMAN, *The Ruling Class of Judaea. The Origins of the Jewish Revolt against Rome A.D. 66-70*, Cambridge, Cambridge University, 1987. Sur le contexte historique plus large voir Lester L. GRABBE, *Judaism from Cyrus to Hadrian. Volume Two : The Roman Period*, Minneapolis, Fortress, 1992 ; Peter SCHÄFER, *The History of the Jews in Antiquity*, Luxembourg, Harwood, 1995 (original allemand 1983).

4. Une bibliographie exhaustive sur les pharisiens remplirait tout un volume. On trouvera un aperçu d'ensemble utile avec une brève bibliographie dans Anthony J. SALDARINI, « Pharisees » dans *Anchor Bible Dictionary*, t. 6, pp. 289-303 ; il propose une étude plus complète et d'orientation sociologique dans son ouvrage *Pharisees, Scribes and Sadducees in Palestinian Society*, Wilmington DE, Glazier, 1988. Comme autre excellente introduction signalons Günter STEMBERGER, *Pharisäer, Sadduzäer, Essener*, SBS 144 ; Stuttgart, KBW, 1991, dont la traduction anglaise (*Jewish Contemporaries of Jesus*, Minneapolis, Fortress, 1995) n'est pas toujours fiable. Le grand travail qui a promu une étude neuve et plus critique du matériau rabbinique sur les pharisiens est l'ouvrage de Jacob NEUSNER, *The Rabbinic Traditions about the Pharisees before 70*, 3 vol., Leyde, Brill, 1971 ; on peut trouver dans le tome 3, pp. 320-368 un long essai bibliographique. Neusner a résumé les résultats de ses travaux dans de nombreux ouvrages ultérieurs ; il en donne un abrégé commode dans Jacob NEUSNER, *The Pharisees. Rabbinic Perspectives*, Hoboken NJ, Ktav, 1973) ; voir aussi sa présentation plus vulgarisée *From Politics to Piety. The Emergence of Pharisaic Judaism*, Englewood Cliffs NJ, Prentice-Hall, 1973. Dans son ouvrage *Judaism : The Evidence of the Mishnah* (Chicago/Londres, University of Chicago, 1981) il semble modifier sa position sur la possibilité de dégager de la Mishna une connaissance des pharisiens d'avant 70. On pourra suivre son débat avec E. P. Sanders sur la nature précise des pharisiens dans Jacob NEUSNER, *Judaic Law from Jesus to the Mishnah. A Systematic Reply to Professor E. P. Sanders, South Florida Studies in the History of Judaism 84, Atlanta, Scholars Press, 1993 ; voir aussi de lui The Mishnah before 70*, Brown Judaic Studies 51, Atlanta, Scholars Press, 1987. Pour les points de vue de SANDERS voir de lui *Jesus and Judaism*, pp. 49-50, 174-211, 275-293 ; *Jewish Law from Jesus to the Mishnah*, Londres, SCM, et Philadelphie, Trinity, 1990, spéc. pp. 97-254 ; IDEM, *Judaism. Practice & Belief*, pp. 380-451. On pourra trouver un aperçu développé des conceptions de Sanders dans Martin HENGEL et Roland DEINES, « E. P. Sanders "Common Judaism", Jesus and the Pharisees », *JTS* 46 (1995), pp. 1-70. Un tableau de la recherche sur les pharisiens aux XIXe et XXe siècles est proposé par Roland DEINES, *Die Pharisäer*, WUNT 101, Tübingen, Mohr (Siebeck), 1997. Une panoplie d'articles de recherche sur les pharisiens au cours du XXe siècle (principalement par des auteurs juifs) est à disposition dans un ouvrage en deux tomes édité et introduit par Jacob NEUSNER, *Origins of Judaism. Volume II. The Pharisees and Other Sects*, 2 parties, New York/Londres, Garland, 1990, chaque partie constituant un volume à part. Parmi les articles qui entrent en ligne de compte pour un travail scientifique signalons : Albert I. BAUMGARTEN, « Josephus and Hippolytus on the Pharisees », t. 1, pp. 31-55 ; Roger T. BECKWITH, « The Pre-History and Relationships of the Pharisees, Sadducees and Essenes : A Tentative Reconstruction », t. 1, pp 57-100 ; Shaye J. D. COHEN, « The Significance of Yavneh : Pharisees, Rabbis, and the End of Jewish Sectarianism », t. 1, pp. 101-127 ; Samuel S. COHON, « Pharisaism : A Definition », t. 1, pp. 135-144 ; Louis FINKELSTEIN, « The Pharisees : Their Origin and Their Philosophy », t. 1, pp. 167-243 ; Henry A. FISCHEL, « Story and History : Observations on Greco-Roman Rhetoric and Pharisaism », t. 1, pp. 245-274 ; Ralph MARCUS, « Pharisees, Essenes, and Gnostics », t. 1, pp. 379-383 ; IDEM, « The Pharisees in the Light of Modern Scholarship », t. 1, pp. 385-396 ; Jacob NEUSNER, « From Exegesis to Fable in Rabbinic Traditions about the Pharisees », t. 1, pp. 401-407 ; IDEM, « History and Purity in First-Century Judaism », t. 1, pp. 409-425 ; IDEM, « 'Pharisaic-Rabbinic' Judaism : A Clarification », t. 1, pp. 426-446 ; IDEM, « The Rabbinic Traditions about the Pharisees in Modern Historiography », t. 1, pp. 448-78 ; IDEM, « The Use of the Later Rabbinic Evidence for the Study of First-Century Pharisaism », t. 1, pp. 479-492 ; Jacob Z. LAUTERBACH, « A Significant Controversy between the Sadducees and the Pharisees », t. 2, pp. 1-33 ; IDEM, « Sadducees and Pharisees. A Study of Their Respective Attitudes towards the Law », t. 2, pp. 34-56 ; IDEM, « The Pharisees and Their Teachings, Part I, The Pharisees », t. 2, pp. 57-79 ; IDEM, « The Pharisees and Their Teachings, Part II, The Pharisees' Attitude toward Law and Tradition », t. 2, pp. 81-102 ; IDEM, « The Pharisees and Their Teachings, Part III, The Pharisaic Ideas of God and Israel », t. 2, pp. 103-109 ; Jacob NEUSNER, « The Rabbinic Traditions about the Pharisees before A.D. 70 : The Problem of Oral Transmission », t. 2, pp. 155-172 ; Ellis RIVKIN, « Defining the Pharisees : The Tannaitic Sources », t. 2, pp. 173-217 ; IDEM, « Pharisaism and the Crisis of the Individual in the Greco-Roman World », t. 2, pp. 219-245 ; Cecil ROTH, « The Pharisees in the Jewish Revolution of 66-73 », t. 2, pp. 255-272 ; Daniel R. SCHWARTZ, « Josephus and Nicolaus on the Pharisees », t. 2, pp. 327-341 ; Morton SMITH, « The Description of the Essenes in Josephus and the Philosophumena », t. 2, pp. 343-383 ; Solomon ZEITLIN, « The Origin of the Pharisees Reaffirmed », t. 2, pp. 471-483 ; IDEM, « The Pharisees and the

Gospels », t. 2, pp. 485-536. Parmi d'autres ouvrages signalons I. ABRAHAMS, *Studies in Pharisaism and the Gospels*, New York, Ktav, 1967 (édition originale 1917 et 1924) ; Richard LAQUEUR, *Der jüdische Historiker Flavius Josephus*, Darmstad, Wissenschaftliche Buchgesellschaft, 1970 (édition originale 1920) ; Robert Travers HERFORD, *The Pharisees*, Boston, Beacon, 1924 et 1952 ; George Foot MOORE, *Judaism in the First Centuries of the Christian Era. The Age of the Tannaim*, 2 vol., New York, Schocken, 1971 (édition originale 1927 et 1930) ; Ben Zion BOKSER, *Pharisaic Judaism in Transition*, New York, Arno, 1973 (édition originale 1935) ; Louis FINKELSTEIN, *The Pharisees. The Sociological Background of Their Faith*, 2 vol., 2e éd. revue, Philadelphie, Jewish Publication Society of America, 1940 ; Hugo ODEBERG, *Pharisaism and Christianity*, St. Louis, Concordia, 1964 (original suédois 1943) ; Leo BAECK, « The Pharisees » dans *The Pharisees and Other Essays*, New York, Schocken, 1947, pp. 3-50 ; W. D. DAVIES, *Introduction to Pharisaism*, FBBS 16, Philadelphie, Fortress, 1967 (édition originale 1954) ; IDEM, *The Setting of the Sermon on the Mount*, Cambridge, Cambridge University, 1963 ; Morton SMITH, « Palestinian Judaism in the First Century » dans *Essays in Greco-Roman and Related Talmudic Literature*, Henry A. FISCHEL éd., New York, Ktav, 1977 (essai original 1956) ; A. F. J. KLIJN, « Scribes, Pharisees, Highpriests and Elders in the New Testament », *NovT* 3 (1959), pp. 259-267 ; Claude GRUBER-MAGITOT, *Jésus et les pharisiens*, Paris, Robert Laffont, 1964 ; Asher FINKEL, *The Pharisees and the Teacher of Nazareth*, Arbeiten zur Geschichte des Spätjudentums und Urchristentums 4, Leyde/Cologne, Brill, 1964 ; A. MICHEL et J. LE MOYNE, « Pharisiens » dans *DBSup*, 7 (1966), pp. 1022-1115 ; John BOWKER, *Jesus and the Pharisees*, Cambridge, Cambridge University, 1973 ; Clemens THOMA, « Der Pharisäismus » dans *Literatur und Religion des Frühjudentums*, Johann MAIER et Josef SCHREINER éd., Würzburg, Echter/Mohn, 1973, pp. 254-272 ; Rudolf MEYER et H. F. WEISS, « *Pharisaios* » dans *TDNT* 9 (1974), pp. 11-48 ; Solomon ZEITLIN, « Jesus and the Pharisees » dans *Jewish Expressions on Jesus. An Anthology*, Trude WEISS-ROSMARIN éd., New York, Ktav, 1977, pp. 148-156 ; Ellis RIVKIN, *A Hidden Revolution*, Nashville, Abingdon, 1978 ; Peter SCHÄFER, « Einleitung » dans *Studien zur Geschichte und Theologie des rabbinischen Judentums*, AGJU 15, Leyde, Brill, 1978, pp. 1-22 ; IDEM, « Zur Geschichtsauffassung des rabbinischen Judentums », *ibid.*, pp. 23-44 ; IDEM, « Die sogenannte Synode von Jabne », *ibid.*, pp. 45-65 ; IDEM, « Das 'Dogma' von der mündlichen Torah im rabbinischen Judentum », *ibid.*, pp. 153-197 ; IDEM, « Die Torah der messianischen Zeit », *ibid.*, pp. 198-213 ; Shaye J. D. COHEN, *Josephus in Galilee and Rome. His Vita and Development as a Historian*, Columbia Studies in the Classical Tradition 8, Leyde, Brill, 1979 ; IDEM, *From the Maccabees to the Mishnah*, Library of Early Christianity 7, Philadelphie, Westminster, 1987, pp. 143-164 ; Jacob NEUSNER (avec Alan J. AVERY-PECK), « The Quest for the Historical Hillel : Theory and Practice » dans *Formative Judaism. Religious, Historical, and Literary Studies*, Brown Judaic Studies 37, Chico CA, Scholars Press, 1982, pp. 45-63 ; IDEM, « Literature and Society : The Unfolding Literary Conventions of Hillel », *ibid.*, pp. 87-97 ; Jacob NEUSNER, « The Pharisees in the Light of the Historical Sources of Judaism », *ibid.*, pp. 71-83 ; IDEM, « The Myth of the Two Torahs : A Prolegomenon » dans *Formative Judaism : Religious, Historical and Literary Studies. Third Series : Torah, Pharisees, and Rabbis*, Brown Judaic Studies 46, Chico CA, Scholars Press, 1983, pp. 7-11 ; IDEM, « The Meaning of *Torah shebe'al Peh*, with Special Reference to Mishnah Tractates Kelim and Ohalot », *ibid.*, pp. 13-33 ; IDEM, « Josephus's Pharisees : A Complete Repertoire », *ibid.*, pp. 61-82 ; IDEM, « Judaism after the Destruction of the Temple », *ibid.*, pp. 83-98 ; IDEM, « The Formation of Rabbinic Judaism : Methodological Issues and Substantive Theses », *ibid.*, pp. 99-144 ; Gary G. PORTON, « Diversity in Postbiblical Judaism » dans *Early Judaism and Its Modern Interpreters*, Robert A. KRAFT et George W. E. NICKELSBURG éd., Atlanta, Scholars Press, 1986, pp. 57-80 ; Irving M. ZEITLIN,

Jesus and the Judaism of His Time, Cambridge/New York, Polity/Blackwell, 1988 ; John KAMPEN, *The Hasideans and the Origin of Pharisaism. A Study in 1 and 2 Maccabees*, SBLSCS 24, Atlanta, Scholars Press, 1988 ; Seth SCHWARTZ, *Josephus and Judaean Politics*, Columbia Studies in the Classical Tradition 18, Leyde, Brill, 1990 ; Alan F. SEGAL, *Paul the Convert. The Apostolate and Apostasy of Saul the Pharisee*, New Haven/Londres, Yale University, 1990 ; Lawrence H. SCHIFFMAN, *From Text to Tradition. A History of Second Temple and Rabbinic Judaism*, Hoboken NJ, Ktav, 1991, pp. 103-112 ; Ruqaiyyah Waris MAQSOOD, *The Separated Ones. Jesus, the Pharisees and Islam*, Londres, SCM, 1991 ; Steve MASON, *Flavius Josephus on the Pharisees. A Composition-Critical Study*, SPB 39, Leyde, Brill, 1991 ; Peter SCHÄFER, « Der vorrabbinische Pharisäismus » dans *Paulus und das antike Judentum*, Martin HENGEL et Ulrich HECKEL éd., WUNT 58, Tübingen, Mohr (Siebeck), 1991, pp. 125-175 ; Martin HENGEL, « Der vorchristliche Paulus », *ibid.*, pp. 177-293 ; Roland DEINES, *Jüdische Steingefässe und pharisäische Frömmigkeit*, WUNT 2/52, Tübingen, Mohr (Siebeck), 1993 ; Hannah SAFRAI, « Jesus und die Pharisäer » dans *Lernen in Jerusalem – Lernen mit Israel*, Veröffentlichungen aus dem Institut Kirche und Judentum 20, Martin STÖHR éd., Berlin, Institut Kirche und Judentum, 1993, pp. 50-58 ; David GOODBLATT, *The Monarchic Principle. Studies in Jewish Self-Government in Antiquity*, Texte und Studien zum antiken Judentum 38, Tübingen, Mohr (Siebeck), 1994 ; Klaus-Stefan KRIEGER, *Geschichtsschreibung als Apologetik*, Texte und Arbeiten zum neutestamentlichen Zeitalter 9, Tübingen/Bâle, Francke, 1994 ; Alan WATSON, *Jesus and the Jews. The Pharisaic Tradition in John*, Athens GA/Londres, University of Georgia, 1995 ; IDEM, *Jesus and the Law*, Athens GA/Londres, University of Georgia, 1996 ; John C. POIRIER, « Why Did the Pharisees Wash Their Hands ? », *JSJ* 47 (1996), pp. 217-233 ; Joseph SIEVERS, « Who Were the Pharisees ? » dans *Hillel and Jesus*, James H. CHARLESWORTH et Loren L. JOHNS éd., Minneapolis, Fortress, 1997, pp. 137-155 ; Joel MARCUS, « Scripture and Tradition in Mark 7 » dans *The Scriptures in the Gospels*, BETL 81, C. M. TUCKETT éd., Louvain, Université de Louvain/Peeters, 1997, pp. 177-195 ; Lester L. GRABBE, « Sadducees and Pharisees » dans *Judaism in Late Antiquity. Part Three. Where We Stand : Issues and Debates in Ancient Judaism. Volume One*, Handbook of Oriental Studies, Part One, The Near and Middle East 40, Jacob NEUSNER et Alan J. AVERY-PECK éd., Leyde, Brill, 1999, pp. 35-62. On trouvera une bibliographie sur Josèphe et les pharisiens dans Louis H. FELDMAN, *Josephus and Modern Scholarship*, New York/Berlin, de Gruyter, 1984, pp. 551-575 ; IDEM, *Josephus. A Supplementary Bibliography*, New York/Londres, Garland, 1986).

[Voir aussi Charles PERROT, Christiane SAULNIER, *Histoire d'Israël III. De la conquête d'Alexandre à la destruction du Temple*, Études annexes à la Bible de Jérusalem, Paris, Cerf, 1985 ; Marcel PELLETIER, *Les pharisiens. Histoire d'un parti méconnu*, Lire la Bible, Paris, Cerf, 1990 ; Christopher TUCKETT, « Les pharisiens avant 70 et le Nouveau Testament » dans Daniel MARGUERAT éd., *Le déchirement, Juifs et chrétiens au premier siècle*, Le Monde de la Bible 32, Genève, Labor et Fides, 1996, pp. 67-95 – NdT.]

On peut observer qu'en général la plupart des présentations chrétiennes des pharisiens au début du XXe siècle manquaient d'approche critique en ce qu'elles prenaient les présentations des évangiles au pied de la lettre puis tentaient de les harmoniser le mieux qu'elles pouvaient avec les écrits de Josèphe et la littérature rabbinique (si tant est qu'on ait eu recours à ces deux derniers corpus). Souvent le résultat relevait davantage de la théologie chrétienne que de la description historique : il fallait mettre en valeur la bonté unique de l'évangile de la grâce de Jésus face à la religion légaliste de « la justice par les œuvres » qui était celle des pharisiens. Pire encore, parfois on mêlait l'acceptation non critique de la polémique antijuive ancienne avec de l'antisémitisme moderne. Bien que n'ayant certainement rien d'antisémite, des exégètes aussi différents que Rudolf Bultmann et Joachim Jeremias succombèrent, de différentes manières, à une certaine tendance apologétique. Ironie du sort, des exégètes chrétiens qui ont réagi contre ces caricatures négatives des pharisiens (par ex. Robert Travers Herford, George Foot Moore, John Bowker) tombèrent dans le travers inverse en se rangeant sans critique derrière l'approche des exégètes juifs plus anciens. Du côté juif, on pratiquait naturellement une meilleure utilisation de la littérature rabbinique et, jusqu'à un certain degré, de Josèphe ; mais on synthétisait et harmonisait souvent des sources diverses sans souci critique de la datation des sources, du genre littéraire employé, du problème des tendances de l'auteur et de la question dernière de l'utilité de ces sources pour décrire la période d'avant 70. Trop souvent on a identifié bien rapidement les pharisiens avec les « sages » et les « scribes », au point d'en arriver à traiter la plupart des matériaux tannaïtiques comme pharisiens. L'attribution à tel ou tel auteur était acceptée sans autre question et les maîtres étaient déclarés (ou supposés) pharisiens sur la base d'une tradition communément acceptée. De même, on a considéré comme historiquement fiable des traditions sur les sages d'avant 70 ou sur les rabbins tannaïtiques qui n'étaient attestés que dans les Talmuds. Même les évangiles, quoique expurgés de leur polémique antijuive, étaient cités de façon non critique à l'appui des positions sur le Jésus historique. Parfois, les disputes entre Juifs orthodoxes, conservateurs et réformateurs se reflétaient à travers ce qu'on supposait être une description des luttes entre pharisiens et sadducéens au tournant de notre ère. Fort heureusement, les travaux d'érudits comme Neusner, Cohen, Goodblatt et Goodman du côté juif, et comme Smith, Sanders et Saldarini du côté chrétien – malgré toutes les différences entre eux – ont annoncé une période beaucoup plus critique pour la recherche sur les pharisiens en particulier et sur le judaïsme ancien en général. Sur tout cela voir le bref aperçu de la recherche dans SALDARINI, « Pharisees », pp. 289-291 ; voir aussi l'aperçu plus ancien de MARCUS, « The Pharisees », pp. 390-395.

5. Le lecteur se rappellera l'indication que j'ai donnée dans le tome 1 de *Un certain Juif, Jésus* : plutôt que de proposer au début de l'ouvrage un unique chapitre sur la Palestine juive au tournant de notre ère, j'ai estimé qu'il serait plus utile d'insérer des aperçus sur le contexte historique tout au long du livre chaque fois qu'ils seraient pertinents sur des thèmes particuliers. Dans cette section, je présente donc un panorama historique dans la perspective des principaux groupes ou partis juifs.

6. Une des interprétations possibles de l'histoire du conflit à l'intérieur d'Israël depuis le temps des Juges jusqu'à Antiochus Épiphane est proposée dans Morton SMITH, *Palestinian Parties and Politics that Shaped the Old Testament*, 2e éd., Londres, SCM, 1987.

7. Voir par ex. la reconstitution spéculative de Paul D. HANSON, *The Dawn of Apocalyptic*, éd. revue, Philadelphie, Fortress, 1979 ; cf. Joseph BLENKINSOPP, « Interpretation and the Tendency to Sectarianism : An Aspect of Second Temple History », dans *Jewish and Christian Self-Definition. Volume Two. Aspects of Judaism in the Graeco-Roman Period*, E. P. SANDERS, A. I. BAUMGARTEN et Alan MENDELSON, Philadelphie, Fortress, 1981, pp. 1-26, spéc. p. 13 ; IDEM, « A Jewish Sect of the Persian Period », *CBQ* 52 (1990), pp. 5-20.

8. Voir en particulier Martin HENGEL, *Judaism and Hellenism*, 2 vol., Minneapolis, Fortress, 1974 ; BLENKINSOPP, « Interpretation and the Tendency to Sectarianism », pp. 1-26. Comme le fait remarquer PORTON (« Diversity », p. 58), « le problème n'était pas… l'hellénisme en soi ; le problème devait plutôt être de déterminer exactement quand quelqu'un s'était laissé *trop* helléniser. »

9. On désigne souvent les premiers membres de la dynastie hasmonéenne comme des chefs maccabéens, quoique l'adjectif ne soit pas correct. Pour autant que nous sachions, c'est uniquement Judas qui portait le titre de « Maccabée » (cf. *Ant.* 12.6.1

§ 266). Le sens primitif de ce titre ou surnom reste discuté ; « marteau » est une explication populaire. Contrairement à de nombreuses assertions de JOSÈPHE (*Ant.* 12.10.6 414 ; 12.11.2 § 434) mais en accord avec son affirmation plus fiable dans *Ant.* 20.10.3 § 237, Judas n'a jamais régné officiellement comme grand prêtre (encore moins comme roi). Les dirigeants de la dynastie qui s'est progressivement établie après lui devraient à proprement parler s'appeler « hasmonéens », d'après le nom supposé de l'arrière-grand-père de Mattathias, le père de Judas (c'est du moins ce que nous dit Josèphe dans les *Ant.* 12.6.1 § 265). Qu'il s'agisse de la véritable origine du nom reste discuté ; « hasmonéen » peut être dérivé primitivement d'un nom de lieu comme Heshmon ou Hashmonah. Fait intéressant, les livres des Maccabées connaissent uniquement le terme « Maccabée » et non pas celui d'« hasmonéen » ; Josèphe connaît les deux termes et la littérature rabbinique emploie uniquement « hasmonéen » dans la forme *bĕnê ḥašmônāʾî* (« les fils de Hashmonaï », voir par ex. *m. Mid.* 1, 16). Pas besoin de dire qu'il faut utiliser la relation de Josèphe sur la dynastie hasmonéenne en prêtant bien attention à ses tendances rédactionnelles et au fait qu'il adapte ses sources en conséquence ; voir Louis H. FELDMAN, « Josephus' Portrayal of the Hasmoneans Compared with 1 Maccabees », dans *Josephus and the History of the Greco-Roman Period*, Morton Smith Memorial, SPB 41, Fausto PARENTE et Joseph SIEVERS éd., Leyde, Brill, 1994, pp. 41-68.

10. L'ampleur précise de l'hellénisation du régime hasmonéen et sa signification plus profonde pour l'engagement des hasmonéens à l'égard du judaïsme reste une question discutée entre exégètes. Il faut admettre que l'histoire réelle est une affaire embrouillée et qu'il est tout à fait possible que les dirigeants hasmonéens aient combiné une politique d'hellénisation dans certains domaines avec une grande fidélité envers le judaïsme – tel qu'ils l'interprétaient – dans d'autres domaines. Sur cette question voir Albert I. BAUMGARTEN, « Invented Traditions of the Maccabean Era » dans *Geschichte – Tradition – Reflexion. Band I. Judentum*, Martin Hengel Festschrift, Hubert CANCIK, Hermann LICHTENBERGER et Peter SCHÄFER éd., Tübingen, Mohr (Siebeck), 1996, pp. 197-210.

11. Sur cette question voir Jean LE MOYNE, *Les Sadducéens*, EBib, Paris, Gabalda, 1972, pp. 384-385. Le Moyne pense que c'était là une des raisons principales de l'opposition des pharisiens aux hasmonéens.

12. Solomon ZEITLIN (« The Origin of the Pharisees », pp. 471-483) pense que les pharisiens sont apparus très tôt après la restauration, « c.-à-d. au cours de la dernière partie du cinquième siècle avant notre ère ». Fait écho à cette position Irving M. ZEITLIN, *Jesus and the Judaism of His Time*, p. 16. Cette approche s'inscrit dans le sillage des tendances non critiques des auteurs anciens qui pensaient rendre respectables certains mouvements religieux en leur attribuant une date ancienne, quelles que soient les réalités en cause. Un bel exemple en est donné par l'affirmation de JOSÈPHE (*Ant.* 18.1.2 § 11) que les Juifs « depuis les temps les plus anciens » avaient trois philosophies : pharisiens, sadducéens et esséniens. De façon semblable, PLINE L'ANCIEN (*Histoire naturelle* 5, 15 § 73) dit que les esséniens avaient existé « pendant des milliers de générations » – une affirmation que les historiens ne devraient pas être bien nombreux à soutenir aujourd'hui.

13. Josèphe n'indique nulle part de date pour l'apparition des différents mouvements juifs ou « écoles de pensée », peut-être parce qu'il n'en savait rien ou peut-être parce que l'avènement des écoles s'est fait selon un processus graduel qui défie toute datation. Sur l'ensemble de la question voir Albert I. BAUMGARTEN, *The Flourishing of Jewish Sects in the Maccabeen Era : An Interpretation*, Supplements to *JSJ* 55, Leyde, Brill, 1997, pp. 15-33. Dans la *Guerre*, les pharisiens apparaissent pour la première fois, sans guère d'introduction, au temps de Salomé Alexandra (qui régna de 76-69 ; voir *G. J.* 1.5.2 § 110). Dans la *Guerre*, le grand essai sur les quatre « écoles » juives (la quatrième philosophie, les esséniens, les pharisiens et les sadducéens), se trouve seulement après la fin du règne de l'ethnarque Archélaos et l'installation d'une province romaine en Judée en l'an 6 de notre ère (*G. J.* 2.8.1 § 117). Les *Antiquités* 13.5.9 § 171 consacrent une brève digression aux pharisiens, aux sadducéens et aux esséniens au cours du règne de l'hasmonéen Jonathan (160-143). Que les pharisiens et les sadducéens fussent déjà actifs comme des partis politiques puissants ressort du récit qui explique pourquoi Jean Hyrcan (qui a régné de 134 à 104) reporta son allégeance aux pharisiens sur les sadducéens. Le troisième essai sur les « écoles » se trouve dans les *Antiquités*, comme dans la *Guerre*, après la déposition d'Archélaos (*Ant.* 13.1.1 § 4) ; comme dans la *Guerre*, la quatrième philosophie en fait partie uniquement pour qu'on la distingue des trois écoles anciennes et respectables.

14. On peut lire le *Livre des Jubilés* comme l'ultime tentative désespérée d'un prêtre de tendance essénienne cherchant à justifier le vieux calendrier solaire pour le Temple de Jérusalem et éviter ainsi le genre de schisme que nous observons à Qumrān. Un tel schisme s'est produit, en effet, peu après, peut-être parce que les hasmonéens ont manifesté clairement qu'ils tenaient à la fois à la fonction de grand prêtre et au calendrier lunaire(-solaire), introduit récemment dans la liturgie du Temple. (Il ne faut pas exclure, cependant, qu'il y eut un schisme antérieur, moins structuré, dont faisaient partie au moins quelques esséniens qui avaient pris leur distance d'avec le monde institutionnel de Jérusalem.) Si, avec James C. VanderKam, on opte, pour dater les *Jubilés*, entre 161-152 av. JC, le schisme de Qumrān peut se situer quelque part autour de 150. Sur ce point voir James C. VANDERKAM, *Textual and Historical Studies in the Book of Jubilees*, HSM 14, Missoula MT, Scholars Press, 1977, pp. 287-288 ; IDEM, « The Origin, Character, and Early History of the 364-Day Calendar : A Reassessment of Jaubert's Hypothesis », *CBQ* 41 (1979), pp. 390-411 ; IDEM, « The Putative Author of the Book of Jubilees », *JSS* 26 (1981), pp. 209-217 ; IDEM, « 2 Maccabees 6,7A and Calendrical Change in Jerusalem », *JSJ* 12 (1981), pp. 52-74 ; IDEM, « Jubilees, Book of » dans *Anchor Bible Dictionary*, t. 3, pp. 1030-1032 ; cf. John J. COLLINS, *The Apocalyptic Imagination*, New York, Crossroad, 1987, pp. 63-67. On trouvera un point de vue légèrement différent dans George W. E. NICKELSBURG, *Jewish Literature between the Bible and the Mishnah*, Philadelphie, Fortress, 1981, pp. 73-80. Cependant Nickelsburg, situe toujours les *Jubilés* avant la fondation de Qumrān. La recherche récente sur le calendrier de Qumrān le montre clairement, si les *Jubilés* rejettent le calendrier solaire, par contre des facteurs à la fois lunaires et solaires figurent dans les considérations calendaires à Qumrān, reflétant ce qu'on observe dans *1 Hénoch* ; sur ce point voir James C. VANDERKAM, *Calendars in the Dead Sea Scrolls : Measuring Time*, The Literature of the Dead Sea Scrolls, Londres/New York, Routledge, 1998. En avançant mes remarques sur les esséniens et Qumrān, je sais bien que la relation précise entre les esséniens comme ensemble et le groupe particulier d'esséniens à Qumrān reste toujours fortement débattue. (En effet, certains se demandent toujours si les qumraniens furent des esséniens.) Par conséquent, j'avance mes observations de façon aussi brève et générale que possible, en particulier parce que, comme je l'indiquerai plus loin (chapitre XXX, section I), il n'existe aucune preuve que Jésus ait eu des rapports avec les esséniens ou Qumrān – ce qui dispense d'en faire une étude détaillée dans *Un certain Juif, Jésus.*

15. Voir, par ex., FINKELSTEIN, *The Pharisees*, t. 2, p. 573 ; MARCUS, « The Pharisees in the Light of Modern Scholarship », p. 388 ; cf. l'édition revue de SCHÜRER, *The History of the Jewish People*, t. 2, p. 401.

16. Un certain nombre d'exégètes avancent l'idée que c'est Jonathan qui est le « prêtre impie » dont font mention les documents de Qumrān (voir *1QpHab* 8, 8 ; 9, 9 ; 11, 4 ; *4QpPsa* [= *4QpPs 37*] 14, 8). Les nombreux candidats sont énumérés par

MURPHY-O'CONNOR (« The Judean Desert », pp. 139-140), qui considère Jonathan comme « le candidat favori » ; cf. Joseph A. FITZMYER, *Responses to 101 Questions on the Dead Sea Scrolls*, New York/Mahwah NJ, Paulist, 1992, p. 91. Un point de vue différent est proposé par Florentino GARCÍA MARTÍNEZ (*The Dead Sea Scrolls Translated*, 2e édition, Leyde, Brill, Grand Rapids, Eerdmans, 1996) ; pour lui le « prêtre impie » était un titre « appliqué aux différents grands prêtres hasmonéens, de Judas Maccabée à Alexandre Jannée... »

17. En faveur d'une origine hassidéenne des pharisiens signalons HENGEL, « Der vorchristliche Paulus », p. 226.

18. Voir COHEN, *From the Maccabees to the Mishnah*, p. 161. SCHIFFMAN (*From Text to Tradition*, p. 104) minimise l'affirmation que l'origine des pharisiens remonte aux hassidéens, qui n'étaient probablement pas un parti mais une association informelle de juifs pieux ; cf. PORTON, « Diversity », p. 61.

19. On trouvera une revue bibliographique et une discussion de l'ensemble de la question dans KAMPEN, *The Hasideans.* Comme le signale Kampen, nous savons peu de chose du groupe appelé les hassidéens, apparemment un groupe dirigeant de scribes à Jérusalem poussés dans la révolte non pas par une « crise d'hellénisation » d'ordre général mais par les agissements spécifiques d'Antiochos IV contre la circoncision, le sabbat et le culte du Temple. Kampen rejette tout lien des hassidéens avec les esséniens, mais croit probable que c'est dans les cercles de scribes hassidéens que l'on trouve les origines du mouvement appelé plus tard pharisien. C'est tout à fait possible ; mais, si nous nous rappelons que l'unique témoignage dont nous disposons sur *hoi Asidaioi* (« les hassidéens ») est l'information bien mince de 1 M 2, 42 ; 7, 12-17 et 2 M 14, 6, il faut rester prudent en établissant des connexions entre un mouvement que l'on entraperçoit pour un moment passager durant la révolte de Judas Maccabée et un parti religieux-politique qui émerge quelque temps plus tard durant le règne des premiers dirigeants hasmonéens. Kampen fait appel aux « premiers hassidim » (*ḥăsîdîm hāri'šōnîm*) mentionnés dans la littérature rabbinique (par ex. *m. Ber.* 5, 11) pour compléter le tableau des hassidéens et pour élaborer un argument à l'appui d'un lien entre les hassidéens maccabéens et les pharisiens postérieurs ; tout le monde ne trouvera pas cette approche convaincante.

20. Comme Jerome Murphy-O'Connor le note, William Foxwell ALBRIGHT a avancé l'idée d'une origine babylonienne des esséniens dans son ouvrage *From Stone Age to Christianity*, 2e éd., Garden City NY, Doubleday, 1957, p. 376 [*De l'âge de la pierre à la chrétienté*, Paris, Payot, 1951, p. 276]. MURPHY-O'CONNOR lui-même est l'un des protagonistes les plus éminents de cette opinion dans les années récentes. Voir son essai magistral de reconstitution de l'histoire des esséniens, « The Essenes and Their History », *RB* 81 (1974), pp. 215-244 ; IDEM, « The Judean Desert » dans *Early Judaism and Its Modern Interpreters*, Robert A. KRAFT et George W. E. NICKELSBURG éd., Atlanta, Scholars Press, 1986, pp. 119-156, spéc. pp. 139-143. En dialogue critique avec Murphy-O'Connor signalons Philip R. DAVIES, *Behind the Essenes. History and Ideology in the Dead Sea Scrolls*, Brown Judaic Studies 94 Atlanta, Scholars Press, 1987. À mon avis, les tentatives pour reconstituer l'histoire des esséniens et du judaïsme en général, juste au tournant de notre ère, à partir des rouleaux de la mer Morte doit affronter deux difficultés : (1) décoder les nombreuses références énigmatiques ou symboliques des documents de Qumrān qui sont susceptibles d'interprétations diverses et (2) produire une théorie sur la chronologie relative des documents et des différentes sources qu'ils utilisent qui recueille l'assentiment général des exégètes. Pour ce qui est de la datation, je pense que ces difficultés n'ont pas été surmontées et peut-être ne le seront-elles pas sans nouvelles découvertes archéologiques et littéraires qui pourraient valoir contrôle externe des hypothèses. Par conséquent, je ne ferai pas grand usage des manuscrits de la mer Morte dans cet essai pour dessiner l'histoire de la période qui a donné naissance aux pharisiens et aux sadducéens.

21. Voir RIVKIN, « Pharisaism and the Crisis of the Individual », pp. 223-226.

22. On comprendra ce paragraphe comme un exposé de type globalisant sur les perspectives et tendances fondamentales. Il n'est pas douteux qu'ayant existé durant plus de deux cents ans, les esséniens se sont développés et subdivisés en groupes divers (comprenant apparemment des esséniens célibataires et mariés) ; le principal exemple en sont les qumraniens.

23. La nature exacte de la participation des esséniens au culte sacrificiel du Temple de Jérusalem ou de leur exclusion reste discutée chez les exégètes contemporains à cause de la rareté et du caractère contradictoire des témoignages. Il est tout à fait possible que la pratique des esséniens ait varié suivant les circonstances religieuses et politiques qui avaient cours durant la période d'environ deux cents ans que nous passons en revue.

24. Je considère la relation de cet événement (qui implique Yannaï, c.-à-d. Alexandre Jannée et non pas Jean Hyrcan) dans *b. Qidd.* 66a comme une version secondaire et déformée du récit qu'on trouve dans Josèphe. D'après Josèphe, Hyrcan, disciple des pharisiens, organisa pour eux un banquet au cours duquel il les invita à présenter toute critique qu'ils auraient à formuler sur sa façon de vivre. Au contraire les pharisiens firent son éloge, tandis qu'un certain Éléazar (que Josèphe *n'*appelle *pas* un pharisien) sema de propos délibéré la dissension en suggérant que Hyrcan avait renoncé à la fonction de grand prêtre à cause de rumeurs sur sa naissance illégitime. Ces rumeurs étant fausses, Hyrcan devint furieux et *tous* les pharisiens s'indignèrent (d'où nous pouvons conclure qu'Éléazar n'était pas pharisien). Ensuite Jonathan, un sadducéen, a raconté mensongèrement à Hyrcan qu'Éléazar avait lancé sa calomnie avec l'approbation des pharisiens. Il incita Hyrcan à mettre les pharisiens à l'épreuve en leur demandant quel châtiment Éléazar méritait. Les pharisiens, indulgents en matière de châtiment, suggérèrent la flagellation et les chaînes. Hyrcan, estimant que l'offense méritait la peine de mort, conclut plein de rage que la clémence des pharisiens prouvait qu'ils avaient approuvé la calomnie d'Éléazar. Jonathan attisa la rage de Hyrcan et le persuada de rejoindre le parti des sadducéens.

Si l'on compare ce récit cohérent avec la version donnée dans le Talmud, on a trois raisons de considérer la version talmudique comme secondaire : (1) telle qu'elle se présente, elle manque de sens ; il y a une lacune dans le déroulement de la narration. Pour donner un sens à la narration, il faut suppléer le passage où les pharisiens suggèrent, comme châtiment de l'homme qui a insulté le roi, uniquement la flagellation et pas l'exécution ; cet élément ne se trouve que dans la version du récit dans Josèphe. (2) La fin du récit talmudique reflète la doctrine rabbinique de la Torah duale, à la fois orale et écrite, une doctrine qui, pour autant que nous puissions savoir, n'était pas établie dans la période d'avant 70 ; en effet, elle ne s'est pas pleinement développée avant les deux Talmuds. (3) Ailleurs dans le Talmud, on dit qu'Abayé, le sage rabbinique (env. 280-339) qui rapporte cette histoire sur « Yannaï », a affirmé que Jean Hyrcan et Alexandre Jannée étaient la même personne (*b. Ber.* 29a). Réunis, ces trois points attestent fortement que la version talmudique de l'histoire est un remodelage tardif, secondaire et confus de l'histoire telle qu'elle se trouve dans Josèphe, que cette dépendance soit directe ou indirecte. Il est possible aussi, mais pas vraisemblable, que Josèphe et le récit talmudique dépendent de quelque source commune (maintenant perdue) ; voir NEUSNER, « Josephus's Pharisees », pp. 61-82, spéc. pp. 71-75. LE MOYNE (*Les Sadducéens*, pp. 51-59) penche pour une source commune ; est moins vraisemblable son idée (qu'il avance avec hésitation) que le Talmud a raison de placer la rupture avec les pharisiens pendant le règne de Jannée. Sur toute cette question voir

Albert I. BAUMGARTEN, « Rabbinic Literature as a Source for the History of Jewish Sectarianism in the Second Temple Period », *Dead Sea Discoveries* 2 (1995), pp. 16-57.

Quoi qu'il en soit, les détails de l'anecdote dans Josèphe peuvent être légendaires dans une certaine mesure et mieux vaut ne pas les solliciter. Il faut souligner cependant que le récit, tel qu'il est présenté dans Josèphe, ne jette pas le blâme pour la rupture avec Hyrcan sur les pharisiens, qu'il caractérise comme étant naturellement indulgents en matière de châtiment (§ 294). De plus, Éléazar, le fauteur de troubles dans le récit, *n'est pas* identifié comme pharisien (contrairement aux résumés proposés par certains auteurs) ; en effet, *tous* les pharisiens (§ 192) s'indignent à son sujet. C'est là peut-être un exemple montrant que le portrait des pharisiens comporte des traits mêlés dans les *Antiquités* (noter l'énoncé négatif sur eux au début de l'anecdote (§ 288). Voilà qui n'appuie pas la thèse de MASON *(Flavius Josephus on the Pharisees)* pour qui le portrait des pharisiens chez Josèphe est négatif à travers toutes ses œuvres.

25. Des historiens modernes, qui écrivent sur cette période, affirment parfois que les pharisiens ont effectivement déclenché une guerre civile sanglante contre Alexandre Jannée ; voir HENGEL, « Der vorchristliche Paulus », pp. 177-293, spéc. p. 246. En réalité, pour aboutir à cette position, il faut lire entre les lignes de Josèphe ; voir MOORE, *Judaism*, t. 1, pp. 63-65 ; SANDERS, *Judaism. Practice & Belief*, pp. 380-381 (qui donne ici un bon résumé des raisons qui invitent à penser que les pharisiens étaient impliqués dans la conduite de l'opposition contre Jannée) ; voir aussi son ouvrage *Jewish Law from Jesus to the Mishnah*, p. 86. En tout cas, il semble probable que les pharisiens ont agi comme un parti d'opposition depuis les derniers temps de Hyrcan jusqu'au début du règne de Salomé Alexandra, en passant par les règnes d'Aristobule Ier et Jannée.

26. C'est l'opinion de LE MOYNE, *Les Sadducéens*, pp. 46-48. Mais il admet que ce point de vue s'oppose à l'opinion majoritaire. Un aspect du problème tient au fait que la narration de Josèphe pour cette période n'a guère la clarté du cristal. Si on prend les *Antiquités* 14.1.2 § 4-7 et la *Guerre* 1.6.1 § 120-122, il n'est pas clair si Aristobule a forcé Hyrcan à renoncer tout ensemble au poste de grand prêtre et à la royauté. Toutefois, *Ant.* 14.6.1 § 97 et 20.10.4 § 243-244 indiquent qu'Aristobule est devenu grand prêtre à la place de Hyrcan. Le dernier de ces passages nous dit qu'après avoir arrêté Aristobule et l'avoir envoyé à Rome, Pompée rétablit Hyrcan dans la fonction de grand prêtre. Voir SCHÄFER, *The History of the Jews in Antiquity*, pp. 76-78. Une reconstitution du cours des événements dépend, il faut l'admettre, de ce qu'on lit entre les lignes dans Josèphe. Il demeure possible que, dans cette période fluctuante et instable, certains Juifs aient refusé de reconnaître Aristobule comme le grand prêtre légitime. Voir aussi SANDERS, *Judaism. Practice & Belief*, p. 383 ; mais comparer les doutes de MOORE, *Judaism*, t. 1, p. 72. Pour le point de vue qui admet que « la hiérarchie sadducéenne » s'est battue aux côtés d'Aristobule jusqu'à la dernière extrémité, voir Günther BAUMBACH, « Der sadduzäische Konservativismus » dans *Literatur and Religion des Frühjudentums*, Johann MAIER et Josef SCHREINER éd., Würzburg, Echter/Mohn, 1973, pp. 201-213, spéc. p. 206.

27. Sur le meurtre de « tous les membres du sanhédrin et de Hyrcan lui-même, à l'exception de Samaïas » voir *Ant.* 14.9.4 § 175 ; sur le massacre des 45 membres dirigeants du parti *(hairesis)* d'Antigone voir *Ant.* 15.1 .2 § 6. Sur ce problème voir BAUMBACH, « Der sadduzäische Konservativismus », p. 206.

28. L'histoire est racontée brièvement dans *G. J.* 1.22.2 § 42 et plus complètement dans *Ant.* 15.3.3 § 50-56.

29. Sur les différents types d'associations dans le monde gréco-romain voir Frederick W. DANKER, « Associations, Clubs, Thiasoi » dans *Anchor Bible Dictionary*, t. 1, pp. 501-503 ; voir aussi les différents essais dans John S. KLOPPENBORG et Stephen

G. Wilson éd., *Voluntary Associations in the Graeco-Roman World*, Londres/New York, Routledge, 1996.

30. Sur cette question voir E. P. Sanders, *The Historical Figure of Jesus*, Londres, Penguin, 1993 ; Idem, *Judaism. Practice & Belief*, p. 387.

31. Ce point de vue est défendu par Goodblatt, *The Monarchic Principle*, pp. 6-29. Voir aussi Sanders, *Judaism. Practice & Belief*, p. 388.

32. Sur ce point voir *Un certain Juif, Jésus*, t. 2, pp. 171-176.

33. L'importance de la présence des pharisiens en Galilée (s'il y en avait) reste une question débattue entre exégètes. Sean Freyne (*Galilee from Alexander the Great to Hadrian 323 B.C.E. to 135 C.E.*, University of Notre Dame Center for the Study of Judaism and Christianity in Antiquity 5, Wilmington DE, Glazier, et Notre Dame IN, University of Notre Dame, 1980, pp. 305-334) admet volontiers, au moins en partie, le tableau des évangiles qui montre quelques pharisiens (de type non rigide) présents et actifs en Galilée ; par contre, Richard A. Horsley (*Archaeology, History, and Society in Galilee*, Valley Forge PA, Trinity, 1996, pp. 151-153) rejette pour l'essentiel, comme étant une construction chrétienne, l'idée que des pharisiens étaient actifs dans les synagogues de Galilée durant la période d'avant 70. Pour l'opinion que les pharisiens n'exerçaient guère d'action importante en Galilée avant 70 voir Morton Smith, *Jesus the Magician*, San Francisco, Harper & Row, 1978, p. 157 ; Cohen, *Josephus in Galilee and Rome*, p. 226 ; Neusner, « Preface » dans *Origins of Judaism*, t. 1, p. x. L'édition révisée de Schürer (*The History of the Jewish People*, t. 2, pp. 329-331) adopte une position semblable concernant les « spécialistes de la Torah » ou scribes. Saldarini (*Pharisees, Scribes and Sadducees*, pp. 291-297) passe en revue la variété des opinions et arguments et conclut que les données « sont trop ambiguës pour permettre une conclusion certaine sur la présence des pharisiens en Galilée » dans la période avant 70. Il avance l'idée que « s'il y en avait, ils étaient une force sociale mineure et probablement relativement neuve... ». (Cependant il semble un peu plus assuré quant à la présence de pharisiens en Galilée avant 70 dans son article « Pharisees », p. 295.) L'opinion qu'à l'époque hellénistique les habitants cultivés des villes constituaient un réservoir d'où provenaient des membres d'anciennes sectes juives est présentée par A. I. Baumgarten, « He Knew that He Knew that He Knew that He was an Essene », *JJS* 48 (1997), pp. 53-61, spéc. p. 59. C'est cohérent avec la remarque de Josèphe que *les cités* rendent témoignage à la vertu des pharisiens (*Ant.* 18.1.3 § 15).

34. C'est pour cette raison que je ne m'arrête pas à la situation de la Galilée dans cette sous-section mais porte plutôt mon attention sur la Judée, où les pharisiens existaient certainement. Sur la question de la situation politique et religieuse dans la Galilée durant le règne d'Hérode Antipas, voir le résumé commode de E. P. Sanders, « Jesus in Historical Context », *Today* 50 (1993), pp. 429-448, spéc. pp. 438-441.

35. Sur le problème de l'étendue exacte de l'autorité du préfet/procurateur pour les peines capitales voir l'édition revue de Schürer, *The History of the Jewish People*, t. 1, pp. 367-372.

36. Voir *Ant.* 20.10.5 § 251. Après la mort d'Hérode et la déposition d'Archélaos, « la forme du gouvernement [en Judée] fut une aristocratie et la conduite du peuple fut confiée aux grands prêtres ». Sur cette question voir l'édition revue de Schürer, *The History of the Jewish People*, t. 1, pp. 376-377 ; Sanders, *Judaism. Practice & Belief*, pp. 485-490. Dans la période entre 6 et 41 de notre ère, le grand prêtre était nommé par le gouverneur romain compétent, soit le légat de Syrie, soit le préfet de Judée.

37. Voir BAUMBACH, « Der sadduzäische Konservativismus », p. 208. Même LE MOYNE, qui habituellement prend à la lettre l'affirmation de Josèphe et de la littérature rabbinique disant que les sadducéens devaient se soumettre aux réglementations des pharisiens pour ce qui concerne le Temple et le culte, admet que les sadducéens reprirent un certain pouvoir sous la domination directe de Rome et que les pharisiens ne régissaient pas la vie juive à Jérusalem durant cette période ; voir *Les Sadducéens*, pp. 393-398. Comment cela cadre avec le portrait des sadducéens et des pharisiens que Le Moyne présente ailleurs n'est pas clair.

38. La différence est peut-être due, au moins en partie, à la préférence de Tibère pour le maintien en charge des gouverneurs provinciaux pour de longues périodes. Cette préférence tient à des raisons diverses données par TACITE (*Annales*, 1.80 ; cf. 3.69 ; 6,39) et JOSÈPHE (*Ant.* 18.6.5 § 171-176), par ex. la préférence pour une prise de décision unique à long terme plutôt que la confrontation avec des problèmes récurrents, un désir mesquin de ne pas voir trop de gens jouir d'une haute position, son désir d'écarter pour longtemps de Rome des rivaux potentiels, un fatalisme sur la propension humaine à la corruption et à l'extorsion et le fait de croire que laisser un même homme en charge pour de longues années limiterait l'extorsion, celui qui agirait ainsi finissant par être saturé. La raison la plus probable est, d'après Robin SEAGER (*Tiberius*, Berkeley/Los Angeles, University of California, 1972, pp. 173-174), que Tibère détestait la confrontation avec des décisions à prendre et le changement pour le plaisir du changement. En conséquence, Seager pense que Tibère préférait laisser en fonction aussi longtemps que possible « des hommes compétents et sans ambitions », une fois qu'on les avait trouvés. Cette politique est un argument en faveur de la compétence de Pilate pour l'essentiel. Il faut admettre cependant que Tibère s'intéressait peut-être moins qu'Auguste aux provinces. Sur la progressive « apathie refroidie » du gouvernement de Tibère sur les provinces voir Michael GRANT, *The Roman Emperors*, New York, Scribner's Sons, 1985, p. 24. Certes, mais, quelles que fussent les raisons, Valerius Gratus et Ponce Pilate n'auraient pas été maintenus si longtemps dans leur charge s'ils avaient été des incompétents et des maladroits qui auraient causé sans cesse des problèmes à Rome.

39. Sur les enseignes romaines voir *G. J.* 2.9.2-3 § 169-74 ; *Ant.* 18.3.1 § 55-59 ; dans sa *Legatio ad Caium* 38 § 299-305, Philon mentionne probablement le même incident, bien que la question ne soit pas tout à fait claire. Sur l'aqueduc voir *G. J.* 2.9.4 § 175-177 ; *Ant.* 18.3.2 60-62. L'étude classique sur Pilate est l'ouvrage de Jean-Pierre LÉMONON, *Pilate et le gouvernement de la Judée. Textes et monuments*, EBib, Paris, Gabalda, 1981. En réalité les heurts importants entre Pilate et les Juifs de Judée sont relativement peu nombreux, si l'on considère qu'il gouverna pendant dix ans une province frontalière très difficile. Une reconsidération plus bienveillante de Pilate est adoptée par Brian C. MCGING, « Pontius Pilate and the Sources », *CBQ* 53 (1991), pp. 416-438. On trouvera une évaluation équilibrée sur la position du grand prêtre dans SANDERS, *Judaism. Practice & Belief*, pp. 458-494 ; voir aussi BAUMBACH, « Der sadduzäische Konservativismus », pp. 208-209.

40. Voir par ex. *G. J.* 2.8.14 § 162 ; *Ant.* 13.10.5 § 288 ; 13.15.5-13.16.1 § 401-406 ; 18.1.3 § 15 ; 18.1.4 § 17. À propos de ces passages trois points méritent d'être notés : (1) Le contexte suggère souvent que, plutôt que de la louer, Josèphe regrette l'influence des pharisiens sur le peuple ordinaire. (2) Peut-être Josèphe exagère-t-il parfois l'influence des pharisiens avant 70 en considération de leur ascension dans la période après 70. (3) L'unique passage (*Ant.* 18.1.4 § 17) où Josèphe affirme qu'en prenant une fonction publique les sadducéens devaient obéir aux réglementations des pharisiens à cause de l'influence de ceux-ci sur le peuple ordinaire est très probablement une exagération, car (a) l'affirmation n'est reprise dans aucun autre passage qui décrit l'influence des pharisiens et (b) elle ne cadre pas avec de nombreux autres récits de

Josèphe lui-même. Néanmoins, comme le montre COHEN (*From the Maccabees to the Mishnah*, p. 163), même si les écrits du Nouveau Testament, Josèphe et le corpus rabbinique, postérieurs à 70, ont tous tendance à exagérer le pouvoir des pharisiens (par ex., ils sont assis dans la chaire de Moïse, même les sadducéens doivent obéir à leur règle, ils contrôlent le sanhédrin), ces exagérations aussi nous disent quelque chose : (1) Le fait que ces corpus littéraires, malgré toutes leurs exagérations, s'accordent tous trois pour retenir les pharisiens comme le groupe puissant, ceux-ci devaient jouir d'une sorte d'autorité parmi le peuple juif même avant 70. (2) L'accord des trois corpus littéraires postérieurs à 70 dans la focalisation sur les pharisiens (par ex. accord de Matthieu et Jean pour décrire les pharisiens comme les grands adversaires de Jésus et par conséquent des Églises de leur temps) semble indiquer une connexion organique entre les pharisiens d'avant 70 et le mouvement protorabbinique d'après 70.

41. Voir SALDARINI, *Pharisees, Scribes and Sadducees*, pp. 4-5, 35-49, 87-88, 99-106. Saldarini définit le « secteur des services » par « ceux qui étaient au service des besoins de la classe dirigeante et dominante, y compris les soldats, les fonctionnaires de l'administration, les éducateurs et les chefs religieux. Ils partageaient dans une certaine mesure la vie de la classe dominante, mais ne disposaient pas de pouvoir et de fortune à titre indépendant (à la différence des classes moyennes modernes) ». Pour être juste, il faut noter que tous ceux qui étudient cette période n'acceptent pas cette description qui place les pharisiens dans le secteur des services. Si – comme je chercherai à le démontrer dans le chapitre suivant – une bonne partie de l'aristocratie sacerdotale et laïque de Jérusalem appartenait au parti sadducéen ou, du moins, en était des sympathisants, il aurait été naturel, pour ne pas dire opportun, que beaucoup parmi les gens de bureau et autres fonctionnaires qui étaient directement au service de cette aristocratie, penchent tout aussi bien de ce côté.

42. Selon Luc, Gamaliel, parlant vers le milieu des années 30, « se rappelle » l'événement que fut dans le passé le mouvement conduit par Theudas, alors qu'en réalité Theudas a constitué son groupe de partisans en 44-46 apr. JC environ, quand Cuspius Fadus était procurateur de Judée (*Ant.* 20.5.1 § 97-99). Le Gamaliel de Luc affirme qu'« après » Theudas surgit Judas le Galiléen, dont on sait justement qu'il fut actif « aux temps du recensement » (de Quirinius), donc en l'an 6 de notre ère (*Ant.* 18.1.1 § 1-4). Vouloir harmoniser Luc et Josèphe (par ex. en prétendant qu'il y eut un autre Theudas) ou dire que Luc est dans le vrai et Josèphe dans l'erreur est pure apologétique. Sur le problème historique de la présentation de Gamaliel dans Luc voir Bruce CHILTON, « Gamaliel », item 2, dans *Anchor Bible Dictionary*, t. 2, pp. 904-906 ; pour les différentes solutions voir BARRETT, *Acts*, t. 1, pp. 292-296. Barrett (p. 292) note qu'il n'est pas clair pourquoi HAENCHEN (*Apostelgeschichte*, p. 207 n. 2) doute que Gamaliel fût un pharisien.

43. À strictement parler, il n'existe pas de preuve absolue que le Gamaliel, présenté comme le père de Siméon Ier dans l'*Autobiographie* (38 § 190), soit le Gamaliel appelé un pharisien dans Ac 5, 34. Mais puisqu'on peut supposer que le père du pharisien Siméon fut un pharisien lui aussi, qu'il a vécu et fut actif vraisemblablement à Jérusalem vers l'époque de l'incident relaté par Ac 5, 34 et puisqu'un bon nombre de passages de la Mishna parlent d'un sage réputé et respecté du nom de rabbi Gamaliel l'Ancien (par ex. *m. Roš. Haš.* 2, 5 *m. Giṭ* 4, 2 ; *m. Soṭa* 9, 15), apparemment actif à Jérusalem dans la période avant 70, c'est une déduction qui semble raisonnable. La recherche sur les pharisiens serait aidée si l'on pouvait être sûr que l'affirmation de Luc – attestée nulle part ailleurs, y compris dans les lettres de Paul – que Paul a étudié aux pieds de Gamaliel Ier (Ac 22, 3) est vraie historiquement. Certains exégètes sont disposés à admettre cette affirmation : par ex. W. C. VAN UNNIK, *Tarsus or Jerusalem*, Londres, Epworth, 1962) ; HENGEL, « Der vorchristliche Paulus », pp. 177-293, spéc. p. 223. D'autres (par ex. SCHNEIDER, *Die Apostelgeschichte*, t. 2, pp. 42-43), cependant, sont prudents sur cette affirmation qui se trouve uniquement dans un discours manifestement construit par Luc pour faire partie de son portrait de Paul. Cette affirmation cadre parfaitement avec le portrait apologétique que Luc fait de Paul en juif véritable et fidèle (voir Günther BORNKAMM, *Paulus*, Stuttgart, Kohlhammer, 1969, p. 27). On peut se demander pourquoi, dans toutes les énumérations de ses traits juifs qu'il a alignées en s'affrontant à ses opposants réels ou hypothétiques dans Ph 3, 5 ; 2 Co 11, 22 et Rm 11, 1, le Paul historique aurait omis le fait d'avoir été à l'école de Gamaliel – une preuve frappante de ses authentiques références juives. Que Paul ait suivi, au cours de son séjour à Jérusalem, un enseignement officiel sur les écritures juives et la tradition pharisienne est plus que probable à en juger par sa façon d'utiliser l'Ancien Testament (qui reflète différents types textuels) et le mode d'argumentation théologique que l'on observe dans ses épîtres. Mais la relation à Gamaliel doit rester un point d'interrogation et je n'y ferai pas référence dans mes arguments. À mon avis, toutefois, que ce Gamaliel Ier fut un pharisien tout comme le fut son fils Siméon Ier est chose plus probable que le contraire. Ils constituent une charnière importante pour établir une connexion entre les pharisiens d'avant 70 (dont les maisons de Hillel et de Shammaï) et les rabbins d'après 70.

44. Voir GOODMAN, *The Ruling Class*, pp. 164, 183-187, 209 et de manière générale pp. 152-197.

45. Sur la différence entre les préfets et les procurateurs romains (tous deux habituellement désignés par le terme général de « gouverneur ») voir *Un certain Juif, Jésus*, t. 1, pp. 306-307 n. 8.

46. SCHWARTZ (*Josephus and Judaean Politics*, pp. 72-78) pense qu'un bon nombre de prêtres, y compris des prêtres de l'échelon supérieur qui vivaient en Galilée, ont réchappé indemnes à la guerre et ont continué d'exercer leur activité dans la Palestine d'après 70. Il indique ensuite (pp. 87-95) que, dans la *Guerre des Juifs*, Josèphe met certes en avant les grands prêtres comme chefs dans la Palestine d'après 70 ; par contre, dans les *Antiquités*, il dénigre la mémoire des grands prêtres et privilégie les prêtres de sa classe (« les prêtres aisés ») comme candidats pour le gouvernement de la Judée. Ce dernier point relève de la haute spéculation. LE MOYNE (*Les Sadducéens*, p. 399) avance que nous avons quelques données indiquant que les sadducéens ont continué d'exister au cours du siècle qui suivit la ruine de Jérusalem. Malheureusement, comme cela arrive souvent dans son ouvrage, son argumentation se fonde de manière non critique sur des strates différentes de matériaux rabbiniques, qu'elles soient anciennes ou tardives. Il est bien possible que des sadducéens aient survécu individuellement au désastre de 70, cependant le parti religieux-politique des sadducéens semble avoir disparu comme groupe d'influence après 70.

47. Cela ne veut pas dire que tous les autres groupes juifs de Palestine ont disparu du jour au lendemain. Il est tout à fait plausible que différents reliquats des sadducéens et des qumraniens (et encore plus les communautés esséniennes dispersées) aient survécu à la guerre et aient continué de vivre en Palestine. Certains d'entre eux ont pu joindre leurs forces avec les pharisiens/protorabbins à Yabné ou être assimilés par eux. Mais, les pharisiens exceptés, on ne peut dire d'aucun autre groupe qu'il ait survécu à la guerre « indemne, en nombre significatif et jouissant du respect du peuple ordinaire ». BOKSER (*Pharisaic Judaism in Transition*, pp. 1-3) avance l'argument philosophico-théologique qu'après le désastre de 70 seuls les pharisiens, parmi tous les groupes juifs concurrents, avaient « des valeurs leur permettant de survivre au milieu des nouvelles conditions que ce désastre avait fait advenir ».

48. SCHWARTZ (*Josephus and Judaean Politics*, pp. 99-109) suggère que quelques groupes de prêtres se seraient tenus à distance de Jonathan ben Zakkaï dans les premiers temps de l'académie de Yabné après 70 et qu'ils n'auraient rejoint le mouvement rabbinique commençant qu'au moment où Gamaliel II en prit la direction (env. 85-90). Mais d'autres groupes de prêtres ont pu rester à distance de l'académie de Yabné et s'organiser dans une corporation propre à eux. Quand on se rappelle que des survivants de la famille des Hérode (notamment Agrippa II) restaient toujours sur la scène et rivalisaient probablement avec Rome pour exercer leur influence, on réalise combien la situation demeurait fluide en Palestine immédiatement après 70.

49. Le problème de la relation exacte entre les pharisiens d'avant 70 et les rabbins d'après 70 à Yabné et de la façon dont les premiers sont devenus les seconds reste l'objet de débats animés chez les exégètes aujourd'hui. On trouvera un échantillon des principales opinions dans l'œuvre monumentale de NEUSNER, *The Rabbinic Traditions ;* IDEM, « Mr. Sanders' Pharisees and Mine », *SJT* 44 (1991), pp. 73-95 ; IDEM, « "Pharisaic-Rabbinic" Judaism : A Clarification », pp. 426-446 ; COHEN, « The Significance of Yavneh », pp. 101-27 ; IDEM, *From the Maccabees to the Mishnah*, p. 154 ; STEMBERGER, *Pharisäer, Sadduzäer, Essener* ; SCHÄFER, « Der vorrabbinische Pharisäismus », pp. 125-175 ; SANDERS, *Jewish Law from Jesus to the Mishnah* ; IDEM, *Judaism. Practice & Belief*, pp. 380-451. Cohen (p. 103) nous avertit que souvent les exégètes présupposent « que nous connaissons beaucoup plus de choses sur Yabné que nous n'en connaissons en réalité » ; de même NEUSNER, « 'Pharisaic-Rabbinic'' Judaism : A Clarification », p. 445. SCHÄFER (« Die sogenannte Synode », pp. 45-64) semble se fier davantage aux exposés sur ce que Johanan ben Zakkaï a fait à Yabné mais lui aussi reconnaît (« Der vorrabinische Pharisäismus », p. 170) qu'il est diffiicle de reconstituer le processus par lequel les pharisiens d'avant 70 se transformèrent en rabbins d'après 70. Cohen suggère que la grande contribution de Yabné fut la création d'une société qui tolérait les discussions sans produire de sectes. Quant à Neusner, il décèle des signes d'une lutte acharnée entre partisans de Hillel et partisans de Shammaï pendant la période de Yabné. De façon semblable, on peut penser aux conflits que la tradition rabbinique attache aux noms de Gamaliel II et Éliézer ben Hyrkanos.

50. COHEN, « The Significance of Yavneh », pp. 106, 111. SCHWARTZ (*Josephus and Judaean Politics*, pp. 201-205) pense que Jonathan ben Zakkaï n'a sans doute exercé son autorité à Yabné que pour un temps assez bref et sans guère réussir à rallier d'autres groupes juifs (prêtres, pharisiens, hérodiens) autour de lui. Il suggère que « l'événement le plus important pour la formation du judaïsme rabbinique » fut l'ascension de Gamaliel II, car Gamaliel a réussi, à Yabné, à faire l'union entre divers groupes juifs rivaux (par ex. pharisiens, prêtres).

51. Voir NEUSNER, « 'Pharisaic-Rabbinic' Judaism : A Clarification », pp. 427-38 ; IDEM, « The Formation of Rabbinic Judaism : Methodological Issues and Substantive Theses », pp. 99-144. Pour Neusner, Éliézer ben Hyrkanos fut un continuateur du groupe pharisien d'avant 70 dans la période après 70, tandis que Yohanan ben Zakkaï fut davantage un novateur s'affrontant à la période nouvelle issue de la destruction du Temple. Il pense que, sur la base des lois conservées en provenance de la strate la plus ancienne du matériau rabbinique, nous manquons de preuve irréfutable que Jonathan fut un pharisien avant 70 (pp. 131-132). Pour une étude exhaustive sur Éliézer voir BOKSER *(Pharisaic Judaism)*, qui trouve chez Éliézer des affinités avec la *hălākâ* des sadducéens et la *hălākâ* des partisans de Shammaï.

52. Voir GOODBLATT, *The Monarchic Principle*, pp. 130-231. Goodblatt tient que c'est l'intervention romaine venue de l'extérieur plutôt que la seule évolution de l'institution juive de l'intérieur d'elle-même qui fut la cause du changement révolutionnaire que représenta le passage, après 70, d'une « monarchie » sacerdotale à une monarchie laïque, c.-à-d. du gouvernement d'un grand prêtre à Jérusalem au gouvernement d'un chef laïque (plus tard appelé « patriarche ») à Yabné et ensuite à Usha, Beth Shearim, Sepphoris et Tibériade en Galilée. Contre la théorie de Goodblatt, SCHWARTZ (*Josephus* *and Judaean Politics*, pp. 206-208) avance l'idée que ce fut Agrippa II qui choisit et promut Gamaliel II. L'opinion contraire, selon laquelle le patriarche juif n'a jamais été un dirigeant laïc mais uniquement un chef religieux reconnu par Rome est exposée dans Martin GOODMAN, « The Roman State and the Jewish Patriarch in the Third Century », *The Galilee in Late Antiquity*, Lee I. LEVINE éd., New York/Jerusalem, The Jewish Theological Seminary of America, 1992, pp. 127-139.

53. Les autres sources possibles semblent toutes secondaires dans un sens ou un autre ; ainsi par ex. les affirmations d'Hippolyte (env. 170-236 de notre ère) au sujet des pharisiens dans sa *Réfutation de toutes les hérésies* (appelée aussi *Philosophoumena*) 9.18 § 2 – 9.29 § 4. ; pour le texte grec voir Paul WENDLAND éd., *Hippolytus Werke. Dritter Band. Refutatio Omnium Haeresium*, GCS 26, Leipzig, Hinrichs, 1916, pp. 256-263. [La traduction française *Philosophoumena ou Réfutation de toutes les hérésies*, A. SIOUVILLE éd., Milano, Archè, 1988, pp. 202-206 se contente de donner ici « une analyse du texte, cette notice étant en grande partie à Josèphe, *De la guerre juive*, II, 8 » – NdT.] Peu importe que l'on fasse dépendre Hippolyte directement de Josèphe ou d'une révision pharisienne de Josèphe faite par un auteur juif postérieur (ainsi BAUMGARTEN, « Josephus and Hippolytus on the Pharisees », pp. 31-55), on n'en tirera pas d'information fiable nouvelle. Même si l'on pense comme SMITH (« The Description of the Essenes in Josephus and the Philosophumena », pp. 343-383, spéc. pp. 381-83) que Josèphe et Hippolyte utilisent une source commune dans leur description de groupes juifs, cette source hypothétique ne nous procurerait, en fin de compte, aucun renseignement nouveau sur les pharisiens que nous ne pourrions obtenir en passant au crible de la critique nos trois sources principales. La façon dont Smith approche Hippolyte est discutable au regard non seulement des arguments de Baumgarten mais aussi de l'étude de COHEN sur la manière dont Josèphe utilise ses sources (voir son ouvrage *Josephus in Galilee and Rome*, pp. 24-66, spéc. p. 49 n. 88). Des exégètes décèlent des références voilées aux pharisiens (par ex. les « chercheurs de douces choses ») dans certains passages des manuscrits de la mer Morte, mais la nature même du code ésotérique de Qumrān rend problématique le recours à ces textes.

54. On trouvera de brefs tableaux des livres du Nouveau Testament qui font mention des pharisiens dans STEMBERGER, *Pharisäer, Sadduzäer, Essener*, pp. 24-39 ; SALDARINI, « Pharisees », pp. 294-298.

55. Le sens de l'affirmation de Paul revendiquant d'avoir été pharisien est clair, peu importe que l'on considère notre texte des Philippiens comme formé primitivement d'une ou de plusieurs lettres et les adversaires de Paul comme des Juifs ou comme des judéo-chrétiens.

56. Cette remarque sur la priorité de Paul et de Marc dans l'emploi de ces termes est soulignée dès le début de son ouvrage par STEMBERGER, *Pharisäer, Sadduzäer, Essener*, p. 7.

57. Sur Paul et Josèphe comme sources concernant le mouvement pharisien voir SEGAL, *Paul the Convert*, p. XI.

58. Voir par ex. Michael J. COOK, *Mark's Treatment of the Jewish Leaders*, NovTSup 51, Leyde, Brill, 1978 (un certain nombre de critiques ont mis en question la théorie de Cook sur les sources) ; Joanna DEWEY, *Markan Public Debate*, SBLDS 48, Chico CA, Scholars Press, 1980 ; Elizabeth Struthers MALBON, « The Jewish Leaders in the Gospel of Mark : A Literary Study of Marcan Characterization », *JBL* 108 (1989), pp. 259-81 ; Jack Dean KINGSBURY, *Conflict in Mark. Jesus, Authorities, Disciples*, Minneapolis, Fortress, 1989. On trouvera dans SALDARINI (*Pharisees, Scribes and Sadducees*) une étude détaillée sur les pharisiens, les scribes et les sadducéens dans Marc et Matthieu (pp. 144-73) et dans Luc-Actes et Jean (pp. 174-98).

59. Sur les différentes opinions à propos de la situation apologétique et polémique dans Matthieu voir DAVIES, *The Setting* ; Gerhard BARTH, « Das Gesetzesverständnis des Evangelisten Matthäus » dans Günther BORNKAMM, Gerhard BARTH et Heinz Joachim HELD, *Überlieferung und Auslegung im Matthäusevangelium*, WMANT 1, 5e éd., Neukirchen-Vluyn, Neukirchener Verlag, 1968, pp. 54-154 ; Wolfgang TRILLING, *Das wahre Israel*, SANT 10, 3e éd., Munich, Kösel, 1964 ; Reinhart HUMMEL, *Die Auseinandersetzung zwischen Kirche und Judentum im Matthäusevangelium*, BevT 33, Munich, Kaiser, 1966 ; Sjef van TILBORG, *The Jewish Leaders in Matthew*, Leyde, Brill, 1972 ; Hubert FRANKEMÖLLE, *Jahwebund und Kirche Christi*, NTAbh 10, Munster, Aschendorff, 1974 ; Alexander SAND, *Das Gesetz und die Propheten*, Biblische Untersuchungen 11, Regensburg, Pustet, 1974 ; David E. GARLAND, *The Intention of Matthew 23*, NovTSup 52, Leyde, Brill, 1979 ; Jack Dean KINGSBURY, « The Developing Conflict between Jesus and the Jewish Leaders in Matthew's Gospel : A Literary-Critical Study », *CBQ* 49 (1987), pp. 57-73 ; IDEM, *Matthew As Story*, 2e éd., Philadelphie, Fortress, 1988 ; Amy-Jill LEVINE, *The Social and Ethnic Dimensions of Matthean Salvation History*, Studies in the Bible and Early Christianity 14, Lewiston NY/Queenston, Ontario, Mellen, 1988 ; J. Andrew OVERMAN, *Matthew's Gospel and Formative Judaism*, Minneapolis, Fortress, 1990 ; Anthony J. SALDARINI, *Matthew's Christian Jewish Community*, Chicago/Londres, Université de Chicago, 1994 ; Celia M. DEUTSCH, *Lady Wisdom, Jesus and the Sages*, Valley Forge PA, Trinity, 1996). Sur la question générale du conflit et de la polémique dans le quatrième évangile voir J. Louis MARTYN, *History & Theology in the Fourth Gospel*, éd. revue, Nashville, Abingdon, 1979 ; Raymond E. BROWN, *The Community of the Beloved Disciple*, New York/Ramsey NJ/Toronto, Paulist, 1979 [*La communauté du disciple bien-aimé*, LD 115, Paris, Cerf, 1983] ; Urban C. von WAHLDE, « The Terms for Religious Authorities in the Fourth Gospel : A Key to Literary Strata ? », *JBL* 98 (1979), pp. 231-253 ; IDEM, « The Johannine "Jews" : A Critical Survey », *NTS* 28 (1982), pp. 33-60 ; IDEM, « The Relationships between Pharisees and Chief Priests : Some Observations on the Texts in Matthew, John and Josephus », *NTS* 42 (1996), pp. 506-22.

60. Voir J. A. ZIESLER, « Luke and the Pharisees », *NTS* 25 (1978-79), pp. 146-157 ; S. G. WILSON, *Luke and the Law*, SNTSMS 50, Cambridge, Cambridge University, 1983 ; Joseph B. TYSON, *The Death of Jesus in Luke-Acts*, Columbia SC, University of South Carolina, 1986 ; Jack T. SANDERS, *The Jews in Luke-Acts*, Philadelphie, Fortress, 1987 ; John T. CARROLL, « Luke's Portrayal of the Pharisees », *CBQ* 50 (1988), pp. 604-621 (avec une abondante bibliographie) ; Joseph A. FITZMYER, « The Jewish People and the Mosaic Law in Luke-Acts », *Luke the Theologian. Aspects of His Teaching*, New York/Mahwah NJ, Paulist, 1989, pp. 175-202 ; Mark Allan POWELL, « The Religious Leaders in Luke : A Literary-Critical Study », *JBL* 109 (1990), pp. 93-110 ; Jack Dean KINGSBURY, *Conflict in Luke. Jesus, Authorities, Disciples*, Minneapolis, Fortress, 1991 ; David B. GOWLER, *Host, Guest, Enemy and Friend : Portraits of the Pharisees in Luke and Acts*, Emory Studies in Early Christianity 2, New York, Lang, 1991 ; Frank J. MATERA, « Jesus' Journey to Jerusalem (Luke 9.51 – 19.46 : A Conflict with Israel », *JSNT* 51 (1993), pp. 57-77.

61. Le nombre exact d'occurrences de *pharisaios* dans le Nouveau Testament reste incertain à cause des variantes de certains textes ; on compte 97 occurrences en tout, dont 29 dans Matthieu, 12 dans Marc, 27 dans Luc, 19 dans Jean, 9 dans Actes et 1 dans Philippiens. Par contre, on ne trouve que 14 occurrences pour *saddoukaios* dans le Nouveau Testament, dont 7 dans Matthieu, 1 dans Marc, 1 dans Luc et 5 dans les Actes. Du moins au niveau rédactionnel des évangiles, les pharisiens ont beaucoup plus d'importance dans l'histoire de Jésus que les sadducéens.

62. Voir STEMBERGER, *Pharisäer, Sadduzäer, Essener*, p. 10 ; MASON, *Flavius Josephus on the Pharisees*, p. 375. Sur le problème de la traduction de *hairesis*, voir SALDARINI, *Pharisees, Scribes and Sadducees*, pp. 123-127 ; MASON, *Flavius Josephus on the Pharisees*, pp. 125-128.

63. C'est le compte de MASON, *Flavius Josephus on the Pharisees*, p. 43 et la n. 8. En tout et pour tout, Josèphe emploie le mot « pharisien(s) » 44 fois dont 7 fois dans la *Guerre*, 31 fois dans les *Antiquités* et 6 fois dans son *Autobiographie*.

64. On trouvera la gamme des opinions des exégètes modernes dans MASON, *Flavius Josephus on the Pharisees*, pp. 18-39. Pour un exemple de combinaison des différentes explications voir SANDERS, *Judaism. Practice & Belief*, p. 410.

65. Cette position est souvent fondée sur un mélange non critique des énoncés de Josèphe et de données de la littérature rabbinique postérieure. Voir par ex. FINKELSTEIN, *The Pharisees*, t. 1, pp. 82-100, t. 2, pp. 570-625 ; RIVKIN, *A Hidden Revolution*, p. 179 ; cf. SCHIFFMAN, *From Text to Tradition*, p. 107.

66. Ainsi par ex. SCHWARTZ, « Josephus and Nicolaus », pp. 327-341 ; cf. MOORE, *Judaism*, t. 1, p. 62 n. 4. Schwartz combine la théorie des sources avec l'idée que, dans la *Guerre*, Josèphe cherche à décrire les pharisiens comme un groupe religieux largement apolitique qui n'est pas impliqué dans la révolte contre Rome ; de ce fait, il ne laisse émerger que peu de chose du portrait préjudiciable d'un parti politique gênant, tel que le dessine Nicolas. Cependant dans les *Antiquités*, il laisse parler le matériau-source de Nicolas – probablement par inattention – et, de ce fait, les pharisiens paraissent davantage impliqués dans les affaires politiques et même dans la révolte. Si pratiquement tous les exégètes admettent que Josèphe a utilisé des sources pour écrire sur les pharisiens, tous les arguments de Schwartz en faveur de la théorie des sources ne s'imposent pas pour autant : par ex. : (1) la supposition que les énoncés hostiles sur les pharisiens doivent provenir d'une source parce qu'ils ne peuvent venir de Josèphe le (supposé) pharisien ; (2) l'affirmation que la *Guerre* reflète l'effort de Josèphe de décrire les pharisiens comme non impliqués dans les questions politiques. C'est certainement Josèphe qui choisit lui-même à quel moment de la *Guerre* il veut introduire les pharisiens pour ses lecteurs. Le fait qu'il choisisse le règne de Salomé Alexandra (*G. J.* 1.5.1 §§ 107-112) et les décrit ensuite comme des politiques tout-puissants, impitoyables et vengeurs pendant ce règne, ne vient pas à l'appui de la position de Schwartz.

67. C'est l'opinion défendue longuement et attentivement par MASON dans son ouvrage *Flavius Josephus on the Pharisees* ; voir son bilan final p. 373. On trouvera une critique de certains points de vue de Mason dans SANDERS, *Judaism. Practice & Belief*, pp. 533-534 n. 22 et p. 532 n. 9.

68. Avec des insistances et des perspectives différentes sur certains points, cette opinion est proposée par LAQUEUR (*Der jüdische Historiker*), SMITH (« Palestinian Judaism »), NEUSNER (« Josephus's Pharisees ») et COHEN (*Josephus in Galilee and Rome*). Il faut respecter les différences entres ces auteurs. Par exemple la thèse détaillée de l'ouvrage très ample de Cohen permet beaucoup plus de nuances que l'essai schématique de Smith. Cohen note (p. 151 n. 171) des inconséquences dans la présentation des *Antiquités* supposée favorable aux pharisiens : « On y trouve plusieurs passages plutôt désagréables pour les pharisiens... ». SCHÄFER (« Der vorrabbinische Pharisäismus », pp. 168-170) s'accorde en général avec la lecture de Smith-Neusner sur la façon dont les pharisiens sont présentés dans les œuvres de Josèphe, mais met en garde contre des conclusions hâtives sur les pharisiens historiques tirées de la présentation tendancieuse de Josèphe. Fort justement Schäfer note aussi (1) que la description des pharisiens dans les *Antiquités* n'est pas entièrement positive et (2) qu'elle est erronée quand elle affirme que, sous Hérode, les pharisiens ont simplement disparu comme parti politique.

69. SALDARINI, *Pharisees, Scribes and Sadducees*, p. 131.

70. SCHWARTZ (*Josephus and Judaean Politics*, p. 200) reconnaît que le tableau des pharisiens dans les *Antiquités* est mêlé. Il conclut que Josèphe navigue « dans la proximité des pharisiens sans adhérer réellement à eux ». Puis il suggère que cette relation ambiguë avec les pharisiens était la caractéristique principale du mouvement rabbinique des débuts. C'est pourquoi, suivant le raisonnement de Schwartz, dans les *Antiquités* Josèphe se rapproche du judaïsme rabbinique.

71. *Autobiographie* 38-64 §§ 189-335. Ceux qui prônent des interprétations nuancées des opinions de Josèphe sur les pharisiens font souvent remarquer que les trois présentations synthétiques et bien cadrées des écoles philosophiques dans la *Guerre* et dans les *Antiquités* sont au service d'une intention apologétique (présenter les groupes juifs comme des écoles de pensée honorables, comparables aux grandes écoles philosophiques grecques) qui place ces passages à part des autres énoncés des écrits de Josèphe sur les groupes juifs. Par conséquent le ton noble des présentations systématiques ne s'accorde pas toujours avec ce que Josèphe dit des pharisiens dans ses données narratives.

72. Josèphe se donne beaucoup de mal pour présenter sous le jour le plus favorable une histoire qui, quoi qu'il fasse, le montre en désaccord avec un pharisien prépondérant dans le gouvernement provisoire de Jérusalem et avec une délégation en grande partie pharisienne envoyée en Galilée. Noter comment Josèphe (*Autobiographie* 38 § 191) affirme que le très intelligent et politiquement habile Siméon était en désaccord « avec moi alors [*tote*, à ce moment-là] » [traduction André PELLETIER dans *Autobiographie*, Paris, Belles Lettres, 1959, p. 32 : « tandis qu'à mon égard il était tout autrement disposé »]. Il n'explicite pas quelle durée recouvre ce *tote* ; il n'est nulle part question d'une relation amicale entre Siméon et Josèphe avant et après cette histoire particulière. Une inimitié durable serait-elle réinterprétée comme une querelle temporaire ? Cf. COHEN, *Josephus in Galilee and Rome*, pp. 145, 238.

73. Le verbe *dierchomai* peut vouloir dire simplement « aller à travers », « passer à travers » ; mais le préfixe *dia* peut avoir une valeur intensive qui donne au verbe le sens de « achever », « atteindre, arriver à (au terme de quelque chose) », ou « parcourir dans le détail ».

74. À la suite de MASON (*Flavius Josephus on the Pharisees*, pp. 347-351) je prends *ērxamēn politeuesthai* au sens fort de « je suis entré dans la vie publique », « j'ai commencé à m'engager dans les affaires publiques », « j'ai commencé ma carrière au gouvernement ». (Noter la proximité de l'expression « je suis retourné dans la ville [*polin*, c.-à-d. Jérusalem] » et du récit qui suit immédiatement, à savoir l'ambassade de Josèphe à Rome). Ce sens politique fort est d'usage plus commun chez Josèphe. Cependant le sens faible « vivre », « se conduire soi-même », « diriger sa vie » est également attesté et rapproche cette expression davantage du participe *katakolouthōn* : « j'ai commencé à conduire ma vie en suivant l'école de pensée pharisienne » ou « j'ai commencé à gouverner ma vie selon la règle des pharisiens » (c'est la traduction de H. St. J. Thackeray pour l'*Autobiographie*). Les deux sens sont attestés dans les littératures juive et chrétienne au tournant de notre ère, et chacun des deux est compatible pour l'essentiel avec ma proposition. [André PELLETIER traduit : « Âgé de dix-neuf ans, je commençais à me conduire en suivant les principes des pharisiens » dans : FLAVIUS JOSÈPHE, *Autobiographie*, Les Belles Lettres, Paris, 1959, p. 3.]

75. Sur ce point voir COHEN, *Josephus in Galilee and Rome*, p. 106.

76. En réalité, *G. J.* 8.1.7 §§ 137-138 peut signifier qu'une durée de plus de trois ans est requise avant d'entrer pleinement dans la communauté, mais un total de trois ans est également un sens possible. Les rouleaux de Qumrān ne sont pas clairs quant à la durée totale de la probation et de l'initiation. Peut-être la *Règle de la communauté* (ou *Manuel de discipline, 1QS*) traite-t-elle du cas de quelqu'un de l'extérieur qui entre dans l'établissement de Qumrān, tandis que le *Document de Damas (CD)* et la *Règle de la Congrégation* (*[Règle annexe de la communauté] 1QSa*) ont-ils affaire au cas d'enfants nés au sein des communautés esséniennes dispersées à travers la Palestine. De même, il est possible qu'on soit en présence du reflet de disciplines différentes suivant les diverses périodes de l'existence de la secte. En tout cas, selon la *Règle de la communauté*, l'instruction est dispensée pendant un durée indéterminée après laquelle le candidat subit un examen (*1QS* 6, 15-16). Si le candidat passe l'examen avec succès, il suit une année d'entraînement (6, 16-17). S'il passe l'épreuve de cette année, il aura le droit de toucher à « la purification » (les aliments solides et les récipients qui les contiennent ? [autre interprétation : « les bains de purification », selon A. DUPONT-SOMMER, *Les écrits esséniens découverts près de la mer Morte*, 4e éd., Paris, Payot, 1980, p. 99 n. 1 – NdT]), mais ses biens, quoique transférés à la garde de la communauté, ne sont pas mêlés à ceux de la communauté (6, 18-21) À la fin de la deuxième année, si le candidat passe avec succès un nouvel examen, il devient pleinement membre de la communauté et ses biens sont mêlés à ceux de la communauté (6, 21-22). Par conséquent, même si *1QS* ne fait pas l'addition du temps total de la probation et de l'initiation, ce temps fait certainement plus de deux ans et correspond donc en gros avec les trois ans qu'indique Josèphe. Les règles de l'admission sont plus vagues dans le *Document de Damas* (*CD* 13, 11-12), mais on y prescrit une période d'examen puis l'approbation par le *mĕbaqqēr* (« examinateur », « surveillant »). La *Règle de la congrégation* semble traiter du cas spécial d'un enfant dont les parents sont membres d'une communauté essénienne ; on l'instruit pendant dix ans, puis il devient pleinement membre de la communauté à l'âge de vingt ans. Voilà qui nous intrigue en regard de l'affirmation de Josèphe qui dit avoir suivi en entier, de seize à dix-neuf ans, les processus exigeants de l'initiation dans les trois groupes principaux (et, en plus, trois ans auprès de Bannus). Sur le problème de l'initiation à Qumrān ou chez les esséniens voir les différentes opinions dans Edmund F. SUTCLIFFE, *The Monks of Qumran*, Londres, Burns & Oates, 1960, pp. 104-106 ; SUITBERT H. SIEDL, *Qumran. Eine Mönchsgemeinde im Alten Bund*, Bibliotheca Carmelitica II/2, Rome, Desclée, 1963, pp. 286-291 ; Mathias DELCOR, « Le vocabulaire juridique, cultuel et mystique de l'initiation' dans la secte de Qumran », *Religion d'Israël et Proche Orient Ancien*, Leyde, Brill, 1976, pp. 363-388 ; Jean GIBLET, « L'initiation dans les communautés esséniennes » dans *Les rites d'initiation. Colloque Liège/Louvain 1984*, Julien RIES éd., Louvain, Centre d'histoire des religions, 1986, pp. 397-412 ; Geza VERMES, *The Complete Dead Sea Scrolls in English*, New York, Penguin, 1997, pp. 32-34.

77. La difficulté de prendre l'exposé de Josèphe au pied de la lettre est relevée par Harold W. ATTRIDGE, « Josephus and His Works » dans *Jewish Writings of the Second Temple Period*, CRINT 2/2, Michael E. STONE éd., Assen, Van Gorcum, et Philadelphie, Fortress, 1984, pp. 185-232, spéc. p. 186 ; cf. LE MOYNE, *Les Sadducéens*, pp. 28-29. Des auteurs cherchent, de différentes manières, une réponse à la difficulté. Geza VERMES et Martin D. GOODMAN (*The Essenes According to the Classical Sources*, Oxford Centre Textbooks 1, Sheffield, JSOT, 1989, p. 57) émettent ce jugement modéré : « Il est difficile de voir comment une si longue période [de probation et de formation] peut cadrer avec la chronologie de la vie de Josèphe et on peut suspecter qu'il a idéalisé la description de son éducation. » Tessa RAJAK (*Josephus. The Historian and His Society*, Philadelphie, Fortress, 1983, pp. 30-38) tente de sauver la fiabilité de l'exposé de Josèphe en admettant « quelque exagération rhétorique ». Elle suppose que Josèphe a reçu une éducation pharisienne avant de commencer ses expériences dans les différentes écoles et que Bannus a peut-être été impliqué dans un activisme politique ; ces suppositions discutables ne servent guère son argumentation. À la recherche d'une explication plus convaincante au fait que Josèphe se contredit manifestement lui-même, un exégète peut tenter de s'abriter derrière des variantes du texte grec. Malheureusement pour lui, l'apparat critique de l'édition critique de Benedikt NIESE (*Flavii Josephi Opera*, 2e éd., 6 volumes, Berlin, Weidmann, 1955, t. 4, pp. 322-23) ne donne aucune variante pour le nombre *hekkaideka* (« seize ») dans l'*Autobiographie* 2 § 10 et les nombres *treis* (« trois ») et *enneakaidekaton* (« dix-neuf ») au § 12. Tenter de proposer des corrections hypothétiques quand le texte est très clair dans ce qu'il dit, c'est sans doute une solution désespérée. Voir COHEN, *Josephus in Galilee and Rome*, p. 107. Une critique catégorique de la fiabilité de tout l'exposé d'*Autobiographie* §§ 10-12 est faite par Gohei HATA, « Imagining Some Dark Periods in Josephus' Life » dans *Josephus and the History of the Greco-Roman Period*, Morton Smith Memorial, SPB 41, Fausto PARENTE et Joseph SIEVERS éd., Leyde, Brill, 1994, pp. 309-328, spéc. pp. 310-312, 327-328. Toutefois, l'argumentation de Gohei Hata est viciée par le fait qu'il recourt allègrement à l'imagination (ce que l'auteur reconnaît sans difficulté) pour remplir les blancs de notre connaissance de Josèphe.

78. Voir MASON (*Flavius Josephus on the Pharisees*, pp. 324-341), où il réfute fort justement les tentatives de certains critiques qui veulent déceler, éparpillés à travers ses œuvres, des indices du prétendu caractère pharisien de Josèphe.

79. Sur ce point voir MASON, *Flavius Josephus on the Pharisees*, pp. 336-338, 368-369.

80. Noter, à ce point de vue, comment Josèphe décrit la sortie de son refuge au Temple pour rejoindre les dirigeants de Jérusalem après la mise à mort du radical Menahem (*Autobiographie* 5 § 21) : « Je me suis de nouveau associé avec les grands prêtres et les chefs des pharisiens. » De même que cette phrase ne vous laisse pas sur l'impression que Josèphe fut un grand prêtre ; de même aucun lecteur ne pensera qu'il fut un pharisien. [Trad. André PELLETIER, p. 4 : « Je rejoignis les principaux des Pharisiens. »]

81. Dans une tentative audacieuse et astucieuse de comprendre ce passage, MASON (*Flavius Josephus on the Pharisees*, pp. 342-356) l'entend ainsi : lorsque Josèphe décida d'entrer dans la vie publique, il dut se conformer extérieurement aux observances des pharisiens, car les sadducéens et quiconque voulait entrer dans la vie publique devaient faire cette concession pour être acceptés par le peuple (on trouvera une opinion semblable dans STEMBERGER, *Pharisäer, Sadduzäer, Essener*, pp. 10-11 et n. 2 de la p. 11). Les problèmes posés par cette interprétation sont nombreux : (1) Il est vain d'argumenter sur ce que le déroulement logique de la pensée dans l'*Autobiographie* 2 §§ 10-12 exige ; le récit n'a pas d'autre sens en dehors de lui-même ou du contexte plus large des écrits de Josèphe. Tout simplement, Josèphe ment. C'est pour cela que le fait qu'il soit devenu pharisien après que sa première expérience auprès d'eux s'était révélée insatisfaisante (d'où son passage des trois « écoles » à Bannus, un homme sans instruction) est si difficile à comprendre. (2) Mason présume que l'affirmation de Josèphe dans *Ant.* 18.1.4 § 17 disant que les sadducéens (et sans doute d'autres) qui voulaient accepter une charge publique devaient se conformer aux règles des pharisiens est historiquement vraie. Mais, comme Neusner, Cohen, Sanders et beaucoup d'autres spécialistes du judaïsme l'ont fait observer, une telle description ne cadre pas avec les réalités politiques de la Judée durant la période du gouvernement direct par Rome. Les narrations mêmes de Josèphe, distinguées des résumés idéalisés systématiques sur les trois écoles, vont dans le sens de ce que d'autres sources anciennes confirment : au temps du gouvernement direct de Rome, le fonctionnaire juif qui détenait un pouvoir réel, subordonné au préfet/procurateur, était le grand prêtre, soutenu par les aristocrates prêtres et laïcs. La masse des *données narratives* n'appuie pas l'idée que le grand prêtre, les prêtres ou les aristocrates en tant que groupe devaient se plier en règle générale aux désirs des pharisiens pour exercer une action publique – une affirmation qu'on ne trouve nulle part dans les œuvres de Josèphe en dehors d'*Ant.* 18.1.4 § 17. (On ne peut pas simplement assimiler cette unique affirmation aux exposés que Josèphe fait ailleurs sur la grande influence dont les pharisiens jouissaient dans le peuple.) Il se peut très bien, comme je l'ai dit plus haut, que, dans certains cas, le grand prêtre et les aristocrates de son entourage aient cédé de manière diplomatique sur certains points pour le bien de l'harmonie et de la paix publiques. Mais il n'y a aucun fondement à l'affirmation que, en règle générale, un aristocrate du sacerdoce qui entrait dans la vie publique devait conformer sa vie extérieure pour l'essentiel aux observances des pharisiens. On touche là une faiblesse de l'étude par ailleurs très fine de Mason : un manque de corrélation critique des portraits systématiquement idéalisés des groupes juifs (a) avec ce qui se passe de fait dans les narrations de Josèphe lui-même et (b) avec ce qui, aux yeux de la plupart des historiens critiques aujourd'hui, fut la situation politique réelle en Judée durant le gouvernement direct de Rome. (3) Finalement l'interprétation d'*Autobiographie* 2 § 12 proposée par Mason, si elle est théoriquement possible, demande de lire beaucoup de choses dans quelques mots. Quoique les choses ne soient pas aussi claires qu'on pourrait le souhaiter (peut-être parce que Josèphe désire laisser les choses dans le flou), le sens le plus naturel de *tę̄ Pharisaiōn hairesei katakolouthōn* est : « devenu un adepte de l'école de pensée des pharisiens ». Étant donné qu'il n'est dit nulle part que Josèphe ait été précédemment un sadducéen ou quelque chose d'autre (tout le récit d'*Autobiographie* 2 milite contre cette idée), nous ne sommes pas autorisés à supposer que, à la manière de *Ant.* 18.1.4 § 17, un sadducéen restait un sadducéen même s'il se conformait extérieurement aux règles des pharisiens. Si Josèphe s'est conformé entièrement au mode de vie pharisien, que fut-il d'autre sinon un pharisien, étant donné qu'il n'a jamais été autre chose ? Le sens de ce que Josèphe expose est clair ; c'est tout simplement un mensonge. La seule objection sérieuse contre ma théorie du mensonge de Josèphe est peut-être celle que m'a opposée le grand spécialiste de Josèphe, Louis H. Feldman. Comme l'indique Feldman, l'*Autobiographie* de Josèphe est une œuvre polémique et apologétique dans laquelle il se défend lui-même contre des adversaires (notamment Juste de Tibériade) qui ont porté des accusations contre son comportement public. Dans de telles circonstances, aurait-il pu se permettre d'affronter ses critiques avec un mensonge aussi flagrant ? N'aurait-il pas affaibli sa propre défense et ne se serait-il pas exposé ainsi à de nouvelles attaques de la part de ses ennemis ? Une telle objection donne à réfléchir. Néanmoins il faut prêter attention à la nature précise de l'affirmation de Josèphe et où il la place dans sa narration. Ce n'est peut-être pas pur accident que l'affirmation sur son adhésion à l'école de pensée pharisienne intervient dans une proposition circonstancielle subordonnée, qui modifie l'énoncé principal, à savoir qu'à l'âge de dix-neuf ans il a commencé sa carrière publique. On peut se demander combien de gens, à la fin du Iᵉʳ siècle, pouvaient prétendre connaître le choix religieux de Josèphe âgé de dix-neuf ans – sans parler de fournir la preuve de ce qu'ils savaient (cf. la façon dont Josèphe se moque de Juste de Tibériade dans *Autobiographie* 65 §§ 359-360). Quant au comportement ultérieur de Josèphe, il ne prétend nulle part que toute sa vie d'adulte ait montré une loyauté sans faille envers l'école pharisienne. Autrement dit, qui, à la fin des années 90, aurait été en mesure de contester la rapide affirmation de Josèphe concernant son engagement religieux à l'âge de dix-neuf ans ?

82. Ces dates sont intentionnellement vagues, car le Talmud babylonien en particulier a passé par de nombreuses étapes de rédaction. Sa forme et son contenu semblent pour l'essentiel avoir été fixés au VIᵉ siècle, mais Stemberger pense que le Talmud de Babylone « a atteint sa forme (à peu près) finale au huitième siècle... Cependant des explications ultérieures ont encore réussi à pénétrer dans le texte à partir de gloses marginales » (STRACK et STEMBERGER, *Introduction to the Talmud and Midrash*, pp. 233 et 225). À la lumière de conjectures insérées encore plus tardivement dans le texte, Stemberger (p. 225) cite l'observation de David Goodblatt disant que, en un certain sens, le Talmud babylonien « n'a atteint son état actuel qu'au dernier siècle [c.-à-d. le XIXe siècle] ».

83. La forme grecque *Pharisaios* vient de la forme araméenne plutôt qu'hébraïque du mot. La forme hébraïque, cependant, est celle employée dans la littérature rabbinique pour désigner un pharisien. Voir Meyer-Weiss, *« Pharisaios »*, p. 12. Le lecteur notera que je m'abstiens de faire aucune déduction sur l'origine ou le caractère des pharisiens à partir de l'étymologie supposée de leur nom, car le sens primitif du mot hébreu ou araméen fait toujours l'objet de discussions entre exégètes. Tandis que beaucoup prennent *pĕrûšîn* au sens de « les séparés », venant du verbe *prš*, d'autres exégètes préfèrent retenir un autre sens de *prš*, « expliquer », « interpréter » (à savoir, les Écritures) ; une interprétation curieuse du nom « les pharisiens », qui le fait provenir de *pārôšîm* (= « spécificateurs », reflétant leur réputation d'*akribeia*), est proposée par A. I. BAUMGARTEN, « The Name of the Pharisees », *JBL* 102 (1983), pp. 411-428. D'autres exégètes encore préfèrent l'entendre aux deux sens. Même si l'on accepte comme primitif le sens le plus souvent défendu, à savoir « les séparés », demeure la question de qui ou de quoi ? (Sur ce point voir BAECK, « The Pharisees », pp. 3-4 ; MOORE, *Judaism*, t. 1, pp. 60-62 ; MARCUS, « The Pharisees », pp. 385-386 ; COHON, « Pharisaism : A Definition », pp. 137-139.) Le nom renvoie-t-il à une séparation d'avec les hasmonéens (par ex. Jean Hyrcan et sa cour), d'avec la collaboration avec les sadducéens, d'avec la sphère politique en général, d'avec la masse des Juifs ordinaires qui n'étaient pas assez observants aux yeux des pharisiens, d'avec des objets impurs selon la Loi, d'avec les païens impurs (par conséquent avec le sens d'être les « séparés » de Dieu, c.-à-d. le peuple « saint ») ? Vient s'ajouter un autre problème : on pense souvent que ce sont les sadducéens et d'autres opposants qui ont inventé le nom de « pharisien » comme un label injurieux (c'est l'opinion de ZEITLIN, « The Pharisees and the Gospels », p. 487) ; mais là aussi on est dans l'ordre de l'hypothèse plutôt que du fait historique. SIEVERS (« Who Were the Pharisees ? ») fait observer que la théorie du label injurieux comporte quelques difficultés. Par exemple, Paul et Josèphe – les deux seuls auteurs du Ier siècle à prétendre être ou avoir été pharisiens – font usage de la désignation *Pharisaios* sans la ressentir aucunement comme chargée d'insulte ou d'opprobre. En effet, dans le contexte de Ph 3, 5, Paul emploie « pharisien » à côté d'un certain nombre d'autres désignations pour mettre en avant son statut de juif honorable et intègre : « circoncis… de la lignée d'Israël, de la tribu de Benjamin, Hébreu fils d'Hébreux, pour la Loi un pharisien… » De plus, l'emploi du verbe *pāraš* dans *4QMMT* (voir Elisha QIMRON et John STRUGNELL éd., *Qumran Cave 4. V. Miqṣat Ma'aśe Ha-Torah*, DJD *[Discoveries in Judaean Desert]* 10, Oxford, Clarendon, 1994, pp. 58-59) pour décrire la position fière et vertueuse de la communauté séparée (sans doute Qumrān) vis-à-vis du judaïsme courant (« … et ils savent que nous nous sommes séparés [sans doute à la forme qal *pārašnû*] nous-mêmes de la multitude du peuple ») montre qu'une telle expression de sainte séparation n'était pas, au moins dans un cas au tournant de notre ère, la désignation moqueuse pour les opposants mais la description de lui-même librement choisie par un groupe sectaire. Dès lors que la théorie de « l'origine dans l'insulte » devient suspecte, est également suspecte l'explication avançant que la littérature tannaïtique évitait habituellement « pharisiens » à cause de l'origine injurieuse du terme et que les rabbins préféraient par conséquent employer des termes comme « sages », « scribes » et « associés » pour parler des pharisiens (cf. STEMBERGER, *Pharisäer, Sadduzäer, Essener*, p. 50). Étant donné toute cette incertitude, je pense qu'il n'est pas judicieux de fonder la compréhension historique des pharisiens sur des explications étymologiques douteuses. [On trouvera une traduction française de *4QMMT* 16 et son contexte dans *Les manuscrits de la mer Morte*, Michael WISE, Martin ABEGG Jr et Edward COOK éd., Paris, Plon, 2001, pp. 463-464.]

84. On trouvera une étude de ce type de textes dans STEMBERGER, *Pharisäer, Sadduzäer, Essener*, pp. 41-46. Stemberger inclut dans son énumération de « textes inutilisables ou discutables » : *m. Hag.* 2, 7 (*pĕrûšîn* est mentionné dans une gamme asendante de sensibilité aux vêtements impurs) ; *m. Ṣota* 3, 4 (une référence énigmatique à une femme *pĕrûšâ* et aux blessures [ou : coups] des *pĕrûšîn*) ; *t. Šabb.* 1, 15 (un *pārûš* souffrant d'un écoulement génital) ; différentes références midrashiques à l'obligation pour le peuple d'Israël d'être des *pĕrûšîn* parce que Dieu est *pĕrûš*, « saint » (*Sipra Shemini* 12, 3-4 sur Lv 11, 44 ; *Sipra Qedoshim* 1 sur Lv 19, 2 ; *Mek. Baḥodesh* 2 sur Ex 19, 6) ; *t. Ṣota* 15, 11-12 (*pĕrûšîn* qui s'abstiennent de viande et de vin à cause de la destruction du Temple) ; *t. Ber.* 3, 25 (*pĕrûšîn* est assimilé à *mînîm* au sens de « déviant » ou « hérétique ») ; et la fameuse liste des sept types de *pĕrûšîn* attestée dans différents passages (par ex. *'Abot R. Nat.* B 45 et A 37 ; *y. Ber.* 9.7.14b ; *y. Ṣota* 5.7.20a ; un commentaire de la liste, qu'on trouve dans *b. Ṣota*, indique peut-être qu'un éditeur a interprété la liste comme concernant les pharisiens). On pourrait certes alléguer que l'un ou l'autre de ces textes contient une référence aux pharisiens, mais actuellement le consensus des critiques attribue à la plupart de ces textes, sinon à tous, des significations telles que « personnes extrêmement pieuses », « ascètes », « sainte gens » ou « déviants religieux ». Voir aussi RIVKIN, « Defining the Pharisees », pp. 173-217 ; BOWKER, *Jesus and the Pharisees*, pp. 1-38.

85. Cette approche prudente est vivement recommandée par Rivkin et soutenue par STEMBERGER (*Pharisäer, Sadduzäer, Essener*, pp. 40-41), qui trouve la méthode de NEUSNER, dans son ouvrage *The Rabbinic Traditions*, trop disposée à admettre une continuité ininterrompue entre les pharisiens d'avant 70 et les rabbins.

86. C'est le bon point de départ qu'a retenu RIVKIN, « Defining the Pharisees », pp. 173-217. Le problème apparaît quand il déclare ensuite que les pharisiens sont synonymes des *ḥăkāmîm* (« sages ») et des *sōpĕrîm* (« scribes ») de la littérature rabbinique. Une telle identification pure et simple est très discutable dans la recherche des pharisiens historiques de la période d'avant 70.

87. Je n'ignore pas que des matériaux rabbiniques plus tardifs contiennent aussi des cas d'opposition entre *pĕrûšîn* et *ṣaddûqîn*. Ainsi, par exemple LAUTERBACH (« A Significant Controversy », pp. 1-33) choisit la dispute entre les deux groupes sur le moment et l'endroit où le grand prêtre devait poser l'encens dans l'encensoir à Yom Kippour (en deçà ou au-delà du voile qui séparait le saint des saints du reste du Temple ?) comme point de départ pour une discussion sur la différence entre les deux partis. La première relation de cette controverse se trouve dans une *baraïta* du midrash halakhique *Sipra* sur le Lévitique, une tradition qui fut ensuite recyclée dans le traité *Yoma* des deux Talmuds palestinien et babylonien (avec quelques modifications significatives dans ce dernier). Il est tout à fait possible que la dispute remonte à la période d'avant 70 ; elle correspond à la préoccupation pharisienne de la bonne exécution du culte du Temple (l'insistance de Lauterbach [pp. 22-23] à dire que les pharisiens étaient un groupe progressiste et libéral qui se préoccupait moins du culte sacrificiel que les sadducéens trahit des problématiques modernes [cf. p. 33]). Néanmoins, comme toujours, il existe un problème de datation de la tradition ; STRACK et STEMBERGER (*Introduction to the Talmud and Midrash*, p. 287) jugent que, si le noyau de base de *Sipra* remonte à la deuxième moitié du IIIe siècle de notre ère, « ce texte [c.-à-d. le noyau de base] en particulier a certainement subi un développement ultérieur important qu'il reste encore à mettre au clair ». Par conséquent, je préfère pécher par excès de prudence en me limitant à la Mishna et à la Tosefta.

88. Voir COHEN, « The Significance », p. 113.

89. Ce n'est qu'une interprétation possible de ce passage obscur sur *niṣṣôq*. Les spécialistes des études rabbiniques ont interprété le sens du mot et, par conséquent, de la controverse de différentes manières ; pour les diverses opinions (par ex. « aqueduc », « miel ») voir LE MOYNE, *Les Sadducéens*, p. 212. La signification la plus probable, cependant, est un filet continu ou ininterrompu de liquide. Sur ce point ainsi que sur la question de l'eau venant du cimetière voir STEMBERGER, *Pharisäer, Sadduzäer, Essener*, p. 47. On trouvera dans la *Lettre* dite *halakhique* de Qumrān *(4QMMT)* une tradition similaire sur un filet de liquide ; bien qu'exprimée dans un vocabulaire un peu différent (*hmwṣqwt* dans *MMT* opposé à *nṣwq* dans l'hébreu de la Mishna), cette tradition est apparemment en accord avec la position sadducéenne. [L'auteur mentionne comme traduction accessible en anglais l'ouvrage de GARCÍA MARTÍNEZ, *The Dead See Scrolls Translated*, pp. 78 et 81-83. Pour une traduction française du texte de Qumrān voir *Les manuscrits de la mer Morte*, M. WISE, Martin ABEGG Jr et Edward COOL (dir.), pp. 461-462 – NdT.] Les spécialistes qui désirent consulter le texte original hébreu avec transcription, traduction [en anglais], commentaires et reproductions photographiques dans *DJD [Discoveries in Judaean Desert]* se reporteront à Elisha QIMRON et John STRUGNELL éd., *Qumran Cave 4. V. Migsat Ma'aśe Ha-Torah*, DJD 10, Oxford, Clarendon, 1994 ; le texte se trouve p. 53, lignes 55-58, le commentaire pp. 161-162. Les qumraniens ayant été fondés par un prêtre de Jérusalem (le Maître de justice) et dirigés ensuite par des prêtres dissidents originaires de Jérusalem, il n'est guère surprenant que certaines de leurs conceptions halakhiques coïncident avec celles des sadducéens, bien représentés parmi les prêtres de Jérusalem (sinon entièrement confondus avec eux) qui sont demeurés loyaux envers le Temple et ses chefs. Cet accord sur certains points de la halakha ne suffit nullement pour identifier les qumraniens comme des sadducéens. Il indique plutôt un enracinement commun dans le sacerdoce de Jérusalem et dans l'institution du Temple. Sur ce point je suis d'accord avec James C. VANDERKAM, « The People of the Dead Sea Scrolls : Essenes or Sadducees ? » dans *Understanding the Dead Sea Scrolls* (Hershel SHANKS, New York, Random House, 1992, pp. 51-62, spéc. pp. 58-62 [« Les adeptes des manuscrits de la mer Morte : Esséniens ou Sadducéens ? » dans *L'aventure des manuscrits de la mer Morte, Paris, Seuil*, 1996, pp. 86-99, spéc. pp. 97-99] ; la conception opposée est représentée par Lawrence H. SCHIFFMAN, « The Sadducean Origins of the Dead Sea Scroll Sect », *ibid.*, pp. 36-49 [trad. fr. pp. 67-85]. La démarche de COHEN (*From the Maccabees to the Mishnah*, p. 159) est différente : si, dans la littérature rabbinique, *ṣadduqîn* désigne habituellement ceux que le Nouveau Testament et Josèphe appellent les « sadducéens », le mot peut parfois renvoyer aux sadoqites [ou sadocites] de Qumrān ; il pense que tel est le cas dans *m. Yad.* 4, 7. Une salutaire invitation à la prudence pour ne pas déduire trop de choses trop vite du texte fragmentaire de *4QMMT* nous est donnée par John STRUGNELL, « MMT : Second Thoughts on a Forthcoming Edition » dans *The Community of the Renewed Covenant*, Christianity and Judaism in Antiquity Series 10, Notre Dame IN, University of Notre Dame, 1994, pp. 57-73.

90. STEMBERGER, *Pharisäer, Sadduzäer, Essener*, p. 48. Il signale que l'énoncé final de 4, 8, disant que le Seigneur est (vraiment) « le Juste » *(haṣṣaddîq)*, peut être une ultime moquerie sur les « sadducéens », dont le nom peut vouloir signifier (dans une étymologie populaire plutôt que scientifique) « les justes ». Sur l'origine du nom « sadducéens » voir le chapitre qui suit.

91. J'inclus dans ce comptage la réplique des pharisiens aux sadducéens dans 4, 7 : les sadducéens soutiennent qu'un ruisselet d'eau qui s'écoule d'un cimetière est pur. Vraisemblablement les pharisiens soutenaient-ils le contraire. On peut ajouter une quatrième opinion pharisienne sur la pureté ; en effet, 4, 6 affirme, comme élément d'argumentation que, d'après les pharisiens, les ossements d'un âne mort ne transmettent pas l'impureté, qui, par contre, est transmise par les ossements d'un grand prêtre. Dans ce cas cependant, les sadducéens partagent l'opinion des pharisiens.

92. Certains exégètes considèrent « boéthusiens » comme un synonyme de « sadducéens » ; d'autres avancent que les boéthusiens étaient un sous-groupe des sadducéens ou que nous avons affaire à deux groupes qui ont certaines affinités. Il est possible que deux groupes, distincts à l'origine, furent assimilés par les compilateurs de la Mishna et de la Tosefta. Sur cette question voir PORTON, « Diversity », p. 68.

93. Je n'examine pas les cas où l'opposition des pharisiens aux sadducéens est clairement une insertion secondaire dans une tradition dans laquelle les pharisiens ne figuraient pas à l'origine ; ainsi par ex. *b. Yoma* 19b comparé à la version plus ancienne de la narration légendaire dans *t. Yoma* 1, 8 ; de façon semblable *'Abot R. Nat.* A 5 comparé à B 10. On trouvera un aperçu des textes tardifs qui ne nous apportent pas d'information historique nouvelle sur les pharisiens dans STEMBERGER, *Pharisäer, Sadduzäer, Essener*, pp. 52-64. En particulier, Stemberger (p. 61) est très sceptique sur la valeur historique des *baraitot* narratifs (c.-à-d. enseignements et sentences des Talmuds supposés provenir de la période tannaïtique) qui mentionnent les pharisiens et les sadducéens dans le Talmud de Babylone.

94. Ainsi STEMBERGER, *Pharisäer, Sadduzäer, Essener*, p. 50.

95. Voir par ex. COHEN, « The Significance », p. 111 n. 21 et aussi p. 110 n. 18 ; SCHÄFER, « Der vorrabinische Pharisäismus », pp. 130-132. Neusner semble concéder ce point dans certains de ses écrits ultérieurs ; voir par. ex. NEUSNER, *Judaism. The Evidence of the Mishnah*, p. 70. D'autres problèmes sont signalés par SCHÄFER, « Einleitung », pp. 1-22, spéc. pp. 1-3.

96. Le débat sur l'existence des pharisiens en tant que secte est brouillé du fait que les définitions de ce qu'est une « secte » diffèrent suivant les divers auteurs et, de plus, un même auteur peut changer de position d'un travail à l'autre. Ainsi par ex., dans son article « The Significance », Cohen penche pour l'opinion que les pharisiens furent une secte, mais dans son ouvrage *From the Maccabees to the Mishnah* (p. 172) il pense que les pharisiens « au moins à la fin du premier siècle, ne semblent pas avoir été une secte mais plutôt un groupe informel... ». Par secte j'entends un groupe au sein d'une communauté religieuse plus large qui se sépare de quelque manière visible de cette communauté parce qu'il prétend être seul à posséder la vérité, une vérité dont il affirme que la communauté plus large l'a perdue, abandonnée ou pervertie ; la secte se considère comme la seule expression vraie, authentique et légitime de la tradition religieuse de la communauté. Cette façon de se comprendre eux-mêmes semble vraie des qumraniens mais non pas des pharisiens. Si toutefois on fait abstraction de l'idée d'une perversion complète de la vérité par la grande communauté et si l'on fait place à une conception moins rigide de l'exclusivité, la « secte » peut être comprise dans un sens plus large qui peut inclure les pharisiens. C'est, semble-t-il, l'approche de SALDARINI, « Pharisees », p. 294 ; cf. BAUMGARTEN (*The Flourishing of Jewish Sects*, pp. 1-41) qui opte pour une définition large des sectes permettant de l'appliquer aux sadducéens, aux pharisiens, aux esséniens, à Qumrān, à la quatrième philosophie et aux adeptes de Jean le Baptiste et de Bannus. Le problème de la définition de la « secte » est également abordé par Stephen G. WILSON dans « Voluntary Associations : An Overview », *Voluntary Associations in the Graeco-Roman World*, John S. KLOPPENBORG et Stephen G. WILSON éd., Londres/New York, Routledge, 1996, pp. 1-15.

97. Voir MASON (*Flavius Josephus on the Pharisees*, pp. 174-75), qui fait remarquer que, si les pharisiens se tiennent plus près de la pensée de Josèphe lui-même que les sadducéens, cet accord n'est pas dû au fait que Josèphe serait pharisien mais au fait que les pharisiens épousent certaines positions du courant dominant du judaïsme qui sont partagées par Josèphe et par le peuple juif en général.

98. SIEVERS (« Who Were the Pharisees ? », p. 139) signale que le premier témoignage écrit que nous ayons qui relie explicitement Hillel et Shammaï aux pharisiens est le commentaire de Jérôme sur Isaïe, écrit dans la première décennie du Ve siècle. Commentant Is 8, 14, Jérôme affirme que les nazaréens, une secte judéo-chrétienne, tenaient que les scribes et les pharisiens avaient leur origine auprès de Shammaï et Hillel.

99. Voir COHEN, « The Significance of Yavneh », pp. 112-14. Il affirme que l'identification des rabbins avec les pharisiens ne devient sûre et centrale pour la première fois que dans les plus anciennes scholies du Moyen Âge sur le *Rouleau du jeûne [Megillat Taanit]*.

100. En même temps, je voudrais qu'il soit clair que mon extrême prudence est requise au titre de la méthode et du but poursuivis. Elle ne vise pas à décourager les recherches qui tendent à élargir la base de données concernant notre connaissance des traditions des pharisiens vers d'autres perspectives de raisonnement. En effet, des exégètes comme Sanders ont réalisé un travail remarquable dans ce domaine. Toutefois, au titre du but que je me suis fixé dans ce troisième tome, je préfère m'en tenir au minimum assuré.

101. Je sais bien que certains exégètes pensent que quelques documents du Nouveau Testament furent écrits en Palestine : par ex. Marc (en Galilée environ au moment où éclata la Première Guerre juive), Matthieu (placé vaguement du côté de la frontière entre la Galilée et la Syrie dans l'époque après la Guerre) et au moins quelques lettres de captivité de Paul (Philippiens à Césarée Maritime). Avec beaucoup d'autres exégètes, je ne trouve vraisemblable aucune de ces suggestions.

102. On trouvera un bref résumé des différents portraits des pharisiens dans l'exégèse des XIXe et XXe siècles dans SALDARINI, « Pharisees », p. 289-291 ; un aperçu plus ancien de l'exégèse se trouve dans MARCUS, « The Pharisees in the Light of Modern Scholarship », pp. 385-396. Ici je résume simplement un petit nombre de positions représentatives.

103. Sievers, « Who Were the Pharisees ? », p. 138. Puis Sievers énumère et décrit douze individus qui sont les seules personnes de la période avant 70 dont nous puissions connaître les noms et que nous puissions identifier comme pharisiens. Cependant, à la fin de son catalogue descriptif, il admet (p. 153) que l'identité pharisienne et même l'historicité de plusieurs individus de cette liste de douze sont douteuses.

104. Ainsi FINKELSTEIN, *The Pharisees*, t. 1, pp. 73-100 ; t. 2, pp. 570-625.

105. Il s'agit là d'une esquisse composite qui, de différentes manières, reflète les approches de LAUTERBACH, « A Significant Controversy », pp. 1-33 ; IDEM, « The Sadducees and Pharisees », pp. 34-56 ; IDEM, « The Pharisees and Their Teachings », pp. 57-129 ; BAECK, « The Pharisees », pp. 3-50 ; COHON, « Pharisaism : A Definition », pp. 135-144 ; FINKEL, *The Pharisees* ; RIVKIN, *A Hidden Revolutio* ; IDEM, « Defining the Pharisees », pp. 173-217 ; IDEM, « Pharisaism and the Crisis of the Individual », pp. 219-245. Affirmer que les idées et l'enracinement des pharisiens étaient entièrement non politiques et pacifistes va à l'encontre d'une bonne partie de ce que Josèphe nous rapporte ; c'est pourtant ce qu'affirme ROTH, « The Pharisees in the Jewish Revolution », pp. 255-272. De même est infondée l'assertion que les pharisiens d'avant 70 étaient contre le Temple, les sacrifices et le système des prêtres. Ces assertions ne se trouvent pas seulement chez des exégètes juifs anciens mais aussi chez des exégètes chrétiens ; voir par ex. W. D. DAVIES, *Introduction to Pharisaism*, pp. 13-14.

106. Neusner a présenté sa position dans un nombre important d'écrits ; on pourra trouver un bref résumé de sa vision des choses dans la « Préface » de *Origins of*

Judaism. Volume II, 2 parties, Jacob NEUSNER éd., New York/Londres, Garland, 1990, t. 1, pp. V-XII, spéc. p. IX.

107. Sa présentation de la théorie sur le retrait des pharisiens de la politique fait l'objet d'un livre entier, *From Politics to Piety*. Neusner affirme (p. 14) : « Hillel a manifestement transformé les pharisiens de parti politique en une secte où l'on pratique la table commune. »

108. Voir par ex. son essai « Did the Pharisees Eat Ordinary Food in Purity ? » dans *Jewish Law from Jesus to the Mishnah*, pp. 131-254. Sanders tient (1) qu'il était impossible à des laïcs de manger la nourriture ordinaire en toute pureté et (2) que nous n'avons aucune donnée qui indiquerait que les pharisiens l'aient souhaité, bien qu'ils aient fait quelques gestes mineurs pour atteindre un plus haut degré de pureté que la plupart des gens.

109. Sur la présentation confuse dans Josèphe des incidents impliquant Pollion et Samaïas voir MASON, *Flavius Josephus on the Pharisees*, pp. 261-263. Noter que seul Pollion est qualifié explicitement de pharisien ; Samaïas est seulement son « disciple ». Sur ce point voir SIEVERS, « Who Were the Pharisees ? », p. 141.

110. Voir *G. J.*, 1. 29.1-2 §§ 68-71 ; *Ant.* 17.2.4 §§ 41-45 ; cf. MASON, *Flavius Josephus on the Pharisees*, pp. 116-119.

111. Si, dans sa relation sur la révolte dans *Ant.* 18.1.1 § 4, Josèphe inclut Saddok le Pharisien parmi les compagnons de Judas le Galiléen, il se tait, dans le récit parallèle (antérieur) de la *Guerre* 2.8.1 § 118, sur l'implication des pharisiens dans la révolte (de même quand il reprend son récit sur Judas dans *Ant.* 18.1.6 § 23). L'omission de Saddok dans la relation de la *Guerre* peut s'expliquer simplement par le fait que la révolte de Judas fait l'objet d'un traitement plus bref dans ce livre, lui-même notablement plus court que les *Antiquités*. Cependant, il se peut aussi que, dans sa relation sur la révolte de Judas dans la *Guerre*, Josèphe soit guidé par la perspective de la visée apologétique qui traverse ce livre : la révolte était l'œuvre de brigands, de têtes brûlées, de groupes irresponsables et marginaux ; aucun des grands groupes juifs n'en était responsable. Dans les *Antiquités*, une œuvre beaucoup plus longue, écrite près de deux décennies plus tard, quand la crise s'était éloignée, Josèphe est plus disposé à tenir compte de l'implication de groupes variés, y compris des pharisiens, dans la révolte. (En tout cas, dans les *Antiquités*, les portraits des notables tendent à dessiner un tableau plus bigarré.) Cela explique peut-être pourquoi, dans *G. J.*, 2.8.1. § 118, Josèphe insiste sur le fait que Judas eut *sa propre* école de pensée *(idias haireseōs)*, nullement semblable aux autres écoles, tandis que dans *Ant.* 18.1.6 § 23, il dit juste le contraire : dans sa doctrine, la quatrième philosophie de Judas s'accorde pleinement avec les opinions des pharisiens, exception faite de la passion quasi irrépressible de cette quatrième philosophie pour la liberté nationale.

112. HENGEL (« Der vorchristliche Paulus », p. 247) interprète ces indications diverses d'une implication politique des pharisiens dans le sens suivant : de 6 à 66 de notre ère, les pharisiens étaient politiquement divisés entre un camp pour la révolte et un camp contre. Bien que cela ne ressorte pas des données de manière nécessaire, il est très vraisemblable qu'en matière de politique aussi bien que de religion, les pharisiens ne formaient pas un bloc monolithique. Par exemple, les ardentes croyances eschatologiques et messianiques, épousées apparemment par le pharisien Saul, n'étaient pas nécessairement professées par tous les pharisiens de l'époque.

113. Noter que tous les autres éléments que Paul aligne dans cet autoportrait s'enracinent certes dans son passé, mais font référence à des réalités religieuses et sociales qui valaient pour tous les Juifs hommes, ou au moins pour certains d'entre eux, au moment où Paul écrivait la lettre aux Philippiens : circoncis le huitième jour, né de la lignée d'Israël et de la tribu de Benjamin et « Hébreu d'Hébreux » (renvoyant probablement à sa connaissance de l'hébreu et/ou de l'aramén en dépit de son origine dans une famille juive de la diaspora parlant le grec). Il n'y a pas de raison de penser que l'expression « selon la Loi un pharisien » ne se réfère pas à une réalité sociale du judaïsme du présent aussi bien que du passé.

114. Pour Luc voir *akribeia* dans Ac 22, 3 ; *akribēs* dans Ac 26, 5 (où le Paul de Luc appelle le pharisaïsme « l'école de pensée la plus stricte de notre religion ») *(tēn akribestatēn hairesin tēs hēmeteras thrēskeias)* ; pour Josèphe voir *G. J.*, 1.5.2 § 110 (les pharisiens forment le groupe qui a la réputation *[dokoun]* d'exposer les lois avec beaucoup de précision *[akribesteron]*) ; semblablement *G. J.*, 1.5.2 § 41 *(met' akribeias)* ; *Ant.* 17.2.4 § 41 *(ep' exakribōsei)* ; *Autobiographie* 38 § 191 *(dokousin... akribeiǭ)*. Même si Paul n'emploie pas ce vocabulaire, son insistance sur son zèle et sa conduite irréprochable de pharisien est certainement en cohérence avec cela.

115. Voir MASON, *Flavius Josephus on the Pharisees*, pp. 106-113. 373. On passe à côté de cette question dans l'édition révisée de SCHÜRER, *The History of the Jewish People*, t. 2, p. 388.

116. Ainsi par ex. J. B. LIGHTFOOT, *St. Paul's Epistle to the Philippians*, Grand Rapids, Zondervan, 1953, réimpression de l'éd. de 1913, p. 147 : « ... il [Paul] n'a rien omis de ce que la Loi exigeait ». Voir aussi Ernst LOHMEYER, *Die Briefe an die Philipper, an die Kolosser und an Philemon*, MeyerK 9, 13e éd., Göttingen, Vandenhoeck & Ruprecht, 1964, p. 130. HENGEL (« Der vorchristliche Paulus », p. 240) pense qu'en se présentant lui-même comme « zélateur », Paul fait référence à l'éducation de pharisien qu'il a reçue dans la Palestine juive, plus précisément à Jérusalem.

117. Voir Sanders, *Judaism. Practice & Belief*, pp. 419-420. Malgré ses efforts pour atténuer les choses, MASON (*Flavius Josephus on the Pharisees*, p. 228 n. 77) ne réussit pas à trouver une bonne explication à l'évaluation positive des pharisiens dans Josèphe *Ant.* 13.10.6 § 294. Ici Josèphe dit purement et simplement « les pharisiens sont *par nature* indulgents en matière de châtiment ». Il aurait pu dire qu'ils sont *plus* indulgents que les sadducéens (l'issue de secours proposée par Mason) ; au lieu de cela il choisit une affirmation générale et sans autre nuance sur le caractère même des pharisiens. Qu'il faille entendre cette affirmation de manière positive semble découler du contexte plus large des §§ 293-296 : les pharisiens refusent de se prononcer pour la peine de mort contre quelqu'un qui, dans des propos injurieux, a exprimé des doutes sur la légitimité de Jean Hyrcan ; ils soutenaient que la flagellation et la mise aux fers seraient une punition suffisante.

118. COHEN (« The Significance », p. 105) pense que, par cette insistance sur les différences philosophiques et théologiques entre les trois *haireseis*, Josèphe masque le fait que les pharisiens se distinguaient de leurs adversaires du fait qu'ils se singularisaient par leurs principes exégétiques et leurs décisions légales.

119. Le *Pesher d'Habaquq* en est un bon exemple. L'autorité de ce commentaire se fonde sur le fait que, si Dieu a dit à Habaquq d'écrire sur ce qui arriverait à la génération ultime, il ne lui a pas révélé « la consommation de la fin ». Ce mystère-là, à savoir le sens vrai et complet de tout ce que les prophètes ont écrit, est révélé aujourd'hui au Maître de justice. Cela implique quelque nouvelle forme de révélation, car le temps des derniers jours s'est prolongé et dépasse de beaucoup ce que les prophètes ont dit (*1QpHab* 7, 1-8). C'est pourquoi le péché des apostats, qui sont des traîtres, se ramène à ceci : ils n'ont pas prêté l'oreille aux paroles du Maître de justice qui viennent de la bouche de Dieu, ce qui équivaut au fait de ne pas croire à la nouvelle alliance que Dieu a faite (*1QpHab* 2, 1-4). Nous approchons ici de très près de certaines affirmations chrétiennes : Dieu est intervenu de nouveau aux derniers temps, en instituant une nouvelle alliance et en révélant l'accomplissement de ses promesses, ce qui ne fut pas révélé même à ses prophètes. Dans toute cette approche les qumraniens sont à cent lieues des pharisiens, pour ne rien dire des sadducéens. Sur les façons dont probablement les différents groupes ont justifié leurs pratiques et croyances particulières voir SANDERS, « Did the Pharisees Have Oral Law ? » dans *Jewish Law from Jesus to the Mishnah*, pp. 126-127 ; Lawrence H. SCHIFFMAN, « The Qumran Scrolls and Rabbinic Judaism » dans *The Dead Sea Scrolls after Fifty Years. A Comprehensive Assessment*, 2 vol., Peter W. FLINT et James C. VANDERKAM, Leyde, Brill, 1999, t. 2, pp. 552-571 spéc. pp. 558-559. Sanders pense que les sadducéens, « comme tous les bons fondamentalistes », soit trouvaient un fondement biblique pour les traditions qu'ils prônaient, soit affirmaient au moins qu'ils pouvaient trouver un tel fondement. (Cependant Sanders avertit qu'ils auraient sans doute pu défendre n'importe quoi par leur exégèse.) Pour eux, par conséquent, il n'existait pas de tradition normative en dehors de la Torah écrite, car ils affirmaient que tout ce qu'ils croyaient et faisaient était contenu dans la Torah écrite. En tout cas, il apparaîtrait que les sadducéens ne rejetaient pas les traditions orales comme telles mais les traditions particulières des pharisiens. Ici, cependant, nous retrouvons le problème fondamental que pose la tentative de reconstituer la théologie détaillée des sadducéens alors que si peu de chose est dit sur eux dans les sources anciennes et provient presque entièrement de leurs ennemis.

120. Le lecteur voudra m'excuser de ne pas fournir de preuves détaillées de ces affirmations sur les sadducéens ici ; elles seront étudiées longuement dans le prochain chapitre.

121. À proprement parler, le pronom possessif *mou* (« de moi », « mien », « mon ») dans Ga 1, 14 dépend du nom *paradoseōn* (« traditions »). Mais, comme le suggèrent beaucoup de traductions, le sens de *mou* semble plutôt relié à l'adjectif *patrikōn* (« appartenant aux... » ou « provenant des pères »). Pour le sens de l'expression et les divers parallèles juifs voir Franz MUSSNER, *Der Galaterbrief*, HTKNT 9, Fribourg/Bâle/Vienne, Herder, 1974, p. 80.

122. Comme le note MASON (*Flavius Josephus on the Pharisees*, pp. 100, 105, 231), Josèphe emploie habituellement *nomoi* et *nomima* de façon interchangeable pour parler des « lois ». Ayant à expliquer la position pharisienne particulière à propos des lois ancestrales non écrites dans la Loi de Moïse, il est conduit, à titre exceptionnel, à faire une distinction entre les lois écrites *(nomoi)* de Moïse et les lois *(nomima)*, c.-à-d. les traditions des pères, non écrites dans la Loi de Moïse.

123. Le sens précis de ce passage des *Antiquités* reste discuté. J'ai adopté l'interprétation de SANDERS (« Did the Pharisees Have Oral Law ? », pp. 99-100 ; voir aussi MASON, *Flavius Josephus on the Pharisees*, pp. 240-243) : lorsque Josèphe dit que les sadducéens n'acceptent que les lois *(nomima)* qui sont écrites, il veut dire « mises par écrit dans les lois de Moïse ». Comme le démontre Sanders, ce sens est vraisemblable du fait du parallèle antithétique que Josèphe crée entre la position des sadducéens et celle des pharisiens, lesquels ont transmis des lois en provenance des pères et qui ne sont pas écrites dans les lois de Moïse. Sanders fait remarquer (p. 100) : « Josèphe affirme – à tort ou à raison – que les sadducéens rejetaient les traditions pharisiennes parce qu'elles ne se trouvaient pas dans la Bible » (cf. *Ant.* 18.1.4 § 16). L'opposition est donc entre lois mises par écrit dans la Loi de Moïse et lois non mises par écrit dans la Loi de Moïse. Sur ce point, Sanders est en désaccord avec le point de vue de SCHÄFER (« Das 'Dogma' von der mündlichen Torah », pp. 153-197, spéc. pp. 189-191), pour qui l'antithèse de Josèphe vise essentiellement l'opposition entre « écrit » et « non écrit » ; Josèphe n'affirmerait pas nécessairement que les sadducéens rejetaient que l'on fasse provenir de Moïse « les traditions des pères ». On notera que Sanders dit ensuite (p. 108) que sa propre explication de la différence entre sadducéens et pharisiens sur la tradition « n'explique pas *pourquoi* différentes façons de voir étaient admises ou ne l'étaient pas. Les sadducéens… rejetaient l'idée d'une survie. S'ils avaient voulu l'admettre, ils auraient pu trouver des textes bibliques à l'appui de cette croyance… Nous n'expliquons pas les cheminements intérieurs des sadducéens quand ils disent qu'ils ont rejeté tout ce qui n'est pas biblique, puisqu'il dépend d'eux de décider ce qui était biblique et ce qui ne l'était pas. » Il faut noter que ni Josèphe ni le Nouveau Testament ne disent jamais explicitement que les sadducéens n'acceptaient que les cinq livres de Moïse comme Écriture Sainte et rejetaient de cette catégorie les Prophètes et les Écrits. (1) Tout d'abord, une telle conception suppose un canon clos de l'Écriture, une « Bible » complète ; le canon juif était encore fluctuant au début du Ier siècle apr. JC ; voir Eugene ULRICH, *The Dead Sea Scrolls and the Origins of the Bible*, Grand Rapids/Cambridge UK, Eerdmans, et Leyde, Brill, 1999). (2) L'idée que les sadducéens et les pharisiens rejetaient les Prophètes et les Écrits en tant qu'Écriture Sainte semble venir de certains Pères de l'Église, qui se sont mépris sur la distinction de Josèphe entre pharisiens et sadducéens sur la base des lois écrites et des lois non écrites dans les livres de Moïse ; voir MOORE, *Judaism*, t. 1, p. 68.

124. On trouve peut-être un autre écho de ce thème dans le discours que Luc prête à Paul pour sa défense devant les Juifs de Rome ; Paul affirme énergiquement (Ac 28, 17) qu'il n'a jamais rien fait contre le peuple d'Israël ou contre « les coutumes ancestrales *[tois ethesi tois patrǭois]* ». Ici cependant, Paul parlant devant les Juifs de la diaspora à Rome, il peut s'agir des lois et coutumes d'Israël en général. Pour SCHNEIDER (*Die Apostelgeschichte*, t. 2, p. 414 n. 27) il est question de la Torah en général. Selon moi, la situation est différente dans Ac 22, 3, ou le Paul de Luc fait mention en termes spécifiques de Gamaliel (identifié comme pharisien en 5, 34) et met son nom en relation avec le thème clé de l'*akribeia* (« exactitude », « précision »), la marque distinctive des pharisiens dans Josèphe.

125. Le fait que l'affirmation globale de Mc 7, 3 présente non seulement les pharisiens mais « tous les Juifs » comme fermement attachés aux « traditions des anciens » reflète peut-être une position critique du christianisme primitif vis-à-vis du judaïsme vers 70 de notre ère. Tous les Juifs, considérés comme les adversaires du mouvement chrétien naissant, sont maintenant mis par Marc en bloc sous une même catégorie avec les pharisiens, qui eux, en particulier, étaient les partenaires du débat avec Jésus durant son ministère public. La focalisation sur le fait de se laver les mains peut aussi refléter la situation ultérieure dans la diaspora. Selon SANDERS (*Jewish Law from Jesus to the Mishnah*, pp. 39-40, 90-91, 163-164, 260-263), les témoins rabbiniques anciens montrent que les pharisiens se lavaient les mains par motif de pureté avant de toucher à la nourriture des prêtres ou avant de manger leur propre repas – mais pas à toutes les occasions mentionnées dans le constat global de Marc. L'affirmation incorrecte de Marc a peut-être été influencée par la pratique des Juifs de la diaspora qui se lavaient les mains ou pratiquaient d'autres lustrations à l'occasion de leurs prières ou du culte synagogal.

126. Voir NEUSNER, « The Myth of the Two Torahs », pp. 7-11. Selon Neusner le « mythe des deux Torah » n'apparaît que rarement avant que nous n'en arrivions aux deux Talmuds ; le mythe trouva sa pleine expression aux environs de 400 de notre ère. Voir aussi COHEN, « The Significance », p. 111 ; SANDERS, « Did the Pharisees Have Oral Law ? » dans *Jewish Law from Jesus to the Mishnah*, pp. 97-130. Sanders différencie les termes variés que nous trouvons dans la littérature rabbinique ancienne (principalement la Mishna et la Tosefta) ; il conclut que ni l'expression « les paroles des scribes » ni le terme *hălākâ* ne sont assimilés à Torah. L'approche de SCHÄFER (« Das "Dogma" von der mündlichen Torah », pp. 153-197) est quelque peu différente, mais il convient que c'est à l'époque amoraïque seulement que le « dogme » qui fait remonter toute la Torah orale à Moïse fut pleinement et solidement établi. On s'étonne de voir

RIVKIN (« Defining the Pharisees », p. 217) affirmer que Josèphe, Paul, les évangiles et la littérature tanaïtique s'accordent pour affirmer que les pharisiens étaient la classe des spécialistes de la double Loi. Il mélange non seulement différentes strates de matériaux rabbiniques de périodes variées mais aussi des affirmations notablement différentes de Josèphe et des auteurs du Nouveau Testament. Irving M. ZEITLIN, *Jesus and the Judaism of His Time*, pp. 11-12 affirme également que Josèphe et le Nouveau Testament parlent de la Loi orale.

127. Dans ses notes sur *m. 'Abot* 1, 1, Philip BLACKMAN prend *tōrā* au sens de « la tradition orale ou la Torah orale » ; voir son ouvrage *Mishnayoth*, 7 vol., 2e éd., Gateshead [England], Judaica Press, 1990, t. 4, p. 489. En réalité, dans *m. 'Abot* 1, 1, « Torah » peut renvoyer tout à la fois à la Torah écrite et aux traditions interprétatives qui l'encadrent. En tout cas, Torah est employé là dans un sens plus large et ne désigne pas simplement le document écrit que nous appelons le Pentateuque. Sur toute cette question voir Anthony J., SALDARINI, *Scholastic Rabbinism. A Literary Study of the Fathers According to Rabbi Nathan*, Brown Judaic Studies 14, Chico CA, Scholars Press, 1982, pp. 6-7.

128. Benedict VIVIANO (*Study as Worship. Aboth and the New Testament*, p. 6), un exégète qui fait assez confiance à la fiabilité des traditions de *m. 'Abot* (voir p. 2), fait ce commentaire : « Qu'une telle institution [la Grande Synagogue] ait existé est chose incertaine. » GOODBLATT (*The Monarchic Principle*, pp. 80-82) est plus catégorique : l'idée du « Grand Concile » ou de la « Grande Synagogue » ou de la « Grande Assemblée » (*kĕneset haggĕdōlā*, cf. *m. 'Abot* 1, 1), au sens d'un « concile national se rassemblant régulièrement » pendant la période perse ou séleucide est « un concept non historique », « une institution issue de l'imaginaire des rabbins de la Palestine romaine ». On la trouve pour la première fois dans la Mishna. À mon avis, les arguments qu'il avance à l'appui de son point de vue sont convaincants.

129. Il est très difficile de dater la plupart de ces figures vagues. Par exemple, des exégètes ont identifié Siméon le Juste, mentionné dans les matériaux rabbiniques, avec Siméon Ier (310-291 ou 300-270 av. JC), le fils d'Onias Ier ou Siméon II (219-199 av. JC). En réalité, d'autres exégètes ont identifié certaines traditions sur Siméon avec Simon Maccabée et Siméon, fils de Gamaliel Ier. Sur cette confusion voir NEUSNER, *The Rabbinic Traditions*, t. 1, p. 58. Par conséquent, les dates avancées pour les tandems dans le texte principal doivent rester de simples approximations.

130. On trouvera une étude détaillée des traditions sur ces sages et d'autres sages d'avant 70 dans le chapitre « The Masters » du tome 1 de la trilogie de NEUSNER, *The Rabbinic Traditions*.

131. Voir par exemple comment on a tenté de décrire la personne et l'enseignement de Hillel dans les différents essais réunis dans James H. CHARLESWORTH et Loren L. JOHNS éd., *Hillel and Jesus*, Minneapolis, Fortress, 1997. Pour ma part, je reste sceptique sur la possibilité de savoir grand-chose sur l'individu historique appelé Hillel, au-delà du simple fait qu'il fut un maître juif distingué, actif à Jérusalem vers l'époque d'Hérode le Grand et que – c'est plus probable que le contraire – il fut un pharisien. Voir l'évaluation posée de Robert GOLDENBERG, « Hillel the Elder » dans *Anchor Bible Dictionary*, t. 3, pp. 201-202 : « Précisément pour les données sur l'importance que l'on finit par attacher au nom de Hillel, extraire l'information biographique des légendes qui l'entourent est une tâche extrêmement difficile. » Dans une même ligne NEUSNER, *From Politics to Piety*, pp. 42-43 ; NEUSNER (en collaboration avec AVERY-PECK), « The Quest of Historical Hillel », pp. 45-63 ; COHEN, *From the Maccabees to the Mishnah*, pp. 156-157.

132. Il est possible qu'il s'agisse de Gamaliel II, mais VIVIANO (*Study*, p. 28) défend l'attribution à Gamaliel Ier. Il note que certains exégètes expliquent la rupture dans la chaîne de la tradition soit comme « une digression sur les descendants de Hillel » soit comme « un ajout plus tardif dû à des raisons tendancieuses... ».

133. Sur ce point voir NEUSNER, *The Rabbinic Traditions*, p. 18.

134. Sur cette question voir SIEVERS, « Who Were the Pharisees ? », p. 143. Le vocabulaire « recevoir » *(qibbēl)* est brièvement repris dans *m. 'Abot* 2, 8, où l'on dit que Yohanan ben Zakkaï a reçu une tradition de Hillel et Shammaï. Mais *qibbēl* ne fournit pas de leitmotiv au chap. 2 comme c'est le cas au chap. 1. Est-ce que 2, 8 suivait directement 1, 12-15 ? C'est suggéré par le fait que les *'Abot de Rabbi Nathan* passent immédiatement des traditions sur Hillel et Shammaï à Yohanan ben Zakkaï (*'Abot R. Nat. A*, 14). Pour une traduction [en anglais] de la version A de *'Abot de Rabbi Nathan* voir Jacob NEUSNER, *The Fathers According to Rabbi Nathan*, Brown Judaic Studies 114, Atlanta, Scholars Press, 1986, p. 103-107. La transition entre Hillel et Yohanan est assez différente dans la version B du texte, mais, pour l'essentiel, on note le même phénomène d'un passage de Hillel à Yohanan sans qu'il soit fait mention de Gamaliel ou de Siméon. On trouvera une traduction [en anglais] de la version B dans Anthony J. SALDARINI, *The Fathers According to Rabbi Nathan*, SJLA 11, Leyde, Brill, 1975, pp. 144-167. [Pour les *Pirqé Abot* et les *Pirqé de Rabbi Nathan* on pourra se reporter à la traduction française de Eric SMILÉVITCH dans *Leçons des Pères du monde*, Les Dix Paroles, Verdier, Paris, 1983, pp. 25-26 et 33 pour les passages évoqués de *m. 'Abot* ; pp. 153-55 pour *'Abot R. Nat. A* 14 ; et p. 379 pour *'Abot R. Nat.* B 31 – NdT.] Les complexités des versions, auxquelles aboutit la chaîne de la tradition dans le traité mishnaïque *'Abot* et dans les deux versions des *'Abot de Rabbi Nathan*, font l'objet d'une discussion dans SALDARINI, *Scholastic Rabbinism*. Selon une autre théorie possible, la Mishna est primitive et l'absence de la formule *qibbēl* dans le cas de Gamaliel et de Siméon s'expliquerait ainsi : les sages qui ont compilé la Mishna ont voulu supprimer le fait que Gamaliel et Siméon ont reçu leur tradition de la maison de Shammaï plutôt que de la maison de Hillel.

135. Sur le lien de Gamaliel Ier et de Siméon Ier avec la maison de Shammaï voir NEUSNER, *The Rabbinic Traditions*, t. 1, pp. 344-345, 375-376, 380, 387. Sur l'importance de Gamaliel Ier et de Siméon Ier comme étant les deux seuls sages antérieurs à 70 cités nommément dans la Mishna et identifiés comme pharisiens dans la littérature extra-mishnaïque voir NEUSNER, « The Use of Later Rabbinic Evidence », p. 486. Le nombre des pharisiens cités nommément serait à augmenter légèrement si nous pouvions identifier le Pollio(n) mentionné par Josèphe avec Abtalion qui apparaît dans la littérature rabbinique comme l'un des membres du « tandem » Shema'iah et Abṭalion. (Les passages concernés de Josèphe qui mentionnent Pollio et/ou son disciple Samaias sont *Ant.* 14.9.4 § 175 ; 15.1.1 § 3 et 15.10.4 § 370.) En faveur de l'identification de Pollio avec Abṭalion (et contre les exégètes qui la rejettent tel par ex. Salomon Zeitlin) voir Louis H. FELDMAN, « The Identity of Pollio, the Pharisee, in Josephus », *JQR* 49 (1958-59), pp. 53-62 ; VIVIANO, *Study as Worship*, p. 18. Sur les différentes opinions au sujet de cette identification voir STRACK et STEMBERGER, *Introduction to the Talmud and Midrash*, p. 71. NEUSNER (*The Rabbinic Traditions*, t. 1, p. 159) se prononce contre cette identification de Pollio avec Abṭalion. Il attire l'attention sur certains raisonnements historiques discutables qu'implique cette identification. De plus, rien dans les traditions rabbiniques sur Shema'iah et Abṭalion ne suggère une implication avec Hérode ; or une telle implication est au cœur des récits sur Pollio et/ou Samaias dans Josèphe. Autre difficulté : dans Josèphe, Samaias est le disciple de Pollio, tandis que, dans la littérature rabbinique, Shema'iah n'est jamais présenté comme disciple d'Abṭalion mais plutôt comme son collègue.

136. Sur cette question voir NEUSNER, « The Rabbinic Traditions about the Pharisees before A.D. 70 », pp. 155-172. Neusner rejette comme anachronique la théorie de Birger GERHARDSSON (*Memory and Manuscript*, ASNU 22, Lund, Gleerup, et Copenhague, Munksgaard, 1961) pour qui les pharisiens d'avant 70 ont utilisé le système de la formulation et de la transmission strictement orales que nous retrouvons plus tard chez les rabbins. Le Nouveau Testament, Josèphe et la littérature rabbinique, tous témoignent du fait que les pharisiens disposaient de traditions extrabibliques, mais nous n'avons pas d'information fiable sur la façon dont ils conservaient et transmettaient exactement ces traditions. Ils ont pu utiliser tout ensemble des moyens oraux et des moyens écrits.

137. Cette liste des citations veut être une illustration ; elle ne prétend pas être exhaustive. Elle ne signifie pas que les textes des évangiles et les passages de la Mishna et de la Tosefta discutent exactement du même point ou adoptent la même approche sur le sujet ; elle fait seulement ressortir des questions ou des matériaux semblables concernant la Loi qu'indépendamment les deux corpus attribuent aux pharisiens. De façon semblable, je ne prétends pas que nous puissions savoir avec certitude si, dans certaine occasion spécifique, Gamaliel Ier ou Siméon Ier ont prononcé les paroles mêmes ou accompli les actions précises que leur attribuent la Mishna ou la Tosefta. Il suffit que les plus anciens rabbins aient établi un rapport entre certaines affaires et les deux grandes figures dont nous savons avec beaucoup de probabilité qu'elles furent des pharisiens dans la période avant 70. (1) La minceur surprenante du nombre de sentences ou de récits attribués à Gamaliel Ier et Siméon Ier alors qu'ils furent les aïeux des chefs rabbiniques Gamaliel II et Siméon II et (2) la probabilité que certains de leurs enseignements furent supprimés parce que Gamaliel Ier et Siméon Ier penchaient pour les opinions des shammaïtes – voilà qui suggère que les enseignements, qui ont pu survivre malgré le triomphe final des hillélites, reflètent peut-être les façons de voir de ces deux pharisiens antérieurs à 70.

138. Sur la relation de Gamaliel Ier et de Siméon Ier avec la maison de Shammaï voir NEUSNER, *The Rabbinic Traditions*, pp. 344-345, 386-387. On trouvera la liste complète des sujets discutés par les deux maisons dans NEUSNER, *ibid.*, t. 2, pp. 345-353. La liste comprend aussi beaucoup d'autres points de discussion, mais on y trouve abondamment attestées toutes les questions de Loi que j'ai extraites des traditions sur Gamaliel Ier et Siméon.

139. Neusner souligne souvent la grande différence qui existe entre la description des pharisiens dans les matériaux rabbiniques, où ils sont associés à des réglementations et opinions particulières touchant la Loi *(hălākôt)*, et la description des pharisiens dans Josèphe, où ils se présentent comme une école philosophique influente (et aussi comme un parti politique) qui enseigne des doctrines spécifiques telles l'immortalité de l'âme, la résurrection des corps et la Providence de Dieu (exprimée par le terme philosophique grec de « destin »), cette Providence laissant cependant du champ à la décision et à la coopération humaines ; voir par ex. *From Politics to Piety*, pp. 66, 80 ; IDEM, « The Use of Later Rabbinic Evidence », pp. 486-487 (qui oppose également les évangiles au portrait rabbinique). À mon avis, les différences entre Josèphe et les matériaux rabbiniques peuvent s'expliquer, au moins en partie, par la grande différence quant au genre littéraire, à l'intention et aux destinataires de chaque ensemble d'œuvres ; les différences n'obligent pas à accepter la théorie suivant laquelle les pharisiens furent, au début, un parti politique mais cessèrent de l'être après l'accession d'Hérode le Grand au pouvoir. Jusqu'à un certain degré, le Nouveau Testament, fournit un moyen terme entre Josèphe et la Mishna dans la mesure où il présente les pharisiens à la fois comme défendant certaines doctrines (par ex. la résurrection) et comme observant certaines règles spéciales (par ex. sur la manducation des aliments et le paiement de la dîme).

140. Cette opinion va à l'encontre de la position de Jack Dean KINGSBURY (« The Religious Authorities in the Gospel of Mark », *NTS* 36 [1990], pp. 42-65) ; pour lui, Marc présente les divers groupes d'autorités juives comme formant un front uni contre Jésus ; Marc ne souligne pas le caractère distinctif des différents groupes. Il me semble, toutefois, que le caractère distinct des sadducéens par rapport aux pharisiens est au moins implicite chez Marc dans la façon dont il introduit les sadducéens en 12, 18, après qu'il a relaté le récit de la controverse de 12, 13-17 où sont impliqués « quelques pharisiens et quelques hérodiens ». En ouvrant la controverse suivante par l'énoncé « et viennent auprès de lui [Jésus] des sadducéens, ceux qui [*hoitines*, précisément parce qu'ils sont sadducéens] disent qu'il n'y a pas de résurrection » (12, 18), Marc dit implicitement que c'est là la caractéristique distinctive des sadducéens, qui les différencie des pharisiens mentionnés précédemment (et vraisemblablement des hérodiens). À la différence de Luc, qui généralement néglige la distinction entre le simple pronom relatif *hos* et le relatif composé *hostis*, Marc emploie sans doute *hoitines* en 12, 18 avec sa connotation qualitative et causative ; voir Max ZERWICK, *Graecitas Biblica*, 5ᵉ éd., Rome, Institut biblique, 1966, pp. 70-72, # 215-220. Nous pouvons noter également que, juste après la controverse sur la résurrection, Marc nous dit que « l'un des scribes » reconnaît en termes approbatifs que Jésus a fait une bonne réfutation de la position des sadducéen (12, 28). Ce scribe (qu'il faut sans doute voir comme un scribe pharisien, même si ce n'est pas dit) est nettement distingué des sadducéens qui viennent d'avoir le dessous. Cela implique très probablement que, tout comme Jésus, il accepte la doctrine de la résurrection des morts.

141. Dans Ac 23, 8, Luc affirme que les sadducéens rejettent non seulement la résurrection mais aussi l'existence de tout ange ou esprit, tandis que les pharisiens affirment toutes ces réalités. Nous n'avons pas d'autre témoignage dans le Nouveau Testament, Josèphe ou la littérature rabbinique ancienne disant que les sadducéens auraient nié les anges ou les esprits et il est difficile de voir comment ils auraient pu nier absolument l'existence des anges, étant donné que « l'ange du Seigneur » joue un rôle significatif dans certaines parties du Pentateuque. Sur cette question voir HAENCHEN, *Die Apostelgeschichte*, p. 567 n. 1. Peut-être Luc reflète-t-il d'une manière déformée l'idée que les sadducéens rejetaient l'explosion de la spéculation sur les anges et les démons, courante dans les cercles apocalyptiques, mystiques et magiques juifs au tournant de notre ère, alors que certains pharisiens au moins étaient ouverts à ces développements. Sur toute cette question voir l'étude sur les sadducéens dans le prochain chapitre.

142. Voir MASON, *Flavius Josephus on the Pharisees*, pp. 156-169. En réalité, il n'y a qu'une ligne bien mince qui sépare certaines conceptions sur la résurrection du corps et certaines conceptions de la réincarnation. Toutefois, le mouvement de pensée de *G. J.*, 2.8.25 § 163 suggère un passage définitif, une fois pour toutes, de l'âme d'une personne bonne dans un corps nouveau, ceci étant une forme de récompense éternelle (opposée au « châtiment éternel » que « le méchant endure »). Il y a là une différence frappante avec certaines idées au moins sur la réincarnation, qui implique souvent la possibilité de passer par une longue succession de corps nombreux, qui fait partie d'un processus de purification ou de châtiment pour celui qui va vers le but désiré d'une existence sans corps ou même de l'extinction totale de la personne humaine avec sa conscience individuelle.

143. Dans sa forme longue le texte hébreu de *m. Sanh.* 10, 1 lit à cet endroit : *hā'ômēr 'ên ṭĕhiyyat hammētîm min-hattôrā* « celui qui dit que [l'acte de] rendre-vivant [c.-à-d. la résurrection] de la mort n'est pas [susceptible d'être dérivé de…, ou démontrable] par la Torah ». Mais la prépondérance des témoins textuels de la Mishna et la vraisemblance que la leçon brève ait généré la leçon longue (plutôt que l'inverse) arguent tous deux en faveur du caractère primitif de la leçon courte, sans les deux mots de la fin *min-hattôrâ* ; il en résulte le sens suivant : « celui qui dit qu'il n'y a pas de résurrection des morts ». Pour les arguments en faveur du caractère primitif de la leçon brève voir LE MOYNE, *Les Sadducéens*, pp. 169-170 ; dans une communication privée le prof. Anthony J. Saldarini m'a également donné ses arguments en faveur de la leçon brève. Cependant les exégètes restent divisés sur la question ; Danby et Neusner reproduisent l'un et l'autre la leçon longue dans leurs traductions, mais Danby donne la leçon brève en note infrapaginale. En somme, nous ne pouvons aboutir à une entière certitude. Quand on rencontre l'idée de résurrection des morts dans ce texte, il faut se rappeler que, à cette époque, l'idée de la résurrection était un concept fluide et n'entraînait pas nécessairement une conception bien arrêtée sur ce que la résurrection pouvait être et quelle sorte de corps elle impliquait. Sur la variété des conceptions de l'immortalité et de la résurrection dans le judaïsme au tournant de notre ère, spécialement à Qumrān, voir John J. COLLINS, *Apocalypticism in the Dead Sea Scrolls*, New York/Londres, Routledge, 1997, pp. 110-129. On trouvera un bref aperçu général des différentes approches sur la mort dans l'Ancien Testament et le judaïsme ancien dans l'excursus de Günter FISCHER, « Versuche des AT zur Lösung des Todesproblems » dans sa monographie *Die himmlischen Wohnungen. Untersuchungen zu Joh 14,2f*, Europäische Hochschulschriften série 23, t. 38, Berne, Herbert Lang, et Francfort, Peter Lang, 1975, pp. 128-137.

144. Noter (1) que les sadducéens présentent un cas hypothétique basé sur ce que *Moïse a écrit* dans le Pentateuque (Dt 25, 5), l'Écriture qu'ils tenaient apparemment pour normative par-dessus toutes les autres et (2) que l'argument scripturaire de Jésus ne fait pas appel par ex. à Dn 12, 1-3. 13, qui mentionne clairement la résurrection, ni même à des textes ambigus comme Ez 37, 1-14 ; Is 25, 6-9 ou Ps 22, 27-29, qu'on pouvait théoriquement interpréter dans la perspective de la résurrection, mais plutôt à la grande épiphanie de Yahvé dans Ex 3, 6, même si cela requiert une argumentation compliquée pour aboutir à la vérité implicite de la résurrection. Pour le besoin de l'argumentation, Jésus accepte les règles de base du débat telles qu'elles sont proposées par les sadducéens. Sur Mc 12, 18-27 voir le chap. XXIX, section II.

145. Voir Mason, *Flavius Josephus on the Pharisees*, pp. 7-9.

146. Comme le fait observer James D. G. DUNN (*The Theology of Paul the Apostle*, Grand Rapids/Cambridge UK, Eerdmans, 1998, p. 716), « la foi de Paul est restée dans une large mesure la foi et la religion de ses pères – plus que ne l'ont pensé beaucoup de commentateurs ». Voir l'étude de Dunn sur « le fondement stable de la théologie de Paul » aux pp. 716-722. On trouvera différentes tentatives – certaines plus critiques que d'autres – pour décrire l'arrière-plan/substrat juif ou spécifiquement pharisien de la pensée de Paul dans H. J. SCHOEPS, *Paul. The Theology of the Apostle in the Light of Jewish Religious History*, Philadelphie, Westminster, 1961 (original allemand 1959) ; W. D. DAVIES, *Paul and Rabbinic Judaism*, éd. rev., New York/Evanston IL, Harper & Row, 1967 ; Ulrich WILCKENS, « Die Bekehrung des Paulus als religionsgeschichtliches Problem » dans *Rechtfertigung als Freiheit. Paulusstudien*, Neukirchen-Vluyn, Neukirchener Verlag, 1974, pp. 11-32 ; E. P. SANDERS, *Paul and Palestinian Judaism*, Philadelphie, Fortress, 1977 ; SEGAL, *Paul the Convert* ; HENGEL, « Der vorchristliche Paulus », pp. 177-293 ; Jürgen BECKER, *Paul Apostle to the Gentiles*, Louisville, Westminster/John Knox, 1993 (original allemand 1989), pp. 40-51 ; Karl-Wilhelm NIEBUHR, *Heidenapostel aus Israel. Die jüdische Identität des Paulus nach ihrer Darstellung in seinen Briefen*, WUNT 62, Tübingen, Mohr (Siebeck), 1992, pp. 48-57, 108-109 ; Jerome MURPHY-O'CONNOR, *Paul. A Critical Life*, Oxford, Clarendon, 1996, pp. 52-70. HENGEL (« Der vorchristliche Paulus », p. 254) veut démontrer que le pharisaïsme d'avant 70 était beaucoup plus strictement eschatologique, théocratique-politique, dualiste, prophétique-apocalyptique et mystique que les textes rabbiniques nous laissent sans doute supposer.

147. Voir par exemple les divers essais dans *Judaisms and Their Messiahs at the Turn of the Christian Era*, Jacob NEUSNER, William S. GREEN et Ernest FRERICHS éd., Cambridge, Cambridge University, 1987 ; également l'essai programmatique de James H. CHARLESWORT, « From Messianology to Christology : Problems and Prospects » dans *The Messiah. Developments in Earliest Judaism and Christianity*, James H. CHARLESWORTH éd., Minneapolis, Fortress, 1992, pp. 3-35, à côté d'autres essais détaillés du même volume.

148. Sans beaucoup d'appui dans les données concernées, certains exégètes plus anciens ont considéré, de façon peu critique, le « messianisme eschatologique » comme « un trait spécifique du pharisaïsme » (ainsi par ex. BAECK, « The Pharisees », p. 27). Aujourd'hui les exégètes parlent de façon beaucoup plus prudente de croyances messianiques chez les pharisiens et, en fait, dans le judaïsme d'avant 70 en général ; voir les essais dans James H. CHARLESWORTH éd., *The Messiah*, Minneapolis, Fortress, 1992 ; cf. John J. COLLINS, *The Scepter and the Star*, New York, Doubleday, 1995. Du fait que beaucoup d'exégètes (mais pas tous) doutent aujourd'hui de la provenance pharisienne des *Psaumes de Salomon*, nous manquons de témoin de première main sur la croyance messianique chez les pharisiens d'avant 70. Néanmoins, même si Josèphe minimise ou supprime régulièrement les références au messianisme et à l'eschatologie future de type national quand il relate les croyances juives (noter l'absence de termes de cet ordre dans son exposé sur les esséniens, par comparaison avec ce que nous savons par les manuscrits de la mer Morte), il se peut qu'il y ait un indice de croyance messianique au moins chez certains pharisiens dans l'exposé de Josèphe sur les intrigues au palais d'Hérode (*Ant.* 17.2.4 §§ 41-45). Non seulement on présente les pharisiens de la cour comme des gens qui affirment posséder des pouvoirs prophétiques qu'ils exercent en faveur de leurs patrons (certains critiques voient ici une confusion avec les esséniens), mais ils vont jusqu'à promettre à un eunuque du nom de Bagoas que, dans l'avenir, quand Hérode et ses descendants auront été chassés du trône, il recevrait le pouvoir de se marier et d'engendrer des enfants, dont l'un régnerait sur le peuple comme roi. Toutes sortes d'échos de textes de l'Ancien Testament sont sans doute derrière cette prophétie étrange (voir par ex. Is 56, 1-5), mais elle nous donne peut-être un écho déformé d'un type de messianisme pharisien de la période d'avant 70. Sur toute la question concernant les pharisiens et l'eschatologie, vue en comparaison et en contraste avec d'autres groupes juifs, voir Albert I. BAUMGARTEN, *The Flourishing of Jewish Sects in the Maccabean Era : An Interpretation*, Supplements to *JSJ* 55, Leyde, Brill, 1997, spéc. chap. 5.

149. On trouvera différentes interprétations de Ga 2, 19 dans Ernest De Witt BURTON, *The Epistle to the Galatians*, ICC, Édimbourg, Clark, 1921, pp. 132-135 ; MUSSNER, *Der Galaterbrief*, pp. 179-182 ; Hans Dieter BETZ, *Galatians*, Hermeneia, Philadelphie, Fortress, 1979, pp. 121-123 ; Frank J. MATERA, *Galatians*, Sacra Pagina 9, Collegeville MN, Liturgical Press, 1992, pp. 95-104 ; James D. G. DUNN, *The Epistle to the Galatians*, Black's NT Commentary, Peabody MA, Hendrickson, 1993, pp. 143-145.

150. MASON (*Flavius Josephus on the Pharisees*, p. 136) montre que, dans Josèphe, le « destin n'est jamais une entité suprême voire autonome ». Josèphe l'emploie souvent de façon interchangeable avec « Dieu », car « c'est simplement l'aspect exécutif de la volonté divine ». Ailleurs Josèphe désigne la même réalité du nom de « providence » (*pronoia*) ; voir par ex. *G. J.*, 1.30.5 § 593 ; 2.18.1 § 457 ; 3.8.7 § 391 ; 7.11.4 § 453 ; *Ant.* 2.5.1 § 60 ; 2.16.6 § 349. Sur *pronoia* dans les *Antiquités* de Josèphe voir Harold ATTRIDGE, *The Interpretation of Biblical History in the Antiquitates Judaicae of Flavius Josephus*, HDR 7, Missoula MT, Scholars Press, 1976, pp. 71-107, 154-165. Attridge décèle que, lorsqu'il emploie *pronoia* dans les *Antiquités*, Josèphe s'écarte quelque peu du langage plus « fataliste » de la *Guerre*. Ainsi que le signale

SMITH (« Palestinian Judaism in the First Century », pp. 79-80), Josèphe n'est pas aussi loin de la vérité que nous pourrions le penser quand il décrit différentes formes du judaïsme comme différentes écoles philosophiques. Pour un païen hellénisé, pétri de la culture syncrétiste gréco-romaine du Ier siècle de notre ère, le judaïsme devait ressembler beaucoup à une philosophie, avec des enseignements vénérables transmis dans des écoles grâce à une chaîne de succession (au moins chez les pharisiens). Au Ier siècle, *philosophia* connotait pour beaucoup de gens hellénisés non pas tellement une spéculation métaphysique abstraite sur l'être et le devenir, mais beaucoup plus une combinaison de croyances, rites et règles de conduite, ce que nous pourrions appeler une religion.

151. En dépit de l'étude très longue qu'il consacre aux esséniens dans la *Guerre* 2, Josèphe ne discute pas de leur conception du destin et du libre arbitre. Dans le contexte rhétorique de la *Guerre* 2, cela tend à faire des pharisiens, placés dans une opposition bipolaire face aux sadducéens, les partisans du pouvoir absolu du destin – une position que, toutefois, Josèphe tempère par l'affirmation que les pharisiens admettent que les humains ont « pour la plupart » leur libre arbitre pour les choix d'ordre moral. Sur cette question voir MASON, *Flavius Josephus on the Pharisees*, pp. 203-204.

152. Voir l'édition révisée de SCHÜRER, *The History of the Jewish People*, t. 2, p. 394.

153. On notera que c'est seulement dans le cas des pharisiens que les trois exposés standard de Josèphe sur les écoles juives abordent la question du destin et du libre arbitre.

154. Ainsi fort justement MASON, *Flavius Josephus on the Pharisees*, p. 152.

155. MASON (*Flavius Josephus on the Pharisees*, p. 204) fait observer que l'expression « pas toutes choses » donne presque l'impression d'une correction ciblée de la présentation de la *Guerre* 2. Mason insiste ensuite sur le fait que, sur ce point, les différences entre *Guerre* 2 et *Antiquités* 13 ne sont pas des différences majeures. Je n'en suis pas sûr. Certes, Josèphe renvoie le lecteur d'*Antiquités* 13 à la *Guerre* pour trouver un exposé plus détaillé sur les écoles. Mason argumente : « À l'évidence, Josèphe ne pense pas alors que le fait qu'il se contredise soit significatif. » On peut se rappeler que plus d'un d'exégète prolifique prétend que ce qu'il dit dans un ouvrage postérieur ne contredit pas, du moins de manière « significative », ce qu'il a dit dans un travail antérieur. Ce que l'auteur (ancien ou moderne) prétend et la réalité du fait peuvent être deux choses différentes.

156. Il me semble que cette description de ce que Josèphe dit est plus exacte que l'affirmation de MASON (*Flavius Josephus on the Pharisees*, p. 293), selon qui, dans ce troisième exposé, Josèphe abandonne le modèle du balancement équilibré *(tina... tina)* qu'il a utilisé dans *Antiquités* 13 et revient au modèle « coopération » de *Guerre* 2. Il semble plutôt tenter de propos délibéré d'opérer une « fusion » des deux exposés précédents.

157. Il se peut bien que, dans *Guerre* 2 comme dans *Antiquités* 13, Josèphe fasse du destin et du libre arbitre la question centrale qui distingue les pharisiens des sadducéens ; sur ce point voir MASON, *Flavius Josephus on the Pharisees*, p. 132. Cela nous rappelle simplement que nous ne devons pas passer trop vite et naïvement du portrait des pharisiens dans Josèphe à la réalité historique des pharisiens. Voir aussi SANDERS, *Judaism. Practice & Belief*, pp. 418-419. Comme exemple de la croyance des pharisiens au destin et au libre arbitre, on cite souvent la fameuse sentence dans *m.'Abot* 3, 15 : *hakkol ṣāpûy wĕhārĕšût nĕtûnā* (« tout [est pré]vu par Dieu, mais la liberté est donnée [à l'homme] »). Il faut noter que (1) le parallèle est créé uniquement si l'on ajoute un certain nombre de mots sous-entendus à l'aphorisme laconique,

(2) rien dans la sentence ne l'identifie comme spécifiquement pharisienne et (3) l'attribution de la sentence à Aqiba vient du contexte rédactionnel plus large (3, 13) et n'introduit par le passage même de 3, 15.

158. Dans son ouvrage plus ancien *Paul and Palestinian Judaism* (1977), SANDERS utilise spécialement les termes de « modèle *[pattern]* » ou « structure » ou « type » holistique à propos de la religion juive. Il entend par là un modèle largement présupposé, rarement explicitement discuté, qui concerne la façon dont quelqu'un « est admis » » ou « demeure » dans la communauté de l'alliance d'Israël. Dans son ouvrage plus récent, *Judaism. Practice & Belief* (1992), il tend à parler en termes de « judaïsme commun » (voir pp. 47-76). Ici il envisage davantage une liste de pratiques et de croyances variées, aux sources explicitement examinées, qui font apparaître une similitude dans le comportement et la foi chez ceux qui « demeurent » dans la communauté de l'alliance. Il ne s'agit pas pour autant de réintroduire la notion erronée de judaïsme « orthodoxe » monolithique pour la période avant 70 ou de nier la réalité de groupes rivaux avec des pratiques, des croyances et des programmes différents. C'est simplement reconnaître que, malgré toutes leurs diversités, la grande majorité des Juifs palestiniens du Ier siècle partageaient certaines pratiques et croyances religieuses essentielles. Si, au XXe siècle, en dépit de toutes les différences entre Juifs orthodoxes, conservateurs, réformés et reconstructionistes l'on peut parler de judaïsme, de même on peut parler en termes généraux de Juifs palestiniens au Ier siècle. De façon analogue, si l'on peut parler de christianisme aujourd'hui, en face des incroyables différences et désaccords sur la foi et la pratique, on peut aussi parler de christianisme au Ier siècle. Reconnaître de réelles différences à l'intérieur d'un mouvement religieux donné, ce n'est pas dénier à ce mouvement d'exister comme entité distincte et discernable.

159. C'est l'expression employée par SALDARINI, « Pharisees », p. 293. Cela correspond au rôle que la narration de Josèphe leur fait jouer aux époques de changement, de crise et de transition au niveau du gouvernement.

160. Curieusement, Irving M. ZEITLIN (*Jesus and the Judaism of His Time*, p. 14) affirme d'abord, à l'encontre de l'évidence, que les pharisiens n'étaient pas un parti politique du tout et pourtant, plus loin, il fait référence à eux comme parti. Autre affirmation étrange, il tient aussi que, durant le règne de Salomé Alexandra, les pharisiens n'exerçaient qu'une autorité religieuse et pas d'autorité politique (à l'opposé de *G. J.*, 1.5.1 §§ 105-114).

161. Des lecteurs noteront peut-être que je n'ai pas soulevé le problème controversé des *ḥăbērîm* (« compagnons », « associés »), des Juifs pieux qui se regroupaient pour observer une pureté stricte, s'imposant certaines lois sacerdotales spéciales de pureté, observant méticuleusement la loi de la dîme et partageant des repas communautaires dans une « association » ou un « compagnonnage » *(ḥăbûrā)*. Des opinions diverses ont cours chez les exégètes quant à leur identité : les *ḥăbērîm* étaient les mêmes que les pharisiens, un sous-groupe des pharisiens, un groupe qui se recouvrait en partie avec les pharisiens, ou un autre groupe de Juifs pieux qui n'était pas pharisien. On pourra trouver des opinions différentes dans BECKWITH, « The Pre-History », p. 79 ; NEUSNER, « Preface » dans *Origins of Judaism*, t. 1, p. VIII ; SANDERS, *Jesus and Judaism*, pp. 180-188 ; IDEM, *Jewish Law from Jesus to the Mishnah*, pp. 152-155 ; IDEM, *Judaism. Practice & Belief*, pp. 440-443 ; l'édition révisée de SCHÜRER, *The History of the Jewish People*, t. 2, pp. 398-399. SALDARINI (« Pharisees », p. 300) avertit que, de soi, *ḥăbērîm* signifie simplement « compagnons de quelqu'un » (par ex. habitants de la même ville, socialement proches) ; il n'implique pas nécessairement une signification technique ou une organisation spéciale. (On notera aussi que la plupart des passages mentionnant les *ḥăbērîm* que l'on cite dans la discussion semblent appartenir au IIe siècle de notre ère. À tout le moins, je pense donc qu'on ne peut probablement pas identifier simplement les pharisiens et les *ḥăbērîm* comme constituant le même corps de personnes. D'une manière générale, l'équation que l'on trouve parfois dans la bibliographie plus ancienne et qui assimile les pharisiens aux rabbins, eux-mêmes assimilés aux *ḥăbērîm*, est aujourd'hui mise en question par beaucoup d'exégètes et à juste titre. Je ne perdrai pas de temps à identifier les *ḥăbērîm* parce que, dans tous les cas, le *ḥăbērîm* n'apparaissent pas dans les matériaux du Nouveau Testament sous quelque terme grec équivalent ; nous ne les connaissons que par les sources rabbiniques. Par conséquent, la question de la relation du Jésus historique avec les *ḥăbērîm* n'est pas posée. Si, *de facto*, il eut affaire à quelques-uns d'entre eux, ce fut parce qu'ils se trouvaient aussi être des pharisiens.

162. On trouvera une étude sur Jésus et les pharisiens dans les quatre évangiles, péricope par péricope, dans Wolfgang BEILNER, *Christus und die Pharisäer*, Vienne, Herder, 1959. Les pharisiens ont été étudiés par des spécialistes pour chacun des évangiles ; pour Matthieu voir les travaux de Strecker, Hummel et Kingsbury ; pour Marc voir Dewey et Kingsbury ; pour Luc voir Carroll ; pour Jean voir von Wahlde.

163. Sur ce récit voir *Un certain Juif, Jésus*, t. 2, pp. 496-497.

164. DEWEY, *Markan Public Debate*.

165. Voir *Un certain Juif, Jésus*, t. 2, pp. 986-987 n. 195. Pour la péricope dans ses formes rédactionnelle et primitive voir pp. 362-376.

166. Sur le récit comme ensemble et pour l'identification des adversaires voir *Un certain Juif, Jésus*, t. 2, pp. 499-502.

167. La classification soit de l'ensemble de Mc 3, 6 soit de la mention des pharisiens comme rédactionnels enjambe tout le spectre exégétique, du sceptique (BULTMANN, *Geschichte*, p. 54 [*Histoire*, p. 73]) en passant par le modéré (SCHWEIZER, *Das Evangelium nach Markus*, NTD 1, 12e éd., Göttingen, Vandenhoeck & Ruprecht, 1968, p. 40) au conservateur (GUELICH, *Mark 1-8:26*, p. 139). Conformément à sa thèse d'un Marc rédacteur conservateur, PESCH (*Das Markusevangelium*, t. 1, p. 188) attribue 3, 6 et les pharisiens à une collection prémarcienne de récits de controverse qui va de 2, 1 à 3, 6. C'est simplement repousser la question d'un cran. Les pharisiens étaient-ils un élément primitif de l'unité séparée 3, 6 ou furent-ils ajoutés par le collecteur de traditions prémarcien ?

168. Dans le Nouveau Testament la constellation « les pharisiens et les hérodiens » ou « les pharisiens… avec les hérodiens » ne se trouve que dans ces deux versets de Marc. Mt 22, 16, qui réécrit Mc 12, 13, dit de façon plus diffuse : « Ils [les pharisiens] lui [à Jésus] envoient leurs disciples avec les hérodiens. » Cela épuise, pour le Nouveau Testament, les occurrences des « hérodiens », qui font l'objet de beaucoup de discussions. Voir chap. XXX, section IV.

169. Sur la relation compliquée entre Matthieu 23 et Luc 11 et sur les différentes opinions concernant la partie du matériau qui se trouvait primitivement dans Q voir KLOPPENBORG, *Q Parallels*, pp. 106-115. Sur l'histoire complexe de la tradition des malédictions voir KLOPPENBORG, *The Formation of Q*, pp. 139-148 ; CATCHPOLE, *The Quest for Q*, pp. 256-262. Sur la rédaction matthéenne du matériau voir Donald A. HAGNER, *Matthew*, Word Biblical Commentary 33A et 33B, Dallas, Word, 1993 et 1995, t. 2, pp. 653-673. Sur la rédaction de Luc voir FITZMYER, *The Gospel According to Luke*, t. 2, pp. 941-953. Dans l'esprit de Luc, les « légistes » *(nomikoi)* et les « docteurs de la Loi » *(nomodidaskaloi)* sont probablement les mêmes que les « scribes » *(grammateis)* ; cf. Lc 11, 53 (« les scribes et les pharisiens ») à la fin des malédictions à l'adresse des pharisiens et des légistes ; 5, 17 (« pharisiens et docteurs de la Loi ») + 5, 21 (« les scribes et les pharisiens ») ; 20, 46-47 (qui mentionne « les scribes » mais rappelle les malédictions contre les légistes du chap. 11). Parmi les évangélistes, le terme *nomikos* est pratiquement propre à Luc ; la seule autre occurrence dans les évangiles pourrait être Mt 22, 35, mais son attestation est incertaine du fait des variantes des manuscrits. Dans les évangiles, le nom composé *nomodidaskalos* ne se trouve que dans Luc.

170. De manière conséquente, l'évangile de Jean ne mentionne jamais les sadducéens ni, d'ailleurs, les scribes *(grammateis)*, légistes *(nomikoi)* ou docteurs de la Loi *(nomodidaskaloi)*.

171. Que Matthieu et Jean, tous deux indépendamment l'un de l'autre, aient choisi les pharisiens comme symbole et substitut du mouvement rabbinique primitif contre lequel ils sont en lutte est de soi un bon argument en faveur de la présence importante et de l'influence des pharisiens dans le mouvement rabbinique naissant à la fin du Ier siècle.

172. Sur l'affirmation globale de la réputation de thaumaturge du Jésus historique voir *Un certain Juif, Jésus*, t. 2, pp. 457-474. Pour l'étude des récits de miracles individuels voir *ibid.*, pp. 475-754.

173. Il s'agit ici d'un argument à partir d'indicateurs convergents : (1) certains sujets que nous avons déjà identifiés comme des problèmes caractéristiques des pharisiens (2) se trouvent aussi dans des péricopes où Jésus entre en rapports avec les pharisiens (3) et ces sujets bénéficient parfois d'une attestation multiple des sources et/ou des formes (par ex. l'enseignement de Jésus sur le divorce).

174. Sur l'eschatologie présente-mais-future de Jésus voir *Un certain Juif, Jésus*, t. 2, pp. 189-381 avec les notes afférentes ; pour la signification eschatologique de ses miracles, *ibid.*, t. 2, pp. 311-318 et 319-343 ; sur le célibat de Jésus, *ibid.*, t. 1, pp. 203-217 ; sur le rejet du jeûne volontaire, *ibid.*, t. 2, pp. 362-376.

175. Dans les manuscrits de la mer Morte on trouve un certain nombre de fois une expression que l'on interprète souvent comme désignant les pharisiens ; « ceux qui recherchent les choses flatteuses » (*dōrĕšê [ha]ḥălāqôt* ; voir *1QH* 2, 15. 32 ; *4QpNah* 1, 2. 7 ; 2, 2. 4 ; 3, 3. 6-7 [= numérotation de la Pléiade : II, 7 ; III, 2. 4 ; IV, 3. 7] ; cf. *CD* 1, 18). SALDARINI (« Pharisees », p. 301) pense plutôt que cette expression renvoie à une large coalition opposée à Alexandre Jannée ; elle aurait inclus, mais sans s'identifier avec eux, les pharisiens. Certains auteurs voient même des références plus larges aux pharisiens à Qumrān : par ex. « Éphraïm » employé comme mot codé pour désigner les pharisiens, « les bâtisseurs du mur [ou : de la barrière] » (*bōnê haḥayiṣ* ; voir *CD* 4, 19 ; 8, 12. 18), ou les opposants anonymes mentionnés dans le document dit *Lettre halakhique (4MMT)*. C'est l'opinion proposée par SCHIFFMAN dans « The Sadducean Origins of the Dead Sea Scroll Sect », pp. 35-49, spéc. pp. 41-42. À cette opinion, qui voit les qumraniens non pas comme des esséniens mais comme des sadducéens, s'est opposé, à juste titre selon moi, VANDERKAM, « The People of the Dead Sea Scrolls : Essenes or Sadducees ? », pp. 50-62. On trouvera une formulation plus récente de l'opinion de SCHIFFMAN dans son étude « The Qumran Scrolls and Rabbinic Judaism », dans *The Dead Sea Scrolls after Fifty Years. A Comprehensive Assessment* (2 vols., Peter W. FLINT et James C. VANDERKAM éd., Leyde, Brill, 1999, t. 2, pp. 552-571, spéc. p. 559 n. 24) : « … Il faut situer les origines de Qumrān dans un groupe de sadducéens. » En tout cas, plus que beaucoup d'autres, j'hésite à identifier divers mots-codes dans les manuscrits de la mer Morte comme désignant les pharisiens ; en cela je suis d'accord avec COHEN qui suggère « qu'il vaut mieux laisser aux cryptanalystes de la CIA » le soin de déchiffrer les labels symboliques de Qumrān (*Des Maccabées à la Mishna*, p. 153). En conséquence, je n'ai pas inclus les manuscrits de la mer Morte parmi les sources principales de nos connaissances concernant les pharisiens à côté du Nouveau Testament, de Josèphe et des textes rabbiniques anciens.

176. Voir Neusner, « Sanders's Pharisees and Mine », pp. 247-273, spéc. p. 258. Neusner note le désaccord entre, d'une part, les relations rabbiniques qui rapportent des confrontations âpres entre les maisons et, d'autre part, l'affirmation de Josèphe d'après laquelle les pharisiens se distinguaient des sadducéens parce que les pharisiens avaient de l'attachement les uns pour les autres. Sur cette question voir Sanders, *Jewish Law from Jesus to the Mishnah*, pp. 87-89. Quand on a affaire aux traditions rabbiniques plus tardives, il faut faire la part de l'exagération rhétorique et des tendances à la légende. Je doute beaucoup qu'avant 70 les adeptes de Hillel et de Shammaï se soient réellement entretués ou se soient infligés de graves blessures physiques les uns aux autres à cause de leurs disputes d'école sur les questions pointues de la Torah.

177. Même quand les évangiles de Matthieu et de Jean relient les pharisiens au récit de la passion, ils les placent au tout début ou à la fin du récit ; voir Jn 18, 3 ; Mt 27, 62. Même ces traditions secondaires, qui ne peuvent guère prétendre représenter les événements historiques originaux, ne placent jamais les pharisiens au cœur de l'action, le procès et l'exécution de Jésus.

178. Je souligne les pharisiens *en tant que groupe*. Il est possible que des scribes ou des fonctionnaires voire des prêtres conseillers du grand prêtre aient pu être des pharisiens – quoique cela ne soit dit nulle part –, mais nous n'avons aucune indication disant que les pharisiens ont agi comme un groupe dans le récit de la passion à proprement parler.

NOTES DU CHAPITRE XXIX

1. On trouvera une discussion détaillée des sources, des textes et des matériaux bibliographiques sur les sadducéens dans LE MOYNE, *Les Sadducéens*. Autres ouvrages et articles traitant des sadducéens ou touchant cette question : LAUTERBACH, « A Significant Controversy », pp. 1-33 ; S. W. BARON, *A Social and Religious History of the Jews*, 2 vol., 2e éd., New York, Columbia University, 1952, t. 2, pp. 36-44 ; Robert NORTH, « The Qumran "Sadducees" », *CBQ* 17 (1955), pp. 164-188 ; A. C. SUNDBERG, « Sadducees » dans *IDB* 4, pp. 160-163 ; Victor EPPSTEIN, « When and How the Sadducees Were Excommunicated », *JBL* 85 (1966), pp. 213-224 ; DAVIES, *Introduction to Pharisaism*, pp. 12-13, 24 ; Clemens THOMA, « Auswirkungen des jüdischen Krieges gegen Rom (66-70/73 n. Chr.) auf das rabbinische Judentum », *BZ* p. 12 (1968), pp. 30-54 ; Joachim JEREMIAS, *Jérusalem au temps de Jésus*, Études annexes de la BJ, Paris, Cerf, 1967, pp. 309-313, 353-356 ; Samuel SANDMEL, *The First Christian Century in Judaism and Christianity : Certainties and Uncertainties*, New York, Oxford University, 1969 ; Alexander GUTTMANN, *Rabbinic Judaism in the Making*, Detroit, Wayne State University, 1970, pp. 127-132 ; Rudolf MEYER, *« Saddoukaios »*, *TDNT* 7 (1971), pp. 35-54 ; BOWKER, *Jesus and the Pharisees*, pp. 8-12 ; Günther BAUMBACH, « Der sadduzäische Konservativismus » dans *Literatur und Religion des Frühjudentums*, Würzburg, Echter/Mohn, 1973, pp. 201-213 ; IDEM, « Das Sadduzäerverständnis bei Josephus Flavius und im Neuen Testament », *Kairos* 13 (1971), pp. 17-37 ; M. STERN, « Aspects of Jewish Society : The Priesthood and Other Classes » dans *The Jewish People in the First Century. Volume Two*, pp. 561-630 ; Karlheinz MÜLLER, « Jesus und die Sadduzäer » dans *Biblische Randbemerkungen*, Rudolf Schnackenburg Festschrift, 2e éd., Helmut MERKLEIN et Joachim LANGE, Würzburg, Echter, 1974, pp. 3-24 ; Gillis GERLEMAN, « Das übervolle Mass. Ein Versuch mit *haesaed* », *VT* 28 (1978), pp. 151-164 ; l'édition révisée de SCHÜRER, *History of the Jewish People*, t. 2, pp. 404-414 ; Ernst BAMMEL, « Sadduzäer und Sadokiden », *ETL* 55 (1979), pp. 107-115 ; BECKWITH, « The Pre-History », pp. 57-100 ; COHEN, *From the Maccabees to the Mishnah*, pp. 143-164 ; Otto SCHWANKL, *Die Sadduzäerfrage (Mk 2, 18-27 parr)*, BBB 66, Frankfurt, Athenäum, 1987, pp. 14-62 ; SALDARINI, *Pharisees, Scribes and Sadducees*, pp. 79-237, 298-308 ; IDEM, « Sadducees » dans *The HarperCollins Bible Dictionary*, Paul J. ACHTEMEIER éd., San Francisco, HarperSanFrancisco, 1996, pp. 957-958 ; David DAUBE, « On Acts 23 : Sadducees and Angels », *JBL* 109 (1990), pp. 493-497 ; SCHWARTZ, *Josephus and Judaean Politics*, pp. 58-109 ; Gary G. PORTON, « Sadducees » dans *Anchor Bible Dictionary*, t. 5, pp. 892-895 ; SANDERS, *Judaism. Practice & Belief*, pp. 317-340 ; GRABBE, *Judaism from Cyrus to Hadrian. Volume Two*, pp. 484-487 ; FELDMAN, « Josephus' Portrayal of the Hasmoneans », pp. 41-68.

2. Aussi cette étude sur les sadducéens ne répétera-t-elle pas tout l'ensemble des références aux textes du Nouveau Testament, de Josèphe et de la littérature rabbinique que nous avons données au chapitre XXVIII ; on ne retiendra ici que les références clés.

3. Sur la difficulté d'une recherche sur les sadducéens voir MÜLLER, « Jesus und die Sadduzäer », pp. 3-6. Un bon exemple du caractère limité de notre connaissance est l'incertitude sur la prononciation primitive du nom « sadducéen » en hébreu ; pour les données philologiques essentielles voir NORTH, « The Qumrân "Sadducees" », p. 164-188 ; MEYER, « *Saddoukaios* », pp. 35-36 ; LE MOYNE, *Les Sadducéens*, pp. 155-157. Le plus ancien texte hébreu à mentionner les sadducéens est la Mishna (env. 200 apr. JC). Là nous trouvons, dans le texte primitif non vocalisé, l'orthographe *ṣdwqyn* (ou *ṣdwqym*) au masculin pluriel ; le masculin singulier *ṣdwqy* est rare ; les correspondants au féminin singulier et pluriel sont respectivement *ṣdwqyt* (ou *ṣdwqh*) et *ṣdwqywt*. Il y a quelque discussion sur la vocalisation originale et donc sur la prononciation exacte des différentes formes. Certains exégètes suggèrent que la forme primitive masculin singulier (un adjectif qui indique une origine ou un rattachement) était *ṣĕdûqî* ; la lettre daleth (d) aurait été redoublée (« gémination seconde ») pour devenir *ṣaddûqî*, la forme plus tardive communément employée. C'est certes une possibilité mais il n'existe aucune attestation d'une telle forme primitive pour la période ancienne ; par moments, cependant, des auteurs modernes utilisent cette vocalisation. Les trois évangiles, les Actes et Josèphe – on ne trouve aucun exemple du nom dans les pseudépigraphes de l'Ancien Testament écrits en grec – attestent tous le nom grec *Saddoukaioi* (tous emploient le nom uniquement au pluriel). Le nom grec est probablement dérivé de l'hypothétique forme araméenne *ṣaddûqay* (état absolu masculin singulier ; jusqu'ici on n'a pas trouvé d'exemple du mot en araméen venant environ du tournant de notre ère). Par conséquent le grec *saddoukaioi* nous donne une attestation indirecte de la prononciation de la forme hébraïque *ṣaddûqîn*. La chose à une certaine importance quand il est question de l'étymologie et du sens primitif du terme ; sur cela voir ci-dessous.

4. D'autres passages de Luc sont plus ambigus. Par exemple, un pharisien invite Jésus à manger avec lui (Lc 7, 36-50), mais l'attitude de ce pharisien envers la femme pécheresse et l'accueil que Jésus réserve à celle-ci le placent sous un jour défavorable. L'intention des pharisiens quand ils poussent Jésus à fuir la Galilée parce que Hérode Antipas cherche à le tuer (Lc 13, 31) a été interprétée par les exégètes de deux façons, positive et négative. Dans Ac 15, 5 on parle de pharisiens devenus chrétiens mais ils apparaissent comme des perturbateurs. Dans tous ces épisodes rapportés par Luc, il faut naturellement faire la part de sa théologie rédactionnelle.

5. Voir Jacob NEUSNER, *The Idea of Purity in Ancient Judaism*, SJLA 1, Leyde, Brill, 1973, p. 112. LE MOYNE (*Les Sadducéens*, pp. 46, 59) pense que l'antipathie de Josèphe pour les sadducéens explique peut-être pourquoi ils sont presque invisibles comme groupe dans sa narration, exception faite des trois descriptions standard des écoles juives. On trouvera un aperçu de l'ensemble des passages où les évangiles et les Actes traitent des sadducéens dans LE MOYNE, *Les Sadducéens*, pp. 121-135 ; SALDARINI, *Pharisees, Scribes and Sadducees*, pp. 144-198.

6. Curieusement LE MOYNE (*Les Sadducéens*, p. 321) insiste pour dire qu'il dût y avoir une littérature sadducéenne qui a totalement disparu après 70 apr. JC. Mais comment pouvons-nous le savoir ?

7. SALDARINI, *Pharisees, Scribes and Sadducees*, p. 226.

8. De manière peu critique MEYER (« *Saddoukaios* », p. 46) attribue cette vision relativement tardive des sadducéens à la tradition rabbinique en général. Cela ne tient pas pour ce qui est de la Mishna.

9. Sur l'ensemble de la question de la censure des textes rabbiniques mentionnant les sadducéens voir LE MOYNE, *Les Sadducéens*, pp. 95-102 ; SALDARINI, *Pharisees, Scribes and Sadducees*, p. 226.

10. Le problème est réglé pour ceux qui pensent que, par moment, dans la littérature rabbinique, *ṣaddûqîn* renvoie non pas aux sadducéens, à l'aristocratie sacerdotale et laïque de Jérusalem, mais plutôt à ces « fils de Sadoq » que sont les esséniens et qumraniens mentionnés dans les manuscrits de la mer Morte. Pour ma part, je reste sceptique quant à cette suggestion, bien qu'on ne puisse en écarter entièrement la possibilité.

11. Sur les boéthusiens voir LE MOYNE, *Les Sadducéens*, pp. 332-340 (sur leur histoire et identité), 177-198 (sur leurs opinions en matière de loi) ; SALDARINI, *Pharisees, Scribes and Sadducees*, pp. 226-228 ; GRABBE, *Judaism from Cyrus to Hadrian. Volume Two*, p. 486. Selon le point de vue de Saldarini (p. 227), le mélange des sadducéens et des boéthusiens et la confusion des uns avec les autres suggèrent que les auteurs de la littérature rabbinique « n'ont pas compris les réalités du Ier siècle et ont ainsi jeté le doute sur la fiabilité de tous les textes sur les sadducéens et les boéthusiens ». Je ne m'arrête pas beaucoup aux boéthusiens pour deux raisons : (1) Étant donné qu'ils ne sont mentionnés par aucun auteur du Ier siècle, toute tentative de les identifier ne peut que demeurer hautement spéculative. (2) Notre problématique concerne « Jésus en relation avec » différents groupes juifs ; or on ne présente jamais Jésus entrant en contact avec les boéthusiens ; de ce fait une étude circonstanciée des boéthusiens est hors de propos pour notre but. On esquissera ci-dessous une hypothèse sur les relations des boéthusiens avec les pharisiens.

12. Ici je diffère notablement de l'approche de LE MOYNE dans *Les Sadducéens*, l'étude circonstanciée qu'il consacre aux sadducéens. Alors que son ouvrage est une mine de textes et d'informations et que Le Moyne rejette manifestement les légendes tardives, il lui manque une position critique convaincante. Le Moyne va et vient trop rapidement de la Mishna et de la Tosefta aux deux Talmuds, en y mêlant d'autres œuvres rabbiniques en cours de route.

13. La présentation des sadducéens couplés avec les pharisiens dans Mt 3, 7 et 16, 1. 6. 11-12 est presque certainement une création rédactionnelle de Matthieu car (1) l'expression « pharisiens et sadducéens » ne se trouve, dans le Nouveau Testament, que dans Matthieu et (2) la présence des sadducéens aux chapitres 3 et 16 est clairement due à la réécriture matthéenne des traditions de Q et de Marc où ils ne figurent pas (cf. Lc 3, 7-9 [le public c'est simplement « les foules qui venaient se faire baptiser » par Jean] et Mc 8, 11-21 [les adversaires sont les pharisiens et Hérode]). Sur cette question voir MÜLLER, « Jesus und die Sadduzäer », p. 6 n. 6 ; et aussi MEYER (« *Saddoukaios* », p. 52), qui fait remarquer que, si Matthieu emploie le terme *Saddoukaios* plus que Marc, il semble « aussi plus loin de la réalité historique [que Marc] ». Certes, comme le fait observer SALDARINI (*Pharisees, Scribes and Sadducees*, pp. 157-173), une alliance ou une coalition des pharisiens et des sadducéens contre une nouvelle faction centrée autour de Jésus ne serait pas chose impensable. Mais Saldarini n'aborde nulle part en détail les rapports intersynoptiques dont il résulte que les données de ces textes de Matthieu sont simplement la réécriture de Marc par Matthieu dans la ligne de ses propres intentions théologiques. À mon avis, l'association des pharisiens et des sadducéens sous la rubrique de leur enseignement commun (Mt 16, 12) reflète la présentation théologique propre à Matthieu qui aligne différents groupes juifs comme faisant un front uni contre le Baptiste et Jésus. Dès lors que l'on omet ces additions rédactionnelles de Matthieu, la présence des sadducéens dans les évangiles se réduit au récit marcien de la controverse sur la résurrection des morts.

14. Cette brève esquisse présuppose l'encadrement historique plus large présenté au chapitre XXVIII.

15. Voir l'édition révisée de SCHÜRER, *The History of the Jewish People*, t. 2, p. 413.

16. Voir STERN, « Aspects of Jewish Society », pp. 570, 604-605 ; BOWKER, *Jesus and the Pharisees*, pp. 10-11 ; SANDERS, *Judaism. Practice & Belief*, p. 319. Il est significatif que, pour la première nomination qu'il fit à la charge de grand prêtre, Hérode le Grand ait rompu avec la tradition (plus récente) et qu'il ait cherché en dehors de la famille hasmonéenne en choisissant Hananel, un Babylonien (ainsi *Ant.* 15.3.1 § 40 ; quoique *m. Para* 3, 5 affirme qu'il venait d'Égypte ; voir LE MOYNE, *Les Sadducéens*, p. 391 n. 4 ; MEYER, *« Saddoukaios »*, p. 45), qui présida de 37 à 35 av. JC (Aristobule III représente l'unique expérience faite par Hérode pour nommer un grand prêtre hasmonéen ; il n'a pu présider que pendant une année, en 36 av. JC, puis cet adolescent à la popularité funeste trouva une mort très prématurée quoique soigneusement arrangée. Durant la fête des tentes au Temple, les foules avaient manifesté un grand enthousiasme pour Aristobule ; après quoi Hérode fit noyer ce grand prêtre, nouvellement installé, dans une piscine de son palais à Jéricho et il fit croire que cette mort était un accident tragique survenu au moment où le jeune homme jouait avec des amis dans la piscine ; voir *Ant.* 15.2.5 § 23 – 15.3.3 § 56.) Un grand prêtre hérodien, Simon, fils de Boéthus, dont la famille était originaire d'Alexandrie en Égypte, jouit d'une durée de fonction plus longue. Hérode voulant épouser la fille de Simon, Mariamme II, nomma le père de celle-ci grand prêtre, ce qui signifiait donner immédiatement un rang à la famille. (Il est probable que Simon était le père de Mariamme et le grand prêtre nommé par Hérode [ainsi *Ant.* 15.9.3 §§ 320-322 ; 17.4.2 § 78 ; 18.5.1 § 109 ; voir cependant l'énoncé confus de 19.6.2 § 297] ; cependant certains critiques pensent que c'est Boéthus lui-même qui était le père de Mariamme et le grand prêtre désigné par Hérode, Simon, quant à lui, étant le frère de Mariamme.) Certains exégètes (par ex. Le Moyne, Meyer) avancent l'idée que Hananel et Boéthus appartenaient tous les deux à la vieille lignée sadoqite : Hananel descendait des grands prêtres qui n'étaient pas retournés en Palestine après l'exil, et Boéthus se rattachait à Onias IV (ou Onias III, voir LE MOYNE, p. 66), un prêtre sadoqite légitime qui avait fui en Égypte pendant les réformes hellénisantes d'Antiochos IV et avait fondé le temple de Léontopolis. Suggestion spéculative certes, mais elle pourrait contribuer à clarifier le déroulement des événements. (1) En nommant Hananel et Simon, Hérode non seulement choisissait à l'extérieur de la famille des hasmonéens mais cherchait à marginaliser voire délégitimer les prêtres hasmonéens par l'installation de prêtres sadoqites conservateurs ; il délivrait en même temps un message de propagande pas tellement subtil en montrant que Hérode, l'homme de la reconstruction du temple de Jérusalem et le vrai roi des Juifs, remplaçait les usurpateurs par des grands prêtres légitimes qui ne revendiquaient pas la royauté. Il a peut-être voulu installer aussi un contrepoids aux sadducéens en introduisant des familles de descendance sadoqite qui pouvaient prétendre qu'elles n'avaient pas été compromises d'abord par les tenants de l'hellénisation puis par les hasmonéens. (2) Si la famille des boéthusiens était sadoqite, on peut comprendre pourquoi, au temps du gouvernement direct par Rome, des prêtres de cette famille (les boéthusiens de la littérature rabbinique) ont pu s'associer d'abord aux sadducéens : tous deux se considéraient comme les descendants ou les partisans des « fils de Sadoq », les grands prêtres traditionalistes légitimes. Ils avaient toute raison de faire front commun contre les restes de la famille des hasmonéens et les pharisiens. Au fil du temps, une alliance a pu se constituer entre les deux groupes. Cela peut expliquer pourquoi boéthusiens et sadducéens sont interchangeables dans la littérature rabbinique qui tend à les assimiler : les deux prétendaient descendre de Sadoq et étaient, de ce fait, disposés à faire alliance entre eux (mariage compris), laissant ainsi les prêtres hasmonéens en plan. Il est certes difficile d'obtenir des détails, mais il se peut très bien qu'entre eux les groupes boéthusiens et sadducéens aient fourni la plupart des grands prêtres sous le gouvernement direct de Rome. Il faut cependant le souligner et le répéter, cela ne signifie pas que les sadducéens et leurs alliés étaient simplement et uniquement des prêtres. Les vieilles familles aristocratiques traditionalistes, qui regardaient les hasmonéens et les hérodiens tout ensemble comme des parvenus, ont tout naturellement dû se sentir attirées vers les familles de prêtres traditionalistes elles aussi. Sur l'ensemble de la question des relations entre les aristocrates et les sadducéens voir SANDERS, *Judaism. Practice & Belief*, pp. 317-340. Au sujet des théories sur la relation des boéthusiens avec les sadducéens voir LE MOYNE, pp. 337-339. SALDARINI (*Pharisees, Scribes and Sadducees*, p. 228) considère comme « très discutable » la théorie de Le Moyne pour qui les boéthusiens étaient un sous-groupe des sadducéens et peut-être identiques aux hérodiens. En tout cas, on ne voit pas pour quelle raison des Juifs pieux auraient rejeté tel ou tel grand prêtre simplement parce qu'il avait été désigné par Hérode. Les Écritures juives n'indiquent pas que tel ou tel fonctionnaire était lui seul habilité à désigner un grand prêtre. À différents moments de l'histoire d'Israël, divers monarques et fonctionnaires, Juifs comme païens, ont, en fait, désigné le grand prêtre. Certes la nouvelle politique d'Hérode le Grand et des gouverneurs romains, qui favorisait de fréquents changements des grands prêtres, a pu affaiblir le respect pour la fonction, mais nous n'avons aucun témoin attestant que la plupart des Juifs de Palestine aient refusé la légitimité de tel ou tel grand prêtre simplement parce qu'il était désigné par Hérode le Grand ou par un gouverneur romain. La descendance légitime devait être le facteur déterminant.

17. JEREMIAS (*Jérusalem au temps de Jésus*, Études annexes de la B.J., Paris, Cerf, 1967, p. 313) fait une lecture des sources tout à fait erronée, quand il prétend que les sadducéens virent décliner leur importance politique au cours de la première moitié du Ier siècle de notre ère. Voir à l'opposé *Ant.* 20.10.5 § 251 ; SCHWARTZ, *Josephus and Judaean Politics*, p. 61.

18. LE MOYNE (*Les Sadducéens*, pp. 393-394) pense que trois événements pourraient suggérer que, durant la période du gouvernement direct de Rome et du gouvernement d'Agrippa Ier (41-44 apr. JC), la justice pénale était administrée à Jérusalem suivant la *hălākâ* sadducéenne : (1) l'incident de la femme prise en flagrant délit d'adultère (Jn 5, 53 – 8, 11), (2) la lapidation d'Étienne, l'un des sept chefs hellénistes de l'Église de Jérusalem (Ac 7, 54-60) et (3) le cas de la fille d'un prêtre qui, jugée coupable de débauche, fut brûlée vive (voir *m. Sanh.* 7, 2 ; *t. Sanh.* 9, 11 ; cf. Lv 21, 9). C'est possible, mais il nous faut reconnaître un certain nombre de problèmes : (1) Tous les exégètes n'admettent pas que ces cas reflètent tous les trois des événements historiques. (2) Les deux premiers ont pu être des cas de « justice de rue » infligée à des individus par un lynchage de la foule – cela d'autant plus si, comme il semble vraisemblable, les cours juives de Jérusalem étaient privées durant cette période du pouvoir d'infliger la peine capitale.

19. Comme nous l'avons vu au chapitre XXVIII, la délégation envoyée à Josèphe en Galilée pour le relever de son commandement comprenait un prêtre pharisien du nom de Jozar et deux pharisiens laïcs appartenant au peuple ordinaire, Jonathan et Ananias (*Autobiographie* 39 § 197). De l'avènement des hasmonéens à la destruction de Jérusalem, un seul grand prêtre peut être désigné comme pharisien, à savoir Jean Hyrcan dans les premières années de son règne, à l'époque où il favorisait les pharisiens. Il est difficile de savoir ce que pouvait signifier « être un pharisien » dans les premiers temps du mouvement pharisien, spécialement s'agissant d'un monarque qui devait souvent conduire des mercenaires païens dans une guerre contre d'autres païens. Quant à Hyrcan II, c'était apparemment (si nous en croyons Josèphe) une personnalité tellement faible et facile à manipuler qu'on ne peut guère l'imaginer fermement ancré dans quelque camp de par son propre choix.

20. GOODMAN (*The Ruling Class*, p. 83) dit que la destruction du Temple « vit la fin des sadducéens ». Il faut en même temps souligner qu'individuellement des prêtres – et donc peut-être individuellement des sadducéens – ont survécu au désastre de 70 apr. JC et se sont trouvés dans le mouvement rabbinique naissant en Palestine. Des exégètes avancent l'idée qu'il existait un lien secret direct entre les sadducéens et le groupe juif du Moyen Âge connu sous le nom de karaïtes, qui s'opposait au judaïsme rabbinique et rejetait le Talmud. En théorie il est possible qu'après 70 apr. JC des Juifs aient continué en privé à lire les œuvres des sadducéens et que cette pratique ait conduit en fin de compte à l'émergence du karaïsme au VIII-IXe siècle de notre ère ; mais nous n'avons aucun témoignage sûr d'un tel lien ni même, en fait, d'œuvres écrites des sadducéens. Voir SANDMEL, *The First Christian Century*, p. 95 n. 1 ; LE MOYNE, *Les Sadducéens*, pp. 137-141.

21. Ainsi STERN, « Aspects of Jewish Society », p. 610. Comme le fait observer LE MOYNE (*Les Sadducéens*, p. 44), il est quelque peu étonnant que, dans ses trois descriptions standard des écoles juives, Josèphe ne mentionne nulle part des prêtres ou des grands prêtres comme étant des membres importants du groupe sadducéen ; bien plus, il n'y a qu'un seul grand prêtre (Ananus [Anān] ben Ananus) que Josèphe désigne explicitement comme un sadducéen, quand il décrit la période du gouvernement direct de Rome. Fort sagement, Le Moyne met en garde contre un argument *a silentio*. Lorsqu'il décrit les trois écoles dans la *Guerre des Juifs*, Josèphe réserve sa description la plus longue et la plus élogieuse aux esséniens ; or il ne mentionne jamais de prêtres comme élément important de leur mouvement. La littérature de Qumrān nous apprend le contraire. Le silence de Josèphe se rattacherait-il au fait qu'il était un prêtre de lignée hasmonéenne et non pas un prêtre soit sadducéen soit essénien de lignée sadoqite ?

22. SANDERS (*Judaism. Practice & Belief*, p. 329) pense que, dans Josèphe, les aristocrates laïcs sont appelés « les puissants » *(dynatoi)* ou « les notables » *(gnōrimoi)* et, dans le Nouveau Testament, « les anciens » *(prebyteroi)*. Suivant l'opinion de Sanders, des termes comme « les premiers [ou : les dirigeants] » *(prōtoi)*, les « chefs » ou « les magistrats » *(archontes)* et « les leaders » ou « les haut placés » *(hoi en telei)* désignent aussi bien les chefs prêtres que les chefs laïcs.

23. Sadoq et Abiathar servaient tous deux David comme prêtres (2 S 20, 25) au Xe siècle av. JC Abiathar commit l'erreur tactique de soutenir le fils de David Adonias dans la lutte pour la succession au trône, tandis que Sadoq apporta son soutien à Salomon (1 R 1). Quand Salomon prit la succession et devint le nouveau roi, il bannit Abiathar (1 R 2, 27) et Sadoq devint le chef des prêtres au service de Salomon, sans avoir de rival.

Même les exégètes, qui refusent de dériver le nom de sadducéens *(ṣaddûqîn)* du prêtre Sadoq *(ṣādôq)*, admettent que c'est l'opinion commune, et, à mon avis, c'est l'opinion correcte ; en faveur d'une dérivation de Sadoq voir par ex. l'édition révisée de SCHÜRER, *The History of the Jewish People*, t. 2, p. 413 ; COHEN, *From the Maccabees to the Mishnah*, p. 159 ; SANDERS, *Judaism. Practice & Belief*, p. 25. Abstraction faite de théories invraisemblables ou fantasques (à leur sujet voir LE MOYNE, *Les Sadducéens*, p. 159), la principale théorie rivale consiste à dériver le nom de l'adjectif hébreu *ṣaddîq* (« juste », « droit »). Elle fut adoptée par un certain nombre de Pères de l'Église, dont Épiphane et Jérôme. Elle peut s'appuyer sur le double daleth *(d)* comme consonne centrale. Mais presque tous les exégètes (par ex. SUNDBERG, « Sadducees », p. 160 ; SALDARINI, *Pharisees, Scribes and Sadducees*, p. 226 n. 60) admettent qu'il est difficile sinon impossible d'expliquer le passage du son long *î* au son long *û* dans la deuxième syllabe (même Le Moyne, qui semble néanmoins pencher pour l'explication par *ṣaddîq*, tout en professant son agnosticisme en conclusion de son étude). La tentative de NORTH (« The Qumrān "Sadducees" », pp. 165-166) qui cherche à expliquer le passage du *î* long au *û* long en faisant appel à la forme akkadienne *ṣaduq* (« innocent »), est forcée ; en effet, nous sommes en présence d'un nom *(ṣaddûqîn)* formulé en hébreu et/ou araméen palestinien au IIe siècle av. JC. Le recours à une forme akkadienne serait justifié si nous n'avions absolument aucune autre explication valable ; en réalité, le prêtre Sadoq nous fournit une alternative non seulement valable mais aussi plus probable. Par ailleurs, si nous acceptons *ṣaddîq* comme source du nom de sadducéens, il faut nous demander pourquoi les sadducéens, au tout début de leur existence comme parti distinct, se seraient singularisés comme « justes » ou « droits » soit parce qu'ils se seraient orgueilleusement désignés ainsi eux-mêmes – soit parce qu'ils auraient été gratifiés d'un sobriquet moqueur par leurs opposants. On se serait plutôt attendu à ce que la désignation « les hommes droits » soit attribuée aux pharisiens. Les sadducéens ont pu faire preuve, au fil du temps, d'exigence, de rigueur et même de sévérité dans leurs jugements, comme l'affirme Josèphe. Mais, dans les sections narratives de Josèphe, il est question pour la première fois de leurs activités politiques au moment ils n'ont pas de pouvoir (à savoir quand Hyrcan Ier s'est allié avec les pharisiens) ; il semblerait donc qu'ils aient reçu leur nom avant qu'ils aient eu vraiment l'occasion d'accumuler des décisions judiciaires ou de se faire une réputation de rigueur en matière de jugement. (Comme variante de la dérivation du nom de sadducéen à partir de *ṣaddîq*, mentionnons, à titre de curiosité, l'article de GERLEMAN « Das übervolle Mass », pp. 151-164. Partant d'une étude de *ṣaddîq* dans l'Ancien Testament, Gerleman conclut que l'adjectif peut avoir le sens particulier de « loyal, mesuré, modéré, modeste ». Sans autre recherche sur le nom de sadducéen, il déclare immédiatement que ce nom dérive de *ṣaddîq* et signifie les hommes « modérés » ou « modestes » par opposition aux pharisiens excessifs.)

Étant donné que la dérivation à partir de *ṣaddîq* comporte tant de difficultés, le nom de Sadoq semble l'explication meilleure. On peut objecter que cette explication alternative ne va pas non plus sans problème philologique pour ce qui est du passage de *ṣādôq* à *ṣaddûqîn*. Mais ce passage se comprend facilement dès lors qu'on note que le nom propre hébreu *ṣdwq* (*ṣdq* uniquement dans 1 R 1, 26) semble avoir reçu des vocalisations diverses dans sa translittération en grec. Quelques-unes des transpositions du nom en grec doublent le *d* et vocalisent le *w* hébreu en *ou* ; sur ce point voir l'édition révisée de SCHÜRER, t. 2, pp. 405-406. On trouve, par exemple, dix passages dans Ézéchiel, Esdras et Néhémie où le texte de la Septante (dans certains des codex les plus importants, et parfois dans tous) translittèrent l'hébreu *ṣdq* par *Saddouk* ou *Saddouch* ; voir Ez 40, 46 ; 43, 19 ; 44, 15 ; 48, 11 ; Esd 7, 2 (= LXX 2 Esdras 7, 2) ; Ne 2, 4. 29 (= 2 Esdras 13, 4. 29) ; 10, 21 (= 2 Esdras 20, 22) ; 11, 11 (= 2 Esdras 21, 11) ; 13, 13 (= 2 Esdras 23, 13). La recension de Lucien (une recension plus tardive de l'Ancien Testament grec) a presque toujours *Saddouk*. Un manuscrit du texte grec de l'*Ascension d'Isaïe* donne la leçon *Saddouk* en 2, 5. JOSÈPHE (*Guerre* 2.17.10 § 451 ; 2.21.7 § 628 ; cf. *Autobiographie* 39 § 197) mentionne une personne nommée *Ananias Saddouki*. Cet *Ananias* est un pharisien, *Saddouki* ne peut donc pas signifier sadducéen ; son sens le plus probable est « fils de Sadoq », ce qui nous donne un autre exemple de la vocalisation de l'hébreu *ṣdq* par un double *d* et la vocalisation *ou*. Un manuscrit médiéval de la Mishna, le codex de Rossi 138, vocalise parfois le nom de rabbi Sadoq ; la forme vocalisée est parfois *ṣaddûq*. Ainsi nous avons l'attestation de la Septante, la recension de Lucien, Josèphe et le codex de Rossi 138 en faveur d'une des manières de prononcer le nom propre hébreu *ṣdwq* dans les temps anciens : *ṣaddûq*. Le Moyne objecte que la plupart de ces témoignages furent copiés par des scribes chrétiens, qui ont pu être influencés par la forme *Saddoukaioi* du Nouveau Testament. C'est une possibilité, mais, étant donné la série importante d'attestations du grec *saddouk(i)* (ou de l'hébreu *ṣaddûq*) dans des documents de l'Antiquité et du Moyen Âge, il est difficile d'attribuer ce phénomène d'orthographe curieux entièrement à des scribes chrétiens.

Si donc nous dérivons le nom de sadducéens du nom propre Sadoq, est-il clair que le Sadoq mentionné est Sadoq le prêtre qui était en fonction à Jérusalem sous David et Salomon ? On peut proposer deux autres suggestions : (1) le commentaire rabbinique des *Pirqê 'Abôt*, les *'Abôt de Rabbi Nathan* dans les versions A et B, contient deux formes d'un récit qui dérive le nom de sadducéens d'un disciple d'Antigone de Sokho du nom de Sadok (*'Abōt R. Nat.* A5 et B10). Le Moyne accorde bien quelque crédit à cette tradition, mais la plupart des exégètes critiques dénient toute valeur historique à ce récit pour un certain nombre de raisons : (a) La date de composition des *'Abōt de Rabbi Nathan* doit rendre prudente leur utilisation pour reconstituer l'histoire juive du IIe siècle av. JC ; leur noyau primitif date du IIIe siècle apr. JC, et ils ont continué à recevoir des ajouts tout au long des quelques siècles suivants. (b) Le récit des *'Abōt de Rabbi Nathan* explique également l'origine des boéthusiens par un disciple d'Antigonos du nom de Boéthus. Or presque personne n'admet cette explication de l'origine des boéthusiens (en réalité, le nom du groupe vient probablement de Boéthus, le père de Siméon, un grand prêtre hérodien), et il est donc difficile de voir pourquoi l'on accepterait l'explication pour l'origine des sadducéens. Finalement, la plupart des exégètes considèrent le récit des *'Abōt de Rabbi Nathan* comme une légende basée sur une déduction d'érudits ; voir l'édition révisée de SCHÜRER, t. 2, pp. 406-407. STRACK-STEMBERGER (*Talmud and Midrash*, p. 70) qualifient le récit d'« anecdote sans valeur historique » ; de même SUNDBERG, « Sadducees », p. 160 ; STERN, « Aspects of Jewish Society », p. 609 ; SALDARINI, *Pharisees, Scribes and Sadducees*, p. 227 (« historicité... douteuse »). Même Le Moyne, après avoir argumenté en faveur d'un noyau d'historicité, ne garde, en réalité, que peu de choses de ce récit, seulement le fait que, vers la fin du IIe siècle av. JC, eut lieu une déchirure entre pharisiens et sadducéens au sujet de la résurrection des morts et de la rétribution après la mort – un point que la plupart des exégètes déduisent de toute façon des présentations de Josèphe. (On trouvera une tentative curieuse de dater l'origine des sadducéens du temps du règne d'Hérode le Grand dans BAMMEL, « Sadduzäer », pp. 107-115.) GUTTMANN (*Rabbinic Judaism*, pp. 127-132) argumente également en faveur de l'historicité fondamentale du récit des *'Abōt de Rabbi Nathan*, mais son approche des sources et de la période historique manque de sens critique. (2) Certains exégètes jouent les agnostiques et avancent que le Sadoq qui fut la source du nom de sadducéens nous reste autrement inconnu. C'est théoriquement possible, mais il est étrange qu'un personnage qui eut un tel impact sur l'histoire juive au point de donner son nom à l'un des principaux partis juifs au tournant de notre ère ait en même temps disparu totalement des pages de l'histoire sans laisser de trace. En particulier, étant donné que Josèphe et Luc nous donnent des raisons de voir une certaine connexion entre les sadducéens et les grands prêtres de Jérusalem, la supposition la plus naturelle est d'établir un lien entre le Sadoq qui est la source du nom de sadducéens avec Sadoq, le célèbre prêtre de Jérusalem.

24. Des exégètes affirment parfois que les descendants de Sadoq ont monopolisé le sacerdoce de Jérusalem ou au moins la fonction de grand prêtre à la période préexilique ; mais la chose ne peut être prouvée ; voir George W. RAMSEY, « Zadok (Person) » dans *Anchor Bible Dictionary*, t. 6, pp. 1034-1036, spéc. pp. 1035-1036 ; cf. la reconstitution hypothétique de l'histoire du sacerdoce durant et après l'exil babylonien par Joseph BLENKINSOPP, « The Judaean Priesthood during the Neo-Babylonian and Achaemenid Periods : A Hypothetical Reconstruction », *CBQ* 60 (1998), pp. 25-43. Des parties du livre postexilique d'Ézéchiel cherchent très certainement à assigner les prêtres lévitiques non-sadoqites (ou « lévites ») aux tâches inférieures du Temple et réservent le service de l'autel aux prêtres qui sont « fils de Sadoq » *(bĕnê ṣādôq)* », un groupe spécial au sein des « fils de Lévi » (Ez 40, 45-46 ; 43, 19 ; 44, 9-31 ; 48, 11). En réalité, cependant, un groupe plus large de « fils d'Aaron » semble avoir servi à l'autel en même temps que « les fils de Sadoq ». Il est probable, toutefois, que les fils de Sadoq remplissaient la fonction de grand prêtre durant la période du Second Temple jusqu'à l'interruption causée par la politique d'hellénisation d'Antiochos IV dans la première partie du IIe siècle avant notre ère. Dans le texte hébreu de Si 51, 12 (IX), qui est probablement une hymne indépendante du temps de Ben Sira mais non de lui-même, on invite l'assistance à louer Dieu qui a choisi « les fils de Sadoq comme [ses] prêtres ». SKEHAN et DI LELLA (*The Wisdom of Ben Sira*, p. 659) pensent que ces versets désignent en particulier les sadoqites qui étaient toujours les grands prêtres à Jérusalem. En effet, cette mention des fils de Sadoq suit la longue louange du grand prêtre sadoqite Siméon en Si 50, 1-24 ; en 50, 24 Ben Sira prie Dieu de ne pas abroger son alliance avec les descendants de Siméon, les prêtres sadoqites. Ainsi donc, au temps du Second Temple, l'expression « fils de Sadoq » visait précisément non pas le sacerdoce en général mais l'institution et les familles du grand prêtre en particulier. Si donc – comme cela semble le cas – le nom de sadducéens *(ṣaddûqîn)* dérive de Sadoq *(ṣādôq)*, c'est un indicateur important que les sadducéens ont leur racines dans les familles traditionalistes des grands prêtres de Jérusalem.

Cet état des choses pourrait expliquer aussi l'importance des « fils de Sadoq » dans certains des principaux documents de Qumrān : *1QS* 5, 2. 9 (mais probablement pas 9, 14) ; *1QSa* 1, 2. 24 ; 2, 3 ; *1QSb* 3, 22 ; *CD* 3, 21-4, 1 ; 4, 3 (cf. 5, 5) ; *4QFlor* 1, 17 (mais le sens n'est pas clair). Il semble que la communauté de Qumrān ait été fondée par un groupe qui rejetait les grands prêtres hasmonéens parce qu'ils n'étaient pas les fils de Sadoq et que, de ce fait (aux yeux des qumraniens) ils étaient des grands prêtres illégitimes. Les chefs (y compris le Maître de justice) et quelques-uns des membres de la communauté primitive de Qumrān appartenaient probablement aux familles tradionnelles des grands prêtres de Jérusalem qui fondaient sur Sadoq et ses descendants leur contrôle de la fonction et qui, de ce fait, étaient violemment indignés de voir les intrus hasmonéens. Pour des lectures différentes des attestations concernant les fils de Sadoq à Qumrān, voir Geza VERMES, *The Dead Sea Scrolls in English*, 4e éd., Londres, Penguin, 1995, pp. 1-40 ; MURPHY-O'CONNOR, « The Essenes and Their History », pp. 215-244 ; Philip R. DAVIES, *Behind the Essenes. History and Ideology in the Dead Sea Scrolls*, Brown Judaic Studies 94, Atlanta, Scholars Press, 1987, pp. 51-72. La présence de l'expression « fils de Sadoq » à Qumrān est d'autant plus frappante que l'expression est absente de tous les autres écrits intertestamentaires juifs ; voir LE MOYNE, *Les Sadducéens*, p. 86 et, de façon générale, pp. 85-93. Le Moyne (pp. 92-93) pense qu'à Qumrān seule une partie des prêtres comptaient comme « fils de Sadoq », ceux qui constituaient le groupe dirigeant.

25. Tout comme on peut, d'un certain point de vue, considérer les qumraniens comme des pharisiens extrémistes, dans la mesure où ils exaltaient les règles de pureté et les observaient même avec plus de rigueur que les pharisiens, de même on peut, d'un autre point de vue, les considérer comme des sadducéens extrémistes, dans la mesure où certains membres fondateurs de Qumrān étaient apparemment des prêtres sadoqites de Jérusalem qui, à la différence des sadducéens restés à Jérusalem, refusaient d'accepter le ministère des grands prêtres hasmonéens dans le temple de Jérusalem. On trouvera des observations un peu similaires dans l'édition révisée de SCHÜRER, *The History of the Jewish People*, t. 2, p. 413. En réalité, tout en partageant un certain nombre de ressemblances avec les deux principaux partis, les qumraniens n'étaient ni des pharisiens ni des sadducéens ; ils ont plutôt instauré une identité unique qui leur était propre. Josèphe distingue fort justement les esséniens comme une troisième école de pensée.

26. Dans le premier livre des Maccabées, un écrit pro-hasmonéen, Mattathias (le père de Judas Maccabée) mourant rappelle à ses fils que « Pinhas, notre père, par son zèle ardent a reçu l'alliance d'un sacerdoce éternel » (1 M 2, 54). Pinhas étant censé avoir été un ancêtre de Sadoq (1 Ch 6, 3-8. 49-53 ; Esd 7, 1-5), l'affirmation de Mattathias reflète peut-être une revendication hasmonéenne de légitimité aux yeux des sadducéens. Un supposé « rattachement à Pinhas » pouvait rendre plus acceptable une collaboration avec les parvenus hasmonéens pour les sadducéens qui tenaient beaucoup à ce que les prêtres soient de lignée sadoqite. Théoriquement les sadducéens n'avaient pas à rejeter par principe un grand prêtre non sadoqite, étant donné que le Pentateuque, le noyau normatif de la foi sadducéenne, exigeait simplement que le grand prêtre soit un descendant d'Aaron – ce qu'étaient sans aucun doute (ou étaient censés être) les prêtres hasmonéens. Sur cette question voir LE MOYNE, *Les Sadducéens*, pp. 387-389 ; cf. Jonathan A. GOLDSTEIN, *I Maccabees*, AB 41, New York, Doubleday, 1976, p. 8 ; MEYER, *« Saddoukaios »*, pp. 43-44.

27. En dépit de toutes ses affirmations discutables et tendancieuses, LAUTERBACH (« The Sadducees and Pharisees », p. 35) a raison sur ce point. Une position semblable est défendue par STERN, « Aspects of Jewish Society », p. 609 ; JEREMIAS, *Jérusalem au temps de* Jésus, pp. 309-311 (même si son raisonnement est quelque peu curieux). L'article d'EPPSTEIN (« When and How the Sadducees Were Excommunicated », pp. 145-146) est un exemple de fantaisie alliée à un emploi non critique des sources : il conclut qu'aux environs de 60-61 les sages ont rendu « impossible l'entrée dans le Temple pour tout juif qui croyait en la halakha sadducéenne… ».

28. Pour Jozar voir *Autobiographie* 39 § 197 ; pour Simon, fils de Gamaliel, voir *Autobiographie* 38-39 § 189-196.

29. Voir LE MOYNE, *Les Sadducéens*, p. 350. Il note (p. 353) que nous avons une certaine attestation indirecte de l'existence de scribes sadducéens dans la mesure où le Nouveau Testament parle des « scribes des pharisiens » (Mc 2, 16 ; « les pharisiens et leurs scribes » dans la rédaction lucanienne de Marc [Lc 5, 30]) et de « quelques scribes du parti des pharisiens » (Ac 23, 9). On peut raisonnablement inférer que si l'un des deux principaux partis religieux-politiques avait des scribes, l'autre devait en avoir également. Il est difficile d'imaginer ce que les « scribes des pharisiens » dans Marc pouvaient signifier d'autre. Dans une ligne un peu semblable, Josèphe dit que les sadducéens « considèrent que c'est une vertu que de discuter avec les maîtres *(didaskalous)* de sagesse qu'ils suivent ». Les sadducéens cultivaient donc un certain type d'activité dans l'ordre de l'éducation et de l'écriture, propre à leur parti même. Tout cela nous met en garde d'accepter l'opinion trop communément admise que les sadducéens (et tout autant les prêtres de Jérusalem) étaient incultes pour ce qui est de l'Écriture et de la tradition juives, les pharisiens étant le seul groupe à détenir sagesse et éducation. Cela est une caricature de la littérature rabbinique et non pas une description historique sérieuse. Voir aussi JEREMIAS, *Jérusalem au temps de Jésus*, p. 312. Commentant le passage de Jean Hyrcan des pharisiens aux sadducéens, SALDARINI (*Pharisees, Scribes and Sadducees*, p. 88) avance que les sadducéens étaient sans doute un groupe du personnel des services rival et en compétition avec les pharisiens. Quoi qu'il en soit de la justesse du propos pour le temps de Jean Hyrcan, je doute que nous puissions appeler les sadducéens un groupe du personnel des services sous le gouvernement direct de Rome. Le grand prêtre avec l'aristocratie sacerdotale et laïque autour de lui gouvernait réellement une bonne partie de la vie quotidienne ordinaire dans la Judée – sous l'autorité du gouverneur romain.

30. Voir Bruce CHILTON, « Annas (Person) » dans *Anchor Bible Dictionary*, t. 1, pp. 257-258. Les données confuses de Lc 3, 2 ; Ac 4,6 et Jn 18, 13. 24, qui rendent difficile de préciser qui d'Anne (règne de 6-15 apr. JC) ou de Caïphe (18-36 apr. JC) était le grand prêtre en fonction au moment de la mort de Jésus (env. 30 apr. JC), peuvent s'expliquer, au moins en partie, par l'influence qu'Anne continua à exercer une fois démis de sa fonction. En fait, les références à Anne comme grand prêtre (*archiereus*, traditionnellement traduit par « grand prêtre »), bien que théoriquement incorrectes, peuvent se comprendre pour deux raisons : (1) Il demeura le vrai pouvoir derrière le trône de ses fils et gendre. (2) Étant donné que le Nouveau Testament et Josèphe emploient le pluriel *archiereis* (traditionnellement traduit par « chefs des prêtres » [les versions françaises contemporaines traduisent presque toutes simplement par « les grands prêtres » ; *principes sacerdotum* dans la Vulgate – NdT]) pour désigner des membres des familles de grands prêtres (y compris les anciens grands prêtres et les futurs candidats), il n'y avait qu'un petit pas à franchir pour employer *archiereus* au singulier à propos d'un ancien grand prêtre. Les journalistes actuels font quelque chose de semblable quand ils s'adressent à l'ancien président de leur pays en lui donnant le titre de « Président ». Concernant le sens du pluriel *archiereis*, je suis l'opinion de SANDERS, *Judaism. Practice & Belief*, pp. 327-328 ; cf. l'édition révisée de SCHÜRER, *The History of the Jewish People*, t. 2, pp. 232-236 ; de même STERN, « Aspects of Jewish Society », pp. 602-603 ; GOODMAN, *The Ruling Class*, p. 120 n. 13. La principale théorie concurrente est celle de JEREMIAS, *Jérusalem au temps de Jésus*, pp. 226-232 : les chefs des prêtres constituaient un corps de prêtres indépendant qui administrait en permanence les affaires du temple de Jérusalem et du sacerdoce. Parmi eux on comptait des fonctionnaires comme le capitaine de la garde du Temple et le trésorier du Temple. En réalité, la différence entre les deux théories n'a pas beaucoup d'importance en pratique. Très certainement beaucoup d'autorités dirigeantes du Temple étaient choisies parmi les parents des anciens grands prêtres ou des grands prêtres actuellement régnants. D'autres théories sur le sens de *archiereis* (par ex. les chefs des vingt-quatre divisions sacerdotales, ou les membres prêtres du Sanhédrin mentionnés dans le Nouveau Testament) sont hautement invraisemblables, car elles ne permettent pas d'expliquer toutes les occurrences du terme dans le Nouveau Testament et dans Josèphe. L'occurrence du pluriel *archiereis* dans le Nouveau Testament et dans Josèphe pour désigner tout un groupe est frappante ; elle est peut-être en rapport avec la rotation rapide des grands prêtres au temps du gouvernement direct par Rome.

31. Pour Éléazar voir *Ant.* 18.2.2 § 34 ; pour Jonathan voir 18.5.3 § 123 ; pour Théophile voir *ibid.* ; pour Matthias voir 19.6.4 § 316 ; pour Ananus II voir 20.9.1 § 197. Bien que, dans *Ant.* 20.9.1 § 198, Josèphe souligne le fait qu'Ananus Ier (c.-à-d. le grand prêtre Anne du Nouveau Testament) avait cinq fils qui devinrent grands prêtres, il règne une certaine confusion dans ses deux relations de *Ant.* 18 et 19 (§ 123 et §§ 313-316) quant à savoir lequel des deux, Théophile ou Matthias, a succédé à Jonathan comme grand prêtre. Certains exégètes avancent que Jonathan et Théophile ont pu être des noms alternatifs du même fils d'Anne. Cependant, dans l'édition de Josèphe dans la LCL (*Josephus*, t. 9, pp. 362-363 n. a), Louis H. FELDMAN rejette cette suggestion parce que (1) les noms de Jonathan et Théophile sont semblables mais non pas identiques quant à leur sens et (2) il est improbable que Josèphe, prêtre lui-même, ait fait une erreur dans une matière aussi importante que la succession des grands prêtres.

32. Josèphe est seul à nous rapporter que le nom propre de Caïphe était Joseph ; par ailleurs, Josèphe ne dit pas qu'Anne était le beau-père de Caïphe. Le seul garant en est Jn 18, 13. Mais aucune question théologique ou polémique n'étant en cause dans ce rapprochement matrimonial, beaucoup d'exégètes et d'historiens acceptent facilement cette affirmation. Le lien de Caïphe avec Anne grâce à un mariage reflète l'influence politique durable de ce dernier et cadre certainement avec la description étonnante de quatre ou cinq fils d'Anne remplissant la fonction de grand prêtre à différents moments entre 16 et 62 de notre ère.

33. THOMA (« Auswirkungen », p. 34) va jusqu'à dire que, de 6 à 70 apr. JC, tous les grands prêtres ou presque tous furent des sadducéens. Mais une affirmation de ce genre va au-delà de ce que les données disponibles permettent d'établir.

34. STERN, « Aspects of Jewish Society », p. 610 fait confiance au témoignage des Actes. LE MOYNE (*Les Sadducéens*, p. 135) fait une distinction : il se montre méfiant à l'égard de l'information sur les sadducéens dans Actes 4 et 5 mais accepte les données de 23, 8.

35. BARRETT (*Acts*, t. 1, p. 219) pense que « nous devons supposer » que les prêtres dont il est fait mention juste avant les sadducéens en 4, 1 partageaient le point de vue des sadducéens. MEYER (*« Saddoukaios »*, p. 53) pense que l'affirmation sur les sadducéens en Ac 4, 1-2 « implique que la politique et la théologie du Temple étaient contrôlées par les sadducéens, ce qui est en accord avec les faits historiques ».

36. Le codex de Bèze change effectivement « Jean » en « Jonathan ». Quelques rares exégètes maintiennent que c'est la leçon primitive, mais c'est à peu près certainement une correction faite par un scribe chrétien qui savait – peut-être par les *Antiquités* de Josèphe – qu'Anne avait un fils du nom de Jonathan. En tout cas, le dernier personnage appelé Alexandre est inconnu.

37. Ainsi « Aspects of Jewish Society », p. 611 n. 2 ; pour BARRETT (*Acts*, t. 1, p. 282) il s'agit certainement d'Anne.

38. L'explication du participe *ousa* fait difficulté. [Le problème vient de ce que, dans le texte grec, les termes de l'incise sont au féminin *hē ousa hairesis tōn saddukaiōn* ; or le pronom relatif/démonstratif féminin *hē* n'a pas d'antécédent féminin dans la proposition qui précède l'incise. Littéralement : « Se levant le grand-prêtre et tous autour de lui, celle-ci étant la secte [= le parti] des sadducéens, furent remplis de fureur. » On peut traduire : « c'était la secte des sadducéens » – NdT.] BARRETT (*Acts*, t. 1, pp. 282-283) mentionne deux possibilités (mais les deux options se rejoignent parfois en une seule position) : (1) L'emploi du participe redondant *ōn* est typique à la fois des Actes et des papyrus égyptiens ; il n'est donc pas besoin de le traduire. (2) Parfois *ōn* peut avoir le sens de « courant », « existant » ou « local » ; c'est la traduction choisie par Kirsopp LAKE et Henry J. CADBURY dans *The Beginnings of Christianity. Part I. The Acts o f the Apostles*, t. 4, pp. 56-57. Peut-être l'expression veut-elle dire que, à la différence des pharisiens et des chrétiens, qui existent toujours au temps de Luc, les sadducéens existaient à l'époque des événements racontés mais qu'ils ont disparu comme groupe organisé après 70 apr. JC.

39. Meyer (*« Saddoukaios »*, p. 53) exagère peut-être un peu quand, à propos de la narration de Ac 5, 17-42, il énonce catégoriquement : « Le grand prêtre est un sadducéen… » Luc ne fait nulle part d'affirmation aussi explicite, mais l'assertion de Meyer est une déduction valable à partir du texte pris dans son contexte plus large.

40. La désignation de grand prêtre sadducéen peut être appliquée à d'autres candidats possibles.

(1) L'un est le grand prêtre qui présida au procès de Paul après l'arrestation de celui-ci à Jérusalem (Actes 23). Luc nous dit que le nom du grand prêtre était Ananias (23, 2) et il est appuyé par Josèphe. Étant donné que le procès de Paul à Jérusalem eut lieu sans doute en 57 apr. JC et que, pour toute la période de 47 à 59, le grand prêtre était Ananias, fils de Nédébée, Luc ne se trompe cette fois ni sur le nom ni sur le titre (comme nous le voyons par la relation de JOSÈPHE, *Ant.* 20.5.2 § 103 ; 20.6.2 § 131 ; 20.9.2 §§ 205-214). Bien que Luc ne désigne pas Ananias comme sadducéen, le mouvement de la narration suggère une connexion. Au début du procès nous trouvons un Ananias hostile qui frappe Paul (23, 1-2). Jouant de ruse, Paul divise alors son opposition potentielle en proclamant sa foi en la résurrection des morts (v. 6). De manière prévisible, cette doctrine divise les pharisiens et les sadducéens, rendant sympathiques au moins certains des pharisiens, tandis que vraisemblablement (à en juger à l'insistance de Luc sur la division, les cris et le désordre) les sadducéens deviennent très hostiles. Le tribun romain doit délivrer Paul et l'emmener à la caserne (v. 10). Le lendemain, une quarantaine de conspirateurs montent un complot pour assassiner Paul ; ils s'engagent même par vœu à ne rien manger ni boire avant d'avoir réussi (vv. 12-13). Les conspirateurs demandent aux « chefs des prêtres [les grands prêtres] et aux anciens » de participer au complot en requérant que Paul soit ramené pour une nouvelle audition (vv. 14-15) et les autorités accèdent à la requête des comploteurs.

Suivons maintenant le mouvement de la narration de 23, 1 à 23, 15. Nous notons que (a) depuis le départ, Ananias est présenté comme farouchement hostile à Paul ;

(b) durant le procès, les sadducéens mais non pas les pharisiens manifestent la même hostilité et (c) cette hostilité violente se continue chez les assassins par un complot dans lequel trempe Ananias avec ses associés prêtres et laïcs. En 24, 1 Ananias et les anciens poursuivent l'affaire devant le gouverneur Félix à Césarée Maritime. Échouant à faire avancer l'affaire, ils préparent un nouvel assassinat en 25, 1-3. Aucune énonciation de cet ensemble narratif mais plutôt le contexte d'ensemble suggère que la haine persistante voire meurtrière d'Ananias pour Paul est une disposition qui l'associe non pas aux pharisiens mais aux sadducéens, qui sont probablement considérés comme supports sinon comme membres de la conjuration. À tout le moins, dans ce partage, Ananias se situe du côté des sadducéens et se fait complice de ce que ceux-ci et les comploteurs veulent perpétrer. Si nous ajoutons Ananias à notre liste des grands prêtres, le maintien des sadducéens dans la fonction de 6 à 66 de notre ère totalise en gros 46 ans sur 60. Il faut cependant admettre que, dans ce cas, notre argument est très indirect. De plus, il faut faire la part du programme théologique de Luc dans les Actes : à savoir que les grands prêtres et les sadducéens sont les ennemis implacables du christianisme primitif, tandis que les pharisiens sont au moins des sympathisants potentiels.

(2) En se fondant sur la littérature rabbinique, STERN (« Aspects of Jewish Society », p. 611) cherche à montrer que la maison sacerdotale de Phiabi était affiliée aux sadducéens. S'il en allait ainsi, nous pourrions aussi compter Jésus, fils de Phiabi (désigné par Hérode le Grand), Ishmaël, fils de Phiabi (15 apr. JC) et Ishmaël, fils de Phiabi (59-61 apr. JC) comme des grands prêtres sadducéens (les deux Ishmaël sont sans doute des personnages différents). Une fois de plus, pourtant, l'argument reste ténu et indirect.

(3) LE MOYNE (*Les Sadducéens*, pp. 337-339, 347) pense que les boéthusiens constituaient un groupe sacerdotal à l'intérieur du groupe plus large des sadducéens. Si l'on accepte cette opinion, il s'ensuit que les grands prêtres que Le Moyne assigne à la famille boéthusienne doivent être comptés également comme sadducéens : Simon, fils de Boéthus (23-26 av. JC) ; Joazar, fils de Boéthus (3 av. JC à 6 apr. JC) ; Éléazar, frère de Joazar (4 apr. JC) ; Simon Canthéras, fils de Boéthus (41 apr. JC) ; Élionée, fils de Canthéras (44 apr. JC). Si l'on suit ce raisonnement, les sadducéens émergent comme dominant l'institution du grand pontificat pendant une bonne partie de la période hérodienne/romaine. Cependant l'identification des boéthusiens comme groupe à l'intérieur des sadducéens est loin d'être certaine. Au total, tous ces arguments compliqués font voir que c'est aller au-delà des attestations dont nous disposons que d'affirmer, comme le fait MÜLLER (« Jesus und die Sadduzäer », p. 6), que de 6 à 70 de notre ère les sadducéens ont fourni tous les grands prêtres ou à peu près tous.

41. Sur cette question voir GRABBE, *Judaism from Cyrus to Hadrian. Volume Two*, p. 486 ; LE MOYNE, *Les Sadducéens*, p. 358.

42. Sur cette question voir MOORE, *Judaism*, t. 1, pp. 239-240 ; l'édition révisée de SCHÜRER, *The History of the Jewish People*, t. 2, pp. 319-320 ; LE MOYNE, *Les Sadducéens*, p. 359 n. 6. Suivant l'édition révisée de Schürer, si le judaïsme rabbinique plaçait bien les Prophètes et les Écrits à côté du Pentateuque comme constituant le canon de l'Écriture sainte, « jamais ils [les Prophètes et les Écrits] ne furent placés sur le même pied ; la Torah a toujours occupé la plus haute place ». Parfois les rabbins distinguaient entre la *tôrâ* (les cinq livres de Moïse, la révélation originale et plénière de la révélation de Dieu à Israël) et la *qabbālâ* (« tradition », à savoir les Prophètes et les Écrits, qui sont considérés comme des collections de traditions qui transmettent la révélation originale aux générations suivantes en apportant des éléments de consolidation et d'explication). On pourra en trouver un exemple très ancien dans *m. Ta'an* 2, 1, où Jl 2, 13 est cité comme *qabbālâ* au sens d'Écritures-d'après-le-Pentateuque – dans le cas présent, les Prophètes. (La traduction de *qabbālâ* par « protestation », proposée pour ce texte par Danby, est discutable.) On pourra trouver d'autres exemples de *qabbālâ* qui vont dans le même sens dans les deux Talmuds ; cette distinction suggère une certaine prééminence des cinq livres de Moïse à l'intérieur du canon juif. *m. Meg* 3, 1 fait une distinction semblable entre *tôrâ* (« Loi », c.-à-d. le Pentateuque) et *sĕpārîm* (« Livres », c.-à-d. les Prophètes et les Écrits). Cette mishna déclare que l'on peut utiliser le produit de la vente des *sĕpārîm* pour acheter la *tôrâ* mais non pas l'inverse – indiquant ainsi la valeur supérieure du Pentateuque sur les autres parties du canon juif des Écritures.

43. Voir SANDERS, *Judaism. Practice & Belief*, pp. 333-334. Sanders observe que Hyrcan Ier a dû prononcer des jugements dans des affaires criminelles graves, y compris des condamnations à la peine capitale ; or le Pentateuque ne donne que des indications très larges sur la corrélation entre crime et châtiment dans ces cas. En fixant des peines, Hyrcan a dû suivre certaines règles traditionnelles qui complétaient la Torah écrite ; et ces règles étaient probablement sadducéennes après qu'il eut basculé vers leur parti. GOODMANN (*The Ruling Class*, p. 74) a senti le problème pratique que posent des sadducéens dépourvus de toute tradition en dehors de la Loi écrite ; mais il manque d'en tirer la conclusion logique. Au contraire, il pense que les sadducéens démunis en fait de traditions ont dû se trouver « passablement embarrassés quand on leur amenait des cas que les sources écrites n'avaient pas abordés explicitement ». Les célébrations de liturgies compliquées au Temple sous les grands prêtres sadducéens au tournant du siècle et les exemple de *hălākôt* sadducéennes dans la Mishna sont des arguments en sens contraire.

44. Voir James C. VANDERKAM, « The Origin, Character, and Early History of the 364-Day Calendar : A Reassessment of Jaubert's Hypotheses », *CBQ* 41 (1979), pp. 390-411. VANDERKAM (*Calendars in the Dead Sea Scrolls*, pp. 110-116) relève en même temps les différences entre, d'une part, les *Jubilés*, qui rejettent simplement le calendrier lunaire, et, d'autre part, *1 Hénoch* et les fragments de Qumrān, qui admettent des éléments lunaires dans leurs computs calendaires. Pour compliquer encore les choses, les indications des fragments de calendrier de Qumrān suggèrent que les qumraniens, à leur tour, n'étaient pas complètement d'accord avec les points de vue qu'on trouve dans *1 Hénoch*. De plus, il faut se rappeler que de nombreuses copies des *Jubilés* furent découvertes à Qumrān, où l'on vénérait apparemment cet écrit. Il se peut donc très bien qu'à Qumrān les conceptions sur les questions de calendrier fussent complexes et qu'elles aient passé par différentes phases durant les deux cents ans que dura en gros l'histoire de la communauté.

45. Comparer *m. Yoma* 5, 1 avec *t. Yoma* 1, 8 (un grand prêtre boéthusien) ; *y. Yoma* 1, 5 (un grand prêtre boéthusien), *y. Yoma* 1, 5 (un grand prêtre sadducéen ; identique à la *Sifra* sur Lv 16, 13), *b. Yoma* 53a et *b. Yoma* 19b (les deux textes du Talmud babylonien parlent d'un grand prêtre sadducéen). Beaucoup d'exégètes semblent ne pas faire difficulté à admettre que la dispute entre pharisiens et sadducéens à propos du moment où le grand prêtre devait commencer à brûler l'encens à Yom Kippour (avant ou après son entrée dans le saint des saints) soit une dispute historique d'avant 70 entre les deux partis (mais pour les doutes sur l'historicité de tout matériau sur les sadducéens antérieur à la période amoraïque voir SUNDBERG, « Sadducees », pp. 162-163). Prétendument les sadducéens auraient soutenu que le grand prêtre devait imposer l'encens sur les charbons avant d'entrer dans le saint des saints (le *dĕbîr*), tandis que les pharisiens auraient soutenu qu'il devait le faire après être entré. On trouvera une étude circonstanciée des formes diverses de la tradition dans LE MOYNE, *Les Sadducéens*, pp. 249-260. Dans son interprétation, Le Moyne dépend de l'essai de LAUTERBACH, « A Significant Controversy », pp. 1-33. Suivant l'interprétation tendancieuse de Lauterbach, les sadducéens défendaient des notions « superstitieuses », « primitives », sur Dieu et le culte, tandis que les pharisiens « éclairés » constituaient le « groupe progressiste libéral » qui défendait une conception de Dieu plus pure et ils avaient « moins de considération pour le culte sacrificiel » qu'ils cherchaient « à démocratiser et à spiritualiser ». Des controverses modernes sur les différentes ailes du judaïsme semblent pointer ici. Néanmoins, hormis le qualificatif « superstitieux », Le Moyne admet cette explication. Plaide en faveur de l'historicité de la dispute, la large attestation du noyau de la tradition (dépouillée des diverses accrétions légendaires), laquelle porte sur un détail mineur du rituel qui n'aurait plus eu de pertinence après la destruction du temple de Jérusalem. Toutefois la prudence reste recommandée : (1) Il faut prendre en compte qu'au moment où la description du brûlement de l'encens à Yom Kippour apparaît pour la première fois dans la littérature rabbinique, à savoir dans *m. Yoma* 5, 1, il n'est fait mention d'aucune dispute entre les deux partis. Les sadducéens et les pharisiens n'apparaissent pas dans le texte, qui dit simplement – sans donner aucunement le sentiment qu'il s'agirait d'un point controversé – que le grand prêtre commence à brûler l'encens après son entrée dans le saint des saints (ainsi la description de la Mishna correspond avec la position pharisienne). L'idée d'une controverse (impliquant un grand prêtre boéthusien et non pas sadducéen) apparaît pour la première fois dans la Tosefta. De plus, tout l'univers des dispositions légales de *m. Yoma* 1, 3-7 est « plein de charme et de fantaisie » (ainsi SANDERS, *Judaism. Practice & Belief*, p. 398). (2) Dans la pratique, comment le grand prêtre pouvait-il, en manipulant différents objets, s'arranger pour mettre l'encens sur les charbons ardents une fois qu'il se trouvait dans le saint des saints fermé et sans lumière ? Il devait être assez facile pour lui de commencer à brûler l'encens tant qu'il se trouvait dans le saint (le *hêkāl*, le sanctuaire), où les candélabres *(měnôrôt)* répandaient de la lumière. (3) Et puis, dans la pratique, comment quiconque en dehors du grand prêtre lui-même aurait-il su exactement à quel moment celui-ci commençait à brûler l'encens (voir Lv 16, 17 : personne ne doit se trouver dans la tente de la Rencontre depuis le moment de l'entrée du grand prêtre jusqu'à sa sortie) ? (4) Dans la littérature rabbinique on trouve beaucoup de cas de disputes soulevées parmi les rabbins au sujet de rites qui avaient cessé avec la destruction du Temple. Peu d'historiens critiques affirmeraient que toutes ces disputes remontent en fait à la période d'avant 70. En réalité, admettre que cette dispute sur l'encens est historique ne ferait que renforcer pour l'essentiel la remarque que je fais dans le texte principal, à savoir que les sadducéens avaient leurs propres traditions liturgiques. Cette discussion sur le moment du brûlement de l'encens à Yom Kippour montrerait-elle que les sadducéens représentaient toujours le sens littéral et plus traditionnel ? L'affirmation est sujette à débat. On notera avec intérêt que les exégètes diffèrent quant à déterminer si le sens littéral du texte de Lv 16, 12-13 vient à l'appui du point de vue des sadducéens ou de celui des pharisiens. Mon opinion personnelle est que le sens naturel de Lv 16, 12-13 est en faveur de l'interprétation pharisienne (également SANDERS, p. 335) ; par conséquent, dans ce cas, ce ne sont pas les sadducéens qui défendent le sens littéral du texte.

46. Si l'on consent à inclure le témoignage de la Tosefta, nous pouvons ajouter la dispute de *t. Ḥag.* 3, 35 (cf. *y. Ḥag.* 3,8,79d) : les sadducéens soutiennent que la *menorah* ne peut être rendue impure, tandis que les pharisiens soutiennent le contraire. Ici encore les pharisiens semblent les plus rigoureux en matière de pureté. LE MOYNE (*Les Sadducéens*, pp. 103, 292-293, 323-324) tend à admettre qu'il s'agit d'une tradition authentique d'avant 70 ; il s'appuie sur le fait que les rabbins n'auraient pas inventé une tradition dans laquelle les sadducéens auraient ridiculisé les pharisiens.

47. Si nous incluons le témoignage de *t. Yad* 2, 20 cf. *y. B. Bat* 8, 1, 16a ; *b. B. Bat* 115b-116a), la *hălākâ* des sadducéens (dans la Tosefta, des boéthusiens) comportait également, dans le domaine de la loi civile, des questions d'héritage. Une fois de plus, il nous faut cependant noter que la Mishna (*m. B. Bat* 8, 2) ne présente pas cette tradition comme une dispute entre sadducéens et pharisiens ; néanmoins Le Moyne (*Les Sadducéens*, pp. 299-306) considère cette tradition comme historique.

48. Toutefois les exemples de Josèphe qui entrent en ligne de compte relèvent du droit pénal et non pas du droit civil ; voir *Ant.* 13.10.5 §§ 288-296 (qui fait état de la mansuétude des pharisiens sur la question du châtiment d'Éléazar qui avait insulté Hyrcan) ; 20.9.1 § 200 (qui fait état de la sévérité [ou la brutalité] du grand prêtre sadducéen Ananus ben Ananus dans l'exécution de Jacques, le frère de Jésus, et d'autres Juifs). Un autre exemple possible de la sévérité des sadducéens en matière pénale est la question étrange de l'exécution d'une personne en la brûlant vive « extérieurement », c.-à-d. en brûlant toute la partie extérieure de son corps, à l'opposé de la méthode présumée pharisienne qui consiste à introduire dans la bouche de la personne une mèche ou un cordon qui aille jusque dans l'estomac, puis d'y mettre le feu de sorte que la personne soit brûlée « de l'intérieur », l'intégrité extérieure du corps étant préservée (cf. *m. Sanh.* 7, 2). Dans cette mishna rabbi Éliézer ben Zadok rapporte un incident où la fille d'un prêtre, qui avait commis un adultère, fut brûlée vive « extérieurement ». Cependant voir dans cette mishna le témoignage d'une dispute entre sadducéens et pharisiens sur une *hălākâ* ne va pas sans poser de problèmes. Le texte de *m. Sanh* 7, 2 ne mentionne nulle part ni les pharisiens ni les sadducéens ; on ne parvient à la conclusion que le brûlement « extérieur » était la position sadducéenne opposée à celle des pharisiens que si l'on combine des textes rabbiniques de périodes différentes et en argumentant par déduction. De plus, que l'on puisse considérer la forme sadducéenne de l'exécution d'une personne par le feu « extérieurement » comme moins sévère et moins cruelle que la forme pharisienne « intérieure » peut être discuté. Sur toute cette question voir LE MOYNE, *Les Sadducéens*, pp. 236-238. Quoi qu'il en soit, comme nous le verrons plus loin, les sadducéens se sont rangés du côté de la sévérité moindre lorsqu'il s'est agi de déterminer dans quel cas et dans quelles conditions des faux témoins pouvaient être punis de mort dans une affaire relevant de la peine capitale (*m. Mak* 1, 16). Il est donc pour le moins discutable de dire que les sadducéens furent toujours le parti le plus sévère s'agissant de punir les criminels.

49. Ainsi l'édition révisée de SCHÜRER, *The History of Jewish People*, t. 2, p. 411 n. 36 (reliant 6, 2 à 6, 1).

50. LE MOYNE (*Les Sadducéens*, pp. 201-204) n'est pas certain que *m. 'Erub.* 6, 2 prouve que les sadducéens étaient opposés par principe à la pratique de l' *'erûb*. Il pense que l'opposition des sadducéens est une déduction vraisemblable, mais que le texte n'apporte pas de preuve sûre. Je dois avouer que je ne comprends pas sa difficulté.

51. Sur ce passage voir LE MOYNE, *Les Sadducéens*, pp. 227-233.

52. À strictement parler, dans *m. Mak.* 1, 6, la formulation en hébreu de la loi du talion est celle qu'on trouve dans Ex 21, 23-24. Toutefois, la deuxième citation vient clairement de Dt 19, 19 et la divergence par rapport à la formulation de la loi du talion en Dt 19, 21 est minime (*taḥat* au lieu de *bĕ*).

53. LE MOYNE (*Les Sadducéens*, p. 227) manifeste sa tendance habituelle à fondre ensemble des groupes juifs quand il traduit les mots qui introduisent les opposants des sadducéens dans *m. Mak.* 1, 6 ainsi : « [Mais] les maîtres [pharisiens] leur dirent… » Puis il cite un certain nombre de textes rabbiniques comme étant en partie parallèles, sans relever, une fois de plus, que la nette opposition entre « pharisiens » et « sadducéens » fait défaut.

54. Sur les façons fausses de distinguer les sadducéens des pharisiens voir SALDARINI, *Pharisees, Scribes and Sadducees*, p. 303. Il faut en particulier éviter les formules simplistes qui veulent que les sadducéens furent sadducéens parce qu'ils rejetaient les traditions orales et s'en tenaient exclusivement à la Torah écrite ; voir par ex. la présentation confuse de l'édition révisée de SCHÜRER, *The History of the Jewish People*, t. 2, pp. 407-408. Ainsi que nous l'avons vu, les sadducéens tout comme les pharisiens avaient des traditions qui ne se trouvent pas dans la Torah écrite. De plus – est c'est un point que l'on néglige souvent – nous n'avons aucun moyen de savoir si les traditions non-scripturaires des pharisiens et des sadducéens de la période d'avant 70 étaient orales, écrites, ou les deux. Comme nous l'avons vu au chapitre XXVIII, il ne faut pas expliquer la position des sadducéens en fonction de la doctrine rabbinique de la Torah duale (orale et écrite), une doctrine qui n'a sans doute pas été développée en termes explicites avant le IIIe siècle de notre ère.

55. Voir SANDERS, *Judaism. Practice &Belief*, pp. 335-336.

56. SANDERS (*Jewish Law*, p. 107) formule les choses ainsi : « La distinction, alors, tenait au fait que les pharisiens étaient *conscients* d'avoir des *traditions non interprétatives*, tandis que les sadducéens prétendaient que leurs traditions étaient basées sur une interprétation [de l'Écriture]. »

57. On trouvera une façon de voir semblable dans LAUTERBACH, « The Sadducees and the Pharisees », p. 37 ; de même LE MOYNE, *Les Sadducéens*, p. 375. Lauterbach pense (p. 46) que « les sadducéens distinguaient strictement entre les lois écrites absolument obligatoires et leurs propres lois et décisions additionnelles. Ils considéraient ces dernières uniquement comme des décrets et ordonnances temporaires, ... promulguées pour le moment par les autorités publiques pour le bien de la communauté... » Les sadducéens, dit Lauterbach, admettaient que les générations précédentes de prêtres et de maîtres avaient le droit de créer de telles lois, mais ces lois ne devaient pas être mises sur le même niveau que les lois écrites du Pentateuque. Les prêtres dirigeants d'une époque donnée avaient autorité pour décider si des lois d'époques antérieures devaient être maintenues ou abolies. Lauterbach gâche cette analyse technique érudite en s'engageant dans une polémique (pp. 47-48) : les sadducéens devinrent « des esclaves aveugles de la lettre de la Loi sans égard pour son esprit... ». La loi religieuse pouvait dégénérer en « pur formalisme et ritualisme... ».

58. On pourra objecter que le calendrier (solaire-)lunaire observé au Temple est devenu obligatoire pour tous les Israélites et pas seulement pour les sadducéens. Cependant, puisque les hasmonéens et les pharisiens acceptaient également le calendrier (solaire-)lunaire, on ne peut le considérer comme une tradition spécifiquement sadducéenne opposée à la tradition pharisienne. L'acceptation du calendrier (solaire-)lunaire par les sadducéens montre, toutefois, que les sadducéens n'étaient pas opposés par principe au changement et à l'adoption de nouvelles règles qui pouvaient ne pas se trouver dans le Pentateuque.

59. On peut spéculer et se demander si les sadducéens s'opposaient aux « traditions des pères » préconisées par les pharisiens parce qu'ils percevaient intuitivement, dans la position pharisienne, le danger implicite que des traditions qui seraient normatives pour tous les Israélites deviennent une deuxième Torah, sur un pied d'égalité avec la Torah écrite. Si tel était le raisonnement des sadducéens, ils prophétisaient sans le savoir. De fait, la position pharisienne sur les traditions des pères s'épanouit – beaucoup plus tard dans la littérature rabbinique – dans la doctrine explicite de la Torah duale.

60. Dans les discussions modernes le problème tient en partie au fait que l'on suppose que tout le monde s'accorde sur ce qu'est le sens « littéral » de l'Écriture. SANDMEL (*The First Christians*, p. 70), par exemple, établit une relation entre le littéralisme biblique supposé des sadducéens et le principe protestant de la *sola Scriptura* (« l'Écriture seule ») ; dans une ligne un peu semblable, BARON, *A Social and Religious History*, t. 2, pp. 36-38. Cependant, plus fréquemment, des exégètes tendent à associer le littéralisme biblique non pas au protestantisme en général mais aux fondamentalistes protestants (voir DAVIES, *Introduction to Pharisaism*, pp. 12-13, 24). Le problème est de savoir si l'on peut aussi facilement attribuer le label « littéral » aux fondamentalistes. Trop souvent, des fondamentalistes se plaisent à proclamer qu'ils défendent le sens « littéral » de l'Écriture, alors que ce qu'ils défendent est une lecture (erronée) naïve d'un texte ancien pratiquée par un moderne qui ignore ou méconnaît les langages, cultures, lois et idées religieuses des Anciens, lesquels constituent le contexte adéquat de l'intelligence du texte sacré. Pour le fondamentaliste, le sens « littéral » de l'Écriture est ce qui surgit spontanément dans l'esprit d'un moderne qui lit le texte sacré non pas dans son contexte original mais plutôt dans un contexte moderne, sans aucun sens critique de la distance herméneutique qui existe entre les deux contextes. Il faut se demander pourquoi cette approche curieuse devrait s'appeler une interprétation « littérale ». N'est-ce pas plutôt l'exégète historico-critique, lisant le texte ancien dans le contexte ancien susceptible d'orienter vers une certaine intelligence de l'esprit des auteurs originaux de cette littérature, qu'il faudrait considérer comme cherchant le sens « littéral » du texte ? Étant donné cette confusion de concepts et de terminologie, peut-être vaut-il mieux demander un moratoire dans le débat sur la qualification des sadducéens comme « littéralistes ». La désignation « conservateur », souvent chargée d'un jugement de valeur tacite, soulève un problème semblable. Il peut être dégrisant pour un exégète trop assuré de noter que, si LAUTERBACH (« The Sadducees and the Pharisees », pp. 34-35) déclare que les sadducéens furent de fieffés conservateurs et les pharisiens des libéraux progressistes, BECKWIRTH (« The Pre-History », pp. 57-100) affirme, en revanche, que les pharisiens furent des traditionalistes conservateurs, tandis que les sadducéens constituaient un mouvement réformateur.

61. On se demande si, dans le domaine que nous appelons « doctrine », les sadducéens, plutôt que de développer une doctrine qui leur soit propre, n'ont pas surtout résisté aux innovations et développements qui marquent celle des pharisiens. PORTON (« Sadducees », p. 892) fait la curieuse observation que, lorsque Josèphe énumère les diverses positions doctrinales des sadducéens dans ses descriptions standard des écoles de pensée juives, aucune doctrine précise ne se détache de toute cette liste. Apparemment, conclut Porton, aucun élément ne tranchait dans leur collection de croyances au point de venir automatiquement à l'esprit de Josèphe quand il écrit sur eux. Toutefois, il nous faut nous rappeler que les synoptiques, les Actes et les *'Abot de Rabbi Nathan*, tous font de la négation de la résurrection et/ou de la récompense et du châtiment après cette vie *la* caractéristique même de la croyance sadducéenne, une caractéristique également mentionnée par Josèphe dans deux de ses trois descriptions des écoles de pensée juives. Cette caractéristique, du moins, semble avoir frappé un certain nombre d'observateurs différents comme étant saillante. Par conséquent je place la négation de la résurrection en tête de ma liste des doctrines sadducéennes.

62. Si Josèphe et les Actes indiquent que la négation de la résurrection est un point qui divise sadducéens et pharisiens, les synoptiques quant à eux ne mentionnent nulle part que les sadducéens et les pharisiens sont en désaccord précisément sur ce point. Toutefois, Luc sait manifestement que c'est un point de division (Ac 23, 8) même s'il n'introduit pas cette information dans sa réécriture de Mc 12, 18-27 (cf. Lc 20, 27-40) ; il faut donc être prudent quand on avance l'argument du silence. Il se peut qu'en plaçant ce récit de controverse sur la résurrection juste après le récit des pharisiens et des hérodiens venus questionner Jésus à propos de la pièce de monnaie du tribut (Mc 12, 13-17), Marc suppose, mais sans mentionner la chose, que la résurrection des morts est un point qui divise sadducéens et pharisiens. Il faut noter que la Mishna n'affirme jamais explicitement que les sadducéens nient la résurrection. Au contraire, comme nous l'avons vu au chapitre XXVIII, *m. Sanh.* 10, 1 affirme simplement que quiconque dit qu'il n'y a pas de résurrection n'aura pas de part dans l'âge qui vient ; les sadducéens ne sont mentionnés nulle part dans ce texte. Même lorsque beaucoup plus tard nous trouvons dans *b. Sanh.* 90b une anecdote sur les sadducéens discutant avec Gamaliel II à propos de la résurrection, le point précis du débat est de savoir s'il existe une preuve scripturaire de la résurrection, non pas s'il y aura une résurrection ; voir LE MOYNE, *Les Sadducéens*, p. 171. Il peut y avoir une référence indirecte à la négation de la résurrection par les sadducéens dans *m. Ber.* 9, 5, où certains manuscrits lisent que les sadducéens ont perverti la vérité en disant qu'il n'y a qu'un seul « âge » ou « monde » *('ôlām)*, à savoir l'âge présent, et pas d'âge à venir. Mais certains manuscrits lisent « hérétiques » *(mînîm)* au lieu de « sadducéens ».

63. Une existence après la mort et/ou une certaine forme de résurrection semblent avoir été envisagées pour les justes dans *1 Hénoch* 22-27 (une partie du Livre des Veilleurs, fin du IIIe au début du IIe siècle av. JC) et dans l'*Épître d'Hénoch* 91-105 (fin du IIe au début du Ier siècle av. JC). Il faut se rappeler cependant que (1) *1 Hénoch* représente sans doute un type particulier du judaïsme apocalyptique qui fut accueilli plus tard à Qumrān plutôt que chez les Juifs en général et (2) le concept de « résurrection » reste encore vague et embryonnaire dans ces passages. Suivant l'opinion de COLLINS (*Apocalypticism in the Dead Sea Scrolls*, pp. 112-113), le Livre des Veilleurs dans *1 Hénoch* contient la plus ancienne référence juive à « une vie différenciée après la mort » (*1 Hénoch* 22, 9), à savoir la récompense pour les justes et le châtiment pour les méchants. Dans l'*Épître d'Hénoch* on nous dit que « les justes se lèveront du sommeil » (*1 Hénoch* 91, 10). Collins note cependant que ces passages ne parlent pas d'une résurrection *du corps* comme tel, ni d'un retour à la vie sur terre pour les personnes qui se sont levées de la mort. Il pense que la référence concerne la résurrection de l'esprit humain et sa transformation pour une existence semblable à celle des anges.

64. Sur ce point voir John J. COLLINS, « Apocalyptic Eschatology as the Transcendence of Death », *CBQ* 36 (1974), pp. 21-43.

65. MEYER (*« Saddoukaios »*, p. 46) pense que la « perspective sadducéenne… était fondée en fin de compte sur une eschatologie particulière ».

66. Signalons une petite énigme exégétique dans Ac 23, 8 : pourquoi Luc, qui énumère trois points que nient les sadducéens (« ni résurrection, ni ange, ni esprit »), indique-t-il ensuite que les pharisiens confessent « les deux » *(amphotera)* ? Il y a deux façons habituelles d'expliquer cette apparente inconséquence : (1) « Ni ange ni esprit » s'entend comme un unique problème (« ange » et « esprit » sont coordonnés par *mēte… mēte* qui s'oppose au simple *mē* pour la négation de la « résurrection ») ; cette distinction verbale correspond à une distinction conceptuelle : *aggelon* et *pneuma* concernent le monde céleste des esprits, tandis que *anastasin* concerne la résurrection du corps humain. (2) Le mot *amphotera* est employé au sens large de « tous » et non pas au sens de « tous deux » ; un tel usage est possible dans le grec hellénistique ; voir BAUER, *Wörterbuch*, 6e éd., col. 93. Et, de fait, Luc emploie *amphoterōn* dans le sens de « tous » dans Ac 19, 16 où le pronom concerne les sept fils de Scéva.

67. Voir SANDMEL, *The First Christian Century*, p. 56 n. 71 ; MEYER, *« Saddoukaios »*, pp. 53-54. SALDARINI (*Pharisees, Scribes and Sadducees*, p. 185) fait erreur quand il affirme que la négation des anges est commune à Luc et à Josèphe. Chose étrange, GOODMAN (*The Ruling Class*, pp. 78-79) accepte la négation de « l'autorité médiatrice des anges et des esprits » sans hésitation et sans se rendre compte des difficultés impliquées dans cette position.

68. Voir par ex. MOORE, *Judaism*, t. 1, p. 68 ; l'édition révisée de SCHÜRER, *The History of the Jewish People*, t. 2, p. 411 ; MEYER, *« Saddoukaios »*, pp. 53-54.

69. DAUBE, « On Acts 23 », pp. 493-497 ; on trouvera une façon de voir semblable dans LE MOYNE, *Les Sadducéens*, p. 133. À l'appui de cette opinion, Daube avance le fait que, discutant des pharisiens et des sadducéens dans *Guerre* 2.8.14 § 165, JOSÈPHE enchaîne les idées (a) de l'existence continuée de l'âme après la mort, (b) de la résurrection du corps et (3) d'un châtiment des méchants après la mort. Cela est exact, il faut noter cependant deux points : (1) Cette configuration des idées est vraie pour ce qui concerne la question des pharisiens. Mais, lorsque Josèphe traite des sadducéens, il dit simplement qu'ils suppriment (a) l'immortalité de l'âme et (b) les châtiments et récompenses « dans le monde souterrain [littéralement : en bas dans l'Hadès] ». Il ne parle pas explicitement de « résurrection » dans ce passage sur les sadducéens (§ 165), pas même par manière de circonlocution, comme il le fait dans les passages précédents sur les pharisiens (§ 163). (2) Dans aucun des autres développements de Josèphe sur les sadducéens, nous ne trouvons de lien explicite entre négation de la résurrection et négation d'un état intérimaire de l'âme associé à des récompenses ou à des punitions.

70. Daube présente *ho aggelos... autou* d'Ac 12, 15 comme un cas où *aggelos* pourrait signifier l'âme immortelle du défunt (dans ce cas, dit Daube, l'âme de Pierre, qui fut en réalité libéré de la prison par un ange mais dont quelques-uns des chrétiens réunis dans la maison pensaient qu'il avait été exécuté). Cependant, le sens du texte n'est absolument pas clair ; beaucoup d'exégètes (par ex. HAENCHEN, *Die Apostelgeschichte*, p. 328 ; CONZELMANN, *Acts*, p. 95 ; SCHNEIDER, *Die Apostelgeschichte*, t. 2, p. 106 n. 59) voient ici une référence à une sorte d'ange gardien qui ressemble à la personne qu'il protège.

71. Ainsi SANDMEL, *The First Christian Century*, p. 56 n. 71.

72. Sur cette question voir FITZMYER, *The Gospel According to Luke*, t. 2, p. 1306. Comme exemples nous pouvons relever Gn 6, 2 ; Ps 29, 1 ; 89, 7 ; Jb 1, 6 ; 2, 1 ; 38, 7. Il est significatif que pour Gn 6, 2 la Septante traduit l'hébreu *bĕnê hā' ĕlōhîm* (« les fils de Dieu ») littéralement par *hoi huioi tou theou* (« les fils de Dieu », mais une main plus tardive dans le codex Alexandrinus remplace « fils » par « anges »), tandis que pour Jb 1, 6 la Septante traduit en interprétant *hoi aggeloi tou theou* (« les anges de Dieu »). L'emploi de « fils de Dieu » ou « fils du ciel [= Dieu] » pour ce que nous appellerions des anges se continue dans la littérature intertestamentaire et dans celle de Qumrān ; voir par ex. *1 Hénoch* 6, 2 (« les anges, les fils du ciel ») ; *11QMelch* 2, 5 (« les fils du ciel ») ; 2, 14 (« fils de Dieu ») ; *1QapGen* 2, 5 (« les fils du ciel »). COLLINS (*Apocalypticism at Qumran*, pp. 110-129) avance que les qumraniens n'avaient pas tellement à l'esprit la résurrection mais plutôt le compagnonnage avec les anges même maintenant, un compagnonnage qui serait consommé après la mort quand les membres de la communauté de Qumrān feraient le passage à l'existence angélique dans le ciel.

73. GRABBE (*Judaism from Cyrus to Hadrian. Volume Two*, p. 484) fait observer que la plupart des auteurs, qu'ils fussent juifs ou chrétiens, ont eu tendance à faire des sadducéens « leurs souffre-douleur » On mettra en contraste, d'une part, les caricatures de l'édition révisée de SCHÜRER (*The History of the Jewish People*, t. 2, p. 412), MEYER (*« Saddoukaios »*, p. 46, pour qui la description des sadducéens dans Josèphe confine à un athéisme dans la pratique), MÜLLER (« Jesus und die Sadduzäer », p. 3-24) et GOODMAN (*The Ruling Class*, p. 79), et, d'autre part, le rejet par SANDERS (*Judaism. Practice & Belief*, pp. 336-339) des généralisations polémiques sur les sadducéens et l'aristocratie de Jérusalem. L'hostilité générale de Josèphe à l'égard des sadducéens se reflète dans le commentaire de *Guerre* 2.8.14 § 166 qui qualifie le comportement des sadducéens comme assez rustre (*agriōteron*, éventuellement « sauvage ») même dans leurs rapports mutuels et les présente comme des gens aussi rudes (*apēneis*, éventuellement « grossiers » ou même « cruels ») dans leurs relations avec leurs semblables *(homoious)* qu'ils le sont avec les autres *(allotrious)*. À propos du commentaire de Josèphe il faut noter deux choses : (1) Le sens exact de certains termes grecs n'est pas clair. Qui sont « leurs semblables » (des membres d'autres groupes, partis ou sectes juifs ? tous leurs concitoyens juifs ?) et qui sont « les autres » (des gens en dehors des groupes ? des ennemis, des étrangers ?) ? On peut aussi nuancer la gravité des accusations suivant que l'on traduit certains des adjectifs par « rustre » et « rude » ou par « sauvage » et « cruel ». (2) Cet exposé polémique, datant de la décennie qui suit la fin de la Première Guerre juive, reflète sans doute la colère profonde de Josèphe contre les groupes dirigeants de Jérusalem (largement les sadducéens) qui s'entendirent pour le relever de son commandement en Galilée. Toutefois le temps ne semble pas avoir adouci le point de vue de Josèphe. Dans *Ant.* 20.9.1 § 199, il qualifie les sadducéens de *ōmoi* (« sévères », « sauvages », « féroces », « sans cœur », ou « cruels ») dans leurs décisions de justice. Sur toute cette question voir LE MOYNE, *Les Sadducéens*, pp. 43, 352. Quant au portrait habituel des sadducéens qui en fait des sceptiques matérialistes imbus de (ou corrompus par) la culture hellénistique, il n'y a pas de raison de penser qu'à la période du gouvernement direct de Rome ils étaient plus ou moins hellénisés que les pharisiens ; voir SUNDBERG, « Sadducees » dans *IDB*, t. 4, p. 162 ; cf. SALDARINI, *Pharisees, Scribes and Sadducees*, pp. 302-303 ; SMITH, « Palestinian Judaism », p. 81. Comme Saldarini le fait remarquer, essayer d'offrir aux Romains la coopération essentielle indispensable pour garder l'État-Temple de Judée de la destruction tout en préservant en même temps l'identité religieuse et nationale des Juifs s'est avéré un acte d'équilibre difficile pour les sadducéens. On peut présumer qu'il y eut des divisions dans les rangs des grands prêtres à ce sujet. D'un côté, Caïphe fut au pouvoir pendant la durée record de 18 à 36 apr. JC vraisemblablement parce qu'il sut maintenir une bonne relation de travail avec Ponce Pilate. De l'autre côté, certains des prêtres du Temple haut-placés étaient impliqués dans les premières étapes de la révolte contre Rome en 66 apr. JC. C'est certainement une erreur de vouloir dépeindre tous les sadducéens, durant la période du gouvernement direct de Rome, comme partageant une pensée unique sur les questions politiques et culturelles. Ils ne furent pas tous des collaborateurs, ni tous des révolutionnaires.

74. Sur le problème de l'affirmation de Josèphe disant que les sadducéens rejetaient la providence divine voir LE MOYNE, *Les Sadducéens*, pp. 37-40 ; SALDARINI, *Pharisees, Scribes and Sadducees*, p. 304. Comme l'indique Le Moyne, si l'on prenait Josèphe au pied de la lettre (comme le fait par ex. GOODMAN, *The Ruling Class*, p. 79), il faudrait considérer les sadducéens comme étant pratiquement des athées, l'équivalent des « fous » de Ps 14, 1 et 53, 2. Selon MEYER (*« Saddoukaios »*, p. 46) Josèphe semble parler des sadducéens comme s'ils étaient des épicuriens ; en réalité, Josèphe lui-même n'assimile nulle part les sadducéens à des épicuriens ou des athées. Dans ses trois descriptions standard, il présente les sadducéens comme l'une des trois écoles philosophiques vénérables du judaïsme. Aussi des exégètes ont-ils cherché de différentes façons à atténuer ou à limiter l'affirmation de Josèphe sur la négation de la providence par les sadducéens : (1) Les sadducéens niaient la providence par rapport à l'individu mais non pas pour ce qui est du gouvernement du monde et d'Israël. (2) Les sadducéens niaient simplement la possibilité de prophétiser les événements futurs comme on le faisait chez les esséniens et les pharisiens. (3) Les sadducéens voulaient simplement éviter d'avoir à attribuer à Dieu la responsabilité du mal dans le monde. (4) Les sadducéens ne croyaient pas à l'intervention apocalyptique de Dieu dans l'histoire du monde ; ils niaient qu'une providence divine menait le monde inexorablement vers une consommation apocalyptique. Certes, ces interprétations, spécialement la troisième et la quatrième, peuvent contenir quelque vérité, mais je pense que la meilleure solution est de maintenir que Josèphe a exagéré un aspect de la position sadducéenne pour pouvoir proposer un modèle bien balancé de trois courants philosophiques quand il a présenté les trois écoles juives. Concernant la position des sadducéens sur la providence, il n'est peut-être pas inutile de noter que certains exégètes considèrent Ben Sira comme une sorte de « proto-sadducéen » et non sans raison ; cf. MEYER, *« Saddoukaios »*, p. 49. Ben Sira était un homme d'affaires cosmopolite, un personnage politique et un scribe (Si 39, 1-9), très attaché au Temple de Jérusalem et au sacerdoce (50, 1-21), un maître de la jeunesse aristocratique de Jérusalem (7, 1-17 ; 9, 17 – 10, 3 ; 14, 3-19 ; 31, 1-31 ; 33, 19-33), un partisan de la liberté humaine et de la responsabilité (15, 11-20) et un théologien conservateur qui n'avait pas de place dans sa pensée pour l'immortalité, pour la récompense et le châtiment après la mort et pour la résurrection du corps (38, 20-23 ; 41, 1-13). Cependant, son insistance marquée sur le pouvoir des humains de choisir entre le bien et le mal et leurs responsabilités sur ce point n'empêchait pas Ben Sira d'affirmer énergiquement la domination de Dieu sur sa création qui est bonne, le gouvernement de Dieu sur Israël à travers son histoire (36, 1-17 ; 42, 15 – 43, 35 ; 44, 1 – 49, 16) et l'efficacité de la prière sincère (22, 27 – 23, 6 ; 34, 18 – 35, 24 ; 38, 9). Pourquoi plus tard, les sadducéens « en leur plein épanouissement » n'auraient-ils pas fait de même ?

75. Au sujet d'une influence possible de la théologie juive postexilique sur les sadducéens voir SALDARINI, *Pharisees, Scribes and Sadducees*, p. 122. Dans la *Guerre des Juifs* 2.8.14 § 164, Josèphe associe la négation du destin chez les sadducéens avec leur désir de « placer Dieu en dehors de l'accomplissement ou de l'observation *(ephoran)* de quelque mal que ce soit ». Employé pour les dieux bons dans le discours grec païen, le verbe *ephoraō* signifie souvent plus que simplement « regarder » ou « observer » ; il peut comporter le sens de « surveiller », « vérifier », « visiter ». Ainsi Josèphe semble évoquer l'idée non seulement que Dieu connaîtrait d'avance le mal mais aussi qu'il y serait impliqué. [Traduction des §§ 164-165 par André PELLETIER : « Les Sadducéens, qui forment la seconde école, suppriment absolument le Destin, et ils excluent que Dieu puisse faire un mal quelconque ou en supporter la vue. Ils déclarent que le bien et le mal sont offerts au choix de l'homme, et que chacun, selon sa volonté, se porte vers l'un ou l'autre », Flavius JOSÈPHE, *Guerre des Juifs*, *tome* II, Paris, Belles Lettres, 1988, pp. 38-39.]

76. En plus des commentaires classiques de Marc voir David DAUBE, « Four Types of Question » dans *The New Testament and Rabbinic Judaism*, Peabody MA, Hendrickson, 1956, pp. 158-169 ; E. DREYFUS, « L'argument scripturaire de Jésus en faveur de la résurrection des morts (*Marc*, XII, 26-27) », *RB* 66 (1959), pp. 213-224 ; Gilles CARTON, « Comme des anges dans le ciel », *BVC* 28 (1959), pp. 6-52 ; Sebastián BARTINA, « Jesús y los saduceos. "El Dios de Abraham, de Isaac y de Jacob es 'El que hace existir'" », *EstBib* 21 (1962), pp. 151-160 ; E. Earle ELLIS, « Jesus, the Sadducees and Qumran », *NTS* 10 (1963-1964), pp. 274-279 ; Alfred SUHL, *Die Funktion der alttestamentlichen Zitate und Anspielungen im Markusevangelium*, Gütersloh, Gerd Mohn, 1965, pp. 67-72 ; D. H. VAN DAALEN, « Some Observations on Mark 12,24-27 » dans *Studia Evangelica. Vol. IV* (TU 102, F. L. CROSS éd., Berlin, Akademie, 1968, pp. 241-245 ; William STRAWSON, *Jesus and the Future Life*, éd. rev., Londres, Epworth, 1970, pp. 201-210 ; BAUMBACH, « Das Sadduzäerverständnis », pp. 31-35 ; Antonio AMMASSARI, « Gesù ha veramente insegnato la risurrezione ! », *BibOr* 15 (1973), pp. 65-73 ; Karlheinz MÜLLER, « Jesus und die Sadduzäer » dans *Biblische Randbemerkungen*, Rudolf Schnackenburg Festschrift, 2e éd., Helmut MERKLEIN et Joachim LANGE éd., Würzburg, Echter, 1974, pp. 3-24 ; Robert H. GUNDRY, *The Use of the Old Testament in St. Matthew's Gospel*, NovTSup 18, Leyde, Brill, 1975, pp. 20-21 ; Arland J. HULTGREN, *Jesus and His Adversaries. The Form and Function of the Conflict Stories in the Synoptic Tradition*, Augsburg, Minneapolis, 1979, pp. 123-131 ; D. M. COHN-SHERBOK, « Jesus' Defense of the Resurrection of the Dead », *JSNT* 11 (1981), pp. 64-73 ; F. Gerald DOWNING, « The Resurrection of the Dead : Jesus and Philo », *JSNT* 15 (1982), pp. 42-50 ; Elizabeth SCHÜSSLER FIORENZA, *In Memory of Her*, New York, Crossroad, 1983, pp. 143-45 [*En mémoire d'elle*, Cogitatio Fidei, Paris, Cerf, 1986, pp. 217-220] ; Jean-Gaspard MUDISO MBÂ MUNDLA, *Jesus und die Führer Israels. Studien zu den sog. Jerusalemer Streitgesprächen*,

NTAbh n. s. 17, Münster, Aschendorff, 1984, pp. 71-109 ; J. Gerald JANZEN, « Resurrection and Hermeneutics : On Exodus 3.6 in Mark 12.26 », *JSNT* 23 (1985), pp. 43-58 ; François VOUGA, « Controverse sur la résurrection des morts (Marc 12, 18-27) », *LumVie* 35/n° 179 (1986), pp. 49-61 ; Otto SCHWANKL, *Die Sadduzäerfrage (Mk 12,18 27 parr)*, BBB 66, Frankfurt, Athenäum, 1987 ; IDEM, « Die Sadduzäerfrage (Mk 12,18-27) und die Auferstehungserwartung Jesu », *Wissenschaft und Weisheit* 50 (1987), pp. 81-92 ; Jack Dean KINGSBURY, « The Religious Authorities in the Gospel of Mark », *NTS* 36 (1990), pp. 42-65 ; M. REISER, « Das Leben nach dem Tod in der Verkündigung Jesu », *Erbe und Auftrag* 66 (1990), pp. 381-390 ; Frédéric MANNS, « La technique *al tiqra* dans les évangiles », *RevScRel* 64 (1990), pp. 1-7 ; P. G. BOLT, « What Were the Sadducees Reading ? » *TynBul* 45 (1994), pp. 369-394. On pourra trouver une bibliographie beaucoup plus complète dans la monographie de SCHWANKL pp. 641-678.

77. Tout au long de cette étude de Mc 12, 18-27 – à moins que le contexte n'indique clairement un sens différent –, le mot « résurrection » désigne la résurrection générale après la mort au dernier jour, non pas l'unique résurrection de Jésus à Pâques. Étant donnée la question précise débattue dans Mc 12, 18-27, la question se réduit pratiquement à la résurrection des Israélites fidèles, qui seront « comme des anges dans les cieux » ; en d'autres termes nous traitons de la résurrection des justes.

78. Comme nous l'avons vu, Luc dit davantage de choses sur les sadducéens dans les Actes, mais c'est un matériau qui prend en compte les rapports réciproques des sadducéens avec la première communauté des Juifs chrétiens de Jérusalem et (plus tard) avec Paul. Luc ne nous apporte rien de plus sur la question qui est au centre de notre recherche, les relations de *Jésus* avec les sadducéens. Dans leur grande majorité, les exégètes s'accordent sur l'idée que, pour leur version du débat de Jésus avec les sadducéens, Matthieu et Luc dépendent de Marc, même si certains admettent que Luc utilise une tradition qui diffère pour la première partie de la réponse de Jésus à la question des sadducéens (Lc 20, 34b-36) ; sur ce point voir HULTGREN, *Jesus and His Adversaries*, pp. 123-126 ; MUDISO MBÂ MUNDLA, *Jesus und die Führer*, p. 71. Avec des exégètes tel FITZMYER (*The Gospel According to Luke*, t. 2, p. 1299), je doute que Luc utilise ici une tradition spéciale, aussi centrerai-je mon attention presque entièrement sur la forme marcienne du récit. Sur la possibilité de formes indépendantes de la tradition conservées dans la littérature patristique – l'un des principaux arguments de Hultgren en faveur d'une tradition non marcienne dans la forme lucanienne de la controverse – voir ci-dessous.

79. Pour Mc 12, 18-27 comme *Streitgespräch* [récit de controverse] voir BULTMANN, *Geschichte*, p. 24 [*Histoire*, p. 43]. DIBELIUS (*Formgeschichte*, p. 40) classe ce passage comme un paradigme « de type moins pur » ; TAYLOR (*The Gospel according to St. Mark*, p. 480) l'appelle une *pronouncement-story* (« sentence encadrée dans un récit »). On ne voit pas clairement pourquoi PESCH (*Markusevangelium*, t. 2, p. 230) l'appelle plutôt un *Schulgespräch* (« dialogue didactique »).

80. Le caractère compliqué du débat, avec ses deux focalisations distinctes qui demandent deux réponses distinctes de la part de Jésus, peut expliquer pour une part pourquoi ce récit de controverse ne se termine pas, comme certains autres, par un simple aphorisme bien tranché. La question débattue est simplement trop compliquée pour qu'une telle solution élégante suffise.

81. Parfois aucune indication n'est donnée sur la réaction des adversaires ; voir par ex. la version marcienne de la question sur le divorce dans 10, 1-12. Après avoir conclu au v. 9 par un axiome à l'adresse des pharisiens (si tant est qu'il faille les inclure dans le récit, ce qui pose un sérieux problème de critique textuelle au v. 2), Jésus entre dans une maison pour expliquer son enseignement à ses disciples en privé (un procédé typiquement marcien). On ne mentionne ni la réaction des pharisiens ni celle des disciples à la surprenante abrogation du divorce prononcée par Jésus. Voir aussi Mc 2, 17 (les repas avec les collecteurs d'impôt et les pécheurs) et 2, 28 (les épis froissés le jour du sabbat) ; dans les deux cas, le *Streitgespräch* se termine par un dit de Jésus sans l'indication de la moindre réaction.

82. Le fait que Jésus a continué à pratiquer le baptême du Baptiste a pu être au cœur du débat historique sous-jacent à la forme actuelle du récit de controverse ; voir à ce sujet *Un certain Juif, Jésus*, t. 2, pp. 163-167.

83. Pour cette interprétation, voir Addison G. WRIGHT, « The Widow's Mites : Praise or Lament ? – A Matter of Context », *CBQ* 44 (1982), pp. 256-265 ; contre, voir GUNDRY, *Mark*, pp. 730-731.

84. Il est courant et commode de parler de manière globale d'un cycle de récits de controverses à Jérusalem ; en réalité toutes les péricopes de ce cycle ne sont pas, au sens strict de la catégorie de la critique des formes, des « récits de controverse » ou *Streitgespräche* ; pour une distinction plus minutieuse des catégories voir MUDISO MBÂ MUNDLA, *Jesus und die Führer Israels*, pp. 299-302. Voulant trouver quelques thèmes sous-jacents aux récits hétérogènes de controverse à Jérusalem, John R. DONAHUE avance l'idée séduisante que les trois échanges sur la monnaie de l'impôt, sur la résurrection et sur le premier commandement ont tous une visée *théo*-logique unifiée ; ils sont centrés sur Dieu et non pas sur le Christ. Voir son article « A Neglected Factor in the Theology of Mark », *JBL* 101 (1982), pp. 563-594, spéc. pp. 570-581.

85. En même temps, il faut se rappeler que, dans l'intrigue de Marc, les récits de controverse ont, à leur tour, été déclenchés au niveau empirique par l'entrée triomphale et la « purification » du Temple, et au niveau surnaturel par l'action prophétique-symbolique de Jésus qu'est la malédiction du figuier.

86. Sur la façon dont Marc interprète 12, 18-27 dans le cadre de sa composition plus large voir MUDISO MBÂ MUNDLA, *Jesus und die Führer*, pp. 108-109 ; SCHWANKL, *Die Sadduzäerfrage*, pp. 421-434.

87. Beaucoup d'exégètes s'appuient sur l'analyse de BULTMANN (*Geschichte*, p. 25 [*Histoire*, p. 43]) pour qui la péricope a été créée en deux étapes par l'Église primitive : (1) 12, 18-25, où l'on voit l'Église en débat avec les scribes du parti des sadducéens ; et (2) 12, 26-27 qui n'a jamais existé à part ; ces deux versets ont été créés par manière d'ajout à 12, 18-25 et reflètent sans doute des discussions théologiques à l'intérieur de l'Église. Cette position est développée de façon bizarre par SUHL, *Die Funktion*, pp. 67-72. HULTGREN (*Jesus and His Adversaries*, pp. 123-131) pousse l'approche de Bultmann encore plus loin et avance l'idée que les deux unités prémarciennes étaient 12, 19-23. 25 (qui abordent le problème du mariage dans la communauté chrétienne pour ceux dont les conjoints sont morts) et 12, 26-27a (qui présente une apologie de la résurrection), et que ces deux unités furent liées ensemble par l'ajout de 12, 18. 24. 27b. Comme nous le verrons plus loin, ce genre d'histoire de la tradition est sujet à de sérieuses objections au nom de raisons littéraires, théologiques et historiques. En faveur de l'unité de la péricope voir DAALEN, « Some Observations », p. 242 ; AMMASSARI, « Gesù ha veramente insegnato », p. 66 ; MUDISO MBÂ MUNDLA, *Jesus und die Führer*, pp. 72-74 ; SCHWANKL, *Die Sadduzäerfrage*, pp. 304-309. VOUGA (« Controverse », p. 57) est en faveur de l'unité de la péricope mais la voit tout entière comme le produit d'un groupe de chrétiens juifs-hellénistes en débat avec d'autres chrétiens juifs ; sa reconstruction des groupes et de leurs controverses relève de la haute spéculation.

88. Un bon exemple de l'emploi possible de *peri de* (« concernant le fait que ») pour indiquer que celui qui parle ou celui qui écrit passe d'un thème à une autre question se trouve dans 1 Corinthiens. Là, Paul emploie *peri de* un certain nombre de fois (par ex.

1 Co 7, 1. 25 ; 8, 1 ; 12, 1 ; 16, 1. 12) pour passer d'un sujet à un autre et, en fait, même pour passer d'un aspect d'une question à un autre (voir 1 Co 7, 1. 25). Chose étrange, certains commentateurs se servent du *peri de* de Mc 12, 26 pour démontrer que les vv. 26-27 ont été ajoutés à l'unité à une date ultérieure. Cependant, ils ne sont pas nombreux, si tant est qu'il y en ait, les exégètes pour affirmer que, chaque fois que, dans 1 Corinthiens, nous trouvons *peri de* pour indiquer un changement de thème, *peri de* est signe d'une addition ultérieure par un autre auteur. De plus, les vv. 26-27 sont essentiels pour que l'argument de Jésus soit complet. Le problème fondamental des sadducéens est leur négation du fait de la résurrection (v. 18) ; le cas fictif qu'ils présentent (vv. 20-23) est simplement une manière d'authentifier leur négation. Aussi, après avoir discuté de la conception erronée de la modalité de la résurrection que présuppose le cas qu'ils soumettent (v. 25), Jésus doit aborder le problème essentiel de leur négation (vv. 26-27). Comme l'indique SCHWANKL (*Die Sadduzäerfrage*, p. 382), « Sans le *hoti* ["que"] (v. 26a), le *hotan* ["quand"] (v. 25a) resterait hypothétique. »

89. Cette exégèse verset par verset se focalise sur Mc 12, 18-27 comme une unité isolée de la tradition chrétienne primitive, circulant sous forme orale ou écrite avant sa réception dans l'évangile de Marc. C'est pourquoi, à quelques exceptions près, cette exégèse fait abstraction de la théologie globale de l'évangile de Marc et de la signification qu'une telle théologie ajoute à la péricope une fois qu'elle est insérée dans le récit plus ample de Marc.

90. Il est vrai que la croyance à la résurrection place Jésus du même côté du débat théologique que les pharisiens ; mais, au tournant du siècle, la croyance à la résurrection (ou au moins à quelque forme d'autre vie) n'est nullement limitée aux pharisiens, ainsi qu'en témoignent différentes œuvres apocalyptiques qui ne sont pas spécifiquement pharisiennes. Apparemment les qumraniens admettaient une sorte de survie individuelle après la mort, bien que très peu de passages des manuscrits de la mer Morte parlent de résurrection. La croyance des qumraniens en une vie après la mort semblable à celle des anges n'est pas tellement différente de la croyance en l'immortalité de l'âme que nous trouvons dans divers auteurs juifs de la diaspora, notamment chez Philon et l'auteur du livre de la Sagesse.

91. C'est, semble-t-il, un cas où la distinction classique entre le relatif simple *hos* et le relatif composé *hostis*, lequel peut évoquer la nature ou la qualité spécifique de l'antécédent, peut se vérifier aussi dans le grec de la koinè du Nouveau Testament ; voir ZERWICK, *Graecitas Biblica*, pp. 70-72 (§§ 215-220).

92. On peut toujours se demander si, au moment où des chrétiens de la première génération ont formulé la narration, on avait besoin de cette identification des sadducéens au v. 18b, et si cette identification n'a pas été ajoutée lorsque l'on a diffusé la tradition hors de Palestine. C'est chose possible, mais peut-être la version première du récit voulait-elle souligner dès le départ le point qui fait l'objet de la controverse dans le récit. Après tout, la négation de la résurrection n'est pas la caractéristique unique qui définit les sadducéens, c'est simplement la seule discutée ici.

93. Noter que dans Jn 3, 26 on s'adresse à Jean le Baptiste en l'appelant *rabbi*.

94. Ainsi par ex. GUNDRY, *Mark*, p. 701.

95. Dans une communication écrite, David Noel Freedman me suggère une explication simple et de sens commun : dans une dispute de ce genre on comprend bien que, si la première partie cite Moïse, la seconde cite la même source.

96. Le terme de « lévirat » vient du latin *levir*, « le frère du mari », c.-à-d. le beau-frère.

97. Cette forme abrégée de Dt 25, 5 retenue dans Mc 12, 19 laisse tomber le détail que les frères vivent ensemble et, du même coup, l'idée que la préservation de la propriété ancestrale à l'intérieur de la famille est le motif de la loi du lévirat. Ainsi l'attention se déplace sur la femme sans enfants et sa destinée.

98. PESCH, *Das Markusevangelium*, t. 2, p. 231.

99. Pour une comparaison des formes textuelles voir GUNDRY, *The Use of the Old Testament*, p. 45. Le texte hébreu de Dt 25, 5 « et s'il n'a pas d'enfant » [littéralement : « et il n'y a pas d'enfant pour lui », *ûbēn 'ên-lô*) est traduit de manière lâche dans Mc 12, 19 par « et il n'a pas laissé d'enfant » *(kai mē aphę̄ teknon)* ; la Septante rend la construction hébraïque de manière plus exacte par *sperma de mē ę̄ autǭ* (« et il n'y a pas de semence à lui »). Cependant Mc 12, 19 est plus proche de l'hébreu quand il emploie *teknon* (« enfant ») pour *bēn* (« fils » ou au sens général : « enfant »), là où la Septante emploie *sperma* (« semence »). Mc 12, 19 diffère de LXX Dt 25, 5 également pour d'autres détails et on ne peut pas le considérer comme la reprise du texte dans la forme de la Septante. Pour ce qui est de Gn 38, 8, Mc 12, 19 emploie le verbe composé *exanastēsę̄* (« faire lever ») au lieu du simple *anastēson* de la Septante. Le choix de Marc est curieux, étant donné que le verbe simple cadrerait plus exactement avec le substantif *anastasis* (« résurrection ») et le verbe *anistamai* (« se lever ») des vv. 18. 23. 25. C'est peut-être un signe que Marc utilise une citation textuelle qui était déjà fixée dans la tradition plutôt que de reprendre la Septante ou de créer sa propre traduction.

100. On peut arguer que tout cela correspond parfaitement aux conclusions de GUNDRY (*The Use of the Old Testament*, pp. 1, 28, 147-150) ; il note que les citations de l'Ancien Testament introduites chez Marc par une formule (c.-à-d. les « citations formelles ») sont presque toutes prises de la Septante, alors que, dans les citations allusives de Marc (c.-à-d. celles qui sont dépourvues d'une introduction formelle, mais découlent du contexte et s'y intègrent), on trouve toutes sortes de types de concordance ou de divergence par rapport à la Septante et au texte massorétique. Gundry compte Mc 12, 19 parmi les citations allusives ; en réalité, l'introduction « Moïse a écrit que... », suivie de l'indication claire que l'on fait référence à la loi du lévirat dans le Deutéronome, permet de considérer Mc 12, 19 comme une citation formelle de Dt 25, 5. Après tout (1) les sadducéens ont clairement l'intention de citer l'Écriture normative de Moïse, (2) le *hoti* du v. 19 est considéré par certains exégètes comme l'équivalent des guillemets (par ex. GUNDRY, *Mark*, p. 701 ; MUDISO MBÂ MUNDLA, *Jesus und die Führer*, p. 75), et (3) le v. 20 indique clairement que la citation est achevée et part à neuf en soumettant à Jésus un cas hypothétique qui illustre la loi du lévirat. (À ce propos : le fait qu'un texte soit mélangé avec un autre texte de l'Ancien Testament ne l'empêche pas d'être une citation formelle ; voir Mc 1, 2.) Si nous considérons Mc 12, 19 comme une citation formelle – ce que je suis tenté de faire –, il diverge notablement de la forme purement empruntée à la Septante qu'on trouve presque toujours dans ce type de citations chez Marc. Ce pourrait être là une indication, parmi beaucoup d'autres, que Marc n'a pas créé lui-même ce récit de toutes pièces.

101. Il est possible qu'il y ait là une vague allusion aux sept maris successifs de Sarah dans Tb 3, 8. 15 ; 6, 13 ; 7, 11. Une allusion aux sept frères martyrisés par Antiochos IV dans 2 M 7, 1-41 est moins vraisemblable ; le thème de la résurrection est présent dans ce passage mais pas le thème du mariage. Sur ce point voir GUNDRY, *Mark*, p. 705.

102. Par sa progression, le cas fictif des sadducéens suppose que les Juifs défenseurs d'une résurrection des morts pensent que les relations sexuelles seraient rétablies à ce moment-là. Des commentateurs (par ex. MUDISO MBÂ MUNDLA, *Jesus und die Führer*, p. 87) font alors appel à la littérature rabbinique postérieure soit pour illustrer cette conception, soit pour la mettre en question ; mais toute cette approche est problématique. (1) Nous sommes confrontés au problème habituel qui consiste à utiliser, pour expliquer un texte du Ier siècle, des textes composés des siècles plus tard dans des situations culturelles différentes. (2) Même quand on utilise des textes rabbiniques, il n'est pas toujours clair si ces textes concernent le règne intermédiaire du Messie, la résurrection finale des morts ou l'existence des âmes des justes dans le ciel. La continuation d'activités physiques comme manger et procréer est bien entendue niée pour le dernier de ces trois états évoqués, mais certains textes au moins semblent admettre de telles activités physiques dans les deux autres états d'existence. Toutefois, dans la situation très fluide du judaïsme palestinien du Ier siècle, c'est une erreur que de vouloir trouver quelque conception normative sur les conditions précises de l'existence humaine après la résurrection. La ligne d'attaque des sadducéens suppose apparemment qu'au moins selon une des conceptions populaires en la matière on reprendrait l'activité sexuelle – et probablement beaucoup d'autres activités corporelles propres à ce monde-ci – après la résurrection.

103. Voir Victor P. HAMILTON, « Marriage (Old Testament and Ancient Near East) » dans *Anchor Bible Dictionary*, t. 4, pp. 559-569, spéc. p. 565. Sur la polygamie (qui est toujours polygynie) chez les Juifs de Palestine aux environs du temps de Jésus voir JEREMIAS, *Jérusalem au temps de Jésus*, pp. 133, 138-139, 483-484. Dans son article « Polygamy » (*The Oxford Dictionary of the Jewish Religion*, R. J. Zwi WERBLOWSKY et Geoffrey WIGODER éd., New York/Oxford, Oxford University, 1997, p. 540), Daniel SINCLAIR montre que les rabbins acceptaient la validité juridique de la polygamie, mais que seul un très petit nombre de rabbins avaient plus d'une femme.

104. On peut comprendre d'une manière quelque peu différente le dilemme posé par les sadducéens ; à savoir : la polyandrie étant impossible, la femme ne peut être l'épouse que de l'un de ses sept maris. Mais sur terre elle a été également et légalement la femme des sept frères, sans une descendance qui donnerait à l'un des mariages un statut privilégié par rapport aux autres. Par conséquent, il n'existe pas de critère pour l'attribuer à l'un des frères plutôt qu'à un autre. (Certains commentateurs citent l'ouvrage médiéval juif appelé le *Zohar* à l'appui de l'opinion qu'une femme mariée deux fois doit être rendue à son premier mari ; mais on ne peut guère recourir à une œuvre aussi tardive pour éclairer un débat du Ier siècle.) En fin de compte, ce type d'argumentation ramène au même problème que celui que je souligne : la situation de polyandrie perdure, sans possibilité de lui trouver une solution. Je ne considérerais donc pas la question des sadducéens au v. 23 comme une recherche sérieuse d'un critère au nom duquel opérer un choix parmi les sept frères mais plutôt comme une façon de mettre en évidence l'absence de critère et, du même coup, la persistance de l'union polyandrique – quelque chose qui passe pour ridicule et inacceptable pour tout le monde, non seulement maintenant sur terre mais a fortiori dans le ciel après la résurrection.

105. Dans cette traduction du v. 24 je prends le *dia touto* du début (« à cause de cela ») comme se rapportant au participe qui suit (*mē eidotes*, « ne connaissant pas », c.-à-d. « parce que vous ne connaissez pas »). Des exégètes comme SUHL (*Die Funktion*, p. 69) et GUNDRY (*Mark*, p. 705-706) soutiennent que *dia touto* doit au contraire se rapporter à ce que les sadducéens ont dit aux versets précédents. Cela ne s'impose pas. (1) En soi, le démonstratif *touto* peut se rapporter soit à ce qui précède soit à ce qui suit. (2) Suhl et Gundry objectent que l'expression *dia touto* ne concerne ce qui suit que dans les cas où il précède une locution avec *hoti*, une locution avec *hina*, une proposition infinitive ou un nom. (Des exemples clairs de *dia touto* concernant une locution suivante avec *hina* se trouvent dans Jn 5, 16 + 18.) Mais la participiale *mē eidotes* dans Mc 12, 24 a, suivant l'accord général des exégètes, un sens causal (« parce que vous ne connaissez pas ») et par conséquent est l'équivalent fonctionnel d'une causale avec *hoti*. Il n'y a guère lieu d'être surpris de ce que Marc ne fournisse pas d'autre exemple de cette construction ailleurs dans son évangile ; l'évangile de Marc abonde en locutions et structures grammaticales inhabituelles qu'on ne trouve qu'une fois dans son œuvre. En tout cas, la discussion sur la référence précise de *dia touto* n'invalide pas les observations sur le fait que Jésus fait mention de deux réalités que les sadducéens ne connaissent pas (les Écritures et la puissance de Dieu) et qu'ensuite Jésus traite de ces deux réalités dans une séquence en forme de chiasme. Comme le montre MUDISO MBÂ MUNDLA (*Jesus und die Führer*, p. 90), l'arrière-fond de la Septante pour le verbe *planaō* indiquerait qu'il s'agit de l'idée religieuse négative d'une transgression coupable de la volonté révélée de Dieu et non pas d'une erreur simplement intellectuelle.

106. C. K. BARRETT a probablement raison de dire que *dynamin* (« puissance ») au v. 24 désigne en particulier la puissance eschatologique de Dieu. Il est plus contestable quand il fait appel à la célèbre prière synagogale des *Dix-huit bénédictions* (l'*Amida* ou les *Shemone Esreh*). Dans l'ordre traditionnel de cette prière, la première bénédiction *(Aboth)* loue le Dieu d'Abraham, le Dieu d'Isaac, le Dieu de Jacob qui est le « bouclier [c.-à-d. le protecteur] d'Abraham » (ce que Barrett met en parallèle avec la preuve par Ex 3, 6 avancée par Jésus en Mc 12, 26.) La deuxième bénédiction *(Geburoth)* loue Dieu le « Puissant » et le « Fort », qui déploie son pouvoir eschatologique en « faisant vivre les morts » (en parallèle avec l'argument théologique de Jésus au v. 25). Bien que ce parallèle soit intéressant, il se heurte à un problème majeur : la date de la fixation de l'ordre et du texte des *Dix-huit bénédictions*. Dans *EncJud*, t. 2, pp. 839-840, l'article « Amidah » montre que l'ordre et le libellé exacts des *Dix-huit bénédictions* ont probablement varié dans la période avant 70. « Les essais entrepris pour reconstituer le texte "original" et déterminer la date de la composition de chaque section sont vains… C'est probablement pendant la période des géonim [c.-à-d. posttalmudique] seulement que furent établies et mises par écrit les versions définitives de l'*Amidah*… »

107. Dans l'article « Angels » de *The Oxford Dictionary of the Christian Church* (3e éd., F. L. CROSS et E. A. LIVINGSTONE éd., Oxford, Oxford University, 1997, pp. 61-63), on note que la nature immatérielle et spirituelle des anges n'a pas été pleinement reconnue avant Denys le Pseudo-Aréopagite (env. 500 apr. JC) et Grégoire le Grand (540-604 apr. JC). Origène tenait que les anges avaient un corps éthéré, une position apparemment partagée par Augustin d'Hippone. Sur le sens de « comme des anges » dans Mc 12, 25 voir VAN DAALEN, « Some Observations », p. 241.

108. Voir aussi *Jubilés* 5, 1-2 (cf. 10, 1-14) ; *CD* 2, 16-21 ; *4Q180*.

109. Dans le contexte de *1 Hénoch* 15, 1-7, le propos fait contraste avec les Veilleurs (les anges rebelles) qui ont laissé libre cours à leur sexualité et ont eu des rapports sexuels avec des femmes humaines. En réponse à la perversion du plan divin original établi pour eux, Dieu, qui antérieurement n'avait pas créé de femmes pour eux dans leur état d'immortalité, leur procure maintenant femmes et enfants ; cela fait apparemment partie de son intention de permettre à leurs actions pécheresses d'atteindre leurs pleins résultats naturels – ou plutôt contre nature. Cela, à son tour, contribuera au châtiment final des Veilleurs et de leur progéniture.

110. On trouve des idées semblables dans *1 Henoch* 104, 1-6 : les justes se réjouiront « comme les anges » ; *2 Apoc. Bar.* 51, 10 : les justes « seront semblables aux anges… ». Certains commentateurs (par ex. MUDISO MBÂ MUNDLA, *Jesus und die Führer*, p. 92 ; SCHWANKL, *Die Sadduzäerfrage*, p. 378) relèvent un autre point dans la comparaison de Jésus entre les personnes ressuscités et les anges : les sadducéens sont dans l'erreur parce qu'ils nient l'existence des anges. La négation des anges, à son tour, contribue à l'erreur qui les fait nier la résurrection. Toutefois, comme nous l'avons vu, il n'est nullement certain que les sadducéens aient nié l'existence des anges, étant donné que la fiabilité de l'affirmation de Luc dans Ac 23, 8 est discutée.

111. Voir SCHWANKL, *Die Sadduzäerfrage*, pp. 574-577.

112. Pour commencer l'exégèse de ce verset, un chercheur moderne noterait sans doute d'abord qu'il se trouve dans un passage constitué par les traditions yahviste et élohiste (certains ajouteront : sacerdotale), 3, 6 étant habituellement attribué à l'élohiste. Il va sans dire, Jésus et ses contemporains ne pensaient pas dans ces catégories ; ils lisaient l'ensemble du Pentateuque comme étant l'œuvre de Moïse.

113. Ainsi VAN DAALEN, « Some Observations », p. 244 ; STRAWSON, *Jesus and the Future Life*, p. 204 ; SCHWANKL, *Die Sadduzäerfrage*, pp. 378-379. L'idée que tout cela est réalisé par la seule puissance de Dieu (cf. *tēn dynamin tou theou* au v. 24) peut expliquer le glissement du vocabulaire *anastasis* et *anistēmi* (12, 18-19. 23. 25) à la voie passive de *egeirō* au v. 26 : « Mais pour ce qui est des morts, le fait qu'ils soient relevés [le passif divin : à savoir, par la puissance de Dieu]... ».

114. On cite souvent le jugement de LOHMEYER (*Markus*, p. 257) : Mc 12, 18-27 est « un excellent exemple du rabbinisme de Jésus ».

115. Sur cette question voir D. M. COHN-SHERBOK, « « Jesus' Defense of the Resurrection of the Dead », *JSNT* 11 (1981), pp. 64-73. F. Gerald DOWNING (« The Resurrection of the Dead : Jesus and Philo », *JSNT* 15 (1982), pp. 42-50) veut trouver dans Philon un parallèle à la façon d'argumenter de Jésus. À mon sens, cette recherche d'un parallèle est forcée et tourne par moment au raisonnement circulaire. Pour que le parallèle soit complet, Downing doit affirmer que Mc 12, 25-26a est un ajout postérieur. C'est tout à fait invraisemblable quand on prend en compte la structure littéraire et la progression de la pensée théologique en 12, 18-27. En réalité, presque la totalité des critiques qui discernent une addition ultérieure dans la péricope la voient dans les vv. 26-27.

116. Sur l'absence surprenante de la formule complète dans le reste de l'Ancien Testament et dans les textes intertestamentaires voir SCHWANKL, *Die Sadduzäerfrage*, pp. 396-403. Il est instructif de voir comment Ex 3, 6 est pris en compte par les principaux auteurs juifs au tournant de notre ère, quand ils reprennent (ou omettent de reprendre) le récit de la théophanie du buisson ardent :

(1) dans *Jubilés* 48, 1-4, l'auteur passe sur la théophanie du Sinaï, se contentant d'y faire allusion seulement dans un énigmatique v. 2 par les mots : « Et tu sais ce qui t'a été dit au mont Sinaï. » L'auteur semble pressé d'en arriver aux parties de l'histoire de Moïse qui l'intéressent davantage.

(2) L'exception prouvant la règle, le poète juif Ézéchiel le Tragique (IIe siècle av. JC), qui écrit en grec, cite la formule en son entier, tout en en transformant quelque peu le libellé et en l'amplifiant pour se conformer aux exigences du trimètre iambique grec. Dans son *Exagōgē* (« conduite d'un exode ») 104-107, Ézéchiel met en scène Dieu qui dit à Moïse depuis le buisson ardent : « Je suis le Dieu des ancêtres que tu te donnes / d'Abraham, d'Isaac et de Jacob en troisième / En souvenir d'eux et aussi de mes dons / me voici pour sauver mon peuple, les Hébreux... » Le texte grec (tel qu'il est conservé dans la *Préparation évangélique* d'EUSÈBE 9.29.8 ; voir Karl MRAS éd., *Eusebius Werke. Achter Band. Die Praeparatio Evangelica*, GCS 43/1, Berlin, Akademie, 1954, p. 530, lignes 23-26), est : *egō theos sōn, hōn legeis, gennētorōn / Abraam te kai Isaak kai Iakōbou tritou /mnēstheis d'ekeinōn kai et' emōn dōrēmatōn / pareimi sōsai laon Hebraiōn emon.* [Traduction française : Guy SCHROEDER, Édouard DES PLACES éd., *Eusèbe de Césarée. La préparation évangélique*, livres VIII-IX-X, SC 369, Paris, Cerf, 1991, p. 295.] Ézéchiel reproduit fidèlement le sens de l'original ; il ne tire de cette autorévélation aucune déduction théologique supplémentaire, et

certainement pas la résurrection des morts. Cet exemple pris dans Ézéchiel oblige à introduire une modification dans l'affirmation globale de Schwankl (p. 397) lorsqu'il dit que la formule d'Ex 3, 6 ne se trouve « nulle part dans l'Ancien Testament et dans le judaïsme [ancien]. »

(3) Dans les fragments de résumés de l'œuvre d'Artapan (IIIe à IIe siècle av. JC), la théophanie du buisson est résumée en quelques phrases brèves et les paroles prononcées par Dieu se réduisent à une seule phrase : « ... une voix divine lui ordonna de se battre contre l'Égypte, de secourir les Juifs et de les conduire dans leur ancienne patrie ». Cette brièveté est d'autant plus remarquable qu'elle tranche par rapport aux légendes amples qu'Artapan raconte à propos de la carrière de Moïse en Égypte.

(4) Quand il reprend le récit d'Exode 3 dans sa *Vie de Moïse* (1.12-14 §§ 65-84), PHILON saute le v. 6 introductif et enchaîne sur le reste d'Exode 3-4 une paraphrase homilétique qu'il développe à sa manière typique, fortement allégorique et moralisante. Conformément à sa philosophie, celle du moyen platonisme, il centre naturellement l'attention non pas sur « le Dieu d'Abraham, d'Isaac et de Jacob » mais plutôt sur le mystérieux « Je suis celui qui est » *(egō eimi ho ōn)*, qu'il interprète en termes métaphysiques comme l'« Étant » ; à lui seul appartient l'existence. C'est alors seulement que Philon fait mention du « Dieu d'Abraham, d'Isaac et de Jacob ». Mais ce « nom » de Dieu est quasi dénigré par Philon. Il dit que Dieu permet l'emploi d'un tel titre impropre – car Dieu est hors relation avec quoi que ce soit – par indulgence pour la faiblesse humaine. Dans une certaine mesure on peut avancer une excuse pour ce nom en faisant des trois patriarches des symboles des trois vertus. Des approches semblables se trouvent dans le *De Mutatione Nominum* (« Le changement des noms ») 2-4 §§ 11-29 et *De Abrahamo* (« Sur Abraham ») 10-11 §§ 50-55.

(5) Les *Antiquités bibliques* du PSEUDO-PHILON (Ier siècle de notre ère) ne reprennent nulle part le récit de la théophanie du buisson ardent. Au contraire, après que le chapitre 9 a raconté la légende de la naissance de Moïse, le chapitre 10 passe à une très brève narration de l'oppression d'Israël, un simple énoncé disant que Dieu a envoyé Moïse aux Israélites et les a ainsi libérés des Égyptiens. Après une rapide mention des plaies, les *Antiquités bibliques* décrivent Israël se déplaçant vers la mer Rouge, poursuivi par les Égyptiens. Puis le v. 10, 4 nous raconte : « Et Moïse cria vers le Seigneur et dit : Seigneur, Dieu de nos pères, ne m'as-tu pas dit : "Va et dis aux fils d'Israël : Dieu m'a envoyé vers vous" ? » Suit la traversée de la mer Rouge. Même dans cette évocation excessivement brève de la théophanie du buisson, on ne dit pas au lecteur quand « le Seigneur Dieu de nos pères » a donné ses ordres à Moïse.

(6) JOSÈPHE propose une reprise libre de la théophanie d'Exode 3 dans *Ant.* 2.12.1-4 §§ 264-76. Beaucoup de paroles prononcées directement par la divinité en Exode 3 sont narrées à la troisième personne. Ex 3, 6 est totalement absent.

Bref donc, les auteurs juifs importants qui redonnent le récit de l'Exode au tournant de notre ère environ, soit ignorent l'autorévélation de Dieu d'Ex 3, 6, soit la répètent ou la paraphrasent brièvement, soit la discréditent. Elle ne fait jamais l'objet d'une réflexion théologique positive (la réflexion de Philon est plutôt négative), et il ne vient à l'esprit de personne d'établir une relation entre ce verset et la doctrine de la résurrection. Comme nous le verrons plus loin, tout cela est en contraste très net avec l'utilisation du verset que fait Jésus pour prouver la résurrection : cette discontinuité est un bon argument en faveur de l'historicité de la dispute reflétée dans Mc 12, 18-27. En effet, même si nous passons aux commentaires rabbiniques postérieurs du livre de l'Exode, nous ne trouvons toujours pas l'interprétation d'Ex 3, 6 proposée par Jésus. Commençant seulement par Exode 12, la *Mekilta* (IIe à IIIe siècle de notre ère) n'a pas de commentaire détaillé de notre texte. Si nous en venons à *Exodus Rabbah* (env. Xe siècle de notre ère), le commentaire sur Ex 3, 6. 15 n'a rien de commun avec l'interprétation de Jésus. Dans son commentaire d'Ex 3, 6, le midrash nous dit que Dieu s'est révélé lui-même en prenant la voix du père de Moïse. Pensant que c'était son père,

Moïse répondit : « Me voici. Que désire mon père ? » Dieu répond : « Je ne suis pas ton père mais le Dieu de ton père. Je suis venu vers toi en douceur pour ne pas t'effrayer. [Je suis] le Dieu d'Abraham, le Dieu d'Isaac et le Dieu de Jacob. » Moïse se réjouit et dit : « Voici que mon père est inclus parmi les patriarches. De plus, il est certainement grand, puisqu'il est mentionné en premier. » Plus loin, lorsqu'il commente Ex 3, 15, le midrash dit que Moïse s'aperçoit maintenant que le nom de son père n'est plus mentionné avec les patriarches. Dieu explique : « D'abord j'ai employé toute forme de persuasion, mais à partir de maintenant je t'adresserai seulement des paroles de vérité. » À l'évidence cette affaire autour du père de Moïse n'a rien à voir avec la façon dont Jésus s'approprie Ex 3, 6. En effet, la mention du père de Moïse est précisément l'élément de la citation que Jésus omet.

117. J'emploie l'expression « formule complète » à propos des citations d'Ex 3, 6 qui comportent l'initial « Je [suis] » (le verbe « suis » est sous-entendu dans le texte hébreu ; parmi les traductions grecques certaines l'explicitent, d'autres non). En réalité, la citation de Mc 12, 26 n'est pas la formulation la plus complète possible, étant donné qu'elle omet « le Dieu de ton père » avant « le Dieu d'Abraham », etc. L'omission peut être intentionnelle de la part de Jésus ou de Marc ; en effet, elle ne cadre pas avec l'argumentation de Jésus. Son argumentation repose sur le lien que le texte affirme entre le Dieu des vivants et les gens qui sont morts. Or le texte de l'Exode ne dit pas qu'au moment de la théophanie du buisson ardent le père de Moïse était mort. Si on l'imaginait comme étant encore vivant, sa présence dans la formule à côté de personnages morts aurait embrouillé le mouvement de l'argument. (Il est intéressant de noter que la leçon originale d'Ex 3, 6 n'est pas absolument certaine à cet endroit ; le Pentateuque samaritain, certains manuscrits de la Septante, Ac 7, 32 et JUSTIN martyr dans sa *Première apologie* 63, 7 [mais sous une forme paraphrasée] lisent le pluriel « tes pères ».) Non seulement la formule complète ne se trouve nulle part ailleurs dans l'Ancien Testament, mais même le titre « le Dieu d'Abraham, d'Isaac et de Jacob » y est rare. En dehors du contexte de la théophanie du buisson (donc Ex 3, 15. 16 ; 4, 5), on la trouve seulement trois fois et sous la forme variante « Dieu d'Abraham, d'Isaac et d'Israël » : 1 R 18, 36 ; 1 Ch 29, 18 ; 2 Ch 30, 6.

118. Sur le développement que Jésus tire du sens que porte implicitement le texte quand il est lu dans une situation nouvelle, et sur la question plus large du sens indéterminément ouvert des textes quand ils traversent l'histoire voir SCHWANKL, *Die Sadduzäerfrage*, pp. 394-395.

119. Sur cette question voir DREYFUS, « L'argument scripturaire », pp. 216-220 ; SCHWANKL, *Die Sadduzäerfrage*, 388-392 ; dans une ligne différente, Janzen, « Resurrection and Hermeneutics », pp. 43-58. Sur « le Dieu des pères » voir l'essai célèbre d'Albrecht ALT, « Der Gott der Väter » dans *Kleine Schriften zur Geschichte des Volkes Israel*, 3 vol., 4e éd., Munich, Beck, 1968, t. 1, pp. 1-78. À titre d'exemples de l'emploi d'une certaine forme de l'expression fixe « Dieu-des-pères » signalons *Jubilés* 45, 3 ; Sg 9, 1 ; *1QM* 13, 7-9 ; *3 Maccabées* 7, 16 ; *Prière de Manassé* 1 ; *Testament* [ou *Assomption*] *de Moïse* 3, 9 ; et la première des *Dix-huit bénédictions*. On peut ajouter, dans les *Testaments des douze patriarches*, les *T. de Ruben* 4, 10 ; *T. de Siméon* 2, 8 ; *T. de Joseph* 2, 2 ; 6, 7 ; et *T. de Gad* 2, 5. Voir aussi le texte hébreu de Si 51, 12. Dreyfus insiste pour bien faire comprendre que, dans ces passages, la mention du Dieu des pères souligne non pas la fidélité des patriarches envers Dieu mais plutôt la grâce et la protection que Dieu accorde aux patriarches.

120. *Un certain Juif, Jésus*, t. 2, pp. 258-267.

121. Il semble préférable de prendre Mc 12, 27 comme la prémisse mineure du syllogisme implicite plutôt que de le considérer comme la conclusion de l'argumentation. Pour des Juifs de Palestine au Ier siècle, l'affirmation que « Dieu n'est pas le Dieu des morts mais des vivants » n'était pas une question qui donnait lieu à de grandes discussions et qui aurait demandé une longue argumentation de la part de Jésus. C'était au contraire une vérité évidente que pratiquement tous les Juifs de ce temps et de ce lieu acceptaient sans difficulté. Comme le monte STRAWSON (*Jesus and the Future Life*, p. 208) : « Dans sa pensée, Jésus ne pouvait pas associer Dieu et les morts. » Par conséquent, cette affirmation tient naturellement le rôle de la mineure du syllogisme implicite. En tant que vérité facilement admise voire évidente de soi, c'est un échelon commode pour passer du texte universellement révéré d'Ex 3, 6 à la conclusion disputée (non dite dans Mc 12, 27 mais à l'évidence sous-entendue comme la pointe de tout le *Streitgespräch*) qu'il y a une résurrection des morts. Sur tout cela voir SCHWANKL, *Die Sadduzäerfrage*, pp. 403-406. Schwankl montre les ressemblances entre le raisonnement syllogistique de Jésus et les arguments rabbiniques en faveur de la résurrection dans *b. Sanh.* 90b-92a. En même temps, il existe des différences notables : (1) Ce qui tient le rôle de mineure dans les arguments rabbiniques est habituellement une phrase qui renvoie directement à une citation scripturaire pour souligner ou exploiter certains détails du texte (un verbe au futur, tel pronom ou nom particulier). (2) D'ordinaire la conclusion est formulée en termes explicites. Au contraire (1) la mineure de Jésus avance une nouvelle pensée par mode de vérité d'évidence (et non pas quelque raisonnement sur le libellé d'Ex 3, 6 comme, par ex., « Il ne dit pas "J'étais" mais "Je suis" »). (2) La conclusion reste non dite mais est manifestement impliquée dans le fait que Jésus finit sur la condamnation de la grande erreur que constitue la conception sadducéenne (à savoir la négation de la résurrection).

122. Les exégètes discutent du point suivant : l'argument de Jésus implique-t-il que les patriarches sont déjà ressuscités des morts ou du moins vivent déjà dans la présence de Dieu (ainsi PESCH, *Markusevangelium*, t. 2, p. 234) ou simplement que, même à présent, les âmes des morts bénéficient au sheol d'un avant-goût du bonheur définitif (cf. Lc 16, 22-31) qu'ils recevront en plénitude quand ils ressusciteront au dernier jour (ainsi MUDISO MBÂ MUNDLA, *Jesus und die Führer*, p. 101). Comme beaucoup de distinctions théologiques qui naissent d'une lecture serrée du texte biblique, cette question dépasse sans doute l'horizon immédiat soit du Jésus historique soit de l'auteur chrétien de la péricope. Dans une ligne semblable, on fait observer parfois que l'argument de Jésus, s'il est valable, a pour conclusion logique non pas la résurrection des morts mais l'immortalité de l'âme ; sur ce point voir ELLIS, « Jesus, the Sadducees and Qumran », pp. 274-279. La distinction nette entre le concept d'immortalité et celui de résurrection représente certes une réaction justifiée de la théologie biblique face à une théologie systématique plus ancienne, mais les idées et images concernant une existence après la mort sont très fluides chez les Juifs au tournant de notre ère ; cela nous met en garde contre la tentation d'imposer à cette péricope nos concepts théologiques nettement différenciés sur les divers états eschatologiques. Une fois admise l'idée de Jésus qu'il existe après la résurrection une vie humaine qui ressemble à celle des anges, au corps raréfié et céleste, la distinction entre résurrection du corps et immortalité de l'âme, quoique réelle, n'est pas aussi grande qu'on le suppose parfois. De plus, il faut être attentif à la situation rhétorique concrète que décrit le débat de Mc 12, 18-27. L'alternative définie par les sadducéens dans la première moitié de la discussion est à deux termes : résurrection ou pas résurrection. Aucune troisième option n'est admise par les sadducéens ni suggérée par Jésus qui accepte le combat sur le champ délimité par les sadducéens. Ainsi, les deux parties supposent que, au cours du débat, toute affirmation sur une après-vie concerne la résurrection.

123. BULTMANN, *Geschichte*, p. 25 [*Histoire*, p. 43] ; HULTGREN, *Jesus and His Adversaries*, pp. 123-131. Bultmann semble tenir que toute la péricope est prémarcienne. Bien que sa position sur le processus de la tradition soit plus compliquée que celle de Bultmann, Hultgren pense apparemment que la plus grande partie, sinon la totalité, de la péricope est prémarcienne.

124. Comparer l'évaluation du cycle galiléen des récits de controverse dans Joanna DEWEY (*Markan Public Debate*, SBLDS 48, Chico CA, Scholars, 1980, pp. 131-197) avec l'évaluation du cycle de Jérusalem dans MUDISO MBÂ MUNDLA, *Jesus und die Führer Israels*, pp. 299-302 ; SCHWANKL, *Die Sadduzäerfrage*, pp. 434-438.

125. Voir *Un certain Juif, Jésus*, t. 2, pp. 362-376.

126. MUDISO MBÂ MUNDLA, *Jesus und die Führer Israels*, pp. 299-302.

127. Sur ces deux candidats voir MUDISO MBÂ MUNDLA, *Jesus und die Führer Israels*, p. 72 ; SCHWANKL, *Die Sadduzäerfrage*, pp. 420-421.

128. À l'appui de l'opinion qui voit dans l'expression « quand ils ressusciteront » un ajout marcien, des exégètes soulignent qu'elle manque dans certains manuscrits grecs importants dont le Sinaïticus, le Vaticanus, l'Ephraemi rescriptus, le codex de Bèze et le Washingtonensis. Mais c'est là confondre deux questions : celle de l'appartenance de l'expression au texte original de Marc et celle de son existence dans la tradition prémarcienne éditée par l'évangéliste. Un examen des manuscrits grecs et des versions peut répondre, au moins en partie, à la première question mais nullement à la seconde. La confusion textuelle au début du v. 23 est telle qu'il est difficile d'être sûr du libellé marcien primitif. Cependant il est probable que l'expression « quand ils ressusciteront » appartient au texte marcien primitif. On ne voit pas pour quelle raison des scribes chrétiens postérieurs se seraient évertués à l'insérer, alors que l'on comprend parfaitement que certains d'entre eux ont pu ressentir la redondance comme une discordance stylistique. Pour ces scribes, enlever « quand ils ressusciteront » plutôt que « à la résurrection » a dû s'imposer comme la solution préférable du fait que Matthieu et Luc omettent tous les deux « quand ils ressusciteront » mais retiennent « à la résurrection » (voir Mt 22, 28 // Lc 20, 33). L'accord de Matthieu et Luc pour cette omission – un des « accords mineurs » de Matthieu et Luc contre Marc – s'explique aisément. Les deux corrigent souvent Marc pour améliorer le style, et ici la redondance est flagrante. Sur tout cela voir METZGER, *Textual Commentary*, 2e éd., p. 93. Une autre possibilité est que la proximité presque immédiate de deux mots commençant par *anast-* a pu occasionner l'omission accidentelle de l'un d'entre eux.

129. Voir Frans NEIRYNCK, *Duality in Mark. Contributions to the Study of the Markan Redaction*, BETL 31, Louvain, Université de Louvain, 1972.

130. PESCH, *Das Markusevangelium*, t. 2, p. 229 ; également MUDISO MBÂ MUNDLA, *Jesus und die Führer Israels*, pp. 72, 108 ; plus hésitant, SCHWANKL, *Die Sadduzäerfrage*, pp. 420-442, – qui finalement rejette la question de quelques ajouts éventuels peu nombreux de Marc comme « non pertinente ».

131. Bultmann et Hultgren sont contre l'origine dans le ministère du Jésus historique ; Pesch et Schwankl se prononcent pour.

132. SCHWANKL (*Die Sadduzäerfrage*, pp. 466-587) défend l'historicité en recourant aux deux critères de la discontinuité et de la cohérence. Cependant il met relativement peu l'accent sur la discontinuité et fonde l'essentiel de son argumentation sur la cohérence. Je renverserais l'importance des critères, non seulement parce que la cohérence, par elle-même, n'est pas le critère le plus fort, mais aussi parce que l'argument de la discontinuité me paraît de grand poids.

133. Même les créations rédactionnelles de Matthieu ne font pas exception à cette affirmation générale. En 3, 7, Matthieu créée simplement un groupe formé de « beaucoup de pharisiens et de sadducéens » pour fournir un auditoire à Jean le Baptiste quand il dénonce la confiance dans les garanties extérieures de la religion. Les pharisiens et les sadducéens n'entrent pas en discussion avec Jean, et encore moins avec Jésus (qui n'est pas encore entré en scène en tant qu'adulte). En 16, 1 Matthieu substitue son étrange tandem théologique « les pharisiens et les sadducéens » aux « pharisiens » de Mc 8, 11, présentés comme ceux qui demandent à Jésus un signe du ciel. Mais Mt 16, 1-4 n'est pas à proprement parler un récit de controverse dans lequel Jésus discute de quelque question de loi ou de doctrine avec des pharisiens et des sadducéens ; et moins encore peut-on considérer l'avertissement de Jésus à ses disciples de se garder du levain des pharisiens et des sadducéens (Mt 16, 5-12) comme un récit de controverse rapportant un débat entre Jésus et ses adversaires. Ces textes de Matthieu sont les seuls exemples où un rédacteur ultérieur introduit – même très marginalement – les sadducéens dans le texte. Noter que, dans tous ces exemples de rédaction matthéenne, les sadducéens ne sont jamais présentés seuls. Ils sont placés à côté des habituels pharisiens comme des symboles du front uni du judaïsme contre Jésus (et l'Église).

134. Ac 23, 6-10 constitue l'unique exception ; mais ici nous avons le cas singulier d'un Paul habile qui, de manière fort politique, parle non pas spécifiquement de la résurrection de Jésus mais en termes généraux de la résurrection des morts. Il lance la question de la résurrection en termes généraux pour s'identifier lui-même comme pharisien et monter ainsi les pharisiens contre les sadducéens (v. 6) : « Frères, je suis pharisien, fils de pharisiens ; c'est pour l'espérance [d'Israël], [à savoir] la résurrection des morts, que je suis mis en jugement. » Sur ce point voir SCHNEIDER, *Die Apostelgeschichte*, t. 2, p. 332.

135. Cela apparaît spécialement dans la reconstitution de HULTGREN, *Jesus and His Adversaries*, pp. 123-131.

136. Voir, par ex., l'argumentation partant du Christ ressuscité présenté comme « prémices » de la résurrection dans 1 Co 15, 20-22 ; voir aussi 1 Th 4, 13-18 ; 5, 9-10 ; 1 Co 6, 13-14 ; 15, 44-49 ; 2 Co 3, 18 ; 4, 10-15 ; Rm 8, 17. 29 ; 14, 7-10 ; Ph 3, 20-21 ; Col 1, 13-20 ; 2, 9-15 ; 2 Tm 2, 8-13. La même affirmation fondamentale se trouve dans l'épître aux Hébreux mais développée dans des catégories différentes : l'exaltation ou accomplissement (plutôt que la résurrection) du Christ et le salut ou accomplissement des croyants (plutôt que la résurrection générale) ; voir par ex. He 2, 8-10 ; 5, 7-10. Voir aussi Ac 4, 2 ; 26, 23 ; 1 P 1, 3-5. 18-21 ; 3, 18 – 4, 7 ; Ap 1, 5. L'ensemble de la structure des quatre évangiles vise à faire de la mort et résurrection de Jésus, qui est le point culminant du récit, la réalité paradigmatique pour les croyants. Sur tout cela voir David Michael STANLEY, *Christ's Resurrection in Pauline Soteriology*, AnBib 13, Rome, Institut biblique, 1961 ; Scott BRODEUR, *The Holy Spirit's Agency in the Resurrection of the Dead : An Exegetico-Theological Study of 1 Corinthians 15, 44b-49 and Romans 8, 9-13*, Tesi Gregoriana, Serie Teologia 14, Rome, Université grégorienne, 1996.

137. Ce que nie SUHL (*Die Funktion*, p. 68) qui voudrait comprendre Mc 12, 18-25 comme une défense chrétienne de la résurrection de Jésus contre la Loi, laquelle présuppose qu'il n'y a pas de résurrection. Les vv. 26-27, déclarés ajout chrétien postérieur, sont censés aborder le problème des premiers cas de mort dans la communauté chrétienne. L'exégèse arbitraire de Suhl reflète les préoccupations théologiques plus générales de Bultmann et de Marxsen ; il lui manque un traitement approprié de l'arrière-plan juif du matériau (spécialement pour ce qui concerne les sadducéens) ; elle ne prend jamais en compte la situation unique et isolée d'Ex 3, 6 dans les traditions exégétiques juive et chrétienne et oublie les nombreux éléments du texte qui donnent à celui-ci une consistance d'unité littéraire. Sur l'absence de traits chrétiens dans la péricope voir VAN DAALEN, « Some Observations », p. 243 ; JEREMIAS, *Théologie du Nouveau Testament*, p. 231 n. 114.

138. Certains exégètes (par ex. D. E. NINEHAM, *The Gospel of St Mark*, Pelican NT Commentaries, Harmondsworth, Penguin, 1963, p. 321) ont mis en avant une prétendue ressemblance entre l'argument de Jésus dans Mc 12, 26-27 et des affirmations de *IV Maccabées* 7, 19 et 16, 25 disant qu'Abraham, Isaac et Jacob ne sont pas morts « mais vivent pour Dieu *[alla zōsin tǭ theǭ]* ». Suivant ces exégètes cette ressemblance montrerait que l'argument de Jésus était en réalité un argument courant des pharisiens. Cette suggestion pâtit d'un certain nombre de difficultés : (1) Le fondement exégétique de l'argumentation de Jésus, Ex 3, 6, est totalement absent dans les prétendus parallèles. (2) L'expression affirmant que les patriarches « vivent pour Dieu » a son parallèle adéquat non pas dans Mc 12, 18-27 mais plutôt dans l'ajout rédactionnel de Luc à la péricope de Marc (Lc 20, 38b) : « car tous [les humains] sont vivants pour lui [c.-à-d. Dieu] » *(pantes gar autǭ zōsin).* (3) Rien n'indique que *IV Maccabées*, écrit en grec dans la diaspora par un juif familier des idées philosophiques du moyen platonisme, des néopythagoriciens, stoïciens et philoniens, soit un produit de la théologie pharisienne en particulier. En dehors des cas problématiques des écrits de Paul et de Josèphe, nous ne pouvons identifier un seul document du Ier siècle apr. JC certainement écrit par un pharisien. AMMASSARI (« Gesù ha veramente insegnato », pp. 70-71) fait observer que dans le *Midrash ha-gadol*, beaucoup plus tardif, nous trouvons dans une variante d'Ex 3, 6 une allusion à l'idée d'immortalité. Toutefois (1) cette collection midrashique appartient à la période médiévale et (2) l'idée d'immortalité est rattachée au père de Moïse par l'expression « le Dieu de ton père » d'Ex 3, 6 – justement l'expression que Jésus omet dans sa citation d'Ex 3, 6 dans Mc 12, 26.

139. Voir le tableau dressé par SCHWANKL, *Die Sadduzäerfrage*, p. 278. Schwankl compte, dans *b. Sanh* 90b-92a, 17 discussions ayant pour but de justifier la résurrection ; y sont cités 22 passages de l'Ancien Testament. (On pourrait ajouter à cette liste d'autres discussions de *b. Sanh.* 90b-92a qui touchent de manière tangentielle le thème de la résurrection, mais qui n'avancent pas de nouvel argument scripturaire comme *preuve* de la résurrection. Cette recherche plus large ne changerait pas les résultats.) Les textes examinés par Schwankl comprennent des citations de la Torah (Exode, Nombres et Deutéronome), des prophètes (Josué, Isaïe, Jérémie) et des Écrits (Cantique des cantiques, Psaumes, Proverbes et Daniel). De ces 22 passages, seuls Dn 12, 2 et Dn 12, 13 seraient reconnus comme textes sur la résurrection selon les paramètres historico-critiques modernes. Is 25, 8 et 26, 19 (cités chacun une fois) pourraient aussi entrer en ligne de compte, même s'il n'est pas clair si ces deux textes se référaient primitivement à la résurrection de l'individu au dernier jour ou à la restauration du peuple d'Israël après un désastre historique comme l'exil. Du moins les deux passages sont-ils ouverts à une interprétation portant sur la résurrection sans qu'il soit besoin de recourir à une exégèse contournée. C'est une exégèse contournée (au regard d'un moderne) que celle requise pour arracher une référence à la résurrection aux 18 autres textes utilisés. Par exemple *b. Sanh.* 90b nous donne une illustration sur la façon dont on peut dériver la doctrine de la résurrection de la Torah en utilisant une citation de Nb 18, 28 : « Et vous [les lévites] *donnerez* de cela [les dîmes perçues sur les Israélites] le “prélèvement” [c.-à-d. le *tĕrûmā*, les taxes sacerdotales] de Yahvé à Aaron, le prêtre. » L'argumentation rabbinique fait ensuite remarquer une évidence : Aaron n'a pas vécu pour toujours ; en réalité, il n'est même pas entré en Palestine, dont la récolte devait fournir les dîmes sacerdotales (l'acquittement de la dîme n'étant exigible qu'en Palestine). Par conséquent, s'il faut exécuter cet ordre de Nb 18, 28, exprimé par un verbe au sens *futur*, il faut ressusciter Aaron des morts pour qu'Israël puisse acquitter cette injonction en donnant à Aaron les dîmes sacerdotales prescrites dans Nb 18, 28.

Parmi les textes du livre de l'Exode cités comme preuves se trouvent 6, 4 et 15, 1 mais non pas 3, 6. SCHWANKL (p. 406 n. 232) formule la conjecture suivante : peut-être l'absence de tout verbe dans l'affirmation clé « Moi [je suis] le Dieu d'Abraham » a-t-elle découragé les rabbins d'utiliser Ex 3, 6, étant donné qu'ils ne pouvaient pas jouer la leçon « *Je suis* le Dieu d'Abraham » (au présent, suggérant l'existence continuée d'Abraham) contre une hypothétique leçon *« J'étais... »*.

140. Selon HULTGREN (*Jesus and His Adversaries*, pp. 124-125) les fragments du récit de controverse sur la résurrection que nous trouvons dans le *Dialogue avec Tryphon* 81, 4 de JUSTIN, dans le *De Resurrectione* 3 (attribué à Justin) et dans la pseudonyme *Épître de Tite* sont indépendants des trois synoptiques ; à l'opposé, MUDISO MBÂ MUNDLA, *Jesus und die Führer Israels*, p. 71. Je pense qu'un examen attentif des textes montre que nous avons dans ces passages des exemples typiques de la façon dont les auteurs patristiques mélangent et/ou paraphrasent des textes des évangiles.

(1) Le texte du *Dialogue avec Tryphon* est un exemple bien en situation : (a) Tout d'abord il faut prêter attention au contexte plus large. Justin défend l'idée d'un règne millénaire du Christ sur Terre en citant ou en faisant allusion à différents textes de l'Écriture. Il cite d'abord Is 65, 17-25, puis fait allusion à Ap 20, 4-6 et finalement fait appel au dit de Jésus sur les personnes ressuscités qui sont comme des anges (une forme de Lc 20, 36). Quand il passe ensuite à un autre point, il cite une forme d'Ez 3, 17-19 et 33, 7-9. Ce qui mérite d'être noté ici, c'est que toutes les autres citations ou allusions dans le contexte plus large proviennent des livres écrits de l'Écriture. La supposition la plus naturelle est que cela reste vrai de la citation du dit de Jésus sur l'état de résurrection. (b) Si nous examinons les citations de l'Ancien Testament dans ce contexte, nous observons ceci : bien que Justin cite la Septante, on trouve un certain nombre de divergences à différents endroits des citations. C'est particulièrement vrai de la citation d'Ézéchiel dans *Dialogue* 82, 3, où il abrège et paraphrase sans scrupule. Si Justin traite ainsi la Septante consacrée et vielle de plusieurs siècles, nous faut-il être surpris de voir qu'il cite les évangiles de la même manière ? (c) Quand nous observons le dit de Jésus dans le grec de *Dialogue* 81, 4, nous remarquons qu'il suit pour l'essentiel l'ordre de Lc 20, 36 : après la résurrection les croyants ne se marieront pas ni ne seront donnés en mariage, mais ils seront comme les anges, étant fils du Dieu de la résurrection. Mais, tout comme pour les textes de l'Ancien Testament, ce que Justin offre à son lecteur c'est une intéressante paraphrase, fusion et abréviation du texte de Luc. Étant donné qu'il discute à propos d'un événement futur et s'exprime dans son propre texte au futur, les verbes signifiant marier sont également mis au futur. (On notera aussi que les verbes grecs employés pour « marier » présentent des variantes dans certains manuscrits de tous les trois évangiles synoptiques ; on ne sera donc pas surpris de trouver ici également des formes variantes.) Tandis que Marc et Matthieu disent que les personnes ressuscitées seront « comme des anges » en utilisant simplement l'expression grecque *hōs aggeloi*, Luc utilise à la place l'adjectif composé rare « égaux-aux-anges » *(isaggeloi)* que Justin reproduit. La proposition explicative de Luc (« car ils ne peuvent plus mourir ») est omise, ce qui, à cet endroit, assimile le texte de Justin au texte plus simple de Marc et Matthieu. Le plus intéressant dans tout cela est la façon dont Justin comprime le bout de raisonnement que Luc ajoute au texte de Marc. Luc écrit : « ... et ils sont fils de Dieu, étant fils de la résurrection ». Justin condense cela dans une expression quelque peu gauche : « étant fils du Dieu de la résurrection » (Justin n'a pas la réputation d'écrire en un style grec raffiné). Ce que nous trouvons, c'est, en réalité, un remodelage de Luc, en fonction du contexte environnant de l'argumentation de Justin, et du texte alternatif de Marc. On se demande si, à cet endroit, Justin cite de mémoire ou s'il est éventuellement influencé par les traditions homilétiques de l'Église. Après tout, il faut se rappeler que les évangiles canoniques ne puisaient pas simplement dans les traditions orales et les fixaient ; étant donné qu'on les entendait couramment dans les assemblées chrétiennes, ils créaient eux aussi de la tradition orale.

(2) On trouve dans le traité *De Resurrectione* 3 un remaniement homilétique semblable. La citation débute par une extension de la tradition marcienne qui se trouve dans Lc 20, 34-35 et qui établit un contraste entre l'état terrestre et celui de la résurrection : « Les fils de cet âge-ci se marient et sont donnés en mariage ; mais les fils de l'âge à venir ni ne se marient ni ne sont donnés en mariage » (ici l'expression « fils de l'âge à venir » reflète Lc 20, 35 [« mais ceux qui ont été trouvés digne d'accéder cet âge-là »], mais elle est reformulée de manière à obtenir un parallèle parfait avec « les fils de cet âge-ci » ; de ce fait, le point précis « se marier et être marié » est répété dans la négative). La comparaison avec les anges *(hōs aggeloi en tǭ ouranǭ)* suit exactement le libellé propre à Matthieu. Une fois de plus, nous sommes en présence d'un texte produit tout ensemble par adaptation homilétique et par fusion de formes textuelles, peut-être citées de mémoire.

(3) Quant à l'*Épître de Tite*, elle a probablement été écrite « en connexion avec le mouvement priscillianiste dans les cercles ascétiques de l'Église d'Espagne au cours du Ve siècle » (A. DE SANTOS OTERO, « The Pseudo-Titus Epistle » dans *New Testament Apocrypha*, 2 vol., Edgar HENNECKE et Wilhelm SCHNEEMELCHER éd., Philadelphie, Westminster, 1965, t. 2, p. 143). Dire qu'une version du dit de Jésus, indépendante des évangiles synoptiques, a survécu jusqu'au Ve siècle (et en Espagne), c'est solliciter beaucoup la crédulité. De plus l'*Épître de Tite* est composée dans un latin barbare, apparemment par quelqu'un qui ne savait bien ni le latin ni le grec. Recourir à un texte de ce genre pour reconstituer une version supposée indépendante d'un logion grec est un procédé fort discutable. On peut ajouter que l'auteur de l'*Épître de Tite* montre une connaissance de Matthieu, Luc, Jean, 1 Corinthiens, 2 Corinthiens, Galates et de l'Apocalypse. En présence d'une telle connaissance large des livres du Nouveau Testament, parfois cités très librement sous une forme paraphrasée, il n'est pas besoin d'en appeler à une forme indépendante particulière du logion de Mc 12, 25 parr., spécialement quand l'auteur ignore le sens original de Mc 12, 25 parr. et applique l'affirmation « ceux-là doivent être appelés des anges » non pas aux croyants ressuscités en général mais aux célibataires en particulier et apparemment pendant qu'ils vivent encore sur terre.

141. Bien qu'il voie ici une référence à Ex 3, 6. 15, WILCKENS (*Missionsreden*, p. 38) nous avertit que nous ne pouvons être certains que Luc ait voulu une telle référence, étant donné que « le Dieu d'Abraham, d'Isaac et de Jacob » était une désignation bien connue de Dieu dans le judaïsme ancien. Luc exprime la pensée d'Ac 3, 13 sous une forme plus lapidaire dans le discours des apôtres en 5, 30 : « Le Dieu de nos pères a ressuscité Jésus, que vous avez éliminé en [le] pendant au bois. »

142. Ainsi WILCKENS, *Missionsreden*, pp. 160, 164.

143. Pour un examen détaillé de l'argument de la cohérence, voir SCHWANKL, *Die Sadduzäerfrage*, pp. 511-578.

144. Voir COLLINS, *Apocalypticism in the Dead Sea Scrolls*, pp. 110-129. Il va sans dire, les exégètes qui nient que l'annonce de Jésus comportait l'eschatologie future nieront *a fortiori* qu'il se soit lancé dans un débat sur la résurrection générale. On trouvera une discussion et réfutation de l'affirmation que la résurrection générale ne faisait pas partie du message de Jésus dans SCHWANKL, *Die Sadduzäerfrage*, pp. 512-515.

145. Considérant la répartition du terme *genea* dans le Nouveau Testament, il paraît vraisemblable que le Jésus historique a employé le mot « génération » (*dōr* en hébreu, *dār* en araméen, *genea* en grec) dans un sens péjoratif à propos de ses contemporains pécheurs et impénitents. Le sens péjoratif employé par Jésus se trouve réparti à travers toutes les sources des évangiles à l'exception de Jean (attestation multiple dans Marc, Q, M et L), et pourtant il est presque complètement absent de l'utilisation éparse de *genea* ailleurs dans le Nouveau Testament. Dans le Nouveau Testament en dehors des évangiles, les deux seules occurrences semblables à l'emploi péjoratif de Jésus sont toutes deux des citations de LXX Dt 32, 5 (et peut être LXX Ps 77, 8). On les trouve (1) dans la conclusion du discours de Pierre à la Pentecôte dans Ac 2, 40 (« Sauvez-vous de cette génération dévoyée »), où Luc montre intentionnellement un Pierre faisant écho aux exhortations adressées par Jésus à Israël, voulant ainsi créer l'un de ses parallèles entre le temps de Jésus et le temps de l'Église (bien qu'il veuille probablement aussi faire allusion à LXX Dt 32, 5 ou LXX Ps 77, 8) ; et (2) dans l'exhortation morale de Ph 2, 15, où Paul incite ses convertis chrétiens à rester irréprochables et purs « au milieu d'une génération dévoyée et pervertie » et où la désignation péjorative est maintenant appliquée non plus à Israël mais au monde païen ; ici la citation de LXX Dt 32, 5 est mot à mot. Sauf ces cas, les mentions de *genea* en dehors des évangiles se limitent à des mentions générales désignant les contemporains ou de longues périodes de temps (des emplois que l'on trouve aussi dans les évangiles mais rarement dans la bouche de Jésus). Chose intéressante, les évangiles n'attribuent jamais à Jésus la phraséologie précise de LXX Dt 32, 5 : « une génération dévoyée et pervertie » ; le parallèle le plus proche se trouve dans Mt 17, 17//Lc 9, 41 : « une génération sans foi et pervertie ».

146. Bien que les dits divers sur « l'entrée dans le royaume » puissent être le produit de la tradition chrétienne primitive ou des évangélistes, l'attestation multiple des sources (Marc, Q, M et Jean) est un argument pour considérer que c'était une des manières habituelles de Jésus de parler du salut. Voir par ex. Mc 9, 43. 45. 47 ; 10, 15. 23-25 ; Mt 5, 20 ; 7, 13. 21 ; 19, 17 ; Jn 3, 5.

147. Voir *Un certain Juif, Jésus*, t. 2, p. 267.

148. Sont favorables à l'idée que la béatitude de 14, 14 provient du Jésus historique MARSHALL, *Luke*, p. 583 ; ERNST, *Lukas*, p. 440. En fait, il faut se demander si l'empressement de certains exégètes à nier l'authenticité de ce logion n'est pas provoqué en partie parce qu'ils seraient consternés de voir Jésus inciter à la générosité au nom d'une récompense certaine au dernier jour. BULTMANN (*Geschichte*, p. 108 [*Histoire*, p. 136]) rejette l'authenticité de 14, 14 parce que ces paroles ne cadrent pas avec la « piété nouvelle et individuelle » de Jésus « qui dépasse le judaïsme ». Pour lui, le matériau de Lc 14, 12-14 est « spécifiquement juif » (p. 254), dont certainement l'idée de récompense. Une telle idée peut gêner certains chrétiens, mais la promesse d'une récompense eschatologique est un motif d'action solidement ancré dans l'enseignement du Juif nommé Jésus.

149. *Un certain Juif, Jésus*, t. 2, pp. 480, 513.

150. Néanmoins il ne faut pas forcer le sens de l'expression « se lèveront avec » (*egerthēsetai/anastēsontai meta* et, sous-jacente, une expression araméenne comme *qûm 'im*) comme si elle concernait principalement la résurrection générale. Le sens premier de la locution sémitique est « être présent au tribunal avec quelqu'un ». Cependant, étant donné le contexte, on ne peut exclure une allusion secondaire à la résurrection finale ; sur cette question voir SCHWANKL, *Die Sadduzäerfrage*, pp. 543-544.

151. À propos de la Géhenne employée comme métaphore du châtiment eschatologique des méchants par le feu, voir Duane F. WATSON, « Gehenna » dans *Anchor Bible Dictionary*, t. 2, pp. 926-928. Des douze occurrences du mot dans le Nouveau Testament, toutes sauf une (Jc 3, 6) se trouvent dans la bouche de Jésus dans les évangiles synoptiques. De plus, le mot se trouve dans Marc, Q et M ; ce qui nous fournit un argument d'attestation multiple des sources en faveur de l'emploi du mot par le Jésus historique.

152. DAVIES et ALLISON (*Matthew*, t. 1, p. 523 et t. 2, p. 765) sont en faveur de l'opinion que Matthieu a remanié sa source marcienne de deux manières différentes ; voir aussi GUNDRY, *Matthew*, pp. 88-89, 363. Cependant des doubles de Matthieu indiquent parfois un chevauchement Marc-Q ; PESCH (*Markusevangelium*, t. 2, p. 116) préfère l'opinion que Mt 5, 29-30 provient de Q. Ulrich LUZ (*Matthew 1-7*, Minneapolis, Augsburg, 1989, pp. 291-292) pense également que Matthieu a pu puiser dans une version Q des logia.

153. *Un certain Juif, Jésus*, t. 2, pp. 249-257.

154. Par exemple, je pense que Jn 5, 28-29 (« Ne vous étonnez pas de cela, une heure vient où tous ceux qui sont dans les sépulcres entendront sa voix et sortiront, ceux qui ont fait le bien pour une résurrection de vie, ceux qui ont commis le mal pour une résurrection de jugement ») n'est pas une invention du rédacteur final du quatrième évangile, venant corriger l'eschatologie réalisée de l'évangéliste. Ce passage représente plutôt une étape plus ancienne de l'enseignement de la tradition johannique. À mon avis, le quatrième évangéliste a réinterprété cette eschatologie future traditionnelle dans les termes de sa propre eschatologie réalisée. Par conséquent, 5, 25 (« Une heure vient *et elle est là maintenant* où les morts entendront la voix du Fils de l'homme et ceux qui l'entendront vivront ») serait à considérer comme un remaniement par l'évangéliste de la tradition plus ancienne que l'on trouve en 5, 28-29 (voir BROWN, *The Gospel According to John*, t. 1, pp. 218-221). Mais argumenter sur cette question dans le détail nous mènerait trop loin.

155. Ceux qui considèrent que la version du récit dans Luc, spéc. Lc 20, 34-36, représente une forme alternative de la tradition primitive peuvent défendre l'authenticité au nom du critère de l'attestation multiple des sources (Marc + L). Cependant, avec beaucoup de commentateurs de Luc, je pense que 20, 34-36 s'explique le mieux comme une création rédactionnelle de Luc retravaillant sa tradition marcienne, peut-être en gardant un regard sur la littérature maccabéenne de la Septante ; sur cette question voir SCHWANKL, *Die Sadduzäerfrage*, pp. 442-461 ; pour la thèse opposée voir MUDISO MBÂ MUNDLA, *Jesus und die Führer*, p. 79 ; et de façon plus ample David E. AUNE, « Luke 20:34-36 : A "Gnosticized" Logion of Jesus ? » dans *Geschichte-Tradition-Reflexion. Band III. Frühes Christentum*, Martin Hengel Festschrift, Hermann LICHTENBERGER éd., Tübingen, Mohr (Siebeck), 1996, pp. 187-202. On peut trouver des arguments en faveur de l'authenticité qui s'appuient sur des considérations philologiques (ayant, par nature, au mieux valeur de confirmation) dans *Die Sadduzäerfrage*, p. 579. Peut-être l'objection la plus curieuse contre l'historicité de Mc 12, 18-27 est-elle celle de HAENCHEN (*Der Weg Jesu*, p. 411) : Si Paul avait connu le dit de Jésus de Mc 12, 25, il l'aurait cité dans 1 Co 15. Puisqu'il ne le fait pas, ce dit et, par conséquent, toute la péricope sont un produit de l'Église primitive. La réponse à l'objection de Haenchen est obvie : ce que connaissait Paul des dits de Jésus est, pour autant que nous puissions le dire, assez limité. Je pense qu'ici la preuve doit être à la charge de la partie qui soutient que Paul, en dépit de sa connaissance limitée, aurait cependant connu cette péricope idiosyncrasique de Marc, qui se trouve isolée au milieu de la tradition synoptique.

156. En faveur d'une telle opinion BAUMBACH, « Das Sadduzäerverständnis », pp. 31-35 ; MÜLLER, « Jesus und die Sadduzäer », pp. 8-11. Leurs tentatives d'attribuer certains dits des évangiles et certains récits de controverse aux heurts de Jésus avec les sadducéens sont de la spéculation.

157. Voir DIBELIUS, *Formgeschichte*, pp. 141-142 ; SCHWANKL, *Die Sadduzäerfrage*, pp. 508-509, 563-566.

NOTES DU CHAPITRE XXX

1. Il est devenu pratiquement impossible de dominer la bibliographie sur Qumrān et sur les esséniens ; et elle a elle-même généré sa propre bibliographie, de vrais livres. Voir par ex. Bastiaan JONGELING, *A Classified Bibliography of the Finds in the Desert of Judah 1958-1969*, STDJ 7, Leyde, Brill, 1971 ; F. GARCÍA MARTÍNEZ et D. W. PARRY, *A Bibliography of the Finds in the Desert of Judah 1970-95 : Arranged by Author with Citation and Subject Indexes*, STDJ 19, Leyde, Brill, 1996. *A Bibliography of the Finds* (pp. 541-542) donne, par ordre de thèmes, les références à des ouvrages qui traitent de Qumrān par rapport à Jésus. Pour une brève sélection de monographies et d'articles sur différents thèmes en lien avec Qumrān, on se reportera aux ouvrages énumérés dans *Un certain Juif, Jésus*, t. 1, pp. 310-311, 449-450 ; t. 2, pp. 887-888 nn. 116-123. Comme je l'ai indiqué dans des chapitres précédents, je me range du côté du point de vue majoritaire qui considère les qumraniens comme une expression particulière du mouvement essénien plus large. C'est la position de consensus qui est exposée dans ses lignes essentielles et justifiée par James H. CHARLESWORTH dans le panorama global (« Qumran Scrolls and a Critical Consensus ») donné en introduction aux essais réunis dans *Jesus and the Dead Sea Scrolls*, James H. CHARLESWORTH éd., Anchor Bible Reference Library, New York, Doubleday, 1992, pp. XXXI-XXXVII. Ce consensus est confirmé par les arguments de James C. VANDERKAM, « The People of the Dead Sea Scrolls : Essenes or Sadducees ? » dans *Understanding the Dead Sea Scrolls*, Hershel SHANKS éd., New York, Random House, 1992, pp. 50-62 [« Les adeptes des manuscrits de la mer Morte : esséniens ou sadducéens ? » dans *L'aventure des manuscrits de la mer Morte*, Paris, Seuil, 1996, pp. 86-102]. Les théories alternatives (par ex. les esséniens étaient des zélotes ou des sadducéens, ou bien la bibliothèque de Qumrān était en réalité une bibliothèque amenée de Jérusalem qui, de ce fait, reflète simplement le courant principal du judaïsme) ne me paraissent pas convaincantes. Suivant l'opinion séduidante mais non entièrement convaincante de Gabriele BOCCACCINI (*Beyond the Essene Hypothesis*, Grand Rapids/ Cambridge UK, Eerdmans, 1998) les qumraniens auraient fait schisme d'avec les esséniens. Boccarini souligne fort justement que le mouvement essénien était plus large et plus varié que l'expression qu'on en trouve à Qumrān ; cependant l'idée d'un schisme ne peut s'appuyer sur aucun texte. Une approche plus radicale, où se mêlent certitude et agnosticisme, est proposée par Lena CANSDALE, *Qumran and the Essenes*, Texte and Studien zum Antiken Judentum 60, Tübingen, Mohr (Siebeck), 1997. Selon Cansdale, les manuscrits découverts à Qumrān ne proviennent certainement pas des esséniens ou n'en portent pas le reflet (pp. 58-66) ; ils proviennent d'une ou plusieurs sectes anonymes et inconnues par ailleurs, qui existaient parmi les nombreuses branches du judaïsme du second Temple (voir p. 194). Phillip R. CALLAWAY (*The History of the Qumran Community*, Journal for the Study of the Pseudepigrapha Supplement 3, Sheffield, JSOT, 1988) s'interroge également sur une identification trop facile de la communauté de Qumrān avec les esséniens, mais sans l'exclure de façon aussi définitive. Sur le débat toujours en cours voir aussi Johann MAIER, « Theories of

Qumran » dans *Judaism in Late Antiquity. Part Three. Where We Stand : Issues and Debates in Ancient Judaism. Volume One*, Handbook of Oriental Studies, Part One, The Near and Middle East 40, Leyde, Brill, 1999, pp. 81-98 ; Albert I. BAUMGARTEN, « The Current State of Qumran Studies : Crisis in the Scrollery. A Dying Consensus », *ibid.*, pp. 99-119. Sur les problèmes philosophiques et méthodologiques compliqués qu'implique l'argumentation à partir et à propos des découvertes archéologiques de Qumrān et Aïn Feshka voir Ferdinand ROHRHIRSCH, *Wissenschaftstheorie und Qumran*, Novum Testamentum et Orbis Antiquus 32, Fribourg, Universitätsverlag Freiburg, et Göttingen, Vandenhoeck & Ruprecht, 1996.

2. Pour être précis, il faut faire ici une distinction. Comme nous le verrons, le nom d'« esséniens » est employé dans des sources anciennes diverses (par ex. Josèphe). Par contre dans les sources anciennes, on ne trouve pas le terme de « Qumrān » pour désigner une communauté sectaire juive habituellement associée avec les esséniens. En effet, cet usage est postdaté et découle des découvertes archéologiques faites à proximité d'un oued que les Arabes ont appelé Qumrān (d'où le nom donné aux ruines : Khirbet Qumrān) dans les années 1950 et 1960.

3. « Qu'aucun des rouleaux de la mer Morte ne fasse allusion à Jésus et qu'ils ne mentionnent aucun des disciples de Jésus présentés dans le Nouveau Testament », cela fait partie, selon CHARLESWORTH (« Qumran Scrolls and a Critical Consensus », p. XXXV), du consensus des chercheurs sur Qumrān. Un contact indirect de Jésus avec Qumrān aurait pu exister à travers Jean le Baptiste, le mentor de Jésus. Mais, comme je l'ai indiqué en traitant du Baptiste (*Un certain Juif, Jésus*, t. 2, pp. 27-184, 769-867, j'ai tendance à douter de l'affirmation que le Baptiste ait été un membre de la communauté de Qumrān (pp. 34-37). On trouvera d'autres positions sur un lien entre le Baptiste et Qumrān dans James C. VANDERKAM, « The Dead Sea Scrolls and Christianity » dans *Understanding the Dead Sea Scrolls*, 188-90 [« Les manuscrits de la mer Morte et le christianisme » dans *L'aventure des manuscrits de la mer Morte*, pp. 227-253] (c'est possible) ; Otto BETZ, « Was John the Baptist an Essene ? », *ibid.*, pp. 205-214 [« Jean-Baptiste était-il essénien ? », *ibid.*, pp. 256-267] (il est probable que le Baptiste ait vécu à Qumrān) ; Joseph A. FITZMYER, *Responses to 101 Questions on the Dead Sea Scrolls* (New York/Mahwah NJ, Paulist, 1992), pp. 106-108 (il n'est pas invraisemblable que le Baptiste fût un membre de la communauté de Qumrān).

4. Voir par ex. Jerome MURPHY-O'CONNOR éd., *Paul and Qumran*, Londres, Chapman, 1968 ; James H. CHARLESWORTH éd., *John and the Dead Sea Scrolls*, New York, Crossroad, 1972 et 1990.

5. Barbara E. THIERING, *Redating the Teacher of Righteousness*, Sydney, Theological Explorations, 1979. De ses autres ouvrages citons *The Gospels and Qumran*, Sydney, Theological Explorations, 1981 ; *The Qumran Origins of the Christian Church*, Sydney, Theological Explorations, 1983 ; *Jesus and the Riddle of the Dead Sea Scrolls*, San Francisco, Harper, 1992 ; *Jesus of the Apocalypse. The Life of Jesus after the Crucifixion*, Londres/NY, Transworld, 1997).

6. Robert H. EISENMAN, *Maccabees, Zadokites, Christians, and Qumran*, SPB 34, Leyde, Brill, 1983 ; IDEM, *James the Just in the Habakkuk Pesher*, Leyde, Brill, 1996 ; IDEM, *James, the Brother of Jesus*, New York, Viking, 1996.

7. André DUPONT-SOMMER note les ressemblances saisissantes entre le Maître de justice et Jésus, mais il souligne en même temps les nombreuses différences dans son ouvrage *Les écrits esséniens découverts près de la mer Morte*, Bibliothèque historique, 4e édition revue et augmentée, Paris, Payot, 1980 (première édition 1959), pp. 384-386.

8. Jacob L. TEICHER, « The Dead Sea Scrolls : Documents of the Jewish Christian Sect of Ebionites », *JJS* 2 (1951), pp. 67-99.

9. Son premier scepticisme s'exprime dans John Mark ALLEGRO, *The Dead Sea Scrolls. A Reappraisal*, 2e éd., Londres, Penguin, 1964 ; ses fantaisies ultérieures dans *The Sacred Mushroom and the Cross*, Garden City NY, Doubleday, 1970. On trouvera une polémique contre les premières approches de Dupont-Sommer et Allegro dans Jean CARMIGNAC, *Le Docteur de justice et Jésus Christ*, Paris, L'Orante, 1957.

10. On trouvera une critique brève mais dévastatrice dans FITZMYER, *Responses to 101 Questions on the Dead Sea Scrolls*, pp. 109-110, 127, 161-166 ; Hartmut STEGEMANN, *The Library of Qumran*, Grand Rapids, Eerdmans, Leyde, Brill, 1998, pp. 12-33. Une réfutation plus longue de quelques affirmations particulièrement bizarres se trouve dans Otto BETZ et Rainer RIESNER, *Jesus, Qumran and the Vatican Clarifications*, New York, Crossroad, 1994. Il faut souligner que toute la vulgarisation n'a pas sacrifié au sensationnel ; il y eut heureusement des auteurs responsables pour rendre les découvertes des chercheurs accessibles au laïc cultivé. On peut citer comme exemples Joachim GNILKA, « Jesus – Ein Essener ? », *BK* 26/1 (1971), pp. 2-5 ; Hartmut STEGEMANN, « Die Bedeutung der Qumranfunde für das Verständnis Jesu und des frühen Christentums », *BK* 48/1 (1993), pp. 10-19 ; IDEM, « Jesus and the Teacher of Righteousness », *Bible Review* 10/1 (1994), pp. 42-47, 63 ; Wolfgang STEGEMANN, « Qumran, Jesus und das Urchristentum », *TLZ* 119 (1994), pp. 388-408 ; Hans MAAS, *Qumran. Texte contra Phantasien*, Stuttgart, Calwer, 1994 ; Klaus BERGER, *The Truth under Lock and Key ? Jesus and the Dead Sea Scrolls*, Louisville, Westminster/John Knox, 1995 (original allemand 1993).

11. Sur ce point voir STEGEMANN, *The Library of Qumran*, pp. 9-11, avec un inventaire utile de chacune des grottes de Qumrān pp. 67-69. Voir aussi CALLAWAY, *The History*, p. 209.

12. Comme type de cette approche signalons Kurt SCHUBERT, « The Sermon on the Mount and the Qumran Texts » dans *The Scrolls and the New Testament*, pp. 118-128. Le noyau du Discours sur la montagne remonte certainement à un bref discours primitif du document Q. Mais ce discours de Q est lui aussi composé de diverses unités, dont certaines remontent au Jésus historique, d'autres non. Comme l'indiquent ces remarques, je ne partage pas la théorie de Hans Dieter Betz sur le devenir du Discours de la montagne dans la tradition chrétienne primitive. Il expose sa thèse dans son ouvrage *The Sermon on the Mount*, Hermeneia, Minneapolis, Fortress, 1995.

13. Par exemple, Jerome Murphy-O'Connor, Hartmut Stegemann et Gabriele Boccaccini, qui sont tous trois d'excellents spécialistes de Qumrān, divergent pourtant sur la question de l'ordre et la datation respectifs des documents découverts à Qumrān, sur la question de savoir quels documents furent rédigés par les qumraniens eux-mêmes, par le mouvement essénien en général ou par d'autres courants du judaïsme, enfin sur la question de la relation précise de Qumrān avec le mouvement essénien plus large et du mouvement essénien avec le judaïsme en général. À défaut de consensus sur ces questions, aucune théorie globale sur le développement de la pensée de Qumrān (ou des esséniens) ne peut espérer s'imposer de manière générale.

14. Ainsi Jerome MURPHY-O'CONNOR, « Qumran and the New Testament » dans *The New Testament and Its Modern Interpreters*, Eldon Jay EPP et George W. MACRAE éd., Atlanta, Scholars Press, 1989, pp. 55-71, spéc. p. 63. Dans son essai qui donne une vue d'ensemble, James H. CHARLESWORTH (« The Dead Sea Scrolls and the Historical Jesus » dans *Jesus and the Dead Sea Scrolls*, pp. 1-74) ratisse délibérément large et loin, mais il classe ensuite ces parallèles en différentes catégories : traits que Jésus partageait avec la plupart des autres juifs, traits qui indiquent peut-être soit des ressemblances de Jésus avec les esséniens soit sa réaction vis-à-vis d'eux, et traits qui ont sans doute distingué Jésus comme différent de la plupart des autres juifs.

15. En termes certes moins forts, quelque chose de cette distinction se retrouve dans la présentation de W. D. DAVIES, *The Setting of the Sermon on the Mount*, Cambridge, Cambridge University, 1963, pp. 219-221.

16. Dans ce contexte, COLLINS (*Apocalypticism in the Dead Sea Scrolls*, pp. 56-62) note le sens complexe de l'expression consacrée « la fin des temps » *('aḥărît hayyāmîm)* dans les documents de Qumrān. Cette période du futur englobe un temps de mise à l'épreuve pour la communauté et l'aurore du temps du salut, y compris la venue du (des) messie(s) et, au moins dans certains passages, la guerre finale. Cependant, « la fin des jours » ne comprend pas l'étape finale du salut qui suivra la bataille eschatologique. Voir aussi John T. WILLIS, « The Expression *be'acharith hayyamim* in the Old Testament », *ResQ* 22 (1979), pp. 54-71 ; Annette STEUDEL, « *'ḥryt hymym* in the Texts from Qumran », *RevQ* 16 (1993-1995), pp. 225-246.

17. L'expression reçue « royaume de Dieu », si centrale dans la prédication de Jésus, n'est pas une locution bien établie à Qumrān. On peut trouver des expressions semblables, mais qui n'en sont pas l'équivalent exact, dans *1QM* 6, 6 (en écho à Ab 21) : *wĕhāyĕtâ lĕ'ēl yisrā'ēl hammĕlûkâ* (« et au Dieu d'Israël [appartiendra] la royauté [ou : le royaume] »). Il est frappant de voir que c'est précisément dans le document de Qumrān focalisé sur le thème du partage de la liturgie angélique, le *Chant du sacrifice du sabbat*, que nous trouvons soulignées le plus fort les images du roi divin et de son royaume. Sur ce point voir *Un certain Juif, Jésus*, t. 2, pp. 226-227. La présence des anges dans le conseil de la congrégation des derniers jours est mentionnée en passant dans *1QSa* 2, 8-9.

18. Selon l'opinion de Torleif ELGVIN (« Early Essene Eschatology : Judgment and Salvation According to *Sapiential Work A* » dans *Current Research and Technological Developments on the Dead Sea Scrolls*, STDJ 20, 2e éd., Donald W. PARRY and Stephen D. RICKS éd., Leyde, Brill, 1996, pp. 126-165) la combinaison d'éléments réalisés et d'éléments futurs dans l'eschatologie essénienne existait déjà à un premier stade du développement théologique de la communauté. Voir aussi George W. E. NICKELSBURG, « The Qumranic Transformation of a Cosmological and Eschatological Tradition (*1QH* 4, 29-40) » dans *The Madrid Qumran Congress*, STDJ 11, 2 vol., Julio Trebolle BARRERA et Luis Vegas MONTANER, Leyde, Brill, 1992, t. 2, pp. 649-659.

19. C'est l'interprétation de COLLINS (*Apocalypticism in the Dead Sea Scrolls*, pp. 61-62) pour un passage reconnu comme fragmentaire. La numérotation des lignes suit le texte composite proposé par GARCÍA MARTÍNEZ, *The Dead Sea Scrolls Translated*, p. 79. Pour les fragments individuels de *4Q397* (fragments 14-21 [= *4Q398*, 14-17 ; *4QMMT* C 1-17]) qui entrent en ligne de compte, on trouvera le texte hébreu avec traduction en anglais dans Florentino GARCÍA MARTÍNEZ et Eibert J.C. TIGCHELAAR, *The Dead Sea Scrolls Study Edition*, 2 vol., Leyde, Brill, et Grand Rapids, Eerdmans, 1997 et 1998, t. 2, pp. 800-801, ligne 13. [On trouvera une traduction française de ces fragments dans Michael WISE, Martin ABEGG Jr et Edward COOK, *Les manuscrits de la mer Morte*, Paris, Plon 2001, pp. 459-465.]

20. On admet honnêtement que cette vision synthétique est uniquement le résultat de la combinaison entre différents énoncés provenant de divers documents de Qumrān. C'est certainement ainsi que l'excellent ouvrage de COLLINS, *Apocalypticism in the Dead Sea Scrolls* voit les choses. De plus, il faut toujours se rappeler que la pensée apocalyptique ne fait pas grand cas de la consistance logique. Aussi toute reconstitution du scénario de la fin des temps selon la vision de Qumrān ne peut que demeurer hésitante.

21. Comme on le verra nettement dans un chapitre ultérieur, quand nous traiterons directement de la question d'un ou des messies, les exégètes sont partagés sur l'utilisation correcte du terme de « messie ». Qu'il suffise de dire qu'ici je restreins le mot aux figures eschatologiques qui sont appelées « l'Oint » (en hébreu *māšîaḥ* ; en araméen : *měšîḥā'*) ou dont on dit, dans un contexte plus large, directement ou indirectement, qu'elles reçoivent l'onction (par ex. la figure prophétique dans Is 61,1). D'autres exégètes préfèrent étendre la signification à tout personnage mandaté pour accomplir une fonction de salut pour Israël dans le drame eschatologique. Sur l'éventail des figures messianiques à Qumrān – un messie royal davidique, le messie d'Aaron et le messie d'Israël, une figure de maître/prophète/prêtre, une sorte de figure céleste ou angélique et un personnage fils de Dieu, voir COLLINS, *The Scepter and the Star*. Je ne traite pas ici du parallèle remarquable entre *4Q246* (avec l'expression « sera grand », « sera appelé fils de Dieu », « on l'appellera fils du Très-Haut » et « son royaume est un royaume sans fin ») et l'annonce à Marie dans Luc (précisément Lc 1, 32-35), car cela ne concerne pas les paroles et actes du Jésus historique. De plus il n'est pas certain que le texte fasse référence à un personnage messianique juif. Sur *4Q246*, voir *ibid.*, pp. 154-172. Voir aussi Frank Moore CROSS, « Notes on the Doctrine of the Two Messiahs at Qumran and the Extracanonical *Daniel Apocalypse (4Q246)* » dans *Current Research and Technological Developments on the Dead Sea Scrolls*, STDJ 20, Donald W. PARRY et Stephen D. RICKS éd., Leyde, Brill, 1996, pp. 1-13. Pour le débat sur l'interprétation du « fils de Dieu » mentionné en *4Q246* soit comme personnage négatif (par. ex. un faux roi divin comme Antiochos IV Épiphane), soit comme figure messianique juive positive, voir Edward M. COOK, « 4Q246 », *Bulletin for Biblical Research* 5 (1995), pp. 43-66 (est pour une interprétation négative) et John J. COLLINS, « The Background of the 'Son of God' Text », *Bulletin for Biblical Research* 7 (1997), pp. 51-56 (en faveur d'une interprétation positive). On trouvera un échantillonnage des différents points de vue sur la nature, l'origine et le développement des attentes messianiques dans les manuscrits de la mer Morte par ex. dans George J. BROOKE, « The Messiah of Aaron in the *Damascus Document* », *RevQ* 15 (1991-92), pp. 215-230 ; Michael A. KNIBB, « The Interpretation of *Damascus Document VII*, 9b-VIII, *2a* and XIX, 5b-14 », *ibid.*, pp. 243-251 ; Émile PUECH, « Préséance sacerdotale et Messie-Roi dans la Règle de la Congrégation *(1QSa* II 11-22), *RevQ* 16 (1993-95), pp. 351-365 ; Johann MAIER, « Messias oder Gesalbter ? Zu einem Übersetzungs- und Bedeutungsproblem in den Qumrantexten », *RevQ* 17 (1996), pp. 585-612 ; Hartmut STEGEMANN, « Some Remarks to *1 QSa*, to *1 QSb*, and to Qumran Messianism », *ibid.*, pp. 478-505 ; James H. CHARLESWORTH, « Introduction : Messianic ideas in Early Judaism » dans *Qumran-Messianism*, James H. CHARLESWORTH, Hermann LICHTENBERGER et Gerbern S. OEGEMA éd., Tübingen, Mohr (Siebeck), 1998, pp. 1-8 ; IDEM, « Messianology in the Biblical Pseudepigrapha », *ibid.*, pp. 21-52 ; « Challenging the Consensus Communis Regarding Qumran Messianism (1QS, 4QS MSS) », *ibid.*, pp. 120-134 ; Hermann LICHTENBERGER, « Messianic Expectations and Messianic Figures During the Second Temple Period », *ibid.*, pp. 9-20 ; Gerbern S. OEGEMA, « Messianic Expectations in the Qumran Writings : Theses on their Development », *ibid.*, pp. 53-82 ; IDEM, « Tradition-Historical Studies on 4Q252 », *ibid.*, pp. 154-174 ; Ferdinand DEXINGER, « Reflections on the Relationship Between Qumran and Samaritan Messianology », *ibid.*, pp. 83-99 ; John J. COLLINS, « Jesus, Messianism and the Dead Sea Scrolls », *ibid.*, pp. 100-119 ; Craig A. EVANS, « Are the 'Son' Texts at Qumran 'Messianic' ? Reflections on 4Q369 and Related Scrolls », *ibid.*, pp. 135-153 ; Johannes ZIMMERMANN, « Observations on 4Q246-The 'Son of God' », *ibid.*, pp. 175-190 ; Martin G. ABEGG et Craig A. EVANS, « Messianic Passages in the Dead Sea Scrolls », *ibid.*, pp. 191-203 ; (le volume *Qumran-Messianism* se termine par une « Bibliography of Messianism and the Dead Sea Scrolls », pp. 204-214, réunie par Martin G. ABEGG, Craig A. EVANS, et Gerbern S. OEGEMA) ; Craig A. EVANS, « Jesus and the Dead Sea Scrolls » dans *The Dead Sea Scrolls after Fifty Years. A Comprehensive Assessment. Volume Two*, Peter W. FLINT et James C. VANDERKAM éd., Leyde, Brill, 1999, pp. 573-598.

22. Le texte clé est *1QS* 9, 11, car c'est le seul passage où « les messies d'Aaron et d'Israël » sont clairement et sans ambiguïté mentionnés ensemble. COLLINS (*Apocalypticism in the Dead Sea Scrolls*, pp. 77-80 ; *The Scepter and the Star*, pp. 74-77) soutient effectivement que d'autres passages de la littérature qumranienne reflètent l'idée de la dyarchie d'un messie sacerdotal et d'un messie royal, même si les autres documents n'emploient pas l'expression précise « les messies d'Aaron et d'Israël ». On trouve à trois reprises le titre au singulier, « le messie d'Aaron et d'Israël » dans le *Document de Damas* (*CD* 12, 23-13, 1 ; 14, 19 ; 19, 10-11 [= B II, 10-11]) ; et « un messie issu d'Aaron et d'Israël ») se trouve en *CD* 20, 1 [= B II 1]. Certes on peut considérer que ces passages renvoient à un unique messie, mais Collins a probablement raison en voyant ici aussi une référence à la dyarchie. C'est également l'opinion de James VANDERKAM, « Messianism in the Scrolls », dans *The Community of the Renewed Covenant*, pp. 211-234 spéc. pp. 228-231. VanderKam soutient que les occurrences de la forme *měšîaḥ* au singulier dans les passages en discussion du *Document de Damas* sont probablement des cas « où un nom singulier à l'état construit doit être compris comme se rapportant à chacun de deux (ou plusieurs) noms à l'état absolu » (p. 230). Il énumère différents exemples de l'Ancien Testament (Gn 14, 10 ; Jg 7, 25) comme de Qumrān (*1QM* 3, 13-14 ; 5, 1).

23. À la suite de COLLINS (*The Scepter and the Star*, pp. 75-76), je comprends que « le prêtre » et « le messie d'Israël » dans la *Règle de la congrégation* (*1QSa* 2, 12-21) sont les messies d'Aaron et d'Israël, même si toute décision ferme reste difficile du fait du caractère fragmentaire du texte.

24. Cette façon de voir Jésus résulte du tome 2 de *Un certain Juif, Jésus* ; voir par ex. pp. 755-767, 1253-1254. Sur le prophète eschatologique à Qumrān voir COLLINS, *The Scepter and the Star*, pp. 116-123. À part la référence claire de *1QS* 9, 11, il faut s'appuyer soit sur de simples bribes qui font mention d'Élie (ou d'un prophète), soit sur des déductions à partir de certains passages eschatologiques (notamment *4Q521*, qu'on retrouvera plus loin).

25. Sur cette question voir *Un certain Juif, Jésus*, t. 2, pp. 507-510.

26. Nous discuterons longuement de ce sujet difficile et important quand nous traiterons des derniers jours de Jésus. Qu'il suffise pour l'instant de dire que les deux événements bénéficient de l'attestation multiple des sources dans les traditions marcienne et johannique et reçoivent l'appui des critères de la cohérence et de l'embarras.

27. Voir *Un certain Juif, Jésus*, t. 2, pp. 122-130, 313-315.

28. Sur ce passage voir Émile PUECH, « Une apocalypse messianique (4Q521) », *RevQ* 15, n° 60 (1992), pp. 475-522 ; James D. TABOR et Michael O. WISE, « 4Q521 'On Resurrection' and the Synoptic Gospel Tradition. A Preliminary Study », *Journal for the Study of the Pseudepigrapha* 10 (1992), pp. 149-162 ; COLLINS, *The Scepter and the Star*, pp. 117-122 ; IDEM, *Apocalypticism in the Dead Sea Scrolls*, pp. 87-89 ; Craig A. EVANS, « Jesus and the Dead Sea Scrolls from Qumran Cave 4 » dans *Eschatology, Messianism, and the Dead Sea Scrolls*, Craig A. EVANS et Peter W. FLINT éd., Grand Rapids/Cambridge UK, Eerdmans, 1997, pp. 91-100, spéc. pp. 95-97.

29. Voir PUECH, « Une apocalypse messianique (4Q521) », pp. 475-522 ; Geza VERMES, « Qumran Forum Miscellanea I », *JJS* 43 (1992), pp. 299-305, spéc.

pp. 303-304 pour *4Q521* ; GARCÍA MARTÍNEZ, *The Dead Sea Scrolls Translated*, pp. 394-395, 510 ; cf. VERMES, *The Dead Sea Scrolls in English*, 4e éd., pp. 244-245. VERMES (*The Dead Sea Scrolls*, p. 244) note que *4Q521* est constitué de onze fragments et peut-être de six autres pièces minuscules. Le fragment 2, le plus important, contient des morceaux de trois colonnes ; c'est la deuxième colonne qui contient le matériau qui nous intéresse ici. Puech date le manuscrit quelque part autour de 100-80 av. JC.

30. Pour PUECH (« Une apocalypse messianique », p. 487), « ce texte très probablement au singulier » doit se lire « Son Messie ».

31. La ligne la plus importante de ce texte est peut-être la ligne 12 qui se lit dans l'hébreu non vocalisé *ky yrp' ḥllym wmtym yḥyh 'nwym ybśr* : « car il guérira ceux qui sont mortellement blessés [ou : transpercés], et il ressuscitera les morts ; il annoncera de bonnes nouvelles aux pauvres ».

32. De plus, l'on peut comprendre la mention du redressement des courbés comme étant, en gros, l'équivalent de « les boiteux marchent ».

33. Voir COLLINS, *Apocalypticism in the Dead Sea Scrolls*, p. 88.

34. *Ibid.*, p. 89. Le plus ancien des textes cités par Collins se trouve tout à la fin de *m. Sota* 9, 15 : *ûtĕḥiyyat hammētîm bā' 'al yĕdê 'ēliyyāhû zākûr lĕṭôb* : « La résurrection des morts vient par Élie de vénérée mémoire ».

35. Certes, du fait de la mince quantité de données dont nous pouvons disposer, il est difficile de juger si la pensée est propre à Qumrān. VERMES (*The Dead Sea Scrolls in English*, p. 244) soutient qu'il n'y a rien dans le texte qui soit clairement propre à la secte. En particulier, « le messie » est apparemment mentionné au singulier (sans l'addition de « d'Aaron » et « d'Israël ») et c'est une des rares fois où l'on reconnaît une mention de la résurrection à Qumrān. Cependant COLLINS (*Apocalypticism in the Dead Sea Scrolls*, p. 89) signale quelques contacts avec la littérature sectaire de Qumrān et laisse ainsi la question ouverte.

36. Nul besoin de le dire, on ne peut créer de dichotomie entre le Temple de Jérusalem et la Loi de Moïse. Cependant il faut se rappeler que le Temple de Jérusalem comme tel, en tant qu'opposé à son substitut, la tente de la rencontre au désert au temps de Moïse, n'est pas décrit ou doté de règles dans le Pentateuque. Même les réglementations liturgiques données dans le Pentateuque et qui sont destinées clairement à être appliquées dans le Temple futur restent générales et sommaires. Le Pentateuque ne fournit guère de livret complet des directives liturgiques pour les détails de la vie liturgique quotidienne du Temple. Il revenait au clergé de Jérusalem de développer sa propre *hălākâ* pour couvrir ces questions. Vu sous cette lumière, il est frappant de noter l'importante partie que, par ex., la *Lettre halakhique* de Qumrān consacre à des détails concernant le sacerdoce, le Temple, le calendrier du Temple, la liturgie du Temple (spécialement les sacrifices) et les questions de pureté concernant le Temple, et cela précisément dans des domaines où le Pentateuque ne donne aucune directive – même si tout naturellement les qumraniens prétendent que leurs positions sont les interprétations authentiques « du livre de Moïse et… des paroles des prophètes ».

37. Les brèves références historiques données ici supposent les vues d'ensemble sur l'histoire que nous avons proposées dans les chapitres précédents qui traitent des pharisiens et des sadducéens.

38. C'est l'opinion de Lawrence H. SCHIFFMAN, « Temple Scroll » dans *Anchor Bible Dictionary*, t. 6, pp. 348-350, spéc. 349. L'état fragmentaire du texte araméen de la *Nouvelle Jérusalem* (dont on a trouvé au moins six copies à Qumrān [*4Q32, 2Q24, 4Q554-555, 5Q15, 11Q18*]) ne nous permet pas de trancher si la vision apocalyptique de ce texte se rapporte au temple provisoire ou au temple eschatologique final ; COLLINS

(*Apocalypticism in the Dead Sea Scrolls*, pp. 59-60) penche pour la première hypothèse.

39. Quand le récit de l'enfance de Luc décrit Jésus au Temple, soit lorsqu'on porte le nouveau-né au Temple, soit lorsque l'enfant de douze ans y accompagne ses parents (Lc 2, 22-52), il le fait dans un contexte très positif. Ces scènes, du moins dans leur état actuel, sont le produit de la théologie chrétienne. Mais nous pouvons noter qu'ici Luc s'accorde avec les traditions des autres évangiles quand il ne voit aucun problème à ce que Jésus soit présent au Temple et participe à ses activités. On ne connaît aucune tradition qui contrebalancerait cette façon de voir et que l'on puisse considérer comme historique.

40. Sur la question « Jésus et le Temple » voir SANDERS, *Jesus and Judaism*, pp. 61-90.

41. Du simple point de vue technique, la législation cultuelle contenue dans les cinq livres de Moïse ne mentionne pas le Temple de Jérusalem comme tel mais plutôt le tabernacle ou la tente de la rencontre au désert. Cependant, spécialement dans l'insistance du Deutéronome sur l'unique sanctuaire habilité pour le sacrifice rituel des animaux, la réalité du Temple de Jérusalem transparaît dans le scénario mis en scène.

42. Sur l'idée d'un nouveau Temple dans la pensée juive aux environs du tournant de notre ère voir SANDERS, *Jesus and Judaism*, pp. 77-90.

43. Conformément à la christologie haute typique de son évangile, le quatrième évangéliste réinterprète ce logion en référant le bâtiment ou l'édification du Temple à la résurrection de Jésus (Jn 2, 21-22). Il nous faudra revisiter l'ensemble de la question de la « purification » du Temple et de la prophétie de Jésus quand nous aborderons les derniers jours de Jésus à Jérusalem avant sa mort. Notre problème ici est simplement d'apprécier les ressemblances et les différences entre la vision eschatologique de Jésus et celle de Qumrān.

44. Il nous manque toujours une étude exhaustive de la *hălākâ* à Qumrān dans le cadre de l'histoire plus large de la *hălākâ* juive. Parmi les premières études sur le sujet signalons l'œuvre pionnière de Lawrence H. SCHIFFMAN, qui utilise la catégorie *hălākâ* (qui n'est pas attestée à Qumrān dans son sens rabbinique technique ultérieur) dans son ouvrage *The Halakhah at Qumran*, SJLA 16, Leyde, Brill, 1975. Il a continué son travail dans *Sectarian Law in the Dead Sea Scrolls*, Brown Judaic Studies 33, Chico CA, Scholars, 1983. Là il soutient que les sectaires de Qumrān n'avaient pas le concept rabbinique plus tardif d'une Torah orale distincte de la Torah écrite ; ils dérivaient plutôt toutes leurs lois de ce qu'ils considéraient comme de l'exégèse biblique inspirée. Voir aussi son article « The *Temple Scroll* and the Nature of Its Law : The Status of the Question » dans *The Community of the Renewed Covenant*, Eugene ULRICH et James VANDERKAM éd., Notre Dame IN, University of Notre Dame, 1994, pp. 37-55 ; ici il souligne les ressemblances de la *hălākâ* de Qumrān avec celle des sadducéens. Sur cette question voir aussi John STRUGNELL, « MMT : Second Thoughts on a Forthcoming Edition », *ibid.*, pp. 57-73. Autres études sur des aspects de la *hălākâ* de Qumrān : Joseph M. BAUMGARTEN, *Studies in Qumran Law*, SJLA 24, Leyde, Brill, 1977 ; IDEM, « The Purification Rituals in *DJD 7* » dans *The Dead Sea Scrolls. Forty Years of Research*, STDJ 10, Deborah DIMANT et Uriel RAPPAPORT éd., Leyde, Brill, 1992, pp. 199-209 ; Lawrence H. SCHIFFMAN, « Laws Pertaining to Women in the *Temple Scroll* », *ibid.*, pp. 210-228 ; Daniel R. SCHWARTZ, « Law and Truth : On Qumran-Sadducean and Rabbinic Views of Law », *ibid.*, pp. 229-240 ; Moshe WEINFELD, « Prayer and Liturgical Practice in the Qumran Sect », *ibid.*, pp. 241-258 ; Joseph BAUMGARTEN, « The Disqualifications of Priests in 4Q Fragments of the 'Damascus Document', a Specimen of the Recovery of pre-Rabbinic Halakha » dans *The Madrid Qumran Congress*, STDJ 11, 2 vol., Julio TREBOLLE BARRERA et Luis VEGAS

MONTANER éd., Leyde, Brill, 1992, t. 2, pp. 503-513 ; Menahem KISTER, « Some Aspects of Qumranic Halakhah », *ibid.*, t. 2, pp. 571-588 ; et toute la série d'essais consacrés au problème des questions juridiques dans les textes de Qumrān dans *Legal Texts and Legal Issues*, STDJ 23, Moshe BERNSTEIN, Florentino GARCÍA MARTÍNEZ et John KAMPEN éd., Leyde, Brill, 1997.

45. Sur la question du radicalisme à Qumrān et dans l'enseignement de Jésus, voir Herbert BRAUN, *Spätjüdisch-häretischer und frühchristlicher Radikalismus : Jesus von Nazareth und die essenische Qumransekte*, BHT 24, 2e éd., 2 vol., Tübingen, Mohr (Siebeck), p. 1969. Depuis lors on a abandonné la catégorie « judaïsme tardif » au bénéfice de « judaïsme ancien » au tournant de notre ère.

46. Par l'expression « sans une raison contraignante » j'essaie de rendre une expression difficile de *1QS*. Le principal manuscrit de la grotte 1 dit littéralement « et il n'est pas un homme » *(wĕlô' hāyâ 'ĕnôš)*. C'est probablement une erreur de scribe. Il faut probablement, avec le manuscrit G, lire le dernier mot de l'expression sous la forme *'ānûs* (« forcé », « contraint »). On ne voit pas clairement de quelle contrainte il peut s'agir (maladie ? faiblesse ? incontinence ?).

47. Sur la traduction de *yād* (« main ») comme un euphémisme pour « pénis » voir la note de CHARLESWORTH dans sa traduction dans *The Dead Sea Scrolls*, t. 1, p. 33 n. 185. L'interdiction d'apparaître nu est peut-être à mettre en lien avec les précautions que prenaient, dit-on, les esséniens pour faire leurs besoins ; voir *G. J.* 2.8.9 §§ 147-149 ; cf. *1QM* 7, 6-7 ; *11QTemple* 46, 13 (*mĕqôm yād*, « endroit de la main » = « latrines »). Sur la rigueur des règles esséniennes concernant les excréments voir Albert I. BAUMGARTEN, « The Temple Scroll, Toilet Practices, and the Essenes », *Jewish History* 10 (1996), pp. 9-20. C'est une donnée typique du contraste général entre les esséniens et le Jésus historique qu'il n'existe pas de matériaux parallèles dans les logia de Jésus.

48. Par exemple, le récit célèbre de la femme adultère que l'on amène devant Jésus dans Jn 7, 53 – 8, 11 est obéré par d'importants problèmes textuels autant que critiques ; voir mes observations dans *Un certain Juif, Jésus*, t. 1, p. 169 et les notes afférentes. Même si des événements historiques sont à la base, nous en restons au truisme ressassé que Jésus considérait l'adultère comme un péché mais qu'il a recommandé la compassion et le pardon pour la femme qui y est impliquée (8, 11).

49. Dans cette critique des désirs et regards lascifs, Qumrān comme Jésus se situent à l'intérieur d'une longue tradition vétérotestamentaire et juive ; voir par ex. Jb 31, 1 ; Si 23, 4-6 ; 26, 9-11 ; cf. *Psaumes de Salomon* 4, 4-6 et bon nombre de passages de la littérature rabbinique plus tardive et des *Testaments des douze patriarches*. Du fait de cette cohérence avec toute la tradition vétérotestamentaire et juive, il est difficile de dire ce qui dans ce logion (comme pour beaucoup d'autres logia sapientiaux ou éthiques attribués à Jésus dans les évangiles) provient réellement de lui. La difficulté est accrue dans le cas d'un logion comme Mt 5, 27-28, parce qu'il se trouve uniquement dans la tradition M. Certes le schéma de l'antithèse (« vous avez entendu qu'il a été dit… mais moi, je vous dis ») peut facilement être l'œuvre de Matthieu ou de ceux qui ont développé la tradition M avant lui, mais le contenu essentiel de l'instruction du v. 28 pourrait remonter à Jésus, même si les preuves positives font défaut. Tout au moins je doute que beaucoup soutiendraient que l'instruction du v. 28 est à l'opposé des vues propres de Jésus.

50. *11QTemple* fut-il écrit par des qumraniens ou par quelque autre groupe juif palestinien d'orientation eschatologique ? La question est toujours en discussion chez les exégètes. Or ce manuscrit, le plus long de tous ceux trouvés à Qumrān, y a existé en copies multiples ; nous pouvons donc à tout le moins supposer qu'il était tenu en haute estime chez les qumraniens, quelle que fût, en dernière analyse, son origine. Sur le *Rouleau du Temple* voir Lawrence H. SCHIFFMAN, « Temple Scroll » dans *Anchor Bible Dictionary*, t. 6, pp. 348-350.

51. C'est la position suggérée par Tom HOLMÉN, « Divorce in *CD 4:20-5:2* et *11 QT 57:17-18* : Some Remarks on the Pertinence of the Question », *RevQ* n° 71, t. 18/3 (1998), pp. 397-308. Il montre que l'on peut lire *CD* 13, 34-18 et *11QTemple* comme autorisant le divorce dans certaines circonstances. Il pense, par conséquent, que, lus dans leurs contextes respectifs, les textes mentionnés dans le titre de son article ne concernent pas une interdiction du divorce.

52. *Un certain Juif, Jésus*, t. 1, pp. 203-217. Pour toutes les références pertinentes, anciennes et modernes, je renvoie le lecteur aux notes de ces pages ; je ne les répéterai pas ici.

53. C'était le sujet de l'ensemble de la première partie de *Un certain Juif, Jésus*, t. 2, pp. 27-184, 769-867.

54. Voir *Un certain Juif, Jésus*, t. 1, pp. 214-217. On suggère parfois que Jésus faisait référence en termes élogieux aux qumraniens qui, comme lui-même, pratiquaient le célibat pour des motifs eschatologiques. Mais employer la métaphore de l'automutilation pour parler du célibat religieux, voilà qui aurait paru un éloge bien étrange aux oreilles des qumraniens. Ils excluaient expressément les hommes castrés de leur sainte assemblée ; voir *4QMMT* 42 dans la version reconstituée de GARCÍA MARTÍNEZ, *The Dead Sea Scrolls Translated*, p. 78 [*4QMMT* = *Lettre halakhique* ; trad. fr. dans Michael WISE, Martin ABEGG Jr et Edward COOK, *Les manuscrits de la mer Morte*, p. 461].

55. Un exemple manifeste : il est tout à fait improbable que le Maître de justice et ses adeptes sacerdotaux qui ont quitté Jérusalem pour fonder la communauté de Qumrān aient été célibataires. Comme prêtres officiants au Temple de Jérusalem on s'attendait à ce qu'ils soient mariés et procréent des enfants pour continuer la lignée sacerdotale. Si l'on a commencé à pratiquer le célibat à Qumrān – ce qui me paraît vraisemblable –, il nous faut avouer que nous ignorons à partir de quel moment précis et à quelle occasion.

56. Une partie du problème tient ici à la façon dont on interprète le témoignage archéologique ambigu du cimetière de Qumrān. Le domaine funéraire principal, proche des bâtiments, contient uniquement des squelettes de mâles ; mais des squelettes de quelques femmes et de quelques enfants furent découverts dans des cimetières excentriés ou secondaires plus éloignés des bâtiments. Diverses solutions sont possibles : par ex. durant les grandes fêtes de pèlerinage, quand la plupart des Juifs du courant majoritaire montaient à Jérusalem, Qumrān était un centre de pèlerinage pour la secte essénienne plus large (qui comprenait des membres mariés). Si tel était le cas, il serait raisonnable de supposer que parfois des femmes et/ou des enfants mouraient durant leur séjour à Qumrān. D'autres exégètes voudraient que les restes de femmes et d'enfants datent d'une période beaucoup plus récente.

57. Différentes théories sur les raisons du célibat à Qumrān sont proposées par A. MARX, « Les racines du célibat essénien », *RevQ* 7 (1969-71), pp. 323-342 ; Hans HÜBNER, « Zölibat in Qumran ? », *NTS* 17 (1970-71), pp. 153-167 ; et Anton STEINER, « Warum lebten die Essener asketisch ? », *BZ* 15 (1971), pp. 1-28.

58. Sur cette façon de voir on se reportera à Elisha QIMRON, « Celibacy in the Dead Sea Scrolls and the Two Kinds of Sectarians » dans *The Madrid Qumran Congress*, STDJ 11, 2 vol., Julio TREBOLLE BARRERA et Luis VEGAS MONTANER éd., Leyde, Brill, 1992, t. 1, pp. 287-294.

59. On notera que « guerre sainte » est notre façon de décrire la croyance, exprimée dans l'Ancien Testament, que les ennemis d'Israël étaient les ennemis de Dieu, que les guerres livrées par les Israélites étaient dès lors des entreprises approuvées par leur Dieu et à lui dédiées et que Dieu (« le guerrier divin ») combattait à leur côté et pour eux dans leurs batailles. Voir par ex. Ex 14, 13-14 ; 15, 3 ; Jos 8, 1 ; Jg 5, 31, 1 ; 1 S 23, 4. Par conséquent, une observance scrupuleuse de la pureté était requise de l'armée sur le champ de bataille, car Dieu et les anges se trouvaient dans le camp.

60. C'est très clairement ce que croit le *Rouleau de la guerre* quand il décrit les soldats israélites qui doivent être « parfaits d'esprit et de corps » pour la grande bataille eschatologique (*1QM* 7, 5-7) : « Et nul homme qui ne sera en état de pureté à cause de son flux [pollution sexuelle] au jour du combat ne descendra avec eux [c.-à-d. le reste de l'armée au combat] ; car les anges de sainteté accompagneront leurs armées… et nulle chose honteuse et laide [nudité] ne sera visible aux environs de leur camp [en suivant la leçon brève corrigée de *4QM1* fragments 1-3 ligne 8 plutôt que la version longue de *1QM* 7, 7] [trad. française d'André DUPONT-SOMMER, « Règlement de la Guerre » dans *La Bible. Écrits intertestamentaires*, André DUPONT-SOMMER et Marc PHILONENKO éd., La Pléiade, Paris, Gallimard, 1987, p. 205].

61. Comme un certain nombre d'autres thèmes ici énumérés, cette question sera à revisiter quand on étudiera la relation de Jésus avec la Loi de Moïse. On ne note ici que l'indispensable. On trouvera une information de base sur Mt 5, 33-37 dans MEIER, *Law and History*, pp. 150-156. Pour la différence entre le *Document de Damas* et le *Rouleau du Temple* sur la réglementation des vœux et des serments voir Lawrence H. SCHIFFMAN, « The Law of Vows and Oaths *(Num* 30, 3-16) in the Zadokite Fragments and the Temple Scroll », *RevQ* 15 (1991-92), pp. 199-214. Étant donné que le *Document de Damas* et la *Règle de la communauté* semblent avoir été les deux livres les plus essentiels, je centre l'attention dans ce qui suit sur ces deux documents.

62. C'est la suggestion de SANDERS, *Jewish Law*, p. 53. Cependant dans la narration qui suit immédiatement, Josèphe fonde l'indulgence d'Hérode pour les esséniens sur la prophétie favorable de l'essénien Manaème qui a annoncé à Hérode enfant qu'il serait roi des Juifs (*Ant.* 15.10.5 § 373-379). Il semblerait que, à l'opposé, les pharisiens, qui ne rejetaient pas les serments par principe, furent mis à l'amende pour leur refus de prêter le serment de loyauté (*Ant.* 17.2.4 § 370). Mais ce passage se trouve en tension avec l'affirmation de Josèphe dans *Ant.* 15.10.4 § 370 qui dit qu'Hérode exempta également les maîtres pharisiens notables comme Pollion en même temps que Samaias et leurs disciples. Ces pharisiens furent-ils les seuls à être exemptés tandis que les autres furent imposés ?

63. Sur le lien étroit entre engagement contractuel et malédiction voir Douglas STUART, « Curse » dans *Anchor Bible Dictionary*, t. 1, pp. 1218-1219.

64. Pour essayer de résoudre les tensions entre les différentes sources, SANDERS (*Jewish Law*, p. 53) suggère que des différences existaient au sujet des serments entre les esséniens représentés par le *Document de Damas* et ceux de Qumrān représentés par la *Règle de la communauté*. La chose est possible, mais les deux documents (tout comme Josèphe) parlent d'un serment solennel prêté par celui qui entrait dans la communauté.

65. On trouvera un point de vue un peu différent dans SANDERS, *Jewish Law*, pp. 55-56. Sanders pense que pour Jésus tous les serments énumérés dans Mt 23, 16-22 avaient la même gravité ; c'étaient tous des serments prononcés au nom de Dieu lui-même. Selon Sanders, Jésus enseigne qu'il vaut mieux ne pas faire de serment du tout. Mais si quelqu'un fait un serment, il faut qu'il soit conscient que tous les serments sont prononcés au nom de Dieu et que, de ce fait, ils engagent tous.

66. Sur de telles formules de serment voir Marvin H. POPE, « Oaths » dans *IDB*, t. 3, pp. 575-577. Les exemples de l'Ancien Testament comprennent Rt 1, 17 ; 1 S 3, 17 ;

14, 44 ; 2 S 3, 35 ; 1 R 2, 23. Pour les formes grammaticales de l'hébreu voir Paul JOÜON et T. MURAOKA, *A Grammar of Biblical Hebrew*, 2 vol., Rome, Institut biblique, 1991, t. 2, pp. 618-621 ; les auteurs notent la contamination mutuelle entre les formules de serment et de malédiction. Ils identifient également Mc 8, 12 comme exemple de cette construction hébraïque dans le Nouveau Testament.

67. Sur la question de la relation entre Mt 5, 34 et Jc 5, 12, et sur leur possible source commune voir Ernst KUTSCH, « Eure Rede aber sei ja ja, nein, nein », *EvT* 20 (1960), pp. 206-218 ; Paul S. MINEAR, « Yes or No : The Demand for Honesty in the Early Church », *NovT* 13 (1971), pp. 1813 ; MEIER, *Law and History*, pp. 150-156 ; Gerhard DAUTZENBERG, « Ist das Schwurverbot Mt 5,33-37 ; Jak 5,12 ein Beispiel für die Torakritik Jesu ? », *BZ* 25 (1981), pp. 47-66 ; Peter H. DAVIDS, « James and Jesus » dans *Gospel Perspectives. The Jesus Tradition Outside the Gospels. Volume 5*, David WENHAM éd., Sheffield, JSOT, 1984, pp. 63-84 ; Patrick J. HARTIN, *James and the Q Sayings of Jesus*, JSNTSup 47, Sheffield, JSOT, 1991 ; William R. BAKER, « 'Above All Else' : Contexts of the Call for Verbal Integrity in James 5:12 », *JSNT* 54 (1994), pp. 57-71 ; Luke Timothy JOHNSON, *The Letter of James*, AB 37A, New York, Doubleday, 1995, pp. 55-57 et 327-328.

68. Sur le développement des différentes unités qui composent Mc 7, 1-23 voir Jan LAMBRECHT, « Jesus and the Law : An Investigation of Mk 7, 1-23 », *ETL* 53 (1977), pp. 24-82 ; Robert P. BOOTH, *Jesus and the Laws of Purity. Tradition History and Legal History in Mark* 7, JSNTSup 13, Sheffield, JSOT, 1986 ; GUELICH, *Mark 1-8:26*, pp. 360-362, 372-374. On ne risque rien à avancer que Mc 7, 1-23 n'est pas la relation historique d'un incident unique qui n'a eu lieu qu'une fois dans la vie de Jésus, mais un composé de logia divers qui, pour une part, remontent au ministère de Jésus et, pour une autre part, à la vie de l'Église de la première génération. Ici notre attention se focalise uniquement sur Mc 7, 9-13.

69. Voir Joseph A. FITZMYER, « The Aramaic *Qorbān* Inscription from Jebel Hallet eṭ-Ṭûri and Mk 7:11/Mt 15:5 » dans *Essays on the Semitic Background of the New Testament*, SBLSBS 5, Missoula MT, Scholars Press, 1974, pp. 93-100 ; Karl H. RENGSTORF, « *korban, korbanas* », *TDNT* 3 (1965), pp. 860-866 ; A. I. BAUMGARTEN, « *Korban* and the Pharisaic *Paradosis* », *Journal of the Ancient Near Eastern Society* 16-17 (1984-85), pp. 5-17 ; SANDERS, *Jewish Law*, pp. 51-57 ; Max WILCOX, « Corban » dans *Anchor Bible Dictionary*, t. 1, pp. 1134. Dans l'Ancien Testament, *qorbān* n'a d'autre signification que l'idée générale de don, d'offrande ou de sacrifice. Dans la LXX, *qorbān* (distingué de *qurbān*, « provision », « approvisionnement ») est toujours rendu par *dōron*, une traduction que l'on trouve également dans Marc et Josèphe. La forme grecque translittérée *korban* ne se trouve nulle part ailleurs dans le Nouveau Testament ou dans la Septante, tandis que Josèphe l'emploie dans *Ant.* 4.4.4 § 73 dans un contexte où il explique les dîmes dues aux prêtres conformément à différentes lois du Pentateuque. Il poursuit : « Ceux qui se déclarent eux-mêmes *qorbân* à Dieu – cela signifie don en grec –, quand ils veulent se libérer de cette obligation, doivent payer de l'argent aux prêtres... » [Trad. fr. : Étienne NODET éd., *Flavius Josèphe. Les Antiquités juives, vol. II, livres IV et V*, Paris, Cerf, p. 18]. (Noter que Josèphe, comme Marc, emploie d'abord *korban* [le mot sémitique translittéré en grec comme dans Mc 7, 11] ; il le traduit ensuite en grec par *dōron*, « don ».) Tandis que dans le texte des *Antiquités* le mot *korban* intervient dans une discussion sur la façon de se libérer de vœux (noter le contexte semblable dans *CD* 6), dans *Contre Apion* 1.22 § 167 Josèphe emploie *korban* pour des serments *(horkoi)*, mais de nouveau il interprète le mot comme signifiant « don de Dieu » *(dōron theou)*. Ce glissement de sens de vœu à serment a une certaine ressemblance avec *CD* 16, où le vocabulaire de serment *(šĕbû'â)* glisse facilement vers le vocabulaire de vœu *(neder)*. (Les distinctions précises entre serments et vœux, faites plus tard par les rabbins et les théologiens chrétiens, n'étaient peut-être pas aussi évidentes pour les Juifs ordinaires au tournant de notre ère. En effet, BAUMGARTEN [« *Korban* », p. 8 n. 21] note que « Philon ne semble pas avoir connu la distinction entre vœux et serments ». Mais si Philon, le plus grand génie juif produit par l'ancienne diaspora juive, ne connaissait par cette distinction, combien de Juifs ordinaires en Palestine et en dehors d'elle la connaissaient-ils ? Quand on traite de textes juifs au tournant de notre ère, il faut utiliser avec beaucoup de prudence le matériau rabbinique plus tardif concernant la question abordée.)

L'emploi de *qorbān* au sens d'un don voué à Dieu est attesté par l'inscription d'un ossuaire araméen du Djebel Hallet eṭ-Ṭûri : « Tout ce que quelqu'un peut trouver pour son profit dans cet ossuaire [est] une offrande *(qrbn)* à Dieu de la part celui qui s'y trouve. » (On trouvera une interprétation différente de l'ossuaire dans BAUMGARTEN, « *Korban* », p. 7 ; SANDERS, *Jewish Law*, p. 55.) Même l'expression (évoquant ce qui peut profiter à une autre personne – il y avait donc probablement quelque objet de valeur dans l'ossuaire en plus des ossements) rappelle Mc 7, 11 : « Est "korban", c'est-à-dire don [pour Dieu], ce qui, de mon bien, aurait pu te profiter [secourir]... » On peut trouver des expressions semblables dans la littérature rabbinique (par ex. *m. Ned.* 6, 7). Dans la littérature rabbinique, on trouve avec les mots *qorbān* et *qônām* l'idée d'offrande à Dieu, ce qui entraîne que l'objet est interdit aux humains ; voir par ex. *m. Ned* 1, 4, où il est employé pour la nourriture interdite à une personne (cas semblable dans *CD* 16, 14-15). Dans certains passages le sens de consécration à Dieu s'évanouit pour ne garder que le sens de quelque chose qui est interdit à un autre. Dans *m. Ned* 4, 6, nous voyons se développer une autre signification de *qônām* : une protestation voire une malédiction appelée sur une personne. De tels développements se situent apparemment hors du cadre de l'époque de Mc 7, 9-13. *m. Ned* 2, 5 discute du problème des gens qui recourent à la casuistique et au subterfuge pour échapper aux vœux qu'ils ont prononcés en employant *qorbān* ou d'autres mots semblables.

Un point intéressant est à noter à propos de ce matériau. Les textes de Josèphe et l'inscription de l'ossuaire n'emploient pas *korban/qorbān* à l'état absolu mais avec une construction au génitif ou au datif qui indique que le présent est donné ou appartient à Dieu. Même s'il n'emploie pas le mot *korban*, Philon fait la même remarque dans les *Hypothetica* 7, 3 : le vœu consacrant un objet donne cet objet irrévocablement à Dieu et l'exclut, de ce fait, de tout usage ordinaire. Par conséquent, il faut peut-être distinguer entre les dons qui étaient littéralement voués au Temple (et donc à Dieu) et les dons voués à Dieu dans un sens plus vague et, en conséquence, retirés de l'usage commun. Ce dernier type – dont ferait partie l'inscription de l'ossuaire – impliquerait une vraie consécration religieuse à Dieu mais non pas au Temple. Si c'est le cas, la typologie de BAUMGARTEN (« *Korban* », pp. 6-7) exigerait d'être encore plus affinée pour s'appliquer à la période prérabbinique. Baumgarten passe de l'emploi de *qorbān* comme formule de consécration effective au Temple (il place ici le texte des *Antiquités* de Josèphe) à l'emploi de *qorbān* comme formule de vœu par lequel on s'interdisait un objet à soi-même ou à une autre personne au même titre qu'un animal consacré était interdit (*kĕqorbān*, « comme s'il était *qorbān* » ; il place ici l'inscription de l'ossuaire). Il me simple que, à la lumière des énoncés de Josèphe et de Philon, l'énonciation explicite de l'ossuaire (*qrbn'lh*, « un don à Dieu »), *qorbān* est à comprendre d'une façon plus explicitement *théo*-logique dans ce texte.

70. Sont en faveur de l'historicité : PESCH, *Markusevangelium*, t. 1, p. 376 ; (apparemment) BAUMGARTEN, « *Korban* », pp. 16-17 ; BOOTH, *Jesus and the Laws of Purity*, pp. 94-96 ; GUELICH, *Mark 1-8:26*, p. 362. L'on objecte parfois que les pharisiens n'auraient pas permis un subterfuge comme *qorbān*, puisque la Mishna enseigne l'opinion opposée. Comme d'habitude, il faut se garder de considérer que les enseignements des pharisiens d'avant 70 et les positions tenues dans la Mishna se recouvrent. De plus, le matériau mishnaïque est complexe, il reflète des étapes différentes et des opinions discordantes dans un débat qui se continuait dans le judaïsme. Par exemple, dans *m. Ned* 9, 1 on nous parle d'une diversité d'opinions sur les raisons qui peuvent justifier l'annulation d'un vœu fait par quelqu'un au détriment de son père et de sa mère. Le fait que sur la question on acceptait, au temps de la composition de la Mishna, une juxtaposition d'opinions différentes suggère qu'antérieurement la question restait encore incertaine. On pourrait observer que, même dans ce passage de la Mishna, la question est de savoir quelles raisons pourraient autoriser quelqu'un à annuler son vœu. On n'évoque absolument pas qu'il soit acculé à la stricte obligation de l'annuler. Plus significatif encore est l'anecdote rapportée dans *m. Ned* 5, 6. Un homme a fait un vœu qui empêche que son père reçoive de lui toute nourriture. Pour fournir son père en nourriture, l'homme recourt à un subterfuge compliqué qui consiste en une fiction légale. Le récit suppose (1) que l'on faisait de fait des vœux comme celui-là et (2) qu'on ne disposait d'aucune moyen simple de les annuler. Sur ce récit voir BAUMGARTEN, « *Korban* », p. 10-12. Une situation semblable est présupposée dans l'étude des serments et des vœux faite par PHILON dans *Hypothetica* 7, 3-5. Il adopte une opinion stricte sur le caractère irrévocable des vœux, même s'ils sont faits au détriment de membres de la famille. Dans la présentation de Philon, les possibilités d'annuler un vœu sont très limitées (le refus du don par le prêtre officiant ou – dit en termes vagues chez Philon – la déclaration d'un dirigeant). La rigueur de cette opinion est proche de la position rejetée par Jésus. Comme le suggère PESCH (*Markusevangelium*, t. 1, p. 375), il se peut donc que *m. Ned* 5, 6 représente l'état ancien de la casuistique vers le temps de Jésus, où la position fustigée par Jésus était une option qui avait réellement cours. Tout au moins, *CD* 16, Philon, Mc 7, 11 et *m. Ned* 5, 6 suggèrent qu'il y avait, au tournant de notre ère, un vif débat sur les vœux qui privaient les parents ou les proches d'une aide vitale, et sur la possibilité d'annuler de tels vœux. En bref, le matériau de la Mishna n'écarte pas la possibilité que la substance de Mc 7, 9-13 remonte à Jésus.

71. Voir par ex. BULTMANN, *Geschichte*, p. 51 [*Histoire*, p. 70-71] (où il discute de textes tels que Mc 7, 9-13). Cependant, même Bultmann accepte la possibilité que « ici ou là » l'utilisation d'un texte de l'Écriture puisse remonter à Jésus, « à ceci près qu'on ne peut plus le prouver ». Je pense qu'une approche plus judicieuse est d'admettre qu'en théorie une citation de l'Écriture dans une péricope donnée peut provenir soit de Jésus soit de l'Église primitive et qu'il faut décider de chaque cas en fonction de lui-même et non pas à partir d'un jugement a priori qui exclut que des citations d'Écriture puissent venir de la bouche du Jésus historique.

72. C'est un point important de l'article de BAUMGARTEN, *« Korban »* ; voir spéc. pp. 8-10.

73. Ainsi RENGSTORF, « *korban, korbanas* », p. 864.

74. [André DUPONT-SOMMER, *La Bible. Écrits intertestamentaires*, propose la traduction suivante : « « Qu'on (ne) consacre (pas) la nourriture (de sa maison à Dieu) ; car c'est ce qu'Il a dit : *Ils se font la chasse l'un à l'autre par* l'anathème » – NdT.]

Comme c'est souvent le cas dans le recours à l'Écriture à Qumrān (et dans le Nouveau Testament), le sens originel est « infléchi » au service de l'intention de l'interprète récent. Le sens originel de Mi 7, 2 est très général. Il fait partie d'une lamentation sur l'apparent triomphe universel du mal dans la société. L'ensemble de Mi 7, 2 se lit dans le texte massorétique : « Le fidèle a disparu du pays. Pas un juste parmi les gens ! Tous sont aux aguets pour verser le sang. Ils traquent chacun son frère [c.-à-d. son compatriote israélite] au filet *[ḥērem]*. » Les interprètes esséniens infléchissent et particularisent le sens de la deuxième moitié du v. 2 ; ils comprennent le nom *ḥērem* (« filet ») dans son autre sens possible : « quelque chose qui voué à Dieu et de ce fait retiré de l'usage profane ». Le verbe *ṣûd* (« traquer ») prend alors tout naturellement son autre sens possible : « prendre », « capturer » ou « prendre au piège ». Ainsi on restreint une condamnation très générale de l'injustice dans la société à un cas très spécial, à savoir l'utilisation de la consécration des biens d'une personne à Dieu pour éviter à cette personne d'avoir à les partager avec ses proches dans le besoin. Il est remarquable que les interprètes esséniens réalisent cette application pratique du texte sans changer son libellé (sauf à substituer « son prochain » à « son frère ») mais en choisissant des sens alternatifs pour deux mots clés.

75. C'est un sujet très compliqué ; dans l'espace dont nous disposons ici nous ne pouvons en donner ici qu'un aperçu schématique. On trouvera une étude circonstanciée des textes qumraniens/esséniens, avec une insistance spéciale sur la tradition qumranienne des *Règles* et sur le *Document de Damas* dans Catherine M. MURPHY, *The Disposition of Wealth in the Literature and Practice of the Qumran Community and Its Relevance for the Study of the New Testament*, thèse de doctorat en philosophie, Notre Dame IN, University of Notre Dame, 1999. Mon bref résumé des points de vue esséniens sur l'argent et la propriété doit également beaucoup à Geza VERMES et Martin D. GOODMAN, *The Essenes According to the Classical Sources*, Sheffield, JSOT, 1989, pp. 4 et 8-9.

76. En parlant de « pauvreté » à Qumrān, il faut donc préciser les choses. Il est certain que les conditions de vie étaient très rigides et la personne individuelle ne possédait rien qu'elle aurait pu considérer comme son bien propre. Par ailleurs, tant qu'il demeurait un membre bien considéré, le qumranien était assuré d'avoir pour l'essentiel logement, nourriture et tout ce dont il avait besoin pour accomplir son travail pour la communauté (par ex. matériau d'écriture). Par conséquent, les qumraniens, si pauvres qu'ils fussent individuellement, bénéficiaient – précisément à cause de leur pauvreté volontaire dans une institution religieuse – d'un filet de sécurité au plan social que les individus pauvres et à la dérive à l'extérieur dans le monde n'avaient pas.

77. Les sources principales à l'appui de ces affirmations sont le livre II de la *Guerre des Juifs* de JOSÈPHE et deux œuvres de PHILON, à savoir son *Quod omnis probus liber sit* (en abrégé *Prob.*) et son *Apologie pour les Juifs* (*Apologia pro Judaeis*, en abr. *Apol.*). L'*Apologie* est sans doute à identifier avec les *Hypothetica* de Philon ; deux extraits de cette œuvre sont conservés dans la *Préparation évangélique* d'EUSÈBE. J'utilise le système de références de l'édition de F. H. COLSON dans la LCL [Loeb Classical Library], t. 9, pp. 437-443.

78. Dans *Apol.* 11.12 Philon affirme qu'un vêtement plus chaud était fourni l'hiver ; cependant il souligne que tous les vêtements étaient la propriété commune du groupe.

79. Le sens de *CD* 13, 14-15 est objet de discussion. Ce texte interdit aux membres de passer des achats ou des ventes avec « les fils de l'aurore ». Si Joseph M. BAUMGARTEN et Daniel R. SCHWARTZ ont raison dans leur commentaire du *Document de Damas* dans CHARLESWORTH éd., *The Dead Sea Scrolls*, t. 2, p. 55 n. 203, l'expression « les fils de l'aurore » se rapporte aux confrères de la communauté de l'alliance (cf. *4Q298*). À l'évidence, cette interdiction n'a de sens que si les esséniens étaient autorisés à commercer avec les non-esséniens, ce qui est impliqué aussi par 13, 14-16 (il faut informer l'inspecteur quand on veut commercer). Geza VERMES (*The Complete Dead Sea Scrolls in English*, p. 142) note le sens incertain du texte hébreu de *CD* 13, 14-15. Il traduit ainsi : « Aucun membre de la communauté de l'alliance ne donnera ni ne recevra quoi que ce soit des fils de l'aurore *(shahar)* [ou : de la fosse *(shahat)*] si ce n'est contre paiement ». Chose intéressante, dans son ouvrage en un volume *The Dead Sea Scrolls Translated. The Qumran Texts in English* (p. 4), GARCÍA MARTÍNEZ corrige le texte et lit « les fils de la fosse ». Cependant dans Florentino GARCÍA MARTÍNEZ et Eibert J.C. TIGCHELAAR, *The Dead Sea Scrolls. Study Edition*

(2 vol. Leyde, Brill, et Grand Rapids, Eerdmans, 1997 et 1998, t. 1, p. 573) le texte porte « fils de l'aurore ».

80. Comme TAYLOR (*The Gospel According to St. Mark*, p. 431) et PESCH (*Markusevangelium*, t. 2, p. 141) le font observer à juste titre, les efforts variés faits pour atténuer ou rationaliser les images intentionnellement absurdes employées par Jésus (par ex. *kamēlos*, « chameau », est une erreur de scribe pour *kamilos*, « un cordage de bateau » ; « le chas d'un aiguille » était le nom d'une porte basse et étroite dans les murs de la ville de Jérusalem) passent totalement à côté de la portée de l'expression sous forme d'images drastiques : l'impossible (*adynaton* au v. 27). Pour des paysans ordinaires de Palestine le chameau était l'animal le plus gros et le chas d'une aiguille à peu près la plus petite ouverture qu'ils pouvaient jamais voir. L'esprit de Jésus porté à la métaphore avait le don d'associer des images heurtées, violentes et dérangeantes pour inculquer son message à son auditoire : par ex. la castration pour le royaume de Dieu, le pain comme étant son corps et le vin comme étant son sang, des loups déguisés en brebis, le deuil à un banquet de noces. Comme l'histoire l'a montré, le caractère vigoureux de ses images a contribué à assurer la longévité de son message.

81. Voir par ex. *1 Hénoch* 94, 8-9 ; 96, 4-8 ; 100, 6 ; 103, 5-8.

82. Certains exégètes comme PESCH (*Markusevangelium*, t. 2, pp. 135-146) pensent qu'une forme primitive de Mc 10, 23-27 remonte réellement à l'épisode historique relaté dans 10, 17-22. C'est chose possible, mais je préfère laisser ouverte la possibilité que la substance des vv. 23-27 reflète une tradition à part qui transmettait des remarques générales de Jésus sur les dangers de la richesse.

83. Les concepts de vie éternelle et d'héritage de la vie (éternelle) étaient bien ancrés dans la littérature eschatologique juive au tournant de notre ère ; voir par ex. *Pss.Sal.* 3, 12 ; 9, 5 ;13, 11 ; 14, 4. 7-10 ; *1 Hénoch* 37, 4 ; 40, 9 ; 58, 3 ; cf. Dn 12, 2 ; 2 M 7, 9.

84. « Bon Maître » est une adresse très inhabituelle pour un maître juif dans le contexte de la Palestine du Ier siècle ; associée à l'agenouillement, elle représente, en ce temps et ce lieu, un geste de révérence inouï. Il fait partie de l'ironie (ou tragédie) du récit que, mise à l'épreuve, cette adulation sans pareille s'avère creuse.

85. Le rejet par Jésus de cette adulation tout à fait inhabituelle reflète parfaitement une caractéristique de sa mission sur laquelle les exégètes s'accordent en général : le centre de sa proclamation qui dévore tout le reste était le royaume de Dieu qui vient, non pas sa propre personne ou position. L'insistance sur la foi que « *Dieu seul* est bon » peut vouloir faire écho à la grande prière du *Šĕma'* (Dt 6, 4) : « Écoute, Israël, le Seigneur [est] notre Dieu, le Seigneur seul… » (La tentative de GUNDRY [*Mark*, p. 553] de faire dire à Mc 10, 18 que Jésus signifie implicitement que sa bonté dérive de sa filiation divine est une exégèse bien contournée, même au niveau de la rédaction marcienne.) L'allusion au *Šĕma'* peut à son tour avoir une connexion avec ce qui, à première vue, semble une citation des commandements faite un peu au hasard par Jésus. Si nous considérons que la mention par Jésus de « Dieu seul » (v. 18) représente la « première table » du décalogue, à savoir les commandements qui prescrivent nos obligations envers Dieu, dans ce cas son énumération de certains commandements spécifiques (v. 19) veut sans doute représenter la « deuxième table » du décalogue, à savoir les commandements qui prescrivent nos attitudes envers notre prochain. Ce serait spécialement vraisemblable si, comme le suggère PESCH (*Markusevangelium*, t. 2, p. 139), il faut comprendre *mēi aposterēsęs* (« ne fraude pas »), qui est inhabituel dans une énumération des dix commandements, comme le résumé du ou des derniers commandements qui interdisent de convoiter la femme, la maison ou d'autres biens de son prochain. On peut de plus faire l'hypothèse que le quatrième commandement « honore ton père et ta mère » – qui concerne spécialement le soutien matériel et financier à ses parents âgés – a été déplacé à la fin de l'énumération parce que (1) il permet de clore la liste des obligations envers le prochain par un commandement positif et non plus négatif (ce que nous devons faire plutôt que ce que nous devons éviter) et (2) l'idée de faire positivement du bien aux autres humains, notamment par l'aide matérielle et financière, conduit habilement au commandement positif de Jésus de donner tous ses biens aux pauvres et de le suivre. Si tout cela est sans doute vrai de la construction actuelle de la péricope de Marc, on peut hésiter à avancer que tous les fils de ce tressage littéraire et théologique serré remontent à l'événement primitif.

86. Sur cette question voir GUNDRY, *Mark*, p. 563. Il est typique que ce soit Luc qui, dans son remodelage rédactionnel du récit dc l'appel des premiers disciples, finisse la narration par l'affirmation générale : « ... et laissant *tout*, ils le suivirent » (Lc 5, 11 ; cf. Mc 1, 18-20). Cependant, dans cette péricope, même Luc ne prétend pas que Jésus a fait de l'abandon de tout une condition explicite pour s'engager à sa suite. Sur le récit de la pêche miraculeuse voir *Un certain Juif, Jésus*, t. 2, pp. 664-674. Le récit de Zachée dans Lc 19, 1-10 montre clairement que le Jésus de Luc n'attend pas de tout un chacun qui l'accueille ou croit en lui d'abandonner tous ses biens. Certes, dans Mc 10, 28, Pierre affirme que lui et ses compagnons disciples ont « tout » laissé et ont suivi Jésus. Et Jésus donne à ses disciples l'assurance que tous ceux qui quittent famille et biens « à cause de lui » recevront une récompense abondante dans cette vie-ci et la vie éternelle (10, 29-31), mais ni lui ni Pierre ne parlent à aucun moment de vendre tous ses biens et de les donner aux pauvres.

87. Quant au « communisme » de l'Église primitive à Jérusalem, il faut se rappeler (1) qu'il faut lire d'un œil critique la description idéalisée de ce partage total, description qui se restreint surtout à deux sommaires (2, 44-45 et 4, 32-37) (voir SCHNEIDER, *Die Apostelgeschichte*, t. 1, pp. 290-295) et (2) que le récit d'Ananie et Saphire montre clairement que ce partage était volontaire. Pierre souligne (Ac 5, 4) que les deux époux coupables n'étaient pas obligés de vendre leurs biens et que, les biens une fois vendus, ils étaient libres de garder l'argent pour eux-mêmes. Leur péché est d'avoir menti « non pas aux hommes mais à Dieu ».

88. On trouvera une analyse circonstanciée de la structure et du contenu de ce passage dans Richard J. DILLON, « Ravens, Lilies, and the Kingdom of God (Matthew 6:25-33/Luke 12:22-31) », *CBQ* 53 (1991), pp. 605-627. Apparemment Dillon attribue le passage dans sa substance au Jésus historique.

89. Sur cette question voir HOFFMANN, *Studien*, p. 327 ; POLAG, *Christologie*, pp. 76-77 ; SCHULZ, *Q. Die Spruchquelle der Evangelisten*, pp. 149-157. Hoffmann avance que l'exhortation d'amasser un trésor au ciel plutôt que sur la terre (Mt 6, 19-21 // Lc 12, 33-34) faisait primitivement partie de ce contexte Q et était de ce fait semblablement enracinée dans l'eschatologie du royaume. À l'encontre de certaines tendances récentes qui veulent dissocier sagesse et apocalyptique dans la tradition Q, SCHULZ (p. 156) fait observer que cosmologie, éthique et apocalyptique constituaient déjà une unité indissociable dans la littérature apocalyptique juive. Voir par ex. *1 Hénoch* 2, 1 – 5, 10.

90. À l'exception de l'addition dans Luc d'un « esclave domestique » *(oiketēs)* au début de sa forme du logion, les deux versions de ce logion de Q sont mot pour mot les mêmes dans Matthieu et dans Luc – un phénomène relativement rare dans la tradition Q. Suivant l'opinion de la plupart des commentateurs c'est Luc qui a ajouté *oiketēs* à la tradition de Q ; ainsi FITZMYER, *The Gospel According to Luke*, t. 2, p. 1106. En effet, deux des quatre occurrences du mot dans le Nouveau Testament sont lucaniennes, les autres textes étant Ac 10, 7 ; Rm 14, 4 et 1 P 2, 18. Estimer que « esclave domestique » est un ajout de Luc au logion Q a une certaine signification ; en effet, cela suggère par voie de conséquence que la version du logion que nous trouvons dans l'*Évangile copte de Thomas* de Nag Hammadi n'est pas une version indépendante mais qu'elle dépend plutôt (comme souvent) de Luc. L'*Évangile de Thomas* 47 dit : « ... il est impossible pour un *serviteur* de servir deux maîtres ; autrement [la particule grecque *ē* est reprise ici dans le texte copte] il honorera l'un et offensera l'autre. » En réalité, dans l'*Évangile de Thomas*, la deuxième partie du logion n'a pas grand sens, étant donné que la deuxième moitié de l'alternative (« ou il s'attachera à l'un et méprisera l'autre ») est tombée. L'*ē* grec (« ou ») du texte copte appelle le deuxième *ē* (ou bien... ou bien) du texte grec qui vient balancer le premier. De plus, la spécification « serviteur » détone dans le v. 47 car les axiomes qui précèdent et suivent immédiatement ont une terminologie générale : « un homme » ou « aucun homme ».

91. Voir par ex. *1QS* 62 ; *1Q27* (le *Livre des mystères*) fragment 1, colonne 2, ligne 5 (probablement) ; *CD* 14, 20 ; *11QtgJob* 2, 8 sur Jb 27, 17 (mais dans la littérature de Qumrān le terme le plus habituel pour « richesse » est *hôn*). Pour la Mishna voir par ex. *m. Ber 9, 5* ; *m. Sanh* 4, 1 ; *m. 'Abot* 2, 12. Sur tout cela voir Max WILCOX, « Mammon » dans *Anchor Bible Dictionary*, t. 4, p. 490.

92. On trouve dans Si 31 (= LXX 34), 8 une sentence qui se rapproche de la dichotomie proposée par Jésus : « Heureux le riche qui est trouvé irréprochable et [qui] n'a pas couru après mammon. » Si, avec les textes grecs, syriaques et latins, nous préférons *'āšîr* (« homme riche ») au simple *'îš* (« homme ») du manuscrit B de la Géniza du Caire (ainsi SKEHAN et DI LELLA, *The Wisdom of Ben Sira*, p. 381), nous détectons immédiatement une différence notable entre les vues de Ben Sira et celles de Jésus. Jésus proclame heureux les pauvres, non pas les riches (voir Lc 6, 20. 24), tandis que Ben Sira proclame heureux l'homme riche qui ne se laisse pas dévier du droit chemin par les richesses. (Si l'on compte Ben Sira comme un livre deutérocanonique de l'Ancien Testament, c'est le seul livre de l'Ancien Testament dans lequel apparaît le mot hébreu *māmôn*).

93. Dans les targums plus tardifs le nom *māmônā'* signifie souvent le « profit malhonnête » ou le « pot-de-vin » ; mais dans ces cas *māmônā'* est régulièrement accompagné par une expression qualificative qui indique l'idée de malhonnêteté ; voir F. HAUCK, *« mamōnas », TDNT* 4 (1967), pp. 388-390. En fait, l'une des rares autres occurrences de « mammon » dans les logia de Jésus (Lc 16, 9) utilise l'expression grecque *mamōnas tēs adikias*, « le mammon d'iniquité », c.-à-d. « le profit malhonnête », qui correspond littéralement à une expression araméenne que l'on trouve dans les targums, *māmôn dišqar*. Dans un grec légèrement amélioré, l'expression se présente sous la forme *adikǭ mamôną* dans Lc 16, 11 (cf. 16, 13).

94. Contre : BULTMANN, *Geschichte*, p. 97 [*Histoire*, p. 117] (qui ignore la structure chiasmatique et triadique fermement tissée), et d'accord : DAVIES et ALLISON, *Matthew*, 1, 643.

95. Voir dans *Un certain Juif, Jésus*, t. 2, pp. 271-272. Des ressemblances suggestives entre la forme matthéenne des béatitudes et des regroupements de béatitudes à Qumrān ont été étudiées par Émile PUECH ; voir ses articles « Un Hymne essénien en partie retrouvé et les Béatitudes » *RevQ* 13 n°s 49-52 (1988), pp. 59-88 ; et « 4Q525 et les péricopes des béatitudes en Ben Sira et Matthieu », *RB* 98 (1991), pp. 80-106. Les conclusions plus larges qu'il tire au sujet des sources et de la composition des béatitudes de Matthieu restent discutables. La pointe plus sapientiale qu'eschatologique des béatitudes dans *4Q525* est soulignée par Craig A. EVANS, « Jesus and the Dead Sea Scrolls from Qumran Cave 4 » dans *Eschatology, Messianism, and the Dead Sea Scrolls*, Craig A. EVANS et Peter W. FLINT éd., Grand Rapids/Cambridge UK, Eerdmans, 1997, pp. 91-100, spéc. p. 95.

96. Cela ne signifie pas que toute allégorie de l'histoire du salut manque chez Luc ; FITZMYER (*The Gospel According to Luke*, t. 2, p. 1053) voit de l'allégorie dans les deux étapes de l'invitation, qui symboliseraient l'annonce de la bonne nouvelle d'abord aux Juifs et ensuite aux païens. Dans l'ensemble, cependant, Matthieu a allégorisé la parabole beaucoup plus complètement. (En marge, je voudrais noter que je doute que la version de la parabole dans l'*Évangile copte de Thomas* [logion 64] représente un stade primitif de la tradition. Elle représente beaucoup plus vraisemblablement une fusion plus tardive des formes matthéenne et lucanienne et enlève toutes les traces d'histoire de salut du fait de ses tendances gnostiques.)

97. Voir Luke T. JOHNSON, *The Literary Function of Possessions in Luke – Acts*, SBLDS 39, Missoula MT, Scholars Press, 1977.

98. Voir dans *Un certain Juif, Jésus*, t. 2, pp. 617-628.

99. Pour les arguments pour et contre l'authenticité de la parabole voir MARSHALL, *Luke*, pp. 521-522.

100. Contre : BULTMANN, *Geschichte*, p. 57 [*Histoire*, p. 77].

101. Jn 12, 6 ; 13, 29 évoque seulement en passant une bourse commune (plus précisément une « boîte pour l'argent », *glōssokomon*) qui était sans doute détenue et administrée par Judas et dans laquelle il « piquait ». Le désir de dessiner le portrait de Judas sous un jour aussi négatif que possible fait manifestement partie de la théologie de Jean (il est un diable, 6, 70-71) ; mais l'idée d'une bourse commune pour les disciples de Jésus est certainement plausible, étant donné leur style de vie itinérante et les différentes personnes aisées parmi leurs sympathisants. Malheureusement nous manquons d'autres données qui nous permettraient d'être plus précis et de faire des comparaisons avec la caisse commune de Qumrān.

102. Le logion de Mc 14, 7 par. // Jn 12, 8 est particulièrement intéressant parce que tout à la fois il bénéficie de l'attestation multiple et fait une nette distinction entre les pauvres et Jésus. « Les pauvres, toujours vous en avez parmi vous ; mais moi vous ne m'avez pas toujours. »

103. Sur cette question voir *Un certain Juif, Jésus*, t. 1, pp. 168-179.

104. Sur le problème que pose la définition de la catégorie de « secte » voir *Un certain Juif, Jésus*, t. 2, pp. 375-376.

105. Sur cette question disputée voir les études de Geza VERMES dans son ouvrage *The Dead Sea Scrolls. Qumran in Perspective*, Philadelphie, Fortress, 1977, pp. 142-56 ; FITZMYER, *Responses to 101 Questions on the Dead Sea Scrolls*, pp. 57-58. De fait, les passages du *Pesher d'Habaquq (1QpHab)*, du *Pesher de Nahum (4Q169)* et les *Hymnes (1QH)* parlent clairement de la persécution subie par le Maître de justice et ses adeptes ; voir par ex. *1QpHab* 11, 5-8. Cependant, comme le note Vermes (p. 153-154), les tentatives faites pour démontrer que le Prêtre impie a mis à mort le Maître de justice reposent sur des textes ambigus. Par exemple, *4QpPs*[a] 3-10 iv 8-9 [= *4Q171* 4, 8-9] parle du Prêtre impie qui cherche à tuer le juste. Le « juste » peut certes désigner le Maître de justice, mais le singulier « l'homme juste » peut facilement avoir un sens général comme d'habitude dans les psaumes. Il faut aussi prendre en compte des passages semblables qui évoquent des tentatives pour tuer le Maître et/ou les membres de la communauté, mais parlent ensuite de la délivrance que Dieu accorde au juste. Vermes résume son étude de la question en ces termes (p. 154) : « … nous ne savons pas qui fut le fondateur des esséniens ni comment, où et quand il mourut. » D'où ma formulation dans le texte principal : « il n'y a pas de témoignage clair et convaincant ».

106. Le sens exact de cette dernière infraction est obscur. D'après la traduction de Vermes (dans la 4e édition de son ouvrage *The Dead Sea Scrolls in English*, p. 80) *1QS* 7, 15 se lit : « quiconque a sorti sa main gauche pour faire un geste… » Par contre CHARLESWORTH (*The Dead Sea Scrolls*, t. 1, p. 33) lit : « quiconque ouvre sa main gauche pour s'appuyer sur elle… ». [Dans la trad. française de A. DUPONT-SOMMER (*La Bible. Écrits intertestamentaires*, p. 50) on propose : « Et qui sortira sa main gauche pour manifester ses réflexions… ».]

107. Il faut se garder de transposer dans les différents dits et actions du Jésus historique les structures théologiques globales et les systématisations implicites, par exemple, du Discours de la montagne de l'évangile de Matthieu ou des énoncés de Paul sur la Loi et le commandement de l'amour. Plus encore nous devons nous garder de vouloir trouver dans les affirmations dispersées de Jésus concernant la conduite morale ou les observances légales une esquisse de l'éthique ou de la théologie morale chrétiennes.

108. Voir le commentaire et les notes sur cette péricope étudiée dans *Un certain Juif, Jésus*, t. 2, pp. 499-503, et 534-536. Je ne répète pas ici toutes ces remarques ni toute la bibliographie.

109. Sur ce point voir SCHIFFMAN, *The Halakah at Qumran*, pp. 121-122. La Tosefta (*t. Sabb.* 14, 3), reflétant peut-être un stade intermédiaire de la tradition, note la règle suivante : Si une bête tombe dans une citerne (ou un puits) le jour du sabbat, il faut la nourrir pour la garder en vie ; c'est seulement après le sabbat qu'on doit la retirer du trou. Schiffman fait remarquer que les amoraïm étaient apparemment plus indulgents et permettaient de placer des bourrelets ou des coussins pour permettre à l'animal de remonter. Lutz DOERING (« New Aspects of Qumran Sabbath Law from Cave 4 Fragments », dans *Legal Texts and Legal Issues*, STDJ 23, Moshe BERNSTEIN, Florentino GARCÍA MARTÍNEZ et John KAMPEN éd., Leyde, Brill, 1997, pp. 251-274) note (p. 274) que, en matière d'observance du sabbat, « les textes de Qumrān semblent toujours prôner l'approche la plus stricte parmi les différentes opinions rapportées dans les différentes littératures juives anciennes ».

110. Sur ce point voir JOSÈPHE (*G. J.* 2.8.7 § 138-139) et *1QS* 6, 16-17. VERMES (*The Dead Sea Scrolls. Qumran in Perspective*, p. 94) suggère que le « vin nouveau » *(tîrôš)* mentionné dans *1QS* 6, 4-6 et *1QSa* 2, 17-20 concerne en réalité un jus de raisin non fermenté, distinct du *yayin*, vin ordinaire ; mais voir aussi les remarques de W. DOMMERSHAUSEN, « *yayin* », *TDOT* 6 (1990), pp. 59-64, spéc. pp. 61, 64.

111. Voir VERMES et GOODMAN, *The Essenes According to the Classical Sources*, p. 11.

112. La réaction aurait été plus violente encore si, comme Mc 7, 14-23 l'affirme, Jésus (au moins en théorie) avait rejeté le caractère obligatoire de la distinction faite par la Loi fait entre les aliments purs et impurs. Il va sans dire, un tel défi sur un élément central de la Loi mosaïque aurait provoqué une opposition énergique, non seulement de la part des qumraniens mais de la part des Juifs fervents d'à peu près toutes les appartenances. Mais, comme nous le verrons, l'historicité du rejet des règles alimentaires par Jésus est mise en question par différents exégètes.

113. Voir Louis L. SNYDER, *The Blood and Iron Chancellor*, Princeton NJ, Van Nostrand, 1967, p. 1.

114. Pour une brève vue d'ensemble du problème voir VANDERKAM, *Calendars in the Dead Sea Scrolls ;* voir aussi Joseph M. BAUMGARTEN, *Studies in Qumran Law*, SJLA 24, Leyde, Brill, 1977, pp. 101-142 ; Shemaryahu TALMON, « The Calendar of the Covenanters of the Judean Desert » dans *The World of Qumran from Within*,

Jerusalem, Magnes, Leyde, Brill, 1989, pp. 147-185 ; STRUGNELL, « MMT : Second Thoughts », pp. 61-62 ; Johann MAIER, « Shîrê 'Olat hash-Shabbat. Some Observations on Their Calendric Implications and on Their Style » dans *The Madrid Qumran Congress*, STDJ 11, 2 vol., Julio Trebolle BARRERA et Luis Vegas MONTANER éd., Leyde, Brill, 1992, t. 2, pp. 543-560 ; Uwe GLESSMER, « The Otot-Texts (4Q319) and the Problem of Intercalations in the Context of the 364-Day Calendar » dans *Qumranstudien* (Schriften des Institutum Judaicum Delitzschianum 4, Heinz-Josef FABRY, Armin LANGE et Hermann LICHTENBERGER éd., Göttingen, Vandenhoeck & Ruprecht, 1996, pp. 124-164.

115. Même si, au Dernier repas, Jésus a anticipé de propos délibéré d'un jour le repas pascal officiel, ou s'il a du moins donné des accents de repas pascal au Dernier repas, cette action a sans doute été occasionnée par la situation spéciale de Jésus prévoyant qu'il ne pourrait pas célébrer le repas pascal régulier (à cause de la menace imminente de son arrestation et de sa mort). Cela n'avait sans doute rien à voir avec l'observance par lui du calendrier particulier de Qumrān ni avec d'autres conceptions particulières concernant le calendrier. Sur la chronologie des derniers jours de Jésus voir *Un certain Juif, Jésus*, t. 1, pp. 239-253.

116. Pour une discussion sur la nature et l'origine du dualisme de Qumrān et une large bibliographie sur le sujet voir Bernt BESCH, *Der Dualismus in den Kernschriften von Qumran*, Rome, Université Saint Thomas d'Aquin, 1996 ; voir aussi Jörg FREY, « Different Patterns of Dualistic Thought in the Qumran Library » dans *Legal Texts and Legal Issues*, STDJ 23, Moshe BERNSTEIN, Florentino GARCÍA MARTÍNEZ et John KAMPEN, Leyde, Brill, 1997, pp. 275-335.

117. On se rappellera que quiconque croit en un Dieu transcendant distinct du monde qu'il a créé soutient nécessairement une certaine forme de dualisme ; la question qui se pose est, dans chaque cas, de savoir l'importance et la forme précises qu'on lui donne.

118. On trouvera une brève vue d'ensemble dans VERMES, *The Dead Sea Scrolls. Qumran in Perspective*, pp. 86-115 et aussi Nathan JASTRAM, « Hierarchy at Qumran » dans *Legal Texts and Legal Issues*, STDJ 23, Moshe BERNSTEIN, Florentino GARCÍA MARTÍNEZ et John KAMPEN éd., Leyde, Brill, 1997, pp. 349-376.

119. Peut-être nous faut-il considérer comme un symbole de cette différence le contraste entre, d'une part, le fait que la *Règle de la congrégation* souligne que les membres de la communauté qui participent au banquet messianique doivent s'asseoir « chacun selon sa dignité » (*1QSa* 2, 11-21) et, d'autre part, le fait que Jésus insiste pour que vous preniez volontairement la dernière place et laissiez l'hôte (Dieu au banquet eschatologique ?) vous inviter à « monter plus haut » (Lc 14, 10). Cependant, je donne ce contraste seulement comme un symbole de la différence d'esprit entre les deux mouvements ; en effet, dans son contexte historique primitif, la recommandation de Lc 14, 10 était probablement un morceau de prudente sagesse profane sur la conduite correcte à tenir lors d'un banquet ordinaire. C'est plutôt la rédaction de Luc (Lc 14, 7. 11) qui lui donne une portée eschatologique ; voir FITZMYER, *The Gospel According to Luke*, t. 2, pp. 1043-1048. MARSHALL (*Luke*, pp. 581-583) ignore la distinction entre tradition de Jésus et rédaction lucanienne.

120. Voir par ex. Bengt HOLMBERG, *Paul and Power*, Philadelphie, Fortress, 1978, pp. 161-192 ; IDEM, *Sociology and the New Testament*, Minneapolis, Fortress, 1990 ; voir aussi Abraham J. MALHERBE, *Social Aspects of Early Christianity*, Baton Rouge/Londres, Louisiana State University, 1977 ; Gerd THEISSEN, *Sociology of Early Palestinian Christianity*, Philadelphie, Fortress, 1978 [*Le christianisme de Jésus. Ses origines sociales en Palestine*, Paris, Desclée, 1978] ; IDEM, *The Social Setting of*

Pauline Christianity [Histoire sociale du christianisme primitif] ; Howard Clark KEE, *Christian Origins in Sociological Perspective*, Philadelphie, Westminster, 1980 ; Richard A. HORSLEY, *Sociology and the Jesus Movement*, New York, Crossroad, 1989.

121. Sur l'alliance à Qumrān voir VERMES, *The Dead Sea Scrolls. Qumran in Perspective*, pp. 163-169 ; Raymond F. COLLINS, « The Berith-Notion of the Cairo Damascus Covenant and Its Comparison with the New Testament », *ETL* 39 (1963), pp. 555-594 ; Shemaryahu TALMON, « The Community of the Renewed Covenant : Between Judaism and Christianity » dans *The Community of the Renewed Covenant*, Eugene ULRICH et James VANDERKAM éd., Christianity and Judaism in Antiquity 10, Notre Dame IN, University of Notre Dame, 1994, pp. 3-24.

122. Sur l'alliance dans les paroles eucharistiques du Dernier repas voir John P. MEIER, « The Eucharist at the Last Supper : Did It Happen ? », *TD* 42 (1995), pp. 335-351 ; je considère que le mot « nouvelle » dans l'expression « la nouvelle alliance dans mon sang » dans Lc 22, 20 (cf. 1 Co 11, 25) est une amplification et une interprétation chrétiennes des paroles de Jésus.

123. *Un certain Juif, Jésus*, t. 2, 383-764, 997-1252.

124. Sur ces deux textes voir *Un certain Juif, Jésus*, t. 2, pp. 441-442.

125. En effet, Armin LANGE (« The Essene Position on Magic and Divination » dans *Legal Texts and Legal Issues*, STDJ 23, Moshe BERNSTEIN, Florentino GARCÍA MARTÍNEZ et John KAMPEN éd., Leyde, Brill, 1997, pp. 377-435) pense que, dans l'histoire de la guérison du pharaon par Abraham dans l'*Apocryphe de la Genèse*, la prière « est le véritable moyen de l'exorcisme... l'imposition des mains n'est qu'un rite d'accompagnement » (p. 383).

126. Pour les remarques qui suivent, je me réfère à la vue d'ensemble de LANGE (« The Essene Position », pp. 377-435) à propos de l'attitude de Qumrān envers la magie et la divination.

127. Voir les récits concernant les prophètes esséniens : Judas (*G. J.* 1.3.5 §§ 78-80 // *Ant.* 13.11.2 §§ 311-313), Simon (*G. J.* 2.7.3 §§ 111-113 // *Ant.* 17.13.3 §§ 345-348) et Manaème (*Ant.* 15.10.5 §§ 373-378). Il est intéressant de noter que trois de ces esséniens sont décrits comme déployant leur action à Jérusalem et, en particulier, dans les cercles royaux. Peu importe qui furent ces esséniens, ils semblent avoir été fort différents des scribes reclus de Qumrān. Voilà qui nous rappelle une fois de plus que le mouvement essénien ne se réduisait pas à sa manifestation à Qumrān ; dans certains cas, il différait très notablement de Qumrān à la fois dans la théorie et dans la pratique.

128. On trouvera une orientation générale et des bibliographies détaillées dans James Alan MONTGOMERY, *The Samaritans. The Earliest Jewish Sect*, New York, Ktav, 1968, première édition 1907 ; Moses GASTER, *The Samaritans. Their History, Doctrines, and Literature*, The Schweich Lectures, Londres, The British Academy, 1925, réimpression : Munich, Kraus, 1980 ; David DAUBE, « Jesus and the Samaritan Woman : The Meaning of *sygchraomai », JBL* 69 (1950), pp. 137-147 ; Abram SPIRO, « Samaritans, Tobiads, and Judahites in Pseudo-Philo », *PAAJR* 20, pp. 279-355 ; IDEM, « Steven's Samaritan Background » dans Johannes MUNCK, *The Acts of the Apostles*, AB 31, Garden City NY, Doubleday, 1967, pp. 285-300 ; John MACDONALD, *The Theology of the Samaritans*, NT Library, Londres, SCM, 1964 ; G. Ernest WRIGHT, *Shechem. The Biography of a Biblical City*, New York/Toronto, McGraw-Hill, 1964 ; J. D. PURVIS, *The Samaritan Pentateuch and the Origin of the Samaritan Sect*, HSM 2, Cambridge MA, Harvard University, 1968 ; IDEM, « The Samaritans and Judaism » dans *Early Judaism and Its Modern Interpreters*, Robert A. KRAFT et George W. E. NICKELSBURG éd., Atlanta, Scholars Press, 1986, pp. 81-98 ; IDEM, « The Fourth

Gospel and the Samaritans », *NovT* 17 (1975), pp. 161-198 ; Hans G. KIPPENBERG, *Garizim und Synagoge*, Religionsgeschichtliche Versuche und Vorarbeiten 30, Berlin, de Gruyter, 1971 ; John BOWMAN, *The Samaritan Problem. Studies in the Relationships of Samaritanism, Judaism, and Early Christianity*, Pittsburgh Theological Monograph Series 4, Pittsburgh, Pickwick, 1975 ; R J. COGGINS, *Samaritans and Jews. The Origins of Samaritanism Reconsidered*, Growing Points in Theology, Atlanta, John Knox, 1975 ; IDEM, « The Samaritans and Acts », *NTS* 28 (1982), pp. 423-434 ; IDEM, « The Samaritans in Josephus », dans *Josephus, Judaism, and Christianity*, Louis H. FELDMAN et Gohei HATA éd., Detroit, Wayne State University, 1987, pp. 257-273 ; IDEM, « Issues in Samaritanism », dans *Judaism in Late Antiquity. Part Three. Where We Stand : Issues and Debates in Ancient Judaism. Volume One*, Handbook of Oriental Studies, Part One : The Near and Middle East 40, Jacob NEUSNER et Alan J. Avery-PECK éd., Leyde, Brill, 1999, pp. 63-77 ; Mathias DELCOR, « Vom Sichern der hellenistischen Epoche zum Sychar des Neuen Testamentes » dans *Religion d'Israël et Proche Orient Ancien*, Leyde, Brill, 1976, pp. 389-403 ; Rita EGGER, *Josephus Flavius und die Samaritaner*, Novum Testamentum et Orbis Antiquus 4, Fribourg en Br., Universitätsverlag, et Göttingen, Vandenhoeck & Ruprecht, 1986 ; Nathan SCHUR, *History of the Samaritans*, Beiträge zur Erforschung des Alten Testaments und des Antiken Judentums 18, Francfort, Peter Lang, 1989 ; Iain Ruairidh Mac Mhanainn BÓID, *Principles of Samaritan Halachah*, SJLA 38, Leyde, Brill, 1989 ; Menachem MOR, « I. Samaritan History. 1. The Persian, Hellenistic and Hasmonaean Period » dans *The Samaritans* (Alan David CROWN éd., Tübingen, Mohr (Siebeck), 1989, pp. 1-18 ; Léon POLIAKOV, *Les Samaritains*, Paris, Éditions du Seuil, 1991 ; Robert T. ANDERSON, « Samaritans » dans *Anchor Bible Dictionary*, t. 5, pp. 94-947 ; Alan David CROWN, *A Bibliography of the Samaritans*, ATLA Bibliography Series 32, 2e éd., Metuchen NJ/Londres, American Theological Library Association/Scarecrow, 1993 ; Alan David CROWN, Reinhard PUMMER, et Abraham TAL éd., *A Companion to Samaritan Studies*, Tübingen, Mohr (Siebeck), 1993 ; Jean-Daniel MACCHI, *Les Samaritains : Histoire d'une légende*, Le Monde de la Bible 30, Genève, Labor et Fides, 1994 ; M. BÖHM, *Samarien und die Samaritai bei Lukas*, WUNT 2/111, Tübingen, Mohr (Siebeck), 1999 ; Ingrid HJELM, *The Samaritans and Early Judaism : A Literary Analysis*, JSOTSup 303, Sheffield, JSOT, 2000.

129. En effet, comme on peut le voir de ce qui suit, il est extrêmement difficile de tenir les trois perspectives tout à fait séparément.

130. Voir Peter RICHARDSON, *Herod King of the Jews and Friend of the Romans*, Minneapolis, Fortress, 1996, 1999, pp. 77-79. La terminologie peut ici porter à confusion, car, originairement, dans les écrits de l'Ancien Testament (avec éventuellement quelques rares exceptions) c'est la *ville* et non pas la *région* qui fut appelée Samarie. Dans l'Ancien Testament l'ensemble de la région est mentionné par des noms comme Éphraïm ou Israël ; les exégètes parlent du royaume de l'Israël du Nord. Après la destruction de la ville par les Assyriens, le nom de Samarie peut désigner toute la province assyrienne. Puis, après la reconstruction de la capitale par Hérode qui lui donna le nom de Sébaste, le nom de Samarie n'était plus employé pour la ville mais uniquement pour la région ; c'est l'usage habituel du Nouveau Testament (mais voir le problème de critique textuelle dans Ac 8, 5). Sur tout cela voir James D. PURVIS, « Samaria » dans *Anchor Bible Dictionary*, t. 5, pp. 914-921.

131. Sur ce point voir COGGINS, *Samaritans and Jews*, p. 9 ; IDEM, « Issues in Samaritanism, pp. 6-7. SCHUR (*History of the Samaritans*, pp. 14-19) insiste, à propos des Samaritains, sur le caractère national et la géographie.

132. RICHARDSON, *Herod*, p. 139.

133. La tendance classique des exégètes à lire dans Josèphe une hostilité aux Samaritains apparaît dans COGGINS, *Samaritans and Jews*, pp. 10 et 93-99 ; IDEM, « The Samaritans in Josephus », pp. 270-271. S'inscrit contre l'idée d'une hostilité de Josèphe à l'égard des Samaritains EGGER, *Josephus Flavius*, pp. 310-314. Pour elle, Josèphe manifeste en général une véritable objectivité historique quand il traite des Samaritains, compris comme étant le groupe religieux centré autour du mont Garizim. Elle a raison de souligner qu'il est important de distinguer entre ce que nous appelons « Samaritains » au sens géographique (tous les habitants de la Samarie) et « Samaritains » au sens religieux. Mais elle suggère aussi que Josèphe était clair et cohérent quand, dans l'esquisse originale de son œuvre, il employait des termes comme *Samareis, Samareitai, Chuthaioi* et que ce furent ses collaborateurs hellénophones qui introduisirent la confusion dans sa terminologie ; c'est là une vue hautement spéculative.

134. Sur cette question voir MACDONALD (*The Theology of the Samaritans*, p. 17) qui s'appuie sur le récit de l'écrit samaritain connu sous le nom de *Chroniques II.*

135. À cet endroit le grec traduit l'hébreu de 2 R 17 par *Samaritai*, d'où la traduction courante « Samaritains ». I. W. SLOTKI (*Kings*, Soncino Bible, Londres, Soncino, 1950, p. 268) résume bien le sens du texte hébreu original quand il dit que *haššōmĕrōnîm* désigne « les Israélites qui avaient précédemment habité le district. Les nouveaux colons ont utilisé les lieux de culte érigés par ceux qui habitaient là auparavant ». Il est intéressant de noter que les Samaritains eux-mêmes font dériver leur nom non pas de la région de Samarie (dérivé du nom de la capitale Samarie *[šōmĕrôn]*), mais plutôt de *šāmĕrîm* [leur forme de l'hébreu biblique *šōmĕrîm*], « gardiens [de la Loi] ». C'est l'usage habituel de *Chroniques II.* Sur ce point voir COGGINS (*Samaritans and Jews*, pp. 10-11), qui discute aussi la supposée référence aux Samaritains dans 2 Ch 13, 11.

136. Voir l'étude exhaustive du passage dans MACCHI, *Les Samaritains*, pp. 47-72 et aussi dans COGGINS, *Samaritans and Jews*, pp. 13-19. Différents commentateurs relèvent des stades de tradition et de rédaction divers, mais presque tous s'accordent sur le fait que l'histoire de la tradition de ce chapitre est compliquée et comporte des étapes multiples. John GRAY (*I & II Kings*, OTL, Philadelphie, Westminster, 1963, pp. 579-598), par exemple, discerne une relation primitive, prise peut-être des annales d'Israël, rédigée et augmentée par un certain nombre de mains plus tardives, y compris celle du rédacteur deutéronomiste et peut-être d'un historien prêtre du sanctuaire de Béthel. On trouvera un commentaire bref et juste du sens général du passage dans J. ROBINSON, *The Second Book of Kings*, Cambridge Bible Commentary ; Cambridge UK, Cambridge University, 1976, pp. 160-163 ; Terence E. FRETHEIM, *First and Second Kings*, Westminster Bible Companion, Louisville, Westminster/John Knox, 1999, pp. 193-194.

137. Comme on l'a noté ci-dessus, EGGER *(Josephus Flavius)* est parmi le petit nombre d'auteurs qui ne partagent pas ce consensus sur l'attitude hostile de Josèphe à l'égard des Samaritains compris comme groupe religieux.

138. Sur la situation après la destruction de la capitale de la Samarie voir MACCHI, *Les Samaritains*, pp. 120-133 et 173-174 ; SCHUR, *History of the Samaritans*, p. 26.

139. Notre focalisation sur les relations de Jésus avec les Samaritains nous dispense heureusement de plonger dans le problème compliqué de l'ordre chronologique et de la datation précise de l'activité de Néhémie et Esdras.

140. Sur cela voir MACCHI, *Les Samaritains*, pp. 34-35 ; également BOWMAN, *The Samaritan Problem*, p. 4. On ne peut souligner assez la nécessité de distinguer des Samaritains (postérieurs) au sens religieux certaines figures politiques, spécialement des fonctionnaires impériaux dans la province de Samarie et Ammon comme Sânballat et Tobiya (voir par ex. Ne 2, 10. 19 ; 6, 1-2 ; 13, 4-9. 28). C'est seulement lorsque nous en arrivons à Josèphe que la lutte politique sur la reconstruction de Jérusalem est réinterprétée en termes de conflit avec Sichem et, par conséquent, avec les Samaritains. Ce point est bien pris en compte par MACDONALD, *Theology of the Samaritans*, p. 24 ; SCHUR, *History of the Samaritans*, pp. 31-32.

141. COGGINS, « Issues in Samaritanism », p. 66.

142. *Ant.* 11.7.1-7 §§ 297-347. On trouve aussi une version déformée de l'histoire dans le *scholion* post-talmudique au texte araméen *Megillat Ta'anit* du Ier siècle de notre ère (voir également la variante dans *b. Yoma* 69a). Une traduction du *scholion* en même temps qu'une discussion des anachronismes qu'il contient est donnée dans l'appendice C du tome 6 de l'édition LCL de JOSÈPHE (Ralph MARCUS éd.) pp. 517-519. La prolifération de légendes sur Alexandre le Grand dans les littératures païenne et juive a de quoi rendre méfiant devant le récit de Josèphe sur les relations entre Alexandre, les Samaritains et les Juifs, y compris le récit de l'apostasie du prêtre juif Manassé, passé aux Samaritains, et la permission donnée par Alexandre de construire un temple samaritain.

143. Voir COGGINS, *Samaritans and Jews*, pp. 95-97. La seule parcelle de vérité concerne sans doute les origines du temple samaritain à l'époque du passage de l'ère perse à l'ère hellénistique. SCHUR (*History of the Samaritans*, pp. 95-97) est plus disposé que je ne le serais à accepter la relation de Josèphe sur les événements du temps d'Alexandre.

144. Voir WRIGHT, *Shechem*, pp. 172-180 ; COGGINS, *Samaritans and Jews*, pp. 106-109. Coggins tient pour discutable que la découverte de squelettes, de papyrus samaritains et de poterie du type Sichem dans la grotte du Wadi Daliyeh soit éventuellement à mettre en rapport avec la destruction de Samarie et la supposée fuite vers Sichem. Peut-être la donnée archéologique la plus significative est-elle le simple fait de la réoccupation de Sichem dans la dernière partie du IVe siècle av. JC et de la continuité de cette occupation jusque dans la dernière partie du IIe siècle av. JC. Les dates cadrent bien respectivement avec l'activité d'Alexandre le Grand et celle du roi hasmonéen Jean Hyrcan.

145. SPIRO, « Samaritans », p. 312 (suite de la n. 67 de la p. 311) ; Bo REICKE, *Neutestamentliche Zeitgeschichte*, 3e éd. Berlin/New York, de Gruyter, 1982, pp. 24-29.

146. Ainsi par ex. WRIGHT, *Shechem*, p. 178 ; semblablement KIPPENBERG, *Garizim und Synagoge*, p. 57.

147. On affirme parfois que l'existence même d'un temple sur le mont Garizim serait l'indication d'une rupture définitive, irrévocable, déjà accomplie entre Samaritains et Juifs. Or un temple édifié par des colons juifs existait en Égypte à Éléphantine au VIe ou au Ve siècle av. JC, et un autre temple juif en Égypte à Léontopolis du milieu du IIe siècle av. JC jusqu'à environ 71 de notre ère. Ni l'un ni l'autre de ces temples ne semble avoir provoqué une rupture irrévocable entre les Juifs d'Égypte qui y pratiquaient le culte et les autorités juives de Jérusalem. Certes, cela est vrai – et nous rappelle que la loi du Deutéronome sur le Temple unique du culte de Yahvé n'a sans doute pas été comprise et appliquée aussi strictement que les exégètes l'ont imaginé jadis ; mais il faut noter également, dans le cas du temple du mont Garizim, deux différences qui font difficulté : (1) ce temple existait à l'intérieur de la Terre promise d'Israël et non pas dans la diaspora ; par conséquent, d'un point de vue pratique, il pouvait fonctionner comme un lieu de pèlerinage rival pour le peuple qui vivait en Israël. (2) Les Samaritains tout comme les Juifs en sont venus à comprendre le temple du mont Garizim comme un concurrent de celui de Jérusalem ; cela semble avoir été l'intention des ajouts apportés par les Samaritains au décalogue (après Ex 20, 17 et Dt 5, 18), qui comportent l'injonction de construire un autel pour les sacrifices sur le mont Garizim. Dans Dt 27, 4 (une version du texte que certains exégètes tiennent pour antérieure au texte massorétique), la version samaritaine du Pentateuque présente aussi Moïse donnant l'ordre de construire un autel sur le mont Garizim. Ainsi on en est venu à affirmer le mont Garizim comme l'unique sanctuaire légitime de Yahvé et à rejeter la prétention du mont Sion. Pour autant que nous sachions, on n'a jamais émis une prétention de ce genre pour les sanctuaires d'Éléphantine ou de Léontopolis. En tout cas, les histoires quelque peu embrouillées sur des disputes entre Juifs et Samaritains en Égypte (*Ant.* 12.1.1. § 10 ; 13.3.4 §§ 74-79, peut-être un doublet) pourraient indiquer que, au IIe siècle avant notre ère, des conflits entre Juifs et Samaritains s'étaient répandus aussi dans la diaspora et qu'ils étaient focalisés sur la question de savoir si le vrai sanctuaire était Jérusalem ou le Garizim.

148. Sur ce texte voir SKEHAN et DI LELLA, *Ben Sira*, p. 558 ; peut-être, comme le dit COGGINS (« Issues in Samaritanism », p. 68), prennent-ils trop d'éléments du récit standard de l'Ancien Testament comme étant uniment de l'histoire.

149. Au lieu de « ceux qui habitent la montagne de Séïr », la traduction grecque donne « ceux qui habitent la montagne de Samarie ». Presque tous les critiques récents admettent que l'hébreu est la forme originelle ; voir COGGINS, « Samaritanism », p. 73.

150. Parfois, Josèphe appelle aussi les Samaritains « Sichémites » (voir par ex. *Ant.* 11.8.6-7 §§ 340-347). COGGINS (*Samaritans and Jews*, p. 10) suggère que Josèphe emploie intentionnellement *Samaritai* pour la communauté de Sichem « pour faire sous-entendre une association méprisante avec la ville de Samarie alors paganisée... » Josèphe comme la Mishna emploient plus fréquemment la désignation « Kouthéens », un emploi qui montre encore plus clairement que celui de *Samaritai* que l'on associait maintenant la relation de 2 Rois 17 avec la ville de Sichem en termes polémiques. [Les gens de Kouth sont mentionnés dans 2 R 17, 24 – NdT.]

151. Le texte grec de 2 M 6, 2 n'est pas tout à fait clair. L'expression clé concernant les habitants de Sichem est *kathōs etygchanon hoi ton topon oikountes*. La *NAB* retient le sens « comme le demandaient les habitants », tandis que la *NRSV* traduit « comme faisaient les gens qui habitaient à cet endroit », et la *NEB* « conformément à la pratique des habitants du lieu ». La *BJ* propose « comme le demandaient les habitants du lieu » ; mais, dans une note sur ce verset, on y explique que la traduction a été retenue d'après le récit de Josèphe, alors que le texte grec de 2 M 6, 2 pourrait simplement signifier : « Les Samaritains étant eux-mêmes hospitaliers choisissent cette épithète. » Il ne me semble pas judicieux de transposer l'interprétation hostile des événements donnée par Josèphe dans la traduction de 2 M 6, 2, un texte reconnu obscur. En effet, vouloir donner une interprétation est à ce point difficile que GOLDSTEIN (*II Maccabees*, pp. 268 et 273) laisse intentionnellement un blanc dans sa traduction (« conformément à ... des habitants du lieu »). Il suggère que l'on pourrait compléter l'idée contenue dans le verbe *etygchanon* soit par « conformément à la pratique » soit par « conformément à son nom ». À son avis, prendre le texte au sens de : les habitants « obtinrent » ou « obtinrent à la suite de leur requête » est chose possible mais guère vraisemblable, le verbe étant à l'imparfait. En tout cas, dans 2 M 6, 2 les habitants du mont Garizim n'ont pas pris l'initiative de la façon décrite dans la relation de Josèphe. [*TOB* : « comme le demandaient les habitants du lieu » ; *Osty* : « conformément au caractère des habitants de l'endroit » ; *Bayard* : « comme le voulaient ceux qui habitaient là » – NdT.]

152. Les exégètes discutent toujours des dates exactes de ces événements ; certains suggèrent que la destruction du temple de Samarie et celle de Sichem eurent lieu l'une et l'autre vers 107 av. JC ; ainsi D. S. RUSSELL, *The Jews from Alexander to Herod*, The New Clarendon Bible, OT, t. 5, Londres, Oxford University, 1967, p. 63. WRIGHT

(*Shechem*, pp. 183-184) préfère distinguer les deux événements. En tout cas, pour l'essentiel, les faits mêmes ne sont pas discutés.

153. Définir qui était un Juif dans le monde antique est une question extrêmement compliquée ; sur l'ensemble de cette question voir les différents essais de Shaye J. D. COHEN dans son recueil *The Beginnings of Jewishness*, Berkeley CA, University of California, 1999.

154. COGGINS (*Samaritans and Jews*, pp. 5-6) met fort justement en garde de prendre le récit des Chroniques et d'Esdras-Néhémie tout uniment comme de l'histoire objective. C'est plutôt de l'histoire idéalisée, de l'histoire sainte qui cherche à légitimer comme étant l'Israël véritable les Juifs qui ont été en exil et sont revenus à Jérusalem.

155. Sur toute cette question voir PURVIS, « The Samaritans and Judaism », pp. 90-95. Si je suis d'accord pour l'essentiel avec les remarques de Purvis, je discute son idée qu'il faudrait considérer les Samaritains comme une partie du judaïsme « au sens large ». Sur ce point, cependant, l'argumentation relève davantage de la sémantique que du contenu.

156. Par conséquent je trouve inapproprié de parler des Samaritains comme étant la première ou de la plus ancienne secte juive ainsi que le font des exégètes tels Montgomery ou Gaster. Une meilleure formulation est celle de MACCHI, *Les Samaritains*, p. 43 : « Les Samaritains ne doivent donc pas être considérés comme une secte juive mais plutôt comme une autre branche de la religion de Yahweh, centrée autour d'un lieu saint différent de Jérusalem. »

157. Sur le caractère inapproprié du terme de « schisme » voir COGGINS, *Samaritans and Jews*, pp. 162-165. Cependant, par moments, Coggins mentionne les Samaritains comme faisant partie « du complexe plus large qui constitue le judaïsme du dernier siècle préchrétien » (p. 163). Pour les raisons que j'ai données plus haut, je pense qu'« Israël » serait un terme général meilleur que judaïsme. Il est intéressant de noter qu'ailleurs Coggins est plus nuancé : voir par ex. « Issues in Samaritanism », pp. 75-76 : « Tout comme il est à l'évidence faux de considérer les Samaritains comme des païens *tout court*, il [est] également impossible de les traiter comme des juifs *tout court*... Acculés à se définir eux-mêmes, ils auraient employé le nom 'Israélites' plutôt que 'Samaritains'. » On a souvent relevé les ressemblances entre Samaritains et qumraniens (dans une moindre mesure avec les sadducéens) ; voir par ex. ANDERSON, « Samaritans », p. 942 ; BOWMAN, *Samaritan Problem*, pp. 91-118. Mais des traditions ou tendances communes plutôt qu'une dépendance directe d'un groupe par rapport à l'autre semblent la meilleure explication.

158. Voir l'affirmation dépréciative de JOSÈPHE sur l'attitude fluctuante des Samaritains à l'égard des Juifs : parfois ils se disent eux-mêmes leurs parents ; parfois ils prétendent être une autre race (*Ant.* 9.14.3 § 291). Les Juifs ont pu partager eux aussi cette attitude oscillante jusque dans l'ère chrétienne.

159. Noter, par ex., la focalisation de PURVIS, « The Fourth Gospel and the Samaritans », pp. 162 et 191.

160. Il faut noter que, souvent, les ouvrages qui donnent des aperçus sur l'histoire ou la théologie samaritaines n'étudient pas les textes du Nouveau Testament de façon critique ; voir par ex. SCHUR, *History of the Samaritans*, pp. 80-82.

161. Pour la bibliographie sur les discours missionnaires et la question de leurs sources on se reportera à l'étude de la mission des Douze au chapitre XXVI de ce volume. Voir en particulier LAUFEN, *Die Doppelüberlieferungen*, pp. 201-301 ; HAHN, *Mission*, pp. 41-42 ; FITZMYER, *The Gospel According to Luke*, t. 1, p. 751 ; URO, *Sheep among the Wolves*, p. 101 n. 17.

162. Sur cette question voir Stephenson H. BROOKS, *Matthew's Community. The Evidence of His Special Sayings Material*, JSNTSup 16 ; Sheffield, JSOT, 1987, pp. 49-50.

163. Voir mon analyse dans *Un certain Juif, Jésus*, t. 2, pp. 491-494.

164. Les tentatives de certains exégètes (voir par ex. BOWMAN, *Samaritan Problem*, pp. 74-89) qui veulent voir beaucoup de points de contact entre Luc – Actes et les Samaritains me semblent forcées.

165. *Un certain Juif, Jésus*, t. 2, pp. 524-529. Cependant il n'est pas tout à fait clair s'il faut comprendre que la mission de Philippe en Samarie inclut les Samaritains au sens religieux. La réponse dépend en partie de la façon dont nous lisons Ac 8, 5 : Philippe, l'un des chefs des hellénistes (voir Ac 6, 5), est-il descendu dans *une* ville de Samarie ou dans *la* ville de Samarie ? Les manuscrits grecs diffèrent sur ce point. Quelques-uns (par ex. papyrus 74, A et B) comportent l'article défini tandis que d'autres (par ex. C, D, et la tradition byzantine) l'omettent. Si nous lisons « la ville de Samarie », ce n'est pas à des Samaritains en particulier que s'adresse la mission de Philippe, étant donné que la ville de Samarie (reconstruite au Ier siècle avant notre ère par Hérode le Grand sous le nom de Sébaste) se trouvait largement paganisée. Si, au contraire, nous lisons « une ville de Samarie », il est vraisemblable – spécialement à la lumière de 8, 25 – qu'on veut dire les Samaritains. La quatrième édition (1993) de l'*UBSGNT* reflète l'incertitude des témoins manuscrits en plaçant l'article défini entre parenthèses dans le texte principal et en cotant cette leçon de la note « C ». Ce qui indique que le comité éditorial penche pour l'opinion que l'article « peut être considéré comme faisant partie du texte, mais que... dans l'état actuel de la critique textuelle du Nouveau Testament on ne peut le dire avec certitude » (p. 2*). Dans la seconde édition de son *Textual Commentary*, METZGER dit (p. 311) que les témoins externes sont en faveur de l'inclusion de l'article, tandis que des considérations internes plaident en faveur de son absence. Metzger suggère de traduire la leçon avec l'article défini par « la ville [principale] de la Samarie », ce que l'on peut interpréter soit comme Sébaste (la capitale paganisée) soit comme Naplouse/Sichem (le centre de la religion samaritaine). Mais de quel droit pouvons-nous interpoler « principale » dans le texte ? En tout cas, des Samaritains sont certainement mentionnés comme auditoire de la prédication missionnaire en 8, 25. Retournant à Jérusalem après avoir achevé l'œuvre commencée par Philippe, Pierre et Jean proclament l'évangile dans « beaucoup de villages des Samaritains ». Étant donné toutes les difficultés textuelles et conceptuelles, il n'est pas surprenant que les principaux commentaires soient partagés en traitant d'Ac 8, 5. HAENCHEN (*Apostelgeschichte*, p. 252) est en faveur de l'article mais signale l'opinion opposée. CONZELMANN (*Acts of the Apostles*, p. 62) pense que « Luc croit que la région de la Samarie n'a qu'une ville – la ville du même nom ». SCHNEIDER (*Apostelgeschichte*, t. 1, p. 487) soutient qu'il faut préférer le leçon avec l'article, mais il n'est pas clair si, pour Luc, la capitale de la Samarie est Sébaste ou Sichem. FITZMYER (*Acts of the Apostles*, p. 402) est davantage disposé à prendre sérieusement en considération la leçon sans l'article, ce qui est le choix déterminé de LAKE et CADBURY (*The Beginnings of Christianity. Part I : The Acts of the Apostles*, t. 4, p. 89). BARRETT (*Acts of the Apostles*, t. 1, pp. 402-403) propose une discussion circonstanciée de toutes les possibilités sans indiquer un choix ferme. Un problème, pas toujours abordé, est sous-jacent à tous ces arguments pour et contre : celui des notions confuses de Luc sur la géographie palestinienne, en particulier quand il est question de Samarie. Aurait-il été au courant de la différence de statut religieux entre *la ville (capitale) de la Samarie* et *les villages des Samaritains* dans la région de Samarie ? En d'autres termes, tout au long de cette étude nous avons eu du mal à distinguer conceptuellement entre les habitants de Samarie [la ville] et les Samaritains. Luc aurait-il, comme certains exégètes contemporains, identifié par inadvertance les deux groupes ?

166. En plus des commentaires classiques de Luc (par ex. FITZMYER, *The Gospel According to Luke*, t. 1, pp. 823-832 ; MARSHALL, *Luke*, pp. 400-408), voir Michi MIYOSHI, *Der Anfang des Reiseberichts. Lk 9,51-10,24*, AnBib 60, Rome, Institut biblique, 1974, spéc. pp. 6-32 ; Edgar MAYER, *Die Reiseerzählung des Lukas (Lk 9,51-19,10) : Entscheidung in der Wüste*, Europäische Hochschulschriften, Reihe 23, vol. 554, Francfort, Peter Lang, 1996, spéc. pp. 203-206.

167. Voir par ex. MIYOSHI, *Der Anfang*, pp. 6-16. La difficulté pour décider ce qui appartient à la forme prélucanienne du récit apparaît clairement dans l'oscillation de la critique de Dibelius. Tandis que, dans la 1re édition de sa *Formgeschichte*, il pense que le récit sous-jacent à Lc 9, 51-56 était une « légende biographique » sur Jacques et Jean, il change de position dans sa 3e édition (*Formgeschichte*, p. 44-45) pour décider que le récit primitif parlait à l'origine de disciples anonymes, qui furent plus tard identifiées avec Jacques et Jean, peut-être pour apporter une explication du nom « fils du tonnerre ». Helmut FLENDER (*St Luke Theologian of Redemptive History*, Philadelphie, Fortress, 1967, pp. 33-34) voit de la tradition lucanienne dans les versets 51b, 52b et 53ss. À dire vrai, si nous voulons aller au-delà de l'affirmation que, dans ces versets, Luc rédige probablement un récit plus ancien, nous sommes surtout dans le noir.

168. Les motifs lucaniens dominants de 9, 51-56 comprennent le thème de la montée comme but de la route de Jésus (qui *doit* passer par la mort et la résurrection dans la cité du destin, Jérusalem), le rejet du Seigneur par certains et néanmoins son accueil par d'autres, la nécessité pour les disciples de suivre le chemin du Seigneur (y compris l'expérience du rejet), le mandat qu'ils reçoivent du Seigneur de préparer sa voie, la miséricorde du Seigneur envers les pécheurs ignorants (qu'il cherche à sauver plutôt qu'à détruire) et des échos d'une christologie dans la ligne d'Élie. Miyoshi et Mayer placent tous deux cette péricope sans hésiter à l'intérieur du projet théologique et littéraire de Luc, dont elle reflète fidèlement les principaux thèmes et les principales structures. Comme allusions à l'Ancien Testament citons « l'enlèvement » de Hénoch et d'Élie, le thème des prophètes d'Israël rejetés et martyrs, et peut-être la prophétie sur l'envoi des messagers devant la face du Seigneur en Ml 3, 1.

169. Si le texte de Mc 10, 1 (cf. Mt 19, 1) est probablement imprécis (« ... dans le territoire de Judée [et] au-delà du Jourdain » – mais voir les variantes), l'intention générale semble être d'indiquer un itinéraire détourné vers Jérusalem en passant par la Pérée (cf. *peran tou Iordanou*) et la route qui traverse Jéricho (cf. Mc 10, 46). Un itinéraire direct nord-sud de Galilée à Jérusalem à travers la Samarie ne passerait pas par Jéricho proche du Jourdain ; pourtant c'est ainsi que Luc dessine la fin de la montée de Jésus à Jérusalem (voir Lc 18, 35 ; 19, 1. 28-29).

170. Voir MARSHALL, *Luke*, p. 404.

171. Gerhard SELLIN, « Lukas als Gleichniserzähler : Die Erzählung vom barmherzigen Samariter (Lk 10:25-37) », *ZNW* 65 (1974), pp. 166-189 ; *ZNW* 66 (1975), pp. 19-60.

172. En faveur d'une rédaction lucanienne d'une tradition plus ancienne voir MARSHALL, *Luke*, pp. 444-450 ; FITZMYER, *The Gospel According to Luke*, t. 2, pp. 882-890 (avec une plus ample bibliographie). Sur l'histoire de l'interprétation voir Werner MONSELEWSKI, *Der barmherzige Samariter*, BGBE 5, Tübingen, Mohr (Siebeck), 1967 ; Hans Gunther KLEMM, *Das Gleichnis vom barmherzigen Samariter. Grundzüge der Auslegung im 16/17 Jahrhundert*, BWANT 6/3, Stuttgart, Kohlhammer, 1973. Pour une prise en compte des paraboles sous différents angles historique, théologique et littéraire voir Joachim JEREMIAS, *Les paraboles de Jésus*, Livre de vie, Paris, Seuil, 1968, pp. 273-278 ; John Dominic CROSSAN, *In Parables*, San Francisco, Harper & Row, 1973, pp. 57-66 ; John DRURY, *The Parables in the Gospel*, New

York, Crossroad, 1985, pp. 132-135 ; John R. DONAHUE, *The Gospel in Parable*, Philadelphie, Fortress, 1988, pp. 128-134 ; Bernard Brandon SCOTT, *Hear Then the Parable*, Minneapolis, Fortress, 1989, pp. 189-202. On trouvera une série d'essais qui abordent cette parabole dans une approche structuraliste dans John Dominic CROSSAN éd., *The Good Samaritan*, Semeia 2, Missoula MT, Scholars Press, 1974. Sur les problèmes herméneutiques plus larges voir Sandra Wackman PERPICH, A *Hermeneutic Critique of Structuralist Exegesis, with Specific Reference to Lk 10.29-37*, Lanham MD, University Press of America, 1984 ; Llewellyn Welile MAZAMISA, *Beatific Comradeship. An Exegetical-Hermeneutical Study on Lk 10:25-37*, Kampen, Kok, 1987 ; James I. H. MCDONALD, « The View from the Ditch – and Other Angles », *SJT* 49 (1996), pp. 21-37. Beaucoup de commentateurs sont d'accord avec l'approche générale de Fitzmyer : le cœur de la parabole vient de la tradition ; Luc l'a encadré par une question en introduction (v. 29b) et un commandement en finale (v. 37b). Il me semble significatif que la parabole (ou le récit-exemple) dépende, pour avoir son plein impact, de toutes sortes de détails de la vie juive-palestinienne qui sont présupposés plutôt qu'expliqués ; c'est sans doute là un argument en faveur d'une tradition prélucanienne.

173. Toute l'argumentation du *Jesus Seminar* en faveur de l'attribution de la parabole à Jésus tient en ceci : cette histoire « redessine la carte du monde social et du monde religieux » et représente de ce fait un excellent exemple du « discours public provocateur de Jésus » ; voir Robert W. FUNK, Roy W. HOOVER et al., *The Five Gospels*, New York, Macmillan, 1993, p. 324. Apparemment aucun chrétien des premiers temps, quoique engagé à démolir les murs sacrés qui séparaient Juifs, Samaritains et païens, n'aurait jamais songé à employer un tel discours provocant pour redessiner les cartes sociale et religieuse. Et pourquoi donc ? On ne l'explique nulle part.

174. Il faut noter que le mot hébreu employé dans le commandement de l'amour de Lv 19, 18 est *rēăkâ* (« proche », « compagnon », « ami »), non pas l'adjectif *qārôb* (employé comme substantif : « celui qui est proche de toi » – qui peut signifier « parent »). La traduction classique « prochain » reflète LXX Lv 19, 18 *(ton plēsion)*] ; employé comme adverbe *plēsion* signifie « près », « proche de », employé comme substantif le sens est « prochain », sens habituel dans le Nouveau Testament. [Nous avons retenu ici le terme « prochain », habituel dans les bibles en français ; l'anglais *neighbor* tout comme le grec *plēsios* connote davantage que le français l'idée de « voisin » – NdT.]

175. Cela épuise les références explicites aux Samaritains dans l'évangile de Luc. Certains voudraient voir dans Lc 13, 1 (« les Galiléens dont Pilate avait mêlé le sang à celui de leurs sacrifices ») une référence confuse à l'assaut de Pilate contre un rassemblement de Samaritains au mont Garizim et à leur massacre (*Ant.* 18.4.1 §§ 86-87). Mais c'est une interprétation hautement spéculative et on ne peut rien en tirer qui soit utile pour notre recherche particulière. Sur la question des arrière-plans possibles pour 13, 1 voir FITZMYER, *The Gospel According to Luke*, t. 2, pp. 1006-1007.

176. Noter par ex. les thèmes suivants : l'eau, l'Esprit, manger et boire, Jésus comme dépassement des institutions religieuses traditionnelles, eschatologie réalisée, les disciples qui ne comprennent pas, enfin les dimensions finalement cosmiques de l'œuvre que Jésus doit conduire à son accomplissement. BARRETT (*The Gospel According to St John*, p. 191) souligne que l'évangéliste a écrit cette histoire comme un tout et qu'il est, dès lors, impossible « d'isoler un noyau préjohannique du récit ». Même BROWN (*The Gospel According to John*, t. 1, pp. 175-176), tout en défendant un substrat de matériau traditionnel, reconnaît que l'évangéliste lui a donné la forme « d'un superbe scénario théologique ». Pour une analyse sémiotique de tout le récit voir Hendrikus BOERS, *Neither on This Mountain Nor in Jerusalem. A Study of John 4*, SBLMS 35, Atlanta, Scholars Press, 1988) ; on pourra y trouver une bibliographie sur

Jean 4 aux pages 201-207. Pour une bibliographie générale sur le passage voir HAENCHEN, *John 1*, pp. 213-216.

177. Voir Oscar CULLMANN, *Le milieu johannique*, Neuchâtel, Delachaux et Niestlé, 1976, pp. 73-77.

178. On traduit souvent Jn 4, 9 d'une manière plus générale par « les Juifs n'ont pas de relations avec les Samaritains » *(RSV)* ou quelque chose de ce genre. En le prenant au sens de sa racine, le verbe en question, *sygchraomai* signifie « utiliser ensemble ». D'où des exégètes comme DAUBE (« Jesus and the Samaritan Woman », p. 143) et COGGINS (*Samaritans and Jews*, p. 139) avancent que, dans le contexte spécifique de Jean 4, l'idée est que les Juifs ne se serviront pas des ustensiles utilisés par les Samaritains pour des raisons de pureté. Cette interprétation contextuelle du verbe cadre parfaitement avec des détails de la scène dramatique de Jean 4 : Jésus a soif et désire boire un peu d'eau du « puits de Jacob », mais il n'a pas d'ustensile ou de vase pour puiser l'eau (voir v. 11 : Jésus n'a pas d'*antlēma* pour puiser l'eau). Aussi la traduction de la *NAB* reflète-t-elle peut-être mieux l'intention de Jean : « les Juifs n'utilisent rien en commun avec les Samaritains. » Cependant, cette interprétation, bien qu'attrayante, ne va pas sans difficultés philologiques, qui sont signalées par D. R. HALL, « The meaning of *sygchraomai* in John 4:9 », *ExpTim* 83 (1971-1972), pp. 56-57. Toutefois, le contre-argument de Hall a, lui aussi, ses faiblesses. À la lumière du contexte johannique immédiat comme du contexte juif-rabbinique plus large, je préfère l'approche de Daube « utiliser en commun », tout en admettant que la traduction alternative (« avoir des relations ») reste une possibilité. [Pour les traductions françaises de Jn 4, 9 voir *Lemaître de* Sacy : « Les Juifs n'ont point de commerce avec… » ; *Osty* et *BJ* : « les Juifs n'ont pas de relations avec… » ; *Sœur Jeanne d'Arc* : « les Juifs ne fraient pas avec… » ; *TOB* et *Nouvelle Segond* : « « les Juifs ne veulent rien avoir de commun avec… » ; *traduction liturgique* : « les Juifs ne veulent rien avoir en commun avec… » ; *Bayard* : « les Juifs ne partagent rien avec… » – NdT.]

179. Le texte souvent cité se trouve dans *m. Nid.* 4, : « Les femmes kouthéennes [= les femmes de Samarie ; littéralement : « filles des Kouthéens »] sont [considérées comme impures en tant que] menstruées dès le berceau. » Il faut tenir compte, toutefois, de l'activité des censeurs qui ont parfois introduit *kûttîm* (Kouthéens) dans les textes rabbiniques comme substitut pour d'autres désignations. Il faut noter aussi que les points de vue rabbiniques sur les Samaritains varient beaucoup d'un texte à l'autre.

180. Il est intéressant de noter que cela est présupposé dans les passages de Luc que nous avons examinés (spéc. 9, 53) mais n'est jamais énoncé explicitement nulle part dans l'évangile de Luc.

181. L'étymologie du terme « Taheb » est discutée, mais c'est sans doute la forme participiale du verbe *tûb* « revenir », d'où le sens « celui qui revient » (ou, peut-être, au sens transitif, « celui qui rétablit »). Le Taheb était une figure très malléable dans la pensée samaritaine et, suivant les différents écrits, il est associé à des attentes eschatologiques différentes ; voir Ferdinand DEXINGER, « Taheb » dans *A Companion to Samaritan Studies*, p. 224-226. L'origine de cette figure se trouve sans aucun doute dans les espoirs eschatologiques qu'enflammait la promesse que Dieu susciterait un prophète comme Moïse (Dt 18, 15. 18). Juifs, Samaritains, chrétiens, tous ont développé ces espoirs dans des lignes différentes. Chose intéressante, on dit parfois que Taheb est un descendant de Jacob. Y aurait-il éventuellement un lien entre cette idée et la question ironique que la femme de Samarie adresse à Jésus : « Serais-tu plus grand, toi, que notre père Jacob qui nous a donné ce puits… ? »

182. Si beaucoup d'exégètes peuvent admettre qu'il y a quelque contact entre une étape ou une strate de la tradition johannique et les Samaritains (voir BROWN,

Community of the Beloved Disciple, pp. 23 n. 1 et 35-40, *La communauté du disciple bien-aimé*, pp. 39 n. 51 et 47-51), ils ne sont, par contre, pas nombreux à suivre BOWMAN (*Samaritan Problem*, p. 59) quand il dit que l'évangile de Jean lui-même s'adresse à l'aile « hérétique » dosithéenne de la religion samaritaine du Ier siècle. Quoi qu'il en soit, il semble bien qu'il existe une source narrative que l'évangéliste utilise pour composer 4, 4-42. Fortna et Wahlde détectent tous deux quelque tradition sous-jacente au récit actuel, mais ils diffèrent quant à son attribution à la « source des signes » ou « évangile des signes » qui soude les éléments et que l'évangéliste est supposé avoir utilisés. Voir FORTNA, *The Fourth Gospel and Its Predecessor*, pp. 108-109 ; VON WAHLDE, *The Earliest Version of John's Gospel*, p. 83-90.

183. Voir mes observations dans *Un certain Juif, Jésus*, t. 1, pp. 149-151.

184. PURVIS, « The Fourth Gospel and the Samaritans », pp. 195-196 ; voir aussi BROWN, *The Gospel According to John*, t. 1, p. 358.

185. Voir par ex. BROWN, *Community of the Beloved Disciple*, pp. 76-78. [*La communauté du disciple bien-aimé*, pp. 84-86].

186. Notre attention étant centrée sur la relation du Jésus historique avec les Samaritains, je n'aborde pas ici les points de vue des exégètes qui voient une influence samaritaine dans le discours d'Étienne en Ac 7 ou dans la théologie de l'épître aux Hébreux. À mon avis ces opinions manquent de preuves solides.

187. Pour une orientation et une biographie essentielles voir Christine SCHAMS, *Jewish Scribes in the Second-Temple Period*, JSOTSup 29, Sheffield, JSOT, 1998. Voir aussi SALDARINI, *Pharisees, Scribes and Sadducees*, pp. 144-198 et 241-276 ; IDEM, « Scribes » dans *Anchor Bible Dictionary*, t. 5, pp. 1012-1016 ; David E. ORTON, *The Understanding Scribe. Matthew and the Apocalyptic Ideal*, JSNTSup 25, Sheffield, JSOT, 1989, pp. 39-133. J'ai également puisé dans une dissertation intitulée « Jesus and the Scribes », rédigée par Eric STEWART, étudiant en doctorat à l'Université Notre Dame. On trouvera une bibliographie plus ancienne (en partie non critique) dans l'édition révisée de SCHÜRER, *History of the Jewish People*, t. 2, pp. 461-469 ; Joachim JEREMIAS, *Jérusalem au temps de Jésus*, pp. 315-329 ; IDEM, *« grammateus »*, *TDNT* 1 (1964), pp. 740-742. Sur des questions plus générales voir William V. HARRIS, *Ancient Literacy*, Cambridge MA/Londres, Harvard University, 1989.

188. SCHAMS (*Jewish Scribes*, pp. 15-35) signale que le terme *Schriftgelehrte*, comme catégorie artificielle amalgamant scribes, philosophes, rabbis, sages et sophistes a fait une belle carrière dans le monde des exégètes allemands ; un exemple frappant de cet amalgame se trouve dans SCHÜRER, *History of the Jewish People*, t. 2, p. 324 : « Au temps du Nouveau Testament, ce processus [par lequel les scribes ont remplacé les prêtres et Lévites comme authentiques maîtres de la Loi pour le peuple] était déjà achevé : les scribes sont présentés comme les maîtres spirituels incontestés du peuple. Habituellement on les évoque comme *grammateis*, "experts en Écriture", "les instruits"… en correspondance avec l'hébreu *swprym.* » On peut trouver un amalgame semblable des témoignages, titres et rôles dans Jeremias et Orton. Il faut noter également que la description des scribes que nous trouvons parfois dans la Mishna, quand elle en fait les maîtres autorisés de l'Israël postexilique entre le temps de la rédaction des Écritures hébraïques et l'avènement des rabbins, est, elle aussi, de valeur historique discutable. Chose intéressante, quand la Mishna et la Tosefta parlent des scribes de leur temps, elles désignent habituellement les écrivains et copistes professionnels, non pas les maîtres érudits de la Torah. Sur les différents sens de « scribe » dans la Mishna et la Tosefta voir SCHAMS, *Jewish Scribes*, pp. 218-234, 297-298.

189. SALDARINI, *Pharisees, Scribes and Sadducees*, p. 242.

190. Le verbe hébreu *sāpar* signifie « compter » au qal, et « raconter », « énumérer », « faire connaître », « dire » au pi'el. Le nom qui désigne l'instrument et l'enregistrement durables par lesquels ces actions s'effectuent, spécialement dans un contexte de cour, d'armée, d'administration gouvernementale ou de temple est *sēfer*, le document (écrit), le rouleau ou la lettre. En conséquence la personne qui rédige ou copie le *sēfer* est le *sōfēr* en hébreu (participe actif qal), le *safrā'* en araméen. Le mot grec pour scribe est *grammateus* (de *gramma*, « quelque chose de rédigé » « lettre », qui à son tour vient de *graphō*, « sculpter » « graver », « peindre », rédiger », puis de façon générale « écrire »). Dans la Septante, on l'emploie pour traduire *sōfēr* et moins souvent – mais notamment dans le Pentateuque – *šōṭēr* (une sorte de scribe ou de fonctionnaire chargé d'organiser). C'est le mot grec couramment employé dans le Nouveau Testament pour « scribe ».

191. Il faut se rappeler que, en particulier quand il s'agit de textes qui ont une grande importance religieuse ou littéraire pour la communauté, les manuscrits copiés par des scribes ne sont pas seulement lus en privé ou en petits groupes par une élite cultivée mais aussi de temps en temps en public à des assemblées de masses illettrées.

192. Sur cette question voir Jack R. LUNDBOM, « Baruch » dans *Anchor Bible Dictionary*, t. 1, p. 617.

193. Pour les différentes opinions concernant la position et le rôle d'Esdras voir SCHAMS, *Jewish Scribes*, pp. 50-57.

194. Sur la question compliquée des scribes dans les écrits du Chroniste voir Joseph BLENKINSOPP, « Sage, Scribe and Scribalism in the Chronicler's Work » dans *The Sage in Israel and the Ancient Near East*, John G. GAMMIE et Leo G. PERDUE éd., Winona Lake IN, Eisenbrauns, 1990, p. 307-315.

195. Sur ce point voir SCHAMS, *Jewish Scribes*, pp. 291-292.

196. Même si cette section présente nettement un portrait idéalisé du pieux scribe juif, je considère que les éléments essentiels du portrait de Ben Sira sont largement autobiographiques : ainsi DI LELLA, « Sirach » dans *NJBC*, p. 507 (# 64). On trouvera un ample commentaire de Si 38, 24 – 39, 11 dans SKEHAN et DI LELLA, *Ben Sira*, pp. 445-453. SCHAMS (*Jewish Scribes*, pp. 98-106) reconnaît que Ben Sira montre que, pour une part, les positions et fonctions de certains scribes et celles de sages se chevauchent, mais il met fort justement en garde d'en déduire qu'il faut entièrement identifier scribes et sages.

197. Sur les difficultés que comporte l'interprétation des textes concernés de 1 et 2 Maccabées voir SALDARINI, *Pharisees, Scribes and Sadducees*, pp. 251-254 ; SCHAMS, *Jewish Scribes*, pp. 113-124.

198. Il ne faudrait pas considérer le portrait idéalisé d'Éléazar comme typique de tous les scribes juifs, même dans les limites restreintes de la littérature maccabéenne. D'autres références éparses dans la littérature maccabéenne campent des scribes dans des rôles aussi variés que ceux d'officiers, de diplomates ou d'agents recenseurs.

199. Pour les passages concernés de *1 Hénoch* et du *Livre des Géants* (*4QEnGiants*) voir SCHAMS, *Jewish Scribes*, pp. 92-97.

200. Sur l'importance de l'écrit et des scribes divinement inspirés pour asseoir l'autorité d'une tradition ou d'un document religieux dans divers courants du judaïsme intertestamentaire, notamment dans le *Livre des Jubilés*, voir Hindy NAJMAN, « Interpretation as Primordial Writing : *Jubilees* and Its Authority Conferring Strategies », *JSJ* 30 (1999), pp. 379-410. Quand on voit l'insistance farouche des *Jubilés* sur l'écrit sacré pour fonder l'autorité en matière de révélation divine, on est frappé de constater le contraste très fort avec le style d'un prophète populaire itinérant (illettré ?), comme Jésus de Nazareth, qui s'exprime oralement et par oracle et ose proclamer à propos de telle ou telle chose que c'est ainsi tout simplement parce qu'il dit que c'est ainsi.

201. SALDARINI, *Pharisees, Scribes and Sadducees*, pp. 259-266. Saldarini fait observer (p. 265) que, dans sa traduction grecque, le petit-fils de Ben Sira rend fidèlement le mot hébreu *sōfēr*, employé par son grand-père, par *grammateus* quand dans le corps du texte hébreu le mot est utilisé pour désigner un érudit dans le domaine de la Loi (voir par ex. Si 38, 24). Mais quand le petit-fils écrit de son propre chef la préface à sa traduction, ce n'est pas le mot « scribe » qu'il utilise pour faire mention de gens instruits dans la Loi (voir son Prologue 1-14). *Schams* (*Jewish Scribes*, pp. 125-127) note que dans tout l'ensemble de son œuvre considérable, Philon ne fait mention que deux fois de scribes *(grammateis)* : dans un des cas, il s'agit de scribes païens au service du préfet romain d'Égypte ; dans le deuxième cas, Philon mentionne « les scribes de l'armée [israélite] » lorsqu'il commente Dt 20, 5-8. Quand elle traite de l'emploi de *grammateus* chez Josèphe (pp. 129-143), Schams distingue soigneusement entre l'emploi qu'il en fait dans son récit de l'histoire biblique (où il suit pour l'essentiel l'usage des livres bibliques, y rajoutant une insistance sur les scribes de la cour et de l'armée), et ses références relativement peu nombreuses aux scribes dans la période romaine (où il suit pour l'essentiel l'usage commun gréco-romain). Voir aussi les remarques de Schams aux pp. 283-286. Comme elle le note, une partie de l'embarras que nous ressentons en travaillant nos diverses sources résulte sans doute du chevauchement entre les sens de l'hébreu *sōfēr* et celui du grec *grammateus*, qui pour autant ne se recouvrent pas tout à fait.

202. À peu près tous les spécialistes de l'évangile de Jean en sont d'accord, le récit de la femme surprise en flagrant délit d'adultère (Jn 7, 53 – 8, 11) et, du même coup, la mention « des scribes et des pharisiens » en 8, 3 n'appartiennent pas au texte primitif de l'évangile. Ajoutés à l'évangile de Jean à une date ultérieure (et manquant de ce fait dans beaucoup de manuscrits très anciens), cette péricope isolée apparaît dans certains manuscrits grecs de l'évangile de Luc et, de fait, il émane de sa théologie tout comme de son style littéraire un certain air lucanien. Sur tout cela voir BROWN, *The Gospel According to John*, t. 2, pp. 332-338 ; METZGER, *Textual Commentary*, 2e éd., pp. 187-189 et les notes de *Un certain Juif, Jésus*, t. 1, p. 169. Il n'existe pas d'exemples absolument sûrs de *grammateus* dans Q. Le schéma général semble celui-ci : Matthieu a inséré *grammateus* dans le matériau Q là où il manque dans le parallèle de Luc. Quelques cas peu nombreux sont sujets à discussion. Par exemple, Mt 23, 13 // Lc 11, 52 et Mt 23, 29 // Lc 11, 47 peuvent être des passages où *grammateus* se trouve dans Q, étant donné que les textes ou contextes de Luc contiennent l'équivalent approximatif *nomikos*. Toutefois, la tendance rédactionnelle générale de Matthieu étant d'ajouter *grammateus* au matériau Q ailleurs, cela semble l'explication la plus vraisemblable ici tout aussi bien. Par conséquent nous sommes obligés dans ce qui suit d'examiner, les unes après les autres, les occurrences du mot dans Marc, Matthieu et Luc. Le fait qu'il n'y a pas de moyen sûr pour distinguer les créations rédactionnelles de Matthieu et Luc des occurrences de *grammateus* dans les traditions spéciales M ou L fait partie ici du problème méthodologique.

203. Sur ce point voir SCHAMS, *Jewish Scribes*, p. 162.

204. Pour les raisons qui font considérer « les scribes des pharisiens » comme la leçon originale voir METZGER, *Textual Criticism*, 2e éd., p. 67. Certes, cette locution ne se retrouve exactement nulle part ailleurs dans le Nouveau Testament ; par contre le sens de l'expression est reflété dans une expression légèrement plus longue et plus claire « certains des scribes du parti des pharisiens » dans Ac 23, 9.

205. Sur Mc 1, 22 et sur la question plus large de l'autorité de l'enseignement dans Marc voir Richard J. DILLON, « "As One Having Authority" (Mark 1:22) : The Controversial Distinction of Jesus' Teaching », dans *CBQ* 57 (1995), pp. 92-113 ; Scaria KUTHIRAKKATTEL, *The Beginning of Jesus' Ministry According to Mark's Gospel (1,14-3,6)*, AnBib 123, Rome, Institut biblique, 1990, pp. 128-132. Pour Dillon les scribes dans Marc ne sont pas des autorités de degré inférieur mais plutôt des maîtres sans autorité. Il montre également que, si, dans les évangiles, les scribes apparaissent dans les sections à la fois de Galilée et de Jérusalem, la présence des pharisiens semble se limiter, à l'exception de 12, 13, à la Galilée (et ses environs). Selon Dillon, Marc voit les scribes davantage en relation avec des questions d'enseignement et les pharisiens plutôt en relation avec les questions de pratique. On peut cependant observer (1) que certains textes de Marc mentionnant les pharisiens et les scribes ensemble et (2) que, de manière générale, l'enseignement juif étant souvent un enseignement à propos de la pratique, cette distinction n'est pas à toute épreuve.

206. Sur ce point voir SALDARINI (*Pharisees, Scribes and Sadducees*, p. 152), qui toutefois ne tient peut-être pas assez compte de la négation polémique de l'autorité des scribes dans Mc 1, 22 ; de même SCHAMS, *Jewish Scribes*, p. 149. Que Marc reflète la position des scribes juifs dans les synagogues romaines, la chose est possible, mais les inscriptions romaines que l'on invoque parfois à l'appui de cette opinion datent des siècles postérieurs.

207. En même temps, il ne faut pas trop pousser cet unique texte au-delà de ce qu'il dit. À la fin de l'échange, Jésus affirme que le scribe « n'est pas loin du royaume de Dieu », non pas qu'il est dans ce royaume ni qu'il est un disciple de Jésus. Les deux péricopes qui suivent (12, 35-37.38-39) campent les scribes sous un jour négatif et, de ce fait, la note positive est immédiatement tempérée.

208. On pourrait consacrer beaucoup plus de place aux détails de la présentation des scribes chez Matthieu. Mais notre propos étant ici de comprendre la situation du Jésus historique, une étude du remodelage théologique et littéraire de Matthieu sur Marc et sur Q n'apporterait rien à notre objectif ; en effet, elle ne contribuerait pas à la recherche du Jésus historique.

209. Sur le manque d'intérêt de Matthieu pour différencier clairement les divers groupes juifs voir SCHAMS, *Jewish Scribes*, pp. 182-184.

210. Que Luc entende les « légistes » (*nomikoi* [= hommes de la Loi]) comme l'équivalent des scribes, cela est suggéré par sa conclusion rédactionnelle (11, 53) aux malédictions contre les pharisiens et les légistes : « Quand il [Jésus] fut sorti de là, les *scribes* et les pharisiens se mirent à s'acharner contre lui… »

211. Dans le récit de la passion de Matthieu les scribes jouent un rôle majeur tandis que les pharisiens n'apparaissent qu'en 27, 62 (dans le récit particulier à Matthieu sur l'installation d'une garde devant le tombeau de Jésus). Ce fait suggère que Matthieu lui-même n'a pas assimilé totalement les deux groupes.

212. SCHAMS (*Jewish Scribes*, p. 185) pense que, chez Matthieu, l'omission ou l'inclusion de différents groupes juifs dans son récit de la passion n'obéit pas à un schéma préétabli ; Matthieu manifeste simplement une préférence générale pour les tandems.

213. Concernant le problème de critique textuelle voir METZGER, *Textual Commentary*, pp. 48-49.

214. Parmi les raisons qui font penser que dans Matthieu le scribe est présenté sous un jour négatif, il y le fait que ce scribe s'adresse à Jésus en employant le vocatif *didaskale* (« maître »), une façon de faire habituelle de la part de non-croyants. Or, dans

Matthieu, ceux qui croient en Jésus emploient d'habitude le vocatif *kyrie* (« seigneur »). Il n'y a pas de certitude quant au texte originel de Q. Mais il semble plus vraisemblable que c'est Matthieu qui a fait du requérant un scribe, tandis que Lc 9, 57 représente plus fidèlement la tradition Q en parlant de façon vague de « quelqu'un » *(tis)*. SCHAMS (*Jewish Scribes*, p. 181) semble minoritaire quand il suppose que, ici comme ailleurs, c'est Matthieu plutôt que Luc qui conserve la version primitive du matériau Q.

215. Les scribes ne sont présentés seuls que deux fois dans l'évangile de Luc : (1) en 20, 39 quand certains d'entre eux approuvent la réponse de Jésus aux sadducéens (par conséquent, ils sont une nouvelle fois implicitement assimilés aux pharisiens qui croient à la résurrection des morts, comme Luc le dit clairement dans les Actes) ; (2) en 20, 46, où Jésus met les disciples en garde contre l'ostentation et l'hypocrisie des scribes et le fait qu'ils exploitent les veuves.

216. Comme on l'a noté plus haut, quelques manuscrits grecs ont la leçon *nomikos* dans Mt 22, 35, mais le texte est incertain.

217. SCHAMS (*Jewish Scribes*, pp. 162-172, 177) pense que Luc cherche, dans son évangile, à identifier les scribes juifs comme hommes de la Loi ; elle y voit un rétrécissement de la catégorie du scribe dans Luc, qui éviterait de présenter les scribes comme des maîtres du peuple en général et des autorités détenant quelque pouvoir politique. À mon avis, étant donné le caractère globalement vague du portrait des scribes dans Luc, cette assertion reste à démontrer.

218. Il y a là un problème sérieux, car, à part les synoptiques et Josèphe, nous ne trouvons dans les sources du premier siècle de notre ère que très peu de renseignements sur la nature et les fonctions des scribes en Palestine au temps de Jésus.

219. Ainsi SALDARINI, *Pharisees, Scribes and Sadducees*, p. 274.

220. La prudence est d'autant plus recommandée que, faute d'attestation de *grammateus* dans la reconstitution la plus probable de Q et dans le texte primitif de Jean, il ne nous reste que Marc comme principale source, avec des passages additionnels qui ne se trouvent uniquement ou dans Matthieu ou dans Luc. Quand il s'agit de matériaux qui se trouvent uniquement ou dans Matthieu ou Luc, il est en général très difficile de décider si nous avons affaire à de la tradition ou à des créations rédactionnelles. Nous en sommes donc réduits en réalité à une seule source, Marc. Or au moins certains exemples de Marc semblent présenter nettement des traits typiquement rédactionnels qui ont été introduits au début de la péricope ou dans le résumé généralisant (par ex. l'annonce de la passion) ; donc la quantité de matériaux que l'on pourrait sérieusement considérer comme une source pour notre connaissance de Jésus historique est très mince. Peut-être le scribe qui est fondamentalement d'accord avec Jésus sur le plus grand commandement est-il le meilleur candidat pour l'historicité, simplement parce qu'il s'inscrit tellement à rebours du portrait hostile des scribes dans Marc – encore que, à strictement parler, cela ne nous conduit que jusqu'à la tradition prémarcienne de la première génération chrétienne. C'est la raison pour laquelle, dans mes conclusions du texte principal, je m'en tiens à des observations générales.

221. Pour une première orientation et une plus ample bibliographie voir B. W. BACON, « Pharisees and Herodians in Mark », *JBL* 39 (1920), pp. 102-112 ; Elias J. BIKERMAN *[sic]*, « Les Hérodiens », *RB* 47 (1938), pp. 184-197 ; H. H. ROWLEY, « The Herodians in the Gospels », *JTS* 41 (1940), pp. 14-27 ; Constantin DANIEL, « Les "Hérodiens" du Nouveau Testament sont-ils des Esséniens ? », *RevQ* 6 (1967), pp. 31-53 ; IDEM, « Les Esséniens et 'Ceux qui sont dans les maisons des rois' (*Matthieu 11, 7-8* et *Luc 7, 24-25*) », *RevQ* 6 (1967), pp. 261-277 ; IDEM, « Nouveaux arguments en faveur de l'identification des Hérodiens et des Esséniens », *RevQ* 7 (1970), pp. 397-402 ; Abraham SCHALIT, *König Herodes. Der Mann und Sein Werk*,

SJ 4, Berlin, de Gruyter, 1969, pp. 479-480 ; Harold W. HOEHNER, *Herod Antipas*, SNTSMS 17, Cambridge, Cambridge University, 1972, pp. 331-342 ; W. J. BENNETT Jr., « The Herodians of Mark's Gospel », *NovT* 17 (1975), pp. 9-14 ; Bruce CHILTON, « Jesus *ben David* : reflections on the *Davidssohnfrage* », *JSNT* 14 (1982), pp. 88-112, spéc. 104-105 ; Dieter LÜHRMANN, « Die Pharisäer und die Schriftgelehrten im Markusevangelium », *ZNW* 78 (1987), pp. 169-185, spéc. 170-171 ; Klaus WENGST, *Pax Romana and the Peace of Jesus Christ*, Philadelphie, Fortress, 1987, pp. 195-196 n. 14 ; FREYNE, *Galilee, Jesus and the Gospels*, pp. 37-38, 92, 126, 140-141, et 248 ; IDEM, « Urban-Rural Relations in First-Century Galilee : Some Suggestions from the Literary Sources », *The Galilee in Late Antiquity*, Lee I. Levine éd., New York/Jérusalem, Jewish Theological Seminary of America, 1992, pp. 75-91 ; Willi BRAUN, « Were the New Testament Herodians Essenes ? A Critique of an Hypothesis », *RevQ* 14 (1989), pp. 75-88 ; Lester L. GRABBE, *Judaism from Cyrus to Hadrian. Volume Two : The Roman Period*, Minneapolis, Fortress, 1992, pp. 501-502 ; STEGEMANN, *The Library of Qumran*, pp. 267-268 ; RICHARDSON, *Herod*, pp. 259-260. Voir aussi les commentaires classiques de Marc, par ex. PESCH, *Markusevangelium*, t. 1, pp. 187-197 ; GUELICH, *Mark 1-8:26*, pp. 130-141 ; GUNDRY, *Mark*, pp. 154-155.

222. Quoiqu'elle se trouve dans le papyrus 45 (IIIe siècle), la leçon « des hérodiens » qu'on lit en Mc 8, 15 dans quelques manuscrits grecs, est à peu près certainement secondaire ; la grande majorité des manuscrits, anciens et plus récents sont en faveur de la leçon « de Hérode ». En conséquence l'*UBSGBT* (4e éd.) donne fort justement à la leçon « de Hérode » la cote « A » (« certain ») dans ce verset. Comme le fait observer METZGER (*Textual Commentary*, 2e éd., p. 83) la leçon « des hérodiens » est une altération faite par les scribes influencés par Mc 3, 6 et 12, 13.

223. Une énumération classique des théories possibles a été proposée par ROWLEY, « The Herodians », pp. 14-22. Par la suite, Daniel a ajouté de longues argumentations en faveur de l'identification des hérodiens avec les esséniens, des arguments largement réfutés par BRAUN, « Were the New Testament Herodians Essenes ? », pp. 75-88. Pour STEGEMANN (*The Library of Qumran*, p. 267), les esséniens n'étaient pas seulement « le centre du judaïsme au temps de Jésus » mais aussi « les scribes » et « les hérodiens » à la fois. CHILTON (« Jesus *ben David* », pp. 104-105) a avancé l'explication inhabituelle basée sur l'expression rabbinique *bĕnê bathyra*.

224. Voir par ex. BACON, « Pharisees », pp. 109-112. On trouvera des arguments opposés à cette façon de voir dans RICHARDSON, *Herod*, p. 260.

225. Ce mot se trouve dans *G. J.* 1.16.6. § 319, mais nulle part ailleurs dans Josèphe ; voir Abraham SCHALIT, *Namenwörterbuch zu Flavius Josephus*, Leyde, Brill, 1968, p. 51, col. 3.

226. La forme grecque *Kaisarianoi* se trouve par ex. au IIe siècle de notre ère chez le philosophe ÉPICTÈTE, *Entretiens*, 1.19.19 ; 3.24.117 (rédigés en réalité par Arrien) et chez l'historien APPIEN, *Les guerres civiles*, 3.91 (à propos d'Octave) ; le sens est « serviteurs domestiques de César » ou « membres de la maison de César » – mais il faut se rappeler que parfois des personnes de ce genre pouvaient tenir des positions importantes. On trouve déjà au Ier siècle av. JC l'adjectif latin *Caesarianus*, dont est dérivée la forme grecque ; il a la fonction d'un équivalent du génitif *Caesaris* ; voir par ex. le biographe Cornelius NEPOS (Ier siècle av. JC), *Atticus* 7, 1. Sur *Caesariani* au sens de troupes de César voir par ex. *Les guerres d'Alexandrie* 59.1 ; *Les guerres d'Afrique*, 13.1 [ces deux œuvres ont été attribuées, non sans contestation, à Aulus Hirtius] ; Annaeus FLORUS, *Épitomé*, 2.13.66. *Caesarianus* a le sens de serviteur ou membre de la maison de César dans MARTIAL, *Épigrammes*, 9.79. Sur la forme grecque *-ianoi* voir BIKERMAN, « Les Hérodiens », pp. 193-196 ; ROWLEY, « The Herodians », pp. 24-26.

227. Ici encore la forme latine existe déjà au Ier siècle av. JC ; voir par ex. Jules César, *Les guerres civiles*, 3.46. Et on trouve la formation grecque dérivée de la forme latine au IIe siècle dans Appien, *Les guerres civiles*, 3.82. Il n'y a pas de discussion de cet exemple dans Bikerman.

228. Lührmann (« Die Pharisäer », p. 170) souligne que les termes comparables dans Josèphe semblent désigner non pas un parti hérodien organisé mais, de manière plus générale, les gens qui se rangeaient du côté d'Hérode le Grand. Il pense que le même sens général vaut pour les « hérodiens » de Marc et que, de ce fait, les assimiler à des partis établis comme les pharisiens ou les sadducéens est une erreur. Schalit (*König Herodes*, pp. 479-481) suggère, de manière plus spécifique, que les hérodiens étaient des gens de différentes couches de la société, poussés à prendre le parti d'Hérode pour les avantages financiers que cela impliquait. Schalit va plus loin et conjecture que la tentative de répandre l'idée que Hérode était l'incarnation du messie faisait partie de la propagande des hérodiens au milieu du peuple ordinaire, qui n'était guère bien disposé envers Hérode.

229. Le verbe « perdre » *(apollymi)* dans Mc 3, 6 est habituellement interprété par les commentateurs comme évoquant l'idée de mettre Jésus à mort. C'est en cohérence avec l'emploi ultérieur du verbe dans Marc dans le contexte de l'affrontement à Jérusalem. Dans Mc 11, 18 les grands-prêtres et les scribes cherchent à « perdre » Jésus, ce qui devient ensuite en 14, 1 leur complot pour le « tuer », ce qui derechef implique qu'ils le livrent à l'autorité politique de Pilate dans 15, 1. S'agissant de personnes, Marc emploie toujours *apollymi* dans le sens strict de tuer ou de détruire la vie.

230. Sur ce point voir mon analyse dans *Un certain Juif, Jésus*, t. 2, pp. 75-81, 172-180 ; cf. Lührmann, « Die Pharisäer » p. 171. Bennett (« The Herodians », pp. 13-14) va jusqu'à avancer l'idée que Marc a créé les *Hērǭdianoi* comme un moyen littéraire et théologique pour établir un lien entre les ennemis de Jean et ceux de Jésus.

231. Voir mon analyse dans *Un certain Juif, Jésus*, t. 2, pp. 499-502.

232. On trouvera une liste des exégètes qui sont en faveur d'une création rédactionnelle dans Guelich, *Mark 1 – 8.6*, pp. 132-133 (mais l'argumentation de Guelich lui-même va contre cette opinion) ; voir *Un certain Juif, Jésus*, t. 2, p. 1090 n. 15. La question de l'activité de Marc dans le recueil et l'édition des récits de controverse, contredistinguée de l'activité prémarcienne, a été abordée plusieurs fois dans *Un certain Juif, Jésus* ; voir par ex. t. 2, pp. 957-958 n. 183 et p. 1088 n. 6.

233. Sur l'ensemble de la question voir Braun, « Were the New Testament Herodians Essenes ? », pp. 83-84.

234. Notons cependant que Josèphe emploie également des expressions comme « certains des hommes choisis de Hérode » *(tōn Hērōdou tines epilektōn)* dans *G. J.* 1.18.2 § 351 et « ceux qui favorisaient la cause [ou le parti] de Hérode » *(tous ta Hērōdou phronountas)* dans *Ant.* 14.15.10 § 450. Aussi n'est-il pas évident que *Hērōdeioi*, qui n'apparaît qu'une fois dans Josèphe, puisse être considéré comme un terme fixe pour désigner le « parti » de Hérode. *A fortiori* l'absence frappante de *Herǭdianoi* dans la littérature du Ier siècle, à l'exception des deux passages de Marc et d'un unique passage dans Matthieu qui dépend de Marc, est sans doute un argument pour dire que Marc a inventé ce label précis – mais non pas, à mon avis, le groupe des partisans ou serviteurs d'Hérode désignés par ce label. Que Marc, qui a un penchant pour les latinismes, ait effectivement inventé le terme grec *Hērǭdianoi* n'est pas une affirmation aussi étrange qu'il y paraît à première vue. Les noms propres grecs formés à partir du nom d'une personne et se terminant par – *ianoi* sont rares au Ier siècle de notre ère ; de fait, *Hērǭdianoi* pourrait faire partie des exemples littéraires les plus anciens de cette forme. Le parallèle le plus évident dans la littérature grecque du Ier siècle est

Christianoi qui, du point de vue de l'attestation littéraire (uniquement Actes et 1 Pierre) est postérieur au *Hērǭdianoi* de Marc. La construction de noms semblables se terminant par – *ianoi* se multiplie dans le grec plus tardif.

235. Voir chapitre XXVII, section II : « Enquête sur chacun des membres des Douze », point 8 : Simon le Cananéen, avec les références bibliographiques dans les notes.

NOTES DE LA CONCLUSION DU TOME III

1. Ce résumé et cette synthèse ne peuvent répéter tous les arguments ni toutes les références à la littérature ancienne et à la recherche moderne que nous avons présentés tout au long des trois tomes. Le lecteur intéressé se reportera aux sections des tomes respectifs. Cela vaut aussi des groupes moins importants, étudiés dans le chapitre XXX (par ex. les Samaritains, les hérodiens) qui n'ont eu que peu ou pas de contacts avec Jésus.

2. Pour une étude détaillée des problèmes historiques et théologiques impliqués dans le second mariage d'Antipas, voir Harold W. HOEHNER, *Herod Antipas*, SNTSMS 17, Cambridge, Cambridge University, 1972, pp. 131-146, spéc. n. 4 aux pp. 137-139.

3. Je ne prétends pas que tous les textes cités remontent au Jésus historique ; je fais simplement remarquer que, concernant cette antipathie, nous avons ici une attestation multiple dans trois branches de la tradition synoptique (Marc, Q et L). Pour une étude des textes et de leur valeur historique voir HOEHNER, *Herod Antipas*, pp. 184-250. Indépendamment des textes ponctuels, le seul fait qu'Hérode Antipas a emprisonné et exécuté le mentor de Jésus, Jean le Baptiste, est une raison plus que suffisante pour affirmer une telle antipathie.

4. En faisant ce commentaire je n'exclus pas le sacerdoce du leadership spirituel ; les prêtres représentaient toujours une partie importante de ce leadership. J'attire plutôt l'attention sur la nouvelle vague de leaders instruits qui ne devaient pas nécessairement leur position au sacerdoce hérité ou à la naissance aristocratique mais qui avaient gagné de l'influence ou du respect par leur zèle dans l'étude et la pratique de la Loi.

5. La composition ethnique, la prédominance culturelle et l'orientation religieuse de la population de Sepphoris dans les premières décennies du Ier siècle de notre ère restent des points centraux du débat entre les exégètes qui soutiennent que Sepphoris était principalement voire entièrement une ville juive aux alentours du temps de Jésus et ceux qui prétendent qu'elle était une florissante cité gréco-romaine marquée par une forte influence païenne. Pour la défense du premier point de vue, auquel je me range globalement, voir Mark CHANCEY et Eric M. MEYERS, « How Jewish Was Sepphoris in Jesus' Time ? », *BARev* 26/4 (2000), pp. 18-33 ; voir aussi Tsvika TSUK, « Bringing Water to Sepphoris », *ibid.*, pp. 34-41 ; Hanan ESHEL et Eric MEYERS, « The Pools of Sepphoris-Ritual Baths or Bathtubs ? », *ibid.*, pp. 42-49. Dans ce débat les catégories « gentil » (au sens de « païen ») et « hellénistique » sont malheureusement souvent employées de façon interchangeable.

6. J'admets volontiers que des cellules de disciples ou de sympathisants du Baptiste aient continué d'exister çà et là dans la dernière partie du Ier siècle de notre ère. Tant l'évangile de Jean que les Actes indiquent que les chrétiens devaient dans une certaine mesure entrer en concurrence avec eux. Ces deux écrits suggèrent que la compétition eut lieu non pas en Palestine mais plutôt en Asie Mineure, un véritable chaudron de religions syncrétistes. Cependant nous n'avons aucune preuve positive qu'un mouvement cohérent structuré de disciples du Baptiste ait survécu à sa mort et ait continué dans les siècles suivants, comme ce fut le cas pour le mouvement de Jésus qui évolua pour devenir l'Église chrétienne. Sur cette question voir *Un certain Juif, Jésus*, t. 2, p. 104.

7. C'est certainement le cas (rapporté par JOSÈPHE, *Guerre des Juifs*, 6.5.3 § 300-303) d'un prophète isolé du nom de Jésus ben Ananias, actif dans les années qui précèdent juste la chute de Jérusalem. Il prophétisa contre le Temple, fut arrêté par les prêtres et présenté par eux au procurateur, qui le fit d'abord flageller puis le relâcha quand il comprit qu'il était inoffensif. Mais les différences entre ce Jésus et Jésus de Nazareth sont significatives : (1) Au temps de Jésus ben Ananias, la situation en Judée et à Jérusalem s'était beaucoup détériorée ; la crise finale et la révolte menaçaient. Les tensions étaient donc beaucoup plus graves. (2) Et pourtant, finalement, malgré les accusations des prêtres, le procurateur décida de ne pas exécuter Jésus ben Ananias précisément parce que ce prophète solitaire, peut-être dérangé, ne semblait représenter aucune menace réelle pour ceux qui détenaient l'autorité.

8. Ici je résume simplement ce que nous avons vu longuement en traitant de Simon le Cananéen (ou le Zélote) au chapitre XXVII et plus brièvement en traitant des zélotes au chapitre XXX.

9. Quand les chefs des prêtres et, en particulier, le grand prêtre reviennent dans les récits de la passion, ils ne sont pas désignés comme sadducéens, peut-être parce que leur rôle décisif dans l'arrestation et le procès de Jésus ne relève pas de leur appartenance à une école de pensée théologique spécifique (ce qui est le rôle des sadducéens dans le débat sur la résurrection des morts) ; ils interviennent plutôt comme corps dirigeant fonctionnant en tandem avec le préfet romain.

10. Sur cette question voir mon article « The Quest for the Historical Pharisee », pp. 713-722.

11. Ici je diffère d'une thèse essentielle du volumineux ouvrage de DEINE, *Die Pharisäer*.

COMPLÉMENTS BIBLIOGRAPHIQUES[1]

Méthode et histoire de la recherche

Bruce CHILTON, Craig A. EVANS éd., *Authenticating the Activities of Jesus*, NTTS XXVIII 2, Leyde, Brill, 1999.

Bruce CHILTON, Craig A. EVANS éd., *Authenticating the Words of Jesus*, NTTS XXVIII 1, Leyde, Brill, 1999.

Craig A. EVANS, *Life of Jesus Research. An Annotated Bibliography*, NTTS XXIV, Leyden, Brill, 1996 (édition revue).

Ulrich H. J. KÖRTNER éd., *Jesus im 21. Jahrhundert. Bultmanns Jesusbuch und die heutige Forschung*, Neukirchen-Vluyn, Neukirchener Verlag, 2002.

Werner G. KÜMMEL, *Vierzig Jahre Jesusforschung (1950-1990)*, BBB 91, Weinheim, Beltz Athenäum, 1994.

Étienne NODET, *Histoire de Jésus ? Nécessités et limites d'une enquête*, Lire la Bible, Paris, Cerf, 2003.

Armand PUIG I TÀRRECH, « La recherche du Jésus historique », *Bib* 81, 2000, pp. 179-201.

Jens SCHRÖTER, Ralf BRUCKER éd., *Der historische Jesus. Tendenzen und Perspektiven der gegenwärtigen Forschung*, BZNW 114, Berlin – New York, W. de Gruyter, 2002.

Études d'ensemble

Markus BOCKMUEHL éd., *The Cambridge Companion to Jesus*, Cambridge, CUP, 2001.

James D. G. DUNN, *Christianity in the Making*, Volume 1 : *Jesus Remembered*, Grand Rapids – Cambridge, Eerdmans, 2003.

Martin EBNER, *Jesus von Nazareth in seiner Zeit. Sozialgeschichtliche Zugänge*, SBS 196, Stuttgart, Katholisches Bibelwerk, 2003.

Sean FREYNE, *Jesus, a Jewish Galilean. A New Reading of the Jesus-Story*, Londres, T & T Clark, 2004.

Joseph KLAUSNER, *Jésus de Nazareth. Son temps, sa vie, sa doctrine*, Bibliothèque historique, Paris, Payot, 1933.

---

1. L'éditeur remercie Jacques SCHLOSSER d'avoir bien voulu proposer cette bibliographie complémentaire pour le tome III.

Michael LABAHN, Andreas SCHMIDT éd., *Jesus, Mark and Q. The Teaching of Jesus*, Sheffield, Sheffield Academic Press, 2001.

Jean-Pierre LÉMONON, *Jésus de Nazareth. Prophète et sage*, Cahiers Évangile 119, Paris, Cerf, 2002.

Daniel MARGUERAT, « Introduction. Jésus de Nazareth », dans Luce PIETRI éd., *Le nouveau peuple (Des origines à 250)*. Tome 1 de *Histoire du christianisme*, Paris, Desclée, 2000, pp. 7-58.

Romano PENNA, *I Ritratti originali di Gesù il christo. Inizi e sviluppi della cristologia neotestamentaria. I. Gli inizi*, Studia sulla Bibbia e il suo ambiente, Milan, San Paolo, 1996.

Charles PERROT, *Jésus*, Que sais-je ? 3 300, Paris, PUF, 1998.

Armand PUIG I TÀRRECH, *Jesús. Un perfil biogràfic*, Barcelone, Proa, 2004.

Michel QUESNEL, *Jésus, l'homme et le fils de Dieu*, Paris, Flammarion, 2004.

Ludger SCHENKE et al., *Jesus von Nazareth – Spuren und Konturen*, Stuttgart, Kohlhammer, 2004.

Jacques SCHLOSSER, *Jésus de Nazareth*, Paris, Agnès-Viénot éditions, 2002 (2e édition).

Wolfgang STEGEMANN, Bruce J. MALINA, G. THEISSEN éd., *The Social Setting of Jesus and the Gospels*, Augsburg, Fortress, 2002. (L'ouvrage a paru en allemand, avec les mêmes éditeurs, mais dans une composition légèrement différente, sous le titre *Jesus in neuen Kontexten*, Stuttgart, Kohlhammer, 2002.)

Gerd THEISSEN, *Jesus als historische Gestalt. Beiträge zur Jesusforschung*, FRLANT 202, Annette MERZ éd., Göttingen, Vandenhoeck & Ruprecht, 2003.

P. TOMSON, *Jésus et les auteurs du Nouveau Testament dans leur relation au judaïsme*, Initiations Bibliques, Paris, Cerf, 2003, pp. 109-166.

Les sympathisants de Jésus

Les disciples

Dennis C. DULING, « Recruitment to the Jesus Movement in Social-scientific Perspective », dans John J. PILCH éd., *Social Scientific Models for Interpreting the Bible*, Essays by the Context Group in Honour of Bruce J. Malina, Biblical Interpretation Series 3, Leyde, Brill, 2001, pp. 132-175.

Jerome MURPHY-O'CONNOR, « Fishers of Fish, Fishers of Men. What we Know of the First Disciples from their Profession », *Bible Review* 15,3 (1999), pp. 22-27, 48-49.

Reinhard NEUDECKER, « Master-disciple/Disciple-master Relationship in Rabbinic Judaism and in the Gospels », *Greg* 80 (1999), pp. 245-261.

Luzia SUTTER REHMANN, *Konflikte zwischen ihm und ich r. Sozialgeschichtliche und exegetische Untersuchungen zur Nachfolgeproblematik von Ehepaaren*, Gütersloh, Gütersloher Verlagshaus, 2002.

Les Douze Pierre

Scot McKnight, *A New Vision for Israel. The Teaching of Jesus in National Context*, Grand Rapids – Cambridge, Eerdmans, 1999.

Markus Bockmuehl, « Simon Peter and Bethsaida », dans Bruce Chilton, Graig A. Evans éd., *The Missions of James, Peter, and Paul. Tensions in Early Christianity*, NovTSup 115, Leyde, Brill, 2005, pp. 53-91.

Christfried Böttrich, *Petrus. Fischer, Fels und Funktionär*, Biblische Gestalten 2, Leipzig, Evangelische Verlagsanstalt, 2001.

Raymond E. Brown, Karl P. Donfried, John Reumann éd., *Saint Pierre dans le Nouveau Testament*, LD 79, Paris, Cerf, 1974.

Oscar Cullmann, *Saint Pierre. Disciple – Apôtre – Martyr. Histoire et théologie*, Bibliothèque Théologique, Neuchâtel – Paris, Delachaux & Niestlé, 1952.

Lutz Doering, « Schwerpunkte und Tendenzen der neueren Petrus-Forschung », *BThZ* 19 (2002), pp. 203-223.

Peter Dschulnigg, *Petrus im Neuen Testament*, Stuttgart, Katholisches Bibelwerk, 1996.

Craig A. Evans, « A Fishing Boat, a House and an Ossuary. What Can we Learn from the Artefacts ? », dans Bruce Chilton, Craig A. Evans éd., *The Missions of James, Peter, and Paul. Tensions in Early Christianity*, NovTSup 115, Leyde, Brill, 2005, pp. 211-231.

Joachim Gnilka, *Petrus und Rom. Das Petrusbild in den ersten zwei Jahrhunderten*, Freiburg im Breisgau, Herder, 2002.

Christian Grappe, *Images de Pierre aux deux premiers siècles*, EHPhR 75, Paris, PUF, 1995.

Fred Lapham, *Peter : the Myth, the Man and the Writings. A Study of Early Petrine Text and Tradition*, JSNTSup 239, Sheffield, Sheffield Academic Press, 2003.

Roland Minnerath, *De Jérusalem à Rome. Pierre et l'unité de l'Église*, Théologie Historique 101, Paris, Beauchesne, 1994.

Carsten Peter Thiede, *Geheimakte Petrus. Auf den Spuren des Apostels*, Stuttgart, Kreuz, 2000.

Lothar Wehr, *Petrus und Paulus – Kontrahenten und Partner. Die beiden Apostel im Spiegel des Neuen Testaments, der Apostolischen Väter und früher Zeugnisse ihrer Verehrung*, NTAbh 30, Münster, Aschendorff, 1996.

Timothy J. Wiarda, *Peter in the Gospels. Pattern, Personality and Relationship*, WUNT 2,127, Tübingen, Mohr Siebeck, 2000.

Les concurrents et adversaires de Jésus

Roland Bergmeier, « Die drei jüdischen Schulrichtungen nach Josephus und Hippolyt von Rom. Zu den Paralleltexten Josephus, B.J. 2,119-166 und Hippolyt, Haer. IX 18,2-29,4 », *JSJ* 34 (2003), pp. 443-470.

Rudolf HOPPE, « Die jüdischen Religionsparteien und ihre Bedeutung für die Verkündigung Jesu », dans Ludger SCHENKE et al., *Jesus von Nazareth – Spuren und Konturen*, Stuttgart, Kohlhammer, 2004, pp. 59-83.

James S. MCLAREN, « Josephus' Summary Statements regarding the Essenes, Pharisees and Sadducees », *AusBR* 48 (2000), pp. 31-46.

Les pharisiens

Gabriele BOCCACCINI, « Esiste una letteratura farisaica del secondo tempio ? », *Ricerche storico-bibliche* 11,2 (1999), pp. 23-41 (voir ci-dessous R. Penna).

Roland DEINES, « The Pharisees between "Judaisms" and "Common Judaism" », dans Donald A. CARSON, Peter T. O'BRIEN, and Mark A. SEIFRID éd., *Justification and Variegated Nomism*. 1. *The Complexities of Second Temple Judaism*, WUNT 2, 140, Tübingen, Mohr Siebeck, 2001, pp. 443-504.

Lester T. GRABBE, « The Pharisees : A Response to Steve Mason », dans Jacob NEUSNER, Alan J. AVERY-PECK éd., dans *Judaism in Late Antiquity*. Part three. *Where we Stand : Issues and Debates in Ancient Judaism*. Volume three, Handbuch der Orientalistik I, 53,3, Leyde, Brill 2000, pp. 35-47.

Richard A. HORSLEY, « The Pharisees and Jesus in Galilee and Q », dans Alan J. AVERY-PECK, Daniel HARRINGTON, et J. NEUSNER éd., *When Judaism and Christianity Began*. Essays in memory of Anthony J. Saldarini, Volume I : *Christianity in the Beginning*, JSJSup 85,1, Leyde, Brill, 2004, pp. 117-145.

Pierre LENHARDT, « À l'origine du mouvement pharisien, la tradition orale et la résurrection », dans ACFEB, *Le judaïsme à l'aube de l'ère chrétienne*, LD 186, Philippe ABADIE, Jean-Pierre LÉMONON éd., Paris, Cerf, 2001, pp. 123-176.

Hyam MACCOBY, *Jesus the Parisee*, Londres, SCM, 2003.

Steve MASON, « Revisiting Josephus's Pharisees », dans Jacob NEUSNER, Alan J. AVERY-PECK éd., dans *Judaism in Late Antiquity*. Part three. *Where we Stand : Issues and Debates in Ancient Judaism*. Volume two, Handbuch der Orientalistik I, 41,3, Leyde, Brill, 1999, pp. 23-56.

Jean MASSONNET, « Les Pharisiens et le sens communautaire », dans ACFEB, *Le judaïsme à l'aube de l'ère chrétienne*, LD 186, Philippe ABADIE, Jean-Pierre LÉMONON éd., Paris, Cerf, 2001, pp. 177-205.

Christophe MÉZANGE, « La parenté entre Zélotes et Pharisiens schammaïtes », dans Lucien-Jean BORD éd., *De Jérusalem à Rome*. Mélanges offerts à Jean Riaud, Paris, Geuthner, 2000, pp. 115-125.

Romano PENNA éd., *Fariseismo e origini cristiane*, Ricerche storico-bibliche 11,2, Bologne, Dehoniane, 1999.

Ellis RIVKIN, « Who were the Pharisees ? », dans Jacob NEUSNER, Alan J. AVERY-PECK éd., *Judaism in Late Antiquity*. Part three. *Where we Stand :*

Issues and Debates in Ancient Judaism. Volume three, Handbuch der Orientalistik I, 53,3, Leyde, Brill, 2000, pp. 1-33.

Joachim SCHAPER, « The Pharisees », dans William HORBURY, W.D. DAVIES, John STURDY éd., *The Cambridge History of Judaism*. Volume three : *The Early Roman Period*, Cambridge, CUP, 1999, pp. 402-427.

Lawrence H. SCHIFFMAN, « The Pharisees and their Legal Traditions According to the Dead Sea Scrolls », *Dead Sea Discoveries* 8 (2001), pp. 262-277.

Günter STEMBERGER, « I farisei : Quadro storico e ideale », dans Romano PENNA éd., *Fariseismo* (Ricerche storico-bibliche 11,2), pp. 11-22.

Christopher TUCKETT, « Les pharisiens avant 70 et le Nouveau Testament », dans D. MARGUERAT éd., *Le déchirement. Juifs et chrétiens au premier siècle*, MDB 32, Genève, Labor et Fides, 1996, pp. 67-95.

James C. VANDERKAM, « Those who Look for Smooth Things, Pharisees, and Oral Law », dans Shalom M. PAUL, Robert A. KRAFT, Lawrence H. SCHIFFMAN, Weston W. FIELDS éd., *Emanuel*. Studies in Hebrew Bible, Septuagint and Dead Sea Scrolls in Honor of Emanuel Tov, VTSup 94, Leyde, Brill, 2003, pp. 465-477.

Les saducéens

Aharon SHEMESH, « King Manasseh and the Halakhah of the Sadducees », *JJS* 52 (2001), pp. 27-39.

Günter STEMBERGER, « The Sadducees – their History and Doctrines », dans William HORBURY, W.D. DAVIES, John STURDY éd., *The Cambridge History of Judaism*. Volume three : *The Early Roman Period*, Cambridge, CUP, 1999, pp. 428-443.

Gerd THEISSEN, « Sadduzäismus und Jesustradition. Zur Auseinandersetzung mit Oberschichtmentalität in der synoptischen Überlieferung », dans ID., *Jesus als historische Gestalt. Beiträge zur Jesusforschung*, FRLANT 202, éd. Annette MERZ, Göttingen, Vandenhoeck & Ruprecht, 2003, pp. 111-131.

Les esséniens

Roland BERGMEIER, « Zum historischen Wert der Essenerberichte von Philo und Josephus », dans Jörg FREY, Hartmut STEGEMANN éd., *Qumran kontrovers. Beiträge zu den Textfunden vom Toten Meer*, Paderborn, Bonifatius, 2003, pp. 11-22.

Otto BETZ, « The Essenes », dans William HORBURY, W.D. DAVIES, John STURDY éd., *The Cambridge History of Judaism*. Volume three : *The Early Roman Period*, Cambridge, CUP, 1999, pp. 444-470.

Magen Broshi, « Matrimony and Poverty : Jesus and the Essenes », *RevQ* 19 (2000), pp. 629-634.

Magen Broshi, « Hatred : An Essene Religious Principle and its Christian Consequences », dans Id., *Bread, Wine, Walls and Scrolls*, JSPESup 36, Sheffield, Sheffield Academic Press, 1999/2001, pp. 274-283.

Magen Broshi, « What Jesus Learned from the Essenes. The Blessing of Poverty, the Bane of Divorce », *BARev* 30 (2004), pp. 32-37, 64.

Jörg Frey, « Zur historischen Auswertung der antiken Essenerberichte. Ein Beitrag zum Gespräch mit Roland Bergmeier », dans Jörg Frey, Hartmut Stegemann éd., *Qumran kontrovers. Beiträge zu den Textfunden vom Toten Meer*, Paderborn, Bonifatius, 2003, pp. 23-56.

Armin Lange, « Kriterien essenischer Texte », dans Jörg Frey, Hartmut Stegemann éd., *Qumran kontrovers. Beiträge zu den Textfunden vom Toten Meer*, Paderborn, Bonifatius, 2003, pp. 59-69.

André Lemaire, « L'expérience essénienne de Flavius Josèphe », dans Folker Siegert, Jürgen U. Kalms éd., *Internationales Josephus-Kolloquium Paris 2001. Studies on the Antiquities of Josephus. Études sur les Antiquités de Josèphe* (Münsteraner judaistische Studien 12), Munster, LIT-Verlag, 2002, pp. 138-151.

André Paul, *Les manuscrits de la mer Morte. La voix des esséniens retrouvés*, Paris, Bayard/Centurion, 1997.

Annette Steudel, « Ehelosigkeit bei den Essenern », dans Jörg Frey, Hartmut Stegemann éd., *Qumran kontrovers. Beiträge zu den Textfunden vom Toten Meer*, Paderborn, Bonifatius, 2003, pp. 115-124.

Justin Taylor, *Pythagoreans and Essenes. Structural parallels*, Collection de la Revue des études juives 32, Louvain, Peeters, 2004.

Eibert J.C. Tigchelaar, « The White Dress of the Essenes and the Pythagoreans », dans Florentino García Martínez, Gerard P. Luttikhuizen, éd., *Jerusalem, Alexandria, Rome*. Studies in Ancient Cultural Interaction in Honour of A. Hilhorst, JSJSup 82, Leyde, Brill 2003, pp. 301-321.

Les samaritains

Études sémitiques et samaritaines offertes à Jean Margain, Histoire du texte biblique 4, Lausanne, Zèbre, 1998.

Maurice Baillet, *Samaritains*, DBS vol. XI, fasc. 63-64A (1990), col. 773-1047, surtout col. 985-1001 et 1044-1047.

Stanley Isser, « The Samaritans and their Sects », dans William Horbury, W.D. Davies, John Sturdy éd., *The Cambridge History of Judaism. Volume three : The Early Roman Period*, Cambridge, CUP, 1999, pp. 569-595.

ABRÉVIATIONS

1. Abréviations des livres bibliques (deutérocanoniques inclus)

[Abréviations et ordre des livres de la Bible de Jérusalem]

ANCIEN TESTAMENT

Gn	Genèse	Tb	Tobie	Ez	Ézéchiel
Ex	Exode	Jdt	Judith	Dn	Daniel
Lv	Lévitique	Est	Esther	Os	Osée
Nb	Nombres	1 M	1 Maccabées	Jl	Joël
Dt	Deutéronome	2 M	2 Maccabées	Am	Amos
Jos	Josué	Jb	Job	Ab	Abdias
Jg	Juges	Ps	Psaumes	Jon	Jonas
Rt	Ruth	Pr	Proverbes	Mi	Michée
1 S	1 Samuel	Qo	Qohélet	Na	Nahum
2 S	2 Samuel	Ct	Cantique	Ha	Habaquq
1 R	1 Rois	Sg	Sagesse	So	Sophonie
2 R	2 Rois	Si	Siracide	Ag	Aggée
1 Ch	1 Chroniques	Is	Isaïe	Za	Zacharie
2 Ch	2 Chroniques	Jr	Jérémie	Ma	Malachie
Esd	Esdras	Lm	Lamentations		
Ne	Néhémie	Ba	Baruch	1-2-3-4Règnes LXX	

NOUVEAU TESTAMENT

Mt	Matthieu	1 Tm	1 Timothée
Mc	Marc	2 Tm	2 Timothée
Lc	Luc	Ti	Tite
Jn	Jean	Phm	Philémon
Ac	Actes	He	Hébreux
Rm	Romains	Jc	Jacques
1 Co	1 Corinthiens	1 P	1 Pierre
2 Co	2 Corinthiens	2 P	2 Pierre
Ga	Galates	1 Jn	1 Jean
Ep	Éphésiens	2 Jn	2 Jean
Ph	Philippiens	3 Jn	3 Jean
Col	Colossiens	Jude	Jude
1 Th	1 Thessaloniciens	Ap	Apocalypse
2 Th	2 Thessaloniciens		

2. Abréviations des manuscrits de la mer Morte

CD	*Document de Damas* de la Guéniza du Caire
Ḥev	textes de Nahal Ḥever
Mas	textes de Massada
Mird	textes du Khirbet Mird
Mur	textes du wadi Murabba'at
p	Pesher (commentaire)
1Q, 2Q, 3Q, etc.	numérotation des grottes de Qumrān contenant du matériau écrit, suivie de l'abréviation d'un livre biblique ou apocryphe
1QapGen	*Apocryphe de la Genèse*, grotte 1
1QH	*Hôdāyôt (Hymnes d'action de grâce)*, grotte 1
1QIsa[a.b]	Copie 1 ou copie 2 d'Isaïe, grotte 1
1QpHab	*Pesher d'Habaquq*, grotte 1
1QM	*Milḥāmāh (Rouleau de la Guerre)*
1QS	*Serek hayyaḥad (Règle de la communauté, Manuel de discipline)*
1QSa	Appendice A de *1QS (Règle de la congrégation* ou *Règle annexe de la communauté)*
1QSb	Appendice B de *1QS (Bénédictions)*
3Q15	*Rouleau de cuivre*, grotte 3
4QEn	Fragments d'*Hénoch*
4QFlor	*Florilège* (ou *Midrashim eschatologiques*), grotte 4
4QMess ar	*Texte « messianique »* araméen, grotte 4
4QMMT	Fragment de la *Lettre halakhique*
4QprNab	*Prière de Nabonide*, grotte 4
4QPhyl	Phylactères de la grotte 4
4QTestim	*Testimonia*, grotte 4
4QTLevi ar[2]	*Testament de Lévi*, grotte 4
4QVisSam	*Vision de Samuel*
4Q246	*Apocalypse araméenne*
4Q521	*Apocalypse messianique*
11QMelch	*Melchisedek*, grotte 11
11QtgJob	*Targum de Job*, grotte 11
11Temple	*Rouleau du Temple*

3. Targums

Tg. Onq.	*Targum Onqelos*
Tg. Neb	*Targum des prophètes*
Teg. Ket.	*Targum des Écrits*
Frg. Tg.	*Targum fragmentaire*
Sam. Tg.	*Targum samaritain*
Tg. Isa.	*Targum d'Isaïe*
Pal. Tgs.	*Targums palestiniens*
Tg. Neof.	*Targum Neofiti*
Tg. Ps.-J.	*Targum Pseudo-Jonathan*
Tg. Yer. I	*Targum Yerušalmi I*
Tg. Yer. II	*Targum Yerušalmi II*
Yem. Tg.	*Targum yéménite*
Tg. Esth I, II	*Targum I ou II d'Esther*

4. Abréviations des ordres et traités de la Mishna et de la littérature connexe

Pour distinguer les uns des autres les traités qui ont le même nom dans la Mishna, la Tosephta, le Talmud babylonien et le Talmud de Jérusalem nous plaçons avant le titre des traités (en italiques) les identifiants *m.*, *t.*, *b.*, ou *y.* Ainsi on trouvera *m. Pe'a* 8,2 ; *b. Šabb.* 31a ; *y. Mak.* 2.31d ; *t. Pe'a* 1.4 (Zuck. 18 [= page de l'édition de la *Tosephta* de ZUCKERMANDEL]).

'Abot	*'Abot*	*Nazir*	*Nazir*
'Abod. Zar.	*'Aboda Zara*	*Ned.*	*Nedarim*
'Arak.	*'Arakin*	*Neg.*	*Nega'im*
B. Bat.	*Baba Batra*	*Nez.*	*Neziqin*
Bek.	*Bekorot*	*Nid.*	*Niddah*
Ber.	*Berakot*	*Ohol*	*Oholot*
Beṣa	*Beṣa (= Yom Ṭob)*	*'Or.*	*'Orla*
Bik.	*Bikkurim*	*Para*	*Para*
B. Meṣ.	*Baba Meṣi'a*	*Pe'a*	*Pe'a*
B. Qam.	*Baba Qamma*	*Pesaḥ*	*Pesaḥim*
Dem.	*Demai*	*Qinnim*	*Qinnim*
'Erub.	*'Erubin*	*Qidd.*	*Qiddušin*
'Ed.	*'Eduyyot*	*Qod.*	*Qodašin*
Giṭ.	*Giṭṭin*	*Roš. Haš.*	*Roš Haššana*
Ḥag.	*Ḥagiga*	*Sanh.*	*Sanhedrin*
Ḥal.	*Ḥalla*	*Šabb.*	*Šabbat*
Hor.	*Horayot*	*Šeb.*	*Šebi'it*
Ḥul.	*Ḥullin*	*Šebu.*	*Šebu'ot*
Kelim	*Kelim*	*Šeqal.*	*Šeqalim*
Ker.	*Keritot*	*Soṭa*	*Soṭa*
Ketub.	*Ketubot*	*Sukk.*	*Sukka*
Kil.	*Kil'ayim*	*Ta'an.*	*Ta'anit*
Ma'aś.	*Ma'aśerot*	*Tamid*	*Tamid*
Ma'aś. Š.	*Ma'aśer Šeni*	*Tem.*	*Temura*
Mak.	*Makkot*	*Ter.*	*Terumot*
Makš.	*Makširin (= Mašqin)*	*Ṭohar.*	*Ṭoharot*
Meg.	*Megilla*	*Ṭ. Yom*	*Ṭebul Yom*
Me'il.	*Me'ila*	*'Uq.*	*'Uqṣin*
Menaḥ.	*Menaḥot*	*Yad.*	*Yadayim*
Mid.	*Middot*	*Yebam.*	*Yebamot*
Miqw.	*Miqwa'ot*	*Yoma*	*Yoma (= Kippurim)*
Mo'ed	*Mo'ed*	*Zabim*	*Zabim*
Mo'ed Qaṭ.	*Mo'ed Qaṭan*	*Zebaḥ*	*Zebaḥim*
Našim	*Našim*	*Zer.*	*Zera'im*

5. Abréviations d'autres écrits rabbiniques

'Abot R. Nathan	*'Abot de Rabbi Nathan*	*Kalla*	*Kalla*
'Ag. Ber.	*'Aggadat Berešit*	*Mek.*	*Mekilta*
Bab.	*Babylonien*	*Midr.*	*Midraš* (l'abréviation qui suit indique un livre biblique)
Bar	*Baraïta*		
Der. Er. Rab.	*Derek Ereṣ Rabba*		
Der. Er. Zuṭ	*Derek Ereṣ Zuṭa*	*Pal.*	*Palestinien*
Gem.	*Gemara*	*Pesiq. R.*	*Pesiqta Rabbati*

Pesiq. Rab. Kah.	*Pesiqta de Rab Kahana*	*Ṣem.*	*Ṣemahoṭ*
Pirqe R. El.	*Pirqè Rabbi Eliézer*	*Sop*	*Soperim*
Rab.	*Rabbah* (à la suite de l'abréviation d'un livre biblique *Gen. Rab.* = *Genèse Rabba*)	*S. 'Olam Rab.*	*Seder 'Olam Rabbah*
		Talm.	*Talmud*
		Yal.	*Yalqut*

6. Abréviations des écrits de Flavius Josèphe

Ant.	*Antiquités juives*	*C. Ap.*	*Contre Apion*
Aut.	*Autobiographie*	*G. J.*	*Guerre des Juifs*

7. Abréviations des périodiques, usuels et collections couramment utilisés

Au cours de l'ouvrage, les titres des livres et des périodiques sont composés en italiques ; les titres de chapitres ou d'articles, ainsi que les titres de collections sont en romain, les noms des auteurs sont en petites capitales, les sigles en majuscules. On n'a pas retenu dans cette liste les titres transcrits en entier au cours du texte et des notes.

AAS	*Acta apostolicae sedis*
AASOR	Annual of the American Schools of Oriental Research
AB	Anchor Bible
AcOr	*Acta orientalia*
ACW	Ancient Christian Writers
AfO	*Archiv für Orientforschung*
AGJU	Arbeiten zur Geschichte des antiken Judentums und des Urchristentums
AH	F. Rosenthal, *An Aramaic Handbook*
AJA	*American Journal of Archaeology*
AJBA	*Australian Journal of Biblical Archaeology*
AJP	*American Journal of Philology*
AJSL	*American Journal of Semitic Languages and Literature*
AJT	*American Journal of Theology*
ALBO	Analecta lovaniensia biblica et orientalia
ALGHJ	Arbeiten zur Literatur und Geschichte des hellenistischen Judentums
AnBib	Analecta biblica
ANEP	J. B. Pritchard (éd.), *Ancieni Near East in Pictures*
ANESTP	J. B. Pritchard (éd.), *Ancient Near East Supplementary Texts and Pictures*
ANET	J. B. Pritchard (éd.), *Ancient Near Eastern Texts*
Ang	*Angelicum*
AnOr	Analecta orientalia
ANQ	*Andover Newton Quarterly*
ANTF	Arbeiten zur neutestarnentlichen Textforschung
ANRW	*Aufstieg und Niedergang der römischen Welt*
AOAT	Alter Orient und Altes Testament
AOS	American Oriental Series
AP	J. Marouzeau (éd.), *L'Année philologique*
APOT	R. H. Charles (éd.), *Apocrypha and Pseudepigrapha of the Old Testament*
Arch	*Archaeology*
ARW	*Archiv für Religionswissenschaft*
ASNU	Acta seminarii neotestamentici upsaliensis

ASOR	American Schools of Oriental Research
ASS	*Acta Sanctae Sedis*
AsSeign	*Assemblées du Seigneur*
ASSR	*Archives des sciences sociales des religions*
ASTI	*Annual of the Swedish Theological Institute*
ATAbh	Alttestamentliche Abhandlungen
ATANT	Abhandlungen zur Theologie des Alten und Neuen Testaments
AtBib	H. Grollenberg, *Atlas de la Bible*
ATD	Das Alte Testament Deutsch
ATR	*Anglican Theological Review*
Aug	*Augustinianum*
AusBR	*Australian Biblical Review*
AUSS	*Andrews University Seminary Studies*
BA	*Biblical Archaeologist*
BAC	Biblioteca de autores cristianos
BAGD	W. Bauer, W. F. Arndt, F. W. Gingrich et F. W. Danker, *Greek-English Lexicon of the NT*
BAR	*Biblical Archaeologist Reader*
BARev	*Biblical Archaeologey Review*
BASOR	*Bulletin ofthe American Schools of Oriental Research*
BBB	Bonner biblische Beiträge
BBET	Beiträge zur biblischen Exegese und Theologie
BCSR	*Bulletin of the Council on the Study of Religion*
BDB	F. Brown, S. R. Driver et C. A. Briggs, *Hebrew and English Lexicon of the Old Testament*
BDF	F. Blass, A. Debrunner et R. W. Funk, *A Greek Grammar of the NT*
BDR	F. Blass, A. Debrunner et F. Rehkopf, *Grammatik des neutestamentlichen Griechisch*
BeO	*Bibbia e oriente*
BETL	Bibliotheca ephemeridum theologicarum lovaniensium
BEvT	Beiträge zur evangelischen Theologie
BFCT	Beiträge zur Förderung christlicher Theologie
BGBE	Beiträge zur Geschichte der biblischen Exegese
BHEAT	Bulletin d'histoire et d'exégèse de l'Ancien Testament
BHH	B. Reicke and L. Rost (éd.), *Biblisch-Historisches Handwörterbuch*
BHK	R. Kittel, *Biblia Hebraica*
BHS	*Biblia hebraica stuttgartensia*
BHT	Beiträge zur historischen Theologie
Bib	*Biblica*
BibB	*Biblische Beiträge*
BibBh	*Bible bhashyam*
BibLeb	*Bibel und Leben*
BibOr	Biblica et orientalia
BibS(F)	Biblische Studien (Freiburg, 1895-)
BibS(N)	Biblische Studien (Neukirchen, 1951-)
BIES	*Bulletin of the Israel Exploration Society (= Yediot)*
BIFAO	*Bulletin de l'institut français d'archéologie orientale*
Bijdr	*Bijdragen*
BIOSCS	*Bulletin of the International Organization for Septuagint and Cognate Studies*
BJ	*Bible de Jérusalem*
BJPES	*Bulletin of the Jewish Palestine Exploration Society*
BJRL	*Bulletin of the John Rylands University Library of Manchester*
BK	*Bibel und Kirche*
BKAT	Biblischer Kommentar : Altes Testament
BLit	*Bibel und Liturgie*
BN	*Biblische Notizen*

BO	*Bibliotheca orientalis*
BR	*Biblical Research*
BSac	*Bibliotheca Sacra*
BSOAS	*Bulletin of the School of Oriental (and African) Studies*
BT	*The Bible Translator*
BTB	*Biblical Theology Bulletin*
BTS	*Bible et Terre sainte*
BurH	*Buried History*
BVC	*Bible et vie chrétienne*
BWANT	Beiträge zur Wissenschaft vom Alten und Neuen Testament
ByF	*Biblia y Fe*
BZ	*Biblische Zeitschrift*
BZAW	Beihefte zur ZAW
BZNW	Beihefte zur ZNW
BZRGG	Beihefte zur ZRGG
CAH	*Cambridge Ancient History*
CahEv	*Cahiers Évangile*
CahRB	Cahiers de la Revue biblique
CahThéol	Cahiers théologiques
CAT	Commentaire de l'Ancien Testament
CB	*Cultura biblica*
CBQ	*Catholic Biblical Quarterly*
CBQMS	Catholic Biblical Quarterly – Monograph Series
CC	Corpus christianorum
CCath	Corpus catholicorum
CH	*Church History*
CHR	*Catholic Historical Review*
CIG	*Corpus inscriptionum graecarum*
CII	*Corpus inscriptionum iudaicarum*
CIL	*Corpus inscriptionum latinarum*
CIS	*Corpus inscriptionum semiticarum*
CJ	*Classical Journal*
CJT	*Canadian Journal of Theology*
CNT	Commentaire du Nouveau Testament
ConB	Coniectanea biblica
ConBNT	Coniectanca biblica, New Testament
ConBOT	Coniectanea biblica, Old Testament
ConNT	*Coniectanea neotestamentica*
CP	*Classical Philology*
CQ	*Church Quarterly*
CQR	*Church Quarterly Review*
CRAIBL	*Comptes rendus de l'Académie des inscriptions et belles-lettres*
CRINT	Compendia rerum iudaicarum ad Novum Testamentum
CSCO	Corpus scriptorum christianorum orientalium
CSEL	Corpus scriptorum ecclesiasticorum latinorum
CTJ	*Calvin Theological Journal*
CTM	*Concordia Theological Monthly* (ou *CTM)*
CTQ	*Concordia Theological Quarterly*
CurTM	*Currents in Theology and Mission*
DACL	*Dictionnaire d'archéologie chrétienne et de liturgie*
DBSup	*Dictionnaire de la Bible, Supplément*
DJD	Discoveries in the Judaean Desert
DRev	*Downside Review*
DS	Denzinger-Schönmetzer, *Enchiridion symbolorum*
DTC	*Dictionnaire de théologie catholique*
EBib	Études bibliques
EDB	L. F. Hartman (éd.), *Encyclopedic Dictionary of the Bible*
EHAT	Exegetisches Handbuch zum Alten Testament
EKKNT	Evangelisch-katholischer Kommentar zum Neuen Testament
EKL	*Evangelisches Kirchenlexikon*
EncJud	*Encyclopedia Judaica* (1971)
EnchBib	*Enchiridion biblicum*
ErIsr	Eretz Israel
ErJb	*Eranos Jahrbuch*

EstBib	*Estudios bíblicos*
EstEcl	*Estudios eclesiásticos*
EstTeol	*Estudios teológicos*
ETL	*Ephemerides theologicae lovanienses*
ETR	*Études théologiques et religieuses*
EvK	*Evangelische Kommentare*
EvQ	*Evangelical Quarterly*
EvT	*Evangelische Theologie*
EWNT	H. Balz et G. Schneider (éd.), *Exegetisches Wörterbuch zum Neuen Testament*
ExpTim	*Expository Times*
FB	Forschung zur Bibel
FBBS	Facet Books, Biblical Series
FC	Fathers of the Church
FRLANT	Forschungen zur Religion und Literatur des Alten und Neuen Testaments
GAT	Grundrisse zum Alten Testament
GCS	Griechische christliche Schriftsteller
GKB	Gesenius-Kautzsch-Bergsträsser, *Hebräische Grammatik*
GKC	*Gesenius' Hebrew Grammar*, éd. E. Kautzsch, tr. A. E. Cowley
GNT	Grundrisse zum Neuen Testament
GRBS	*Greek, Roman, and Byzantine Studies*
Greg	*Gregorianum*
GTA	Göttinger theologische Arbeiten
GTJ	*Grace Theological Journal*
HALAT	W. Baumgartner et al., *Hebräisches und aramäisches Lexikon zum Alten Testament*
HAT	Handbuch zum Alten Testament
HDR	Harvard Dissertations in Religion
HeyJ	*Heythrop Journal*
HibJ	*Hibbert Journal*
HKAT	Handkommentar zum Alten Testament
HKNT	Handkommentar zum Neuen Testament
HNT	Handbuch zum Neuen Testament
HNTC	Harper's NT Commentaries
HR	*History of Religions*
HSM	Harvard Semitic Monographs
HSS	Harvard Semitic Studies
HTKNT	Herders theologischer Kommentar zu Neuen Testament
HTR	*Harvard Theological Review*
HTS	Harvard Theological Studies
HUCA	*Hebrew Union College Annual*
HUT	Hermeneutische Untersuchungen zur Theologie
IB	*Interpreters Bible*
IBS	*Irish Biblical Studies*
ICC	International Critical Commentary
IDB	G. A. Buttrick (éd.), *Interpreter's Dictionary of the Bible*
IDBSup	Supplementary volume to *IDB*
IEJ	*Israel Exploration Journal*
Int	*Interpretation*
IOS	*Israel Oriental Society*
ITQ	*Irish Theological Quarterly*
JA	*Journal asiatique*
JAAR	*Journal of the American Academy of Religion*
JAC	Jahrbuch für Antike und Christentum
JAL	Jewish Apocryphal Literature
JANESCU	*Journal of the Ancient Near Eastern Society of Columbia Universty*
JAOS	*Journal of the American Oriental Society*
JAS	*Journal of Asian Studies*
JB	A. Jones (éd.,), *Jerusalem Bible*
JBC	R. E. Brown et al. (éd.), *The Jerome Biblical Commentary*
JBL	*Journal of Biblical Literature*

JBR	*Journal of Bible and Religion*
JDS	Judean Desert Studies
JEH	*Journal of Ecclesiastical History*
JEOL	*Jaarbericht… ex oriente lux*
JES	*Journal of Ecumenical Studies*
JETS	*Journal of the Evangelical Theological Society*
JHNES	Johns Hopkins Near Eastern Studies
JHS	*Journal of Hellenic Studies*
JJS	*Journal of Jewish Studies*
JMES	*Journal of Middle Eastern Studies*
JNES	*Journal of Near Eastern Studies*
JPOS	*Journal of the Palestine Oriental Society*
JPSV	*Jewish Publication Society Version*
JQR	*Jewish Quarterly Review*
JQRMS	Jewish Quarterly Review Monograph Series
JR	*Journal of Religion*
JRelS	*Journal of Religious Studies*
JRH	*Journal of Religious History*
JRS	*Journal of Roman Studies*
JRT	*Journal of Religious Thought*
JSHRZ	Jüdische Schriften aus hellenistisch-römischer Zeit
JSJ	*Journal for the Study of Judaism in the Persian, Hellenistic and Roman Periods*
JSNT	*Journal for the Study of the New Testament*
JSNTSup	Journal for the Study of the New Testament – Supplement Series
JSOT	*Journal for the Study of the Old Testament*
JSOTSup	Journal for the Study of the Old Testament – Supplement Series
JSS	*Journal of Semilic Studies*
JSSR	*Journal for the Scientific Study of Religion*
JTC	*Journal for Theology and the Church*
JTS	*Journal of Theological Studies*
Judaica	*Judaica : Beiträge zum Verständnis…*
KAT	E. Sellin (éd.), Kommentar zum A.T.
KB	L. Koehler et W. Baumgartner, *Lexicon in Veteris Testamenti libros*
KD	*Kerygma und Dogma*
KJV	*King James Version*
KIT	Kleine Texte
LB	*Linguistica biblica*
LCC	Library of Christian Classics
LCL	Loeb Classical Library
LCQ	*Lutheran Church Quarterly*
LD	Lectio divina
LLAVT	E. Vogt, *Lexicon linguae aramaicae Veteris Testamenti*
LPGL	G. W. H. Lampe, *Patristic Greek Lexicon*
LQ	*Lutheran Quarterly*
LR	*Lutherische Rundschau*
LS	*Louvain Studies*
LSJ	Liddell-Scott-Jones, *Greek-English Lexicon*
LTK	*Lexikon für Theologie und Kirche*
LTP	*Laval théologique et philosophique*
LumVie	*Lumière et vie*
LW	*Lutheran World*
MCCQ	*McCormick Quarterly*
MDB	*Le monde de la Bible*
MDOG	Mitteilungen der deutschen Orient-Gesellschaft
MeyerK	H. A. W. Meyer, Kritisch-exegetischer Kommentar über das Neue Testament
MGWJ	*Monatsschrift für Geschichte und Wissenschaft des Judentums*
MM	J. H. Moulton et G. Milligan, *The Vocabulary of the Greek Testament*
MNTC	Moffatt NT Commentary

MPAIBL Mémoires présentés à l'Académie des inscriptions et belles-lettres
MScRel *Mélanges de science religieuse*
MTZ *Münchener theologische Zeitschrift*
Mus *Muséon*
MUSJ *Mélanges de l'université Saint-Joseph*
NAB *New American Bible*
NCB New Century Bible
NCCHS R. D. Fuller et al. (éd.), *New Catholic Commentary on Holy Scripture*
NCE M. R. P. McGuire et al. (éd.), *New Catholic Encyclopedia*
NEB *New English Bible*
Neot *Neotestamentica*
NFT New Frontiers in Theology
NHS Nag Hammadi Studies
NICNT New International Commentary on the New Testament
NICOT New International Commentary on the Old Testament
NIV *New International Version*
NJBC *New Jerome Biblical Commentary*
NJV *New Jewish Version*
NKZ *Neue kirchliche Zeitschrift*
NovT *Novum Testamentum*
NovTSup Novum Testamentum, Suppléments
NRT *La nouvelle revue théologique*
NTA *New Testament Abstracts*
NTAbh Neutestamentliche Abhandlungen
NTD Das Neue Testament Deutsch
NTF Neutestamentliche Forschungen
NTS *New Testament Studies*
NTTS New Testament Tools and Studies
Numen *Numen : International Review for the History of Religions*
OBO Orbis biblicus et orientalis
OIP Oriental Institute Publications
OLP Orientalia lovaniensia periodica
OLZ *Orientalische Literaturzeitung*
Or *Orientalia* (Rome)
OrAnt *Oriens antiquus*
OrChr *Oriens christianus*
OrSyr *L'Orient syrien*
OTA *Old Testament Abstracts*
OTL Old Testament Library
PAAJR *Proceedings of the American Academy of Jewish Research*
PCB M. Black et H. H. Rowley (éd.), *Peakes Commentary on the Bible*
PEFQS *Palestine Exploration Fund, Quarterly Statement*
PEQ *Palestine Exploration Quarterly*
PG J. Migne, Patrologia graeca
PGM K. Preisendanz (éd.), *Papyri graecae magicae*
Phil *Philologus*
PJ *Palästina-Jahrbuch*
PL J. Migne, Patrologia latina
PO Patrologia orientalis
PSB *Princeton Seminary Bulletin*
PSTJ *Perkins School of Theology Journal*
PTMS Pittsburgh Theological Monograph Series
PVTG Pseudepigrapha Veteris Testamenti graece
PW Pauly-Wissowa, *Real-Encyclopädie der klassischen Altertumswissenschaft*
PWSUP Supplément à PW
QD Quaestiones disputatae
QDAP *Quarterly of the Department of Antiquities in Palestine*
RAC *Reallexikon für Antike und Christentum*
RANE Records of the Ancient Near East
RArch *Revue archéologique*
RB *Revue biblique*
RCB *Revista de cultura bíblica*

RE	*Realencyclopädie für protestantische Theologie und Kirche*
REA	*Revue des études anciennes*
RechBib	Recherches bibliques
REJ	*Revue des études juives*
RelS	*Religious Studies*
RelSoc	*Religion and Society*
RelSRev	*Religious Studies Review*
RES	*Répertoire d'épigraphie sémitique*
ResQ	*Restoration Quarterly*
RevExp	*Review and Expositor*
RevistB	*Revista biblica*
RevQ	*Revue de Qumran*
RevScRel	*Revue des sciences religieuses*
RevSem	*Revue sémitique*
RGG	*Religion in Geschichte und Gegenwart*
RHE	*Revue d'histoire ecclésiastique*
RHPR	*Revue d'histoire et de philosophie religieuses*
RHR	*Revue de l'histoire des religions*
RIDA	*Revue internationale des droits de l'Antiquité*
RivB	*Rivista biblica*
RNT	Regensburger Neues Testament
RQ	*Römische Quartalschrift für christliche Altertumskunde und Kirchengeschichte*
RR	*Review of Religion*
RRef	*La revue réformée*
RSO	*Rivista degli studi orientali*
RSPT	*Revue des sciences philosophiques et théologiques*
RSR	*Recherches de science religieuse*
RSV	*Revised Standard Version*
RTL	*Revue théologique de Louvain*
RTP	*Revue de théologie et de philosophie*
RUO	*Revue de l'université d'Ottawa*
RV	*Revised Version*
SacEr	*Sacris erudiri*
SANT	Studien zum Alten und Neuen Testament
SB	Sources bibliques
SBA	Studies in Biblical Archaeology
SBAW	*Sitzungsberichte der bayerischen Akademie der Wissenschaften*
SBB	Stuttgarter biblische Beiträge
SBFLA	*Studii biblici franciscani liber annuus*
SBJ	*La sainte Bible de Jérusalem*
SBLASP	Society of Biblical Literature Abstracts and Seminar Papers
SBLDS	SBL. Dissertation Series
SBLMasS	SBL. Masoretic Studies
SBLMS	SBL. Monograph Series
SBLSB	SBL. Sources for Biblical Study
SBLSC	SBL. Septuagint and Cognate Studies
SBLTT	SBL. Texts and Translations
SBM	Stuttgarter biblische Monographien
SBS	Stuttgarter Bibelstudien
SBT	Studies in Biblical Theology
SC	Sources chrétiennes
ScEccl	*Sciences ecclésiastiques*
ScEs	*Science et esprit*
SCHNT	Studia ad corpus hellenisticum Novi Testamenti
SCR	*Studies in Comparative Religion*
Scr	*Scripture*
ScrB	*Scripture Bulletin*
ScrHier	Scripta hierosolymitana
SD	Studies and Documents
SE	Studia Evangelica I, II, III, etc. (= TU 73 [1959], 87 [1964], 88 [1964], 102 [1968], 103 [1968],112 [1973])
Sem	*Semitica*
SHT	Studies in Historical Theology
SJ	Studia judaica

SJLA Studies in Judaism in Late Antiquity
SJT *Scottish Journal of Theology*
SMSR *Studi e materiali di storia delle religioni*
SNT Studien zum Neuen Testament
SNTSMS Society for New Testament Studies Monograph Series
SO Symbolae osloenses
SOTSMS Society for Old Testament Study Monograph Series
SP J. Coppens et al. (éd.), *Sacra pagina*
SPap *Studia papyrologica*
SPAW *Sitzungsberichte der preussischen Akademie der Wissenschaften*
SPB Studia postbiblica
SPC *Studiorum paulinorum congressus internationalis catholicus 1961* (2 vol.)
SR *Studies in Religion/Sciences religieuses*
SSS Semitic Study Series
ST *Studia theologica*
STANT Studien zum Alten und Neuen Testament
STDJ Studies on the Texts of the Desert of Judah
Str-B [H. Strack et] P. Billerbeck, *Kommentar zum Neuen Testament*
StudNeot Studia neotestamentica
StudOr Studia orientalia
SUNT Studien zur Umwelt des Neuen Testaments
SVTP Studia in Veteris Testamenti pseudepigrapha
SymBu Symbolae biblicae upsalienses
TAPA *Transactions of the American Philological Association*
TBei *Theologische Beiträge*
TBl *Theologische Blätter*
TBü Theologische Bücherei
TBT *The Bible Today*
TCGNT B. M. Metzger, *A Textual Commentary on the Greek New Testament*
TD *Theology Digest*
TDNT G. Kittel et G. Friedrich (éd.), *Theological Dictionary of the New Testament*
TDOT G. J. Botterweck et H. Ringgren (éd.), *Theological Dictionary of the Old Testament*
TextsS Texts and Studies
TF *Theologische Forschung*
TGl *Theologie und Glaube*
THKNT Theologischer Handkommentar zum Neuen Testament
ThStud *Theologische Studien*
TLZ *Theologische Literaturzeitung*
TOB *Traduction œcuménique de la Bible*
TP *Theologie und Philosophie*
TPQ *Theologisch-Praktische Quartalschrift*
TQ *Theologische Quartalschrift*
TRE *Theologische Realenzyklopädie*
TRev *Theologische Revue*
TRu *Theologische Rundschau*
TS *Theological Studies*
TSK *Theologische Studien und Kritiken*
TToday *Theology Today*
TTZ *Trierer theologische Zeitschrift*
TU Texte und Untersuchungen
TWAT G. J. Botterweck et H. Ringgren (éd.), *Theologisches Wörterbuch zum Alten Testament*
TWNT G. Kittel and G. Friedrich (éd.), *Theologisches Wörterbuch zum Neuen Testament*
TynBul *Tyndale Bulletin*
TZ *Theologische Zeitschrift*
UBSGNT United Bible Societies *Greek New Testament*
UNT Untersuchungen zum Neuen Testament
USQR *Union Seminary Quarterly Review*

VC	*Vigiliae christianae*
VCaro	*Verbum caro*
VD	*Verbum Domini*
VE	*Vox evangelica*
VF	*Verkündigung und Forschung*
VKGNT	K. Aland (éd.), *Vollständige Konkordanz zum griechischen Neuen Testament*
VP	*Vivre et penser (= RB 1941-1944)*
VS	Verbum salutis
VSpir	*Vie spirituelle*
VT	*Vetus Testamentum*
VTSup	Vetus Testamentum, Suppléments
WDB	*Westminster Dictionary of the Bible*
WHAB	*Westminster Historical Atlas of the Bible*
WHJP	World History of the Jewish People
WMANT	Wissenschaftliche Monographien zum Alten und Neuen Testament
WO	*Die Welt des Orients*
WTJ	*Westminster Theological Journal*
WUNT	Wissenschaftliche Untersuchungen zum Neuen Testament
WVDOG	Wissenschaftliche Veröffentlichungen der deutschen Orientgesellschaft
WZKM	*Wiener Zeitschrift für die Kunde des Morgenlandes*
WZKSO	*Wiener Zeitschrift für die Kunde Süd-und Ostasiens*
ZA W	*Zeitschrift für die alttestamentliche Wissenschaft*
ZDMG	*Zeitschrift der deutschen morgenländischen Gesellschaft*
ZDPV	*Zeitschrift des deutschen Palästina-Vereins*
ZHT	*Zeitschrift für historische Theologie*
ZKG	*Zeitschrift für Kirchengeschichte*
ZKT	*Zeitschrift für katholische Theologie*
ZMR	*Zeitschrift für Missionskunde und Religionswissenschaft*
ZNW	*Zeitschrift für die neutestamentliche Wissenschaft*
ZRGG	*Zeitschrift für Religions- und Geistesgeschichte*
ZTK	*Zeitschrift für Theologie und Kirche*
ZWT	*Zeitschrift für wissenschaftliche Theologie*

8. Abréviations diverses

AT	Ancien Testament
LXX	Septante
MT	Texte massorétique
NT	Nouveau Testament
Par(r).	Parallèle(s) des évangiles
Vg	Vulgate
VL	*Vetus Latina* (Vieille latine)
/ /	deux péricopes (souvent du document Q) qui sont pour l'essentiel parallèles, quoique avec quelques différences de formulation.

INDEX [1] DES AUTEURS CITÉS

1. L'éditeur tient à remercier ici Charles Ehlinger et Noël Lucas pour leur aide gracieuse dans l'établissement des index. L'ingéniosité du second pour trouver des procédés informatiques qui facilitent la tâche n'a eu d'égale que la patience du premier pour reparcourir tout le texte à la recherche des « termes » et des « thèmes » susceptibles d'aider le lecteur.

INDEX DES CITATIONS BIBLIQUES

ANCIEN TESTAMENT

NOUVEAU TESTAMENT

Jean

INDEX DES TERMES ET DES THÈMES [1]

1. Pour les développements sur les thèmes majeurs de ce tome, on se reportera d'abord à la table des matières très détaillée.

TABLE DES MATIÈRES

II
JÉSUS LE JUIF ET SES CONCURRENTS JUIFS

NOTES

Composition : Facompo, Lisieux

Achevé d'imprimer en juillet 2009
dans les ateliers de Normandie Roto Impression s.a.s.
61250 Lonrai
N° d'impression : 09-2313

Dépôt légal : octobre 2005
Numéro d'édition : 11883